더 쉽게 배우는
유일한 입문 + 활용서

더[THE]
쉽게 NO.15
배우기

AutoCAD 2014
더[THE] 쉽게 배우기

황두환 저

YoungJin.com Y.
영진닷컴

AutoCAD 2014 더 쉽게 배우기

Copyright ⓒ2017 by Youngjin.com Inc.
1016, 10F. Worldmerdian Venture Center 2nd, 123, Gasan-digital 2-ro, Geumcheon-gu, Seoul 08505, Korea.
All rights reserved. First published by Youngjin.com. in 2014. Printed in Korea

ISBN : 978-89-314-4744-6

독자님의 의견을 받습니다.
이 책을 구입한 독자님은 영진닷컴의 가장 중요한 비평가이자 조언가입니다. 저희 책의 장점과 문제점이 무엇인지, 어떤 책이 출판되기를 바라는지, 책을 더욱 알차게 꾸밀 수 있는 아이디어가 있으면 이메일, 또는 우편으로 연락주시기 바랍니다. 의견을 주실 때에는 책 제목 및 독자님의 성함과 연락처(전화번호나 이메일)를 꼭 남겨 주시기 바랍니다. 독자님의 의견에 대해 바로 답변을 드리고, 또 독자님의 의견을 다음 책에 충분히 반영하도록 늘 노력하겠습니다.

이 메 일 : support@youngjin.com
주   소 : 서울시 금천구 가산디지털2로 123 월드메르디앙벤처센터 2차 10층 1016호 (우)08505
등   록 : 2007. 4. 27. 제16-4189호

STAFF

저자 황두환 | **책임** 김태경 | **진행** 성민 | **본문 편집 · 디자인** 고은애 지화경 | **표지 디자인** 임정원

기계, 건축, 토목, 제조 등 산업 전반에 사용되고 있는 AutoCAD는 우리나라에서 가장 대중적인 설계 툴로써 제대로 다루지 못한다면 설계 관련 직종에서는 일을 하기가 어렵습니다. 그렇다 보니 많은 대학과 교육기관에서 수업을 편성하여 교육을 하고 있지만 짧은 시간과 많은 인원을 대상으로 교육이 진행되어 실무에서 바로 사용할 수 있는 수준에는 미치지 못하는 것이 현실입니다. 대부분의 학생이나 실무자들이 일을 하면서 AutoCAD를 익히고 많은 시행착오를 겪으면서 응용하고 활용하는 오랜 과정을 거치게 됩니다.

필자는 AutoCAD 사용자들에게 있어, 프로그램의 학습 시간을 줄이고 효율적으로 배워서 조금이나마 보탬이 될 수 있는 교재가 필요하다는 생각을 가지고 있었습니다. 그렇기 때문에 10년간의 강의와 실무 경험을 바탕으로 도면을 그려보면서 과정을 이해하고, AutoCAD의 시스템을 정확히 파악할 수 있는 교재를 집필하게 되었습니다.

명령을 익히는 것이 중심이 아니라, 명령을 응용하여 도면을 작성하고 실무에 필요한 기능을 스스로가 익힐 수 있도록 구성하였습니다. 본 도서가 많은 AutoCAD 입문자에게 있어 조금이나마 도움이 되길 바랍니다.

필자가 가지고 있는 지식과 경험을 한권의 책에 담을 수 있도록 발판을 마련해준 염병문, 최서룡, 강석거 선생님께 감사하며, 힘들고 어려운 시간 늘 같이해준 사랑하는 아내와 가족에게 감사의 마음을 전합니다.

황두환

미리보기

이 책은 AutoCAD 2014를 처음 사용하는 입문자들이 체계적으로 학습할 수 있도록 8개의 PART로 구성되어 있으며, 각각의 PART는 Lesson과 따라하기 형식의 Step으로 세분화되어 있습니다. 각 Lesson의 시작 부분에는 '기초탄탄' 코너를 마련하여 어떤 내용을 학습하게 되는지 살펴보고, 중요하게 사용하는 대화상자나 메뉴들의 기능들도 소개합니다. 'Tip', '문제해결' 코너에서는 따라하기 단계별 참고 내용을 소개하며, '연관 검색'에서는 복합적으로 학습하면 좋을 내용들의 위치를 안내합니다. 그럼 미리 보기 내용을 통해 AutoCAD 2014 더 쉽게 배우기를 간략하게 소개합니다.

Lesson
AutoCAD 2014의 다양한 기능을 Lesson으로 구성합니다.

Step
본격적인 학습 코너로써 따라하기 형식으로 구성하여 AutoCAD 2014의 기능을 쉽게 익힐 수 있도록 유도합니다.

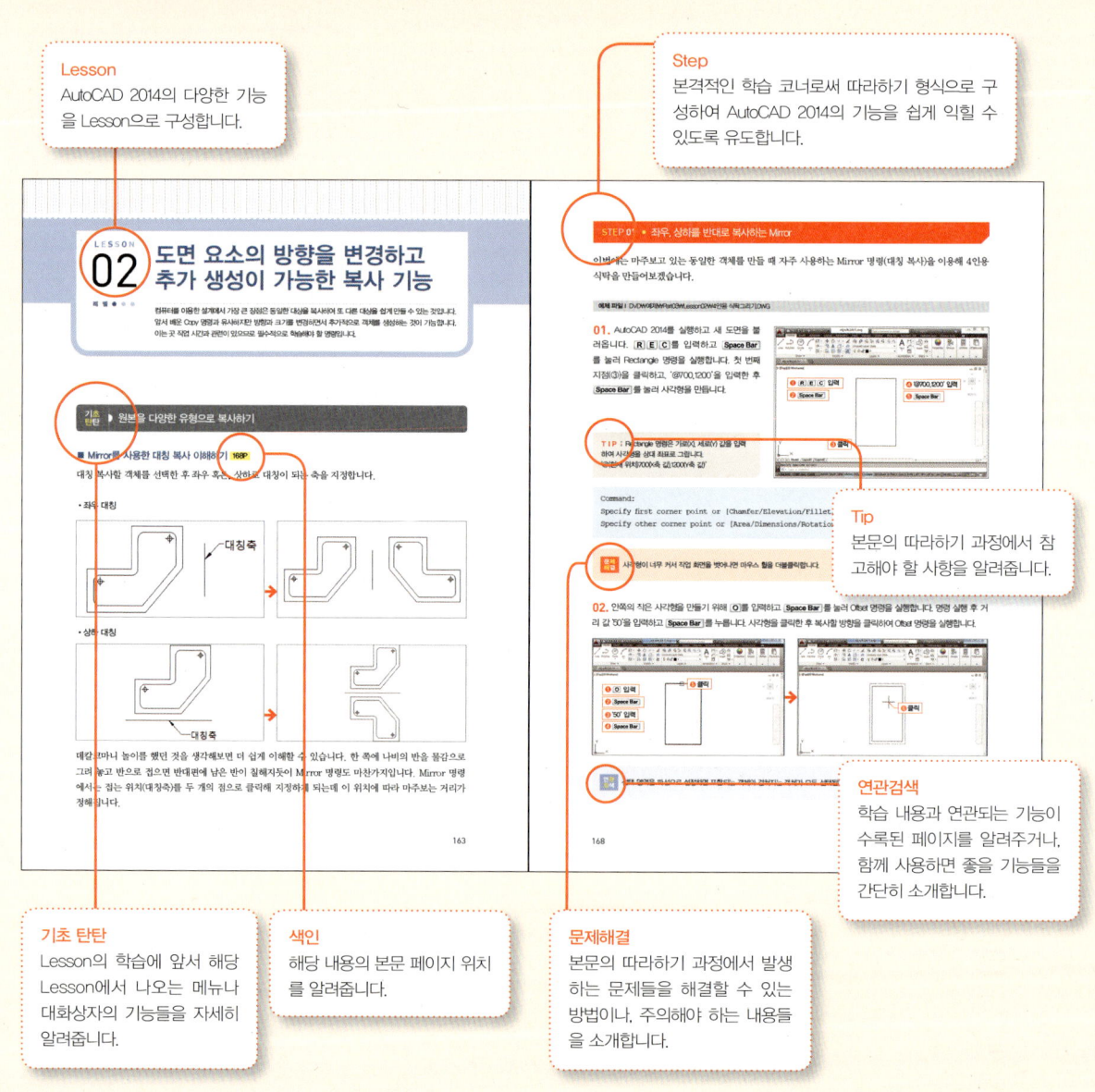

Tip
본문의 따라하기 과정에서 참고해야 할 사항을 알려줍니다.

연관검색
학습 내용과 연관되는 기능이 수록된 페이지를 알려주거나, 함께 사용하면 좋을 기능들을 간단히 소개합니다.

기초 탄탄
Lesson의 학습에 앞서 해당 Lesson에서 나오는 메뉴나 대화상자의 기능들을 자세히 알려줍니다.

색인
해당 내용의 본문 페이지 위치를 알려줍니다.

문제해결
본문의 따라하기 과정에서 발생하는 문제들을 해결할 수 있는 방법이나, 주의해야 하는 내용들을 소개합니다.

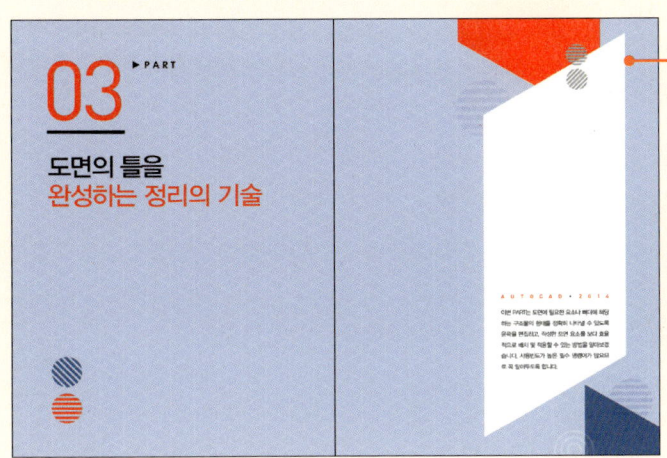

PART
총 8개의 PART로 구성되어 있으며, PART
의 시작 전에 배우게 될 내용을 간략하게
살펴봅니다.

실무에선 이렇게
본문의 학습 내용과는 별도로 실무 활용
팁이나 저자의 AutoCAD 2014 사용 노하
우를 소개합니다.

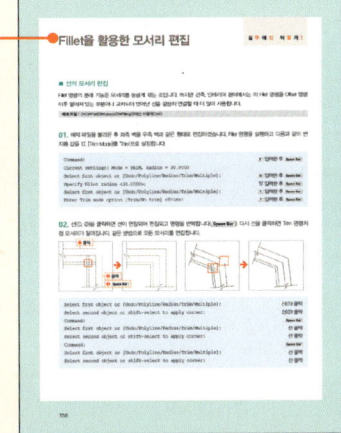
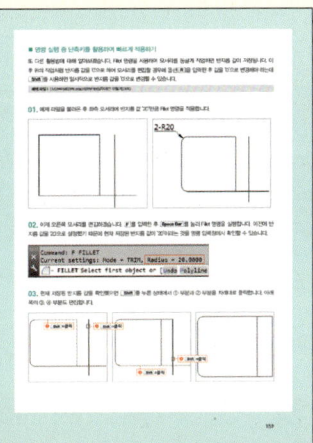

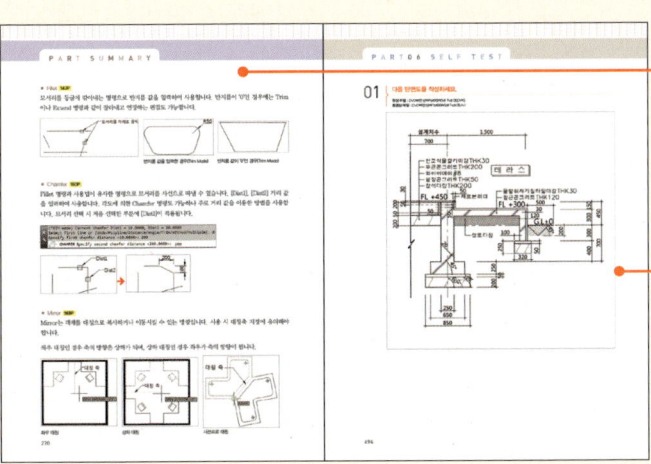

PART SUMMARY
PART에서 배운 AutoCAD 2014의 핵심 내
용들을 다시 한 번 복습할 수 있도록 간단
히 요약해서 소개합니다.

SELF TEST
PART에서 배운 내용을 바탕으로 문제를
풀어볼 수 있는 코너로써, 문제 풀이 과정
은 별도의 동영상으로 제공됩니다.

이 책의 구성

AutoCAD 2014를 쉽고 빠르게 학습할 수 있도록 구성되어 있는 'AutoCAD 2014 더 쉽게 배우기'의 PART별 구성을 간단히 소개합니다.

PART 01

건축과 인테리어 도면의 이해와 AutoCAD 2014의 시작

PART 01에서는 AutoCAD를 공부하기 전에 알아야 할 도면과 관련된 내용 및 준비해야 할 사항에 대해 알아봅니다. AutoCAD를 어떻게 배워서 무엇을 작성해야 하는지 알아보고 설치부터 환경, 운영 시스템 등을 정확히 파악하여 쉽고 빠른 도면 작성이 이루어질 수 있도록 합니다.

PART 02

실무 도면 작성을 위한 필수 기능 익히기

PART 02에서는 AutoCAD의 필수 기능을 사용하여 객체 그리기를 따라해보고, 응용 예제를 풀어봄으로써 명령어 사용법을 익힙니다. AutoCAD의 Drawing 시스템을 전반적으로 이해하고 도면 작성에 필수적인 명령을 배우는 곳이므로 하나하나 천천히 따라하면서 확실히 익히는 것이 중요합니다.

PART 03

도면의 틀을 완성하는 정리의 기술

PART 03에서는 도면에 필요한 요소나 뼈대에 해당하는 구조물의 형태를 정확히 나타낼 수 있도록 윤곽을 편집하고, 작성한 도면 요소를 보다 효율적으로 배치할 수 있는 방법을 알아봅니다. 작업 시 사용 빈도가 높은 필수 명령어가 많으므로 꼭 알아두도록 합니다.

PART 04

기타 드로잉 명령 및 유용한 편집 명령들

PART 04에서는 사용 빈도는 높지 않지만 도면 작업에 효율적이면서 유용한 명령에 대해 알아봅니다. 자주 사용하는 명령과 기능들은 반복적으로 사용하여 빠른 시간에 익힐 수 있고 시간이 지나도 잊히지 않지만, 사용이 많지 않은 기능들은 반복적으로 사용하지 않기 때문에 기능을 익히고 자유롭게 사용하기까지 더 오랜 시간과 연습이 필요합니다

PART 05

완벽하고 깔끔하게 정리된 도면의 완성 및 정리

AutoCAD에서 Layer(레이어)의 중요성은 아무리 강조해도 지나치지 않습니다. 레이어는 도면 요소 성격에 맞게끔 도면의 층을 분리해 작업을 할 수 있도록 도와주는 기능으로, 레이어를 만들어 작업하면 도면 작성을 하기도 편하고 관리 면에서도 손쉽기 때문에 반드시 학습하고 넘어가야 할 부분입니다.

부록 DVD

이 책에서 제공하는 부록 DVD에는 각 Part별 예제 파일과 완성 파일, 그리고 각 Part별 Self Test의 풀이 과정을 담은 동영상 파일이 수록되어 있습니다. 부록 DVD의 파일들은 내 컴퓨터에 복사한 후에 사용할 것을 권장합니다.

■ 예제 파일 사용법

부록 DVD의 각 Part별 폴더에는 각 Part별로 제공하는 예제 파일과 완성 파일이 수록되어 있습니다.

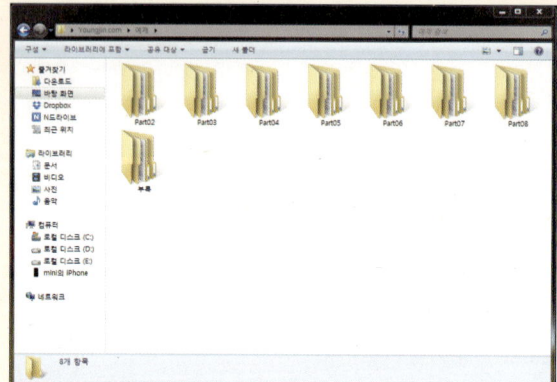
▲ 예제 파일 폴더

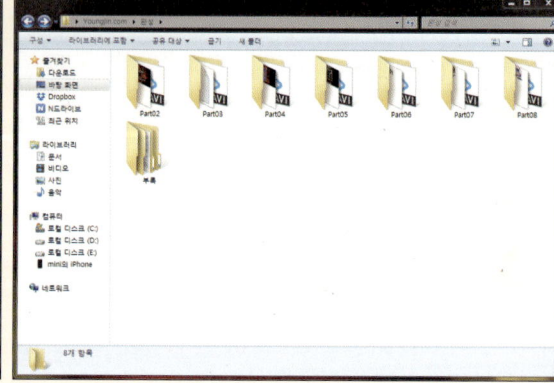
▲ 완성 파일 폴더

■ Self Test 동영상

부록 DVD의 완성 폴더에는 각 Part별 Self Test의 풀이 과정을 담은 동영상 파일이 수록되어 있습니다.

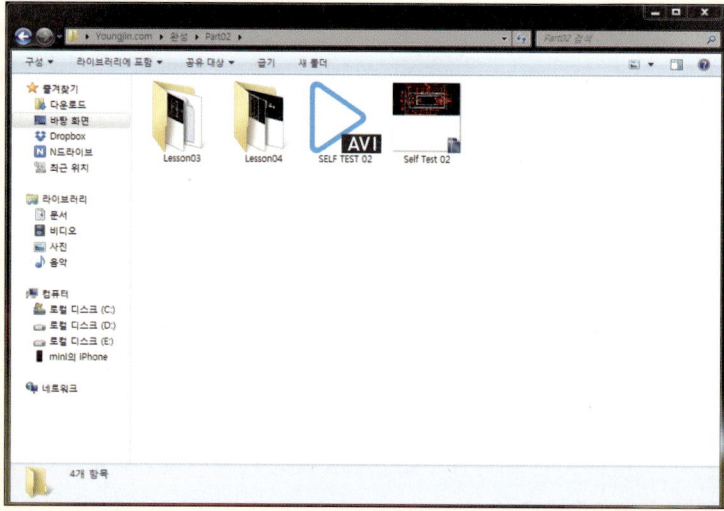

■ 홈페이지에서 부록 DVD 자료 다운로드 받는 법

이 책에서 제공하는 부록 DVD의 내용은 영진닷컴 홈페이지(www.youngjin.com)의 [고객센터]─[도서자료실/CD 다운로드] 게시판에서 검색 창에 도서명이나 키워드를 입력한 후 다운로드 받아 사용하실 수 있습니다.

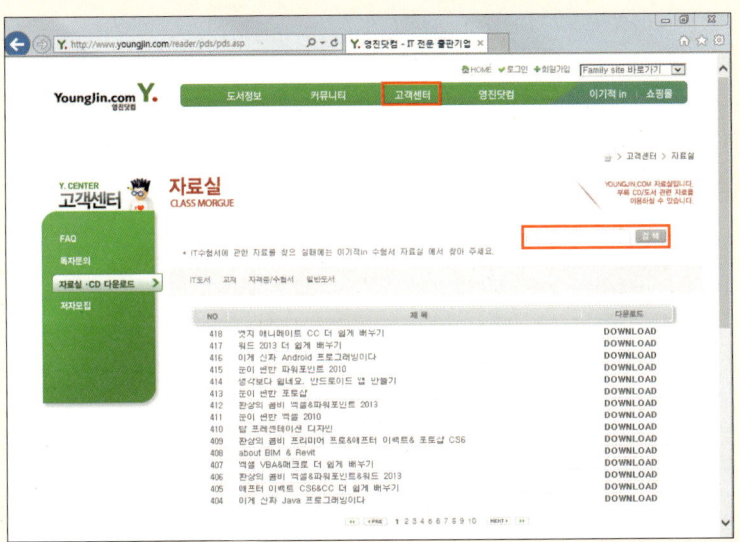

목차

PART
03

도면의 틀을
완성하는
정리의 기술

PART 04

기타 드로잉 명령 및 유용한 편집 명령들

PART 05

완벽하고
깔끔하게 정리된
도면의
완성 및 정리

PART
부록

국가기술 자격증
전산응용건축제
도기능사
취득하기

01

건축과 인테리어
도면의 이해와
AutoCAD 2014의 시작

AutoCAD를 공부하기 전에 알아야 할 도면과 관련된 내용 및 준비해야 할 사항에 대해 알아보겠습니다. AutoCAD를 어떻게 배워서 무엇을 작성해야 하는지 알아보고 설치부터 작업 환경, 운영 시스템 등을 정확히 파악해 쉽고 빠른 도면 작성이 이루어질 수 있도록 하겠습니다.

01

AutoCAD 2014 준비하기

AutoCAD는 미국 오토데스크(Autodesk)사의 설계 프로그램으로 분야와 직종에 따라 여러 제품군으로 나누어져 있습니다. 학습하게 될 프로그램인 AutoCAD는 많은 사용자들이 기계, 건축, 인테리어, 제품, 플랜트, 가구 등 다양한 직종에서 사용하고 있습니다. 학습을 위해 프로그램을 설치하고 구성에 대해 알아보도록 하겠습니다.

> ## 기초 탄탄 ▷ 오토데스크 홈페이지 알아보기

■ 다양한 정보를 얻을 수 있는 오토데스크 홈페이지

오토데스크 홈페이지에는 제품의 정보는 물론 최신 버전의 체험판을 무료로 제공하고 사용자들의 커뮤니케이션 등 다양한 서비스를 지원합니다. 다음과 같이 검색 창에 '오토데스크코리아'를 검색하여 홈페이지에 접속합니다.

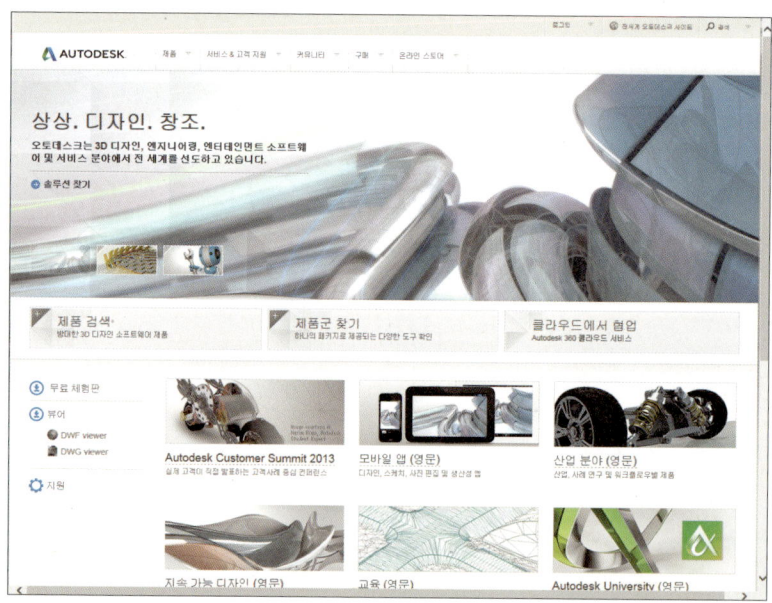

▲ 오토데스크 홈페이지

AutoCAD를 이용한 설계는 산업 전반에 널리 사용되고 있습니다. 어떤 분야에서 사용하는지 알아보도록 하겠습니다.

건축

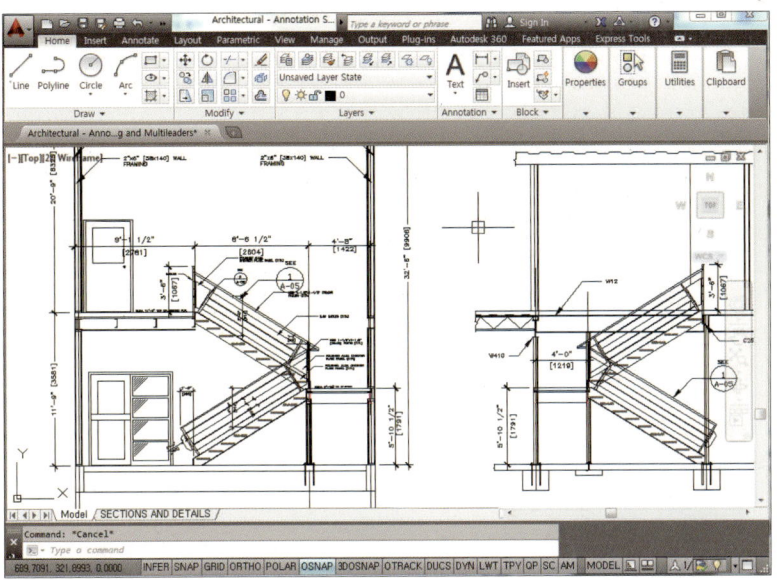

출처: AutoCAD 2009 설치 folder → Sample folder → Architectural – Annotation Scaling and Multileaders

인테리어

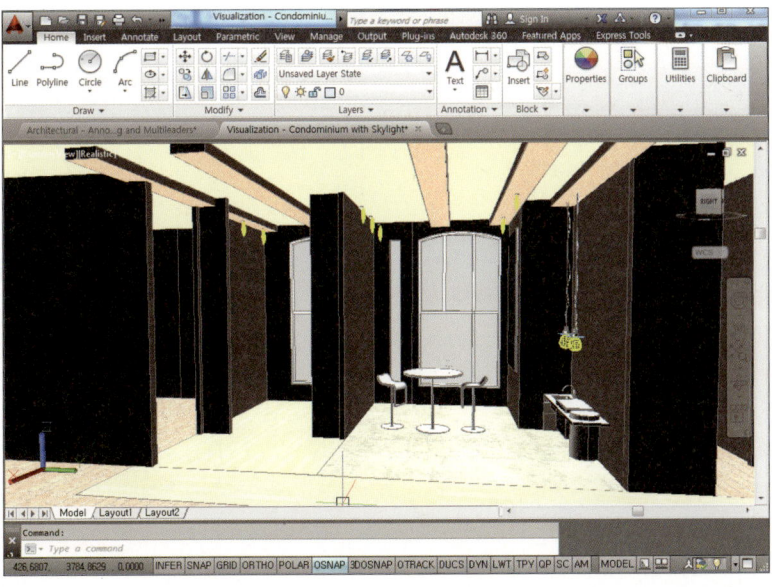

출처: AutoCAD 2009 설치 folder → Sample folder → Visualization – Condominium with Skylight

가구

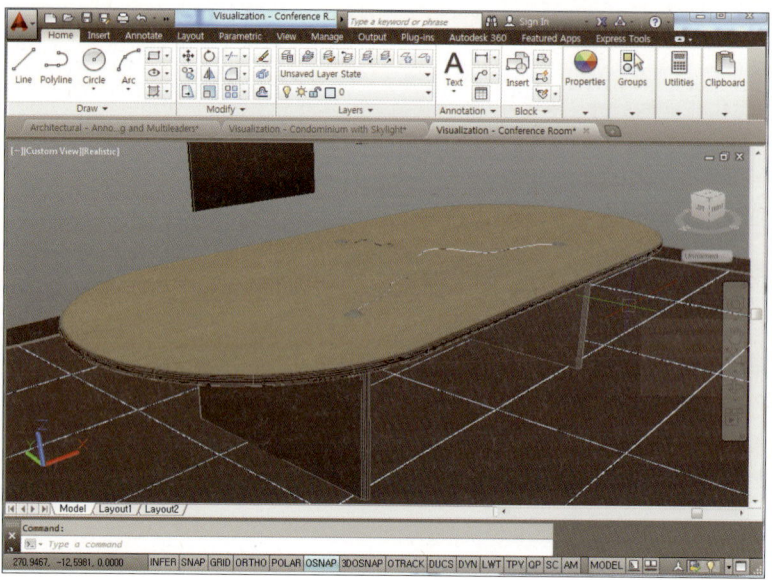

출처 : AutoCAD 2009 설치 folder → Sample folder → Visualization – Conference Room

기계/금형

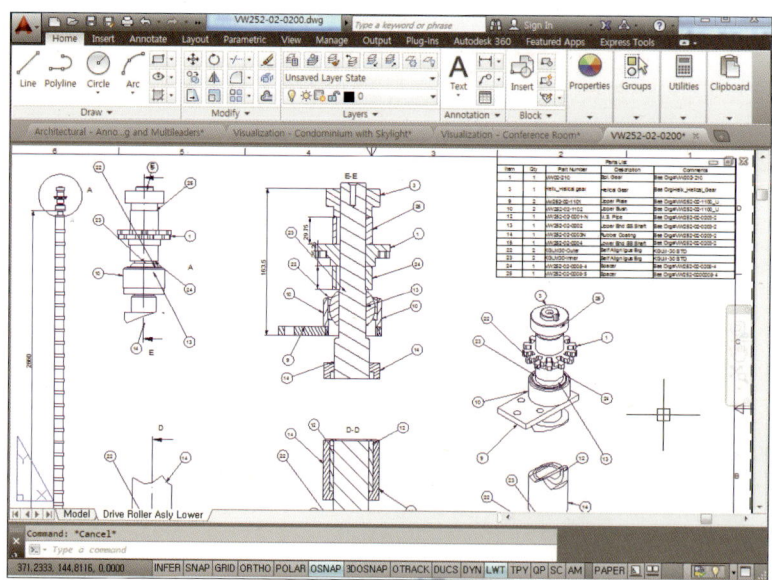

출처 : AutoCAD 2010 설치 folder → Sample folder → Sheet Sets → Manufacturing – VW252-02-0200

이외에도 전기/전자, 플랜트, 토목, 제품 등 여러 분야에서 폭 넓게 사용되고 있습니다.

AutoCAD 2014를 설치해 보겠습니다. 한글, MS-Office 등 다른 프로그램들과 큰 차이는 없습니다. 아래의 단계는 AutoCAD 2014이므로 다른 버전과는 약간의 차이가 있을 수 있습니다.

01. AutoCAD 2014 프로그램 DVD를 삽입한 후 'Setup' 파일을 더블클릭하면 다음과 같이 설치 화면이 나타납니다. 우측 하단의 [Install]을 클릭합니다.

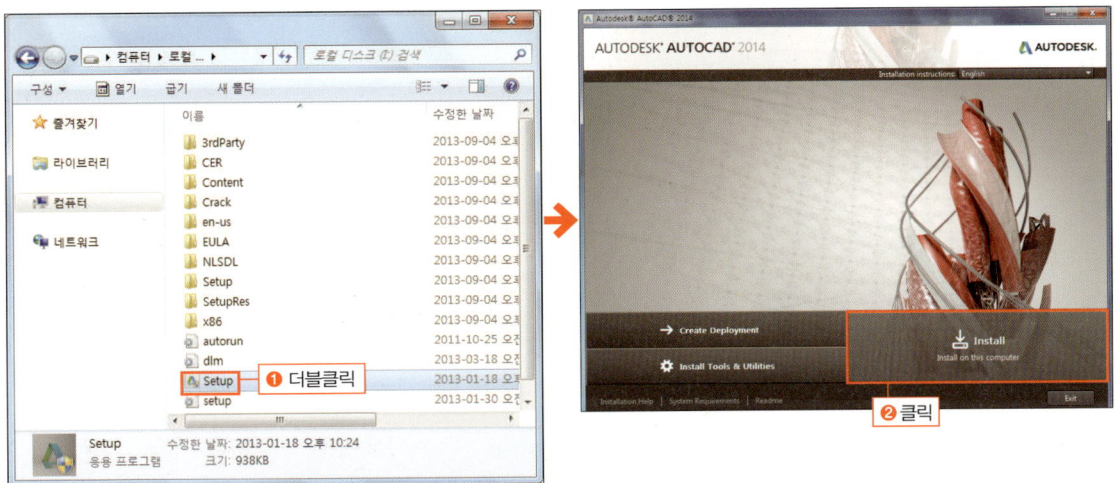

TIP : 프로그램이 없다면 오토데스크(Autodesk.com) 홈페이지에서 30일 체험판을 다운로드한 후 해당 폴더에서 'Setup' 파일을 더블클릭합니다.

02. 상단의 국가 선택이 'Korea, South'로 되어 있는지 확인한 후 우측 하단의 [Accept](동의)를 체크하고 [Next] 버튼을 클릭합니다.

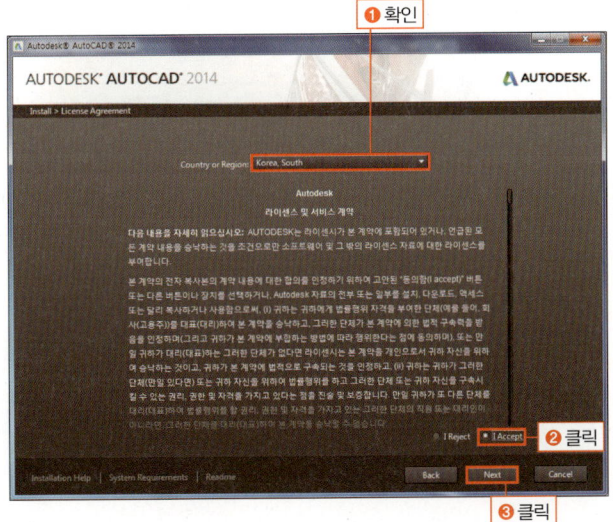

03. 상단의 [Product language](언어)는 'English', 아래의 [License Type](라이센스 유형)은 첫 번째 'Stand-Alone'(독립형)을 선택합니다. 다음 [Product Information]에서는 사용자 유형에 따라 달라집니다. 체험판 사용자는 첫 번째 항목의 [I want to try this product for 30 day](30일 체험판)를 체크하고, 정품 사용자는 두 번째 항목인 [I have my product Information]을 체크하고 구매한 제품의 'Serial number'(일련 번호)와 'Product key'(제품 키)를 입력한 후 [Next] 버튼을 클릭합니다.

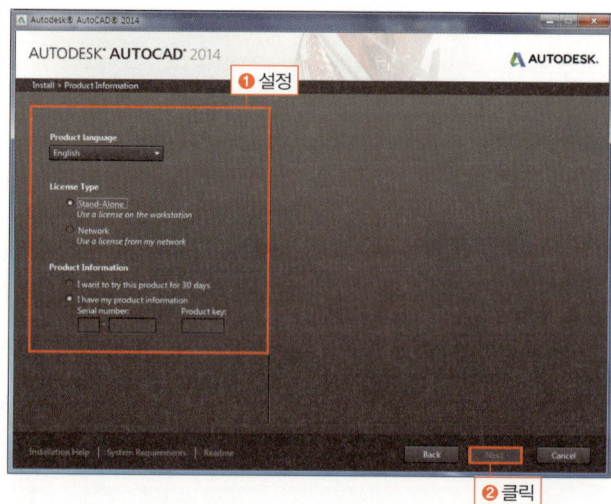

04. 설치할 제품을 확인하고 [Install] 버튼을 클릭합니다.

TIP : 처음 사용자는 'AutoCAD 2014'만 설치해도 됩니다.

05. 설치가 진행됩니다. 시간은 컴퓨터 사양에 따라 약 5분에서 30분 정도 소요됩니다. 설치가 완료되면 우측 하단의 [Finish] 버튼을 클릭하고 바탕 화면에서 'AutoCAD 2014' 실행 아이콘을 확인합니다.

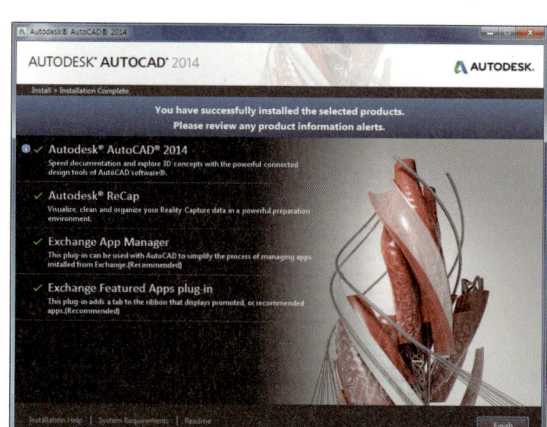

설치한 AutoCAD 2014를 실행해 전체적인 구성과 각 부분별로 어떤 기능을 가지고 있는지 살펴보고 사용하기 편리하도록 몇 가지 사항을 설정하겠습니다.

■ 작업 화면의 구성

바탕 화면의 'AutoCAD 2014' 단축 아이콘(🔺)을 더블클릭하여 실행합니다.

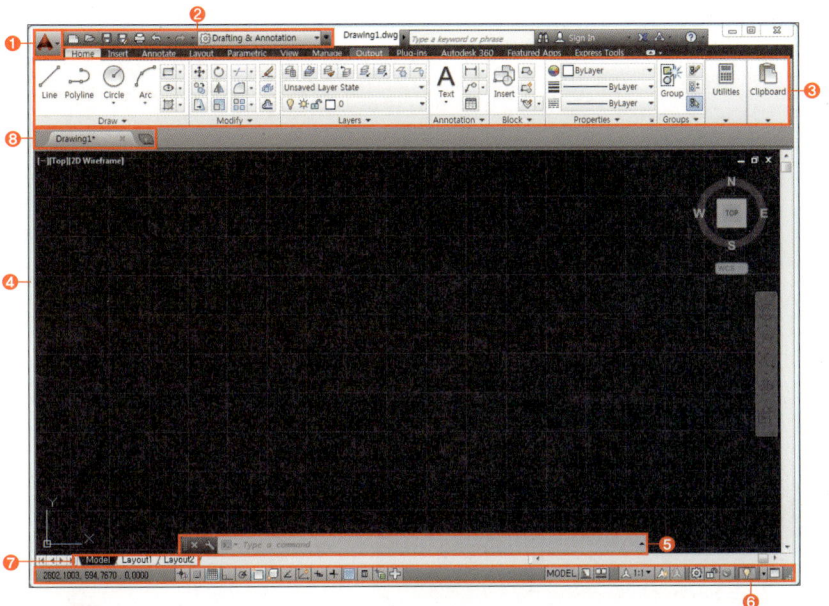

❶ 메뉴 브라우저(🔺)

아이콘을 클릭하면 저장, 열기, 내보내기, 출력과 관련된 기능을 사용할 수 있습니다.

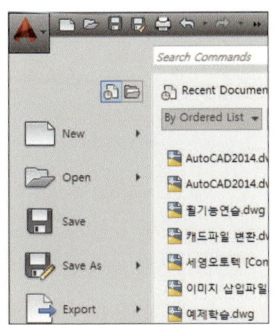

❷ 퀵 액세스 툴바와 Workspace

퀵 액세스 툴바는 자주 사용하는 기능들을 신속하게 사용할 수 있도록 좌측 상단에 막대 형태로 구성되어 있습니다. 우측의 [Workspace](⚙️Drafting & Annotation ▼)를 클릭하면 상황에 알맞은 작업 환경을 선택할 수 있습니다.

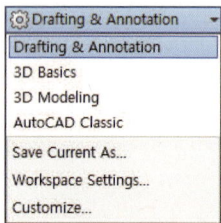

❸ 리본 메뉴

리본 메뉴는 AutoCAD 2009부터 추가된 부분입니다. [Home], [Insert], [Annotate], [Layout], [Parametric], [View], [Manage], [Output] 등 유형별로 메뉴들이 구성되어 있으며, 각 메뉴를 클릭하면 해당 메뉴의 기능으로 변경되어 나타납니다. 사용자들이 처음 AutoCAD를 학습할 때 어려워하는 명령어의 사용과 옵션 선택을 보다 쉽게 활용할 수 있습니다.

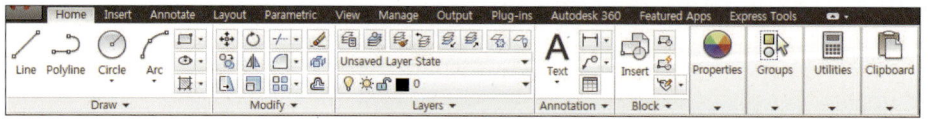

❹ 작업 공간

말 그대로 작업을 할 수 있는 공간입니다.

❺ 명령 입력창

명령어를 입력하거나 명령 실행 중에 옵션이나 진행 사항을 표시합니다.

❻ 상태 표시줄

상태 표시줄에서는 좌표 값, 보조 도구, 뷰 도구, 검색 도구 등 현재 적용된 작업 환경이 한눈에 보기 좋게 나열되어 있습니다. 어둡게 표시된 아이콘은 비활성화, 밝게 표시된 아이콘은 활성화된 것입니다.

❼ Model 공간과 Layout 공간 선택 탭

Model 공간에서는 설계 작업을 하고, Layout 공간에서는 도면을 작성한 후 출력 용지에 효율적으로 배치할 수 있습니다.

⑧ 작업 시트

현재 작업 중인 도면(파일)과 열려 있는 도면(파일)을 표시합니다. 우측의 ![+]을 클릭하면 새로운 작업 도면이 열립니다.

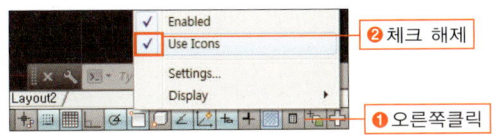

■ 환경 설정

AutoCAD 2014를 설치한 후 그대로 도면 작업을 할 수도 있지만 좀 더 편한 환경을 위해 설정을 변경하겠습니다.

01. 현재 상태 표시줄에 표시되는 아이콘 모양은 기능의 구분이 명확하지 않습니다. 그렇기 때문에 문자 형태로 변경을 하기 위해 마우스 포인터를 상태 표시줄에 위치시키고 마우스 오른쪽 버튼을 클릭한 후 [Use Icons]의 체크를 해제합니다.

02. 상태 표시줄의 기능을 학습하지 않은 상태이므로 모든 기능 비활성화하겠습니다. 파랗게 불이 켜진 아이콘을 모두 클릭하여 그림과 같이 비활성화합니다.

INFER	SNAP	GRID	ORTHO	POLAR	OSNAP	3DOSNAP	OTRACK	DUCS	DYN	LWT	TPY	QP	SC	AM

INFER	SNAP	GRID	ORTHO	POLAR	OSNAP	3DOSNAP	OTRACK	DUCS	DYN	LWT	TPY	QP	SC	AM

03. 그리고 명령 입력창을 하단에 위치시키기 위해 좌측 부분을 드래그하여 아래로 이동시킵니다. 부착 표시가 나타나면 마우스 버튼을 떼어 고정시킵니다.

▲ 명령 입력창이 고정된 모습

> **문제해결** **명령 입력창이 사라진다면?**
> 작업을 하면서 키 조작이 잘못되거나 명령 입력창을 이동시키면서 가끔 사라지는 경우가 있습니다. 이러한 경우에는 **Ctrl** + **9** 를 누르면 됩니다.

04. 이번에는 작업 공간의 배경색을 검은색으로 변경하겠습니다. 작업 공간에서 마우스 오른쪽 버튼을 클릭한 후 [Options]를 선택합니다.

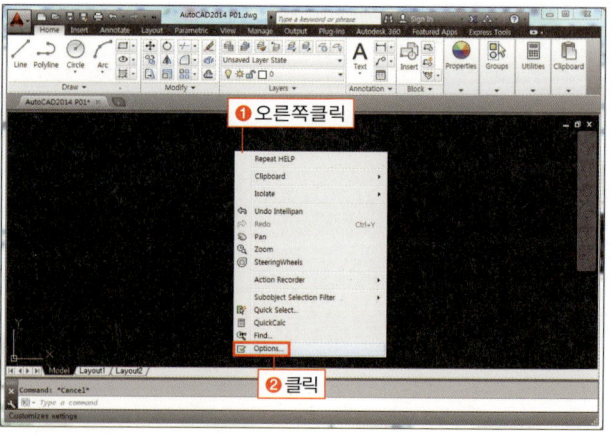

05. [Options] 대화상자가 나타나면 [Display] 탭으로 이동한 후 [Colors] 버튼을 클릭합니다. [Drawing Window Colors] 대화상자가 나타나면 [Color]에서 'Black'을 선택한 후 [Apply & Close] 버튼을 클릭한 후 [OK] 버튼을 클릭합니다. 이전의 색상보다 진한 검은색으로 변경된 것을 확인할 수 있습니다.

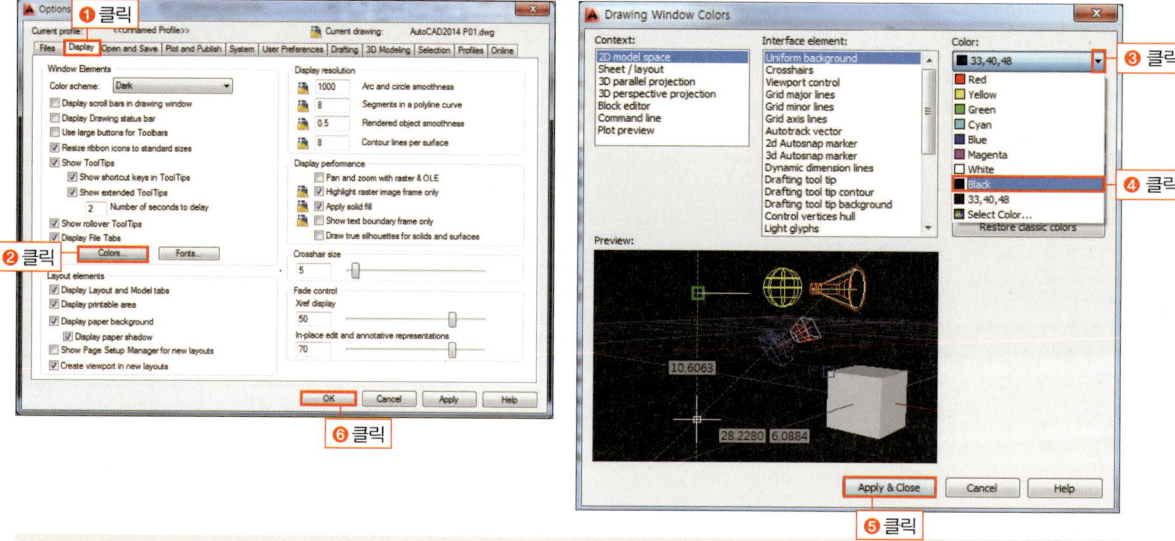

> **TIP :** 작업 공간(Draw Area)의 초기 설정은 '진한 회색'이지만, 사용자의 유형에 따라 작업 시 눈의 피로를 줄이고 명확한 색상 구분을 위해 '검은색'으로 작업하는 것이 좋습니다. 하지만 본 도서는 따라하기의 내용을 독자들에게 명확히 전달하기 위해 '흰색'으로 설정한 후 진행합니다.

06. 마지막으로 새 파일의 시작 유형을 '템플릿 선택'에서 '단위 선택'을 할 수 있도록 변경하겠습니다.
명령어 'Startup'을 입력한 후 **Space Bar** 를 누릅니다.

> **TIP :** 시스템 변수인 'Startup'은 AutoCAD 실행 시 도면의 시작 유형을 설정합니다.
> 프로그램 설치 시 기본 설정 값은 '0'으로 되어 있습니다.
> Enter new value for STARTUP ⟨0⟩: Select template(사용할 도면 양식을 선택)으로 시작.
> 새로운 도면을 시작하게 되면 'acadiso.dwt' 템플릿 파일을 기본 값으로 로드하여 시작합니다.
> Enter new value for STARTUP ⟨1⟩: Create New Drawing(새 도면 만들기)으로 시작.
> 영국식(inch), 미터법(mm) 선택으로 도면을 바로 시작합니다.

```
Command: STARTUP 입력 후 Space Bar
Enter new value for STARTUP <0>: 1 입력 후 Space Bar
```

07. 변경된 설정을 확인하기 위해 현재 파일 우측의 [아이콘]을 클릭하여 [Create New Drawing] 대화상자를 불러옵니다. [Imperial]을 체크하고 시작하면 작업의 단위가 Inch 단위, [Metric]을 체크하면 mm 단위로 새 도면이 시작됩니다. [Metric]을 체크하고 [OK] 버튼을 클릭합니다.

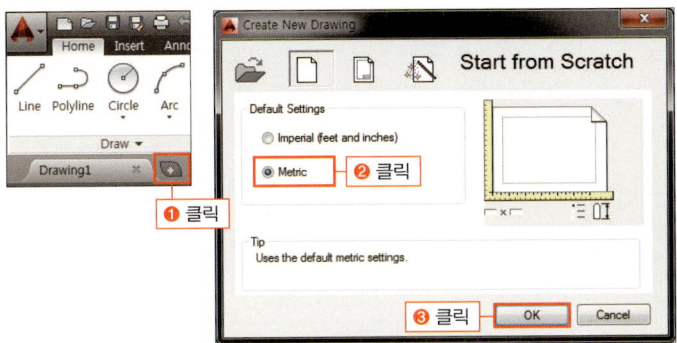

TIP :

도면을 새로 시작하는 방법은 07.의 내용처럼 [아이콘]을 클릭해도 되지만 AutoCAD 2013 버전까지는 버튼이 없으므로 단축 아이콘이나 명령어를 사용해야 합니다.

• 명령어 : N E W 입력한 후 Space Bar

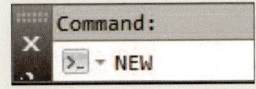

• 툴바의 [New]([아이콘])를 클릭합니다.

Workspace 설정(이전 버전의 Classic Mode)

AutoCAD의 기본 환경은 도스 버전을 제외한 R14부터 AutoCAD 2008까지 큰 변화가 없었습니다. AutoCAD 2009부터 리본 메뉴라는 것이 도입되면서 큰 변화를 가져 왔지만 공간을 많이 차지하고 이전 사용자들에게는 다소 번거로운 점이 있어 대부분의 실무자나 이전 버전 사용자들은 과거의 작업 환경을 선호하는 경향이 있습니다. Workspace를 통해 이전 버전의 작업 환경으로 변경하는 방법에 대해 알아보겠습니다.

좌측 상단의 [Workspace] Drafting & Annotation 를 클릭하여 작업 환경을 변경합니다. 다른 환경도 확인해 볼 수 있도록 합니다. 본 교재의 진행은 AutoCAD를 처음 사용하는 사람들을 위해 'Drafting & Annotation'으로 진행하겠습니다.

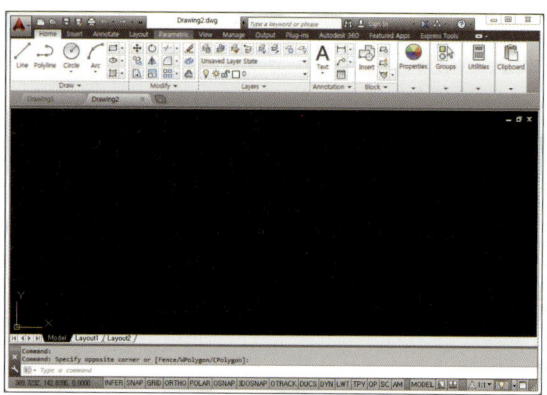

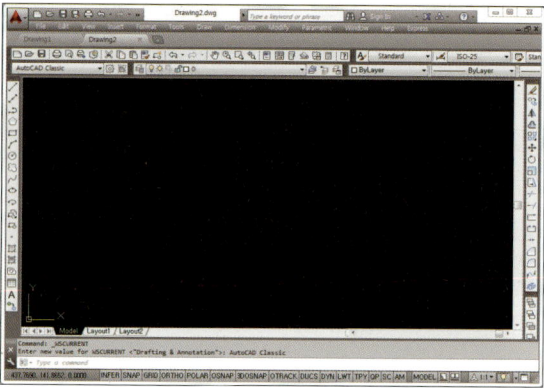

TIP : Workspace를 통해 작업 환경이 변경되면 화면 구성도 바뀌고 일부 명령이 실행되는 과정과 방법도 변경이 됩니다. 본 도서는 리본 메뉴를 기본으로 진행하지만 이전 버전 사용자를 배려하여 명령 입력창과 같이 설명하므로 문제없이 학습할 수 있을 것입니다.

02 본격적인 작업 전에 반드시 알아야 할 것

레 벨 ● ● ●

AutoCAD의 핵심은 명령어 실행의 원리, 원칙을 확실히 이해하는 것입니다. 명령어 하나하나를 배운다기보다 전체적인 시스템을 이해하는 것이 중요합니다.

기초 탄탄 ▶ **AutoCAD 사용에 필요한 필수 용어와 커서(Cursor)의 형태**

■ 명령어 사용에 필요한 용어

어떤 명령이든 실행하게 되면 명령 사용에 필요한 옵션이나 지시 사항이 명령 입력창(Command line) 이나 화면에 나타납니다. 표시되는 용어를 해석하여 작업을 진행할 수 있도록 자주 나오는 용어에 대해 서 알아보겠습니다.

1. 위치 지정 관련 용어

예〉 Line−선 그리기
First point: 첫 번째 점(위치)
Next point: 다음 점(위치)

예〉 Text−문자 쓰기
Start point: 시작 점(위치)

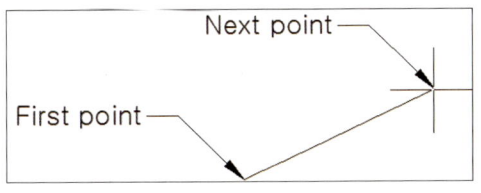

예〉Rotate−회전
Base point: 기준 점(위치)

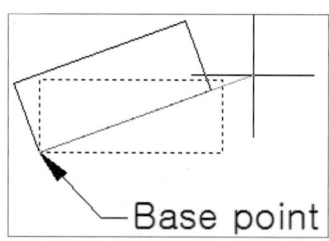

예〉Rectangle−사각형
Corner point: 구석 점(위치)

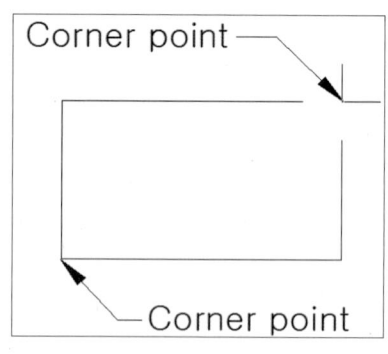

예〉Hatch−해치(패턴 넣기)
Pick point: 점 선택(위치, 영역)

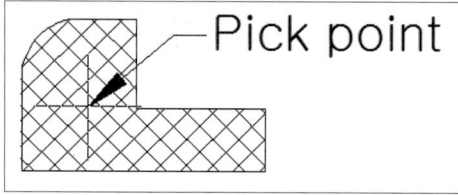

2. 수치 입력 관련 용어

Radius: 반지름

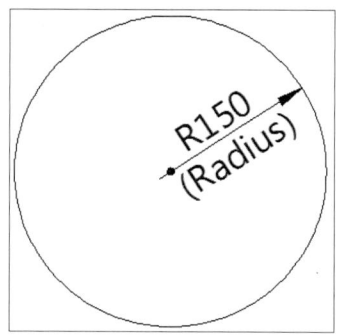

Diameter: 지름

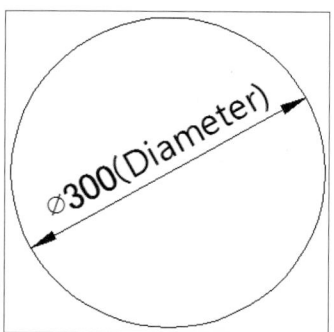

Dist(Distance): 거리

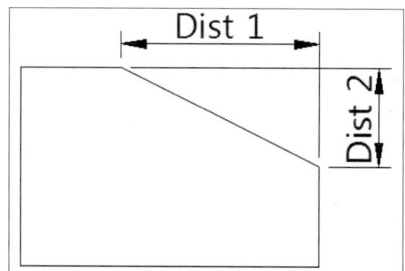

Length: 길이

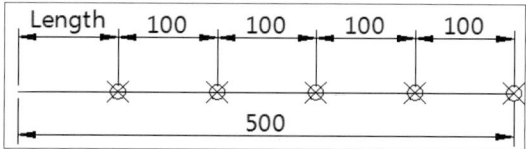

Angle: 각도

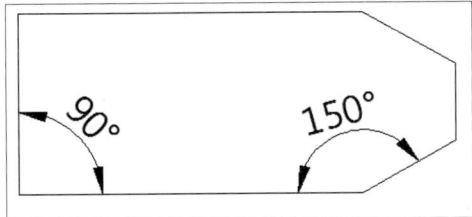

Number: 수량

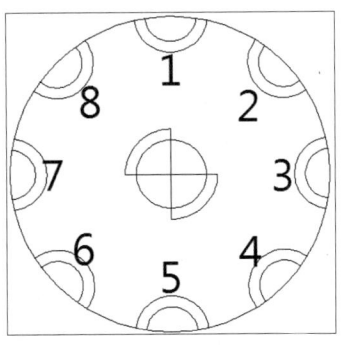

Height: 높이

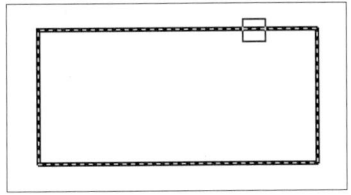

3. 선택 관련 용어

Select Objects: 객체 선택

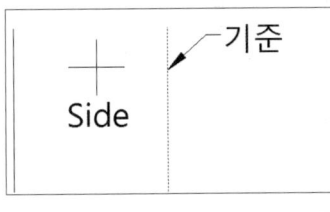

4. 방향 관련 용어

Side: 기준으로 부터의 위치

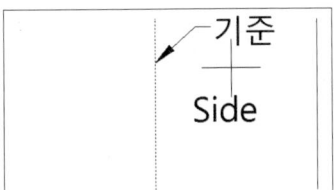

33

rows: 행, columns: 열

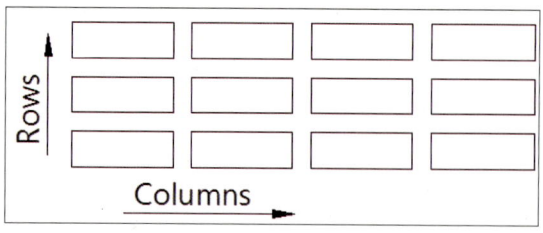

■ 커서(Cursor)의 형태

AutoCAD에서 볼 수 있는 커서의 형태는 4가지입니다. 어떤 작업을 진행하느냐에 따라 커서의 모양이 달라지는데 명령 입력창의 뜻을 알지 못하더라도, 커서 형태를 보고 어떤 형태로 작업이 이루어져야 하는지 판단할 수 있습니다.

1. 십자 커서

 십자 커서는 현재 커서의 좌표 위치를 알려주는 기본 커서입니다. 이 커서로 객체(선, 호, 원 등)를 클릭하면 객체에 Grip이라는 작은 상자가 나타나며, 이후에 다양한 작업이 가능합니다.

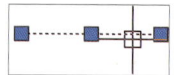 Grip 상태를 취소하려면 **Esc** 를 눌러 원래 상태로 돌아가고, **Delete** 를 누르면 선택한 객체가 삭제됩니다.

객체 선택 시

2. 위치 지정 커서

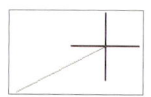 이 커서는 명령에 필요한 위치를 지정해야 할 때 바뀌게 됩니다. 마우스를 사용하여 클릭하면 현재 커서의 위치가 지정됩니다.

사용 시

3. 객체 선택 커서

이 커서는 명령에 필요한 객체(선, 호, 원 등 어떤 대상)를 선택할 때 마우스를 사용하여 클릭하면 선택한 객체가 파선으로 표시됩니다.

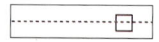

사용 시

4. 윈도우 커서

이 커서는 상단의 리본 메뉴나 단축 아이콘 등 윈도우와 관련된 대화상자로 이동할 경우에 나타납니다.

AutoCAD 작업은 짧은 시간에 끝나는 경우보다 오랜 시간 컴퓨터 앞에 앉아 있게 됩니다. 그러므로 작업하는 자세와 습관에 따라 작업 속도와 피로도가 달라지게 됩니다. 처음에는 약간 불편하더라도 시간이 지날수록 큰 차이가 있으니 올바른 자세로 작업할 수 있도록 해야 합니다.

01. 처음 AutoCAD를 사용하거나 초보자인 경우에 왼손을 쓰지 않는 경우가 많이 있습니다. 왼손으로는 단축키 사용이나 수치 값을 입력하고, 긴 장문이 아닌 이상 대부분의 키 조작은 왼손으로 하면서 엄지손가락으로 Space Bar 를 누르면 좋습니다.

02. 오른손으로는 마우스를 잡습니다. 마우스 왼쪽 버튼 위에는 검지, 오른쪽 버튼 위에는 중지를 올려놓고 검지로 왼쪽 버튼과 휠을 조작할 수 있도록 합니다.

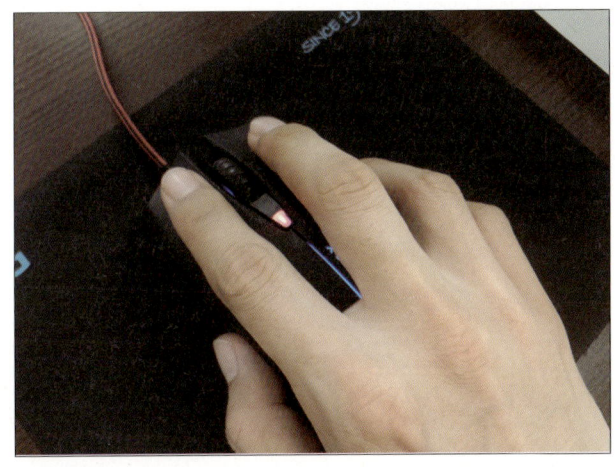

TIP :

AutoCAD는 마우스의 휠 버튼이 많이 사용합니다. 휠을 누른 상태로 드래그, 휠을 더블클릭하는 횟수가 상당히 많으므로 마우스 휠이 둥근 것 보다 납작한 것을 사용하는 것이 좋습니다. 둥근 것을 오래 사용하면 검지손가락이 아플 수 있습니다.

일반 휠

둥근 것(X)

광폭 휠

납작한 것(O)

AutoCAD가 다른 프로그램과 가장 큰 차이점은 명령 입력창이 있다는 것입니다. 어떠한 작업이나 명령을 실행하면 명령 입력창은 진행 상태나 정보를 문자로 표시해 사용자에게 전달합니다. 그렇기 때문에 사용자는 작업을 하면서 오류 없이 다음 단계로 진행할 수 있습니다.

01. 사용자가 선을 그리겠다는 명령(Line)을 실행하면, AutoCAD는 선의 시작점인 '첫 번째 점'이 어디인지 다음 작업을 요구합니다.

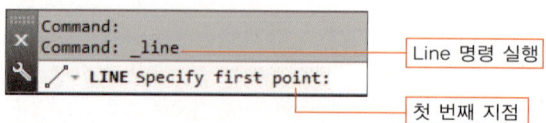

Line 명령 실행

첫 번째 지점

02. 사용자가 시작점을 지정하면, AutoCAD는 '선의 다음 점'이 어디인지 다음 작업을 요구합니다.

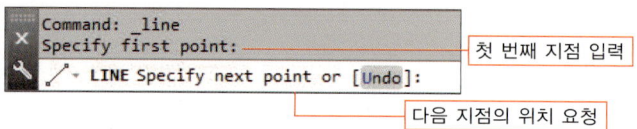

첫 번째 지점 입력

다음 지점의 위치 요청

03. 다시 사용자가 원(Circle)을 그리겠다는 명령을 실행하면, AutoCAD는 원의 중심점이 어디인지 다음 작업을 요구합니다.

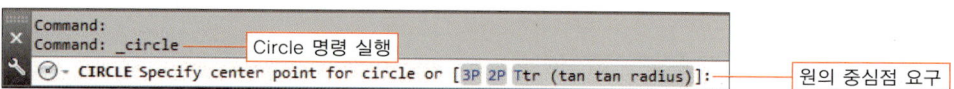

Circle 명령 실행

원의 중심점 요구

04. 사용자가 원의 중심점을 지정하면, AutoCAD는 '원의 반지름' 값이 얼마인지 요구합니다.

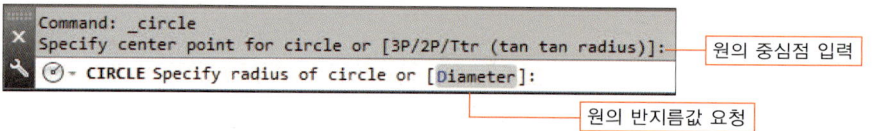

원의 중심점 입력

원의 반지름값 요청

이렇게 작업이 진행되므로 처음에는 명령 입력창을 잘 보면서 작업을 하면 어렵지 않게 진행할 수 있을 것입니다. 지금은 이해하는 정도로만 하면 됩니다.

AutoCAD에서 사용하는 다양한 포맷(파일 유형)에 대해 알아보도록 하겠습니다.

1. DWG

AutoCAD에서 작성된 도면을 벡터 형식으로 저장한 AutoCAD 표준 파일 형식으로 버전별로 하위 호환은 되지만 상위 호환은 되지 않습니다.

02. DWT

도면을 작성할 수 있는 템플릿 파일로 지정된 규격(용지 크기)으로 작성된 도면 양식입니다.

03. DWF

DWG 파일에서 작성된 도면을 압축한 파일 형식으로 웹에 게시하거나 웹에서 보기가 쉽습니다.

04. DXF

다른 포맷으로 변환이 가능한 파일입니다.

05. AutoCAD 버전별 포맷 유형

AutoCAD는 동일한 파일 확장자(DWG)를 사용하지만 상위 호환이 되지 않으므로 저장 시 주의해야 합니다.

- AutoCAD 2000~2002 : AutoCAD 2000 포맷
- AutoCAD 2004~2006 : AutoCAD 2004 포맷
- AutoCAD 2007~2009 : AutoCAD 2007 포맷
- AutoCAD 2010~2012 : AutoCAD 2010 포맷
- AutoCAD 2013~2014 : AutoCAD 2013 포맷

TIP :

동일한 파일로 저장을 2회 이상하게 되면 저장된 파일 이외에 '*.bak' 파일이 생성됩니다. 이 파일은 백업 파일로써 원본이 삭제되거나 손상될 경우에 사용할 수 있습니다. '*.dwg' 파일로 변경하는 방법은 파일을 선택한 후 'bak' 확장자를 'dwg'로 변경하면 됩니다. '*.bak' 파일 생성이 필요치 않을 경우 [Options] 대화상자에서 다음과 같이 [File Safety Precautions]의 두 번째 항목인 [Create backup copy with each save]를 해제합니다.

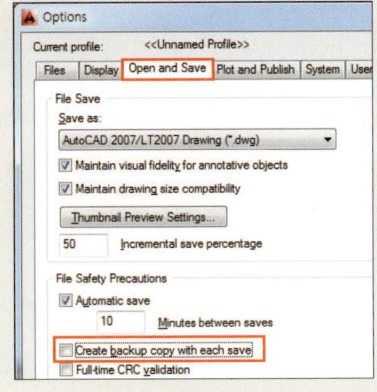

건축 도면 작성에 필요한 설정

앞서 AutoCAD의 작업 환경과 주요 구성 요소에 대해 살펴보았습니다. 설정 그대로 작업을 해도 무방하지만 작업자의 유형이나 도면 유형에 따른 구체적인 설정이 필요합니다. 일반적으로 많이 변경하는 부분에 대해 추가적인 설정을 해보겠습니다.

01. 객체를 선택할 때 사용하는 커서의 크기가 너무 작습니다. 약간 크게 변경하기 위해 작업 공간에서 마우스 오른쪽 버튼을 클릭한 후 [Options]를 선택합니다.

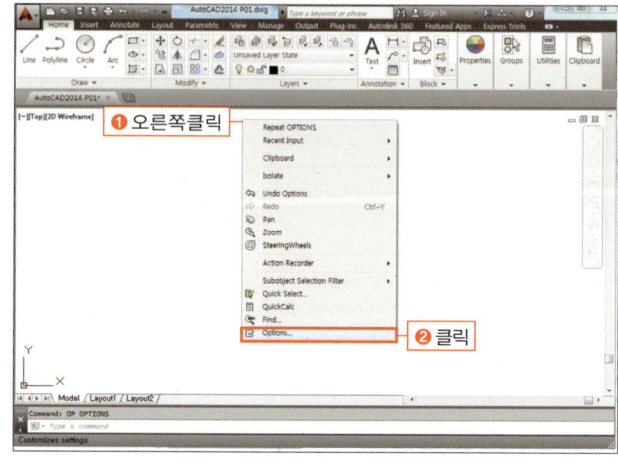

02. [Options] 대화상자가 나타나면 [Selection] 탭으로 이동합니다. [Pickbox size]의 슬라이더를 그림과 같이 중간 정도로 설정합니다.

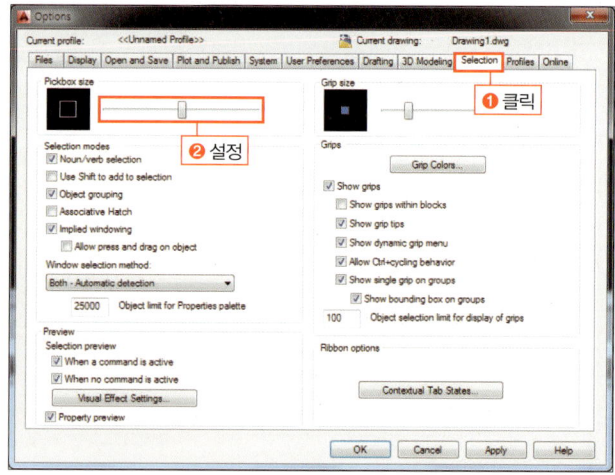

03. 이후 다음 설정을 위해 [Open and Save] 탭을 클릭합니다. 저장 시 기본 포맷을 변경하기 위해 [Save as]에서 'AutoCAD 2007/LT2007 Drawing(*.dwg)'를 선택한 후 [OK] 버튼을 클릭합니다. 변경된 사항은 프로그램을 종료하고 다시 실행해도 변함이 없습니다.

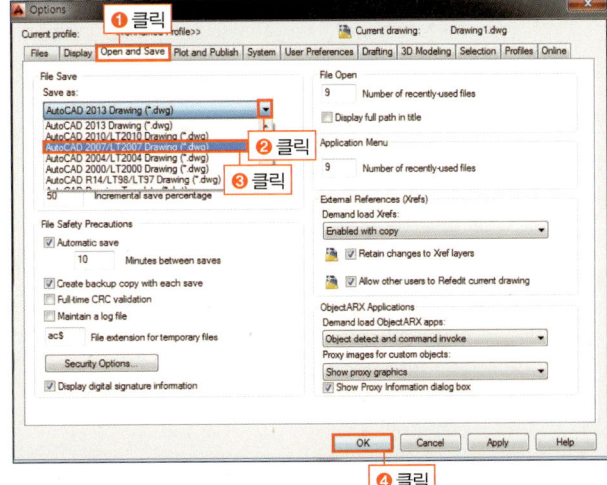

문제해결 저장 포맷은 변경하지 않아도 되지만 저장된 파일을 다른 버전의 AutoCAD에서 불러올 경우에 상위 버전의 포맷은 열리지 않습니다. [Options] 대화상자에서 변경하지 않고 저장할 때도 포맷 유형을 변경할 수 있습니다.

TIP :

작업 시 정상적으로 종료하지 않고 비정상적(전기, 오류, 플러그)으로 AutoCAD가 종료되면 작업 중인 파일을 자동으로 저장하는 AutoSave 기능을 지원합니다.

• 저장 시간 간격 설정

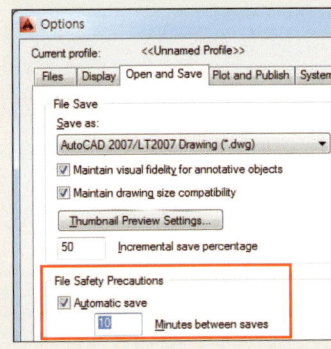

• 저장 경로 확인 및 설정

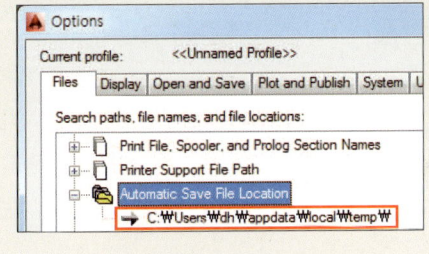

어떤 프로그램이든 사용자에 따라서 쉽게 익힐 수 있을 수도 있고, 반대로 어렵게 익힐 수도 있습니다. 하지만 반드시 프로그램의 전반적인 시스템과 명령어의 실행 과정을 이해해야 합니다. 처음엔 누구나 다 어렵습니다. 현장의 실무자도 쉽게 지식과 기능을 익히지는 못했을 것입니다. 익숙하지 않고, 느리고, 어렵고, 실수하고, 당연한 것입니다. 하지만 꾸준한 연습과 노력이 있다면 인터넷 서핑보다 쉽게 AutoCAD를 사용할 수 있을 것입니다.

1. 명령어와 명령 입력창

AutoCAD의 활용은 명령의 입력에서 시작해 옵션을 통해 수치 입력이나 값을 설정하여 작업을 완료합니다. 이 모든 사항은 명령 입력창을 통해 확인하고 정보를 입력해야 합니다. 사용자는 반드시 명령 사용의 과정을 암기하지 말고, 명령 입력창을 계속 확인하면서 올바른 정보를 입력할 수 있어야 합니다.

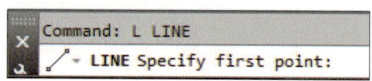

2. 명령의 실행

명령은 다양한 방법으로 실행할 수 있습니다. '리본 메뉴, 명령어, 단축키' 어떤 방법으로 사용하던지 정답은 없습니다. 사용자의 특성에 맞게 작업 내용에 적합한 방법으로 진행하면 됩니다.

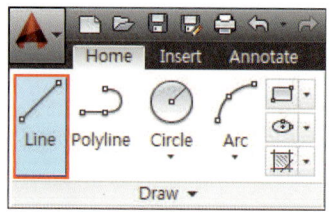

리본 메뉴의 [Line]

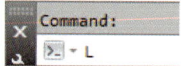

Line 명령의 단축키: L

3. 학습의 유지

본 도서의 내용을 학습한 이후에도 업무에 활용하기 전까지 반복적인 도면 연습을 규칙적으로 해야 합니다. 학습 기간과 프로그램의 사용 기간이 짧을수록 잊어버리는 기간도 빨라집니다. 새로운 것을 배우는 것보다 배운 것을 유지하는 것이 더 중요합니다.

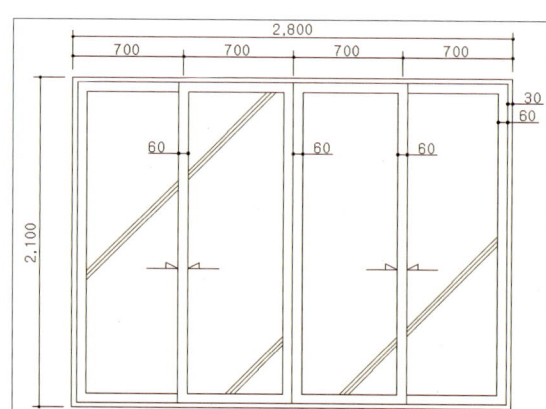

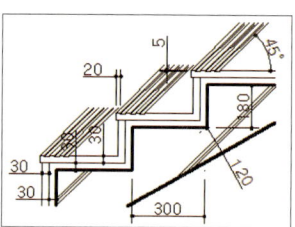

01 〉 다음 용어를 해석하세요.

- First point:
- Next point:
- Start point:
- Base point:
- Pick point:
- Corner point:
- Radius:
- Diameter:
- Distance:
- Length:
- Angle:
- Heigth:
- AutoCAD로 작성된 벡터 형식의 표준 파일 확장자는?
- AutoCAD 시스템 전반을 설정하는 기능은?

02

실무 도면 작성을 위한
필수 기능 익히기

이번 PART에서는 AutoCAD의 필수 기능을 사용하여 객체를 따라하면서 작성해 보고 응용 예제를 풀어봄으로써 명령어 사용법을 익히고 Drawing 시스템을 전반적으로 이해할 수 있도록 합니다. 도면 작성에 있어서 필수적인 명령이므로 하나하나 천천히 따라하면서 확실히 익히는 것이 중요합니다.

LESSON
01

Zoom, Pan으로 평면도 살펴보기

레벨 ● ● ●

본격적인 작업을 하기 전에 마우스 사용 방법과 기능을 알아보겠습니다.

기초탄탄 ▶ 마우스 휠 버튼의 활용

■ 도면 확대와 축소(Zoom) `47p`

마우스 휠을 위, 아래로 돌려주면 작성된 도면을 확대하거나 축소하여 볼 수 있습니다.

예제 파일 | DVD₩예제₩Part02₩Lesson01₩샘플도면.DWG

도면 확대하기(휠을 위로 돌리기)

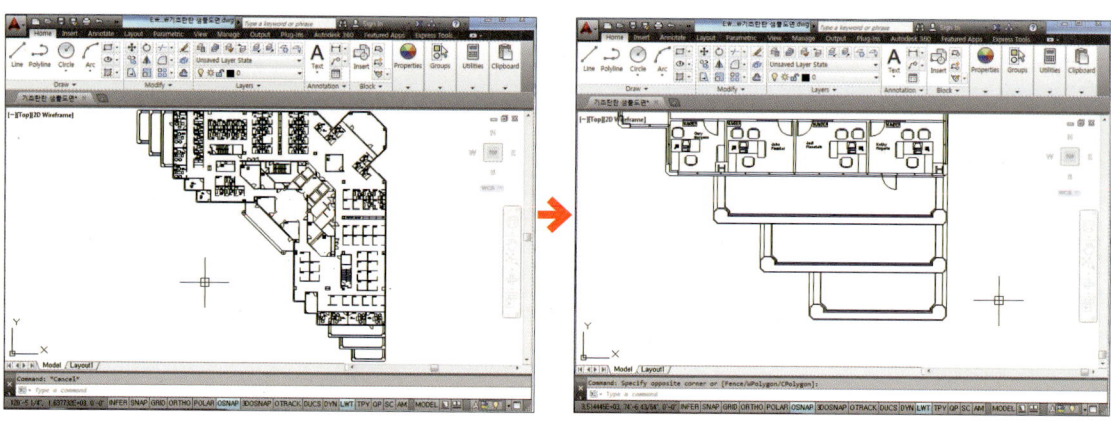

도면 축소하기(휠을 아래로 돌리기)

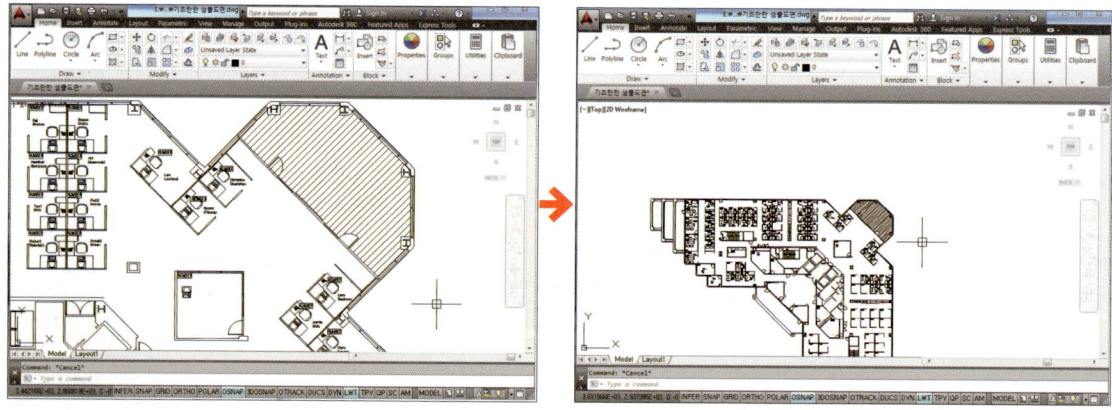

■ 작업 영역의 이동(Fan) 48p

마우스 휠을 돌리지 않고 누른 상태로 움직이면 도면의 위치를 자유롭게 이동할 수 있습니다.

작업 화면을 좌측으로 이동(휠 버튼을 누른 상태로 우측으로 드래그)

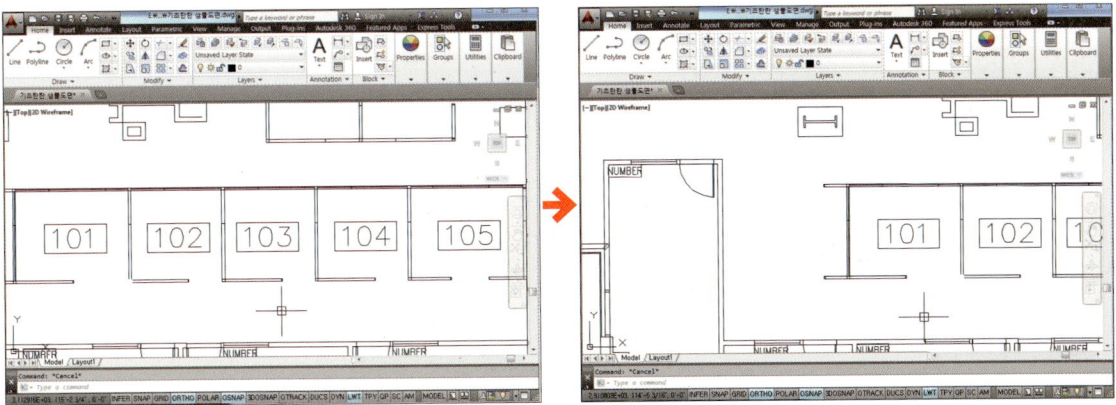

작업 화면을 우측으로 이동(휠 버튼을 누른 상태로 좌측으로 드래그)

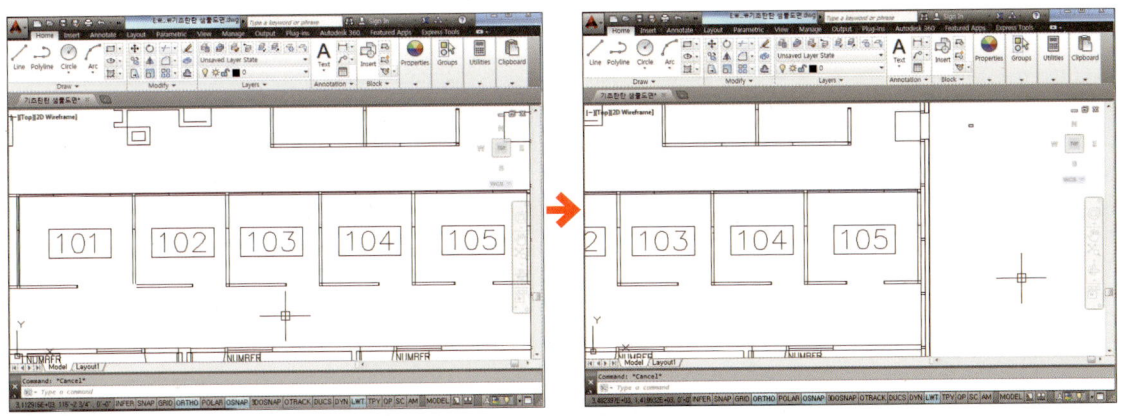

TIP : 휠의 확대/축소의 속도를 설정할 수 있습니다. 명령어 'Zoomfactor'를 입력한 후 Space Bar, 기본값 '60'을 기준으로 낮으면 느려지고 높으면 빨라집니다. 최소값은 '3', 최대값은 '100'입니다.

■ 도면 크기를 작업 화면에 맞추기

작게 보이는 도면을 화면 크기에 맞게 조정하거나, 너무 커서 화면 밖으로 벗어난 도면을 화면 크기에 맞게 설정할 수 있습니다.

작은 도면을 화면에 맞춤(휠 버튼을 더블클릭)

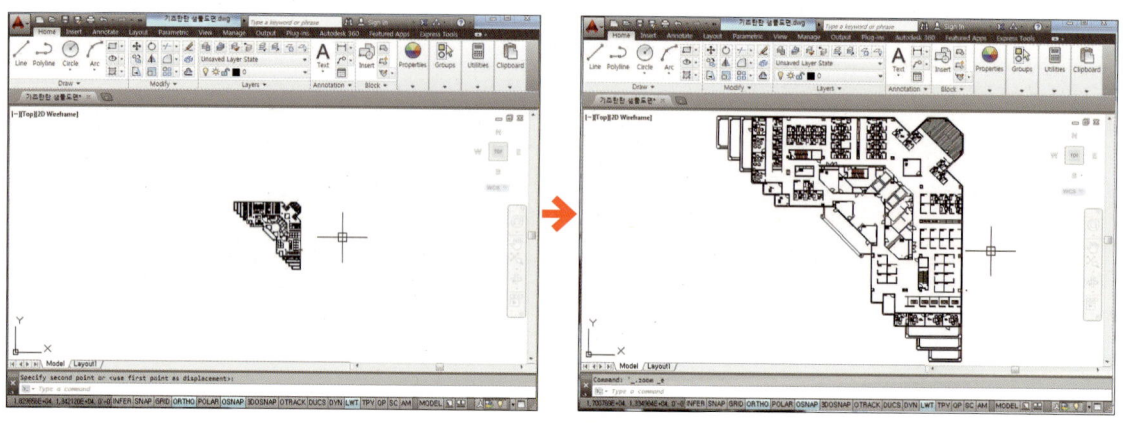

큰 도면을 화면에 맞춤(휠 버튼을 더블클릭)

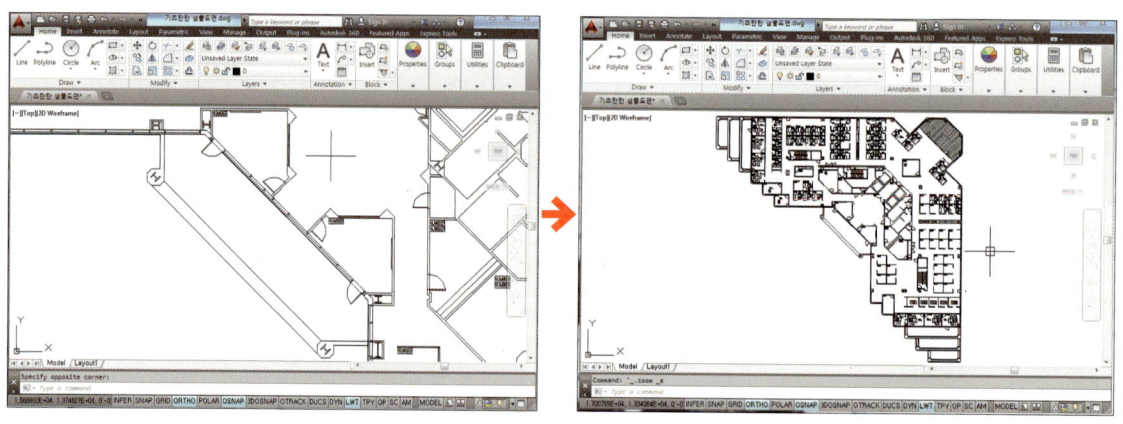

마우스 휠은 작업 화면의 크기와 위치를 제어할 수 있는 아주 중요한 기능입니다. 그렇기 때문에 휠을 자신의 손처럼 자유롭게 사용할 수 있도록 익혀야 합니다.

AutoCAD로 도면 작성 시 마우스 휠을 이용하면 작업 화면의 확대와 축소, 이동(Pan)을 할 수 있습니다. 휠 사용이 원만하지 않으면 작업이 거의 불가능할 정도이니 확실하게 익히도록 하겠습니다.

예제 파일ㅣ DVD\예제\Part02\Lesson01\휠 사용법.DWG

01. 퀵 액세스 툴바에서 [Open](📂)을 클릭하여 예제 파일을 불러옵니다. Zoom In/Out 기능을 사용하기 위해 마우스 휠을 위/아래로 움직여 봅니다. 불러온 도면을 보면 ①, ②, ③ 번호가 있습니다. ①의 위치에 커서를 가져가서 마우스의 휠을 위로 돌리면 ① 부분이 확대가 되고, 다시 휠을 아래로 돌리면 축소가 되어 처음 상태로 돌아오게 됩니다.

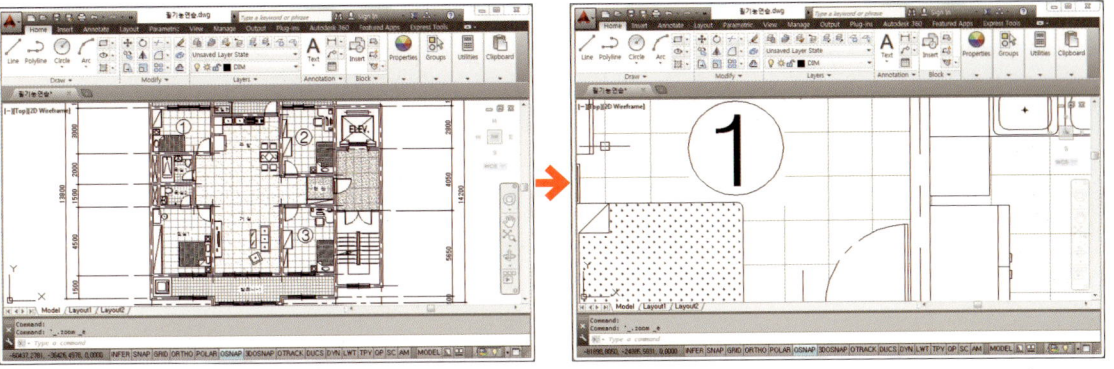

연관검색 파일을 불러오고, 저장하는 방법은 62p에서 자세히 알아봅시다.

02. ② 부분으로 가서 휠을 위로 움직이면 우측 상단의 방 부분이 확대됩니다. 다시 휠을 아래로 돌려 축소하고 ③ 부분에서 확대, 축소하는 기능을 충분히 연습하기 바랍니다.

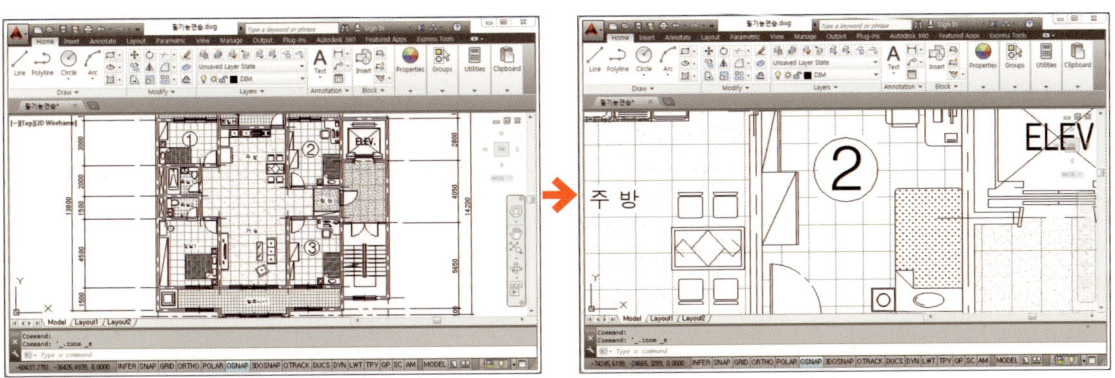

TIP : 몇 번의 반복 작업을 해보면 확대와 축소가 되는 기준은 커서의 위치라는 것을 확인할 수 있습니다.

PART 02 · AutoCAD 필수 기능

이번에는 Pan 기능을 사용해 보겠습니다. 'Pan'은 작업 화면의 위치를 이동해 주는 기능입니다. 쉽게 말해 도화지에 펜을 사용해 도면을 그린다고 하면 'Pan'은 도화지 전체를 움직여 다른 위치에 놓는 기능입니다. 앞에서 배운 'Zoom'과 연속적으로 같이 사용하여 사용자가 작업하려 하는 부분으로 신속하게 이동하고 확대할 수 있도록 연습합니다.

예제 파일 | DVD₩예제₩Part02₩Lesson01₩휠 사용법.DWG

01. 커서를 도면 가운데 위치시키고 휠을 돌리는 것이 아니라 '꾹' 누르고 있으면 손바닥 모양(🖐)으로 변합니다. 누른 상태에서 마우스를 움직이면 도면 전체가 움직이는 것을 확인할 수 있습니다.

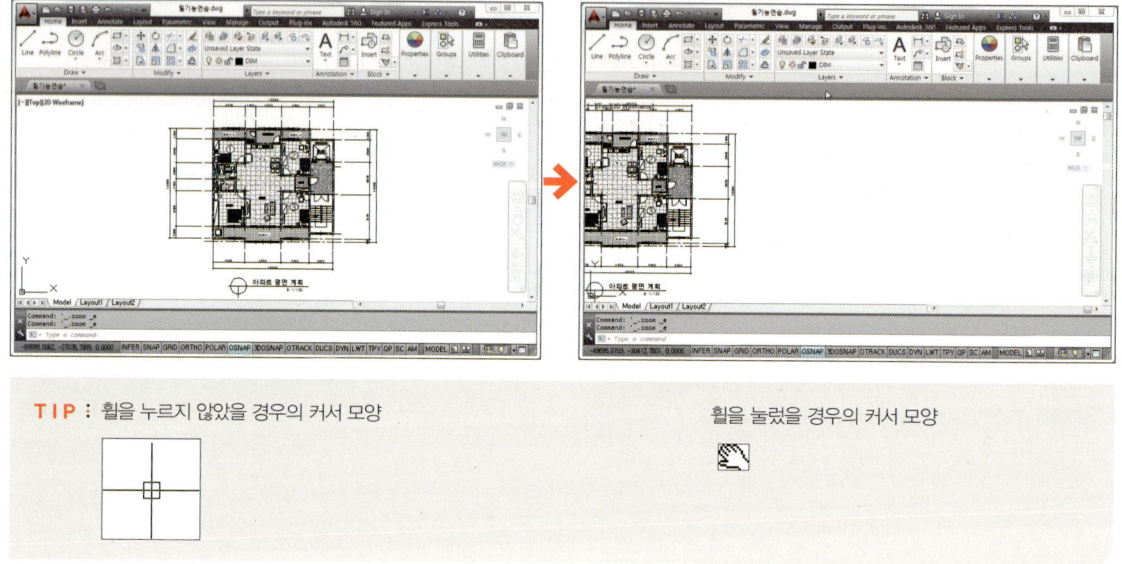

TIP : 휠을 누르지 않았을 경우의 커서 모양   휠을 눌렀을 경우의 커서 모양

02. 도면의 일부분을 확대한 다음 휠을 누른 상태에서 좌측으로 움직여 봅니다.

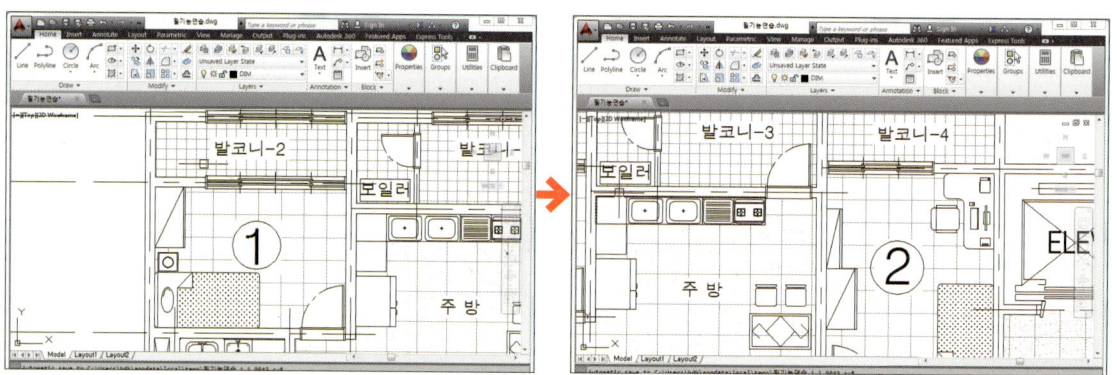

03. 마지막으로 Zoom Extents 기능을 사용해 보겠습니다. 도면의 ③ 부분을 적당히 확대한 후에 마우스의 휠을 빠르게 더블클릭하면 모든 도면 요소가 작업 화면에 꽉 차게 들어옵니다. 이후 반대로 휠을 아래 방향으로 돌려 축소한 후에 휠을 더블클릭해도 모든 도면 요소가 화면 안으로 들어오게 됩니다.

 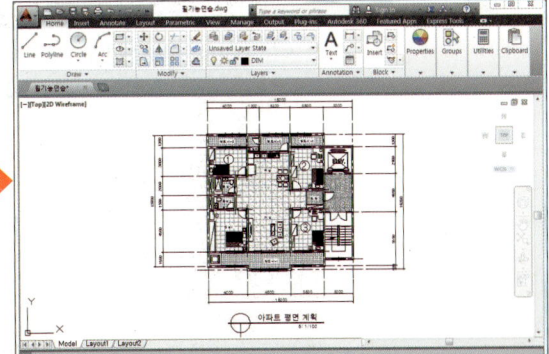

TIP : 휠을 더블클릭하면 Zoom Extents 기능이 실행되어 객체를 작업 화면에 맞추어 볼 수 있습니다. Zoom Extents는 우측 화면 조정 도구 막대의 네 번째 아이콘( )을 클릭해도 실행이 가능합니다.

영역 지정(Window) 옵션을 활용한 확대 방법

마우스 휠을 사용해 도면을 확대/축소할 수 있지만 Zoom 명령을 사용하면 보다 정확한 영역을 지정하여 확대하는 것이 가능합니다.

예제 파일 | DVD₩예제₩Part02₩Lesson01₩휠 사용법.DWG

01. 영역 지정을 사용하여 도면 좌측의 욕실 부분과 우측의 현관 부분을 확대해 보겠습니다. 도면 전체가 보일 수 있도록 마우스 휠을 더블클릭합니다.

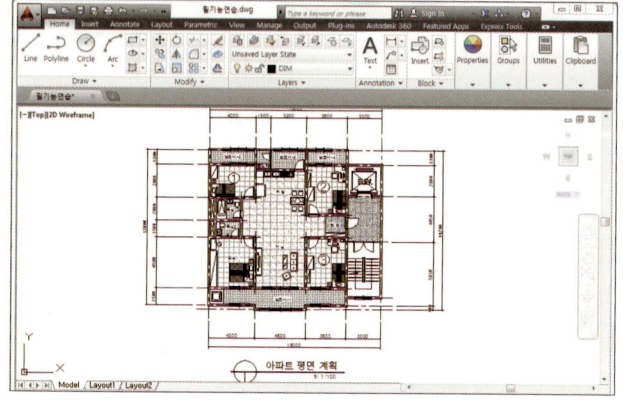

02. [View] 탭–[Navigate 2D] 패널에서 [Window]를 클릭합니다.

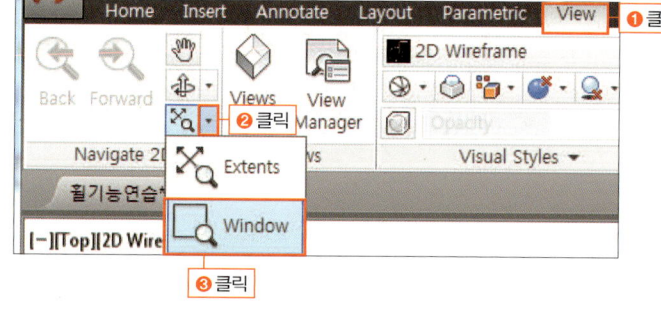

Command: **Z** 입력한 후 **Space Bar**

03. 확대 영역인 ① 부분을 클릭하고 ② 부분을 클릭하면 해당 영역이 화면에 확대됩니다.

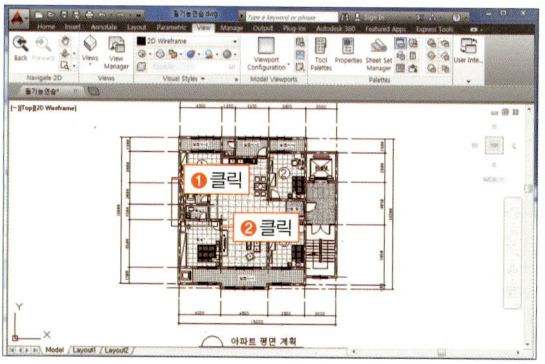

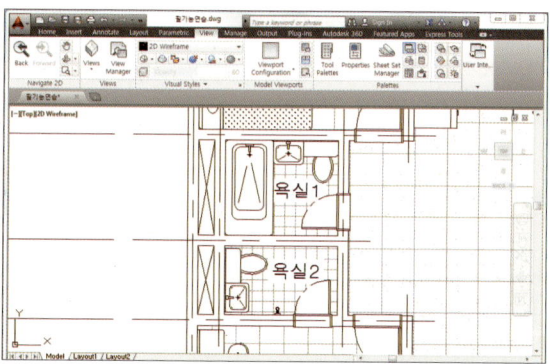

[All/Center/Dynamic/Extents/Previous/Scale/Window/Object] <real time>: ① 부분 클릭, ② 부분 클릭

04. 마우스 휠을 더블클릭하여 처음 상태로 축소한 후 우측의 현관 부분을 확대해 보겠습니다. [View] 탭-[Navigate 2D] 패널에서 [Window]를 클릭합니다.

Command: **Z** 입력한 후 **Space Bar**

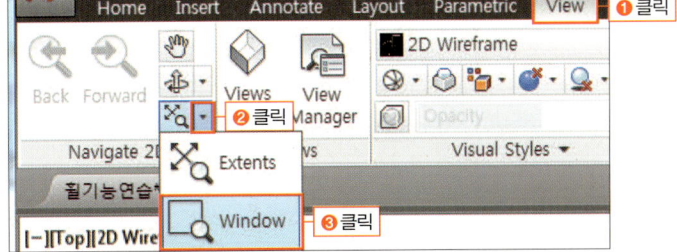

05. 확대 영역인 ① 부분을 클릭하고 ② 부분을 클릭하면 해당 영역이 화면에 확대됩니다.

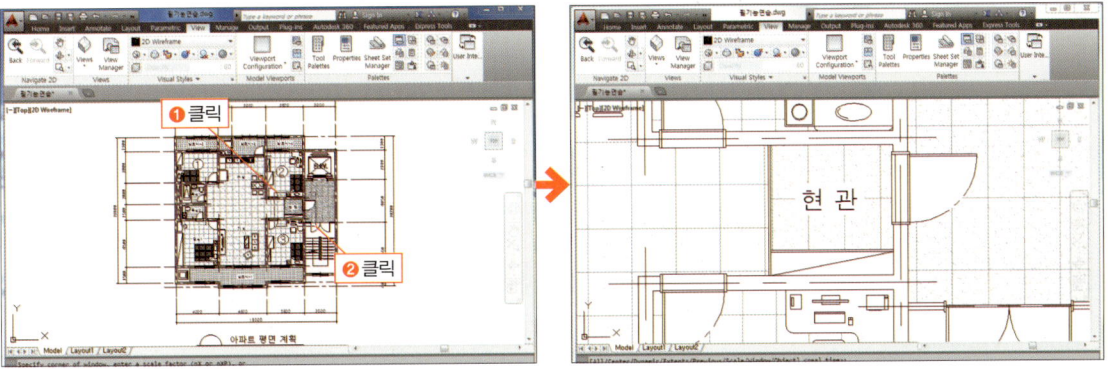

[All/Center/Dynamic/Extents/Previous/Scale/Window/Object] <real time>: ① 부분 클릭, ② 부분 클릭

02 명령의 실행과 종료

AutoCAD에서 선이나 원을 그리기 위해서는 명령을 입력해야 하고, 잘못됐을 때는 취소를 하고 다시 명령을 실행하는 과정이 반복됩니다. 이러한 명령의 실행과 관련된 내용에 대해 알아보겠습니다.

기초 탄탄 ▶ 명령의 실행

리본 메뉴와 명령 입력창을 사용하여 명령어를 실행하는 기본적은 방법을 알아보겠습니다.

■ 리본 메뉴를 사용한 명령의 실행 `56p`

리본 메뉴에서 실행하려는 명령의 아이콘을 찾아서 클릭합니다.

• 리본 메뉴의 [Home] 탭–[Draw] 패널에서 [Line]을 클릭합니다.

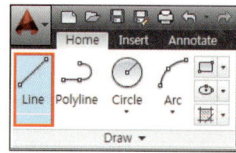

• 명령 실행 후 명령 입력창의 상태

XLine의 실행(구성선 그리기)

• 리본 메뉴의 [Home] 탭–[Draw] 패널에서 [XLine]을 클릭합니다.

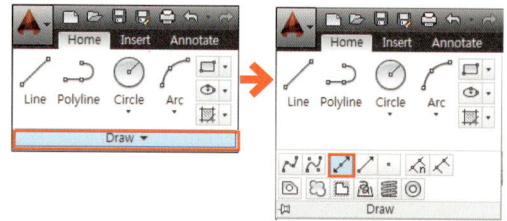

• 명령 실행 후 명령 입력창의 상태

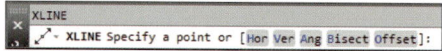

■ 명령 입력창을 사용한 명령의 실행 57p

명령 입력창에 명령어나 단축키를 입력하고 **Space Bar** 나 **Enter** 를 눌러서 실행

• Line의 실행(선 그리기)

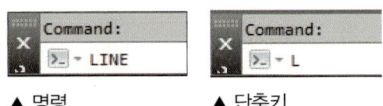

▲ 명령   ▲ 단축키

• 명령 실행 후 명령 입력창의 상태

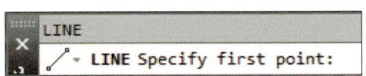

• Xline의 실행(구성선 그리기)

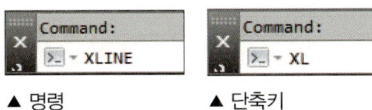

▲ 명령   ▲ 단축키

• 명령 실행 후 명령 입력창의 상태

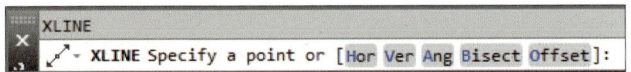

리본 메뉴, 명령어, 단축키 어떤 방법을 사용하더라도 명령 입력창의 상태는 동일합니다. 초보자의 경우 리본 메뉴의 아이콘을 주로 사용합니다. 하지만 단축키를 사용하면 버전에 관계없이 신속하게 명령을 실행할 수 있습니다.

■ Undo, Redo로 작업 단계를 되돌리기 59p

도면을 작성하다 보면 실수하는 경우가 종종 있습니다. 명령을 취소하는 Undo와 다시 되돌리는 Redo를 사용하면 작업의 전이나 후로 되돌리는 것이 가능합니다. 명령의 실행은 퀵 액세스 툴바에서 [Undo](⬅), [Redo](➡)를 클릭합니다.

• Undo(사각형을 추가로 하나씩 복사한 경우)

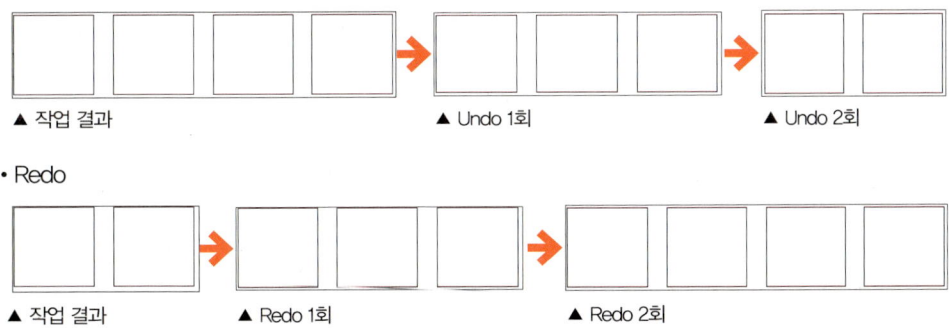

▲ 작업 결과   ▲ Undo 1회   ▲ Undo 2회

• Redo

▲ 작업 결과   ▲ Redo 1회   ▲ Redo 2회

■ Save의 기능과 사용법 이해하기

Save는 도면을 현재 파일 이름 또는 지정한 이름으로 저장하는 명령입니다. 도면을 작성하면서 일정 시간이 경과하거나 도면이 완료되면 데이터를 저장해야 합니다.

- Save : 저장하기

  작성 중인 도면을 현재 파일에 저장합니다. 파일명과 파일 유형을 확인한 후 저장합니다.
- Save As : 다른 이름으로 저장하기

  작성 중인 도면을 현재 파일이 아닌 새로운 파일로 다시 저장합니다.

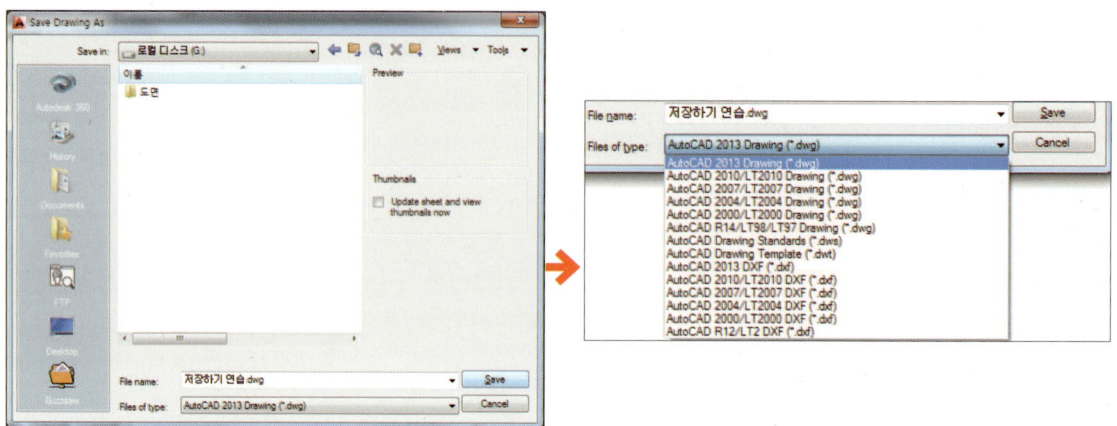

■ Save 실행하기 `62p`

프로그램 좌측 상단의 메뉴 브라우저( )에서 다양한 저장 방식을 선택할 수 있습니다.

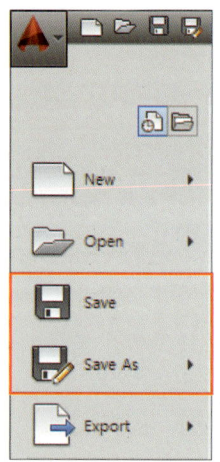

- 퀵 액세스 툴바에서 아이콘을 클릭합니다.

  [Save]( ) : 저장하기

  [Save As]( ) : 다른 이름으로 저장하기

  명령 입력창에서 Save 명령어를 입력한 후 `Space Bar`를 눌러 실행합니다.

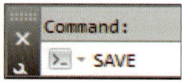　　단축키 `Ctrl` + `S`

  명령 입력창에서 Save As 명령어를 입력한 후 `Space Bar`를 눌러 실행합니다.

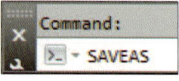　　단축키 `Ctrl` + `Shift` + `S`

■ Open의 기능과 사용법 이해하기

Open은 작성된 도면 파일을 여는 명령입니다.

• Open : 열기

저장된 AutoCAD 파일(DWG, DWT, DXF)을 불러와 출력이나 수정 등 작업을 하기 위해 실행합니다.
작업을 진행하거나 필요한 도면을 불러옵니다.

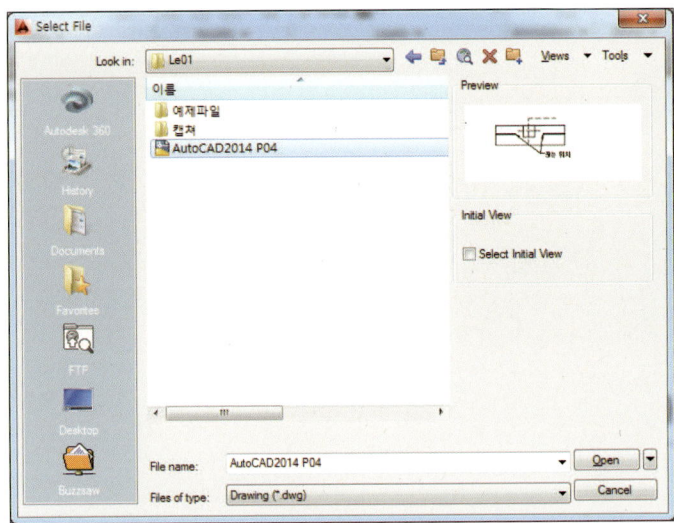

■ Open 실행하기

• 좌측 상단의 메뉴 브라우저(▲)에서 Open 명령을 사용할 수 있습니다.

• 퀵 액세스 툴바에서 [Open](▷) 클릭,

명령 입력창에서 Open 명령어를 입력한 후 **Space Bar** 를 눌러 실행합니다.

 단축키 **Ctrl** + **O**

리본 메뉴는 AutoCAD 2009부터 추가되었습니다. 상단의 탭과 확장 패널로 구성되어 있으며, 실행하려는 명령을 클릭하여 사용할 수 있습니다.

01. AutoCAD 2014를 실행하고 작업에 앞서 화면 하단의 상태 표시줄에서 아이콘들의 상태를 확인합니다. 활성화되어 있다면 다음과 같이 모두 비활성화 시킵니다.

| INFER | SNAP | GRID | ORTHO | POLAR | OSNAP | 3DOSNAP | OTRACK | DUCS | DYN | LWT | TPY | QP | SC | AM |

02. 선을 그리기 위해 [Home] 탭–[Draw] 패널에서 [Line](⬛)을 클릭합니다.

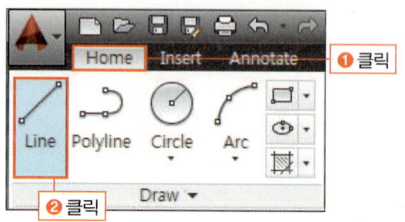

03. ① 부분에서 클릭하고 다음 점 ②, ③, ④, ⑤ 부분을 대략적으로 클릭하여 선을 그립니다. 이후 작업을 마치기 위해 Space Bar 를 눌러서 명령을 종료합니다.

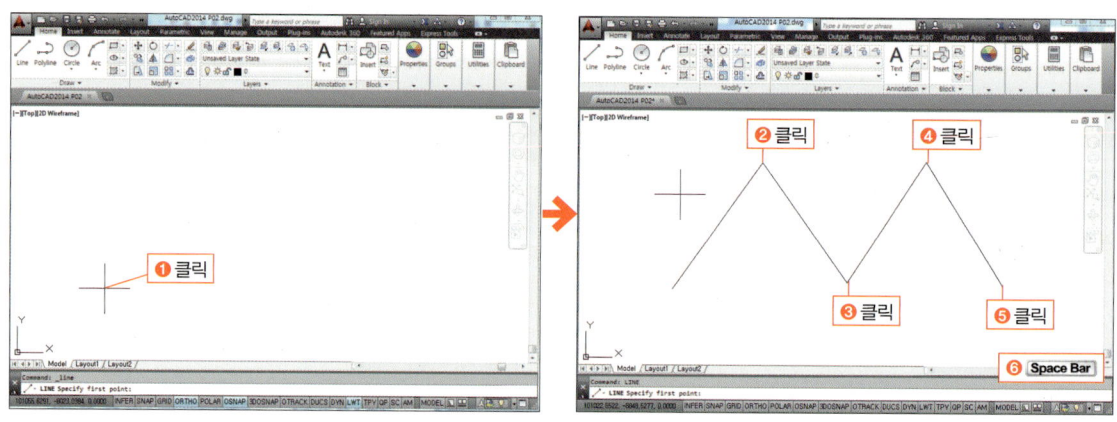

TIP : 명령 실행 중 작업의 종료는 Esc , Space Bar , Enter 세 가지 키로 할 수 있으며, 실행은 Space Bar , Enter 두 가지 키로 할 수 있습니다.

명령 입력창은 예전부터 지금까지 계속해서 사용해 오던 방식입니다. 명령어나 단축키를 암기해야 하지만 가장 신속한 방법입니다.

01. 앞선 따라하기에 이어서 명령 입력창에 명령어를 입력하겠습니다. 현재 상태에서 선을 그리기 위해 **L** **I** **N** **E** 을 입력하고 **Space Bar** 를 누르면 명령이 실행됩니다.

> **TIP** : 명령어를 입력할 때 커서의 위치는 어디에 있든 상관없습니다.

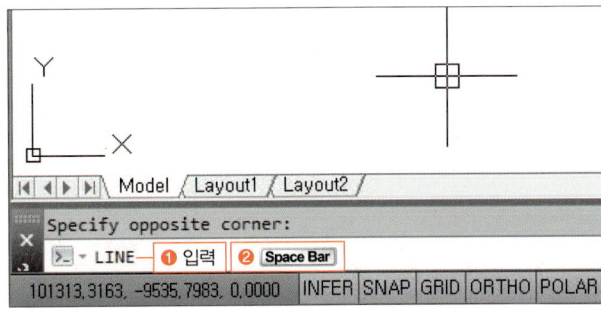

02. ① 부분에서 클릭하고 다음 점인 ② 부분을 대략적으로 클릭하여 선을 그립니다. 이후 작업을 마치기 위해 **Space Bar** 를 눌러서 명령을 종료합니다.

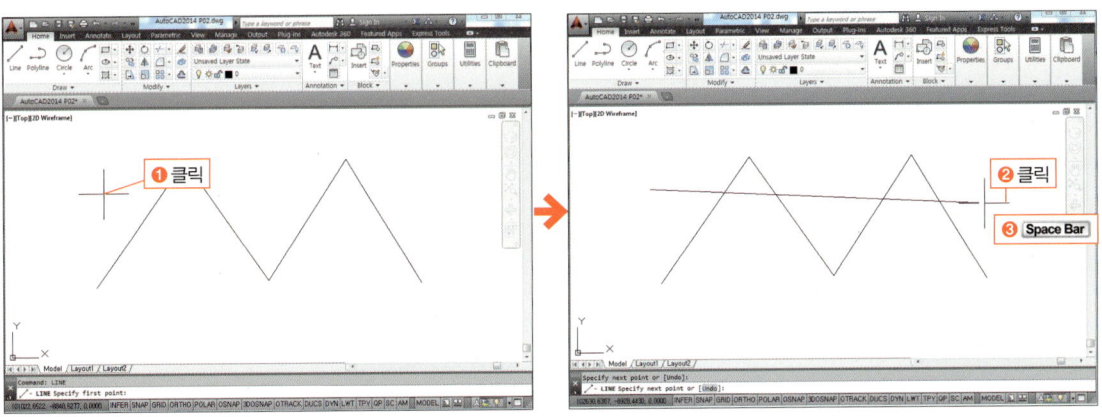

03. 이번에는 단축키를 입력하여 진행하겠습니다. 선 그리기 명령의 단축키인 **L** 을 입력하고 **Space Bar** 를 누르면 명령이 실행됩니다.

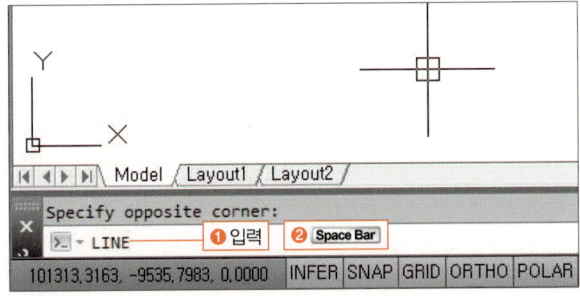

> **문제 해결** 명령어를 입력할 때 대/소문자는 상관없으며, 띄어쓰기를 해야하는 명령어는 없습니다.

04. 선의 시작점으로 ① 부분을 클릭하고 다음 점으로 ② 부분을 클릭하여 선을 그립니다. 이후 작업을 마치기 위해 **Space Bar** 를 눌러서 명령을 종료합니다.

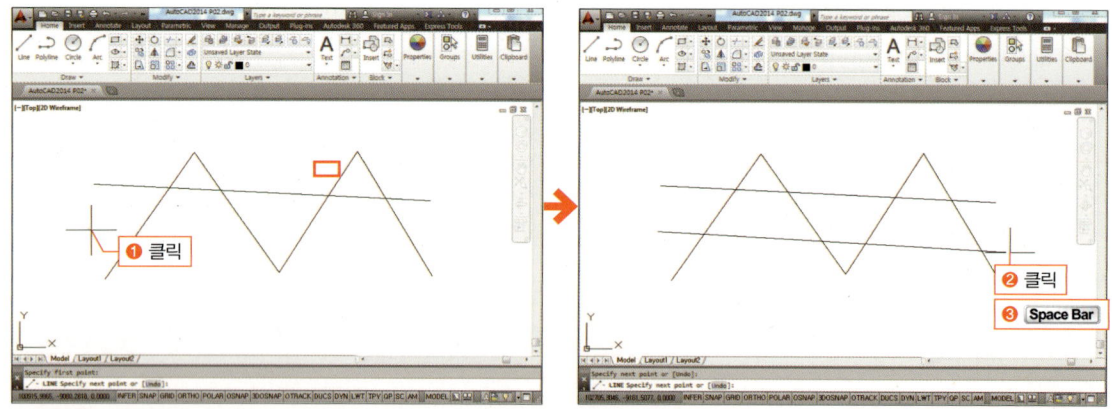

문제 해결 가급적 단축키를 암기하여 리본 메뉴의 아이콘보다 단축키 사용을 권장합니다.

TIP : 명령을 사용한 다음에는 꼭 종료하기

명령을 실행하고 작업을 마치면 자동으로 종료되는 기능도 있지만 반복되어 연속적으로 사용이 가능한 명령도 많이 있습니다. 이와 같은 경우 사용자가 **Esc**, **Enter**, **Space Bar** 중에 하나를 눌러서 명령을 종료해야 합니다.

다음 명령을 사용하기 위해선 명령 입력창을 초기화(>_ ▾ Type a command)해야 합니다.

- **Enter** 나 **Space Bar** 를 눌러서 명령을 종료

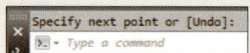

- **Esc** 를 눌러서 명령을 종료

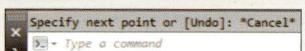

이전에 사용한 명령을 다시 실행하려면 **Space Bar**, **Enter** 를 누르면 되고, 사용했던 명령을 확인하려면 방향키 **↑**, **↓** 를 누르면 됩니다. 명령어 선택 후 **Space Bar** 나 **Enter** 를 누르면 실행할 수 있습니다.

Undo와 Redo는 작업 진행 중에 잘못하여 전 단계로 되돌릴 때 매우 유용하게 쓰입니다. Line 명령을 사용해 간단한 도형을 작성한 후 Undo, Redo 명령의 사용법을 알아보겠습니다.

01. AutoCAD 2014를 실행합니다. 선을 그리기 위해 [Home] 탭─[Draw] 패널에서 [Line](□)을 클릭합니다.

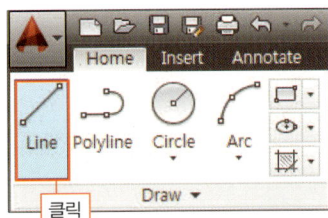

02. 선의 시작점으로 ① 부분을 클릭하고 다음 점 ②, ③, ④, ⑤ 부분을 각각 클릭하여 선을 그립니다.

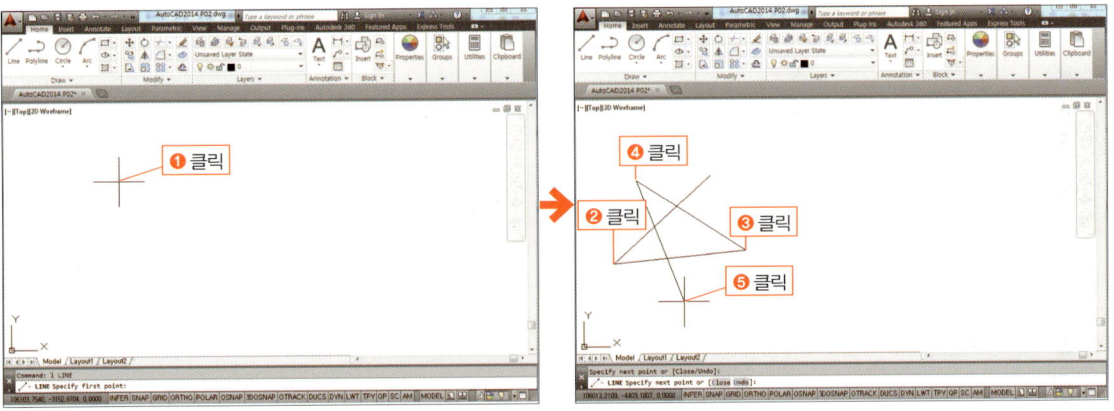

03. 현재 상태에서 선을 하나 더 그리면 별 모양이 완성되는 상황입니다. 선의 위치나 길이가 잘못되어 다시 그리기 위해 Undo 명령을 사용하여 전 단계로 복귀합니다. 명령 입력창에 [U]를 입력하고 [Space Bar]를 누릅니다. 한 번 더 [U]를 입력하고 [Space Bar]를 누릅니다.

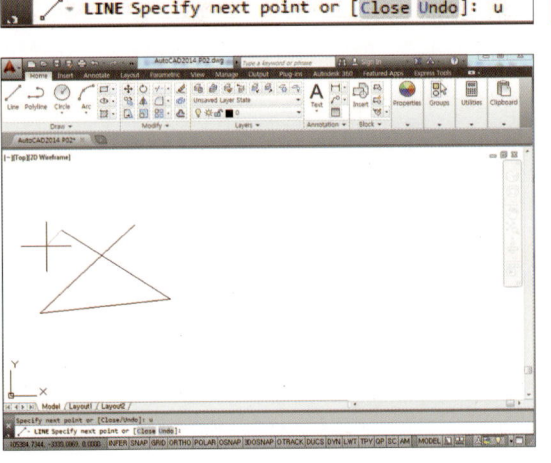

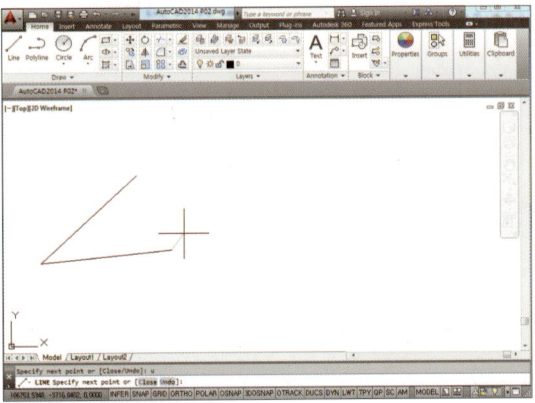

PART 02 · AutoCAD 필수 기능

04. 작성해야 할 도형을 삼각형으로 하기 위해 선을 시작한 ① 부분에 연결하겠습니다. 명령 입력창에 **C** 를 입력하고 **Space Bar** 를 누르거나 [Close] 옵션을 클릭합니다.

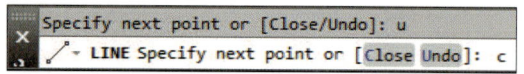

방법1: 옵션의 대문자만 입력

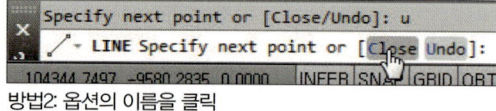

방법2: 옵션의 이름을 클릭

TIP : 명령 실행 중에 사용할 수 있는 옵션

명령을 실행하면 명령 입력창에는 사용 가능한 옵션이 [   ]에 표시됩니다. Line 명령은 [Close](닫기)와 [Undo](취소) 옵션이 있습니다. 대부분의 명령에는 옵션이 있으며 사용하는 방법은 옵션에 커서를 가져가 클릭하거나 파란색으로 나타나는 대문자를 입력하고 **Space Bar** 를 누르면 옵션이 적용됩니다.

• 옵션의 대문자를 입력하고 **Space Bar** 를 누름

Specify next point or [Close/Undo]: u
LINE Specify next point or [Close Undo]: u

• 옵션의 문자를 커서로 클릭(AutoCAD 2013 버전부터 해당됨)

Specify next point or [Undo]:
LINE Specify next point or [Close Undo]:
106199.6233, -4919.2661, 0.0000 INFER SNAP GRID ORT

TIP : [Close] 옵션을 사용하면 Line 명령을 시작한 곳에 연결되면서 명령은 종료됩니다.

05. 같은 방법으로 삼각형 2개를 더 만들어 보겠습니다. 다시 Line 명령을 실행하기 위해서 아이콘을 클릭하거나 단축키를 입력하는 방법도 있지만 **Enter** 나 **Space Bar** 를 누릅니다. 그럼 다시 Line 명령이 실행되는 것을 확인할 수 있습니다.

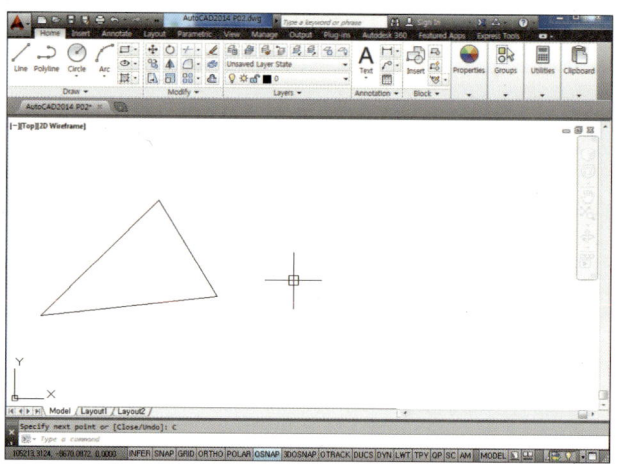

TIP : 명령의 반복적인 실행

사용자가 마지막에 사용한 명령을 다시 사용하려면 아이콘이나 단축키를 입력하지 않고 **Enter** , **Space Bar** 만 눌러도 됩니다. 연속적으로 같은 명령을 반복 사용할 시에 매우 유용한 기능이니 꼭 알아두기 바랍니다.

06. 선의 시작점을 ① 부분으로 하여 ②와 ③ 부분을 차례대로 클릭합니다. 그리고 [Close] 옵션을 실행하기 위해 **C** 를 입력하고 **Space Bar** 를 누릅니다. 같은 방법으로 명령을 다시 실행해 다음과 같이 삼각형 하나를 더 그립니다.

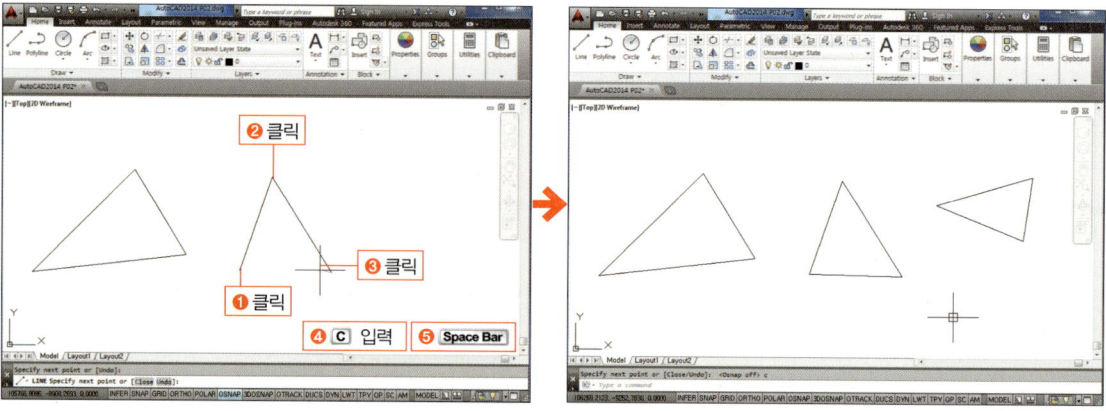

07. Line 명령을 3회 사용하여 삼각형 3개를 만들었습니다. [Undo]는 Line과 같이 명령에 옵션으로 포함된 경우도 있지만 독립된 명령으로도 사용이 가능합니다. 이전의 [Undo] 옵션은 선을 그리는 과정을 취소하지만 Undo 명령은 이전 명령어의 실행을 취소합니다. 퀵 액세스 툴바의 [Undo](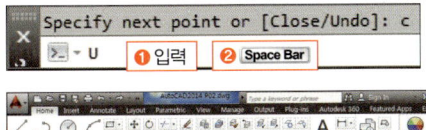)를 클릭하거나, 단축키 **U**를 입력한 후 **Space Bar**를 누르면 삼각형 하나가 취소됩니다.

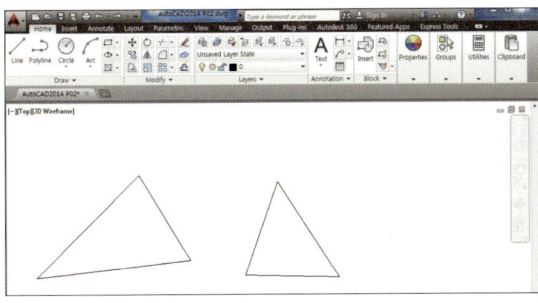

TIP : 명령의 취소
[ ]안의 옵션 Undo는 해당 명령의 과정 1단계를 취소하고, 명령어 Undo는 이전에 사용한 명령으로 한 작업 자체를 취소합니다.

---

08. 삼각형 하나를 더 취소하기 위해 다시 **Space Bar**를 누릅니다. 바로 전에 사용한 명령이 Undo이므로 다시 Undo 명령이 실행되어 삼각형 하나가 더 취소됩니다.

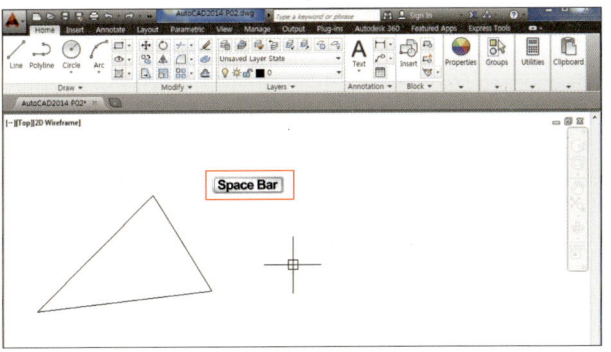

09. 작업 내용을 앞으로 되돌리는 Redo 명령을 사용하기 위해 퀵 액세스 툴바에서 [Redo]()를 클릭합니다. 그러면 삼각형 하나가 다시 나타납니다. 한 번 더 클릭해 삼각형 세 개가 모두 나타나게 합니다.

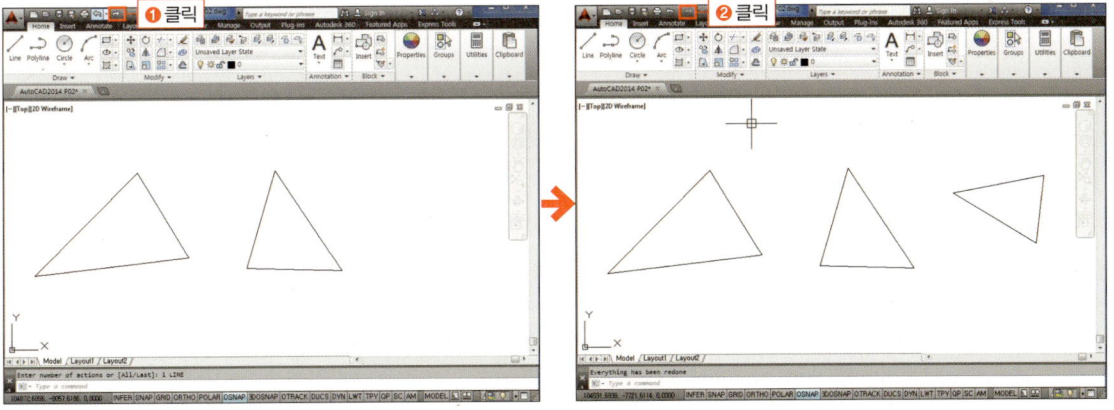

STEP 03의 작업 내용을 저장해 보고 저장된 내용을 불러오는 방법을 알아보겠습니다.

01. 퀵 액세스 툴바의 [Save](🖫)를 클릭하거나, 단축키 **Ctrl** + **S** 를 눌러 저장합니다.

02. [Save Drawing As] 대화상자가 나타나면 저장 경로를 지정한 후 파일 이름을 입력하고 [Save] 버튼을 클릭해 저장합니다. 저장이 끝나면 AutoCAD 2014를 종료합니다.

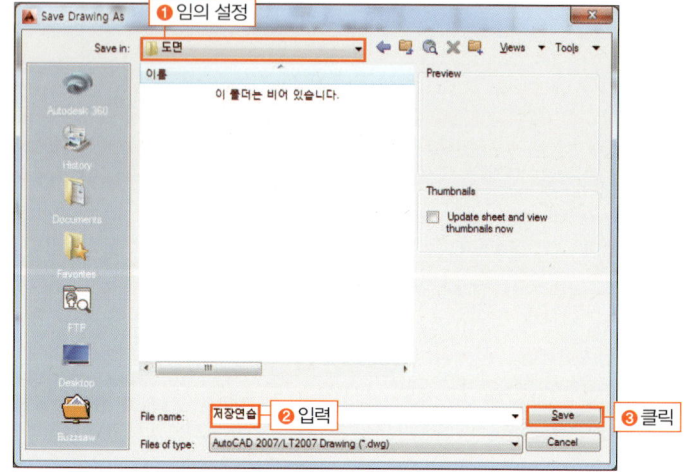

03. 저장 경로에 저장된 파일이 있는지 확인한 후 AutoCAD 2014를 다시 실행합니다. 퀵 액세스 툴바에서 [Open](📂) 을 클릭하거나, 단축키 **Ctrl** + **O** 를 눌러 불러오기를 실행합니다.

04. [Select File] 대화상자가 나타나면 저장된 경로로 이동하여 파일을 선택하고 우측의 미리 보기로 확인한 후 [Open] 버튼을 클릭합니다.

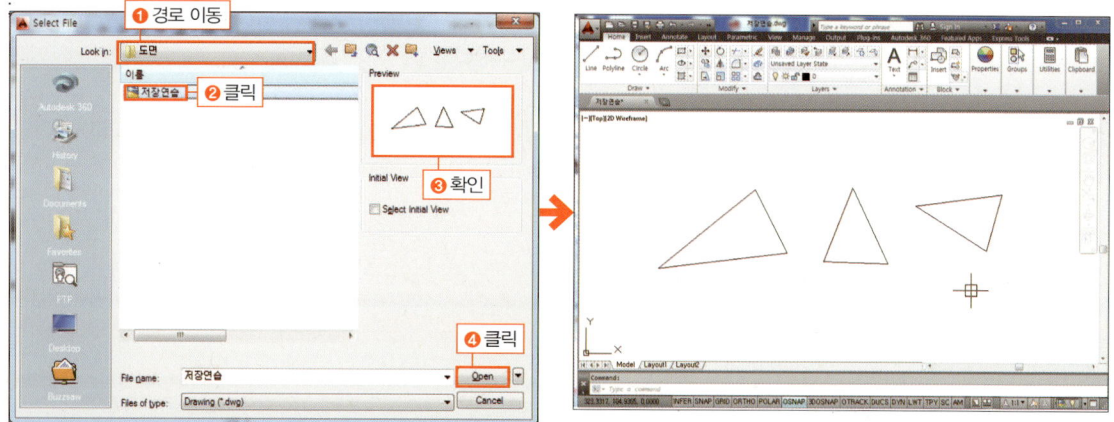

03 도면의 위치를 표시하는 좌표계와 그리기 명령들

레벨 ● ● ●

좌표는 AutoCAD의 작업 공간에서 위치를 나타내는 값을 말합니다. 2D 작업의 경우 X, Y값을 입력하며, 3D 작업의 경우 X, Y, Z값을 입력합니다. 좌표는 위치 정보가 필요한 명령을 사용하는 데 있어 반드시 알아야할 내용입니다. 기본적인 그리기 명령을 사용하면서 학습하겠습니다.

기초탄탄 ▶ 좌표의 종류와 그리기 명령

■ Line의 기능과 사용법 이해하기 75p

Line은 도면 작성에 있어서 가장 기본이 되는 명령어입니다. 상태 표시줄의 [ORTHO](F8)를 On으로 하면 직각 모드가 되어 수평선과 수직선을 만들 수 있으며, Off하면 자유로운 각도로 사선을 만들 수 있습니다. 선은 시작점과 중간점, 끝점으로 구분이 되며 그릴 때는 시작점을 지정한 다음 끝점을 지정하면 하나의 선이 생성됩니다. [ORTHO](F8)는 명령 실행 전/후에 F8 을 누르면 변경할 수 있습니다.

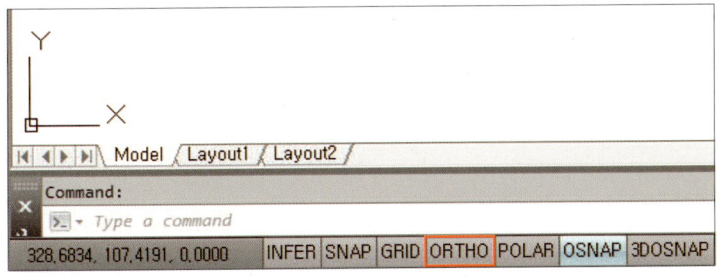

상태 표시줄

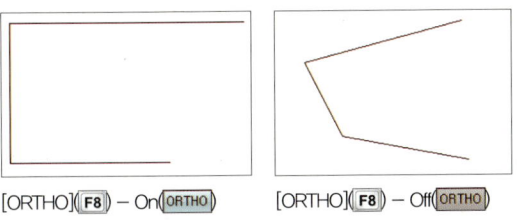

[ORTHO](F8) – On(ORTHO)　　　[ORTHO](F8) – Off(ORTHO)

> TIP : 작업 중에 Shift 를 누르고 있으면 일시적으로 [ORTHO](F8)의 On/Off를 변경할 수 있습니다.

■ Line 실행하기

• [Home] 탭-[Draw] 패널에서 [Line](☐)을 클릭하여 실행합니다.

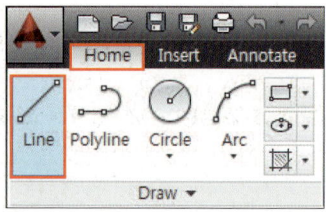

• 명령 입력창에서 Line 명령어(L)를 입력한 후, Space Bar 를 눌러 실행합니다.

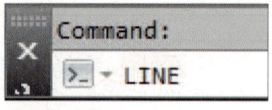
명령어 입력

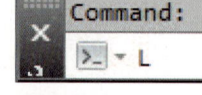
단축키 입력

■ Line 옵션

선을 그리면서 취소(Undo)와 닫기(Close)를 사용할 수 있습니다.

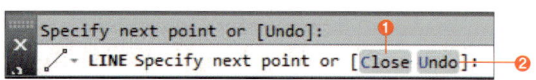

❶ 닫기(Close) : 선을 시작한 점에 끝을 연결하여 닫습니다.
❷ 취소(Undo) : 이전 작업을 취소합니다.

• 닫기(Close)

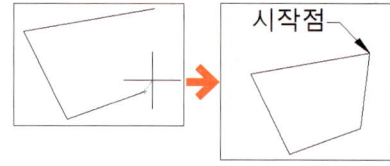

• 취소(Undo)

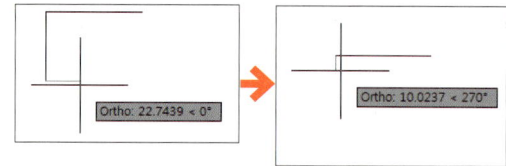

■ Line 사용 과정 익히기

```
Command:                                                    L 입력한 후 Space Bar
line Specify first point:                                           시작점 클릭
Specify next point or [Undo]:                                       다음점 클릭
Specify next point or [Undo]:                                       다음점 클릭
Specify next point or [Close/Undo]:       다음점 클릭 (종료: Enter or Space Bar or Esc )
```

■ Erase의 기능과 사용법 이해하기

Erase는 선택한 객체를 삭제하는 명령입니다. Erase 이외에 키보드의 [Delete]를 눌러도 객체를 삭제할 수 있습니다. Erase 명령을 실행한 후 삭제할 객체를 선택하고 [Space Bar]를 누르면 삭제되고, 대기 상태의 십자 커서(⊞)로 삭제할 객체를 선택한 다음 [Delete]를 눌러도 선택한 객체가 삭제됩니다.

• Erase로 삭제

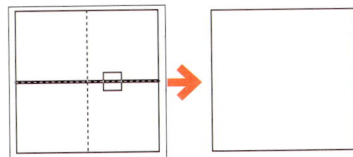

• [Delete]로 삭제

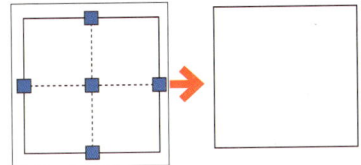

■ Erase 실행하기

[Home] 탭–[Modify] 패널에서 [Erase](✐)를 클릭하여 실행합니다.

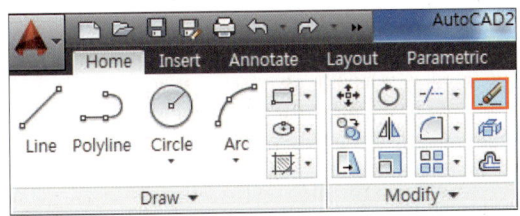

명령 입력창에서 Erase 명령어([E])를 입력한 후 [Space Bar]를 눌러 실행합니다.

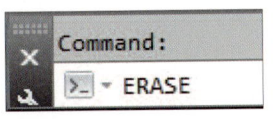

명령어 입력

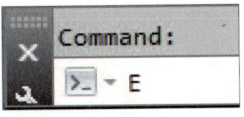

단축키 입력

■ Erase 사용 과정 익히기

```
Command:                                          [E] 입력한 후 [Space Bar]
Select objects:                              삭제할 객체 선택 후 [Space Bar]
```

65

■ 절대 좌표

원점(0,0)을 기준으로 X,Y값을 입력하는 좌표로, 항상 원점을 생각하고 있어야 합니다. 작업이 어렵기 때문에 실제 작업에서는 거의 사용하지 않습니다.

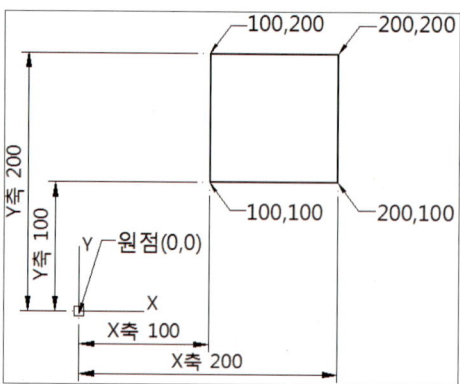

■ 상대 좌표

입력의 예로 '@100,0' 결과 : 현재 위치에서 가로 길이가 '100'인 선을 만듭니다(@는 현재 위치를 뜻함). 마지막 점(현재 위치)을 기준으로 하는 상대적인 위치를 지정하는 좌표라고 할 수 있습니다.

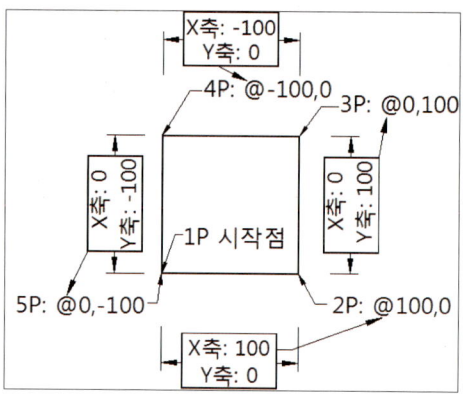

TIP : 좌표계의 이해

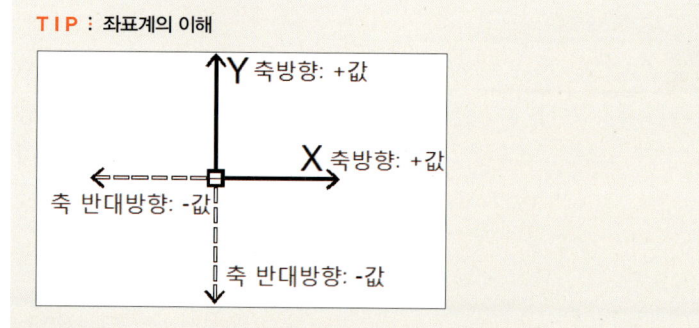

■ 상대 극 좌표

상대 극 좌표는 상대 좌표와 비슷하지만 '@선분의 길이〈선분의 각도'로 입력합니다.

예: '@100〈45' 결과 : 길이가 '100' 이고 각도가 '45도'인 선을 만듭니다. 길이와 각을 가지는 선을 만들 때 사용합니다.

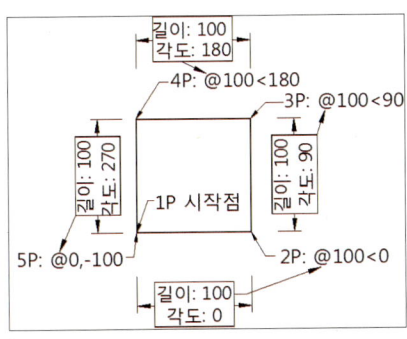 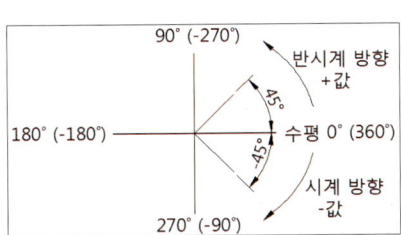

■ 거리 좌표

위치를 지정할 방향으로 커서를 위치시키고 '100'을 입력하면 지정한 방향으로 길이가 '100'인 선을 만들 수 있습니다. 사용 시 반드시 [ORTHO]를 On으로 한 상태에서 사용해야 합니다. **F8**을 이용하여 [ORTHO]의 On/Off를 제어합니다.

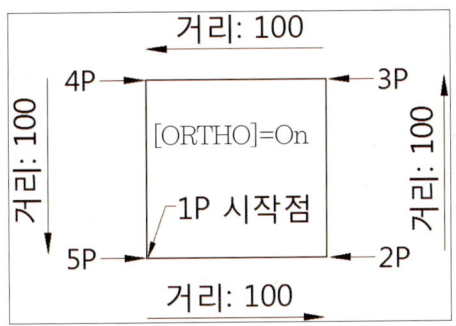

■ OSNAP의 기능 이해하기 `82p`

도면을 정확하게 작도하는데 있어서 가장 중요한 역할을 하는 [OSNAP](객체 스냅)은 사용자가 원하는 위치를 정확하게 지정하기 위해 있어 꼭 필요한 기능입니다. 도면 작업 시 필요한 기능을 설정하면 자동으로 그 위치에 맞추어 표식을 보여줍니다. 표식이 보일 때 클릭하면 표식이 의미하는 위치로 지정됩니다.

•선의 끝을 이어서 그릴 경우

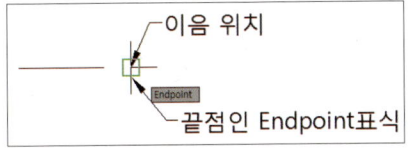

•선의 중간에서 선을 그릴 경우

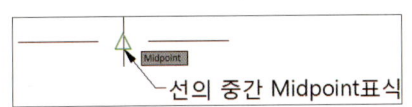

• 작업 과정

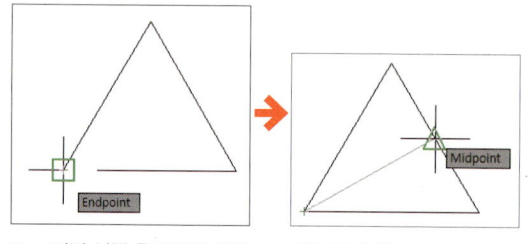

Line 명령 실행 후 끝점을 지정   선의 중간점을 지정

■ OSNAP 끄고 켜기

[OSNAP]은 특별한 경우가 아닌 이상 대부분 활성화하고 작업을 진행합니다. On/Off는 **F3**을 누르거나 상태 표시줄에서 OSNAP을 클릭하여 변경할 수 있습니다. Off가 되면 위치 지정 시 표식이 나타나지 않습니다.

• [OSNAP]이 On인 상태

• [OSNAP]이 Off인 상태

■ OSNAP 상세 설정

[OSNAP]은 끝점과 중간점 이외에 많은 위치를 지정할 수 있습니다. 건축, 인테리어 도면에서 자주 사용되는 기능은 추가로 설정해야 작업 시 사용이 가능합니다. **O** **S**를 입력한 후 **Space Bar**를 누르거나 OSNAP을 마우스 오른쪽 버튼으로 클릭한 후 [Settings]를 선택하여 설정할 수 있습니다. [Drafting Settings] 대화상자에서 사용할 기능을 체크합니다.

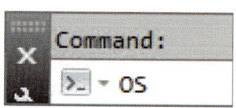

단축키 입력

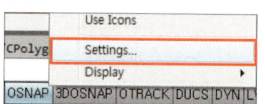

마우스 오른쪽 버튼 [Settings] 선택

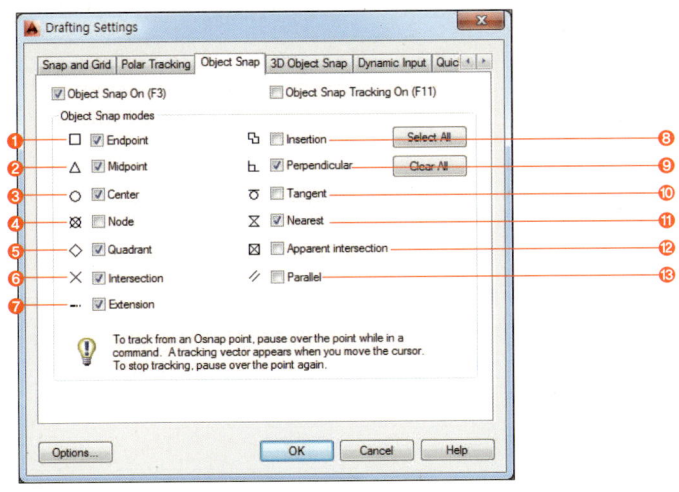

① Endpoint : 선이나 호의 끝점, 객체의 꼭짓점을 지정

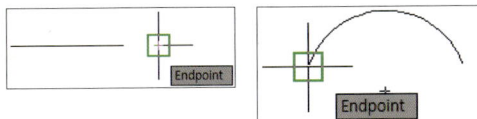

② Midpoint : 선이나 호의 가운데를 지정

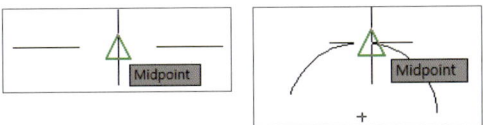

③ Center : 원의 중앙이나 호의 중앙을 지정

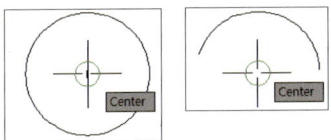

④ Node : Point 명령으로 표시된 위치나 Divide, Measure 명령으로 분할된 위치를 지정

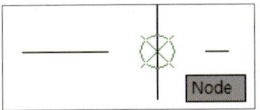

⑤ Quadrant : 원의 사분점을 지정

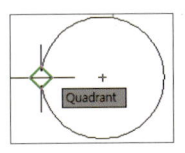
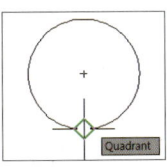
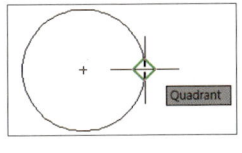
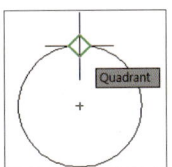

⑥ Intersection : 선의 교차점을 지정

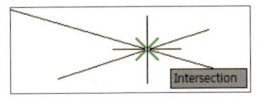
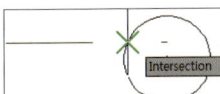

7 Extension : 선택한 객체의 연장선을 지정

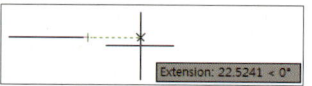

8 Insertion : 문자나 블록의 삽입점을 지정

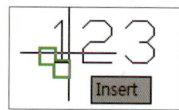

9 Perpendicular : 수직으로 만나는 위치를 지정

 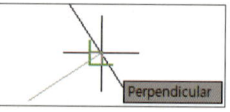

10 Tangent : 원이나 호등 곡선의 접점을 지정

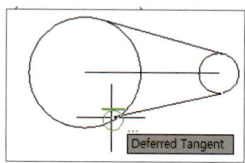

11 Nearest: 객체 선에서 임의의 점을 지정

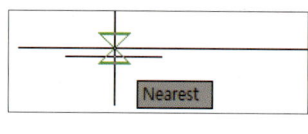 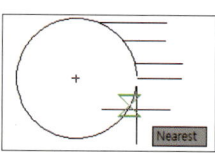

12 Apparent Intersection : 연장선의 교차점을 지정

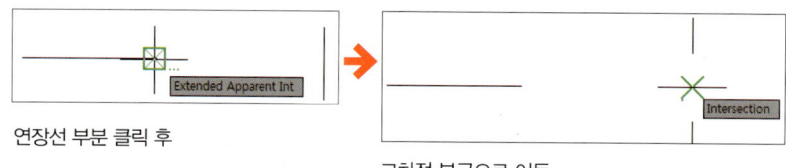

연장선 부분 클릭 후

교차점 부근으로 이동

13 Parallel : 다른 선과의 평행선을 지정

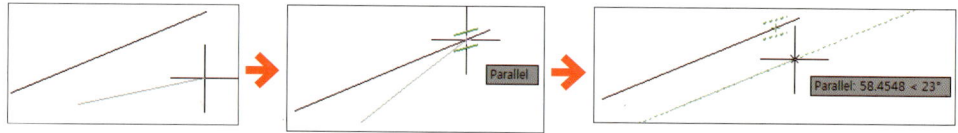

TIP : 위의 기능 중에서 사용빈도가 높은 8개 기능을 대화상자의 그림과 같이 체크하고, 나머지는 사용하지 않겠습니다.

다른 기능은 작업 시 위치를 지정해야 할 때(Command : Specify next point...), **Shift** +마우스 오른쪽 버튼을 클릭하면 나오는 메뉴에서 선택하면 됩니다.

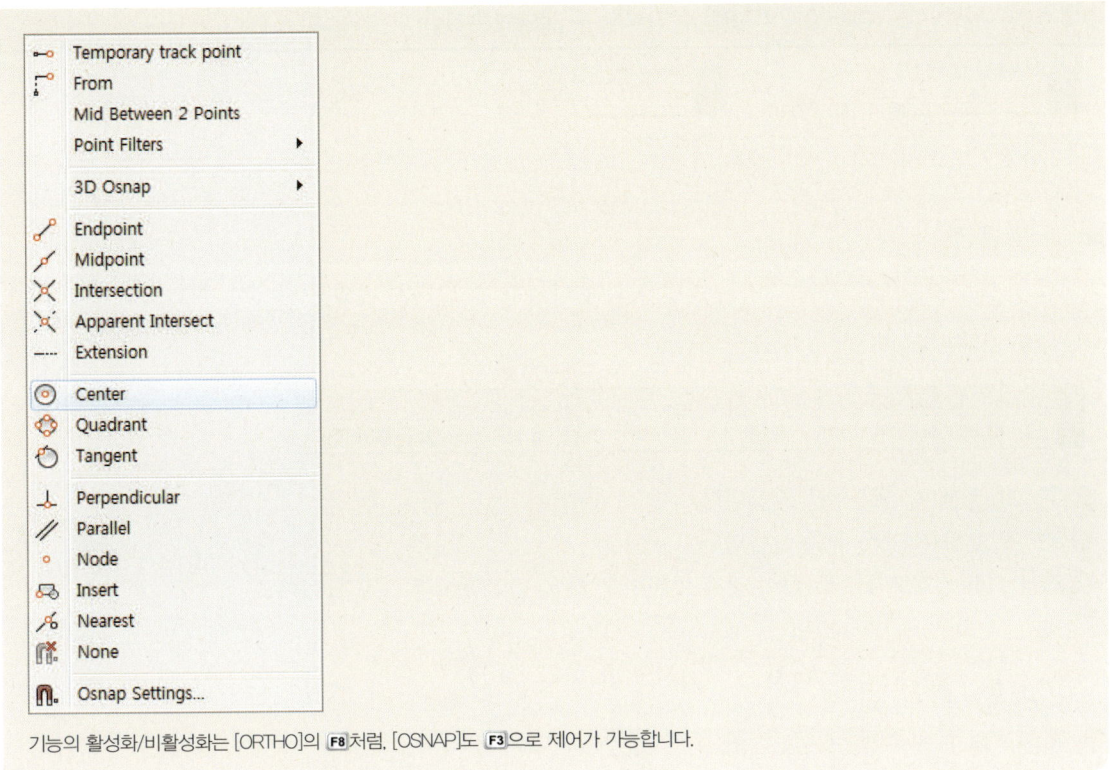

기능의 활성화/비활성화는 [ORTHO]의 F8 처럼, [OSNAP]도 F3 으로 제어가 가능합니다.

■ Circle의 기능과 사용법 이해하기 85p

원의 중심을 지정한 다음 반지름 값을 입력하거나 끝나는 위치를 지정하면 아래와 같은 원을 작성하는
것이 가능합니다.

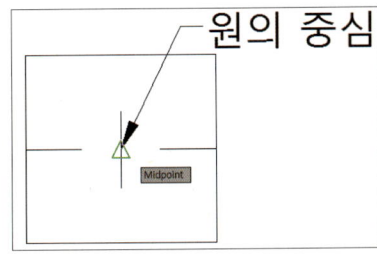
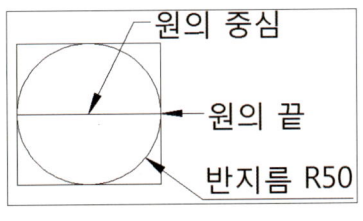

■ Circle 실행하기

• [Home] 탭-[Draw] 패널에서 [Circle](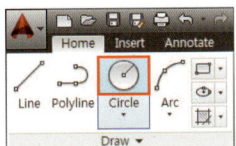)을 클릭하여 실행합니다.

- 명령 입력창에서 Circle 명령어()를 입력한 후 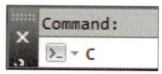를 눌러 실행합니다.

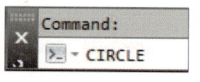

명령어 입력   단축키 입력

■ Circle 옵션

중심과 반지름 값을 입력하여 그리는 방법 이외에 다양한 원 그리기 방법을 사용할 수 있습니다.

- 명령을 실행한 다음 사용할 수 있는 옵션

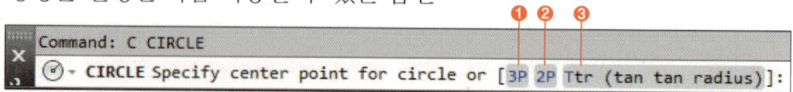

1 3P : 세 점을 지나는 원을 만듭니다.

2 2P : 두 점을 지나는 원을 만듭니다.

3 접점, 접점, 반지름(Ttr) : 두 개의 접점과 반지름 값을 입력하여 원을 만듭니다.

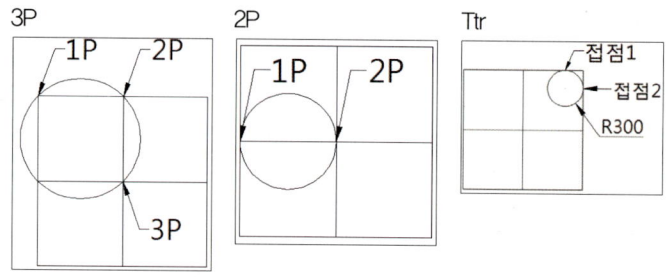

- 원의 중심을 지정한 후 사용할 수 있는 옵션

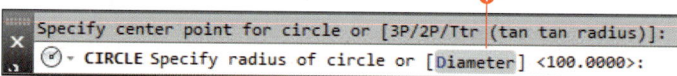

1 지름(Diameter) : 원의 크기를 지름 값으로 입력해 생성합니다.

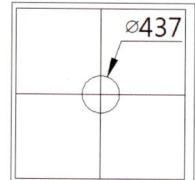

■ Circle 사용 과정 익히기

```
Command:                                                          C 입력한 후 Space Bar
Specify center point for circle or [3P/2P/Ttr (tan tan radius)]:      생성할 원의 중심점 클릭
Specify radius of circle or [Diameter] <0.0000>:                  반지름 값 입력한 후 Space Bar
```

■ Arc의 기능 이해하기 `90p`

Arc는 원의 일부인 호를 작성합니다. Trim(자르기) 명령을 학습한 후 원을 그려 잘라낼 수도 있지만 Arc 명령을 사용하면 다양한 조건에서 호를 그리는 것이 가능합니다.

• 가장 많이 사용하는 3point로 작성한 호

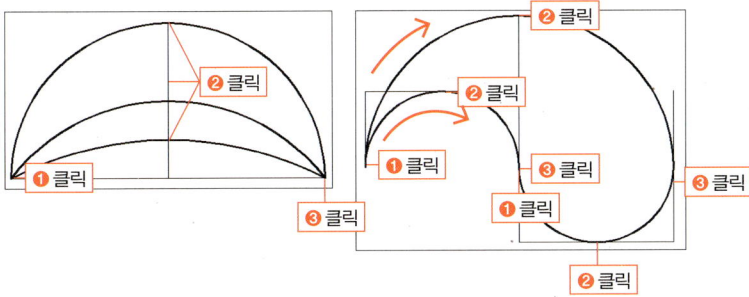

■ Arc 실행하기

• [Home] 탭-[Draw] 패널에서 [Arc](⌒)를 클릭하여 실행합니다. 또한 옵션 아이콘(⌒)을 클릭하면 다양한 호 그리기 방법을 선택할 수 있습니다.

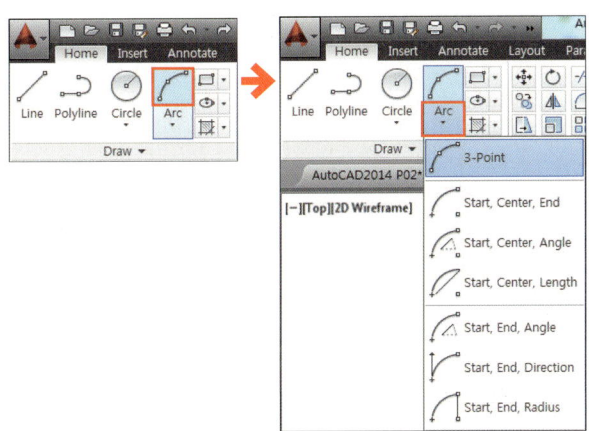

• 명령 입력창에서 Arc 명령어(**A**)를 입력한 후, **Space Bar** 를 눌러 실행합니다.

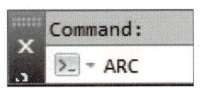
명령어 입력

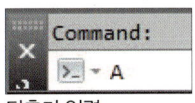
단축키 입력

■ Arc 옵션

리본 메뉴를 이용해 명령을 실행하면 직접 옵션을 선택하여 호를 작성하는 것이 가능하지만, 명령 입력 창을 이용해 명령을 실행하면 3-Point를 제외한 나머지 옵션은 계속해서 포인트 위치를 변경해야 하는 번거로움이 있습니다.

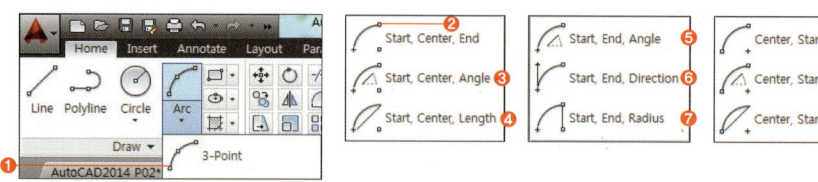

❶ 3-Point : 3점을 지나는 호를 생성

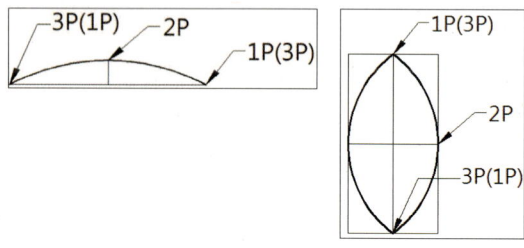

❷ Start, Center, End : 호의 시작, 중심, 끝을 입력하여 생성

❸ Start, Center, Angle : 호의 시작, 중심, 각도를 입력하여 생성

❹ Start, Center, Length : 호의 시작, 중심, 길이를 입력하여 생성

❺ Start, End, Angle : 호의 시작, 끝, 각도를 입력하여 생성

❻ Start, End, Direction : 호의 시작, 끝, 방향을 입력하여 생성

❼ Start, End, Radius : 호의 시작, 끝, 반지름을 입력하여 생성

❽ Center, Start, End : 호의 중심, 시작, 끝을 입력하여 생성

❾ Center, Start, Angle : 호의 중심, 시작, 각도를 입력하여 생성

❿ Center, Start, Length : 호의 중심, 시작, 길이를 입력하여 생성

■ Arc 사용 과정 익히기

Command:	Ⓐ 입력한 후 Space Bar
ARC Specify start point of arc or [Center]:	호의 시작점 클릭
Specify second point of arc or [Center/End]:	호의 통과점 클릭
Specify end point of arc::	호의 끝점 클릭

Line은 도면 작성에 있어서 가장 기본이 되는 명령으로 직선과 사선을 만들 수 있습니다. 선은 시작점과 중간점, 끝점으로 구분이 되며 그릴 때는 시작점을 클릭한 다음 끝점을 클릭하여 하나의 선을 완성합니다. 도면 작성 시 필수적인 요소이며, 앞으로 배우게 될 다른 명령어들의 근본이 되기에 확실하게 익혀야 합니다.

01. 사각형을 만들기 위해 AutoCAD 2014를 실행하고 [Home] 탭–[Draw] 패널에서 [Line](⟋)을 클릭합니다.

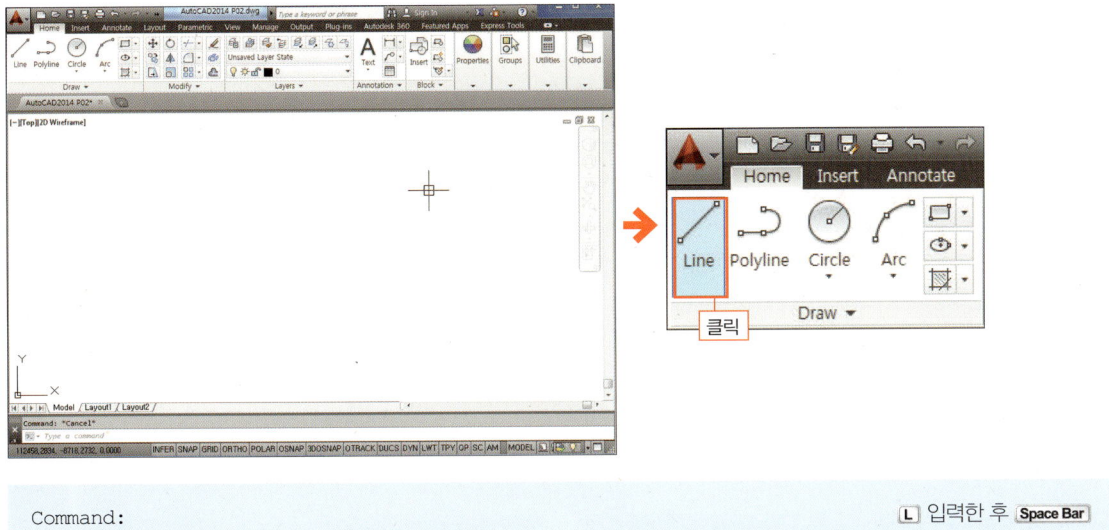

Command: L 입력한 후 Space Bar

02. 사각형의 시작점인 ① 부분을 클릭하면 마우스가 움직이는 대로 선이 늘어집니다. F8 을 한번 씩 눌러 보면 상태 표시줄의 [ORHTO](ORTHO)가 On/Off되는 것을 확인할 수 있습니다. ORTHO를 활성화합니다.

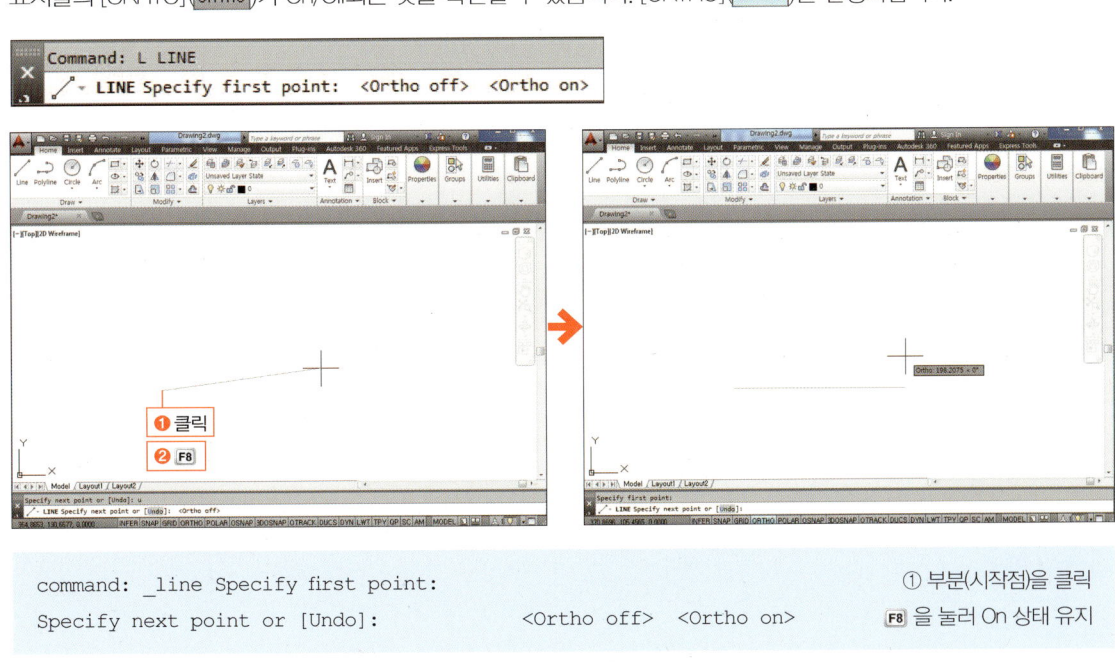

command: _line Specify first point: ① 부분(시작점)을 클릭
Specify next point or [Undo]:   <Ortho off>   <Ortho on>   F8 을 눌러 On 상태 유지

PART 02 · AutoCAD 필수 기능

03. 커서를 ① 부분에 위치시키고 위치에 관계없이 작업 중인 상태에서 바로 만들려는 길이(150)를 입력합니다. 숫자를 입력하면 명령 입력창에서 입력 값을 확인할 수 있습니다. 이후 **Space Bar** 를 누르면 그림과 같이 선이 만들어집니다.

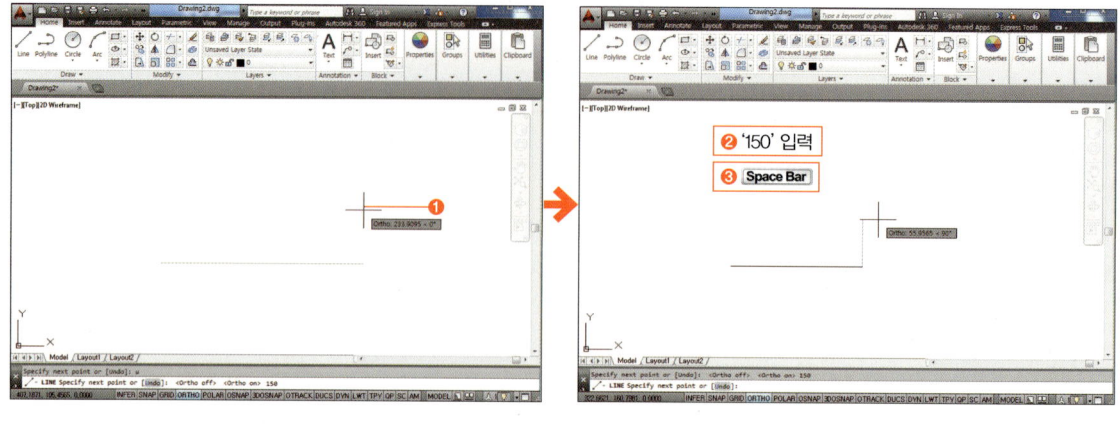

command: Specify next point or [undo]:   ① 위치로 커서 이동 후, '150' 입력하고 **Space Bar**

TIP : 선이 화면을 벗어나서 확인이 되지 않으면 마우스 휠을 사용하여 작업 부분이 중앙으로 오도록 조정합니다.

04. 커서를 ① 부분에 위치시키고(즉 다음 선을 그릴 진행 방향), 작업 중인 상태에서 바로 만들려는 길이(100)를 입력한 후 **Space Bar** 를 누르면 그림과 같이 선이 만들어집니다.

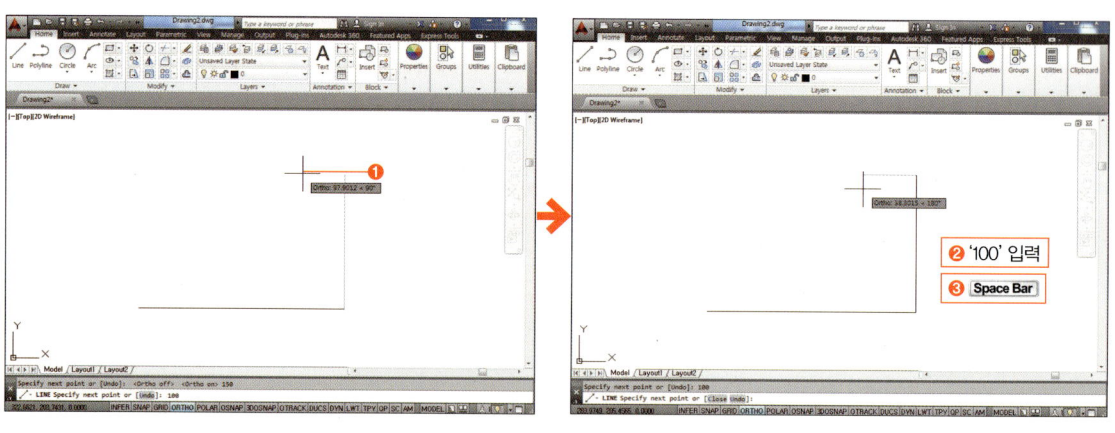

command: Specify next point or [close/undo]:   ① 위치로 커서 이동 후, '100' 입력하고 **Space Bar**

05. 이번에는 커서를 ① 부분에 위치시키고(즉 다음 선을 그릴 진행 방향) 작업 중인 상태에서 바로 만들려는 길이 (150)를 입력한 후 **Space Bar** 를 눌러 선을 만듭니다.

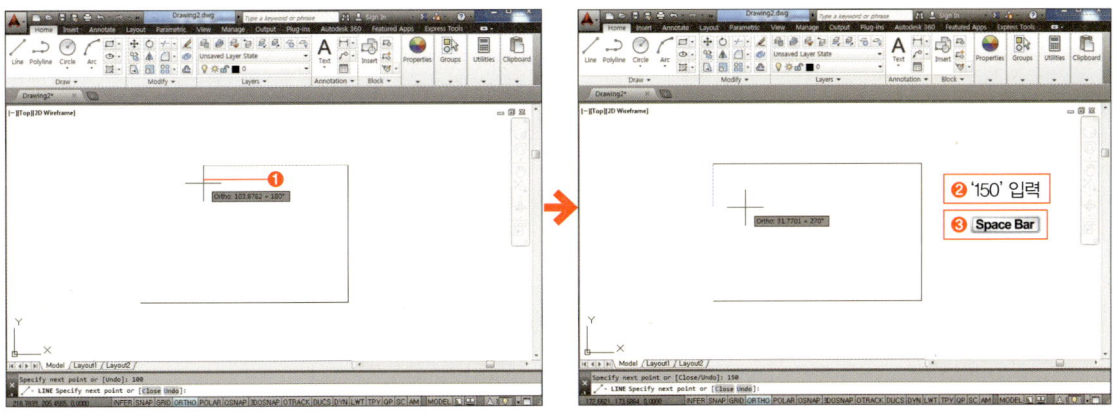

command: Specify next point or [close/undo]:   ① 위치로 커서 이동 후, '150' 입력하고 **Space Bar**

06. 위의 작업과 같은 방법으로 만들려는 방향으로 커서를 이동시킨 후 길이(100)를 입력하고 **Space Bar** 를 누릅니다. 그리고 **Esc** 를 눌러 작업을 마무리합니다.

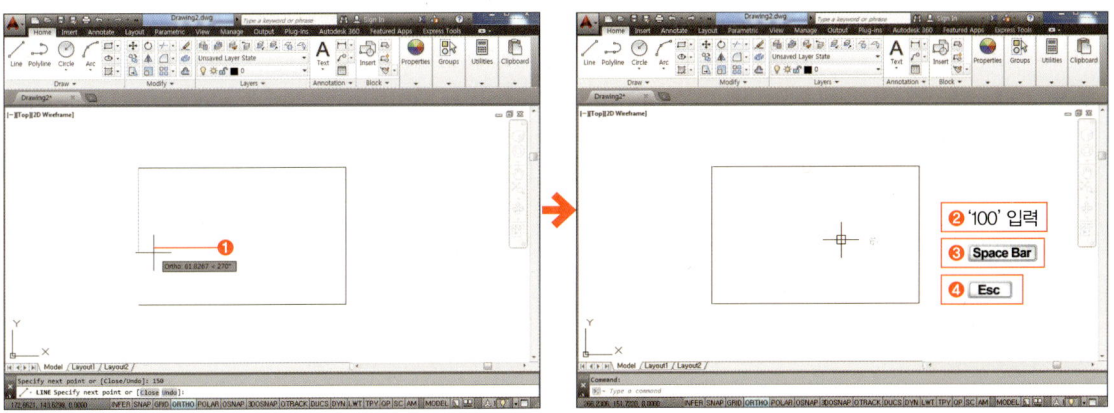

command: Specify next point or [close/undo]:작도될 방향으로 커서 이동 후, '100' 입력하고 **Space Bar** 와 **Esc** 누름

TIP : 단순한 명령어는 단축키를 쓰자

명령어를 입력 할 때는 크게 2가지 방법이 있습니다. 예를 들어 선을 만들려고 한다면,
1. 리본 메뉴의 [Line]☑ 클릭
2. 명령 입력창에 Line 명령의 단축키 ☐을 입력하는 방법

이렇게 2가지 방법이 있지만 작업 속도 면에서 빠르고 아이콘을 찾지 않아 편리하기 때문에 단순한 그리기 명령을 사용하는 경우에는 단축 키를 이용하는 것이 좋습니다.

07. 이번에는 원점(0,0)을 기준으로 위치를 지정하는 절대 좌표로 사각형을 만들겠습니다. [Line] ⬜을 클릭하거나, 단축키 **L** 을 입력한 후 **Space Bar** 를 누릅니다. 시작점을 원점으로 하기 위해 좌표 값 '0,0'을 입력하고 **Space Bar** 를 누릅니다.

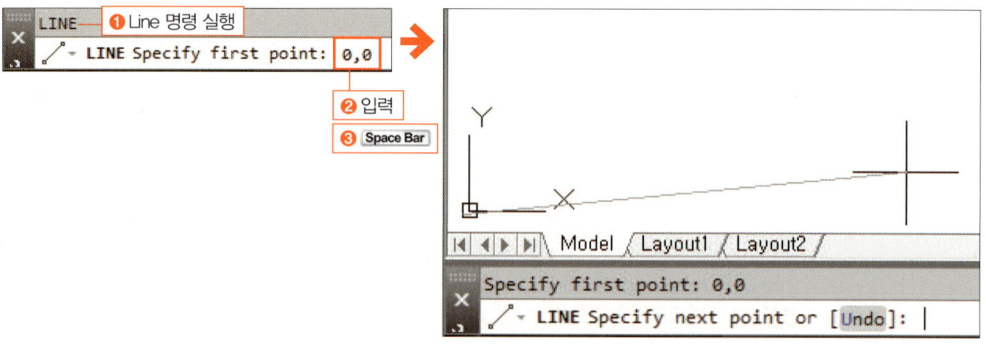

> **TIP :** 좌표계의 좌측 하단에 모서리 부분이 원점입니다. 절대 좌표를 사용하여 작도할 때는 항상 이 원점을 기준으로 작도하게 됩니다. 시작점은 '0,0'이 됩니다.

08. 우측 하단 코너의 좌표 값 '200,0'을 입력한 후 **Space Bar** 를 누릅니다.

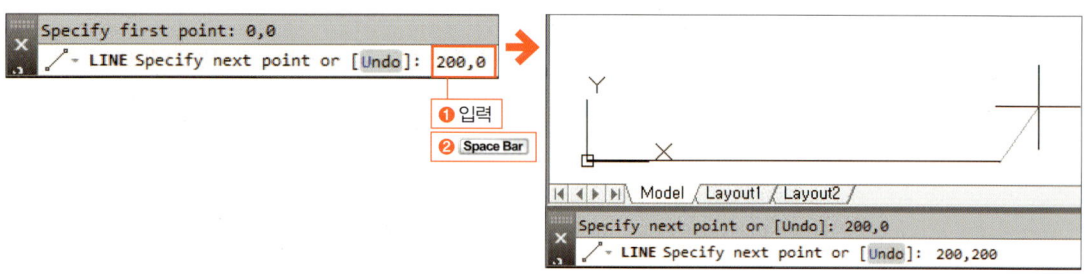

> **TIP :** '200,0'은 원점을 기준으로 가로 '200', 세로 '0'인 지점을 말합니다.

09. 우측 상단 코너의 좌표 값으로 '200,200'을 입력한 후 **Space Bar** 를 누릅니다.

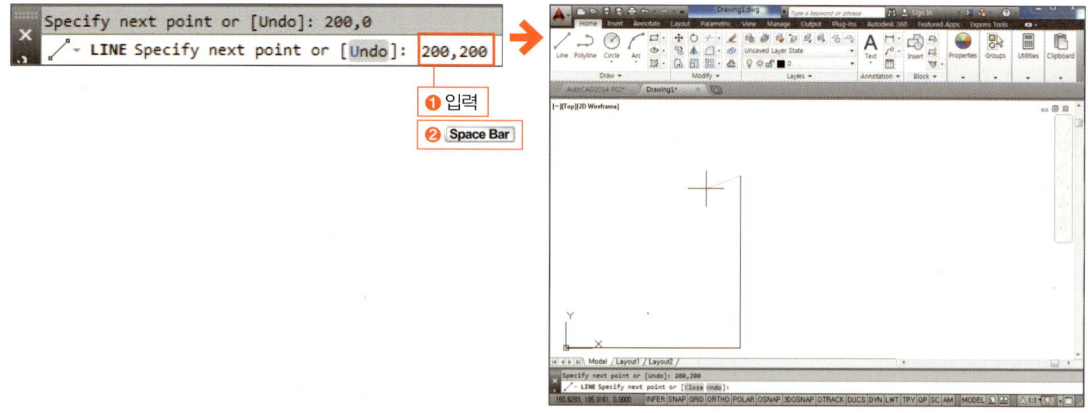

> **TIP :** '200,200'은 원점을 기준으로 가로 '200', 세로 '200'인 지점을 말합니다.

10. 이번에는 좌측 상단 코너의 좌표 값 '0,200'을 입력한 후 **Space Bar**를 누릅니다.

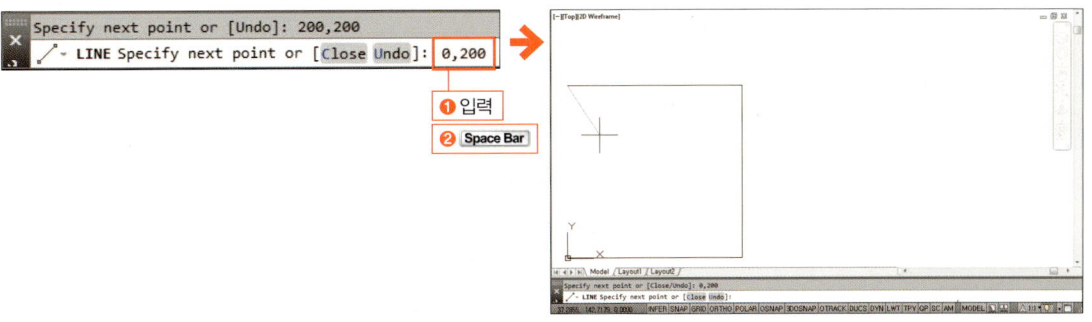

TIP : '0,200'은 원점을 기준으로 가로 '0', 세로 '200'인 지점을 말합니다.

11. 마지막으로 '0,0'을 입력한 후 **Space Bar**를 누르면, 원점에 선을 그려 사각형을 만들 수 있습니다. 작업을 종료하기 위해 **Esc**를 누릅니다.

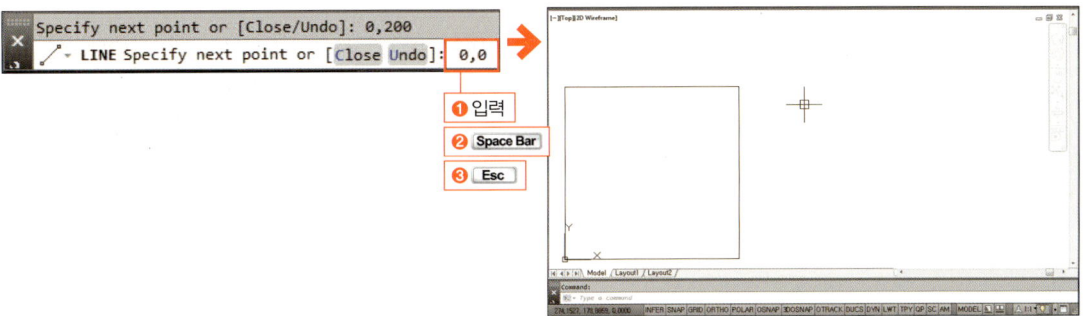

12. 이번에는 현재 위치를 원점으로 하는 상대 좌표로 사각형을 만들기 위해, **L**을 입력한 후 **Space Bar**를 누릅니다. 시작점으로 빈 공간 임의의 위치를 클릭하고, '@200,0' **Space Bar** , '@0,100' **Space Bar** , '@-200,0' **Space Bar** , '@0,-100' **Space Bar**를 연속해서 누른 후 **Esc**를 누릅니다. 절대 좌표와 달리 현재 작업 중인 마지막 지점이 원점이 됩니다.

```
Specify next point or [Undo]: @200,0
Specify next point or [Undo]: @0,100
Specify next point or [Close/Undo]: @-200,0
Specify next point or [Close/Undo]: @0,-100
```

TIP : **축의 반대 방향은 -값을 입력**

상대 좌표와 상대 극 좌표 입력 시 축 방향인 우측과 상단은 축 방향이므로 +값을 입력하고 좌측과 하단은 축 반대 방향이므로 -값을 입력해야 합니다.

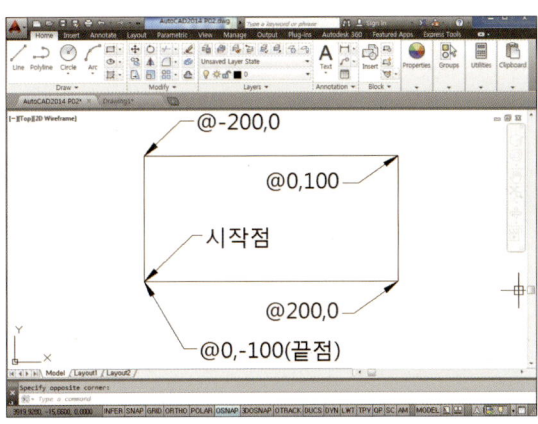

13. 이번에는 앞서 만든 사각형을 Erase 명령으로 삭제해 보겠습니다. [Home] 탭-[Modify] 패널에서 [Erase](✏️)를 클릭하거나, **E**를 입력한 후 **Space Bar**를 누릅니다.

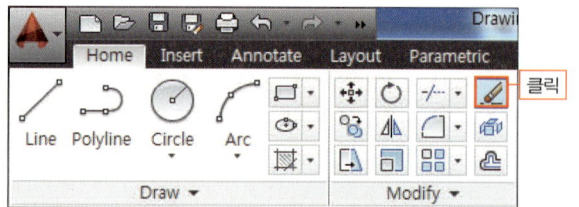

14. 삭제할 선을 그림과 같이 선택한 후 **Space Bar**를 누르면 선택한 선이 모두 삭제됩니다. 다른 방법으로도 삭제해 보겠습니다. **U**를 입력한 후 **Space Bar**를 선택하거나, [Undo](↩)를 클릭하여 삭제 명령을 취소합니다.

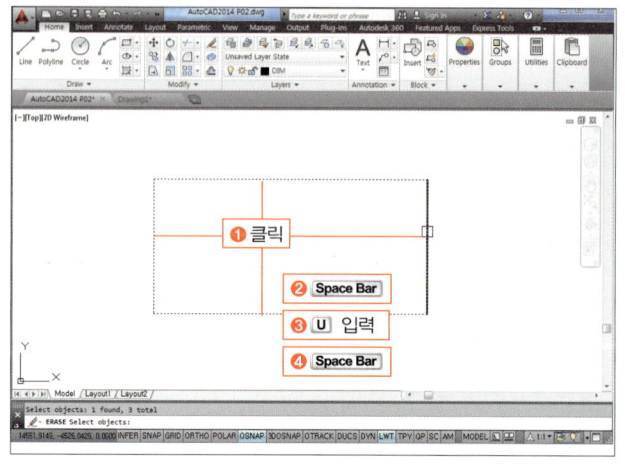

```
Command:                                              E 입력한 후 Space Bar
Select objects:                        삭제할 객체를 모두 선택한 후 Space Bar
```

15. 명령을 실행하지 않고 대기 상태의 커서 (┼)로 삭제할 선을 그림과 같이 모두 선택하고 **Delete**를 누르면 선택한 선이 모두 삭제됩니다.

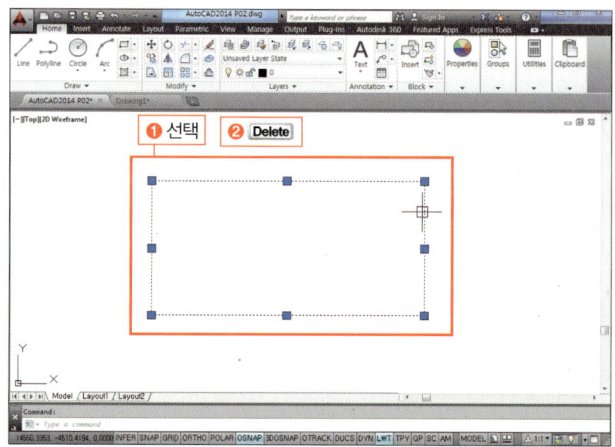

TIP : 화면의 모든 객체를 선택해야 할 경우 **Ctrl**+**A**를 누릅니다.

16. 마지막으로 길이와 각도 값으로 위치를 지정하는 상대 극 좌표로 삼각형을 만들기 위해 **L**을 입력한 후 **Space Bar**를 누릅니다. 시작점으로 빈 공간 임의의 위치에 클릭합니다. 이어서 '@200<0' **Space Bar**, '@200<120' **Space Bar**, '@200<240' **Space Bar**를 누른 후 다시 **Space Bar**를 누릅니다.

```
Specify next point or [Undo]: @200<0
Specify next point or [Undo]: @200<120
Specify next point or [Close/Undo]: @200<240
```

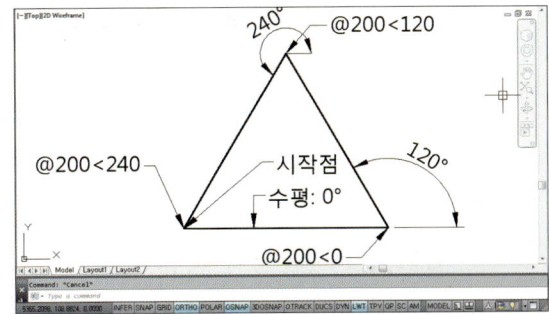

> **연관 검색** 상대 좌표와 비슷하지만 '@선의 길이 < 선의 각도'로 입력합니다.
> 예: '@1000<45' 결과 : 길이가 '1000'이고, 각도가 '45도' 인 선이 작도

TIP : 각도의 입력
각도 입력 시 시계 방향은 −값, 반시계 방향은 +값을 입력

응용 예제

완성 파일 | DVD₩완성₩Part02₩Lesson03₩문자,도형.DWG(완성 파일을 참고하여 직접 작성해 봅니다.)

1. 다음 문자를 만드세요.

주요 명령어 : Line(L), 거리 좌표

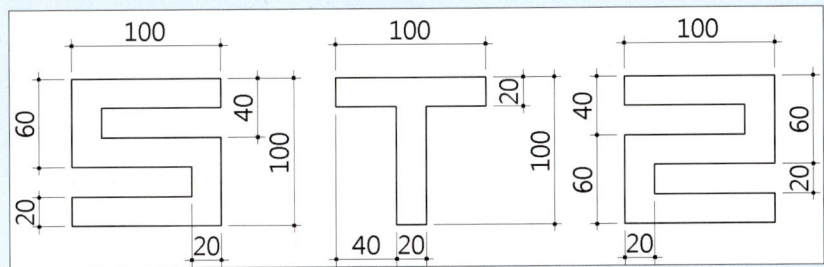

HINT
거리 좌표로 값을 입력할 경우 [ORTHO]([F8])가 On으로 되어 있는지 확인합니다.
거리 좌표의 입력된 값은 커서의 진행 방향으로 결정되며 +, − 영향은 받지 않습니다.

2. 다음 도형을 만드세요.

주요 명령어 : Line(L), 상대 좌표, 상대 극 좌표

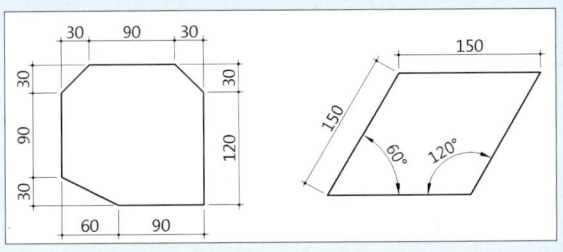

HINT
상대 좌표의 입력 방법 : @X,Y
상대 극 좌표의 입력 방법 : @길이<각도
극 좌표 입력 시 수평을 0°로 시계 방향은 −값 각도, 시계 반대 방향은 +값 각도를 입력해야 합니다.

선의 끝, 중간 등 객체의 특정 위치를 정확하게 추적할 수 있는 [OSNAP]을 사용하면 도면을 정확하게 작성할 수 있습니다.

01. AutoCAD 2014를 실행하고 [Home] 탭-[Draw] 패널에서 [Line](▱)을 클릭하거나 Ⓛ 을 입력한 후 **Space Bar** 를 눌러 Line 명령을 실행합니다. 그리고 다음과 같은 사각형을 작성합니다.

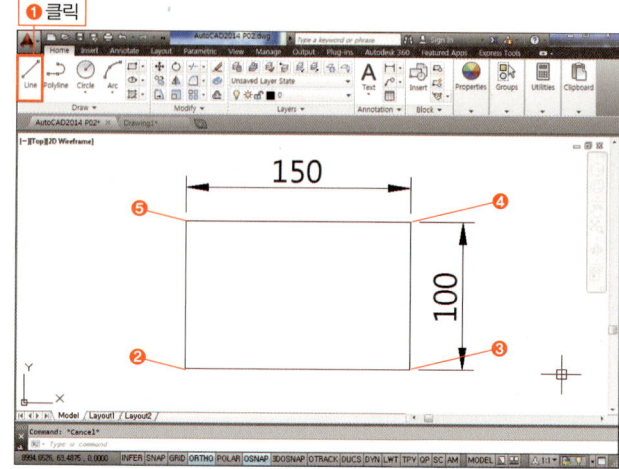

> **T I P** : [ORTHO](**F8**) : On, [OSNAP](**F3**) : On으로 작업을 진행합니다.

Command:
Command: _line Specify first point:
Specify next point or [undo]:
Specify next point or [Close/Undo]:
Specify next point or [Close/Undo]:
Specify next point or [Close/Undo]:

Ⓛ 입력한 후 **Space Bar**
② 지점(시작점)을 클릭 **Space Bar**
③ 위치로 커서 이동 후 '150' 입력하고 **Space Bar**
④ 위치로 커서 이동 후 '100' 입력하고 **Space Bar**
⑤ 위치로 커서 이동 후 '150' 입력하고 **Space Bar**
② 위치로 커서 이동 후 '100' 입력하고 **Space Bar**, **Space Bar** 나 **Esc** (종료)

> **T I P** : 키보드의 우측 자판(숫자 키패드) 사용
>
> 위의 작업처럼 값이나 거리 등 수치를 입력할 때는 키보드 상단의 숫자키로 입력하는 것보다 키보드 우측에 있는 숫자키를 사용하는 것이 편리합니다.

02. L 을 입력한 후 Space Bar 를 눌러 Line 명령을 실행합니다. 사각형 좌측 상단 모서리에 커서를 위치시키면 끝점을 정확하게 지정할 수 있는 표식(口)이 나타나면 클릭, ② 부분으로 커서를 옮겨 중간점을 지정할 수 있는 표식(△)이 나타나면 클릭합니다.

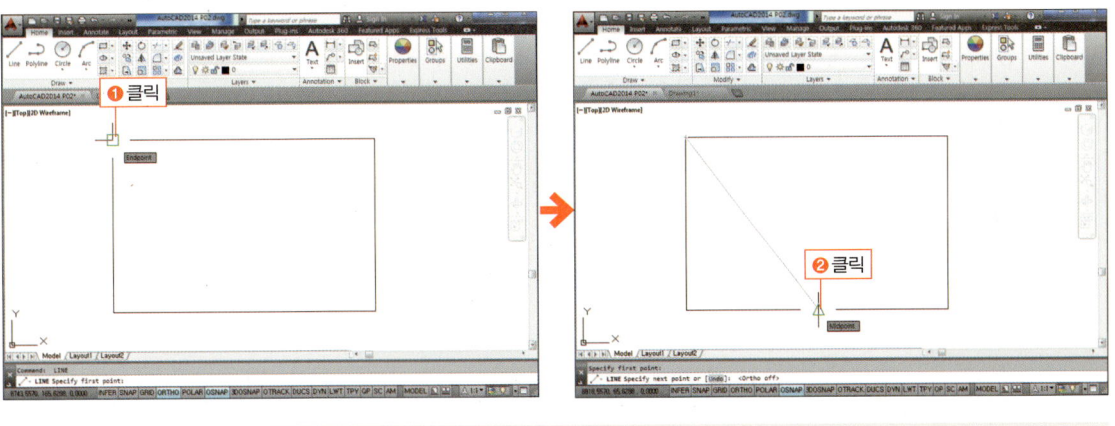

TIP : [ORTHO](F8) On/Off에 따른 선 그리기 차이점
선의 위치를 지정할 경우 [ORTHO]가 On/Off에 따라 화면에 보이는 것이 차이가 있지만 작업에는 전혀 지장이 없습니다.

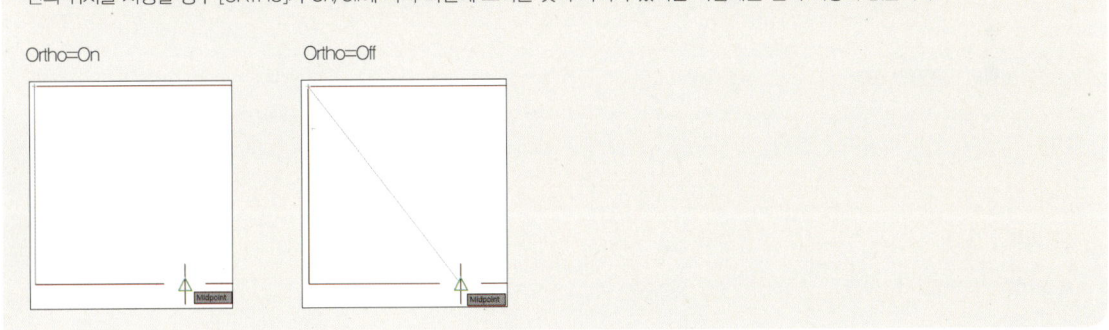

03. 계속해서 ① 부분에 커서를 위치시키고 끝점을 정확하게 지정할 수 있는 표식(口)이 나타나면 클릭하고 Esc 나 Space Bar 를 눌러 작업을 종료합니다. 다시 선을 그리기 위해 Space Bar 를 누르고 그림과 같이 ④, ⑤, ⑥ 부분을 클릭한 후 다시 Esc 나 Space Bar 를 눌러 작업을 마무리합니다.

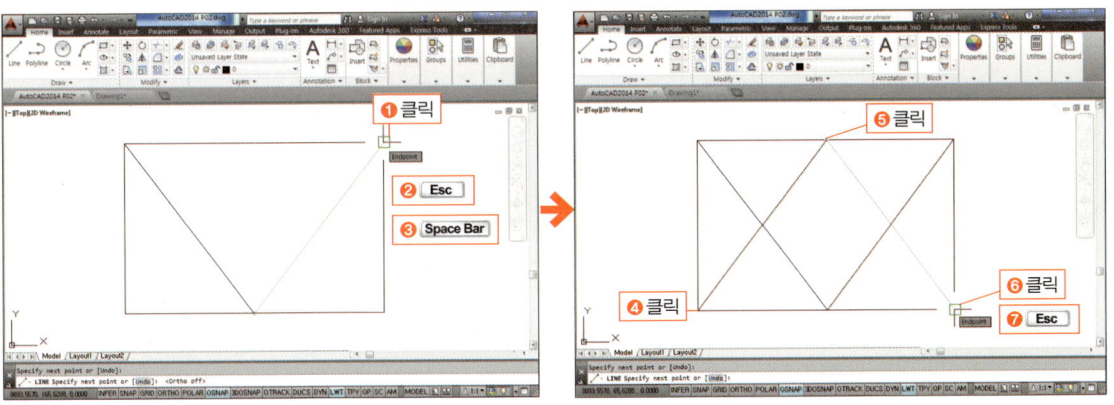

04. 다시 [L]을 입력한 후 [Space Bar]를 눌러 Line 명령을 실행합니다. 사각형 좌측 상단 모서리 ① 부분에 커서를 옮겨가면 끝점을 정확하게 지정할 수 있는 표식([])을 클릭, ② 부분으로 커서를 옮겨 직각점을 지정할 수 있는 표식([])이 나타나면 클릭합니다. [Esc]를 눌러 종료하고 동일한 방법으로 3회 작업하여 무늬를 완성합니다.

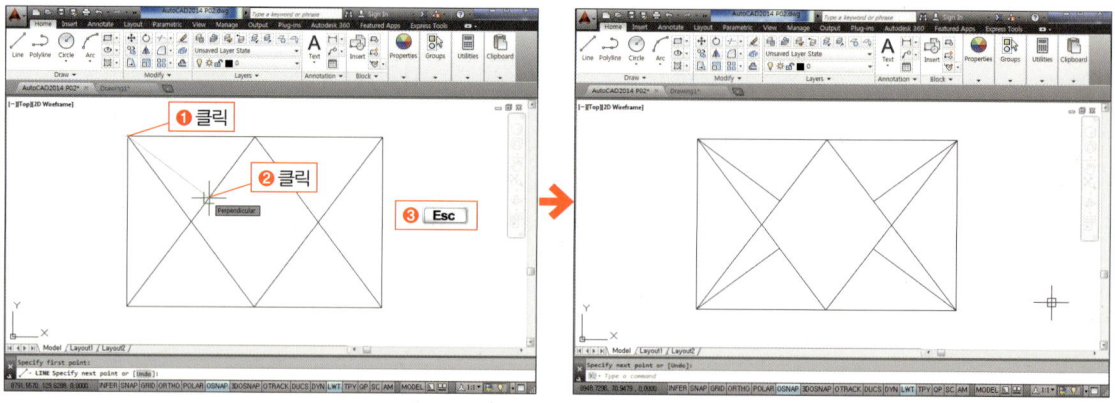

문제해결 직각점 표식([])이 나타나지 않는다면 [O][S]를 입력한 후 [Space Bar]를 눌러 [Drafting Settings] 대화상자의 [Object Snap] 탭을 확인합니다.

TIP : 명령의 반복적인 실행

사용자가 마지막에 사용한 명령을 다시 사용하려면 아이콘이나 단축키를 입력하지 않고 [Enter]나 [Space Bar]만 눌러서 다시 전 명령을 실행할 수 있습니다. 연속적으로 같은 명령을 반복 사용할 경우에 매우 유용한 기능이니 꼭 익힐 수 있도록 합니다.

응용 예제

완성 파일ㅣ DVD₩완성₩Part02₩Lesson03₩문양 완성.DWG(완성 파일을 참고하여 작성해 봅니다.)

1. 다음 문양을 만드세요.

주요 명령어 : Line(L), OSNAP([F3])

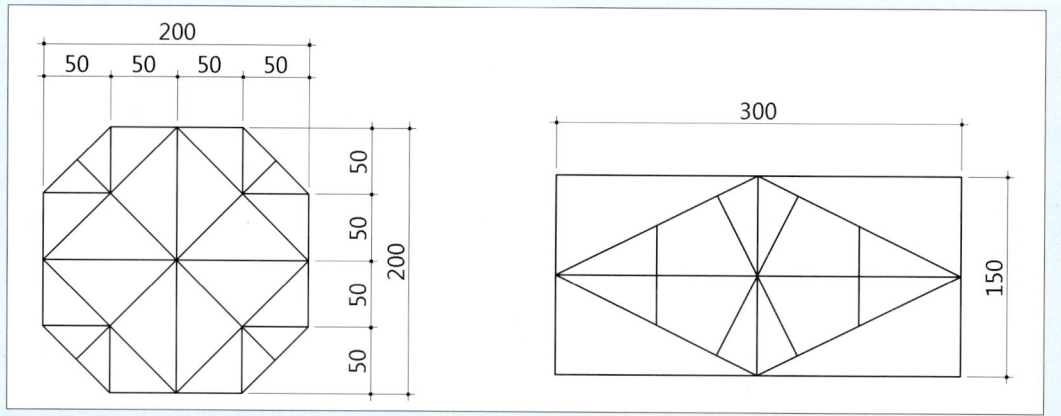

HINT

화면에 [OSNAP] 표식이 나타나지 않는 다면 상태 표시줄의 [OSNAP]이 활성화되어 있는지 확인합니다. 활성화되어 있는데도 표식이 나타나지 않는다면 [O][S]를 입력한 후 [Space Bar]를 눌러 [Drafting Settings] 대화상자의 [Object Snap] 탭을 확인합니다.

Circle 명령을 이용하여 원을 사용한 도형을 만들어 보겠습니다. Circle 명령은 기본적으로 만들 원의 중앙을 지정하고 반지름 값을 입력합니다. Line 명령과 더불어 많이 쓰이게 될 명령이니 잘 배워보도록 하겠습니다.

01. AutoCAD 2014를 실행하고 [Home] 탭-[Draw] 패널에서 [Line]을 클릭한 후 다음과 같은 사각형을 만듭니다.

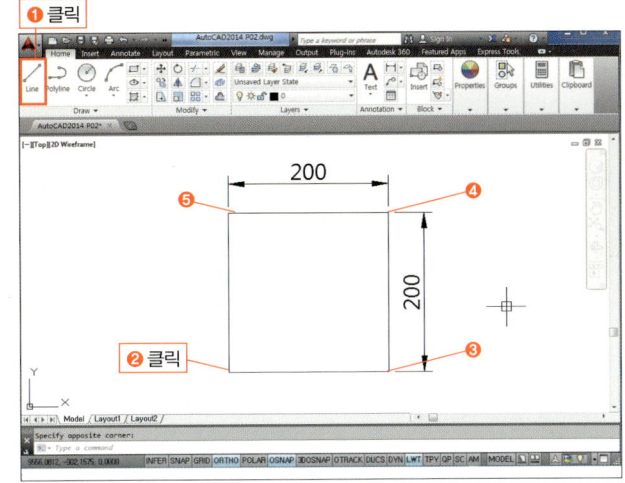

Command:	Ⓛ 입력한 후 Space Bar
Command: _line Specify first point:	② 지점(시작점)을 클릭
Specify next point or [undo]:	③ 위치로 커서 이동 후 '200' 입력 Space Bar
Specify next point or [Close/Undo]:	④ 위치로 커서 이동 후 '200' 입력 Space Bar
Specify next point or [Close/Undo]:	⑤ 위치로 커서 이동 후 '200' 입력 Space Bar
Specify next point or [Close/Undo]:	② 위치로 커서 이동 후 '200' 입력 Space Bar, Space Bar

TIP : [ORTHO](F8) : On, [OSNAP](F3) : On으로 작업합니다

02. Midpoint를 이용해 사각형 안에 십자선을 만들기 위해 다시 Line 명령을 사용해야 하므로 Space Bar 를 누릅니다. ② 부분에서 표식(△)이 나타나면 클릭, ③ 부분에서도 표식(△)이 나타나면 클릭하고 Space Bar 를 눌러 종료합니다. 다시, Space Bar 를 눌러서 Line 명령이 반복되면 ⑥, ⑦ 부분에도 선을 만듭니다.

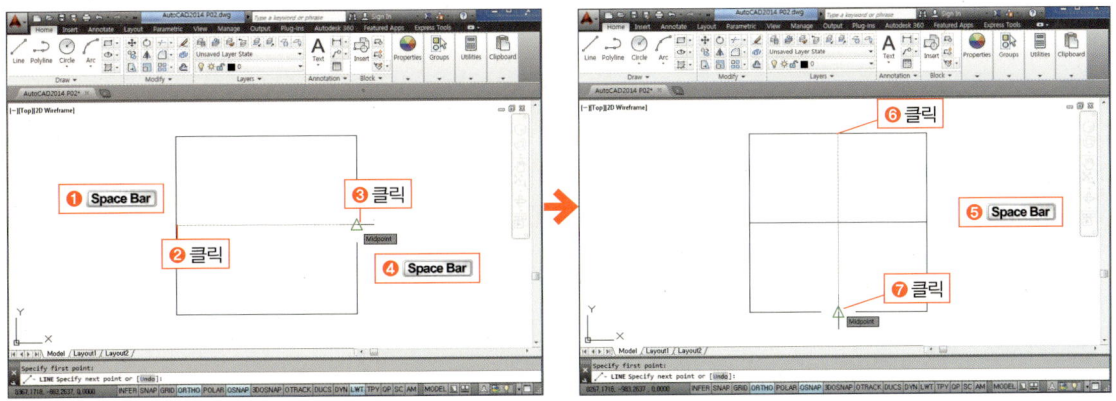

03. [Home] 탭-[Draw] 패널에서 [Circle]()을 클릭합니다. 원의 중심인 ② 부분을 클릭하고 반지름 값으로 '30'을 입력한 후 Space Bar 를 누르면 원이 만들어집니다.

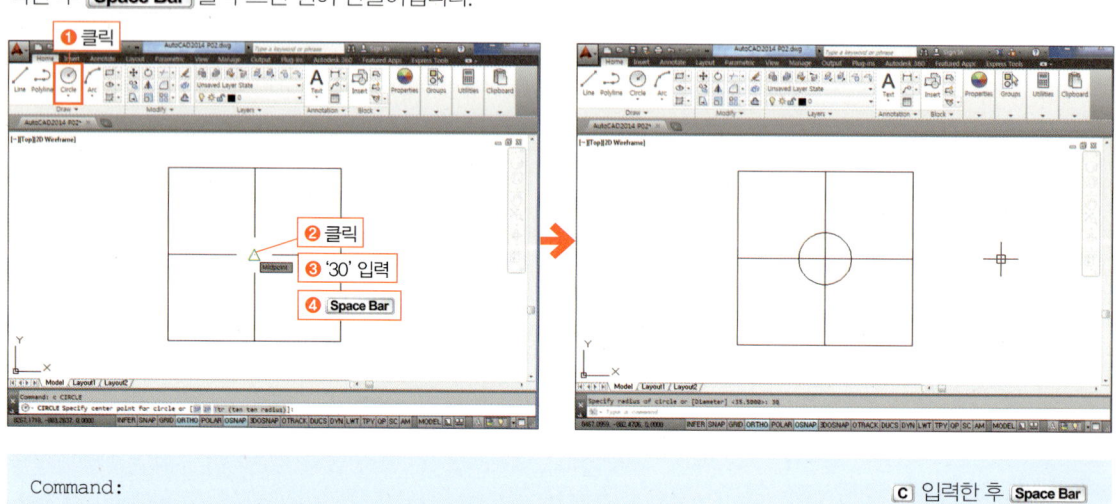

```
Command:                                                         C 입력한 후 Space Bar
Specify center point for circle or [3P/2P/Ttr (tan tan radius)]:       ② 부분 중심점 클릭
Specify radius of circle or [Diameter] <0.0000>:                '30' 입력한 후 Space Bar
```

04. 다시 원을 만들기 위해 Space Bar 를 누릅니다. 원의 중심으로 ② 부분을 클릭하고 반지름 값 '50'을 입력한 후 Space Bar 를 누르면 원이 만들어집니다. 명령을 반복하는 것은 연속된 작업에서 매우 중요한 기능입니다.

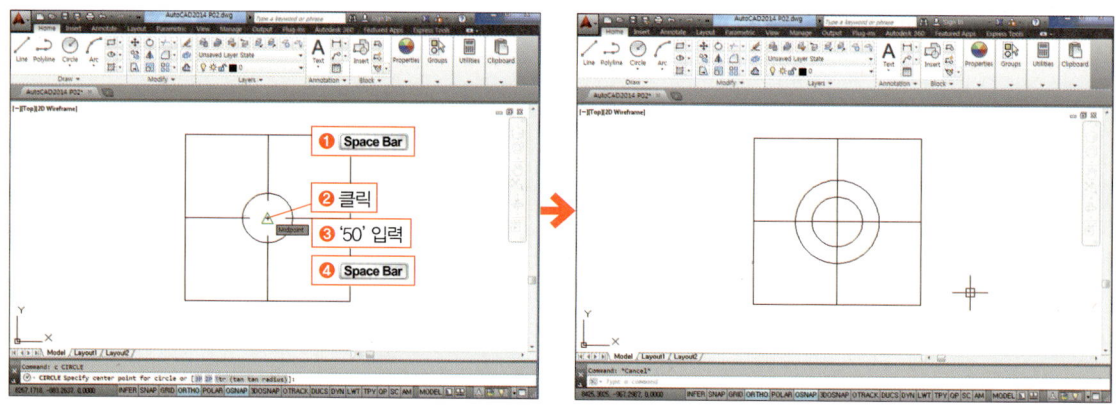

```
Command:                                                                  Space Bar
Specify center point for circle or [3P/2P/Ttr (tan tan radius)]:       ② 부분 중심점 클릭
Specify radius of circle or [Diameter] <30.0000>:              '50' 입력한 후 Space Bar
```

05. 계속해서 원을 만들기 위해 **Space Bar** 를 눌러 Circle 명령을 실행합니다. 원의 크기를 반지름 값으로 입력하지 않고 위치를 지정하기 위해 중심으로 ② 부분을 클릭하고 반지름 값 대신에 커서를 ③ 부분으로 이동해 클릭합니다.

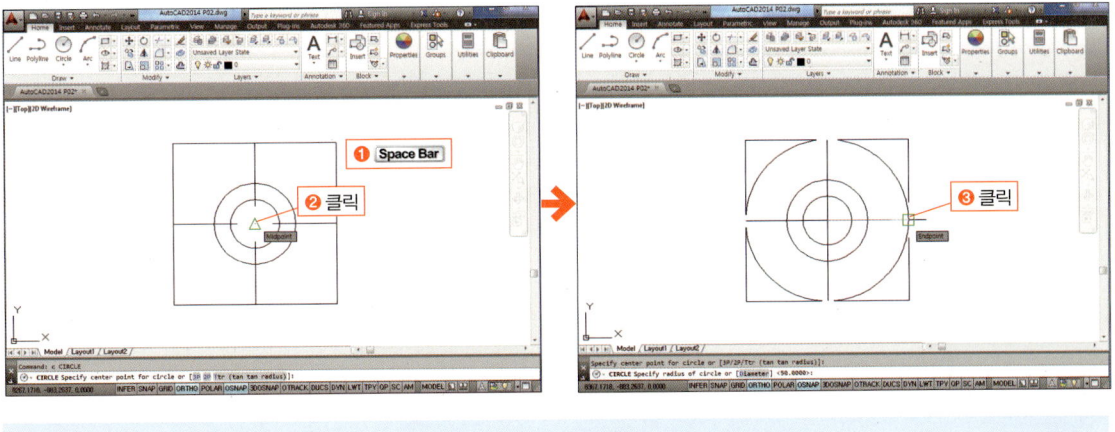

```
Command:
Specify center point for circle or [3P/2P/Ttr (tan tan radius)]:
Specify radius of circle or [Diameter] <50.0000>:
```

Space Bar
② 부분 중심점 클릭
③ 부분 클릭

TIP : ③ 부분은 가로선의 Endpoint이면서 세로선의 Midpoint이기도 합니다.

06. 이번에는 동일한 크기의 원을 연속으로 만들기 위해 **C** 를 입력한 후 **Space Bar** 를 누르거나, **Space Bar** 만 눌러 Circle 명령을 실행합니다. 원의 중심으로 ② 부분을 클릭하고 반지름 값 '10'을 입력한 후 **Space Bar** 를 눌러 원을 만듭니다.

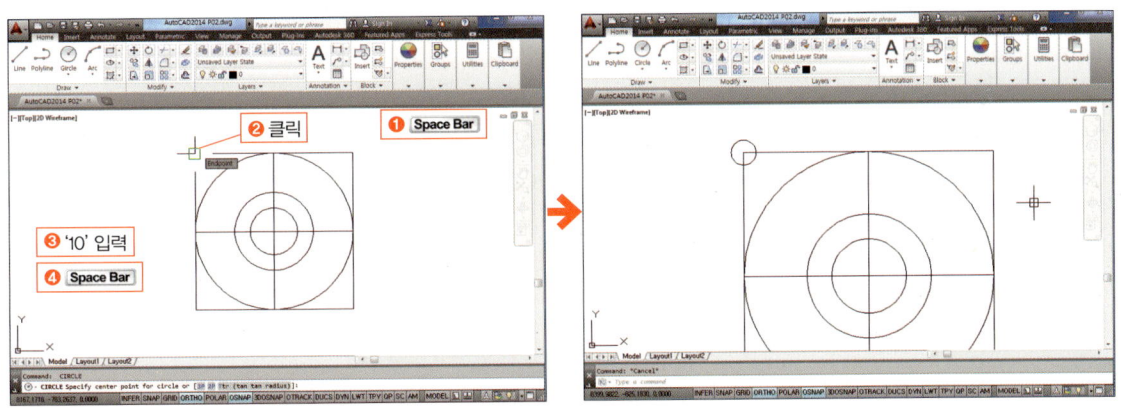

```
Command:
Specify center point for circle or [3P/2P/Ttr (tan tan radius)]:
Specify radius of circle or [Diameter] <0.0000>:
```

C 입력한 후 **Space Bar**
② 부분 중심점 클릭
'10' 입력한 후 **Space Bar**

07. 동일한 크기로 세 번 더 작업하겠습니다. **Space Bar** 를 눌러 Circle 명령을 재실행한 다음 ② 부분을 중심점으로 클릭하고 명령 입력창을 확인합니다. '〈 〉' 안의 값은 사용자가 마지막에 사용한 값입니다. 이 값을 다시 사용하기 위해 **Space Bar** 를 누릅니다.

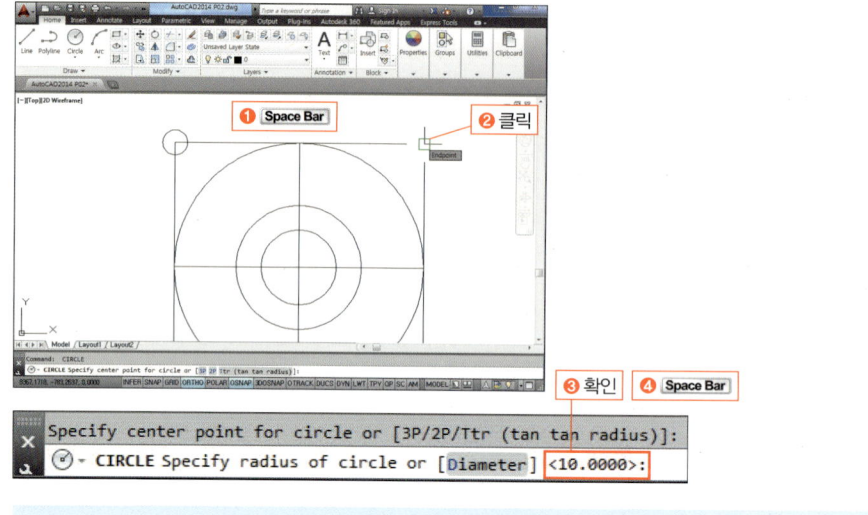

```
Command:                                                              Space Bar
Specify center point for circle or [3P/2P/Ttr (tan tan radius)]:      ② 부분 중심점 클릭
Specify radius of circle or [Diameter] <10.0000>:                     Space Bar (저장된 값 적용)
```

08. 다시 **Space Bar** 를 눌러 Circle 명령을 실행하고, ② 부분에 중심점을 클릭하고 **Space Bar** 를 눌러 세 번째 원도 동일하게 만듭니다.

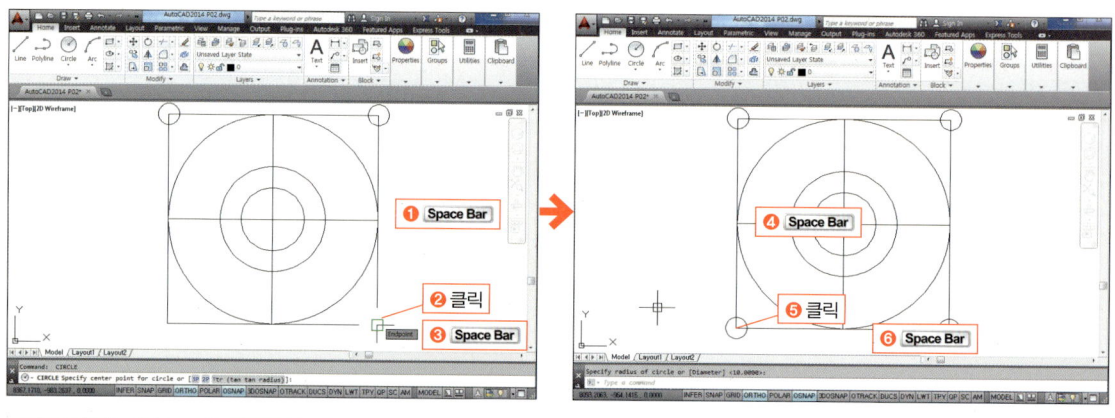

```
Command:                                                              Space Bar
Specify center point for circle or [3P/2P/Ttr (tan tan radius)]:      ② 부분 중심점 클릭
Specify radius of circle or [Diameter] <20.0000>:                     Space Bar (저장된 값 적용)
```

09. 마지막으로 반지름이 아닌 지름 값을 입력해 원을 만들겠습니다. Circle 명령을 실행해 원의 중심으로 ② 부분을 클릭합니다. 원은 지름 값이 '71'이므로 [Diameter] 옵션을 적용하기 위해 **D**를 입력한 후 **Space Bar**를 누릅니다. 지름 값으로 '71'을 입력하고 **Space Bar**를 누릅니다. 나머지 원도 동일하게 만듭니다.

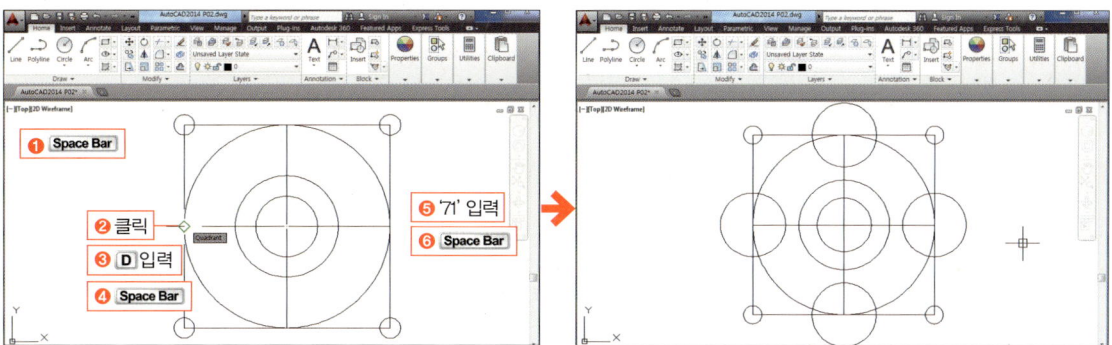

```
Command:                                                              Space Bar
Specify center point for circle or [3P/2P/Ttr (tan tan radius)]:      ② 부분 중심점 클릭
Specify radius of circle or [Diameter] <20.0000>:                    D 입력한 후 Space Bar (지름 변경)
Specify Diameter of circle <20.0000>:                                '71' 입력한 후 Space Bar (지름 입력)
```

TIP : 명령에 나오는 〈 〉안의 값

명령 사용 중에 〈 〉안의 값과 옵션은 이전에 사용된 값이 저장된 것입니다.
Circle: Specify radius of circle or [Diameter] 〈100.0000〉:
Offset: Specify offset distance or [Through/Erase/Layer] 〈50.0000〉:
위의 명령들처럼 어떤 수치나 값을 요하는 명령들은 사용자가 마지막으로 사용한 값을 저장해 〈 〉안에 표시합니다. 사용자는 입력하려는 값이 같을 경우에는 다시 입력할 필요 없이 **Space Bar**를 누르면 〈 〉안의 값이 적용됩니다.

응용 예제

완성 파일 | DVD₩완성₩Part02₩Lesson03₩문양2.DWG(완성 파일을 참고하여 작성해 봅니다.)

1. 다음 문양을 만드세요.

주요 명령어 : Line(L), OSNAP(**F3**), Circle

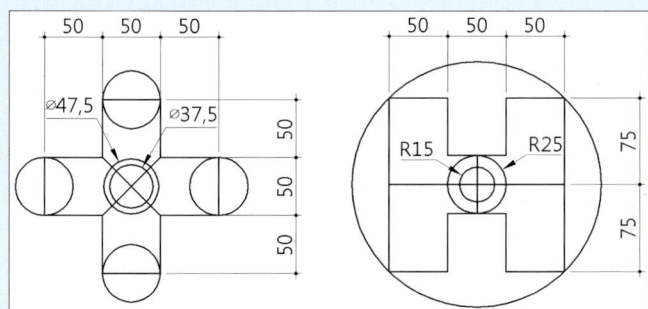

HINT

Circle 명령은 원의 중심을 지정한 후 반지름 값을 입력합니다. 지름 값을 입력할 경우에는 [Diameter] 옵션을 사용해야 합니다. 원의 크기를 입력하는 대신 원의 크기가 어디까지인지 위치를 지정해도 됩니다. 세 점을 지나는 원을 그리기 위해서는 [3-Point] 옵션을 사용해야 합니다.

Arc 명령은 11가지의 옵션으로 다양한 방법의 호 만들기를 지원합니다. 자주 사용되는 3-point와 시작점, 끝점, 반지름 값을 입력해 만드는 [Start-End-Radius] 옵션을 사용해 호를 만들어 보겠습니다.

예제 파일 | DVD\예제\Part02\Lesson03\Arc명령.DWG

01. 예제 파일을 불러온 후 [Home] 탭-[Draw] 패널에서 [Arc]-[3-Point]를 클릭하거나, **A**를 입력한 후 **Space Bar**를 누릅니다.

Command: **A** 입력한 후 **Space Bar**

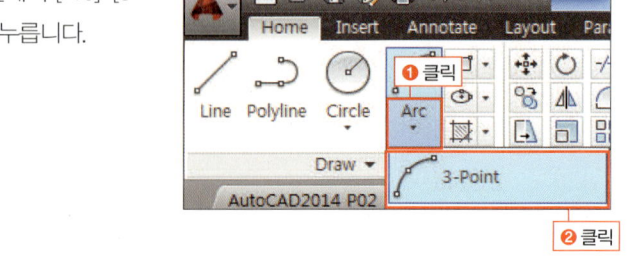

02. [3-Point]는 시작점, 통과점, 끝점을 차례대로 클릭하여 호를 만듭니다. ①, ②, ③ 부분을 순서대로 클릭합니다. 그리고 다시 **Space Bar**를 눌러 Arc 명령을 반복한 다음 ⑤, ⑥, ⑦ 부분을 클릭합니다.

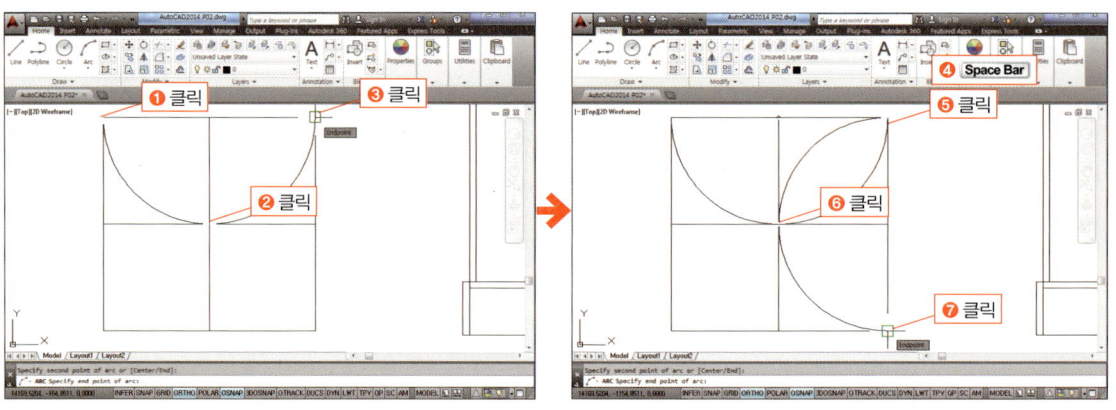

03. 계속해서 Arc 명령을 실행한 후 ②, ③, ④ 부분을 순서대로 클릭합니다. **Space Bar**를 눌러 명령을 반복한 다음 ⑥, ⑦, ⑧ 부분을 클릭합니다.

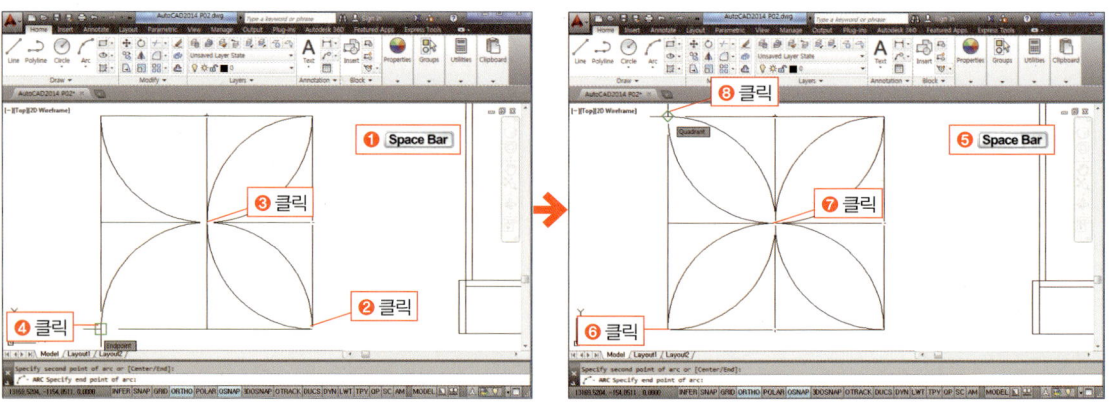

04. 이번에는 [Home] 탭–[Draw] 패널에서 [Arc]–[Start, End, Radius]를 클릭합니다. 옵션의 순서대로 시작점은 Start(시작), 두 번째 점은 End(끝), 세 번째 반지름(R) 값을 입력하면 됩니다.

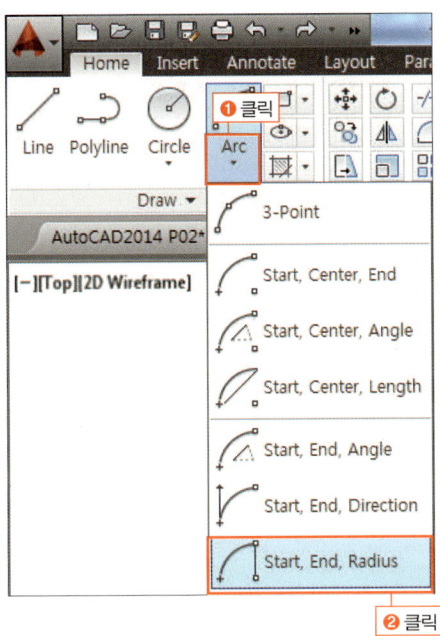

05. 시작점으로 ① 부분을 클릭하고 호의 끝점인 ② 부분을 클릭합니다. 세 번째로 반지름 값(840)을 입력한 후 **Space Bar**를 누르면 반지름 값이 '840'인 호가 만들어집니다.

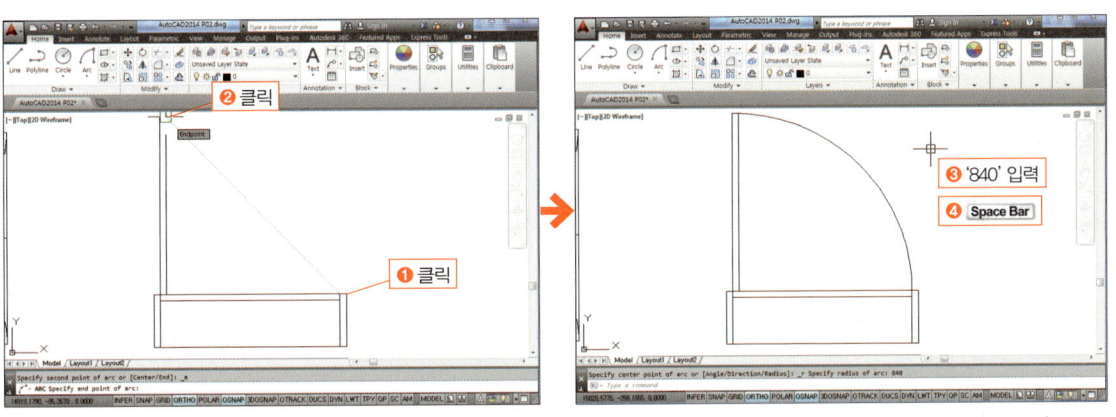

Command:	**A** 입력한 후 **Space Bar**
Specify start point of arc or [Center]:	① 부분을 클릭
Specify second point of arc or [Center/End]:	**E** 입력한 후 **Space Bar** (끝점으로 변경)
Specify end point of arc:	② 부분을 클릭
Specify center point of arc or [Angle/Direction/Radius]:	**R** 입력한 후 **Space Bar** (반지름으로 변경)
Specify end point of arc:	'840' 입력한 후 **Space Bar**

TIP : 호(Arc)가 그려지는 방향

호는 시작점을 기준으로 반시계 방향으로 만들어집니다. 호 뿐만이 아니라 각도와 관련된 대부분의 명령이 이에 해당됩니다.

PART 02 · AutoCAD 필수 기능

1. 다음 도면을 만드세요.

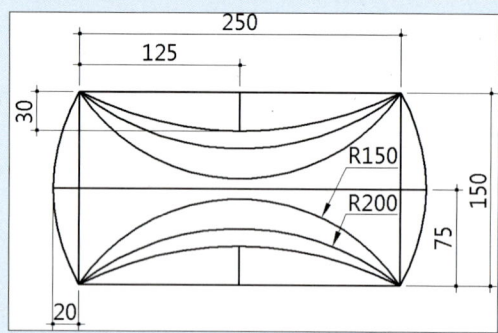

HINT

호를 그리기 위한 방법은 다양합니다.
호가 지나는 세 점을 알거나, 호의 시작점, 끝점, 반지름 값을 입력해도 작성이 가능합니다.

2. 다음 도면을 만드세요.

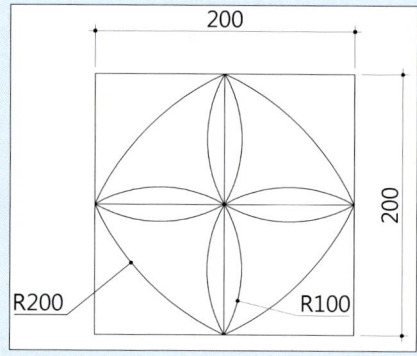

HINT

[Start-End-Radius]는 시작점을 기준으로 시계 반대 방향으로 호가 그려집니다.

AutoCAD의 도면 영역

■ 도면 영역의 한계를 설정하는 Limits(도면 한계)

AutoCAD를 실행하면 기본적으로 작업 영역이 나타나는데 이 영역은 대략 '420'(가로), '297'(세로)인 A3 용지 크기입니다. 물론 실제로 도면 작업을 할 때 다른 방법을 쓰기는 하지만 건축 도면에서 필요로 하는 부분적인 요소도 작업하기에는 상당히 작은 영역입니다.

A3 용지의 크기보다 큰 도형을 작성하게 되면 화면 밖으로 벗어나게 됩니다. 마우스 휠로 어느 정도 화면의 크기를 조정할 수도 있지만 이것도 한계가 있습니다. 그래서 도면 작업을 할 때 작업 대상의 크기에 맞게끔 작업 영역의 한계치를 조정해 줄 필요가 있습니다.

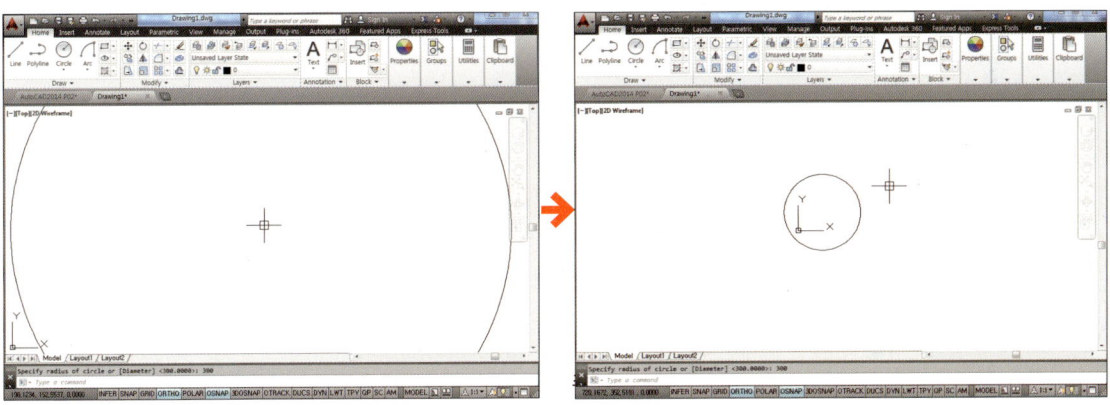

■ 도면 영역의 한계 설정

AutoCAD를 실행하고 작업을 시작하기 전에 'limits'라는 명령을 통해 도면 역영의 한계치를 조정해도 되지만 이해를 돕기 위해 도형을 먼저 그리고 나서 변경해 보겠습니다.

01. 새 도면(New)을 열고 `C`를 입력한 후 `Space Bar`를 누릅니다. 원의 중심점으로 화면 중앙을 클릭하고 반지름 값(300)을 입력한 후 `Space Bar`를 눌러 원을 만듭니다.

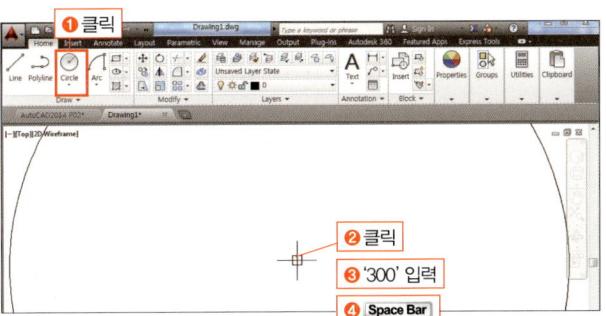

93

```
Command:                                                    C  입력한 후  Space Bar
Specify center point for circle or [3P/2P/Ttr (tan tan radius)]:    중심점 클릭
Specify radius of circle or [Diameter] <0.0000>:           '300' 입력한 후  Space Bar
```

02. 원을 그리고 나면 화면이 꽉 차게 됩니다. 여기서 'Limits'라는 도면의 한계치를 조정하는 명령어를 사용해보겠습니다. 명령 입력창에 L I M I T S 를 입력하고 Space Bar 를 누릅니다.

```
Command: LIMITS — ❶입력  ❷ Space Bar
Reset Model space limits:
 - LIMITS Specify lower left corner or [ON OFF] <0.0000,0.0000>:
```

03. 입력을 하면 도면 한계의 좌측 하단 지점을 지정하려고 합니다. 점의 위치로 절대 좌표 '0,0'을 입력하면 되는데 저장된 값이 〈0.0000,0.0000〉이므로 바로 Space Bar 만 누릅니다.

```
Reset Model space limits:
Specify lower left corner or [ON/OFF] <0.0000,0.0000>: — ❶확인  ❷ Space Bar
 - LIMITS Specify upper right corner <420.0000,297.0000>:
```

04. 이제 우측 상단 위치를 지정하라고 합니다. 〈 〉안의 수치는 기본 설정 값입니다. '42000,29700'을 입력하고 Space Bar 를 누릅니다.

```
Reset Model space limits:
Specify lower left corner or [ON/OFF] <0.0000,0.0000>:
 - LIMITS Specify upper right corner <420.0000,297.0000>: 42000,29700 — ❶입력  ❷ Space Bar
```

05. 화면상으로는 아무런 변화가 없습니다. 도면의 한계를 100배 키웠지만 설정한 도면 영역을 확인하려면 Zoom 명령을 사용해야 합니다. 명령 입력창에 Zoom 명령의 단축키 Z 를 입력한 후 Space Bar 를 누르고 다음 옵션에서 A 를 입력합니다.

```
Command: Z ZOOM — ❶입력  ❷ Space Bar
Specify corner of window, enter a scale factor (nX or nXP), or
 - ZOOM [All Center Dynamic Extents Previous Scale Window Object] <real time>: a — ❸ A 입력  ❹ Space Bar
```

06. 명령을 실행하면 화면의 원이 없어진 것처럼 보이나 좌측 하단을 확인하면 작은 원이 보입니다. 이는 앞에서 만든 원이 작아진 것이 아니라 도면 영역이 100배 커져서 거꾸로 원이 작게 보이는 것입니다. 작업을 하면서 도면 영역이 부족하다고 생각되면 Limits 명령으로 한계를 늘리거나 필요한 영역만한 원을 만든 후 휠을 더블클릭해도 강제로 영역이 커집니다.

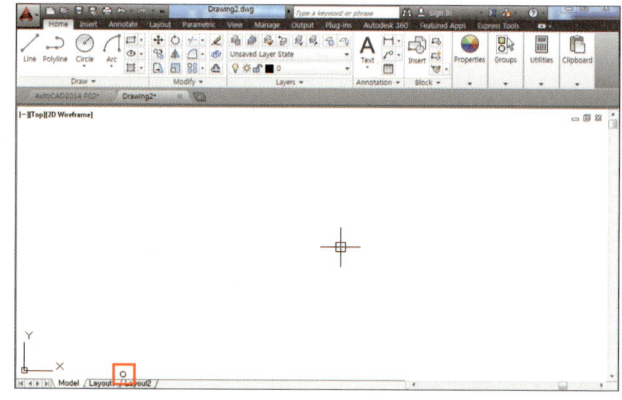

▲ 작게 보이는 원

아무리 강조해도
지나치지 않는 편집 명령

AutoCAD의 2D 도면은 10여 개 정도의 명령어만 알아도 대부분 작성할 수 있습니다. 그중에서도 편집의 핵심이 되는 주요 기능에 대해 알아보도록 하겠습니다.

기초탄탄 ▶ 편집의 핵심이 되는 명령어

■ Offset의 기능과 사용법 이해하기 `103p`

Offset은 선이나 원, 호 등의 객체를 입력한 값만큼 거리를 두어 복사할 수 있는 명령입니다. 명령을 실행하고 복사할 간격을 설정한 후 객체를 클릭, 복사할 방향을 클릭합니다. 동일한 간격으로 복사를 할 경우에는 연속으로 작업이 가능합니다.

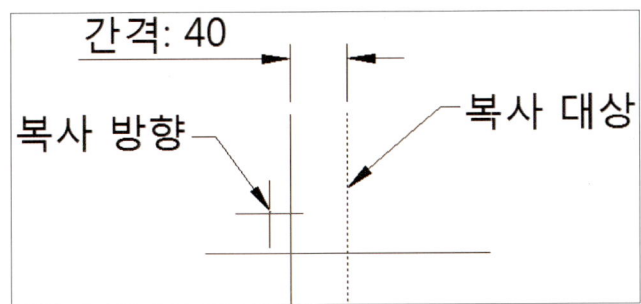

• 수평, 수직선을 Offset

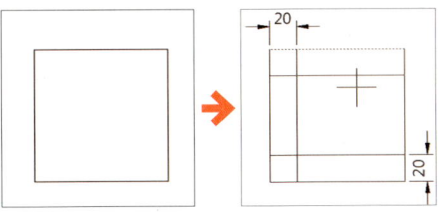

• 사선을 Offset

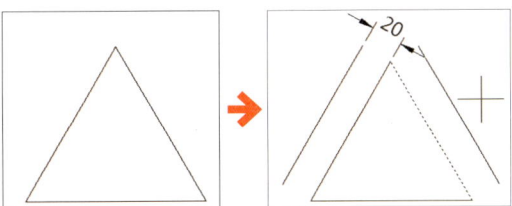

• 원을 Offset

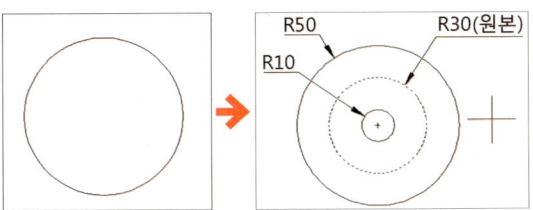

■ Offset 실행하기

• [Home] 탭—[Modify] 패널에서 [Offset](⬕)을 클릭하여 실행합니다.

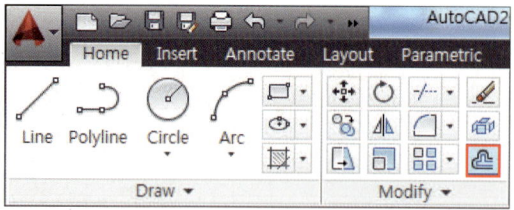

• 명령 입력창에서 Offset 명령어(**O**)를 입력한 후, **Space Bar**를 눌러 실행합니다.

명령어 입력

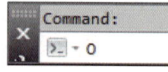
단축키 입력

■ Offset의 옵션

거리 값 대신 통과점을 지정하는 방법과 원본 삭제 유무를 설정할 수 있지만 거의 사용하지 않습니다.

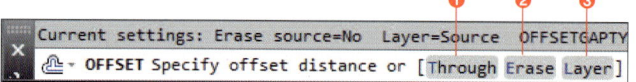

❶ Through(통과점) : 값을 입력하지 않고 원본이 복사될 위치를 클릭합니다(거리를 모를 때 사용).

❷ Erase(원본 삭제) : 복사된 객체만 남기고 원본은 삭제합니다. 이동하는 것과 유사합니다.

❸ Layer(레이어) : 복사된 객체의 레이어를 설정합니다.

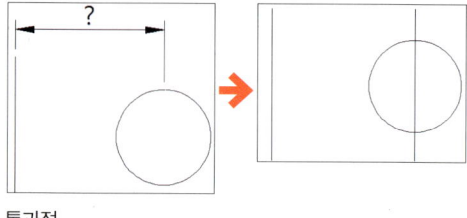
통과점

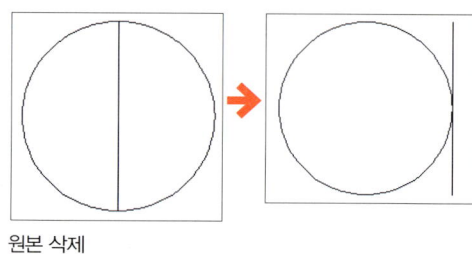
원본 삭제

■ Offset의 사용 과정 익히기

```
Command:                                                          ○ 입력한 후 Space Bar
Specify offset distance or [Through/Erase/Layer] <1.0000>:    복사할 거리 입력한 후 Space Bar
Select object to offset or [Exit/Undo] <Exit>:                        복사할 객체 선택
Specify point on side to offset or [Exit/Multiple/Undo] <Exit>: 복사할 방향 클릭 (Space Bar) 나 (Esc)종료)
```

■ Trim의 기능과 사용법 이해하기 `103p`

Trim은 선택한 기준선으로부터 벗어난 부분을 잘라내는 명령입니다. 도면 작성 시 사용 빈도가 아주 높은 명령으로 사용법을 100% 이해해야 합니다. 사용이 올바르지 못하면 편집하는 시간이 그리는 시간보다 더 길어질 수 있습니다. 작업의 형태는 기준을 직접 선택할 수 있고, 화면의 모든 객체를 기준으로 할 수도 있습니다.

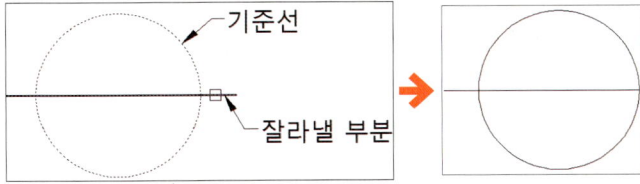

• 기준을 선택하고 잘라내야 효율적인 경우

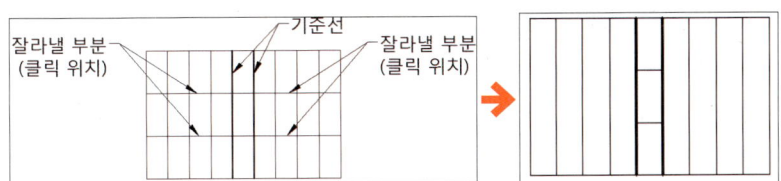

• 모든 선을 기준으로 하고 잘라야 효율적인 경우

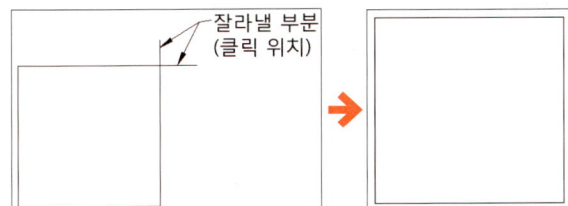

■ Trim 실행하기

• [Home] 탭-[Modify] 패널에서 [Trim](-/-)을 클릭하여 실행합니다.

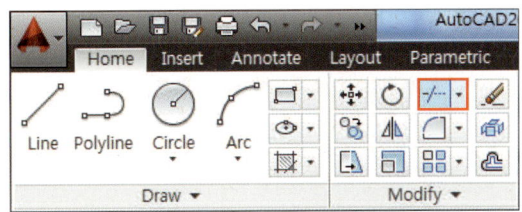

• 명령 입력창에서 Trim 명령어(**T** **R**)를 입력한 후, **Space Bar** 를 눌러 실행합니다.

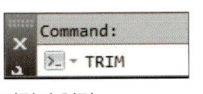

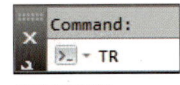

명령어 입력   단축키 입력

■ Trim의 옵션

• 명령 실행 직후 옵션

모든 선을 기준선으로 지정해주는 [Select all]을 사용할 수 있습니다.

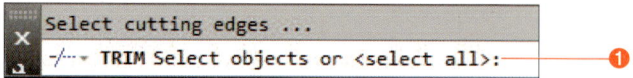

❶ Select all : 화면의 모든 선을 기준으로 지정합니다.

• 기준선을 지정한 후 옵션

Select object❶to tri❷or shif❸-sele❹to❺xter❻or
TRIM [Fence Crossing Project Edge eRase Undo]:

❷ Fence(경계로 선택) : 경계선으로 걸쳐서 선택(AutoCAD 2005까지는 많이 사용했으나 최근에는 사용하지 않습니다).

❸ Project(투영) : 객체를 자를 때 사용할 투영 방법을 설정합니다.

❹ Crossing(걸침 선택) : 선을 걸침 선택으로 선택(기본으로 지원하므로 설정하지 않아도 됩니다).

❺ Edge(기준선 연장 유무) : 기준선의 연장 유무를 설정합니다(기본 값 : No extend).

❻ Undo(취소) : 마지막에 자른 선을 취소합니다.

■ Trim의 사용 과정 익히기

```
Command:                                                    T  R  입력한 후  Space Bar
command: select objects or <select all>:              기준선 선택한 후  Space Bar
[Fence/Crossing/Project/Edge/eRase/Undo]:    자를 부분 클릭, 종료는  Space Bar  나  Esc
```

■ Extend의 기능과 사용법 이해하기 `113p`

Extend 명령은 선의 길이가 부족한 경우 선택한 기준선까지 선을 연장합니다. Trim 명령의 반대 기능이며 실행 원리가 동일합니다.

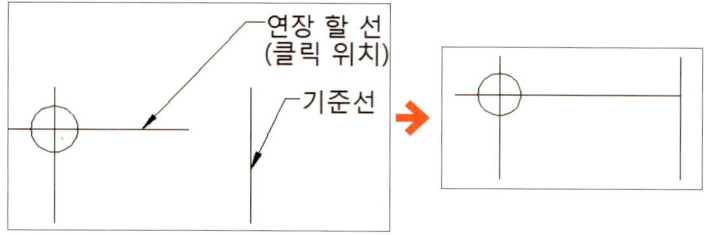

• 기준을 선택하고 연장해야 효율적인 경우

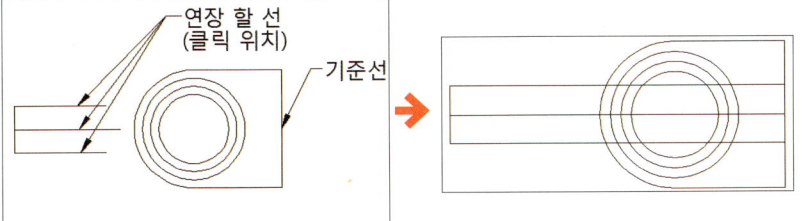

• 모든 선을 기준으로 하고 연장해야 효율적인 경우

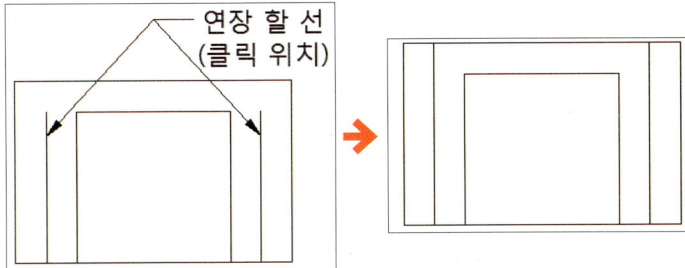

■ Extend 실행하기

• [Home] 탭−[Modify] 패널에서 [Extend](⊣)를 클릭하여 실행합니다. 아이콘이 [Trim](⊣ㆍ)으로 되어 있다면 ▾를 클릭해 [Extend](⊣)를 선택합니다.

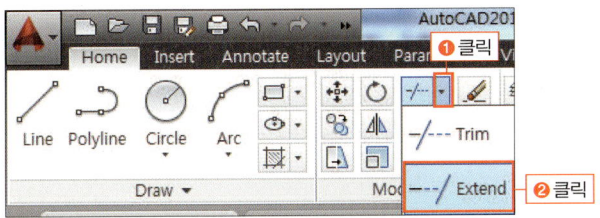

• 명령 입력창에서 Extend 명령어(**E X**)를 입력한 후, **Space Bar**를 눌러 실행합니다.

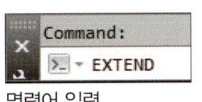

명령어 입력

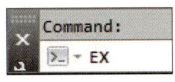

단축키 입력

■ Extend의 옵션

• 명령 실행 직후 옵션

모든 선을 기준선으로 지정해주는 [Select all]을 사용할 수 있습니다.

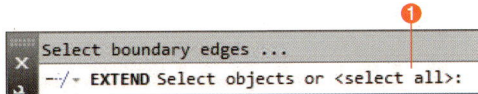

❶ Select all : 화면의 모든 선을 기준으로 지정합니다.

• 기준선을 지정한 후 옵션

```
Select object ❶ extend or shift-select t❷ trim or
--/- EXTEND [Fence Crossing Project Edge Undo]:
```

❶ **Fence(경계로 선택)** : 경계선으로 걸쳐서 선택(AutoCAD 2005까지는 많이 사용했으나 근래는 사용하지 않습니다).

❷ **Crossing(걸침 선택)** : 선을 걸침 선택으로 선택(기본으로 지원하므로 설정하지 않아도 됩니다).

❸ **Project(투영)** : 객체를 자를 때 사용할 투영 방법을 설정합니다.

❹ **Edge(기준선 연장 유무)** : 기준선의 연장 유무를 설정합니다(기본 값 : No extend).

❺ **Undo(취소)** : 마지막에 연장한 선을 취소합니다.

■ Extend의 사용 과정 익히기

Command:	E X 입력한 후 Space Bar
command: select objects or <select all>:	기준선 선택한 후 Space Bar
[Fence/Crossing/Project/Edge/eRase/Undo]:	연결할 부분 클릭. 종료는 Esc

■ Move의 기능과 사용법 이해하기 `118p`

Move 명령은 선택한 객체의 위치를 변경합니다. 이동시킬 객체의 기준점을 지정하고 목적지를 지정하면 기준점이 목적지로 이동합니다. 상대 좌표나 거리 좌표를 활용해 이동 거리를 입력할 수도 있습니다.

• 기준점과 목적지를 지정해 이동

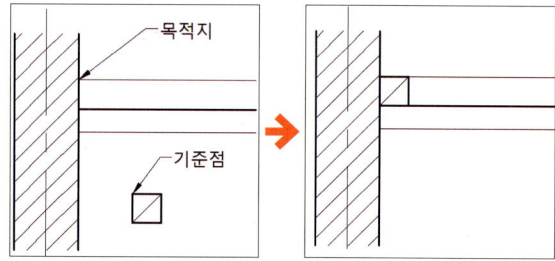

• 이동 거리를 입력해 위치를 이동

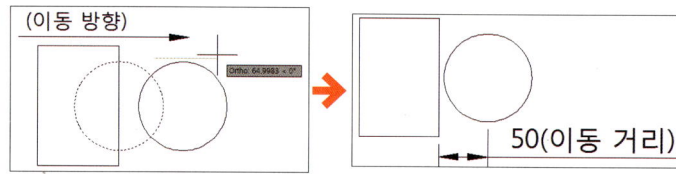

■ Move 실행하기

• [Home]—[Modify] 패널에서 [Move](⊕)를 클릭하여 실행합니다.

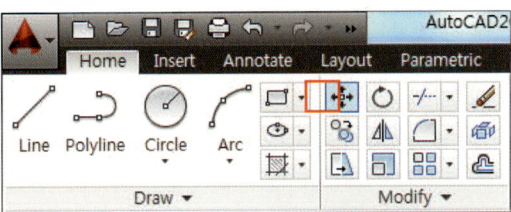

• 명령 입력창에서 Move 명령어(M)를 입력한 후, Space Bar 를 눌러 실행합니다.

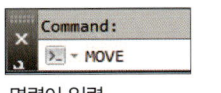

명령어 입력

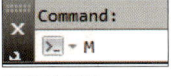

단축키 입력

■ Move의 사용 과정 익히기

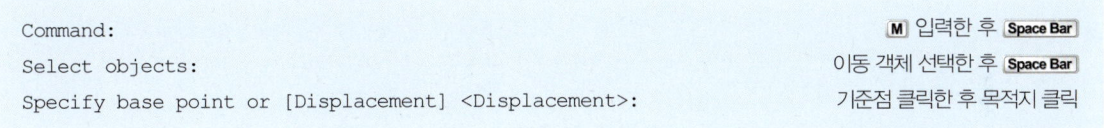

Command:	M 입력한 후 Space Bar
Select objects:	이동 객체 선택한 후 Space Bar
Specify base point or [Displacement] <Displacement>:	기준점 클릭한 후 목적지 클릭

■ Copy의 기능과 사용법 이해하기 118p

Copy 명령은 선택한 객체를 추가로 복사합니다. 복사할 객체의 기준점을 지정하고 목적지를 지정하면 기준점이 목적지로 이동해 복사됩니다. 상대 좌표나 거리 좌표를 활용해 복사될 거리를 입력할 수도 있습니다.

• 기준점과 목적지를 지정해 복사

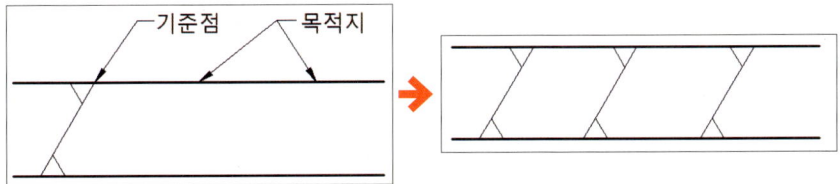

• 복사될 거리를 입력해 객체를 복사

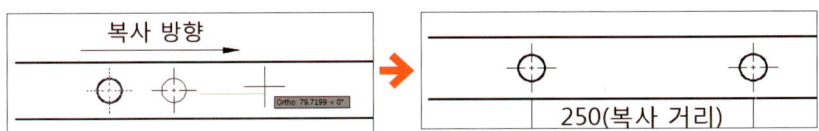

■ Copy 실행하기

• [Home] 탭-[Modify] 패널에서 [Copy](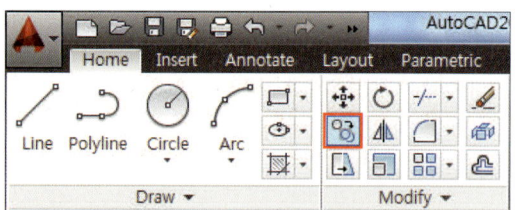)를 클릭하여 실행합니다.

• 명령 입력창에서 Copy 명령어(C O, C P)를 입력한 후, Space Bar 를 눌러 실행합니다.

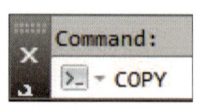
명령어 입력

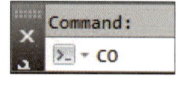
단축키 입력01

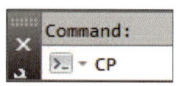
단축키 입력02

■ Copy의 옵션

배열 옵션을 사용할 수 있습니다. 기준점을 지정한 후 사용이 가능합니다.

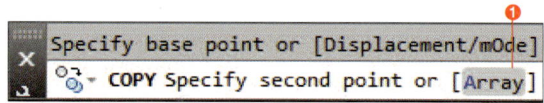

❶ Array(배열) : 배열 수량을 입력하고 복사할 객체의 간격과 구간을 지정할 수 있습니다.

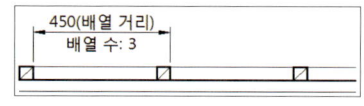

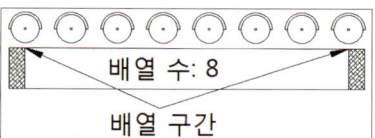

■ Copy의 사용 과정 익히기

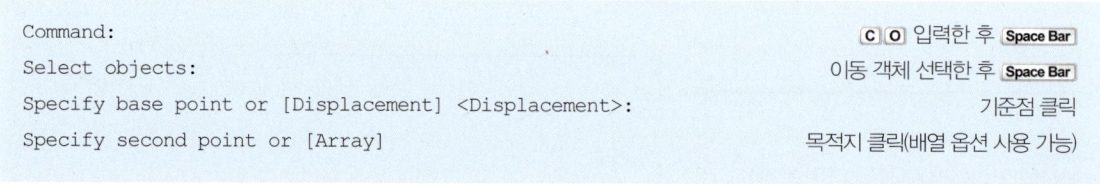

Command:	C O 입력한 후 Space Bar
Select objects:	이동 객체 선택한 후 Space Bar
Specify base point or [Displacement] <Displacement>:	기준점 클릭
Specify second point or [Array]	목적지 클릭(배열 옵션 사용 가능)

TIP : Copy 명령의 [Array] 옵션은 AutoCAD 2012 버전부터 사용이 가능합니다.

Offset과 Trim 명령은 도면 작성 시 사용 빈도가 가장 높은 기능입니다. Trim 명령 사용이 원만하지 못
하면 작업 시간이 상당히 늦어질 수 있습니다. 철근 콘크리트 기둥의 재료 표시를 작업하면서 원리를 이
해해 봅니다.

01. AutoCAD 2014를 실행하고 새 도면을 시작합니다. 작업해야 할 기둥의 크기는 가로 '600' 세로 '600'으로 Limits 값
을 좀 더 크게 설정해야 합니다. 명령 입력창에 L I M I T S 를 입력하고 Space Bar 를 누릅니다. 좌측 하단
의 값은 0,0이므로 Space Bar 를 누르고, 우측 상단의 값으로 '4200,2970'을 입력한 후 Space Bar 를 누릅니다. 영역
설정을 확인하기 위해 Z 를 입력한 후 Space Bar 를 누르고 A 를 입력한 후 Space Bar 를 누릅니다.

```
Command:                                                    L I M I T S 입력한 후 Space Bar
Specify lower left corner or [ON/OFF] <0.0000,0.0000>:                   Space Bar
Specify upper right corner <420.0000,297.0000>:           '4200, 2970' 입력한 후 Space Bar
Command:                                                      Z 입력한 후 Space Bar
[All/Center/Dynamic/Extents/Previous/Scale/Window/Object]<real time>:   A 입력한 후 Space Bar
```

02. [Home] 탭–[Draw] 패널에서 [Line](🖊)을 클
릭합니다. [ORTHO](F8)가 활성화되어 있는지 확
인한 후 거리 좌표를 사용해 다음과 같은 사각형
을 만듭니다.

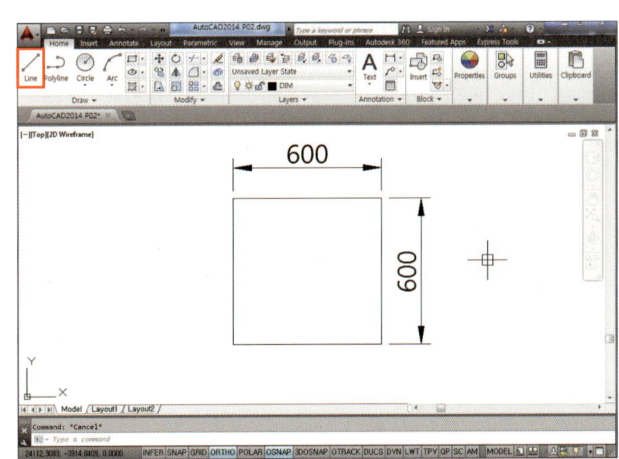

```
Command:                                                      L 입력한 후 Space Bar
```

TIP : 키보드의 우측 자판(숫자 키패드) 사용
위의 작업처럼 값이나 거리 등 수치를 입력할 때는 키보드 상단의 숫자키로 입력하는 것보다 키보드 우측에 있는 숫자키를 사용하는 것이
편리합니다.

03. 기둥의 윤곽을 만들었으니 이제 Offset과 Trim 명령(자르기)을 사용하여 외곽선 안쪽에 재료 표시를 해보겠습니다. 먼저 **L**을 입력한 후 **Space Bar** 를 누릅니다. ② 부분을 클릭, ③ 부분을 클릭해 사선을 그리고 명령을 종료합니다.

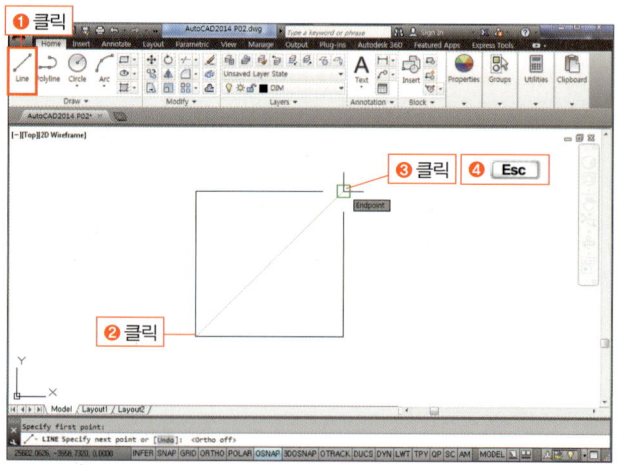

```
Command:                                                  L 입력한 후 Space Bar
line Specify first point:                                 ② 부분(시작점) 클릭
Specify next point or [undo]:                             ③ 부분을 클릭, Esc
```

04. 작업된 사선을 '20' 간격으로 복사하기 위해 [Home] 탭–[Modify] 패널에서 [Offset](🔲)을 클릭하거나, **O**를 입력한 후 **Space Bar** 를 눌러 Offset 명령을 실행합니다.

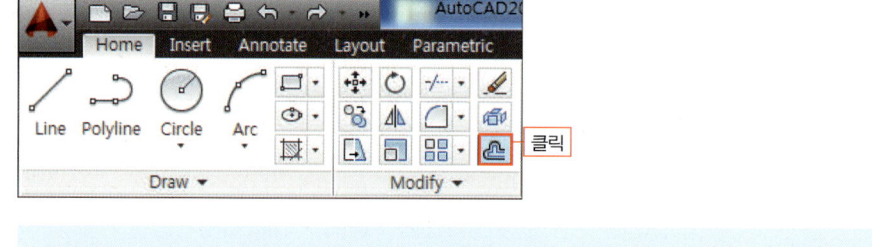

```
Command:                                                  O 입력한 후 Space Bar
```

05. 복사하려는 거리 값으로 '20'을 입력하면 하단의 명령 입력창에 입력한 값(20)이 보입니다. 그리고 **Space Bar** 를 누릅니다.

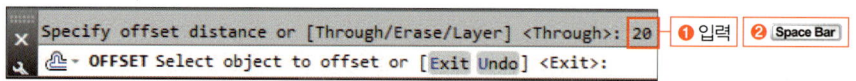

Specify offset distance or [Through/Erase/Layer] <Through>: 20 ❶ 입력 ❷ Space Bar
OFFSET Select object to offset or [Exit Undo] <Exit>:

TIP : [ORTHO]는 **F8** 과 **Shift** 로 On/Off 제어가 가능합니다. **Shift** 는 누르는 동안만 On/Off로 변경할 수 있습니다.

06. Offset 명령에 거리 값이 설정되면 커서 모양이 객체를 선택하는 형태(☐)로 변합니다. 이 커서로 사선을 클릭합니다. 그럼 선택한 선은 파선으로 사용자에게 선택된 선이 무엇인지 알려줍니다.

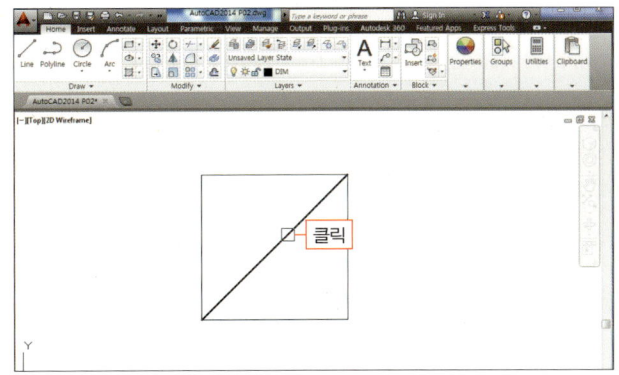

Command: select object to offset........:   복사할 객체인 선을 클릭

07. 선택한 선을 기준으로 왼쪽으로 복사하기 위해 커서를 선택한 선 왼쪽에서 클릭하면 선이 평행으로 '20' 만큼 떨어진 위치에 복사됩니다.

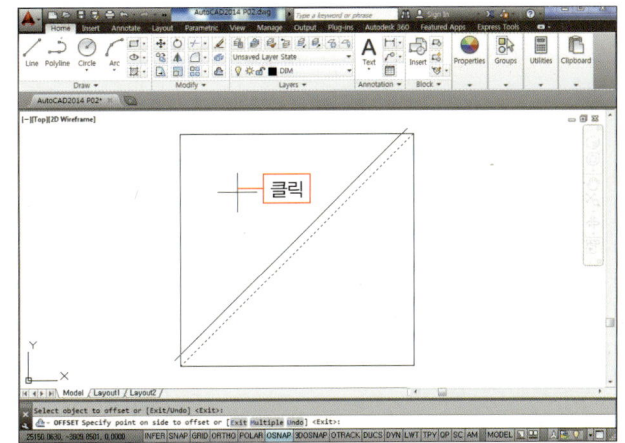

Command: specity point on side to........:   복사할 방향을 클릭

08. 명령을 종료하지 않고 계속해서 위와 같은 방법으로 사선(①)을 클릭하고 ② 부분을 클릭하면 또 하나의 선이 복사됩니다. **Esc** 를 눌러서 Offset 명령을 종료합니다.

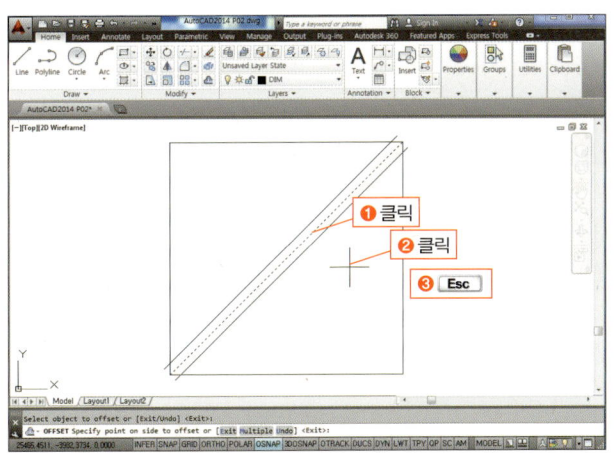

Command: select object to offset........:   복사할 객체인 선을 클릭
Command: specity point on side to........:   복사할 방향(②)을 클릭

09. 선을 평행 복사했기 때문에 우측 상단과 좌측 하단의 모서리 부분에 선이 일부 삐져나온 것을 확인할 수 있습니다. 커서를 좌측 하단 모서리로 이동시킨 후 마우스 휠을 위로 스크롤하여 모서리 부분을 확대합니다.

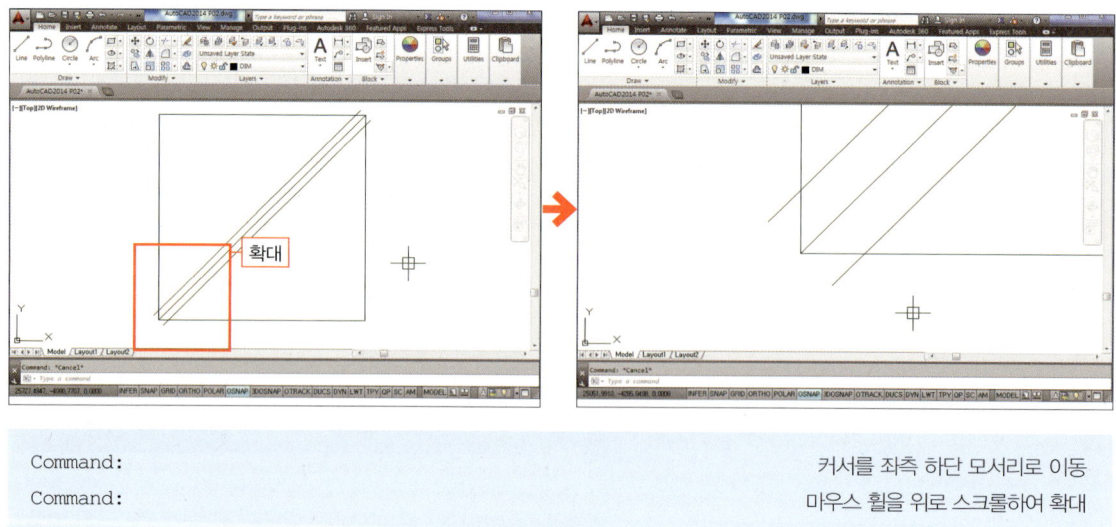

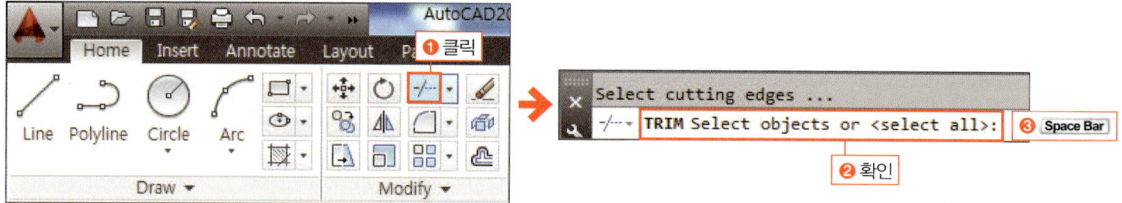

```
Command:
Command:
```
커서를 좌측 하단 모서리로 이동
마우스 휠을 위로 스크롤하여 확대

10. 삐져나온 부분을 잘라내기 위해 [Home] 탭-[Modify] 패널에서 [Trim](⌐)을 클릭하거나 **T R** 을 입력한 후 **Space Bar** 를 눌러 Trim 명령을 실행합니다. 이후 명령 입력창을 보면 'select objects or ⟨select all⟩'이라고 나옵니다. 이 것은 자를 기준을 선택하라는 것인데 여기서 모든 객체를 기준으로 하기 위해 **Space Bar** 를 한 번 더 누릅니다.

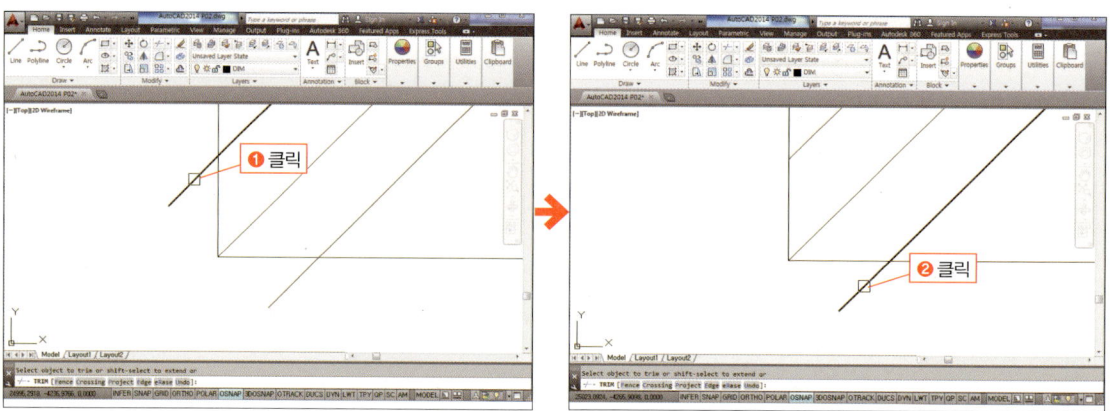

11. 위의 Trim 명령이 설정되면 커서 모양이 객체를 선택하는 형태(☐)로 변하게 됩니다. 이 커서로 삐져나온 ①과 ② 부분을 연속해서 클릭하여 잘라내고, 우측 상단 모서리로 이동하여 ③, ④를 연속해서 클릭해 벗어난 선분을 절단합니다.

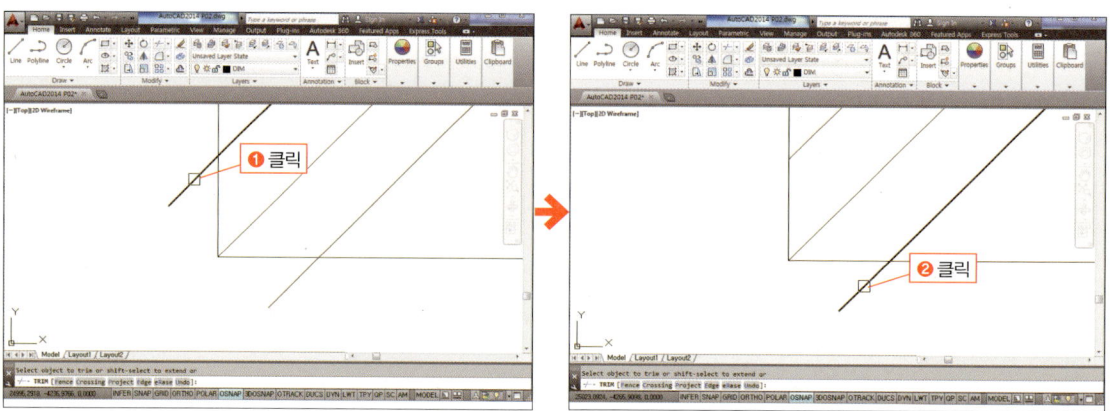

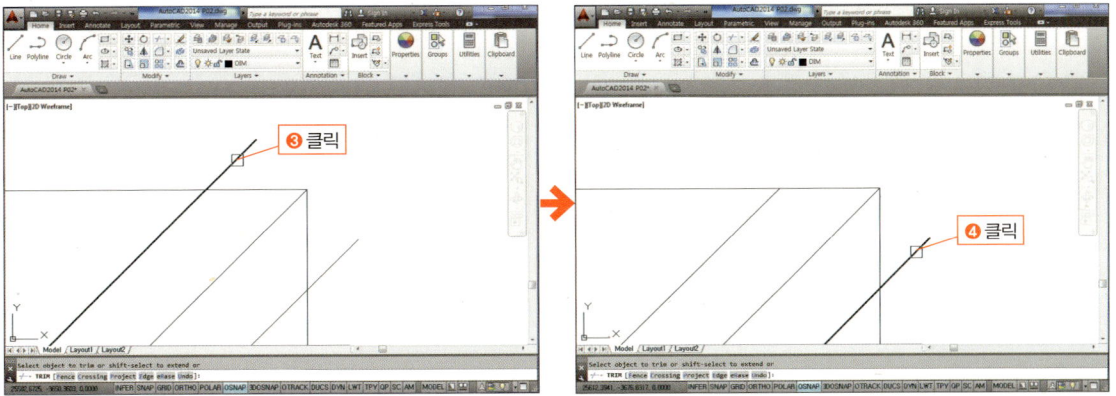

응용 예제

완성 파일 | DVD₩완성₩Part02₩Lesson04₩가구,사다리,문.DWG(완성 파일을 참고하여 작성해 봅니다.)

1. 다음 가구를 만드세요.

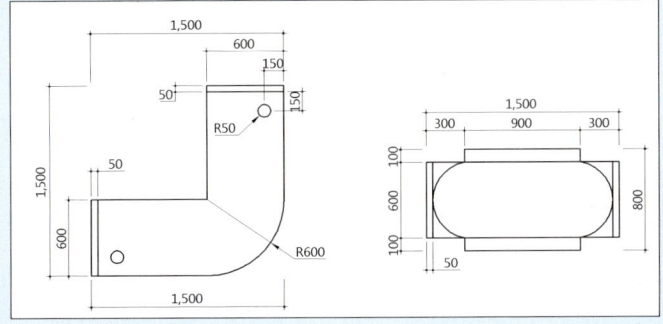

2. 다음 사다리와 문을 만드세요.

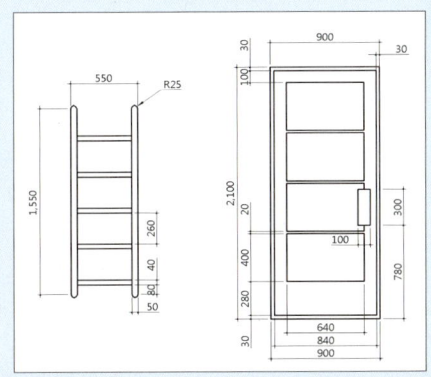

HINT

도면 한계(작업 영역)의 설정은 Limits 명령으로 할 수 있습니다.

(Limits 입력 `Space Bar` ➡ `Space Bar` ➡ 42000,29700 입력 ➡ `Space Bar` ➡ `Z` 입력 `Space Bar` ➡ `A` 입력 `Space Bar`)

전체 형태를 먼저 그린 후 부분적으로 자세히 작성합니다. 호의 치수가 없더라도 호가 지나는 세 점을 알 수 있으면 그릴 수 있습니다.

Offset과 Trim의 또 다른 활용 방법

■ Offset에서 거리 값을 분수로 입력하기

철근 콘크리트 기둥 그리기에서 Offset 명령 사용 시 '20'을 입력하여 작업했습니다. 옵션에는 표시되지 않지만 Offset 명령에서 값을 입력할 때는 분수로도 입력이 가능합니다. 만약에 사각형의 길이가 '250' (가로), '250'(세로)인 형태에 그림처럼 바둑판 모양으로 크기를 전체 길이의 8등분으로 나눈다면, 계산 (250÷8)을 하여 '31.25'를 입력해도 되지만 직접 명령 입력창에 '250/8'을 입력한 후 **Space Bar** 를 누르면 계산이 되어 Offset 명령이 적용됩니다.

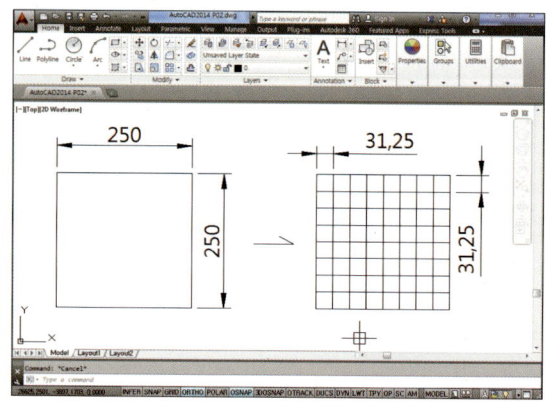

```
Current settings: Erase source=No  Layer=Source  OFFSETGAPTYPE=0
⬚ ▾ OFFSET Specify offset distance or <10.0000>: 250/8
```

한 번에 8등분이 모두 되는 것이 아니고 한 번에 하나씩 복사가 됩니다. 명령은 계속 실행 중이므로 복사된 선을 다시 선택하고 복사하려는 방향을 클릭합니다. 이와 같은 방법으로 연속적으로 작업을 한다면 그림과 같이 만들 수 있습니다.

> **TIP :** 소수점 자리를 나누어 Offset 명령 사용하기
>
> 상수는 수치 값에 '/'를 사용하여 분할하는 것이 가능하나 소수는 불가능합니다.
>
> 예를 들어 '50.5/5'는 실행되지 않습니다. 이 같은 소수는 소수점 자릿수 만큼 '0'을 더 붙여 '505/50'으로 하면 됩니다. 결과 값은 같습니다.
>
> 예> 12.5/2를 해야 할 경우 125/20으로,
>
> 　1.25/2를 해야 할 경우 125/200으로,

■ Offset에서 거리 값을 입력하지 않고 사용하기(2point 거리 입력)

Offset 명령의 일반적인 사용법은 복사할 간격을 입력한 후 실행하지만, 거리 값을 모르거나 위치 확인이 될 때 사용할 수 있는 방법도 있습니다.

01. Line 명령을 사용하여 아래와 같이 '100,100' 형태의 선을 만듭니다.

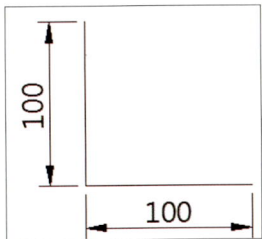

02. O 를 입력한 후 Space Bar 를 눌러 Offset 명령을 실행합니다.

03. Command: specify offset distance or [through]⟨through⟩: 에서 값을 입력하지 않고 ① 부분의 Endpoint를 클릭한 후 이어서 ② 부분의 Endpoint를 클릭합니다. 이렇게 2점을 클릭하게 되면 ① 부분부터 ② 부분까지의 거리가 입력됩니다(거리 값 '100'을 입력한 것과 같음).

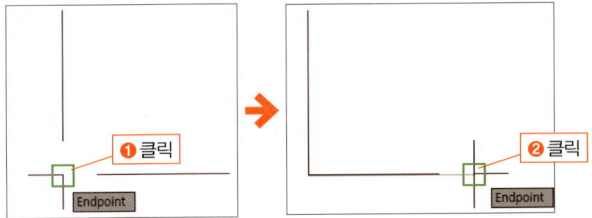

04. 이제 선택 박스로 가로 선(①)을 클릭하고 복사 방향(②)을 클릭하면 두 점을 사용해 지정한 거리 값(100)만큼 Offset 명령이 적용됩니다.

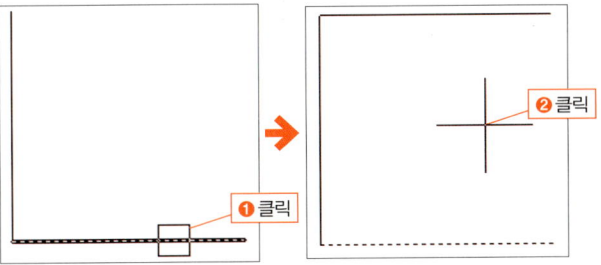

■ Trim 명령의 두 가지 사용법

기둥 그리기에서와 같이 짧게 일부분씩만 자를 때 쓰는 방법(〈Select all〉)과 여러 선이 교차되었을 때 쓰는 경계 지정이 있습니다. 처음 사용할 때는 〈Select all〉이 편하지만 때에 따라서는 경계 지정을 해야 편한 경우도 많이 있습니다. 두 가지 방법 모두 익숙하게 사용할 수 있어야 합니다.

예제 파일ㅣ DVD₩예제₩Part02₩Lesson04₩Trim명령.DWG

• 〈Select all〉을 이용한 잘라내기

01. 예제 파일을 불러온 후 **T** **R** 을 입력하고 **Space Bar** 를 누릅니다. 명령 입력창에 'select objects'라는 문구가 나오면 **Space Bar** 를 누릅니다. 이후 자르려는 부분을 클릭하면 모든 선이 경계가 되어 클릭하는 부분만 자를 수 있습니다.

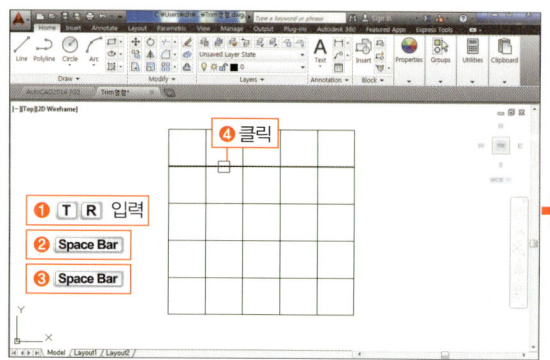 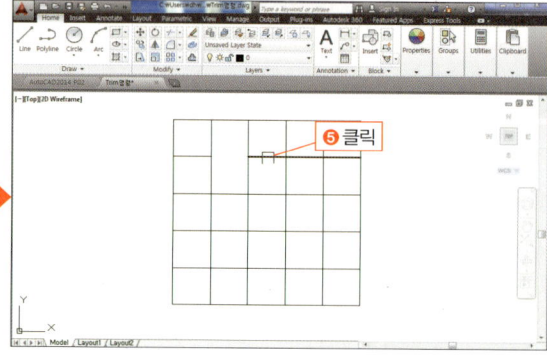

```
Command:
[Fence/Crossing/Project/Edge/eRase/Undo]:
```
T **R** 입력한 후 두 번 **Space Bar**
자를 부분 선택(연속 작업 가능)

TIP : 잘라지지 않는 부분은 경계가 되는 부분이 없기 때문입니다. 하나하나 클릭하면서 잘라지지 않는 부분은 **Delete** 나 Erase 명령을 사용하여 삭제하면 됩니다.

• 기준선 지정과 걸침 선택으로 잘래내기

01. 사각형 안쪽의 선을 제외하고 좌우의 벗어난 선을 잘라보겠습니다. **T** **R** 을 입력한 후 **Space Bar** 를 눌러 Trim 명령을 실행합니다. 명령 입력창에는 'select objects' 라는 문구가 나오게 되고, 커서는 객체를 선택하는 모양(☐)이 됩니다. 이 커서로 기준선이 될 사각형의 왼쪽 선(③)을 클릭하고 **Space Bar** 를 누릅니다.

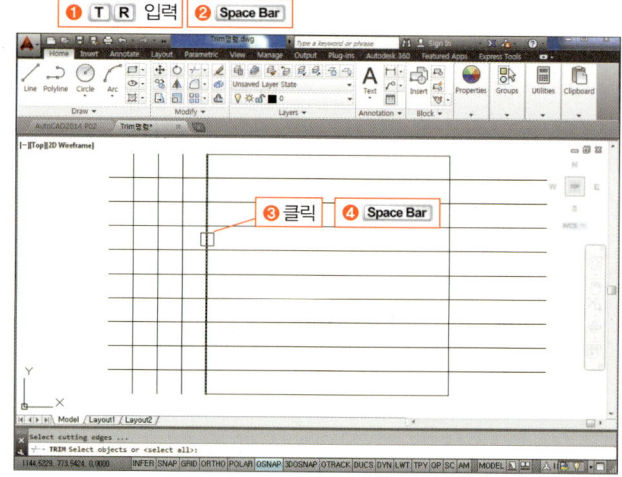

```
Command:                                                         T R 입력한 후 Space Bar
command: select objects or <select all>:                        기준선(③) 클릭 후 Space Bar
```

02. 지정한 기준선 왼쪽의 자르려는 부분(①)을 클릭하면 수직선을 무시하고 기준선 왼쪽의 선이 모두 잘립니다. 계속해서 명령을 사용할 수 있으니 아래쪽의 선도 잘라내고 Space Bar 를 눌러 Trim 명령을 종료합니다.

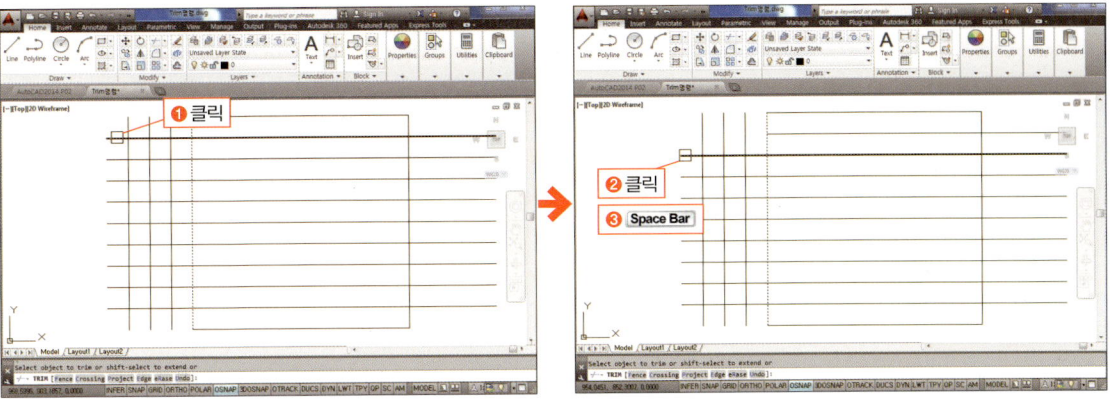

03. 계속해서 오른쪽으로 돌출된 선을 한 번에 잘라보겠습니다. T R 을 입력한 후 Space Bar 를 눌러 Trim 명령을 실행하고 다시 Space Bar 를 누릅니다(모든 선 기준).

```
Command:                                                         T R 입력한 후 Space Bar
Command: select objects or <select all>:                        Space Bar
```

04. 우측의 벗어난 선을 하나하나 클릭해도 잘라지지만 자를 부분을 파선으로 걸쳐서 선택하는 방법도 있습니다. 우측 하단(①)에서 클릭하고, 커서를 움직이면 사각형 형태로 크기가 조정됩니다. 커서의 위치를 ② 부분에서 클릭하면 우측이 모두 잘라집니다(기준을 지정한 상태에서도 걸침 선택이 가능합니다).

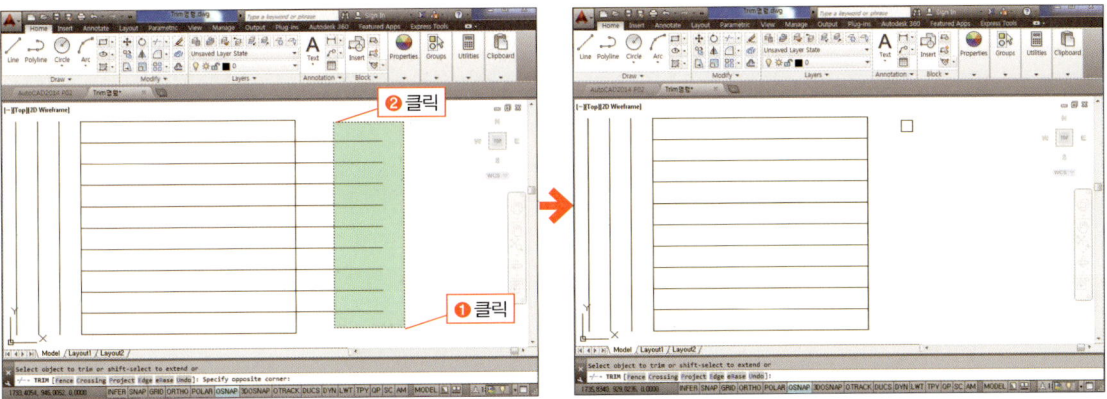

[Fence/Crossing/Project/Edge/eRase/Undo]

Command:

① 부분 클릭, 커서 이동 ② 부분 클릭

Esc

TIP : Trim의 [Edge] 옵션

Trim 명령에는 여러 옵션이 있습니다. 그 중에 [Edge] 옵션의 설정에 따라 작업의 결과가 아래와 같이 달라지게 됩니다.

No Extend 상태(기본 설정 값)의 작업 결과

주변의 선과 상관없이 절단됨

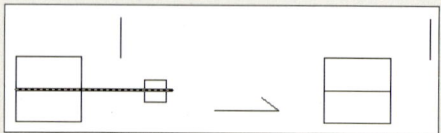

Extend 상태의 작업 결과

주변에 있는 선이 연장된 것으로 인식해 연장된 부분까지만 절단됨

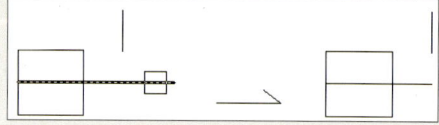

주로 No Extend 모드로 사용하며 기본 값 또한 No Extend 모드로 되어있습니다. 변경 방법은 **T** **R**을 입력한 후 **Space Bar**를 두 번 눌러 실행합니다. **E**를 입력한 후 **Space Bar**를 누르면 Extend/No Extend의 선택 여부를 묻습니다. 여기서 **N**을 입력하고 **Space Bar**를 누르면 No Extend 모드, **E**를 입력하고 **Space Bar**를 누르면 Extend 모드로 변경됩니다.

선을 늘리고 연장하는 명령 중에 가장 많이 사용하는 Extend 명령은 앞서 학습한 Trim 명령과 사용하는 방법이 같습니다. 기준선을 선택한 후 연장하려는 선을 클릭하면 기준선까지 연장할 수 있습니다.

예제 파일 l DVD₩예제₩Part02₩Lesson04₩계단.DWG

01. 예제 파일을 불러온 후 길이가 짧은 선을 연장하겠습니다. [Home] 탭–[Modify] 패널에서 [Extend](─/)를 클릭하거나, E X 를 입력한 후 Space Bar 를 눌러 Extend 명령을 실행합니다. 기준선(③, ④)을 각각 클릭한 후 Space Bar 를 누릅니다.

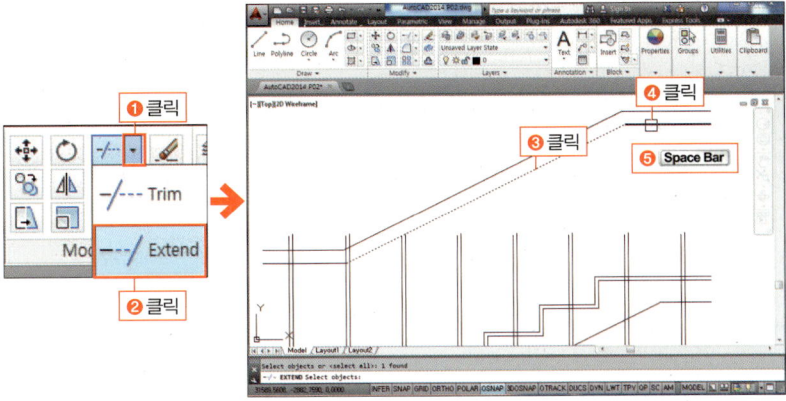

Command:	E X 입력한 후 Space Bar
Select objects or <select all>:	선(③, ④) 클릭 후 Space Bar

02. 연장하려는 선의 상단을 각각 클릭해도 되지만 걸침 선택으로 한 번에 연장하도록 하겠습니다. ① 부분을 클릭하고 ② 부분을 클릭하면 걸쳐진 부분의 모든 선이 선택되어 작업이 쉽게 끝납니다. Esc 를 눌러 작업을 종료합니다.

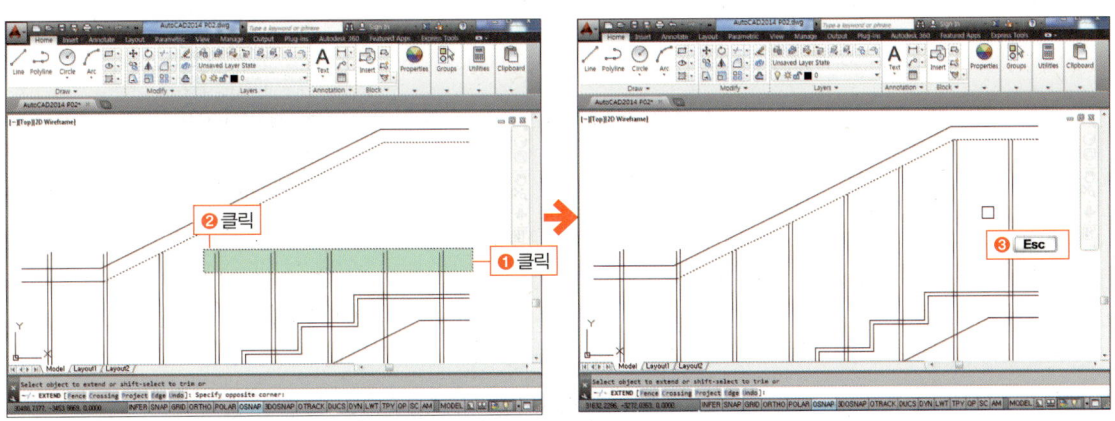

[Fence/Crossing/Project/Edge/Undo]:	① 부분을 클릭하고 ② 부분 클릭 후 Esc

03. 이번에는 좌측 난간동자를 아래쪽으로 연장하기 위해 E X 를 입력한 후 Space Bar 를 눌러 Extend 명령을 실행하고 기준선(③)을 클릭한후 Space Bar 를 누릅니다.

❶ E X 입력

❷ Space Bar

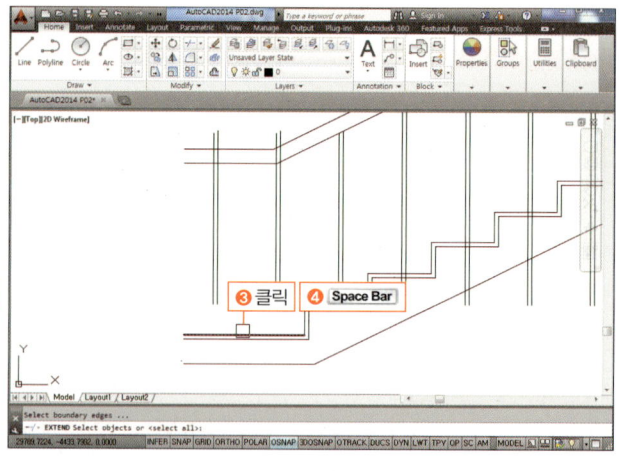

❸ 클릭 ❹ Space Bar

```
Command:                                    E X 입력한 후 Space Bar
Select objects or <select all>:             선(③) 클릭 후 Space Bar
```

04. 이번에는 다른 방법으로 선택해 보겠습니다. 연장하려는 선(①, ②, ③, ④)의 하단을 차례로 클릭하면 선택한 선이 하나씩 기준선까지 연장되는 것을 확인할 수 있습니다. Esc 를 눌러 Extend 명령의 실행을 종료합니다.

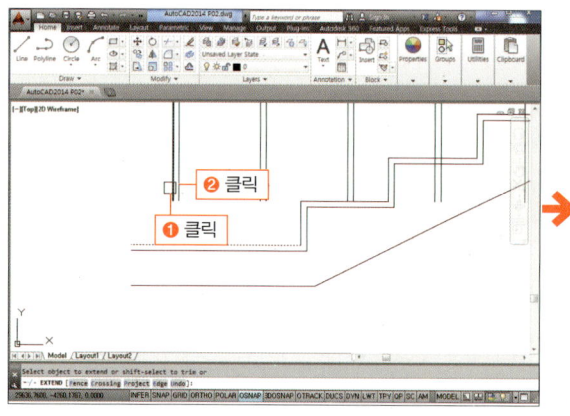

❷ 클릭

❶ 클릭

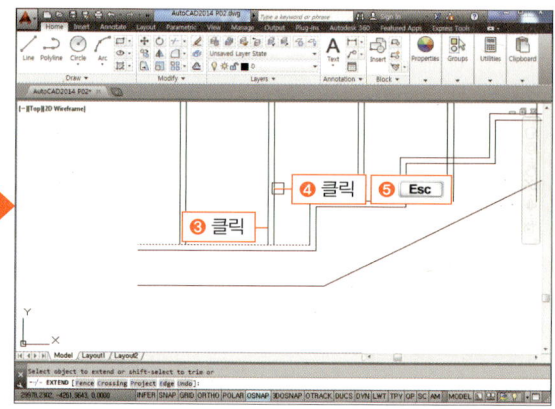

❹ 클릭 ❺ Esc

❸ 클릭

```
[Fence/Crossing/Project/Edge/Undo]:         선(①, ②, ③, ④)의 하단을 차례로 클릭 후 Esc
```

05. 연장하는 작업이 끝났으니 이제 벗어난 부분을 Trim 명령으로 절단하겠습니다. **T R**을 입력한 후 **Space Bar** 를 눌러 Trim 명령을 실행하고 기준선(③, ④)을 클릭한 후 **Space Bar** 를 누릅니다. ⑥ 부분을 클릭하고 ⑦ 부분을 클릭하여 걸쳐서 선택합니다. **Esc** 를 눌러 Trim 명령을 종료합니다.

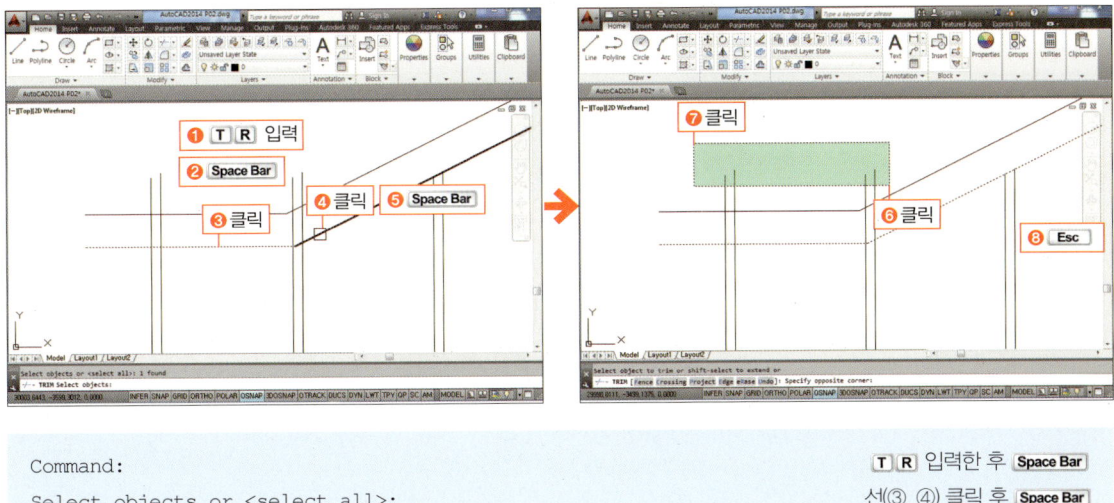

```
Command:
Select objects or <select all>:                          T R 입력한 후 Space Bar
[Fence/Crossing/Project/Edge/eRase/Undo]:                선(③, ④) 클릭 후 Space Bar
                                                         ⑥, ⑦ 부분을 차례로 클릭한 후 Esc
```

06. 우측 하단의 벗어난 부분도 같은 방법으로 작업하겠습니다. Trim 명령을 실행한 후 기준선(③, ④, ⑤, ⑥)를 클릭 하고 **Space Bar** 를 누릅니다. ⑧ 부분을 클릭하고 ⑨ 부분을 클릭하여 걸쳐서 선택한 후 **Esc** 를 눌러 Trim 명령을 종료합니다.

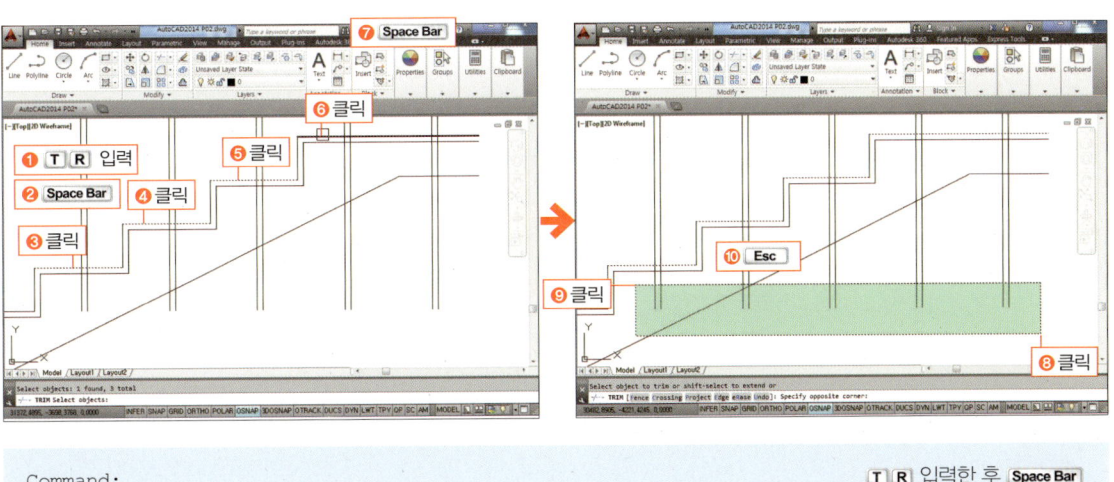

```
Command:
Select objects or <select all>:                          T R 입력한 후 Space Bar
[Fence/Crossing/Project/Edge/eRase/Undo]:                선(③, ④, ⑤, ⑥) 클릭 후 Space Bar
                                                         ⑧, ⑨ 부분을 차례로 클릭한 후 Esc
```

T I P : Extend 명령의 기준선과 〈Select all〉

■ 〈Select all〉

Trim 명령과 마찬가지로 단축키를 입력한 후 Space Bar 를 누르고, 다시 Space Bar 를 누르면 〈Select all〉이 적용되어 기준선 없이 연장하려는 선을 클릭하여 바로 앞으로 선까지 연장할 수 있습니다.

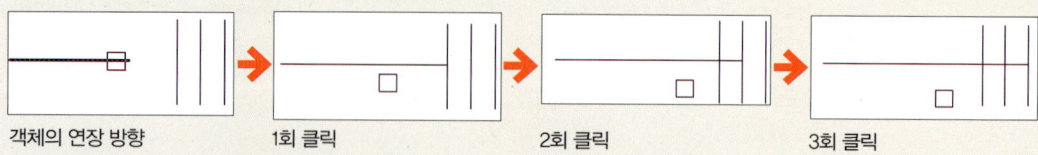

객체의 연장 방향   1회 클릭   2회 클릭   3회 클릭

■ 연장의 기준

〈Select all〉로 연장할 때 좌우 양쪽에 선이 있다면 늘릴 객체의 어떤 위치를 클릭하느냐에 따라 연장되는 결과가 달라집니다. 클릭하는 선의 가운데를 기준으로 좌측이 가까우면 좌측으로 연장되고, 위쪽이 가까우면 위쪽으로 연장됩니다.

■ 연장이 되지 않는 경우

다음과 같이 기준선이 연장되는 선에 미치지 못하는 경우는 연장되지 않습니다(늘리려는 선이 사선일 경우가 많으므로 주의합니다).

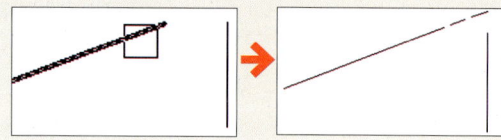

응용 예제

1. 창문을 그리세요.

완성 파일 | DVD₩완성₩Part02₩Lesson04₩창문.DWG(완성 파일을 참고하여 작성해 봅니다.)

주요 명령어 : Line(L), Offset(O), Trim(TR)

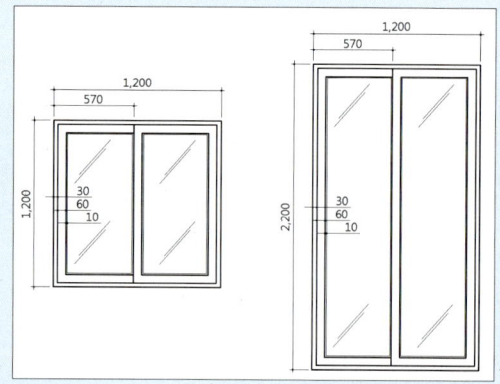

HINT

도면 한계(작업 영역)의 설정은 Limits 명령으로 할 수 있습니다.

(Limits 입력 Space Bar → Space Bar → 42000,29700 입력 → Space Bar → Z 입력 Space Bar → A 입력 Space Bar

전체 형태를 먼저 그린 후 부분적으로 자세히 작성해 나갑니다.

안쪽에 비치는 표현은 Line 명령으로 그리고 Copy 명령으로 적당히 복사합니다.

Trim과 Extend 명령을
동시에 사용하기

Trim과 Extend는 사용법과 옵션이 같은 명령입니다. 사용하면서 서로 기능을 변경해야 할 경우가 종종 있기 때문에 Trim 명령을 사용 중이더라도 **Shift** 를 이용해 Extend 명령으로 또는, 이 반대로 명령을 전환할 수 있습니다.

■ 기능 변화의 예

01. 사각형을 다음과 같이 만든 후 Trim 명령을 실행하고 다시 **Space Bar** 를 누릅니다. 선을 클릭해 그림과 같이 잘라내고 Trim 명령은 종료하지 않습니다.

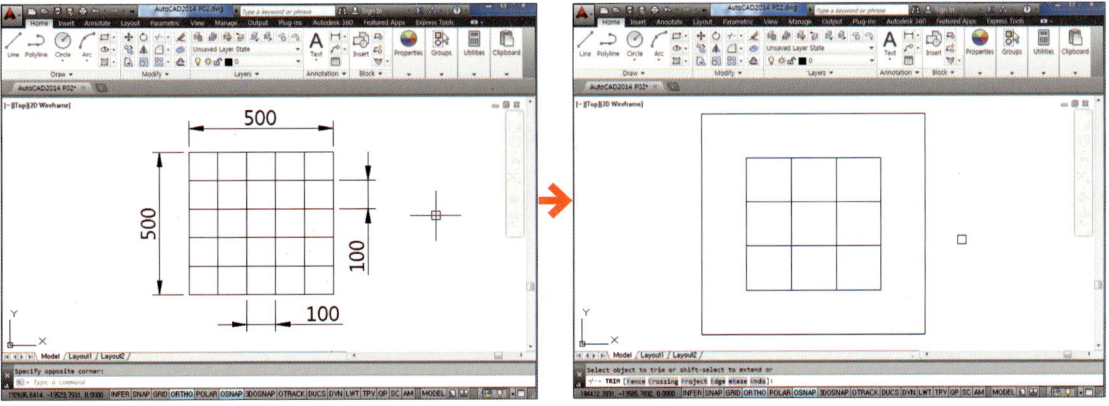

02. Trim 명령이 진행 중인 상태에서 명령 입력창을 살펴보면 다음과 같은 기능 변화에 대한 내용을 확인할 수 있습니다. **Shift** 를 누른 상태에서 잘라낸 선의 일부를 클릭하면 Extend 명령을 쓰는 것과 같이 선이 연장되는 것을 확인할 수 있습니다. **Shift** 를 떼면 다시 Trim 명령이 진행되고 다시 누른 상태에서 클릭을 하면 Extend 명령을 사용할 수 있습니다. 이렇게 Trim과 Extend 명령은 반대의 기능이면서 사용하는 원리가 동일하기 때문에 하나의 명령을 가지고 두 가지 기능을 모두 사용할 수 있습니다.

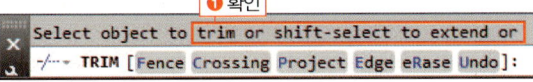

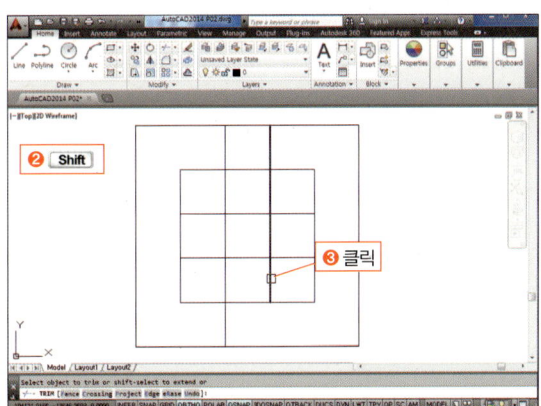

객체를 단순히 이동(Move)시키고, 복사(Copy)하는 작업은 간단합니다. 하지만 객체의 어떤 부분을 어디에 정확하게 옮기고자 할 때는 기준점(Base point)을 지정하게 되는데 이를 확실히 이해하는 것이 매우 중요합니다.

예제 파일ㅣ DVD₩예제₩Part02₩Lesson04₩창-1.DWG

01. 작성해야 할 창문의 크기가 '1,000'을 넘어갑니다. 우선 Limits 명령을 통해 작업 공간을 확보하겠습니다. 명령 입력창에 **L I M I T S**를 입력한 후 **Space Bar**를 누릅니다. 작업 공간을 10배 크게 하기 위해 다음과 같이 입력합니다.

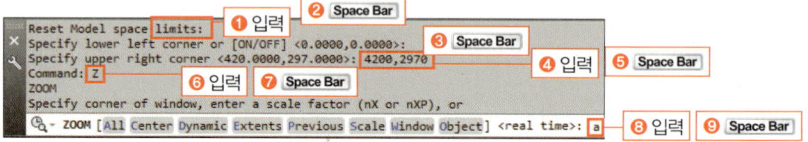

02. **L**을 입력한 후 **Space Bar**를 눌러 Line 명령을 실행합니다. [ORTHO] **F8**를 활성화한 후 다음과 같이 창문의 전체 크기를 만듭니다.

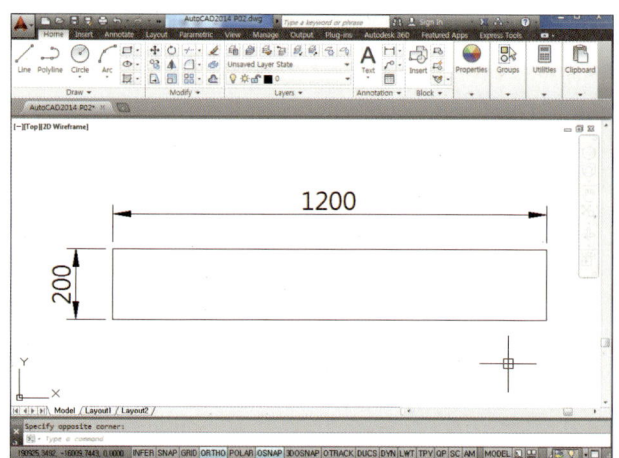

03. 창문틀의 두께를 표현합니다. 단축키 **O**를 입력한 후 **Space Bar**를 눌러 Offset 명령을 실행하고 '30'을 입력한 후 **Space Bar**를 눌러 거리 값을 설정합니다. 선(⑤)을 선택하고, 복사할 방향(⑥)을 클릭하면 선이 복사됩니다. 계속해서 선(⑦)을 클릭해 ⑧ 부분에서 클릭합니다. 좌우로 창문의 틀이 작성되었습니다.

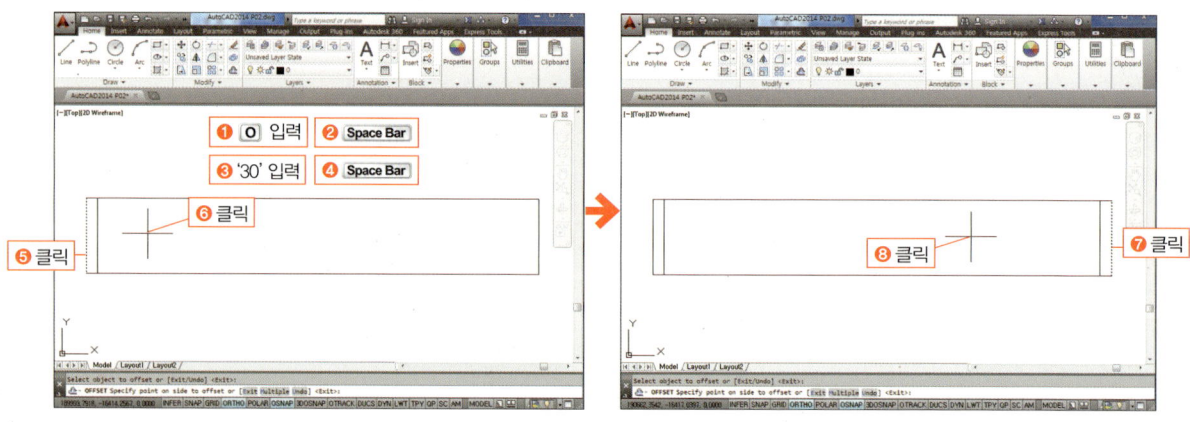

```
Command:                                                          O 입력한 후 Space Bar
Select objects or <select all>:                                  '30' 입력한 후 Space Bar
Select object to offset or [Exit/Undo] <Exit>:                   선(⑤) 클릭
Specify point on side to offset or [Exit/Multiple/Undo] <Exit>:  ⑥ 부분 클릭
Select object to offset or [Exit/Undo] <Exit>:                   선(⑦) 클릭
Specify point on side to offset or [Exit/Multiple/Undo] <Exit>:  ⑧ 부분클릭
```

04. Line 명령을 다시 실행한 후 커서를 ② 부분
의 Midpoint 표식이 나타날 때 클릭하고, 다시 ③
부분으로 커서를 이동시킨 후 Midpoint 표식에서
클릭합니다.

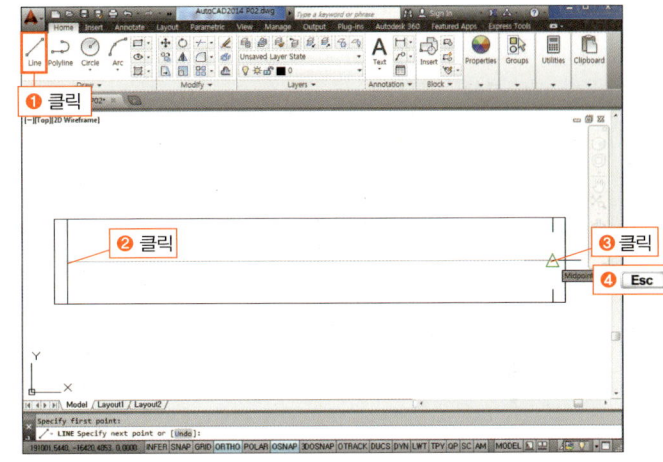

```
Command:                          L 입력한 후 Space Bar
Specify first point:              ② 부분 Midpoint 클릭
Specify next point:               ③ 부분 Midpoint 클릭 후 Esc
```

05. 다시 Line 명령을 실행하기 위해 L 을 입력
한 후 Space Bar 를 누릅니다. 커서를 ③ 부분의
Midpoint 표식이 나오면 클릭, 다음 점은 ④ 부분
의 Perpendicular나 Midpoint(직각점, 중간점)이 나
오면 클릭하여 선을 긋고 Space Bar 를 눌러 명
령을 종료합니다.

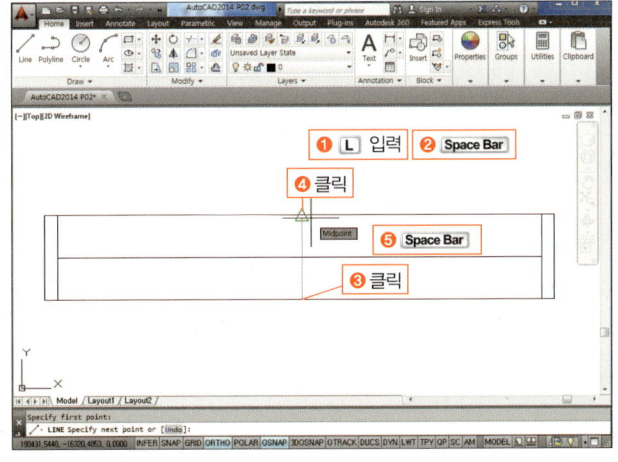

```
Command:                          L 입력한 후 Space Bar
Specify first point:              ③ 부분 Midpoint 클릭
Specify next point:               ④ 부분 Perpendicular나 Midpoint 클릭 후 Esc 나 Space Bar
```

06. 작성된 십자 형태의 선을 Offset 명령으로 복사해 두께를 표현하겠습니다. **O** 를 입력한 후 **Space Bar** 를 눌러 Offset 명령을 실행하고 거리 값으로 '30'을 입력한 후 **Space Bar** 를 누릅니다. 선(⑤)을 클릭하고 ⑥ 부분에서 클릭, 연속해서 선(⑦)을 다시 클릭하고 ⑧ 부분도 클릭합니다.

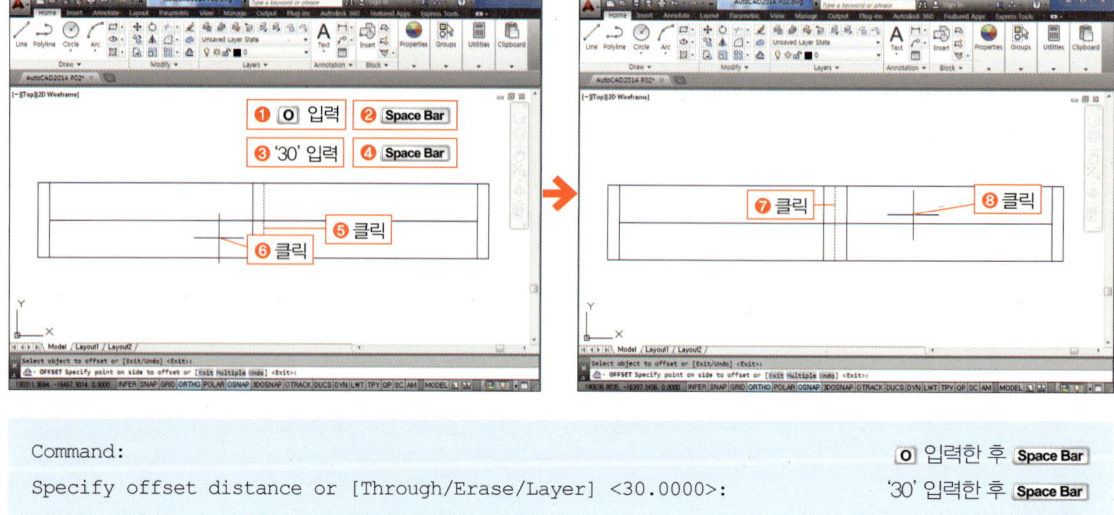

Command:	**O** 입력한 후 **Space Bar**
Specify offset distance or [Through/Erase/Layer] <30.0000>:	'30' 입력한 후 **Space Bar**
Select object to offset or [Exit/Undo] <Exit>:	선(⑤) 클릭
Specify point on side to offset or [Exit/Multiple/Undo] <Exit>:	⑥ 부분 클릭
Select object to offset or [Exit/Undo] <Exit>:	선(⑦) 클릭
ecify point on side to offset or [Exit/Multiple/Undo] <Exit>:	⑧ 부분 클릭

07. 같은 방법으로 가운데 가로 선도 Offset 작업을 진행합니다. Offset 명령을 실행한 후 거리 값으로 '20'을 입력한 후 **Space Bar** 를 누릅니다. 이어서 선(⑤)을 클릭하고 ⑥ 부분을 클릭, 연속해서 선(⑦)을 클릭하고 ⑧ 부분도 클릭합니다.

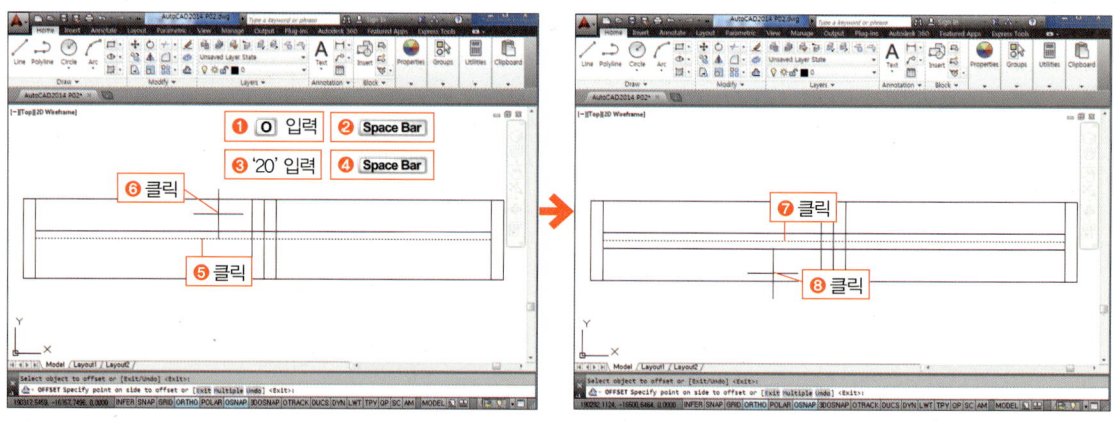

Command:	**O** 입력한 후 **Space Bar**
Specify offset distance or [Through/Erase/Layer] <30.0000>:	'20' 입력한 후 **Space Bar**
Select object to offset or [Exit/Undo] <Exit>:	선(⑤) 클릭
Specify point on side to offset or [Exit/Multiple/Undo] <Exit>:	⑥ 부분 클릭
Select object to offset or [Exit/Undo] <Exit>:	선(⑦) 클릭
ecify point on side to offset or [Exit/Multiple/Undo] <Exit>:	⑧ 부분 클릭

08. 작업한 선들을 보면 안쪽의 세로 선은 창이 겹쳐지는 부분을 표시해 놓은 것이고 가로 선은 좌측과 우측의 창을 표시한 것입니다. 이제는 Trim 명령을 사용해 필요 없는 부분을 잘라내고, Erase 명령을 사용해 불필요한 선을 삭제하면 창이 완성됩니다. 먼저 Trim 명령을 사용하기 위해 T R 을 입력한 후 Space Bar 를 누르고, 다시 Space Bar (모든 선 경계 사용)를 누른 후 그림과 같이 필요 없는 부분을 클릭하여 절단해 나갑니다.

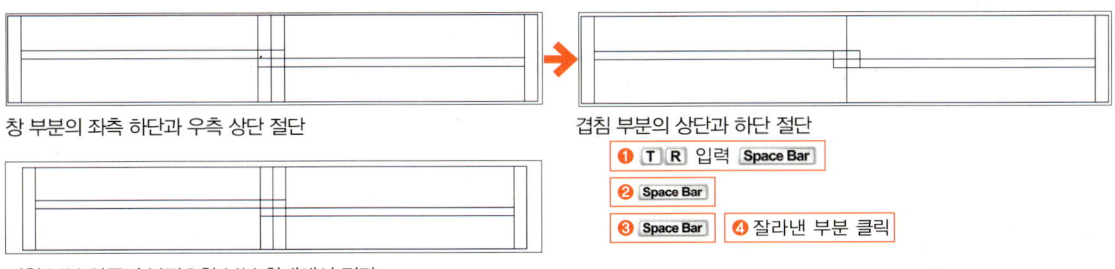

창 부분의 좌측 하단과 우측 상단 절단

겹침 부분의 상단과 하단 절단

❶ T R 입력 Space Bar

❷ Space Bar

❸ Space Bar ❹ 잘라낸 부분 클릭

겹침 부분 안쪽의 불필요한 부분 확대해서 절단

09. 중간의 수직선을 삭제하겠습니다. 수직선을 클릭하고 Delete 를 눌러도 삭제가 되고, Erase 명령을 사용해도 됩니다. Erase 명령의 단축키 E 를 입력한 후 Space Bar 를 누르고, 중간의 수직선을 클릭한 후 Space Bar 를 눌러 삭제합니다.

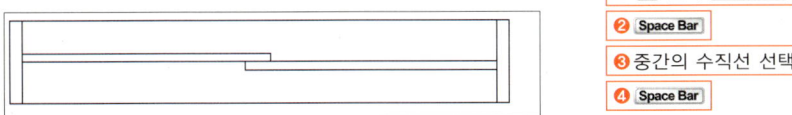

❶ E 입력 Space Bar

❷ Space Bar

❸ 중간의 수직선 선택

❹ Space Bar

중앙의 수직선 삭제

10. 창을 하나 더 추가해야 하므로 공간이 부족합니다. Move 명령으로 약간 위로 이동시키겠습니다. Move 명령을 실행하기 위해 M 을 입력한 후 Space Bar 를 눌러 커서 모양이 변하면, ③ 부분과 ④ 부분을 클릭하고 Space Bar 를 눌러 작업한 창을 선택합니다.

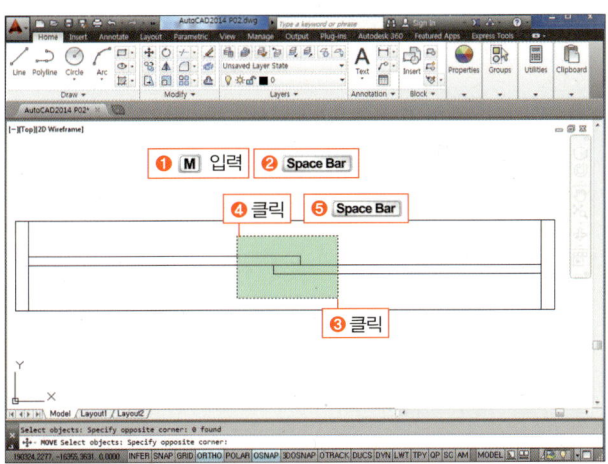

❶ M 입력 ❷ Space Bar

❹ 클릭 ❺ Space Bar

❸ 클릭

Command: M 입력한 후 Space Bar
Select objects: ③ 부분 클릭, ④ 부분 클릭 후 Space Bar

연관검색 선택 영역을 파선으로 설정하면 포함되는 객체와 걸쳐지는 객체가 모두 선택됩니다.

11. 이동시킬 창을 선택했으면 어디에 위치시킬지 지정하면 됩니다. [ORTHO](F8)가 활성화된 상태에서 커서를 ② 부분(기준점)에서 클릭한 후 위로 올리면 선택한 창이 커서의 이동거리 만큼 따라서 움직이는 것을 확인할 수 있습니다. 그림과 같은 위치인 ③ 부분을 클릭합니다.

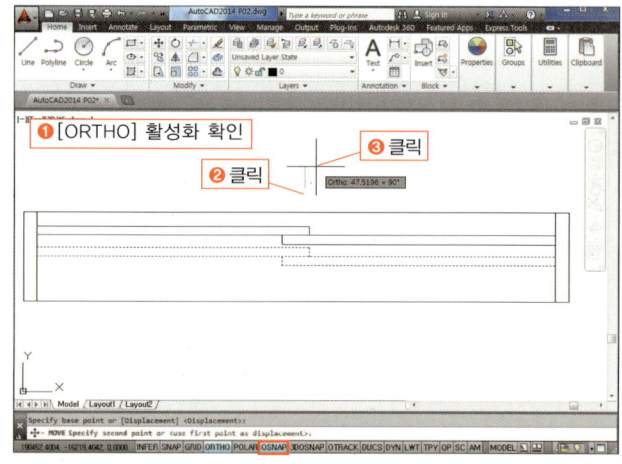

Specify base point or [Displacement] <Displacement>:   이동 기준점인 ② 부분 클릭 후 ③ 부분 클릭

12. 창을 이동하고 나면 하나의 창을 더 넣을 수 있는 공간이 만들어집니다. Copy 명령을 사용하여 아래쪽으로 창을 복사하겠습니다. Copy 명령의 사용법은 Move 명령과 같습니다. Copy 명령을 실행하기 위해 **C O**를 입력한 후 **Space Bar**를 누릅니다. ③ 부분을 클릭한 후 커서를 이동해 ④ 부분을 클릭하고 **Space Bar**를 누르면 복사할 창이 선택됩니다(Move 명령과 동일).

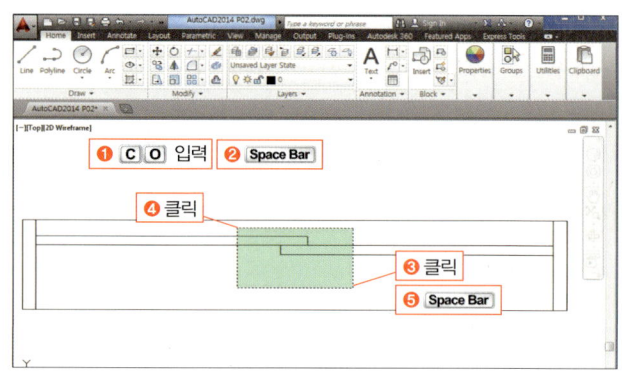

Command: **C O** 입력한 후 **Space Bar**
Select objects: ③ 부분에서 클릭, ④ 부분 클릭 후 **Space Bar**

13. 복사하려는 창을 선택했으면 어디에 놓을지 위치를 지정하면 됩니다. [ORTHO](F8)가 활성화된 상태에서 커서를 ② 부분(기준점)에서 클릭한 후 아래로 내리면 선택한 창이 커서의 이동거리 만큼 따라 내려오게 됩니다. 그림과 같은 ③ 부분의 위치를 클릭합니다. 계속해서 다른 위치에 복사할 수도 있지만 이제 명령을 종료하기 위해 **Esc**를 누릅니다

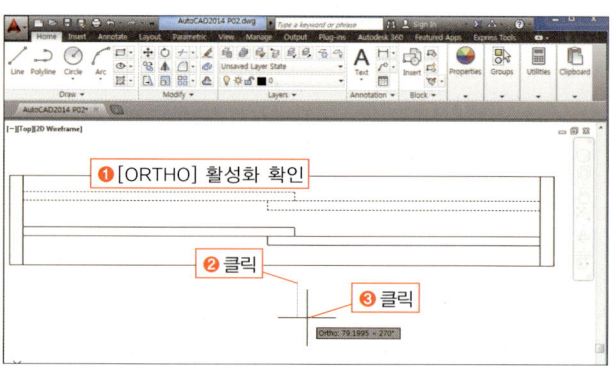

Specify base point or [Displacement] <Displacement>:   복사 기준점(②) 클릭,
복사 위치(③) 클릭 후 **Esc**

TIP : 기준점(Base point)의 중요성

앞에서 배운 Move와 Copy 명령을 사용하려면 기준점(Base point)을 사용자가 지정해야 하는데 이동하려는 목적지에 맞는 기준점을 지정야 합니다.

• 책상을 좌측에 붙일 경우의 기준점

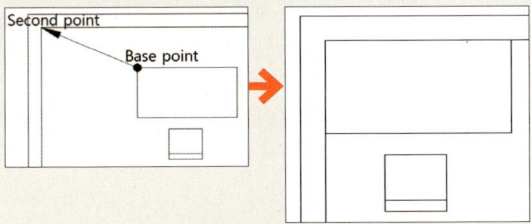

• 책상을 우측에 붙일 경우의 기준점

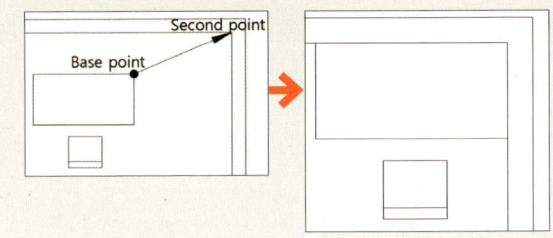

응용 예제

완성 파일 | DVD₩완성₩Part02₩Lesson04₩책상.우편함.DWG(완성 파일을 참고하여 작성해 봅니다.)

1. 다음 도면을 만드세요.

주요 명령어 : Line(L), Offset(O), Trim(TR), Copy(CO)

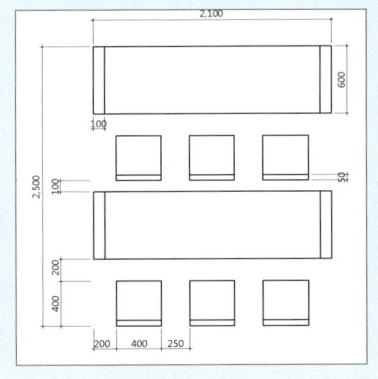

2. 다음 도면을 만드세요.

주요 명령어 : Line(L), Offset(O), Trim(TR), Copy(CO)

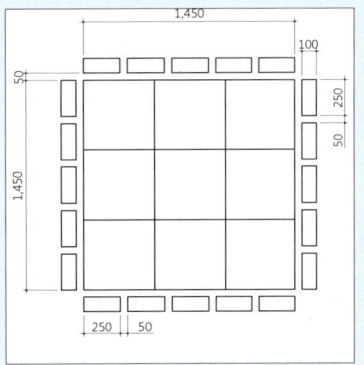

3. 다음 도면을 만드세요.

주요 명령어 : Line(L), Offset(O), Trim(TR), Copy(CO), 상대 극좌표

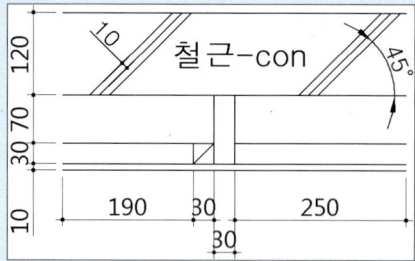

4. 다음 우편함과 팬을 만드세요.

주요 명령어 : Line(L), Offset(O), Trim(TR), Copy(CO)

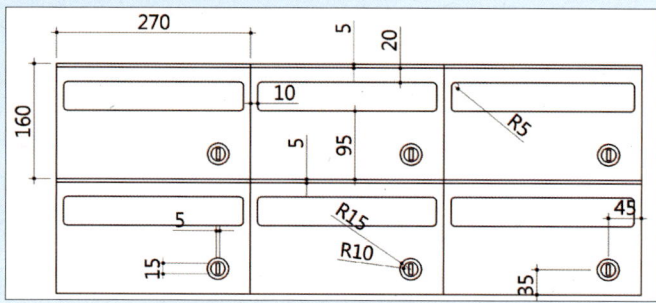

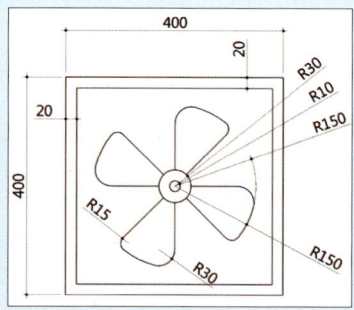

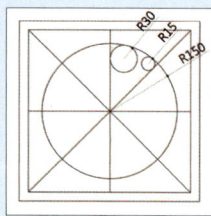

좌표를 활용한 이동과 복사

Line 명령에서 좌표를 사용한 것처럼 Move와 Copy 명령에서도 좌표(값을 입력하여 위치 지정)를 사용하여 작업하는 것이 가능합니다. 만약 '작업한 선을 우측으로 '20만큼 이동하겠다.'라고 하면 기준점(Base point) 지정 후 이동시킬 방향으로 커서를 위치시킨 후 '20'을 입력하고 Space Bar 를 누릅니다. 그러면 선이 우측으로 '20'만큼 이동합니다. 이때 [ORTHO](F8)는 활성화되어 있어야 합니다. 그 예를 작업해 보겠습니다.

■ Move 명령을 거리 좌표로 사용

예제 파일| DVD₩예제₩Part02₩Lesson04₩거리좌표이동.DWG

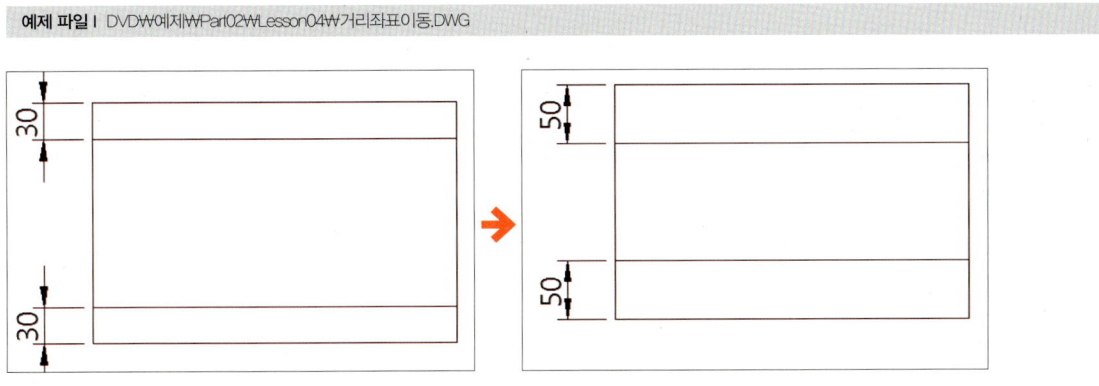

01. 다음과 같은 사각형을 만듭니다. M 을 입력한 후 Space Bar 를 눌러 Move 명령을 실행하고 이동시킬 선(③)을 클릭한 후 Space Bar 를 누릅니다. 그리고 기준점(⑤)을 클릭합니다(거리 좌표 사용 시 기준점은 큰 의미가 없습니다. 다만 다른 객체가 없는 빈 공간이 좋습니다).

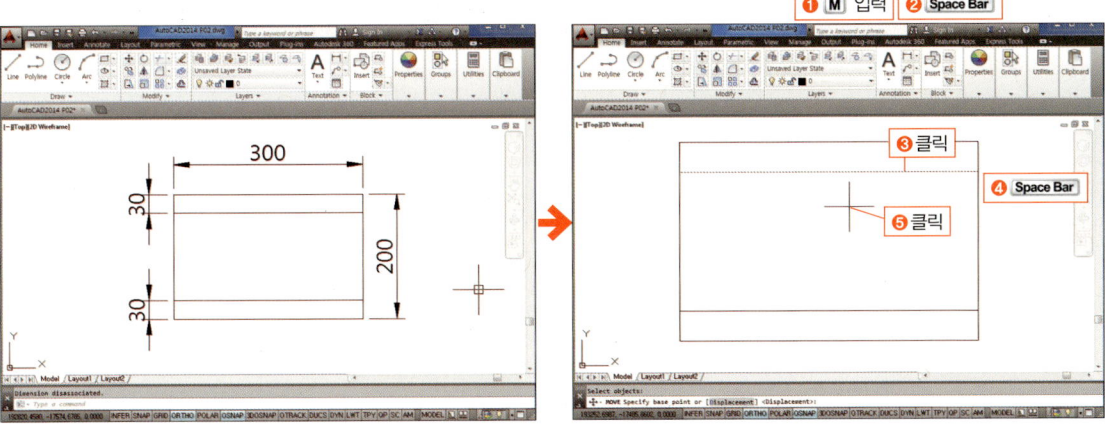

```
Command:                                              M 입력한 후 Space Bar
Select objects:                               선(③) 선택한 후 Space Bar
Command: Specify base point or [Displacement] <Displacement>:
                                                          ⑤ 부분 클릭
```

02. 기준점을 클릭하고 커서를 아래로 내리면 선이 같이 내려옵니다. 이때 꼭 [ORTHO](F8)가 활성화되어 있어야 합니다. 선이 수직으로 내려오지 않으면 F8 을 눌러 [ORTHO]를 활성화합니다. 커서를 내린 후 이동할 거리 값으로 '20'을 입력하고 Space Bar 를 누르면 수직으로 '20'만큼 이동합니다.

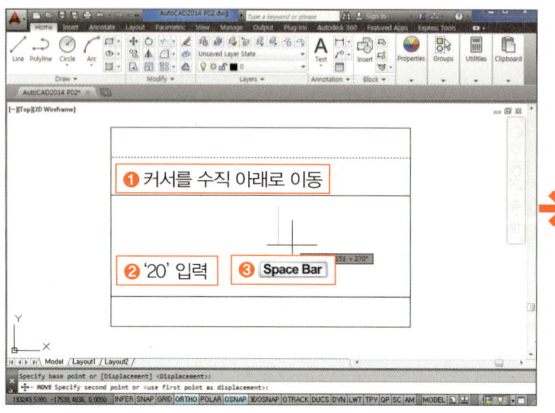 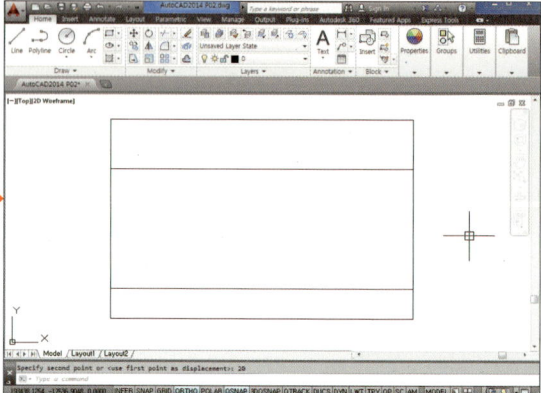

```
Command: Specify base point or [Displacement] <Displacement>: Specify second point or
<use first point as displacement>:              커서를 하단으로 이동, '20' 입력한 후 Space Bar
```

03. 이제 아래쪽의 선을 위로 올려보겠습니다. 앞서 Move 명령을 사용하였기 때문에 Space Bar 를 눌러 다시 Move 명령을 실행합니다. 이동시킬 선(②)을 클릭한 후 Space Bar 를 누르고, 기준점(④)을 클릭합니다.

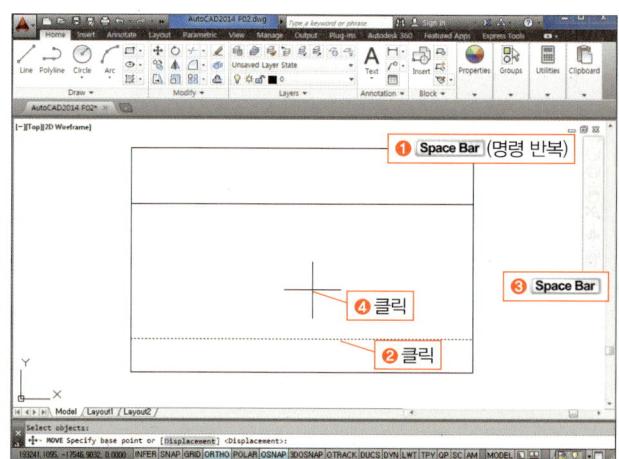

```
Command:                                              M 입력한 후 Space Bar
Select objects:                               선(②) 선택한 후 Space Bar
Command: Specify base point or [Displacement] <Displacement>:
                                                          ④ 부분 클릭
```

04. 기준점을 클릭한 후 커서를 위로 올리면 선이 같이 올라옵니다. 이번에도 반드시 [ORTHO](F8)가 활성화되어 있어야 합니다. 커서를 올린 후 이동시킬 거리 값으로 '20'을 입력한 후 Space Bar 를 누르면 선이 '20'만큼 이동합니다. 좌우로 이동시키는 방법도 역시 동일합니다.

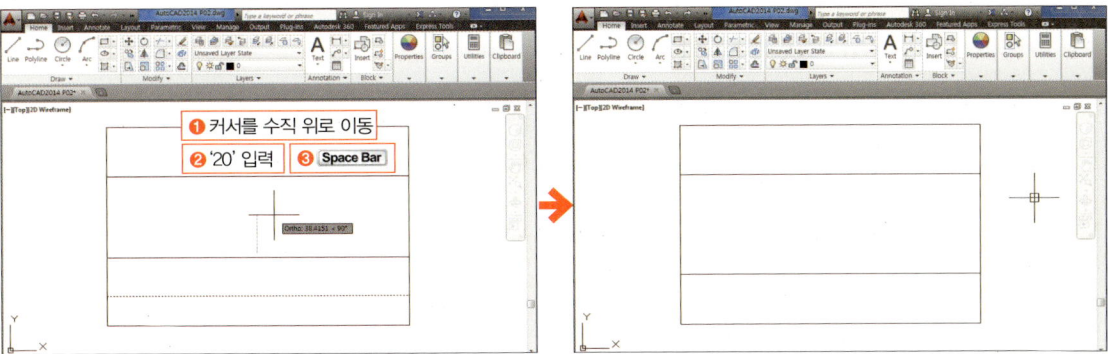

```
Command: Specify base point or [Displacement] <Displacement>: Specify second point or
<use first point as displacement>:                     커서를 상단으로 이동, '20' 입력한 후 Space Bar
```

■ Copy 명령을 거리 좌표로 사용

예제 파일 | DVD₩예제₩Part02₩Lesson04₩거리좌표복사.DWG

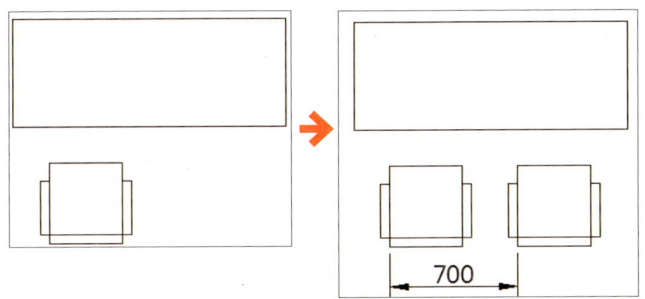

01. 예제 파일을 불러온 후 Copy 명령을 실행합니다. 복사할 객체(의자)를 선택하기 위해 ③과 ④ 부분을 클릭하여 의자를 한 번에 선택한 다음 Space Bar 를 누르고 기준점(⑥)을 클릭합니다.

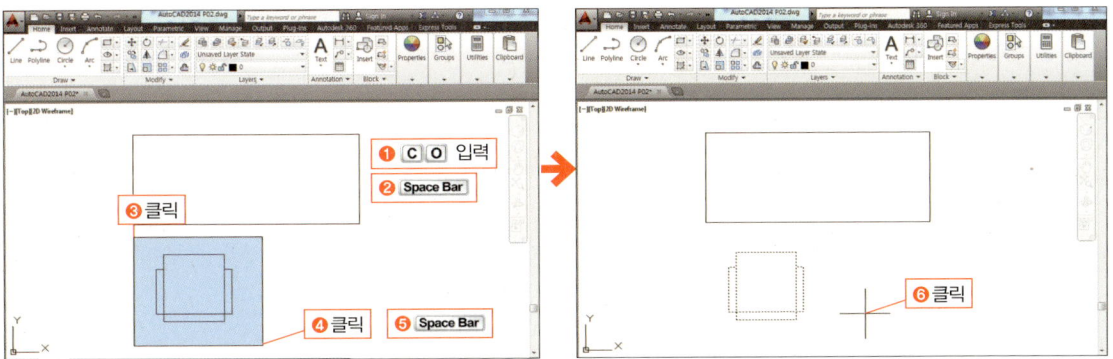

03. 기준점을 클릭하고 커서를 우측으로 이동
시키면 의자도 같이 따라옵니다. 커서를 우측으
로 이동시킨 후 복사할 거리 값 '700'을 입력하고
Space Bar 를 누르면 의자가 위측으로 복사됩니
다. Esc 나 Space Bar 를 눌러 명령을 종료합
니다.

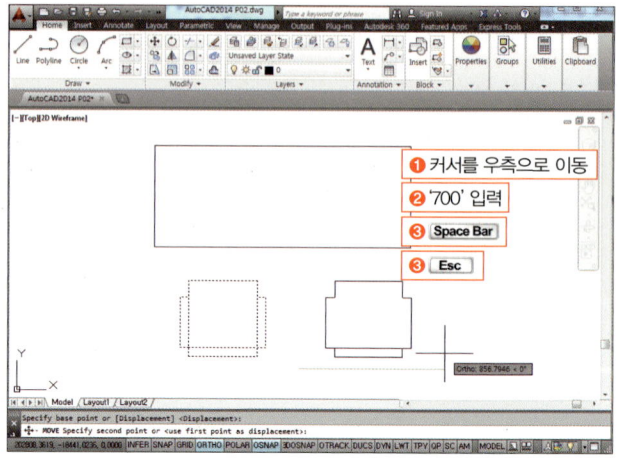

❶ 커서를 우측으로 이동
❷ '700' 입력
❸ Space Bar
❸ Esc

```
Specify base point or [Displacement/mode] <Displacement>:
Specify second point or <use first point as displacement>: '700' 입력한 후 Space Bar , Esc 나 Space Bar 종료
```

TIP : 계속해서 복사할 수 있습니다. 복사된 의자 우측으로 한 번 더 복사하려면 '1400'을 입력하고 Space Bar 를 누르면 됩니다.

TIP : **거리 값 입력의 기준**
복사되는 위치의 거리 값 입력은 복사 대상에서 복사될 대상의 같은 위치에 거리로 계산하면 됩니다.

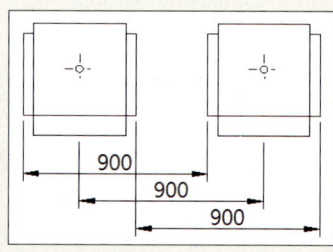

■ Copy 명령의 배열 옵션(AutoCAD 2012 버전 이상)

Copy 명령의 배열 옵션을 적용하면 일일이 거리 값이나 위치를 지정하지 않아도 입력한 수량만큼 한 번에 복사가 됩니다.

| 예제 파일 | DVD\예제\Part02\Lesson04\Array옵션.DWG |

01. 예제 파일을 불러온 후 C O 를 입력한 후 Space Bar 를 눌러 Copy 명령을 실행합니다.

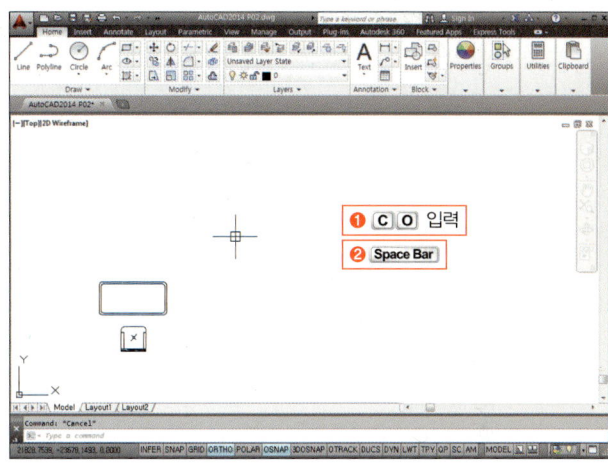

| Command: | C O 입력한 후 Space Bar |

02. 책상과 의자를 선택하기 위해 ① 부분에서 클릭, ② 부분을 클릭한 후 Space Bar 를 누르고 기준점(④)을 클릭합니다.

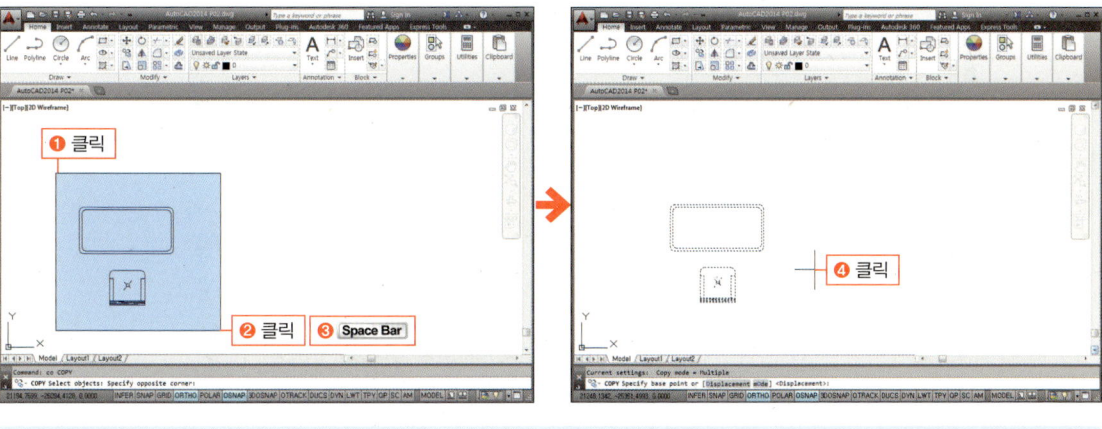

| Select objects: | ① 부분 클릭, ② 부분 클릭한 후 Space Bar (포함 선택) |
| Specify base point or [Displacement/mOde] <Displacement>: | ④ 위치에 클릭 |

03. 명령 입력창에 [Array] 옵션이 나타납니다. 옵션을 적용하기 위해 A 를 입력한 후 Space Bar 를 누릅니다. 이어서 수량 '5'를 입력하고 Space Bar 를 다시 누릅니다. 기준점(Base point)을 기준으로 우측으로 복사 방향을 지정합니다. 그리고 거리 값으로 '1,500'을 입력하고 Space Bar 를 누릅니다.

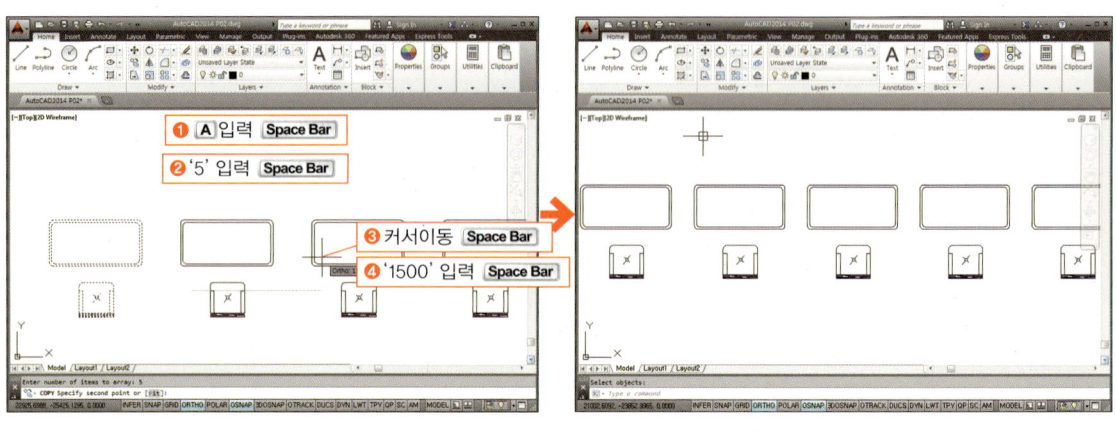

Specify second point or [Array] <use first point as displacement>:   A 입력한 후 Space Bar

Enter number of items to array: '5' 입력한 후 Space Bar

Specify second point or [Fit]:   [ORTHO](F8) On, 복사 방향으로 커서 이동 후 '1500' 입력, Space Bar

TIP : 상대 좌표로 거리 값을 입력할 경우 '@200,0'을 입력하면 됩니다.

편집 명령(Trim, Move, Copy...)을 사용하다 보면 객체를 선택하는 과정을 반드시 거쳐야 합니다. 선택해야 하는 객체의 숫자와 위치 등을 상황에 따라 다양한 방법으로 선택할 수 있는데, 이번에는 적절한 선택 방법에 대해 알아보겠습니다.

01. Pick Box로 클릭하여 선택하는 방법은 독립된 객체를 하나하나 선택할 때 사용합니다.

선택 방법 : 객체 위에 ☐ 모양의 커서를 올려놓고 클릭합니다. 선택한 객체는 파선으로 표시됩니다.

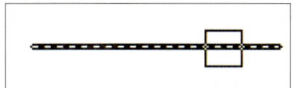

02. Window Box로 선택하는 방법은 객체가 겹쳐 있을 때 주로 사용합니다. 파란색의 사각형을 그려서 사각형 안의 포함된 객체만 선택됩니다. 그림과 같이 선택하면 일부만 포함된 선은 선택되지 않고 완전히 포함된 원만 선택됩니다.

선택 방법 : ① 부분을 클릭한 후 커서를 이동하여 ② 부분을 클릭합니다. 첫 번째 클릭 이후 우측으로 이동하여 클릭하는 방법입니다.

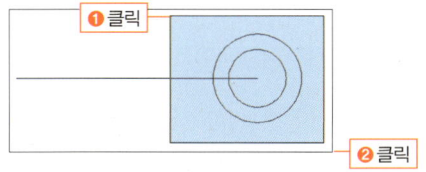

03. Crossing Box로 선택하는 방법은 주변의 많은 객체를 한꺼번에 선택할 때 주로 사용합니다. 녹색의 사각형 안에 포함된 객체뿐만 아니라 선택 영역에 걸치는 객체들 모두가 선택됩니다. 그림과 같이 선택하면 일부 걸쳐진 선과 완전히 포함된 원이 모두 선택됩니다.

선택 방법 : ① 부분을 클릭한 후 커서를 이동하여 ② 부분을 클릭합니다. 첫 번째 클릭 이후 좌측으로 이동하여 클릭하는 방법입니다. 특히 Trim, Extend 명령에서 사용하면 편리합니다.

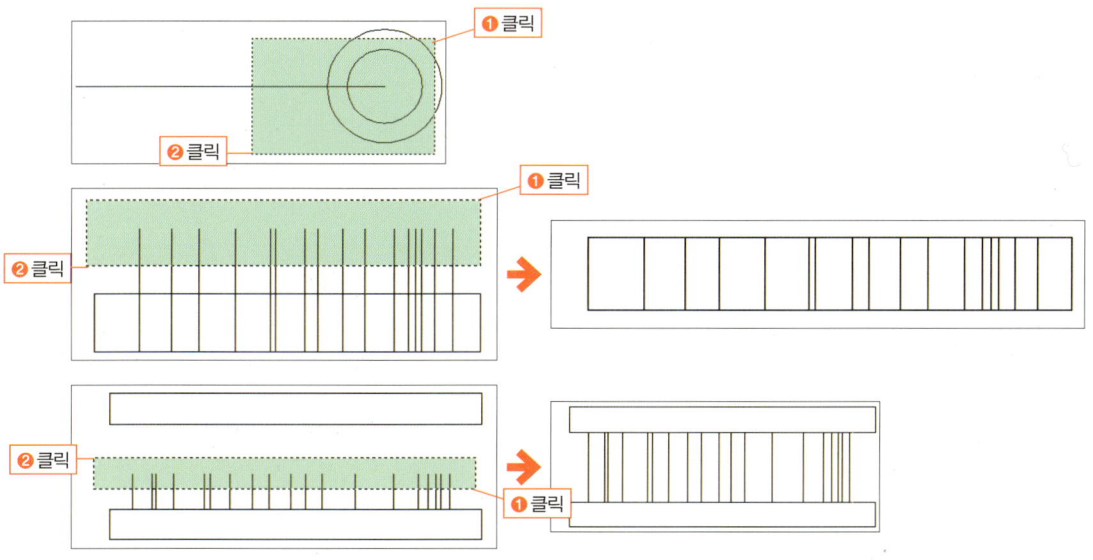

04. Fence로 선택하는 방법은 파선을 그어 그 선에 걸쳐진 객체를 선택하는 것입니다. 규칙적으로 배열되어 있는 객체들을 선택할 때 사용하게 됩니다.

선택 방법 : 명령 사용 중 객체를 선택해야 하는 단계에서 명령 입력창에 **F** 를 입력한 후 **Space Bar** 를 누르고, ① 부분을 클릭하고 ② 부분을 클릭한 후 **Space Bar** 를 누르면 걸쳐 있는 모든 객체를 선택할 수 있습니다.

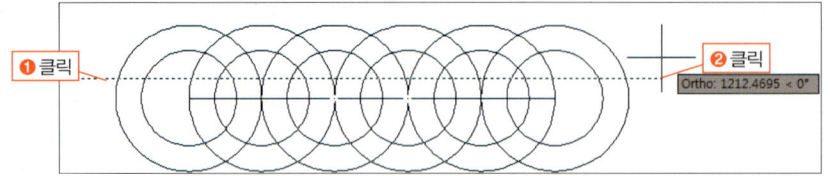

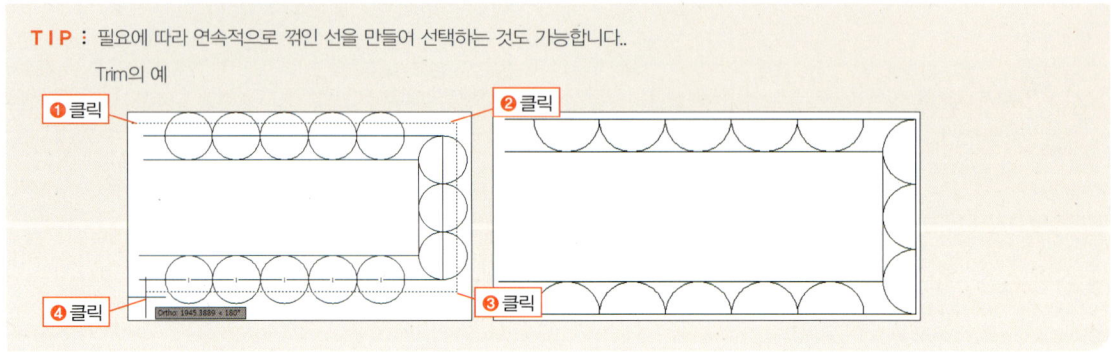

TIP : 필요에 따라 연속적으로 꺾인 선을 만들어 선택하는 것도 가능합니다..

Trim의 예

05. All(모두 선택)은 도면상의 모든 객체를 선택할 수 있습니다.

선택 방법 : 객체를 선택하는 단계에서 **A** **L** **L** 을 입력한 후 **Space Bar** 를 누르면 화면상의 모든 객체가 선택됩니다. 이외에도 여러 가지가 있습니다. 예제를 작업하면서 더 배우도록 하겠습니다.

06. Previous(이전 선택)은 부분적으로 많은 객체를 선택했었다면, 다시 한 번 동일 객체를 선택해야 하는 경우에 사용합니다.

선택 방법 : 객체 선택이 필요한 명령(Copy, Move...)에서 명령 입력창에 'Select objects:'라는 문구가 나타나면 **P** 를 입력한 후 **Space Bar** 를 눌러 다시 선택할 수 있습니다.

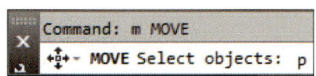

Previous 이전 선택의 예

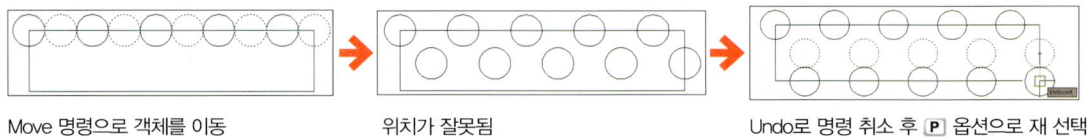

| Move 명령으로 객체를 이동 | 위치가 잘못됨 | Undo로 명령 취소 후 **P** 옵션으로 재 선택 |

07. Shift 를 사용한 선택 해제 기능은 여러 객체를 선택했다가 잘못 선택이 되어 취소해야 할 경우에 사용합니다.

사용 방법 : 포함 선택으로 모든 원을 다 선택한 후 대상이 아닌 큰 원을 Shift 를 사용해 제거

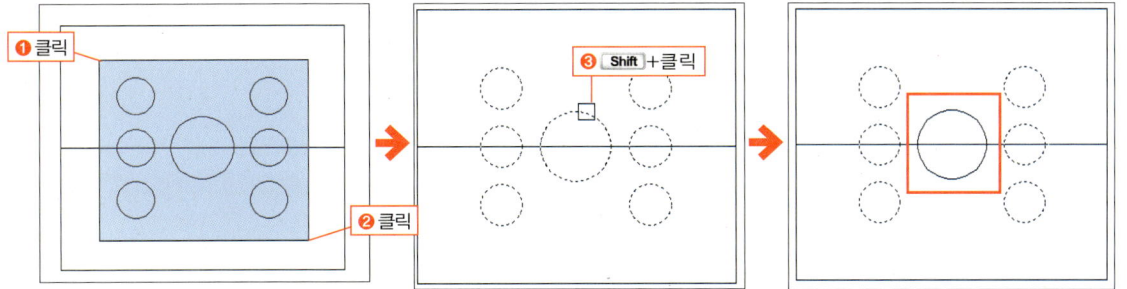

08. 명령 입력창에 'Select objects'라는 문구가 나올 때 사용할 수 있는 선택 옵션의 종류는 많이 있습니다. 이 옵션의 내용을 확인하려면 옵션에 해당되지 않는 키를 입력하면 프로그램이 사용 가능한 옵션을 아래와 같이 나열합니다. 옵션에 없는 Q, E, T, Y, I, D, H, J, Z, X, V, , . 중에 하나를 입력하고 Space Bar 를 누릅니다.

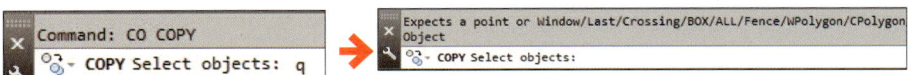

W 는 커서의 이동 방향과 관계없이 Window Box(포함 선택)로 선택할 수 있고, C 는 커서의 이동 방향과 관계없이 Crossing Box(걸침 선택)으로 선택할 수 있습니다.

W P 를 입력하고 Space Bar 를 누르면 아래와 같이 다각형의 형태로 Window Box(포함 선택)를 사용할 수 있습니다.

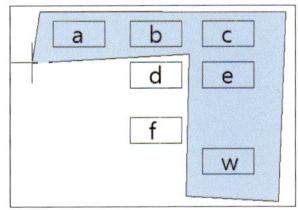

C P 를 입력하고 Space Bar 를 누르면 아래와 같이 다각형의 형태로 Crossing Box(걸침 선택)을 사용할 수 있습니다.

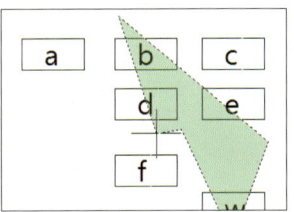

TIP : 많은 선택 옵션 중에서도 이전 선택인 P, 다각형으로 선택이 가능한 C P 는 자주 사용하므로, 기억하는 것이 좋습니다.

01. 마우스 휠을 이용한 작업 화면 제어 44P

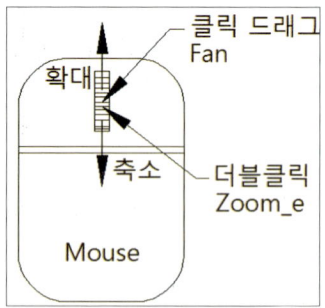

- 화면의 확대와 축소 : 휠을 위쪽으로 스크롤
- 영역의 이동 : 휠을 누른 상태로 드래그
- 모든 객체 한 번에 보기 : 휠을 더블클릭

02. 명령의 실행과 종료 52P

명령을 사용한 다음 종료하고, 같은 명령을 다시 사용할 경우에는 [Esc]보다 [Enter]나 [Space Bar]를 눌러 종료하여 다시 한 번 [Enter]나 [Space Bar]를 누르면 명령을 반복 사용할 수 있어 작업 속도를 높일 수 있습니다.

03. 필수 명령어의 기능과 활용 63P

- Line(L) : 선을 그리는 명령으로 주로 [ORTHO]([F8])와 함께 사용합니다.

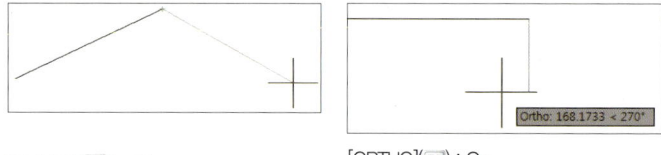

[ORTHO]([F8]) : Off   [ORTHO]([F8]) : On

- Erase(E) : 선택한 객체를 삭제합니다. 명령어 대신 [Delete]를 사용하기도 합니다.

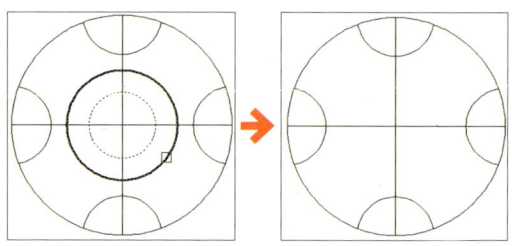
▲ Erase 명령으로 선택한 경우

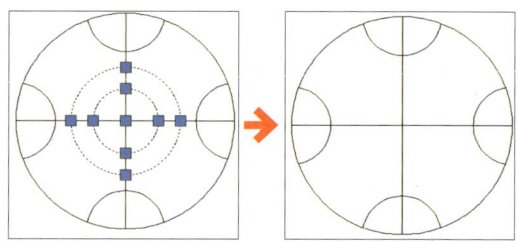
▲ [Delete]를 사용하기 위해 대기 상태의 커서로 선택한 경우

- Circle(C) : 원을 그리는 명령어로 중심점과 반지름 값 입력을 기본으로 하며, 옵션을 사용하면 다양한 방법으로 원을 작성하는 것이 가능합니다.

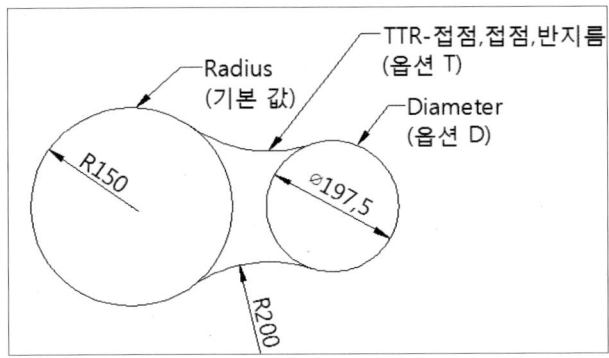

- Arc(A) : 원의 일부인 호를 그리는 명령으로 리본 메뉴에서 그리는 방법을 선택한 후 작성합니다. 기본적으로 호가 지나는 세 점을 입력하면 작성할 수 있습니다.

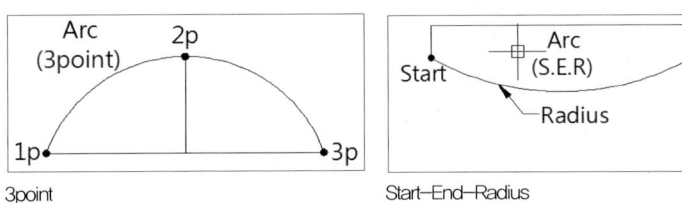

3point   Start-End-Radius

- Offset(O) : 가장 많이 사용하는 명령 중에 하나로 간격을 띄워 선, 호, 원 등을 복사할 수 있는 핵심 명령어입니다. 거리 값 입력 시 상수는 물론 분수로도 입력이 가능합니다.

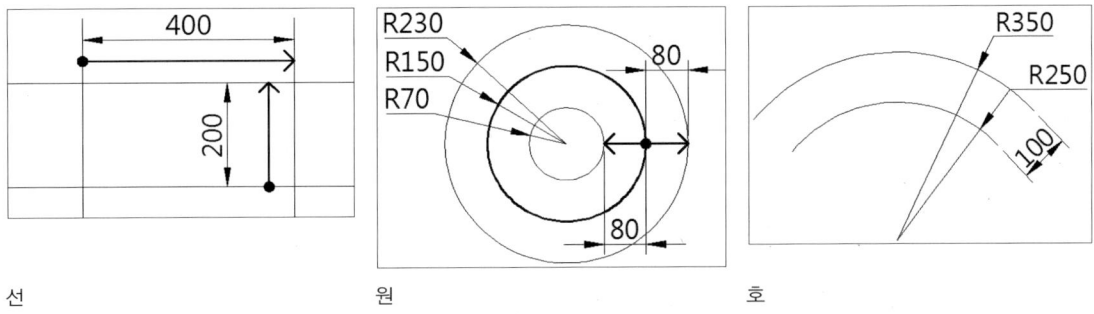

선   원   호

- Trim(TR) : Offset 명령과 함께 편집 작업의 핵심 명령으로 선의 일부를 잘라낼 수 있습니다. 기준을 사용자가 지정하는 방법과 모든 선을 기준으로 하는 두 가지 방법 모두 익혀야 효율적인 작업이 가능합니다. 여러 선이 교차되는 경우에는 기준을 지정한 후 잘라내고, 잘라내야 할 선이 여러 개인 경우에는 Crossing Box(걸침 선택)로 선택하여 한꺼번에 자르는 것이 효과적입니다.

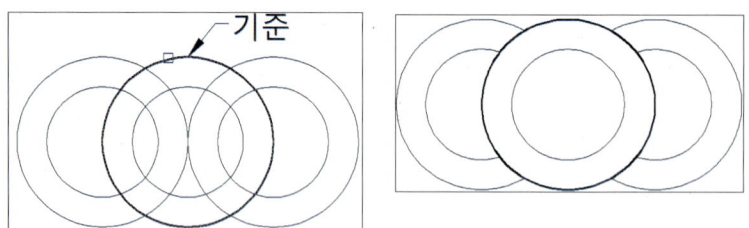

기준을 지정

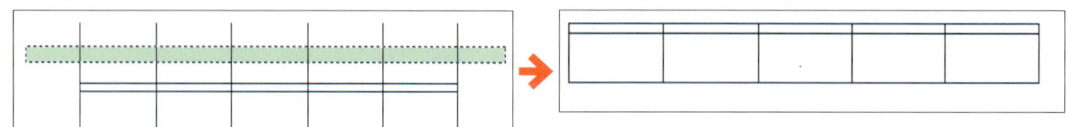

Crossing Box(걸침 선택)으로 잘라내기

- Extend(EX) : 선을 연장하는 명령으로 Trim 명령과 사용법이 동일합니다. Extend는 선을 연장하려는 목적지가 명확히 지정이 되어야만 사용이 가능합니다. 다음 그림의 설명은 기본 설정일 경우이며 [Edge] 옵션의 설정이 No Extend일 경우에 해당합니다.

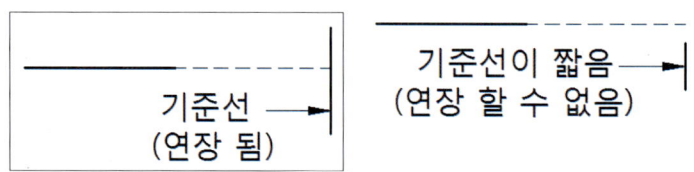

- Move(M), Copy(CO, CP) : 이동과 복사를 하는 명령으로 사용법이 동일합니다. 이동과 복사는 기준점(Base point)을 지정한 후 목적지를 지정해 이동과 복사를 하는 방법과 좌표를 입력하여 이동과 복사를 할 수 있습니다.

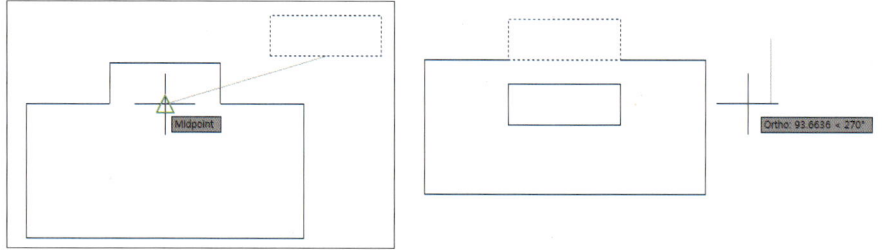

기준점을 이용하여 위치를 지정　　　　　　　거리 좌표나 상대 좌표를 이용하여 값을 입력

- Osnap(F3) : 선이나 원, 호 등 객체의 특정 위치를 정확히 추적합니다. 명령 사용 시 화면에 표식이 나타나지 않는 다면 상태 표시줄에서 [OSNAP] 설정을 확인합니다.

| INFER | SNAP | GRID | ORTHO | POLAR | OSNAP | 3DOSNAP |

상태 표시줄에서 [OSNAP]의 On/Off 확인

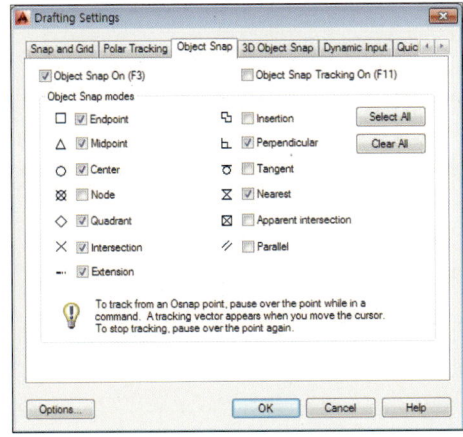

[Drafting Settings] 대화상자에서 설정 확인

04. 명령 입력창의 진행 과정과 객체 선택

명령이 실행되면 명령 입력창에 현재 설정 상태와 옵션 등이 나열됩니다. 이는 사용자가 해당 명령을 사용하는 데 있어 정확한 정보 입력을 할 수 있게 유도하는 역할을 합니다. 즉 사용자는 명령 실행의 과정을 하나하나 암기하는 것이 아니라 명령 입력창을 계속 주시하면서 옵션과 수치를 입력합니다.

• Offset의 과정

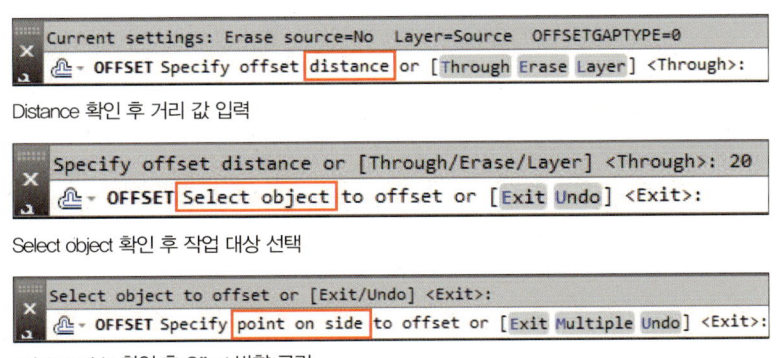

Distance 확인 후 거리 값 입력

Select object 확인 후 작업 대상 선택

point on side 확인 후 Offset 방향 클릭

중요한 건 명령어를 많이 알고 과정을 외우는 것이 아니라 명령 입력창을 이해하는 것입니다.

• 객체 선택 방법

대부분의 편집 명령은 실행과 동시에 객체를 선택하게 됩니다. 생각 없이 선택하기 보다는 처음에는 느리더라도 신속하게 정확하게 선택할 수 있는 방법으로 해야 시간이 지나 익숙해지게 될 것입니다.

Pick Box 선택(개별 선택) : 선택 수량이 적거나 흩어져 있는 객체를 선택할 경우

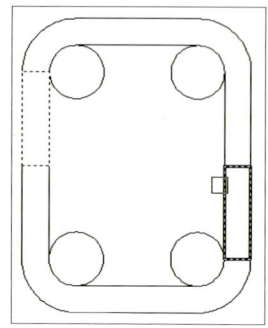

Window Box 선택(포함 선택) : 선택 범위에 포함된 객체만 선택

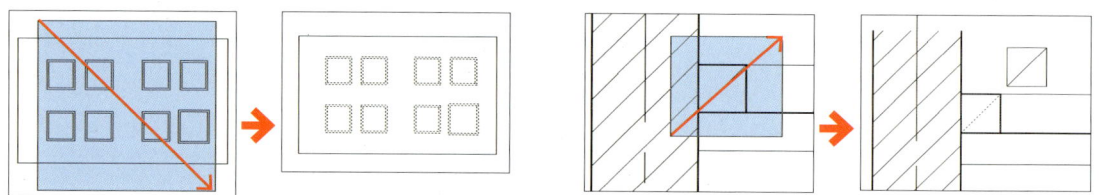

Crossing Box(걸침 선택) : 선택 범위에 포함되고 걸치는 모든 객체를 선택

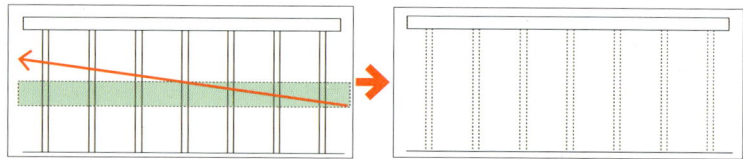

01

다음 욕조를 만드세요.

완성 파일 : DVD₩완성₩Part02₩Self Test 02.DWG
동영상 파일 : DVD₩완성₩Part02₩Self Test 02.AVI

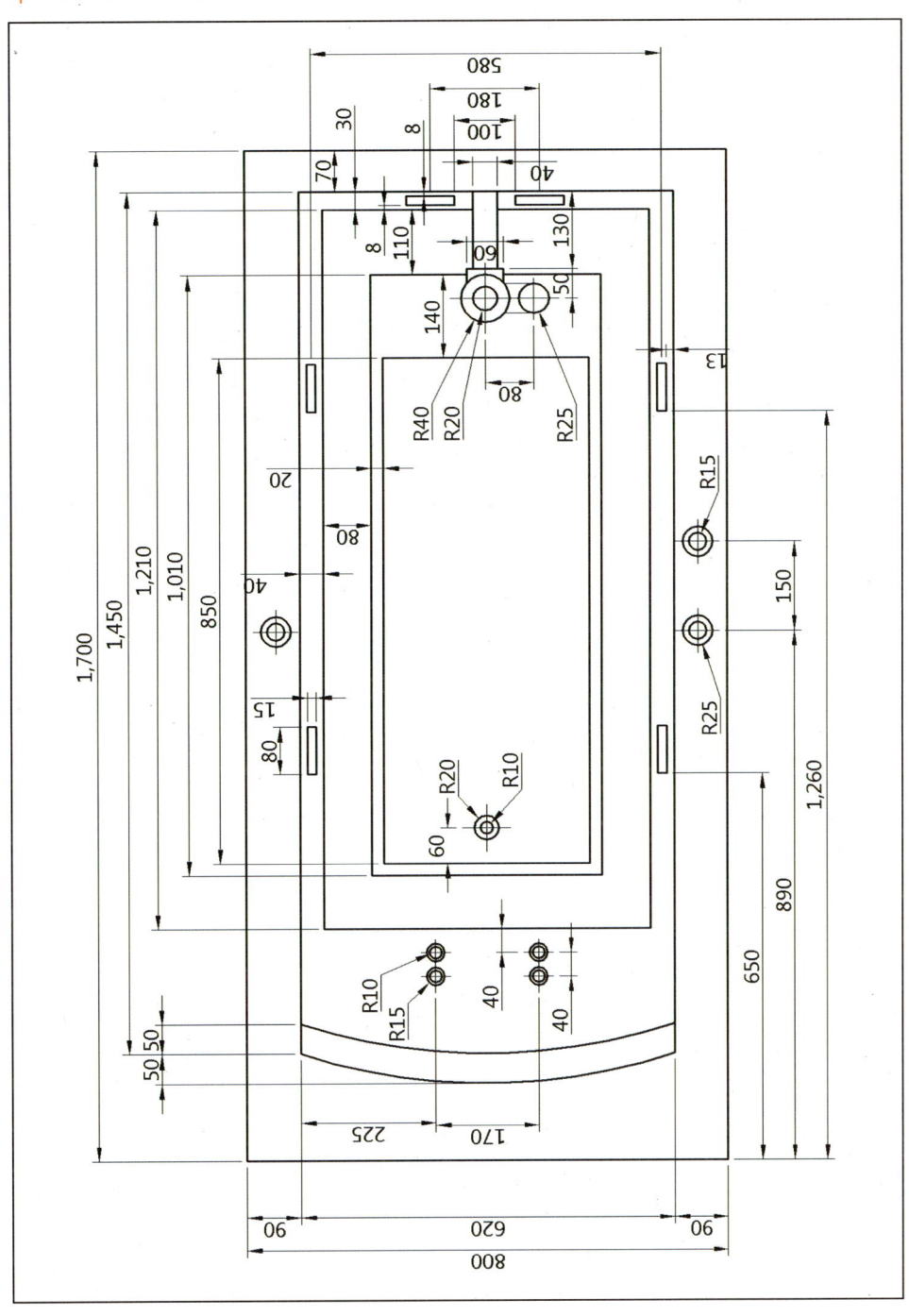

03

도면의 틀을
완성하는 정리의 기술

AUTOCAD · 2014

이번 PART는 도면에 필요한 요소나 뼈대에 해당
하는 구조물의 형태를 정확히 나타낼 수 있도록
윤곽을 편집하고, 작성한 도면 요소를 보다 효율
적으로 배치 및 적용할 수 있는 방법을 알아보겠
습니다. 사용빈도가 높은 필수 명령어가 많으므
로 꼭 알아두도록 합니다.

01
모서리 편집을 빠르고
정확하게 지원하는 편집 명령

레 벨 ● ○ ○

Fillet과 Chamfer는 도면을 구성하는 요소 및 공간 등의 모서리를 정확한 형태로 표시할 수 있는 명령입니다. Fillet
은 반지름 값으로 모서리를 라운딩 처리하며, Chamfer는 꼭짓점으로부터 거리 값을 입력하여 모따기하는 명령
입니다.

기초탄탄 ▶ 도형이나 선의 모서리 편집

■ Fillet을 사용한 모서리 라운딩 이해하기 `147p`

반지름 값을 입력한 후, 라운딩 처리할 모서리의 양쪽 선을 선택하여 적용합니다.

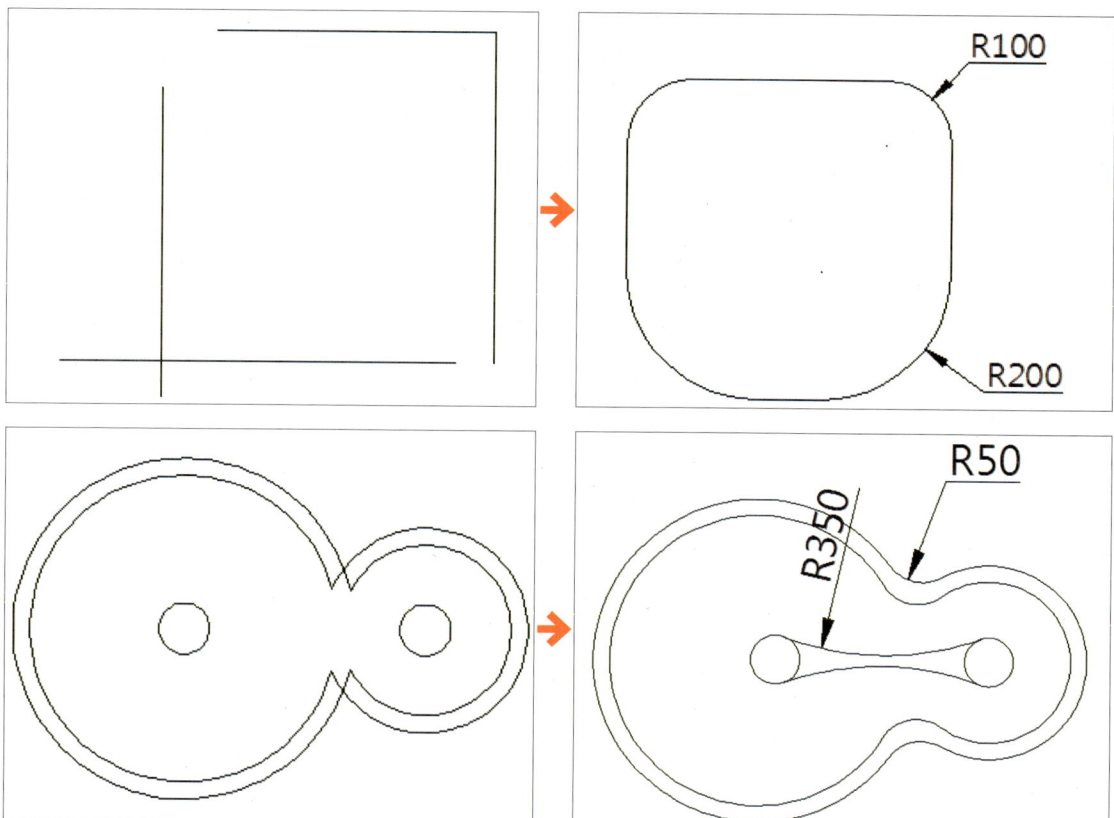

■ Fillet 실행하기

· [Home] 탭-[Modify] 패널에서 [Fillet](⌐)을 클릭하여 실행합니다.

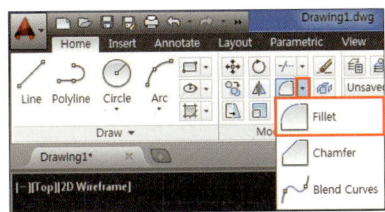

· 명령 입력창에서 Fillet 명령어(**F**)를 입력한 후 **Space Bar**를 눌러 실행합니다.

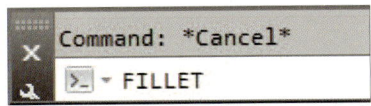

명령어 입력

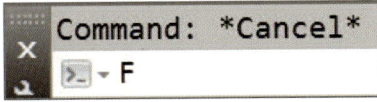

단축키 입력

■ Fillet 옵션

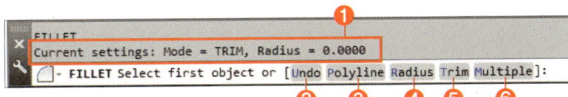

❶ Current settings(현재 설정 값 표시) : 현재 적용된 자르기 모드와 반지름 값을 표시합니다.

❷ Undo(취소) : 다중 실행(Multiple) 시 전 단계로 되돌립니다.

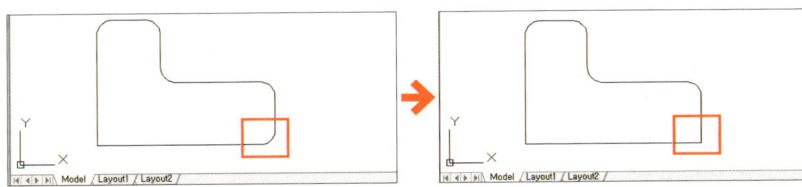

❸ Polyline(폴리라인) : 폴리라인으로 작성한 도형의 모든 모서리를 동일한 값으로 한 번에 작업합니다.

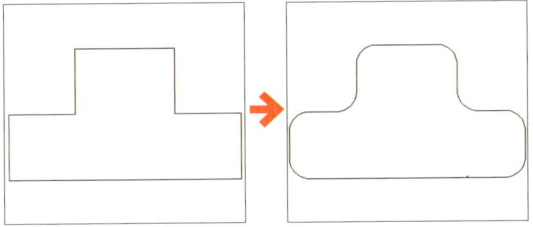

❹ Radius(반지름 설정) : 작업할 모서리의 반지름 값을 설정합니다.

❺ Trim(자르기 모드 설정) : 모서리를 라운딩하면서 남는 선을 잘라낼 것인지, 유지할 것인지를 설정합니다.

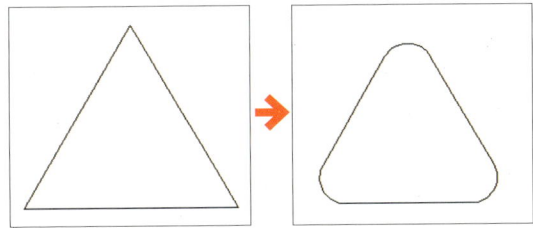

▲ Trim mode

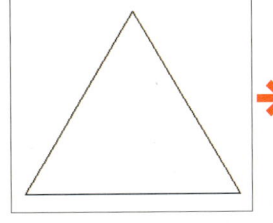 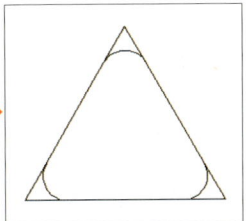

▲ No trim mode

❻ Multiple(다중 실행) : 작업할 모서리가 많을 경우에 사용하면 처음 연속적인 작업이 가능합니다.

■ Fillet 사용 과정 익히기

```
Command:                                                            F 입력한 후 Space Bar
Select first object or [Undo/Polyline/Radius/Trim/Multiple]:        R 입력한 후 Space Bar
Specify fillet radius <0.0000>:                                     '50' 입력한 후 Space Bar
Select first object or [Undo/Polyline/Radius/Trim/Multiple]: 선(①, ②)을 차례대로 클릭, 작업 종료
Command:                                                            Space Bar (명령 반복)
Select first object or [Undo/Polyline/Radius/Trim/Multiple]: 선(③, ④)을 차례대로 클릭, 작업 종료
Command:                                                            Space Bar (명령 반복)
Select first object or [Undo/Polyline/Radius/Trim/Multiple]: 선(⑤, ⑥)을 차례대로 클릭, 작업 종료
```

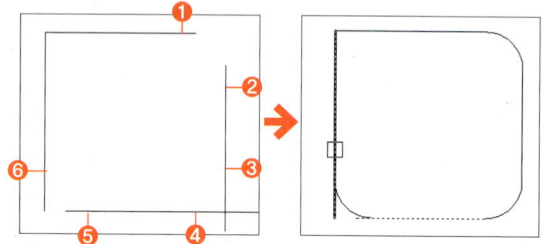

■ Chamfer 기능 이해하기 `160p`

모따기할 선의 거리 값을 입력한 후 입력한 순서대로 모서리를 선택하여 적용합니다.

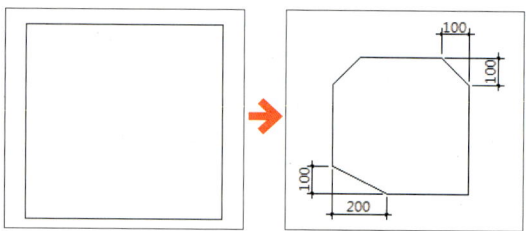

■ Chamfer 실행하기

· [Home] 탭−[Modify] 패널에서 [Chamfer](▱)를 클릭하여 실행합니다.

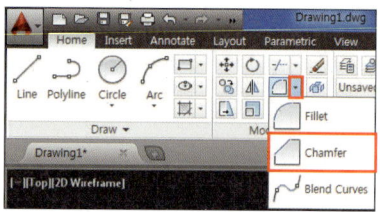

· 명령 입력창에서 Chamfer 명령어(**C H A**)를 입력한 후, **Space Bar**를 눌러 실행합니다.

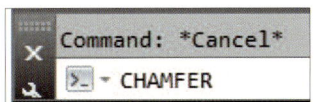

명령어 입력

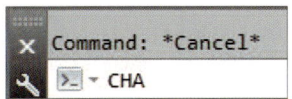

단축키 입력

■ Chamfer 옵션

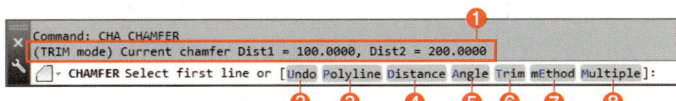

❶ Current chamfer(현재 설정 값 표시) : 현재 적용된 자르기 모드와 거리 값을 표시합니다.

❷ Undo(취소) : 작업을 전 단계로 되돌립니다.

❸ Polyline(폴리라인) : 폴리라인으로 작성한 도형의 모든 모서리를 한 번에 작업합니다.

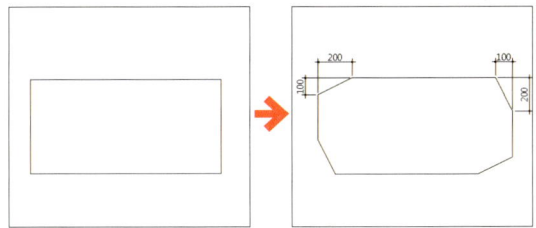

❹ Distance(거리에 의한 모따기) : 두 개의 거리 값을 입력하여 모따기를 실행합니다.

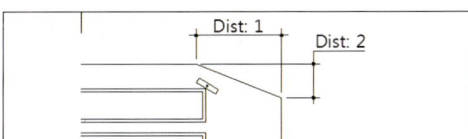

❺ Angle(각도에 의한 모따기) : 길이 값과 각도 값을 입력하여 모따기를 실행합니다.

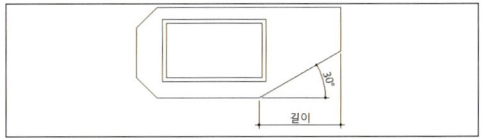

❻ Trim(자르기 모드) : 모따기하면서 남는 선을 잘라낼 것인지 유지할 것인지를 설정합니다.

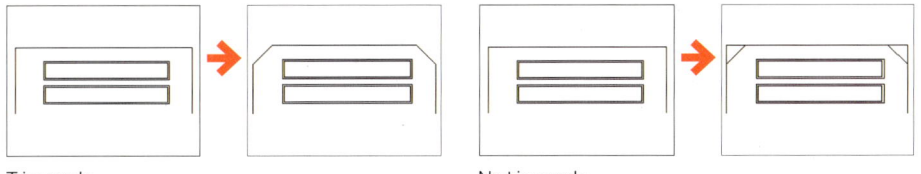

Trim mode

No trim mode

❼ mEthod(모따기 방법 선택) : 거리(Distance)에 의한 모따기와 각도(Angle)에 의한 모따기 중 작업 형태를 선택합니다.

```
Enter trim method [Distance/Angle] <Distance>:
```

❽ Multiple(다중 실행) : 작업할 모서리가 많을 경우에 사용하면 연속적인 작업이 가능합니다.

■ Chamfer 사용 과정 익히기

Command: **C** **H** **A** 입력한 후 **Space Bar**

Select first line or[Undo/Polyline/Distance/Angle/Trim/mEthod/Multiple]: **D** 입력한 후 **Space Bar**

Specify first chamfer distance   '200' 입력한 후 **Space Bar**

Specify second chamfer distance   '100' 입력한 후 **Space Bar**

Select first line or [Undo/Polyline/Distance/Angle/Trim/mEthod/Multiple]: ①과 ②를 차례대로 클릭

Command: **Space Bar** (명령 반복)

Select first line or [Undo/Polyline/Distance/Angle/Trim/mEthod/Multiple]: ③과 ④를 차례대로 클릭

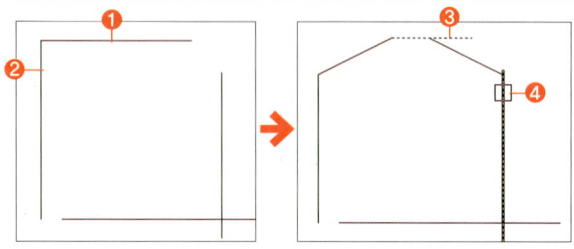

TIP : Chamfer는 Fillet과 다르게 값을 두 번([Dist1], [Dist2]) 입력해야 합니다. 모서리 선택 시 첫 번째 선택한 모서리에 [Dist1]이 적용되고, 두 번째 선택한 모서리에는 [Dist2]가 적용되기 때문에 모서리 클릭 순서에 주의해야 합니다.

Fillet은 모서리를 둥글게 처리하는 명령이지만 Trim, Extend 명령처럼 모서리를 자르거나 연장하는 것도 가능합니다. 이는 다음에 나오는 '실무에서는 이렇게'에서 자세히 알아보겠습니다. 이곳에서는 건축, 인테리어 도면에서 많이 사용되는 Fillet 명령의 기본적인 활용 방법을 알아봅니다.

예제 파일 | DVD₩예제₩Part03₩Lesson01₩Fillet활용1.DWG

01. 예제 파일을 불러온 후 작업 화면에 의자가 잘 보이도록 확대하고, [Home] 탭–[Modify] 패널 에서 [Fillet](⬜)을 클릭합니다.

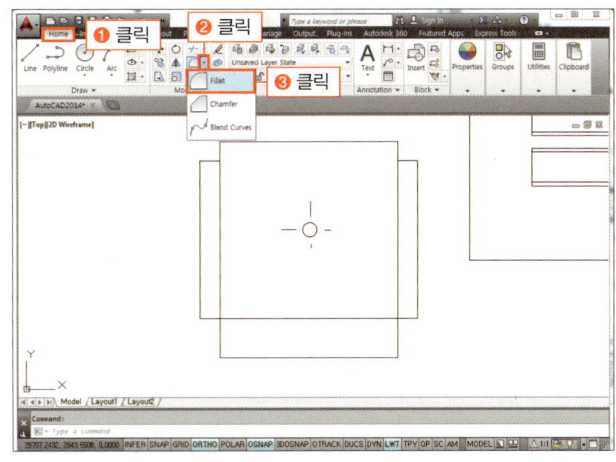

```
Command:                                                          F 입력한 후 Space Bar
Current settings: Mode = TRIM, Radius = 0.0000                    현재 설정 상태를 확인
```

TIP : 명령 입력창에서 'Current settings : Mode'를 통해 현재 설정 상태를 확인할 수 있습니다.

02. 반지름 값을 입력하기 위해 [Radius] 옵션의 R 을 입력한 후 Space Bar 를 누르고, 반지름 값을 '50'으로 입력한 후 다시 Space Bar 를 누릅니다.

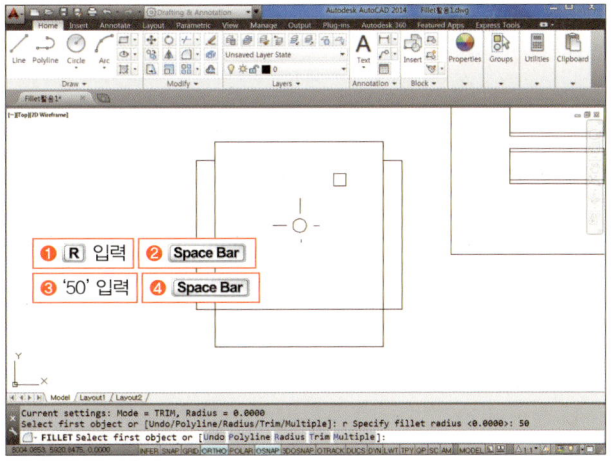

```
Select first object or [Undo/Polyline/Radius/Trim/Multiple]:     R 입력한 후 Space Bar
Specify fillet radius <0.0000>:                                  반지름 값 '50' 입력한 후 Space Bar
```

TIP : 커서가 Pick Box(선택 박스)로 바뀐 것은 설정이 완료되어 작업이 가능하다는 것을 뜻합니다.

03. 둥글게 깎아야 할 모서리 2개의 선을 순서에 관계없이 차례대로 클릭하면 됩니다. 선(①)을 클릭하고, 바로 선(②)을 클릭하면 작업이 되면서 명령이 종료됩니다.

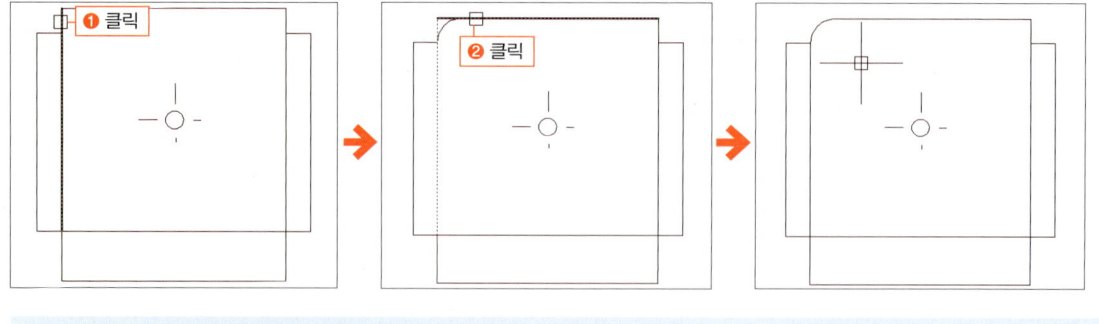

```
Select first object or [Undo/Polyline/Radius/Trim/Multiple]:          선(①) 클릭
Select second object or shift-select to apply corner:                선(②) 클릭
```

04. 같은 작업을 반복하므로 Space Bar 만 누르면 Fillet 명령을 다시 실행할 수 있습니다. 명령 입력창을 보면 앞서 작업한 반지름 값 '50'이 저장되어 있으므로 다시 입력할 필요가 없기 때문에 곧바로 선(②, ③)을 차례대로 클릭하면 됩니다.

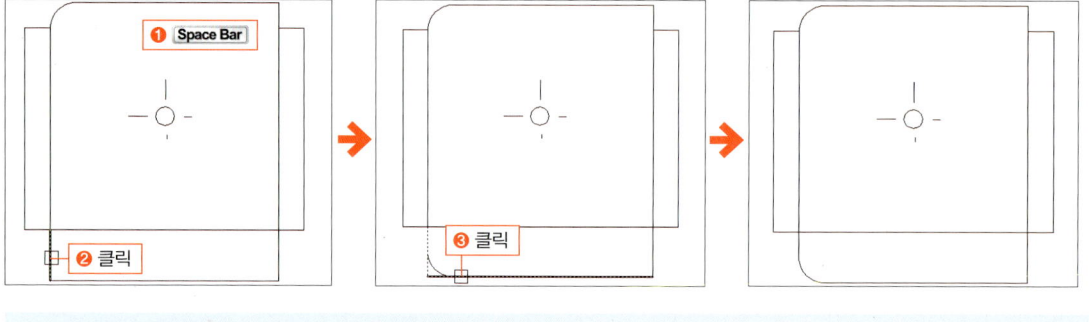

```
Command:                                                    Space Bar (명령 반복)
Current settings: Mode = TRIM, Radius = 50.0000
Select first object or [Undo/Polyline/Radius/Trim/Multiple]:          선(②) 클릭
Select second object or shift-select to apply corner or [Radius]:     선(③) 클릭
```

05. 나머지 부분도 다음과 같이 동일하게 작업합니다.

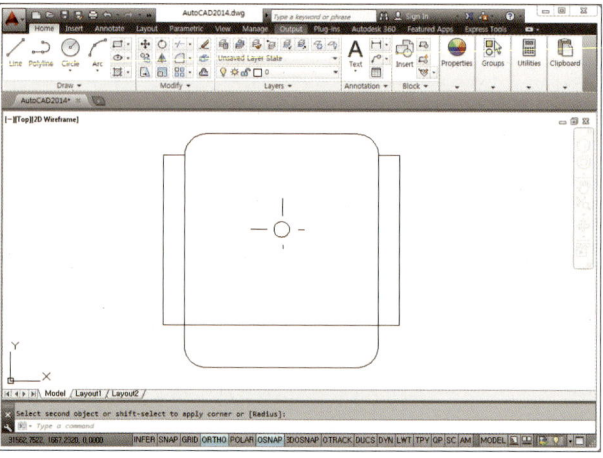

06. 이번에는 Fillet 명령으로 책상 모서리를 정리하겠습니다. **F** 를 입력한 후 **Space Bar** 를 눌러 Fillet 명령을 실행합니다. 반지름 값을 변경하기 위해 **R** 을 입력한 후 **Space Bar** 를 누릅니다. 반지름 값 '100'을 입력한 후 **Space Bar** 를 누르고, 깎아야 할 모서리의 선을 차례대로 클릭하면 됩니다. 선(⑦)을 클릭하고, 바로 선(⑧)을 클릭하면 Fillet 명령이 종료됩니다.

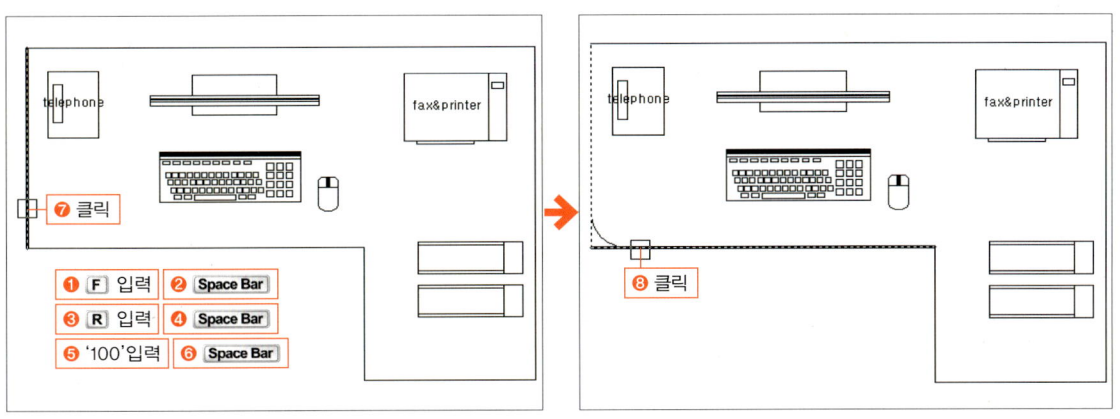

❶ **F** 입력	❷ **Space Bar**
❸ **R** 입력	❹ **Space Bar**
❺ '100'입력	❻ **Space Bar**

⑦ 클릭
⑧ 클릭

```
Command:                                                              F 입력한 후 Space Bar
Current settings: Mode = TRIM, Radius = 0.0000                        현재 설정 상태를 확인
Select first object or [Undo/Polyline/Radius/Trim/Multiple]:          R 입력한 후 Space Bar
Specify fillet radius <50>: 100                                       반지름 값 '100' 입력한 후 Space Bar
Select first object or [Undo/Polyline/Radius/Trim/Multiple]:          선(⑦) 클릭
Select second object or shift-select to apply corner or [Radius]:     선(⑧) 클릭
```

07. 다른 부분은 Fillet 명령을 다시 입력할 필요 없이 계속해서 **Space Bar** 를 누릅니다. 그리고 다음과 같이 작업을 진행합니다.

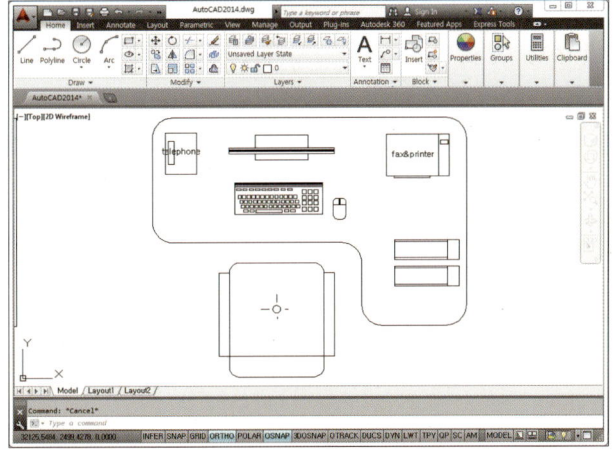

1. 다음 수납장을 만드세요.

주요 명령어 :Line(L), Offset(O), Trim(TR), Copy(CO), Fillet(F)

표시되지 않은 모서리의 값은 'R40' 으로 하세요.

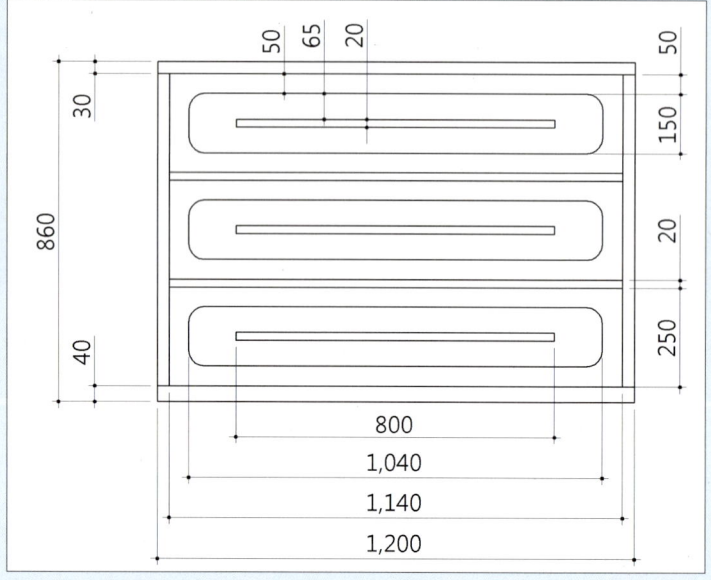

HINT

Rectangle 명령으로 전체 형태를 그리고 Explode(분해) 명령으로 분해한 후, 선을 Offset 명령으로 복사해 Trim 명령으로 절단하는 방법도 좋지만 윤곽선을 그린 후 서랍장 하나를 그려 Copy 명령으로 복사하는 것이 효율적입니다.

T I P : Fillet 명령의 [Multiple] 옵션을 적용하면 다중으로 여러 번 작업이 가능합니다.

STEP 01에서 Fillet 명령을 사용해 직각으로 된 모서리를 편집했습니다. 이번 STEP 02에서는 모서리가 직각으로 편집되지 않은 상태에서 Fillet 명령을 사용할 경우 주의 사항 등을 알아보겠습니다.

예제 파일 | DVD₩예제₩Part03₩Lesson01₩Fillet활용2.DWG

01. 예제 파일을 불러온 후 가스레인지 화구의 받침대를 작업하겠습니다. 우선 Offset 명령을 사용해 아래와 같은 순서로 각 받침대의 중앙을 표시하겠습니다.

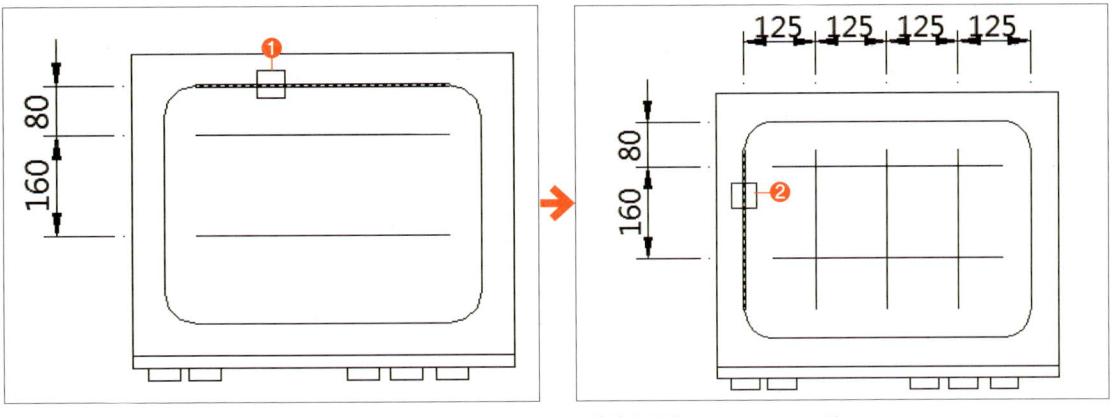

선(①)을 아래로 Offset 80,160   선(②)을 우측으로 Offset 125 3회

> **T I P : 원은 중심에서부터 그려집니다**
>
> 앞의 내용처럼 원을 그리기 전에는 항상 그리려는 원의 중심이 확인되는지 여부를 파악합니다. 원은 중심에서부터 그려지게 되므로 선의 끝점이나 교차점 등으로 중심을 표시해 놓은 후 원을 만듭니다.

02. 원을 만들기 위해 C 를 입력한 후 Space Bar 를 누릅니다. 커서를 ② 부분의 교차점으로 이동하면 교차점(✳) 이나, 직각점(⊞) 표식이 나타날 때 클릭하여 원의 중심점을 지정한 후 반지름 값 '25'를 입력하면 안쪽의 원이 작성됩니다.

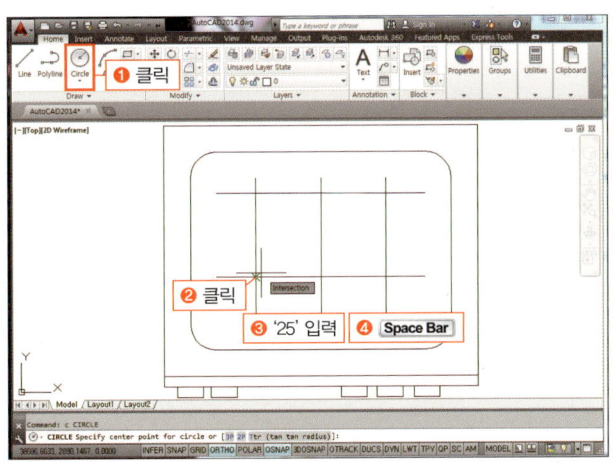

```
Command:                                                      C 입력한 후 Space Bar
Specify center point for circle or [3P/2P/Ttr (tan tan radius)]:        ② 부분 기준점 클릭
Specify radius of circle or [Diameter] <0.0000>:              '25' 입력한 후 Space Bar
```

03. 다시 **Space Bar** 를 눌러 Circle 명령을 반복합니다. ② 부분을 원의 중심점으로 클릭하고 반지름 값 '35'를 입력하면 바깥쪽 원을 만듭니다.

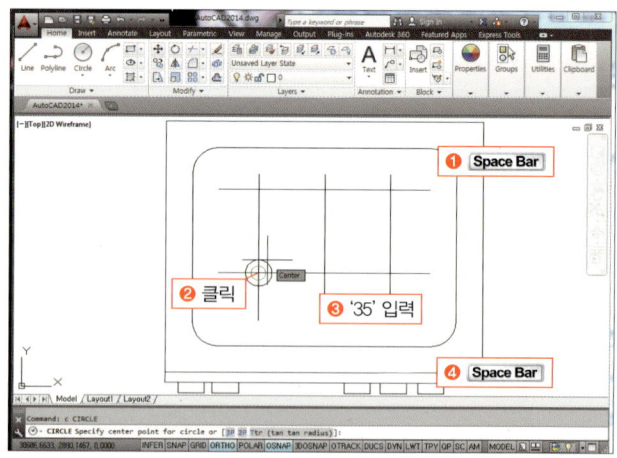

TIP : 두 번째 원을 만들 때는 앞서 만든 원의 중심점 표식이 나올 수도 있습니다.

04. 바깥쪽의 받침을 작업하겠습니다. 선(①)을 상하로 '75' Offset하고, 선(②)을 좌우로 '75' Offset합니다. 그럼 가로 세로 '150'의 사각형이 나타납니다.

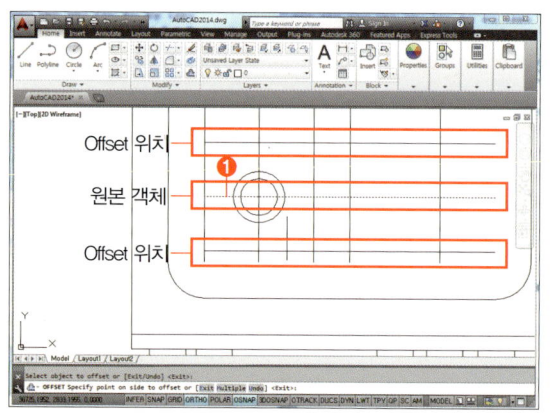

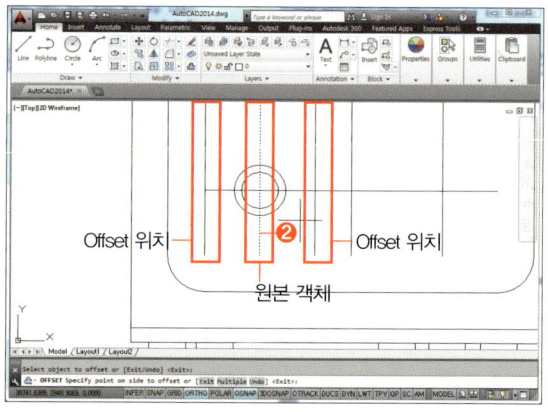

05. 이제 Fillet 명령을 사용하여 모서리를 둥글게 처리하겠습니다. F를 입력한 후 **Space Bar**를 눌러 Fillet 명령을 실행한 다음 반지름 값을 변경하기 위해 R을 입력한 후 '50'으로 설정하고 선(⑦, ⑧)을 차례대로 클릭합니다.

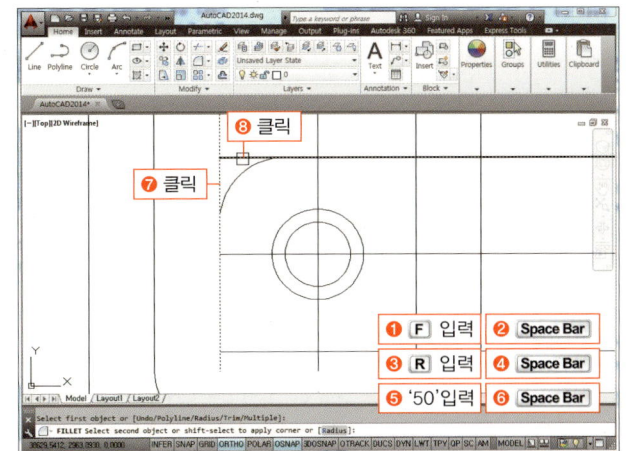

Command:	
Select first object or [Undo/Polyline/Radius/Trim/Multiple]:	F 입력한 후 Space Bar
Specify fillet radius <0.0000>:	R 입력한 후 Space Bar
	'50' 입력한 후 Space Bar
Select first object or [Undo/Polyline/Radius/Trim/Multiple]:	선(⑦, ⑧) 차례대로 클릭

문제해결 Fillet 명령 사용 시 선 클릭 위치와 상황에 따른 작업 결과

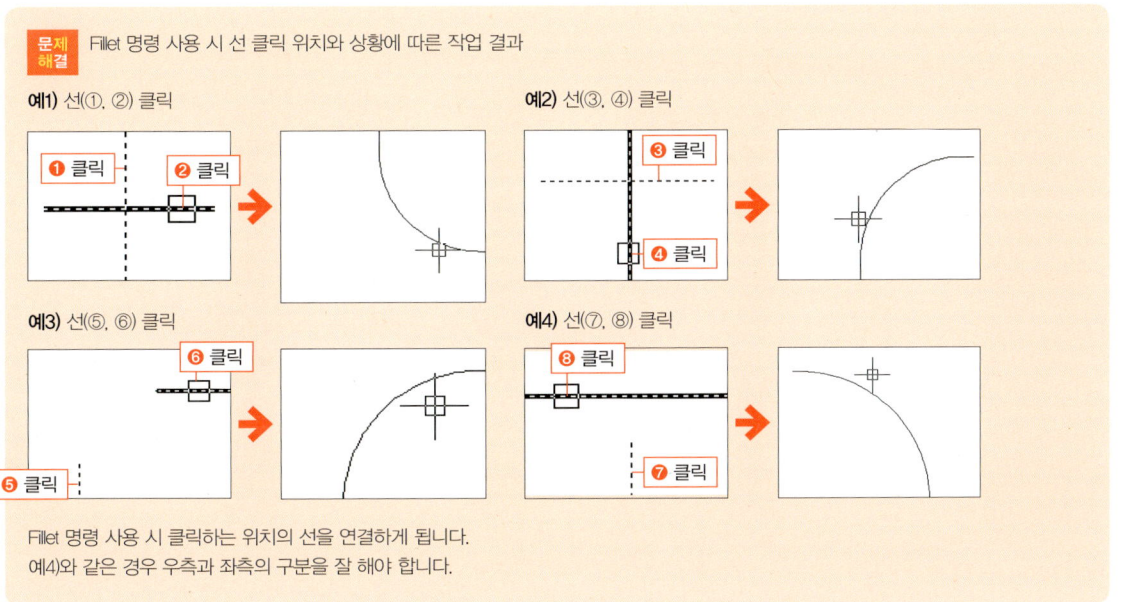

예1) 선(①, ②) 클릭

예2) 선(③, ④) 클릭

예3) 선(⑤, ⑥) 클릭

예4) 선(⑦, ⑧) 클릭

Fillet 명령 사용 시 클릭하는 위치의 선을 연결하게 됩니다.
예4)와 같은 경우 우측과 좌측의 구분을 잘 해야 합니다.

06. 다른 모서리도 같은 방법으로 작업합니다. 마지막에 Fillet 명령을 사용했으므로 **Space Bar** 만 눌러 다시 Fillet 명령을 실행한 후 반지름 값 역시 저장되어 있으므로 바로 편집할 모서리 선(②, ③)을 차례대로 클릭합니다. 아래쪽 두 모서리도 같은 방법으로 작업합니다.

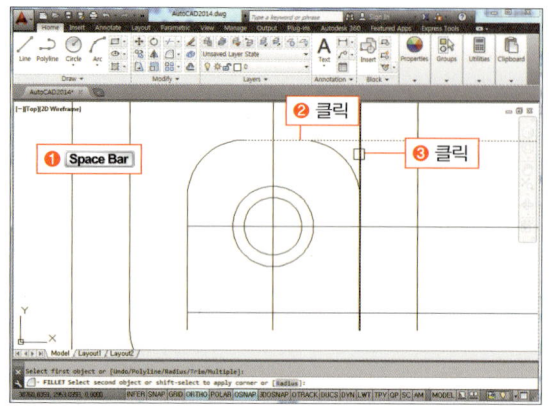
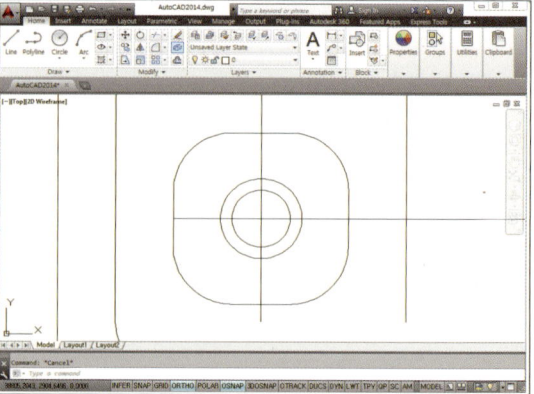

07. Copy 명령을 사용해 작업된 받침대를 우측으로 복사하겠습니다. [Home] 탭−[Modify] 패널에서 [Copy](🔧)를 클릭합니다. ② 부분을 클릭하고 ③ 부분을 클릭한 후 **Space Bar** 를 누릅니다. 이렇게 하면 객체를 포함하는 선택(Windows Box)이기 때문에 교차로 지나는 선들은 선택되지 않습니다.

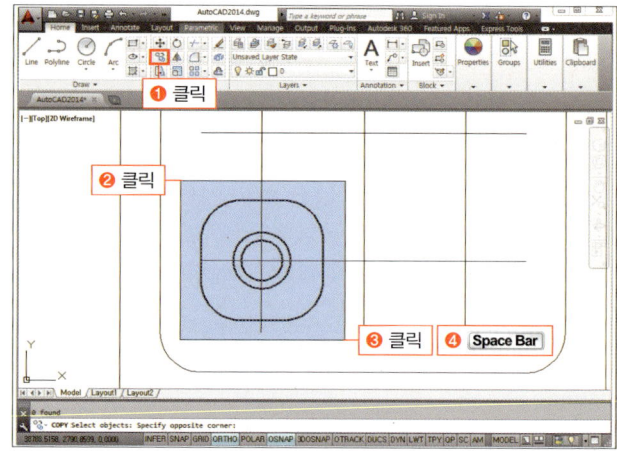

| Command: | C O 입력한 후 Space Bar |
| Select objects: | 객체 선택 후 Space Bar |

154

08. 기준점(①)을 클릭하고 ② 부분을 클릭해 복
사합니다. 그리고 **Esc** 를 눌러 Copy 명령을 종
료합니다.

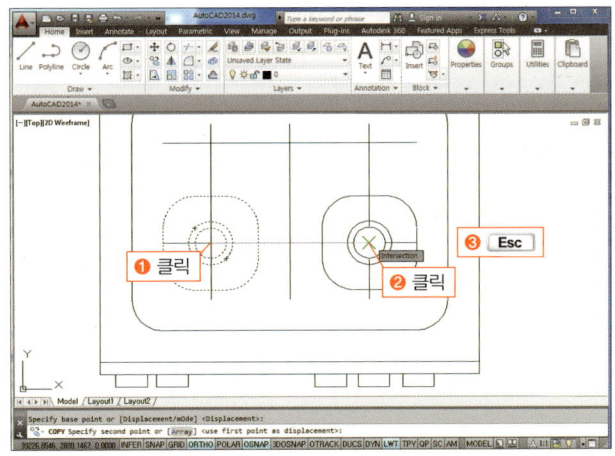

```
Specify base point or [Displacement/mOde] <Displacement>:          ① 부분 클릭
Specify second point or [Exit/Undo] <Exit>:               ② 부분 클릭 후 Esc
```

09. 이제 상단의 작은 받침대 부분을 작업하겠
습니다. 안쪽의 원 2개는 같으므로 **C** **O** 를 입
력한 후 **Space Bar** 를 눌러 Copy 명령을 실행
하고, 원(③, ④)를 선택한 후 **Space Bar** 를 누릅
니다. 기준점(⑥)을 클릭한 후 복사할 위치로 ⑦
부분에 클릭하고 **Esc** 나 **Space Bar** 를 눌러
Copy 명령을 종료합니다.

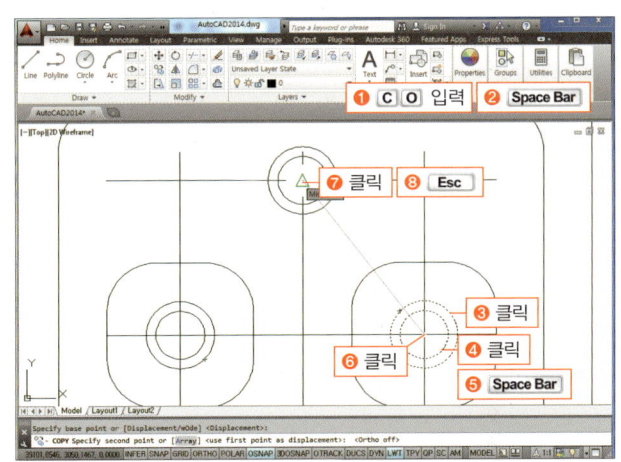

PART 03 · AutoCAD 편집 기능

```
Command:                                    C O 입력한 후 Space Bar
Select objects:                            원(③, ④) 클릭 후 Space Bar
Specify base point or [Displacement/mOde] <Displacement>:         ⑥ 부분 클릭
Specify second point or <use first point as displacement>:    ⑦ 부분 클릭 후 Esc
```

TIP : [OSNAP]의 화면 표시

앞의 내용처럼 교차점인 동시에 한 선의 중간점이기도 하면 중복이 되므로 하나의 표식만 나타납니다. 어떤 표식이 나타나더라도 위치가
같기 때문에 작업에는 상관이 없습니다.

10. 앞의 받침대와 같은 작업입니다. 선(①)을 좌우로, 선(②)을 상하로 '50'씩 Offset을 적용하여 그림과 같이 만듭니다.

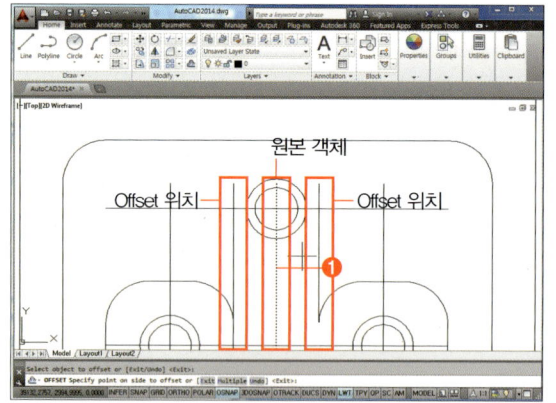
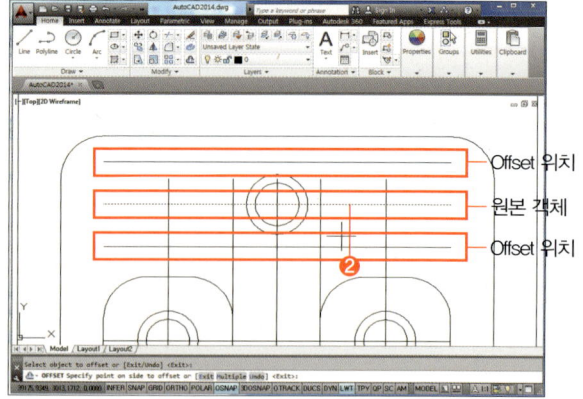

Command:	O 입력한 후 Space Bar
Specify offset distance or [Through/Erase/Layer] <0.0000>:	'50' 입력한 후 Space Bar
Select object to offset or [Exit/Undo] <Exit>:	복사할 객체 클릭
Specify point on side to offset or [Exit/Multiple/Undo] <Exit>:	복사 위치 클릭

11. 이제 Fillet 명령을 이용하여 모서리를 둥글게 만들기 위해 **F**를 입력한 후 **Space Bar**를 눌러 Fillet 명령을 실행합니다. 반지름 값을 변경하기 위해 **R**을 입력한 후 '30'으로 설정하고 선(⑦, ⑧)을 차례대로 클릭합니다.

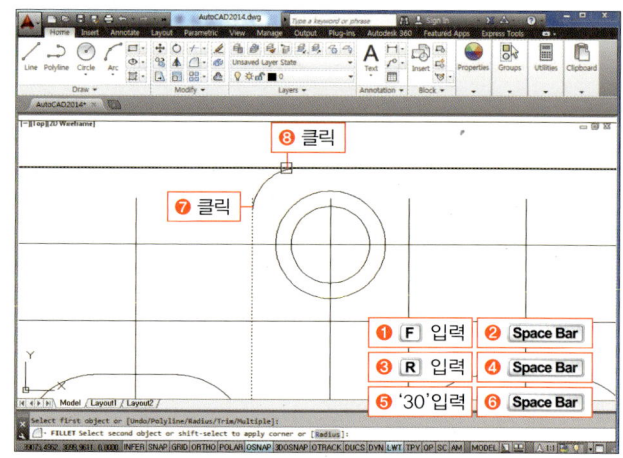

Command:	F 입력한 후 Space Bar
Select first object or [Undo/Polyline/Radius/Trim/Multiple]:	R 입력한 후 Space Bar
Specify fillet radius <0.0000>:	'30' 입력한 후 Space Bar
Select first object or [Undo/Polyline/Radius/Trim/Multiple]:	선(⑦, ⑧) 클릭

12. 다시 [Space Bar]를 눌러 Fillet 명령을 반복 실행합니다. 선(②, ③)을 클릭하고 [Space Bar]를 누르고, 다시 선(⑤, ⑥)을 클릭하고 [Space Bar]를 누르고, 다시 선(⑧, ⑨)을 클릭합니다.

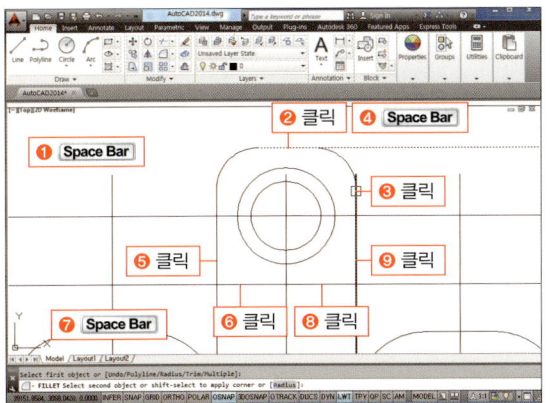
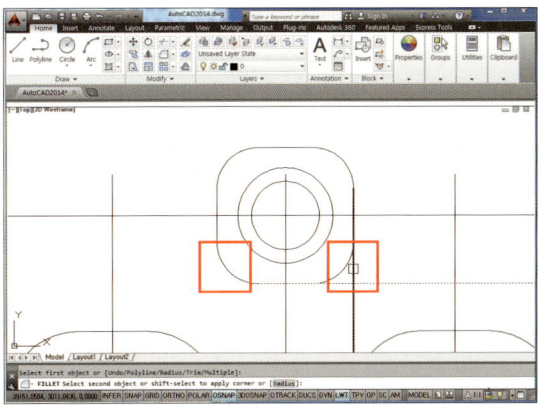

Command:

Select first object or [Undo/Polyline/Radius/Trim/Multiple]:

Select first object or [Undo/Polyline/Radius/Trim/Multiple]:

Select first object or [Undo/Polyline/Radius/Trim/Multiple]:

[Space Bar]

② 클릭, ③ 클릭 후 [Space Bar]

⑤ 클릭, ⑥ 클릭 후 [Space Bar]

⑧ 클릭, ⑨ 클릭

13. 이제 불필요한 선들을 Trim 명령으로 잘라 내겠습니다. 마우스 휠의 기능을 사용하여 화면과 같이 작업을 하기 좋게 확대하고 [T][R]을 입력 한 후 [Space Bar]를 두 번 누릅니다. 다음 그림을 참고하여 도면을 완성합니다.

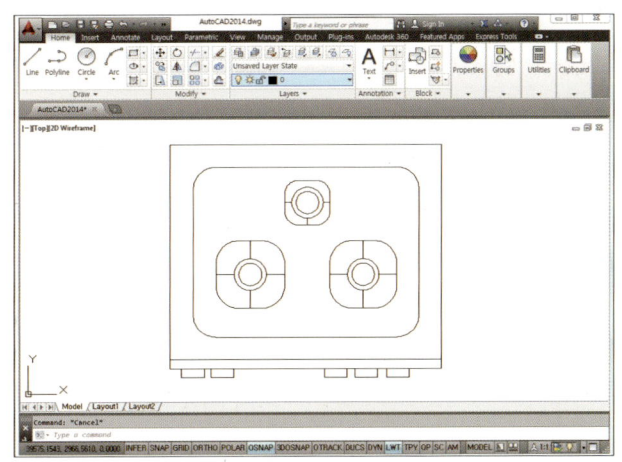

Command:

Select objects or <select all>:

[Fence/Crossing/Project/Edge/eRase/Undo]:

[T][R] 입력한 후 [Space Bar]

[Space Bar]

잘라낼 부분 클릭

Fillet을 활용한 모서리 편집

■ 선의 모서리 편집

Fillet 명령의 본래 기능은 모서리를 둥글게 깎는 것입니다. 하지만 건축, 인테리어 분야에서는 이 Fillet 명령을 Offset 명령 이후 떨어져 있는 부분이나 교차되어 벗어난 선을 깔끔히 연결할 때 더 많이 사용합니다.

예제 파일 | DVD₩Part03₩Lesson01₩Fillet실무에선 이렇게.DWG

01. 예제 파일을 불러온 후 좌측 벽을 우측 벽과 같은 형태로 편집하겠습니다. Fillet 명령을 실행하고 다음과 같이 반지름 값을 '0', [Trim Mode]를 'Trim'으로 설정합니다.

```
Command:                                                       F 입력한 후 Space Bar
Current settings: Mode = TRIM, Radius = 30.0000
Select first object or [Undo/Polyline/Radius/Trim/Multiple]:   R 입력한 후 Space Bar
Specify fillet radius <30.0000>:                               '0' 입력한 후 Space Bar
Select first object or [Undo/Polyline/Radius/Trim/Multiple]:   T 입력한 후 Space Bar
Enter Trim mode option [Trim/No trim] <Trim>:                  T 입력한 후 Space Bar
```

02. 선(①, ②)을 클릭하면 선이 연장되어 편집되고 명령을 반복합니다(Space Bar). 다시 선(④, ⑤)을 클릭하면 Trim 명령처럼 모서리가 잘라집니다. 같은 방법으로 모든 모서리를 편집합니다.

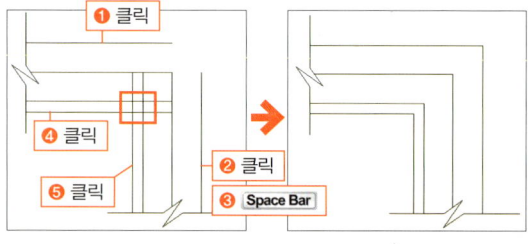
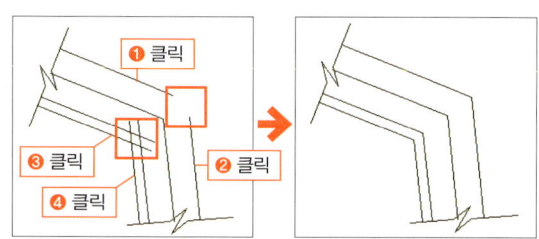

```
Select first object or [Undo/Polyline/Radius/Trim/Multiple]:   선(①) 클릭
Select second object or shift-select to apply corner:          선(②) 클릭
Command:                                                       Space Bar
Select first object or [Undo/Polyline/Radius/Trim/Multiple]:   선 클릭
Select second object or shift-select to apply corner:          선 클릭
```

■ 명령 실행 중 단축키를 활용하여 빠르게 적용하기

또 다른 활용법에 대해 알아보겠습니다. Fillet 명령을 사용하여 모서리를 둥글게 작업하면 반지름 값이 저장됩니다. 이후 위의 작업처럼 반지름 값을 '0'으로 하여 모서리를 편집할 경우에 옵션(**R**)을 입력한 후 값을 '0'으로 변경해야 하는데 **Shift**를 사용하면 일시적으로 반지름 값을 '0'으로 변경할 수 있습니다.

예제 파일 | DVD₩예제₩Part03₩Lesson01₩Fillet실무에선 이렇게.DWG

01. 예제 파일을 불러온 후 좌측 모서리에 반지름 값 '20'만큼 Fillet 명령을 적용합니다.

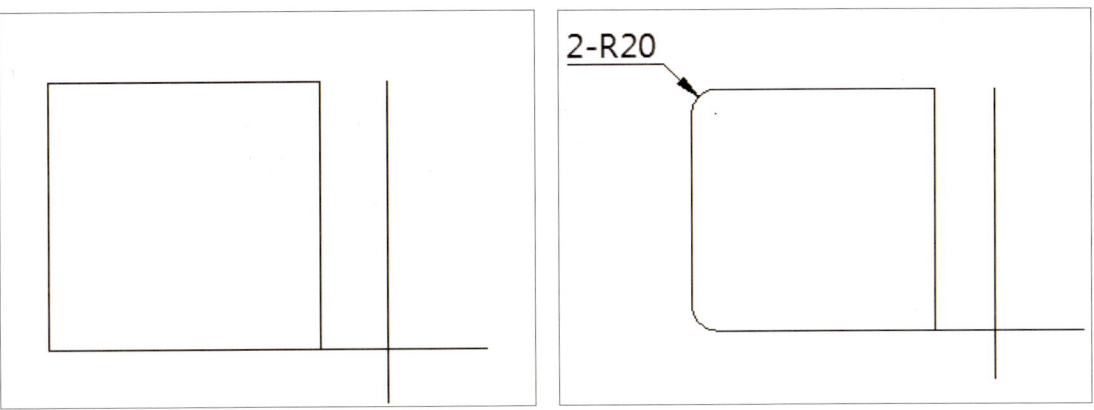

02. 이제 오른쪽 모서리를 편집하겠습니다. **F**를 입력한 후 **Space Bar**를 눌러 Fillet 명령을 실행합니다. 이전에 반지름 값을 '20'으로 설정했기 때문에 현재 저장된 반지름 값이 '20'이라는 것을 명령 입력창에서 확인할 수 있습니다.

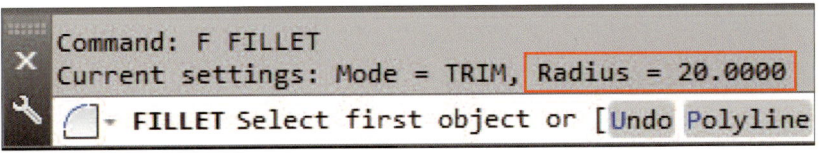

03. 현재 저장된 반지름 값을 확인했으면 **Shift**를 누른 상태에서 ① 부분과 ② 부분을 차례대로 클릭합니다. 아래쪽의 ③, ④ 부분도 편집합니다.

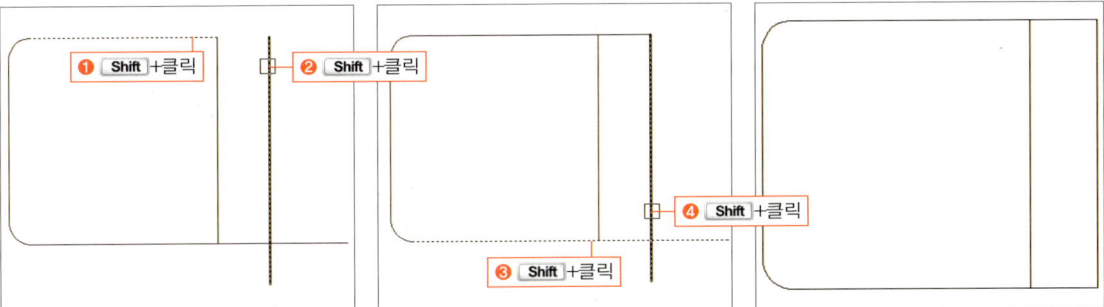

Chamfer 명령의 모따기 기능을 따라하면서 실습하도록 하겠습니다. Fillet 명령과 사용법 및 옵션이 유사하지만 설정 값을 두 번 입력해야 하는 것에 주의해야 합니다.

예제 파일 | DVD₩예제₩Part03₩Lesson01₩Chamfer를 활용한 모따기.DWG

01. 예제 파일을 불러온 후 그림과 같이 상단을 확대합니다.

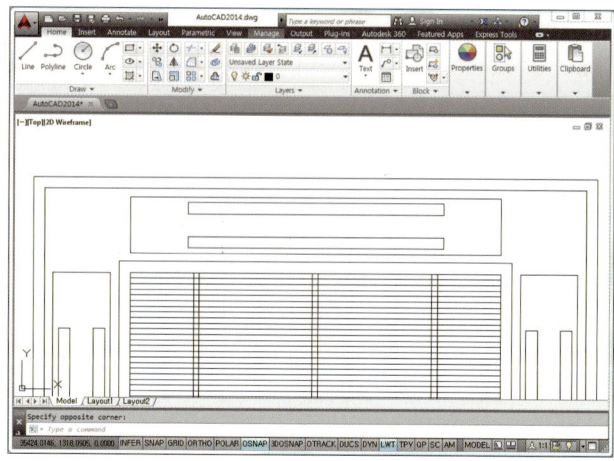

02. [Home] 탭-[Modify] 패널에서 [Chamfer](⬜)를 클릭하여 실행합니다. 현재 설정 상태가 명령 입력창에 나타납니다.

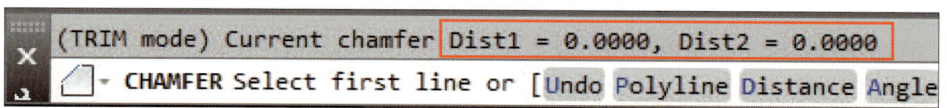

> **TIP :** [Dist1]과 [Dist2]의 값이 있는데 이 값이 모서리 부분을 편집하는 길이입니다. [Dist1]은 첫 번째 클릭하는 부분이고, [Dist2]는 두 번째 클릭하는 부분의 길이입니다. 현재 값이 '0'으로 되어 있는 것을 확인합니다.

03. 현재 값이 '0'으로 되어 있으니 옵션의 [Distance]를 사용하여 값을 변경해야 합니다. 옵션을 사용하기 위해 D를 입력한 후 Space Bar 를 누릅니다. [Dist1]의 값을 '20'으로 설정하고 Space Bar , [Dist2]의 값을 '50'으로 설정하고 Space Bar 를 누릅니다.

```
Select first line or[Undo/Polyline/Distance/Angle/Trim/mEthod/Multiple]:   D 입력한 후 Space Bar
Specify first chamfer distance                                          '20' 입력한 후 Space Bar
Specify second chamfer distance                                         '50' 입력한 후 Space Bar
```

04. 이제 선(①, ②)을 클릭합니다. 다시 [Space Bar]를 누르고, 반대편 선(④, ⑤)를 차례대로 클릭하면 모서리가 주어진 값으로 따내게 됩니다.

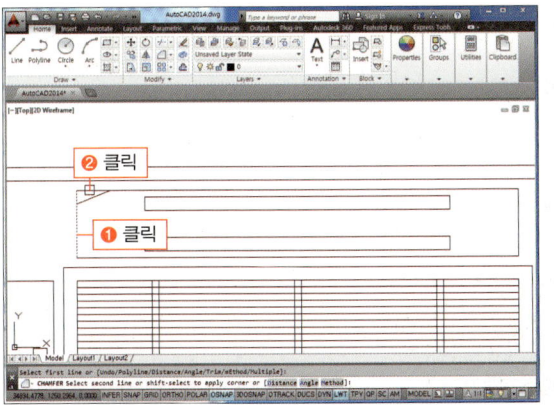
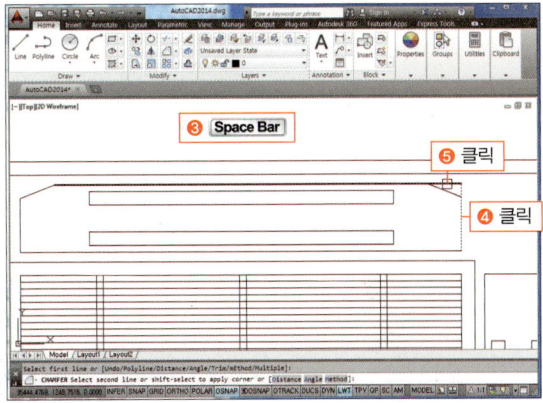

Select first line or [Undo/Polyline/Distance/Angle/Trim/mEthod/Multiple]:	선(①, ②) 클릭
Command:	[Space Bar]
Select first line or [Undo/Polyline/Distance/Angle/Trim/mEthod/Multiple]:	선(④, ⑤) 클릭

TIP : Chamfer 명령도 Fillet 명령과 같이 한 번 입력한 값은 저장되므로 이후 같은 작업 시 값을 입력할 필요가 없습니다. 연속적으로 작업을 할 땐 [Multiple] 옵션의 [M]을 입력한 후 사용하면 됩니다.

문제 해결 Fillet이나 Chamfer 명령 실행 시 Trim Mode와 No Trim Mode의 차이점

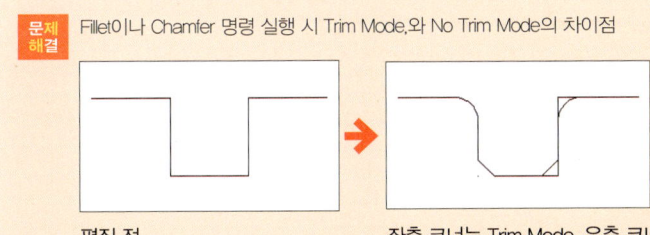

편집 전   좌측 코너는 Trim Mode, 우측 코너는 No Trim Mode

주로 [Trim Mode]를 사용하며 기본 값 또한 [Trim Mode]로 되어있습니다. 변경 방법은 아래와 같이 Fillte 명령을 실행한 후 [T]를 입력하고 [Space Bar]를 누르면 [Trim/No Trim]의 선택 여부를 묻습니다. 여기서 [T]를 입력하고 [Space Bar]를 누르면 [Trim Mode], [N]을 입력하고 [Space Bar]를 누르면 [No Trim Mode]로 변경됩니다(Chamfer 명령도 동일함).

```
Command: f FILLET
Current settings: Mode = TRIM, Radius = 0.0000
Select first object or [Undo/Polyline/Radius/Trim/Multiple]: t
- FILLET Enter Trim mode option [Trim No trim] <Trim>: n
```

05. 동일한 방법으로 다음 그림과 같이 나머지 부분도 Chamfer 명령을 적용합니다.

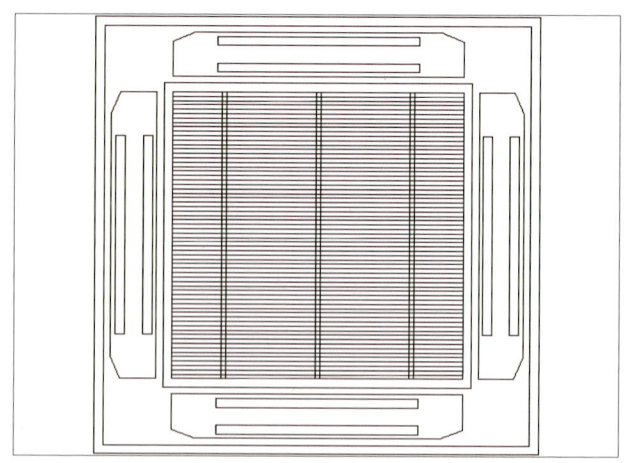

06. 다음 그림과 같이 Offset 명령 이후 Line 명령으로 선을 만들어 작업하고 Trim 명령으로 잘라내는 방법도 있으나, 번거로우므로 Chamfer 명령으로 할 수 있도록 연습합니다.

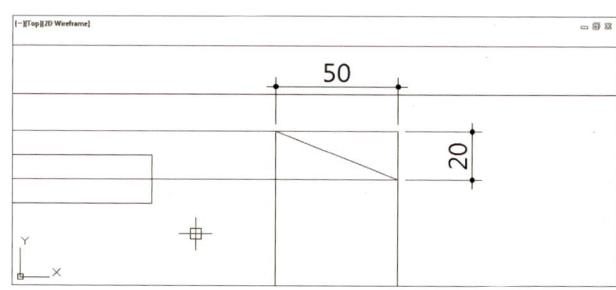

응용 예제

완성 파일 | DVD₩완성₩Part03₩Lesson01₩화장대.DWG(완성 파일을 참고하여 작성해 봅니다.)

주요 명령어 | LINE(L), OFFSET(O), TRIM(TR), COPY(CO), CHAMFER(CHA)

1. 다음 화장대를 만드세요.

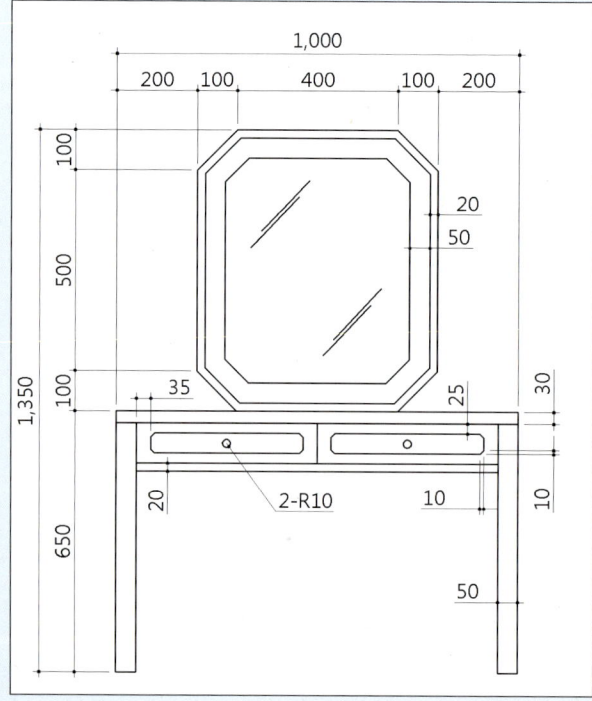

162

02 도면 요소의 방향을 변경하고 추가 생성이 가능한 복사 기능

레벨 ● ● ●

컴퓨터를 이용한 설계에서 가장 큰 장점은 동일한 대상을 복사하여 또 다른 대상을 쉽게 만들 수 있는 것입니다.
앞서 배운 Copy 명령과 유사하지만 방향과 크기를 변경하면서 추가적으로 객체를 생성하는 것이 가능합니다.
이는 곧 작업 시간과 관련이 있으므로 필수적으로 학습해야 할 명령입니다.

기초 탄탄 ▶ 원본을 다양한 유형으로 복사하기

■ Mirror를 사용한 대칭 복사 이해하기 `168P`

대칭 복사할 객체를 선택한 후 좌우 혹은, 상하로 대칭이 되는 축을 지정합니다.

• 좌우 대칭

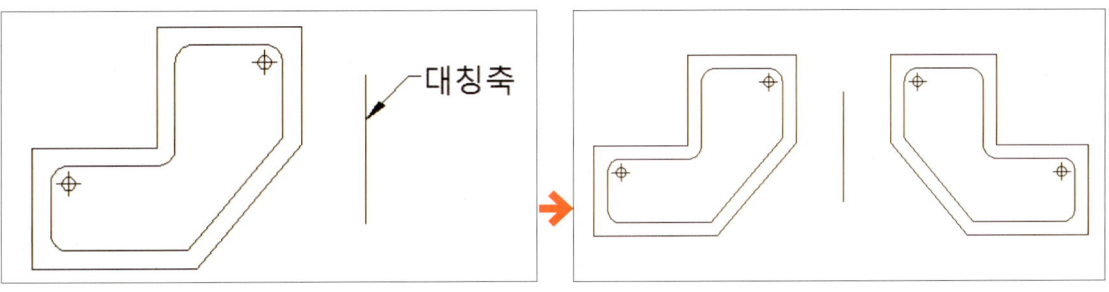

• 상하 대칭

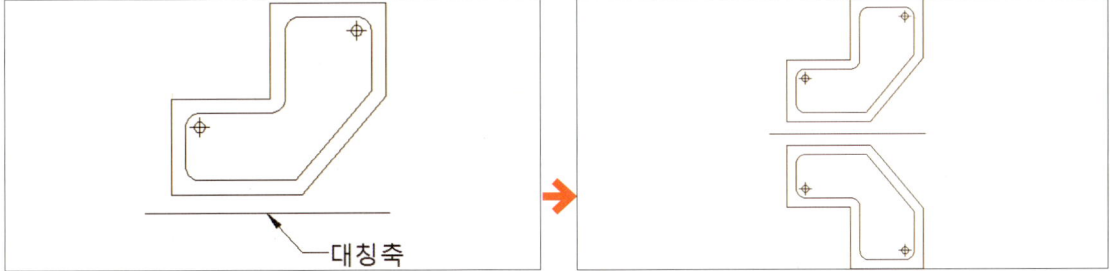

데칼코마니 놀이를 했던 것을 생각해보면 더 쉽게 이해할 수 있습니다. 한 쪽에 나비의 반을 물감으로 그려 놓고 반으로 접으면 반대편에 남은 반이 칠해지듯이 Mirror 명령도 마찬가지입니다. Mirror 명령에서는 접는 위치(대칭축)를 두 개의 점으로 클릭해 지정하게 되는데 이 위치에 따라 마주보는 거리가 정해집니다.

■ Mirror 실행하기

• [Home] 탭−[Modify] 패널에서 [Mirror](�)를 클릭하여 실행합니다.

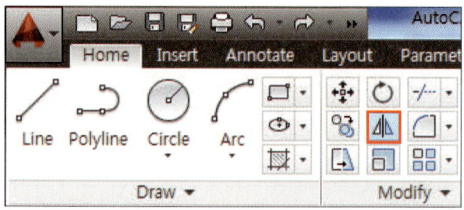

• 명령 입력창에서 Mirror 명령어(**M** **I**)를 입력한 후, **Space Bar** 를 눌러 실행합니다.

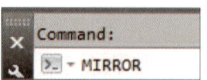

명령어 입력

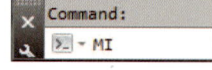

단축키 입력

■ Mirror 옵션

옵션 설정에 따라 원본을 삭제하거나 유지할 수 있습니다.

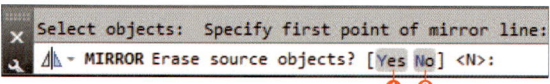

❶ Yes : 원본을 삭제하고 대칭인 대상만 생성합니다.

❷ No : 원본을 유지하고 대칭인 대상을 추가로 생성합니다.

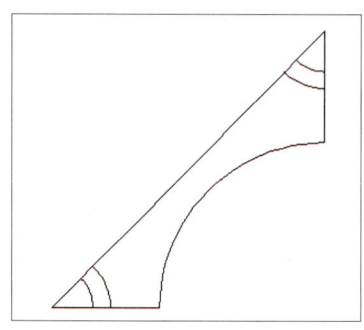

원본

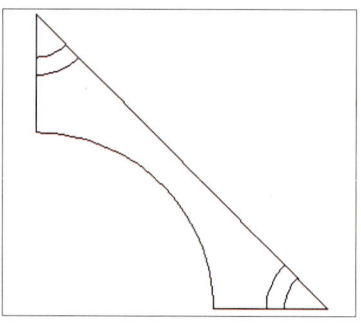

원본 삭제(Yes)

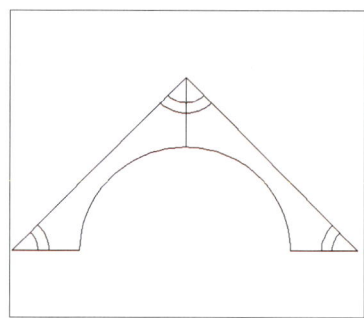

원본 유지(No)

■ Mirror 사용 방법 익히기

Command:	**M** **I** 입력한 후 **Space Bar**
Select objects:	대칭 복사할 객체 선택 후 **Space Bar**
Specify first point of mirror line:	① 부분(대칭축의 시작점) 클릭
Specify second point of mirror line:	② 부분(대칭축의 끝점) 클릭 후 **Space Bar**

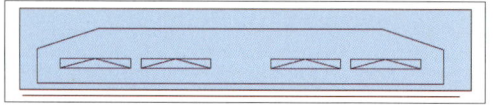

◀ 객체 선택

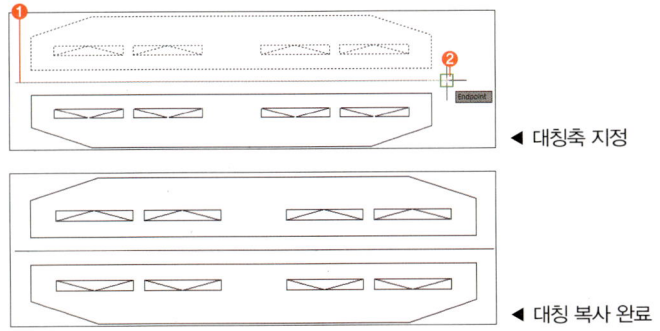

◀ 대칭축 지정

◀ 대칭 복사 완료

■ Rotate를 사용한 회전 이해하기 `184P`

회전할 객체를 선택, 위치가 고정될 기준점을 지정한 후 회전 각도를 입력합니다.

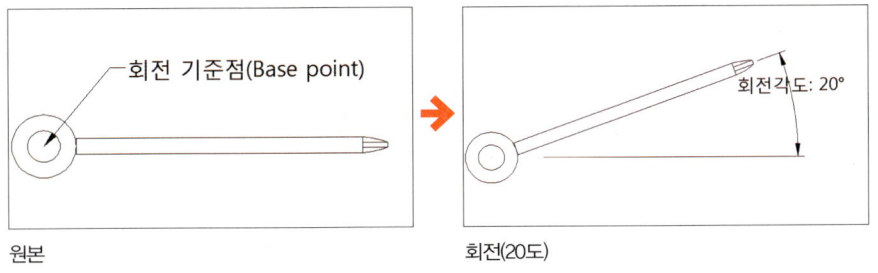

원본   회전(20도)

AutoCAD에서 각도를 입력해야 할 경우 시계 방향은 −값, 시계 반대 방향은 +값을 입력해야 합니다.

■ Rotate 실행하기

• [Home] 탭−[Modify] 패널에서 [Rotate](○)를 클릭하여 실행합니다.

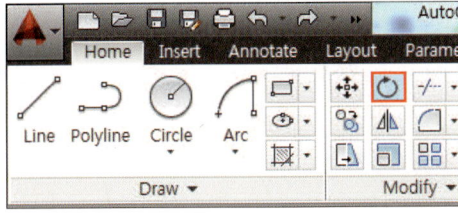

• 명령 입력창에서 Rotate 명령어(**R** **O**)를 입력한 후, **Space Bar** 를 눌러 실행합니다.

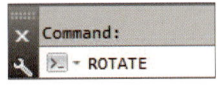

명령어 입력

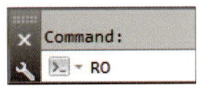

단축키 입력

■ Rotate 옵션

원본을 유지하면서 회전된 객체를 추가할 수 있고 참조 각도를 사용할 수도 있습니다.

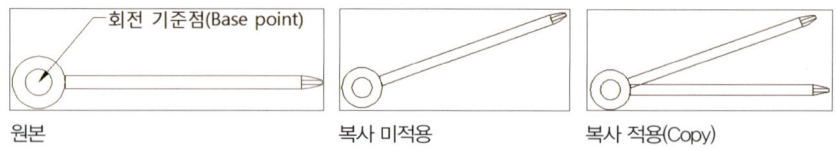

❶ Copy : 원본을 유지하고 회전된 객체를 추가로 생성합니다.

❷ Reference : 참조 각도를 입력하여 회전시킵니다.

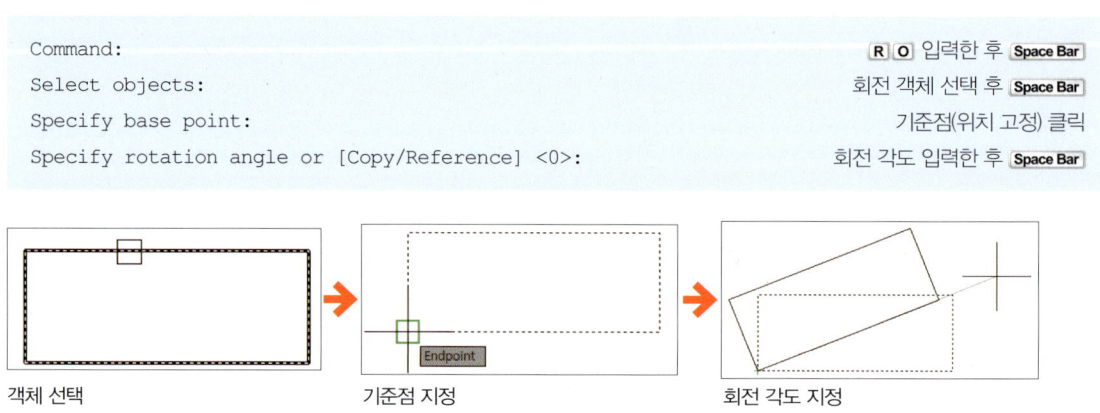

원본   복사 미적용   복사 적용(Copy)

■ Rotate 사용 방법 익히기

```
Command:                                                    R  O  입력한 후  Space Bar
Select objects:                                       회전 객체 선택 후  Space Bar
Specify base point:                                         기준점(위치 고정) 클릭
Specify rotation angle or [Copy/Reference] <0>:    회전 각도 입력한 후  Space Bar
```

객체 선택 → 기준점 지정 → 회전 각도 지정

■ Scale을 사용한 크기 조정 이해하기 194P

크기를 변경할 객체를 선택, 위치가 고정될 기준점을 지정한 후 배율 값을 입력합니다.

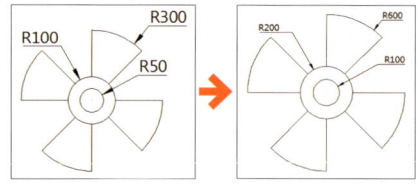

■ Scale 실행하기

• [Home] 탭-[Modify] 패널에서 [Scale](▢)을 클릭하여 실행합니다.

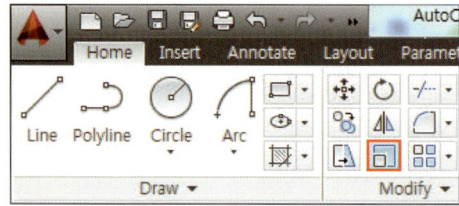

• 명령 입력창에서 Scale 명령어(**S** **C**)를 입력한 후, **Space Bar** 를 눌러 실행합니다.

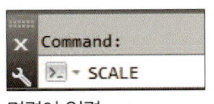
명령어 입력

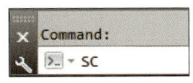
단축키 입력

■ Scale 옵션

원본을 유지하면서 크기를 변경할 객체를 추가할 수 있고 참조 값을 사용할 수도 있습니다.

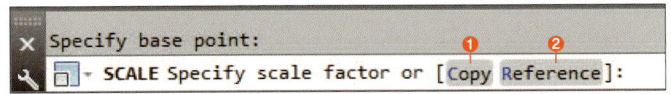

❶ Copy : 원본을 유지하고 크기가 변경된 객체를 추가로 생성합니다.

❷ Reference : 참조 값을 입력하여 크기를 변경합니다.

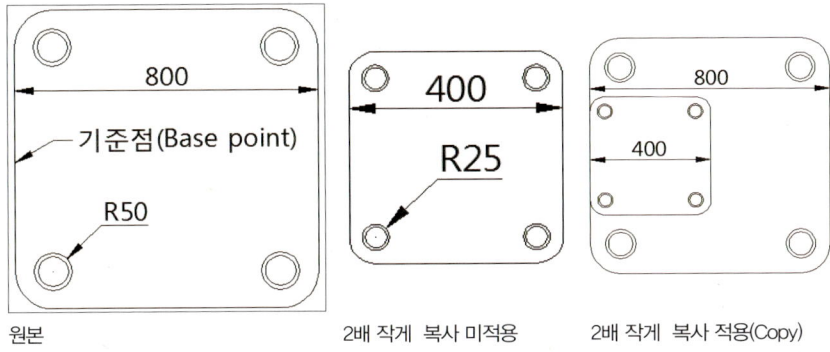

원본

2배 작게 복사 미적용

2배 작게 복사 적용(Copy)

■ Scale 사용 방법 익히기

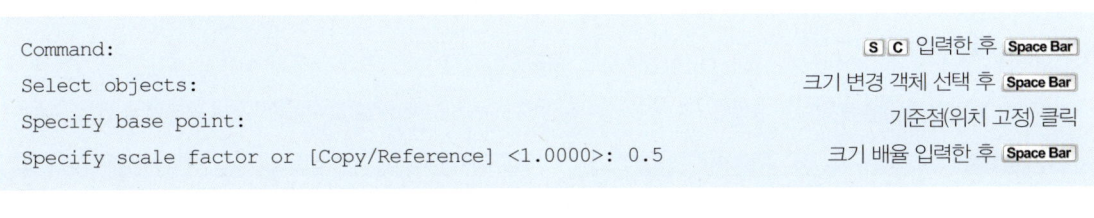

Command:	**S** **C** 입력한 후 **Space Bar**
Select objects:	크기 변경 객체 선택 후 **Space Bar**
Specify base point:	기준점(위치 고정) 클릭
Specify scale factor or [Copy/Reference] <1.0000>: 0.5	크기 배율 입력한 후 **Space Bar**

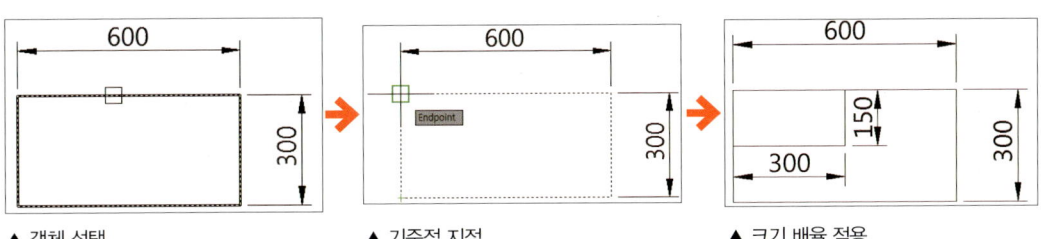

▲ 객체 선택

▲ 기준점 지정

▲ 크기 배율 적용

이번에는 마주보고 있는 동일한 객체를 만들 때 자주 사용하는 Mirror 명령(대칭 복사)을 이용해 4인용 식탁을 만들어보겠습니다.

예제 파일 | DVD₩예제₩Part03₩Lesson02₩4인용 식탁그리기.DWG

01. AutoCAD 2014를 실행하고 새 도면을 불러옵니다. **R E C** 를 입력하고 **Space Bar** 를 눌러 Rectangle 명령을 실행합니다. 첫 번째 지점(③)을 클릭하고, '@700,1200'을 입력한 후 **Space Bar** 를 눌러 사각형을 만듭니다.

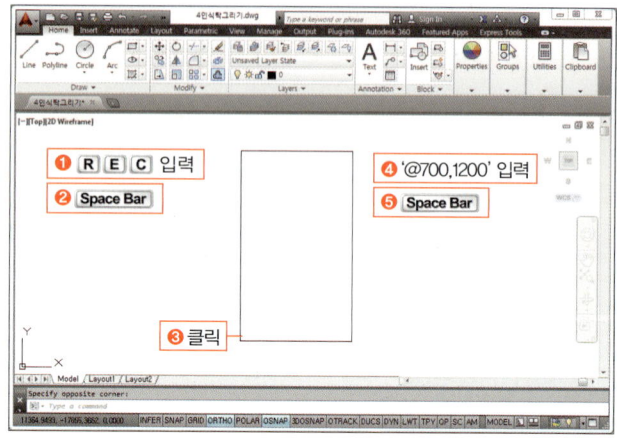

TIP : Rectangle 명령은 가로(X), 세로(Y) 값을 입력하여 사각형을 상대 좌표로 그립니다.
'@(현재 위치)700(X축 값),1200(Y축 값)'

```
Command:                                                          R E C 입력한 후 Space Bar
Specify first corner point or [Chamfer/Elevation/Fillet/Thickness/Width]:   첫 번째 지점(③) 클릭
Specify other corner point or [Area/Dimensions/Rotation]:          '@700,1200' 입력한 후 Space Bar
```

문제 해결 사각형이 너무 커서 작업 화면을 벗어나면 마우스 휠을 더블클릭합니다.

02. 안쪽의 작은 사각형을 만들기 위해 **O** 를 입력하고 **Space Bar** 를 눌러 Offset 명령을 실행합니다. 명령 실행 후 거리 값 '50'을 입력하고 **Space Bar** 를 누릅니다. 사각형을 클릭한 후 복사할 방향을 클릭하여 Offset 명령을 실행합니다.

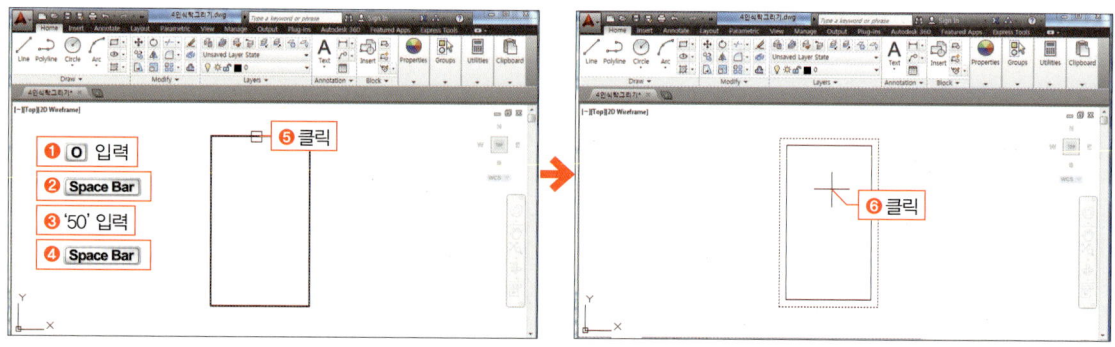

```
Command:                                                          O 입력한 후 Space Bar
Specify offset distance or [Through/Erase/Layer] <10.0000>:        '50' 입력한 후 Space Bar
Select object to offset or [Exit/Undo] <Exit>:                     사각형(⑤) 클릭
Specify point on side to offset or [Exit/Multiple/Undo] <Exit>:    ⑥ 부분 클릭
```

03. 이번에는 Line 명령을 실행합니다. 시작점(③)을 클릭하고 ④, ⑤ 부분을 차례대로 클릭한 후 **Esc** 를 눌러 종료 합니다. 다시 **Space Bar** (명령 반복)를 누르고 ⑧, ⑨, ⑩ 부분도 차례대로 클릭하여 선을 만듭니다.

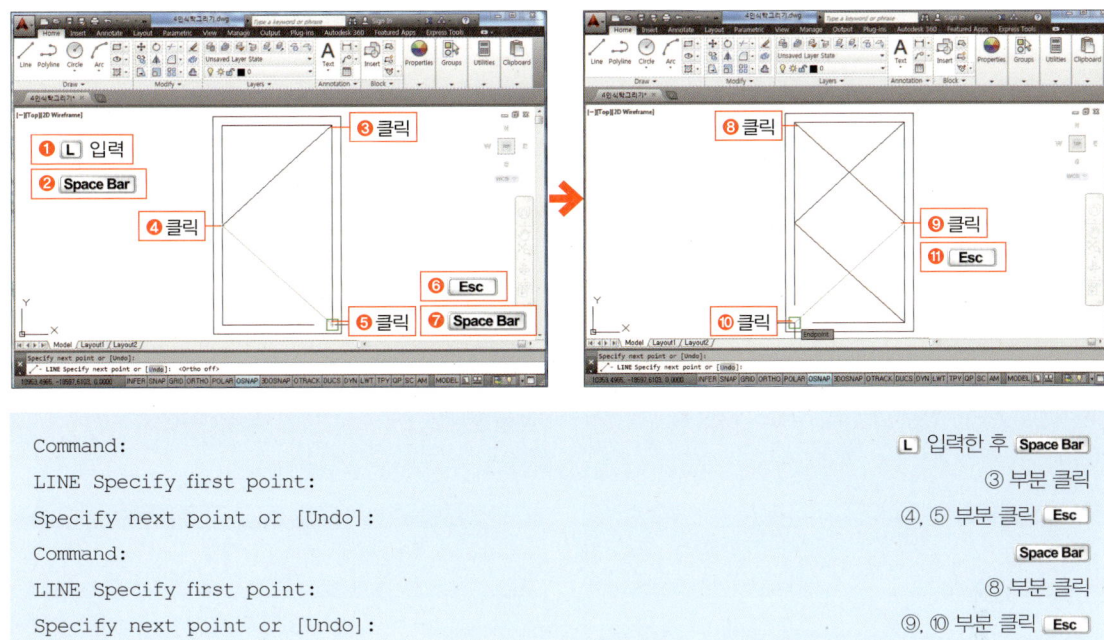

Command:	Ⓛ 입력한 후 **Space Bar**
LINE Specify first point:	③ 부분 클릭
Specify next point or [Undo]:	④, ⑤ 부분 클릭 **Esc**
Command:	**Space Bar**
LINE Specify first point:	⑧ 부분 클릭
Specify next point or [Undo]:	⑨, ⑩ 부분 클릭 **Esc**

04. 가운데 마름모는 작업이 되었고 이제 상단과 하단의 작은 마름모를 만들겠습니다. Line 명령을 실행합니다. 시작점(③)을 Midpoint로 클릭하고, ④ 부분을 Perpendicular로 클릭한 후 **Esc** 를 눌러 작업을 종료합니다. 다시 **Space Bar** 를 눌러(명령 반복) ⑦, ⑧ 부분을 클릭하고 **Esc** 를 누릅니다.

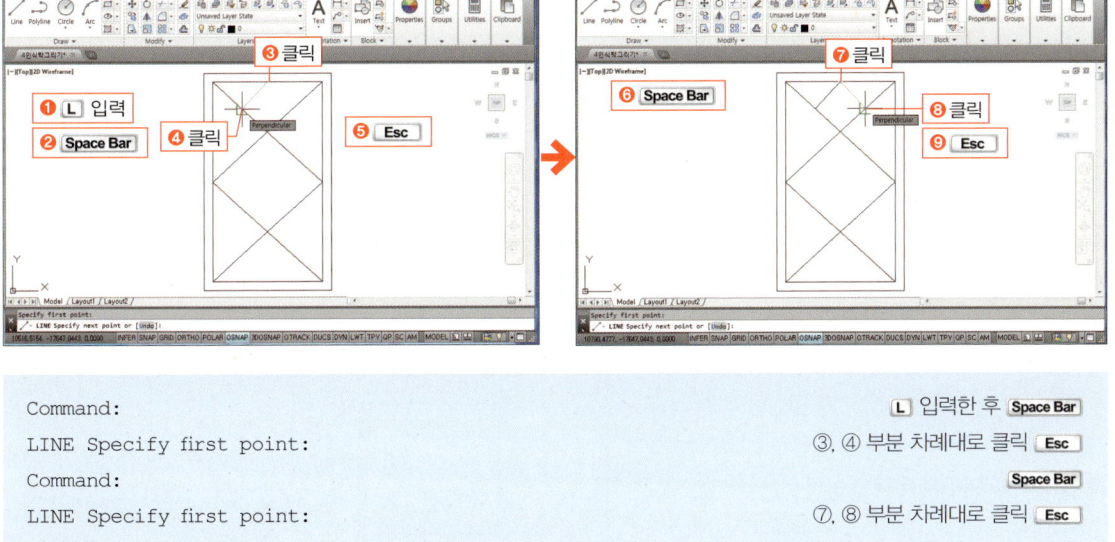

Command:	Ⓛ 입력한 후 **Space Bar**
LINE Specify first point:	③, ④ 부분 차례대로 클릭 **Esc**
Command:	**Space Bar**
LINE Specify first point:	⑦, ⑧ 부분 차례대로 클릭 **Esc**

05. 반대편도 같은 방법으로 작업합니다.

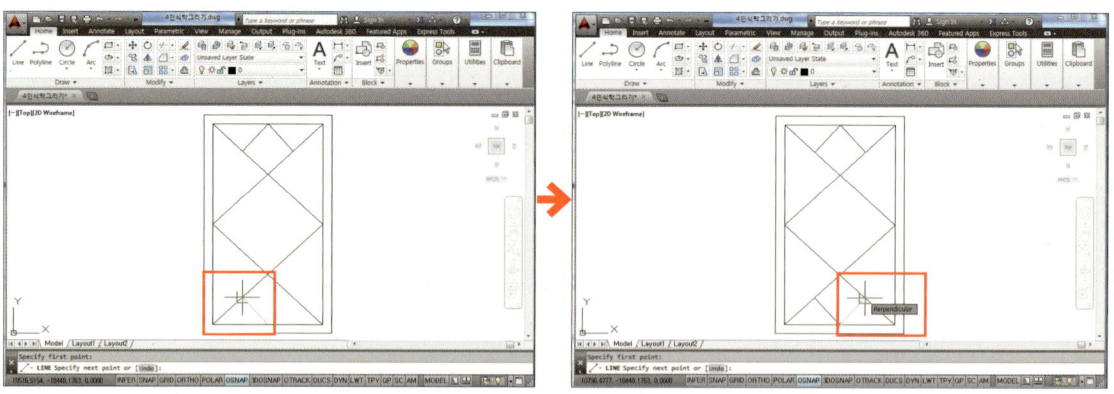

06. 이제 벗어난 선을 절단하기 위해 **T** **R** 을 입력한 후 **Space Bar** 를 누릅니다. 다시 **Space Bar** 를 누르고 ③ 부분과 ④, ⑤, ⑥ 부분을 차례대로 클릭하여 절단하고 **Esc** 를 눌러 Trim 명령을 종료합니다.

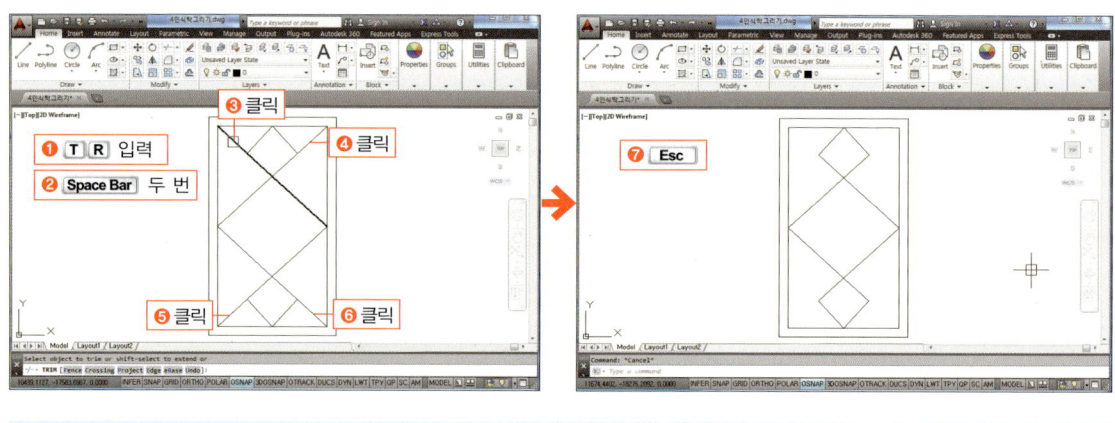

```
Command:                                        T R 입력한 후 Space Bar
Select objects or <select all>:                           Space Bar
[Fence/Crossing/Project/Edge/eRase/Undo]:    ③, ④, ⑤, ⑥ 부분을 차례대로 클릭한 후 Esc
```

07. 식탁 우측에 의자를 작업할 수 있는 공간을 확보하고 **R** **E** **C** 를 입력한 후 **Space Bar** 를 누릅니다. 첫 코너(②)를 클릭한 후 '@420,400' 을 입력하여 사각형을 만듭니다. 가로 '420', 세로 '400'의 사각형이 생성되었으면 편집을 위해 분해 (Explode)해야 합니다. **X** 를 입력하고 사각형(⑤) 을 클릭한 후 **Space Bar** 를 누릅니다.

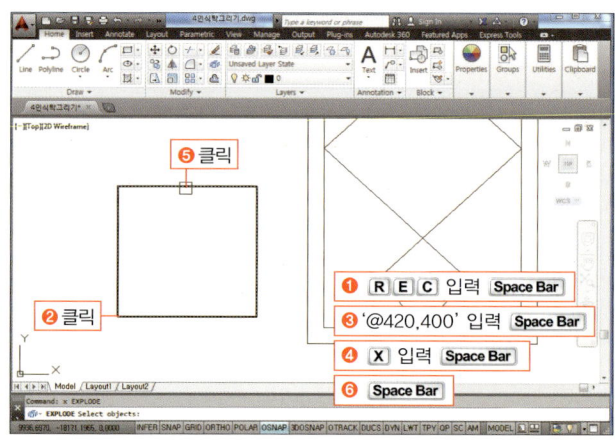

```
Command:                                                    R E C 입력한 후 Space Bar
pecify first corner point or [Chamfer/Elevation/Fillet/Thickness/Width]:   첫 코너(②) 클릭
Specify other corner point or [Area/Dimensions/Rotation]:        '@420,400' 입력한 후 Space Bar
Command:                                                    X 입력한 후 Space Bar
Select objects:                                              사각형 클릭 후 Space Bar
```

08. Offset 명령을 사용해 분해된 객체를 두 개의 사각형 형태로 만들겠습니다. **O** 를 입력한 후 **Space Bar** 를 눌러 Offset 명령을 실행합니다. 거리 값으로 '50'을 입력한 후 **Space Bar** 를 누릅니다. 선(③)을 클릭한 다음, 복사할 위치 (④)를 클릭하여 Offset을 적용한 후 **Esc** 를 눌러 작업을 종료합니다. **Space Bar** (명령 반복)를 누르고 거리 값으로 '20'을 설정합니다. 복사된 선(⑧)을 클릭하고 ⑨ 부분을 클릭하여 Offset을 적용합니다.

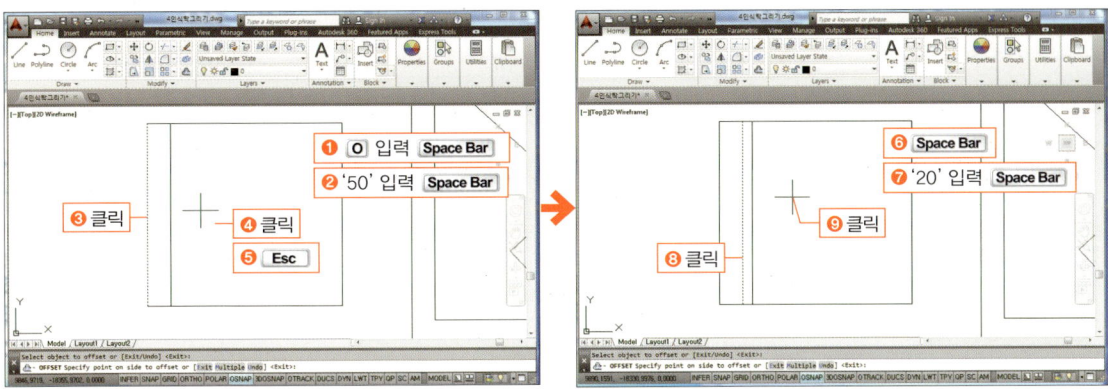

09. Trim 명령을 사용해 좌측 사각형과 우측 사각형 사이의 선을 절단하겠습니다. **T R** 을 입력한 후 **Space Bar** 를 누르고, 다시 **Space Bar** 를 눌러 Trim 명령을 실행합니다. 선(③, ④)을 차례대로 클릭하여 잘라내고 **Esc** 를 눌러 작업을 마무리합니다.

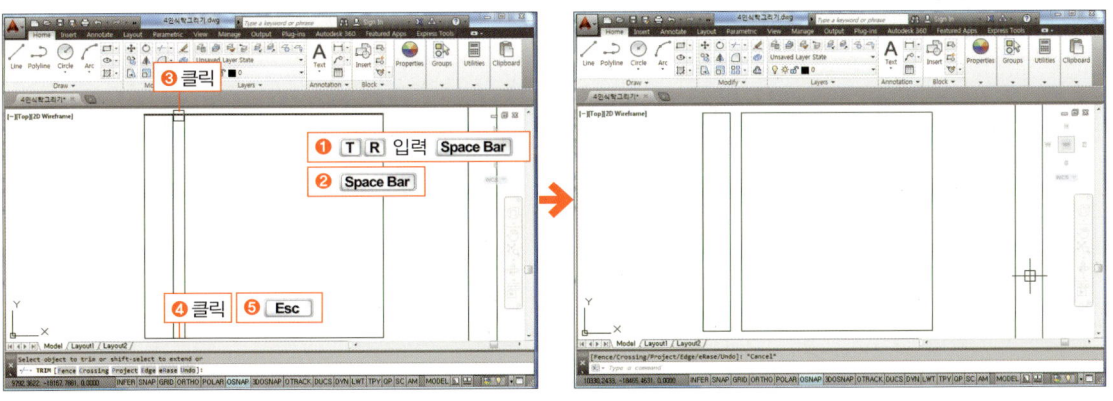

```
Command:                                                    T R 입력한 후 Space Bar
Select objects or <select all>:                                        Space Bar
[Fence/Crossing/Project/Edge/eRase/Undo]:                  선(③, ④)을 차례대로 클릭한 후 Esc
```

10. 등받이와 의자의 앉는 부분이 구분되었습니다. 이제 모서리를 둥글게 편집하겠습니다. **F**를 입력한 후 **Space Bar**를 눌러 Fillet 명령을 실행합니다. 반지름 값을 변경하기 위해 **R**을 입력하고 **Space Bar**, 반지름 값으로 '30'을 입력하고 **Space Bar**를 누릅니다. 다음 연속 작업이 가능하도록 **M**을 입력한 후 **Space Bar**를 누르고, 둥글게 편집해야 할 ⑤～⑯ 부분을 차례대로 클릭합니다. 아래쪽도 이어서 작업하고 **Esc**를 눌러 작업을 마무리합니다.

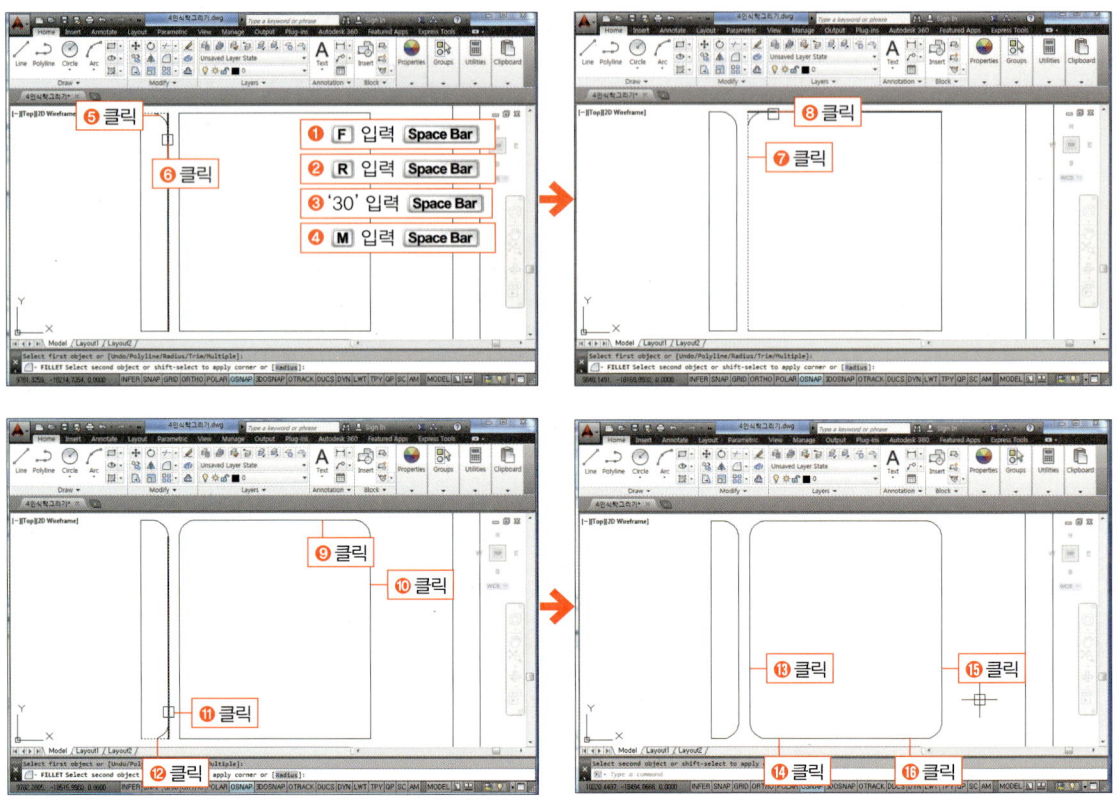

Command:	**F** 입력한 후 **Space Bar**
Select first object or [Undo/Polyline/Radius/Trim/Multiple]:	**R** 입력한 후 **Space Bar**
Specify fillet radius <0.0000>:	'30' 입력한 후 **Space Bar**
Select first object or [Undo/Polyline/Radius/Trim/Multiple]:	**M** 입력한 후 **Space Bar**
Select first objector [Undo/Polyline/Radius/Trim/Multiple]:	⑤～⑯ 부분을 차례대로 클릭 후 **Esc**

11. 작업된 의자를 다음과 같이 보기 좋게 적당한 거리로 이동시키기 위해 Move 명령(**M**)을 실행합니다. 그림과 같이 클릭(②, ③)한 후 **Space Bar** 를 눌러 의자를 선택하고, 이동 기준점(⑤)에 클릭해 식탁 앞으로 이동(⑥)시킵니다.

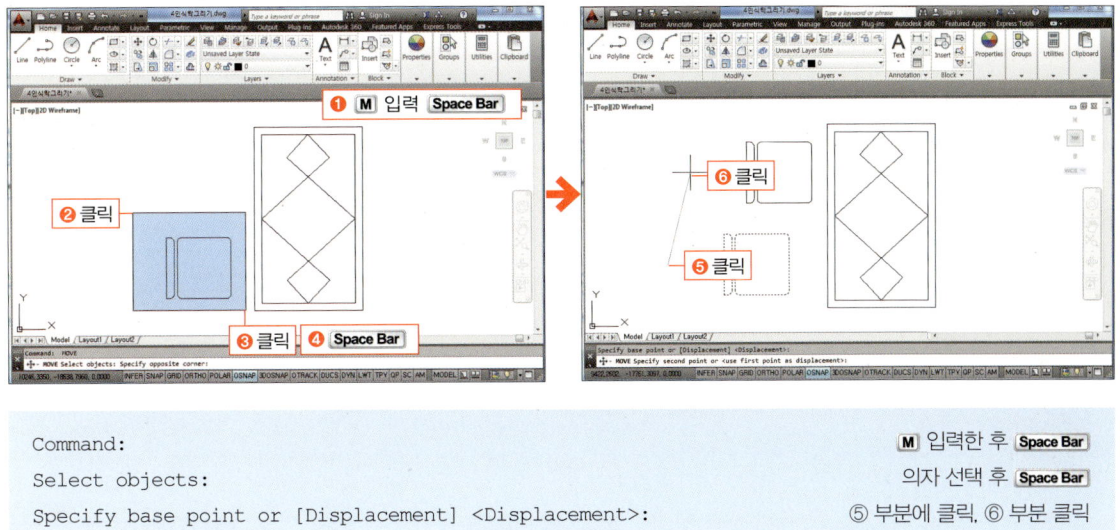

Command:
Select objects:
Specify base point or [Displacement] <Displacement>:

M 입력한 후 **Space Bar**
의자 선택 후 **Space Bar**
⑤ 부분에 클릭, ⑥ 부분 클릭

12. 이제 배치된 의자를 아래쪽으로 복사하기 위해 Copy 명령(**C O**)을 실행합니다. 의자를 선택하기 위해 그림과 같이 클릭(②, ③)하고 **Space Bar** 를 누릅니다. 복사 기준점(⑤)을 클릭하고 식탁 앞으로 이동(⑥)해 클릭하여 보기 좋게 복사한 후 **Esc** 를 눌러 작업을 마무리합니다.

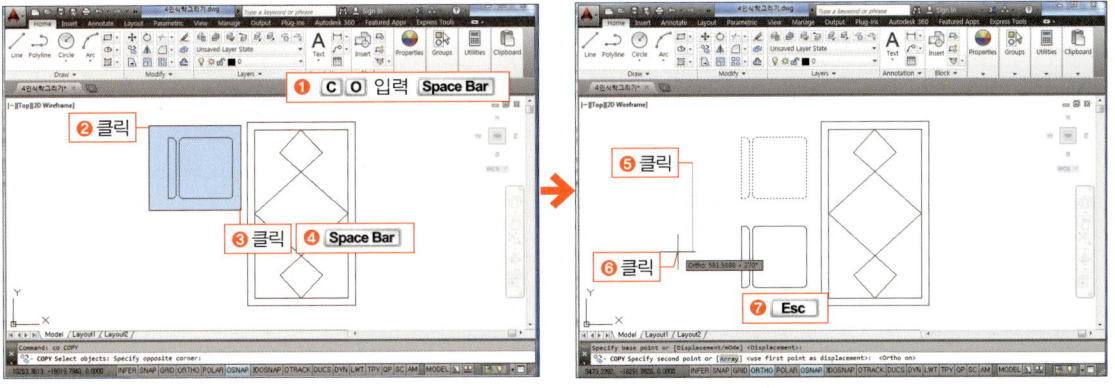

Command:
Select objects:
Specifybase point or[Displacement/mOde]<Displacement>:

C O 입력한 후 **Space Bar**
의자 선택 후 **Space Bar**
⑤ 부분 클릭, ⑥ 부분 클릭한 후 **Esc**

13. 마지막으로 좌측의 의자를 대칭 복사하기 위해 [Home] 탭–[Modify] 패널에서 [Mirror](▲)를 클릭합니다. 그림과 같이 복사할 객체를 클릭하여 (②, ③) 선택한 후 **Space Bar** 를 누릅니다.

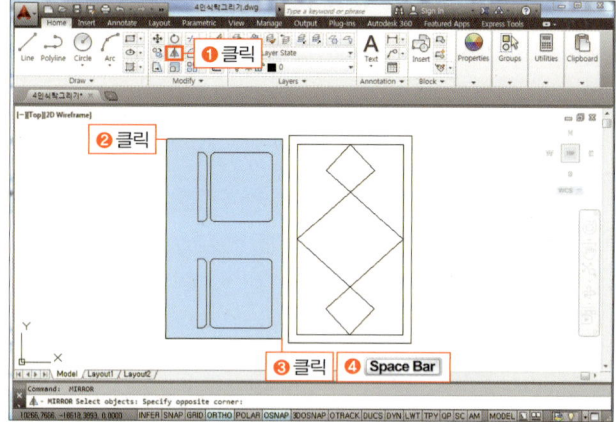

Command:	☐ ☐ 입력한 후 **Space Bar**
Select objects:	의자 선택 후 **Space Bar**

14. 객체를 선택한 다음 대칭축(①)을 그림과 같이 클릭하고, ② 부분의 Midpoint나 Perpendicular에서 클릭한 다음 **Space Bar** 를 누르면 정확히 반대편에 대칭으로 복사되는 것을 확인할 수 있습니다.

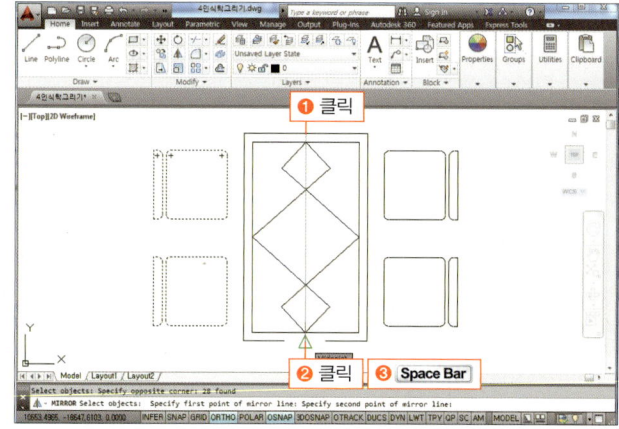

Specify first point of mirror line:	① 부분 클릭
Specify second point of mirror line:	② 부분 클릭 후 **Space Bar**

TIP : 좌우 대칭인 경우 대칭축은 수직 방향이고 상하 대칭인 경우 대칭축은 수평 방향으로 되어야 합니다.

완성 파일 | DVD₩완성₩Part03₩Lesson02₩소파도면.DWG(완성 파일을 참고하여 작성해 봅니다.)

1. 다음 소파를 만드세요.

주요 명령어 : Line(L), Offset(O), Trim(TR), Mirror(MI)

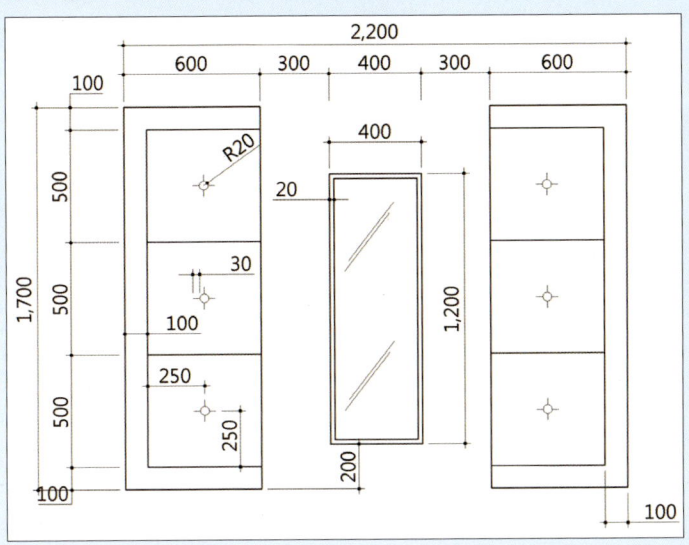

HINT

소파 하나를 만들고 중간의 테이블을 만들어 Move 명령으로 중간 부분에 붙였다가 거리 좌표를 이용하여 다시 '300'만큼 이동시킵니다. 반대편 소파는 Mirror 명령으로 대칭 복사합니다.

2. 다음 도면을 만드세요.

주요 명령어 : Line(L), 상대 좌표, 상대 극 좌표

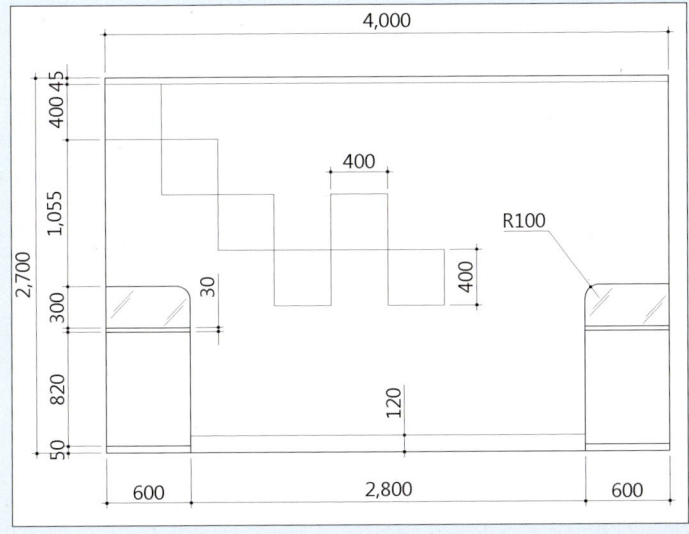

PART 03 · AutoCAD 편집 기능

Mirror 명령의 대칭축 지정하기

■ **대칭축의 지정**

Mirror 명령을 사용할 때 객체를 선택한 후 대칭축을 지정하게 되는데 이 축은 객체와의 거리, 각도가 중요하고 길이는 중요하지 않습니다. 앞선 따라하기에서 작업한 의자를 대칭 복사할 때 꼭 식탁의 가운데를 선택해야만 하는 것이 아닙니다.

• 이전 작업의 대칭축 지정

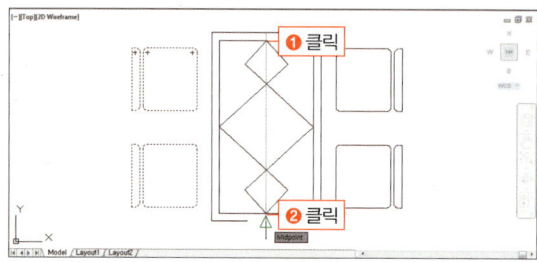

• 다른 대칭축 지정의 예

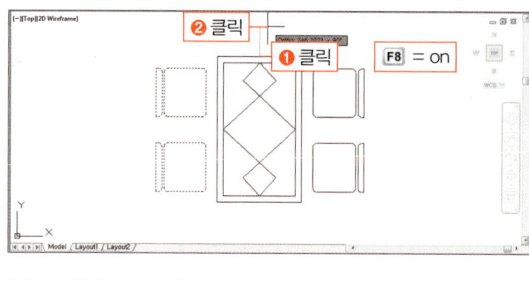
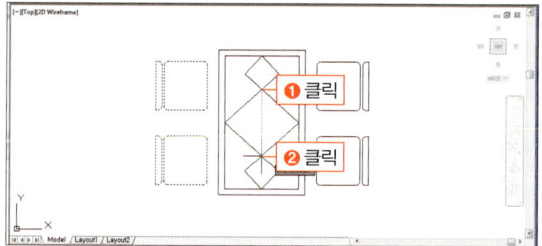

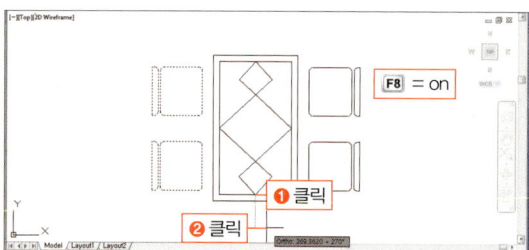
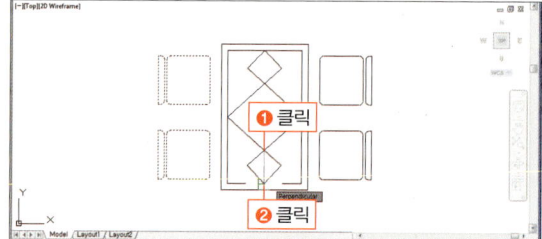

176

■ 대칭축으로 지정할 기준이 없을 경우

이전의 식탁처럼 대칭축을 지정할 수 있는 대상(식탁)이 있을 경우에는 바로 대칭축을 지정할 수 있었지만 그렇지 않을 경우에는 위치를 지정할 수 있도록 보조선을 만든 후 작업해야 하고 지정된 거리만큼 떨어뜨려 대칭 복사를 할 때도 마찬가지입니다. 아래의 예제를 보면서 좀 더 알아보겠습니다.

예제 파일 | DVD₩예제₩Part03₩Lesson02₩Mirror사용법1.DWG

01. 예제 파일을 불러옵니다. 기준선으로 지정할 대상이 없기 때문에 Offset 명령을 사용하여 반대편 건물까지 거리(500)의 반인 '250'만큼 우측으로 Offset하고, 아래쪽으로도 Offset을 '250'만큼 해야 합니다. Offset 명령(**O**)을 실행하고 '250'을 입력한 후 Space Bar 를 누른 다음, 선(③)을 클릭하고 ④ 부분을 클릭, 다시 선(⑤)을 클릭하고 ⑥ 부분을 클릭하여 대칭축을 만듭니다.

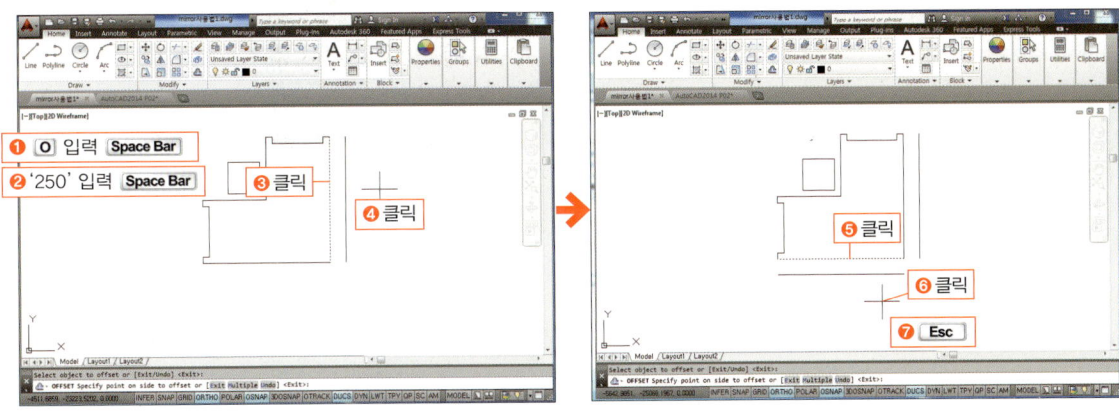

```
Command:                                                         O 입력한 후 Space Bar
Specify offset distance or [Through/Erase/Layer] <0.0000>:       '250' 입력한 후 Space Bar
Select object to offset or [Exit/Undo] <Exit>:                   선(③) 클릭
Specify point on side to offset or [Exit/Multiple/Undo] <Exit>:  ④ 부분 클릭
Select object to offset or [Exit/Undo] <Exit>:                   선(⑤) 클릭
Specify point on side to offset or [Exit/Multiple/Undo] <Exit>:  ⑥ 부분 클릭 Esc
```

02. Mirror 명령(**M** **I**)을 실행하고 그림과 같이 클릭(②, ③)하여 객체를 선택합니다.

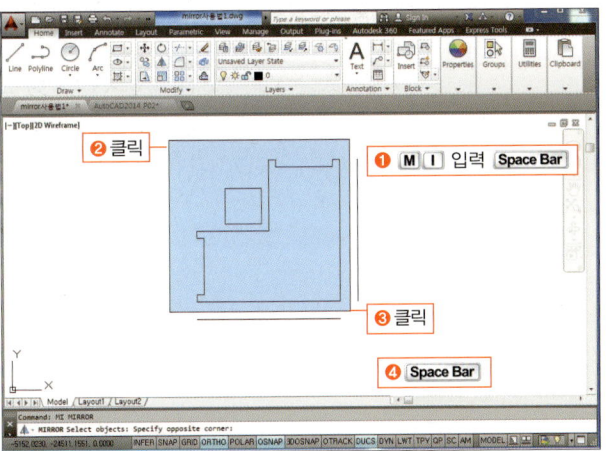

03. 대칭축의 Endpoint로 ①, ② 부분을 클릭한 다음 Space Bar 를 누르면 우측에 대칭으로 복사됩니다.

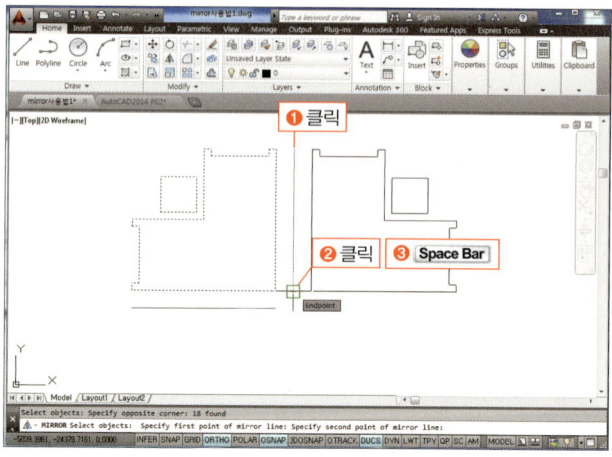

04. 원복과 복사된 객체를 모두 아래쪽으로 대칭 복사시키기 위해 Space Bar 를 눌러(명령 반복) Mirror 명령을 실행하고 그림과 같이 클릭하여 객체를 선택합니다.

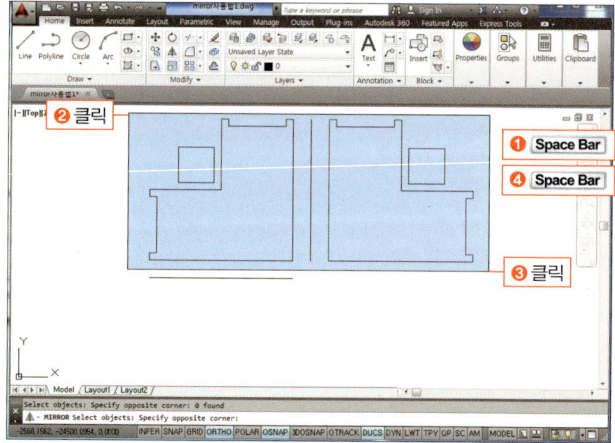

05. 대칭축을 그림과 같이 클릭(①, ②)한 후 **Space Bar** 를 누르면 아래쪽으로 대칭 복사가 됩니다.

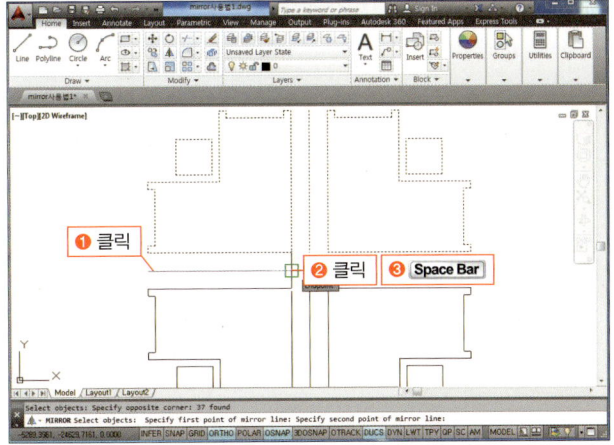

```
Specify first point of mirror line                                    ① 부분 클릭
Specify second point of mirror line:                                  ② 부분 클릭 후 Space Bar
```

06. 이제 불필요한 기준선을 삭제하여 작업을 마무리합니다.

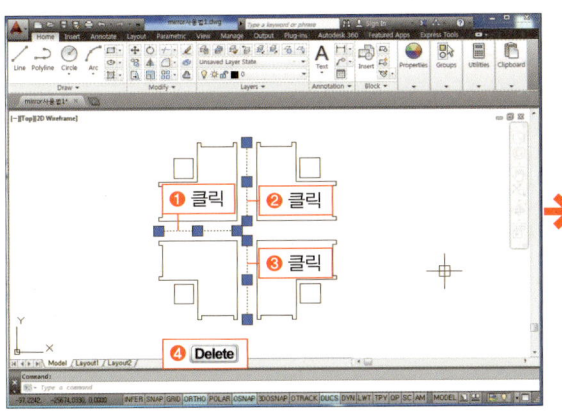 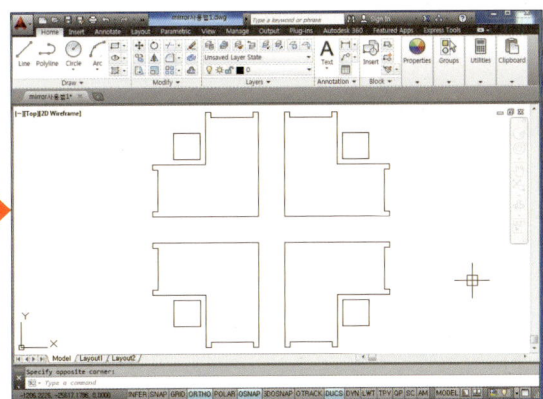

```
Command:                                                              불필요한 선 클릭 후 Delete
```

■ 복사 대상에 붙여서 대칭 복사를 할 경우

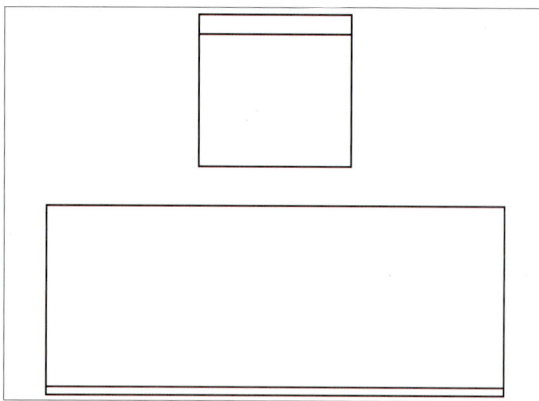

대칭 복사 전

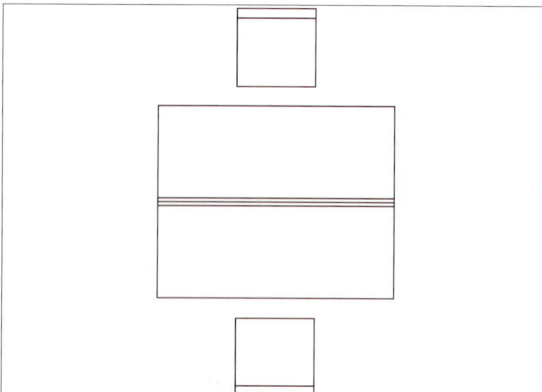

대칭 복사 후

예제 파일 I DVD₩예제Ⅰ₩Part03₩Lesson02₩Mirror사용법2.DWG

01. 예제 파일을 불러온 후 Mirror 명령(**M** **I**)을 실행하고 그림과 같이 객체를 선택합니다.

Command: **M** **I** 입력한 후 **Space Bar**
Select objects: 객체(책상, 의자) 선택 후 **Space Bar**

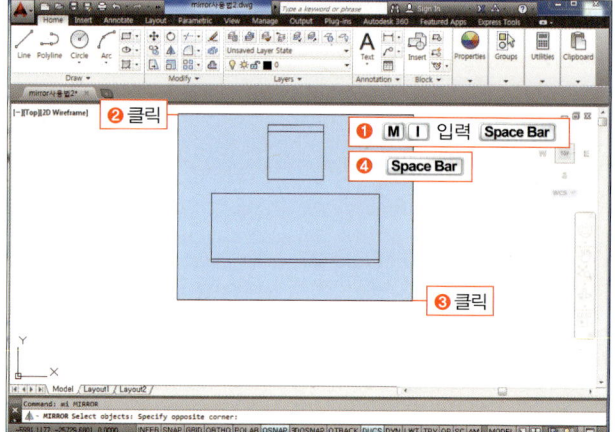

02. 대칭축을 그림과 같이 설정하여 우측에 대칭으로 복사시킵니다.

Specify first point of mirror line:
① 부분 클릭
Specify second point of mirror line:
② 부분 클릭 후 **Space Bar**

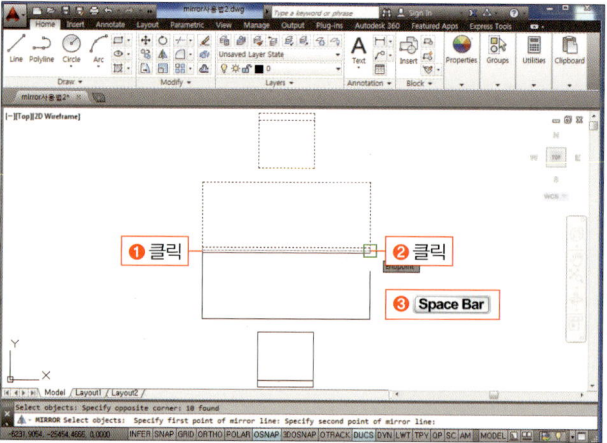

■ 사선으로 대칭이 되는 경우

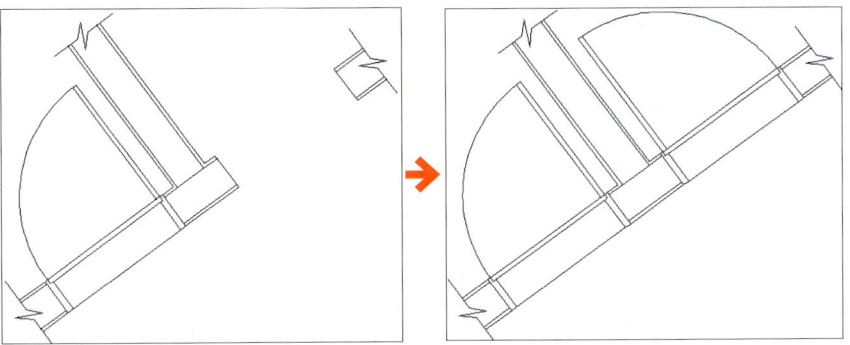

01. 예제 파일을 불러온 후 Mirror 명령(**M I**)을 실행하고 객체(문)를 선택합니다. 하지만 수평적인 객체와는 다르게 선택하기가 번거롭습니다. 선택 부분을 확대한 후 Windows Box와 Crossing Box를 고루 사용해서 선택해야 합니다. ② 부분 클릭하고 ③ 부분 클릭, 계속해서 ④ 부분 클릭하고 ⑤ 부분 클릭, ⑥ 부분 클릭하고 ⑦ 부분 클릭, 이어서 ⑧, ⑨ 부분을 클릭한 후 **Space Bar** 를 눌러 문을 선택합니다.

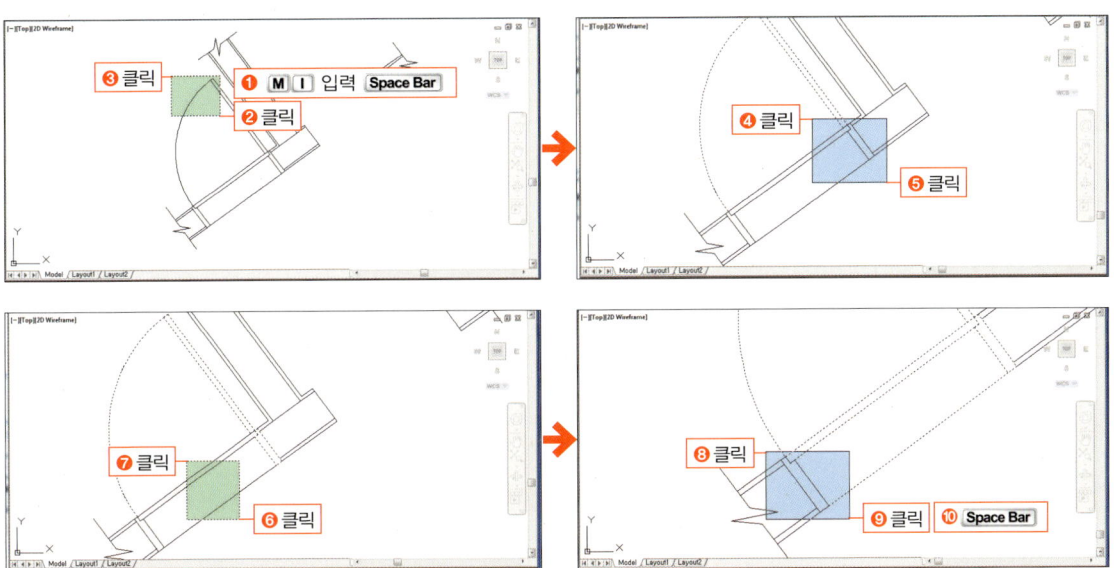

02. 대칭축으로 ① 부분(중간점)을 클릭하고, ② 부분(중간점)을 클릭한 다음 **Space Bar** 를 눌러 우측에 대칭으로 복사됩니다.

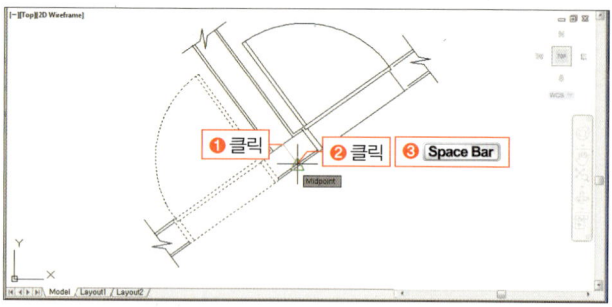

```
Specify first point of mirror line:                                    ① 부분 클릭
Specify second point of mirror line:                           ② 부분 클릭 후 Space Bar
```

■ **대칭으로 이동해야 할 경우**

Mirror 명령이 쓰일 때는 마주보는 형태가 같은 경우 한쪽의 객체만 작업을 하고 다른 한쪽을 복사할 때 많이 쓰이지만, 위치나 방향을 변경하는 경우에도 자주 사용합니다. 이때는 작성했던 원본 객체가 불필요한데 이 원본을 삭제해야 불필요한 작업을 줄일 수 있습니다.

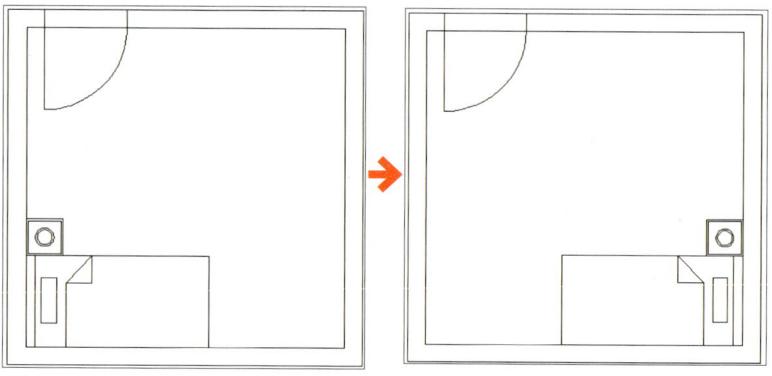

예제 파일 I DVD₩예제₩Part03₩Lesson02₩Mirror사용법4.DWG

01. 예제 파일을 불러온 후 Mirror 명령(**M** **I**)을 실행합니다. 그림과 같이 객체를 선택하고 **Space Bar** 를 누릅니다.

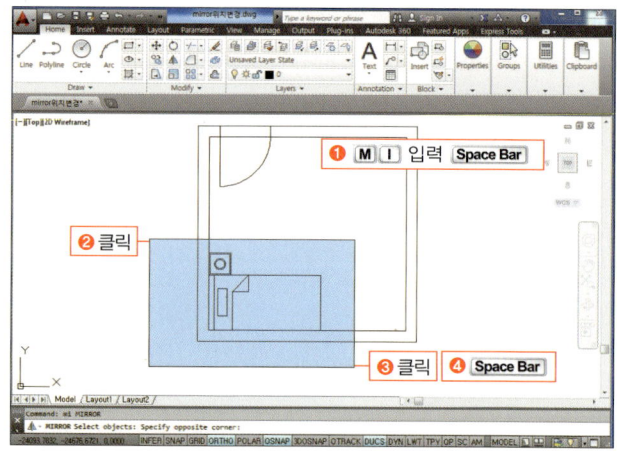

Command:	M I 입력한 후 Space Bar
Select objects:	객체 선택 후 Space Bar

02. 대칭축(①)의 Midpoint를 클릭하고, [ORTHO]가 활성화되어 있는 것을 확인한 후 ③ 부분을 클릭합니다.

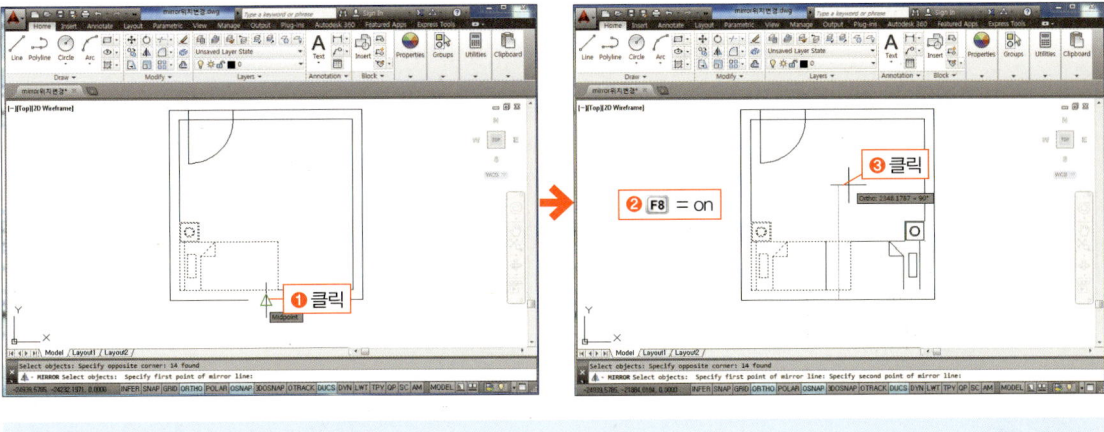

Specify first point of mirror line:	① 부분 클릭
Specify second point of mirror line:	③ 부분 클릭 후 Space Bar

TIP : 이전처럼 축을 지정하고 Space Bar 를 누르면 안됩니다.

03. 축을 지정하면 명령 입력창에 아래와 같이 원본에 삭제 여부를 묻는 메시지가 나타납니다.

```
Select objects: Specify opposite corner: 14 found
Select objects:  Specify first point of mirror line:
▲ ▼ MIRROR Erase source objects? [Yes No] <N>: y  ❶ 입력  ❷ Space Bar
```

기본 설정이〈N〉 즉, 원본을 삭제하지 않게 설정되어 있습니다. 여기서 Y 를 입력하고 Space Bar 를 누르면 원본은
삭제되고 대칭으로 복사된 객체만 남습니다.

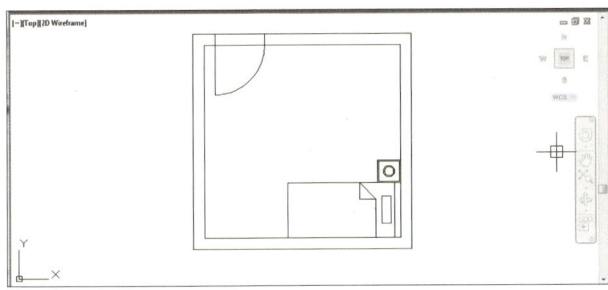

Erase source objects? [Yes/No] <N>:	Y 입력한 후 Space Bar

이번에는 Rotate 명령(회전)을 사용하여 천장에 설치되는 시스템 에어컨을 만들어 보겠습니다. 앞서 배운 Mirror 명령과 같이 사용하는 경우도 많습니다.

예제 파일 | DVD₩예제₩Part03₩Lesson02₩시스템 에어컨.DWG

01. 예제 파일을 불러온 후 도면을 확대합니다. 그리고 Move 명령(**M**)을 실행한 후 그림과 같이 이동시킵니다.

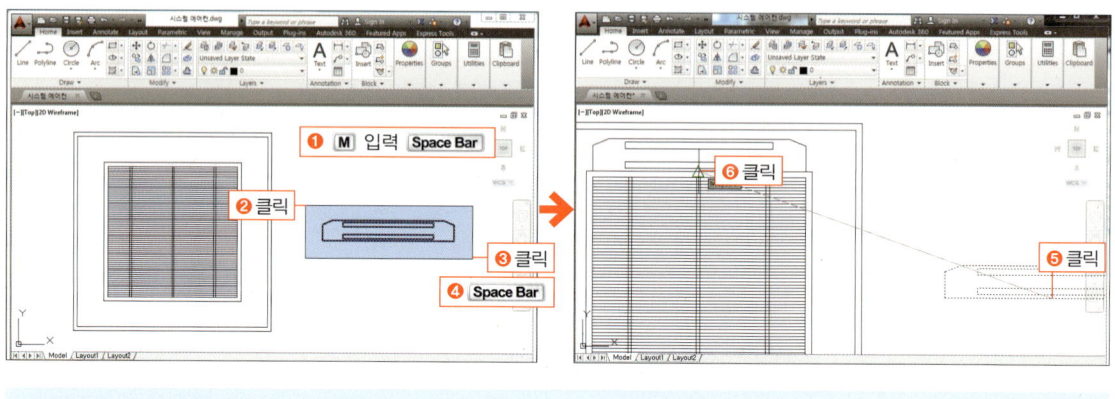

```
Command:                                                        M 입력한 후 Space Bar
Select objects:                                  ② 부분 클릭, ③ 부분 클릭 후 Space Bar
Specify base point or [Displacement] <Displacement>:            ⑤ 부분 클릭
Specify second point or <use first point as displacement>:      ⑥ 부분 클릭
```

02. 이동한 바람날개를 상단으로 '15'만큼 이동해야 하는데 다시 선택하기가 어렵습니다. 이때 사용할 수 있는 선택 방법이 Previous(이전 선택)입니다. Move 명령(**M**)을 실행한 후 Previous의 단축키인 **P**를 입력하고 **Space Bar** 를 누르면 이전에 선택했던 바람날개가 다시 선택됩니다. 다시 **Space Bar** 를 누르고 최종 선택합니다. 기준점(④)을 클릭하고 커서를 ⑤ 부분에 놓고 '15'를 입력한 후 **Space Bar** 를 누릅니다.

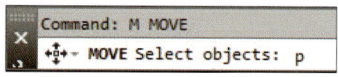

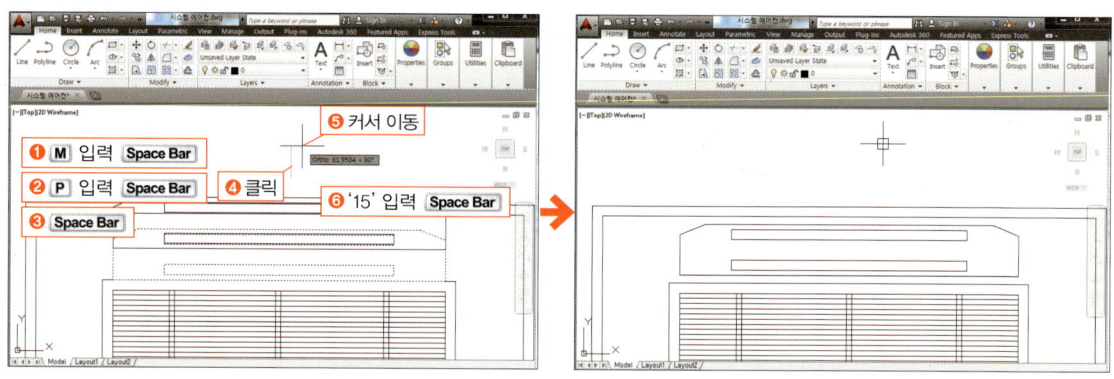

TIP : 거리 좌표를 입력할 경우에는 꼭 [ORTHO](**F8**)가 On으로 활성화되어 있어야 합니다.

```
Command:                                                       M 입력한 후 Space Bar
Select objects:                                 P 입력하고 Space Bar 다시, Space Bar
Specify base point or [Displacement] <Displacement>:                ④ 부분 클릭
Specify second point or <use first point as displacement>:    ⑤ 부분 이동 '15' 입력 Space Bar
```

03. 하단으로 대칭 복사를 하기 위해 Mirror 명령
(M I)을 실행합니다. 복사할 객체를 그림과 같
이 선택한 후 Space Bar 를 누릅니다.

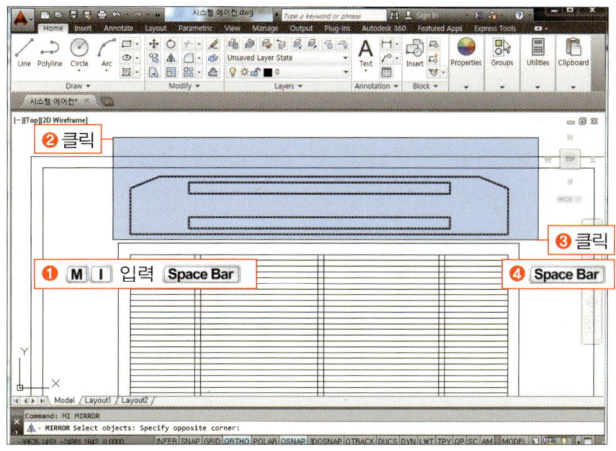

```
Command:                                                     M I 입력한 후 Space Bar
Select objects:                                              객체 선택 후 Space Bar
```

04. 대칭축을 그림과 같이 지정한 후 Space Bar
를 누릅니다.

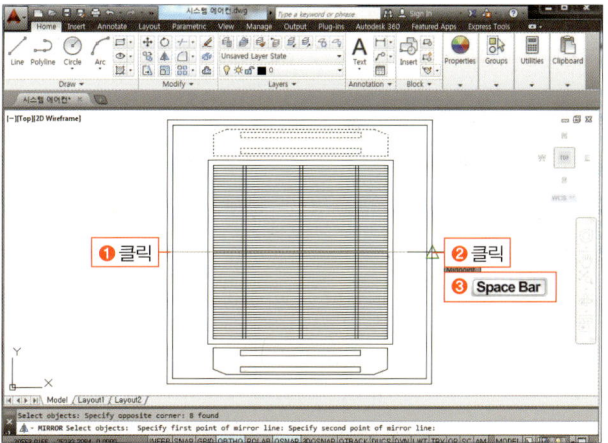

```
Specify first point of mirror line:                                  ① 부분 클릭
Specify second point of mirror line:                                 ② 부분 클릭
Erase source objects? [Yes/No] <N>:                                   Space Bar
```

05. 바람날개 하나를 빈 공간으로 복사하기 위해 Copy 명령(**C** **O**)을 실행하고 그림과 같이 객체를 선택한 후 **Space Bar** 를 누릅니다. 객체가 선택되었으면 복사한 후 **Esc** 를 눌러 종료합니다.

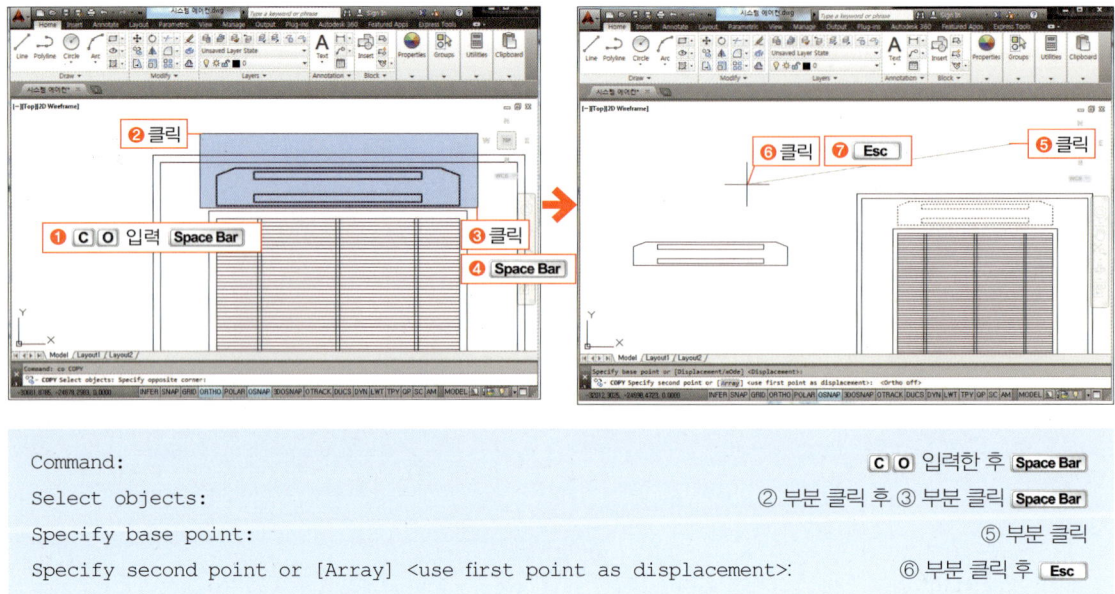

Command:	**C** **O** 입력한 후 **Space Bar**
Select objects:	② 부분 클릭 후 ③ 부분 클릭 **Space Bar**
Specify base point:	⑤ 부분 클릭
Specify second point or [Array] <use first point as displacement>:	⑥ 부분 클릭 후 **Esc**

06. 복사된 바람날개를 회전해서 좌측으로 이동시키기 위해 [Home] 탭–[Modify] 패널에서 [Rotate](ⓞ)를 클릭합니다. Rotate 명령을 실행한 다음 객체를 선택하고 회전시킬 기준점을 클릭합니다.

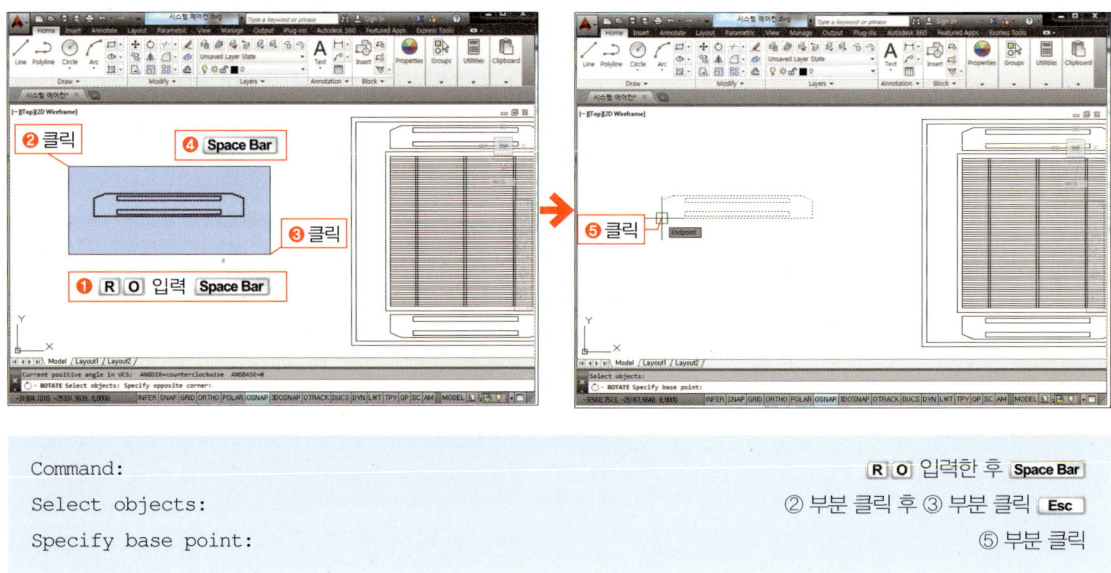

Command:	**R** **O** 입력한 후 **Space Bar**
Select objects:	② 부분 클릭 후 ③ 부분 클릭 **Esc**
Specify base point:	⑤ 부분 클릭

07. 기준점을 지정한 후 커서를 움직이면 선택한 객체가 같이 움직이는 것을 확인할 수 있습니다. '90'을 입력한 후 **Space Bar** 를 누르면 바람날개가 '90'도 회전합니다.

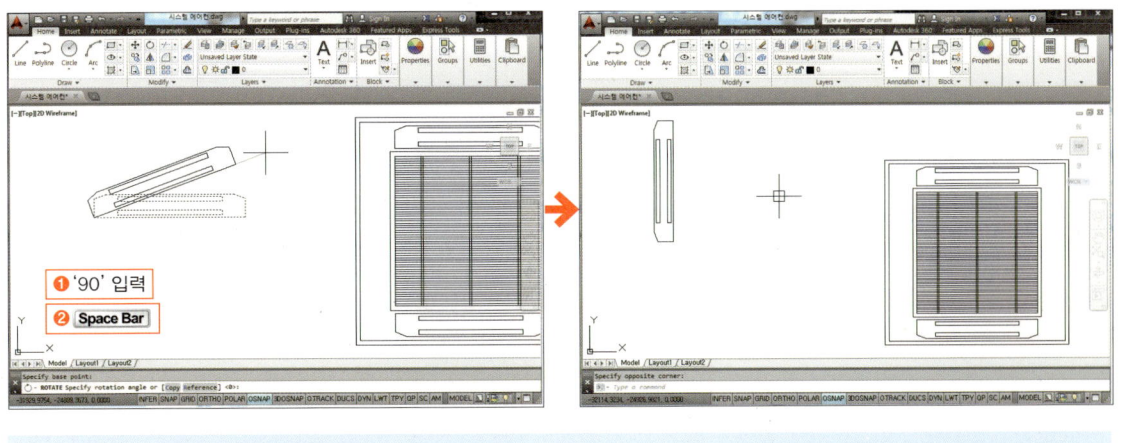

```
Specify rotation angle or [Copy/Reference] <0>:                          '90' 입력한 후 Space Bar
```

TIP : 효율적인 Rotate 사용법

90도, 180도, 270도 회전일 경우에는 [ORTHO](F8)를 활성화하고 커서를 이동하여 클릭만 하면 회전됩니다.

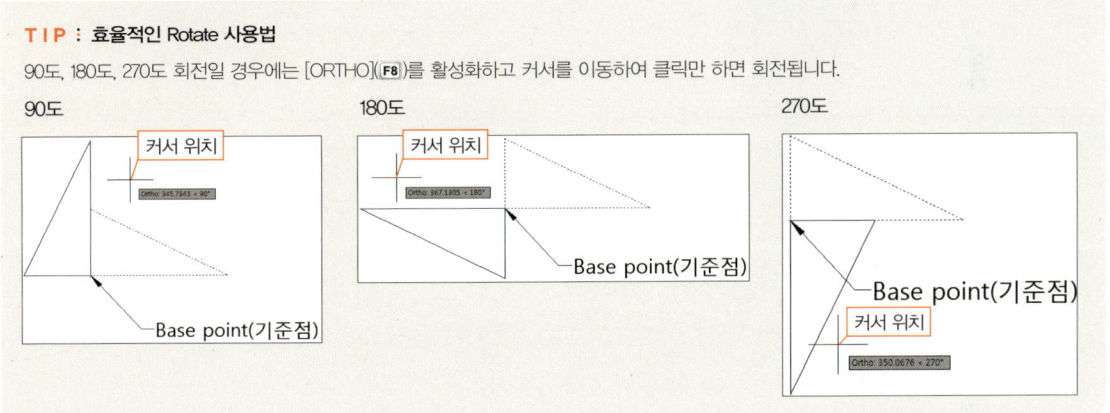

08. 회전된 바람날개를 이동시키기 위해 Move 명령(**M**)을 실행합니다. 그림과 같이 선택한 후 **Space Bar** 를 누른 다음 기준점(⑤)을 클릭한 후 ⑥ 부분의 Midpoint로 이동시킵니다.

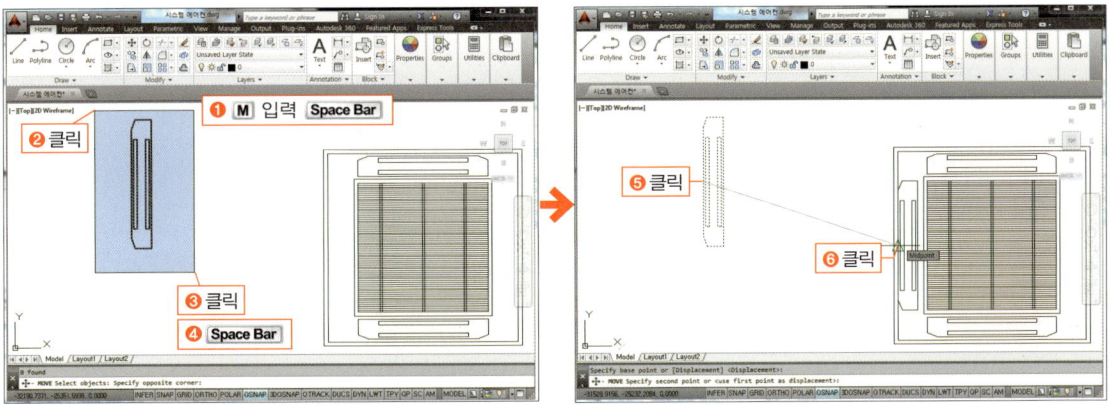

```
Command:
Select objects:
Specify base point or [Displacement] <Displacement>:
Specify second point or <use first point as displacement>:
```
Ⓜ 입력한 후 Space Bar

② 부분 클릭 후 ③ 부분 클릭 Space Bar

⑤ 부분 클릭

⑥ 부분 클릭

09. 다시 Move 명령(Ⓜ)을 실행한 후 Previous의 단축키 Ⓟ를 입력하고 Space Bar를 누르면 이전에 선택했던 바람날개가 선택됩니다. Space Bar를 눌러 최종 선택하고 기준점(①)을 클릭한 후 커서를 ② 부분에 놓고 '15'를 입력하고 Space Bar를 누릅니다.

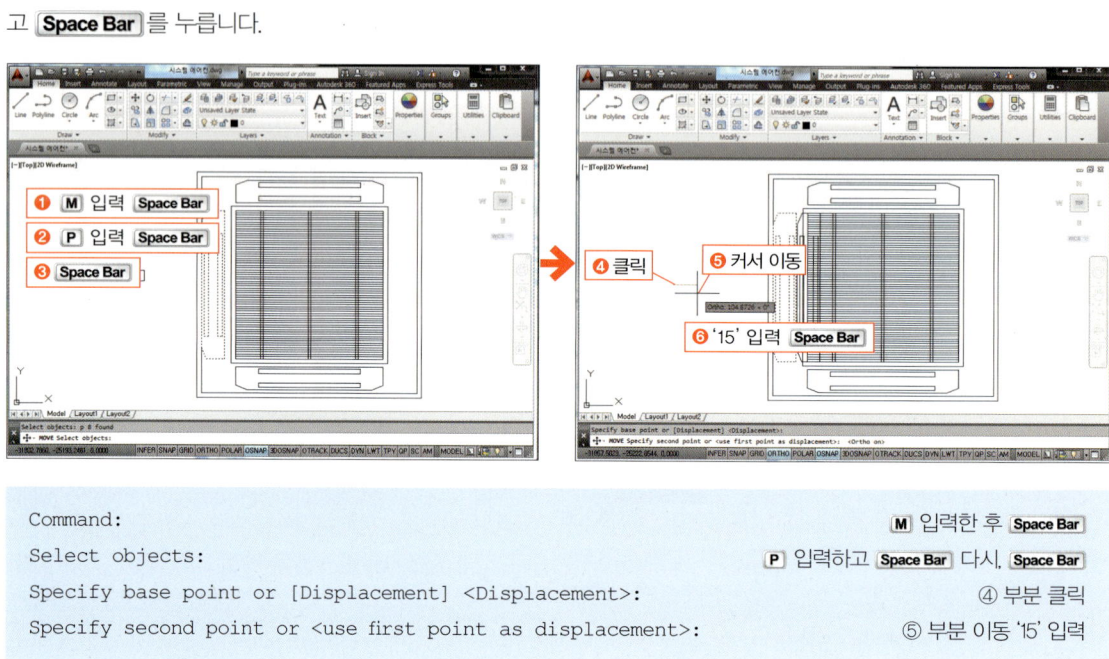

```
Command:
Select objects:
Specify base point or [Displacement] <Displacement>:
Specify second point or <use first point as displacement>:
```
Ⓜ 입력한 후 Space Bar

Ⓟ 입력하고 Space Bar 다시, Space Bar

④ 부분 클릭

⑤ 부분 이동 '15' 입력

10. 마지막으로 좌측의 바람날개를 대칭 복사하기 위해 Mirror 명령(Ⓜ Ⓘ)을 실행합니다. 그림과 같이 바람 날개를 선택한 후 Space Bar를 누릅니다. 이어서 대칭축(⑤, ⑥)을 지정한 후 Space Bar를 눌러 작업을 마무리합니다.

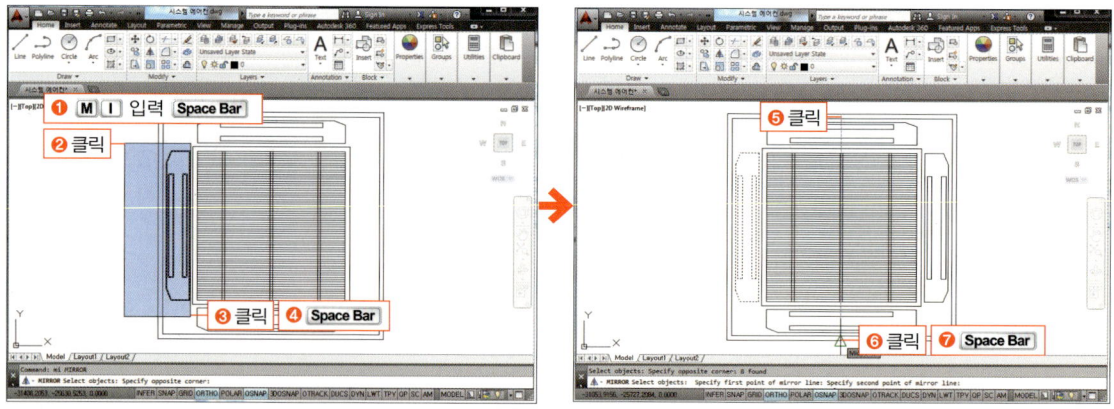

1. 주차선을 만드세요.

완성 파일 I DVD₩완성₩part03₩lesson02₩주차선.DWG(완성 파일을 참고하여 작성해 봅니다.)

주요 명령어 I Line(L), Offset(O), Trim(TR), Copy(CO), Rotate(RO)

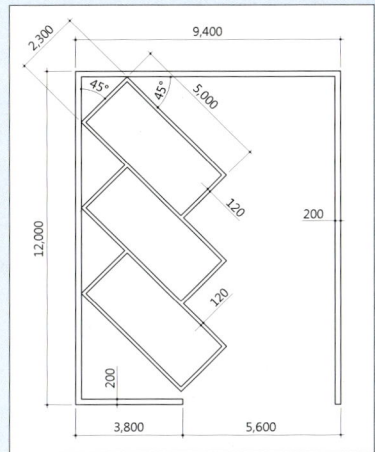

HINT

Rotate 명령의 옵션 활용

■ 회전의 복사 기능과 참조 각도의 활용

Rotate 명령은 객체를 회전시키는 명령이지만 [Copy] 옵션을 사용하면 원본은 그대로 유지되면서 회전될 위치에 객체를 복사할 수 있습니다. Rotate 명령의 [Copy] 옵션을 사용하여 좌측의 테이블 수를 4개로 늘려 보겠습니다

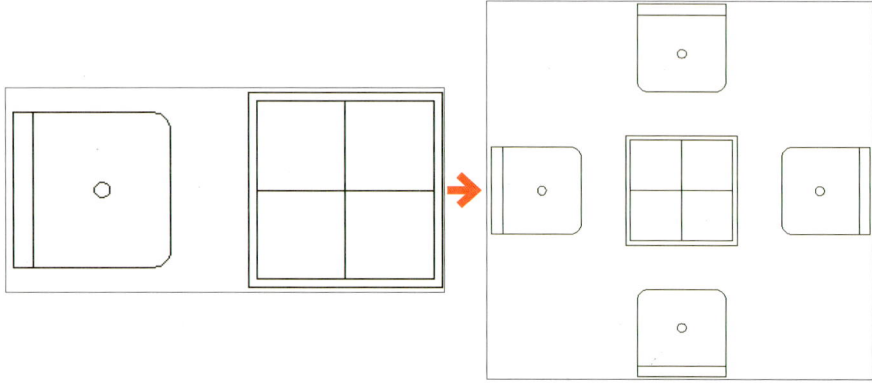

예제 파일 | DVD₩예제₩Part03₩Lesson02₩회전의 복사기능.DWG

01. 예제 파일을 불러온 후 Rotate 명령(R O)을 실행합니다. 회전시킬 객체를 선택한 후 기준점을 클릭합니다.

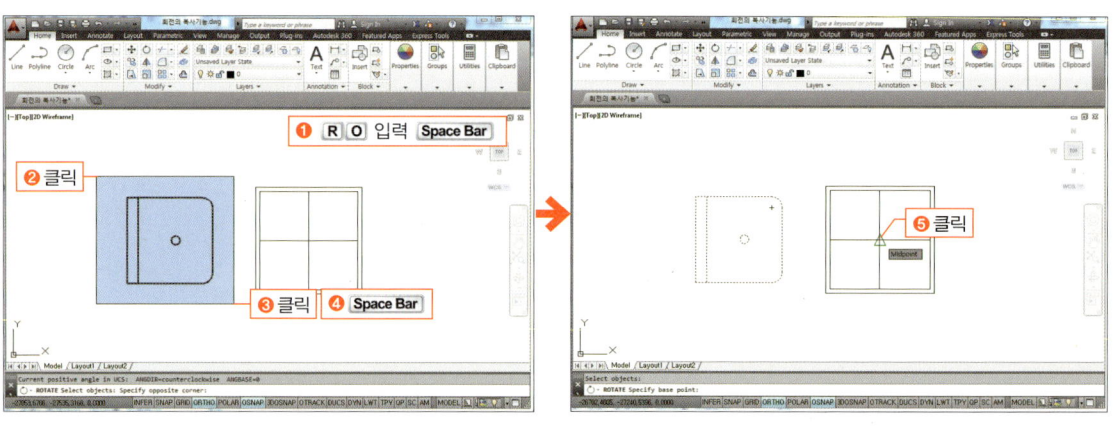

Command:	R O 입력한 후 Space Bar
Select objects:	② 부분 클릭 후 ③ 부분 클릭 Space Bar
Specify base point:	⑤ 부분 클릭

02. 기준점을 클릭하면 명령 입력창에 옵션이 나옵니다. 여기서 C를 입력한 후 Space Bar를 눌러 [Copy] 옵션을 적용합니다(화면상에는 변화 없음). 회전 각도로 '90'을 입력하고 Space Bar를 누르면 원본은 유지되고 '90'도 회전한 의자가 만들어집니다.

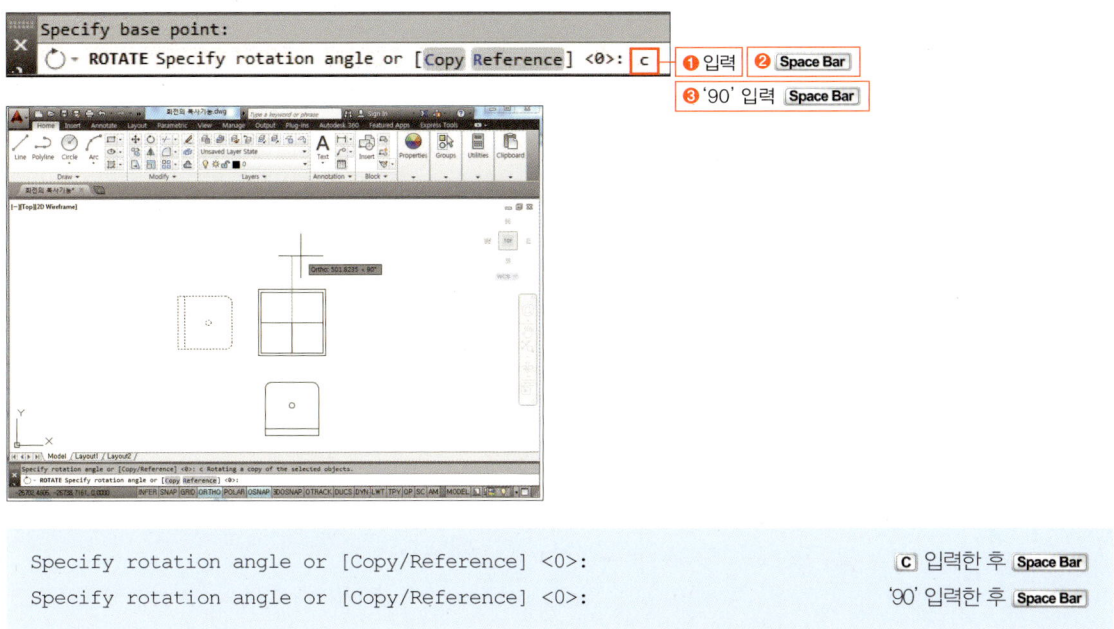

Specify rotation angle or [Copy/Reference] <0>:	C 입력한 후 Space Bar
Specify rotation angle or [Copy/Reference] <0>:	'90' 입력한 후 Space Bar

03. 다시 Rotate 명령(R O)을 실행한 후 객체를 선택합니다. 회전 기준점(⑤)을 클릭한 후 복사를 하기 위해 [Copy] 옵션을 선택합니다. 회전 각도로 '90'을 입력한 후 Space Bar를 눌러 복사합니다.

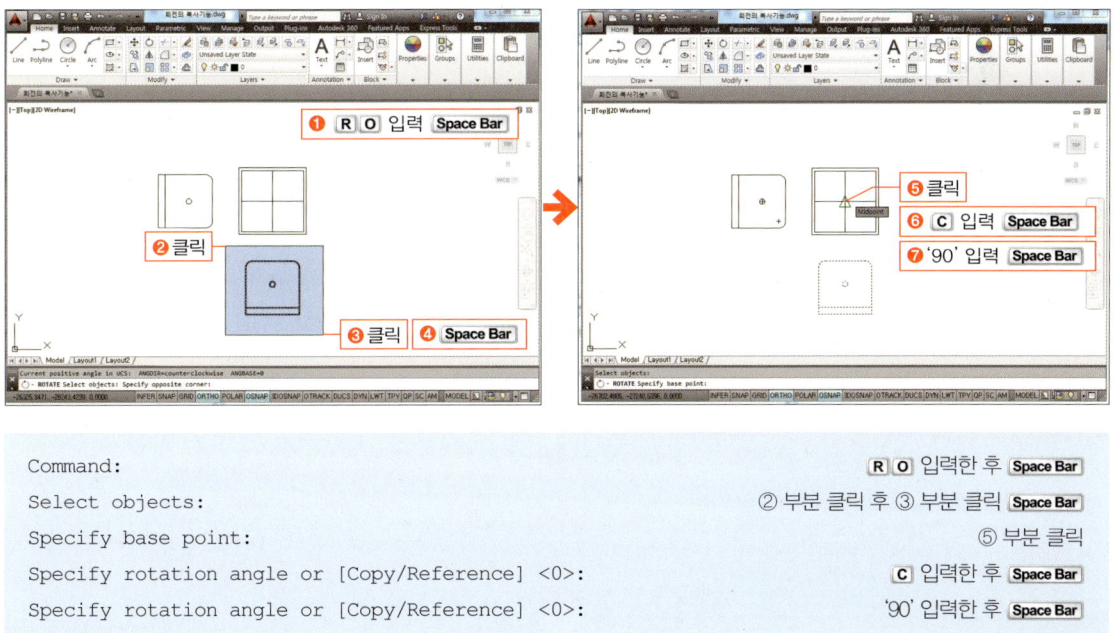

Command:	R O 입력한 후 Space Bar
Select objects:	② 부분 클릭 후 ③ 부분 클릭 Space Bar
Specify base point:	⑤ 부분 클릭
Specify rotation angle or [Copy/Reference] <0>:	C 입력한 후 Space Bar
Specify rotation angle or [Copy/Reference] <0>:	'90' 입력한 후 Space Bar

04. 복사된 의자를 다시 반복 작업합니다.

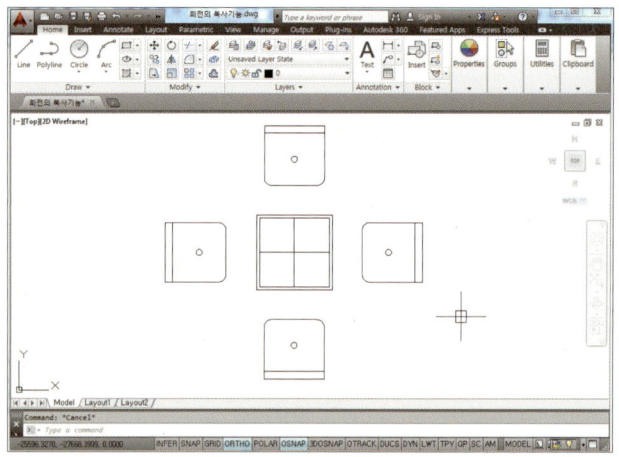

05. 작업은 끝났지만 Rotate 명령의 [Reference] 옵션(참조 각도)를 사용하여 회전시켜 보겠습니다. AutoCAD에서 회전 각도는 양수일 경우 시계 반대 방향(CCW), 음수일 경우 시계 방향(CW)으로 회전하게 되는데 경우에 따라 계산하기 까다로운 경우가 있습니다. 이런 경우 [Reference] 옵션이라는 참조 각도를 사용하면 각도 입력을 쉽게 할 수 있습니다.

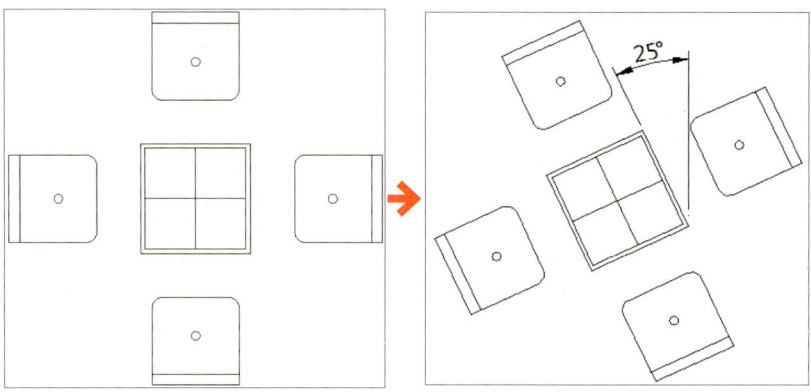

06. Rotate 명령(R O)을 실행한 후 그림과 같이 회전시킬 객체를 모두 선택하고 Space Bar 를 누릅니다. 그리고 회전 기준점을 클릭합니다.

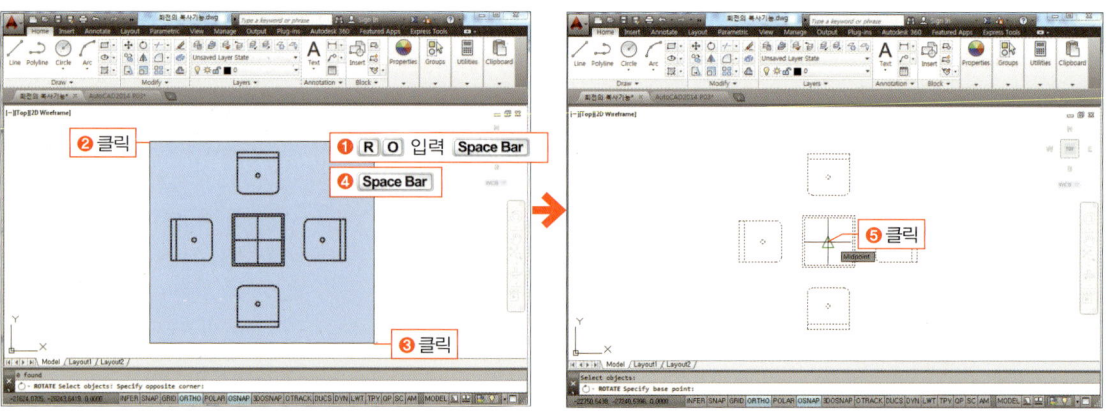

07. 회전 기준점을 클릭하면 명령 입력창에 옵션이 나옵니다. 여기서 R을 입력하고 Space Bar 를 눌러 [Reference] 옵션(참조 각도)을 적용합니다.

08. 작업 화면에서 ① 부분을 클릭한 후 ② 부분을 클릭하면 참조 각도가 입력됩니다. 이제 입력한 ①~② 수직이 '0 도'가 되었다고 보면 됩니다. '25'를 입력하고 Space Bar 를 눌러 회전시킵니다.

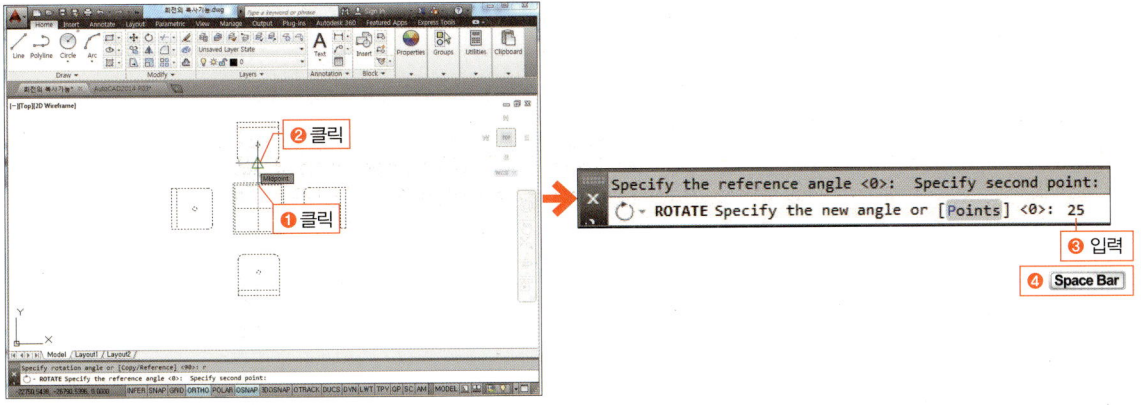

TIP : Reference 사용 시 위의 따라하기처럼 2Point로 참조 각도를 입력해도 되지만, 참조 각도 '90도'를 입력해도 됩니다.

이번에는 Scale 명령을 사용하여 형태는 동일하지만 크기가 다른 요소를 비율에 맞게 변경해 보겠습니다.

예제 파일 | DVD₩예제₩Part03₩Lesson02₩덕트의 크기 변경.DWG

01. 예제 파일을 불러온 후 [Home] 탭–[Modify] 패널에서 [Scale](▣)을 클릭합니다. 그림과 같이 객체를 선택하고 **Space Bar** 를 누릅니다. 그리고 기준점을 클릭합니다.

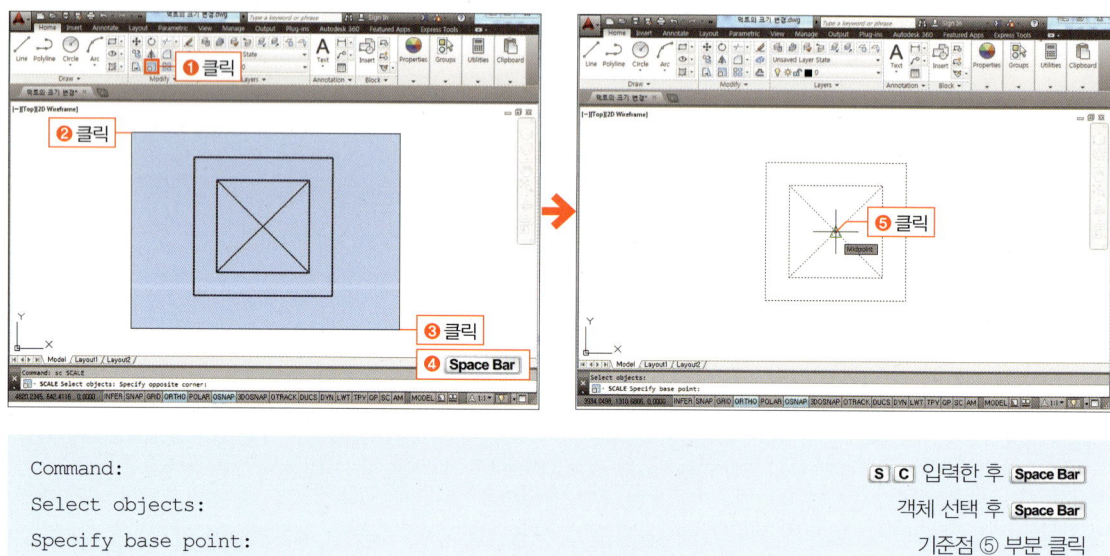

Command:	[S] [C] 입력한 후 **Space Bar**
Select objects:	객체 선택 후 **Space Bar**
Specify base point:	기준점 ⑤ 부분 클릭

02. 크기를 반으로 줄이기 위해 배율 값 '0.5'를 입력한 후 **Space Bar** 를 누르면 객체가 1/2 크기로 작아지는 것을 확인할 수 있습니다.

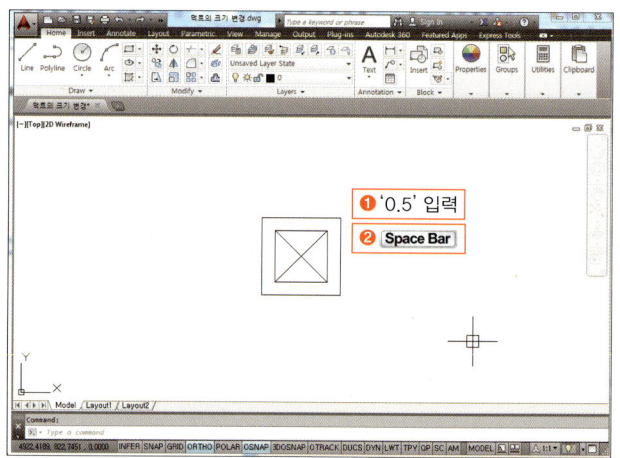

Specify Scale Factor or [Copy, Reference]:	'0.5' 입력한 후 **Space Bar**

TIP : Scale 명령의 배율 값 입력
배율 값은 크기를 크게 할 경우에 '2', '3' 등의 상수로 입력하며, 작게 할 경우에 '0.5'처럼 소수로 입력하거나 분수인 '1/2'로 입력하는 것도 가능합니다.

응용 예제

1. 다음 팬을 만드시오.

완성 파일 I DVD₩완성₩Part03₩Lesson02₩팬.DWG(완성 파일을 참고하여 작성해 봅니다.)

주요 명령어 I Line(L), Offset(O), Trim(TR), Copy(CO), Rotate(RO)

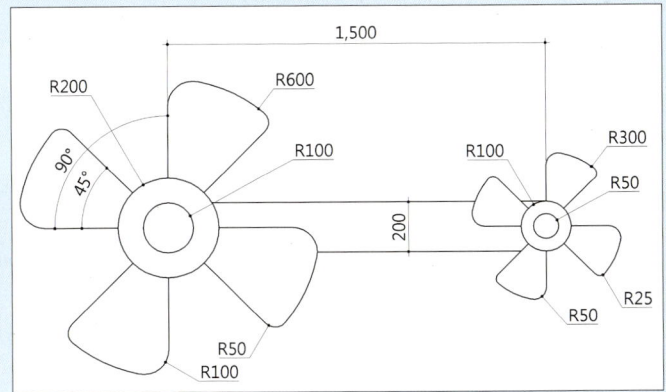

HINT

좌측의 날개를 그려 우측으로 복사한 후 우측의 날개는 Scale 명령을 이용하여 1/2 크기로 축소합니다.

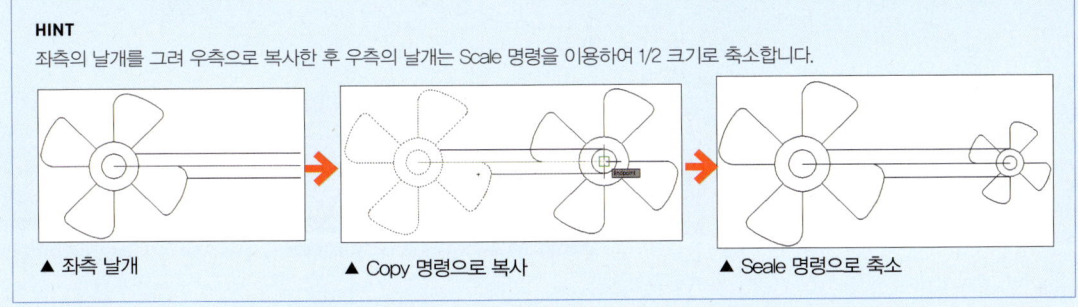

▲ 좌측 날개　　　　　▲ Copy 명령으로 복사　　　　　▲ Seale 명령으로 축소

TIP : 배수 값 입력 시 소수 '0.5'를 입력해도 되고, 분수로 '1/2'를 입력해도 됩니다.

Scale 명령의 복사 기능과
참조 값의 활용

Scale 명령은 객체의 크기를 조정하는 명령이지만 [Copy] 옵션을 이용하면 원본은 그대로 유지하면서 크거나 크고 작은 객체를 추가로 복사하는 것이 가능합니다.

예제 파일 | DVD\예제\Part03\Lesson02\Scale 옵션.DWG

01. 다음과 같은 도형을 작성하거나 예제 파일을 불러옵니다.

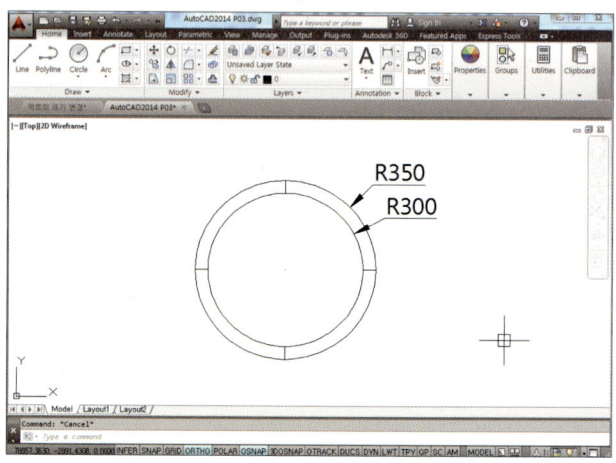

02. Scale 명령(S C)을 실행한 후 객체를 선택하고 Space Bar 를 누릅니다. 그리고 기준점을 클릭합니다.

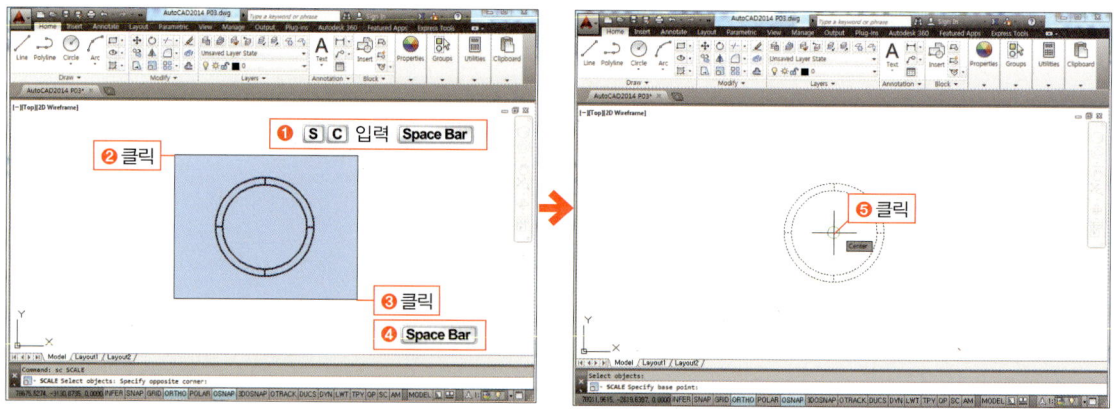

Command:	S C 입력한 후 Space Bar
Select objects:	객체 선택 후 Space Bar
Specify base point:	기준점 클릭

03. 복사를 하기 위해 [Copy] 옵션(**C**)을 실행한 후 배율 값 '2'를 입력하고 **Space Bar** 를 눌러 복사합니다.

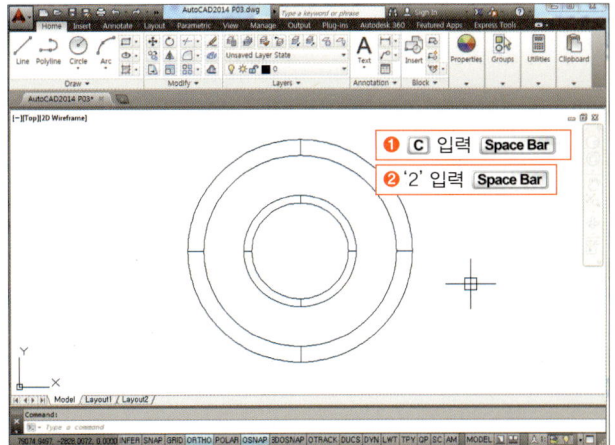

```
Specify Scale Factor or [Copy, Refernce]                    C 입력한 후 Space Bar
Specify Scale Factor or [Copy, Refernce]                    '2' 입력한 후 Space Bar
```

04. 작업은 끝났지만 Scale 명령의 [Reference] 옵션(참조 값)을 사용하여 크기를 변경해 보겠습니다. 배율 값을 계산해야 하는 경우 참조 값을 사용하면 좀 더 편하게 배율을 입력할 수 있습니다.

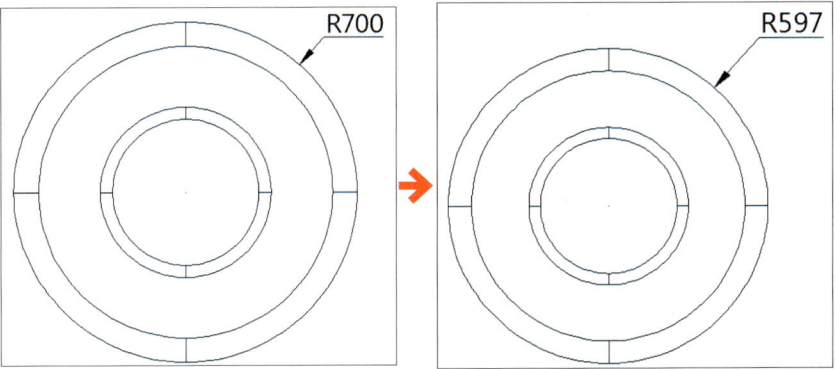

05. Scale 명령(**S** **C**)을 실행하고 객체를 선택한 후 기준점을 클릭합니다.

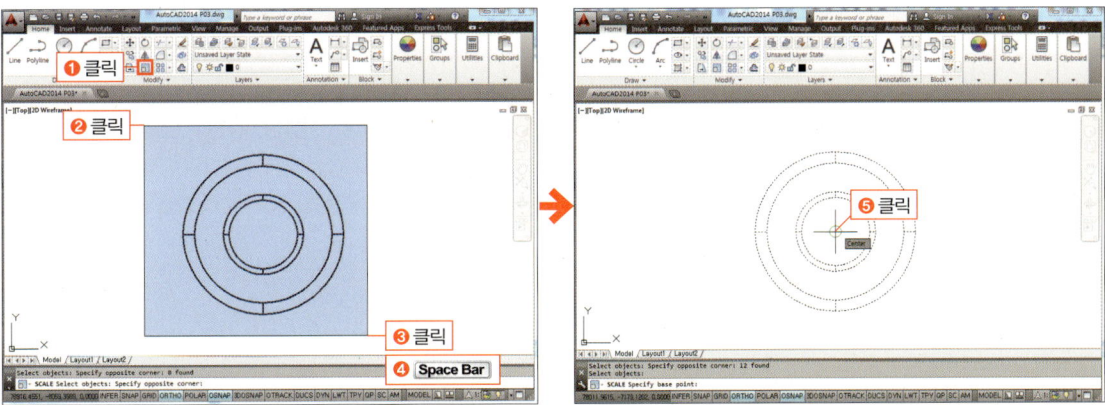

06. 기준점을 클릭하면 명령 입력창에 옵션이 나옵니다. 여기서 R 을 입력하고 Space Bar 를 눌러 [Reference] 옵션(참조 값)을 적용합니다.

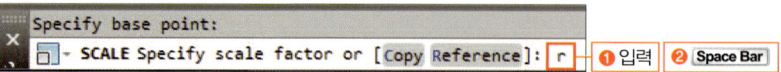

07. 명령 입력창에 처음 반지름 값인 '700'을 입력한 후 Space Bar 를 누르고, 이후 변경될 값에 '597'을 입력하고 Space Bar 를 누르면 크기가 변경됩니다.

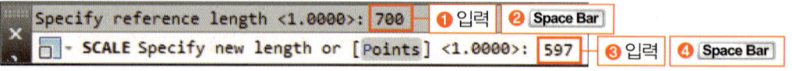

> **TIP : 편집 시 선이 겹치는 경우 제거하기**
>
> 도면을 작성하다 보면 선이 겹쳐지는 경우가 종종 있습니다. 큰 문제는 없지만 출력이나 다른 작업자가 작업 시 불편할 수 있습니다. 이러한 경우에 Overkill 명령을 사용하면 겹치는 선을 자동으로 제거할 수 있습니다.

LESSON

03 여러 개의 도면 요소를 한 번에 배열하는 Array

레 벨 ● ● ●

복사 기능을 갖는 Copy, Mirror 명령을 Lesson 02에서 학습하였습니다. 이번 Lesson 03에서는 많은 양을 복사할 때 유용하게 사용할 수 있는 Array 명령(배열 복사)에 대해 알아보겠습니다.

기초 탄탄 ▶ 배열 복사의 종류와 사용

■ Array를 사용한 Rectangular Array 이해하기 203P

수량과 거리를 입력하여 X축과 Y축으로 배열합니다.

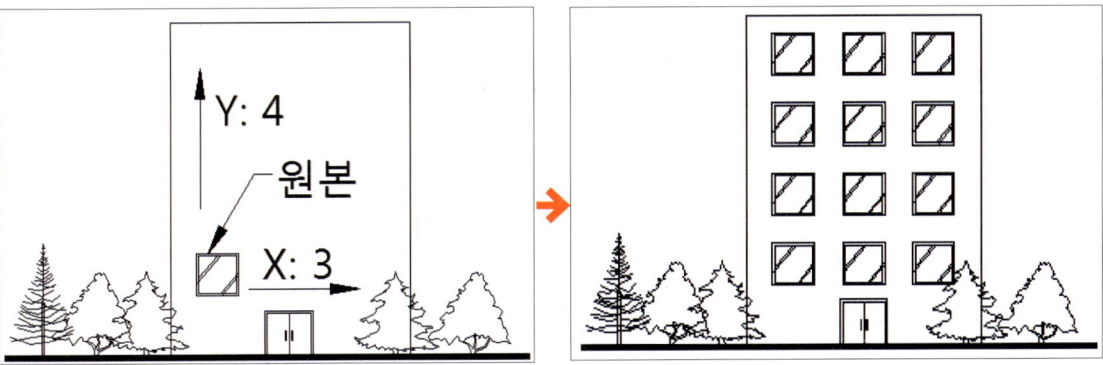

■ Rectangular Array 실행하기

• [Home] 탭-[Modify] 패널에서 [Array]-[Rectangular Array](⊞)를 클릭합니다.

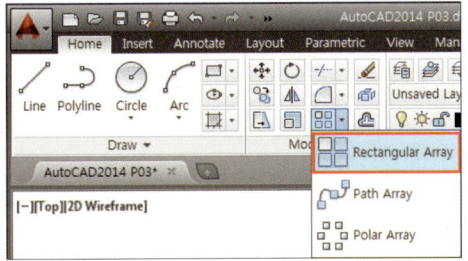

- 명령 입력창에서 Array 명령어(A R)를 입력한 후, Space Bar 를 눌러 명령을 실행합니다. 그리고 배열시킬 객체를 선택한 후 [Rectangular] 옵션을 입력합니다.

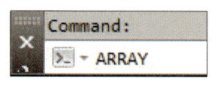

명령어 입력

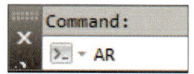

단축키 입력

■ Rectangular Array의 설정

배열시킬 객체를 선택하면 리본 메뉴에서 세부적인 내용을 설정할 수 있습니다.

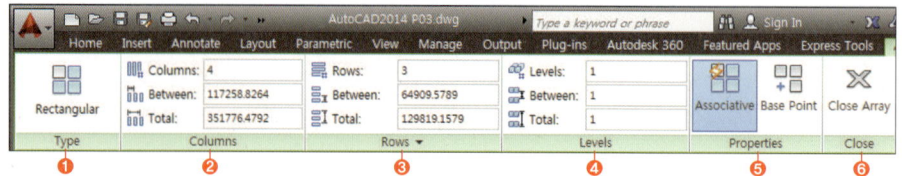

❶ Type(배열 유형) : Array의 배열 유형을 표시합니다.

❷ Columns(X축) : X축의 수량과 거리 값을 설정합니다.

❸ Rows(Y축) : Y축의 수량과 거리 값을 설정합니다.

❹ Levels(Z축) : Z축의 수량과 거리 값을 설정합니다.

❺ Properties(특성) : 결합 유무 등 배열의 특성을 설정합니다.

❻ Close(닫기) : 배열을 종료합니다.

■ Array를 사용한 Polar Array 이해하기 220P

원본을 원형으로 배열합니다.

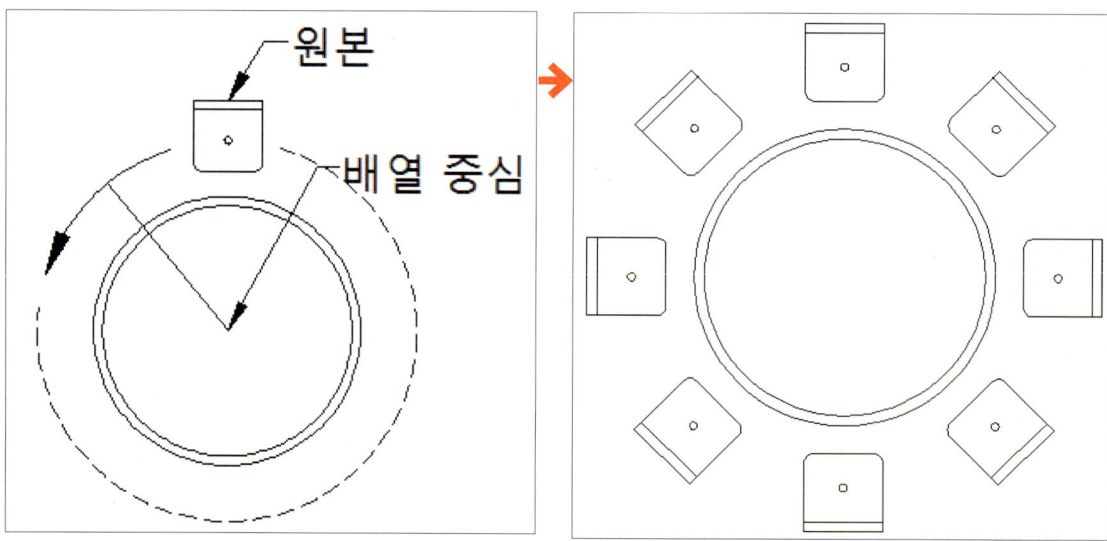

■ Polar Array 실행하기

- [Home] 탭-[Modify] 패널에서 [Array]-[Polar Array](▦)를 클릭합니다.

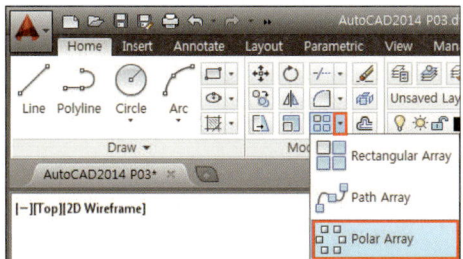

- 명령 입력창에서 Array 명령어(**A** **R**)를 입력한 후, **Space Bar**를 눌러 실행합니다. 그리고 배열시킬 객체를 선택하고 [Polar] 옵션을 입력합니다.

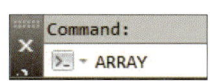   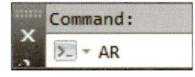

명령어 입력   단축키 입력

■ Polar Array의 설정

배열시킬 객체를 선택하고 배열의 기준점을 클릭하면 리본 메뉴에서 세부적인 내용을 설정할 수 있습니다.

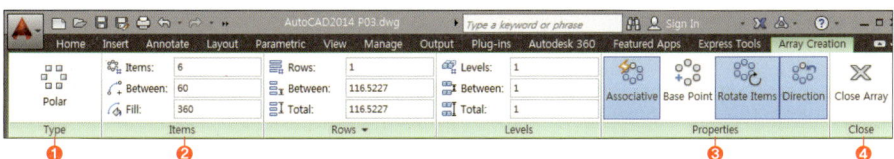

❶ Type(배열 유형) : Array의 배열 유형을 표시합니다.

❷ Items(배열 항목) : 원본을 포함한 배열 수량, 각도를 설정합니다.

❸ Properties(특성) : 배열시킬 객체의 회전 유무 등 특성을 설정합니다.

❹ Close(닫기) : 배열을 종료합니다.

■ Path Array 실행하기 229P

리본 메뉴의 [Home]-[Modify] 패널에서 [Array](▦)의 화살표(▾)를 클릭하고, 경로 배열인 [Path Array](▧)를 클릭합니다.

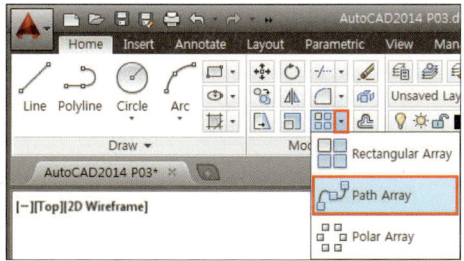

명령 입력창에서 Array 명령어(**A** **R**)를 입력한 후, **Space Bar**를 눌러 실행합니다.

201

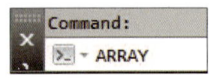

명령어 입력

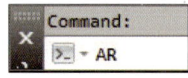

단축키 입력

배열 시킬 객체와 경로를 선택한 후 [PAth] 옵션을 입력합니다.

■ Path Array의 설정

배열시킬 객체와 경로를 선택하면 리본 메뉴에서 세부적인 설정할 수 있습니다.

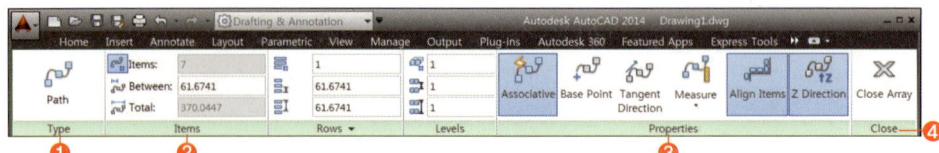

❶ Type(배열 유형) : Array의 배열 유형을 표시합니다.

❷ Items(배열 항목) : 원본을 포함한 배열 수량, 간격을 설정합니다.

❸ Properties(특성) : 배열시킬 객체의 간격, 정렬 등의 특성을 설정합니다.

❹ Close(닫기) : 배열을 종료합니다.

Copy 명령을 사용하기에는 수량이 너무 많은 경우에 Rectangular Array 명령을 사용하면 좀 더 신속한 작업이 가능합니다. 이번 STEP 01에서는 강의실의 책상과 의자를 Rectangular Array 명령을 사용해 배치해 보겠습니다.

예제 파일 | DVD₩예제₩Part03₩Lesson03₩교실.DWG

01. 먼저 교실의 윤곽을 만들기 위해 Rectangle 명령(**R E C**)을 실행합니다. 첫 번째 코너(②)를 클릭하고 '@10000,15000'을 입력한 후 **Space Bar** 를 눌러 10m X 15m의 교실 크기를 만듭니다. 예제 파일을 사용할 경우에 27번 따라하기부터 진행합니다.

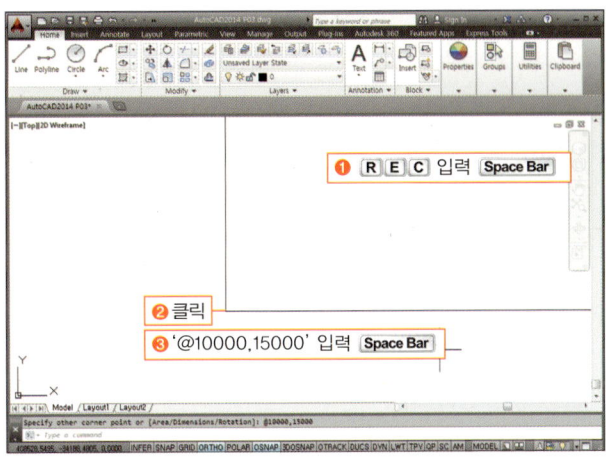

```
Command:                                                          R E C 입력한 후 Space Bar
Specify first corner point or [Chamfer/Elevation/Fillet/Thickness/Width]:  첫 번째 코너(②) 클릭
Specify other corner point or[Area/Dimensions/Rotation]:          '@10000,15000' 입력한 후 Space Bar
```

02. 작업 공간보다 사각형이 더 커서 화면 밖으로 넘어갑니다. 마우스 휠을 더블클릭해도 되지만 Limits 명령을 사용하여 근본적인 문제를 해결하겠습니다. Limits 명령을 실행하기 위해 **L I M I T S** 를 입력한 후 **Space Bar** 를 누릅니다. 처음 값은 '0,0'이므로 **Space Bar** 를 누릅니다. 우측 상단의 값을 '50000,30000'으로 입력하고 **Space Bar** 를 누르면 작업 공간이 만들어 집니다. 이어서 만들어진 작업 공간을 현재의 작업 창에서 모두 보일 수 있도록 **Z** 를 입력한 후 **Space Bar** , 이어서 **A** 를 입력하고 **Space Bar** 를 누릅니다.

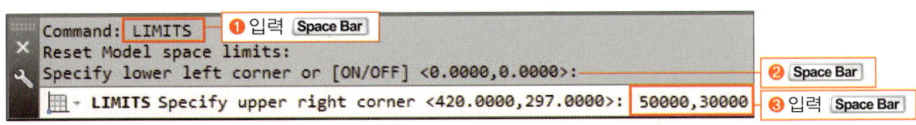

▲ Limits 명령 실행 모습

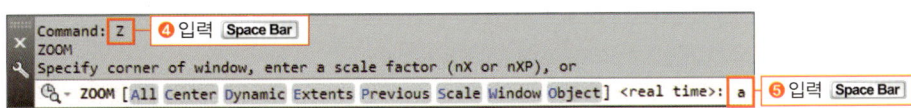

▲ Zoom 명령의 [All] 옵션 실행 모습

03. 출입문이 만들어질 공간을 확보하고 Arc 명령으로 문을 작업하겠습니다. 먼저 사각형을 편집하기 위해 Explode 명령으로 분해해야 합니다. **X**를 입력한 후 **Space Bar**를 누르고 사각형을 선택하고 **Space Bar**를 누릅니다.

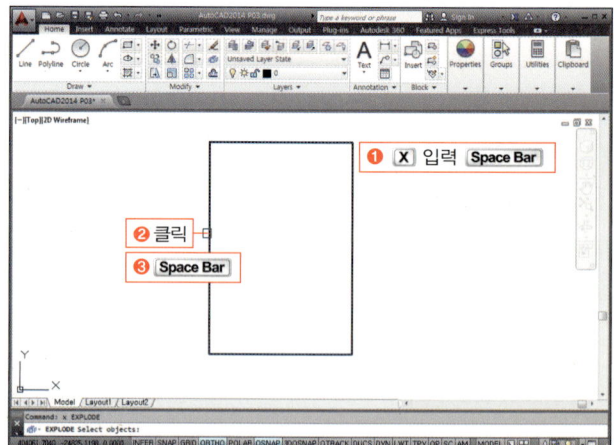

```
Command:                                    X 입력한 후 Space Bar
Select objects:                         사각형을 선택하고 Space Bar
```

04. Offset 명령(**O**)을 실행하고 거리 값 '100' 입력한 후 **Space Bar**를 누릅니다. 선을 선택한 후 복사할 방향을 클릭하고 **Esc**를 누릅니다.

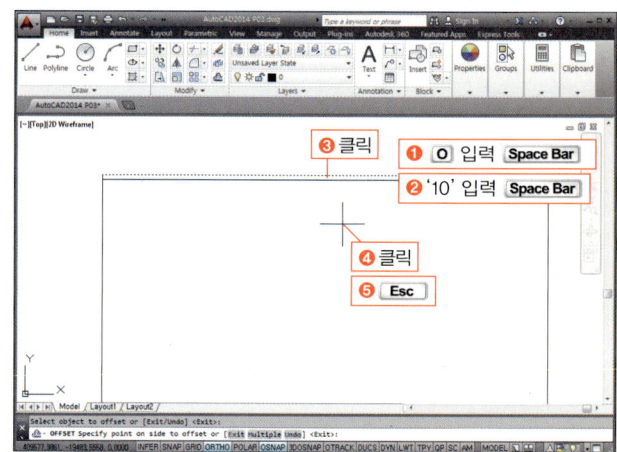

```
Command:                                            O 입력한 후 Space Bar
Specify offset distance or [Through/Erase/Layer] <20.0000>:      '10' 입력한 후 Space Bar
Select object to offset or [Exit/Undo] <Exit>:                  선 클릭
Specify point on side to offset or [Exit/Multiple/Undo] <Exit>:   복사할 위치 클릭 후 Esc
```

05. 이어서 **Space Bar** 를 눌러 Offset 명령을 반복 실행하고 거리 값 '900'을 입력한 후 **Space Bar** 를 누릅니다. 선 (③)을 클릭하고 복사할 방향(④)을 클릭하여 문이 들어갈 공간을 확보합니다. 다시 선(⑤)을 클릭하고 복사할 방향(⑥)을 클릭한 후 **Esc** 를 눌러 작업을 종료합니다.

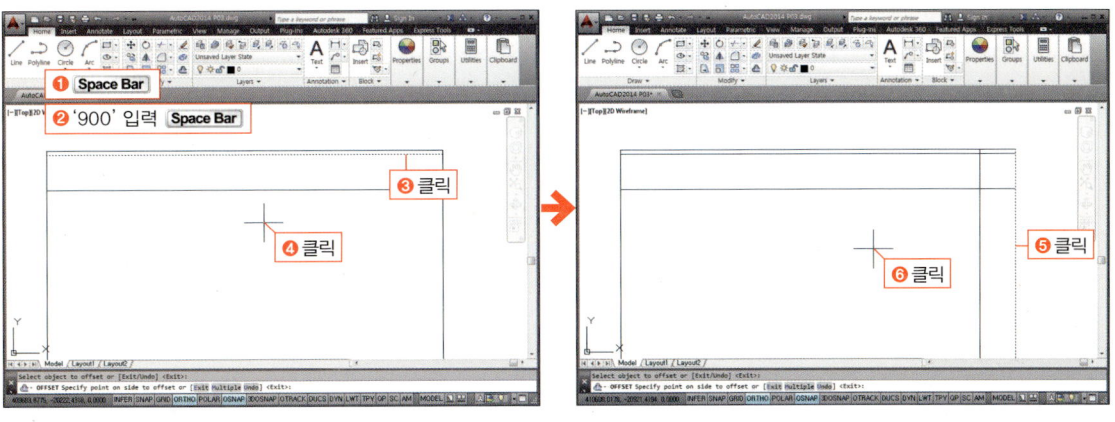

```
Command:                                                                                        O 입력한 후 Space Bar
Specify offset distance or [Through/Erase/Layer] <100.0000>:                           '900' 입력한 후 Space Bar
Select object to offset or [Exit/Undo] <Exit>:                                                      선 클릭
Specify point on side to offset or [Exit/Multiple/Undo] <Exit>:   복사할 방향 클릭 Esc (작업 반복)
```

06. 문을 단순하게 표현하기 위해 Arc 명령을 실행한 다음 옵션에서 **C** 를 입력하고 **Space Bar** 를 눌러 [Center] 옵션을 적용합니다. ③, ④, ⑤ 부분을 차례대로 클릭하여 호를 만듭니다.

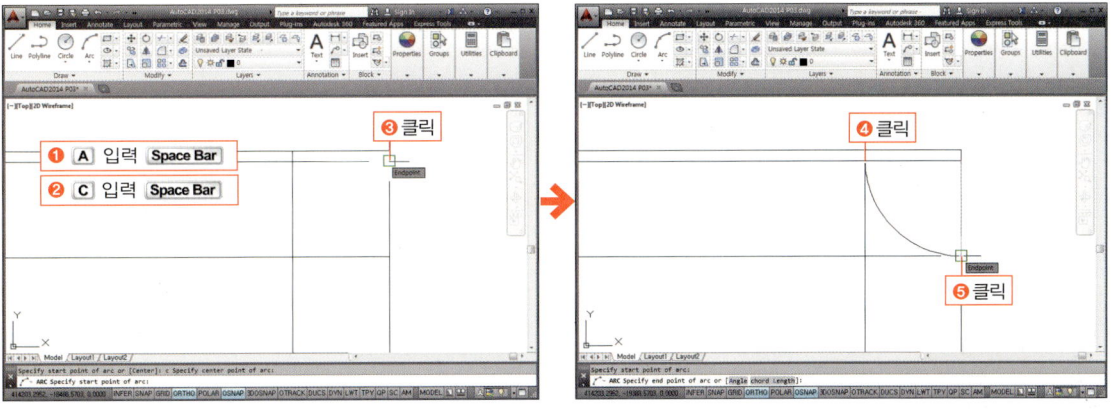

```
Command:                                                          A 입력한 후 Space Bar
Specify start point of arc or [Center]:                           C 입력한 후 Space Bar
Specify center point of arc:                                 ③, ④, ⑤ 부분을 차례대로 클릭
```

205

07. 불필요한 부분을 잘라내기 위해 Trim 명령을 실행합니다. 다시 [Space Bar]를 누른 다음에 선(③)을 클릭해서 잘라낸 후 [Esc]를 눌러 종료하고, 다음 선(⑤, ⑥)을 선택하고 [Delete]를 눌러 삭제합니다.

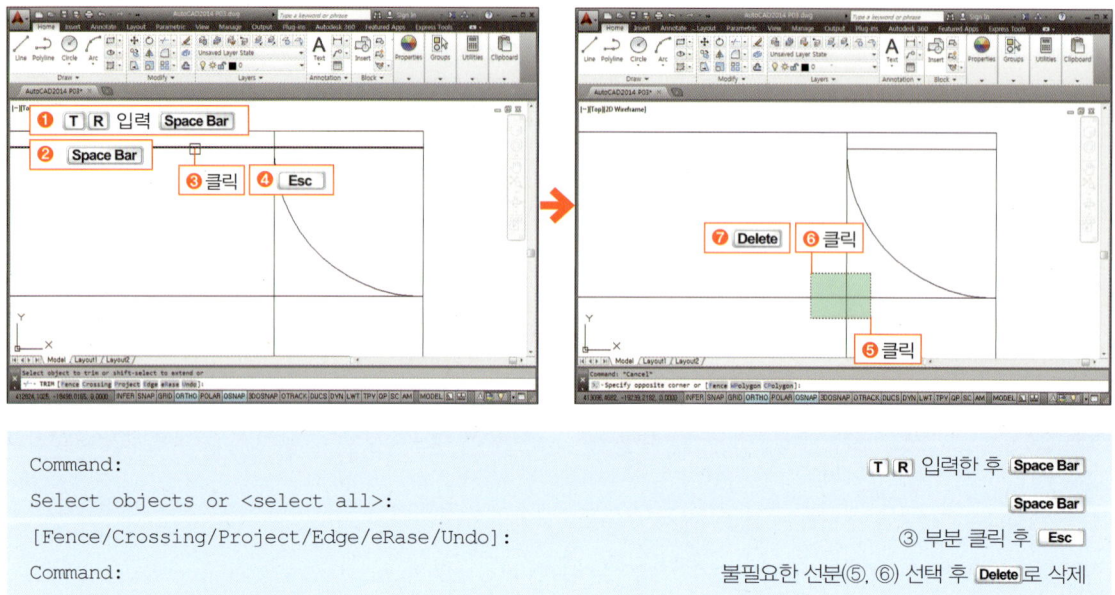

```
Command:                                              T R 입력한 후 Space Bar
Select objects or <select all>:                                  Space Bar
[Fence/Crossing/Project/Edge/eRase/Undo]:              ③ 부분 클릭 후 Esc
Command:                            불필요한 선분(⑤, ⑥) 선택 후 Delete로 삭제
```

08. 교단과 교탁, 칠판을 표현해야 합니다. 교단부터 작업하기 위해 Offset 명령([O])을 실행합니다. 거리 값 '2000'을 입력하고 [Space Bar]를 누른 다음 선(③)을 클릭하고 ④ 부분을 클릭해 선을 복사합니다. 이어서 다른 선(⑤)을 클릭하고 ⑥ 부분을 클릭해 복사한 후 [Esc]를 눌러 종료합니다.

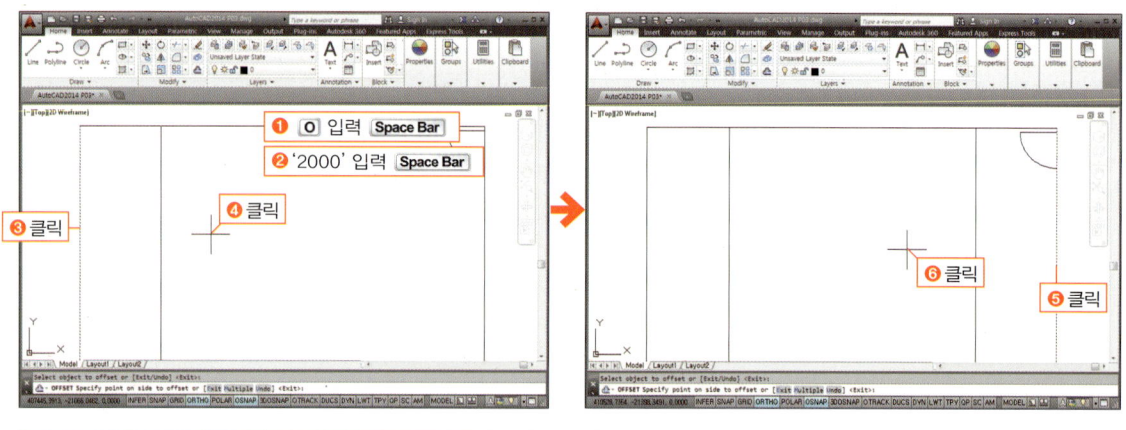

```
Command:                                                  O 입력한 후 Space Bar
Specify offset distance or [Through/Erase/Layer] <10.0000>:   '2000' 입력한 후 Space Bar
Select object to offset or [Exit/Undo] <Exit>:                      선(③) 클릭
Specify point on side to offset or [Exit/Multiple/Undo] <Exit>:      ④ 부분 클릭
Select object to offset or [Exit/Undo] <Exit>:                      선(⑤) 클릭
Specify point on side to offset or [Exit/Multiple/Undo] <Exit>:  ⑥ 부분 클릭 후 Esc
```

09. Offset 명령의 반복을 위해 **Space Bar** 를 누릅니다. 거리 값 '1500'을 입력한 후 **Space Bar** 를 누릅니다. 선(③)을 클릭하고 ④ 부분을 클릭하여 Offset을 적용한 후 **Esc** 를 눌러 종료합니다.

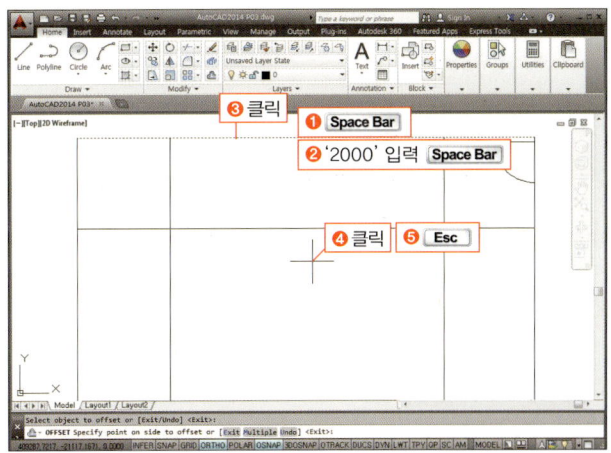

Command:	**Space Bar**
Specify offset distance or [Through/Erase/Layer] <10.0000>:	'2000' 입력한 후 **Space Bar**
Select object to offset or [Exit/Undo] <Exit>:	선(③) 클릭
Specify point on side to offset or [Exit/Multiple/Undo] <Exit>:	④ 부분 클릭 후 **Esc**

10. 이번에는 불필요한 부분을 잘라내기 위해 Trim 명령(**T R**)을 실행합니다. **Space Bar** 를 누르고 ③~⑥ 부분을 이어서 클릭해 잘라낸 후 **Esc** 를 눌러 작업을 종료합니다.

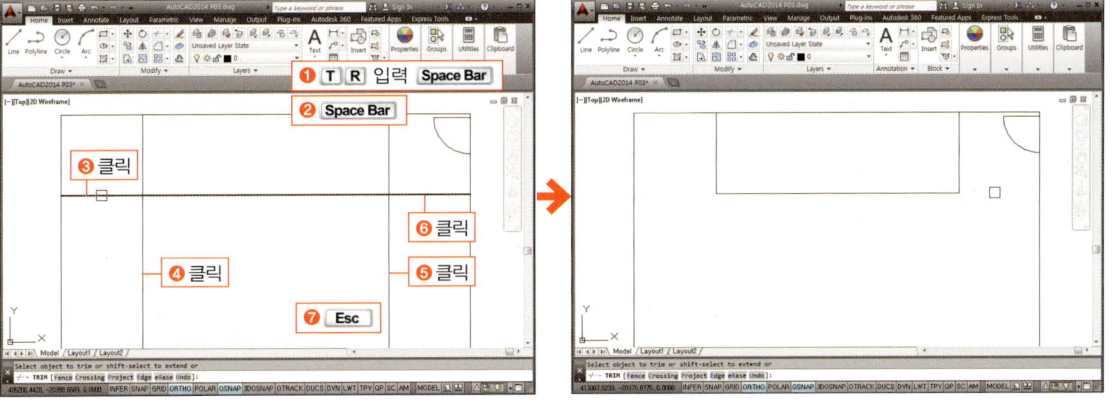

Command:	**T R** 입력한 후 **Space Bar**
Select objects or <select all>:	**Space Bar**
[Fence/Crossing/Project/Edge/eRase/Undo]:	③~⑥ 부분까지 클릭 **Esc**

11. 칠판과 교탁은 Rectangle과 Move 명령을 이용해서 만들어 보겠습니다. Rectangle 명령(R E C)을 실행하고 첫 번째 코너(②)를 클릭한 후 '@4000,100'을 입력(Space Bar)하여 칠판을 만듭니다. 다시 Space Bar 를 눌러 Rectangle 명령을 반복 실행합니다. 첫 번째 코너(⑥)를 클릭하고 '@400,400'을 입력(Space Bar)하여 교탁을 만듭니다.

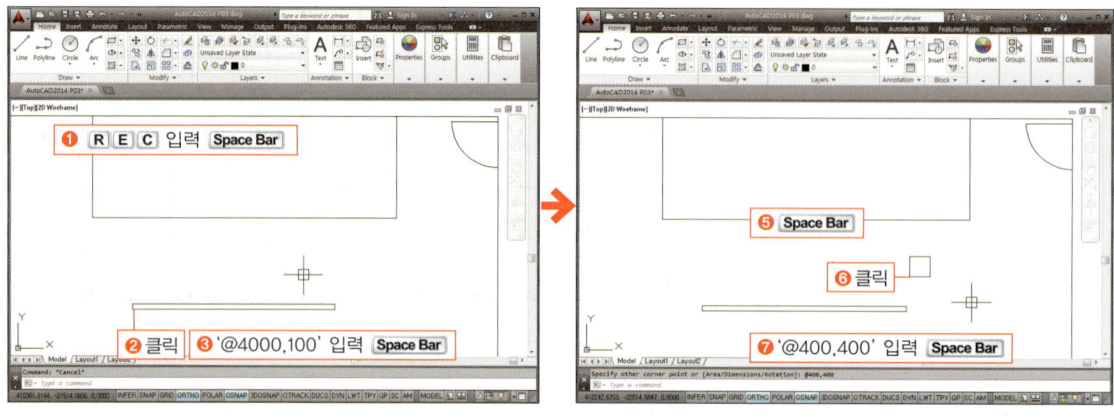

Command:	R E C 입력한 후 Space Bar
Specify first corner point or [Chamfer/Elevation/Fillet/Thickness/Width]:	② 부분 클릭
Specify other corner point or [Area/Dimensions/Rotation]:	'@4000,100' 입력한 후 Space Bar
Command:	Space Bar
Specify first corner point or [Chamfer/Elevation/Fillet/Thickness/Width]:	⑥ 부분 클릭
Specify other corner point or [Area/Dimensions/Rotation]:	'@400,400' 입력한 후 Space Bar

12. 지정된 위치로 이동시키기 위해 Move 명령(M)을 실행합니다. 사각형(②)을 클릭하고 Space Bar 를 눌러 이동시킬 객체를 선택한 후 그림과 같이 이동시킵니다.

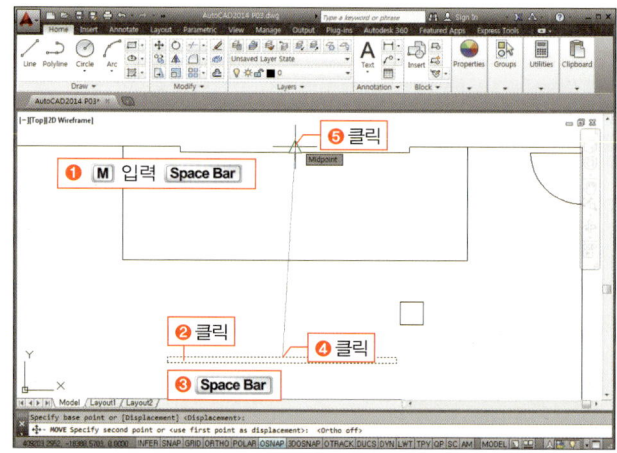

Command:	M 입력한 후 Space Bar
Select objects:	② 부분 클릭 Space Bar
Specify base point or [Displacement] <Displacement>:	④ 부분 클릭
Specify second point or <use first point as displacement>:	⑤ 부분 클릭

13. `Space Bar`를 눌러 Move 명령을 반복 실행합니다. 사각형(②)을 클릭하고 `Space Bar`를 눌러 객체를 선택합니다. 기준점(④)의 Midpoint(중간점)을 클릭한 후 ⑤ 부분에 클릭해 배치합니다. (임의의 위치에 보기 좋게 배치)

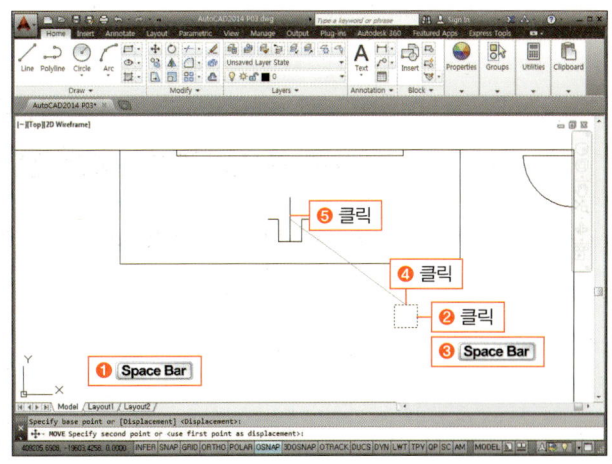

```
Command:                                                                    Space Bar
Select objects:                                              사각형 (②) 클릭 Space Bar
Specify base point or [Displacement] <Displacement>:                       ④ 부분 클릭
Specify second point or <use first point as displacement>:                 ⑤ 부분 클릭
```

14. 교실 좌측 하단에서 책상과 의자를 작업하기 위해 마우스 휠을 이용하여 작업 공간 그림과 같이 만듭니다.

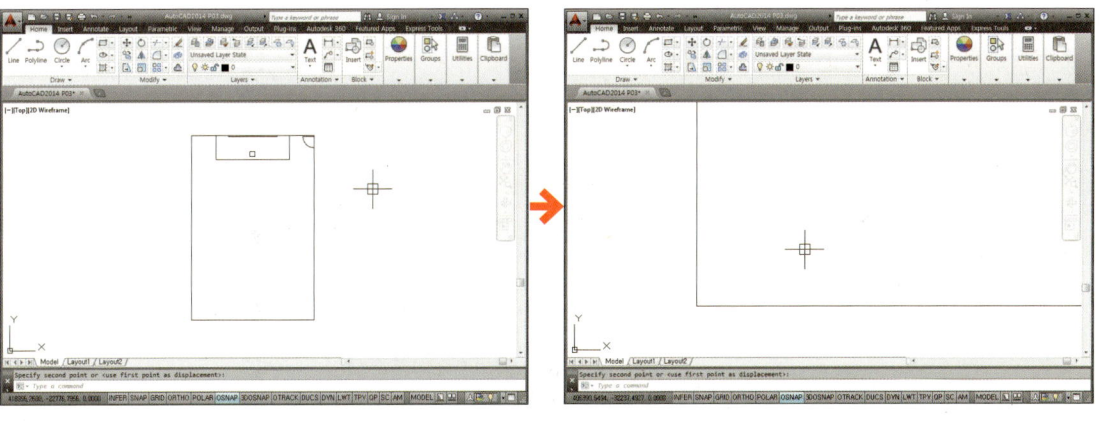

```
Command:                                               마우스 휠을 누른 채 드래그하여 위치 이동
```

TIP : 휠을 사용한 확대/축소의 기준은 커서의 위치입니다.

15. Rectangle 명령(**R E C**)을 실행합니다. 첫
번째 코너(②)를 클릭하고 '@900,500'을 입력한
후 **Space Bar** 를 눌러 책상 모양의 사각형을 만
듭니다. 다시 **Space Bar** 를 눌러 Rectangle 명령
을 반복 실행합니다. 첫 번째 코너(⑤)를 클릭하고
'@500,500'을 입력한 후 **Space Bar** 를 눌러 의자
모양의 사각형을 만듭니다.

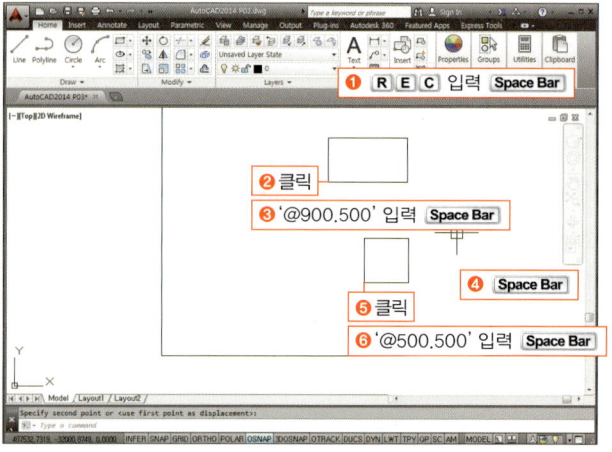

```
Command:                                                              R E C 입력한 후 Space Bar
Specify first corner point or [Chamfer/Elevation/Fillet/Thickness/Width]:         ② 부분 클릭
Specify other corner point or [Area/Dimensions/Rotation]:        '@900,500' 입력한 후 Space Bar
Command:                                                                        Space Bar
Specify first corner point or [Chamfer/Elevation/Fillet/Thickness/Width]:         ⑤ 부분 클릭
Specify other corner point or [Area/Dimensions/Rotation]:        '@500,500' Space Bar
```

16. 모서리를 편집하기 위해 Fillet 명령(**F**)을 실행합니다. **R**을 입력한 후 **Space Bar** , 다시 '50'을 입력하고
Space Bar 를 누릅니다. 명령이 6회 이루어져야 하기 때문에 [Multiple] 옵션(**M**)을 지정하고 작업하는 것이 좋습니다.
선(⑤~⑯)를 차례대로 클릭하면서 작업하고 완료되면 **Esc** 를 눌러 종료합니다.

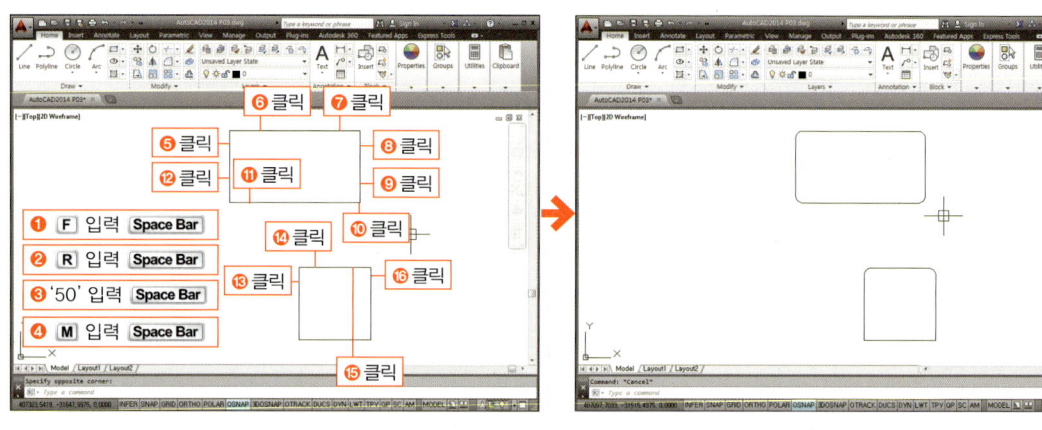

```
Command:                                                              F 입력한 후 Space Bar
elect first object or [Undo/Polyline/Radius/Trim/Multiple]:           R 입력한 후 Space Bar
Specify fillet radius <0.0000>:                                   '50˝ 입력한 후 Space Bar
Select first object or [Undo/Polyline/Radius/Trim/Multiple]:          M 입력한 후 Space Bar
Select first object or [Undo/Polyline/Radius/Trim/Multiple]:      선을 차례대로 클릭 후 Esc
```

17. 의자의 등받이 부분을 편집하기 위해 Explode 명령을 사용해야 합니다. **X**를 입력한 후 **Space Bar**를 누르고, 의자를 클릭한 후 **Space Bar**를 누릅니다.

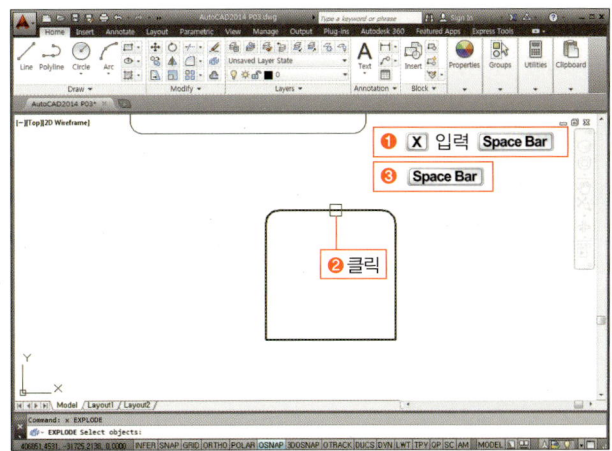

Command:	**X** 입력한 후 **Space Bar**
Select objects:	객체(의자)를 클릭하고 **Space Bar**

18. 등받이를 구분하기 위해 Offset 명령(**O**)을 실행합니다. 거리 값 '50'을 입력하고 **Space Bar**를 누른 다음에 선(③) 클릭, 복사될 ④ 부분을 클릭한 후 **Esc**를 누릅니다. **Space Bar**를 눌러 Offset 명령을 반복 실행하고, 거리 값을 '30' 입력한 후 **Space Bar**를 누릅니다. 선(⑧) 클릭, 복사될 ⑨ 부분을 클릭한 후 **Esc**를 눌러 작업을 종료합니다.

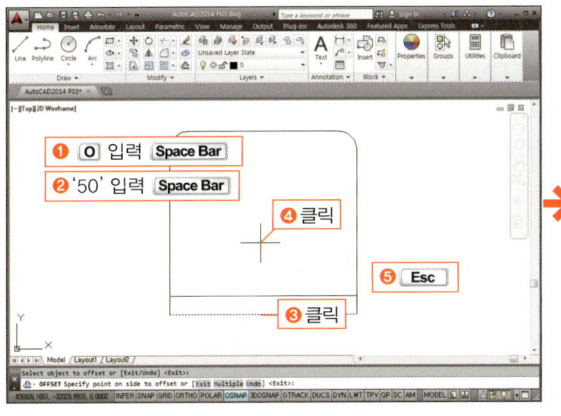 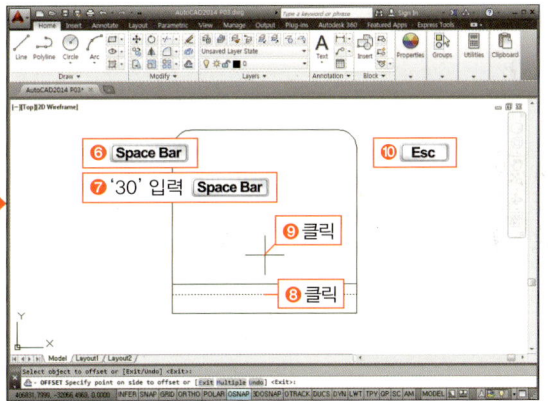

Command:	**O** 입력한 후 **Space Bar**
Specify offset distance or [Through/Erase/Layer] <10.0000>:	'50' 입력한 후 **Space Bar**
Select object to offset or [Exit/Undo] <Exit>:	선(③) 클릭
Specify point on side to offset or [Exit/Multiple/Undo] <Exit>:	④ 부분 클릭 후 **Esc**
Command:	**Space Bar** (명령 반복)
Specify offset distance or [Through/Erase/Layer] <50.0000>:	'30' 입력한 후 **Space Bar**
Select object to offset or [Exit/Undo] <Exit>:	선(⑧) 클릭
Specify point on side to offset or [Exit/Multiple/Undo] <Exit>:	⑨ 부분 클릭 후 **Esc**

19. Trim 명령(**T** **R**)을 실행한 후 **Space Bar** 를 누르고 ③, ④ 부분을 차례대로 클릭해 잘라내고 **Esc** 를 눌러 종료합니다.

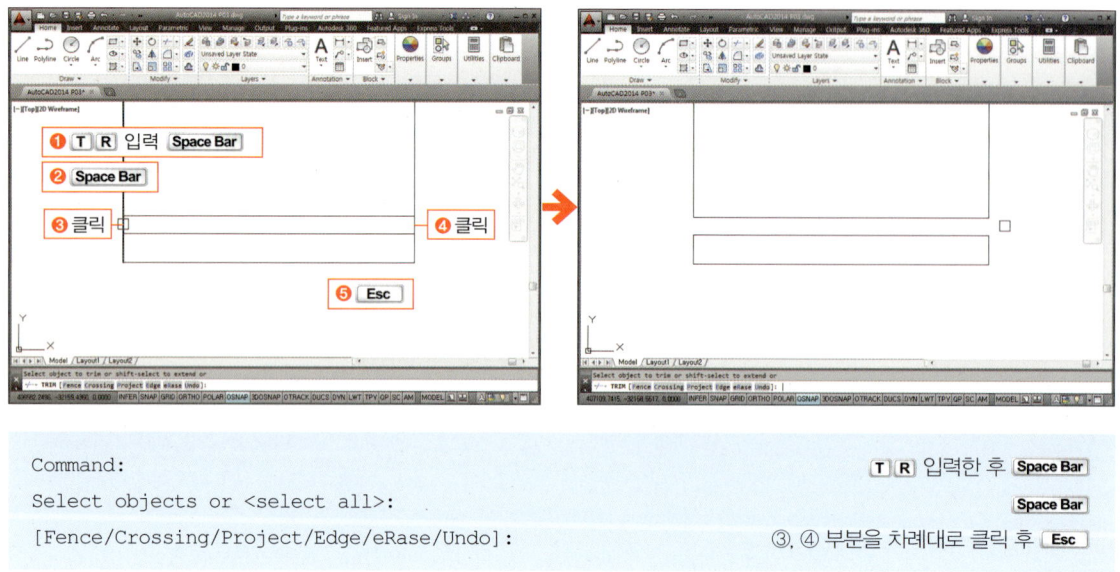

```
Command:                                              T  R 입력한 후 Space Bar
Select objects or <select all>:                                  Space Bar
[Fence/Crossing/Project/Edge/eRase/Undo]:        ③, ④ 부분을 차례대로 클릭 후 Esc
```

20. 책상의 지정된 위치에 의자를 배치하기 위해 Move 명령(**M**)을 실행합니다. 그림과 같이 클릭(②, ③ 부분)한 후 **Space Bar** 를 눌러 의자를 선택하고, 이동 기준점(⑤)을 클릭해 식탁 앞으로 이동시킵니다.

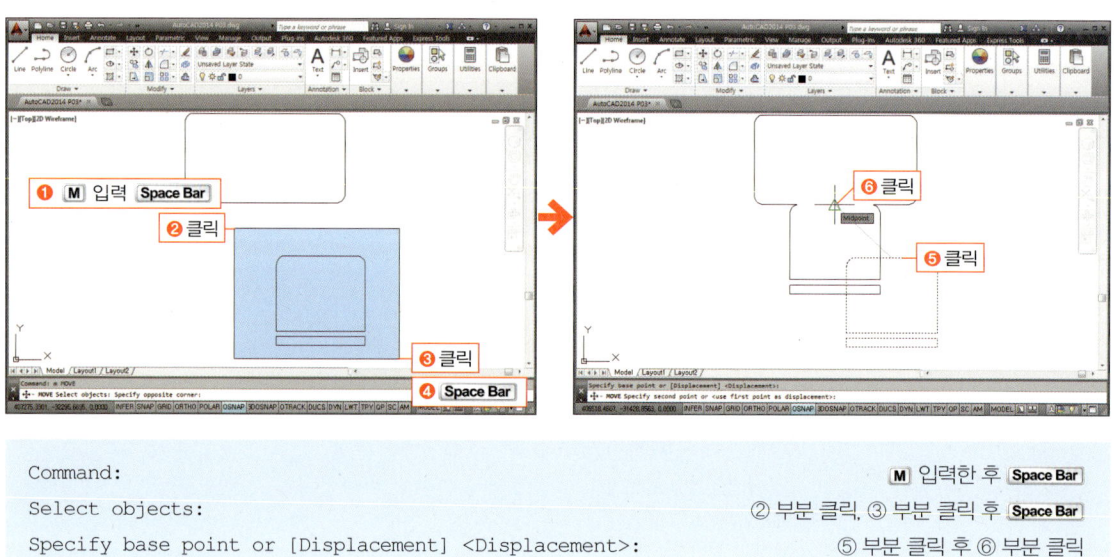

```
Command:                                               M 입력한 후 Space Bar
Select objects:                                ② 부분 클릭, ③ 부분 클릭 후 Space Bar
Specify base point or [Displacement] <Displacement>:     ⑤ 부분 클릭 후 ⑥ 부분 클릭
```

21. 의자를 책상에서 띄우기 위해 `Space Bar` 를 눌러 Move 명령을 반복 실행합니다. 그림과 같이 클릭(②, ③ 부분)한 후 `Space Bar` 를 눌러 의자를 선택합니다. 이동 기준점(⑤)을 클릭하고 커서를 ⑥ 부분으로 이동한 후 '150'을 입력합니다.

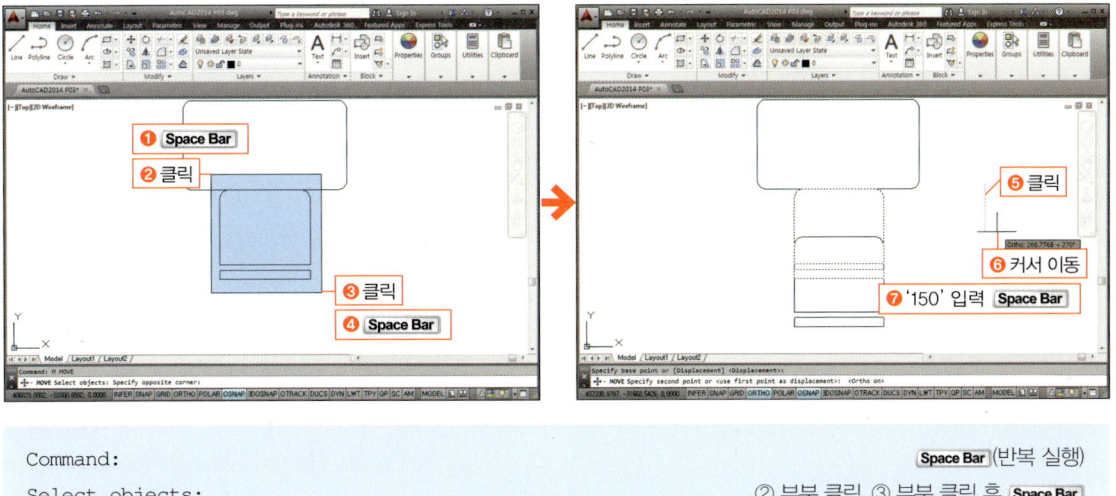

```
Command:                                                      Space Bar (반복 실행)
Select objects:                              ② 부분 클릭, ③ 부분 클릭 후 Space Bar
Specify base point or [Displacement] <Displacement>:    ⑤ 부분 클릭 후 ⑥ 부분으로
                                                커서 이동, '150' 입력한 후 Space Bar
```

22. 이제 책상과 의자를 벽면에서 떨어진 위치에 배치합니다. `M`을 입력한 후 `Space Bar` 를 눌러 Move 명령을 실행합니다. 그림과 같이 선택한 후 `Space Bar` 를 누릅니다. 이동 기준점(⑤ 부분▲)을 클릭, 벽면으로 이동해 ⑥ 부분(田)을 클릭합니다.

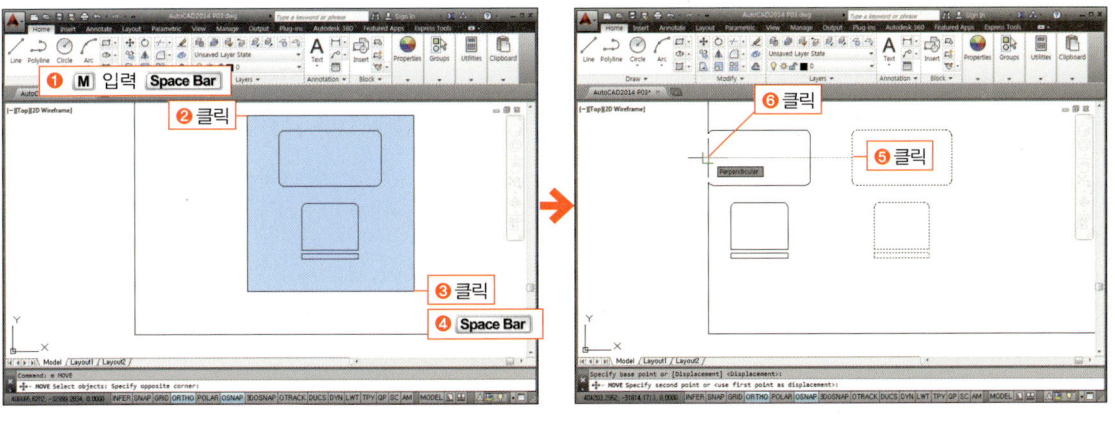

```
Command:                                                    M 입력한 후 Space Bar
Select objects:                              ② 부분 클릭, ③ 부분 클릭 후 Space Bar
Specify base point or [Displacement]<Displacement>:    ⑤ 부분 클릭 후 ⑥ 부분 클릭
```

23. 이제 책상과 의자를 수직으로배치하기 위해 Move 명령(**M**)을 실행합니다. 그림과 같이 클릭하여 의자와 책상을 선택합니다. 이동 기준점(⑤ 부분 **A**)을 클릭하고, 벽면으로 이동해 ⑥ 부분(**├┤**)을 클릭합니다.

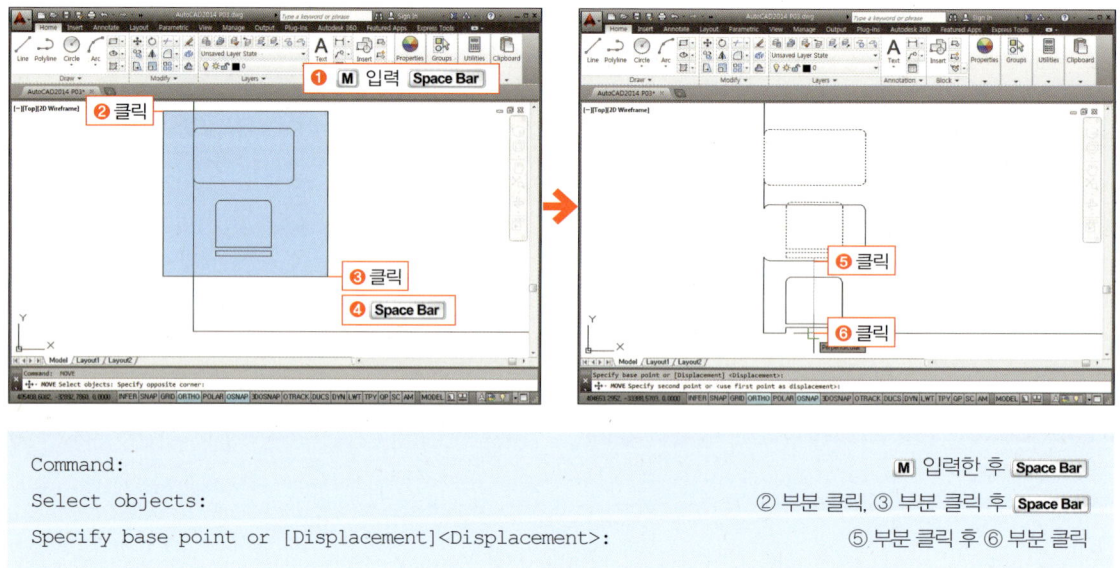

```
Command:                                                              M 입력한 후  Space Bar
Select objects:                                         ② 부분 클릭, ③ 부분 클릭 후  Space Bar
Specify base point or [Displacement]<Displacement>:          ⑤ 부분 클릭 후 ⑥ 부분 클릭
```

24. 책상과 의자의 끝이 벽으로부터 떨어진 거리를 확인한 후 Move 명령으로 이동시키겠습니다. **Space Bar** 를 눌러 Move 명령을 반복 실행하고 그림과 같이 클릭하여 책상과 의자를 선택합니다. 이동 기준점(⑤)을 클릭하고 커서를 ⑥ 부분으로 이동시킨 후 '550'을 입력합니다(**Space Bar**).

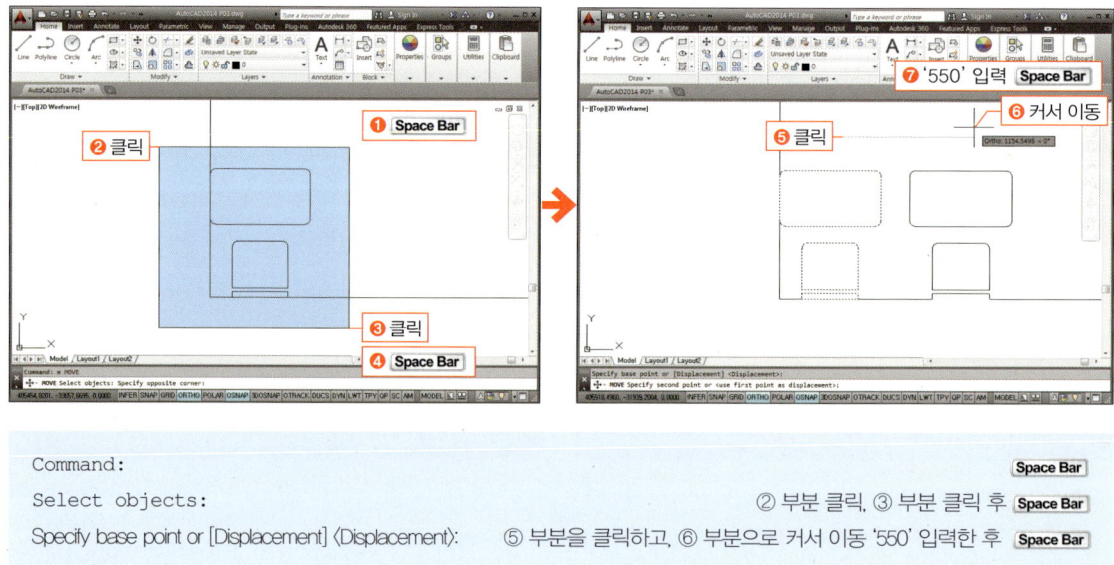

```
Command:                                                                        Space Bar
Select objects:                                         ② 부분 클릭, ③ 부분 클릭 후  Space Bar
Specify base point or [Displacement] <Displacement>:     ⑤ 부분을 클릭하고, ⑥ 부분으로 커서 이동 '550' 입력한 후  Space Bar
```

25. 이제 상단으로 이동시키기 위해 Space Bar 를 눌러 Move 명령을 반복 실행합니다. 그림과 같이 클릭하여 책상과 의자를 모두 선택합니다. 이동 기준점(⑤)을 클릭하고 커서를 ⑥ 부분으로 이동한 후 '850'을 입력합니다 Space Bar).

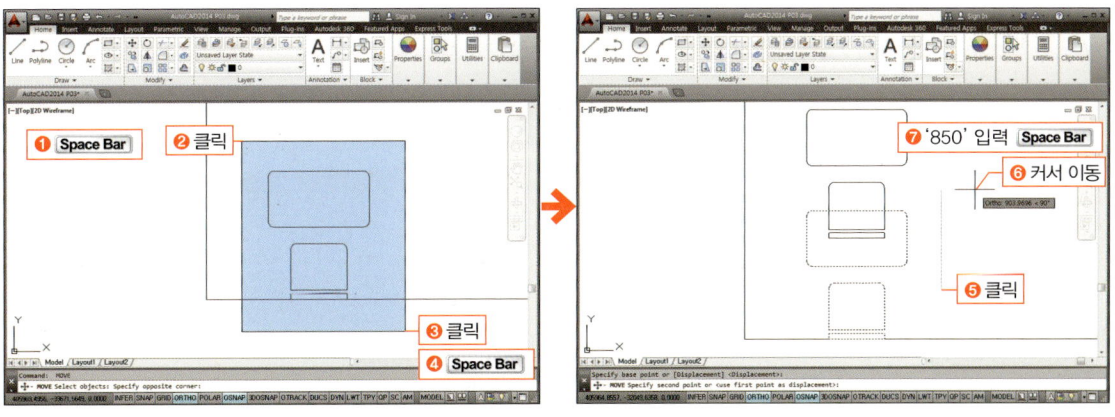

Command:	Space Bar
Select objects:	② 부분 클릭, ③ 부분 클릭 후 Space Bar
Specify base point or [Displacement] <Displacement>:	⑤ 부분 클릭 후 ⑥ 부분으로 커서 이동
	'850' 입력한 후 Space Bar

26. 작업이 마무리되면 그림과 같이 화면 크기를 조절합니다.

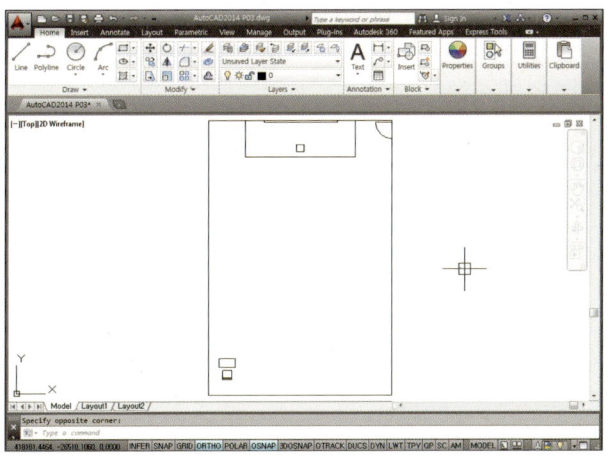

TIP : 위치를 지정하여 객체를 이동시키는 방법

1. 위치를 표시한 후 이동

객체를 선택하여 지정한 거리만큼 이동시킬 경우에는 거리 좌표를 사용하여 작업을 해도 되지만 아래와 같이 Offset 명령 등으로 이동할 위치를 표시한 후 이동시키는 방법도 있습니다.

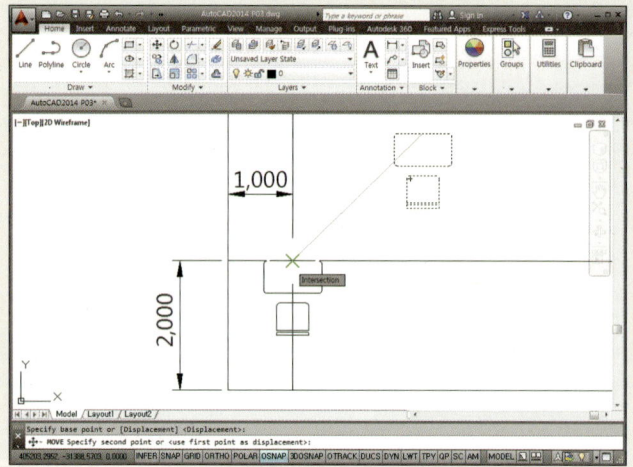

2. 상대 좌표로 한 번에 이동

그림과 같이 X축으로 '850', Y축으로 '550' 이동시키려면 '@850,550'을 입력하면 됩니다.

Move 명령 실행➔이동시킬 객체 선택 후 Space Bar ➔기준점으로 아무 곳이나 클릭➔ '@850,550' 입력 Space Bar

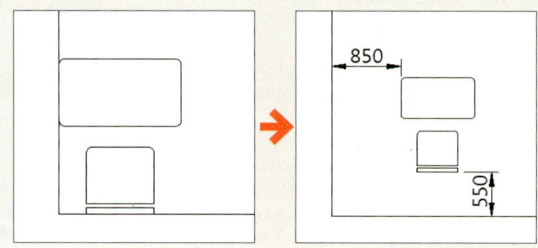

27. 이제 의자를 배열할 준비가 되었다면 Array 명령의 단축키인 A R 을 입력하고 Space Bar 를 누릅니다. 배열할 책상과 의자를 선택하기 위해 ② 부분을 클릭하고 ③ 부분을 클릭한 다음 Space Bar 를 누릅니다.

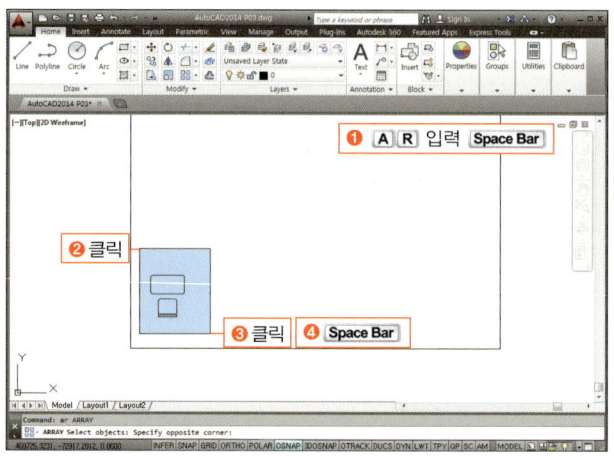

28. 명령 입력창의 옵션에서 직교 배열에 해당되는 [Rectangular] 옵션을 사용하기 위해 **R**을 입력하고 **Space Bar**를 누릅니다.

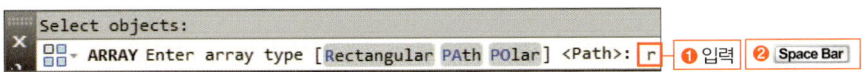

29. X축과 Y축에 대한 배열 수량과 거리를 입력해야 합니다. 리본 메뉴에 Rectangular Array의 세부 사항을 입력합니다. [Columns]은 X축, [Rows]는 Y축이므로 다음과 같이 입력하고 [Close Array]( )를 클릭합니다(X축 수량 : 5, 거리 : 2000   Y축 수량 : 6, 거리 : 2000).

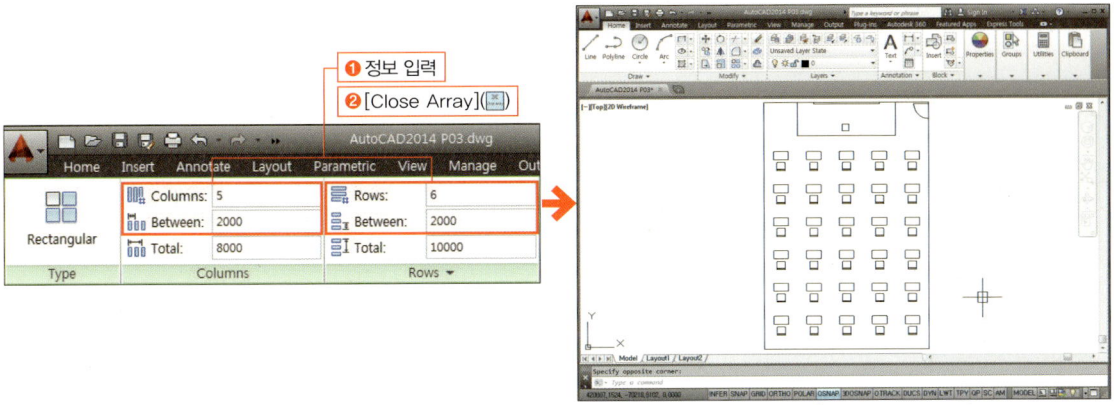

응용 예제

1. 다음 장애인 점형 블록을 만드세요.

완성 파일 I DVD₩완성₩Part03₩Lesson03₩점형블록.DWG(완성 파일을 참조하여 작성해 봅니다.)

주요 명령어 I Line(L), Offset(O), Trim(TR), Circle(C), Rectangle(REC), Array(AR)

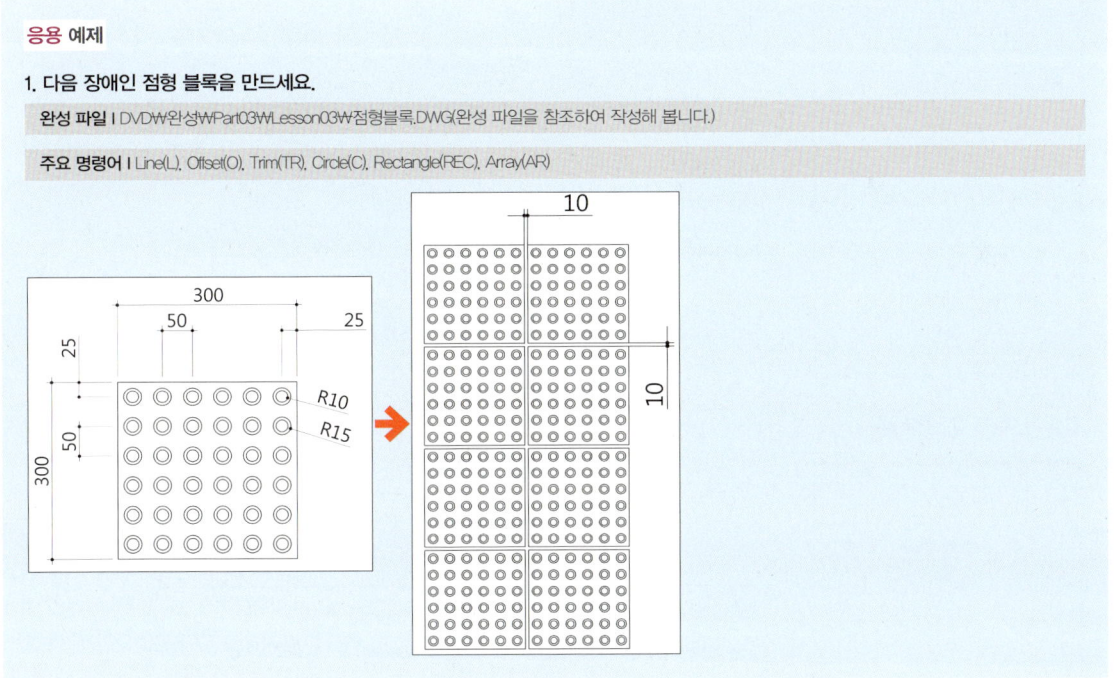

배열 거리 입력 시 양수/음수 입력에 따른 작업 결과

앞선 책상 배열 작업에서 기준이 되는 책상과 의자의 위치는 좌측 하단이었습니다. 좌측 하단을 기준으로 정한 이유는 거리 값 설정에 있어서 양수로 입력하는 것을 전제로 했기 때문입니다. 상황에 따라 기준이 되는 객체의 위치가 어디냐에 따라서 객체와 객체의 거리 값 입력이 달라질 수 있습니다.

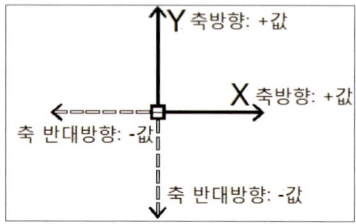

• 기준이 좌측 상단일 경우

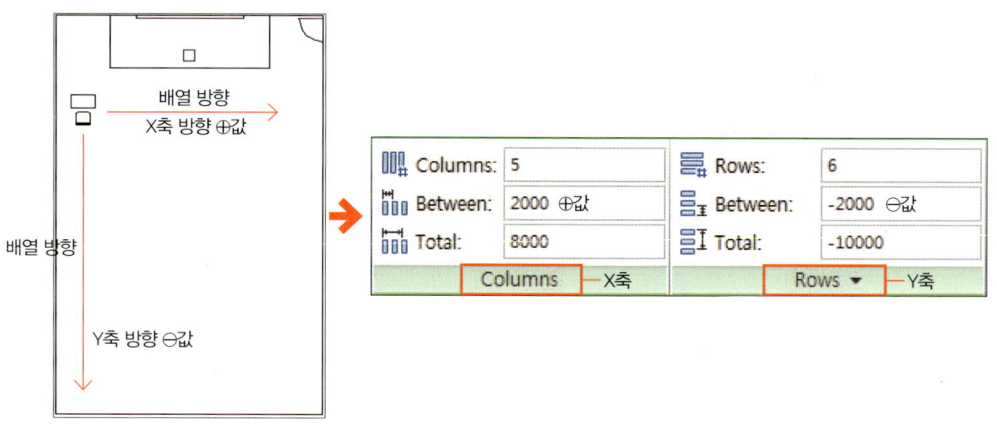

• 기준이 우측 상단일 경우

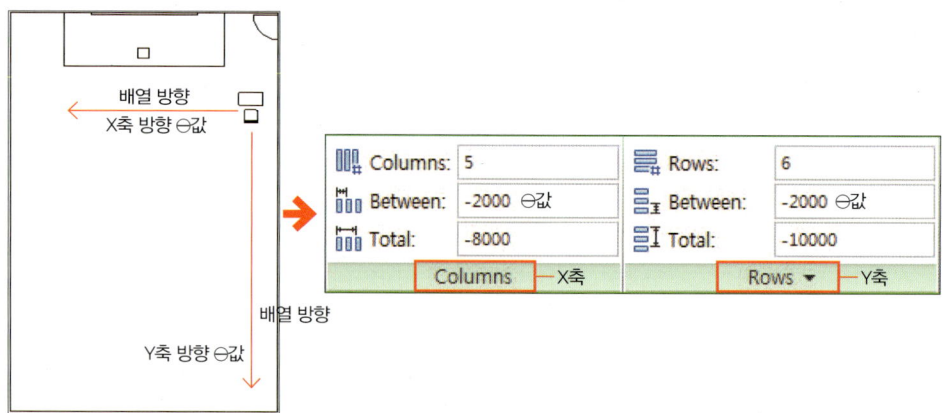

• 기준이 우측 하단일 경우

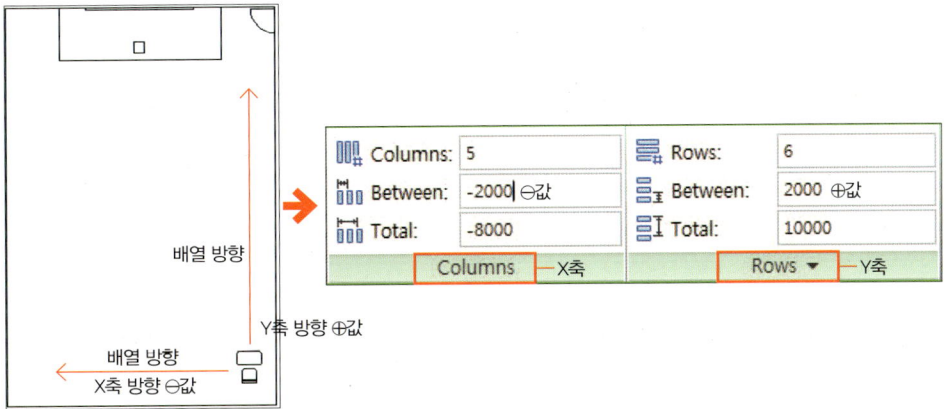

기준으로부터 아래쪽의 배치와 좌측으로 이루어지는 배열은 음수를 입력해야 합니다.

TIP : 배열 거리 입력 시 'Between'을 입력하면 객체 간의 거리가 입력되며, 'Total'을 입력하면 처음 객체와 마지막 객체의 거리로 입력됩니다.

원형 배열을 사용하여 원형 탁자 주변에 필요한 수량대로 의자를 배열해 보겠습니다.

예제 파일 | DVD₩예제₩Part03₩Lesson03₩원형배열.DWG

01. AutoCAD 2014를 실행하고 새 도면을 시작합니다. 원을 그리기 위해 Circle 명령(**C**)을 실행합니다. 빈 공간에서 중심점(②)을 클릭하고, 반지름 값 '600'을 입력한 후 **Space Bar** 를 눌러 원을 만듭니다. 이어서 Offset 명령(**O**)을 실행합니다. 거리 값 '30'을 입력한 후 **Space Bar** 를 누르고 그림과 같이 클릭하여 원을 하나 더 만듭니다.

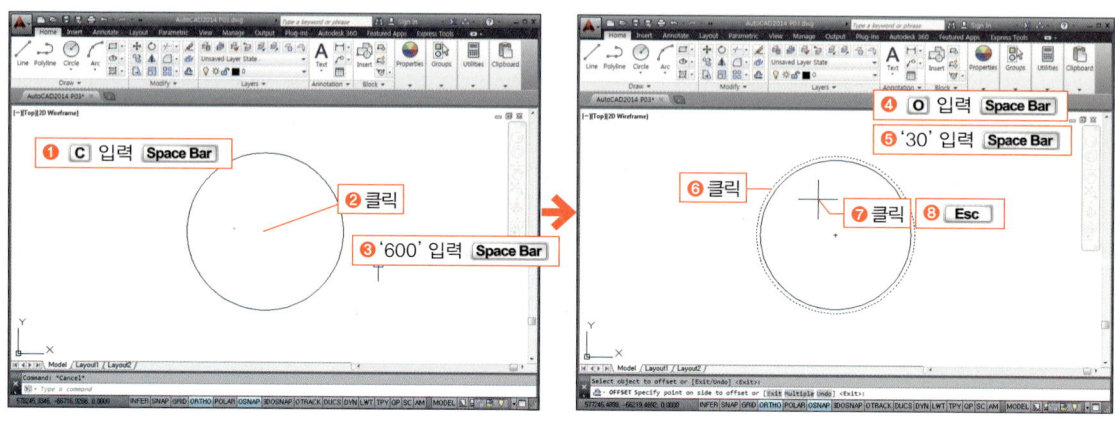

```
Command:                                                        C 입력한 후 Space Bar
Specify center point for circle or [3P/2P/Ttr (tan tan radius)]:        중심점 클릭
Specify radius of circle or [Diameter] <10.0000>:              '600' 입력한 후 Space Bar
Command:                                                        O 입력한 후 Space Bar
Specify offset distance or [Through/Erase/Layer] <10.0000>:     '30' 입력한 후 Space Bar
Select object to offset or [Exit/Undo] <Exit>:                         원 클릭
Specify point on side to offset or [Exit/Multiple/Undo] <Exit>:    ⑦ 부분 클릭  Esc
```

02. 안쪽 원에 십자선을 만들기 위해 Line 명령(**L**)을 실행합니다. ②, ③ 부분 클릭하여 선을 만들고 **Esc** 를 눌러 종료합니다. 다시 **Space Bar** 를 눌러 Line 명령을 반복 실행하고 ⑥, ⑦ 부분 클릭하여 십자선을 만듭니다.

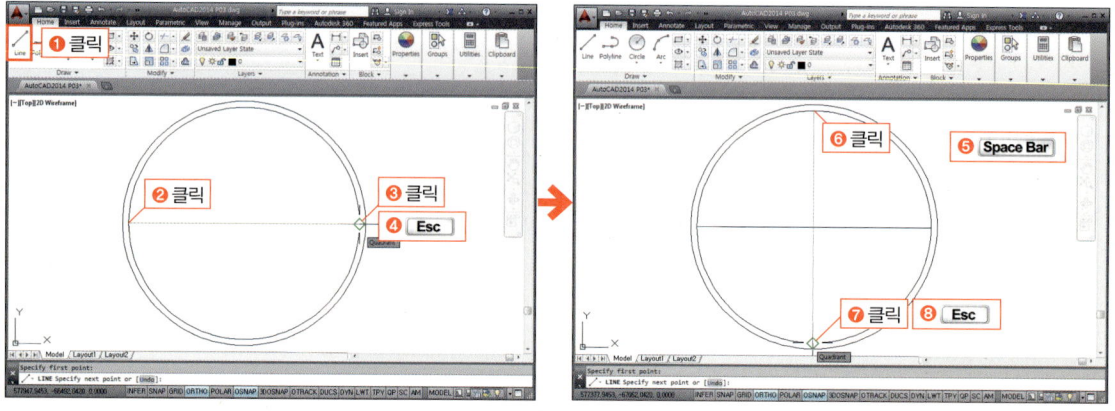

```
Command:                                       L 입력한 후 Space Bar
Specify first point:                                ② 부분 클릭
Specify next point or [Undo]:                       ③ 부분 클릭 후 Esc
Command:                                               Space Bar
Specify first point:                                ⑥ 부분 클릭
Specify next point or [Undo]:                       ⑦ 부분 클릭 후 Esc
```

03. 작성된 십자선을 Rotate 명령의 [Copy] 옵션으로 30도 회전/복사시키기 위해 R O 를 입력하고 Space Bar 를
누릅니다. 다음 Crossing Box로 회전시킬 객체를 선택하고, 회전 기준점(⑤)의 Midpoint(중간점)나 Intersection(교차점)을
클릭합니다.

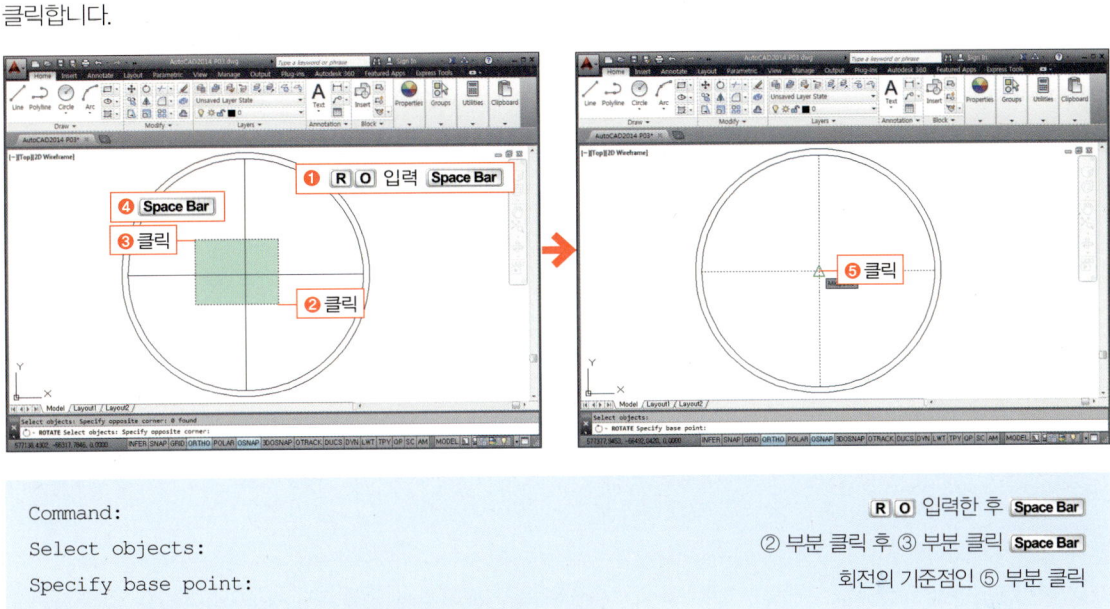

```
Command:                                       R O 입력한 후 Space Bar
Select objects:                      ② 부분 클릭 후 ③ 부분 클릭 Space Bar
Specify base point:                         회전의 기준점인 ⑤ 부분 클릭
```

04. [Copy] 옵션을 적용하기 위해 C 를 입력하고 Space Bar 를 누릅니다. '30'을 입력하고 다시 Space Bar 를 누릅
니다.

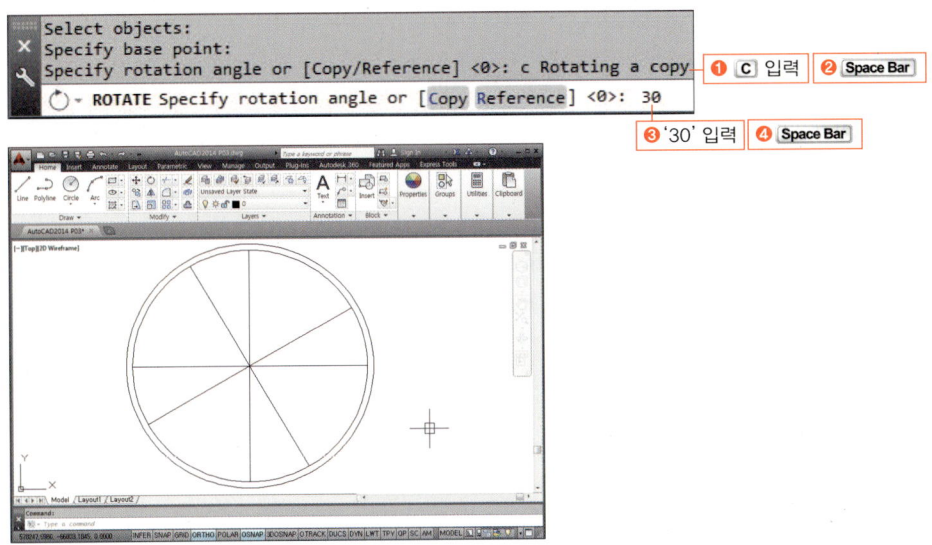

05. 작성한 탁자 옆의 빈 공간에 의자를 만들기 위해 Circle 명령(**C**)을 실행합니다. 중심점(②)을 클릭하고 반지름 값 '20'을 입력한 후 **Space Bar** 를 누릅니다. 다시 **Space Bar** 를 눌러 Circle 명령을 반복 실행하고 앞서 작성한 원과 같은 중심점을 클릭한 후 반지름 값 '200'을 입력합니다. 한 번 더 같은 방법으로 반지름 값 '230'인 원을 만듭니다.

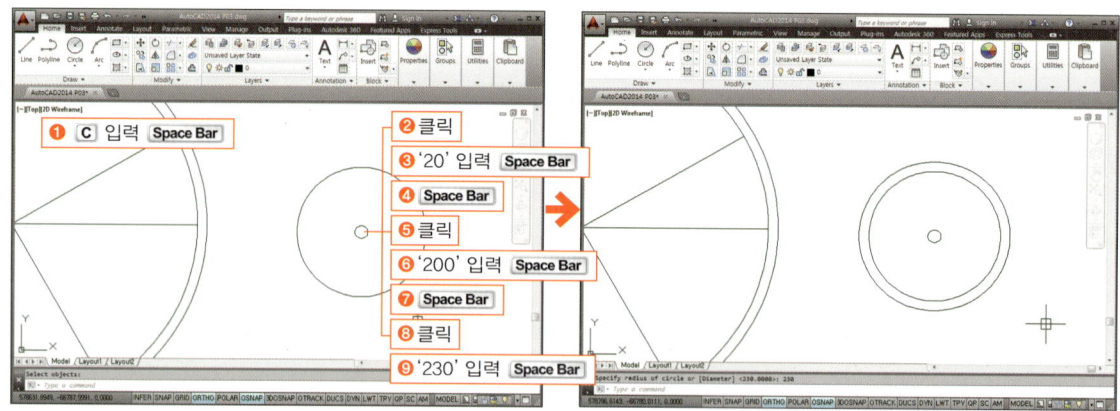

Command:	**C** 입력한 후 **Space Bar**
Specify center point for circle or [3P/2P/Ttr (tan tan radius)]:	② 부분 클릭
Specify radius of circle or [Diameter] <10.0000>:	'20' 입력한 후 **Space Bar**
Command:	**Space Bar**
Specify center point for circle or [3P/2P/Ttr (tan tan radius)]:	⑤ 부분 클릭
Specify radius of circle or [Diameter] <20.0000>:	'200' 입력한 후 **Space Bar**
Command:	**Space Bar**
Specify center point for circle or [3P/2P/Ttr (tan tan radius)]:	⑧ 부분 클릭
Specify radius of circle or [Diameter] <200.0000>:	'230' 입력한 후 **Space Bar**

06. 이번에는 등받이 부분을 구분하기 위해 Line 명령(**L**)을 실행합니다. ② 부분 클릭, ③ 부분을 클릭해서 선을 만들어 등받이를 구분합니다.

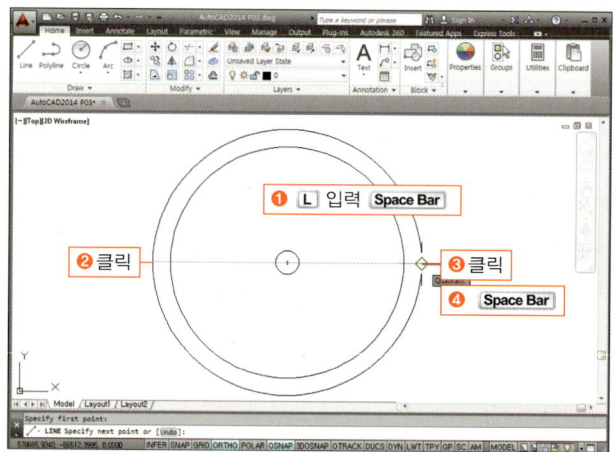

Command:	**L** 입력한 후 **Space Bar**
Specify first point:	② 부분 클릭
Specify next point or [Undo]:	③ 부분 클릭 후 **Space Bar**

07. 불필요한 부분을 잘라내기 위해 Trim 명령(T R)을 실행합니다. 기준선(②)을 클릭하고 Space Bar 를 누른 후 ④ 부분을 클릭해 안쪽 선을 잘라냅니다.

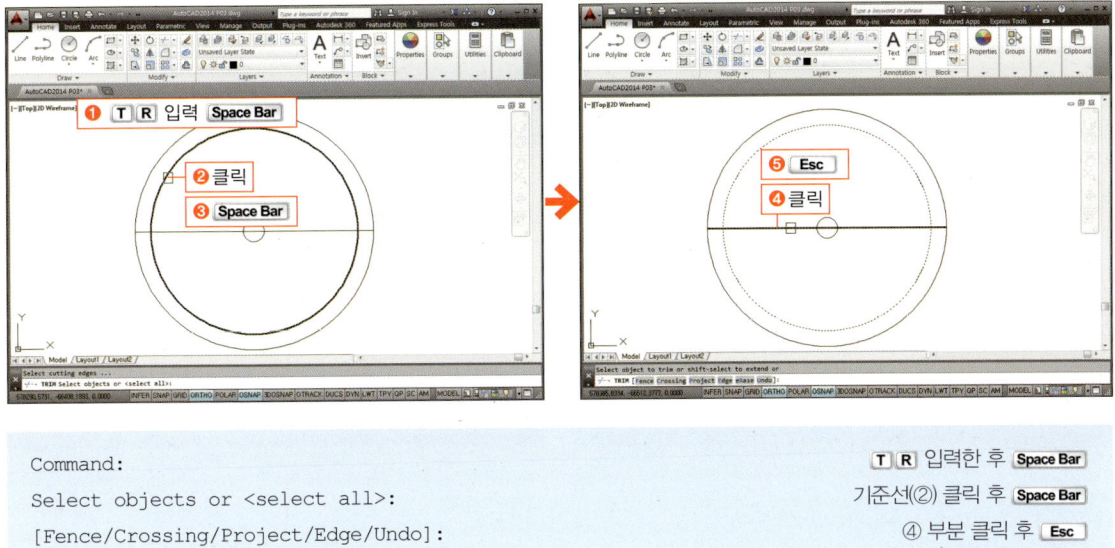

```
Command:
Select objects or <select all>:
[Fence/Crossing/Project/Edge/Undo]:
```

T R 입력한 후 Space Bar
기준선(②) 클릭 후 Space Bar
④ 부분 클릭 후 Esc

08. 위와 같은 방법으로 등받이 반대쪽에 불필요한 부분을 잘라내기 위해 T R 을 입력한 후 Space Bar 를 누릅니다. 다시 Space Bar 를 누르고 ③ 부분을 클릭해 선을 잘라낸 후 Esc 를 눌러 종료합니다.

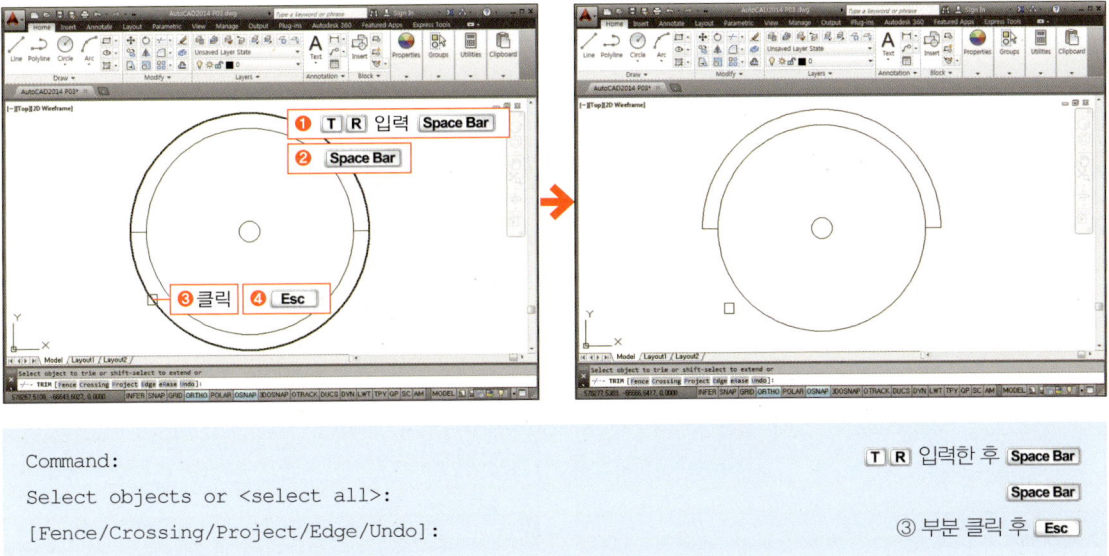

```
Command:
Select objects or <select all>:
[Fence/Crossing/Project/Edge/Undo]:
```

T R 입력한 후 Space Bar
Space Bar
③ 부분 클릭 후 Esc

09. 만들어진 의자를 탁자 위로 '200'만큼 떨어진 곳에 배치하기 위해 Move 명령(**M**)을 실행합니다. 그림과 같이 클릭(②, ③ 부분)한 후 **Space Bar** 를 눌러 객체를 선택합니다. 기준점(⑤, 원의 사분점)을 클릭하고 ⑥ 부분(원의 사분점)을 클릭하여 이동시킵니다.

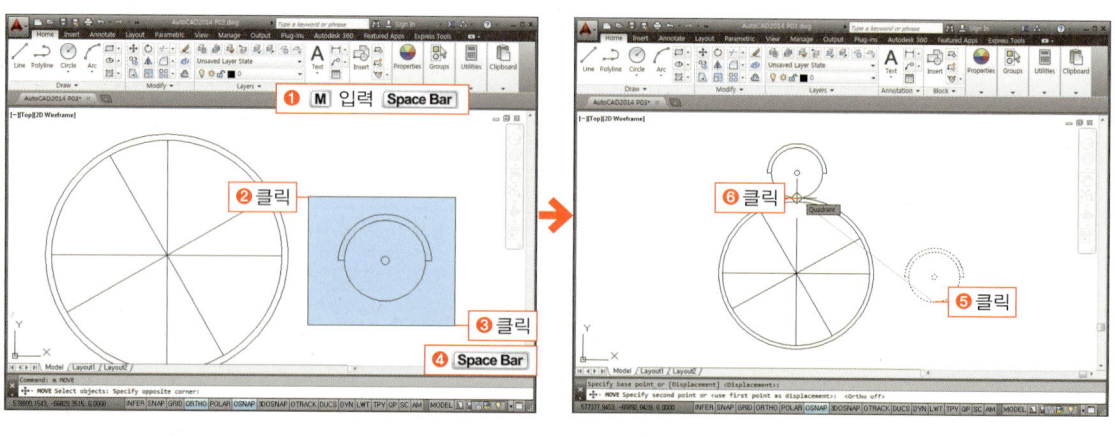

Command:	**M** 입력한 후 **Space Bar**
Select objects:	② 부분 클릭하고 ③ 부분 클릭 후 **Space Bar**
Specify base point or [Displacement] <Displacement>:	⑤ 부분 클릭
Specify second point or <use first point as displacement>:	⑥ 부분 클릭

10. 상단으로 '200'만큼 이동시키기 위해 Move 명령(**M**)을 실행합니다. 그림과 같이 클릭(②, ③ 부분)한 후 **Space Bar** 를 눌러 객체를 선택합니다. ⑤ 부분 클릭하고 커서를 ⑥ 부분에 위치시킨 후 '200'을 입력한 다음 **Space Bar** 를 누릅니다.

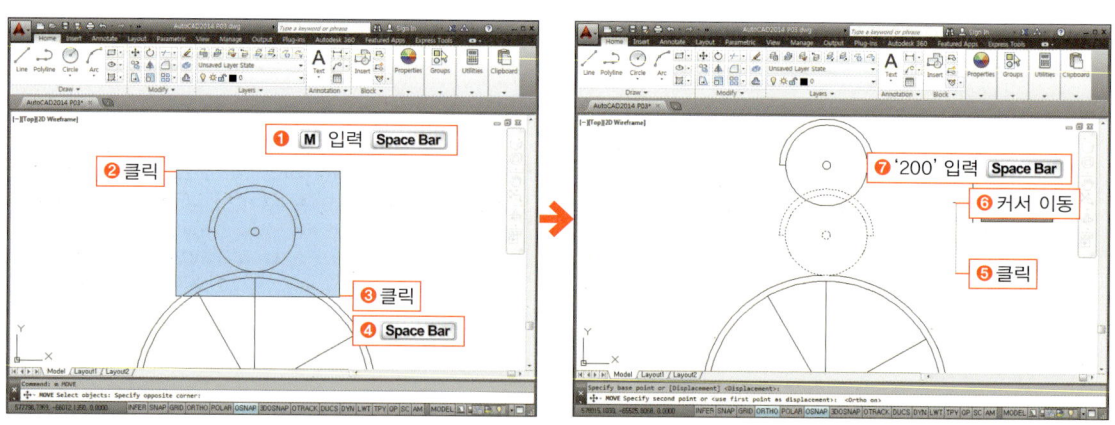

Command:	**M** 입력한 후 **Space Bar**
Select objects:	② 부분 클릭, ③ 부분 클릭 후 **Space Bar**
Specify base point or [Displacement] <Displacement>:	⑤ 부분 클릭
Specify second point or <use first point as displacement>:	⑥ 부분에 커서 놓은 후 '200' 입력하고
	Space Bar

11. 의자를 배열한 준비가 되었으면 Array 명령(**A R**)을 실행합니다. 배열할 책상과 의자를 선택하기 위해 그림과 같이 클릭(②, ③ 부분)한 후 **Space Bar** 를 누릅니다.

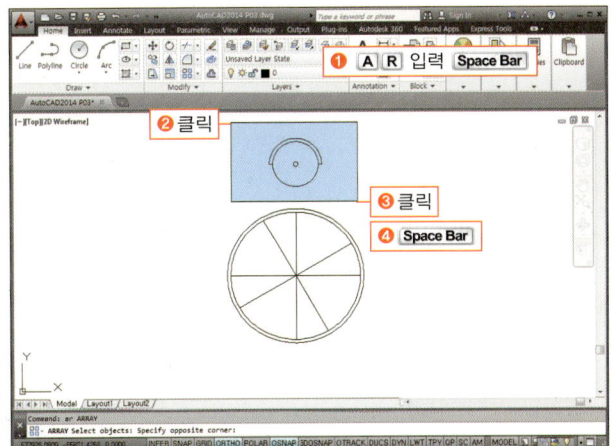

Command: **A R** 입력한 후 **Space Bar**
selecte objects: ② 부분 클릭, ③ 부분 클릭 후 **Space Bar**

12. 명령 입력창의 옵션 중 원형 배열에 해당되는 [Polar] 옵션을 사용하기 위해 **P O** 를 입력하고 **Space Bar** 를 누릅니다. 이어서 배열시킬 중심점(③)을 클릭합니다.

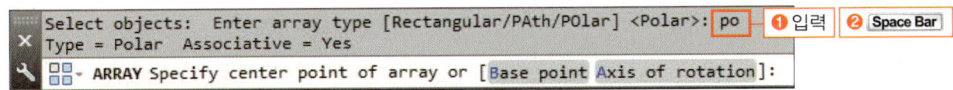

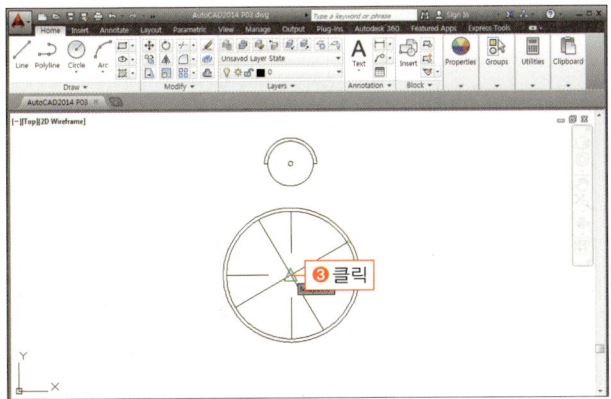

13. 배열 수량이 원본을 포함해 8개입니다. 리본 메뉴를 그림과 같이 설정하고 [Close Array](아이콘)를 클릭합니다.

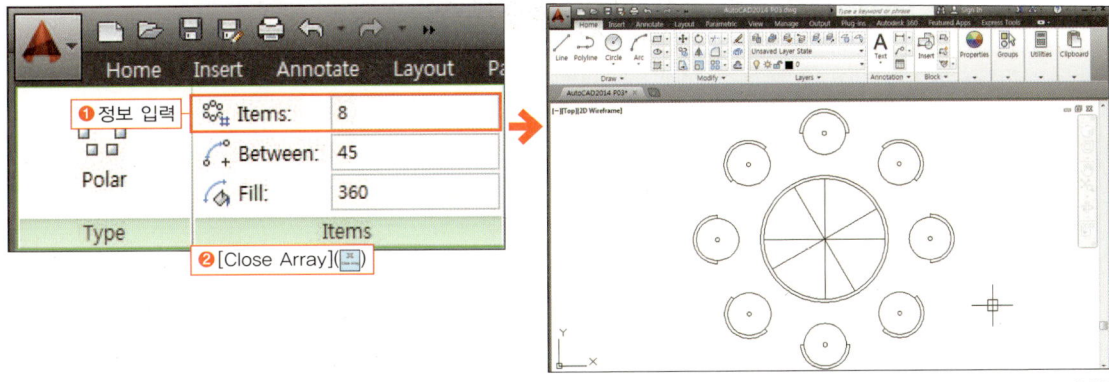

TIP : 배열 각도와 방향 조정

■ 배열 각도 설정

앞선 경우처럼 원의 형태로 배열시킬 경우 기본 값 '360도'로 작업하지만 필요에 따라 '90도, 180도, 270도' 등 원하는 각도 안에 배열시켜야 한다면 [Items] 패널의 [Fill]을 설정하면 됩니다. 원본을 기준으로 시계 반대 방향으로 배열이 되며, 시계 방향으로 배열할 경우에는 리본 메뉴의 [Direction] 버튼을 클릭하면 배열 방향이 전환됩니다.

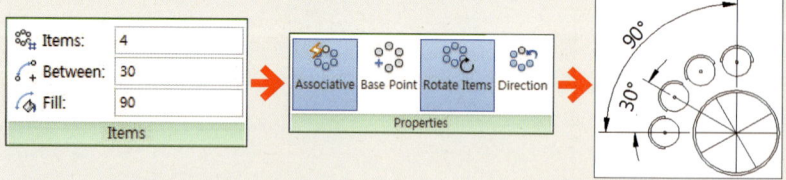

■ 원본의 방향 유지

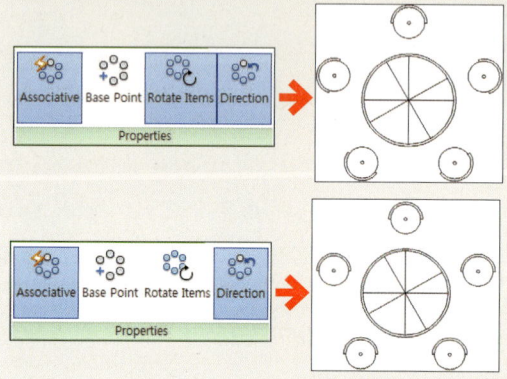

응용 예제

1. 다음 원형 계단을 만드세요.

완성 파일 I DVD₩완성₩Part03₩Lesson03₩배열도면.DWG(완성 파일을 참조하여 작성해 봅니다.)

주요 명령어 I Line(L), Offset(O), Trim(TR), Circle(C), Array(AR)

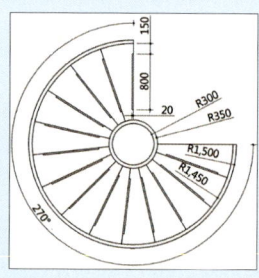

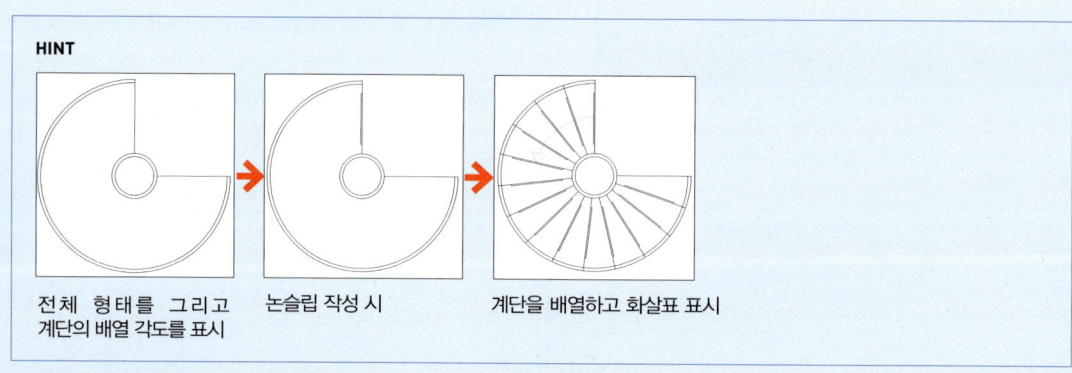

HINT

전체 형태를 그리고 계단의 배열 각도를 표시 → 논슬립 작성 시 → 계단을 배열하고 화살표 표시

2. 다음 4인용 테이블을 만드세요.

주요 명령어 : Line(L), Offset(O), Trim(TR), Circle(C), Rectangle(REC), Array(AR)

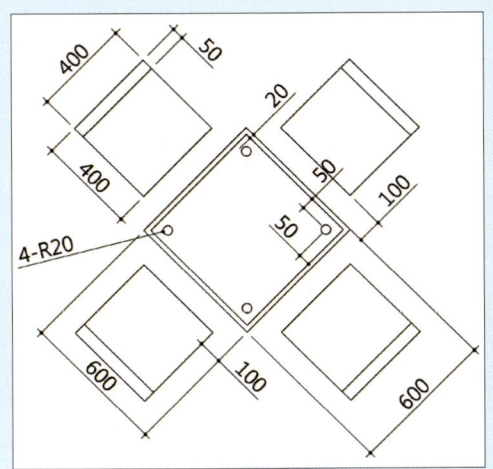

HINT

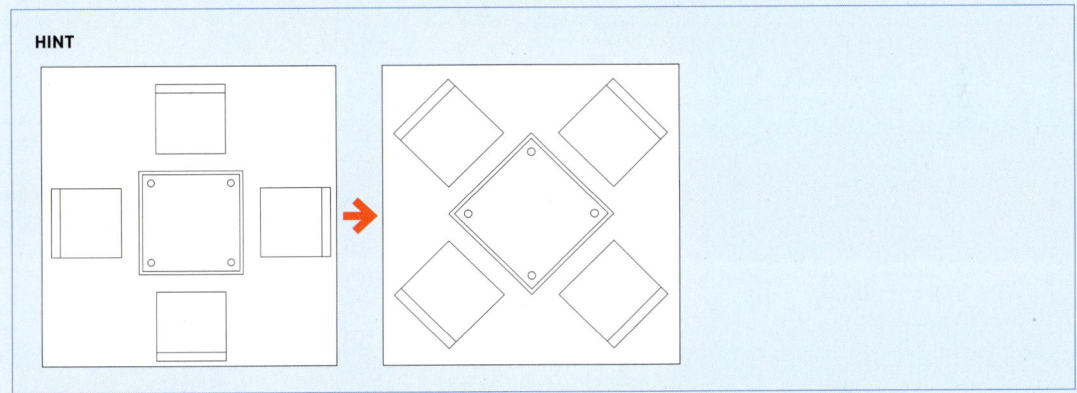

3. 다음 회전문을 만드세요.

주요 명령어 : Line(L), Offset(O), Trim(TR), Circle(C), Rectangle(REC), Array(AR)

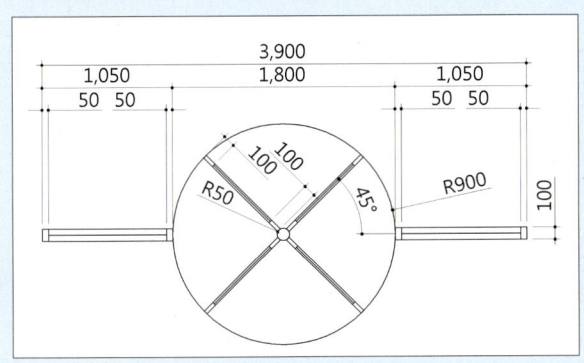

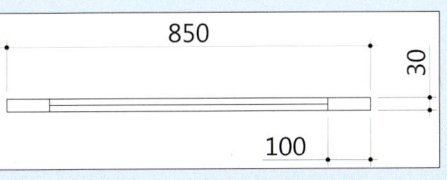

4. 다음 원형 배열 도면을 만드세요.

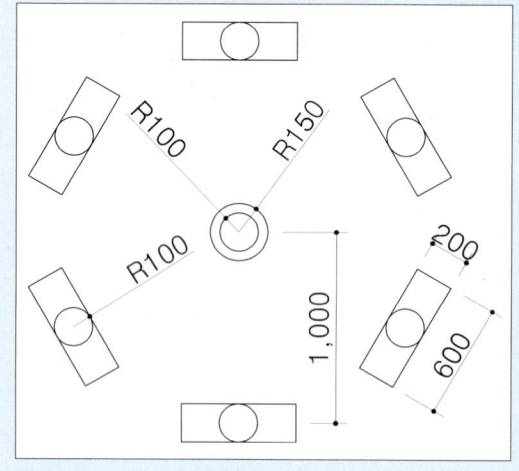

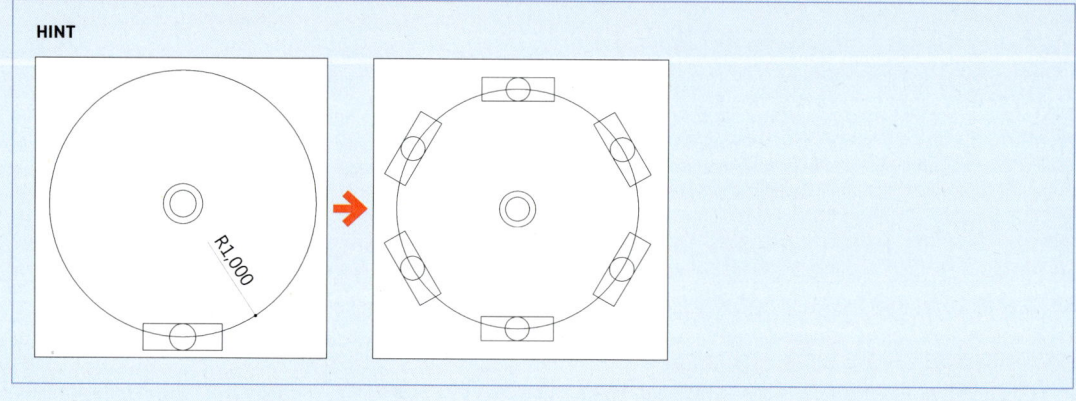

TIP : 원형 배열 시 [Rotate items]의 Yes/No 설정에 따라 원본의 회전 유무가 달라집니다.

Path Array 명령을 이용하면 객체가 배열되는 경로를 지정하여 반복된 객체를 빠르게 배열할 수 있습니다. 단, 경로는 하나의 선으로 된 폴리라인(Polyline)이어야 합니다.

예제 파일 | DVD₩예제₩Part03₩Lesson03₩경로배열.DWG

01. 예제 파일을 불러옵니다. 좌측 끝의 발판을 우측 끝까지 선을 따라 배열시켜야 합니다. 단축키 **A R**을 입력한 후 **Space Bar**를 눌러 Array 명령을 실행합니다. 그림과 같이 클릭한 후 **Space Bar**를 눌러 배열시킬 발판을 선택합니다.

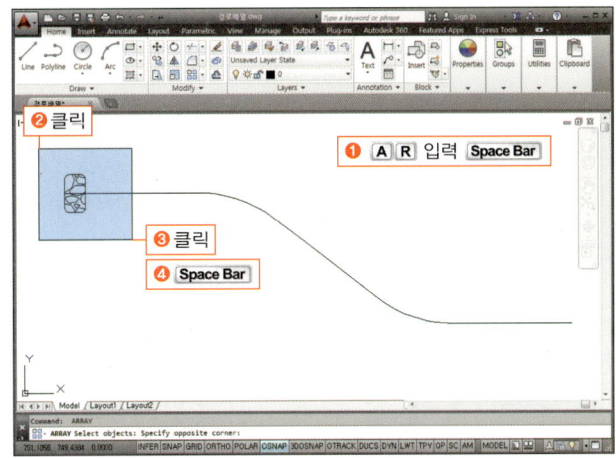

02. 명령 입력창의 옵션 중에 배열 복사인 [Path] 옵션을 적용하기 위해 **P A**를 입력한 후 **Space Bar**를 누릅니다. 배열 경로로 사용할 선(③)을 클릭하면 기본 설정을 미리 확인할 수 있습니다.

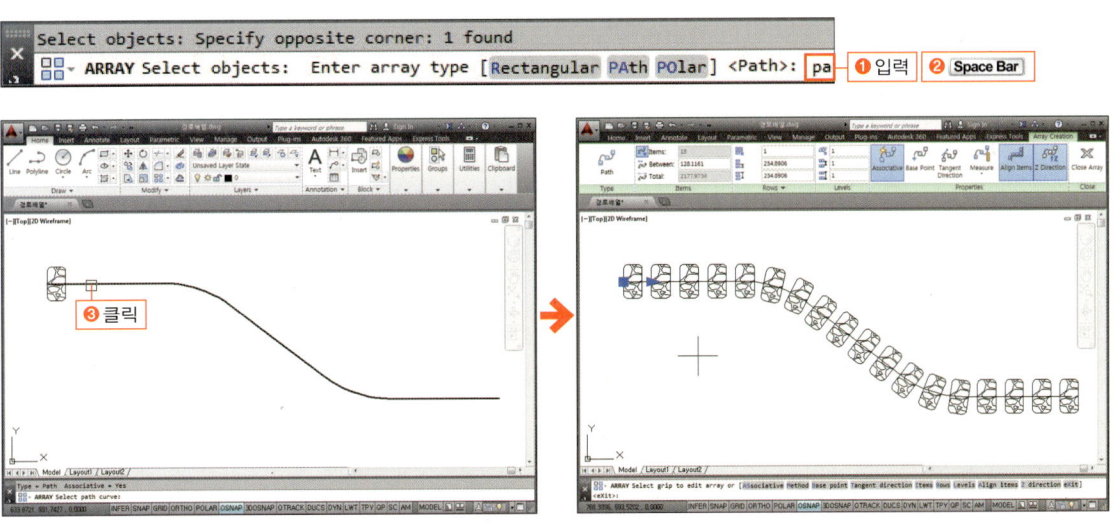

03. 옵션을 통해 몇 가지 사항을 변경해 보겠습니다. 리본 메뉴의 [Items] 패널에서 [Between]을 '150'으로 변경하고 **Enter** 를 누르면 발판의 거리가 멀어집니다.

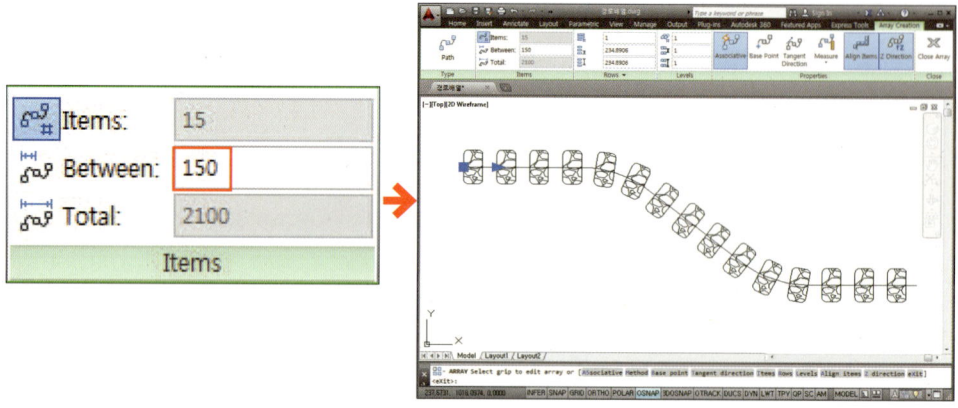

04. 이어서 [Rows] 패널의 첫 번째 항목 값을 '1'에서 '2'로 변경하고 **Enter** 를 누르면 발판이 2열로 나타납니다.

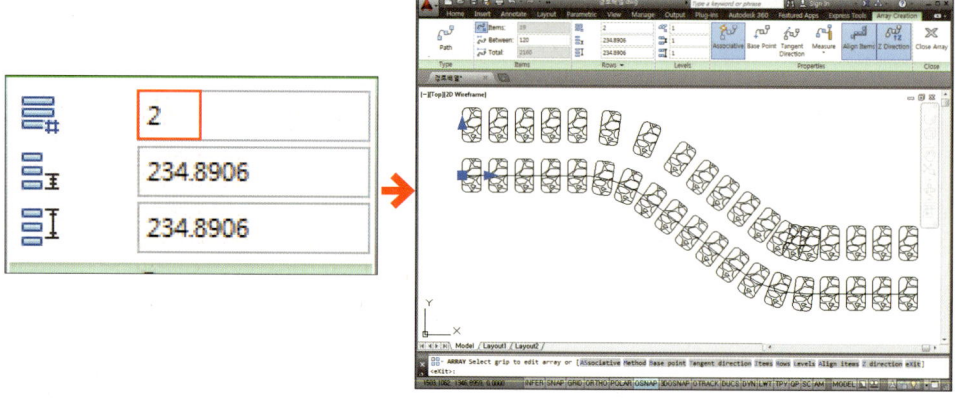

05. [Properties] 패널에서 [Base Point](🔲)를 클릭한 후 객체의 기준점을 ② 부분으로 클릭하면 클릭한 점의 위치가 경로의 끝으로 이동하게 됩니다.

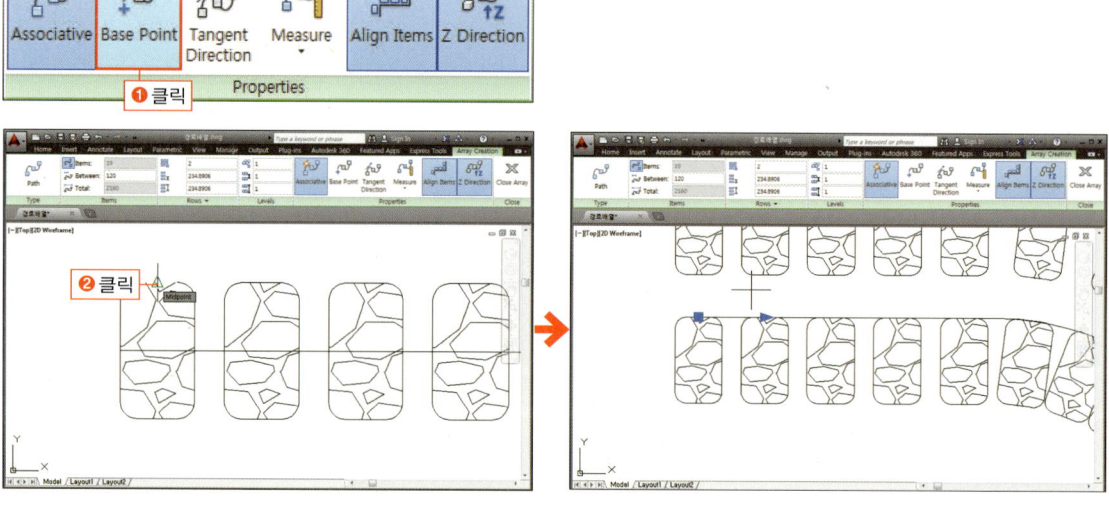

06. 이번에는 [Properties] 패널에서 네 번째 아이콘은 배열 대상의 간격 기준과 수량 기준으로 선택할 수 있으며, 다섯 번째 아이콘을 클릭하면 경로와 대상의 정렬 여부를 변경할 수 있습니다. 현재 배열 상태로 마무리하기 위해 **Enter** 를 누릅니다.

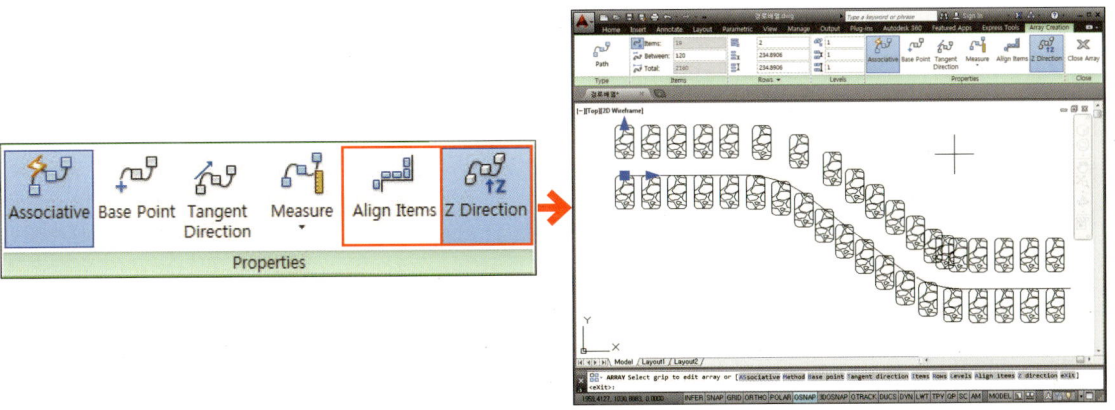

응용 예제

1. 도면을 다음과 같이 만드세요.

완성 파일 | DVD\완성\Part03\Lesson03\천장복도.DWG(완성 파일을 참조하여 작성해 봅니다.)

주요 명령어 | Line(L), Offset(O), Trim(TR), Array(AR)

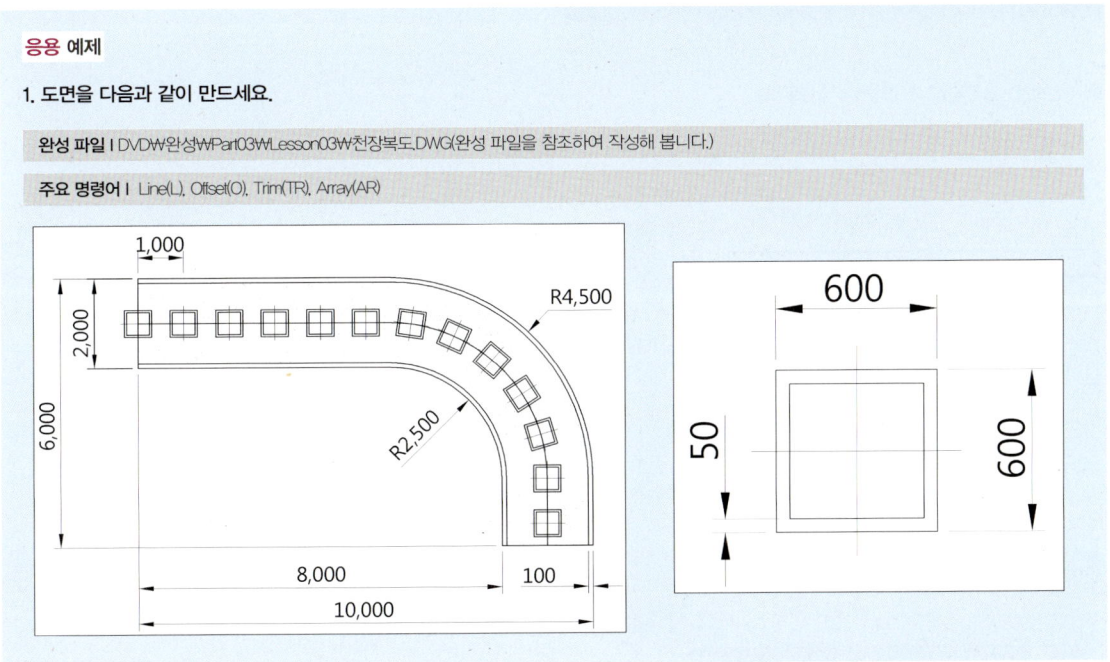

04 건축 재료의 표현과 도면 요소 형태의 변형

레 벨 ● ● ○

건축, 인테리어 도면에서 가구나 마감재 등 해당 재료에 맞는 질감 표현을 해야 퀄리티가 높은 도면으로 완성할 수 있고, 도면의 기능 또한 한층 더 증대시킬 수 있습니다. 이번 Lesson 04에서는 적절한 재료의 표현과 도면 요소의 형태를 편집할 수 있는 명령에 대해 알아보겠습니다.

기초탄탄 ▶ 재료의 표현과 형태 변형

■ Hatch 사용법 이해하기 `237P`

표시할 패턴을 정의한 후 영역을 지정해 패턴을 표시합니다.

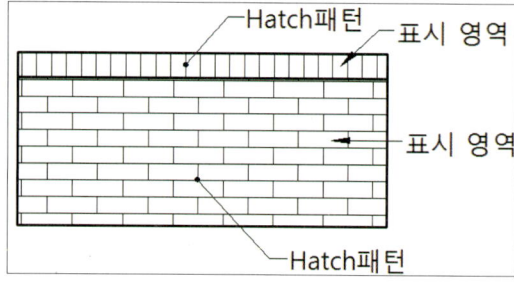

■ Hatch 실행하기

• [Home] 탭-[Draw] 패널에서 [Hatch](⊞ ▼)를 클릭하여 실행합니다.

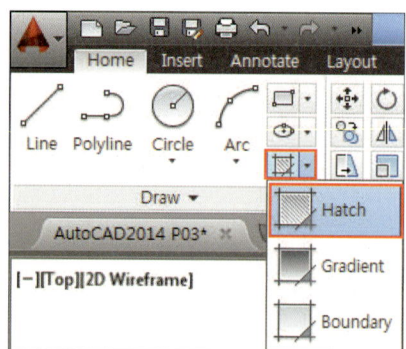

• 명령 입력창에서 Hatch 명령어(**H**)를 입력한 후, **Space Bar**를 눌러 실행합니다.

명령어 입력

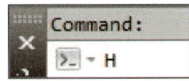

단축키 입력

■ Hatch 옵션

옵션에서 패턴의 형태와 크기 등을 설정할 수 있습니다.

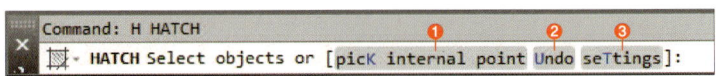

❶ picK internal point : 표시할 영역을 Point로 지정합니다.

❷ Undo : 작업을 취소합니다.

❸ seTtings: [Hatch and Gradient] 대화상자를 불러와 패턴을 정의합니다.

■ Hatch 사용 과정 익히기 – 리본 메뉴 사용

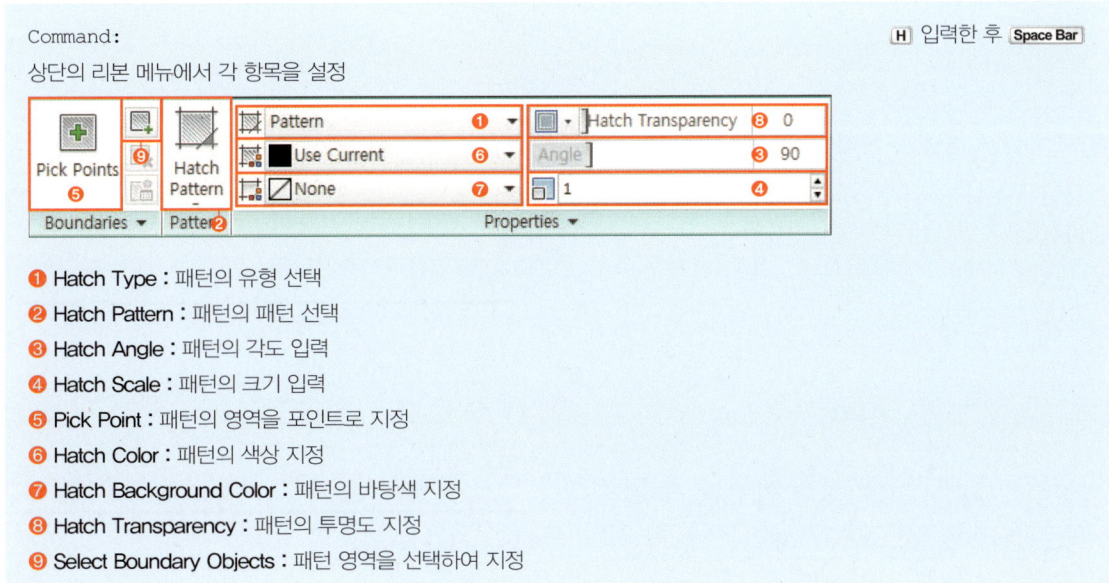

❶ Hatch Type : 패턴의 유형 선택

❷ Hatch Pattern : 패턴의 패턴 선택

❸ Hatch Angle : 패턴의 각도 입력

❹ Hatch Scale : 패턴의 크기 입력

❺ Pick Point : 패턴의 영역을 포인트로 지정

❻ Hatch Color : 패턴의 색상 지정

❼ Hatch Background Color : 패턴의 바탕색 지정

❽ Hatch Transparency : 패턴의 투명도 지정

❾ Select Boundary Objects : 패턴 영역을 선택하여 지정

■ Hatch 사용 과정 익히기 − [Hatch and gradient] 대화상자 사용(이전 버전 형태)

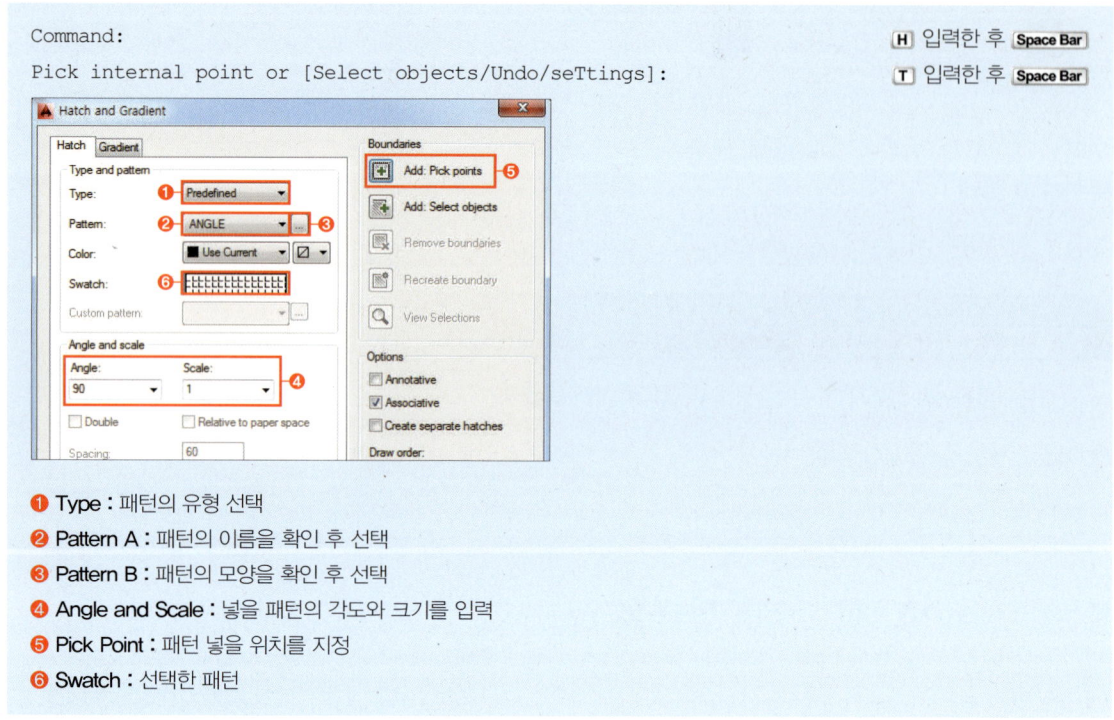

Command:

Pick internal point or [Select objects/Undo/seTtings]:

[H] 입력한 후 Space Bar
[T] 입력한 후 Space Bar

❶ **Type :** 패턴의 유형 선택
❷ **Pattern A :** 패턴의 이름을 확인 후 선택
❸ **Pattern B :** 패턴의 모양을 확인 후 선택
❹ **Angle and Scale :** 넣을 패턴의 각도와 크기를 입력
❺ **Pick Point :** 패턴 넣을 위치를 지정
❻ **Swatch :** 선택한 패턴

■ Xline을 사용한 무한대선 이해하기 256P

사용할 무한대선의 각도를 설정하고 위치를 지정합니다. 이후 필요 없는 부분은 Trim 명령으로 편집합니다.

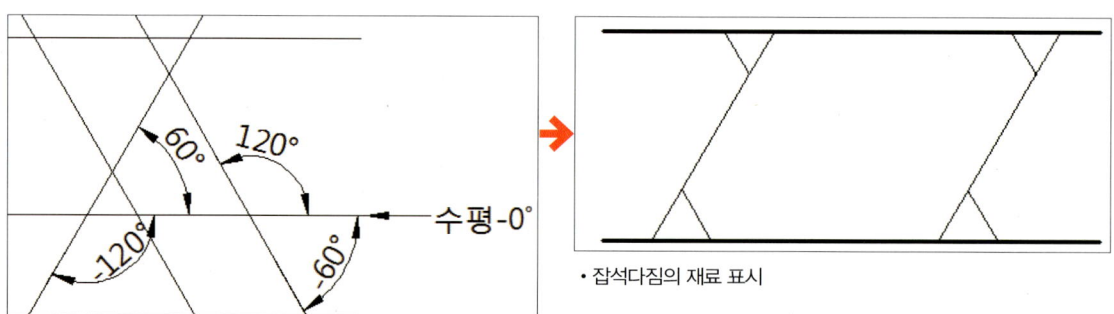

• 잡석다짐의 재료 표시

AutoCAD에서 각도를 입력해야 할 경우 항상 시계 방향은 −값, 시계 반대 방향은 +값을 입력해야 합니다.

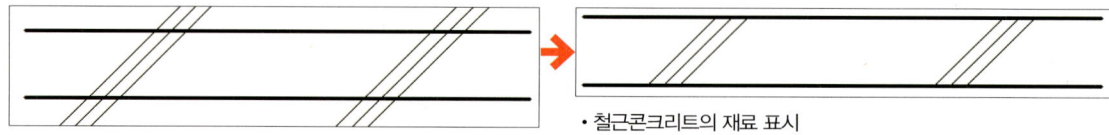

• 철근콘크리트의 재료 표시

■ Xline 실행하기

- [Home]—[Draw] 패널에서 [Xline](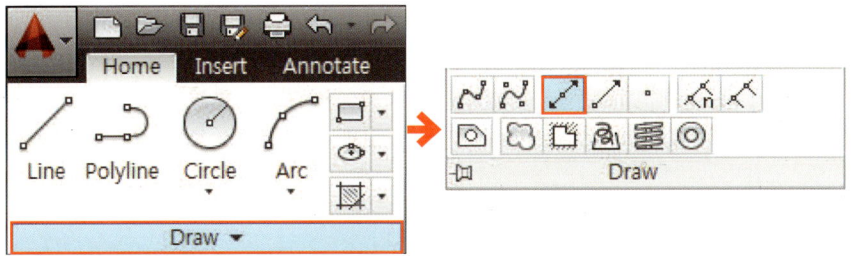)을 클릭합니다.

- 명령 입력창에서 Xline 명령어(**X** **L**)를 입력한 후, **Space Bar** 를 눌러 실행합니다.

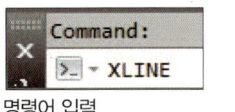

명령어 입력

단축키 입력

■ Xline 옵션

다양한 각도의 무한대선을 설정하고 참조 각도를 사용할 수 있습니다.

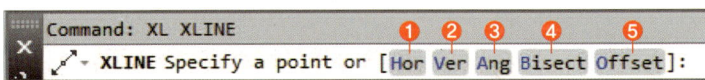

❶ Hor(수평선) : 무한대의 수평선을 생성합니다.

❷ Ver(수직선) : 무한대의 수직선을 생성합니다.

❸ Ang(각도 설정) : 설정한 각도의 무한대선을 생성합니다.

❹ Bisect(각도 이등분) : 지정한 각도를 이등분한 무한대선을 생성합니다.

❺ Offset(간격 띄우기) : 무한대선으로 간격 띄우기를 합니다.

■ Xline 사용 과정 익히기

```
Command:                                                    X L 입력한 후 Space Bar
Command: xl XLINE Specify a point or [Hor/Ver/Ang/Bisect/Offset]: A 입력한 후 Space Bar (각도 설정)
Enter angle of xline (0) or [Reference]:                    사용할 각도 입력한 후 Space Bar
Specify through point:                                      배치할 위치 클릭 Esc
```

■ Stretch를 사용한 형태 변형 이해하기 264P

형태를 변형할 부분을 선택, 변형할 방향을 지시하여 늘리거나 줄일 값을 입력합니다. 작업할 부분 선택은 반드시 Crossing Box(걸침 선택)로 해야 합니다.

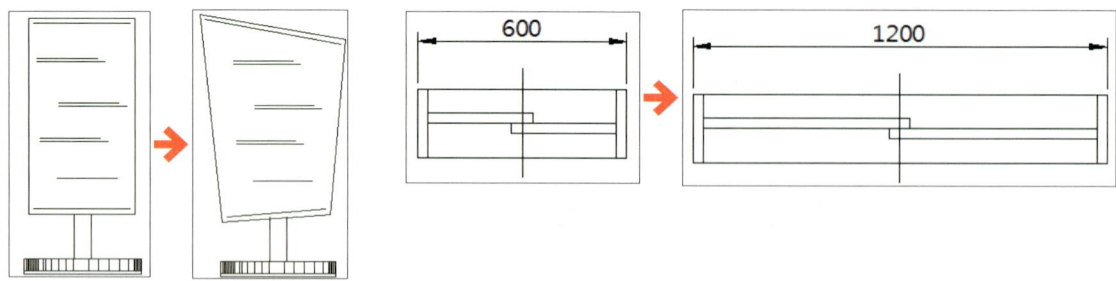

■ Stretch 실행하기

• [Home] 탭–[Modify] 패널에서 [Stretch](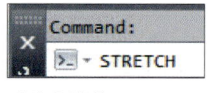)를 클릭하여 실행합니다.

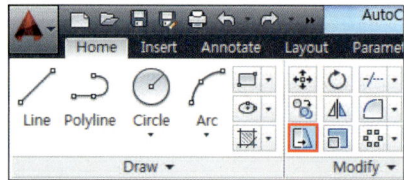

• 명령 입력창에서 Stretch 명령어(S)를 입력한 후, Space Bar를 눌러 실행합니다.

명령어 입력   단축키 입력

■ Stretch 사용 과정 익히기

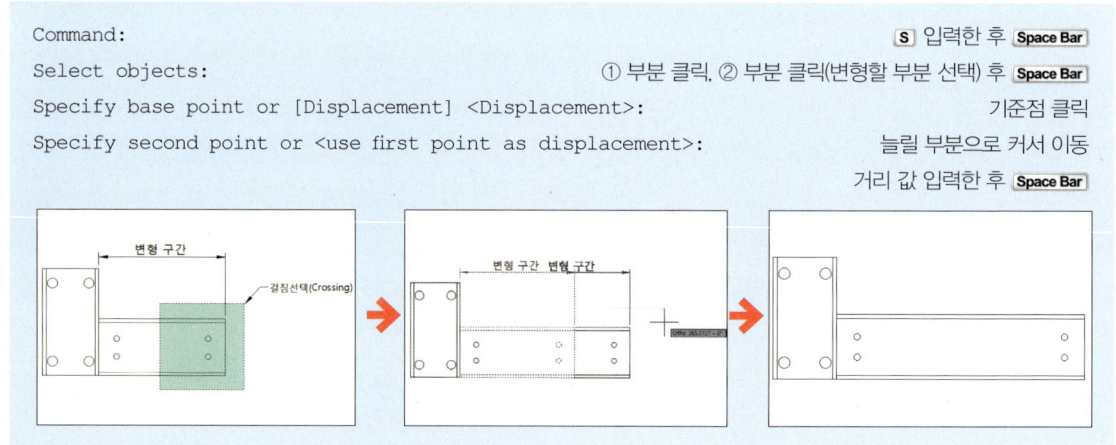

```
Command:                                                                   S 입력한 후 Space Bar
Select objects:                                   ① 부분 클릭, ② 부분 클릭(변형할 부분 선택) 후 Space Bar
Specify base point or [Displacement] <Displacement>:                              기준점 클릭
Specify second point or <use first point as displacement>:                  늘릴 부분으로 커서 이동
                                                                           거리 값 입력한 후 Space Bar
```

가구나 마감재 등의 재료에 알맞은 질감 표현을 해야 도면의 완성도를 높일 수 있습니다. 또한 도면의 기능도 한층 더 증대시킬 수 있습니다. 이번 STEP 01에서는 Hatch 명령을 사용하여 일정한 패턴을 가지는 무늬와 재료 중 큰 부분을 차지하는 유리 재료 표현을 해보겠습니다.

예제 파일 | DVD₩예제₩Part03₩Lesson04₩해치.DWG

01. 우선 사각형을 하나 그리기 위해 Rectangle 명령(**R E C**)을 실행합니다. 첫 코너(②)를 클릭하고 '@900,2100'을 입력한 후 **Space Bar** 를 눌러 사각형을 만듭니다. 편집을 위해 **X** 를 입력하고 **Space Bar** 를 누른 후 사각형을 클릭하고 다시 **Space Bar** 를 눌러 분해합니다.

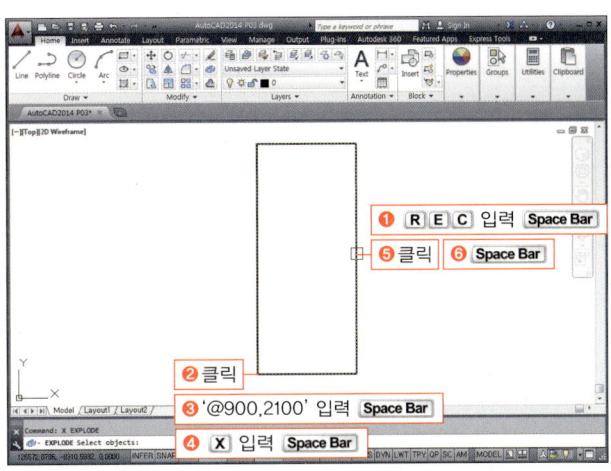

```
Command:                                                              R E C 입력한 후 Space Bar
pecify first corner point or [Chamfer/Elevation/Fillet/Thickness/Width]:      첫 코너(③) 클릭
Specify other corner point or [Area/Dimensions/Rotation]:           '@900,2100' 입력한 후 Space Bar
Command:                                                              X 입력한 후 Space Bar
Select objects:                                                     사각형(⑤) 클릭하고 Space Bar
```

02. 상단과 하단의 프레임을 구분하기 위해 Offset 명령(**O**)을 실행하고 거리 값 '100'을 입력한 후 **Space Bar** 를 누릅니다. 선(③)을 클릭하고 복사 방향인 ④ 부분을 클릭, 이어서 선(⑤)을 클릭, 복사 방향인 ⑥ 부분을 클릭한 후 **Esc** 를 눌러 종료합니다.

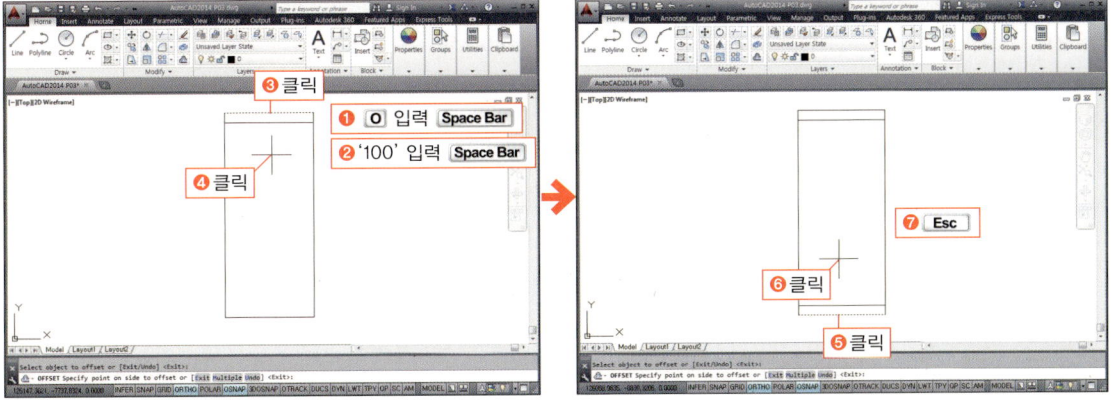

PART 03 · AutoCAD 편집 기능

```
Command:                                                          O  입력한 후  Space Bar
Specify offset distance or [Through/Erase/Layer] <20.0000>:      '100' 입력한 후  Space Bar
Select object to offset or [Exit/Undo] <Exit>:                         선(③) 클릭
Specify point on side to offset or [Exit/Multiple/Undo] <Exit>:        ④ 부분 클릭
Select object to offset or [Exit/Undo] <Exit>:                         선(⑤) 클릭
Specify point on side to offset or [Exit/Multiple/Undo] <Exit>:       ⑥ 부분 클릭.  Esc
```

03. 손잡이를 만들기 위해 Rectangle 명령(R E C)을 실행합니다. 첫 코너(②)를 클릭하고 '@50,500'을 입력한 후
 Space Bar 를 눌러서 사각형을 만듭니다.

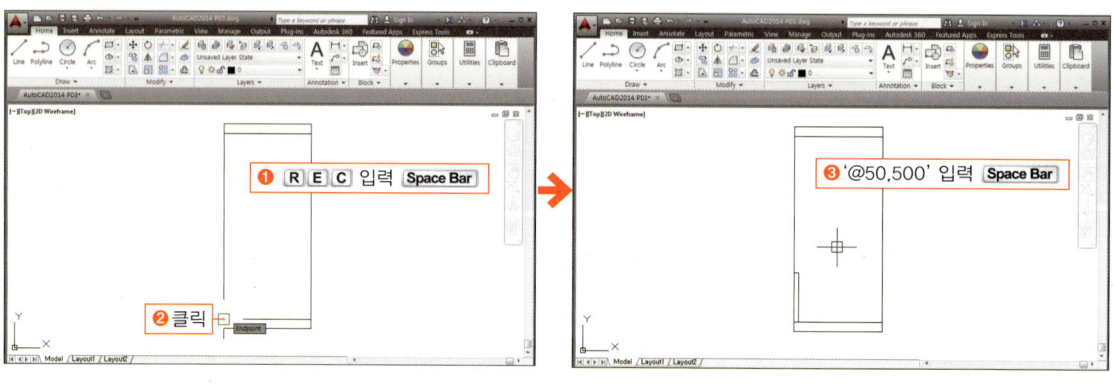

```
Command:                                                          R E C  입력한 후  Space Bar
pecify first corner point or [Chamfer/Elevation/Fillet/Thickness/Width]:    첫 코너(②) 클릭
Specify other corner point or [Area/Dimensions/Rotation]:       '@50,500' 입력한 후  Space Bar
```

04. 손잡이를 지정된 위치로 이동시키기 위해 Move 명령(M)을 실행합니다. ② 부분과 ③ 부분을 클릭한 후
 Space Bar 를 눌러 손잡이를 선택합니다. 이동 기준점(⑤)을 클릭한 후 커서를 ⑥ 부분으로 이동시키고 '650'을 입력
합니다.

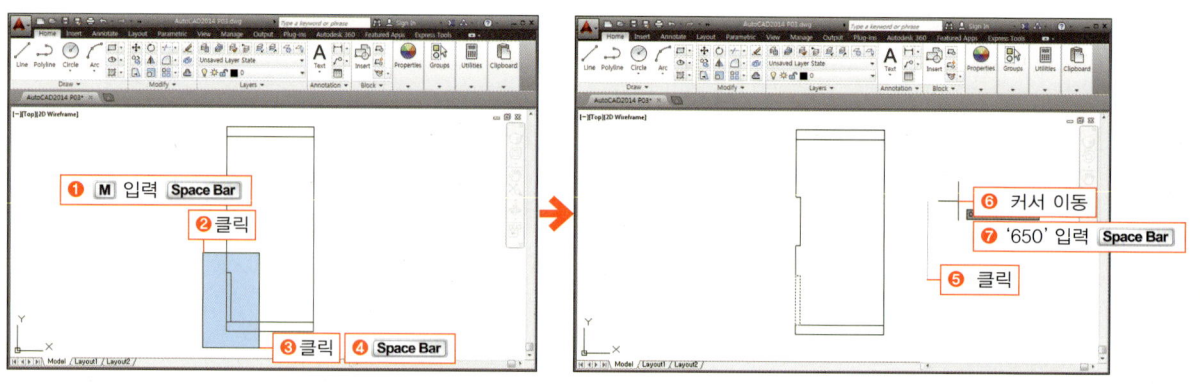

```
Command:                                                          M  입력한 후  Space Bar
Select objects:                                      ② 부분 클릭, ③ 부분 클릭 후  Space Bar
Specify base point or[Displacement]:        ⑤ 부분 클릭 후 ⑥ 부분으로 커서 이동 '650' 입력한 후  Space Bar
```

05. 다시 `Space Bar`를 눌러 Move 명령을 반복 실행하고 ② 부분과 ③ 부분을 클릭한 후 `Space Bar`를 눌러 손잡이를 선택합니다. 이동 기준점(⑤)을 클릭한 후 커서를 ⑥ 부분으로 이동시키고 '50'을 입력합니다.

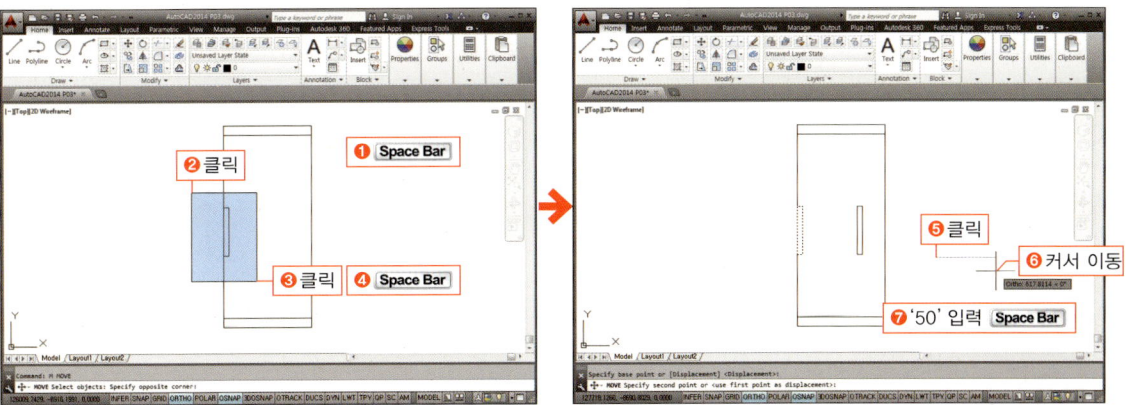

Command: `Space Bar`
Select objects: ② 부분 클릭, ③ 부분 클릭 후 `Space Bar`
Specify base point or[Displacement]:   ⑤ 부분 클릭 후 ⑥ 부분으로 커서 이동 '50' 입력한 후 `Space Bar`

T I P : 상대 좌표를 활용한 이동

위의 작업은 거리 좌표를 이용하여 2회에 걸쳐 Move 명령을 사용했습니다. 하지만 상대 좌표를 이용하면 좀 더 편하게 작업할 수 있습니다. 대상 객체를 선택하고 기준점 클릭, '@50,650'을 입력한 후 `Space Bar`를 누르면 위와 동일한 위치로 이동시킬 수 있습니다.

객체 선택 후 기준점 클릭(위치는 관계 없음)   '@50,650' 입력한 후 `Space Bar`

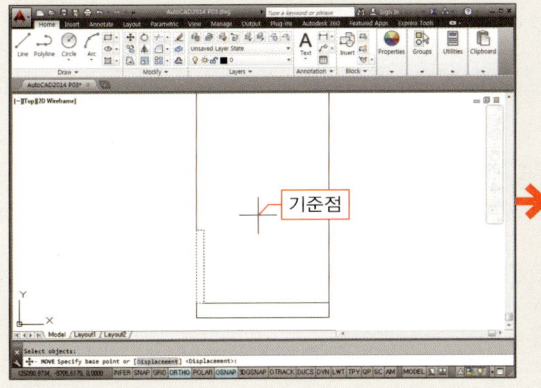
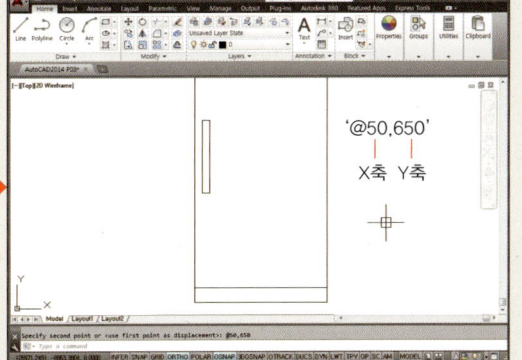

06. 이번에는 대칭 복사를 하기 위해 Mirror 명령(MI)을 실행합니다. 복사할 객체를 선택하기 위해 ② 부분과 ③ 부분을 클릭한 후 `Space Bar`를 누릅니다.

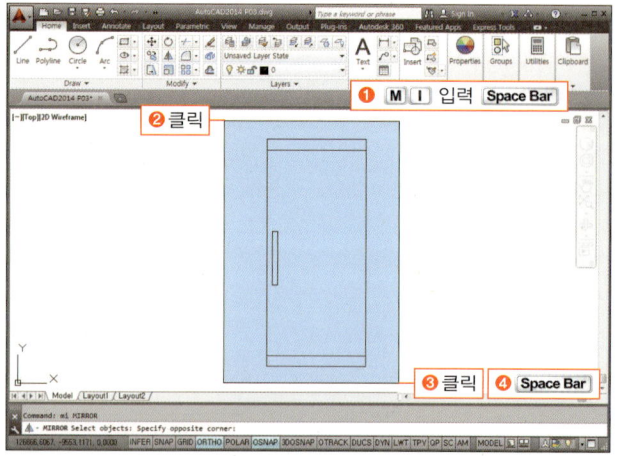

Command:	MI 입력한 후 `Space Bar`
Select objects:	객체(문) 선택 후 `Space Bar`

07. 대칭축을 지정하기 위해 ① 부분의 Endpoint를 클릭하고, ② 부분의 Endpoint를 클릭한 다음 `Space Bar`를 누릅니다. 정확히 반대편에 대칭으로 복사됩니다.

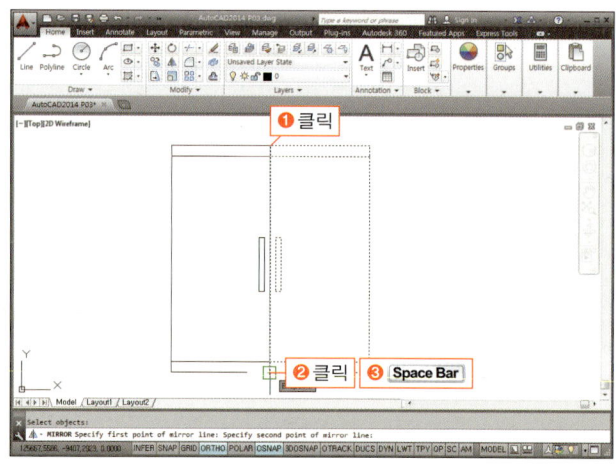

Specify first point of mirror line:	① 부분(Endpoint) 클릭, ② 부분 클릭 후 `Space Bar`

08. Dot 형태의 패턴을 사용해 유리 질감을 표현하기 위해 [Home] 탭–[Draw] 패널에서 [Hatch](　)를 클릭합니다. 상단의 리본 메뉴가 해치 설정으로 변경되었습니다.

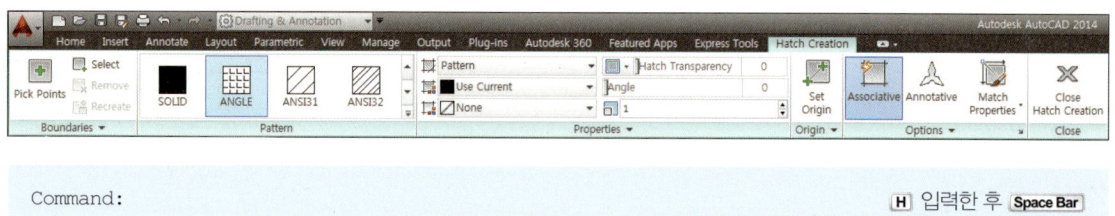

Command:	H 입력한 후 `Space Bar`

09. Dot 패턴을 선택하기 위해 [Pattern] 패턴에서 [DOTS]를 클릭합니다.

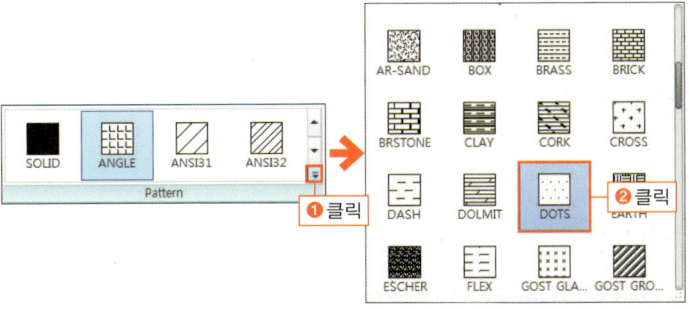

> **문제 해결** 리본 메뉴에 표시되는 설정 화면은 모니터의 크기 및 해상도에 따라 다를 수 있습니다.

10. 영역 지정을 하기 위해 ① 부분과 ② 부분을 클릭하면 화면에 패턴이 나타납니다. 하지만 Scale(축척)이 맞지 않아 검게 보입니다.

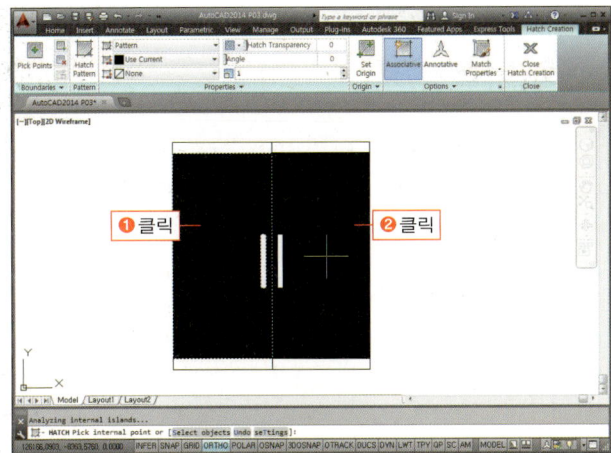

> **문제 해결** **해치 사용 시 영역 선택이 안 되는 경우**
>
> 선택 영역을 클릭했는데 영역을 지정할 수 없다는 메시지가 나오는 경우가 종종 있습니다. 이는 선택한 영역이 화면상에 일부분만 보이기 때문입니다. 이럴 경우 선택할 영역을 작업 화면에 전부 보이는 상태에서 지정하면 됩니다.
>
> 영역 전체가 보이지 않을 경우
>
>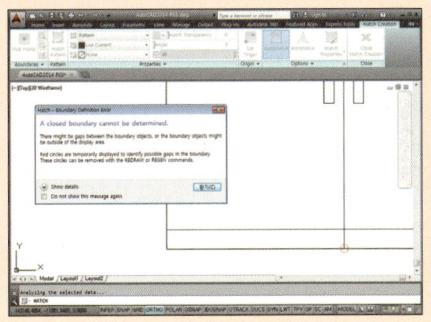
>
> 영역이 화면에 전부 보이게 한 후 클릭
>
>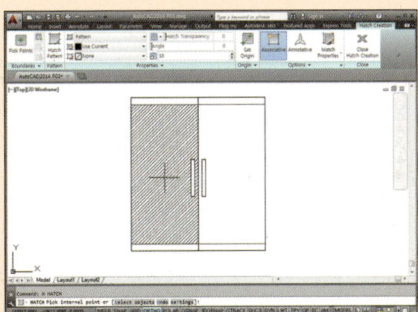

또 다른 원인은 아래의 그림과 같이 공간이 닫혀있지 않으면 영역을 지정할 수 없습니다.

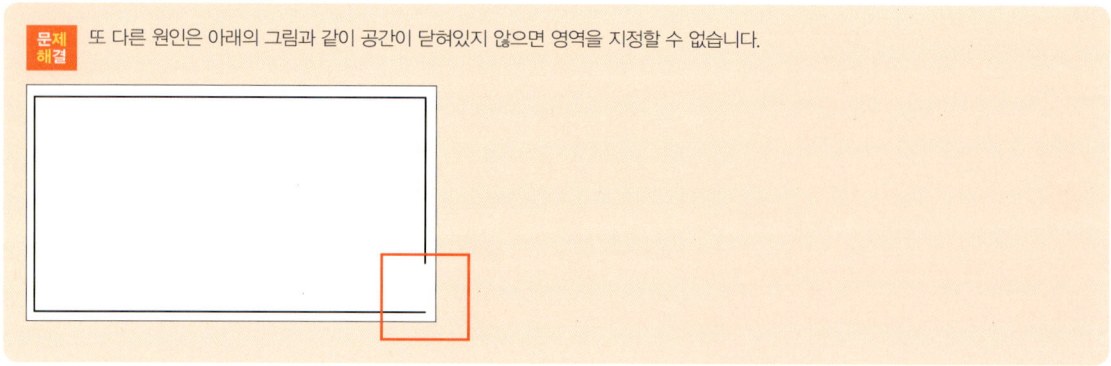

11. [Properties] 패널의 [Scale]을 '10'으로 변경한 후 `Enter`, 이후 다시 `Enter` 나 `Esc` 를 누릅니다. 그리고 [Close Hatch Creation]( )을 클릭하면 작업이 종료됩니다.

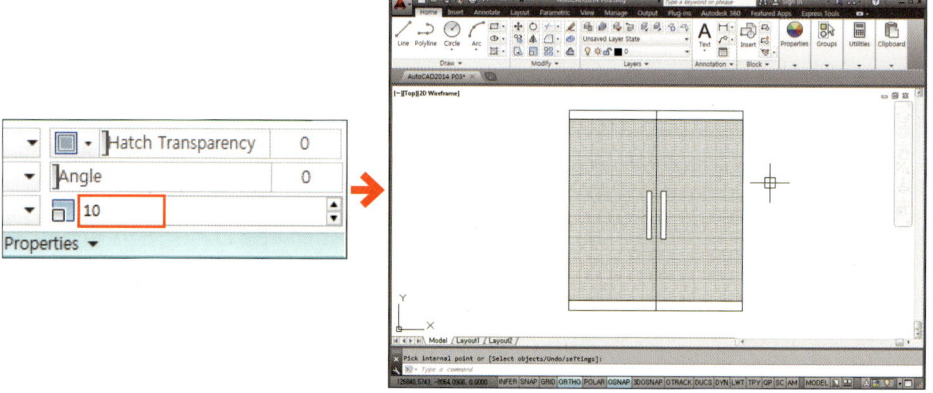

TIP : List 조회

■ 사용법

1. 단축키 `L` `I` 를 입력한 후 `Space Bar` 를 눌러 List 명령을 실행합니다.

2. 정보를 조회할 객체를 선택하고 `Space Bar` 를 누르면 조회 창에서 객체의 정보를 확인할 수 있습니다. 선의 길이, 원의 반지름, 사각형의 면적까지도 조회가 가능합니다.

■ Hatch(패턴) 조회

```
  HATCH      Layer: "0"
             Space: Model space
  Handle = 2bc1
 Hatch pattern DOTS
 Annotative: No
 Hatch scale    10.0000
 Hatch angle       0
```
(Pattern: 패턴, Scale: 축척, Angle: 각도)

■ 선 조회

```
         LINE      Layer: "0"
                   Space: Model space
         Handle = 2bc2
    from point, X=123179.5899  Y=-8600.0500   Z=
      to point, X=123250.3006  Y=-8529.3393   Z=
 Length = 100.0000,  Angle in XY Plane =    45
```
(Length: 길이, Angle in XY Plane: 각도)

■ 원 조회

```
            CIRCLE    Layer: "0"
                      Space: Model
            Handle = 2bc6
      center point, X=123781.1517
      radius   100.0000
circumference  628.3185
        area  31415.9265
```
(radius: 반지름, area: 면적)

■ 사각형 조회

```
          LWPOLYLINE  Layer: "0"
                      Space: Model
          Handle = 2bc7
     Closed
Constant width    0.0000
        area   20000.0000
   perimeter    600.0000
```
(유형이 Polyline, area: 면적, perimeter: 둘레)

응용 예제

1. 다음의 바닥 패턴을 만드세요.

완성 파일 | DVD₩완성₩Part03₩Lesson04₩바닥패턴.DWG(완성 파일을 참조하여 작성해 봅니다.

주요 명령어 | Line(L), Offset(O), Trim(TR), Copy(CO), Hatch(H)

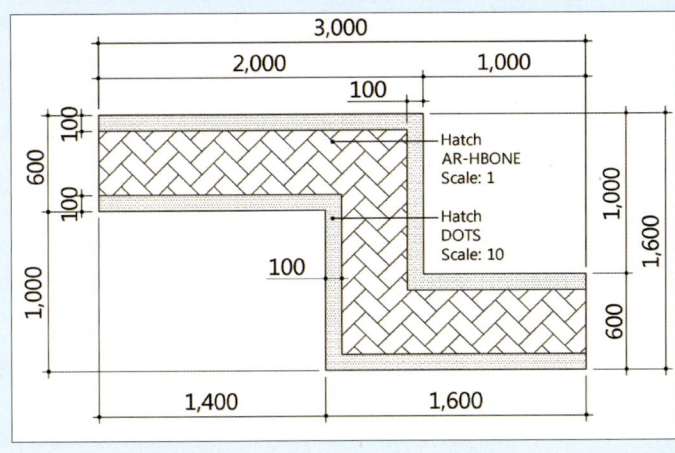

Hatch 명령을 사용해 다른 패턴도 넣어 보겠습니다. 동일한 영역에 같은 축척 값을 입력해도 패턴의 종류에 따라 크기가 다를 수 있음을 확인할 수 있을 것입니다.

예제 파일 | DVD₩예제₩Part03₩Lesson04₩다양한해치.DWG

01. 먼저 패턴을 넣을 공간을 만들기 위해 Rectangle 명령(**R** **E** **C**)을 실행합니다. 첫 코너(②)를 클릭하고 '@500,500'을 입력한 후 **Space Bar**를 눌러 사각형을 만듭니다.

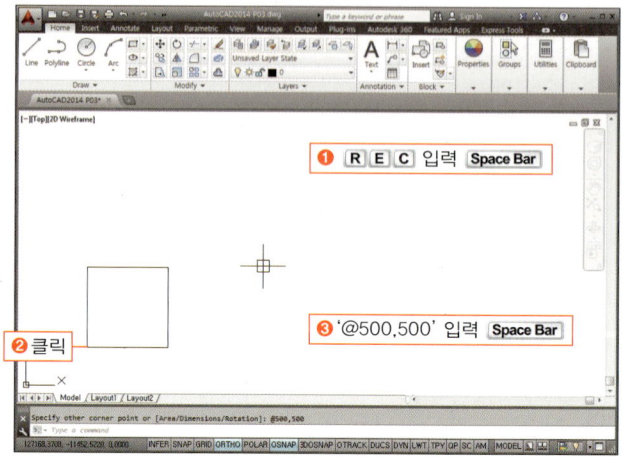

Command:	**R** **E** **C** 입력한 후 **Space Bar**
Specify first corner point or [Chamfer/Elevation/Fillet/Thickness/Width]:	첫 코너(②) 클릭
Specify other corner point or [Area/Dimensions/Rotation]:	'@500,500'을 입력한 후 **Space Bar**

02. Array 명령을 사용해 작성된 사각형을 가로 4개, 세로 3개 배열 복사하기 위해, 객체와의 거리는 사각형의 크기보다 '100'이 큰 '600'을 [Between]에 입력해 사각형 사이에 '100'만큼 여유 있게 작성합니다.

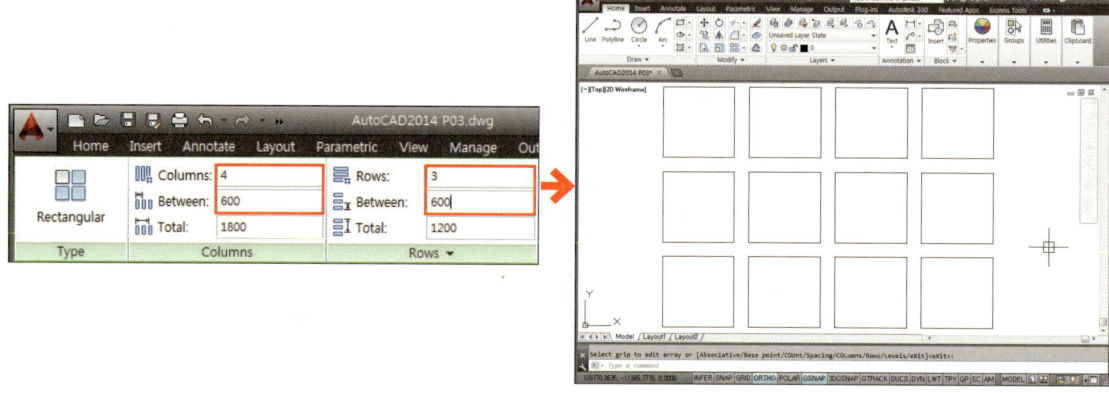

Command:	**A** **R** 입력한 후 **Space Bar**

03. 작성된 12개의 공간에 다음과 같이 다양한 패턴을 넣어보겠습니다.

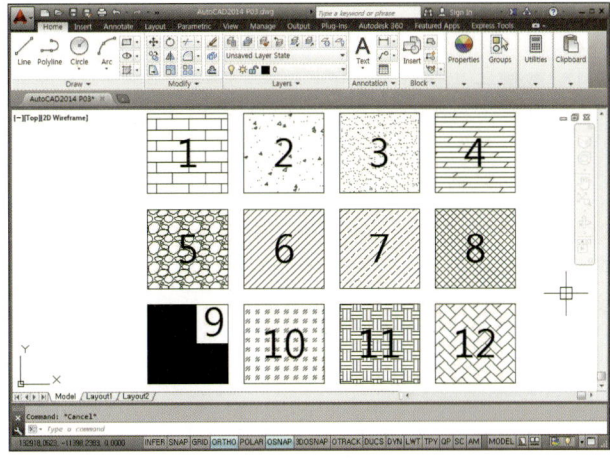

04. 각 영역의 설정

① 번 패턴 설정 상태

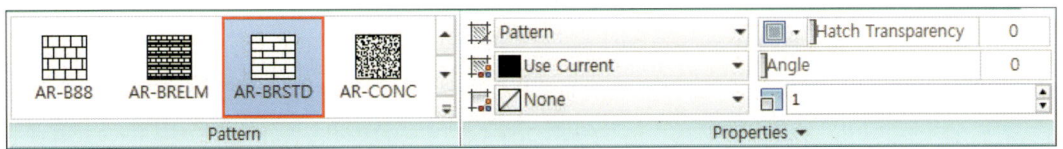

② 번 패턴 설정 상태

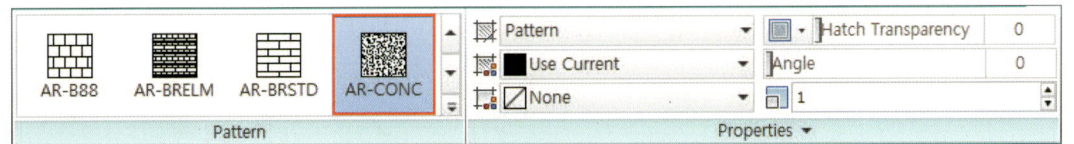

③ 번 패턴 설정 상태

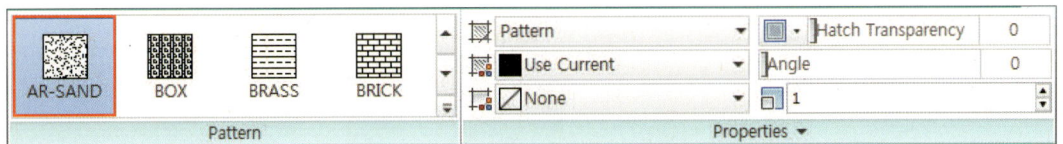

④ 번 패턴 설정 상태

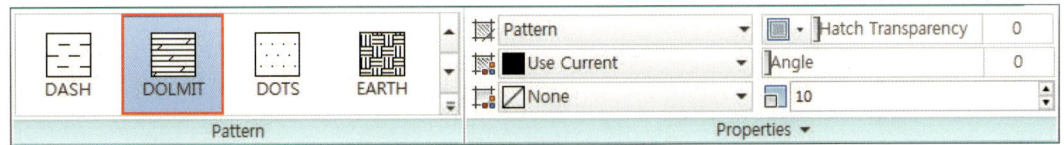

⑤ 번 패턴 설정 상태

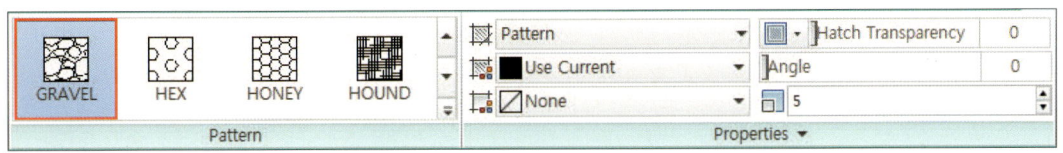

❻ 번 패턴 설정 상태

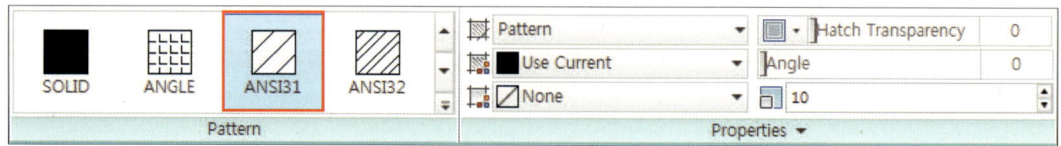

❼ 번 무늬 설정 상태

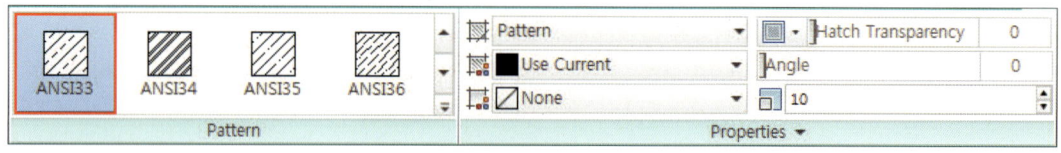

❽ 번 무늬 설정 상태

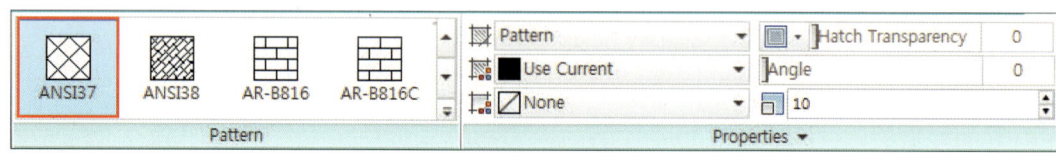

❾ 번 무늬 설정 상태

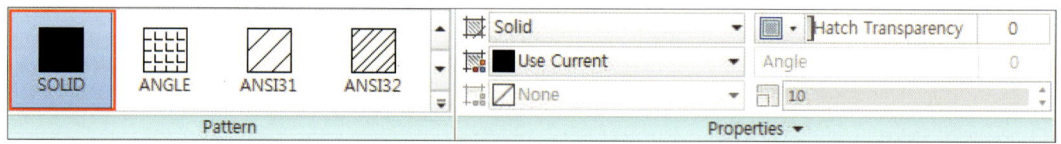

❿ 번 무늬 설정 상태

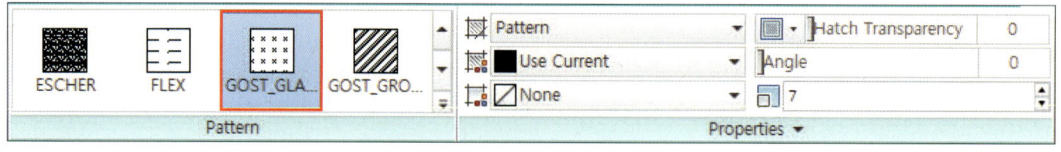

⓫ 번 무늬 설정 상태

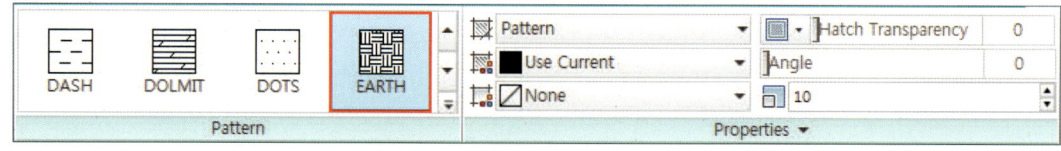

⓬ 번 무늬 설정 상태

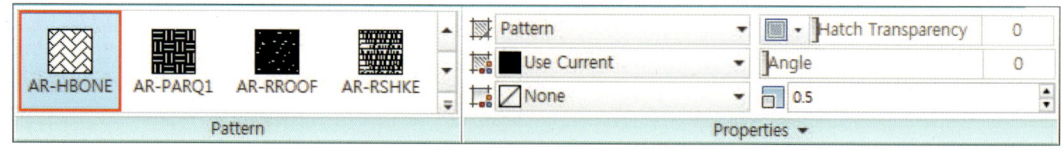

지금까지 작업한 것은 가로 500, 세로 500인 공간에 패턴을 넣은 것입니다. 이 공간보다 클 경우 Scale(축척) 값은 더 커야하고, 공간이 작을 경우는 값이 작아져야 적절한 크기로 무늬를 넣을 수 있습니다.

05. 이제 문을 채색하기 위해 예제 파일의 문을
확대합니다.

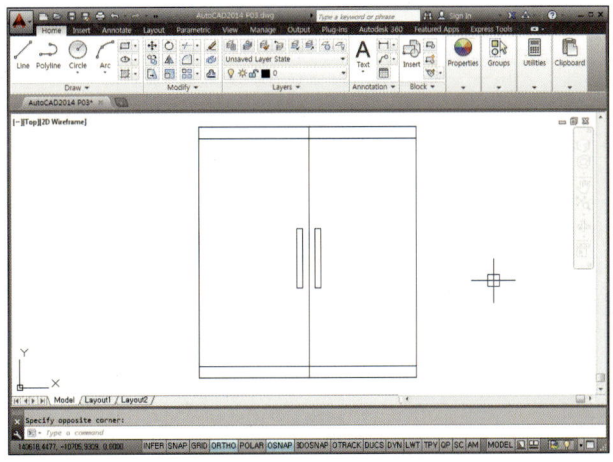

06. H 를 입력한 후 **Space Bar** 를 눌러 Hatch 명령을 실행합니다. [Properties] 패널에서 'Gradient'로 변경합니다.

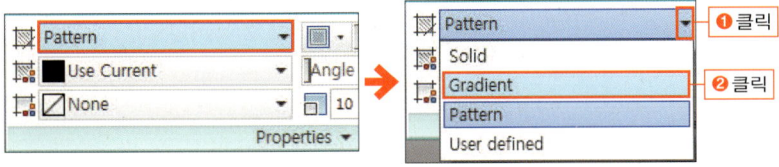

07. [Pattern] 패널에서 채색 유형을 'GR_LINEAR'로 선택하고 [Properties] 패널에서 첫 번째 색상은 9번 색상, 두 번째
색상은 흰색으로 하거나 圖 를 클릭해 Off시킵니다.

08. 영역을 지정하기 위해 문의 유리 부분인 ①
과 ② 부분을 차례대로 클릭하고 **Space Bar** 나
Enter 를 누르면 회색에서 흰색으로 채색됩니다.

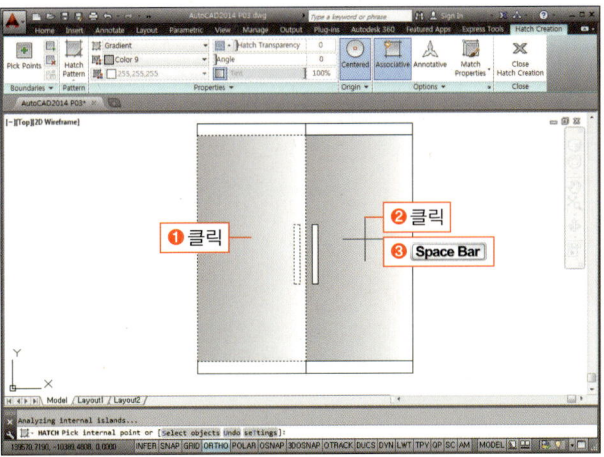

09. 다시 Hatch 명령을 실행하고 동일한 방법으로 상단과 하단의 프레임 부분을 좀 더 진한 회색(252번)으로 선택합니다.

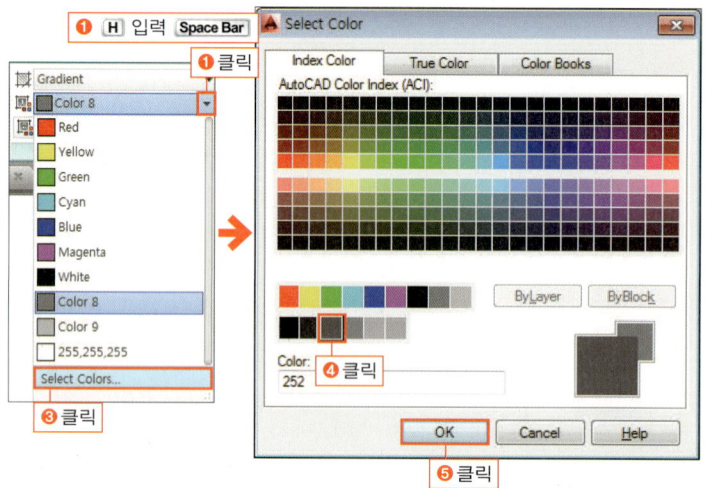

10. 상단과 하단의 프레임 ①, ②, ③, ④ 부분을 클릭하고 Space Bar 나 Enter 를 눌러 다음과 같이 채색합니다.

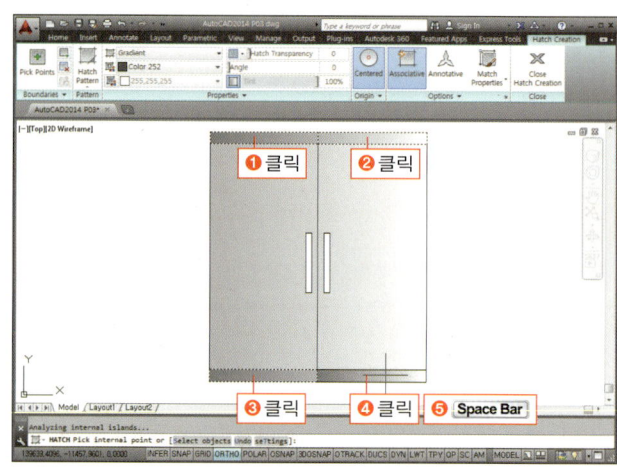

문제 해결 **Hatch 명령 사용 후 경계선이 보이지 않을 경우**

무늬를 넣은 다음 경계선이 보이지 않는 경우가 있습니다. 이는 색상과 선의 위, 아래 위치 차이로 인해 선이 색상에 가려지는 것입니다. 대기 상태의 커서로 패턴을 클릭한 후 마우스 오른쪽 버튼을 클릭하고 [Draw Order]의 [Send to Back]을 선택하면 색상이 뒤로 가고 선이 앞으로 옵니다.

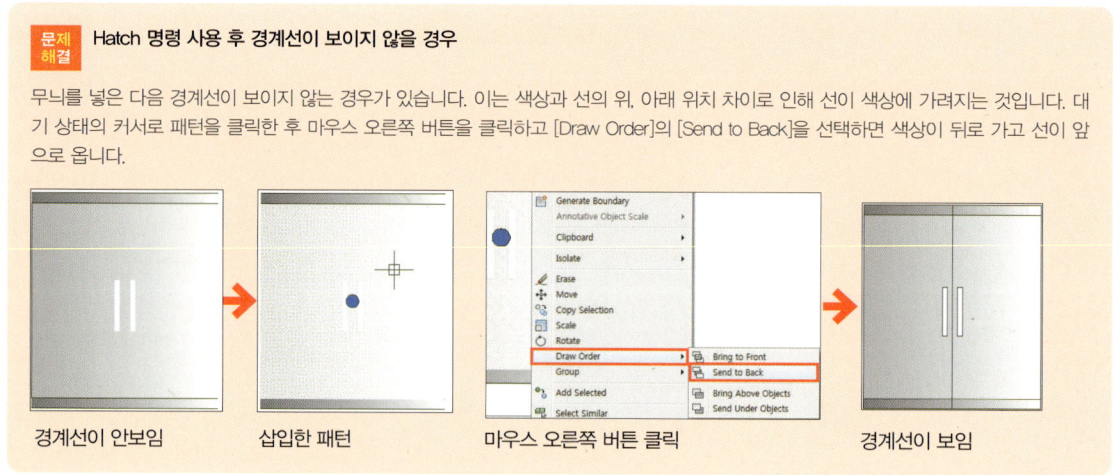

경계선이 안보임   삽입한 패턴   마우스 오른쪽 버튼 클릭   경계선이 보임

응용예제

1. 다음 난간을 만드세요.

완성 파일 l DVD₩완성₩Part03₩Lesson04₩난간, 파티션, 장애인 주차, 입주도.DWG(완성 파일을 참조하여 작성해 봅니다.)

주요 명령어 l Line(L), Offset(O), Trim(TR), Copy(CO), Hatch(H))

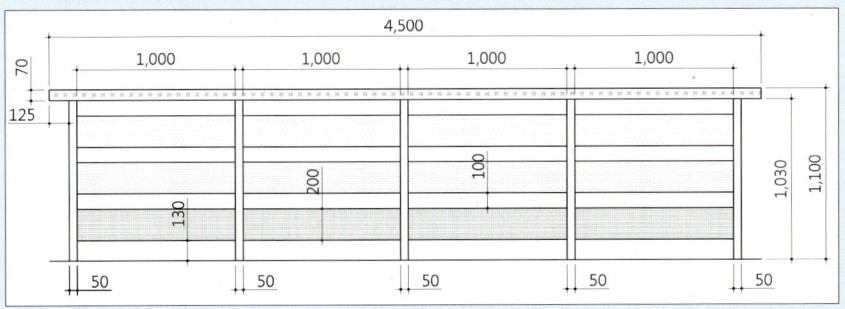

HINT

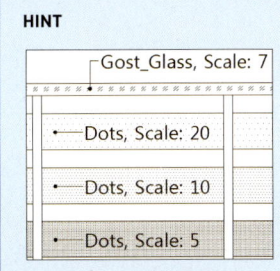

Gost_Glass, Scale: 7

Dots, Scale: 20

Dots, Scale: 10

Dots, Scale: 5

2. 다음 파티션을 만드세요.

주요 명령어 : Line(L), Offset(O), Trim(TR), Copy(CO), Hatch(H)

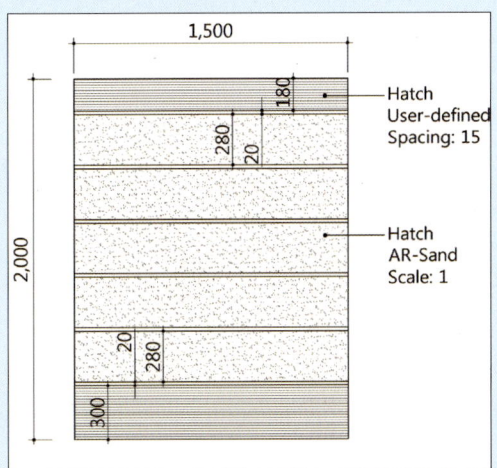

Hatch
User-defined
Spacing: 15

Hatch
AR-Sand
Scale: 1

HINT

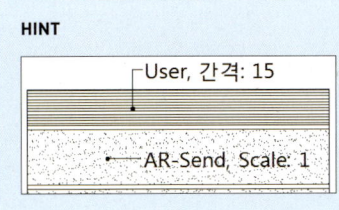

User, 간격: 15

AR-Send, Scale: 1

3. 다음 장애인 주차선을 만드세요.

주요 명령어 | Line(L), Offset(O), Trim(TR), Rectangle(REC), Explode(X), Circle(C), Hatch(H), Move(M), Mirror(MI)

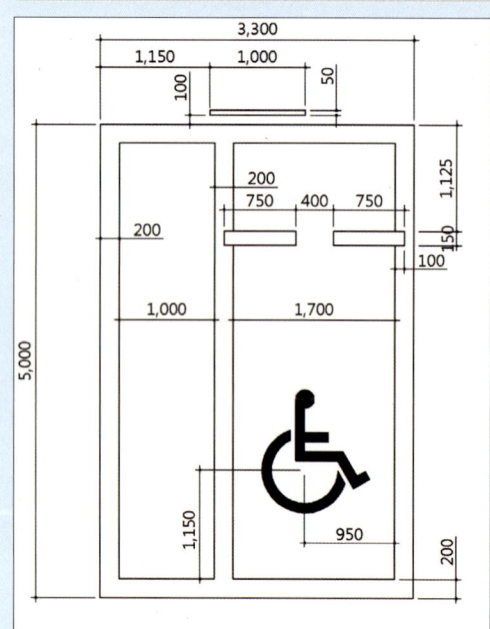
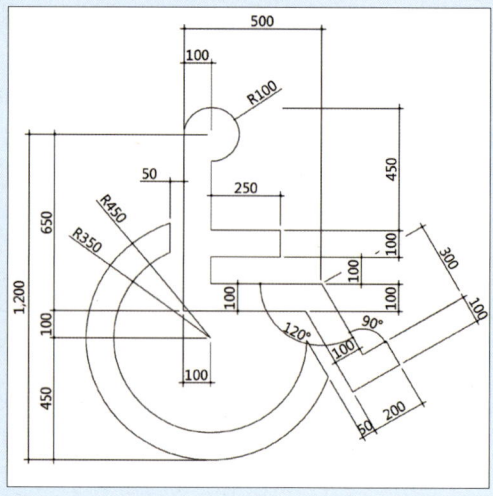

4. 다음 입면도를 만드세요.

주요 명령어 | Line(L), Offset(O), Trim(TR), Rectangle(REC), Explode(X), Hatch(H), Mirror(MI)

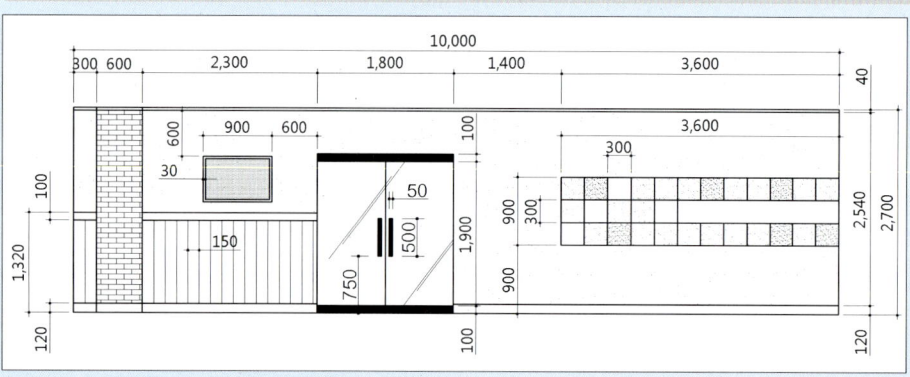

HINT

Hatch 설정 값

• 벽돌 쌓기 – 패턴 : AR–BRSTD, 축척:1
• 벽 하부 – 패턴 : User Defined(사용자 정의), 각도 : 90, 간격 : 150

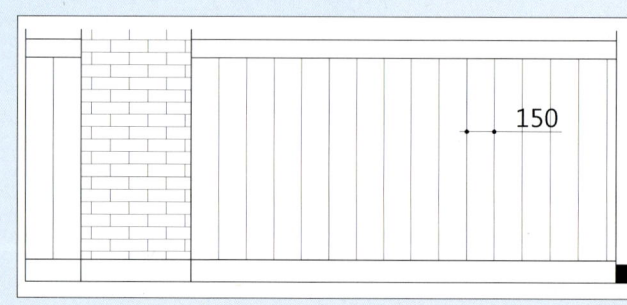

HINT

• 액자 표현 – 패턴 : DOTS, 축척10

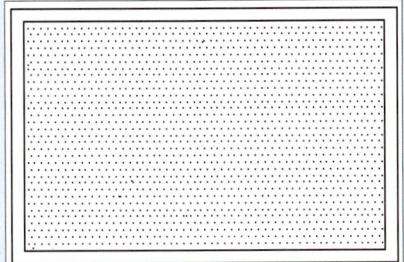

• 출입문 – 패턴 : SOLID

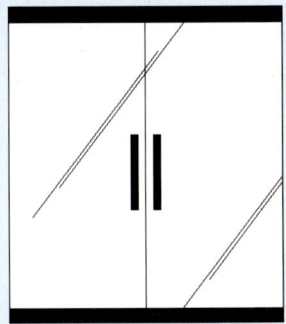

• 벽면 타일
패턴 : User defined(사용자 정의) 각도 : 0 or 90, 간격: 300
(Double을 체크하여 Hatch 명령 사용 후 Explode 명령으로 분해, Trim 명령으로 타일을 수정합니다.)

• 타일의 질감 표현
작성된 타일 줄눈 위에 덮어서 한 번 더 작업합니다.
점의 수가 적은 부분 : 패턴 AR–SEND, 축척 3.5

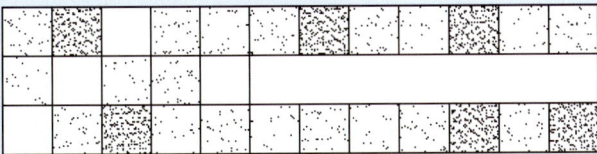

사용자 정의 User defined와 Hatch의 편집

■ 사용자 정의 User defined

Hatch 명령에 저장되어 있는 기본 패턴을 사용하기도 하지만 건축에서 타일, 조적의 줄눈 등 간단한 표현을 할 때는 사용자가 선의 거리 값과 각도를 직접 지정하여 넣을 수도 있습니다. 다음과 같이 Hatch를 User defined로 정의해보겠습니다.

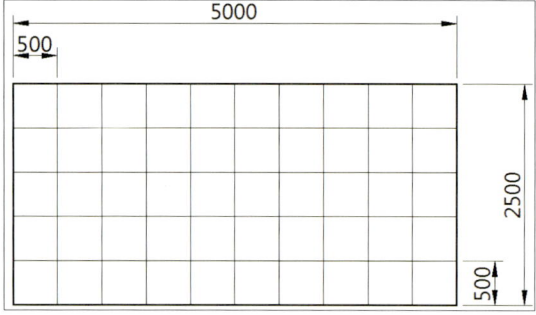

01. 단축키 R E C 를 입력한 후 가로 '5000', 세로 '2500'인 사각형을 작성합니다.

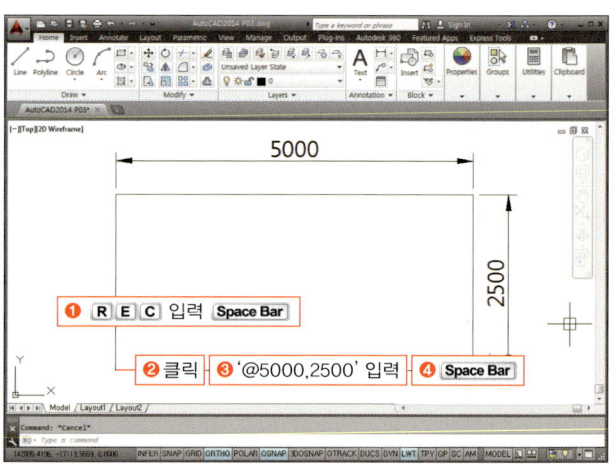

```
Command:                                                                  R E C 입력한 후 Space Bar
Specify first corner point or [Chamfer/Elevation/Fillet/Thickness/Width]:    첫 코너(②) 클릭
Specify other corner point or [Area/Dimensions/Rotation]:       '@5000,2500' 입력한 후 Space Bar
```

02. [Home] 탭–[Draw] 패널에서 [Hatch](■ ▸)를 클릭하여 리본 메뉴를 Hatch 설정으로 변경합니다.

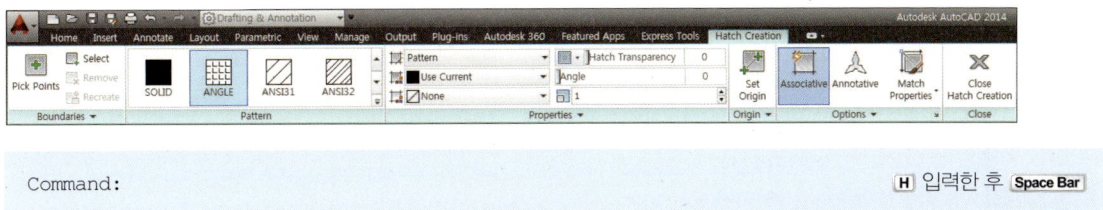

Command: [H] 입력한 후 [Space Bar]

03. Hatch 유형을 사용자 정의인 User defined로 변경하겠습니다. [Properties] 패널에서 'User defined'를 선택합니다.

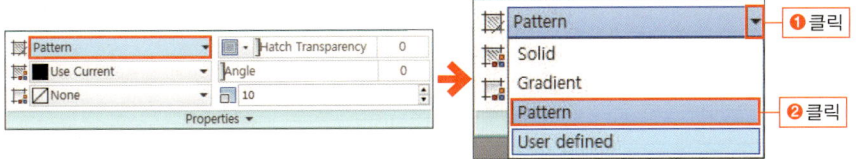

04. 현재 선의 각도는 '0도'입니다. 현재 각도에 '90도' 선을 추가하기 위해 [Properties] 패널에서 [Double](■ Double)
을 클릭합니다.

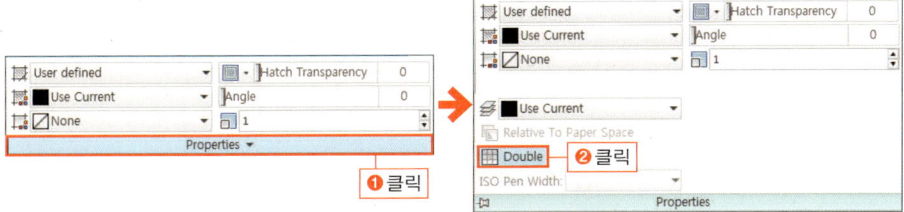

05. 간격을 타일의 크기인 '500'으로 변경한 다음 작업 영역인 ② 부분을 클릭합니다. 패턴이 삽입되었지만 좌측 하
단 구석을 보면 시작점이 맞지 않습니다.

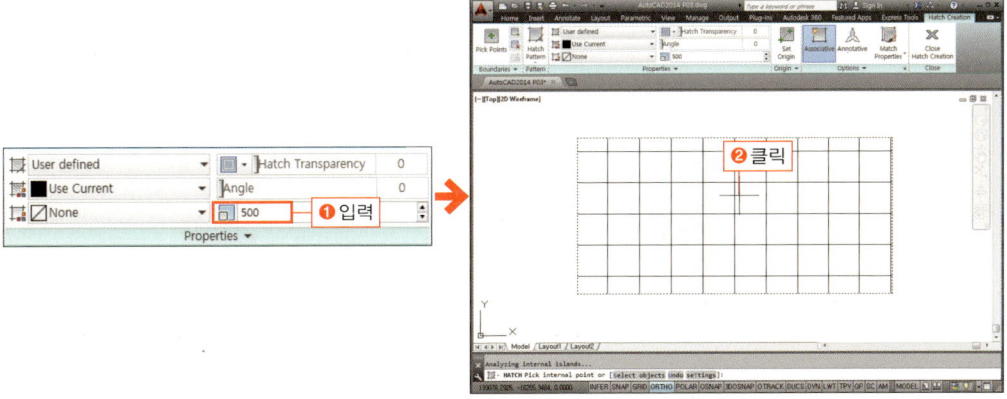

06. 패턴의 원점을 변경하겠습니다. [Origin] 패널에서 [Set Origin](🔳)을 클릭하고 ② 부분을 클릭하면 시작점이 변경됩니다. **Space Bar** 나 **Esc** 를 눌러 작업을 종료합니다.

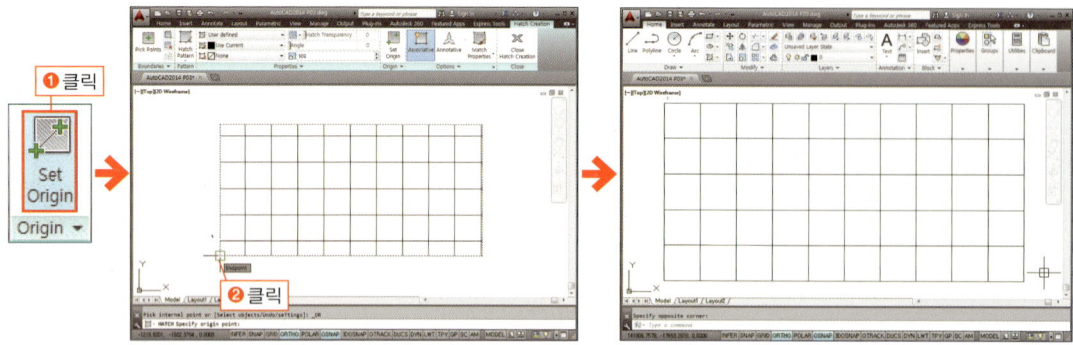

■ **Hatch의 편집**

패턴은 선이 하나하나 독립된 것이 아니라 지정 공간을 이루는 패턴이 하나의 객체로 이루어져 있습니다. 이렇게 하나의 덩어리로 이루어진 패턴을 필요에 따라 부분적으로 삭제해야 하는 경우가 있는데 이 경우 Explode(분해) 명령으로 선 하나하나가 분리되도록 만들 수 있습니다. 또한 Hatch는 완료 후 리본 메뉴에서 Scale(축척)의 값이나 무늬를 편집할 수 있습니다. 사용자 정의로 작성한 벽면의 패턴 간격을 '500'에서 '250'으로 변경해 보겠습니다.

01. 앞선 따라하기에서 작성된 패턴을 대기 상태의 커서로 클릭하면 리본 메뉴에 선택한 패턴의 정보가 나타납니다.

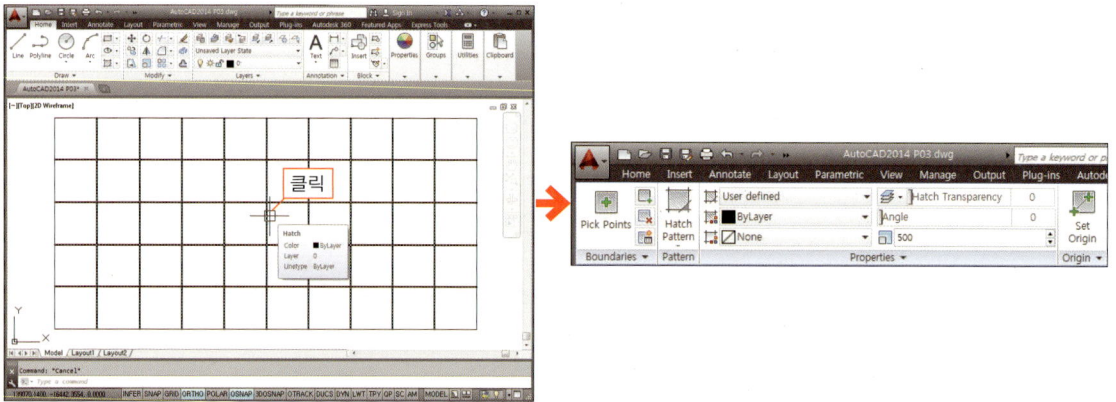

02. 간격을 '250'으로 변경한 다음 **Enter** 를 누르고, **Esc** 를 누르거나 [Close Hatch Creation](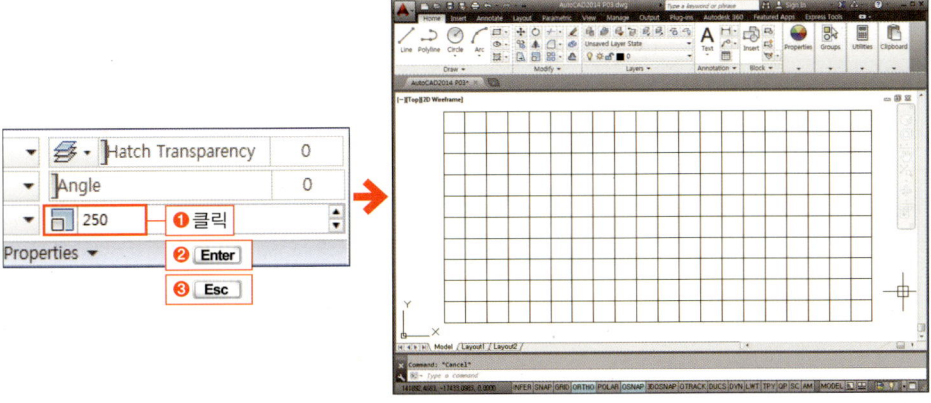)을 클릭합니다.

수평선이나 수직선은 [ORTHO](F8)로 쉽게 제어가 되지만 각도선을 그릴 경우에는 상대 극 좌표(@길이〈각도〉)로 입력해야 했습니다. 이번 STEP에서는 상대 극 좌표 이외에 각도선을 그리는 Xline 명령을 사용하여 철근콘크리트의 재료를 표현해 보겠습니다.

예제 파일 | DVD₩예제₩Part03₩Lesson04₩계단.DWG

01. 재료 표시를 넣기 전에 반대쪽을 대칭 복사하기 위해 Mirror 명령(M I)을 실행합니다. 객체를 선택하기 위해 ②과 ③ 부분을 클릭한 후 Space Bar 를 누릅니다. 대칭축으로 ⑤과 ⑥ 부분을 클릭하고 Space Bar 를 눌러 계단을 완성합니다.

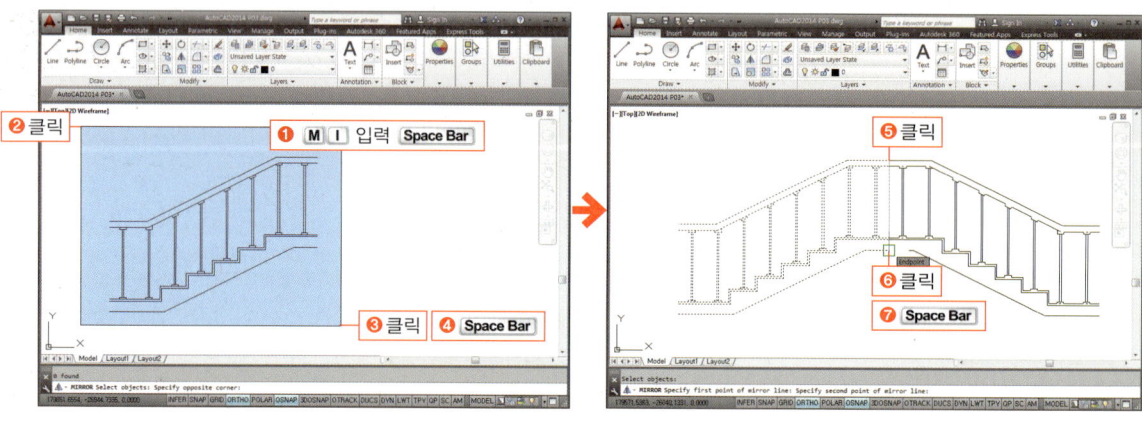

```
Command:                                              M I 입력한 후 Space Bar
Select objects:                                    객체(계단) 선택 후 Space Bar
Specify first point of mirror line:                         ⑤ 부분 클릭
Specify second point of mirror line:                 ⑥ 부분 클릭 후 Space Bar
```

02. 이제 철근콘크리트의 재료 표시를 삽입하기 위해 [Home] 탭─[Draw] 패널에서 [Xline](✐)을 클릭합니다.

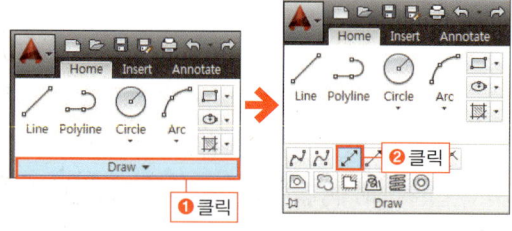

```
Command:                                              X L 입력한 후 Space Bar
```

03. 명령을 실행하면 다음과 같은 옵션이 나타납니다. 세 번째 [Angle] 옵션(각도)을 적용해야 '45도' 선을 사용할 수 있습니다. **A**를 입력한 후 **Space Bar**를 눌러 [Angle] 옵션을 적용합니다. '45'를 입력한 후 **Space Bar**를 누르면 '45도'인 무한대선이 나타납니다. ③ 위치를 클릭하고 **Esc**를 눌러 종료합니다.

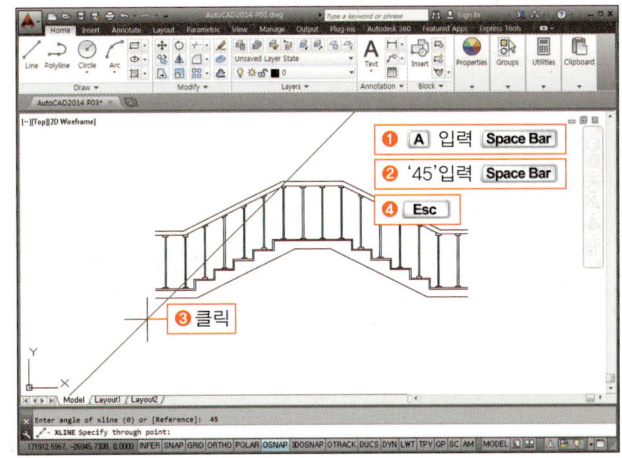

```
Command:                                         [A] 입력한 후 [Space Bar]
Enter angle of xline (0) or [Reference]:         '45' 입력한 후 [Space Bar]
Specify through point:                           ③ 위치에 클릭 후 [Esc]
```

04. Offset 명령을 사용하여 작성된 '45도' 무한대선을 '20' 간격으로 복사하겠습니다. **O**를 입력한 후 **Space Bar**를 눌러 Offset 명령을 실행하고 '20'을 입력한 후 **Space Bar**를 누릅니다. 선(③)을 클릭한 다음, 복사할 위치(④)를 클릭하여 복사하고, 다시 복사된 선(⑤)을 클릭하고 ⑥ 부분을 클릭해서 추가로 복사한 후 **Esc**를 눌러 종료합니다.

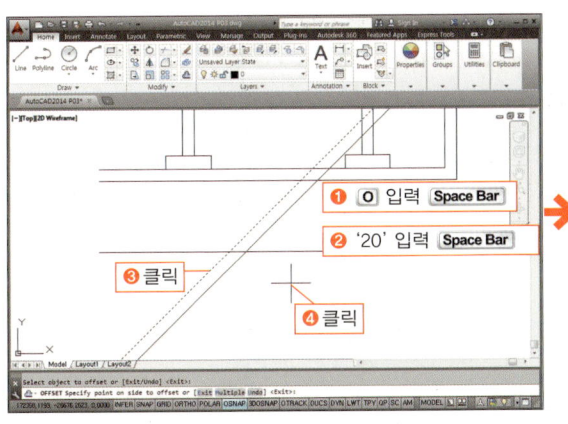
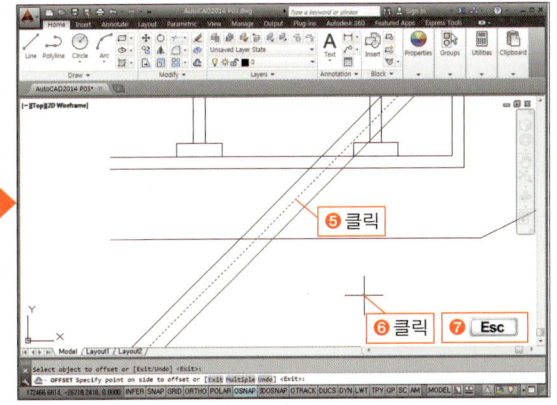

05. Copy 명령을 사용하여 만들어진 3줄의 선을 복사하겠습니다. **C** **O**를 입력한 후 **Space Bar**를 눌러 Copy 명령을 실행합니다. 선을 선택하기 위해 ②과 ③ 부분을 클릭한 후 **Space Bar**를 누릅니다.

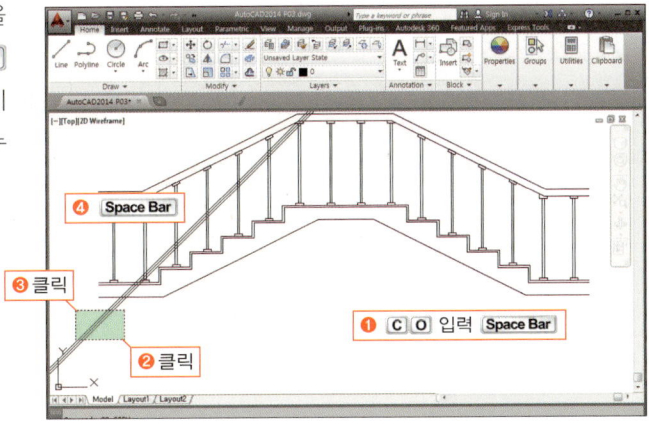

```
Command:                                              C  O  입력한 후  Space Bar

Select objects:                                       객체(선) 선택 후  Space Bar
```

06. 다음 기준점(①)을 클릭합니다. 다음과 같이
일정 간격을 유지하면서 클릭합니다.

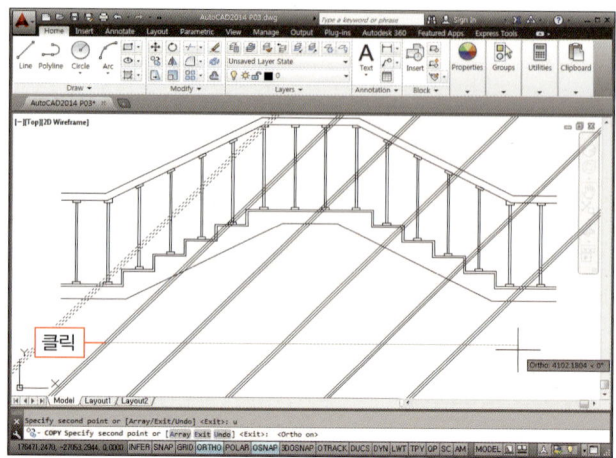

```
Specifybase point or[Displacement/mOde]<Displacement>:              ① 부분 클릭

Specify second point or [Array] <use first point as displacement>:   복사할 부분에서 클릭
```

TIP : 지정된 위치에 복사하는 것이 아니기 때문에 기준점은 빈 공간을 지정하면 됩니다.

07. 이제 Trim 명령을 사용하여 벗어난 부분을 절단하겠습니다. **T R** 을 입력한 후 **Space Bar** 를 눌러 Trim 명령을
실행합니다. 기준선(②~⑧(절단 경계 부분))을 클릭한 후 **Space Bar** 를 누릅니다. ⑩과 ⑪ 부분을 클릭하여 걸쳐서 선
택한 후 **Esc** 를 눌러 종료합니다.

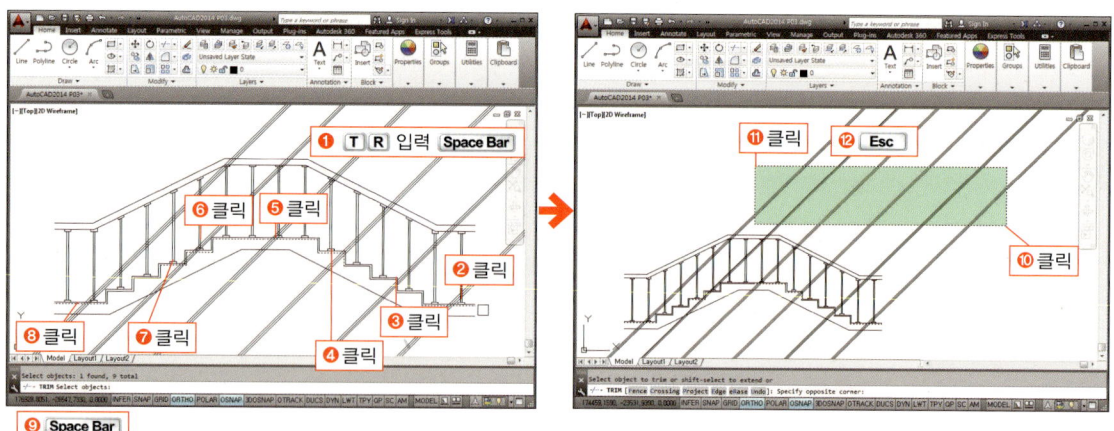

08. 하단의 벗어난 부분도 같은 방법으로 작업하겠습니다. Trim 명령(**T R**)을 실행하고 기준선(①)을 클릭한 후 **Space Bar** 를 누릅니다. ③과 ④ 부분을 클릭하여 걸쳐서 선택한 후 **Esc** 를 눌러 종료합니다.

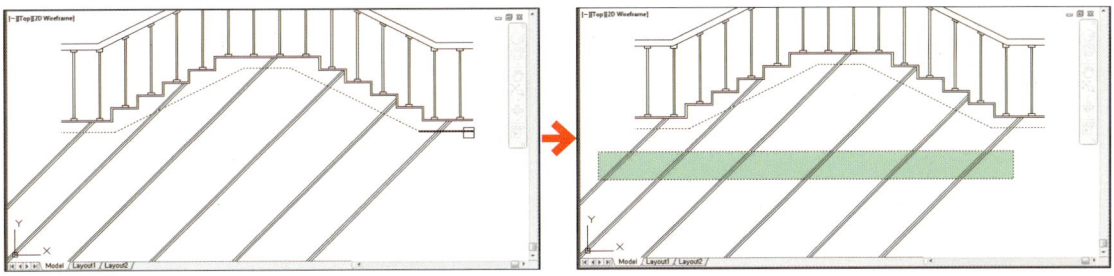

Command:	**T R** 입력한 후 **Space Bar**
Select objects or <select all>:	기준선(절단 경계 부분) 클릭 **Space Bar**
[Fence/Crossing/Project/Edge/Undo]:	③, ④ 부분을 클릭 후 선택 **Esc**

09. 절단되지 않은 부분은 다시 부분적으로 절단해야 합니다. 재료 표시까지 다 넣어 마무리한 결과입니다.

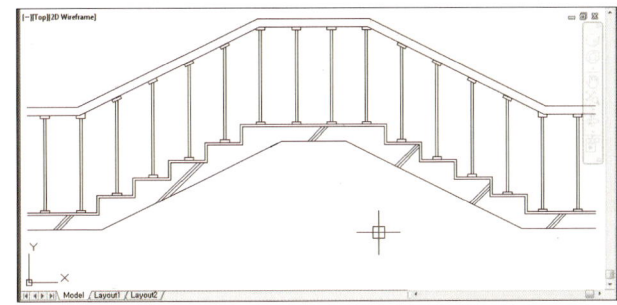

TIP : [Reference] 옵션(참조 각도)

Rotate 명령과 같이 Xline 명령에도 [Reference] 옵션(참조 각도)이 있습니다. 아래와 같이 좌측 도면에서 선(①)을 추가로 생성하기 위해 Xline 명령을 사용하고 [Angle] 옵션을 사용하여 절대 각도 '200도'를 입력해도 되지만, [Angle]-[Reference] 옵션을 사용한 후 선(②)을 선택하면 선택한 선으로부터 '0도'로 계산이 됩니다.

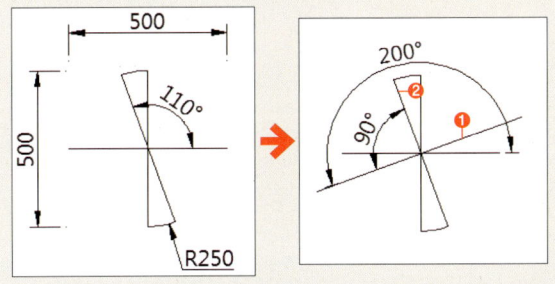

Command:	**X L** 입력한 후 **Space Bar**
Command: xl XLINE Specify a point or [Hor/Ver/Ang/Bisect/Offset]:	**A** 입력한 후 **Space Bar**
Enter angle of xline (0) or [Reference]:	**R** 입력한 후 **Space Bar**
Select a line object:	선(②) 클릭(상대 각도 '0도'로 할 선)
Enter angle of xline <0>:	회전 각도 '90도' 입력한 후 **Space Bar** (선택한 선으로부터 회전 각도)

1. 다음 거실 창문을 만드세요.

완성 파일 I DVD₩완성₩Part03₩Lesson04₩창문, 계단단면.DWG(완성 파일을 참조하여 작성해 봅니다.)

주요 명령어 I Line(L), Offset(O), Trim(TR), Copy(CO), Xline(XL)

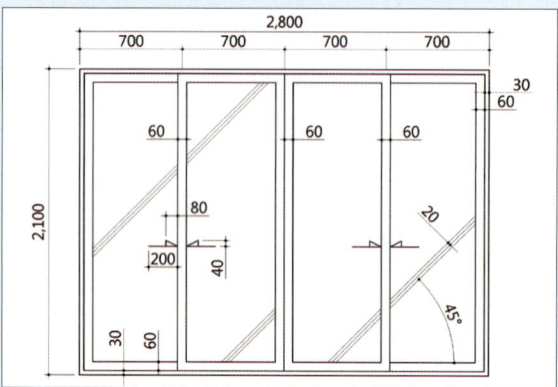

> **HINT**
>
> 창에 빛이 비치는 표현은 다양합니다. 여기서는 무한대선(xline)을 사용해서 45도 선을 만들고, Offset 명령을 이용하여 20간격으로 표현하면 됩니다.

2. 다음 철근콘크리트 계단 단면을 만드세요.

주요 명령어 : Line(L), Offset(O), Trim(TR), Copy(CO), Xline(XL)

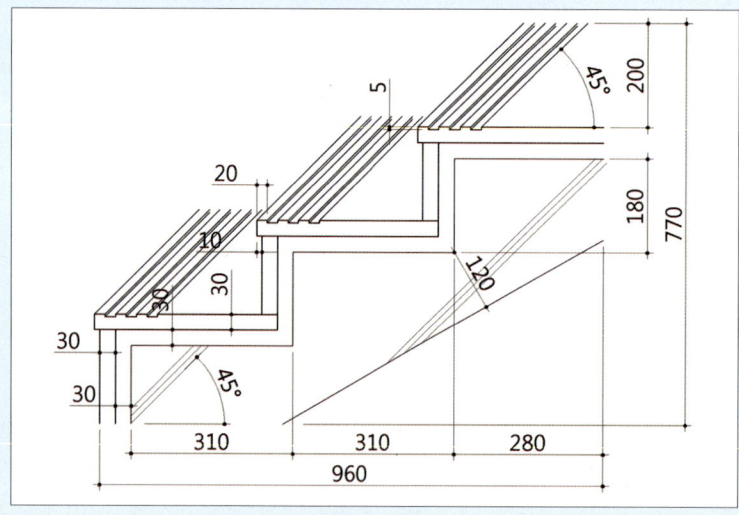

TIP : Copy 명령으로 지정된 위치에 복사해야 할 경우, 'Base point' 지정에 주의해야 합니다.

각도선을 효과적으로 작성하는 [POLAR TRACKING]

각도가 있는 선을 작성할 때는 상대 극 좌표와 Xline 명령을 사용해도 되지만 30도, 45도, 60도와 같이 자주 사용하는 각도는 [POLAR TRACKING](F10)을 사용하면 별도의 명령 실행 없이 F10으로 On/Off하면서 사용이 가능합니다.

■ 각도 설정 방법

화면 하단에 있는 상태 표시줄의 [POLAR TRACKING](POLAR)을 마우스 오른쪽 버튼으로 클릭한 후 원하는 각도를 선택하거나 [Settings]를 선택합니다.

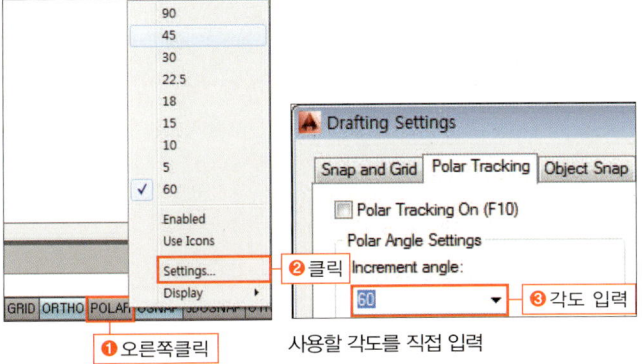

❶ 오른쪽클릭   ❷ 클릭   ❸ 각도 입력

사용할 각도를 직접 입력

■ 사용법

On/Off는 [ORTHO](F8)의 사용법과 같습니다. 선 작도 시 시작점을 클릭하고 F10을 누르면 [POLAR TRACKING] 모드가 활성화됩니다. 커서를 이동하여 설정된 각도에 근접하게 되면 아래와 같이 화면에 표시됩니다. 화면에 각도가 표시될 때 클릭하면 설정된 각도로 선이 그려집니다.

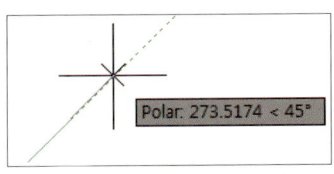

Polar: 273.5174 < 45°

TIP : [ORTHO]가 On일 경우 [POLAR TRACKING]을 활성화하면 [ORTHO]는 자동으로 Off됩니다.

■ **[POLAR TRACKING]을 활용하여 철근 콘크리트 기둥 표현하기**

01. Rectangle 명령을 실행한 후 다음과 같은 크기의 사각형을 만듭니다.

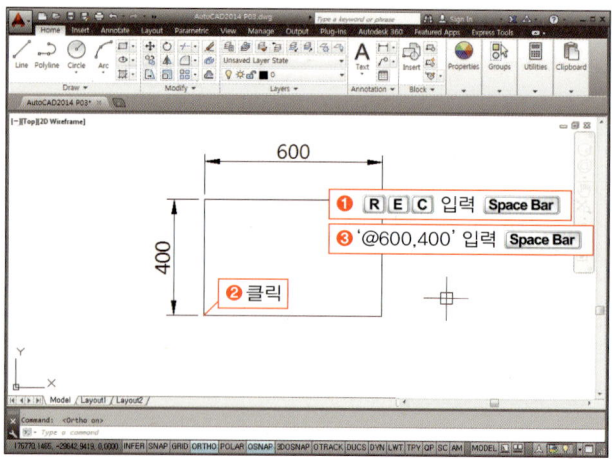

02. 상태 표시줄의 [POLAR TRACKING](POLAR)이 활성화되어 있는지 확인합니다. 그리고 커서를 위에 올려놓고 마우스 오른쪽 버튼을 클릭한 후 [45]를 선택합니다.

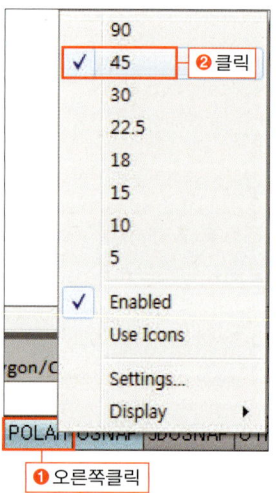

03. 각도 설정을 마쳤습니다. 이제 Line 명령을 실행합니다. ② 부분에서 시작점을 클릭하고 ③ 부분으로 커서를 이동해 녹색 안내선이 나오면 클릭한 후 Esc 를 눌러 종료합니다.

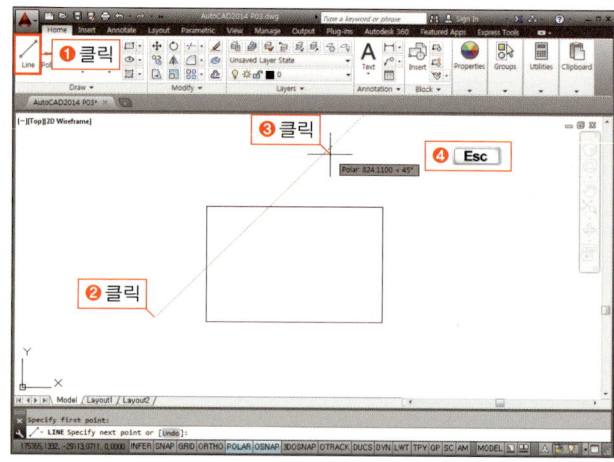

04. 이번에는 Offset 명령을 실행하여 '20' 간격으로 좌측과 우측으로 각각 복사한 후 Copy 명령으로 선 3개를 우측에 다시 복사합니다.

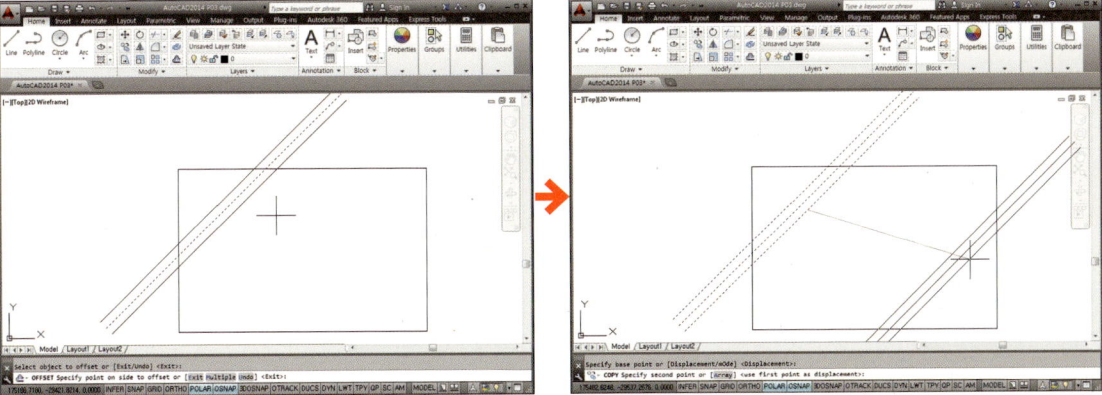

▲ Offset 명령 실행   ▲ Copy 명령 실행

05. Trim 명령으로 사각형 밖으로 벗어난 선을 잘라내어 그림과 같이 완성합니다.

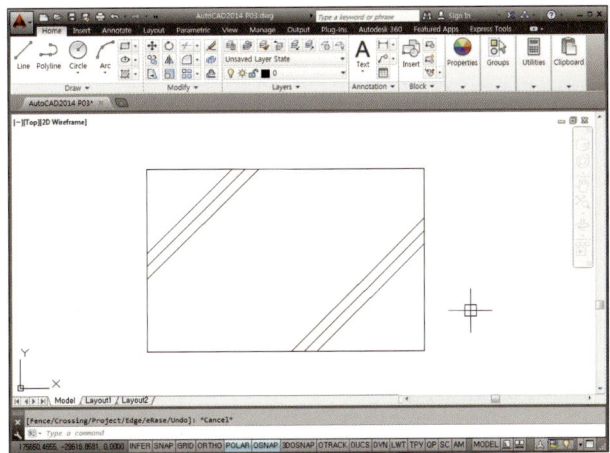

▲ Trim 명령 실행

TIP : 잘라내야 할 선이 여러 개인 경우 걸침 선택인 Crossing-Box로 잘라내는 것이 효율적입니다.

Stretch는 가로나 세로의 크기를 수정할 때 많이 쓰는 명령입니다. 처음 배우면 어려운 명령이지만 형태 변형에 있어 아주 편리한 기능이므로 자유자재로 사용할 줄 알아야 합니다. 1시간 동안 수정해야 할 작업을 1분에 끝낼 수도 있는 기능입니다.

예제 파일 l DVD₩예제₩Part03₩Lesson04₩크기변경.DWG

01. Stretch 명령을 사용하여 1인용 침대의 폭을 '500'만큼 늘려 2인용 침대로 수정해 보겠습니다. 예제 파일을 불러온 후 먼저 마우스 휠을 사용해 침대가 크게 보이도록 화면을 조정합니다.

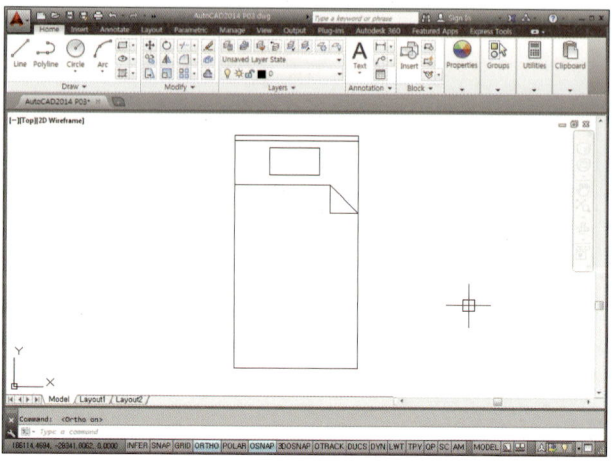

02. ⑤를 입력한 후 Space Bar 를 눌러 Stretch 명령을 실행하는데, Stretch 명령의 선택 방법은 다른 명령과는 다르게 Crossing Box(걸침 선택)로 선택을 해야만 합니다. ②와 ③ 부분을 클릭한 다음 Space Bar 를 눌러 변경할 객체를 선택합니다.

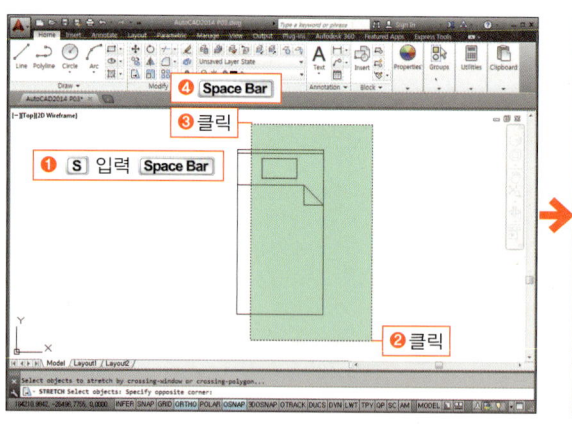
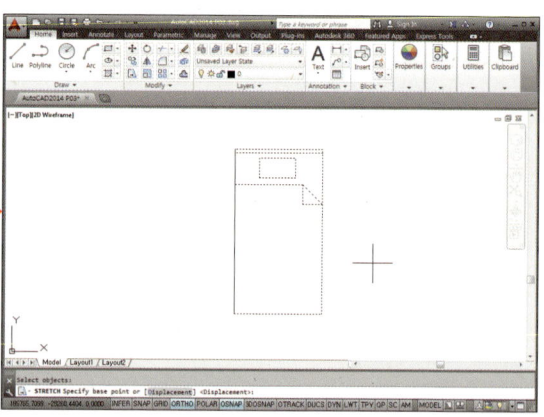

| Command: | ⑤ 입력한 후 Space Bar |
| Select objects: | ②과 ③ 부분 클릭한 다음 Space Bar |

파선으로 사각형을 만들어 Crossing Box(걸침 선택)으로 선택을 했는데 파선 사각형에 포함된 객체는 이동이 되고 파선에 걸쳐지는 부분은 길이가 변하게 되는 것입니다. 선택 시 베개 중간에 걸치면 베개의 크기가 변하고 침대 전부를 포함시키면 아무런 변화를 줄 수가 없습니다.

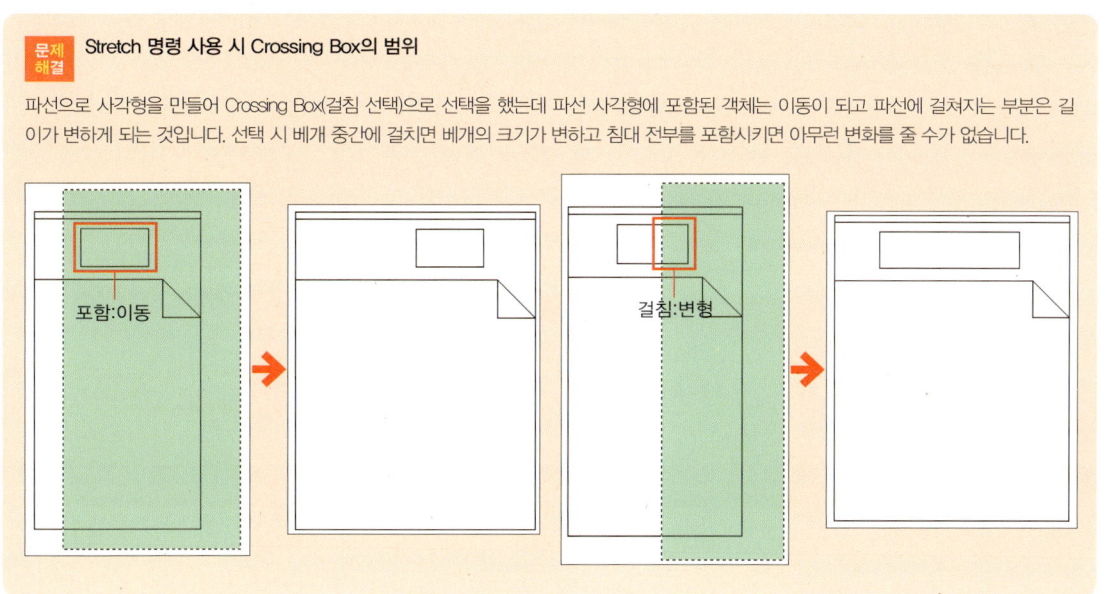

포함:이동   걸침:변형

03. 기준점(①)을 클릭하고 커서를 ② 부분으로 가져간 다음 늘리려고 하는 값 '500'을 입력한 후 Space Bar 를 누릅니다.

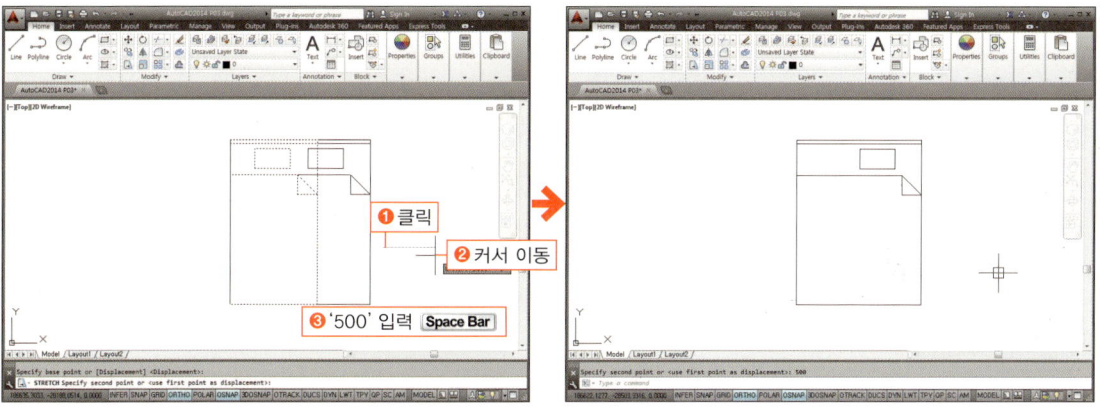

❶ 클릭
❷ 커서 이동
❸ '500' 입력 Space Bar

Specify base point or [Displacement] <Displacement>:	① 부분에 기준점 클릭
Specify second point or <use first point as displacement>:	② 부분으로 커서 이동 후 '500' 입력하고 Space Bar

TIP : 커서를 ② 부분으로 가져 갈 때는 [ORTHO](F8)가 On으로 되어 있어야 합니다.

04. 이제 Copy 명령을 사용해 베개 하나를 좌측으로 복사하고, Move 명령을 사용해 중간쯤으로 베개를 보기 좋게 이동시킵니다.

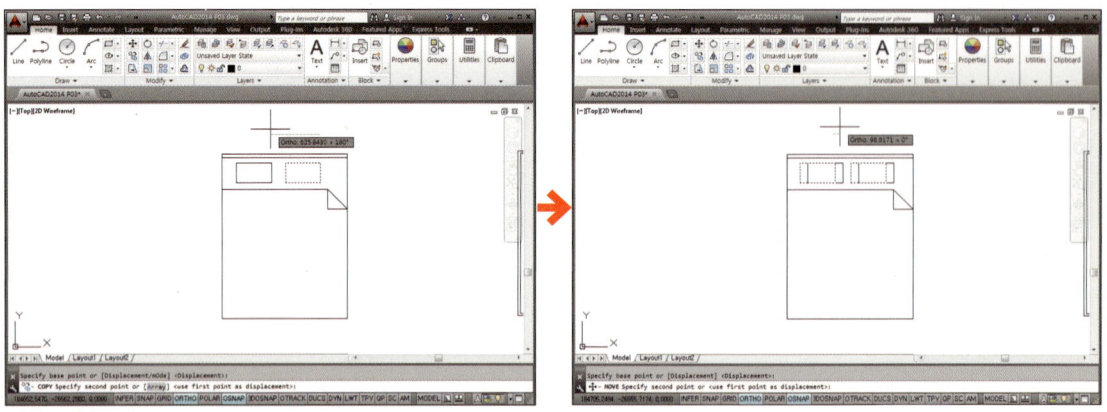

▲ Copy 명령으로 베개 복사   ▲ Move 명령으로 이동

05. 이번에는 방문을 작업하고 복사해서 욕실 문이나 창고 문으로 수정하는 작업을 하겠습니다. 문을 작업하기 위해 마우스 휠을 사용해 문이 크게 보이도록 화면을 조정합니다.

TIP : 방문은 가로 '900', 세로 '2100' 크기의 문이 많이 사용됩니다.

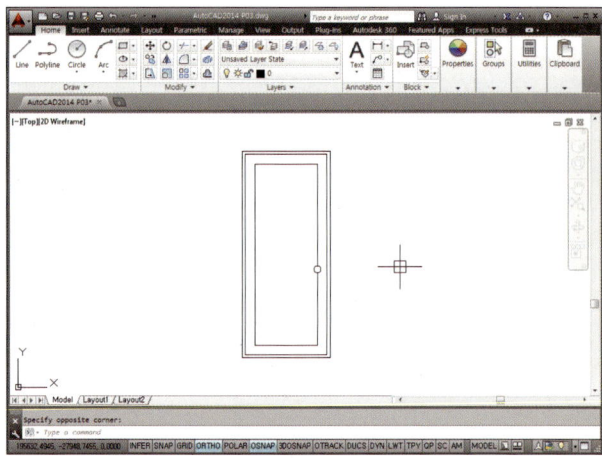

06. S 를 입력한 후 Space Bar 를 눌러 Stretch 명령을 실행하고 변경할 부분을 선택하기 위해 ②미 ③ 부분을 클릭한 다음 Space Bar 를 누릅니다.

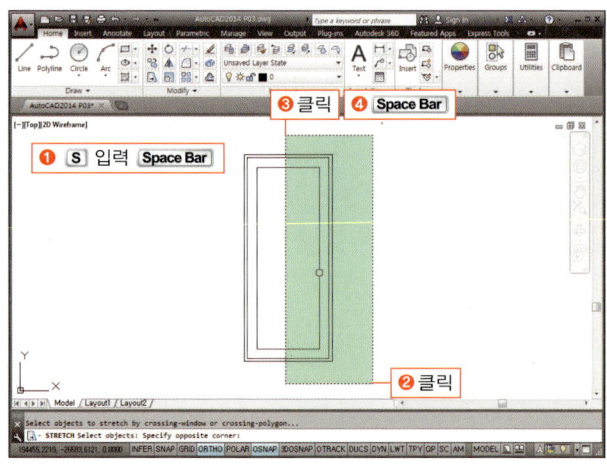

| Command: | S 입력한 후 Space Bar |
| Select objects: | ②과 ③ 부분 클릭한 다음 Space Bar |

266

07. 기준점(①)을 클릭하고 커서를 ② 부분으로 가져간 다음 줄이려고 하는 값 '100'을 입력합니다(　Space Bar　). 그러면 선택된 조건에 맞게 길이가 줄어듭니다.

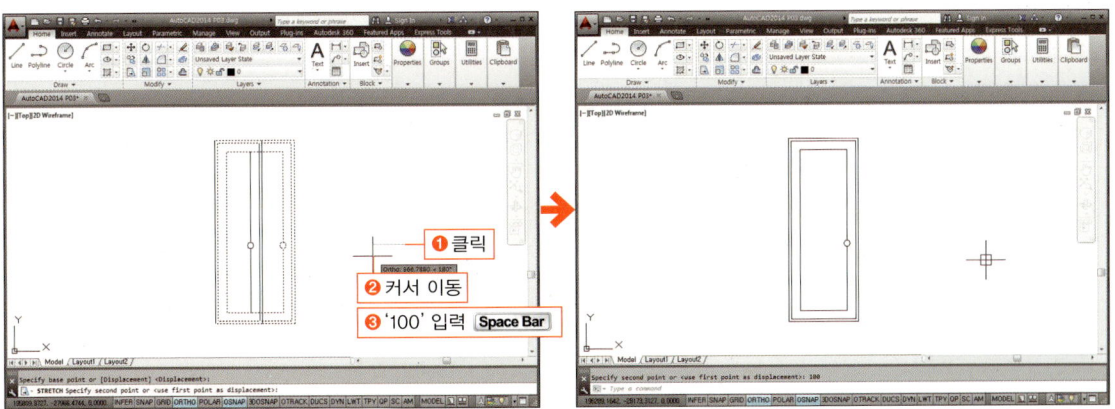

❶ 클릭
❷ 커서 이동
❸ '100' 입력 Space Bar

```
pecify base point or [Displacement] <Displacement>:
Specify second point or <use first point as displacement>:
```

① 부분에 기준점 클릭
② 부분으로 커서 이동 후
'100' 입력하고 Space Bar

08. 높이도 '100'만큼 줄여야 합니다. 명령을 반복하기 위해 　Space Bar　를 누르고 ②외 ③ 부분을 클릭한 다음 　Space Bar　를 눌러 변경할 부분을 선택합니다.

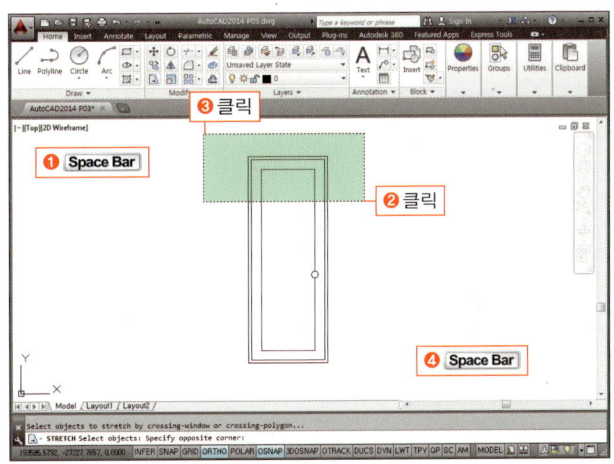

❸ 클릭
❶ Space Bar
❷ 클릭
❹ Space Bar

```
Command:
Select objects:
```

Space Bar
② 부분 클릭, ③ 부분 클릭한 후 Space Bar

09. 기준점(①)을 클릭하고 커서를 ② 부분으로 가져간 다음 줄이려는 값 '100'을 입력한 후 <kbd>Space Bar</kbd> 를 누릅니다. 선택한 조건에 맞게 길이가 줄어듭니다.

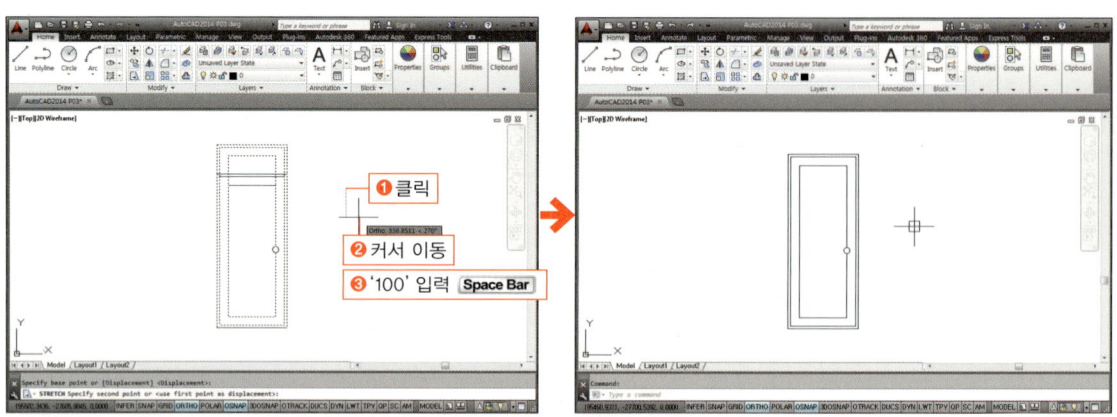

```
pecify base point or [Displacement] <Displacement>:          ① 부분에 기준점 클릭
Specify second point or <use first point as displacement>:    ② 부분으로 커서 이동 후
                                                                '100' 입력하고 Space Bar
```

문제해결 Stretch 명령 사용 시 Crossing Box 선택이 어려운 경우

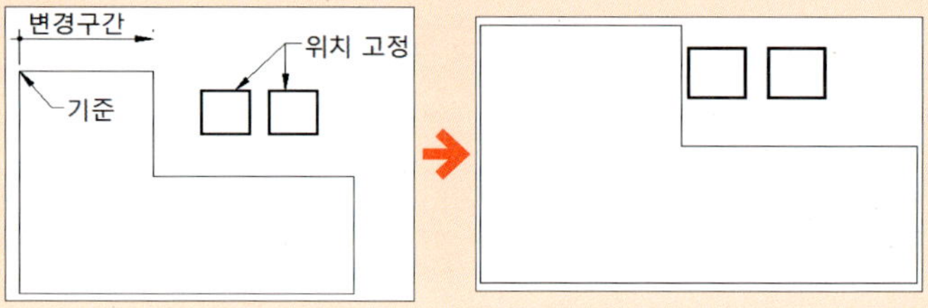

■ 방법 1
Stretch 명령 사용 시 사각형 형태의 Crossing Box(걸침 선택) 사용이 어려울 경우 'Select objects:'라는 문구가 나올 때 <kbd>C</kbd> <kbd>P</kbd> 를 입력하고 <kbd>Space Bar</kbd> 를 누릅니다. 그러면 다음과 같이 Crossing-Polygon(다각형 걸침 선택)을 사용할 수 있습니다.

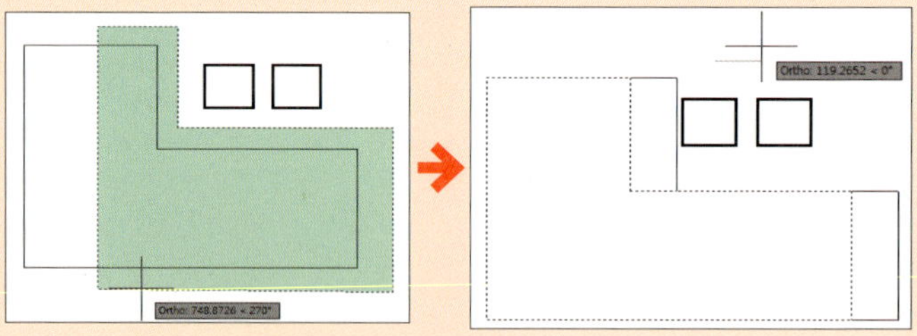

■ 방법 2
Crossing Box(걸침 선택)로 포함 선택한 후 <kbd>Shift</kbd> 를 누르고 선택 제외

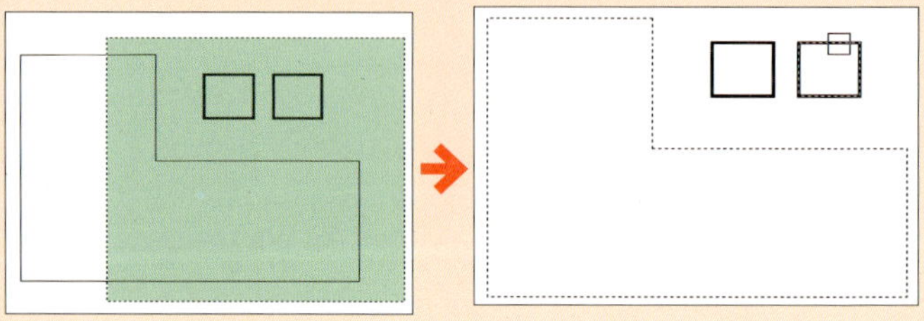

응용 예제

1. 다음 창문을 작성하고 Copy 명령으로 복사한 후 크기를 변경하세요.

완성 파일 I DVD₩완성₩Part03₩Lesson04₩도면크기변경.DWG(완성 파일을 참조하여 작성해 봅니다.)

주요 명령어 I Rectangle(REC), Explode(X), Line(L), Offset(O), Trim(TR), Copy(CO), Stretch(S)

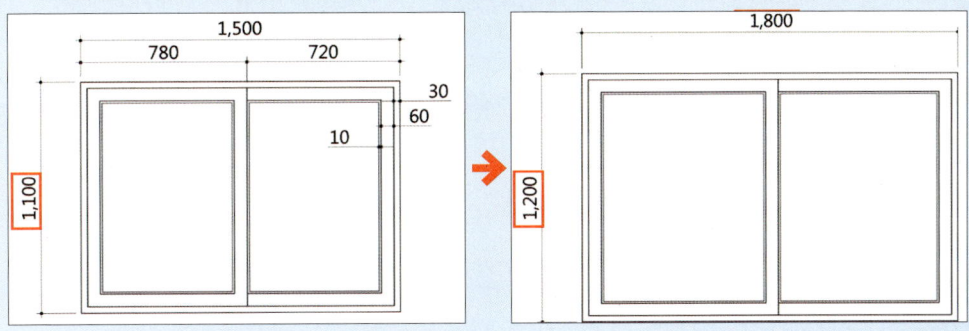

HINT

좌측과 우측을 각각 '150'만큼 늘리고, 높이 값을 '100'만큼 늘려야 합니다.

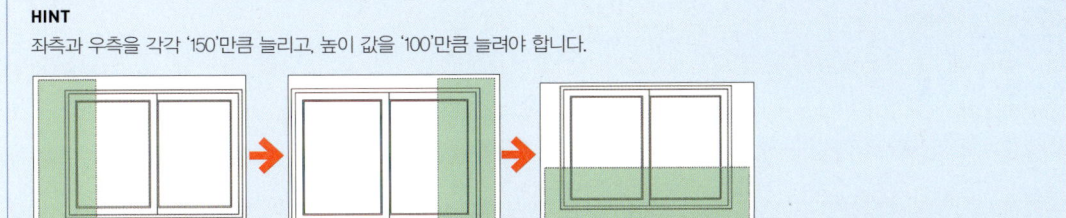

2. 다음 도면을 작성하고 Copy 명령으로 복사한 후 크기를 변경하세요.

주요 명령어 : Rectangle(REC), Explode(X), Line(L), Offset(O), Trim(TR), Copy(CO), Stretch(S)

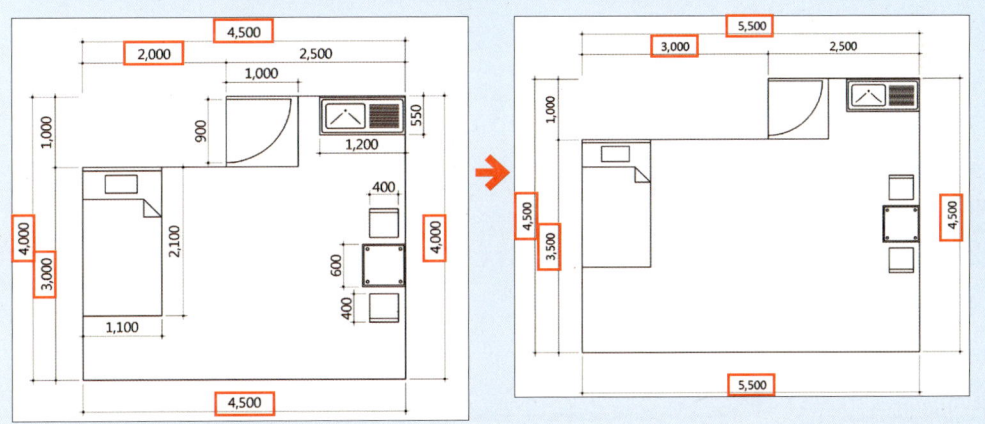

- Fillet `142P`

모서리를 둥글게 깎는 명령으로 반지름 값을 입력하여 사용합니다. 반지름 값이 '0'인 경우에는 Trim이
나 Extend 명령과 같이 잘라내고 연장하는 편집도 가능합니다.

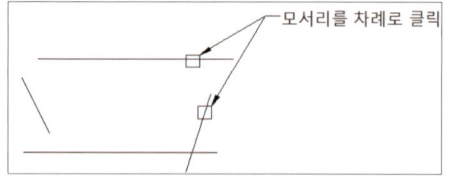 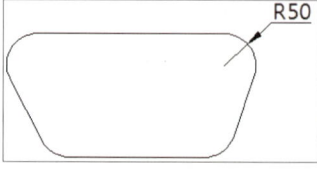 

반지름 값을 입력한 경우(Trim Mode)　　　반지름 값이 '0'인 경우(Trim Mode)

- Chamfer `160P`

Fillet 명령과 사용법이 유사한 명령으로 모서리를 사선으로 따낼 수 있습니다. [Dist1], [Dist2] 거리 값
을 입력하여 사용합니다. 각도에 의한 Chamfer 명령도 가능하나 주로 거리 값을 이용한 방법을 사용합
니다. 모서리 선택 시 처음 선택한 부분에 [Dist1]이 적용됩니다.

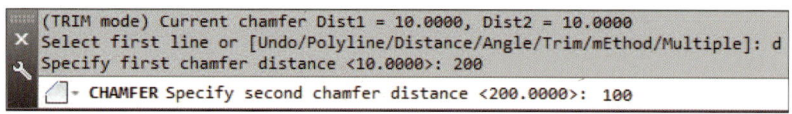

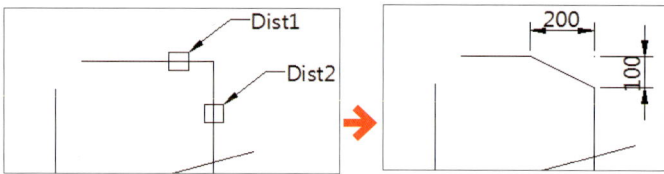

- Mirror `168P`

Mirror는 객체를 대칭으로 복사하거나 이동시킬 수 있는 명령입니다. 사용 시 대칭축 지정에 유의해야
합니다.

좌우 대칭인 경우 축의 방향은 상하가 되며, 상하 대칭인 경우 좌우가 축의 방향이 됩니다.

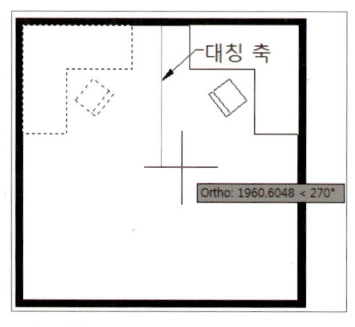 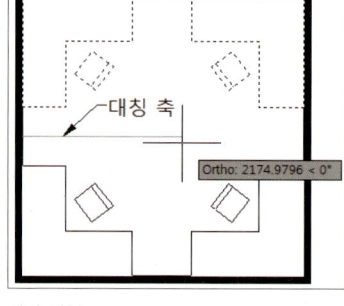 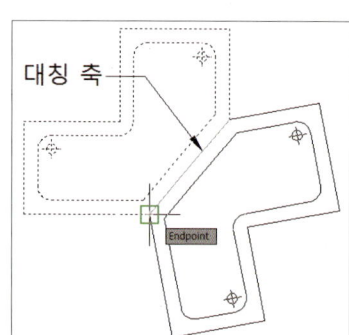

좌우 대칭　　　　　　　　상하 대칭　　　　　　　　사선으로 대칭

- **Rotate** `184P`

Rotate는 객체를 회전시키는 명령입니다. 기준점(Base point)을 기준으로 회전이 되며 각도 입력 시 양수는 반시계 방향으로 음수는 시계 방향으로 회전됩니다.

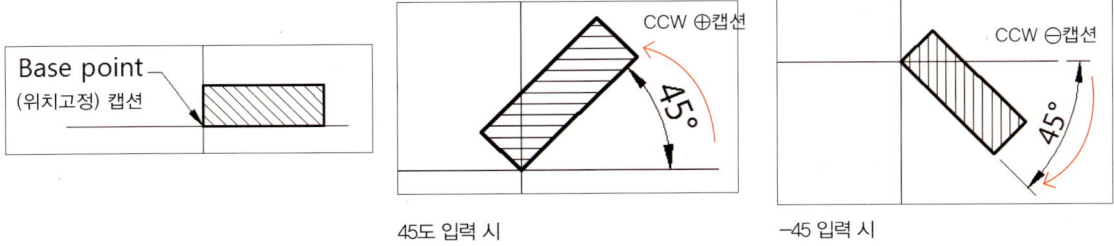

45도 입력 시   −45 입력 시

- **Scale** `194P`

Scale은 객체의 크기를 동일한 비율로 크게 하거나 작게하는 명령입니다. 기준점(Base point)을 기준으로 크기가 변경되며 수치 입력 시 상수, 소수, 분수 입력이 가능합니다.

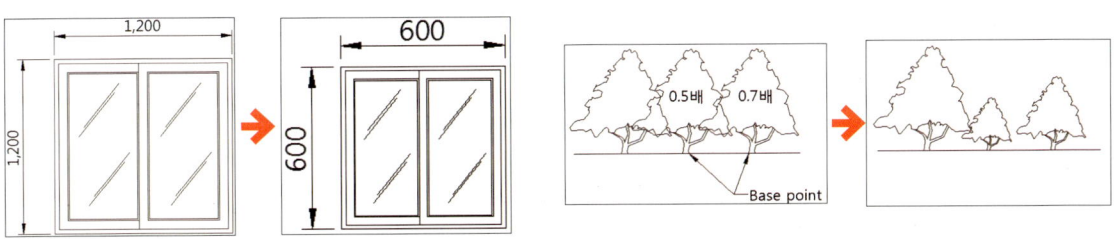

- **Array** `199P`

배열 복사는 직교 배열, 원형 배열, 경로 배열로 나누어집니다. 일정한 거리를 두고 동일한 객체를 여러 개 복사할 경우 많이 사용합니다.

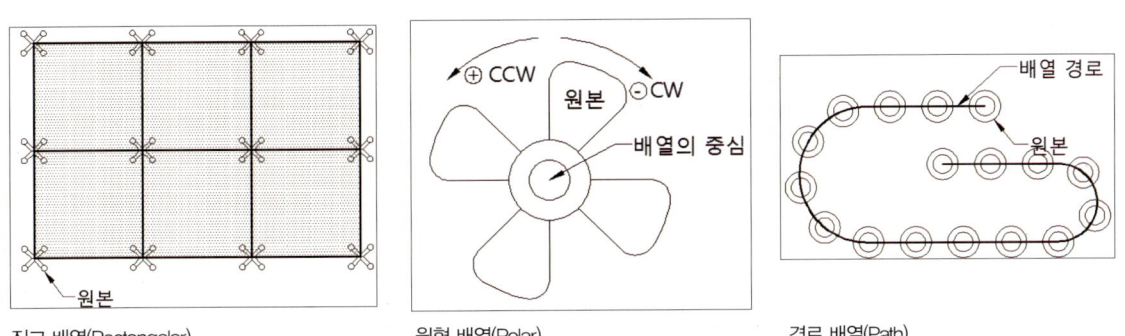

직교 배열(Rectangalar)   원형 배열(Polar)   경로 배열(Path)

■ Hatch 232P

저장된 패턴과 사용자가 직접 정의한 패턴으로 영역에 무늬를 넣을 수 있습니다. 필요에 따라 분해하여 사용해도 되지만 가급적 원형을 유지하는 것이 좋으며 하나의 영역에 두 번, 세 번 반복적으로 작업하는 것이 가능합니다.

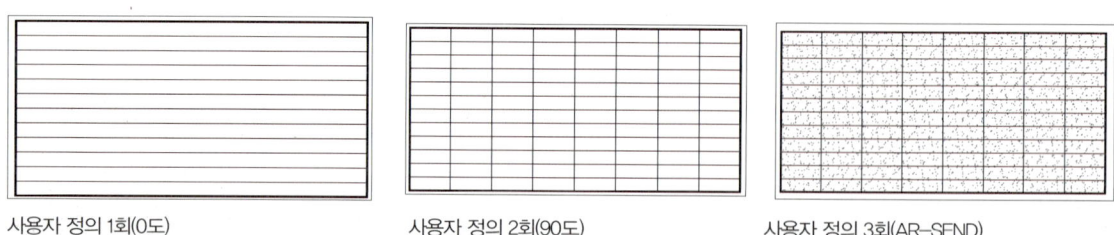

사용자 정의 1회(0도)   사용자 정의 2회(90도)   사용자 정의 3회(AR–SEND)

■ Xline 256P

Xline은 시작과 끝이 없는 무한대선을 그리는 명령으로 주로 45도, 60도 등의 각도를 입력하여 선을 그릴 때 사용합니다. [Ang] 옵션 적용 시 수평이 0도인 절대 각도로 입력해야 합니다.

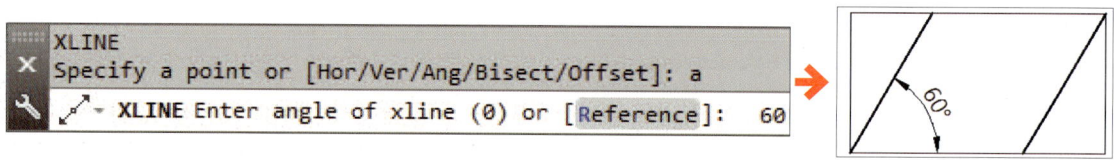

■ Stretch 264P

Stretch는 객체를 늘리고 줄이는 명령으로 Crossing Box(걸침 선택)로 선택해야 합니다. 선택 범위에 포함된 객체는 이동, 걸치는 객체는 변형이 이루어짐을 반드시 이해해야 합니다.

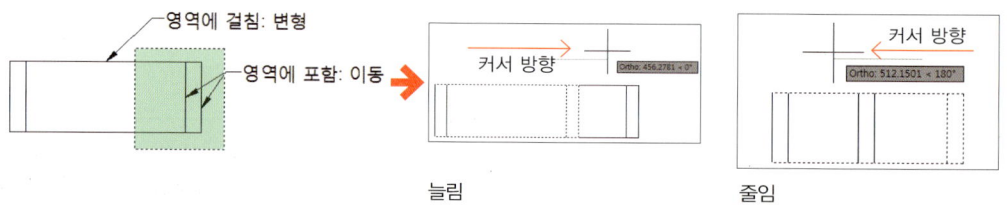

늘림   줄임

01 다음 입면도를 작성하세요.

완성 파일 : DVD₩완성₩Part03₩Self Test 03.DWG
동영상 파일 : DVD₩완성₩Part03₩Self Test 03.AVI

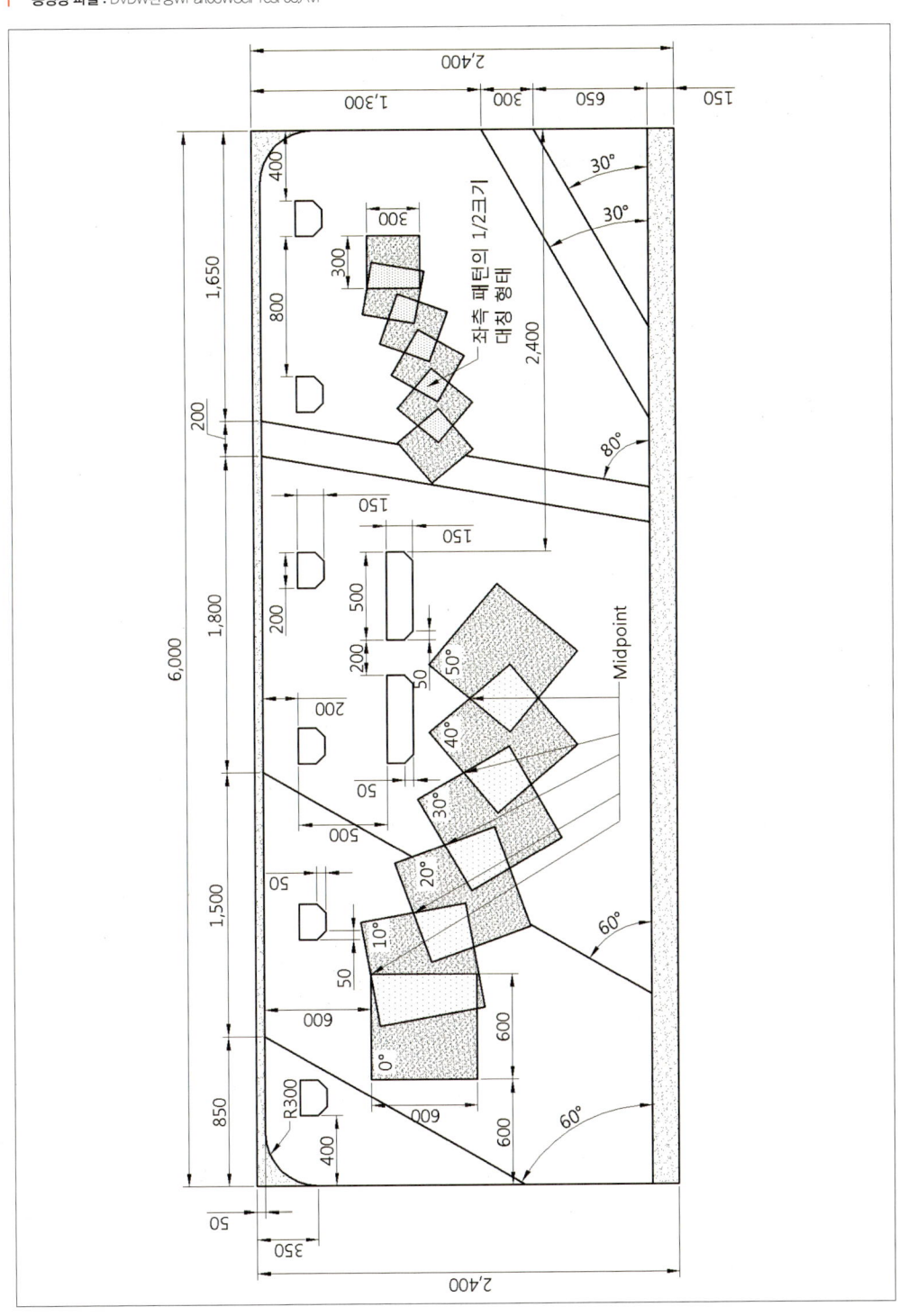

기타 드로잉 명령 및
유용한 편집 명령들

AUTOCAD · 2014

Part 03을 학습하면서 도면 작성에 필수적인 명령
들의 사용법을 익혔습니다. 이번 Part 04에서는 사
용 빈도는 높지 않지만 도면 작업에 효율적이면서
유용한 명령에 대해 알아보겠습니다. 자주 사용하
는 명령과 기능들은 반복적으로 사용하여 빠른 시
간에 익힐 수 있고 시간이 지나도 잊혀지지 않지만.
사용이 많지 않은 기능들은 반복적으로 사용하지
않기 때문에 자유롭게 사용하기까지 더 오랜 시간
과 연습이 필요합니다. 지금까지 학습한 내용과 같
이 잘 익힐 수 있도록 합니다.

01 다양한 형태의 선 그리기

선은 주로 Line 명령으로 만들지만 필요와 목적에 따라 각기 다른 기능과 특성을 가진 선으로 작도하게 됩니다.
Line 명령과 유사한 명령들에 대해 알아보겠습니다.

기초
탄탄 ● 선의 유형

■ Polyline의 기능과 사용법 이해하기 `281P`

Polyline 명령은 Line 명령과 유사하며 만든 선은 Line 명령으로 만든 선과는 다르게 하나로 연결되어
있습니다. 또한 다양한 특성을 부여할 수도 있습니다.

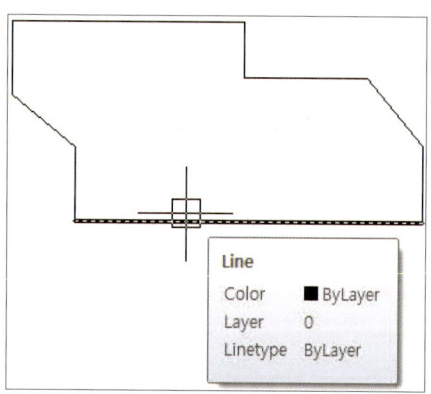

Line(선이 하나하나 분리되어 있음)   Polyline(선이 하나로 연결됨)

• Offset의 결과

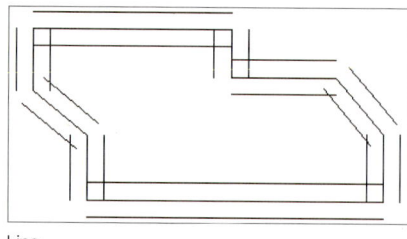

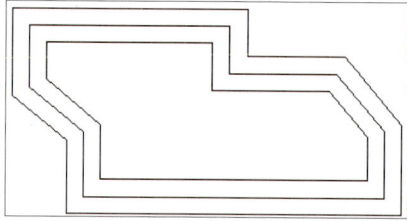

Line   Polyline

■ Polyline 실행하기

• [Home] 탭-[Draw] 패널에서 [Polyline](☞)을 클릭하여 실행합니다.

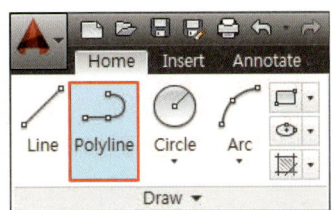

• 명령 입력창에서 Polyline 명령어(**P** **L**)를 입력한 후, **Space Bar** 를 눌러 실행합니다.

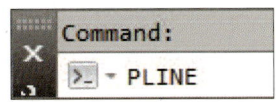　　　　

명령어 입력　　　　　　단축키 입력

■ Polyline 옵션

선과 호의 작성이 동시에 가능하고 선에 두께 값을 부여할 수 있습니다.

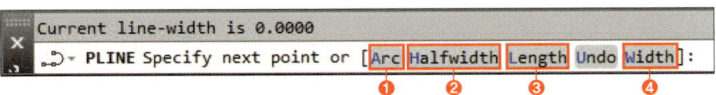

❶ Arc(호) : 호를 그릴 수 있도록 Arc 모드로 변경합니다.

❷ Halfwidth(절반) : 선 두께의 반을 지정합니다.

❸ Length(길이) : 선의 길이를 지정합니다.

❹ Width(두께) : 선에 두께를 지정합니다.

• [Width] 옵션의 적용 결과

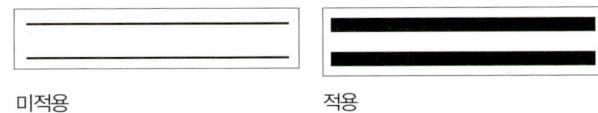

미적용　　　　　　　　　적용

■ Polyline 사용 과정 익히기

```
Command:                                                      P L 입력한 후 Space Bar
Specify start point:                                                   시작점을 클릭
Specify next point or [Arc/Halfwidth/Length/Undo/Width]:     W 입력한 후 Space Bar (두께 적용)
Specify starting width <0.0000>:                      '20'입력한 후 Space Bar (시작 두께)
Specify ending width <20.0000>:                               Space Bar (끝 두께)
```

■ Multiline의 기능과 사용법 이해하기 `283P`

Multiline 명령은 Line 명령과는 다르게 여러 개의 선을 한 번에 만드는 것이 가능합니다. 사용하기에 앞서 Mlstyle 명령으로 사용할 선의 수, 선과의 거리, 기준점 등을 설정한 후에 사용해야 합니다. 공간 벽 쌓기나 벽체 안쪽의 마감선을 만들 경우에 사용하면 좋습니다.

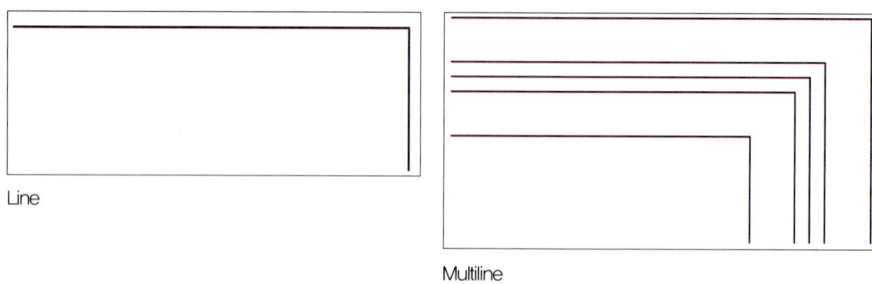

Line

Multiline

■ Multiline 실행하기

• 명령 입력창에서 Multiline 명령어(M L)를 입력한 후, Space Bar 를 눌러 실행합니다.

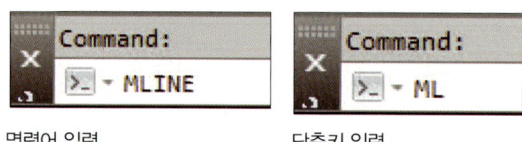

명령어 입력   단축키 입력

■ Multiline 사용 과정 익히기

Command:	M L S T Y L E 입력한 후 Space Bar (다중선 스타일을 생성)
Command:	M L 입력한 후 Space Bar
Current settings: Justification = Top, Scale = 20.00, Style = STANDARD	
Specify start point or [Justification/Scale/STyle]:	시작점 클릭

■ Spline의 기능과 사용법 이해하기

Splime 명령은 시작점부터 각 지점을 연결하는 자유로운 곡선을 만드는 것이 가능합니다. Line 명령과 같이 시작점을 클릭해 각 턴 포인트를 클릭하면서 만들면 됩니다.

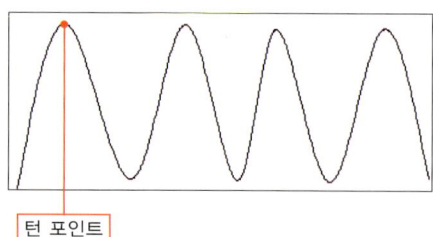

턴 포인트

■ Spline 실행하기 <mark>288P</mark>

- [Home] 탭-[Draw] 패널에서 [Spline](📈)을 클릭합니다.

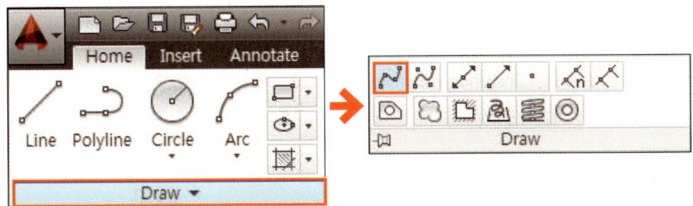

- 명령 입력창에서 Spline 명령어(S P L)를 입력한 후, [Space Bar]를 눌러 실행합니다.

■ Spline 사용 과정 익히기

```
Command:                                                    S P L 입력한 후 Space Bar
Specify first point or [Method/Knots/Object]:              시작점 클릭
```

■ Revcloud의 기능과 사용법 이해하기 <mark>289P</mark>

Revcloud 명령을 이용하면 구불구불한 선을 만들 수 있습니다.

■ Revcloud 실행하기

- [Home] 탭-[Draw] 패널에서 [Revcloud](📷)를 클릭합니다.

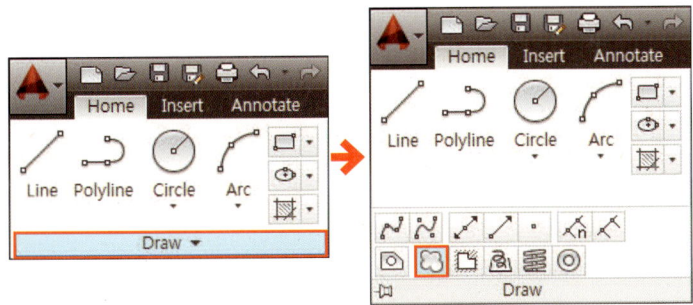

• 명령 입력창에서 Revcloud 명령어를 입력한 후, **Space Bar** 를 눌러 실행합니다.

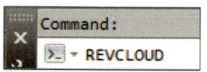

명령어 입력

■ Revcloud 사용 과정 익히기

Command: **R** **E** **V** **C** **L** **O** **U** **D** 입력한 후 **Space Bar**

Specify start point or [Arc length/Object/Style] <Object>:   시작점 클릭 후 선 작성

TIP : Revcloud 명령은 구름 모양의 도형으로 수정해야 할 부분을 표시할 때 사용합니다.

Polyline 명령은 선에 여러 가지 특성을 부여할 수 있는 것이 가장 큰 특징입니다. 이미 Line 명령으로 그려진 객체도 폴리라인으로 변경시킬 수 있는 Pedit 명령을 사용하는 것이 가능합니다. 이번에는 폴리라인을 그려보고 많이 사용하는 두께 값을 조정해 보겠습니다.

예제 파일 | DVD\예제\Part04\Lesson01\Pedit명령.DWG

01. 새 도면에서 단축키 **P L**을 입력한 후 **Space Bar**를 눌러 Polyline 명령을 실행하고, Line 명령을 사용하는 것과 같이 선의 시작점을 클릭합니다. [Width] 옵션의 값을 변경하기 위해 **W**를 입력한 후 **Space Bar**를 누르고, 두께 값 '20'을 입력 **Space Bar**, 다시 **Space Bar**를 누릅니다.

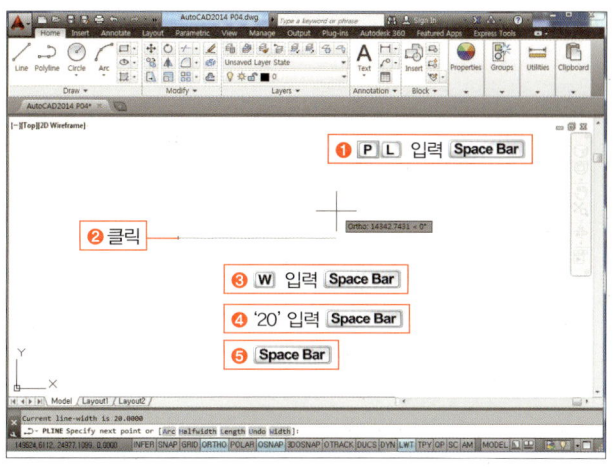

Command:	**P** **L** 입력한 후 **Space Bar**
Specify start point:	시작점을 클릭
Specify next point or [Arc/Halfwidth/Length/Undo/Width]:	**W** 입력한 후 **Space Bar**
Specify starting width <0.0000>:	'20' 입력한 후 **Space Bar**
Specify ending width <20.0000>:	**Space Bar**

02. 두께 값을 입력한 다음 선(Line)을 그리는 것처럼 동일하게 작업을 합니다. 입력한 값만큼 선이 두껍게 그려지는 것을 볼 수 있습니다.

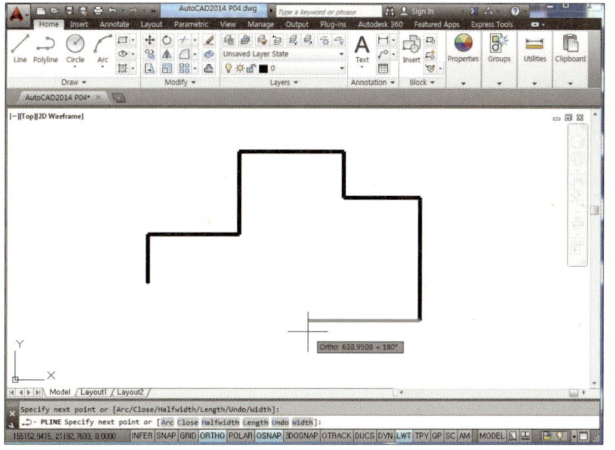

03. 예제 파일을 불러온 후 교실 공간의 바깥쪽 테두리를 두꺼운 선으로 변경해 보겠습니다. 단축키 **P** **E** 를 입력한 후 **Space Bar** 를 눌러 Pedit 명령을 실행합니다. 4개의 선을 선택하기 위해 **M** 을 입력한 후 **Space Bar** 를 누르고 선(③~⑥)을 차례대로 선택합니다. 그리고, **Space Bar** 를 누릅니다.

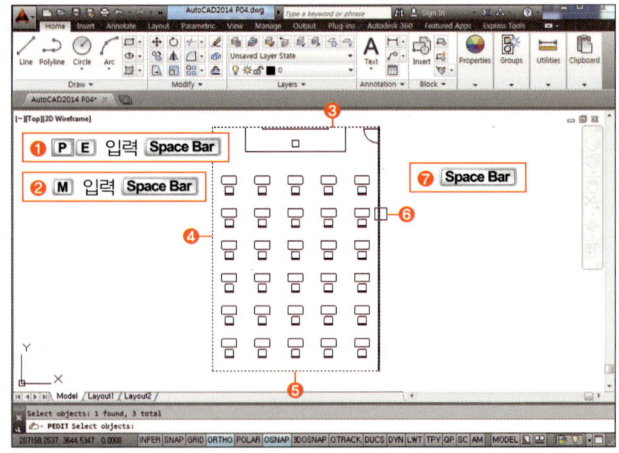

```
Command:                                              P E 입력한 후 Space Bar
PEDIT Select polyline or [Multiple]:                  M 입력한 후 Space Bar
Select objects:                        선(③~⑥)을 차례대로 클릭 후 Space Bar
```

04. 선을 선택한 후 명령 입력창을 보면 선택한 선을 폴리라인으로 변경할 것인지를 묻는 메시지가 나옵니다. [Yes]로 지정되어 있으니 **Space Bar** 를 누릅니다. **W** 를 입력한 후 **Space Bar** 를 누르고 선의 두께 값으로 '100'을 적용합니다. 그리고 **Space Bar** 를 두 번 누릅니다. 작업이 완료되면 외곽선이 두껍게 변경된 것을 확인할 수 있습니다.

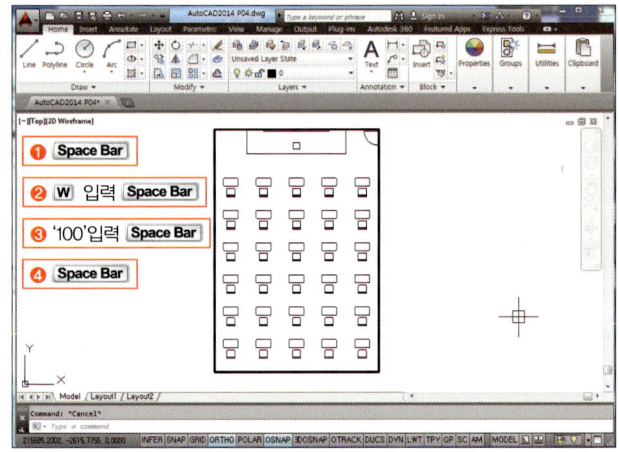

```
Convert Lines, Arcs and Splines to polylines [Yes/No]? <Y>                          Space Bar
Enter an option [Close/Open/Join/Width/Fit/Spline/Decurve/Ltype gen/Undo]:  W 입력한 후 Space Bar
Specify new width for all segments:        두께 값으로 '100'을 입력한 후 Space Bar , 다시 Space Bar
```

Multiline 명령은 스타일(Style)에 따라 다양한 다중선을 등록해 사용하는 것이 가능합니다. 기본 스타일의 사용법을 알아보고 작성된 평면도에 마감선을 넣어 보겠습니다.

예제 파일 | DVD₩예제₩Part04₩Lesson01₩마감선 넣기.DWG

01. 새 도면을 실행한 후 먼저 Multiline이 어떤 명령인지 선을 만들어 보겠습니다. 단축키 **M** **L**을 입력한 후 **Space Bar**를 눌러 Multiline 명령을 실행합니다. 명령 입력창에 현재 설정된 스타일이 나타납니다. 현재 스타일은 [STANDARD]이며 자리맞춤의 기준은 [Top], 축척은 [20]으로 지정되어 있는 것을 확인합니다.

```
Current settings: Justification = Top, Scale = 20.00, Style = STANDARD    ❶ M L 입력 Space Bar
MLINE Specify start point or [Justification Scale STyle]:                 ❷ 확인
```

02. Line 명령을 사용하는 것과 동일하게 시작점(①)을 클릭하고 커서를 ② 부분으로 이동시킨 후 '500'을 입력합니다 (**Space Bar**). 거리 좌표를 반복 사용하여 아래와 같이 작업합니다. 다중선은 Rectangle 명령으로 작업한 것과 같이 하나의 선으로 만들어집니다.

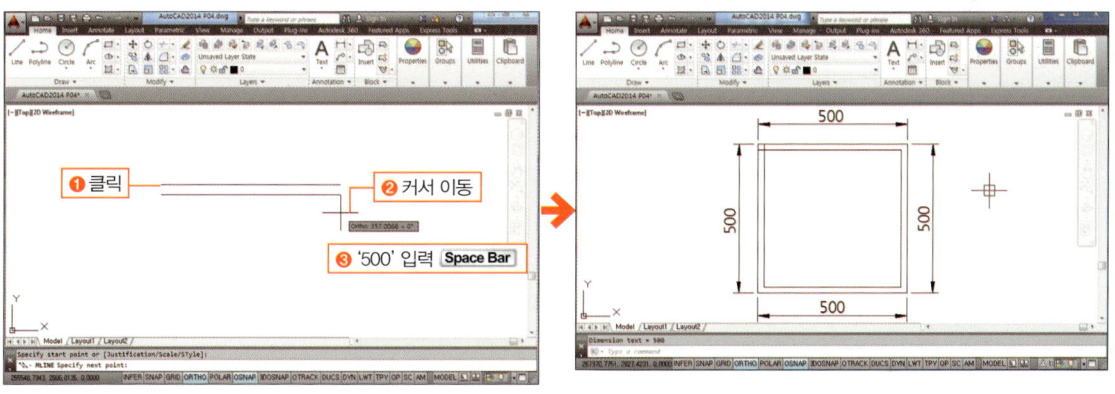

03. 작성한 사각형의 좌측 상단 모서리를 보면 안쪽 선이 교차되어 있습니다. 교차된 부분을 Mledit 명령으로 편집하겠습니다. 명령어 **M** **L** **E** **D** **I** **T**를 입력한 후 **Space Bar**를 누르거나 다중선을 더블클릭하여 [Multilines Edit Tools] 대화상자를 불러옵니다. 모서리 부분을 연결해야 하므로 [Corner Joint]를 클릭합니다.

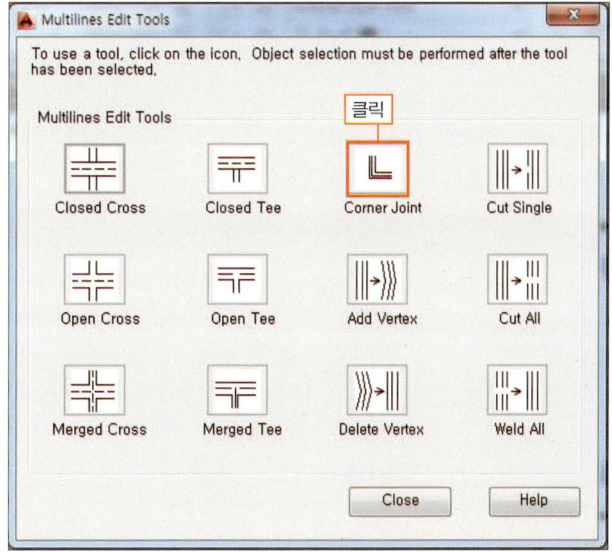

04. 좌측 상단 모서리(①)를 클릭하고 ② 부분을 클릭하면 선택한 두 모서리가 연결됩니다. 다중선은 분해 명령인 Explode로 분해하면 각각 하나의 선으로 분해되어 Trim이나 Extend 명령 등으로 편집이 가능합니다.

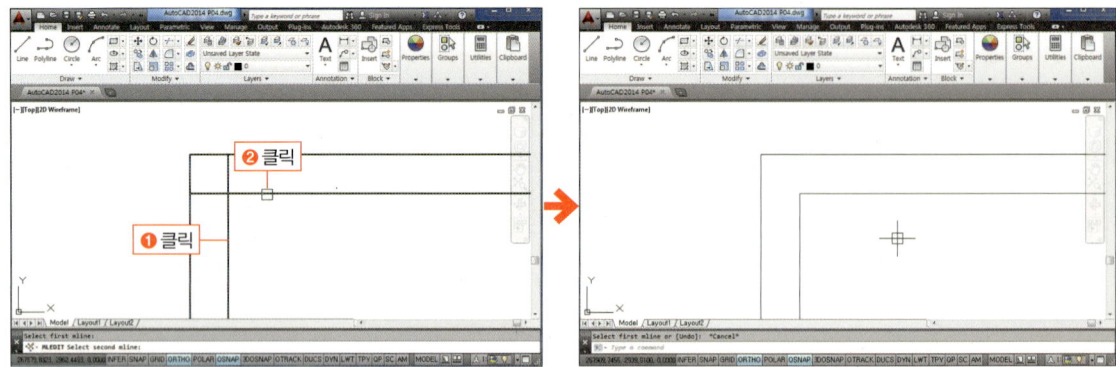

05. 이제 새로운 스타일을 만들어 작성된 벽체에 마감선을 넣어보겠습니다. 예제 파일을 불러온 후 새로운 스타일을 등록하기 위해 **M L S T Y L E**를 입력한 후 **Space Bar**를 누릅니다. [Multiline Style] 대화상자가 나타나면 [New] 버튼을 클릭하고, [Create New Multiline Style] 대화상자의 [New Style Name]에 '마감선'을 입력한 후 [Continue] 버튼을 클릭합니다.

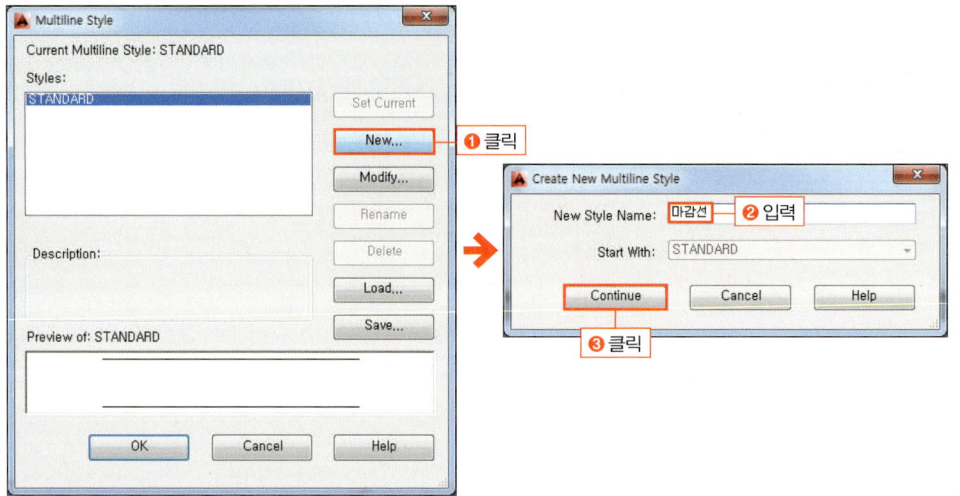

06. [New Multiline Style: 마감선] 대화상자의 [Description]에 '벽20'을 입력합니다. 그림과 같이 선택한 후 [Delete] 버튼을 클릭하여 선을 하나 삭제합니다.

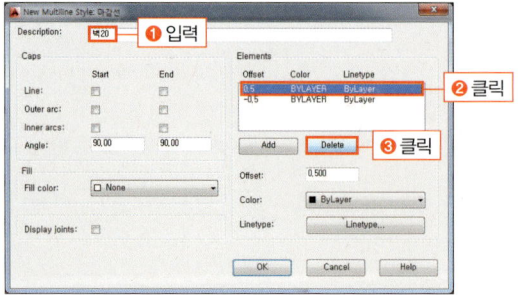

07. 남은 선 하나의 간격을 마감선의 두께 값만큼 변경해야 합니다. 선이 벽체 안쪽에 생성되게 해야 하므로 –값을 넣어야 합니다. [Offset]에 '–20'을 입력한 후 [OK] 버튼을 클릭합니다.

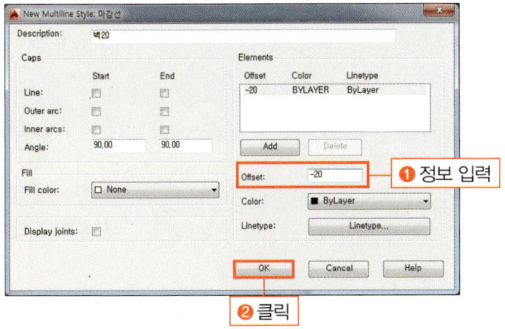

❶ 정보 입력

❷ 클릭

08. 좌측의 [Style]에서 '마감선'을 더블클릭하거나, 선택한 후 우측의 [Set Current] 버튼을 클릭하여 현재 스타일을 '마감선'으로 변경하고 [OK] 버튼을 클릭합니다.

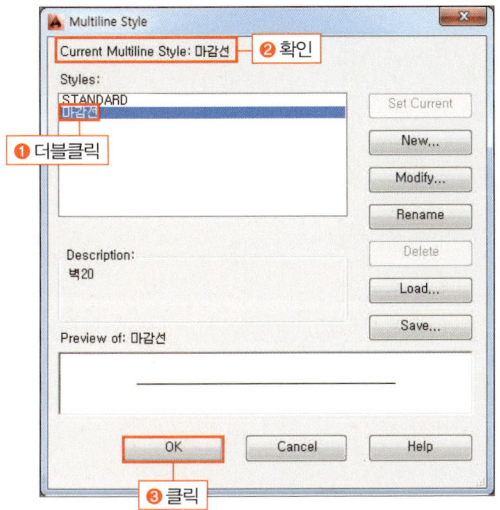

❷ 확인

❶ 더블클릭

❸ 클릭

09. 단축키 [M][L]을 입력한 후 [Space Bar]를 눌러 Multiline 명령을 실행합니다. 명령 입력창을 보면 현재 스타일은 [마감선]으로 되어있지만 자리맞춤의 기준점은 [Top], 축척은 [20]으로 되어 있습니다. 이러한 설정으로는 마감선을 작업할 수 없습니다. 설정을 변경해야 합니다.

```
Current settings: Justification = Top, Scale = 20.00, Style = 마감선    확인
MLINE Specify start point or [Justification Scale STyle]:
```

10. 자리맞춤의 기준을 변경하기 위해 [J]를 입력하고 [Space Bar]를 누릅니다. [Type]을 [Top]에서 [Zero]로 변경하기 위해 [Z]를 입력한 후 [Space Bar]를 누릅니다.

❶ 입력 [Space Bar]

```
Specify start point or [Justification/Scale/STyle]: j
MLINE Enter justification type [Top Zero Bottom] <top>: z    ❷ 입력 [Space Bar]
```

11. 이번에는 축척을 변경하기 위해 [S]를 입력한 후 [Space Bar]를 누릅니다. 축척 [20]을 [1]로 변경하기 위해 '1'을 입력한 후 [Space Bar]를 누릅니다.

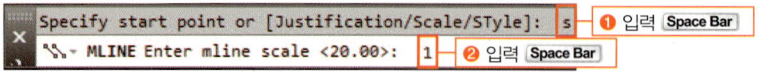

TIP : 축척을 변경하지 않으면 스타일에서 입력한 '-20'에 설정 값 '20'을 곱한 값으로 작성됩니다.

12. 도면 좌측 상단을 확대하고 ① 부분의 모서리를 시작점으로 클릭합니다. ② 부분부터 ~ ⑨ 부분까지 연속해서 클릭한 후 [Esc]를 눌러 작업을 종료합니다.

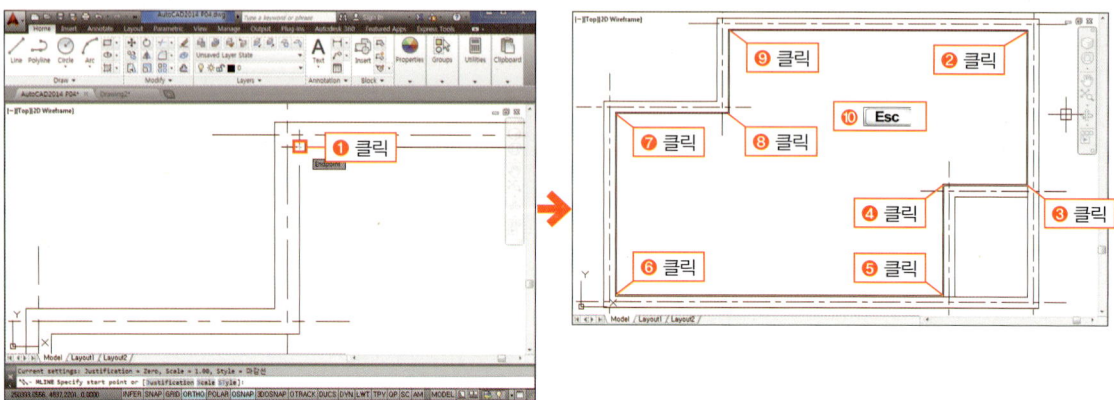

13. 작업된 부분을 살펴보면 마감선이 깔끔하게 만들어졌지만, 시작점 부분은 선이 교차되어 있습니다. 만든 다중선을 더블클릭하여 [Multilines Edit Tool] 대화상자를 불러옵니다. 모서리 부분을 연결해야 하므로 위쪽에서 세 번째인 [Corner Joint]를 클릭합니다.

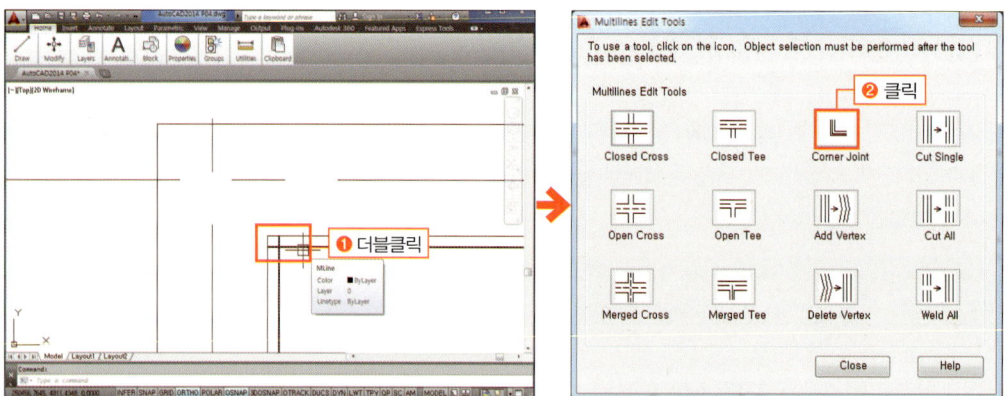

14. ①과 ② 부분을 클릭하면 선택한 두 모서리가 연결됩니다. 우측 하단의 공간도 같은 방법으로 작업합니다.

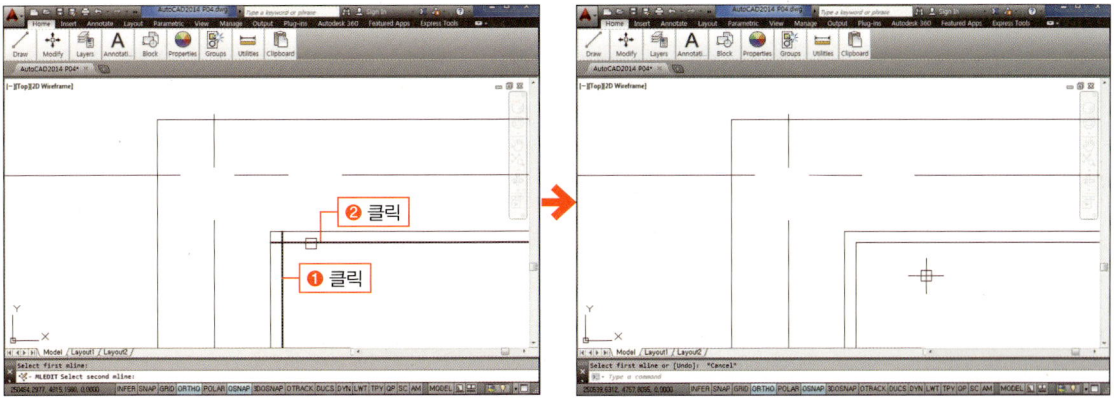

TIP : 'MLSytle'에서 선을 추가하면 다음과 같은 공간벽도 쉽게 만들 수 있습니다.

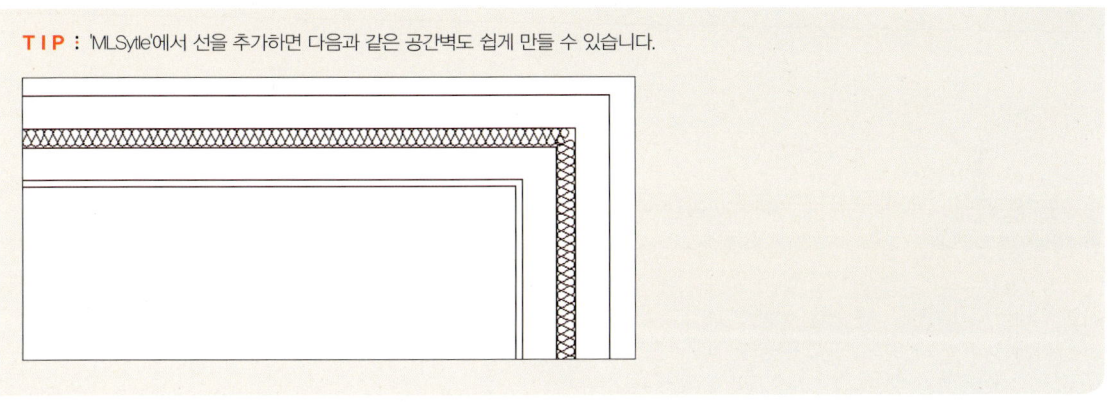

Spline은 건축 분야의 도면 작성에서는 활용도가 낮지만, 조경이나 디자인 분야에서는 적지 않게 사용하는 명령입니다.

01. 단축키 S P L 을 입력한 후 Space Bar 를 눌러 Spline 명령을 실행합니다. 시작점을 클릭하고 다음 점을 클릭하면 클릭한 지점을 연결하는 곡선을 만들 수 있습니다. 지점을 클릭하면서 곡선을 그린 후 C 를 입력하면 시작점에 연결할 수 있고, T 를 입력하면 닫지 않고 끝점을 지정할 수 있습니다.

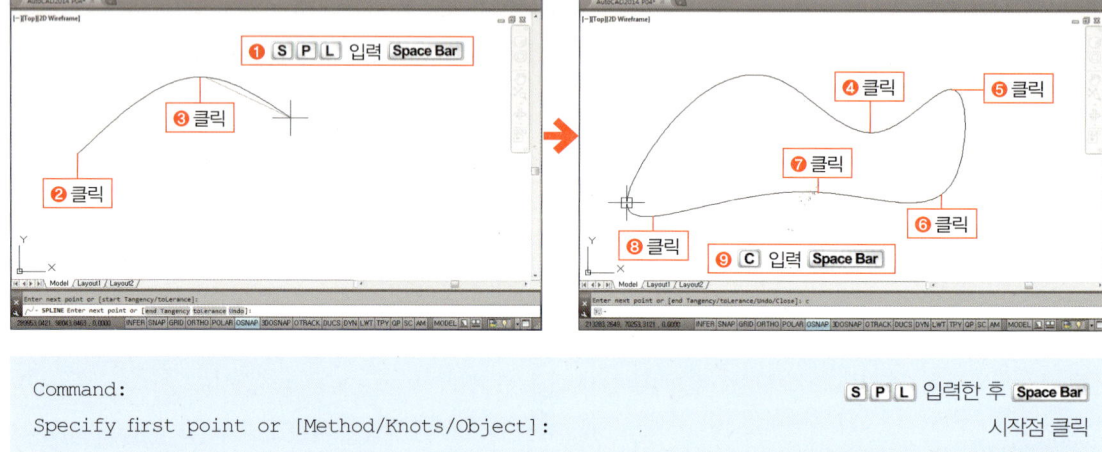

```
Command:                                                    S P L 입력한 후 Space Bar
Specify first point or [Method/Knots/Object]:                         시작점 클릭
Enter next point or [start Tangency/toLerance]:                       다음점 클릭
Enter next point or [end Tangency/toLerance/Undo/Close]:      C 입력(시작점에 연결)
```

T I P : Spline 명령 실행 시 [Method] 옵션의 [CV](Control Vertices)를 사용하면 좀 더 정교한 자유곡선을 만들 수 있습니다.

Revcloud 명령은 도면의 수정 부분을 표시하는 데 주로 사용하며, [Object] 옵션을 사용하면 사각형이나 원을 선택해 구름형 도형으로 변경하는 것도 가능합니다.

예제 파일 | DVD₩예제₩Part04₩Lesson01₩Revcloud.DWG

01. 예제 파일을 불러온 후 상단의 '발코니3' 부분을 확대합니다.

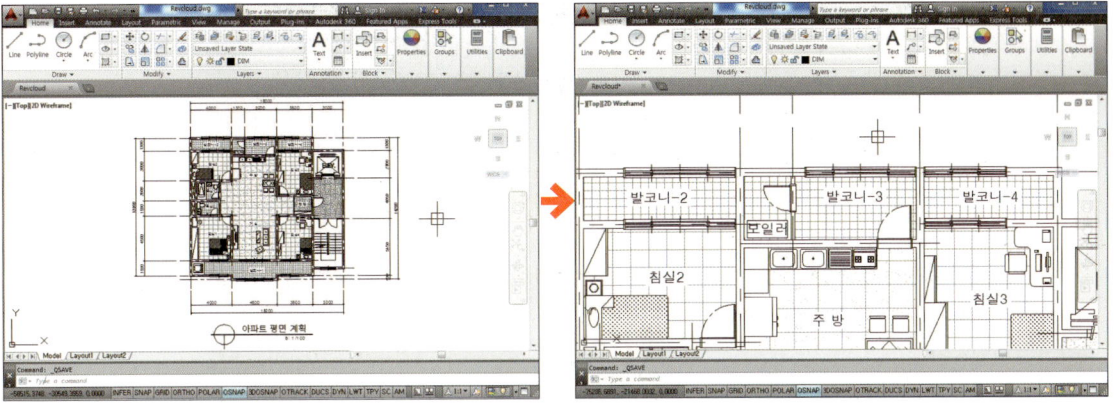

02. '발코니3'을 작업 부분으로 구름형 도형을 표시하기 위해 단축키 R E C 를 입력한 후 Space Bar 를 눌러 Rectangle 명령을 실행합니다. ②와 ③ 부분을 클릭해 사각형을 만듭니다.

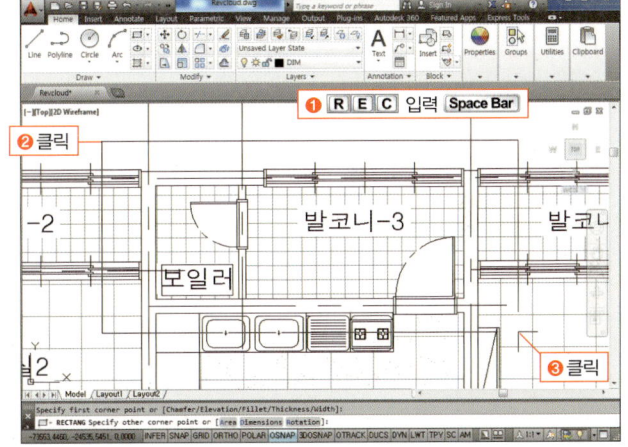

03. [Home] 탭-[Draw] 패널에서 [Revcloud](⊗)를 클릭해 Revcloud 명령을 실행합니다.

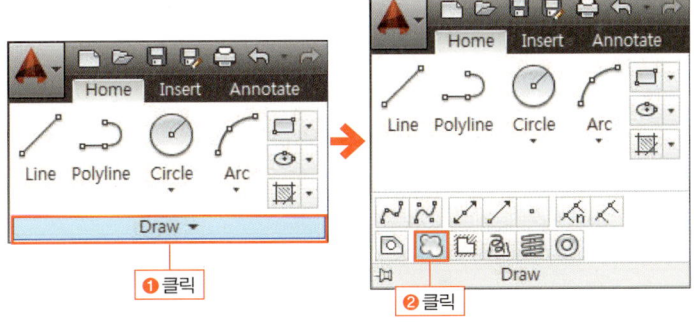

04. 둥근 모양의 크기를 변경하기 위해 [Arc] 옵션을 적용하고 '300'을 입력한 후 Space Bar 를 두 번 누릅니다. 그려진 사각형을 선택하기 위해 [Object] 옵션을 적용해야 합니다. Space Bar 를 누른 다음 ⑤ 부분을 클릭하고 Space Bar 를 누릅니다.

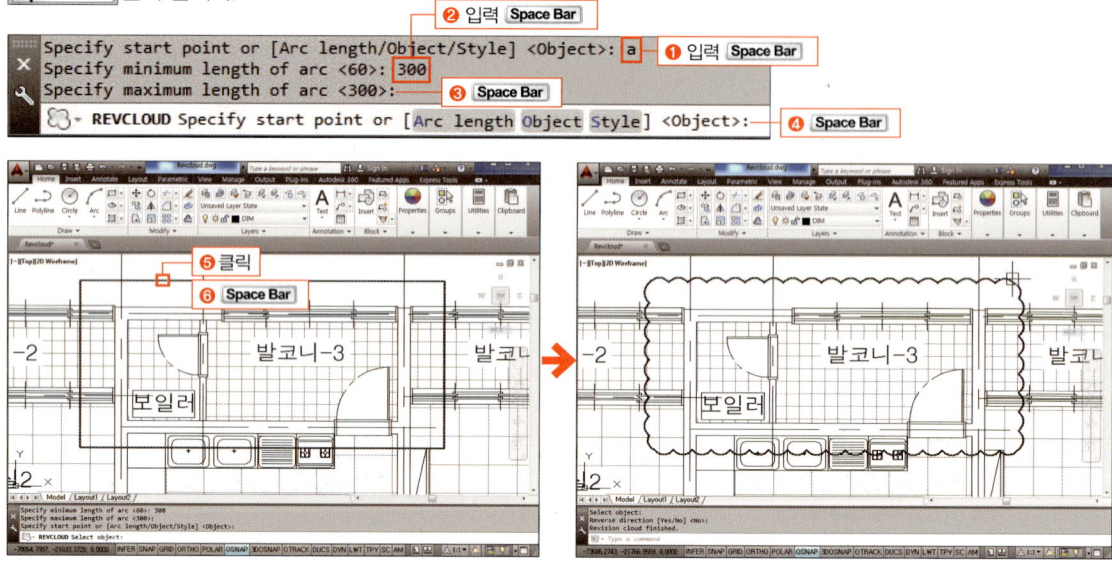

T I P : Revcloud 명령의 [Style] 옵션을 [Calligraphy]로 변경하면 펜촉을 사용한 느낌의 선을 그릴 수 있습니다.

02 선이나 호의 길이를 자유롭게 조절하기

레 벨 ● ○ ○

도면을 작성하다 보면 선의 길이가 부족하여 다시 이어서 그리거나 Extend 명령으로 연장하게 됩니다. 선의 길이는 수시로 변경되므로 Extend 명령과 함께 상황에 맞는 명령을 다양하게 다룰 수 있어야 합니다. 그럼 선의 길이 조절과 관련된 명령들을 알아보겠습니다.

기초 탄탄 ▶ 선의 길이 조절

■ Lengthen의 기능과 사용법 이해하기 `296P`

Lengthen 명령은 값을 입력하여 선을 늘리고 줄이는 것이 가능합니다. 이전에 학습한 Extend 명령과 유사하지만 늘리려는 목적지(기준)가 없어도 작업이 가능합니다. 주로 동일한 값으로 여러 선을 늘릴 경우에 사용합니다.

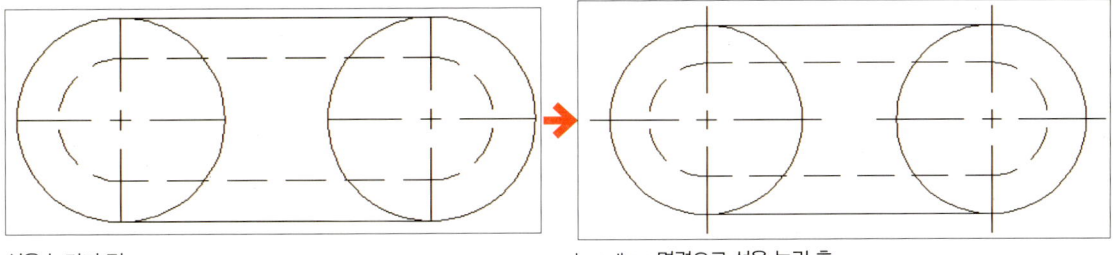

선을 늘리기 전　　　　　　　　　　　　　　Lengthen 명령으로 선을 늘린 후

■ Lengthen 실행하기

• [Home] 탭-[Modify] 패널에서 [Lengthen]︎을 클릭합니다.

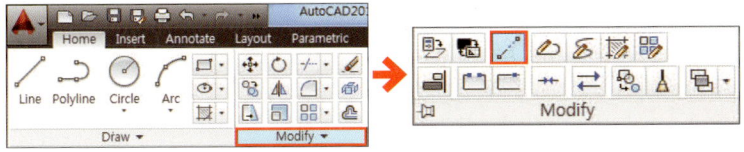

• 명령 입력창에서 Lengthen 명령어(L E N)를 입력한 후, Space Bar 를 눌러 실행합니다.

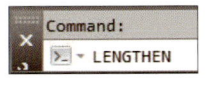　　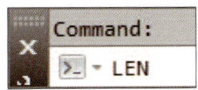

명령어 입력　　　　　단축키 입력

■ Lengthen 옵션

값을 입력하여 선이나 호를 늘리는 방법 이외에 다양한 옵션으로 늘리거나 줄일 수 있습니다.

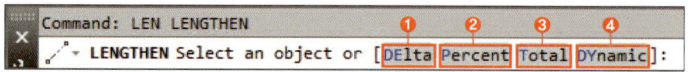

❶ DElta(증가량) : 한 번 클릭으로 늘릴 값을 입력하여 조정합니다.

❷ Percent(백분율) : 현재 길이를 100%로 하여 백분율 값으로 조정합니다.

❸ Total(총합) : 선의 총길이 값을 입력해 조정합니다.

❹ DYnamic(동적 변경) : 커서가 위치하는 곳에 맞추어 조정합니다.

• [DElta] 옵션의 적용 결과

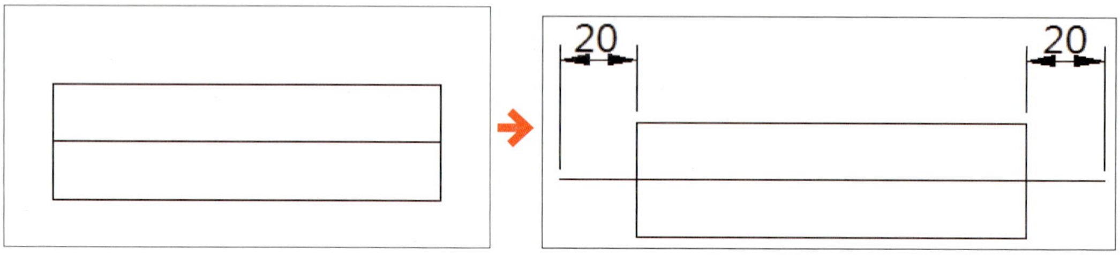

작업 전　　　　　　　　　　　　　　　　　작업 후('20'을 입력한 경우)

• [Percent] 옵션의 적용 결과

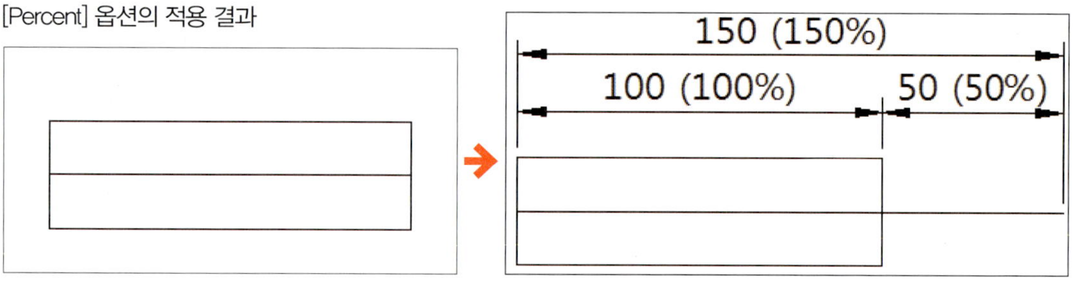

작업 전　　　　　　　　　　　　　　　　　작업 후(백분율 '150'을 입력한 경우)

• [Total] 옵션의 적용 결과

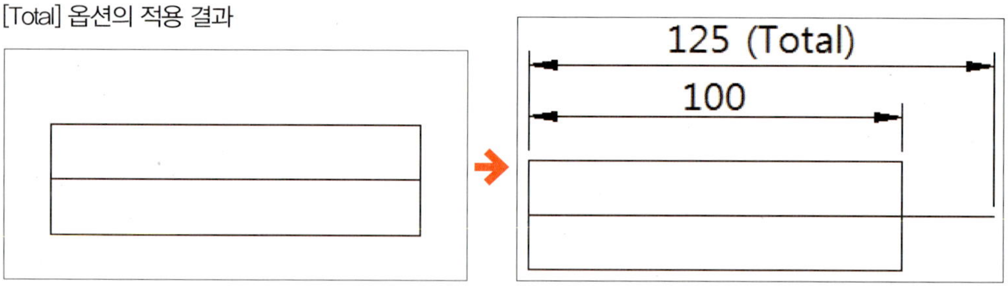

작업 전　　　　　　　　　　　　　　　　　작업 후(총합계 '125'를 입력한 경우)

• [DYnamic] 옵션의 적용 결과

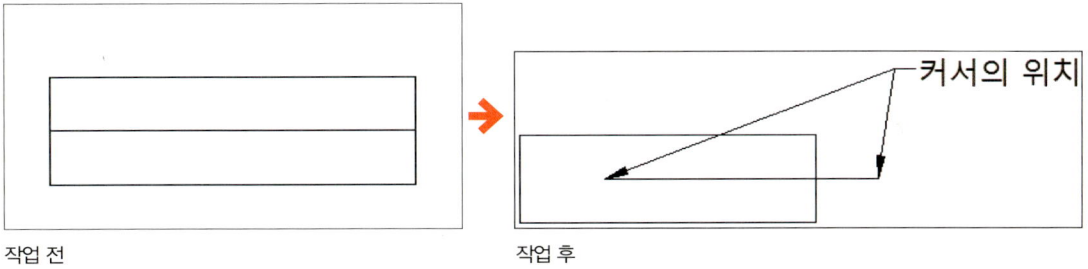

작업 전　　　　　　　　　　　　　　　　　　작업 후

■ Lengthen 사용 과정 익히기([DElta] 옵션)

Command:	L E N 입력한 후 Space Bar
Select an object or [DElta/Percent/Total/DYnamic]:	D E 입력한 후 Space Bar
Enter delta length or [Angle] <0.0000>:	'10' 입력한 후 Space Bar (늘릴 값)
Select an object to change or [Undo]:	늘릴 선 클릭(연속 작업 가능)

■ Grip의 기능과 사용법 이해하기 297P

대기 상태의 커서로 객체를 클릭하면 파란색의 점이 나타납니다. 그 점을 'Grip'이라고 합니다. Grip은 모든 객체에 존재하며 형태의 변형이나 길이 조정이 가능합니다.

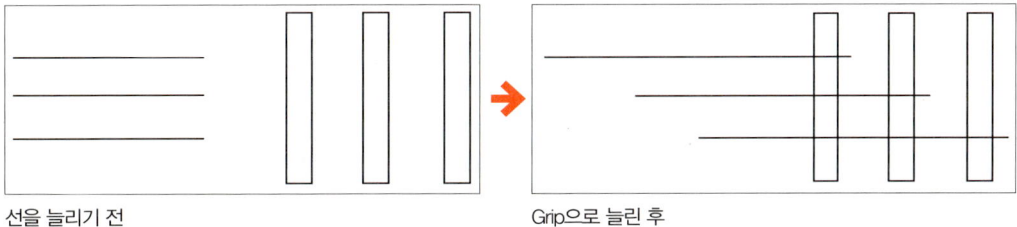

선을 늘리기 전　　　　　　　　　　　　　　Grip으로 늘린 후

■ Grip 실행하기

명령을 실행하는 것이 아닌 작업할 객체를 선택합니다.

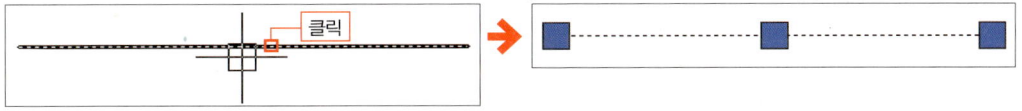

파란 점이 나타나면 늘리거나 줄일 방향의 점을 다시 클릭합니다.

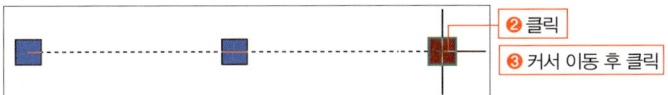

❷ 클릭
❸ 커서 이동 후 클릭

■ Grip 옵션

파란 점을 클릭한 후 기본 기능은 바로 사용이 가능하며 추가 옵션은 마우스 오른쪽 버튼을 클릭하면 나타납니다.

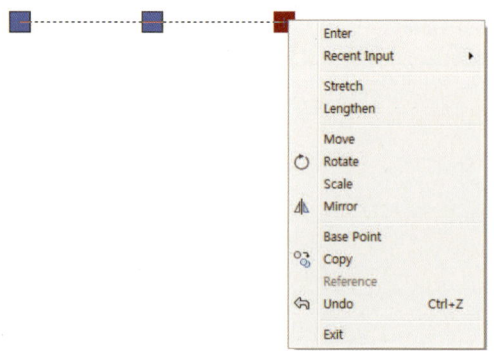

■ Grip 사용 과정 익히기(선 늘리기)

대기 상태의 커서로 작업할 객체를 선택 ➡ 늘릴 방향의 Grip 클릭 ➡ 늘릴 방향으로 커서를 이동 ➡ [ORTHO]([F8]) = On 확인 ➡ 늘릴 값 입력한 후 [Space Bar]

■ Break의 기능과 사용법 이해하기 303P

Trim 명령의 자르기 기능과 비슷하지만 잘라낼 경계가 없어도 선의 일부를 끊어내는 것이 가능합니다. 명령을 실행하고 끊을 구간의 시작점과 끝점을 클릭하면 절단됩니다.

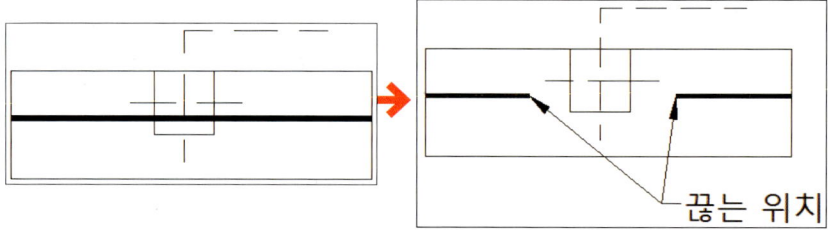

■ Break 실행하기

• [Home] 탭-[Modify] 패널에서 [Break](□)를 클릭합니다.

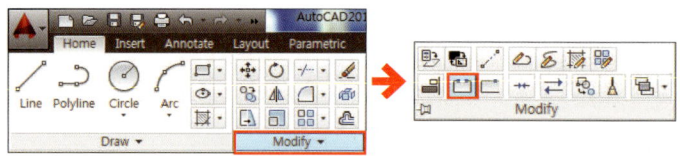

• 명령 입력창에서 Break 명령어([B] [R])를 입력한 후, [Space Bar]를 눌러 실행합니다.

명령어 입력   단축키 입력

■ Break 옵션

[First point] 옵션을 사용하면 끊어낼 시작점을 정확하게 재지정할 수 있습니다.

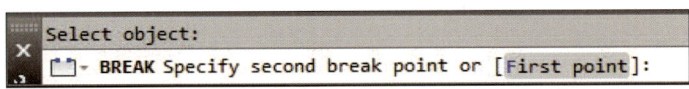

❶ 시작점과 끝점이 동일한 경우 : 클릭한 위치를 기준으로 선을 둘로 나눕니다.

선을 나누어 종류를 변경하려는 경우에 많이 사용합니다.

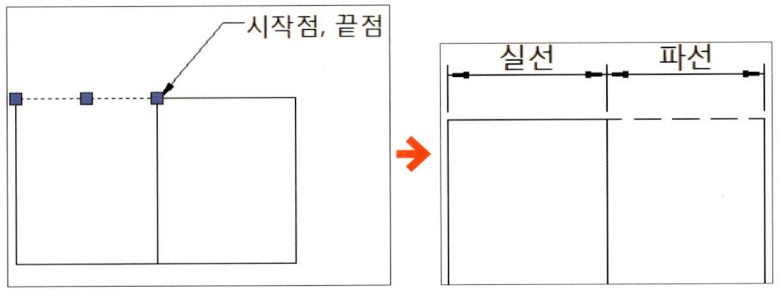

❷ 시작점과 끝점이 다른 경우 : 시작점과 끝점의 구간을 잘라냅니다.

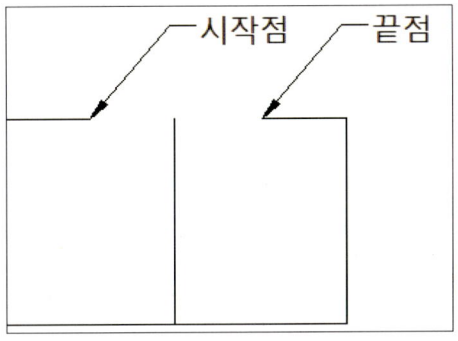

■ Break 사용 과정 익히기

```
Command:                                          B R 입력한 후 Space Bar
Select object:                           끊을 객체를 선택과 동시에 끊을 시작점 클릭
Specify second break point or [First point]:            끊을 끝점 클릭
```

Lengthen 명령의 [DElta] 옵션을 사용하여 객체의 중심선을 편집해 보겠습니다. Delta 값 입력 시 +값은 선이 늘어나며, −값을 입력하면 선이 줄어듭니다.

예제 파일 | DVD\예제\Part04\Lesson02\Lengthen으로 선분 늘리기.DWG

01. 예제 파일을 불러온 후 확인해 보면, 원과 도형 전체의 중심을 표시하는 선이 돌출되어 있지 않습니다. 중심을 나타내는 일점쇄선(Center)의 길이를 '5'씩 늘려보겠습니다.

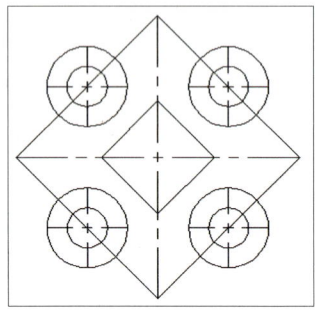

02. [Home] 탭−[Modify] 패널에서 [Lengthen]()을 클릭합니다. 여러 옵션이 있지만 가장 많이 사용하는 [DElta] 옵션을 사용하기 위해 D E 를 입력한 후 Space Bar 를 누릅니다. '5'를 입력하고 Space Bar 를 누릅니다.

Command:	L E N 입력한 후 Space Bar
Select an object or [DElta/Percent/Total/DYnamic]:	D E 입력한 후 Space Bar
Enter delta length or [Angle] <0.0000>:	'5' 입력한 후 Space Bar (늘릴 값)
Select an object to change or [Undo]:	늘릴 선 클릭(연속 작업 가능)

03. 길이를 변경해야 하는 선(①)의 우측을 클릭하고 이어서 좌측을 클릭하면 입력한 '5'만큼 선의 길이가 변경됩니다. 나머지 세로 선과 4개의 도형도 연속해서 작업합니다.

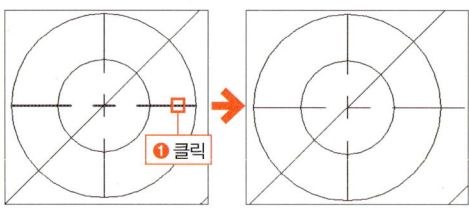 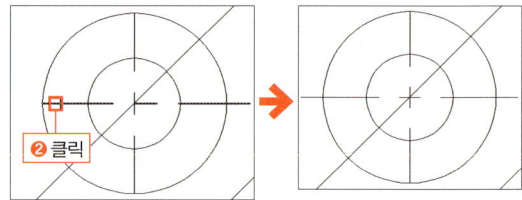

Grip의 활용은 다양하지만 가장 많이 쓰이는 기능인 선을 늘리고 줄이는 Stretch 기능에 대해 알아보겠습니다. Grip은 작업을 마친 후에 꼭 **Esc**를 눌러 종료해야 합니다.

예제 파일 | DVD₩예제₩Part04₩Lesson02₩Grip활용.DWG

01. 예제 파일 불러온 후 좌측은 원안의 십자선을 가장 큰 원까지 연장하는 작업을 하고, 우측은 사각형을 교차하는 십자선을 작은 사각형까지 줄이는 작업을 하겠습니다.

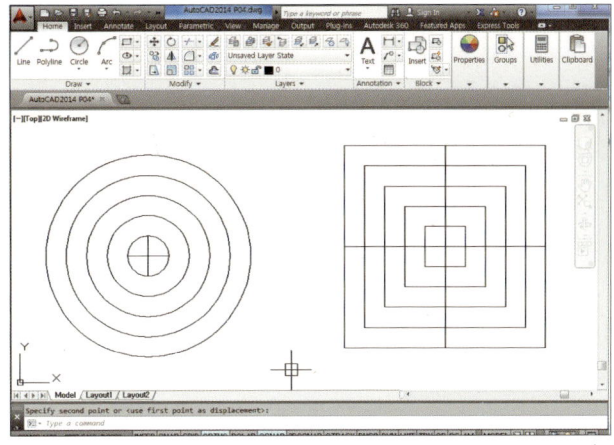

02. 좌측의 원을 작업하기 좋게 확대한 후 선 (①)을 클릭하고 ② 부분을 다시 클릭합니다.

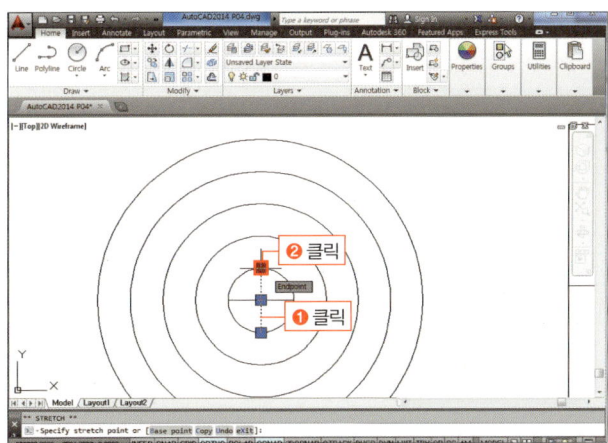

Command:	선 (①) 클릭
Command:	② 부분 클릭

TIP : ② 부분 근처로 커서를 이동하면 SNAP에 자동으로 걸리게 됩니다.

03. 커서를 이동하면 선이 늘어나는데 ① 부분 근처에서 원의 사분점(◇) 표식이 나타날 때 클릭하면 선이 연장됩니다.

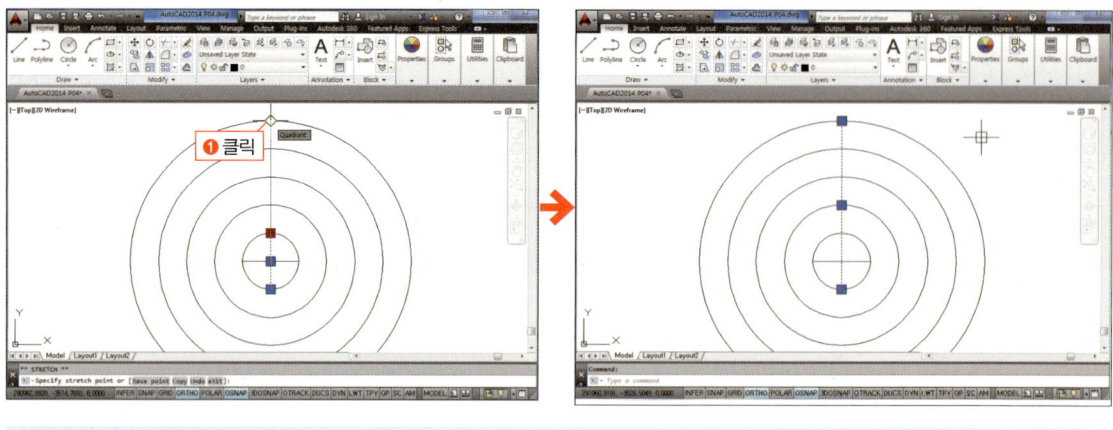

```
Specify stretch point or [Base point/Copy/Undo/eXit]:
```

04. 이번에는 하단으로 선을 늘려 보겠습니다. ① 부분을 클릭한 다음 ② 부분 근처에서 원의 사분점(◇) 표식이 나타날 때 클릭한 후 **Esc** 를 눌러 종료합니다.

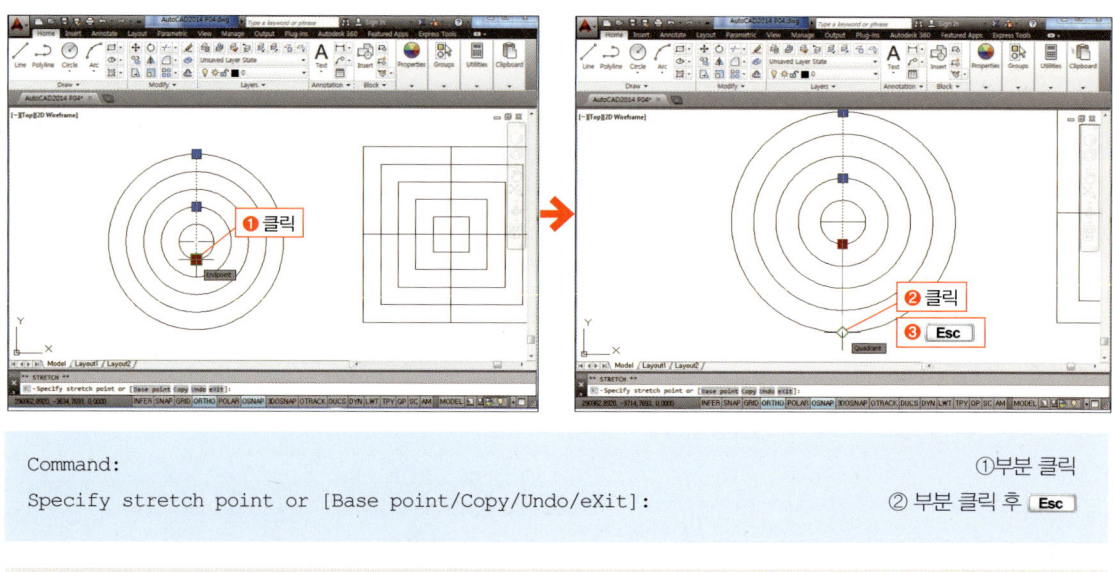

```
Command:                                                    ①부분 클릭
Specify stretch point or [Base point/Copy/Undo/eXit]:      ② 부분 클릭 후 [Esc]
```

TIP : 한 선에 대해 작업이 마무리되면 **Esc** 를 눌러 Grip을 종료해야 합니다.

05. 가로선도 동일한 방법으로 늘려 보겠습니다. 선(①)을 클릭하고 ② 부분을 다시 클릭한 다음 ③ 부분 근처에서 원의 사분점(⟡) 표식이 나타날 때 클릭합니다.

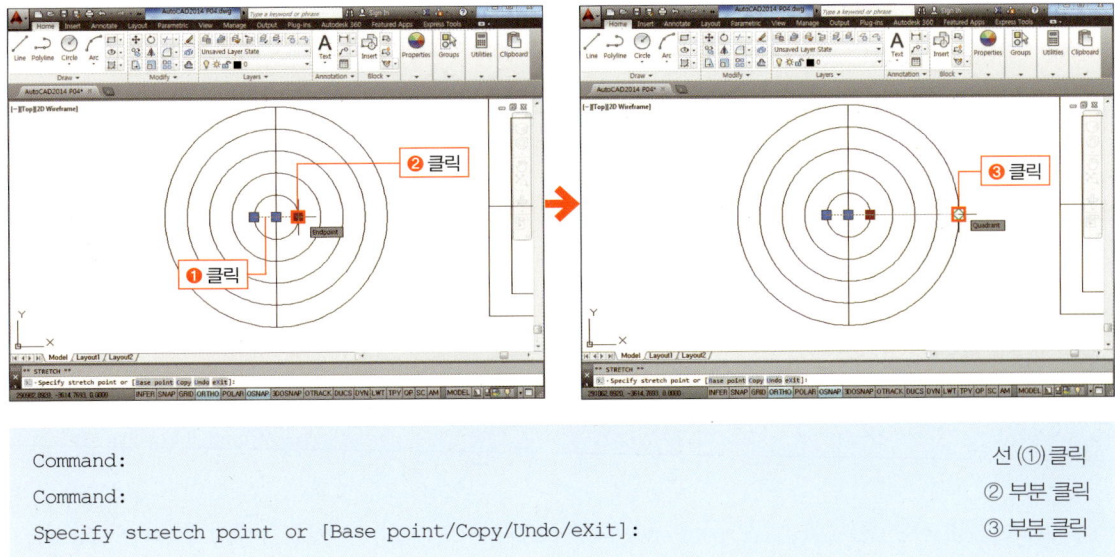

Command:	선 (①) 클릭
Command:	② 부분 클릭
Specify stretch point or [Base point/Copy/Undo/eXit]:	③ 부분 클릭

06. 계속해서 반대편(①)을 클릭한 다음 ② 부분 근처에서 원의 사분점(⟡) 표식이 나타날 때 클릭한 후 **Esc** 를 눌러 종료합니다.

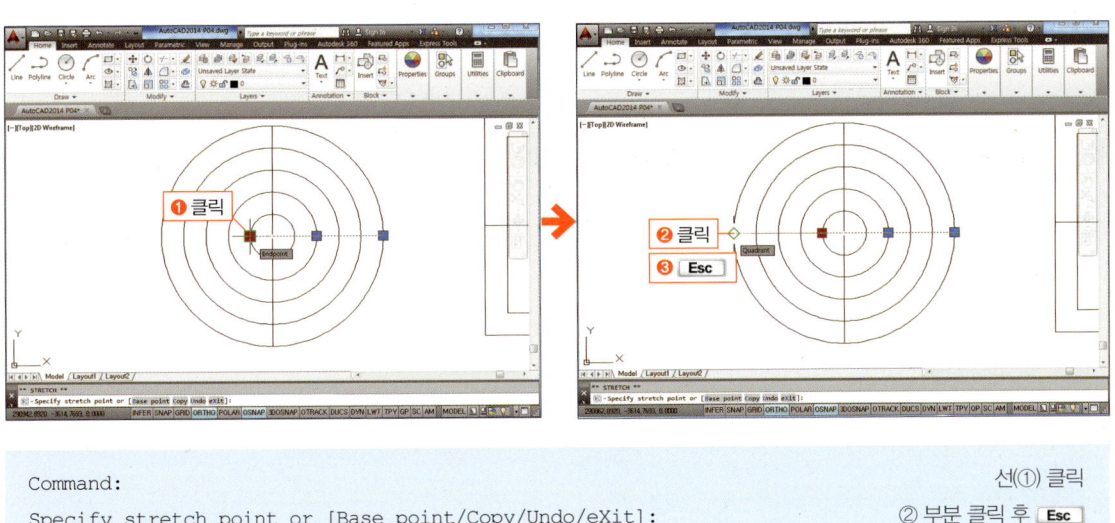

Command:	선(①) 클릭
Specify stretch point or [Base point/Copy/Undo/eXit]:	② 부분 클릭 후 **Esc**

07. 이번에는 가로선과 세로선의 끝을 원 밖으로 '30'씩 늘려 보겠습니다. 선(①)을 클릭하고 ② 부분을 다시 클릭한 다음 ③ 부분 근처로 커서를 이동시킵니다. 늘리려는 값으로 '30'을 입력하고 Space Bar 를 누르면 선이 늘어납니다.

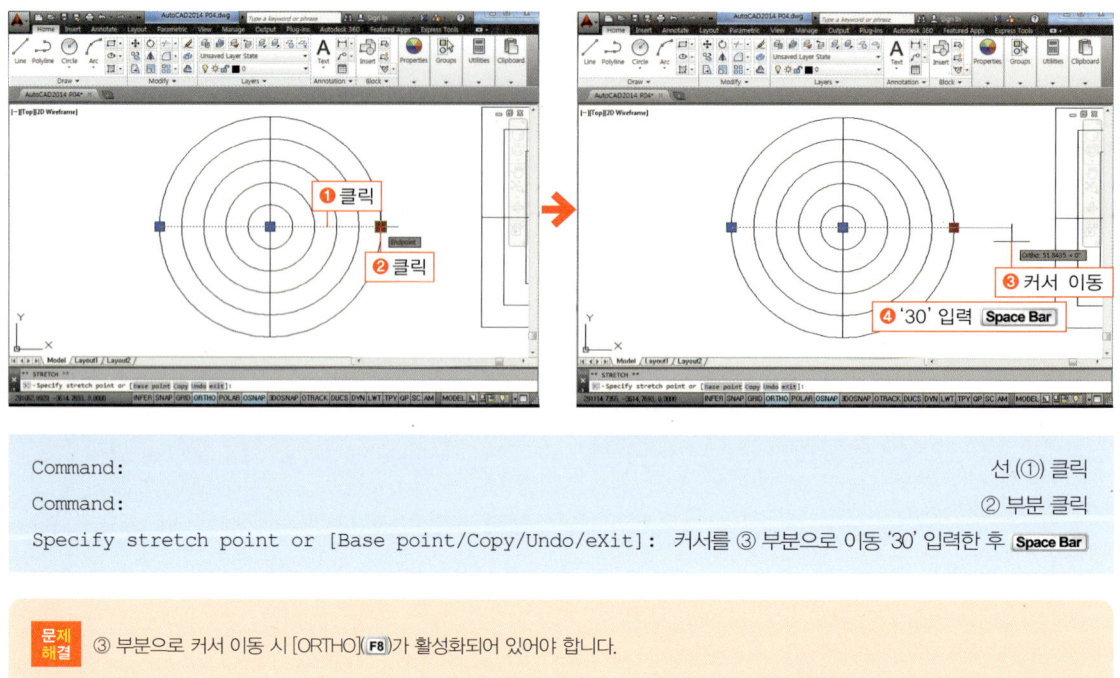

Command:	선 (①) 클릭
Command:	② 부분 클릭
Specify stretch point or [Base point/Copy/Undo/eXit]:	커서를 ③ 부분으로 이동 '30' 입력한 후 Space Bar

문제해결 ③ 부분으로 커서 이동 시 [ORTHO](F8)가 활성화되어 있어야 합니다.

08. 이어서 좌측 끝도 늘려 보겠습니다. ① 부분을 클릭한 다음 ② 부분 근처로 커서를 이동합니다. 늘리려는 값으로 '30'을 입력하고 Space Bar 를 누르면 선이 늘어납니다.

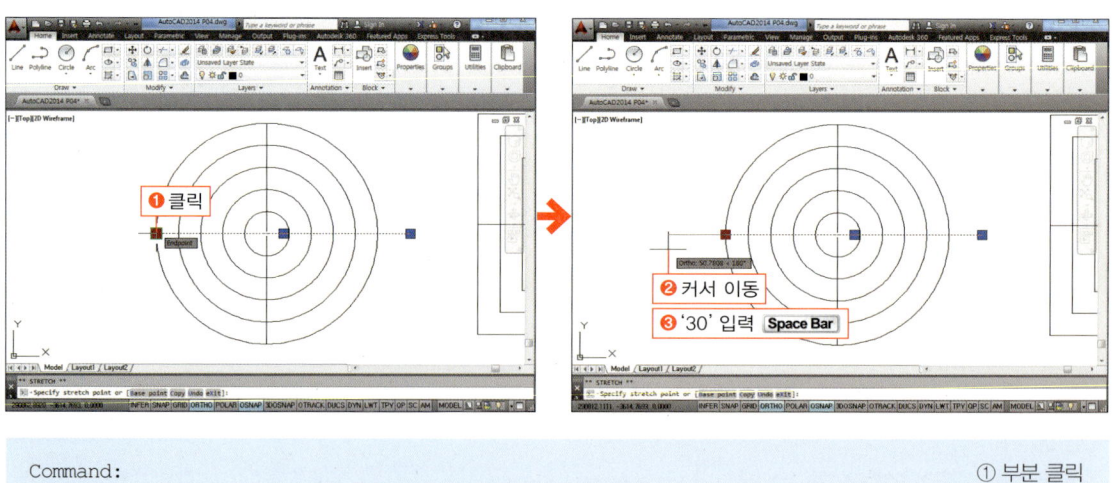

Command:	① 부분 클릭
Specify stretch point or [Base point/Copy/Undo/eXit]:	커서를 ② 부분으로 이동 '30' 입력한 후 Space Bar

TIP : 거리 좌표를 사용하므로 방향에 따른 +, -는 적용되지 않습니다.

09. 세로선도 동일한 방법으로 작업을 진행해 다음과 같이 마무리합니다.

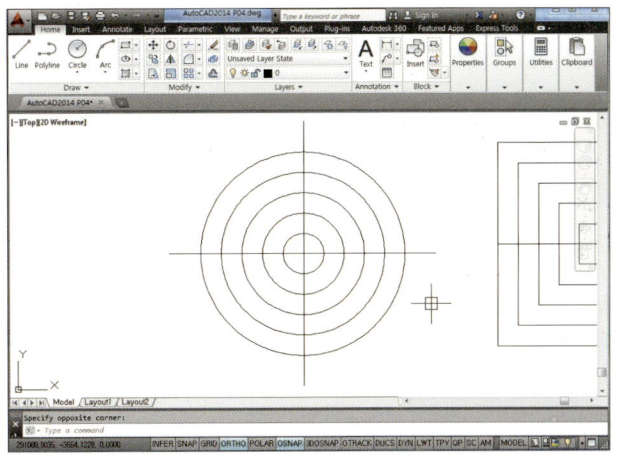

10. 계속해서 우측의 사각형에 그려진 선을 동일한 방법을 사용하여 줄여보겠습니다. 작업하기 좋게 확대한 후 선(①)을 클릭하고 ② 부분을 다시 클릭합니다.

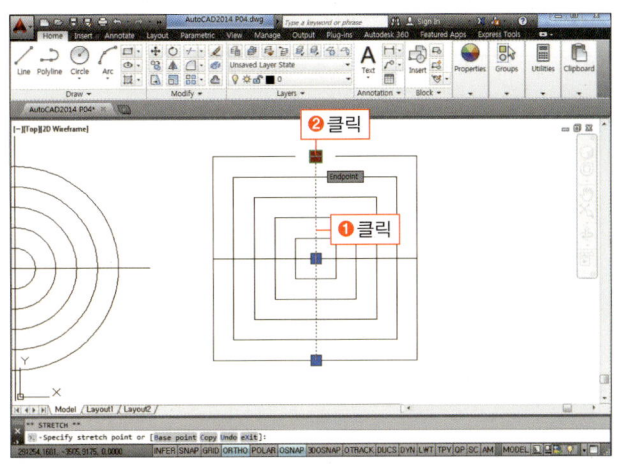

```
Command:                                                    선 (①) 클릭
Command:                                                    ② 부분 클릭
```

11. 커서를 이동하면 선이 움직이는데 ① 부분 근처에서 중간점 세모 표식이 나타날 때 클릭하면 선이 줄어듭니다.

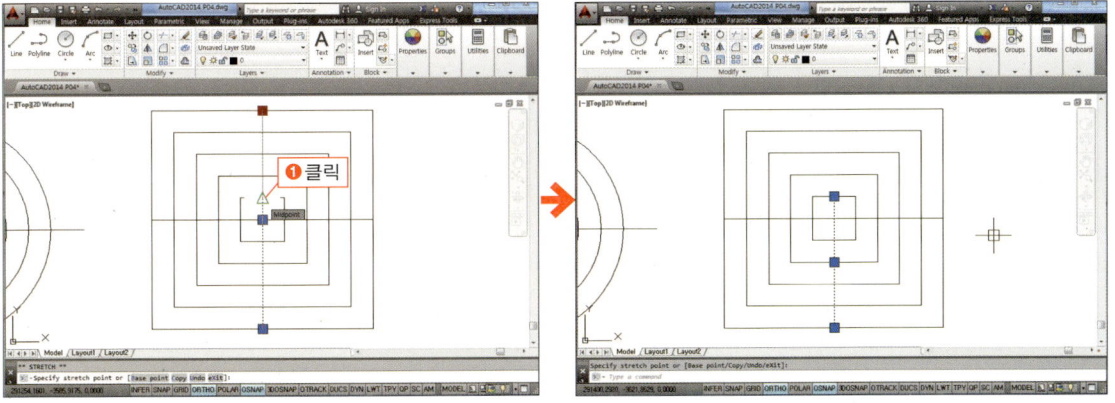

```
Specify stretch point or [Base point/Copy/Undo/eXit]:               ①부분 클릭
```

12. 이번에는 상단으로 선을 줄여보겠습니다. ① 부분을 클릭한 다음 ② 부분 근처에서 세모 표식이 나타날 때 클릭하고 **Esc** 를 눌러 종료합니다.

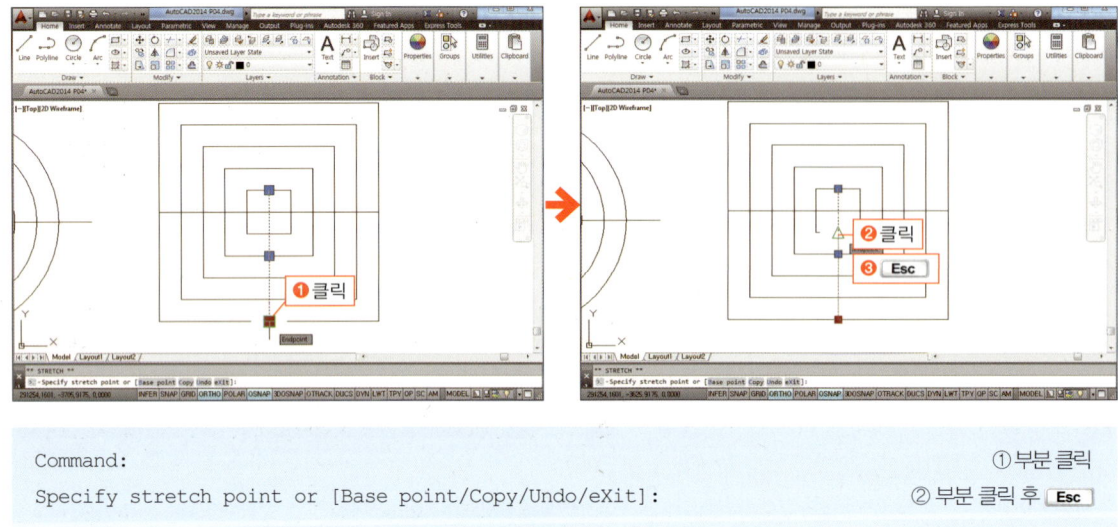

Command:	① 부분 클릭
Specify stretch point or [Base point/Copy/Undo/eXit]:	② 부분 클릭 후 **Esc**

13. 가로선도 동일한 방법으로 줄여보겠습니다. 선(①)을 클릭하고 ② 부분을 다시 클릭한 다음 ③ 부분 근처에서 세모 표식이 나타날 때 클릭합니다. 우측도 동일한 방법으로 작업하고 **Esc** 를 눌러 종료합니다.

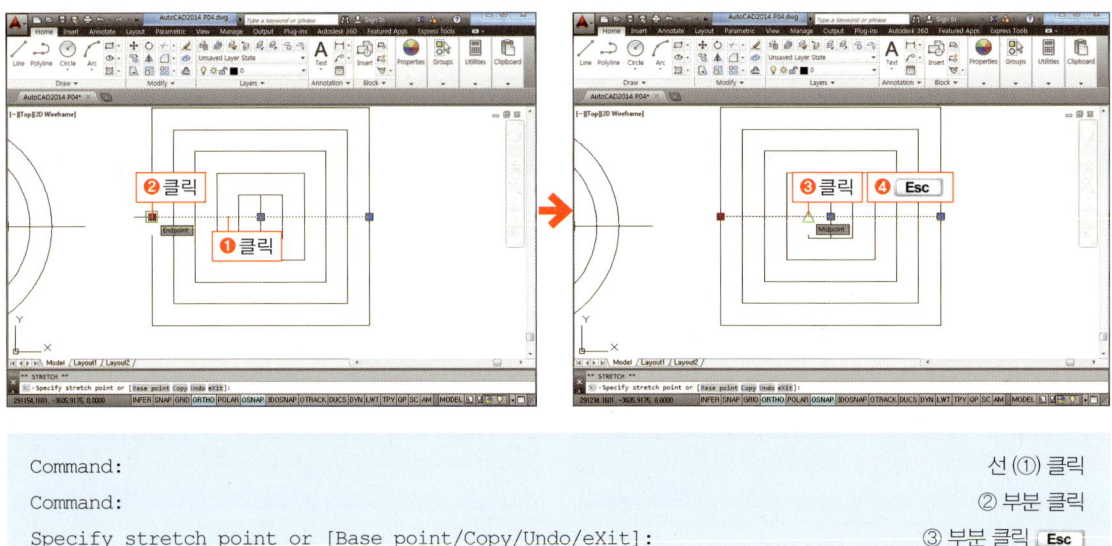

Command:	선 (①) 클릭
Command:	② 부분 클릭
Specify stretch point or [Base point/Copy/Undo/eXit]:	③ 부분 클릭 **Esc**

Break 명령을 사용해 단열재 구간을 끊고 하나의 선을 두 개로 나누어 보겠습니다.

예제 파일 | DVD₩예제₩Part04₩Lesson02₩Break 구간 끊기.DWG

01. 예제 파일을 불러온 후 지붕 위쪽 경사 슬래브 부분을 확대하면 Battang(XXXXXXXXX)선이 구조재인 달대와 달대받이를 교차해 있음을 확인할 수 있습니다. Break 명령을 사용하여 이 부분을 교차되지 않도록 정리하겠습니다.

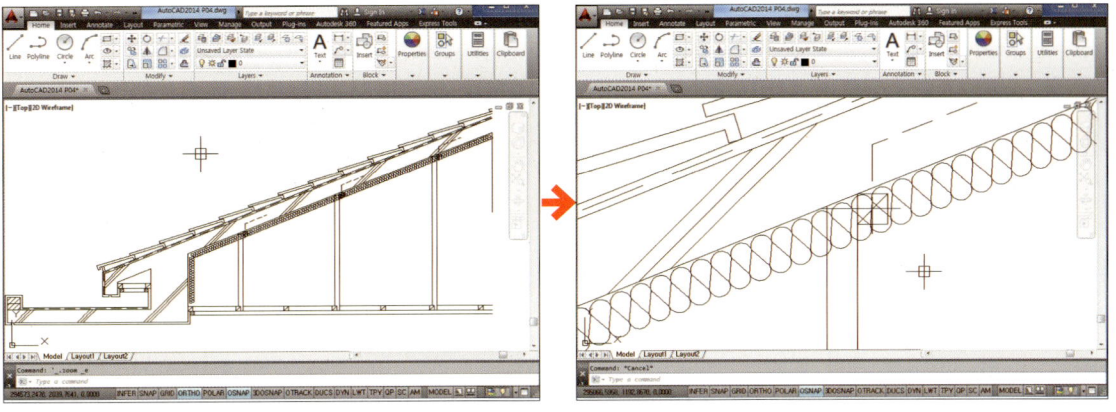

TIP : 예제 파일의 선이 교재와 같지 않으면 명령 입력창에 R E 를 입력한 후 Space Bar 를 눌러줍니다.

02. [Home] 탭–[Modify] 패널에서 [Break](⬚)를 클릭하여 Break 명령을 실행합니다. ②와 ③ 부분을 클릭하면 클릭한 구간이 떨어져 나갑니다.

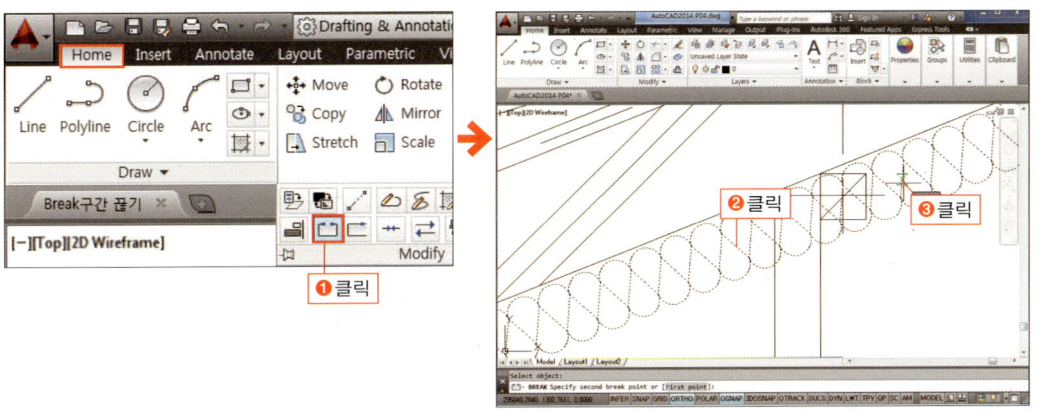

Command:	B R 입력한 후 Space Bar
Select object:	끊을 객체 선택(끊을 시작 점)
Specify second break point or [First point]:	끊을 끝점 클릭

작업이 잘 되지 않으면 [OSNAP] 설정에서 ☒ ☑ Nearest 활성화를 확인합니다.

03. 다른 구간도 작업하기 위해 바로 **Space Bar** 를 눌러 Break 명령을 반복 실행합니다. 그리고 ②와 ③ 부분을 클릭하고, 동일한 방법으로 우측도 마무리합니다.

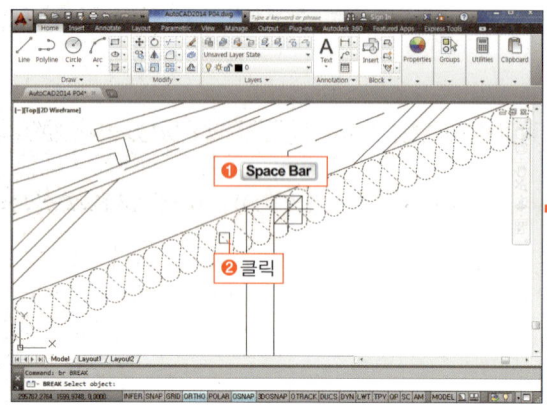
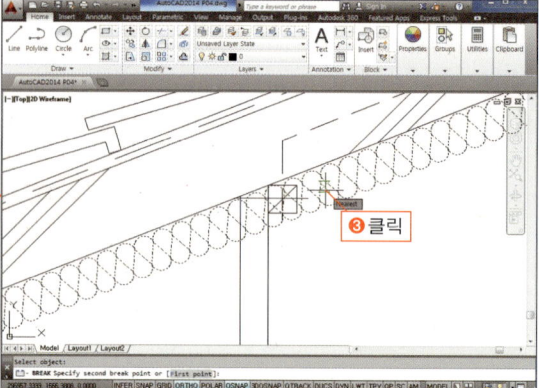

04. 이어서 선을 두 개로 나누기 위해 우선 Rectangle 명령(**R E C**)을 실행합니다. 빈 공간(③)에서 좌측 하단(시작점)을 클릭하고 '@500,500'을 입력한 후 **Space Bar** 를 누릅니다.

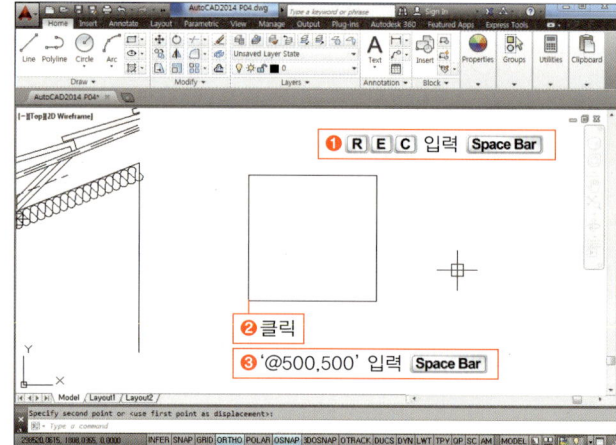

```
Command:                                                        R E C 입력한 후 Space Bar
Specify first corner point or [Chamfer/Elevation/Fillet/Thickness/Width]:        시작점(②) 클릭
Specify other corner point or [Area/Dimensions/Rotation]:          '@500,500' 입력한 후 Space Bar
```

05. 이어서 Line 명령을 실행합니다. 중간점을 지정하여 다음과 같이 십자선을 작성합니다. 그리고 좌우, 상하로 작성된 십자선을 가운데를 기준으로 둘로 나누겠습니다.

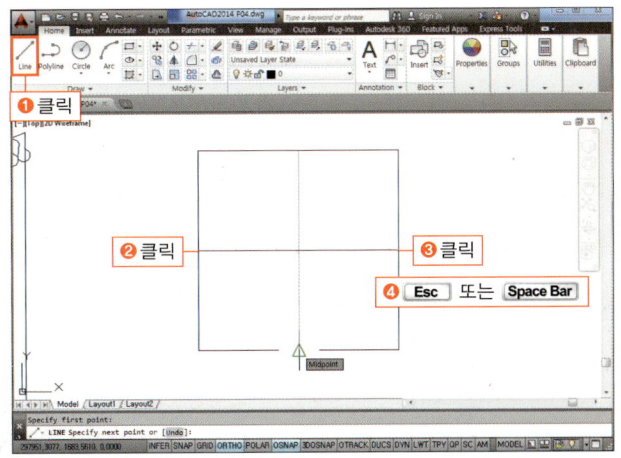

06. 단축키 **B** **R**을 입력한 후 **Space Bar**를 눌러 Break 명령을 실행합니다. 그리고 끊고자 하는 선(②)을 클릭합니다. Break 명령의 처음 클릭은 객체를 선택하는 것과 동시에 끊어 낼 시작점을 정하는 것입니다.

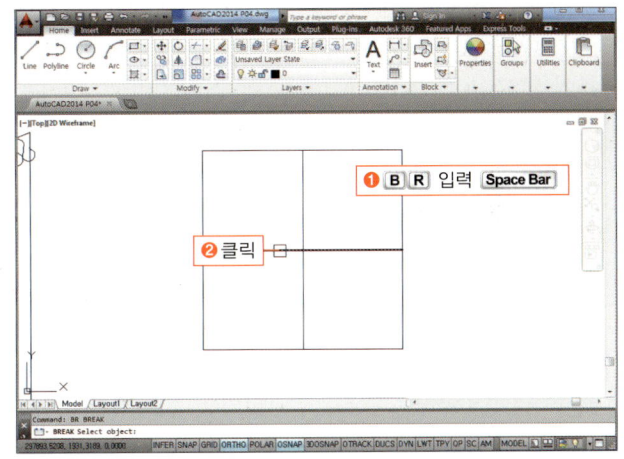

Command:	**B** **R** 입력한 후 **Space Bar**
Select object:	끊을 객체 선택(끊을 시작점)클릭

07. 객체를 선택한 후 끊을 시작점을 다시 지정하기 위해 **F**를 입력하고 **Space Bar**를 누릅니다. ② 부분을 클릭한 다음 다시 동일한 위치(③)를 클릭하면 세로선을 기준으로 좌우가 분리됩니다. 우측 선을 클릭해 확인합니다.

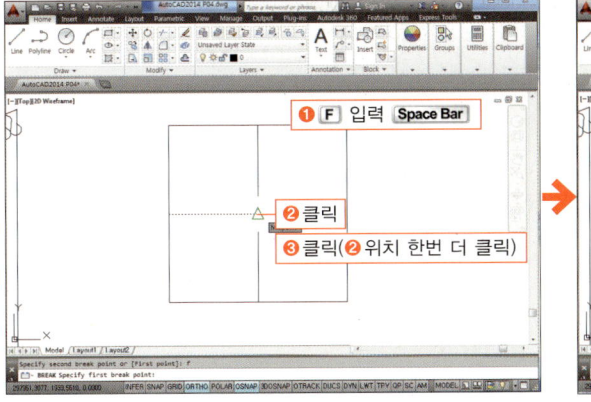

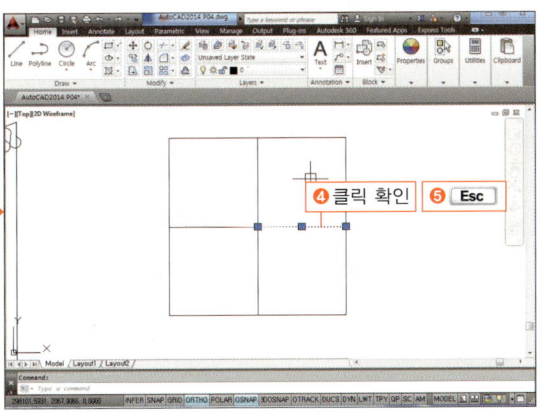

TIP : Break로 끊는 경우는 차후 선의 특성을 따로 적용하기 위해 사용됩니다.

08. 동일한 방법으로 세로선도 둘로 나누겠습니다. B R을 입력한 후 Space Bar를 눌러 Break 명령을 실행합니다. 끊으려는 선(②)을 클릭하고 F를 입력한 후 Space Bar를 누릅니다. ④ 부분을 클릭한 다음 다시 동일한 위치 (⑤)를 클릭합니다.

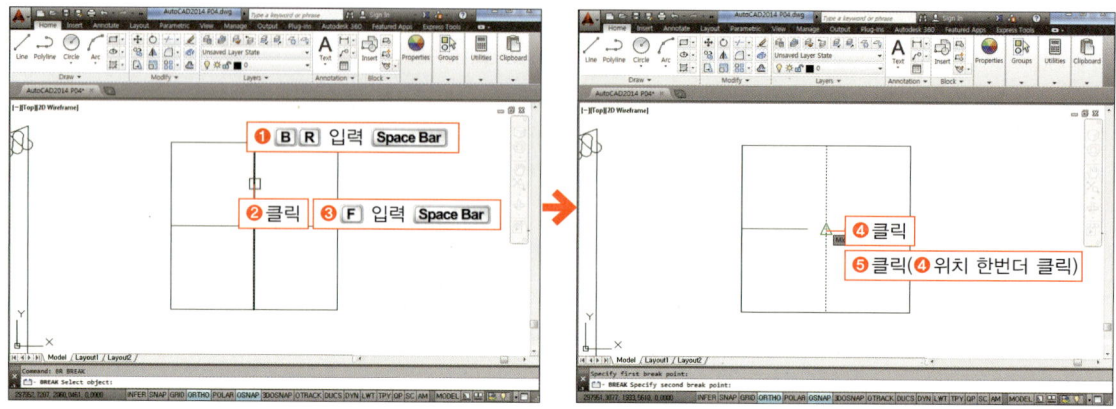

Command:	B R 입력한 후 Space Bar
Select object:	끊을 객체 선택(끊을 시작점)클릭
Specify second break point or [First point]:	F 입력한 후 Space Bar
Specify first break point:	끊을 시작점 클릭
Specify second break point:	끊을 시작점 다시 클릭

TIP : [First point] 옵션을 사용하지 않고 선 끊기

선이나 호를 끊을 때는 보통 [First point] 옵션을 사용하지만 @를 사용하면 처음 클릭한 위치를 다시 한 번 선택할 수 있기 때문에 처음 클릭한 위치를 기준으로 선이 분리됩니다.

Break 명령을 실행합니다. 그리고 아래와 같이 선에서 끊고자 하는 위치를 바로 클릭합니다. 이어서 '@'를 입력하고 Space Bar를 누르면 선이 처음 클릭한 부분에서 끊기게 됩니다. □ '@'는 처음 클릭한 위치를 다시 클릭한다는 뜻

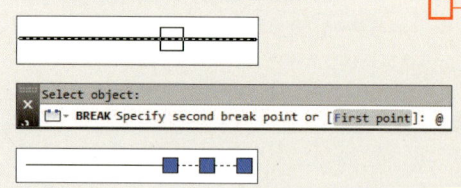

Grip의 회전 복사를 활용한 수목 표현

Grip을 사용한 기능은 여러 가지가 있습니다. 앞선 따라하기에서는 가장 많이 쓰이는 선의 길이 변경에 대해 알아봤습니다. 이번에는 Array 명령과 유사한 기능인 회전 복사를 이용해 수목을 표현해 보겠습니다.

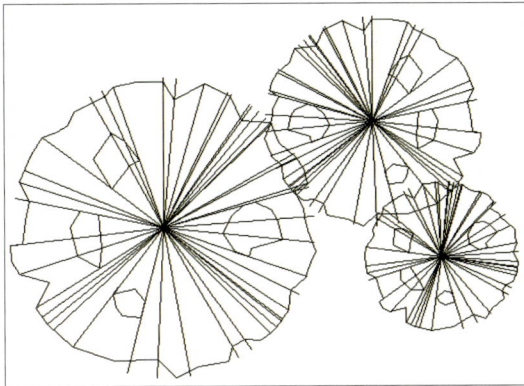

▲ 작업 내용—수목 표현

완성 파일 | DVD₩완성₩Part04₩Lesson02₩Grip을 활용한 수목그리기.DWG

01. 길이에 상관없이 빈 공간에 다음과 같은 선을 하나 그립니다.

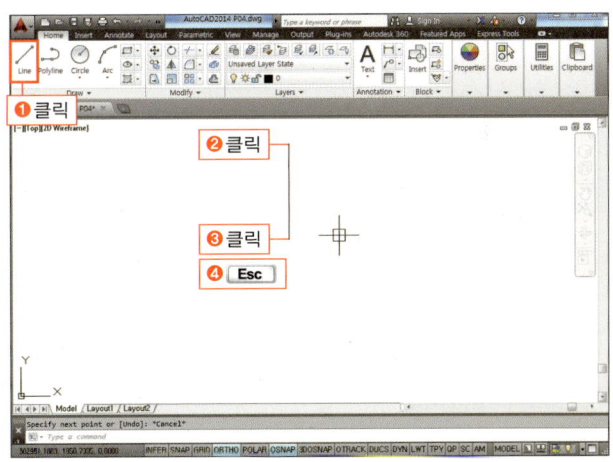

Command:	Ⓛ 입력한 후 Space Bar
command: _line Specify first point:	시작점 클릭
command: _line Specify first point:	끝점 클릭 후 Esc

TIP : 작업 후 Scale(축척) 명령을 사용하여 크기를 조정합니다.

02. 삭제할 때처럼 아무런 명령 없이 선(①)을 클릭합니다. 그럼 선의 처음, 중간, 끝 부분에 파란색의 Grip이 나타나는 데 아래쪽 Grip(②)에 커서를 맞추고 클릭하면 붉은색으로 변합니다.

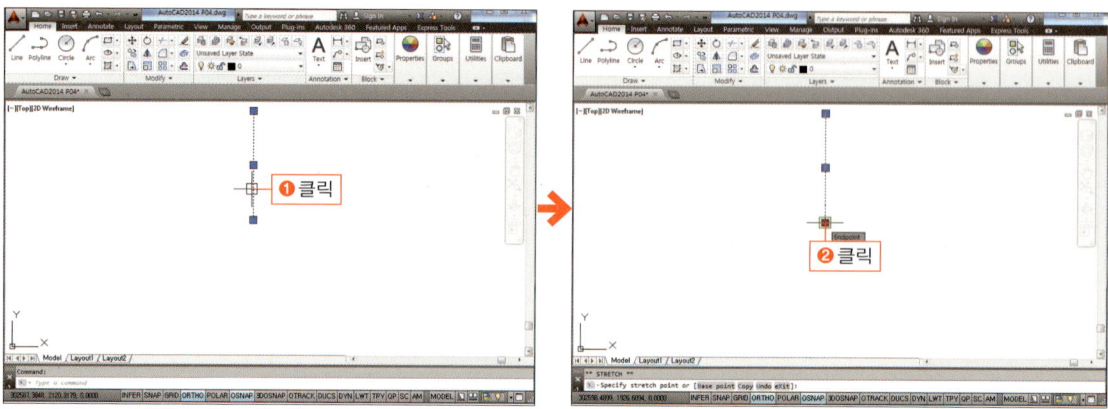

03. 붉게 변한 상태에서 커서 위치에 관계없이 마우스 오른쪽 버튼을 클릭하면 Grip 메뉴가 나오는데 [Rotate]를 클릭하고, 다시 한 번 오른쪽 버튼을 클릭한 후 [Copy]를 클릭합니다.

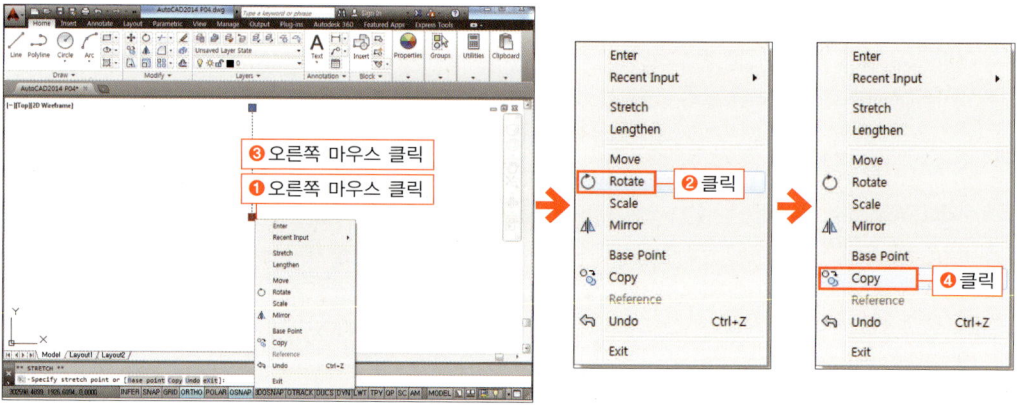

04. Rotate와 Copy 명령을 적용하고 커서를 움직이면 선이 따라 움직입니다. 이때 [ORTHO]([F8])는 비활성화되어 있어야 선이 자유롭게 움직일 수 있습니다.

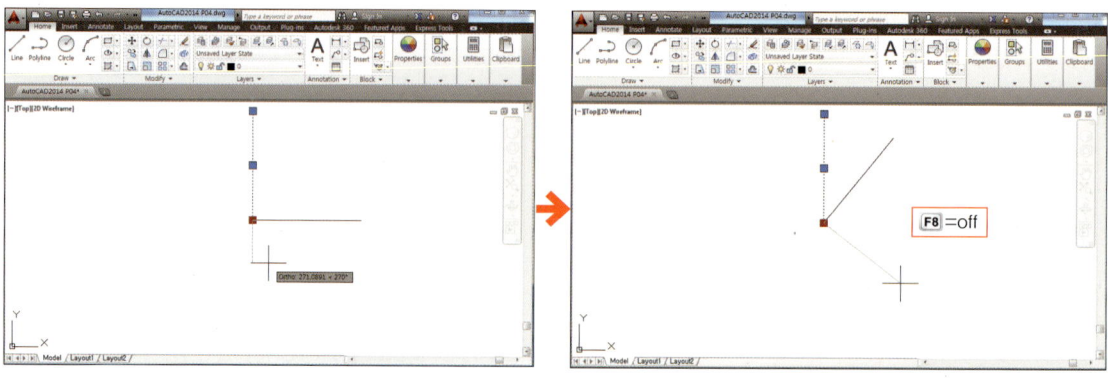

05. 커서의 위치를 ① 부분처럼 선의 바깥쪽 부분에서 조금씩 움직이면서 클릭해 나갑니다. 중간 중간 촘촘하게 클릭하여 자연스럽게 복사를 합니다. 원하는 만큼 선이 복사되면 [Esc]를 눌러 종료합니다. 다시 [Esc]를 눌러 Grip 작업도 종료합니다.

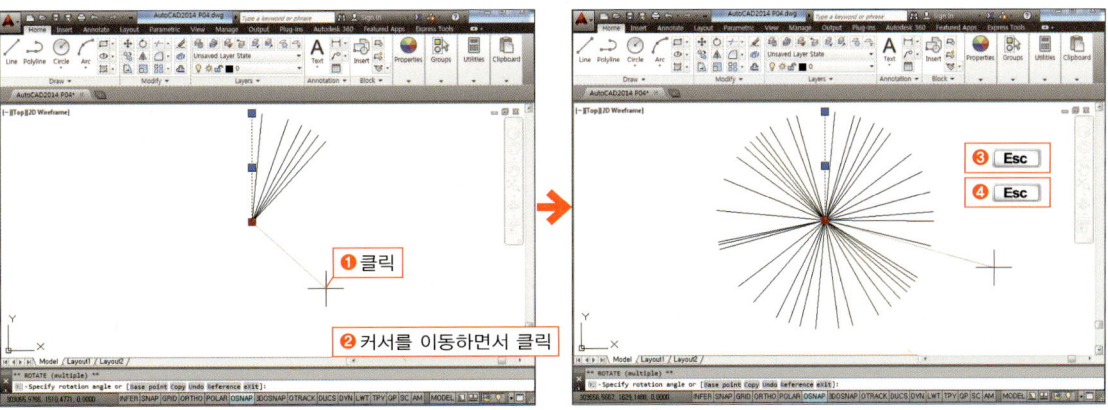

06. 작성한 선의 끝을 따라 Line 명령을 사용하여 선을 만들면 나무 한그루(식재)가 완성됩니다. 안쪽에도 Line 명령으로 선을 둥글게 만들어서 자연스럽게 표현합니다.

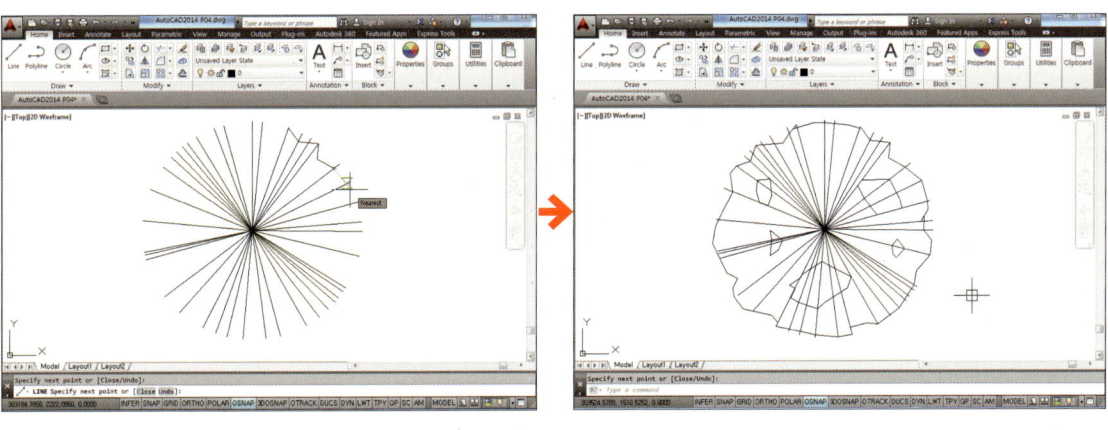

```
Command:                                              L 입력한 후 Space Bar
command: _line Specify first point:                        시작점 클릭
command: _line Specify first point:              원을 그리며 연속해서 클릭 후 Esc
```

> **문제해결** [ORTHO](F8)가 비활성화되어 있어야 작업을 쉽게 할 수 있습니다.

07. 작업이 완료된 식재를 3개(원본 포함)로 만들기 위해 Copy 명령(**C** **O**)을 실행합니다. 식재를 선택하고, 기준점 (⑤)을 클릭한 후 ⑥와 ⑦ 부분을 클릭해 식재를 추가합니다.

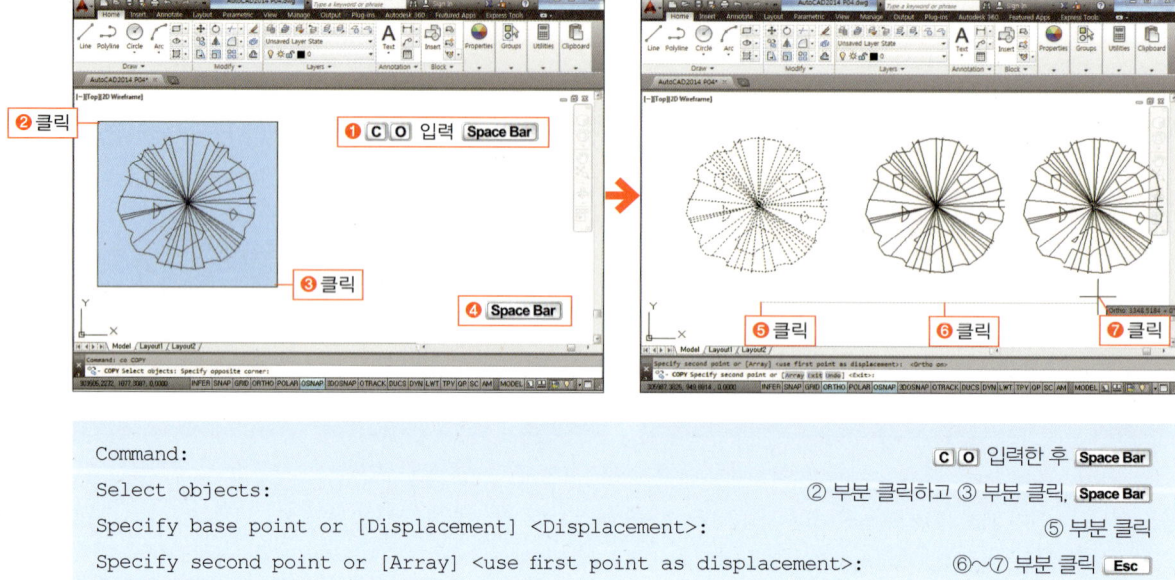

Command:	**C** **O** 입력한 후 **Space Bar**
Select objects:	② 부분 클릭하고 ③ 부분 클릭, **Space Bar**
Specify base point or [Displacement] <Displacement>:	⑤ 부분 클릭
Specify second point or [Array] <use first point as displacement>:	⑥~⑦ 부분 클릭 **Esc**

08. 복사된 식재가 같은 모양을 하고 있어 배치했을 경우 좀 어색할 수 있습니다. 이대로 작업을 이어가도 좋지만 복사한 식재는 Rotate 명령을 사용해 30도, 60도 정도로 돌려주면 좀 더 자연스러워 집니다.

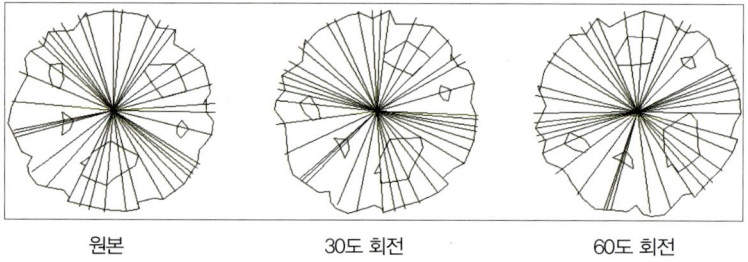

원본   30도 회전   60도 회전

회전 시 기준점은 중앙의 교차점으로 합니다.

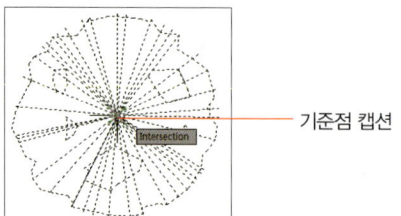

기준점 캡션

09. Scale(축척) 명령을 사용하여 동일한 크기로 식재의 크기를 조정해야 합니다. Scale 명령(⑤ ⓒ)을 실행한 후 그림과 같이 식재를 선택합니다. 그리고 기준점을 식재의 중앙으로 선택합니다.

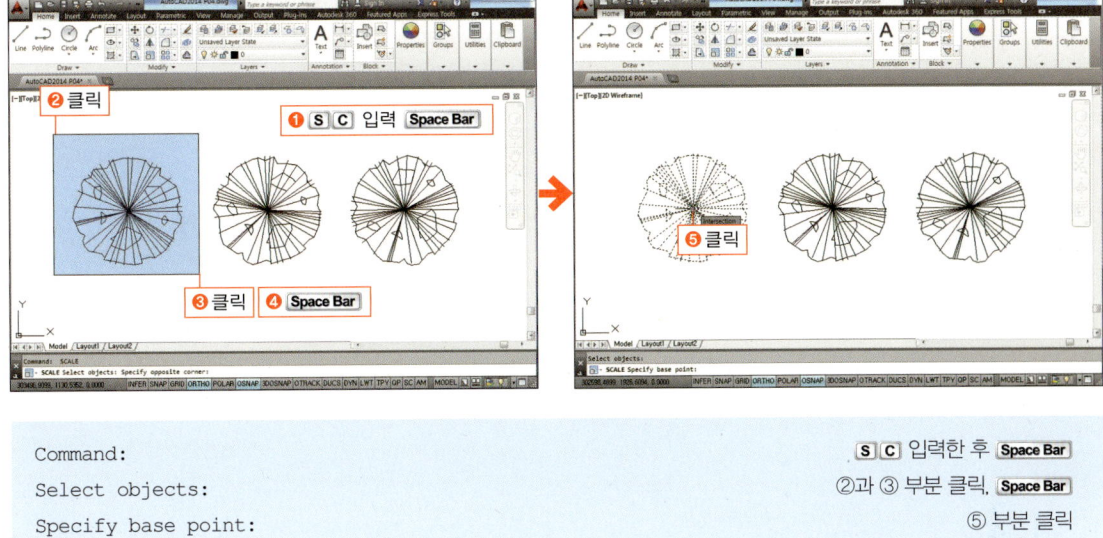

```
Command:                                    ⑤ⓒ 입력한 후 Space Bar
Select objects:                             ②과 ③ 부분 클릭, Space Bar
Specify base point:                         ⑤ 부분 클릭
```

10. 선택한 식재를 반으로 줄이기 위해 '0.5'를 입력한 후 Space Bar 를 누릅니다. 다시 Space Bar 를 눌러 Scale 명령을 반복 실행합니다. 두 번째 식재를 선택하고 기준점을 중앙으로 설정한 후 '0.7'을 입력하여 약간만 줄입니다.

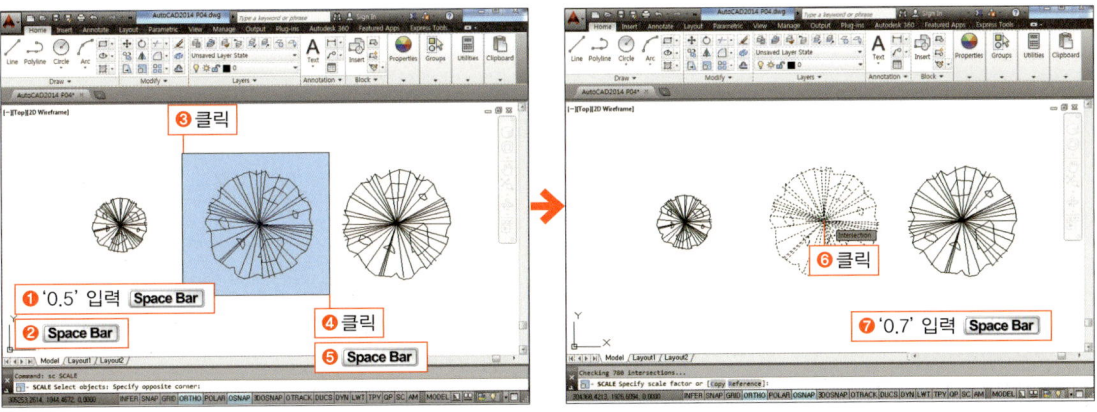

```
Specify scale factor or [Copy/Reference] <1.0000>:    '0.5' 입력한 후 Space Bar
command:                                               Space Bar
Select objects:                                        ③과 ④ 부분 클릭, Space Bar
Specify base point:                                    ⑥ 부분 클릭
Specify scale factor or [Copy/Reference] <1.0000>:    '0.7' 입력한 후 Space Bar
```

TIP : Scale 명령의 배율 값 입력

기준점을 클릭하면 변경할 크기의 배율을 입력해야 합니다. 값의 입력 방법은 작성된 객체의 크기가 '1'로 보고 배율을 입력합니다. 예를 들어 현재 선택한 객체보다 2배 크게 하려면 '2'를 입력하고, 크기를 반으로 줄이려면 '0.5'나 '1/2'를 입력합니다.

11. 적당한 크기로 조정된 식재를 보기 좋게 배치하기 위해 Move 명령(**M**)을 실행합니다. 이동시킬 식재를 선택한 후 그림과 같이 이동시킵니다.

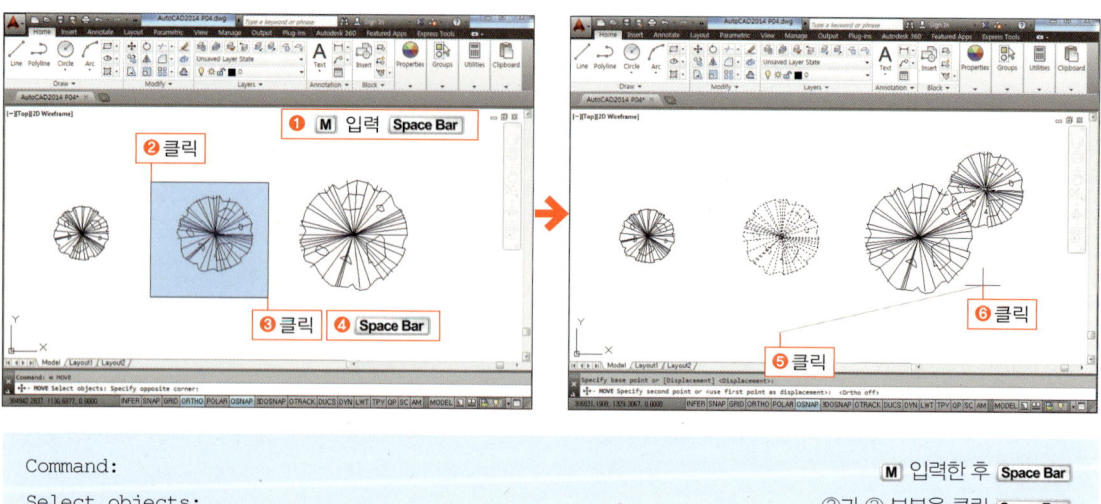

Command:	**M** 입력한 후 Space Bar
Select objects:	❷과 ❸ 부분을 클릭 Space Bar
Specify base point or [Displacement] <Displacement>:	❺ 부분 클릭 Space Bar
point or <use first point as displacement>:	❻ 부분 클릭

12. 같은 방법으로 다른 식재 하나를 그림과 같이 이동시키면 활엽수 그룹이 만들어집니다.

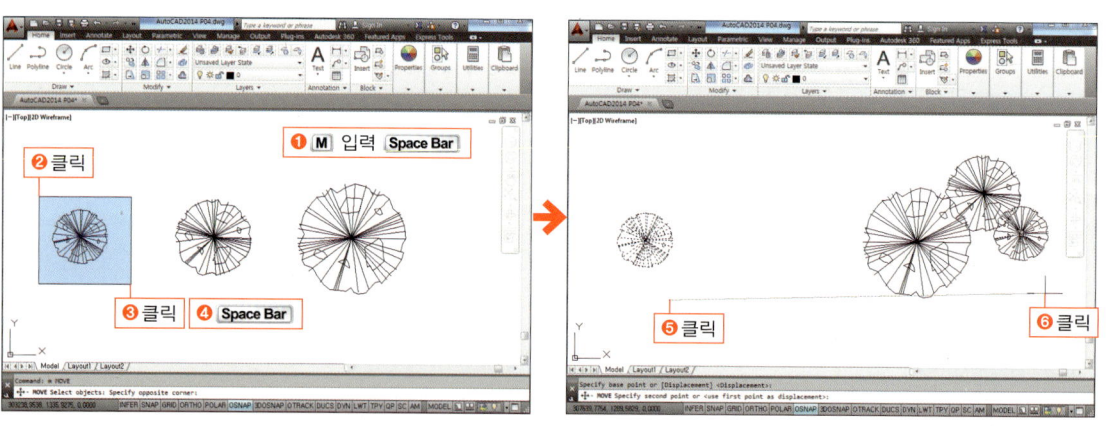

Command:	**M** 입력한 후 Space Bar
Select objects:	객체 선택 후 Space Bar
Specify base point or [Displacement] <Displacement>:	기준점 클릭
Specify second point or <use first point as displacement>:	이동 위치 클릭

LESSON
03
레벨 ● ● ●

반복된 도면 요소의
간격과 위치 표시하기

도면 요소 중에 반복적으로 동일한 간격을 유지하면서 배치해야 하는 것들이 많이 있습니다. Offset이나 Copy 명령으로도 도면 요소의 위치를 표시하는 것이 가능하지만, 분할 명령을 사용하면 보다 효과적인 작업이 가능합니다.

기초 탄탄 ▶ 분할의 종류와 관련 명령

■ Point를 사용한 위치 표시 이해하기 `319P`

Point 명령은 특정 위치에 설정된 모양으로 위치를 표시합니다. 기본 설정 값은 작은 점으로 되어 있기 때문에 Ddptype 명령을 사용해 표시하려는 모양을 설정해야 합니다.

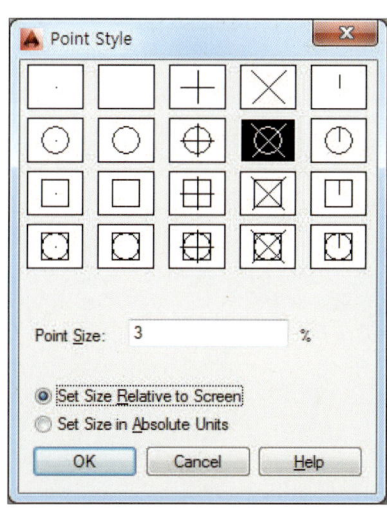
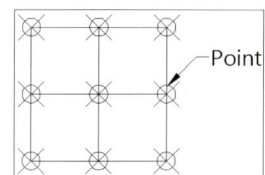

▲ [Point style] 대화상자

■ Point 실행하기

• [Home] 탭-[Draw] 패널에서 [Point](∙)를 클릭합니다.

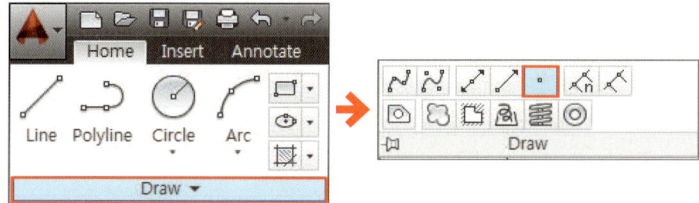

• 리본 메뉴의 [Point](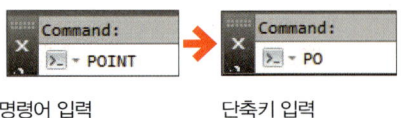)를 클릭하면 연속적인 작업이 가능하고 명령 입력창에서 명령어나 단축키를 입력하면 1회 사용한 후 자동으로 명령이 종료됩니다. 명령 입력창에서 Point 명령어(**P** **O**)를 입력한 후, **Space Bar**를 눌러 실행합니다.

명령어 입력　　　　　　단축키 입력

■ Ddptype 이해하기 319P

Point 명령은 별도의 옵션은 없으며 Ddptype 명령을 통해 모양과 크기를 설정합니다.

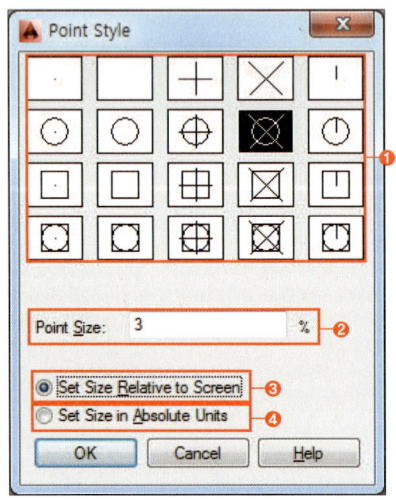

❶ Point Style : 생성할 Point의 모양을 설정(두 번째는 숨기기)

❷ Point Size : 표시할 Point의 크기

❸ Set Size Relative to Screen : 생성할 Point를 화면 비율의 상대적인 크기로 설정

❹ Set Size in Absolute Units : 생성할 Point를 절대 크기로 설정

■ Point 사용 과정 익히기

Command:　　　　　　　　　　　　　　　　　　　　　　　**P** **O** 입력 후 **Space Bar**
Specify a point:　　　　　　　　　　　　　　　　　　　　　　　　　　생성할 위치 클릭

■ Divide를 사용한 등분할 이해하기 322P

Divide 명령을 이용하면 선, 호, 원, 폴리라인을 동일한 길이로 똑같이 분할하는 것이 가능합니다. 분할된 부분의 표시는 Point로 나타나는데 초기 설정 값이 작은 점으로 되어있기 때문에 나타나지 않습니다. 분할하기 전이나 후에 Ddptype 명령으로 Point의 표식을 다른 형태로 변경해야 합니다.

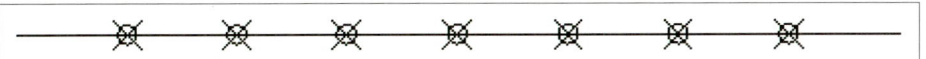

선을 8등분 한 경우

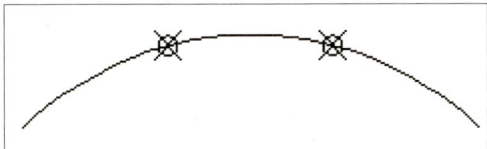

호를 3등분 한 경우

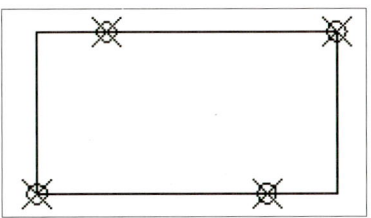

사각형(Rectangle)을 4등분 한 경우

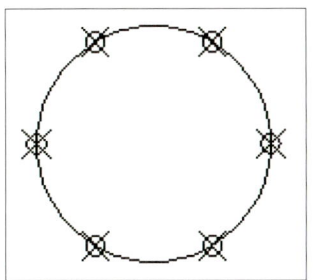

원을 6등분 한 경우

■ Divide 실행하기

• [Home] 탭–[Draw] 패널에서 [Divide](🔲)를 클릭합니다.

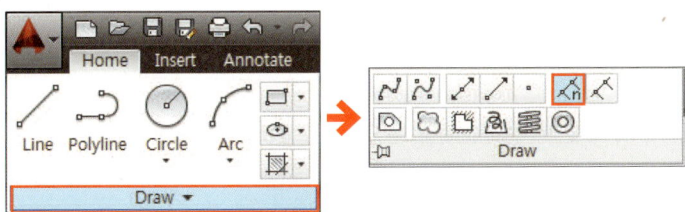

• 명령 입력창에서 Divide 명령어(D I V)를 입력한 후, Space Bar 를 눌러 실행합니다.

명령어 입력   단축키

■ Divide 옵션

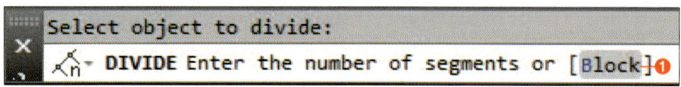

❶ Block(블록) : 등분할의 표시를 방법을 Ddptype 명령의 모양이 아닌 만들어 놓은 블록으로 표시합니다.

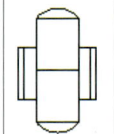

사전에 만들어 놓은 블록 A1

'A1' 블록으로 5등분 한 경우

■ Divide 사용 과정 익히기

Command:	D I V 입력 후 Space Bar
Select object to divide:	등분할 객체 클릭
Enter the number of segments or [Block]:	등분할 수량을 입력하고 Space Bar

■ Measure를 사용한 길이 분할 이해하기 327P

등분할인 Divide 명령과 같은 기능이나 분할 기준이 길이입니다. 선, 호, 원, 폴리라인을 입력한 길이 값만큼 똑같이 분할하는 것이 가능합니다. Divide 명령과 동일하게 분할된 부분의 표시는 Point로 나타나는데 초기 설정 값이 작은 점으로 되어있기 때문에 나타나지 않습니다. 분할하기 전이나 후에 Ddptype 명령으로 Point의 표식을 다른 형태로 변경해야 합니다.

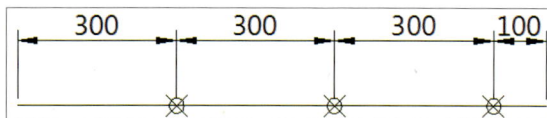

길이가 '1000'인 선을 '300'으로 길이 분할 한 경우

■ Measure 실행하기

• [Home] 탭-[Draw] 패널에서 [Measure](⬩)를 클릭합니다.

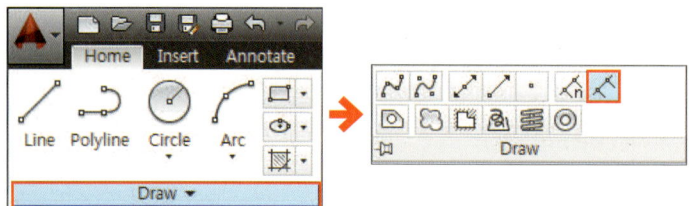

• 명령 입력창에서 Measure 명령어(M E)를 입력한 후, Space Bar 를 눌러 실행합니다.

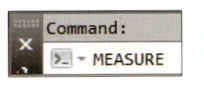
명령어 입력

단축키 입력

■ Measure 옵션

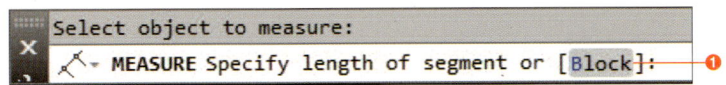

① Block(블록) : 등분할의 표시를 방법을 Ddptype 명령의 모양이 아닌, 만들어 놓은 블록으로 표시

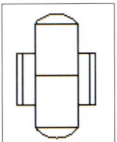

사전에 만들어 놓은 블록 A1

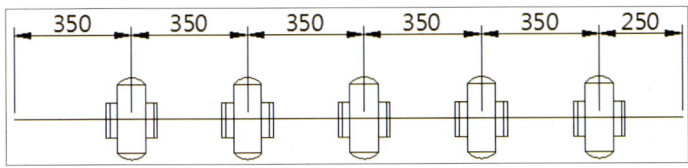

'A1' 블록으로 길이 '350'으로 길이 분할 한 경우

■ Measure 사용 과정 익히기

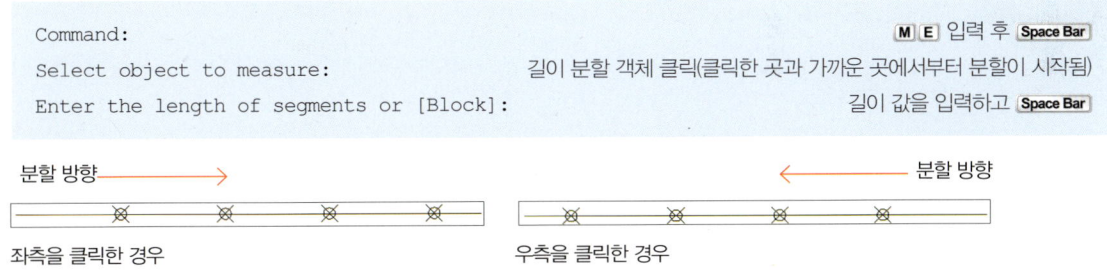

분할 방향 ⟶   ⟵ 분할 방향

좌측을 클릭한 경우   우측을 클릭한 경우

■ Donut을 사용한 도넛 모양 생성 이해하기 330P

Donut 명령은 도넛 형태를 생성하는 데 쓰이지만 크고 작은 점을 생성하거나 위치를 표시할 경우에 더 많이 사용합니다. Donut 명령은 안쪽, 바깥쪽 두 개의 지름 값을 입력해 도넛 형태의 도형을 생성합니다. 폴리라인에 속하므로 Explode 명령을 사용하면 두 개의 호로 분해됩니다.

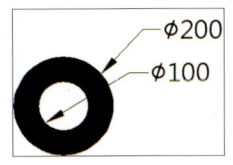

안쪽 지름 '100', 바깥쪽 지름 '200'인 경우

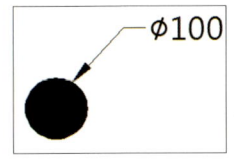

안쪽 지름 '0', 바깥쪽 지름 '100'인 경우

■ Donut 실행하기

- [Home] 탭–[Draw] 패널에서 [Donut](◎)을 클릭합니다.

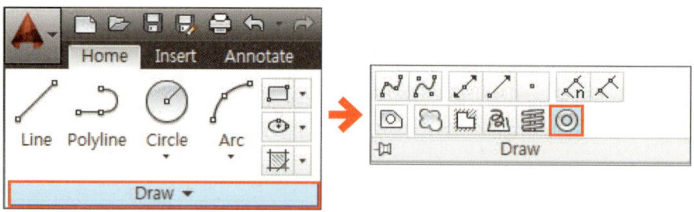

- 명령 입력창에서 Donut 명령어(D O)를 입력한 후, Space Bar 를 눌러 실행합니다.

명령어 입력   단축키 입력

■ Donut 명령의 변수 설정

Fill 변수의 표시 형태가 [On/Off] 옵션에 따라 달라집니다. 변경 후 화면을 재생성하는 Regen 명령을 실행해야 합니다.

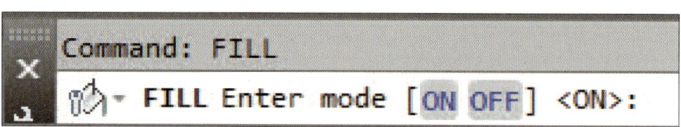

Command: FILL

FILL Enter mode [ON OFF] <ON>:

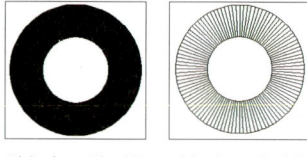

변수가 On인 경우   변수가 Off인 경우

■ Donut 사용 과정 익히기

Command:	D O 입력 후 Space Bar
Specify inside diameter of donut <0.0000>:	'100' 입력한 후 Space Bar (안쪽 반지름)
Specify outside diameter of donut <0.0000>:	'200' 입력한 후 Space Bar (바깥쪽 반지름)
Specify center of donut or <exit>:	생성할 위치 클릭

명령어 뜻 그대로 Point(점)를 생성하는 기능으로 도면상의 기호로 사용할 수 있으며, 주로 위치 표시에 사용합니다. 관련된 명령으로는 분할 명령인 Divide와 Measure가 있습니다.

01. 새 도면을 불러온 후 Rectangle 명령(R E C)을 실행합니다. 명령이 실행되면 빈 공간에서 좌측 하단(②)을 클릭하고 '@100,100'을 입력한 후 Space Bar 를 누릅니다.

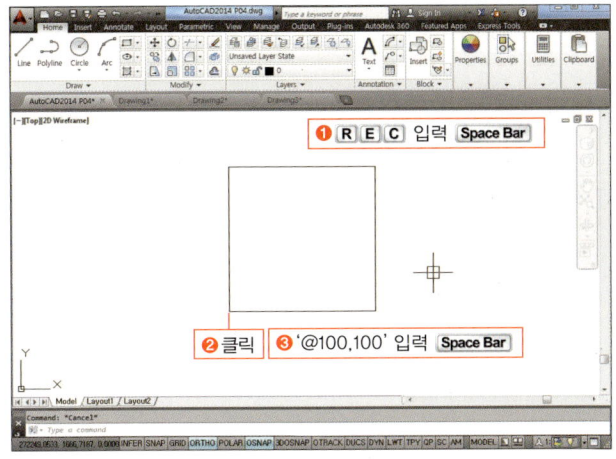

```
Command:                                                         R E C 입력 후 Space Bar
Specify first corner point or [Chamfer/Elevation/Fillet/Thickness/Width]:    첫 코너(②) 클릭
Specify other corner point or [Area/Dimensions/Rotation]:       '@100,100' 입력한 후 Space Bar
```

02. 이어서 Line 명령을 실행하고 Midpoint를 지정하여 다음과 같이 십자선을 작성합니다.

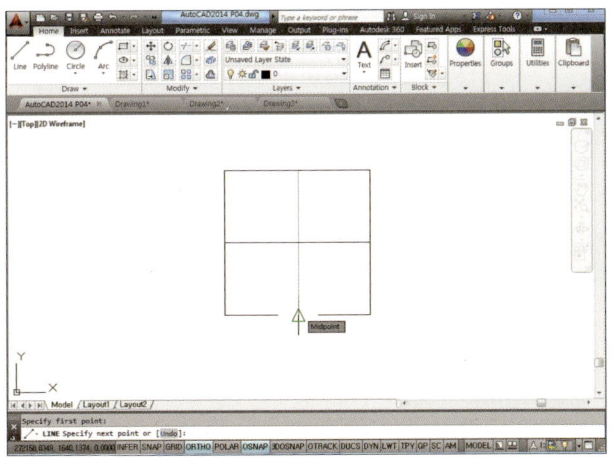

03. 사각형의 꼭지점과 선의 끝점에 표식을 넣기 위해 먼저 **D D P T Y P E** 를 입력하고 **Space Bar** 를 누릅니다. Point의 기본 값이 점으로 된 것을 확인할 수 있습니다. 이 점은 크기가 없어 잘 보이지 않거나 선 두께에 묻혀 보이지 않습니다. [Point Style] 대화상자에서 두 번째 줄의 네 번째 표식을 선택하고 [OK] 버튼을 클릭합니다.

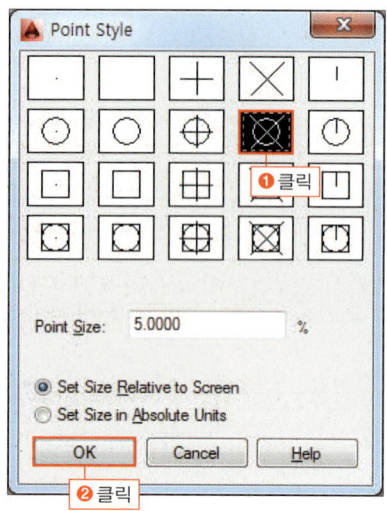

04. [Home] 탭–[Draw] 패널에서 [Point](⋅)를 클릭하여 Point 명령을 실행합니다. 그리고 ①~⑧ 부분까지 클릭해 Point를 넣습니다.

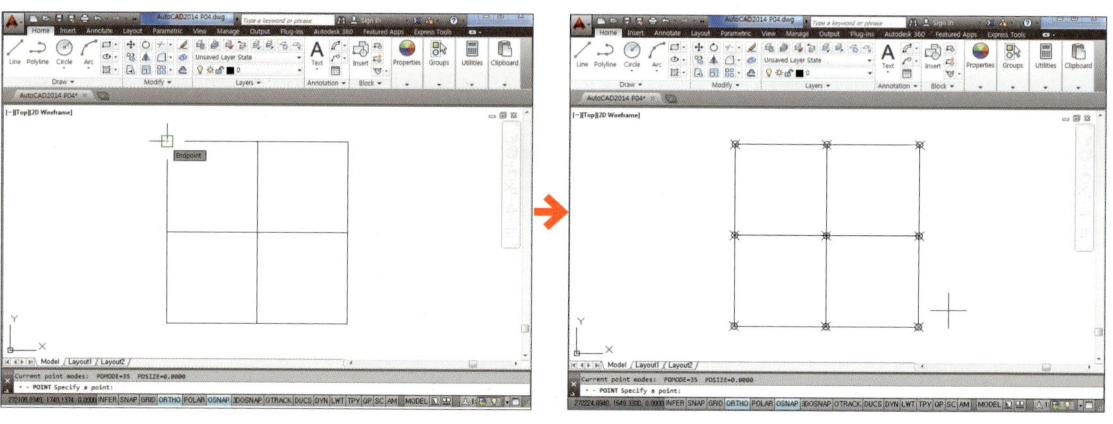

TIP : Point를 연속으로 생성하기

명령어나 단축키를 사용하여 Point를 생성하면 바로 명령이 종료되지만 리본 메뉴의 아이콘을 사용하면 연속적인 생성이 가능합니다.

05. 생성된 점의 모양을 변경하기 위해 D D P T Y P E 를 입력하고 Space Bar 를 누릅니다. [Point Style] 대화상자가 나타나면 네 번째 줄의 네 번째 표식을 선택하고 [Point Size]를 '20'으로 변경한 후 [OK] 버튼을 클릭합니다. 모양과 크기가 변경된 것을 확인할 수 있습니다.

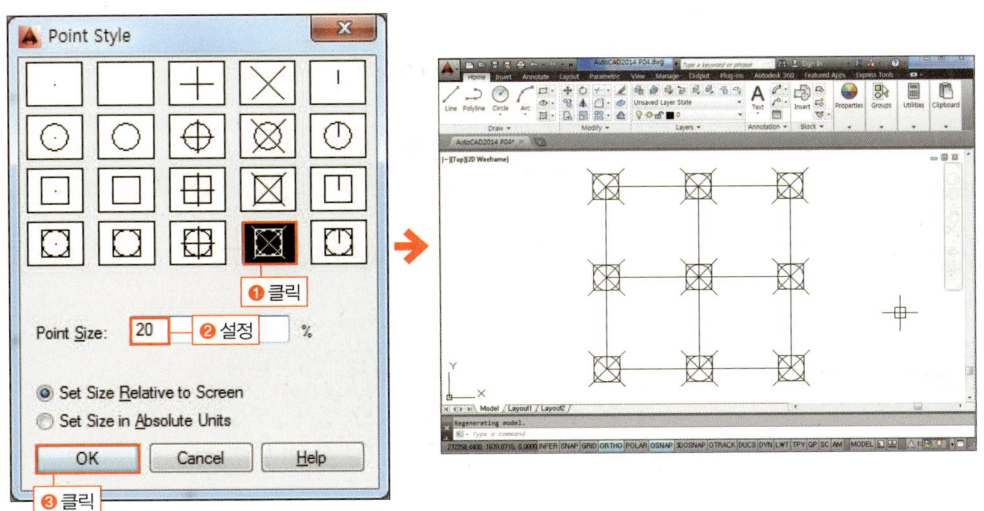

TIP : [Point Style] 대화상자의 두 번째 아무것도 없는 유형은 작업 후 화면에 보이는 Point를 안보이게 감추는 기능입니다.

원을 만든 후 등분할 명령을 사용해 팬 형태를 만들어 보겠습니다. 분할 후 위치를 지정해야 하므로 [OSNAP] 설정을 확인해야 합니다.

예제 파일 l DVD₩예제₩Part04₩Lesson03₩Point활용.DWG

01. AutoCAD 2014를 실행해 새 도면을 시작합니다. Circle 명령을 실행하고 다음과 같이 반지름 '10', '50'인 원을 동일한 중심으로 그립니다. 또는, 예제파일을 불러와 사용합니다.

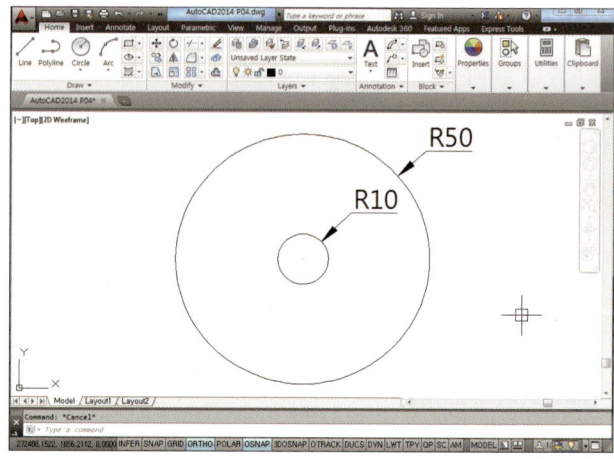

02. 큰 원을 분할하기 전에 먼저 Point의 모양을 변경해야 합니다. 단축키가 없으므로 D D P T Y P E 를 입력하고 Space Bar 를 눌러 [Point Style] 대화상자를 불러옵니다. 다른 표식(Osnap)과 혼동이 되지 않게 ⊠을 선택하고 [OK] 버튼을 클릭합니다.

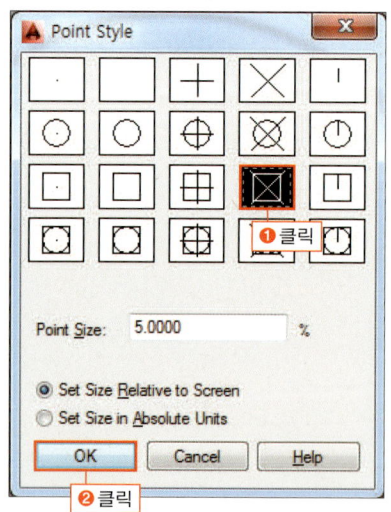

Command:	D D P T Y P E 입력 후 Space Bar
	모양 선택 후 [OK] 버튼 클릭

322

03. 단축키 D I V 를 입력한 후 Space Bar 를 눌러 Divide 명령을 실행합니다. 선을 클릭하고 8개로 분할하기 위해 '8'을 입력한 후 Space Bar 를 눌러 분할합니다.

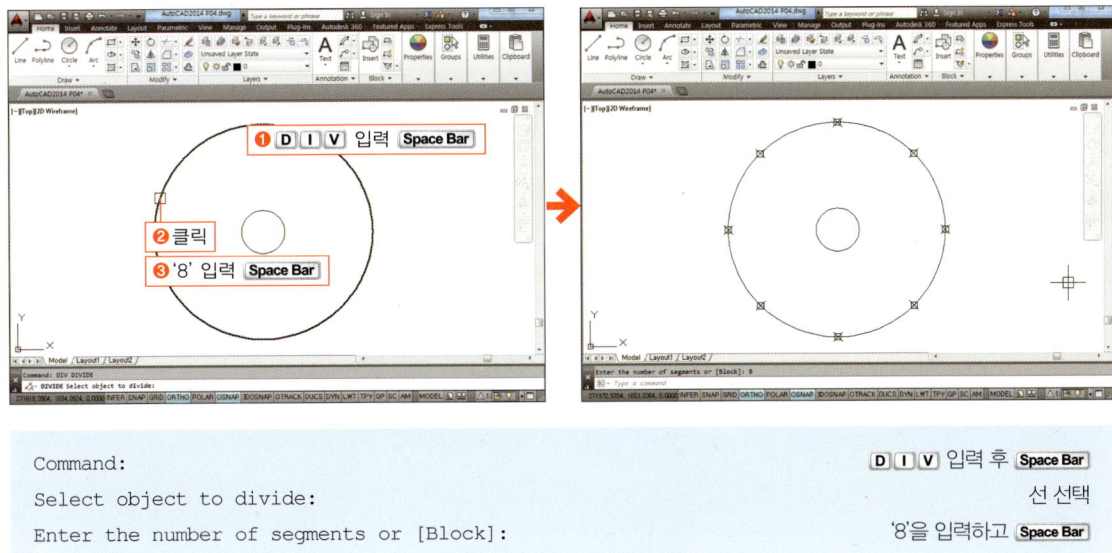

Command:	D I V 입력 후 Space Bar
Select object to divide:	선 선택
Enter the number of segments or [Block]:	'8'을 입력하고 Space Bar

04. 이제 분할된 부분을 연결하는 작업을 해보겠습니다. 하지만 선을 만든 후 분할된 ① 부분에 커서를 가져가도 Endpoint 등의 객체 스냅 표식이 나타나지 않습니다. 이유는 [OSNAP] 설정에서 Point 지점(Node)이 설정되지 않았기 때문입니다. Esc 를 눌러 종료합니다.

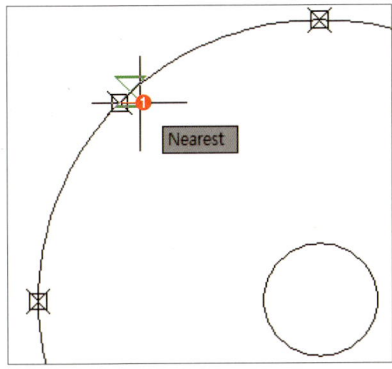

TIP : 사분점은 표식이 나타나지만 다른 점은 스냅이 걸리지 않습니다. Onsap 설정 항목에 'Node'가 비활성화 되어 있기 때문입니다.

05. [OSNAP] 설정을 확인하겠습니다. 상태 표시줄의 [OSNAP]에서 마우스 오른쪽 버튼을 클릭한 후 [Settings]를 선택하여 [Drafting Settings] 대화상자를 불러옵니다. [Node]를 체크하고 [OK] 버튼을 클릭해 작업 화면으로 돌아와서 작업을 하면 분할된 부분의 Node 표식으로 정확하게 지정할 수 있습니다.

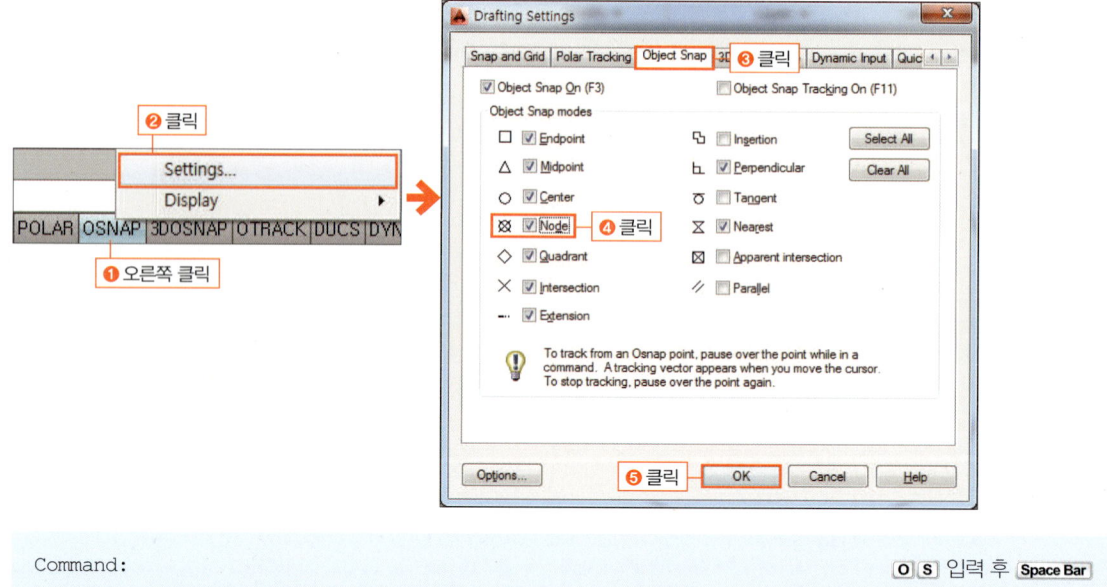

Command: O S 입력 후 Space Bar

06. Line 명령을 실행하여 8등분으로 나누어진 표식에서 다음과 같이 선을 그립니다.

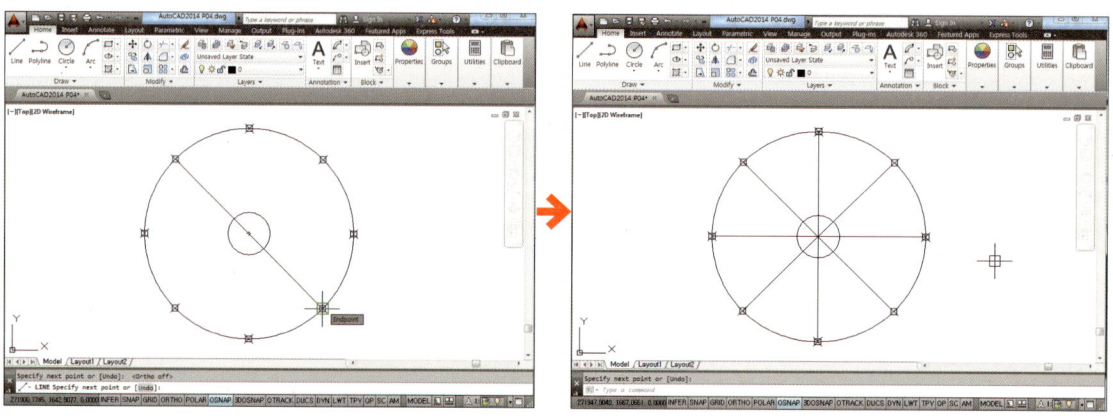

07. 작업이 다 되었으면 Trim 명령을 사용해 불필요한 부분을 잘라내야 합니다. T R 을 입력한 후 Space Bar 를 누릅니다. 다시 Space Bar 를 누른 다음 선(③, ④, ⑤, ⑥)을 클릭해서 잘라낸 후 Esc 를 눌러 종료합니다.

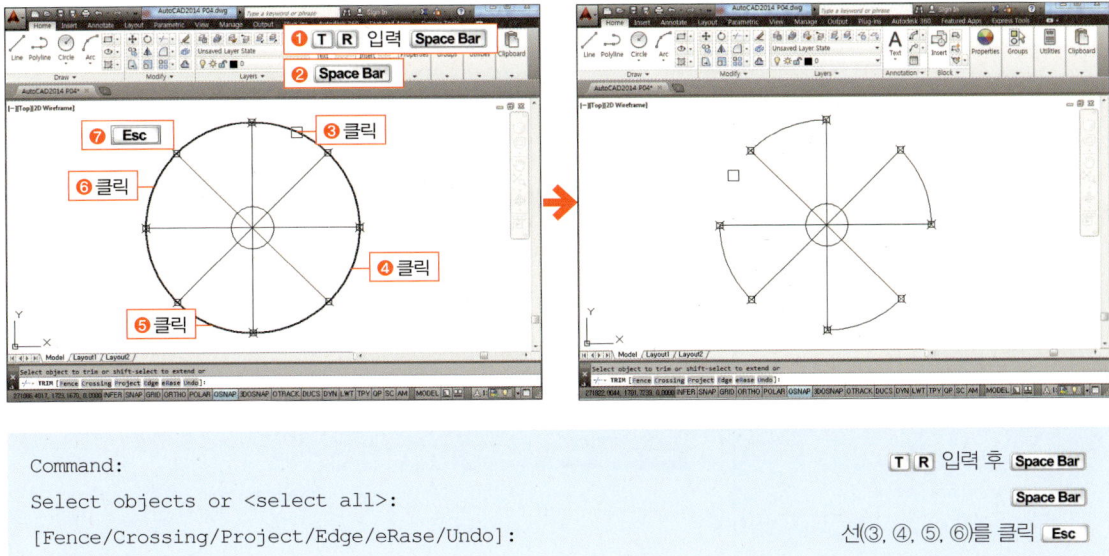

Command:	T R 입력 후 Space Bar
Select objects or <select all>:	Space Bar
[Fence/Crossing/Project/Edge/eRase/Undo]:	선(③, ④, ⑤, ⑥)를 클릭 Esc

08. 모서리를 Fillet 명령으로 편집하겠습니다. F 를 입력한 후 Space Bar 를 눌러 Fillet 명령을 실행합니다. R 을 입력한 후 Space Bar 를 누르고 '10'을 입력한 후 Space Bar 를 다시 누릅니다. Fillet 명령이 8회 이루어져야 하기 때문에 [Multiple] 옵션(M)을 지정하고 작업하는 것이 좋습니다. 선(⑤, ⑥)을 차례대로 클릭하고 나머지 모서리 부분의 정리가 완료되면 Esc 를 눌러 종료합니다.

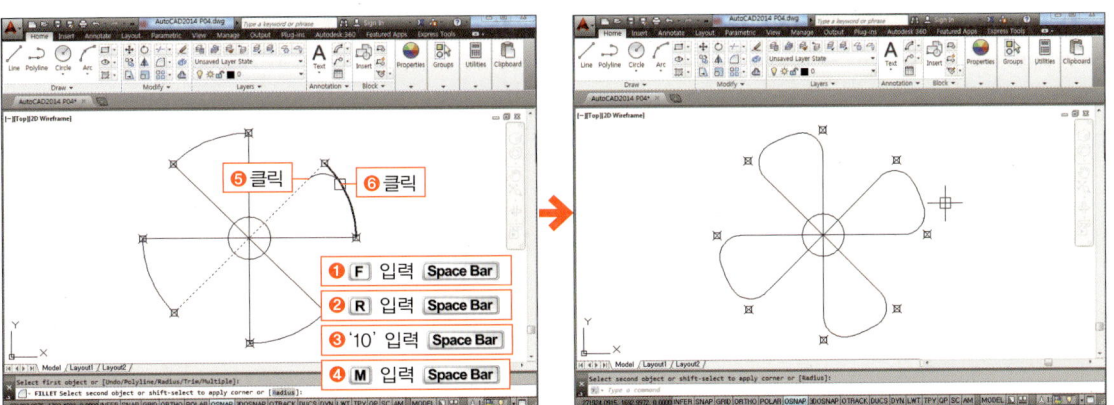

09. 작업을 마치면 Point로 만든 표식은 더 이상 필요하지 않습니다. Erase 명령이나 **Delete** 를 눌러 삭제해도 되지만 Ddptype 명령의 Point 숨기기로 감추겠습니다. **D** **D** **P** **T** **Y** **P** **E** 를 입력하고 **Space Bar** 를 눌러 [Point Style] 대화상자를 불러옵니다. 그림과 같이 설정한 후 [OK] 버튼을 클릭합니다. Offset 명령을 실행하고 원과 날개 안쪽으로 '2'만큼 복사해 작업을 마무리합니다.

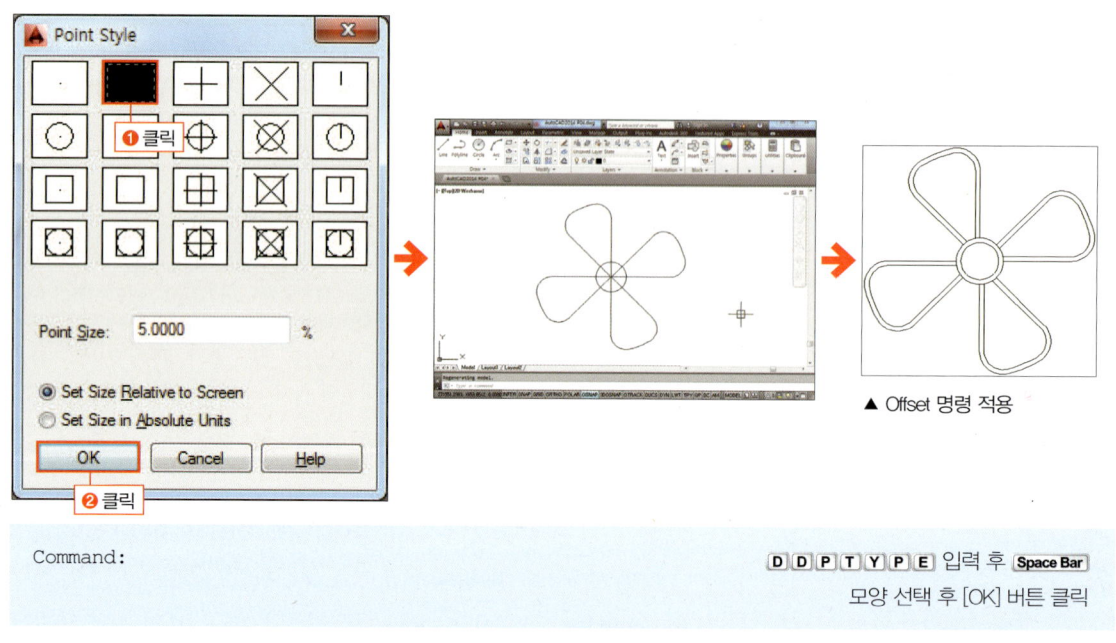

▲ Offset 명령 적용

Command: **D** **D** **P** **T** **Y** **P** **E** 입력 후 **Space Bar**

모양 선택 후 [OK] 버튼 클릭

TIP : Point는 다른 객체처럼 Copy, Move 명령 등의 편집이 가능합니다.

'1200' 간격으로 도면 요소를 배치하기 위해 Measure 명령으로 입력한 길이만큼 위치를 표시해 보겠습니다.

예제 파일 | DVD₩예제₩Part04₩Lesson03₩길이분할.DWG

01. 를 실행해 새 도면을 시작하고, Rectangle 명령(**R E C**)을 실행합니다. 빈 공간의 좌측 하단 (②)을 시작점으로 클릭하고, '@5000,1000'을 입력한 후 **Space Bar** 를 누릅니다.

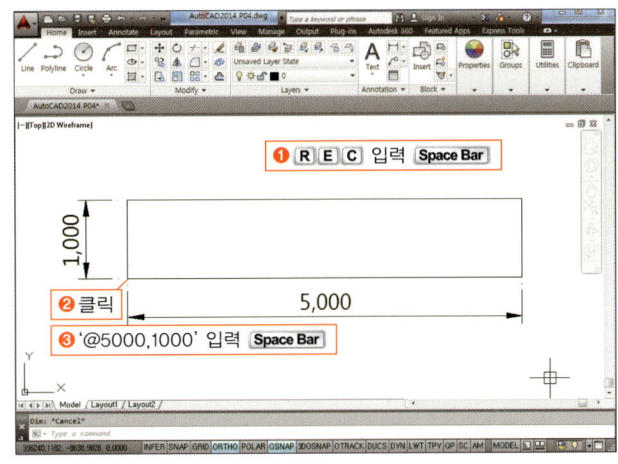

Command: **R E C** 입력 후 **Space Bar**
Specify first corner point or [Chamfer/Elevation/Fillet/Thickness/Width]: 첫 코너 (②) 클릭
Specify other corner point or [Area/Dimensions/Rotation]: '@5000,1000' 입력한 후 **Space Bar**

문제 해결 사각형이 너무 커서 화면 밖으로 벗어나면 마우스 휠을 더블클릭합니다.

02. 이어서 Line 명령을 실행하고 Midpoint를 지정하여 다음과 같이 가로선을 만듭니다.

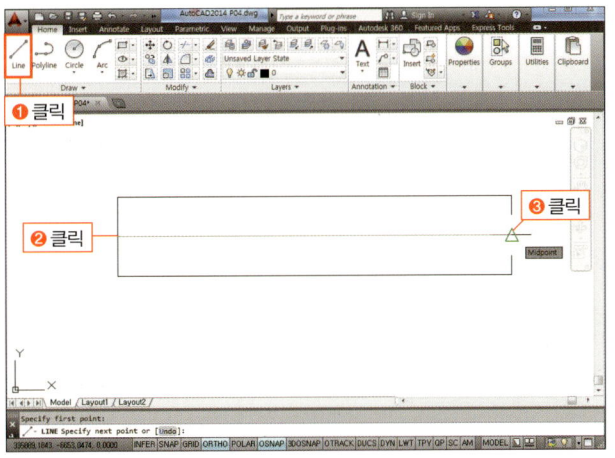

03. 가로선을 분할하기 전에 먼저 Point의 모양을 변경하기 위해 ⒹⒹⓅⓉⓎⓅⒺ를 입력하고 Space Bar 를 눌러 [Point Style] 대화상자를 불러옵니다. 그림과 같이 설정한 후 [OK] 버튼을 클릭합니다.

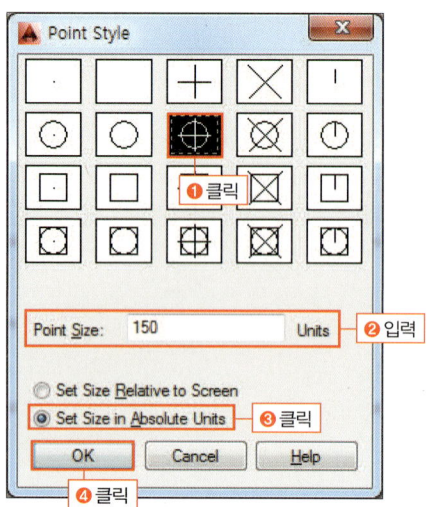

Command:	ⒹⒹⓅⓉⓎⓅⒺ 입력 후 Space Bar
	모양 설정 후 [OK] 버튼 클릭

TIP : Point의 크기를 절대 값으로 고정하기

[Point Style] 대화상자 아래의 설정 항목은 Point의 크기를 상대적인 크기와 절대적인 크기로 구분하는 부분입니다. 화면의 축소, 확대와 관계없이 고정적인 크기로 하기 위해선 두 번째 [Set Size in Absolute Units], 으로 설정해야 합니다.

04. [Home] 탭-[Draw] 패널에서 [Measure](⬚)를 클릭합니다. 간격의 시작을 좌측으로 하기 위해 ① 부분을 클릭, 길이 값 '1000'을 입력하고 Space Bar 를 누릅니다. 그러면 좌측에서부터 '1000' 간격으로 위치가 표시됩니다.

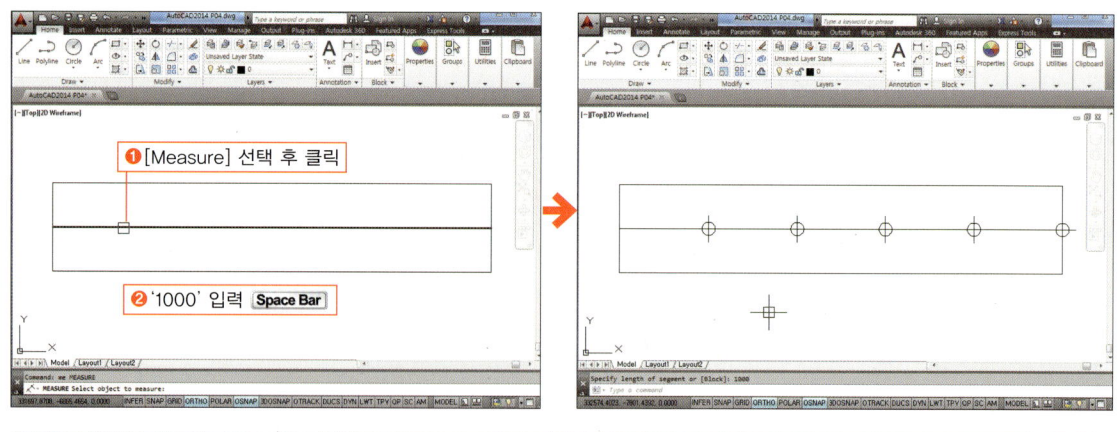

Command:	ⓂⒺ 입력 후 Space Bar
Select object to divide:	선 클릭
Enter the length of segments or [Block]:	'1000'을 입력하고 Space Bar

05. 표시된 Point의 크기를 약간 작게 변경하기 위해 D D P T Y P E 를 입력하고 Space Bar 를 눌러 [Point Style] 대화상자를 불러옵니다. [Size]를 '100'으로 변경한 다음 [OK] 버튼을 클릭합니다. 이후 가로선은 삭제합니다.

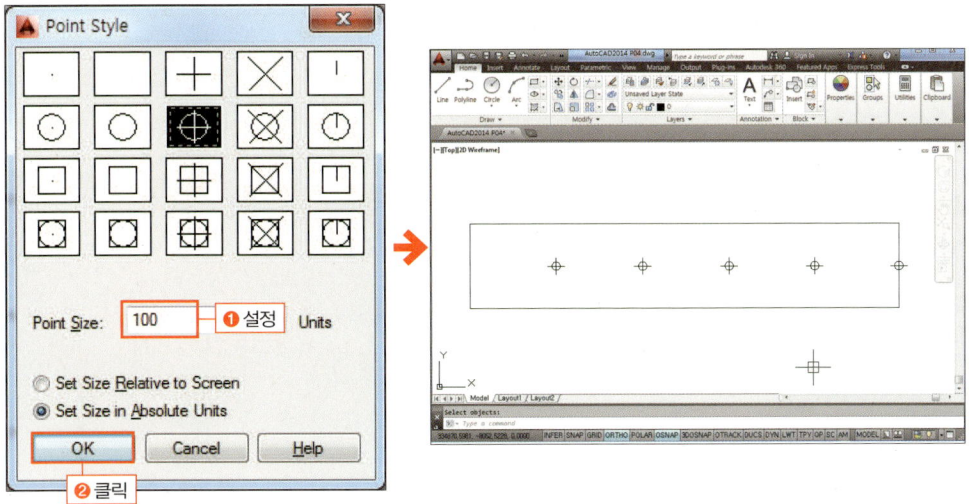

TIP : 길이 분할 시 시작 위치는 선을 클릭한 위치와 가까운 곳에서 시작됩니다.

이번에는 Donut 명령을 사용하여 점의 크기를 다양하게 만들어 보고, 도넛 모양도 만들어 보겠습니다.

예제 파일 | DVD₩예제\₩Part04₩Lesson03₩Donut.DWG

01. AutoCAD 2014를 실행해 새 도면을 불러 옵니다. Rectangle 명령(R E C)을 실행합니다. 명령이 실행되면 빈 공간에서 좌측 하단(②)을 시작점으로 클릭하고 '@100,100'을 입력한 후 Space Bar 를 누릅니다.

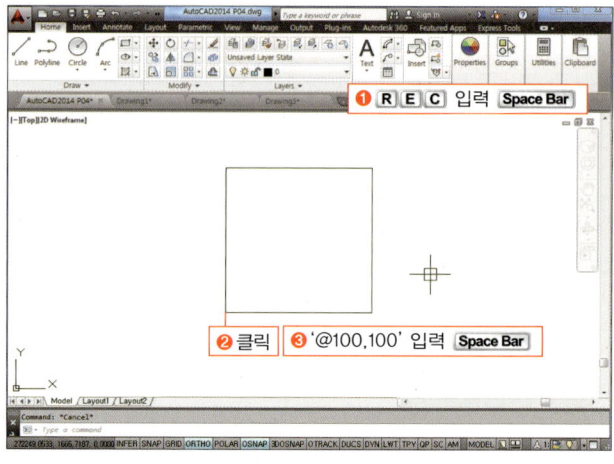

Command:	R E C 입력 후 Space Bar
Specify first corner point or [Chamfer/Elevation/Fillet/Thickness/Width]:	첫 코너(②)를 클릭
Specify other corner point or [Area/Dimensions/Rotation]:	'@100,100' 입력한 후 Space Bar

02. 이어서 Line 명령을 실행합니다. Midpoint를 지정하여 다음과 같이 십자선을 만듭니다.

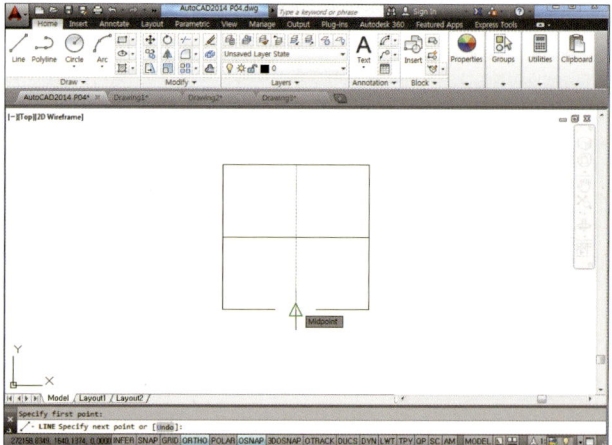

03. 사각형의 꼭짓점과 선의 끝점에 크기가 같은 점과 도넛 모양을 넣도록 하겠습니다. [Home] 탭–[Draw] 패널에서 [Donut](◎)을 클릭합니다. 먼저 안쪽 원의 지름 '10'을 입력하고 Space Bar 를 누른 다음 바깥쪽 원의 지름으로 '20'을 입력한 후 Space Bar 를 누릅니다. 커서에 도넛 형태가 나타나면 사각형 상단의 ④, ⑤, ⑥ 부분을 클릭해 도넛을 만들고 Esc 를 눌러 종료합니다.

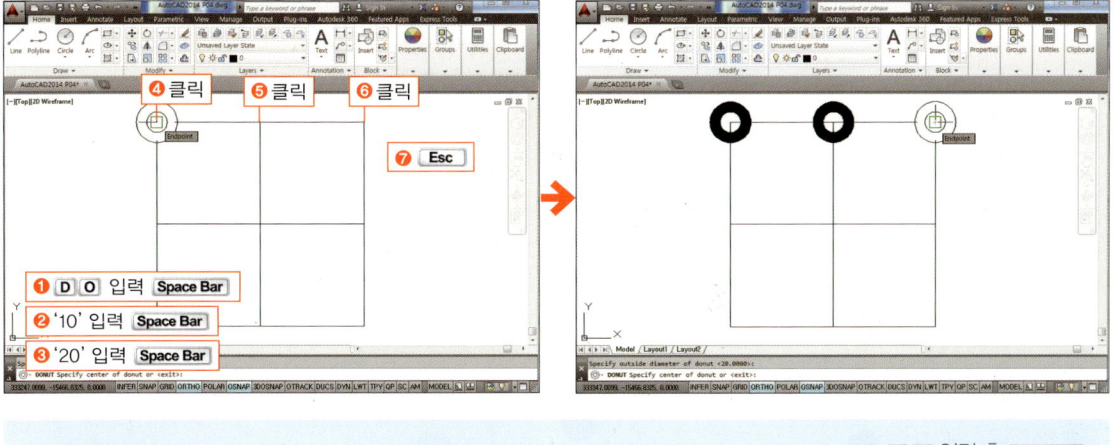

```
Command:
Specify inside diameter of donut <0.0000>:
Specify outside diameter of donut <0.0000>:
Specify center of donut or <exit>:
```

D O 입력 후 Space Bar
'10' 입력한 후 Space Bar (안쪽 지름)
'20' 입력한 후 Space Bar (바깥쪽 지름)
생성할 위치 클릭

04. 안쪽이 꽉 찬 점을 만들려면 [inside diameter]를 '0'으로 설정하면 됩니다. D O 를 입력한 후 Space Bar 를 누릅니다. 안쪽 지름 값으로 '0'을 입력하고 Space Bar 를 누른 다음, 바깥쪽 지름 값으로 '10'을 입력한 후 Space Bar 를 누릅니다. 커서에 점 나타나면 사각형 중간의 ④, ⑤, ⑥ 부분을 클릭해 점을 만들고 Space Bar 를 눌러 종료합니다. 그리고 아래줄에 지름 '5'인 점을 같은 방법으로 만듭니다.

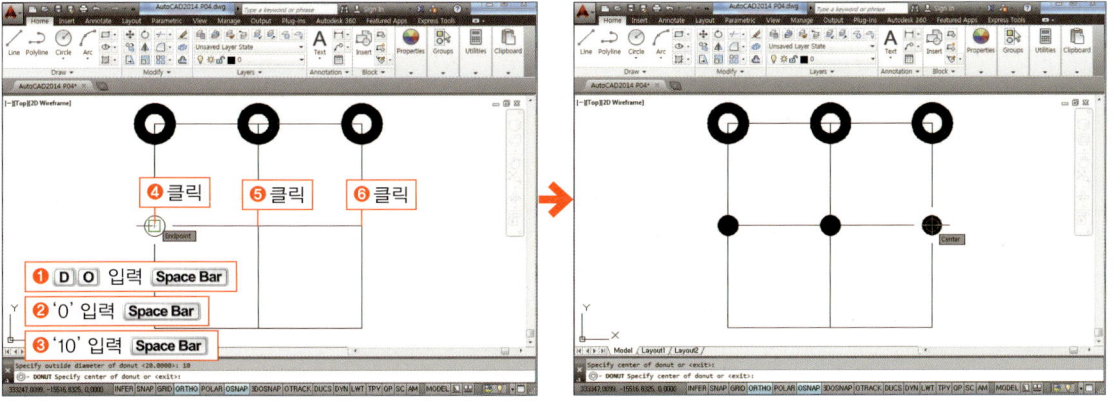

```
Command:
Specify inside diameter of donut <0.0000>:
Specify outside diameter of donut <0.0000>:
Specify center of donut or <exit>:
```

D O 입력 후 Space Bar
'0' 입력한 후 Space Bar (안쪽 지름)
'10' 입력한 후 Space Bar (점의 지름)
생성할 위치 클릭

1. 다음 도면을 만드세요(점의 위치는 위치한 선에 같은 간격으로 배치합니다).

완성 파일 l DVD\완성\Part04\Lesson03\Point도면.DWG(완성 파일을 참조하여 작성해 봅니다.)

주요 명령어 l Line(L), Offset(O), Trim(TR), Divide(DIV), Ddptype, Donut(DO)

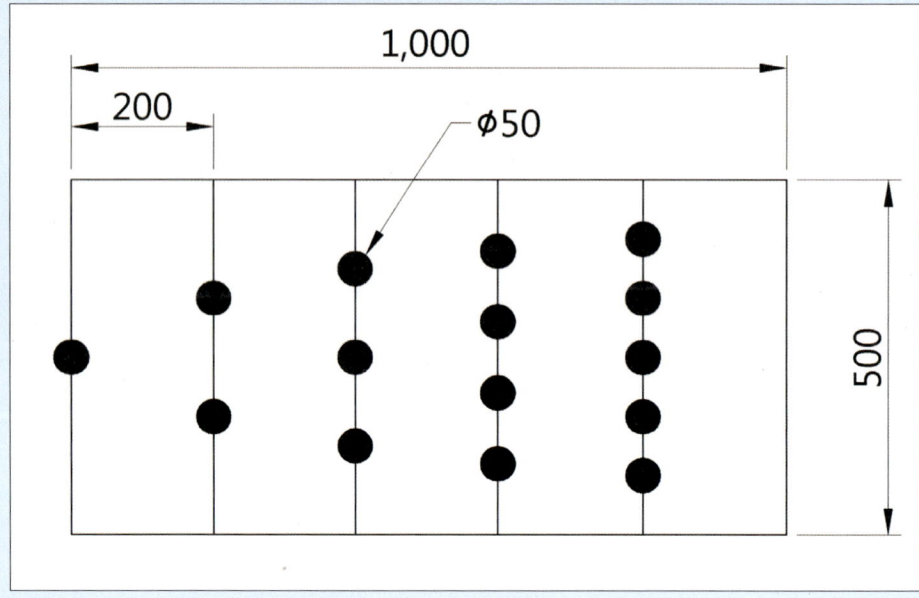

HINT
점은 Donut 명령으로 만들며, 안쪽 지름 값을 '0'으로 하면 점 형태로 생성됩니다.

2. 다음 도면을 만드세요.

주요 명령어 l Line(L), Offset(O), Trim(TR), Copy(CO), Divide(DIV), Ddptype

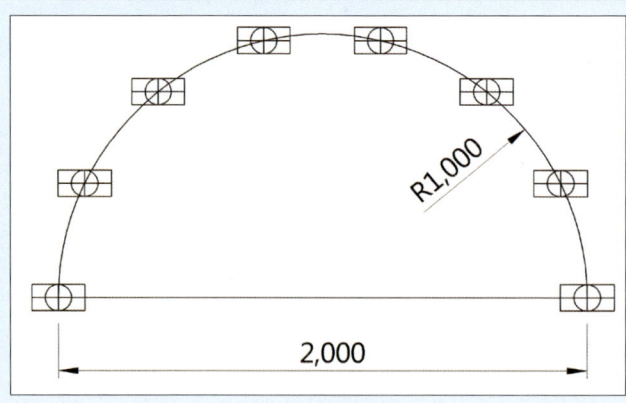

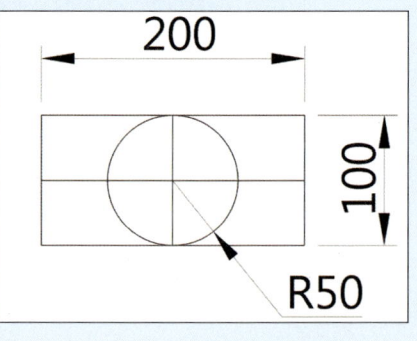

04 다양한 도형 만들기와 정렬하기

레 벨 ● ● ○

도면의 대부분은 선과 원의 일부로 이루어집니다. 형태가 다각형인 경우 Line 명령으로 만들려면 불편하기 때문에 도형에 알맞은 명령을 사용하는 것이 좋습니다.

기초탄탄 ▶ 다각형 생성과 정렬

■ Rectangle로 만든 사각형 이해하기 `340P`

Rectangle 명령은 사각형의 가로와 세로의 값을 상대 좌표로 입력하여 만듭니다. Rectangle 명령으로 만든 사각형은 Line 명령으로 만든 사각형과는 다르게 폴리라인의 특성을 가지게 되는데, 이는 선 하나하나가 독립적인 것이 아니라 하나로 연결되어 있습니다. 폴리라인의 특성을 가진 객체는 Explode(분해) 명령을 통해 각각의 선으로 분해할 수 있습니다.

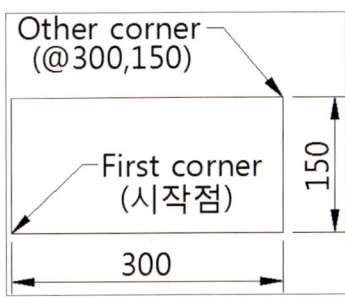

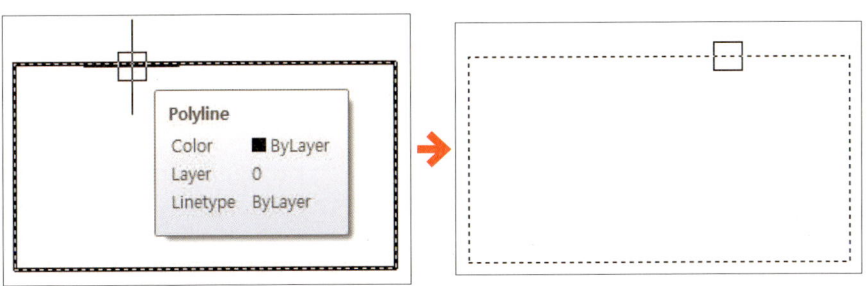

Rectangle 명령으로 생성한 사각형은 편집할 경우 모두 선택됩니다.

333

Line 명령으로 생성한 사각형은 편집할 경우 선택한 선 하나만 선택됩니다.

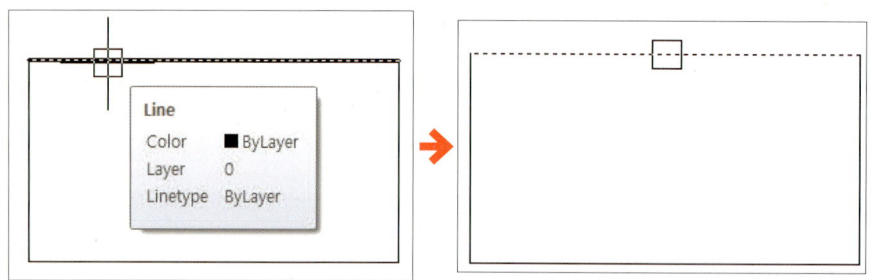

Rectangle 명령으로 만든 사각형은 폴리라인이므로 Offset 명령으로 복사하면 그림과 같이 전체가 같이 한번에 복사됩니다.

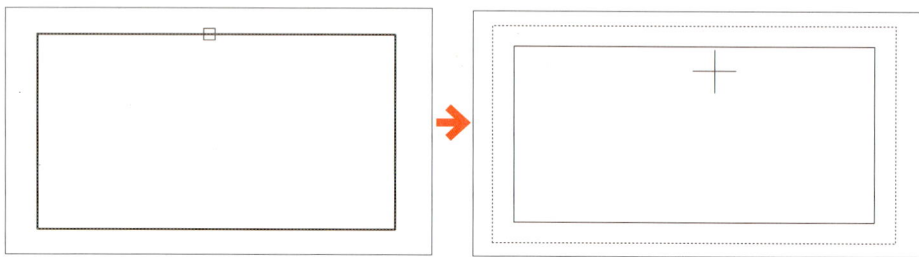

■ Rectangle 실행하기

• [Home] 탭-[Draw] 패널에서 [Rectangle](□)을 클릭하여 실행합니다.

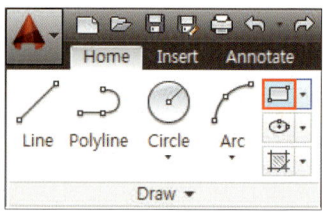

• 명령 입력창에서 Rectangle 명령어(**R** **E** **C**)를 입력한 후, **Space Bar** 를 눌러 실행합니다.

명령어 입력   단축키 입력

■ Rectangle 옵션

• 사각형 형태와 관련된 옵션(명령 실행과 동시에 나타남)

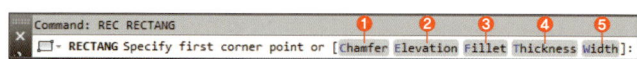

❶ Chamfer : 사각형의 모따기 값을 입력합니다.

❷ Elevation : 사각형의 고도를 입력합니다.

❸ Fillet : 사각형의 모깍기 값을 입력합니다.

❹ Thickness : 사각형의 두께 값을 입력합니다(Z축의 두께).

❺ Width : 사각형의 폭을 입력합니다(평면상의 두께).

• 사각형 크기와 관련된 옵션(명령 실행 후 시작점을 클릭하면 나타남)

```
Specify first corner point or [Chamfer/Elevat❶n/Fill❷/Thickne❸s/Width]:
⬜ ▾ RECTANG Specify other corner point or [Area Dimensions Rotation]:
```

❶ Area : 면적을 입력하여 사각형을 만듭니다.

❷ Dimensions : 길이와 폭을 입력하여 사각형을 만듭니다.

❸ Rotation : 각도를 입력하여 회전된 형태의 사각형을 만듭니다.

■ Rectangle 사용 과정 익히기

```
Command:                                              R E C 입력 후 Space Bar
Specify first corner point or [Chamfer/Elevation/Fillet/Thickness/Width]:   사각형의 시작점 클릭
Specify other corner point or [Area/Dimensions/Rotation]:   @가로(X),세로(Y) 값을 입력한 후 Space Bar
```

■ Explode로 사각형 분해하기 `340P`

Rectangle 명령으로 만든 사각형은 Explode 명령으로 분해하는 것이 가능합니다. 분해를 하게 되면 하나로 이루어진 선이 독립적인 4개의 선으로 나누어집니다.

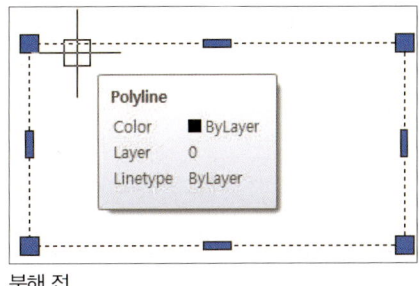

분해 전

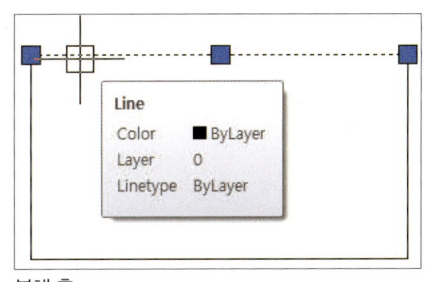

분해 후

■ Polygon으로 생성한 정다각형 이해하기

Polygon 명령을 이용하면 원에 내접/외접하는 정다각형을 만들고 변의 길이를 입력하는 것이 가능합니다. Polygon은 정삼각형 이상의 정다각형을 그리는 명령으로 Rectangle 명령과 같이 폴리라인의 특성을 갖습니다.

• 반지름 값 '100'을 입력하여 작성한 경우

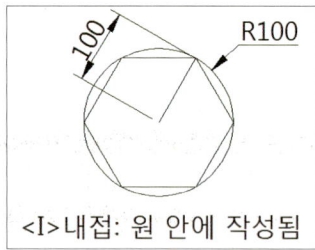
<I>내접: 원 안에 작성됨

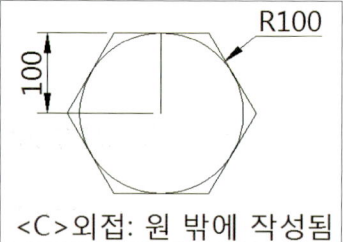
<C>외접: 원 밖에 작성됨

■ Polygon 실행하기 `347P`

• [Home] 탭-[Draw] 패널에서 [Polygon](⬠)을 클릭하여 실행합니다.

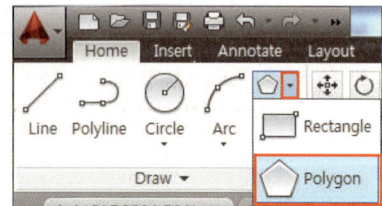

• 명령 입력창에서 Polygon 명령어(P O L)를 입력한 후, Space Bar 를 눌러 실행합니다.

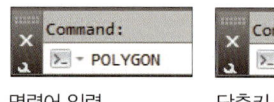

명령어 입력   단축키 입력

■ Polygon 옵션

명령을 실행하여 면의 수를 입력하면 옵션을 사용할 수 있습니다.

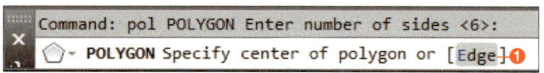

❶ Edge : 변의 길이를 입력하여 정다각형을 만듭니다.

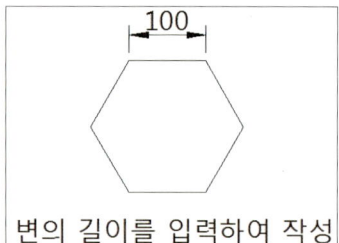
변의 길이를 입력하여 작성

■ Polygon 사용 과정 익히기

• 〈l〉내접, 〈c〉외접

Command:	P O L 입력 후 Space Bar
Enter number of sides <6>:	변의 수를 입력한 후 Space Bar
Specify center of polygon or [Edge]:	도형의 중심을 클릭 후 Space Bar
Enter an option [Inscribed in circle/Circumscribed about circle] <I>:	Space Bar (내접 적용)
Specify radius of circle:	반지름 값을 입력한 후 Space Bar

• Edge 변의 길이

Command:	P O L 입력 후 Space Bar
Enter number of sides <6>:	변의 수를 입력한 후 Space Bar
Specify center of polygon or [Edge]:	E 입력한 후 Space Bar
Specify first endpoint of edge:	다각형 변의 시작점 클릭
Specify first endpoint of edge:	다각형 변의 끝점을 클릭하거나 길이를 입력한 후 Space Bar

■ Ellipse로 만든 타원 이해하기 `350P`

타원이 지나는 위치를 아는 경우에 3-point로 작성이 가능하지만, 알 수 없으면 원과는 다르게 반지름이 아닌 장축과 단축 두 거리를 입력하여 작성합니다.

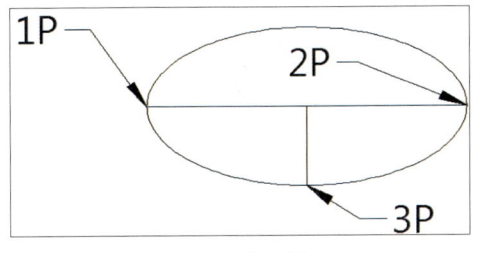

장축과 단축의 위치를 알 수 있는 경우   장축과 단축의 위치를 알 수 없는 경우

■ Ellipse 실행하기

• [Home] 탭-[Draw] 패널에서 [Ellipse](⊙)를 클릭하여 실행합니다.

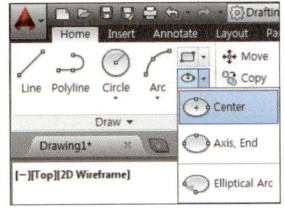

• 명령 입력창에서 Ellipse 명령어(E L)를 입력한 후, Space Bar 를 눌러 실행합니다.

명령어 입력   단축키 입력

■ Ellipse 옵션

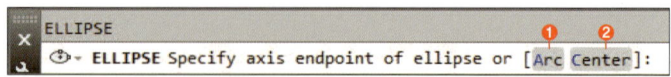

❶ Arc : 각도를 입력하여 타원의 일부만 만듭니다.

❷ Center : 축의 끝점을 먼저 클릭하지 않고 타원의 중심을 먼저 클릭합니다.

• [Center] 옵션을 사용하는 경우의 클릭 순서

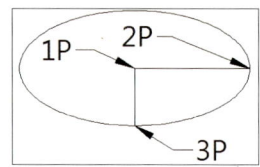

■ Ellipse 사용 과정 익히기

Command:	E L 입력 후 Space Bar
Specify axis endpoint of ellipse or [Arc/Center]:	축의 시작 클릭
Specify endpoint of axis:	축의 끝을 클릭하거나 값을 입력한 후 Space Bar
Specify distance to other axis or[Rotation]:	다른 축의 끝을 클릭하거나 값을 입력한 후 Space Bar

■ Align의 정렬 이해하기 355P

1Point는 정렬의 기준으로 위치를 정하게 되며 2Point는 기준으로부터 방향을 입력합니다.

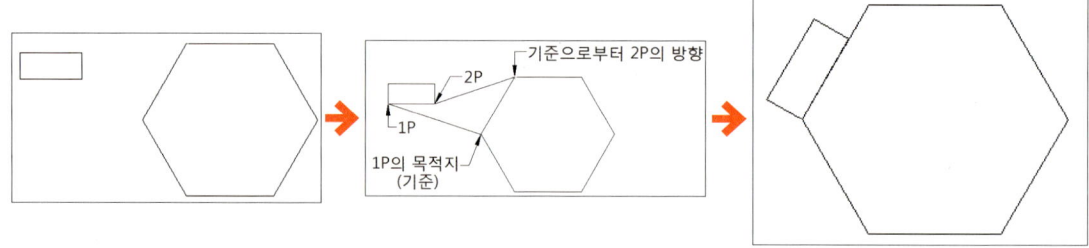

■ Align 실행하기

[Home] 탭–[Modify] 패널에서 [Align]()을 클릭하여 실행합니다.

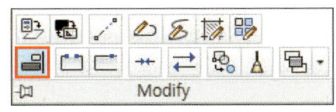

• 명령 입력창에서 Align 명령어(**A** **L**)를 입력한 후, **Space Bar** 를 눌러 실행합니다.

명령어 입력   단축키 입력

■ Align 옵션

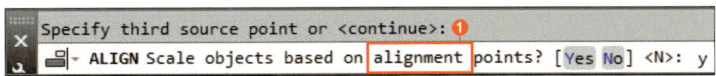

❶ Alignment : 지정된 1P와 2P의 크기 맞춤

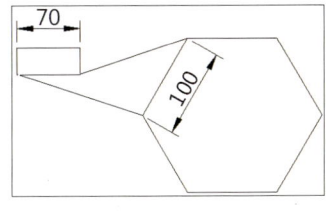
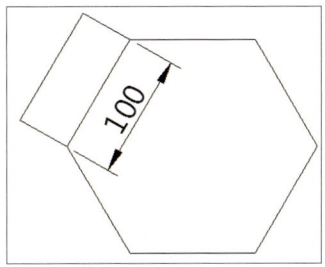
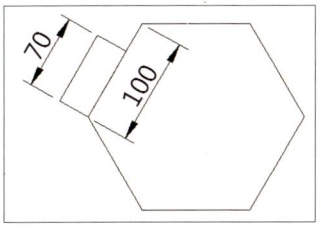

작업 전   크기 맞춤 : ⟨Y⟩   크기 맞춤 : ⟨N⟩

■ Align 사용 과정 익히기

```
Command:                                              A L 입력 후 Space Bar
Select objects:                                  정렬 객체 선택 후 Space Bar
Specify first source point:                           1Point 클릭 (기준점)
Specify first destination point:                      1Point 목적지 클릭
Specify second source point:                               2Point 클릭
Specify second destination point:        2Point 목적지 클릭(기준으로 부터의 방향)
Specify third source point or <continue>:     Space Bar (3P는 3D에서 사용)
Scale objects based on alignment points? [Yes/No] <N>:        Space Bar
```

T I P : 3D에서는 'Third point'까지 입력해야 합니다.

이번에는 Rectangle 명령을 사용해서 문을 만들어 보겠습니다. 가로와 세로 값을 입력(상대 좌표)하여 사각형을 만들 수 있습니다.

예제 파일 ┃ DVD₩예제₩Part04₩Lesson04₩문.DWG

01. AutoCAD 2014를 실행하고 새 도면을 불러옵니다. [Home] 탭-[Draw] 패널에서 [Rectangle](▭)을 클릭합니다. ② 부분의 위치에 사각형의 좌측 하단점을 클릭하고, 커서를 움직이면 우측 상단의 모서리를 기준으로 사각형의 형태가 나타납니다.

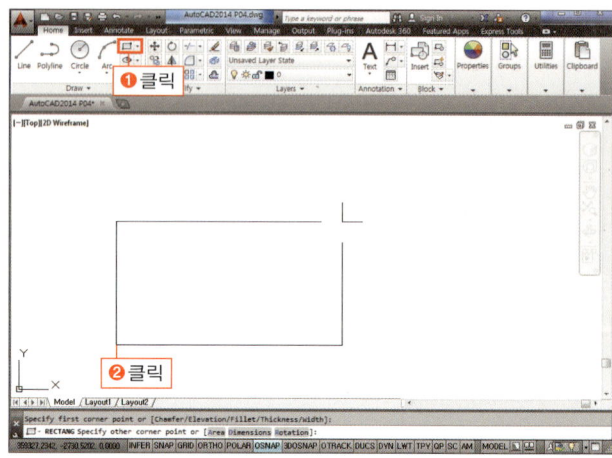

```
Command:                                                          R E C 입력 후 Space Bar
Specify first corner point or [Chamfer/Elevation/Fillet/Thickness/Width]:    ② 부분 클릭
```

02. Rectangle 명령을 사용할 때는 주로 상대 좌표를 사용합니다. 따라서 우측 상단의 값을 상대 좌표로 입력해야 합니다. 입력 방법은 명령 입력창에 '@가로 길이,세로 길이'로 입력하므로, '@900,250'을 입력하고 Space Bar 를 누릅니다. 입력과 동시에 사각형이 만들어집니다.

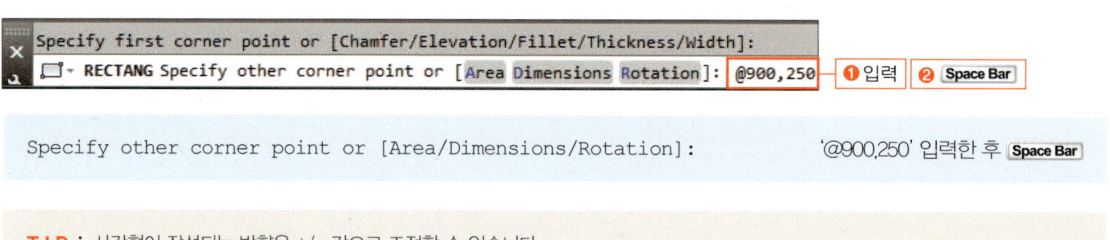

```
Specify other corner point or [Area/Dimensions/Rotation]:        '@900,250' 입력한 후 Space Bar
```

TIP : 사각형이 작성되는 방향은 +/- 값으로 조정할 수 있습니다.

03. 작업 공간에 비해 작성된 사각형이 크기 때문에 사각형이 벗어납니다. 마우스 휠을 더블클릭하여 화면 안으로 사각형이 보이게 합니다.

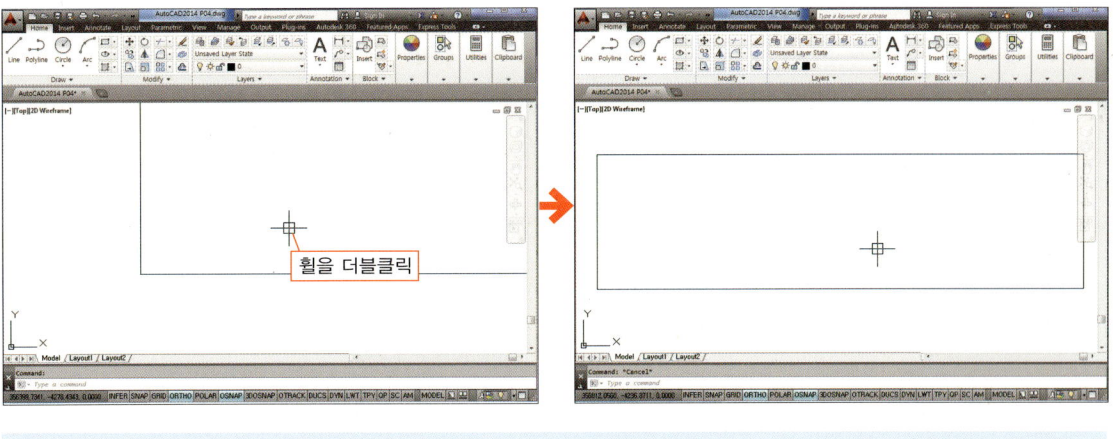

command:	마우스 휠을 더블클릭

04. 다음 작업을 하기 전에 Rectangle 명령으로 만든 폴리라인의 특성을 간단히 확인해 보겠습니다. 다른 명령이 필요 없이 기본 커서로 사각형의 선을 클릭하면 다음 그림과 같이 4개의 선이 한 번에 선택됩니다. 이는 4개의 선이 하나로 연결되어 있다는 것입니다. 확인이 되었으면 **Esc** 를 눌러 종료합니다.

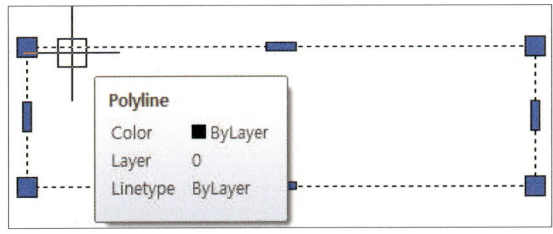

05. Offset 명령을 사용하기 전에 Explode(분해) 명령을 사용해 일반적인 선으로 분해하겠습니다. [Modify] 패널에서 [Explode](⬜)를 클릭합니다. 분해할 객체(사각형)를 클릭하고 **Space Bar** 를 누르면 사각형이 분해됩니다.

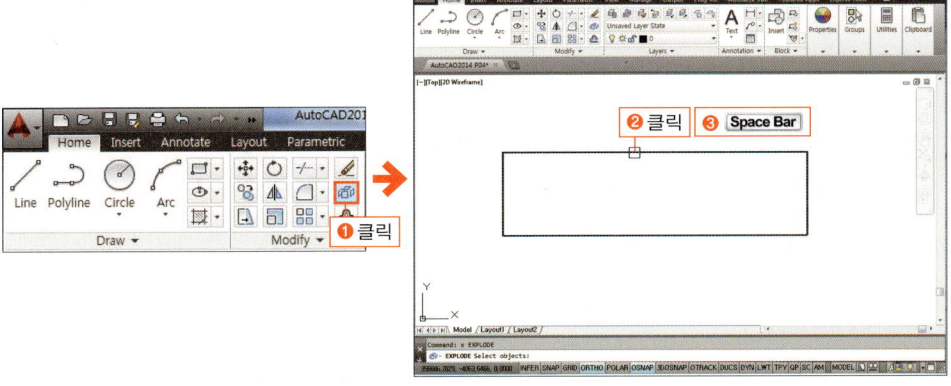

Command:	**X** 입력 후 **Space Bar**
Select objects:	사각형 클릭 후 **Space Bar**

06. 분해가 어떻게 됐는지 이전과 같은 방법으로 확인해 보겠습니다. 기본 커서로 사각형의 선을 클릭하면 클릭한 부분만 파선으로 표시됩니다. 다른 선도 클릭해 보면 각각 따로 선택되는 것을 확인할 수 있습니다.

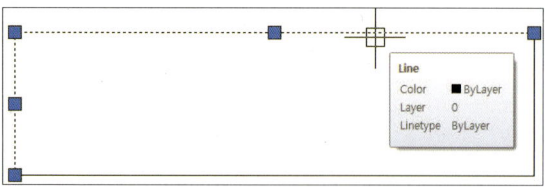

TIP : 일반 객체와 폴리라인 객체의 Offset

일반 객체와 폴리라인 특성을 갖는 객체의 Offset 결과가 다릅니다. 차이점을 알면 좀 더 효과적인 작업을 할 수 있습니다.

• Line으로 만든 사각형의 Offset

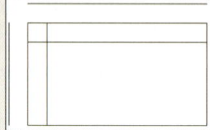

평행 복사하려는 선의 길이와 동일하게 Offset됩니다.

• 폴리라인 객체 특성을 갖는 Rectangle과 Circle의 Offset

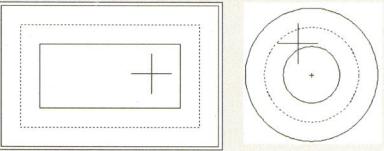

원본과 같은 형태가 유지되면서 안쪽은 작게, 바깥은 크게 Offset됩니다.

---

07. 문틀을 표현하기 위해 좌우의 선분을 안쪽으로 Offset하겠습니다. **O**를 입력한 후 **Space Bar**를 눌러 Offset 명령을 실행합니다. 복사할 거리 값 '30'을 입력한 후 **Space Bar**를 누릅니다. 좌측 선(③)을 클릭하고 커서를 ④ 부분으로 이동시킨 후 클릭하면 안쪽으로 '30' 만큼 평행 복사됩니다. 계속해서 선(⑤)을 클릭하고 ⑥ 부분에서 클릭하여 문틀을 만들고 **Esc**를 눌러 종료합니다.

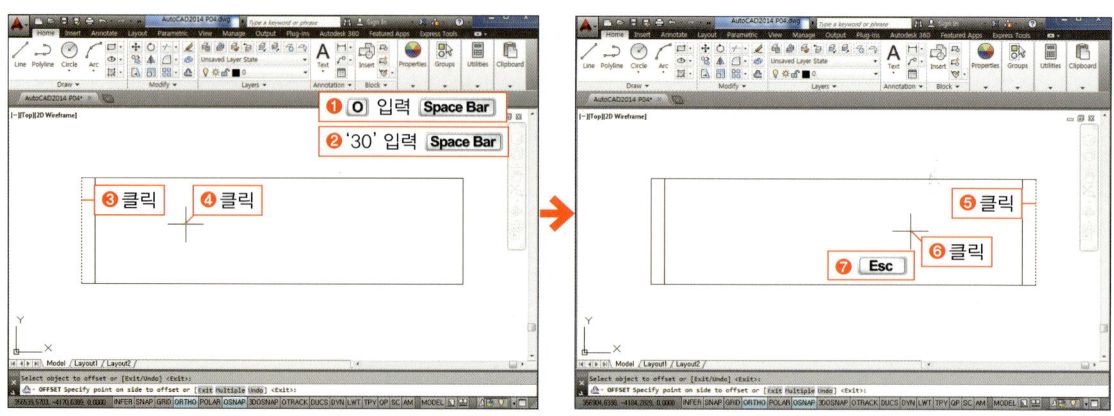

```
Command:                                                                          O 입력 후 Space Bar
Specify offset distance or [Through/Erase/Layer] <Through>:              '30' 입력한 후 Space Bar
Select object to offset or [Exit/Undo] <Exit>:                          선(③)을 클릭 후, ④ 부분 클릭
Select object to offset or [Exit/Undo] <Exit>:                          선(⑤)을 클릭 후, ⑥ 부분 클릭 Esc
```

08. 이번에는 열린 상태의 문을 만들어 보겠습니다. 다시 Rectangle 명령을 실행하고, ②와 같은 위치에 그릴 사각형의 좌측 하단을 클릭합니다. 이어서 명령 입력창에 문의 크기 '@30,840'을 입력한 후 **Space Bar** 를 누릅니다.

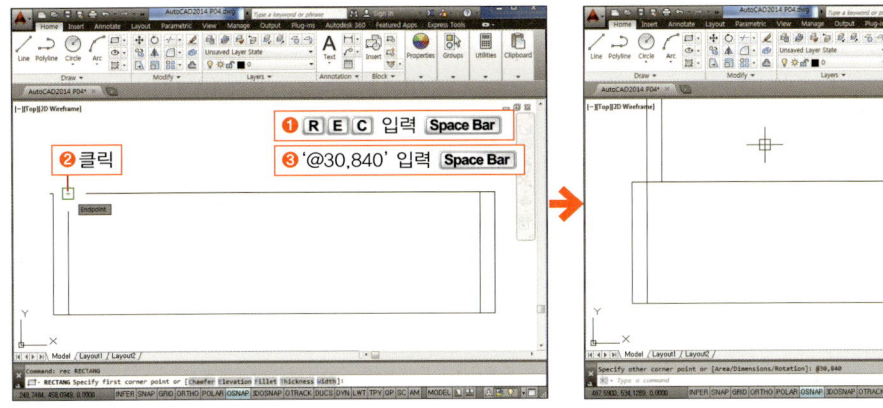

```
Command:                                                                    R E C 입력 후 Space Bar
Specify first corner point or [Chamfer/Elevation/Fillet/Thickness/Width]:        ② 부분 클릭
Specify other corner point or [Area/Dimensions/Rotation]:               '@30,840' 입력한 후 Space Bar
```

09. 문이 위쪽으로 작성되어 화면에서 벗어나 있습니다. 마우스 휠을 더블클릭하면 작업한 모든 객체가 화면 안으로 들어오게 됩니다. 마우스 휠을 아래 방향으로 스크롤해 그림처럼 약간 작게 화면을 조정합니다.

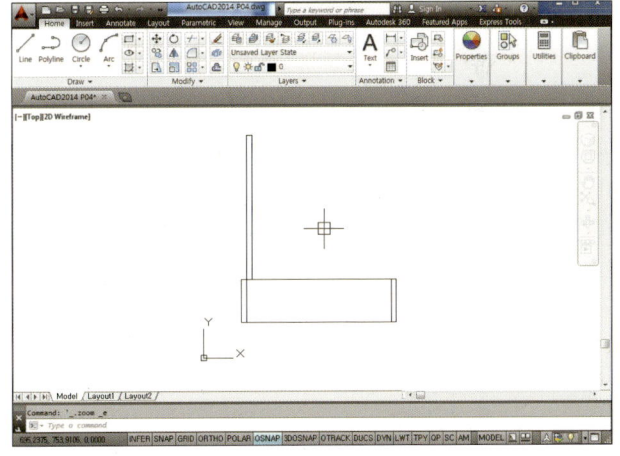

```
command:                                                  휠 더블클릭 후 휠을 아래 방향으로 스크롤하여 화면 조정
```

10. 문이 닫혀 있는 상태를 표현하기 위해 Offset 명령을 실행합니다. 두께가 '30'이므로 복사 거리 값으로 '30'을 입력해야 합니다. 하지만 명령 입력창〈 〉안의 저장된 값이 '30'이므로 그냥 **Space Bar** 만 누릅니다.

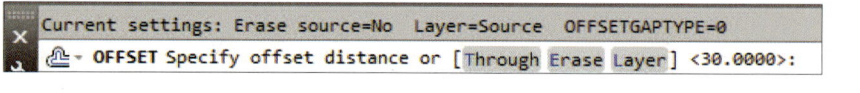

```
Command:                                                                         O 입력 후 Space Bar
Specify offset distance or [Through/Erase/Layer] <30.0000>:              Space Bar (저장된 값 사용)
```

11. 이동 복사해야 할 선(①)을 클릭하고 ② 부분을 클릭합니다.

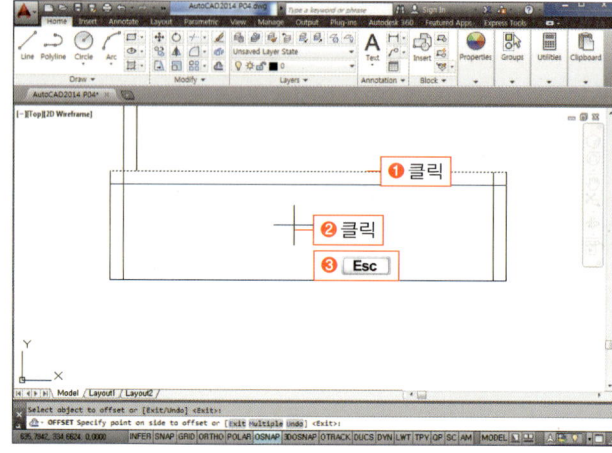

```
Select object to offset or [Exit/Undo] <Exit>:                        선(①) 클릭 후 ② 부분 클릭
```

12. 틀 밖으로 벗어난 선을 편집하기 위해 Trim 명령을 실행합니다. 자르려는 부분이 너무 작게 보여 작업을 할 수가 없습니다. 마우스 휠 위로 스크롤하여 화면을 크게 하고 다시 휠을 누른 채 드래그하여 작업하기 좋게 위치를 조정합니다. 돌출된 부분만 절단하므로 **Space Bar** 를 한 번 더 누르고 ④ 부분을 클릭하여 잘라냅니다.

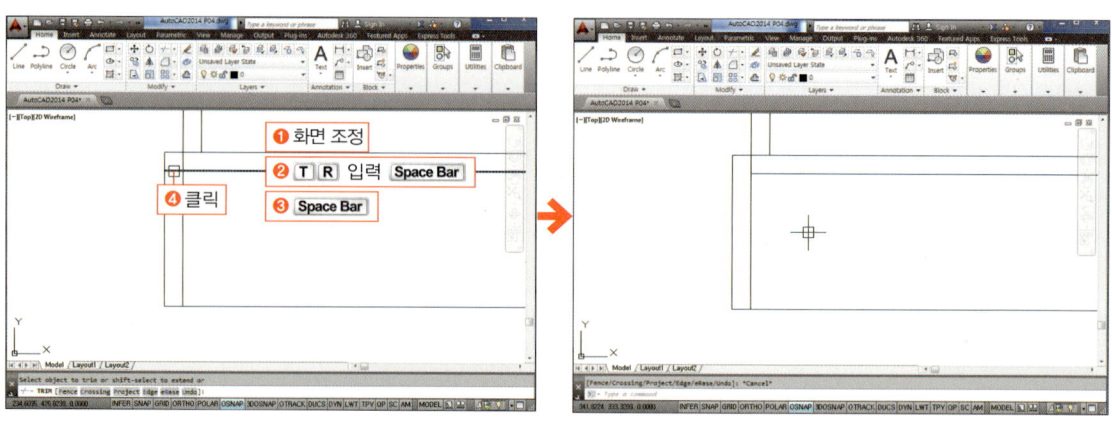

```
Command:                                                                    T R 입력 후 Space Bar
command: select objects or <select all>:                                          Space Bar
[Fence/Crossing/Project/Edge/eRase/Undo]:                                        ④ 부분 클릭
```

13. 반대쪽의 같은 부분도 삭제하기 위해 마우스 휠을 누른 채 좌측으로 드래그하여 그림과 같이 이동한 후 Trim 명령으로 ① 부분을 잘라냅니다. 작업 후 문의 개폐 경로를 표시하기 위해 마우스 휠을 더블클릭합니다.

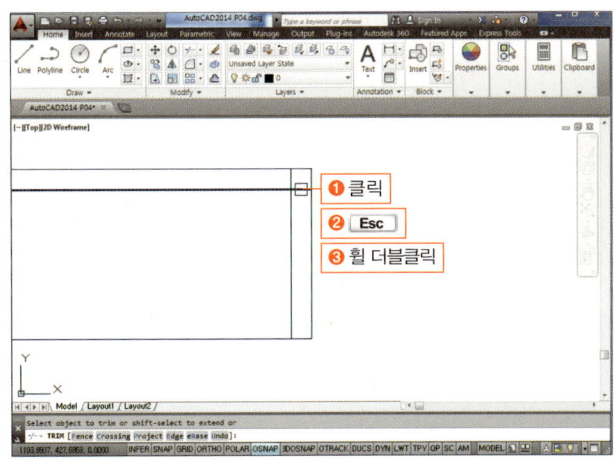

❶ 클릭

❷ Esc

❸ 휠 더블클릭

```
Select object to offset or [Exit/Undo] <Exit>:          우측으로 이동, 동일 부분 클릭 후 Esc
```

14. 마지막으로 문의 개폐 경로를 표시하겠습니다. 일반적으로 일점쇄선으로 표기하지만 여기서는 실선으로 작업하겠습니다. Arc 명령을 실행하고 리본 메뉴에서 [Arc]를 클릭한 후 그림과 같이 [Start, Center, End]를 클릭합니다.

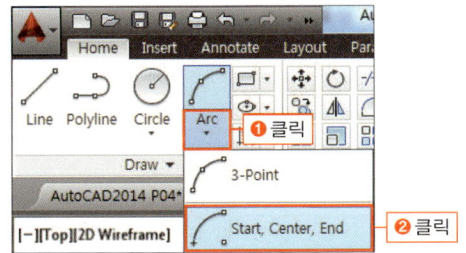

❶ 클릭

❷ 클릭

15. 옵션의 순서대로 시작점은 Start, 두 번째 점은 Center, 세 번째 점을 End로 클릭하여 호를 만듭니다. 우선 시작점을 클릭합니다.

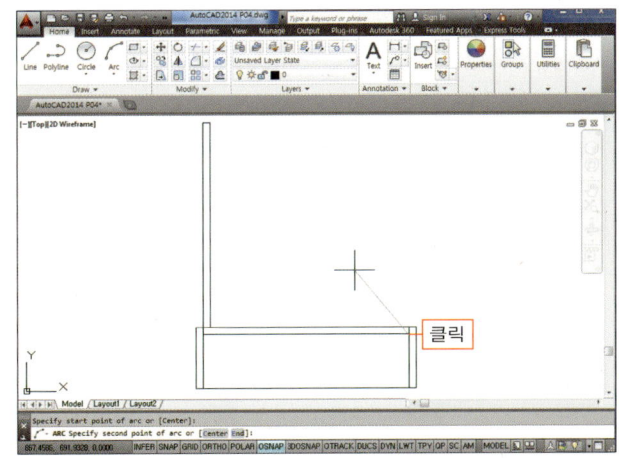

클릭

```
Command: a ARC Specify start point of arc or [Center]:          시작점클릭
```

**문제
해결**

호가 그려지는 방향

호는 시작점을 기준으로 반시계 방향으로 만들어집니다. 호 뿐만이 아니라 각도와 관련된 대부분의 명령이 이해 해당됩니다.

PART 04 · AutoCAD 기타 기능

16. 호의 Center인 ① 부분을 클릭합니다.

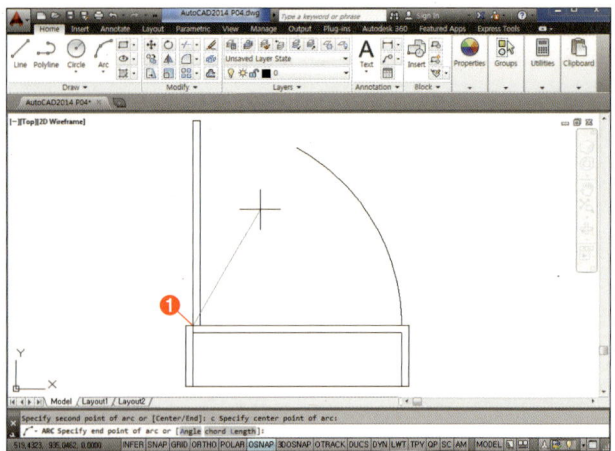

Command: **C** 입력 후 **Space Bar**

Specify center point of arc: ① 부분 클릭

17. 마지막으로 호의 끝점인 ① 부분을 클릭하면 문의 개폐 경로를 표시하는 호가 완성됩니다.

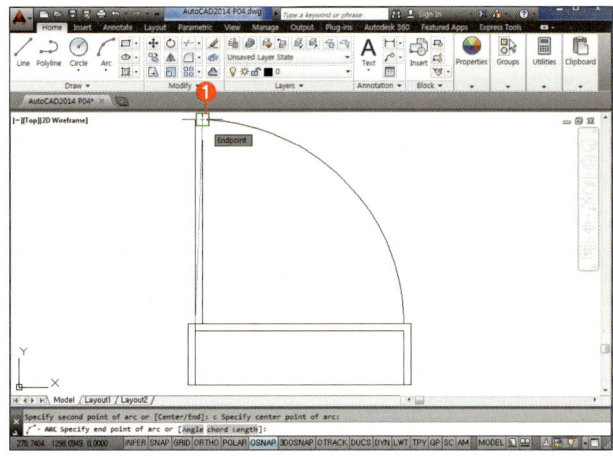

Specify end point of arc or [Angle/chord Length]:   ① 부분 클릭

Polygon 명령을 활용하여 정육각형 형태의 공간을 구성해 보겠습니다.

01. AutoCAD 2014를 실행해 새 도면을 불러오고, [Home] 탭–[Draw] 패널에서 [Polygon](⬠)을 클릭합니다. 육각형을 만들기 위해 '6'을 입력하고 **Space Bar**를 누릅니다.

02. 화면 여백에 만들 육각형의 중심을 클릭하면 명령 입력창에 아래와 같은 메시지가 나옵니다. 원의 내접을 기준으로 그리기 위해 **Space Bar**를 누릅니다.

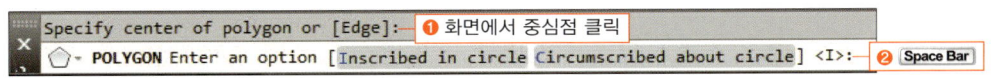

> **TIP** : ⟨ ⟩ 안의 설정인 'I'는 내접, 'C'는 외접입니다.

03. 내접할 원의 반지름 값으로 '2000'을 입력한 후 **Space Bar**를 누르면 정육각형이 만들어집니다.

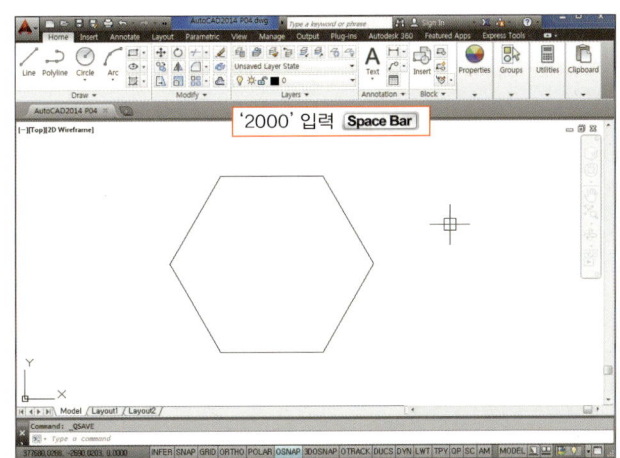

```
Specify radius of circle:                              '2000' 입력한 후  Space Bar
```

04. Offset 명령을 실행한 후 벽체 두께 값 '100'을 입력하고 **Space Bar** 를 누릅니다. 복사할 ③ 부분을 클릭하고 ④ 부분을 클릭합니다.

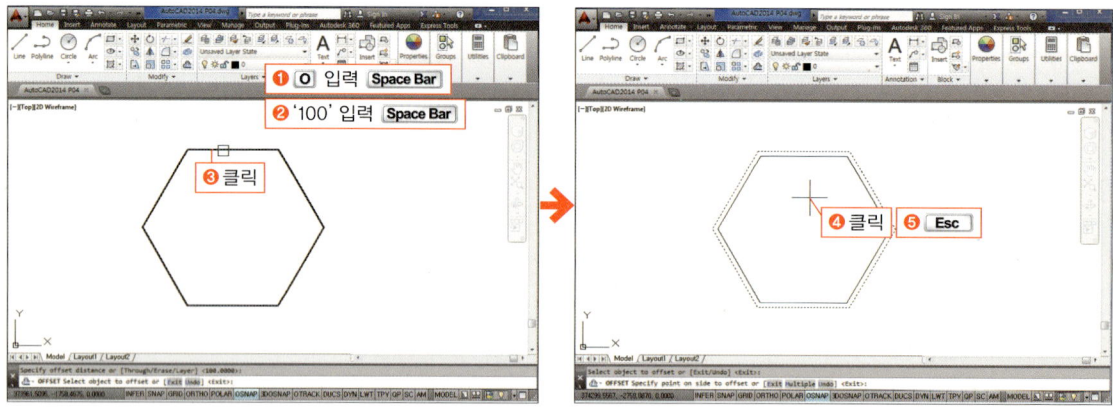

05. 공간을 복사하기 위해 Copy 명령(**C O**)을 실행합니다. ②와 ③ 부분을 클릭해 정육각형을 선택하고 **Space Bar** 를 누른 후 기준점(⑤)을 클릭합니다.

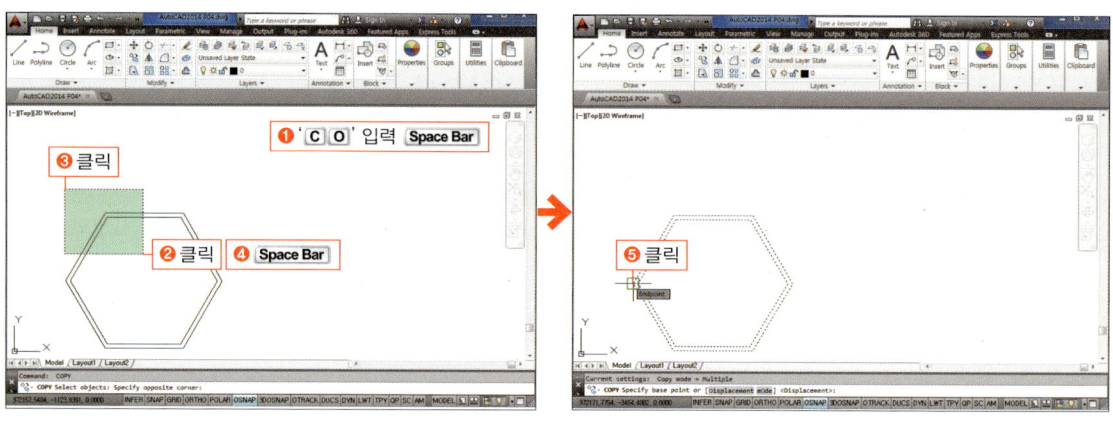

06. 복사할 위치인 ①, ②, ③ 부분을 차례대로 클릭합니다.

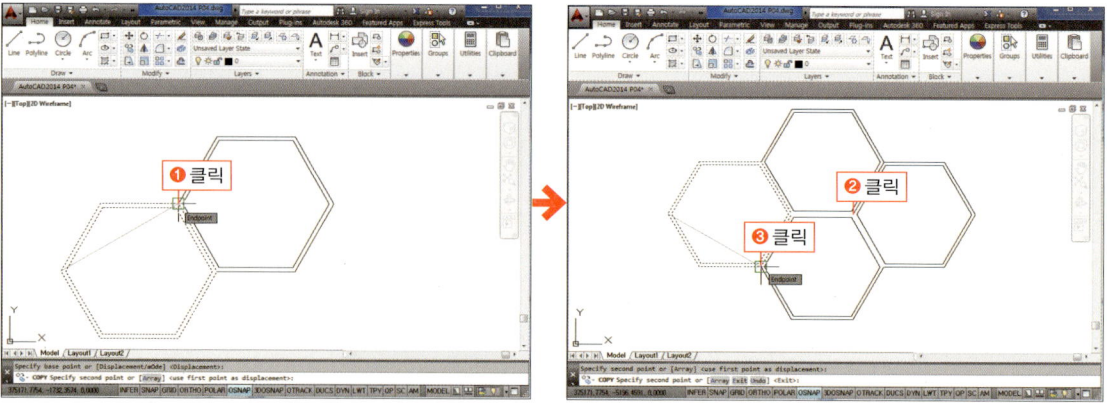

다각형의 변의 길이를 입력하여 만들기

Polygon은 정다각형을 그리는 명령으로 원의 반지름 값을 입력하여 그릴 경우 다각형의 크기와 각 선의 길이를 파악하기 어려울 수 있습니다. 이런 경우에 [Edge] 옵션을 사용하면 다각형을 이루는 선의 길이를 입력하여 그릴 수 있습니다.

01. 명령 입력창에 단축키 P O L 을 입력한 후 Space Bar 를 눌러 Polygon 명령을 실행합니다.

02. 오각형을 만들기 위해 '5'를 입력하고 Space Bar 를 누릅니다. [Edge] 옵션을 사용하기 위해 E 를 입력한 후 Space Bar 를 누릅니다.

03. 오각형의 시작점을 클릭하고 [ORTHO] F8 를 활성화합니다. 만들려는 방향으로 커서를 이동시키고 길이 값 '200'을 입력한 후 Space Bar 를 누릅니다.

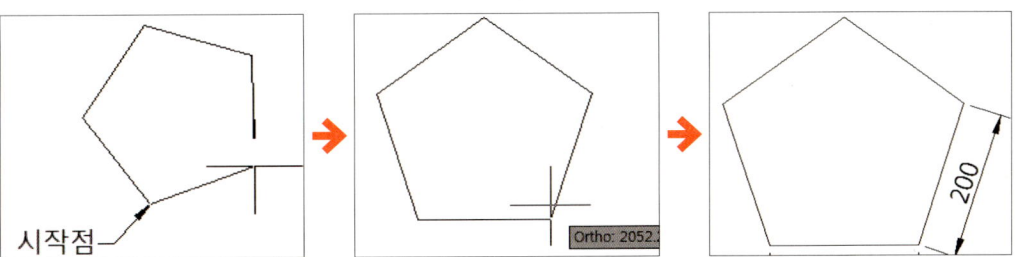

시작점

Ortho: 2052.

200

> **TIP :** Polygon 명령으로 다각형을 그리는 방법은 원의 크기를 기준으로 외접, 내접으로 그리는 방법 이외에 [Edge] 옵션을 사용하면 다각형의 변 길이를 입력하여 그리는 것이 가능합니다.

Ellipse 명령을 사용하여 위생도기(좌변기)를 만들어 보겠습니다.

예제 파일 | DVD₩예제₩Part04₩Lesson04₩좌변기.DWG

01. AutoCAD 2014를 실행하고 새 도면을 불러 옵니다. 물탱크를 표현하기 위해 Rectangle 명령을 실행합니다. 첫 번째 코너(②)를 클릭하고 '@500,200' 입력한 후 **Space Bar** 를 누르면, 가로 '500', 세로 '200'의 사각형이 만들어집니다.

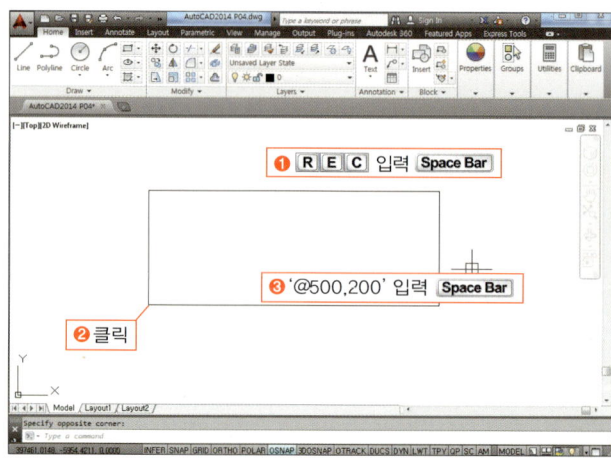

```
Command:                                                              R E C 입력한 후 Space Bar
Specify first corner point or [Chamfer/Elevation/Fillet/Thickness/Width]:       ② 부분 클릭
Specify other corner point or [Area/Dimensions/Rotation]:        '@500,200' 입력한 후 Space Bar
```

02. Fillet 명령을 사용하여 물탱크의 앞부분을 둥글게 편집하겠습니다. Fillet 명령을 실행하고 **R** 을 입력한 후 **Space Bar** 를 누릅니다. 반지름 값 '50'을 입력한 후 다시 **Space Bar** 를 누릅니다. ④와 ⑤ 부분을 차례대로 클릭해 모서리를 둥글게 처리하고 반대편(⑦, ⑧ 부분)도 동일하게 작업합니다.

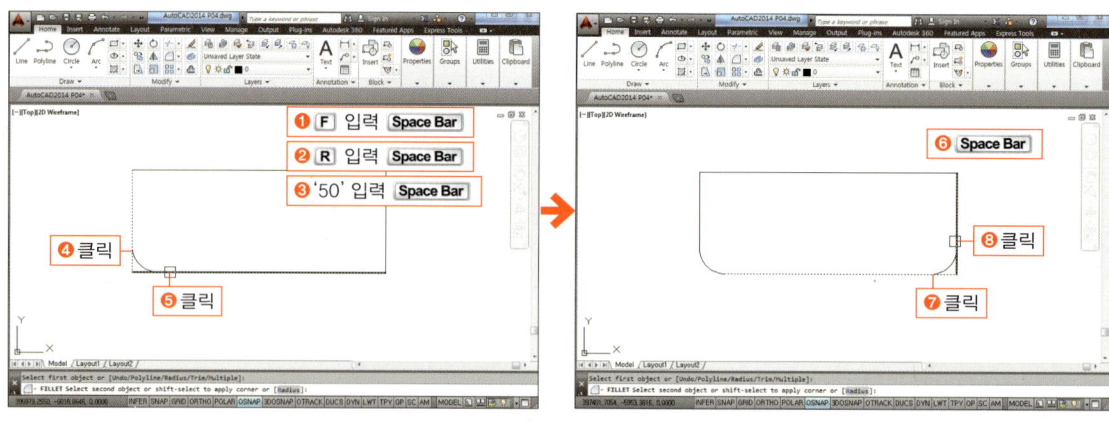

```
Command:                                                              F 입력한 후 Space Bar
Select first object or [Undo/Polyline/Radius/Trim/Multiple]:          R 입력한 후 Space Bar
Specify fillet radius <0.0000>:                                      '50' 입력한 후 Space Bar
Select first object or [Undo/Polyline/Radius/Trim/Multiple]:         ④와 ⑤ 부분을 차례대로 클릭
Command:                                                                        Space Bar
Select first object or [Undo/Polyline/Radius/Trim/Multiple] :       ⑦과 ⑧ 부분을 차례대로 클릭
```

03. 물을 내려주게 하는 레버는 물탱크 좌측에 Rectangle 명령을 사용해 치수 없이 적당한 크기로 만듭니다. ② 부분 (⬚)을 클릭하고 ③ 부분을 클릭하면 됩니다.

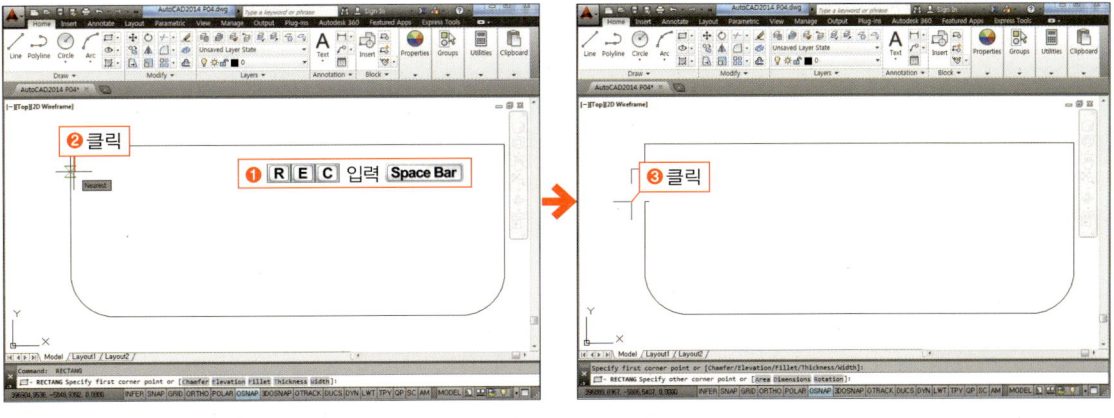

Command:	R E C 입력한 후 Space Bar
Specify first corner point or [Chamfer/Elevation/Fillet/Thickness/Width]:	② 부분 클릭
Specify other corner point or [Area/Dimensions/Rotation]:	③ 부분 클릭

04. [Home] 탭–[Draw] 패널에서 [Ellipse](⬭)를 클릭합니다.

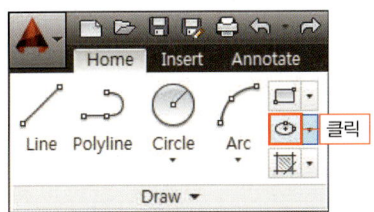

Command:	E L 입력한 후 Space Bar
Specify axis endpoint of ellipse or [Arc/Center]:	C 입력한 후 Space Bar

TIP : 타원을 그리는 방법

[Ellipse] ⬭ ▾ 의 우측 화살표(▾)를 클릭하면 중심을 기준으로 작성하는 [Center] (⊙ Center) 옵션을 사용할 수 있습니다.

05. 이제 타원의 중심점(①)을 클릭하고 [ORTHO](F8)가 On 상태에서 커서를 ③ 부분으로 위치시킨 후 '450' 입력,
Space Bar 를 눌러 타원의 세로 축을 지정합니다. 이어서 가로 폭의 반인 '200'을 입력한 후 Space Bar 를 누르면 타원이 작성됩니다.

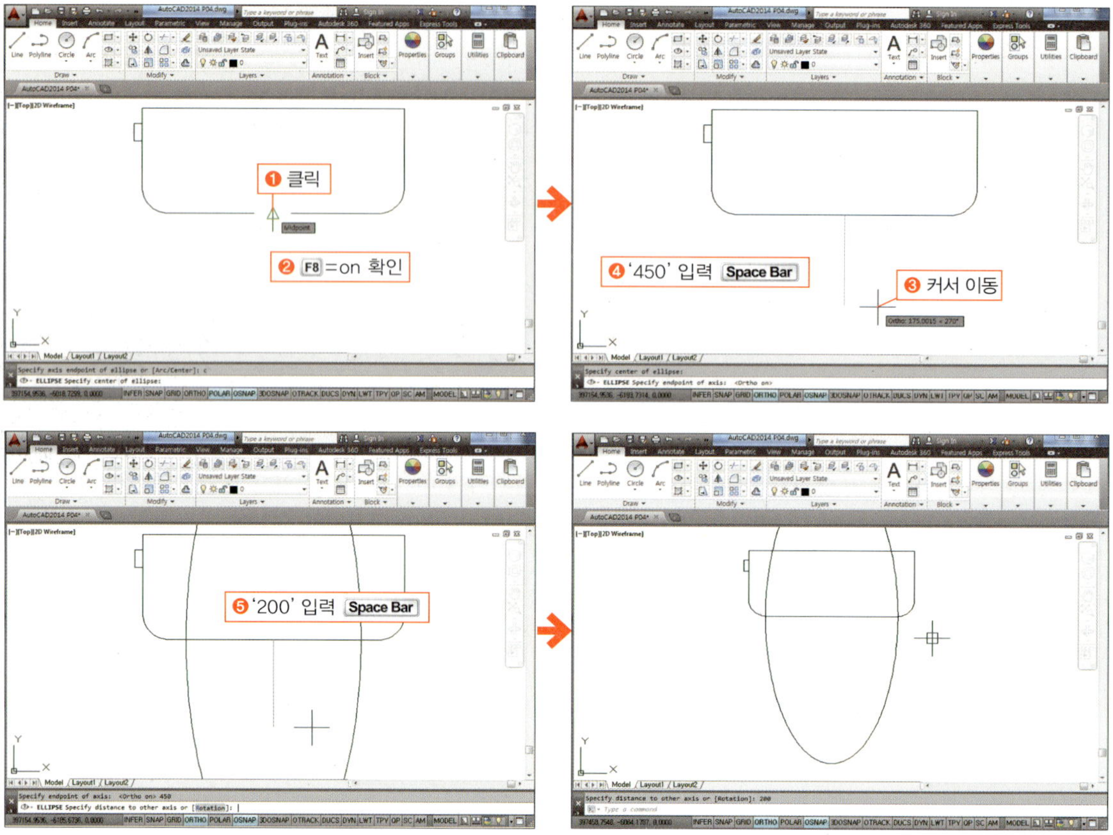

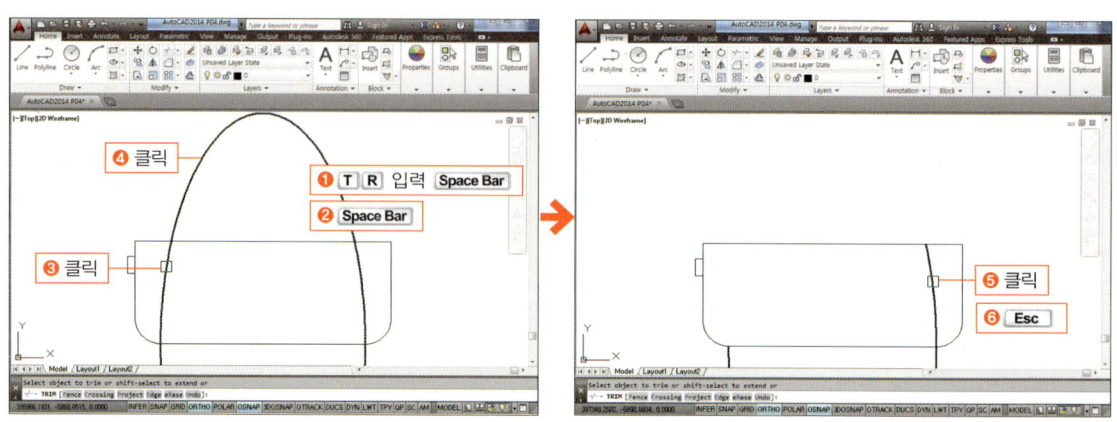

Specify center of ellipse:	① 부분 클릭
Specify endpoint of axis:	커서를 ③ 부분으로 이동, '450' 입력한 후 Space Bar
Specify distance to other axis or[Rotation]:	'200' 입력한 후 Space Bar

06. 타원의 상단을 Trim 명령으로 절단하겠습니다. T R 을 입력한 후 Space Bar 를 누릅니다. 다시 Space Bar 를
누르고 ③, ④, ⑤ 부분을 차례대로 클릭한 후 Esc 를 눌러 종료합니다.

Command:	T R 입력한 후 Space Bar
Specify axis endpoint of ellipse or [Arc/Center]:	Space Bar
[Fence/Crossing/Project/Edge/eRase/Undo]:	③, ④, ⑤ 부분 차례대로 클릭하고 Esc

07. 마지막으로 타원을 Offset하여 변기의 덮개 부분을 표현합니다. 단축키 O 를 입력한 후 Space Bar 를 눌러 Offset 명령을 실행합니다. '30'을 입력하고 Space Bar 를 누른 후 복사할 선(③)을 클릭한 다음 복사할 방향인 ④ 부분을 클릭해 좌변기를 완성합니다.

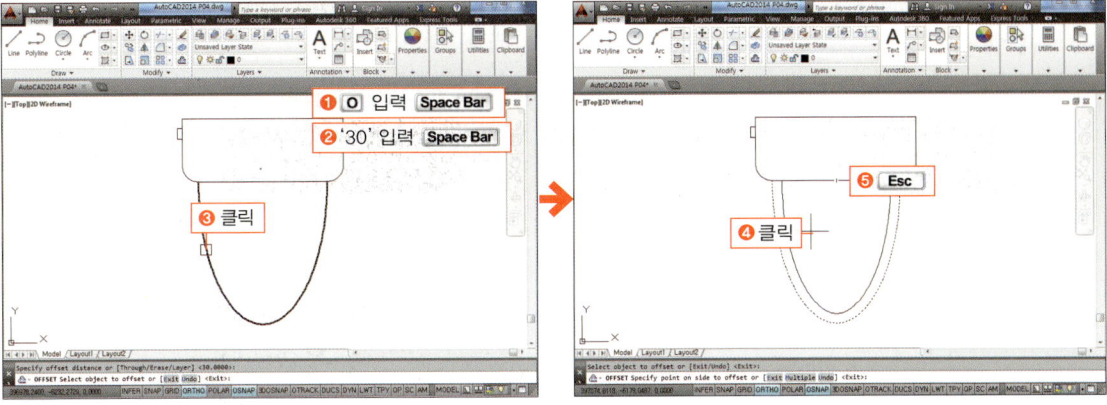

Command:	O 입력한 후 Space Bar
Specify offset distance or [Through/Erase/Layer] <0.0000>:	'30' 입력한 후 Space Bar
Select object to offset or [Exit/Undo] <Exit>:	선(③) 클릭
Specify point on side to offset or [Exit/Multiple/Undo] <Exit>:	④ 부분 클릭 후 Esc

TIP : 타원의 시작점과 끝점을 입력하여 그리기

타원이 지나는 위치를 Line과 Offset 명령으로 표시합니다. 단축키 E L 을 입력한 후 Space Bar 를 누르고 ①, ②, ③ 부분을 차례대로 클릭합니다. 이후 불필요한 선을 삭제합니다.

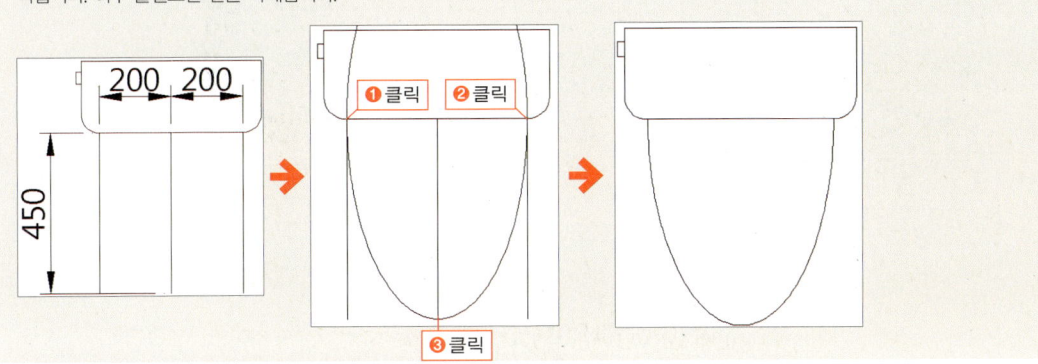

1. 다음 등 박스를 만드세요.

완성 파일 | DVD₩완성₩Part04₩Lesson04₩등박스, 문, 가구.DWG(완성 파일을 참조하여 작성해 봅니다.)

주요 명령어 | Rectangle(REC), Explode(X), Line(L), Offset(O), Fillet(F), Copy(CO), Ellipse(EL)

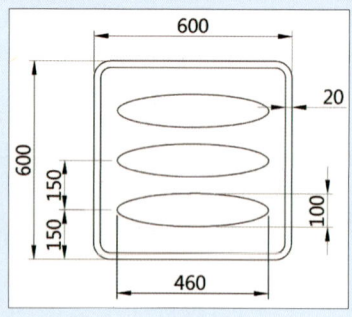

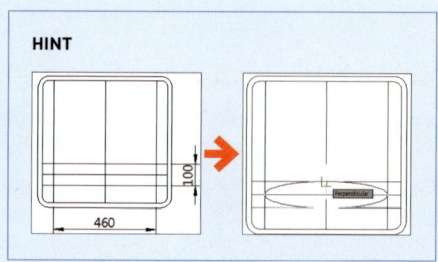

2. 다음 방화문을 만드세요.

주요 명령어 | Rectangle(REC), Explode(X), Line(L), Offset(O), Fillet(F), Copy(CO), Ellipse(EL), Circle(C), Hatch(H)

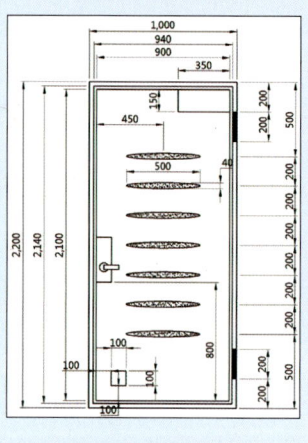

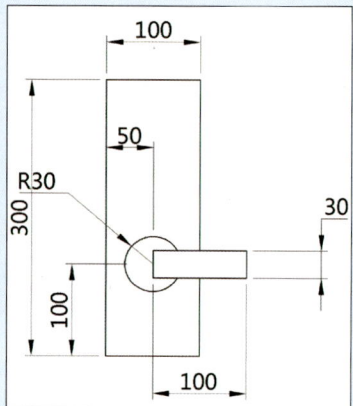

3. 다음 가구를 만드세요.

주요 명령어 | Rectangle(REC), Explode(X), Line(L), Offset(O), Fillet(F), Copy(CO), Ellipse(EL), Circle(C), Hatch(H), Arc(A)

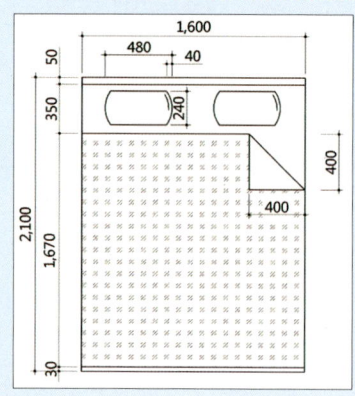

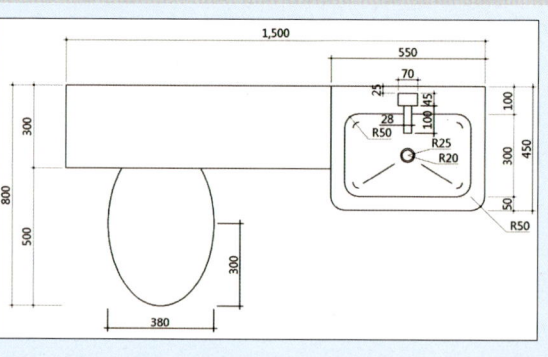

Align 명령을 사용하여 STEP 02에서 만든 정육각형 벽에 맞는 문을 정렬시켜 보겠습니다.

예제 파일 | DVD₩예제₩Part04₩Lesson04₩정렬.DWG

01. 예제 파일을 불러온 후 그림과 같이 좌측 상단을 확대합니다.

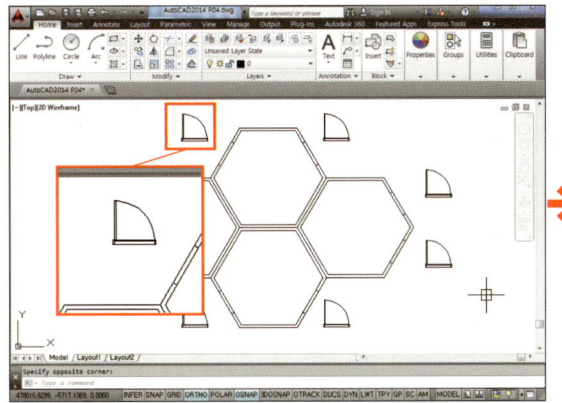 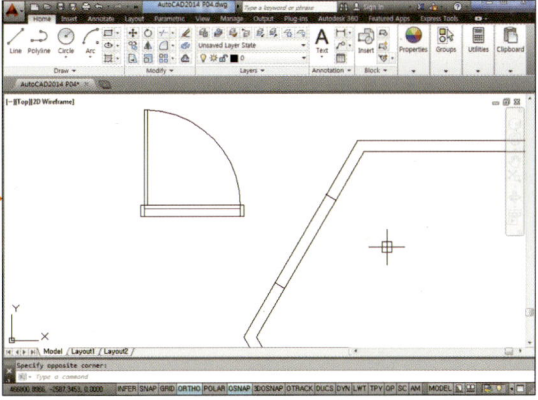

02. [Home] 탭–[Modify] 패널에서 [Align](⬚)을 클릭합니다.

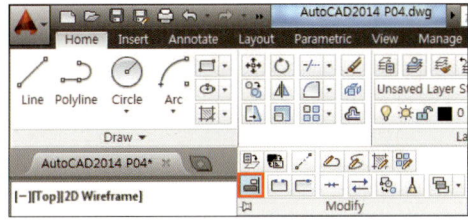

03. 정렬할 객체인 문은 선택하기 위해 ①과 ② 부분을 클릭한 후 **Space Bar** 를 누릅니다.

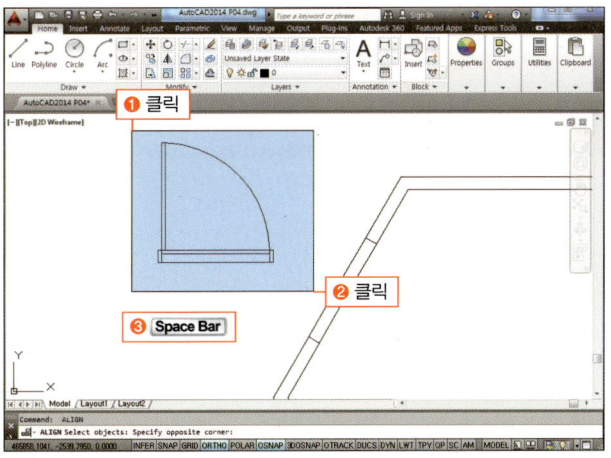

04. 기준점이 될 ① 부분을 클릭하고 ② 부분을 클릭해 점이 이동될 부분을 지정합니다. 이 처럼 지정하는 것은 ① 부분의 꼭짓점이 ② 부분으로 이동되는 것을 의미합니다.

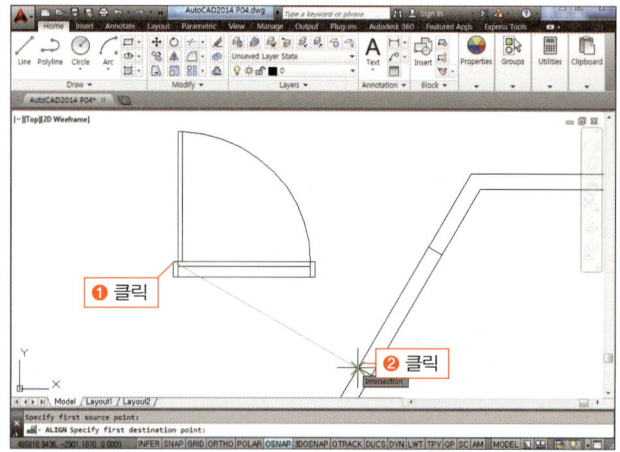

Specify first source point:	① 부분 클릭
Specify first destination point:	② 부분 클릭

TIP : 지금 선택하는 처음 점이 이동의 기준이 됩니다.

05. 계속해서 두 번째 지점을 선택합니다. ① 부분을 클릭하고 ② 부분(nearest)을 클릭한 다음 **Space Bar** , 다시 **Space Bar** 를 누르면 문이 벽으로 회전하면서 이동됩니다.

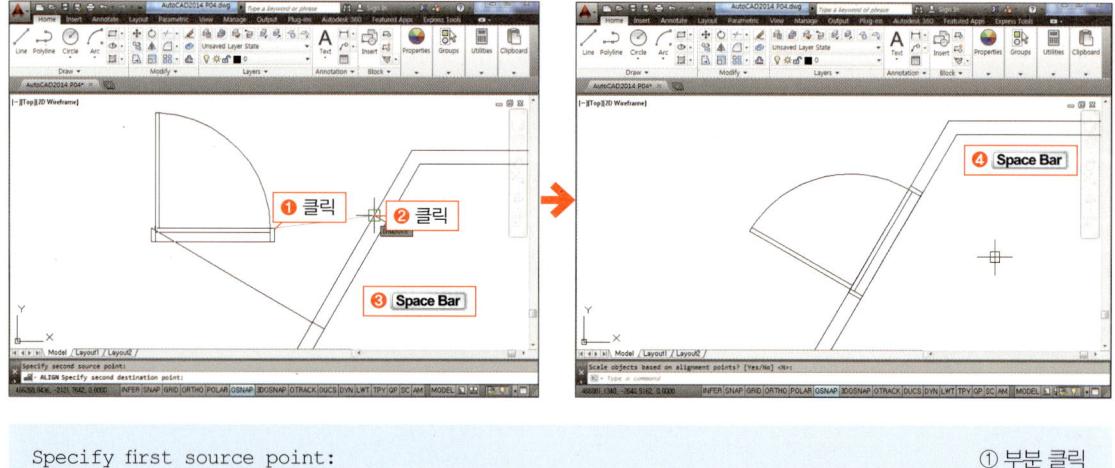

Specify first source point:	① 부분 클릭
Specify first destination point:	② 부분 클릭
Specify third source point or <continue>:	**Space Bar**
Scale objects based on alignment points? [Yes/No] <N>:	**Space Bar**

TIP : 두 번째 지점을 선택하는 것은 각도를 입력하는 것과 같은 역할입니다. 그러기 때문에 지금과 같이 ② 부분을 클릭해도 되고, 아니면 좀 더 가깝게 클릭하거나 멀리 클릭해도 같은 각도이기 때문에 관계없습니다.

06. 계속해서 바로 밑에 문을 달기 위해 작업 부분을 확대하고 Align 명령(**A L**)을 실행합니다. 정렬할 객체인 문은 선택하기 위해 ②와 ③ 부분을 클릭한 후 **Space Bar**를 누릅니다.

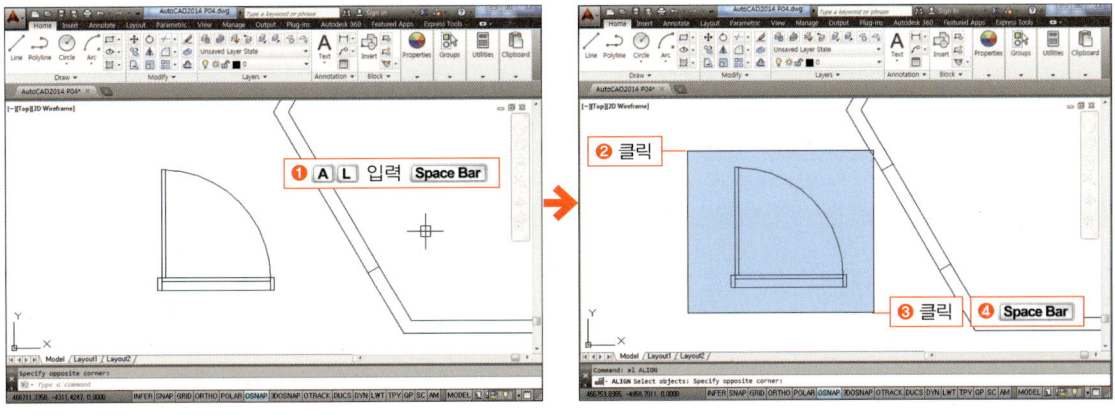

Command:	**A L** 입력한 후 **Space Bar**
Select objects:	②와 ③ 부분 클릭 후 **Space Bar**

07. 기준점이 될 ① 부분을 클릭하고 ② 부분을 클릭해 점이 이동될 부분을 지정합니다. 이 처럼 지정하는 것은 ① 부분의 꼭짓점이 ② 부분으로 이동하는 것을 의미합니다.

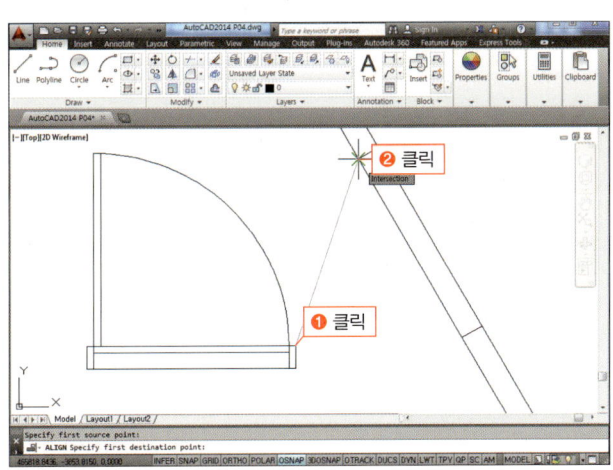

Specify first source point:	① 부분 클릭
Specify first destination point:	② 부분 클릭

08. 계속해서 두 번째 지점을 선택합니다. ① 부분을 클릭하고 ② 부분을 클릭한 다음 **Space Bar**를 누르고, 다시 **Space Bar**를 누르면 문이 벽으로 회전하면서 이동됩니다.

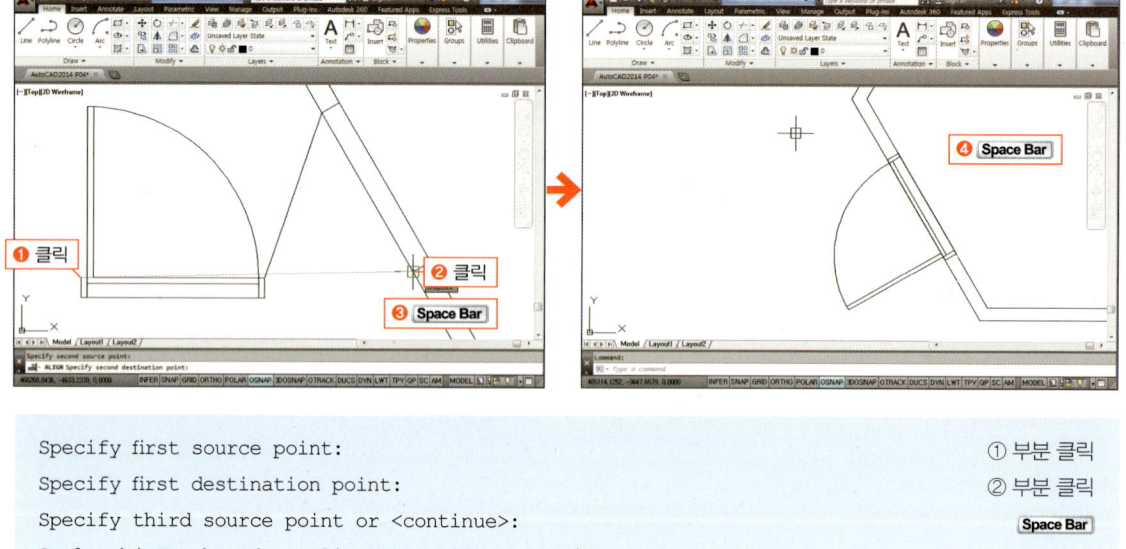

Specify first source point: ① 부분 클릭
Specify first destination point: ② 부분 클릭
Specify third source point or <continue>:   **Space Bar**
Scale objects based on alignment points? [Yes/No] <N>:   **Space Bar**

TIP : 두 번째 지점을 선택하는 것은 각도를 입력하는 것과 같은 역할입니다. 그러기 때문에 지금과 같이 ② 부분을 클릭해도 좋고 아니면 좀 더 가깝게 클릭하거나 멀리 클릭해도 같은 각도이기 때문에 관계없습니다.

09. 계속해서 남아 있는 모든 문을 정렬시킵니다.

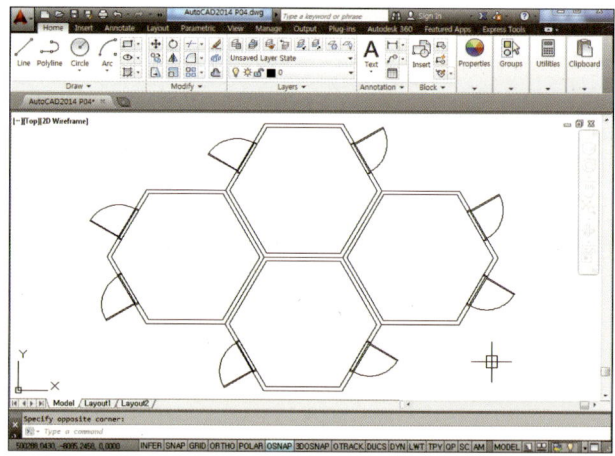

Align의 크기 맞춤 사용하기

Align 명령을 사용하면서 마지막에 1P와 2P의 구간에 크기를 맞출 것인 지, [Alignment] 확인을 [Yes]로 하게 되면 정렬 면의 길이가 변경된 만큼 다른 축의 크기 또한 같은 비율로 변경됩니다. 간단한 작업을 통해 결과를 알아보겠습니다.

01. 다음과 같은 도형을 만들어 적절히 배치합니다.

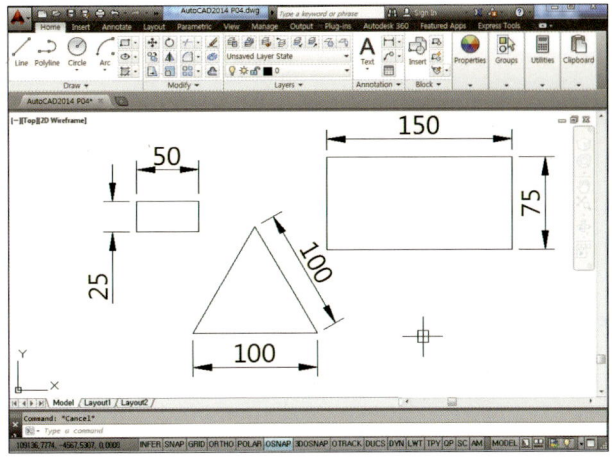

02. Align 명령(ⒶⓁ)을 실행하고 정렬할 객체를 선택하기 위해 ②과 ③ 부분을 클릭한 후 Space Bar 를 누릅니다.

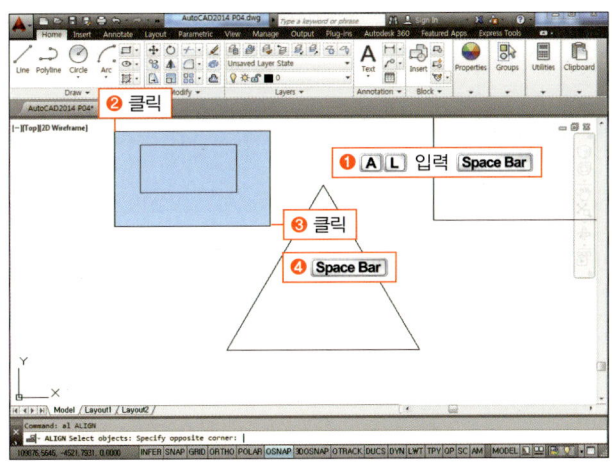

Command:	ⒶⓁ 입력한 후 Space Bar
Select objects:	②와 ③ 부분 클릭 후 Space Bar

03. 기준점이 될 ①과 ② 부분을 클릭하고 이어서 ③과 ④ 부분을 클릭한 후 Space Bar 를 누릅니다.

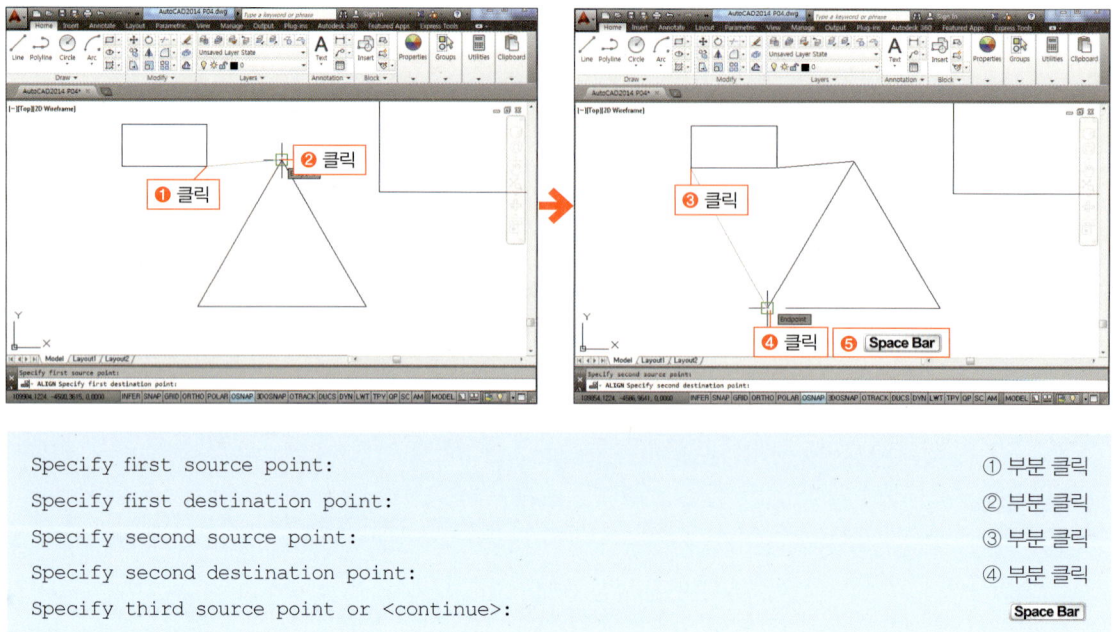

```
Specify first source point:                          ① 부분 클릭
Specify first destination point:                     ② 부분 클릭
Specify second source point:                         ③ 부분 클릭
Specify second destination point:                    ④ 부분 클릭
Specify third source point or <continue>:            Space Bar
```

04. 마지막 [Alignment] 확인에서 'Y'를 입력하고 Space Bar 를 누르면 크기가 구간에 맞춰집니다. 반대편 큰 사각형도 맞춰봅니다.

```
Specify third source point or <continue>:
ALIGN Scale objects based on alignment points? [Yes No] <N>: y   ❶입력 Space Bar
```

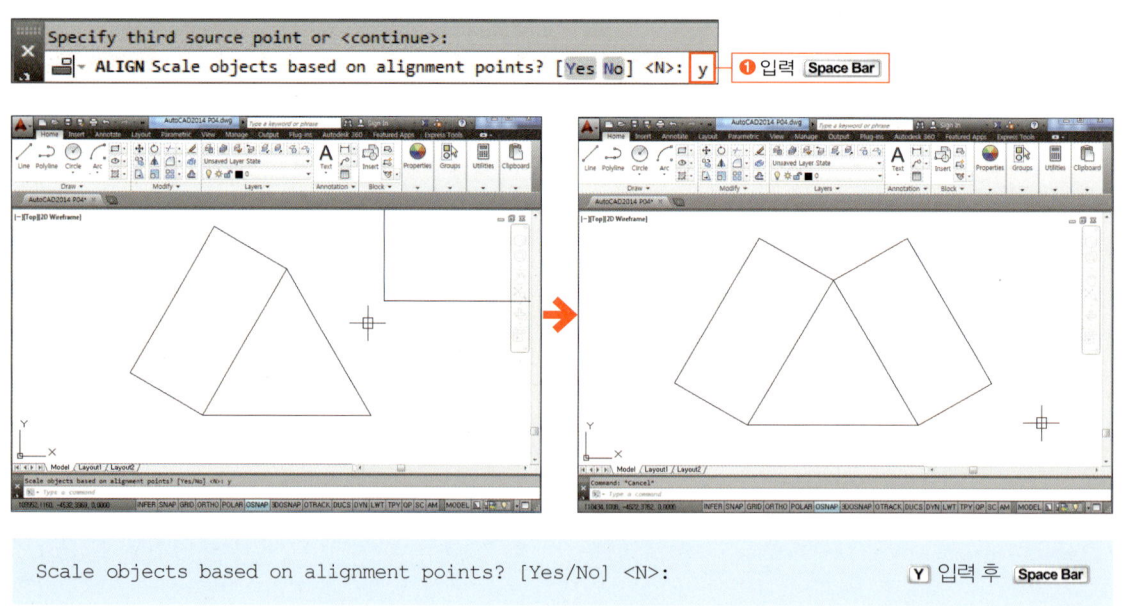

```
Scale objects based on alignment points? [Yes/No] <N>:        Y 입력 후 Space Bar
```

■ Polyline `276P`

Line 명령과 비슷하지만 하나로 된 선을 작성합니다. 선의 두께를 적용하여 호를 그리는 것도 가능합니다.

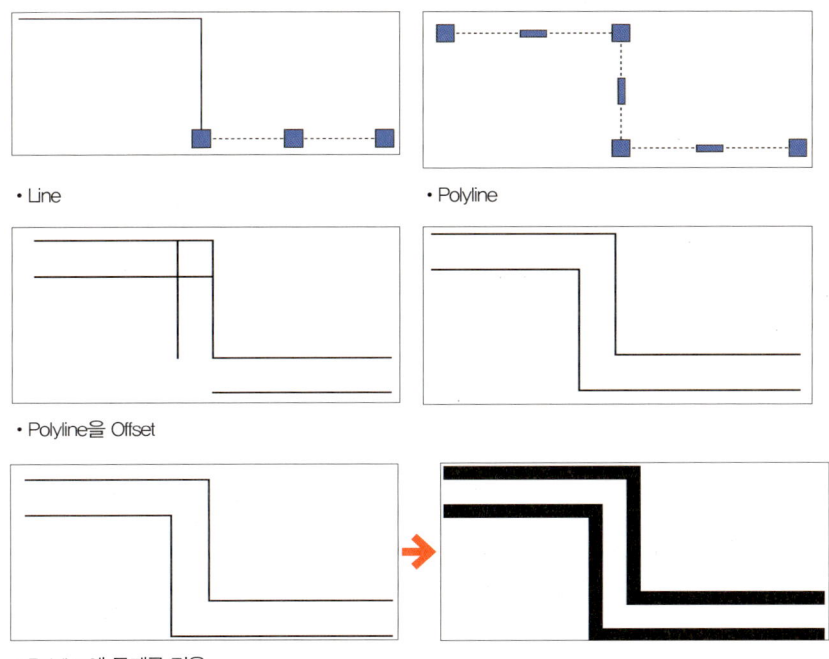

• Line

• Polyline

• Polyline을 Offset

• Polyline에 두께를 적용

■ Multiline `283P`

Multiline 명령은 기본적으로 두 개의 선을 지원하며 더 많은 선이 필요할 경우 Mlstyle 명령으로 새로운 스타일을 만들 수 있습니다. 선 작성 후 모서리와 교차된 부분은 Mledit 명령으로 편집이 가능합니다.

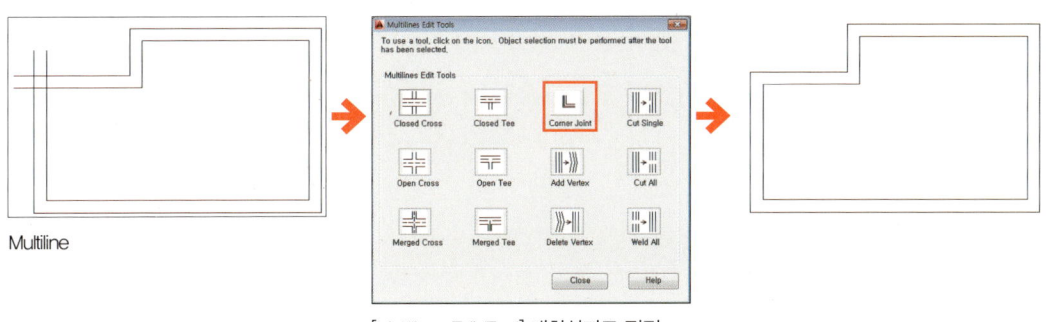

Multiline

[Multilines Edit Tool] 대화상자로 편집

■ Spline 288P

자유로운 곡선을 작성할 수 있는 명령입니다.

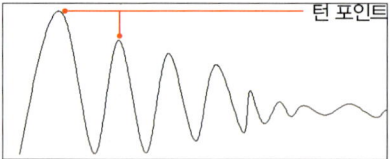

■ Lengthen 296P

선의 길이를 늘리고 줄일 수 있는 명령으로 주로 [Delta] 옵션을 사용해 입력한 값 만큼 선을 늘리는 경우에 많이 사용합니다.

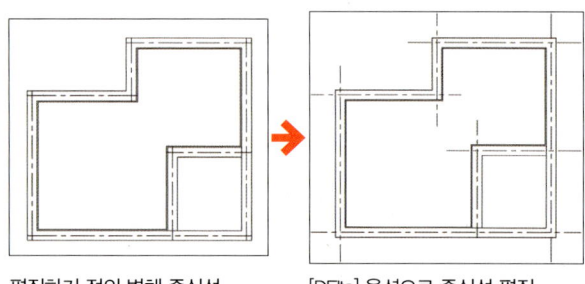

편집하기 전의 벽체 중심선   [DElta] 옵션으로 중심선 편집

■ Grip 297P

AutoCAD에서 만드는 모든 객체에는 Grip이 있습니다. 다양한 작업을 지원하지만 선을 늘리고 줄이는 기능을 많이 사용합니다. 명령을 실행하지 않고 빠르게 사용할 수 있다는 장점이 있습니다.

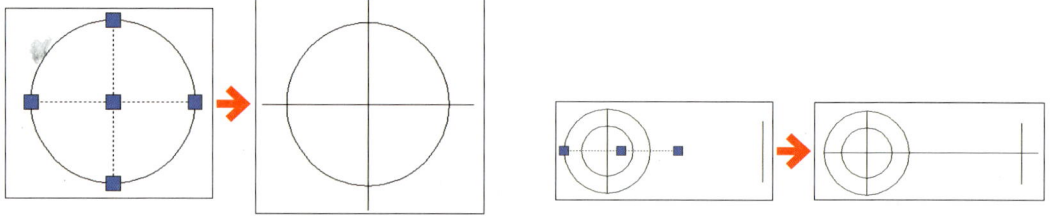

■ Break 303P

선의 일부를 끊는 명령으로 두 점을 지정하여 사용합니다. 두 점의 위치가 다른 경우에 선을 끊으며, 같은 경우에는 둘로 나눌 수 있습니다.

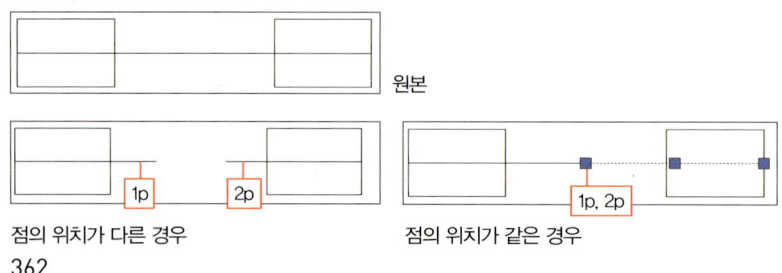

점의 위치가 다른 경우   점의 위치가 같은 경우

■ Divide 322P

입력한 개수로 선을 등분하여 위치를 표시합니다. 나누어진 위치는 Point로 표시되며, Point의 형태는 Ddptype 명령으로 변경할 수 있습니다. Point의 기본 값은 작은 점이므로 변경해서 사용해야 합니다. 표시된 Point의 위치를 지정하기 위해선 [OSNAP]의 [Node] 항목이 체크되어 있어야 합니다.

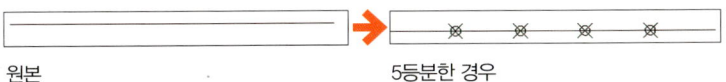

원본　　　　　　　　　　　　　　　5등분한 경우

■ Measure 327P

Divide와 같은 분할 명령으로 입력한 길이로 분할하여 위치를 표시합니다.

원본　　　　　　　　　　　　　　　길이가 1000인 선을 300으로 분할한 경우

■ Donut 330P

두 개의 지름 값을 입력하여 도넛 모양을 생성하는 명령으로 안쪽의 지름을 '0'으로 하면 점을 만들 수 있습니다.

그림 안쪽 : 50, 바깥쪽 : 100　　　　그림 안쪽 : 0, 바깥쪽 : 100

■ Rectangle 340P

Rectangle 명령은 폴리라인에 속하며 사각형을 만듭니다. 상대 좌표를 입력하는 방법을 많이 사용합니다.

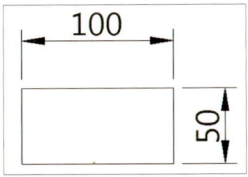

'@100,50'을 입력한 경우

■ Explode 340P

폴리라인의 특성을 가진 객체(Rectangle, Polygon, Polyline)를 분해합니다.

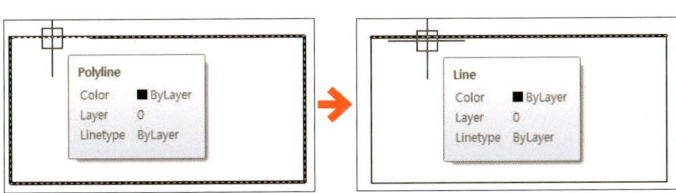

▪ Polygon 347P

정다각형을 생성하는 명령으로 원을 기준으로 내접, 외접하는 도형을 작성하거나 변의 길이를 입력하여 작성하는 것이 가능합니다.

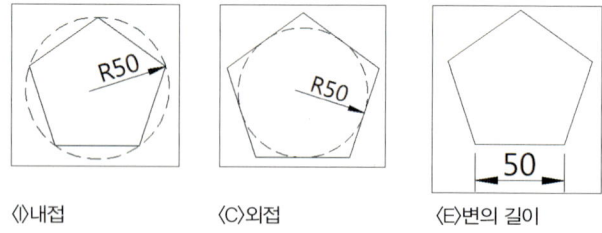

〈I〉내접   〈C〉외접   〈E〉변의 길이

▪ Ellipse 350P

타원을 생성하는 명령으로 장축과 단축을 입력하여 작성합니다.

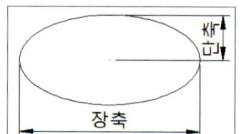

▪ Align 355P

객체를 회전하면서 이동시킬 수 있는 명령입니다. 명령 사용 시 각 Point의 목적지 지정에 유의해야 합니다. 첫 번째 Point는 위치를 지정하고 두 번째 Point는 방향을 지정하게 됩니다.

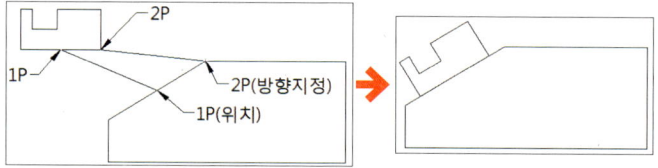

01

다음 환풍기를 만드세요.

완성 파일 : DVD\완성\Part04\Self Test 04.DWG
동영상 파일 : DVD\완성\Part04\Self Test 04.AVI

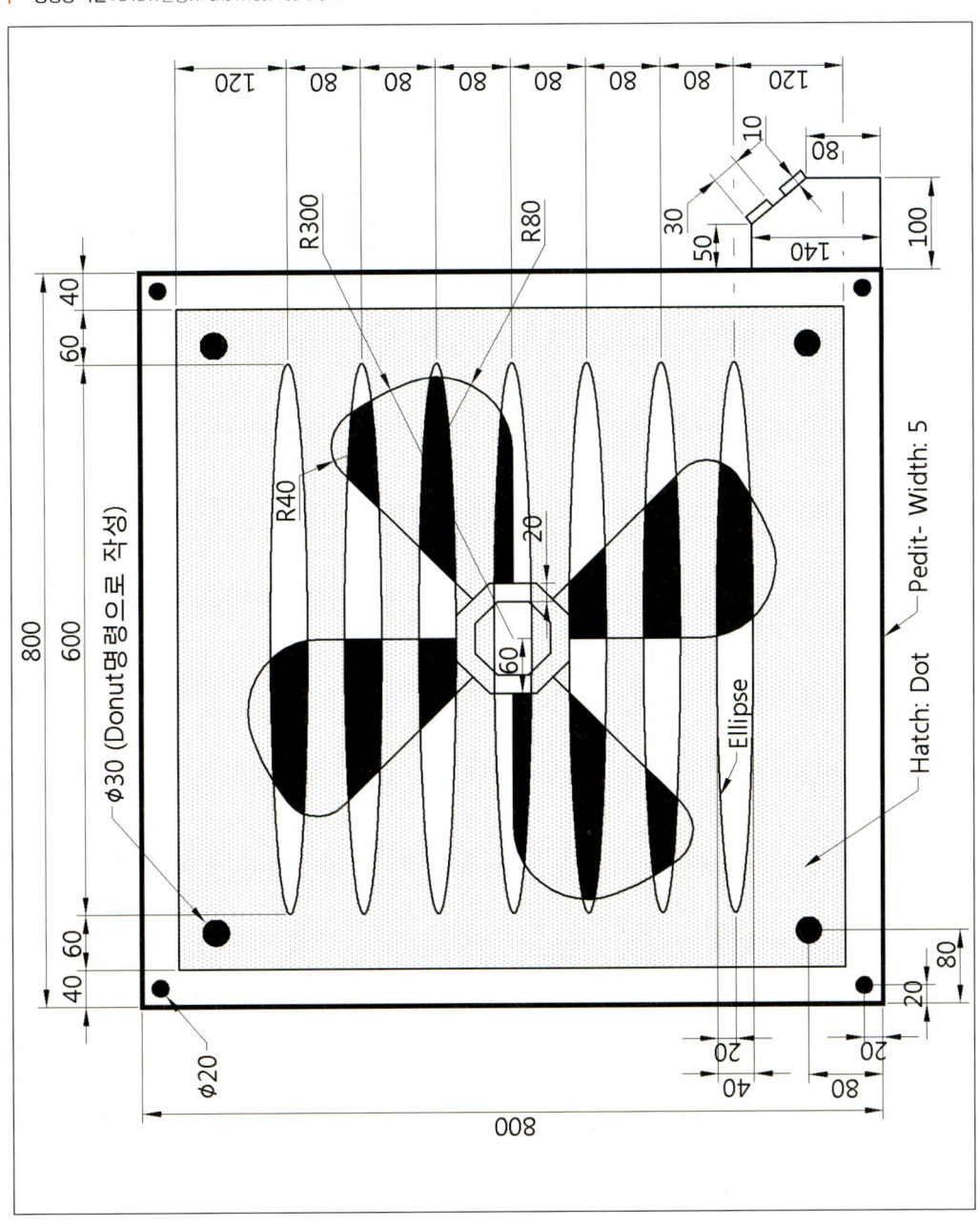

완벽하고 깔끔하게 정리된
도면의 완성 및 관리

AutoCAD에서 Layer(레이어)의 중요성은 아무리 강조해도 지나치지 않습니다. 레이어는 도면 요소의 성격에 맞게끔 작성될 도면의 층을 분리해 작업을 할 수 있게 해주는 기능입니다. 레이어를 만들어 작업하면 도면 작성을 하기도 편하고 이후 관리 면에서도 손쉽기 때문에 반드시 학습하고 넘어가야 할 사항입니다.

LESSON 01 도면의 구조나 유형을 구분하는 레이어 만들기

레 벨 ● ● ●

레이어를 투명 필름이라 생각한다면 1번 레이어에는 벽체를 작업하고, 2번 레이어에는 개구부를 작업하고, 3번 레이어에는 실내가구 등을 작업하고, 이 3개의 레이어를 겹쳐 놓으면 평면도처럼 볼 수 있는 것입니다.

기초탄탄 ▶ 건축, 인테리어 도면의 레이어

■ 레이어 이해하기 373P

레이어는 작업을 할 때마다 만드는 것도 가능하지만 도면 종류에 맞는 몇 가지 레이어를 만들어 저장해 놓고 필요한 레이어를 불러와 사용하거나, 레이어가 작성되어 있는 도면 시트를 불러와 작업을 해도 됩니다. 단순히 레이어를 만드는 것이 중요한 것이 아니고, 레이어를 통한 효과와 도면 관리가 중요한 것입니다. 만들어야 할 레이어는 도면에 따라 적게는 3~5개, 많게는 수십 개까지 필요합니다.

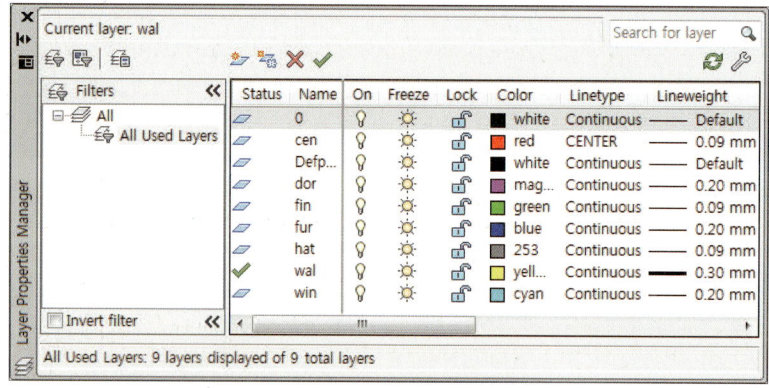

도면 요소 특성을 분류하고 선의 색상과 종류를 구분하여 레이어를 작성

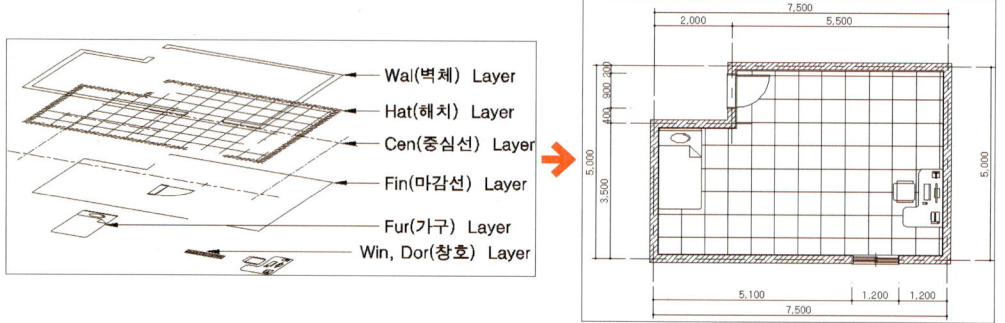

368

■ 레이어 실행하기

• [Home] 탭–[Layers] 패널에서 [Layer](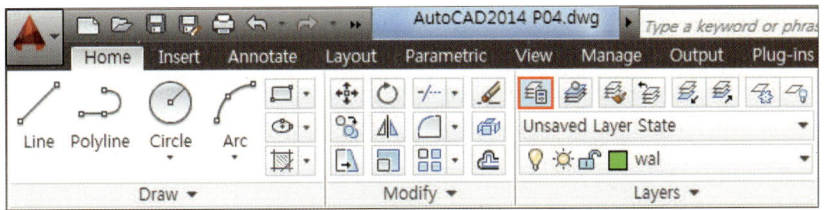)를 클릭하여 실행합니다.

• 명령 입력창에서 Layer 명령어(**L** **A**)를 입력한 후, **Space Bar** 를 눌러 실행합니다.

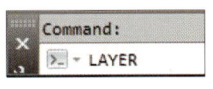

명령어 입력

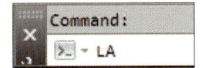

단축키 입력

■ Layer Properties Manager 이해하기

레이어를 구분하여 도면을 작성할 경우 다양한 옵션을 통해 화면 및 출력을 제어할 수 있습니다.

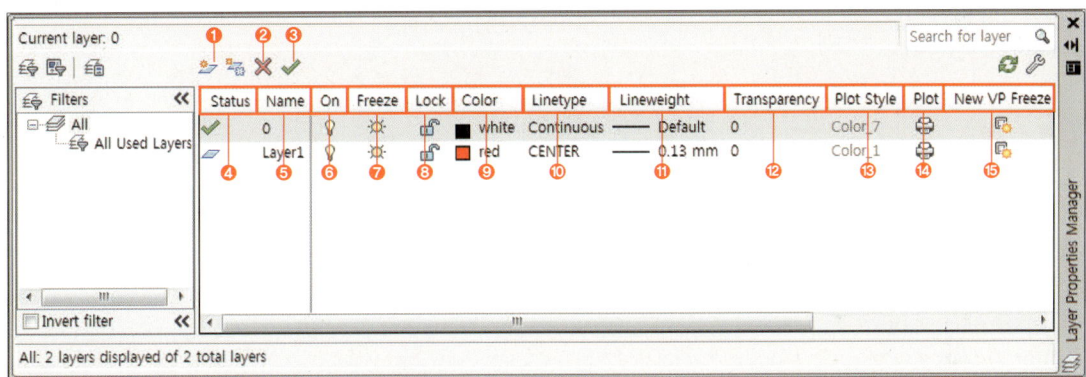

❶ New Layer : 새로운 레이어 생성

❷ Delete Layer : 생성된 레이어 삭제

❸ Set Current : 선택한 레이어를 현재의 레이어로 변경

❹ Status : 현재 레이어 표시

❺ Name : 레이어 이름

❻ On : 레이어 켜고 끄기(On이면 내용이 보이고 Off면 안 보임)

❼ Freeze : 레이어 동결 유무(On/Off의 유사하지만 계산에 포함되지 않고 처리 속도가 빠름)

❽ Lock : 레이어 잠그기(잠긴 레이어는 편집이 불가)

❾ Color : 레이어 색상(지정된 색으로 작업이 됨)

❿ Linetype : 선의 유형(지정된 선의 종류로 작업이 됨)

⓫ Lineweight : 선의 두께(지정된 두께로 출력 됨)

⑫ Transparency : 레이어의 투명도를 설정

⑬ Plot Style : 출력 스타일 파일인 STB 파일을 설정

⑭ Plot : 레이어의 출력 유무(77면 출력 대상에서 제외 됨)

⑮ New VP Freeze : 새로 생성된 뷰포트의 동결 여부를 설정

■ 레이어 만들기

[Layers] 패널에서 [Layer](📇)를 클릭하여 Layer Properties Manager를 불러옵니다. 4개의 메인 기능 중에 [New Layer](🗒)를 클릭하여 레이어를 추가합니다.

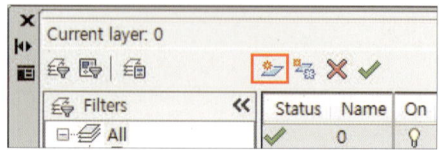

■ 레이어 정보 입력하기

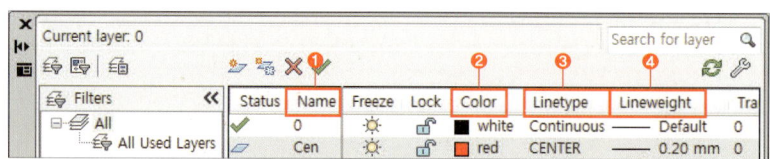

❶ Name : 새로 생성한 레이어의 이름을 클릭하면 설정할 수 있습니다. 레이어의 이름은 주로 구분이 명확히 할 수 있는 영문 약자로 작성합니다.

❷ Color : 새로 만든 레이어의 색상을 설정할 수 있습니다. AutoCAD 작업 화면에서 도면 요소가 구분될 수 있도록 설정합니다.

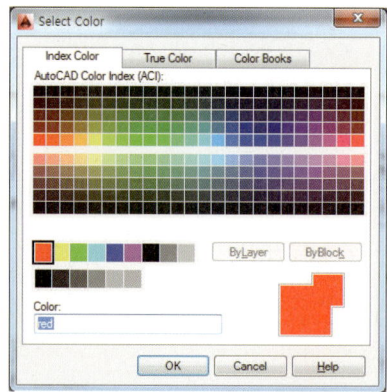

❸ Linetype : 새로 생성한 레이어의 선 이름을 설정할 수 있습니다. 도면에 그려지는 선이 뜻하는 의미를 먼저 숙지해야 합니다.

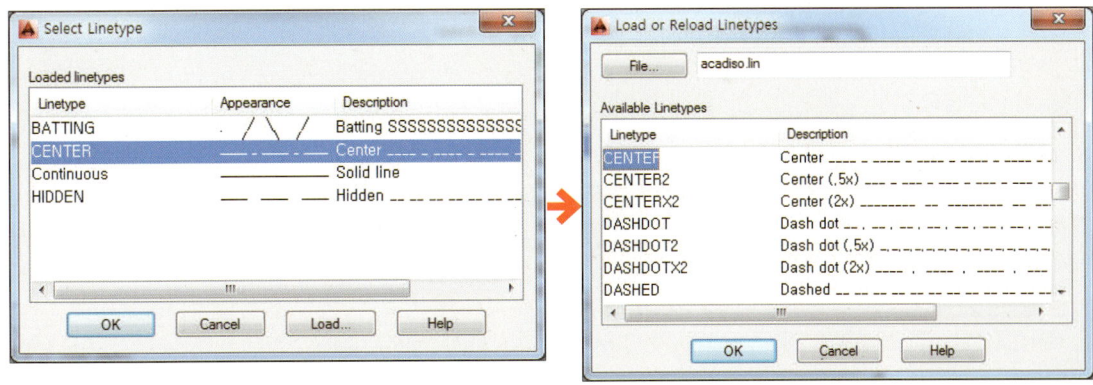

• Continuous(실선) : 대상의 외형, 윤곽을 표현
• Center(일점쇄선) : 대상의 중심을 표현
• Phantom(이점쇄선) : 대지의 경계선이나 가상선을 표현
• Hidden(파선) : 변경된 부분, 가구나 집기, 가려져서 보이지 않는 부분을 표현
• Batting : 단열재를 표현

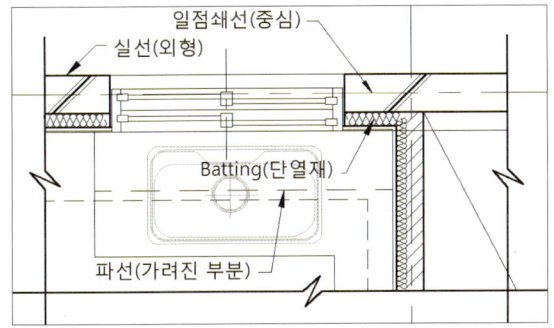

❹ Lineweight : 새로 생성한 레이어의 선 두께를 설정할 수 있습니다. 출력 시 입력한 선의 두께대로 출력이 가능합니다. 도면의 대부분이 검은색으로 출력되므로 선에 두께를 부여하면 도면 요소의 구분이 명확해집니다.

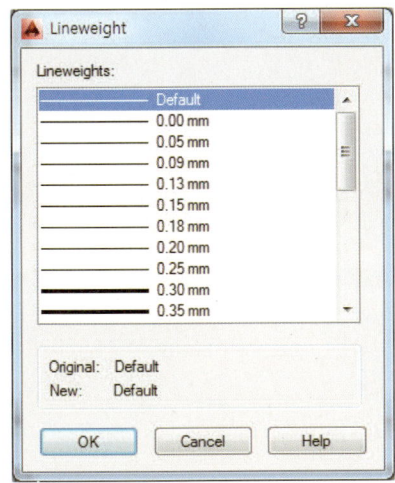

■ 레이어 변경하기

지정된 현재의 레이어로 객체를 작성하면서 요소가 다른 경우 레이어를 변경해 작성하거나, 작성된 요소의 레이어를 변경하는 것이 가능합니다.

• 작업한 객체를 다른 레이어로 변경

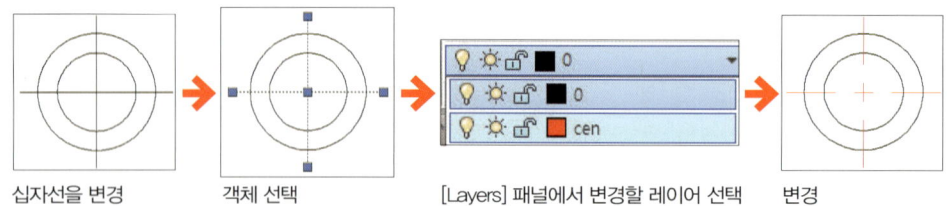

| 십자선을 변경 | 객체 선택 | [Layers] 패널에서 변경할 레이어 선택 | 변경 |

• 현재 사용 중인 레이어를 다른 레이어로 변경

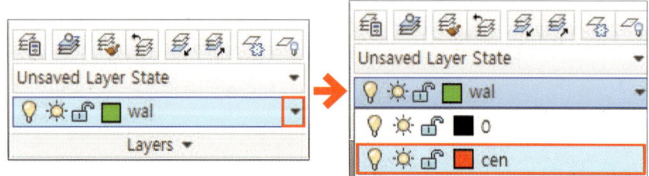

TIP : 레이어는 Properties(특성)로도 변경할 수 있습니다.
단축키는 [Ctrl] + [1], [C][H], [P][R][O]입니다.

이번 STEP 01에서는 건축, 인테리어 도면에 사용되는 기본적인 레이어를 요소의 특성에 맞도록 구분해서 만들어 보겠습니다.

01. AutoCAD 2014를 실행해 새 도면을 불러옵니다. 그리고 새로운 레이어를 만들기 위해 [Home] 탭–[Layers] 패널에서 [Layer](레)를 클릭하거나, 명령 입력창에 **L** **A** 를 입력한 후 **Space Bar** 를 누릅니다.

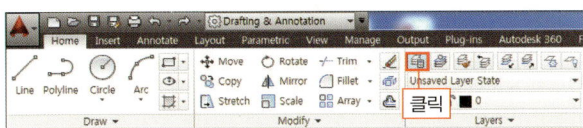

02. Layer Properties Manager가 나타나면 현재 '0' 레이어는 기본으로 만들어져 있는 레이어입니다. [New Layer](새))를 클릭하면 레이어가 생성됩니다.

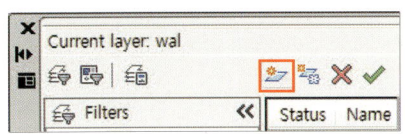

> **TIP** : '0' 레이어는 삭제할 수 없습니다.

03. 레이어를 추가하기 위해 [New Layer](새)를 클릭하면 'Layer1'이라는 레이어가 만들어 집니다. 'cen'으로 이름을 변경하고 **Enter** 를 누릅니다.

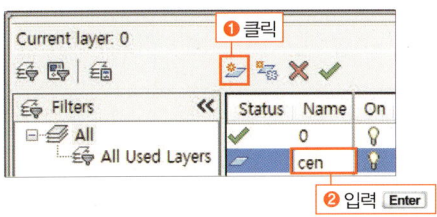

04. 이어서 **Enter** 를 누르면 레이어가 추가로 생성됩니다. 추가로 레이어를 생성할 때에는 아이콘을 클릭할 필요 없이 **Enter** 를 사용해 아래와 같이 레이어를 생성합니다.

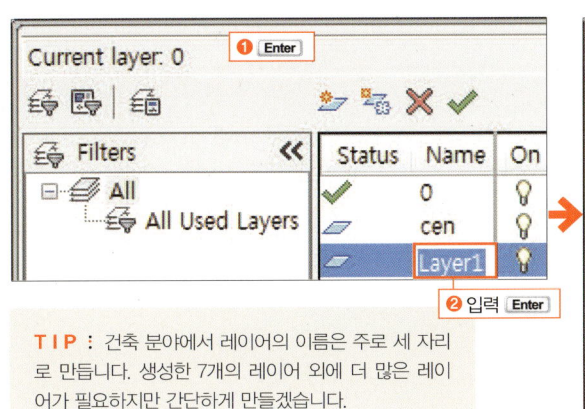 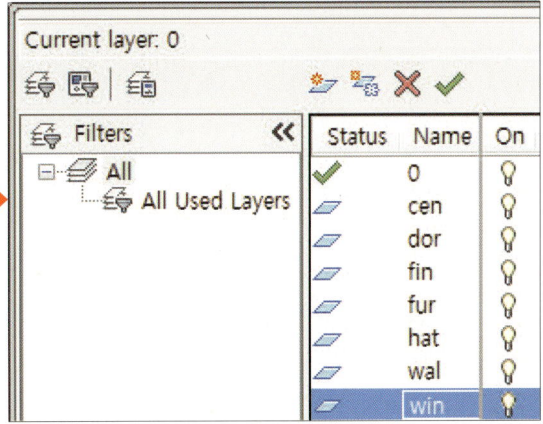

> **TIP** : 건축 분야에서 레이어의 이름은 주로 세 자리로 만듭니다. 생성한 7개의 레이어 외에 더 많은 레이어가 필요하지만 간단하게 만들겠습니다.

05. 추가된 레이어의 색상은 작업 화면 설정에 따라 달라지는데 작업 화면이 흰색이면 검은색으로 표시되고, 작업 화면이 검은색이면 흰색으로 표시됩니다.

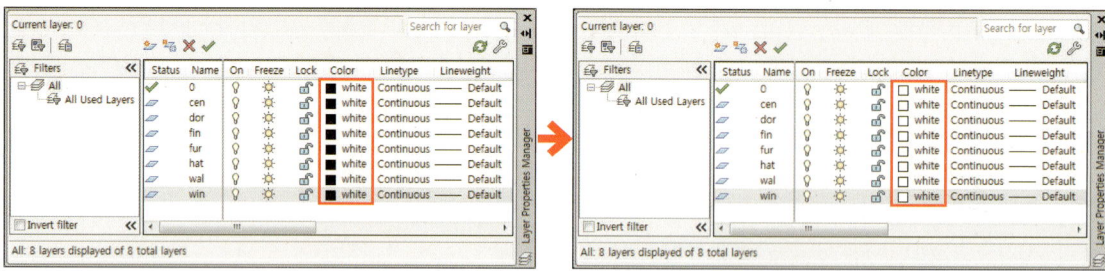

작업 화면이 흰색인 경우 　　　　　　　　　　　　　　　　작업 화면이 검은색인 경우

> **문제 해결** 작업 화면의 색상이 본 도서와 같은 경우에는 상관없지만 검은색으로 설정된 사용자는 검은색과 흰색이 반대라는 사항을 알고 있어야 합니다.

> **TIP** : 여러 개의 레이어를 다중 선택하려면 **Ctrl** 을 누른 상태로 레이어들을 클릭합니다.

이번에는 작성한 레이어에 색상, 선의 종류, 가중치(두께)를 적용하겠습니다. 레이어에 다양한 특성을 적용하면 적용된 특성대로 선이 작성됩니다.

01. 연습 삼아 사용하지 않는 '0' 레이어의 색상을 변경해 보겠습니다. 레이어의 색상 변경은 Layer Properties Manager의 [Color]를 클릭하면 [Select Color] 대화상자가 나타납니다. [Index Color] 탭에서 자주 사용하는 기본 색상이 배치되어 있습니다. 빨간색을 선택한 후 [OK] 버튼을 클릭하면 레이어의 색상이 변경됩니다.

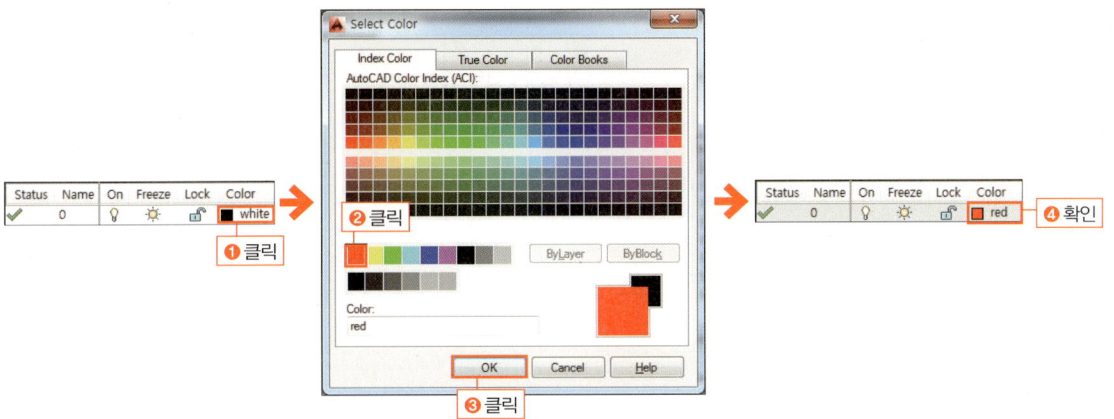

02. 같은 방법으로 아래의 색상 명칭을 확인하여 레이어에 색상을 부여합니다. 'hat' 레이어의 색상은 기본색 하단의 회색 계열 네 번째 색상입니다.

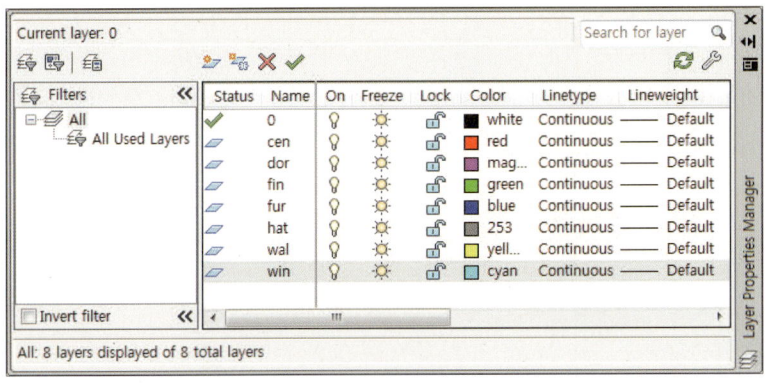

03. 선의 종류는 Layer Properties Manager에서 변경하는 것보다 해당 레이어에서 작업한 후 선이 종류만 변경하는 것이 일반적이지만 'cen' 레이어는 항상 일점쇄선을 사용하기 때문에 'cen' 레이어에만 선의 종류를 일점쇄선으로 변경해 보겠습니다. 색상을 변경했던 방법과 마찬가지로 Layer Properties Manager의 [Linetype]을 클릭하면 선의 종류를 변경할 수 있습니다.

04. [Select Linetype] 대화상자가 나타나면 일점쇄선을 선택해야 하지만 현재 등록되어 있는 선은 실선뿐이 없습니다. 하단에 [Load] 버튼을 클릭하면 새로운 선을 불러올 수 있는 [Load or Reload Linetypes] 대화상자가 나타납니다.

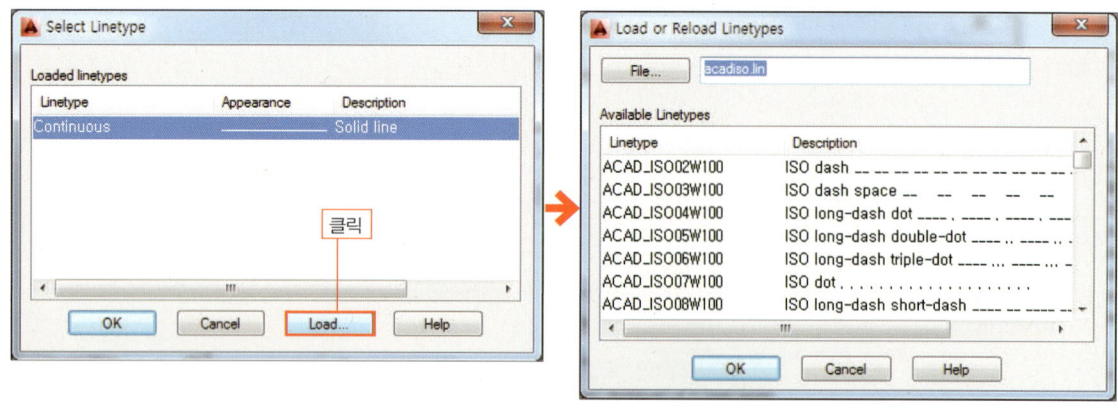

TIP : 좌측은 선의 이름, 우측은 선의 형태입니다. 일점쇄선의 이름은 'Center'로 표시됩니다.

05. 어느 것이든 관계없이 좌측의 선 이름을 클릭한 다음 마우스 휠로 스크롤하여 'Center'를 찾아 선택하고 [OK] 버튼을 클릭하면 일점쇄선이 등록됩니다.

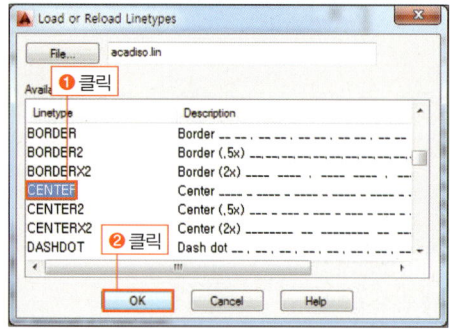

06. [Select Linetype] 대화상자에서 앞서 불러온 'Center'를 선택하고 [OK] 버튼을 클릭하면 'cen' 레이어의 선 종류가 'Center'로 변경됩니다.

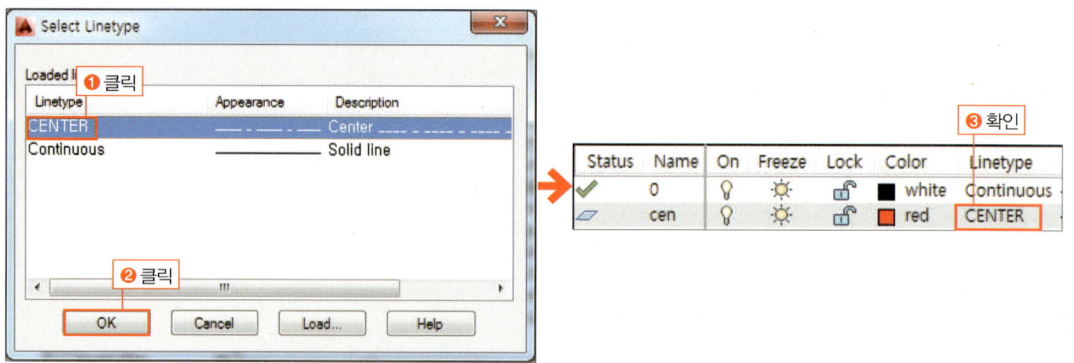

선은 일점쇄선, 파선, 단열선(배팅선)이 많이 사용됩니다.

일점쇄선–Center, 파선–Hidden, 단열선–Batting으로 저장이 되어 있는데 선의 종류를 모아 놓은 [Load or Reload Linetypes] 대화상자에서 어느 것이든 선의 이름을 클릭한 상태로 찾을 선의 첫 문자를 입력하면 한 번에 이동합니다.

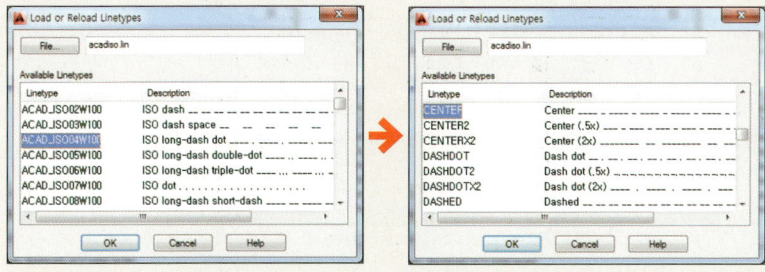

예> Center는 **C** 입력, Hidden은 **H** 입력, Batting은 **B** 를 입력하면 됩니다. 이동이 안 될 경우는 한/영 변환키를 확인하세요.

07. 이번에는 선의 두께를 지정하겠습니다. 앞선 따라하기와 같은 방법으로 Layer Properties Manager에서 [Lineweight]의 지정된 선을 클릭하면 두께를 지정하는 [Lineweight] 대화상자가 나타납니다. 두께를 선택하고 하단의 [OK] 버튼을 클릭하면 두께가 지정됩니다. 다음과 같이 선의 두께를 지정하겠습니다.

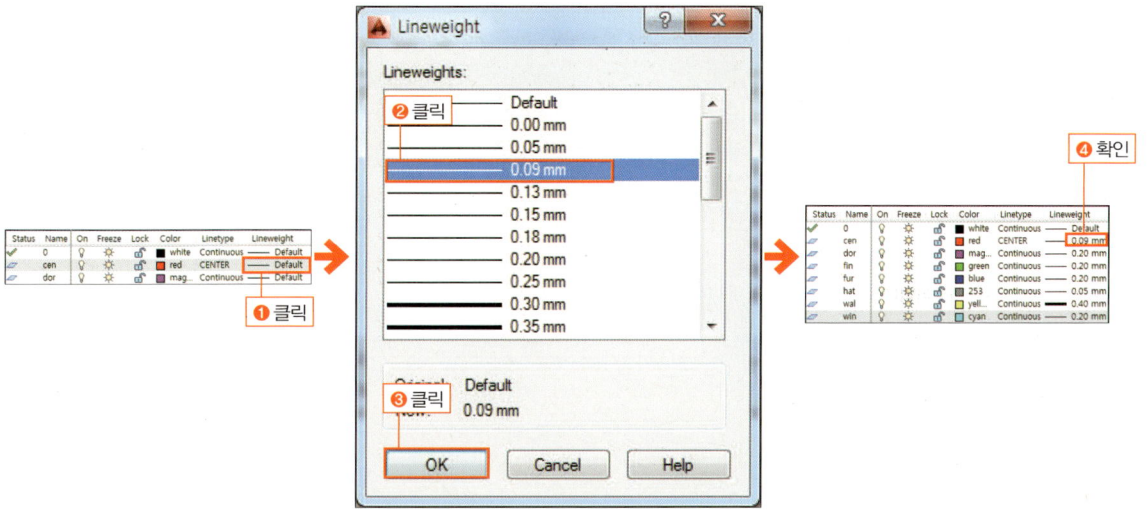

연관 검색 선의 두께는 레이어에서 지정해도 되지만 도면 작업을 마치고, Polt style table에서 출력 스타일로 선의 두께를 지정해도 됩니다.

08. 마지막으로 현재 레이어(Status)를 지정하겠습니다. 현재 레이어는 어느 것이든 상관없지만 많이 사용하는 레이어로 설정하는 것이 좋습니다. 현재 레이어로 지정하는 방법은 레이어의 이름을 더블클릭하면 앞에 ✔ 표식이 나타납니다. 'wal' 레이어를 현재 레이어로 지정하기 위해 레이어 이름을 더블클릭합니다.

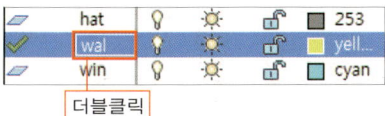

09. 이제 레이어 설정이 끝났습니다. Layer Properties Manager 우측 상단의 [닫기] 버튼을 클릭해 작업 화면으로 돌아가겠습니다.

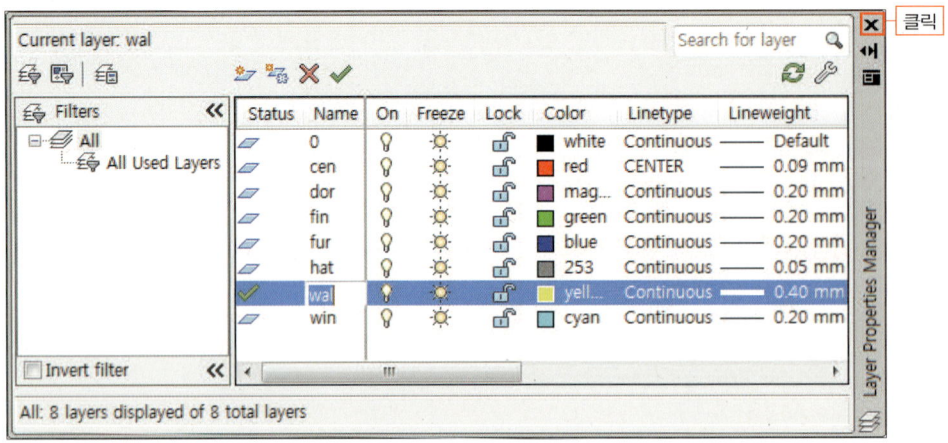

레이어 구성이 마무리된 Layer Properties Manager

10. 작업 화면으로 돌아와 리본 메뉴의 [Layers] 패널을 확인하면 변경한 'wal' 레이어가 현재 레이어로 설정되어 있는 것을 확인할 수 있습니다. 이제 작업을 하면 'wal' 레이어에서 작업이 이루어집니다.

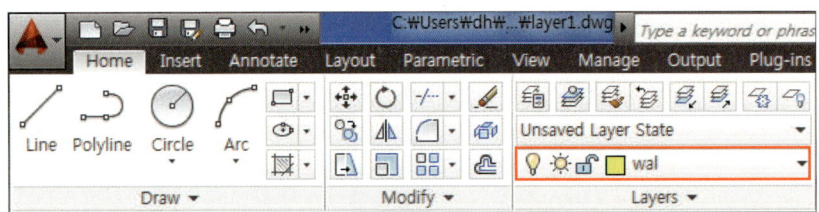

TIP : 건축 도면 작업에서 많이 사용하는 레이어의 이름과 내용

레이어 이름(name)	레이어 내용	레이어 색상(color)	선의 종류(linetype)
COL	기둥, 내력벽	노랑	굵은 실선(0.3~0.4)
WAL	일반벽	노랑, 녹색	굵은 실선(0.3)
CEN	중심선	빨강	일점쇄선(0.1)
WID	문, 창문	하늘	실선(0.2)
HAT	해치(재료 표시)	회색	가는실선(0.05~0.1)
FIN	마감재	녹색, 파랑	실선(0.1~0.2)
FUR	가구	보라, 하늘	실선(0.1~0.2)
TXT	문자	녹색, 하늘	치수
DIM	치수	녹색, 흰색, 빨강, 하늘	실선(0.1~0.2)
SYM	심볼	회색	실선(0.1~0.2)
FORM	도면 양식	흰색	실선

보통 위와 같은 레이어가 많이 쓰이나 꼭 이렇게 해야 하는 것은 아닙니다. 레이어의 명칭이나 색상은 설계자가 임의로 조정할 수도 있는 사항입니다. 굳이 영문이 아니라 레이어명을 '한글'로 만들어도 관계없습니다. 가장 중요한 건 작업자가 쉽게 알아볼 수 있어야 한다는 점입니다.

작성한 레이어를 활용하여 간단한 평면도를 작업해 보겠습니다. 작업 내용의 핵심은 도면의 대부분을 현재 레이어인 'wal' 레이어로 작업을 하는데, 성격이 다른 창문이나 가구를 'wal' 레이어에서 작업하고 이후 다른 레이어로 변경하는 것입니다.

예제 파일 | DVD₩예제₩Part05₩Lesson01₩평면도 그리기.DWG

01. 리본 메뉴에서 [Layers] 패널의 현재 레이어 상태가 'wal' 레이어인지 다시 한 번 확인합니다. 도면을 작업할 때는 중심선을 먼저 작성하고 이후에 중심선을 기준으로 작업이 진행됩니다. Line 명령을 사용하여 다음과 같이 벽체 중심선을 먼저 작업하겠습니다. 선을 작성하면 'wal' 레이어에 적용한 색상과 선으로 작성됩니다.

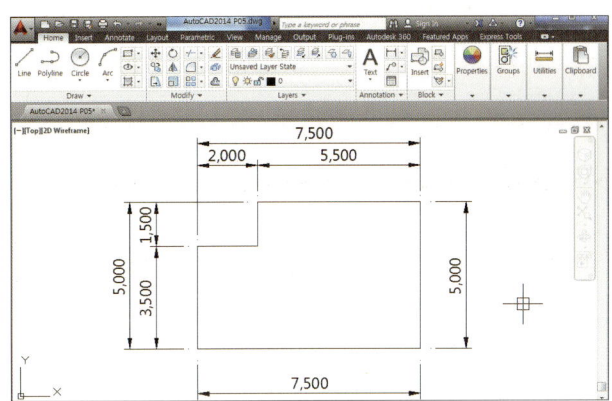

TIP : 작업 전에 Limits 명령(작업 영역 한계)을 확인하고 거리 좌표를 사용합니다. Limits 명령 사용 대신에 반지름 값이 '10,000'인 원을 그리고 마우스 휠을 더블클릭해도 됩니다. 이후에 원은 삭제합니다.

문제 해결 교재의 선은 잘 보이도록 하기 위해 검은색으로 하겠습니다. 치수는 기입하지 않습니다.

02. 벽체를 구성하기 위해 Offset 명령으로 중심선을 좌우 '100', 상하 '100'씩 평행 복사해서 벽의 두께가 '200'이 되도록 작업합니다. 두께 작업을 한 다음 벽의 모서리 부분을 확대해 보면 안쪽은 교차되고 바깥쪽은 선이 서로 떨어져 있는 것을 확인할 수 있습니다.

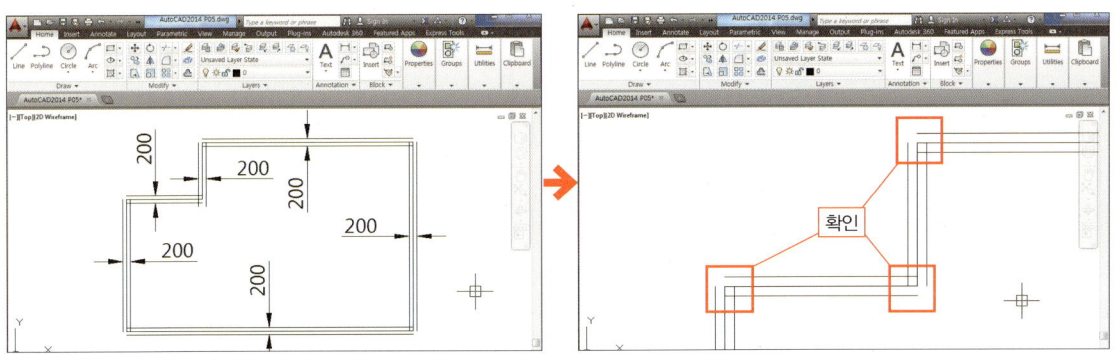

```
Command:                                                              O 입력한 후 Space Bar
Specify offset distance or [Through/Erase/Layer] <Through>:          '100' 입력한 후 Space Bar
Select object to offset or [Exit/Undo] <Exit>:                       복사할 중심선 클릭
Specify point on side to offset or [Exit/Multiple/Undo] <Exit>:      복사 방향 클릭
```

03. Fillet 명령을 실행하고 [Trim mode = Trim, Radius = 0]으로 설정하여 모서리를 각지게 편집합니다.

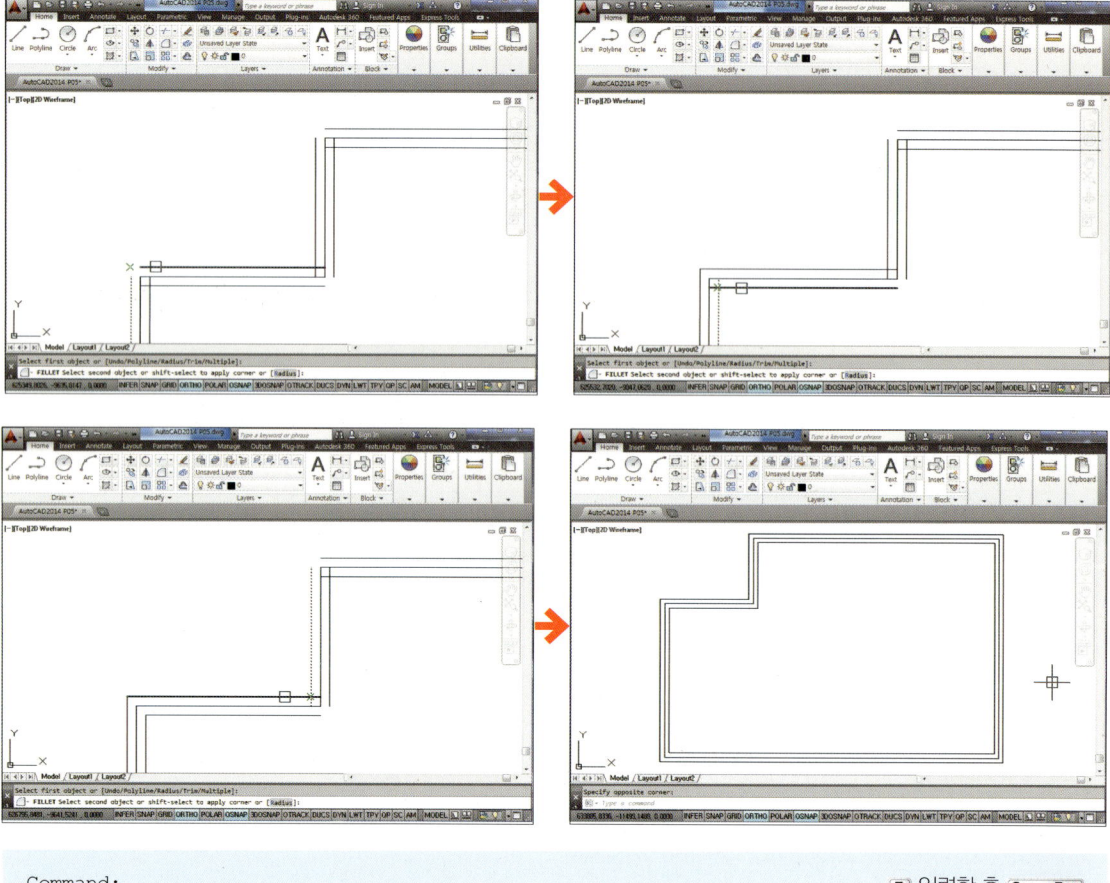

Command:	**F** 입력한 후 **Space Bar**
Select first object or [Undo/Polyline/Radius/Trim/Multiple]:	**R** 입력한 후 **Space Bar**
Specify fillet radius <10.0000>:	'0' 입력한 후 **Space Bar**
Select first object or [Undo/Polyline/Radius/Trim/Multiple]:	**M** 입력한 후 **Space Bar**
Select first object or [Undo/Polyline/Radius/Trim/Multiple]:	모든 모서리를 차례로 클릭

TIP : 반지름 값이 지정되어 있더라도 **Shift** 를 누르면 값이 '0'으로 작업됩니다.

04. 벽체 안쪽으로 마감선을 넣도록 하겠습니다. 벽체를 작업했던 동일한 방법으로 Offset 명령을 이용하여 '20' 만큼 안쪽으로 평행 복사한 후 Fillet 명령으로 편집합니다.

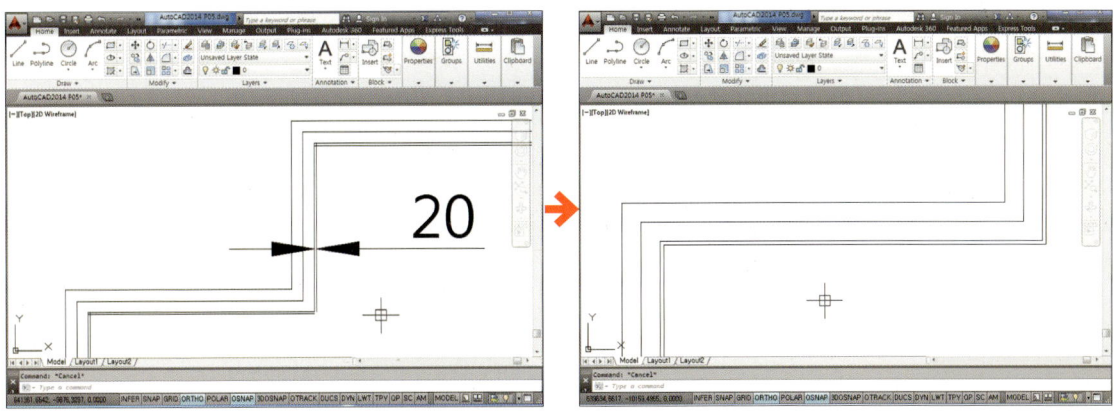

Command:	**O** 입력한 후 **Space Bar**
Specify offset distance or [Through/Erase/Layer] <Through>:	'20' 입력한 후 **Space Bar**
Select object to offset or [Exit/Undo] <Exit>:	복사 대상 안쪽 벽체선 클릭
Specify point on side to offset or [Exit/Multiple/Undo] <Exit>:	복사 방향 클릭

▲ Offset 명령의 과정

Command:	**F** 입력한 후 **Space Bar**
Select first object or [Undo/Polyline/Radius/Trim/Multiple]:	**R** 입력한 후 **Space Bar**
Specify fillet radius <10.0000>:	'0' 입력한 후 **Space Bar**
Select first object or [Undo/Polyline/Radius/Trim/Multiple]:	**M** 입력한 후 **Space Bar**
Select first object or [Undo/Polyline/Radius/Trim/Multiple]:	모든 모서리를 차례로 클릭

▲ Fillet 명령의 과정

05. 중심선을 일정하게 돌출시키기 위해 Offset 명령으로 바깥쪽 벽체선을 '500' 만큼 바깥쪽으로 평행 복사합니다.

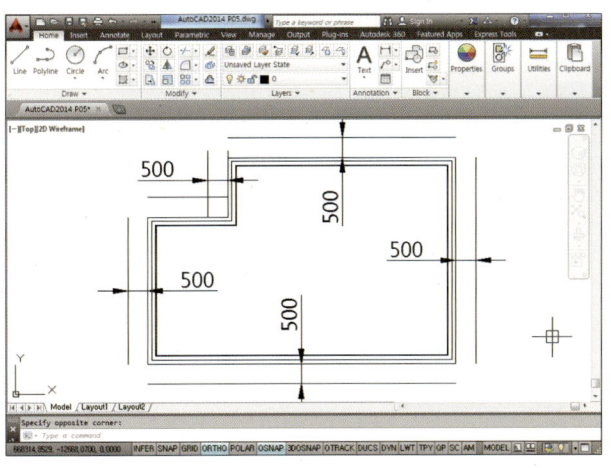

06. Extend 명령을 사용하여 기준선(②~⑦)을 선택하고 각 중심선의 끝을 클릭해 중심선을 연장합니다. 이후 기준선 (②~⑦)은 삭제합니다.

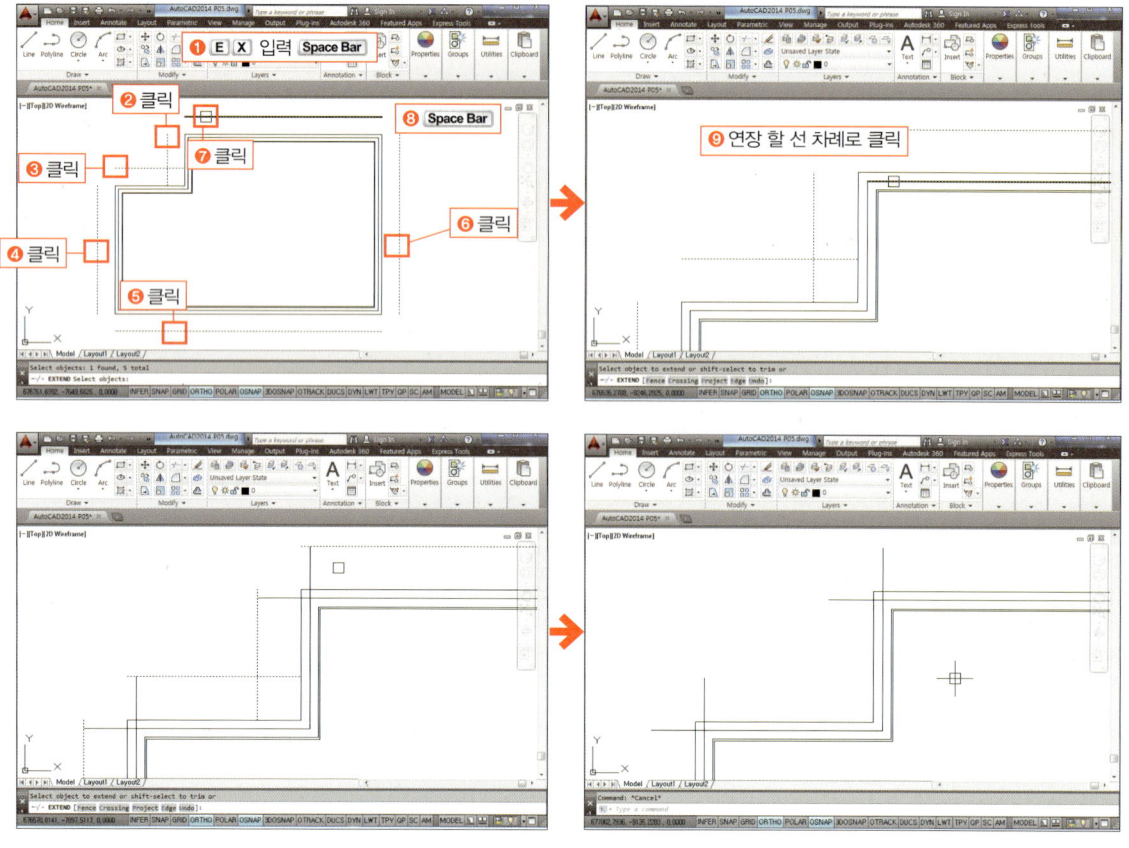

```
Command:                                                      E  X  입력한 후  Space Bar
Select objects or <select all>:                              ②과 ⑦ 부분 클릭 후  Space Bar
Select object to extend or ~ to trim or[Fence/~Undo]:        연장할 선의 끝을 각각 클릭.  Esc
```

연관검색 LENgthen 명령의 [DElta] 옵션 값을 '500'으로 설정하고 작업해도 됩니다.

TIP : LENgthen 명령으로 선 늘리기

1. 단축키 L E N 을 입력한 후 Space Bar 를 눌러 명령 실행

2. D E 를 입력한 후 Space Bar 를 눌러 [DElta] 옵션 적용

3. 1회 클릭 시 늘릴 값 '500'을 입력한 후 Space Bar

4. 늘릴 선의 방향과 가까운 곳을 클릭(연속 작업 가능)

```
Command: LEN
LENGTHEN
Select an object or [DElta/Percent/Total/DYnamic]: de
Enter delta length or [Angle] <0.0000>: 500
LENGTHEN Select an object to change or [Undo]:
```

07. 실내 안쪽으로 돌출되는 중심선은 Grip을 사용하여 연장해 보겠습니다. 작업 부분인 좌측 상단을 확대합니다.

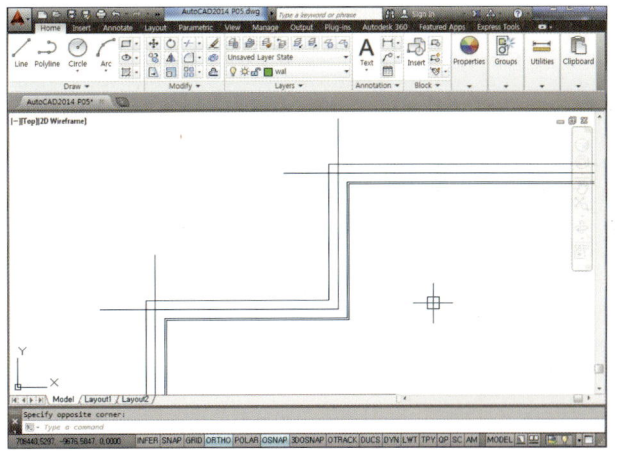

08. 연장하려는 선(①)을 클릭하고 우측의 Grip(②)을 클릭합니다. 커서를 연장하려는 방향(③)으로 옮긴 후 '500'을 입력합니다. 그리고 **Space Bar** 를 누르면 선이 연장됩니다. 다음 선(⑤)도 같은 방법으로 연장합니다.

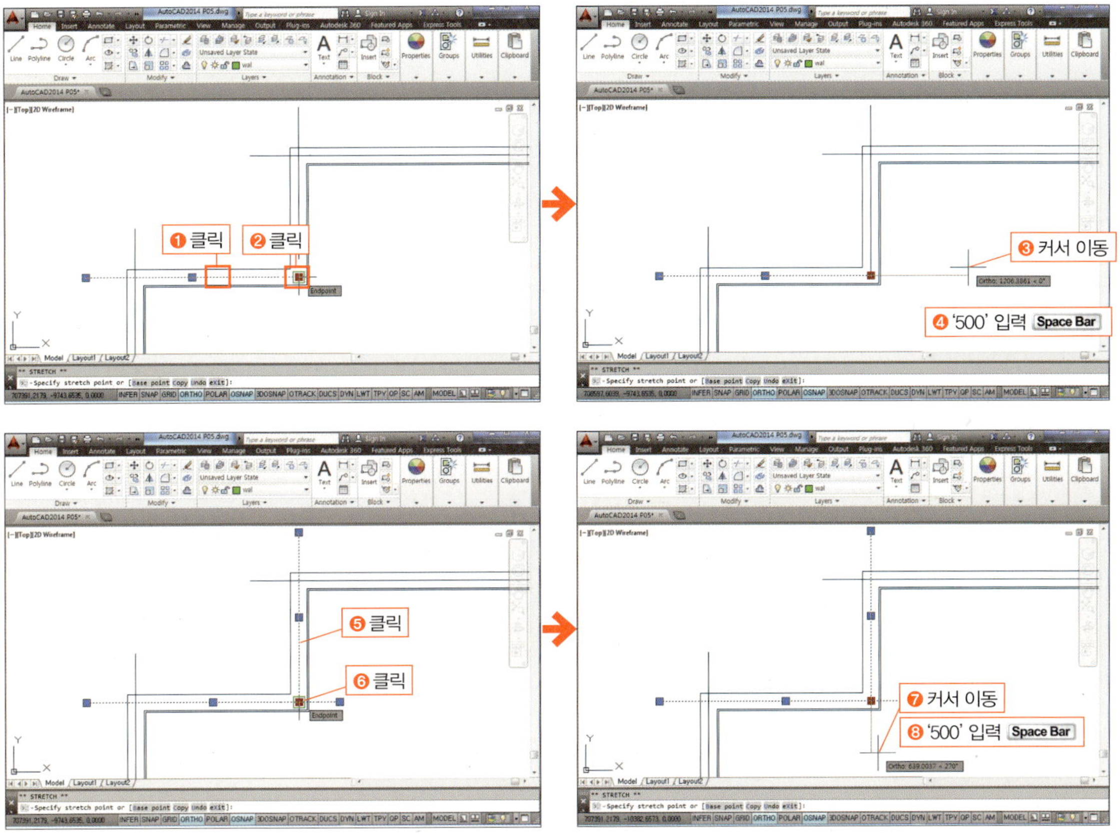

09. 중심선을 연장한 결과입니다. 선을 연장한 후에는 **Esc** 를 눌러 Grip 모드를 해제해야 합니다.

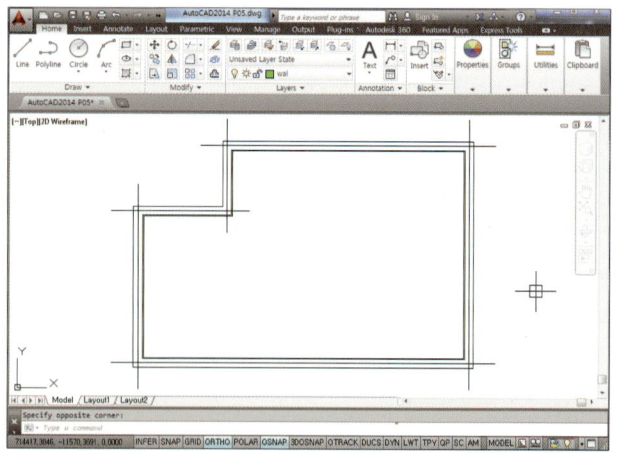

10. 작성 중인 평면도의 마감선과 중심선을 해당 레이어로 변경하고 계속 작업을 진행하겠습니다. 먼저 마감선을 'fin' 레이어로 변경하겠습니다. 변경하려는 마감선(벽체 안쪽선, ①~⑥)을 명령 없이 클릭해 Grip 상태로 선택합니다.

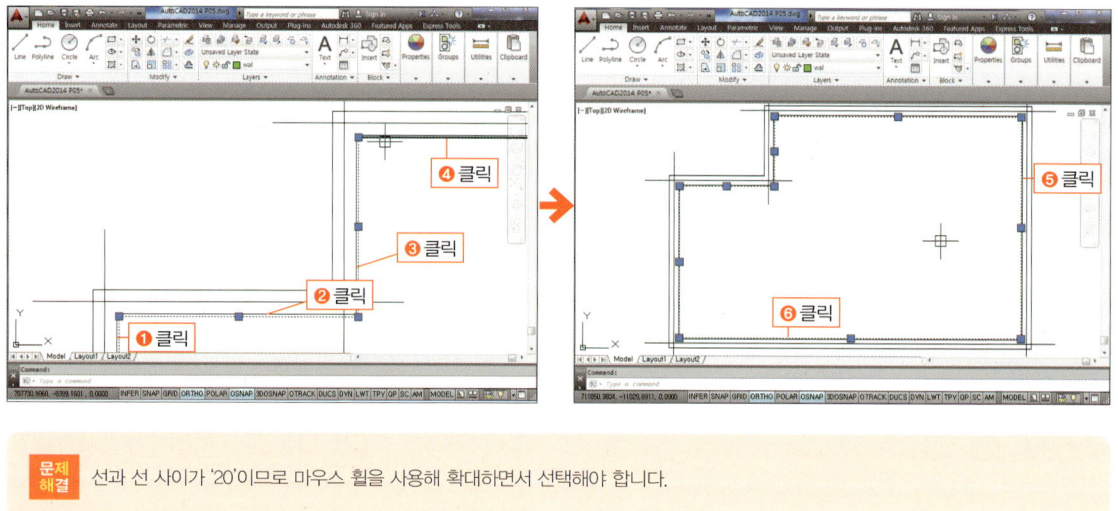

> **문제해결** 선과 선 사이가 '20'이므로 마우스 휠을 사용해 확대하면서 선택해야 합니다.

11. 선택 후 아래와 같이 리본 메뉴의 [Layers] 패널에서 조정 막대 부분의 화살표를 클릭하면 이전에 만든 레이어가 나열됩니다. 변경할 'fin' 레이어를 선택하면 Grip으로 선택되어 있는 선이 'fin' 레이어(녹색)로 변경됩니다. 변경된 것을 확인한 후 꼭 **Esc** 를 눌러 Grip 모드를 종료해야 합니다.

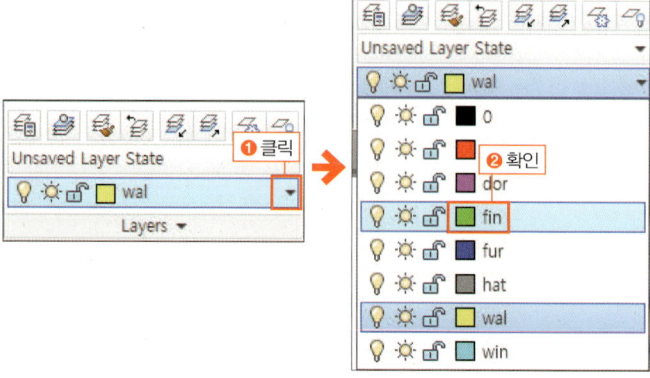

12 . 다음은 중심선을 변경하겠습니다. 앞선 따라하기의 동일한 방법으로 작업하면 됩니다. 중심선을 명령 없이 Grip 상태로 선택합니다.

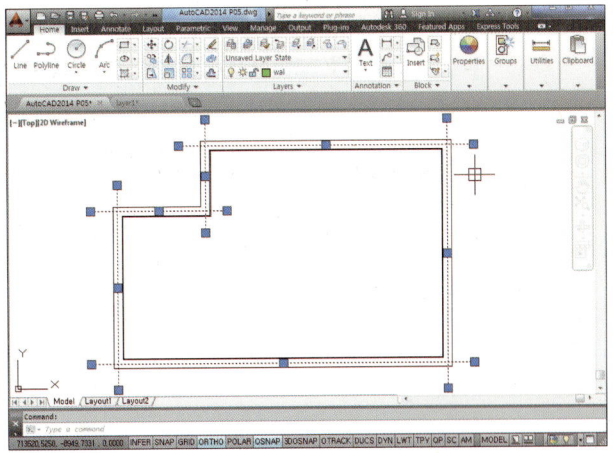

13 . [Layers] 패널에서 조정 막대의 화살표를 클릭하고 변경하려는 'cen' 레이어를 선택한 후 **Esc** 를 눌러 종료합니다.

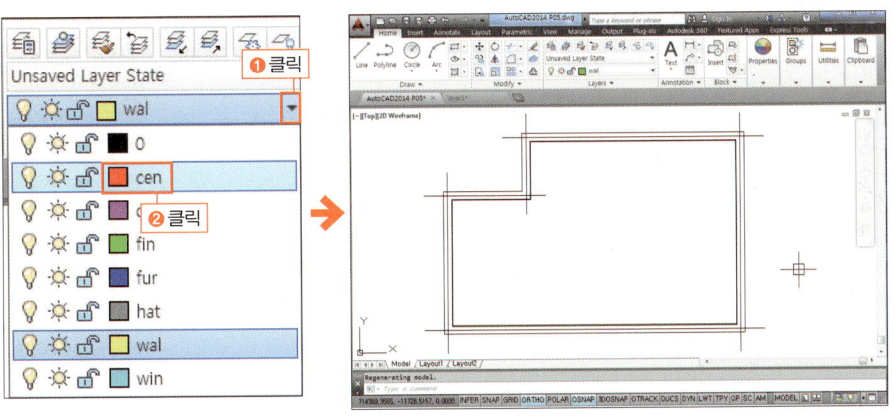

14 . 중심선을 'cen' 레이어(일점쇄선)로 변경했지만 화면에는 실선에 가깝게 보입니다. 그림과 같이 확대해 보면 일점쇄선으로 변경은 되었지만 선의 축척이 작아 실선처럼 보이는 것을 확인할 수 있습니다. 이 부분은 Lesson 02에 수정하겠습니다.

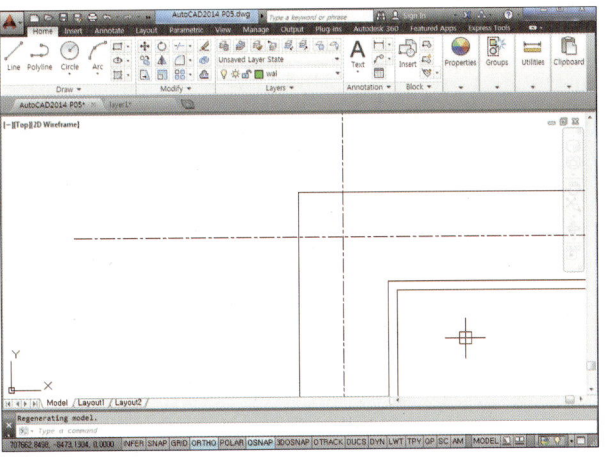

객체의 Properties(특성)를 활용한 평면도 작성

Properties(특성)는 선택한 객체의 모든 정보를 조회하고 수정할 수 있는 AutoCAD 최고의 편집 기능입니다. 레이어와 관련된 선의 종류, 색상, 두께는 물론 다양한 정보를 조회하고 개별 편집이 가능합니다. 아무리 강조해도 지나치지 않을 정도로 중요한 기능이므로 반드시 이해하고 넘어가야 합니다.

기초탄탄 ▶ 선의 편집과 Properties

■ Linetype 이해하기

Linetype는 도면 작성에 필요한 선의 유형을 관리하는 기능입니다. 제도를 하기 위해선 실선뿐만 아니라 파선, 일점쇄선, 이점쇄선 등 분야에 따라 여러 가지 선이 필요합니다. 이러한 선들은 Linetype 명령으로 등록하여 사용합니다.

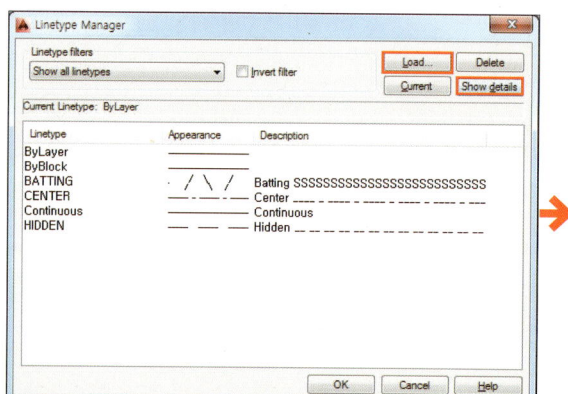

명령을 실행하면 사용 가능한 선을 확인할 수 있습니다.

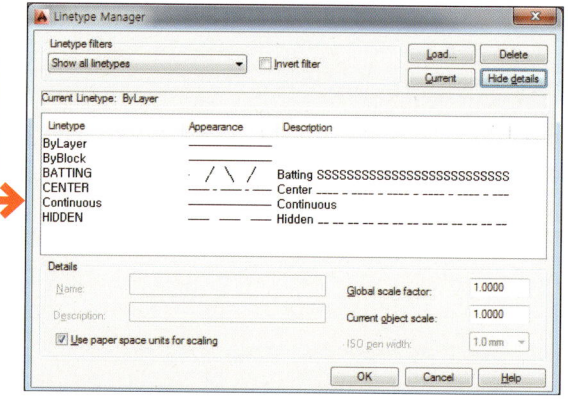

[Show details] 버튼을 클릭하면 Line scale을 변경할 수 있습니다.

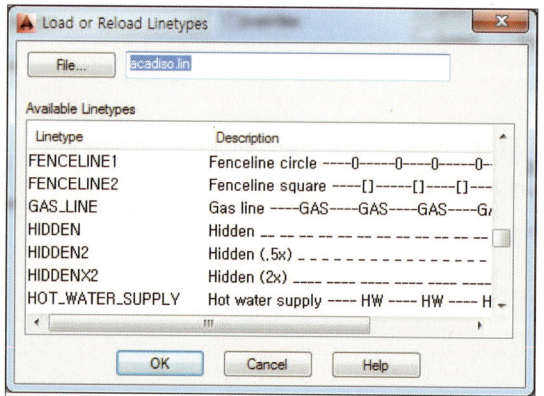

[Load] 버튼을 클릭하면 필요한 선을 등록할 수 있습니다.

TIP : Layer 명령을 이용해도 선을 불러오는 과정은 동일합니다.

- [Home] 탭-[Properties] 패널에서 [Linetype]-[Other]를 클릭합니다.

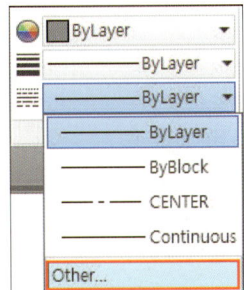

- 명령 입력창에서 Linetype 명령어(**L** **T**)를 입력한 후, **Space Bar** 를 눌러 실행합니다.

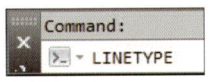

명령어 입력

단축키 입력

■ Ltscale 이해하기 `391P`

Ltscale 명령은 선의 축척을 설정합니다. 설정 값이 크면 파선이나 일점쇄선의 간격이 커지며, 값이 작으면 선의 간격이 촘촘해 집니다. [Linetype Manager] 대화상자의 [Show details] 버튼을 클릭하면 설정이 가능합니다. 작성하는 객체의 크기에 적절한 표현이 되도록 설정해야 합니다.

Ltscale : '1' 실선에 가깝습니다.

Ltscale : '5' 쇄선이 구분됩니다.

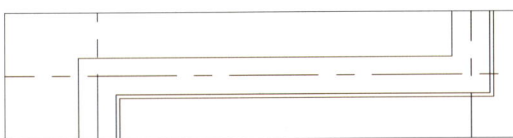

Ltscale : 15 작성된 벽체에 적절히 표현됩니다.

■ Ltscale 실행하기

- 명령 입력창에서 Ltscale 명령어(**L** **T** **S**)를 입력한 후, **Space Bar** 를 눌러 실행합니다.

명령어 입력

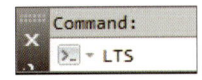

단축키 입력

■ Ltscale 사용 과정 익히기

■ Properties 이해하기 `401P`

Properties에서는 선택한 객체의 모든 정보를 표시합니다. 좌측은 특성 항목, 우측은 값이나 설정 상태를 확인할 수 있습니다.

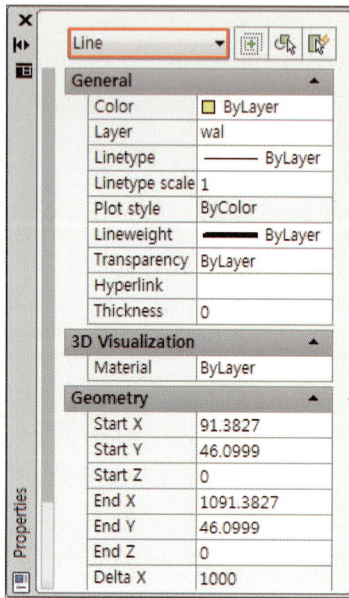
선을 선택한 경우

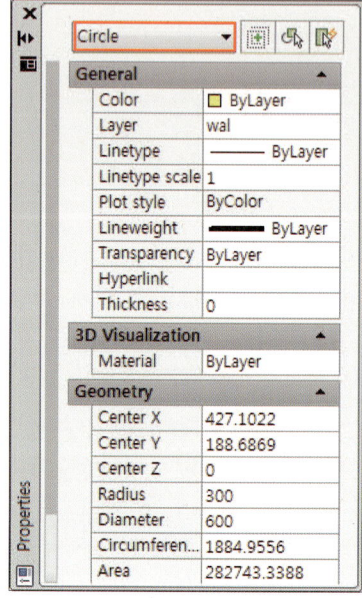
원을 선택한 경우

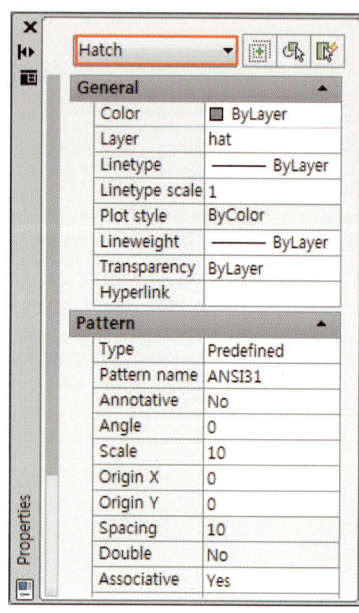
패턴을 선택한 경우

■ Properties 실행하기

• [Home] 탭-[Properties] 패널의 우측 화살표인 [Properties](⬎)를 클릭하여 실행한 후 조회할 객체를 선택합니다.

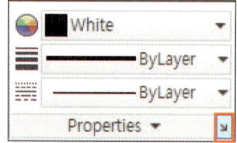

• 명령 입력창에서 Properties 명령어(Ⓟ Ⓡ)를 입력한 후, [Space Bar]를 눌러 실행합니다.

명령어 입력

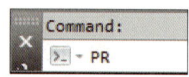
단축키 입력 ([Ctrl] + [1])

388

■ Properties 사용 과정 익히기

특성을 확인할 객체를 선택

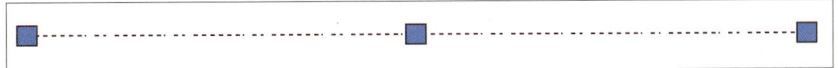

단축키 Ctrl+1 또는, P R을 입력한 후 Space Bar를 누르거나, [Home] 탭-[Properties] 패널의 우측 화살표인 [Properties](↘) 클릭

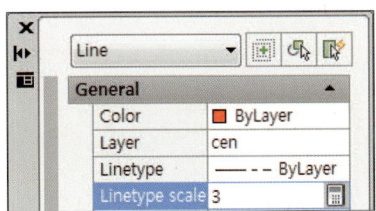

해당 항목의 설정 값을 변경 후 Enter (Space Bar 는 안 됨)

변경된 객체를 확인한 후 선택 해제 (Esc)

작업 과정인 명령의 실행과 객체 선택은 순서를 바꿔도 상관 없습니다.

■ Matchprop 이해하기

Matchprop는 선택한 객체의 특성을 그대로 다른 객체에 복사할 수 있는 명령입니다. 본연의 모양을 유지하고 레이어, 색상, 선의 종류, 선의 축척 등 모든 특성을 그대로 복사할 수 있습니다. 명령을 실행한 다음 특성을 복사해 올 객체를 선택하고 적용할 객체를 선택하면 레이어를 포함한 특성이 복사됩니다.

• 선

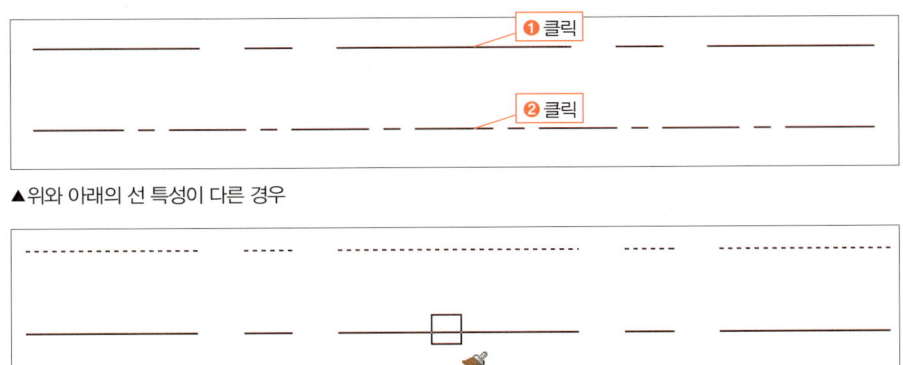

▲위와 아래의 선 특성이 다른 경우

• 패턴

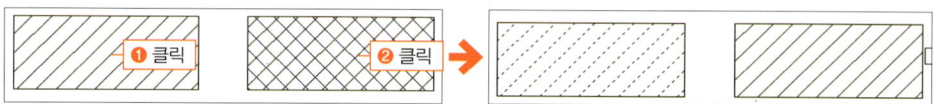

• 문자

• 치수

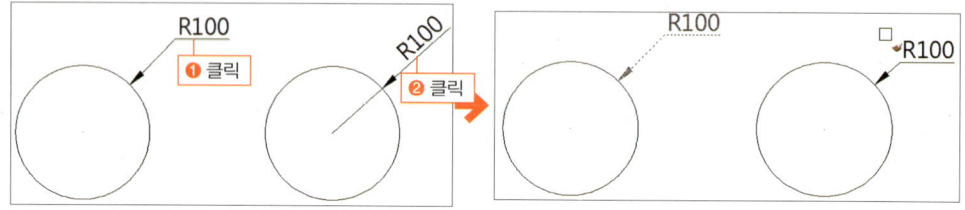

앞선 따라하기에서 작성한 중심선은 일점쇄선으로 지정되어 있지만 선과 선 중간의 점선 표현이 잘 나타나질 않았습니다. 즉 선의 축척이 현재 도면의 크기와 맞지 않습니다. 작업한 중심선을 확대해 보면 일점쇄선이라는 것을 알 수는 있지만 도면의 전체 크기로 볼 때는 거의 실선과 다름없습니다. Ltscale 명령을 사용해 현재 도면의 크기에 일점쇄선이 표현될 수 있도록 설정해 보겠습니다.

예제 파일 I DVD₩예제₩Part05₩Lesson02₩평면도 가구.DWG

01. L T S 를 입력한 후 Space Bar 를 눌러 하여 Ltscale 명령을 실행합니다. [Scale]이 기본 값인 '1'로 되어 있습니다. [Scale]을 '30'으로 입력한 후 Space Bar 를 누르면 일점쇄선이 보기 좋게 표현됩니다. 앞으로 사용하게 될 모든 선의 축척이 기본 값 '1'의 30배 크게 적용되어 작성됩니다.

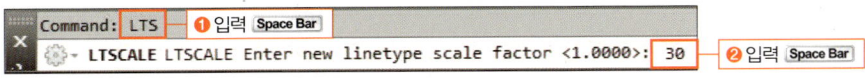

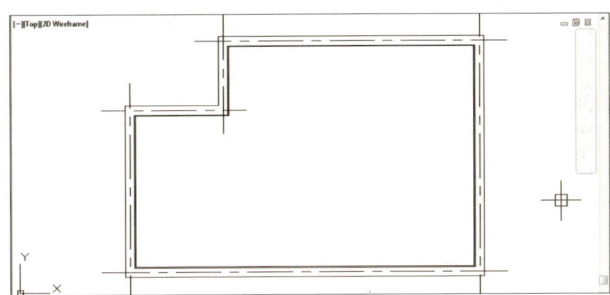

Command:
LTSCALE Enter new linetype scale factor <1.0000>:

L T S 입력한 후 Space Bar
'30' 입력한 후 Space Bar

T I P : 기본 값 '1'은 작업 영역의 기본 영역(420, 297)에서 작업을 할 경우 적당한 선의 축척입니다. 건축 도면과 같이 작업 대상의 규모가 커서 작업 영역의 크기를 크게 하면 Ltscale(선의 축척) 또한 같은 비율로 조정해야 화면상에 표현이 됩니다.

T I P : Linetype 명령으로 Ltscale(선의 축척) 변경 방법

위와 같이 명령 입력창에 단축키 L T S 를 입력해서 선의 축척을 변경해도 되지만 단축키 L T 를 입력하면 Linetype이라는 명령이 실행됩니다. 이 명령은 여러 가지 선을 작업 환경으로 불러들이는 명령입니다. 하지만 이 명령에서도 Ltscale 값을 변경할 수 있습니다.

단축키 L T 를 입력하여 명령을 실행하면 설정 대화상자가 나오는데 [Show details] 버튼을 클릭하면 하단에 추가 메뉴가 나타납니다 ([Load] 버튼을 클릭하면 선을 불러올 수 있습니다).

추가 항목 우측의 [Global scale factor]가 '30'으로 되어있는 것을 볼 수 있습니다. 이는 이전에 Ltscale라는 명령으로 '30'으로 변경했기 때문에 연동되어 값이 같이 변한 것입니다. 이 값을 변경하면 곧 Ltscale의 값을 변경하는 것과 같습니다.

02. 벽체 중간에 창문과 문을 만들고 가구도 넣어보면서 연습을 하겠습니다. 예제 파일(평면도 가구.DWG)을 불러와 이어서 작업하면 됩니다.

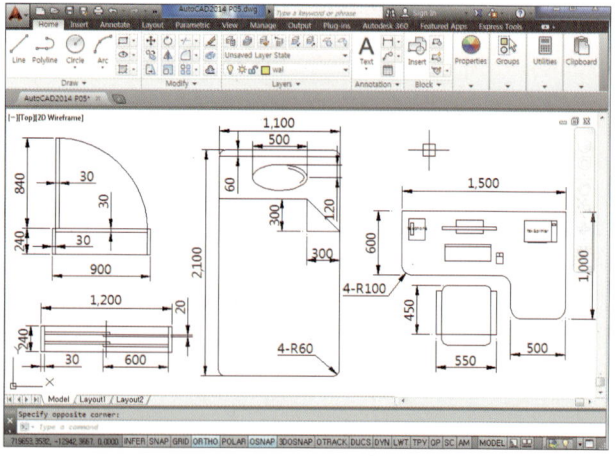

03. 그려진 문과 창, 가구를 대상에 맞는 레이어로 변경하겠습니다. 명령 없이 Grip 상태로 문을 선택하고 [Layers] 패널의 조정 막대에서 'dor' 레이어를 선택한 후 **Esc** 를 눌러 종료합니다.

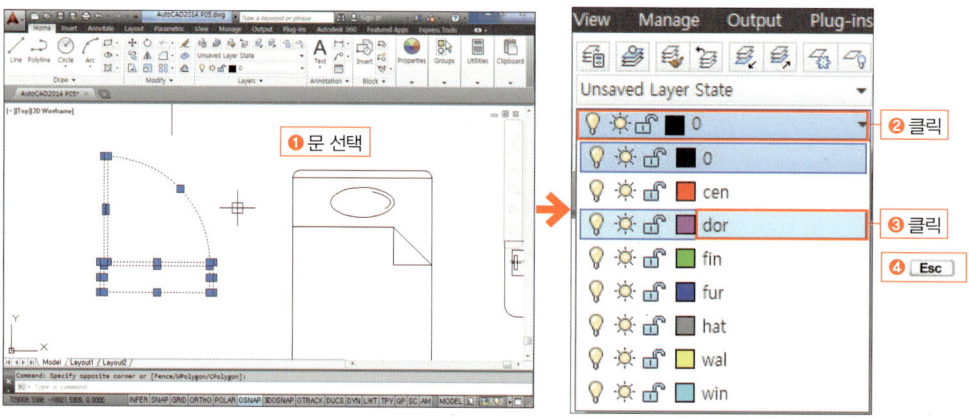

04. 같은 방법으로 창을 모두 선택하고 조정 막대에서 'win' 레이어를 선택한 후 **Esc** 를 눌러 종료합니다.

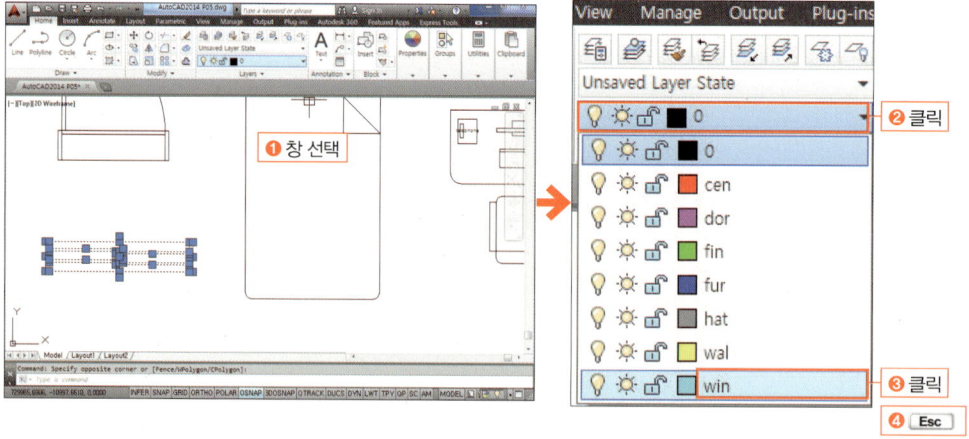

05. 창의 중심선(①)은 앞선 따라하기와 같은 방법으로 'cen' 레이어로 변경합니다.

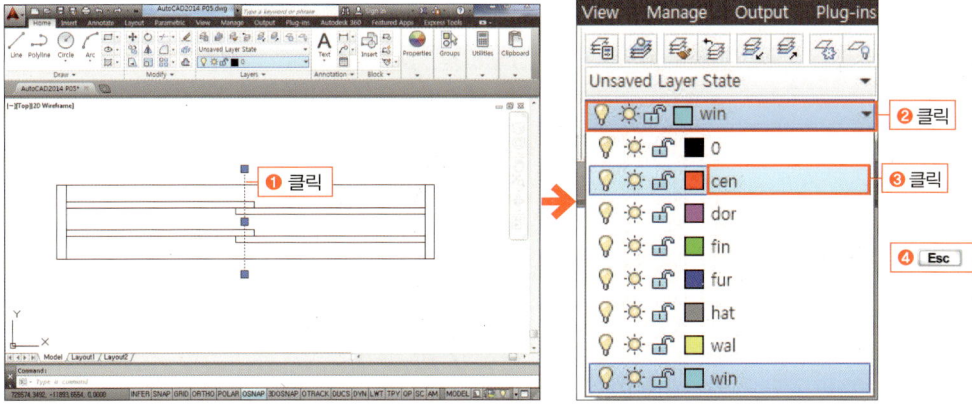

06. Undo 명령을 사용해 05.번 따라하기를 취소합니다. 이번에는 특성 일치인 Matchprop 명령을 사용하여 레이어를 변경해 보겠습니다. [Home] 탭-[Layers] 패널에서 [Matchprop](🖌)를 클릭합니다. 특성을 복사할 객체의 선(②)을 클릭 하면 커서 모양(🖌)이 바뀝니다. 이번에는 복사할 객체(③)를 클릭하면 레이어를 포함한 특성이 복사됩니다.

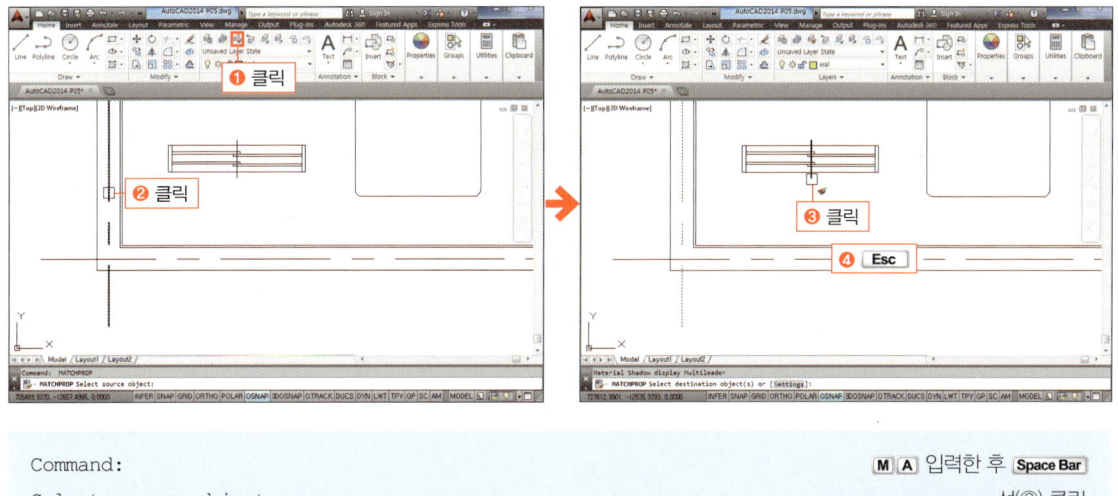

Command: M A 입력한 후 Space Bar
Select source object: 선(②) 클릭
Select destination object(s) or [Settings]:   선(③) 부분 클릭 후 Esc

TIP : 레이어 변경 후 Esc 를 눌러 Grip 상태를 꼭 해제해야 합니다. 해제를 하지 않을 경우에 다음 명령에 영향을 받습니다.

07. 이제 가구의 레이어를 변경하겠습니다. 책상과 침대를 모두 선택하고 조정 막대에서 'fur' 레이어를 선택한 후 **Esc** 를 눌러 종료합니다.

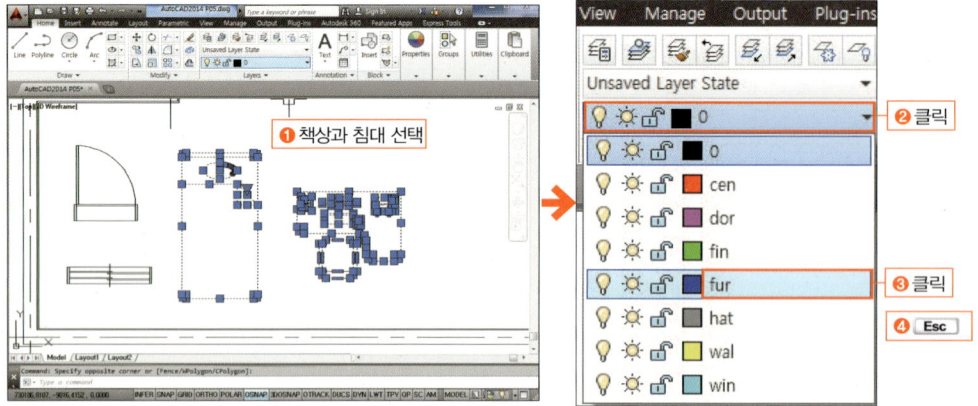

08. 창과 문을 넣고 가구를 배치하겠습니다. 벽에 창과 문을 넣기 전에 벽체에 개구부를 표시해야 합니다. 중심선(①)을 아래로 '200', '900'씩 Offset 하여 문이 들어갈 부분을 표시합니다.

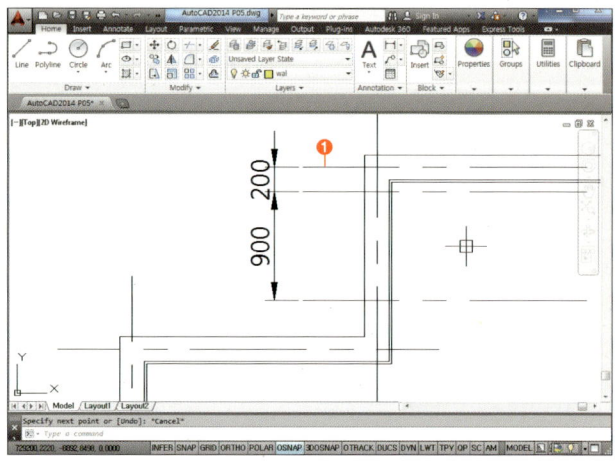

`Specify axis endpoint of ellipse or [Arc/Center]:`	`O` 입력한 후 **Space Bar**
`Specify offset distance or [Through/Erase/Layer] <10.0000>:`	'200' 입력한 후 **Space Bar**
`Select object to offset or [Exit/Undo] <Exit>:`	선(①) 클릭
`Specify point on side to offset or [Exit/Multiple/Undo] <Exit>:`	복사방향클릭 **Esc**
`Command:`	**Space Bar**
`Specify offset distance or [Through/Erase/Layer] <10.0000>:`	'900' 입력한 후 **Space Bar**
`Select object to offset or [Exit/Undo] <Exit>:`	복사할 선 클릭
`Specify point on side to offset or [Exit/Multiple/Undo] <Exit>:`	복사방향클릭 **Esc**

09. 창문이 들어가는 공간도 Offset 명령으로 작업합니다. 중심선(①)을 좌측 방향으로 Offset '1200'하고, 복사된 선(②)을 다시 좌측 방향으로 Offset '1200'합니다.

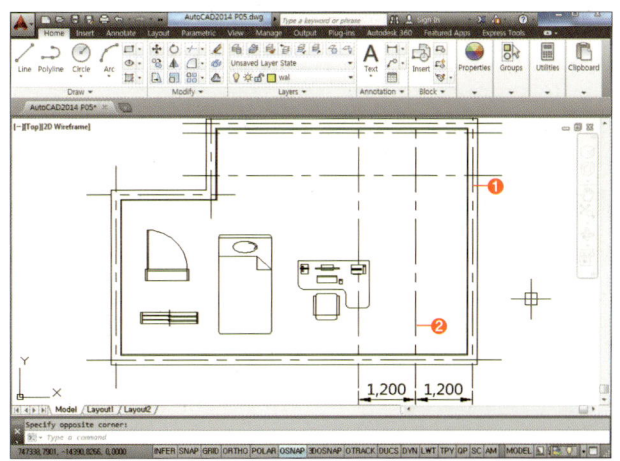

Specify axis endpoint of ellipse or [Arc/Center]:	**O** 입력한 후 **Space Bar**
Specify offset distance or [Through/Erase/Layer] <10.0000>:	'1200' 입력한 후 **Space Bar**
Select object to offset or [Exit/Undo] <Exit>:	선(①) 클릭
Specify point on side to offset or [Exit/Multiple/Undo] <Exit>:	복사방향클릭
Select object to offset or [Exit/Undo] <Exit>:	선(②) 클릭
Specify point on side to offset or [Exit/Multiple/Undo] <Exit>:	복사방향클릭

10. 창과 문이 들어갈 자리는 벽체선과 마감선이 불필요하므로 Trim 명령으로 아래와 같이 잘라냅니다.

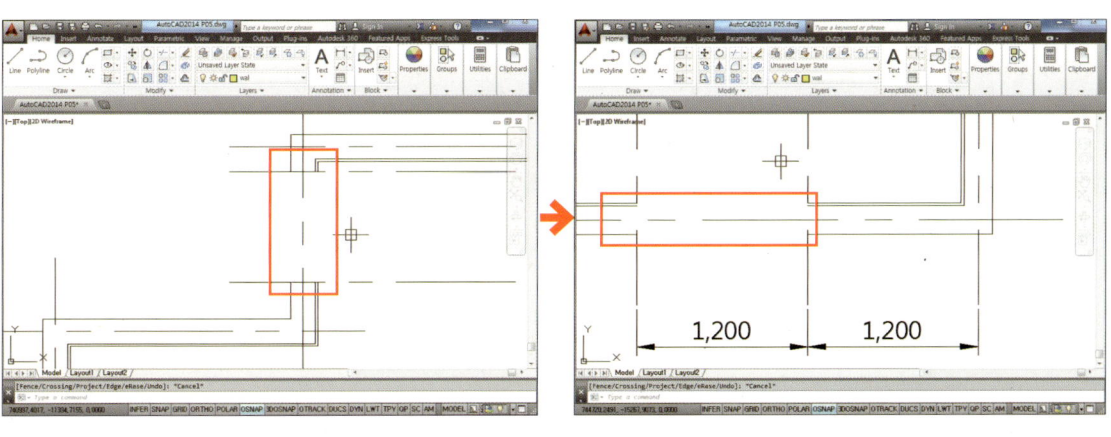

Command:	**T** **R** 입력한 후 **Space Bar**
Select objects or <select all>:	**Space Bar**
[Fence/Crossing/Project/Edge/eRase/Undo]:	잘라낼 부분 클릭

11. 창과 문이 들어갈 곳으로 Move와 Rotate 명령으로 배치하겠습니다. 창문부터 작업하기 위해 Move 명령을 실행합니다. 기준점(①)으로 Endpoint를 지정하고 ② 부분의 Endpoint로 이동합니다.

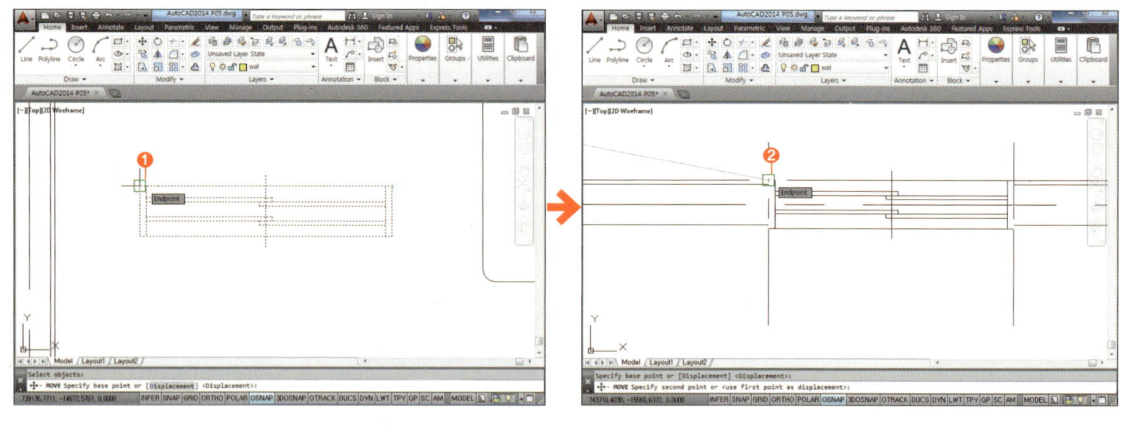

Specify axis endpoint of ellipse or [Arc/Center]:	**M** 입력한 후 **Space Bar**
Select objects:	창문 선택 후 **Space Bar**
Specify base point or [Displacement] <Displacement>:	① 부분(Endpoint) 클릭
Specify second point or <use first point as displacement>:	② 부분(Endpoint) 클릭

TIP : 거리가 멀리 떨어져 있을 경우 마우스 휠을 꾹 눌러 팬 기능으로 이동하여 작업합니다.

12. 이제 문을 배치하겠습니다. 문은 개폐 방향이 다르므로 Rotate 명령을 사용하여 회전시킨 후 이동해야 합니다. 단축키 **R** **O**를 입력한 후 **Space Bar**를 눌러 Rotate 명령을 실행합니다. 회전 기준점(①)을 클릭하고 회전 각도를 '270'을 입력하거나 '-90'을 입력하여 회전시킵니다.

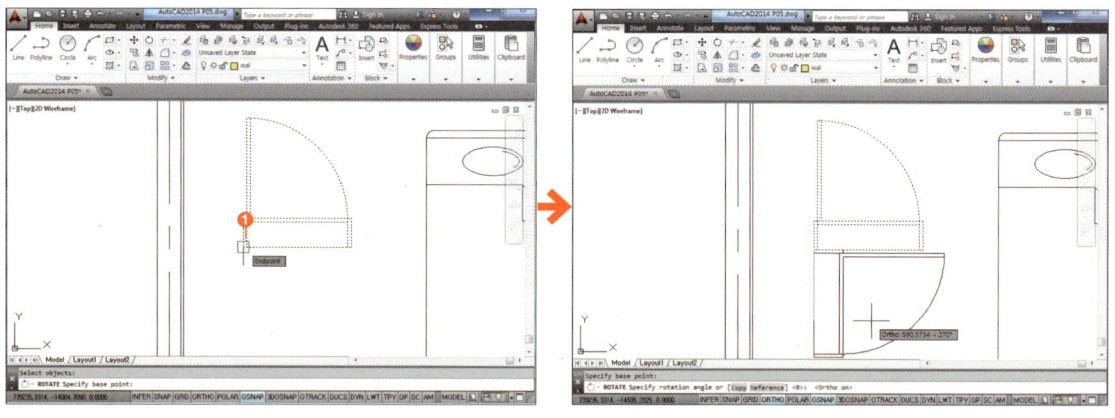

Command:	**R** **O** 입력한 후 **Space Bar**
Select objects:	문 선택 후 **Space Bar**
Specify base point:	① 부분 클릭
Specify rotation angle or [Copy/Reference] <0>:	'270' 입력한 후 **Space Bar**

13. 창문과 같은 방법으로 이동시킵니다. Move 명령을 실행하고 기준점(①) 부분의 Endpoint로 지정하고 ② 부분의 Endpoint로 이동시킵니다.

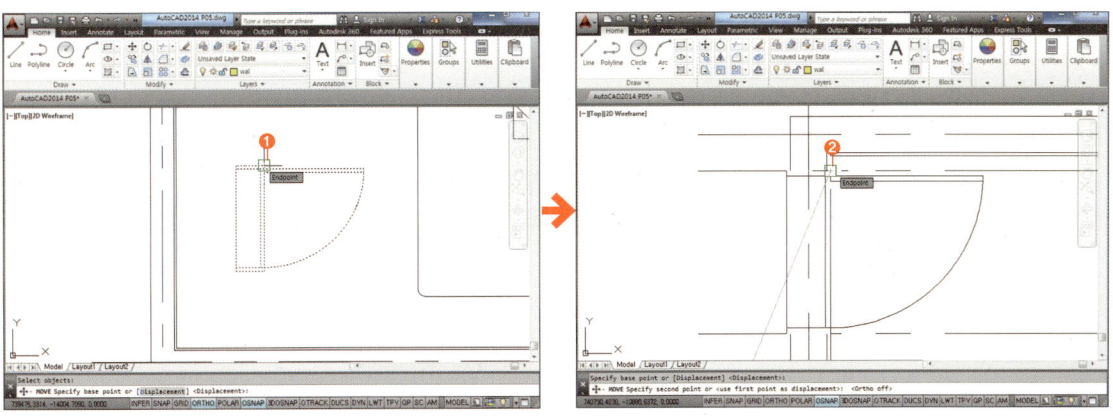

TIP : 거리가 멀리 떨어져 있을 경우 마우스 휠을 꾹 눌러 팬 기능으로 이동하여 작업합니다.

14. 창과 문을 배치하기 위해 복사한 중심선(①, ②, ③, ④)을 삭제하고 책상과 의자를 아래와 같이 배치합니다.

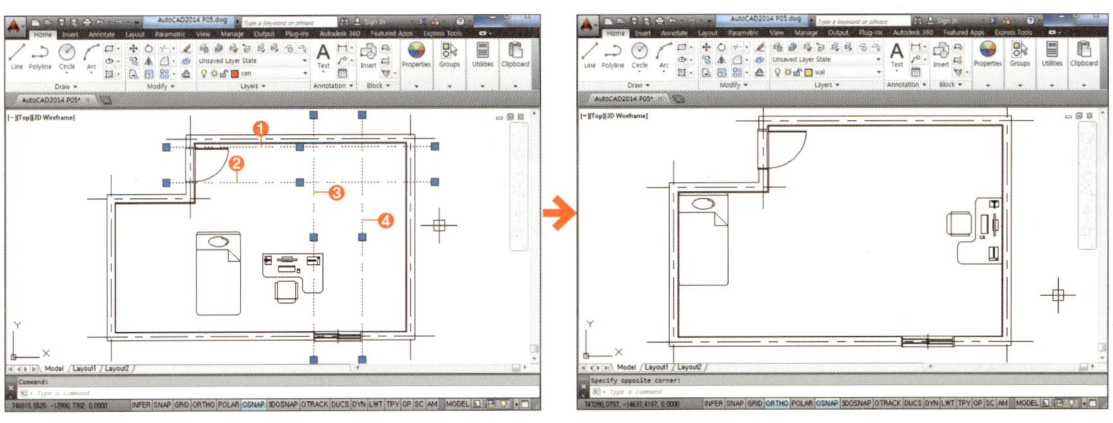

15. 마지막으로 벽체의 재료 표시와 바닥 마감재의 패턴을 넣겠습니다. 패턴 작업을 용이하게 하기 위해 'cen' 레이어를 보이지 않게 만듭니다. [Layers] 패널에서 'cen' 레이어의 전구(②)를 클릭하고 **Esc** 를 누릅니다. 그러면 'cen' 레이어로 작업된 벽체의 중심선이 화면에서 보이지 않게 됩니다. 이렇게 하면 Hatch 명령에서 벽체를 선택하기가 수월합니다.

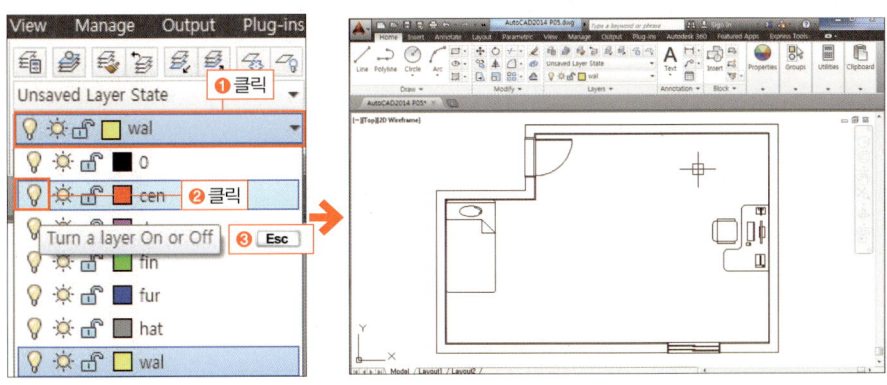

16. 단축키 H 를 입력한 후 Space Bar 를 눌러 Hatch 명령을 실행합니다. 벽체에 사선 패턴을 넣기 위해 리본 메뉴의 [Pattern] 패널에서 'ANSI31' 패턴을 클릭하고, [Properties] 패널의 [Scale]에 '20'을 입력한 후 Enter 를 누릅니다.

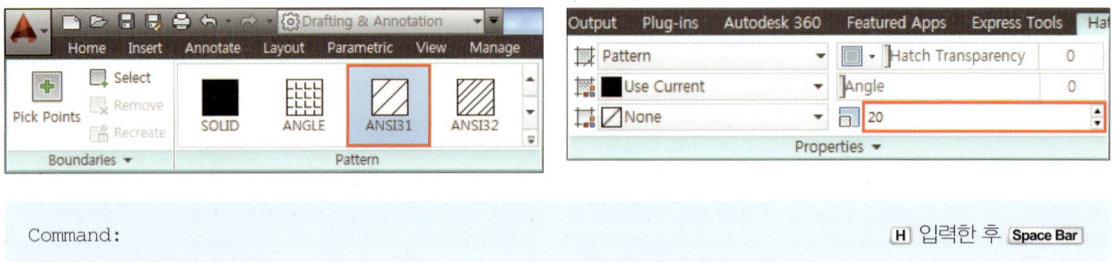

Command:　　　　　　　　　　　　　　　　　　　　　　　　　　　　　H 입력한 후 Space Bar

17. 패턴을 넣으려는 벽체 ①과 ② 부분 안으로 커서를 이동하여 차례로 클릭합니다. 그리고 [Close Hatch Creation] 을 클릭하거나 Enter 를 누릅니다.

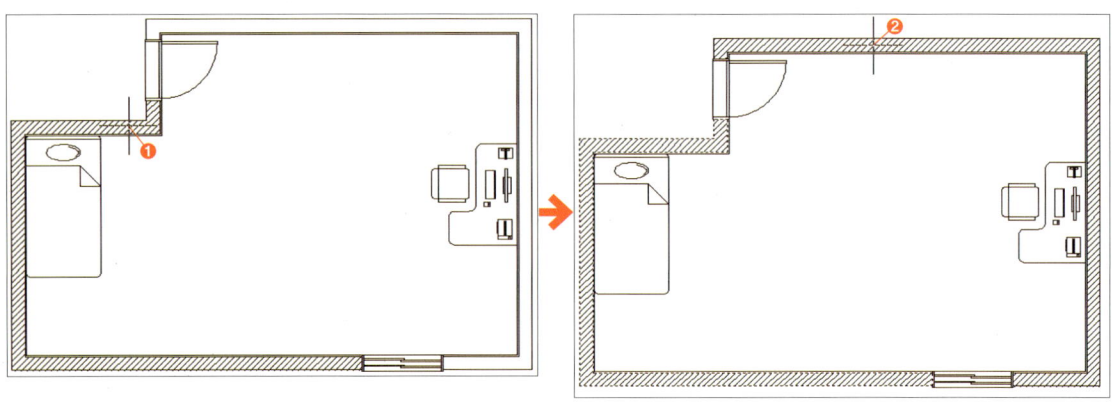

18. 벽체의 Hatch 작업이 끝났으니 [Layers] 패널에서 'cen' 레이어의 전구를 클릭하고 Esc 를 누릅니다. 보이지 않던 벽체 중심선이 나타납니다.

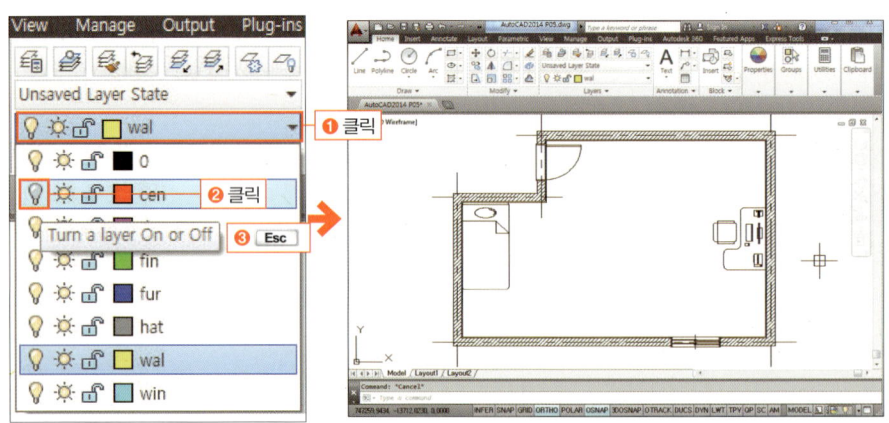

19. 이번에는 바닥 패턴을 넣기 위해 다시 **H**를 입력하고 **Space Bar**를 눌러 Hatch 명령을 실행합니다. 가로(600), 세로(600) 간격의 격자 패턴을 만들기 위해 [Type]을 사용자 정의인 'User defined'로 변경합니다.

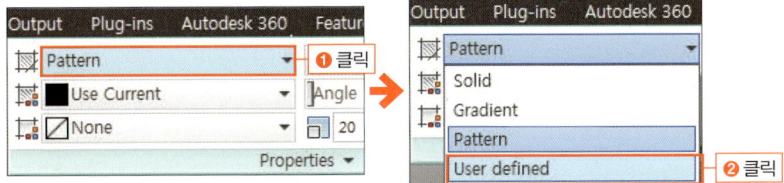

20. 선의 간격을 '600'으로 넣기 위해 [Spacing]에 '600'을 입력하고 [Double]을 클릭합니다.

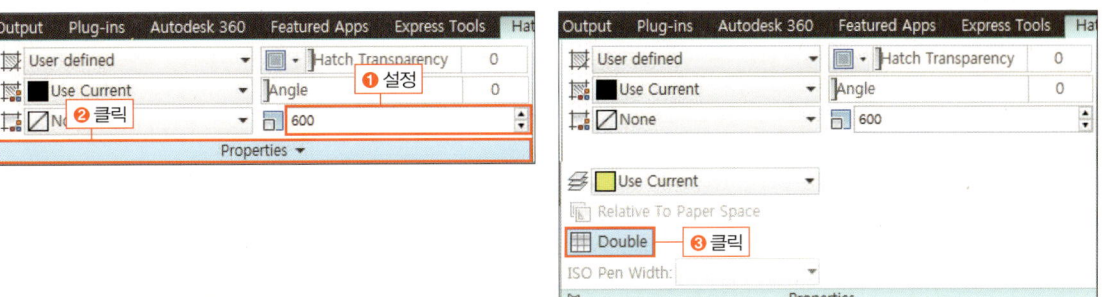

21. 격자 패턴이 들어간 실내 공간(①)을 클릭하고 리본 메뉴 우측 상단의 [Close Hatch Creation] ( )을 클릭하거나 **Enter**를 누릅니다.

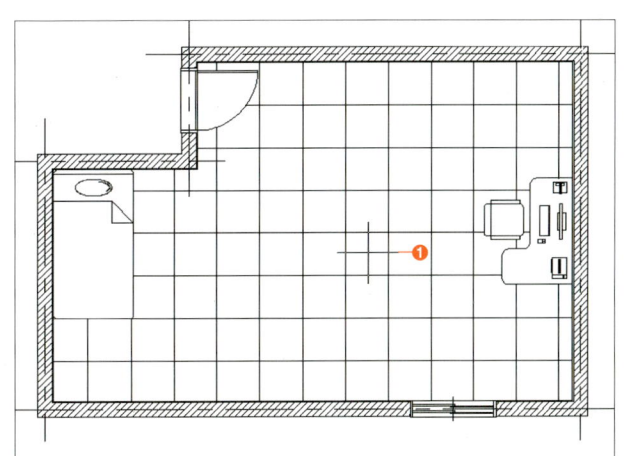

TIP : 패턴 영역을 지정할 때는 작업 화면에 영역이 모두 보이는 상태에서 지정해야 합니다.

22. 마지막으로 벽체의 재료 표시와 바닥 패턴의 레이어를 'hat' 레이어로 변경하기 위해, 벽체 패턴(①) 부분을 클릭하고 바닥 패턴(②)을 클릭한 후 [Properties] 패널에서 'hat' 레이어를 선택합니다. 커서를 작업 화면으로 이동한 후 **Esc** 를 눌러 종료합니다.

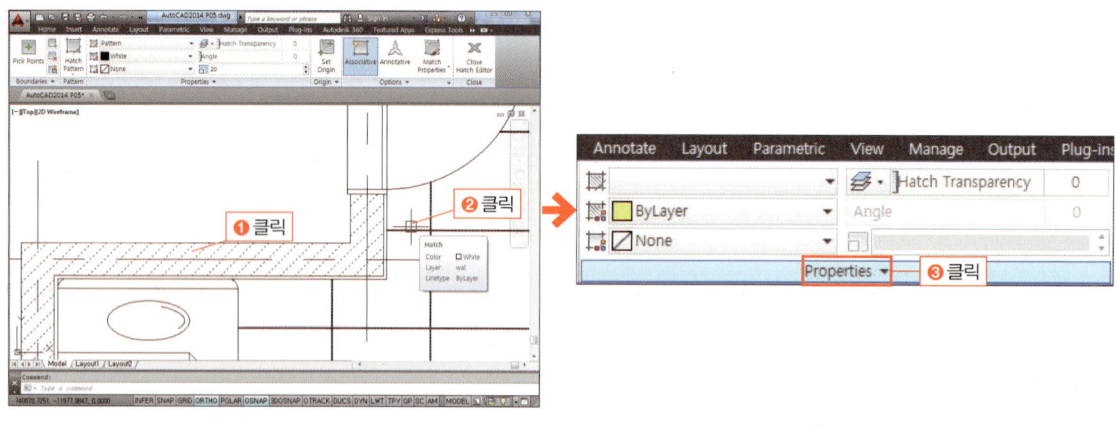

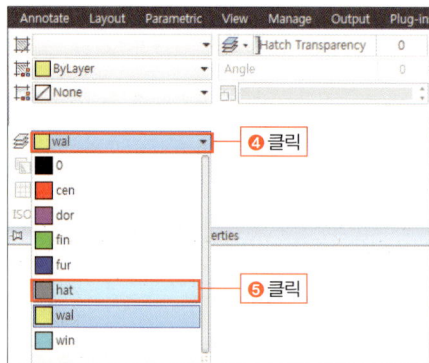

T I P : Hatch의 레이어 변경은 패턴을 선택한 후 리본 메뉴의 [Home] 탭–[Layers] 패널에서도 가능합니다.

문제 해결 │ 사용하지 않는 레이어와 불필요한 요소 제거하기

도면을 작성하면서 레이어는 계속해서 추가될 수 있고 다른 도면을 붙여 편집하기도 합니다. 그러면서 많은 레이어가 만들어지게 되는데 사용하지 않거나 해당 레이어의 요소를 삭제하면 더 이상 필요치 않은 레이어도 많아지게 됩니다. 이렇게 불필요한 레이어를 정리하는 명령이 Purge입니다.

1. 명령 입력창에 **P U R G E** 를 입력하고 **Space Bar** 를 눌러 명령을 실행합니다.

2. 설정 대화상자가 나타나면 [Purge All](**Purge All**) 버튼을 클릭합니다.

3. 선택 메뉴에서 [Purge all items](**➡ Purge all items**) 버튼을 클릭합니다.

4. 설정 대화상자 하단의 [Close](**Close**) 버튼을 클릭해 종료합니다.

Ltscale 명령을 사용하여 선에 축척을 조정하면 작성하는 모든 선에 적용됩니다. 그래서 선을 표현하는 데 한계가 생기는데, 이런 경우에 Properties를 사용하여 Ltscale 값을 독립적으로 지정하고 변경할 수 있습니다. 아래의 평면도 작업에서 창문의 중앙에 중심선을 넣었지만 선이 짧아 일점쇄선으로 표현되지 않고 실선처럼 보입니다. 이 선의 Ltscale 값을 변경하여 다른 벽체의 중심선 간격에는 변화 없이 창문의 중심선만 변경해보겠습니다.

예제 파일 | DVD₩예제₩Part05₩Lesson02₩Layer.DWG

01. 앞에서 작업한 평면도의 창문 부분을 확대하거나 예제 파일을 불러온 후 창문 부분을 확대합니다. 중심선(①)을 클릭한 후 **Ctrl** + **1** 을 눌러 Properties를 불러옵니다.

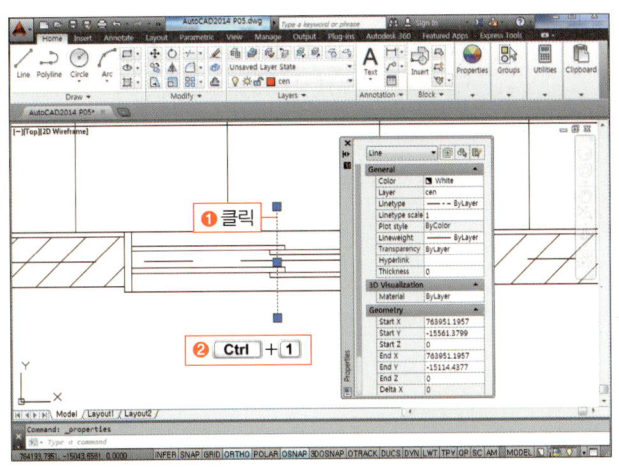

TIP : 중심선(①)을 클릭하고 마우스 오른쪽 버튼을 클릭한 후 [Properties]를 선택하거나, 리본 메뉴의 [Properties] 패널에서 [Properties] (⬇)를 클릭해도 됩니다.

02. Properties를 살펴보면 위에서 부터 선의 색상, 레이어, 선의 종류, 선의 축척, 출력 스타일, 선의 두께순으로 객체의 특성이 나열되어 있습니다. [Linetype scale]에 '0.2'를 입력하고 **Enter** 를 누르면 선택한 선의 중간에 쇄선 표현된 것을 확인할 수 있습니다. 작업이 마무리되면 Properties의 [닫기]를 클릭하고, 커서를 작업 화면으로 이동해 **Esc** 를 눌러 Grip을 해제합니다.

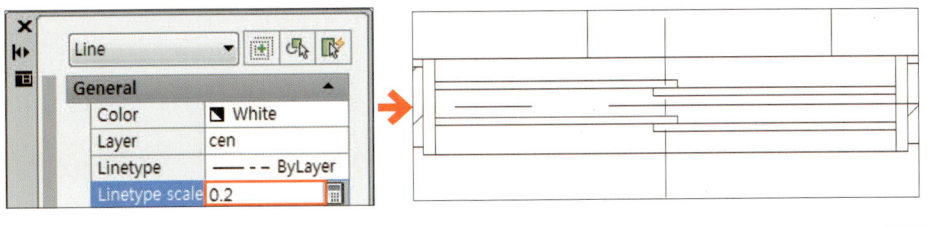

Command:	P R 입력한 후 Space Bar
Command:	객체 클릭

03. 계속해서 Properties(특성)에 대해 알아보겠습니다. 예제 파일을 사용하거나 적당한 위치에 '0' 레이어로 그림과 같은 도형을 작성합니다.

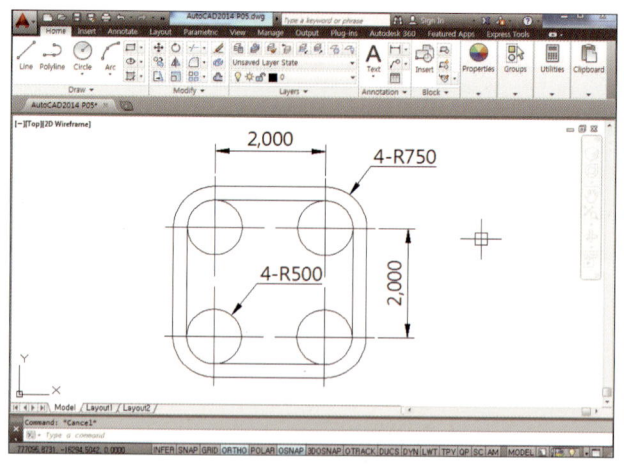

TIP : 평면도 우측이나 좌측 빈 공간에 작성합니다.

04. 원 중심을 표시하는 십자선을 모두 선택하여 'cen' 레이어로 변경합니다. 'cen' 레이어로 변경하면 색상은 'cen' 레이어의 특성대로 빨간색으로 변경이 되었지만 선은 그대로입니다. Linetypescale 값이 적절하지 않기 때문입니다.

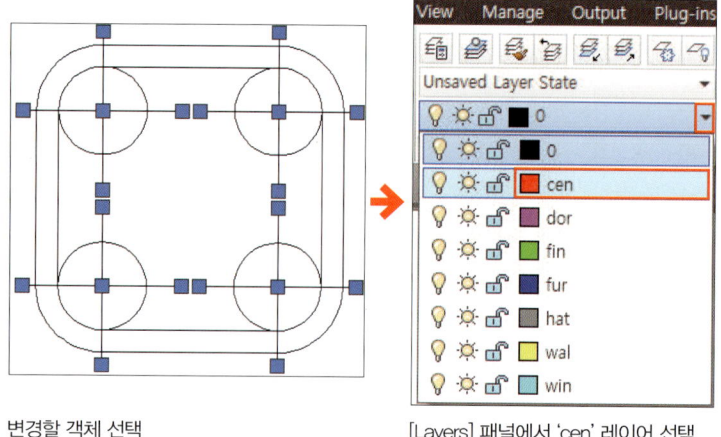

변경할 객체 선택   [Layers] 패널에서 'cen' 레이어 선택

05. Properties 명령의 또 다른 단축키인 **Ctrl** + **1** 을 눌러 Properties를 불러옵니다. 선택한 객체가 없기 때문에 상단에는 'No Selection'이라고 표시됩니다. 이후 [Linetypescale]을 변경할 십자선을 모두 선택하고 '0.3'을 입력한 후 **Enter** 를 누릅니다. 그러면 선택한 선에 적용되어 보기 좋게 표시됩니다.

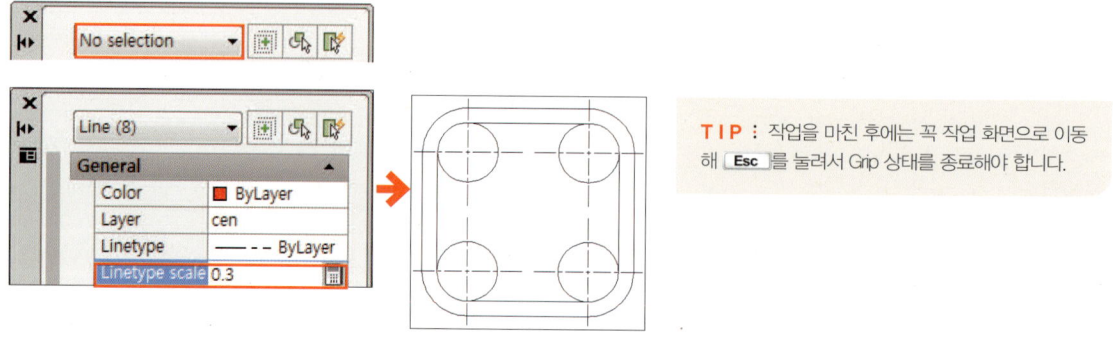

TIP : 작업을 마친 후에는 꼭 작업 화면으로 이동해 **Esc** 를 눌러서 Grip 상태를 종료해야 합니다.

06. 순서를 반대로 하여 값을 더 줄여 보겠습니다. 앞선 작업 순서는 Properties를 실행한 후 객체를 선택했지만 이번에는 객체를 먼저 선택하고 Properties를 실행합니다.

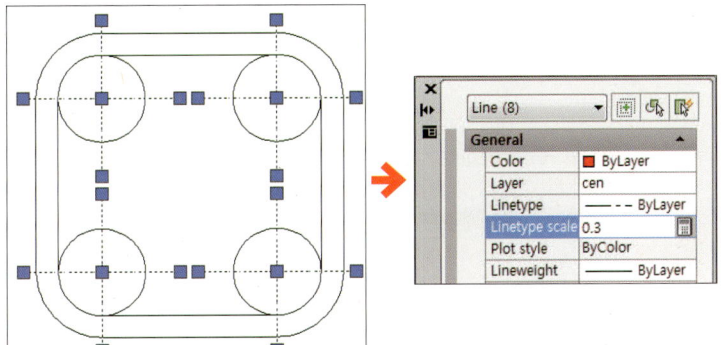

특성을 변경할 객체 먼저 선택

Ctrl + 1 을 누르면 Properties가 나타납니다.

07. Properties의 [Linetype scale]에 '0.1'을 입력하고 Enter 를 누르면 특성 정보가 변경되어 선택한 선에 적용됩니다. 커서를 작업 화면으로 이동해 Esc 를 눌러 Grip 상태를 해제합니다.

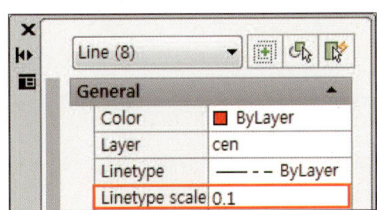

> **TIP** : 선 하나만 레이어와 Linetypescale을 변경한 후 Matchprop 명령을 이용하여 변경하는 것도 좋은 방법입니다.

Properties를 활용하면 도면 요소의 정보를 확인하고 작업 내용이 변경되거나 작업자의 실수로 잘못 그려진 객체들을 삭제하지 않고 여러 가지 정보를 수정할 수 있습니다.

예제 파일 | DVD₩예제₩Part05₩Lesson02₩특성.DWG

01. 예제 파일을 불러옵니다. 원으로 이루어진 도면으로 크기를 변경하고 우측에 표기된 내용도 수정해 보겠습니다.

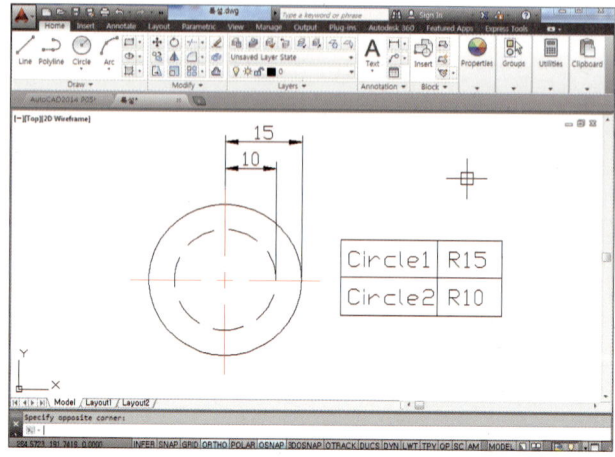

02. 큰 원을 'R15'에서 'R12'로, 작은 원은 'R10'에서 'R8'로 변경하겠습니다. 큰 원을 선택하고 `Ctrl`+`1`을 눌러 Properties를 불러옵니다. [Geometry]의 [Radius]를 '12'로 변경하고 `Enter`를 눌러 변경합니다. 그리고 커서를 작업 화면으로 이동해 `Esc`를 눌러 Grip 모드를 해제해야 합니다.

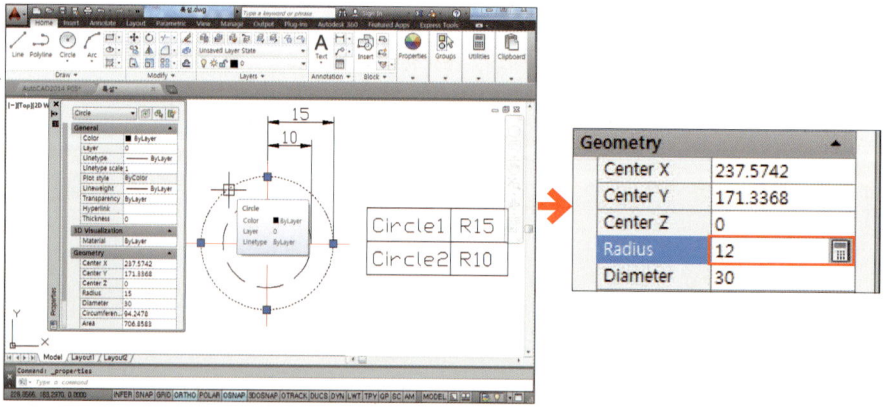

03. 이어서 작은 원을 선택하면 Properties에 작은 원에 대한 특성 정보가 나타납니다. [General]의 [Linetype scale]을 '0.3'으로 변경한 후 **Enter** 를 누르고, [Geometry]의 [Radius]를 '8'로 설정한 후 **Enter** 를 누릅니다. 변경된 것을 확인한 후 커서를 작업 화면으로 이동해 **Esc** 를 눌러 Grip 모드를 해제해야 합니다.

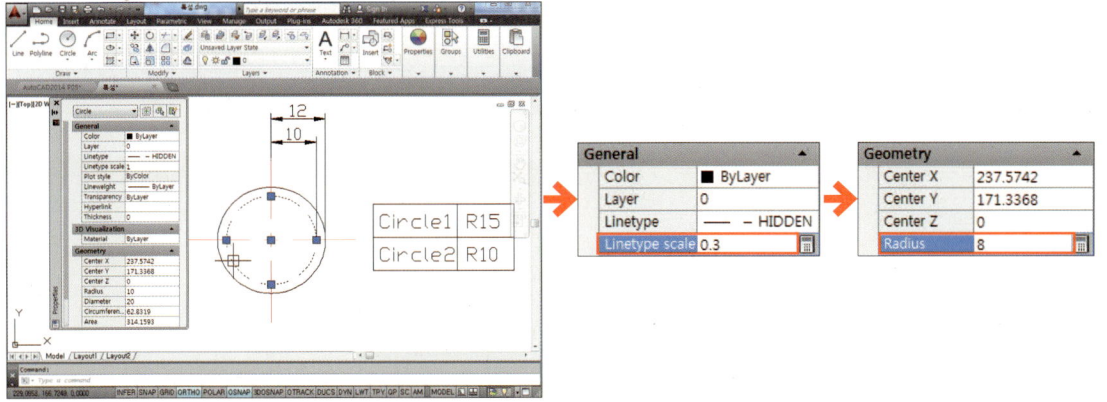

04. 이번에는 우측 표의 글꼴과 내용을 수정하겠습니다. 글꼴을 변경하기 위해 문자 4개를 모두 선택하고 [Text]의 [Style]에서 'A'로 변경한 후 **Enter** 를 누릅니다. 변경이 되면 커서를 작업 화면으로 이동해 **Esc** 를 눌러 Grip 모드를 해제해야 합니다.

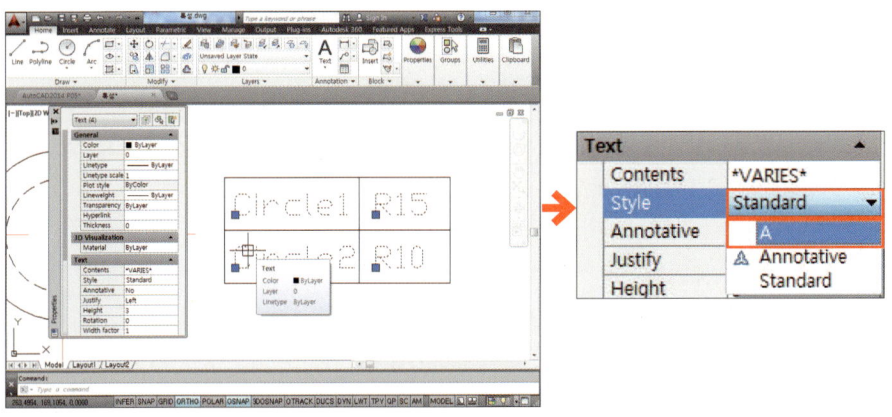

05. 표의 내용은 각각 다르기 때문에 한 번에 수정할 수 없습니다. 먼저 'R15'를 선택한 후 [Text]의 [Contents]를 'R12'로 변경하고 **Enter** 를 누릅니다. 변경이 되면 꼭 커서를 작업 화면으로 이동해 **Esc** 를 눌러 Grip 모드를 해제해야 합니다. 동일한 방법으로 'R10'을 'R8'로 변경합니다.

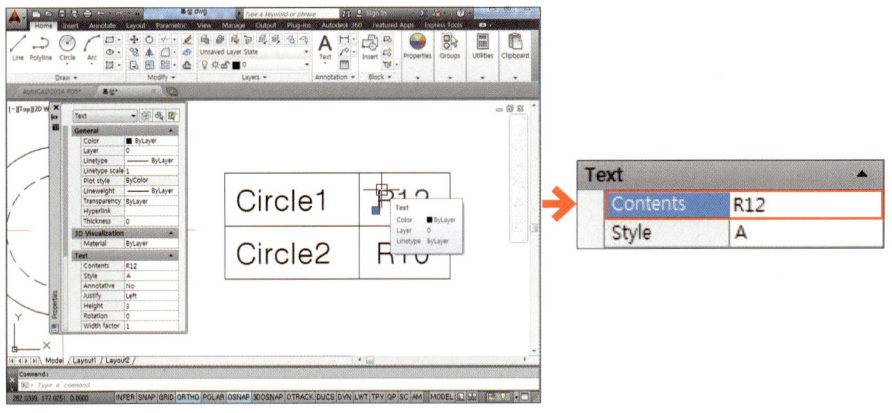

완성 파일 | DVD\완성\Part05\Lesson02\Layer도면.DWG(완성 파일을 참조하여 작성해 봅니다.)

주요 명령어 | Rectangle(REC), Explode(X), Line(L), Offset(O), Copy(CO), Trim(TR), Fillet(F), Circle(C), Hatch(H), Layer(LA)

1. 다음과 같이 레이어를 생성하여 도면을 만드세요.

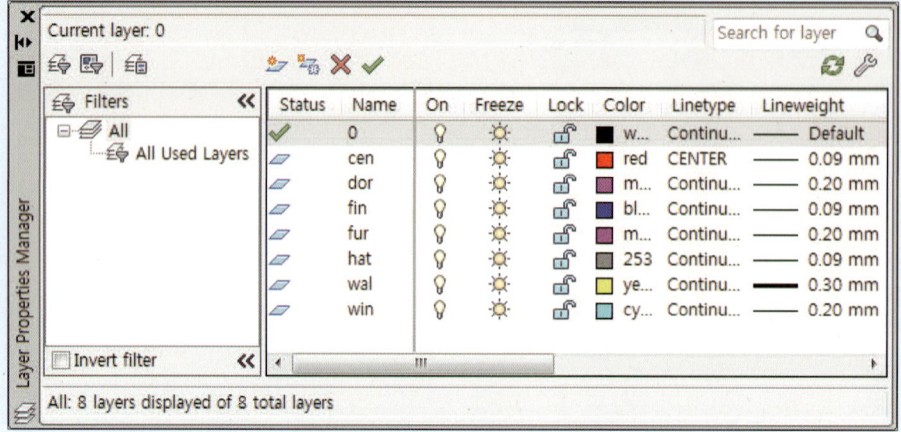

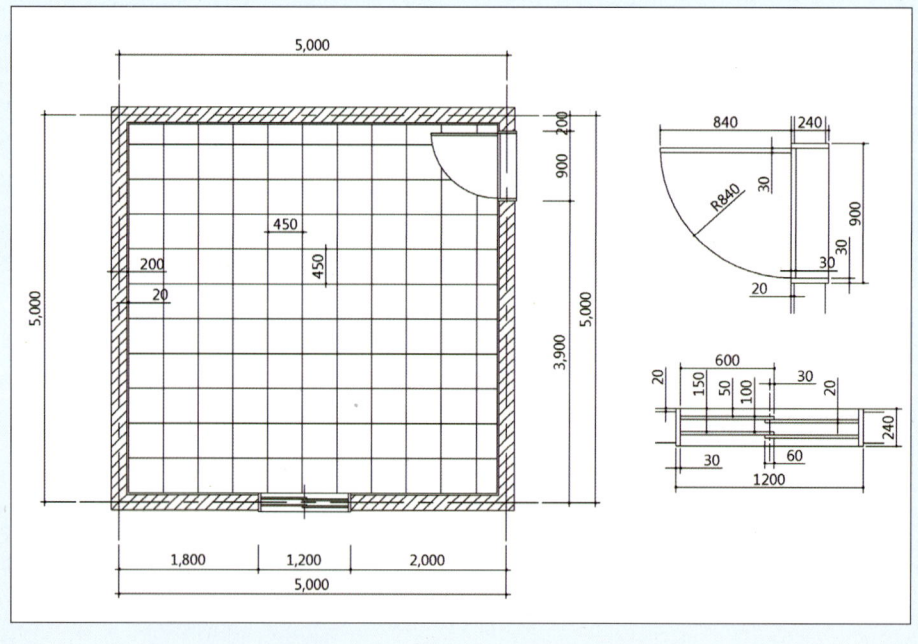

레이어 옵션

벽체에 패턴을 넣을 때 사용했던 전구 모양의 On, 결정 모양의 Freeze, 자물쇠 모양의 Lock은 출력이나 객체 선택 시 화면에 나타나는 도면 요소를 시각적으로 제어하는 기능입니다. 도면이 크고 복잡하면 어디에 창이 있는지, 문이 몇 개나 있는지 파악이 어렵거나 수정을 하려면 주변의 다른 요소가 방해가 되는 경우도 있습니다. 이런 경우 레이어의 상태를 잘 조정하면 쉽게 작업할 수 있습니다.

예제 파일 ㅣ DVD₩예제₩Part05₩Lesson02₩Layer.DWG

01. 예제 파일을 불러옵니다. 내용을 살펴보면 벽, 문, 창, 가구, 중심선, 마감선으로 이루어져 있습니다.

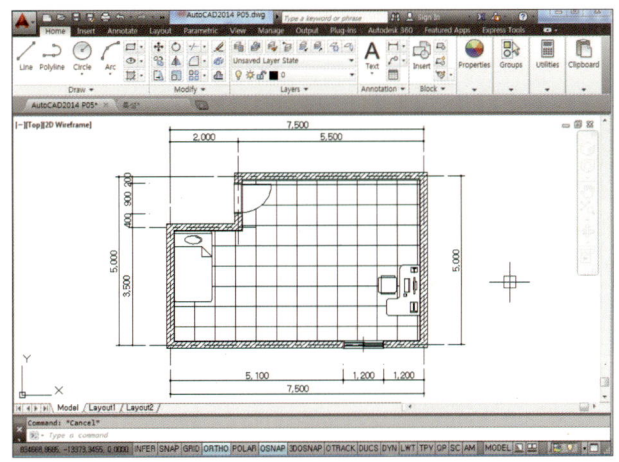

02. 도면의 'fur' 레이어를 작업 화면상에 안보이게 감춰보겠습니다. [Layer] 패널에서 'fur' 레이어의 해 모양(🔆)을 클릭하면 결정(❄️) 모양으로 변합니다. 이후 **Esc** 를 누르거나 목록에서 벗어나 작업 화면 부분을 클릭하면 'fur' 레이어가 Freeze되어 작업 화면에서 사라지게 됩니다.

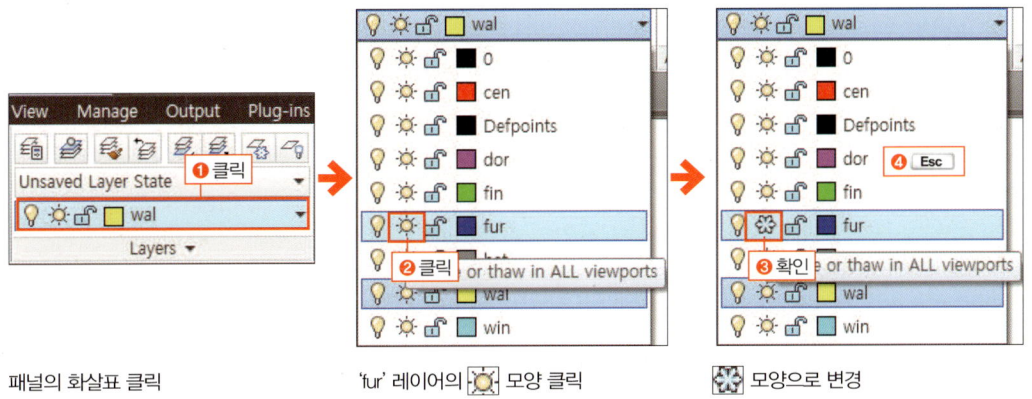

패널의 화살표 클릭　　　'fur' 레이어의 🔆 모양 클릭　　　❄️ 모양으로 변경

03. 전구 모양의 On/Off도 유사한 기능입니다. 하지만 복잡하고 용량이 큰 도면 작업의 경우 속도가 느려 Freeze를 사용하는 것이 효과적입니다.

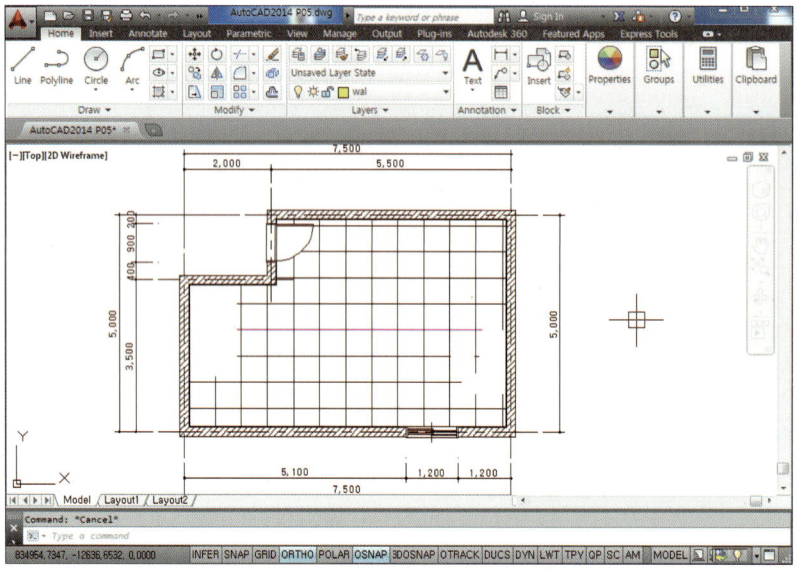

Freeze(동결)의 작업 결과

04. 이번에는 자물쇠를 걸어 Lock(🔒)의 기능을 확인하겠습니다. Lock은 화면상에는 보이지만 객체가 중요하거나 완료되어 더 이상 손을 대지 않을 부분을 수정, 편집이 불가능하게 고정시켜 놓는 기능입니다. 'dor' 레이어를 잠그겠 습니다.

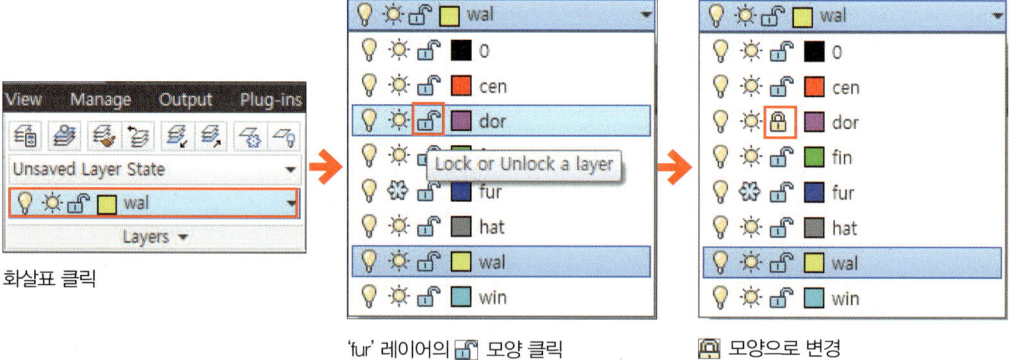

화살표 클릭   'fur' 레이어의 🔓 모양 클릭   🔒 모양으로 변경

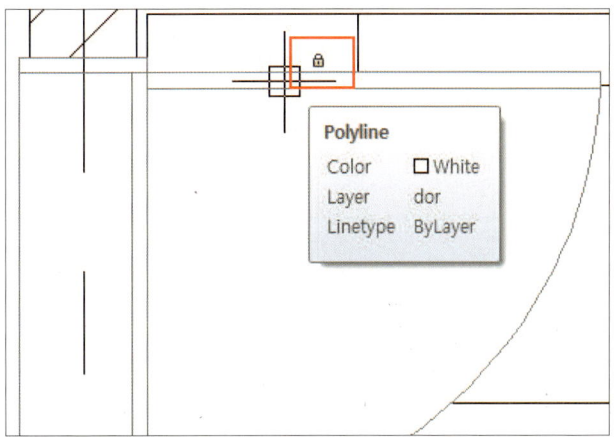

Lock의 작업 결과

작업을 하려고 하면 자물쇠 모양이 나와 선택과 삭제를 할 수 없습니다.

TIP : 레이어 옵션인 [Off], [Freeze], [Lock]을 해제하려면 한 번 더 클릭하면 됩니다.

■ Layer Properties Manager <mark>368P</mark>

도면 편집 시 유용하게 사용할 수 있습니다.

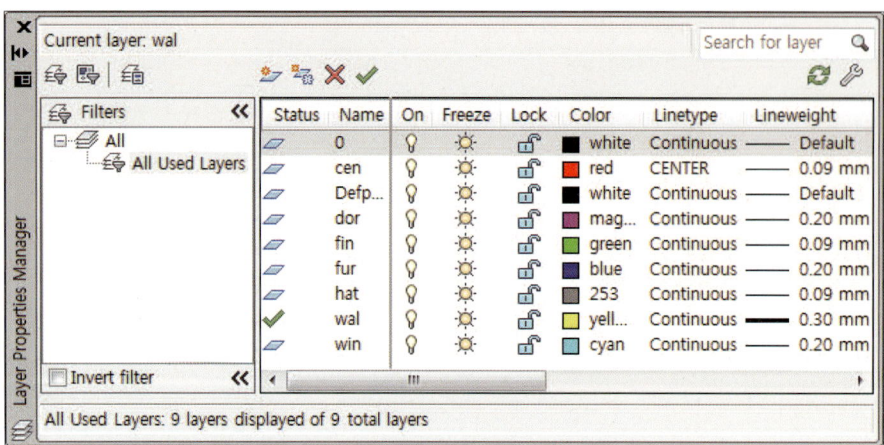

• 레이어 변경이나 옵션을 지원하는 리본 메뉴의 [Layers] 패널

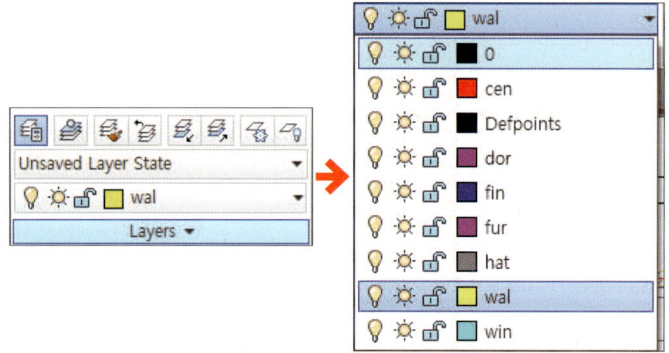

[Layers] 패널을 사용해 레이어 변경이 되지 않은 경우에는 명령 입력창에 **P I C K F I R S T**를 입력하고 **Space Bar**를 누른 후 '1'로 변경하거나, [Options] 대화상자의 [Selection] 탭에서 [Non/verb selection]을 체크합니다.

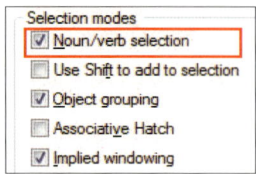

■ [Linetype Manager] 대화상자

선의 종류를 관리하는 기능으로 새로운 선을 불러와 등록하고 선의 축척을 설정할 수 있습니다. 우측 상단의 [Hide details], [Show details] 버튼으로 하단의 [Details] 부분이 보이거나 보이지 않거나를 제어합니다.

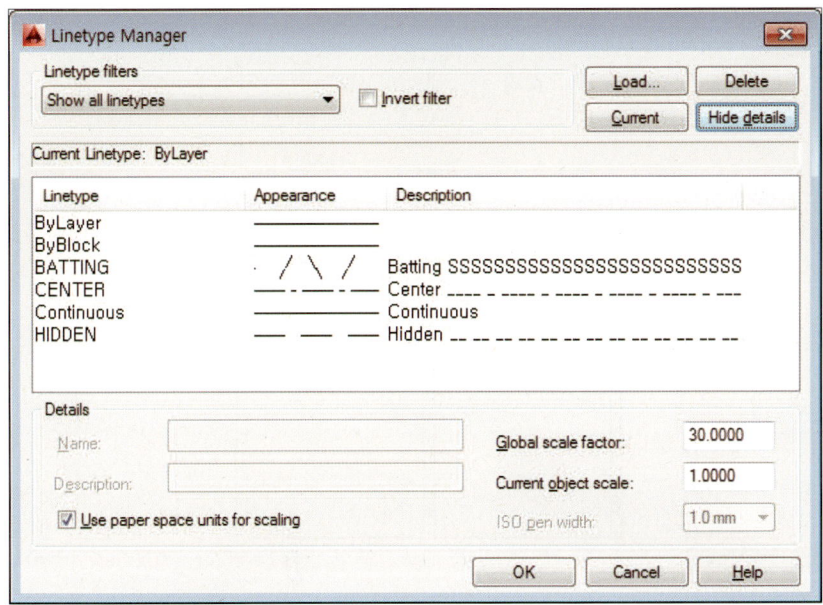

■ Properties(**P** **R** , **Ctrl** + **1**) `386P`

선택한 객체의 정보를 확인하고 수정할 수 있는 특성 관리자입니다. 도면을 작성하거나 편집 시 객체의 정보를 변경할 수 있는 유용한 기능들이 있습니다.

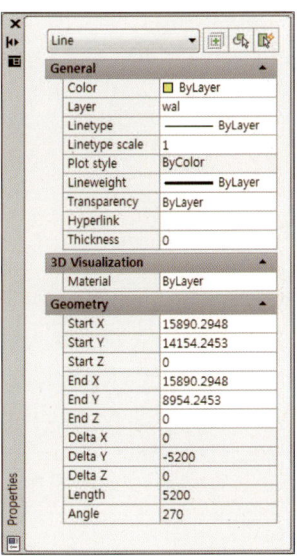

01 다음 평면도를 작성하세요.

완성 파일 : DVD₩완성₩Part05₩Self Test 05.DWG
동영상 파일 : DVD₩완성₩Part05₩Self Test 05.AVI

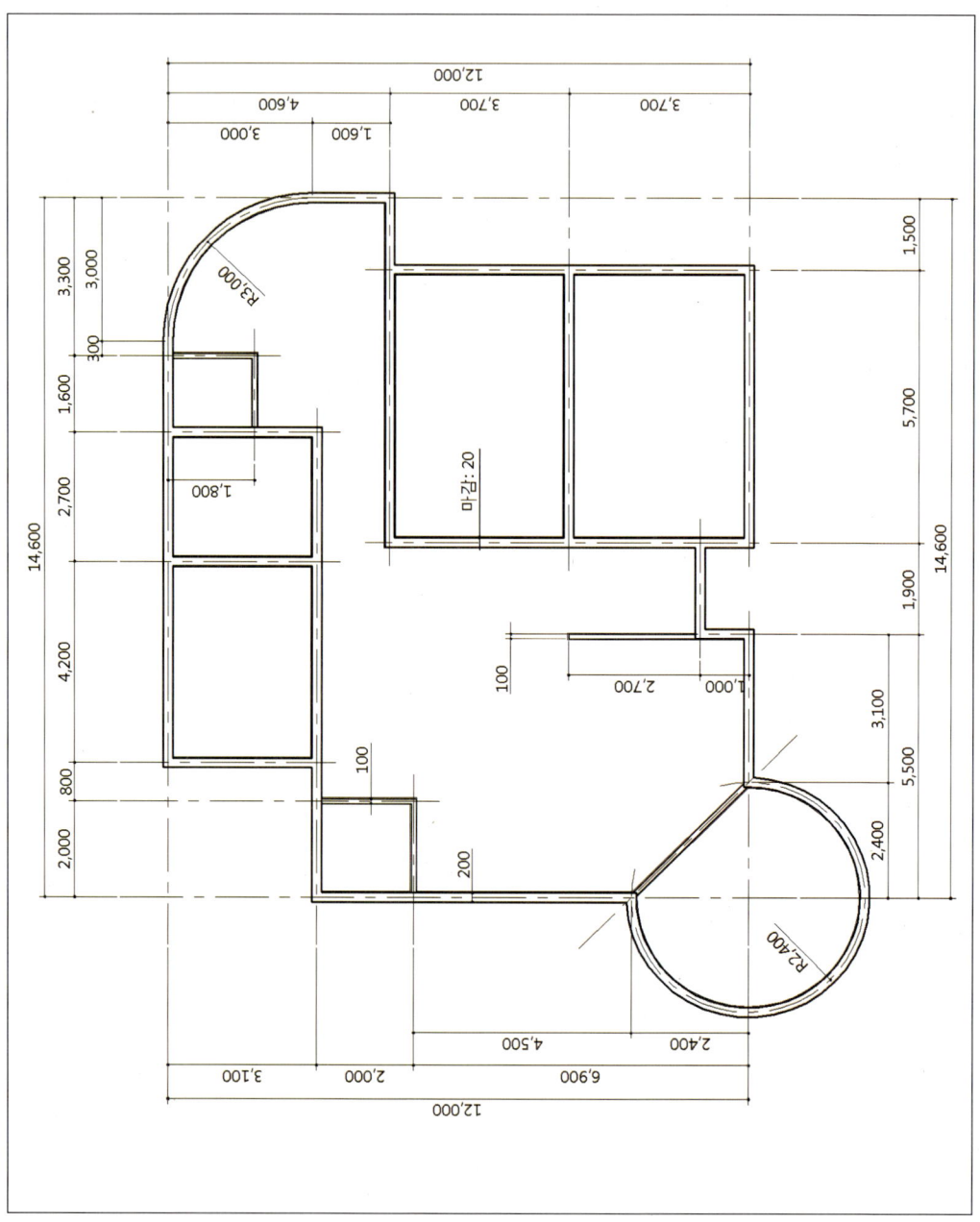

시공 도면을 위한
문자 표기와
치수 기입

AUTOCAD · 2014

도면은 설계 대상의 외형을 알 수 있도록 형태가
명확해야 하며 설계한 내용이 무엇인지 나타내려
고 하는 정보를 문자(Text)로 정확히 표기해야 합
니다. 또한 제작이나 생산을 위해 누구나 파악이
가능하도록 치수(Dimension)를 기입해야 도면으로
서의 역할을 할 수 있습니다. 이번 PART 06에서
는 도면의 정보를 표기하는 문자와 치수 기입에
대해 알아보겠습니다.

도면의 내용을 나타내는 문자 쓰기

문자를 쓰는 명령인 Dtext와 Mtext를 사용하면 도면에 필요한 다양한 정보를 표기할 수 있습니다. 문자를 쓰기 전에는 TextStyle 명령을 사용하여 문자의 폰트(글꼴)나 높이를 지정해야 합니다.

기초탄탄 ▶ 건축, 인테리어 도면에 표기하는 문자 알아보기

■ 건축, 인테리어 도면의 표기법 이해하기

• 재료의 크기를 표기할 때 : 가로 x 세로

예〉 인방 200x200 ➡

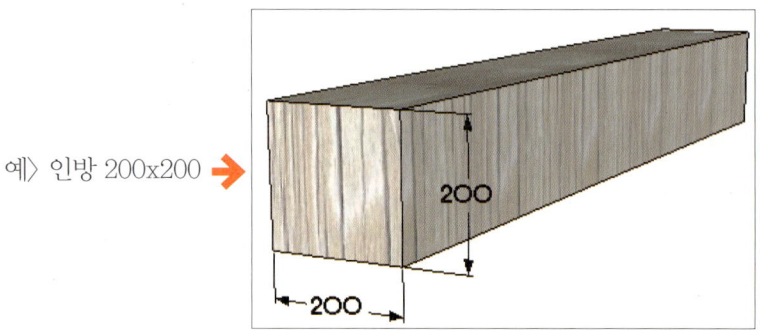

• 재료의 간격을 표기할 때 : @

예〉 반자틀 45x45@450 ➡

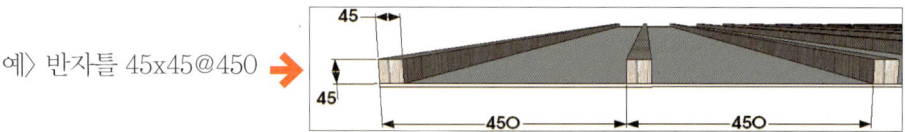

• 재료의 두께를 표기할 때 : T, THK (Thickness의 약자)

예〉내수합판 THK6 ➡

• 재료의 높이를 표기할 때 : H

예〉걸레받이 H: 150 ➡

• 시멘트 벽돌의 두께를 표기할 때 : B

예〉1.0B 쌓기

• 바름 재료의 횟수를 표기할 때 : 2차, 3차

예〉 액체방수 3차

• 철선의 규격을 표기할 때 #6 : 직경 4.8mm의 철선– 다발 결속용

　　　　　　　　　　　　　 #8 : 직경 4.0mm의 철선– 용접철망(와이어메쉬), 거푸집 긴결

　　　　　　　　　　　　　 #10 : 직경 3.2mm의 철선– 비계조립, 자재 결속

　　　　　　　　　　　　　 #12 : 직경 2.6mm의 철선– 자재 결속)

　　　　　　　　　　　　　 결속선 : 직경 0.8mm의 철선– 철근 배근용

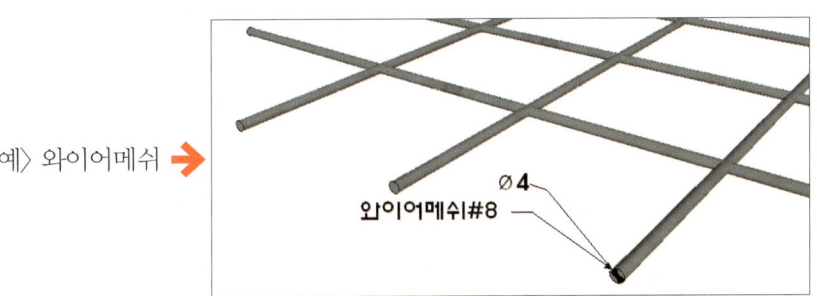

예〉 와이어메쉬

#은 흔히 반생이라 불리는 구운철선의 규격을 의미합니다. 숫자가 높을수록 철선의 두께가 가는 철선입니다. 철근은 지름인 표시인 D나 Ø로 표기합니다.

• 바닥이나 경사도를 표기할 때 : Slope 1/12 100% 경사는 45도

예〉 장애인 경사로 1/12

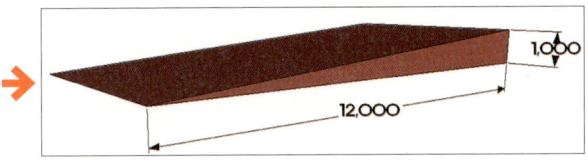

경사로의 길이가 12m일 경우 높이는 1m

417

• 지붕의 물매를 표기 할 때 – 물매 4/10

예〉 물매 3.5/10

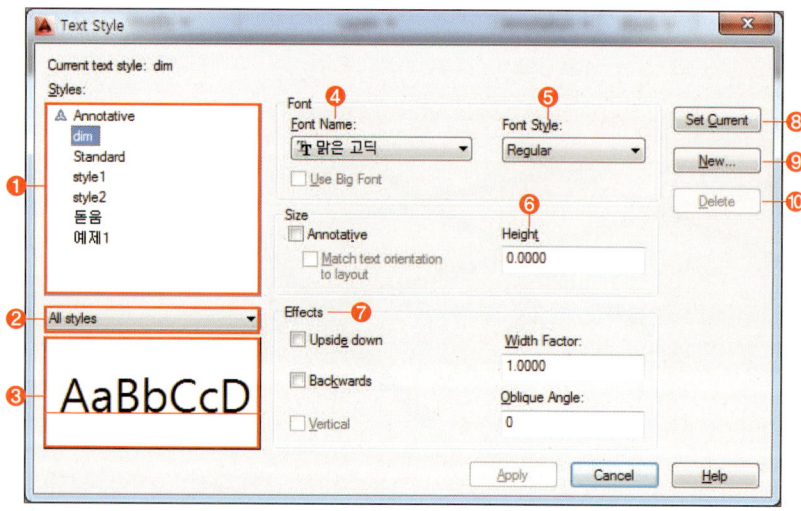

지붕의 높이가 3.5m 일 경우 길이는 10m

■ Text Style의 글꼴 유형 이해하기 `423P`

AutoCAD는 문서 작성 프로그램과는 다르게 글꼴을 바로 선택해서 사용하는 것이 아니라 문자를 쓰기 전에 사용하려는 글꼴을 지정해야 합니다. 글꼴은 TextStyle 명령으로 설정합니다. 하나의 문자 스타일에는 하나의 글꼴이 지정되므로 작성하는 도면에 다섯 종류의 글꼴이 필요하면 만들어야 할 문자 스타일은 다섯 개가 됩니다.

❶ Styles : 사용 가능한 문자 스타일 목록(Standard는 기본 제공)

❷ Style List : 표시 목록의 분류

❸ Preview : 지정한 문자 스타일의 미리 보기 창

❹ Font Name : 문자의 글꼴 지정

❺ Font Style : 글꼴의 유형 지정

❻ Height : 문자의 높이 지정(값을 지정하면 절대 값이 되어 높이 변경이 자유롭지 못합니다.)

❼ Effects : 문자 효과

❽ Set Current : 현재 사용할 문자 스타일을 지정

❾ New : 새로운 문자 스타일 만들기

❿ Delete : 문자 스타일 삭제

■ TextStyle 실행하기

• [Home] 탭-[Annotation] 패널에서 메뉴 아이콘(Annotation ▼)을 클릭한 후 [TextStyle](A⁄)을 클릭합니다.

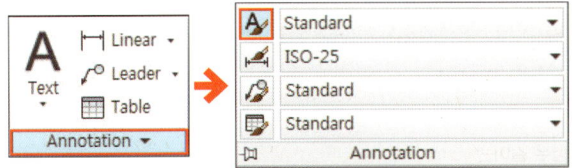

• 명령 입력창에서 Style 명령어(S T)를 입력한 후, Space Bar 를 눌러 실행합니다.

명령어 입력

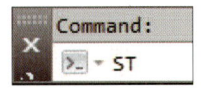
단축키 입력

■ Dtext 문자 이해하기 `426P`

명령 자체가 짧은 단어를 쓰기에 적합합니다. 도면에 표기되는 대부분의 문자가 Dtext 명령으로 작성됩니다.

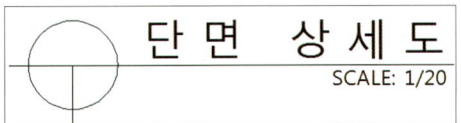

■ Dtext 실행하기

• [Home] 탭-[Annotation] 패널에서 [Text]-[Single Line](AI)을 클릭하여 실행합니다.

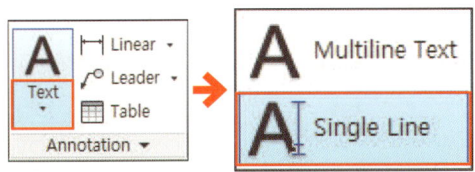

• 명령 입력창에서 Dtext 명령어(D T)를 입력한 후, Space Bar 를 눌러 실행합니다.

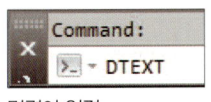
명령어 입력

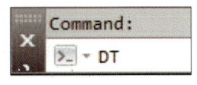
단축키 입력

■ Dtext 옵션

문자의 위치를 설정하는 정렬과 글꼴의 유형을 변경하는 [Style] 옵션을 사용할 수 있습니다.

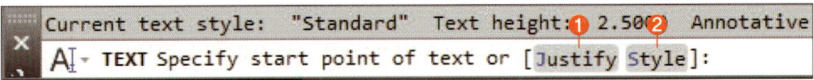

❶ Justify : 작성하는 문자의 정렬 위치를 설정합니다.

❷ Style : 사용할 문자 스타일을 변경합니다.

■ Dtext 사용 과정 익히기

```
Command:                                              D T 입력한 후 Space Bar
Specify start point of text or [Justify/Style]:             문자의 시작점 클릭
Specify height <2.5000>:                          문자의 높이 입력한 후 Space Bar
Specify rotation angle of text <0>:               문자의 각도 입력한 후 Space Bar
TEXT                                      문자 입력한 후 Enter, 다시 Enter (종료)
```

■ Mtext 문자 이해하기 `433P`

워드프로그램처럼 긴 장문을 쓰기에 적합합니다. 도면에 설명하는 글이나 지시 사항과 같이 여러 행으로 써야할 경우에 사용합니다.

■ Mtext 실행하기

• [Home] 탭-[Annotation] 패널에서 [Text]-[Multiline Text](A)를 클릭하여 실행합니다.

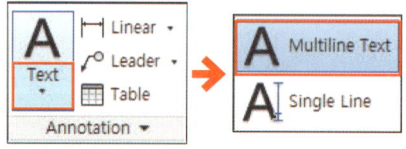

• 명령 입력창에서 Mtext 명령어(M T , T)를 입력한 후, Space Bar 를 눌러 실행합니다.

명령어 입력   단축키 입력 1   단축키 입력 2

■ Mtext 옵션

리본 메뉴에서 워드프로그램과 같이 다양한 기능을 사용할 수 있습니다.

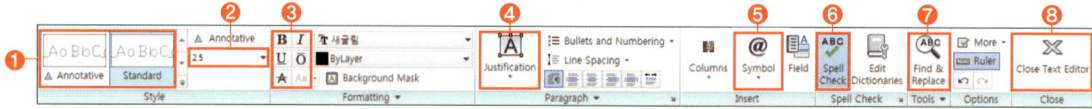

❶ Text Style : 문자 스타일을 설정

❷ Text Height : 문자의 높이를 입력

❸ Effects : 문자에 적용할 효과를 설정

❹ Jystification : 문자의 정렬 위치를 설정

❺ Symbol : 기호나 문양을 삽입

❻ Spell check : 철자를 검사

❼ Find&Replace : 문자를 검색

❽ Close : 종료

■ **Mtext 사용 과정 익히기**

```
Command:                                                    T 입력한 후 Space Bar
Specify first corner:                                            문장의 시작점 클릭
Specify opposite corner or [Height/Justify/Line/ ~ /Columns]:    문장의 종료 지점 클릭
MTEXT                                문장 작성 후 빈 공간을 클릭하거나 [닫기] 버튼 클릭(종료)
```

■ **AutoCAD의 글꼴 유형 – 세이프 타입(벡터 방식) 글꼴 이해하기** `436P`

AutoCAD 전용으로 가는 선 형태로 써지며 모양이 단순합니다. 확대나 축소 시 문자의 두께가 변하지 않으며 출력 시 두께 지정이 가능합니다. 메모리 소모가 적고, 명시성, 가독성이 뛰어나 도면 작성에 이상적인 글꼴입니다.

세이프 타입의 글꼴– 🅰simplex.shx, 🅰romans.shx 등

```
Architecture interior design
건축 인테리어 디자인
2013년 10월 25일
```

AutoCAD를 설치하면 기본적으로 사용이 가능한 한글 세이프 타입 글꼴

whgtxt.shx – 단선 고딕체

whgdtxt.shx – 복선 고딕체

whtgxt.shx – 복선 태고딕체

whtmtxt.shx – 복선 태명조체

421

■ 트루 타입(아웃라인 글꼴) 글꼴 이해하기

주변에서 흔히 볼 수 있는 글꼴로 모양이 예쁘고 다양하지만 도면 작성 시 메모리 소모가 많고 하드웨어에 부담을 줄 수 있는 글꼴입니다. 주로 도면의 명칭이나 공사명 등 큰 제목에 사용합니다.

트루 타입의 글꼴- **T 맑은 고딕**, **T 돋움** 등

Architecture interior design
건축 인테리어 디자인
2013년 10월 25일

> **TIP :** 글꼴을 추가할 경우에는 다음과 같은 경로에 글꼴 파일을 복사합니다.
> • 트루 타입 – C:\Windows\Fonts
> • 세이프 타입 – C:\Program Files\Autodesk\AutoCAD2014\Fonts

STEP 01 ● 문자의 유형을 만드는 Text Style

문자 쓰기에 앞서 사용하고자 할 문자 스타일을 만들어 보겠습니다.

예제 파일 | DVD₩예제₩Part06₩Lesson01₩문자쓰기.DWG

01. 예제 파일을 그림과 같이 불러옵니다.

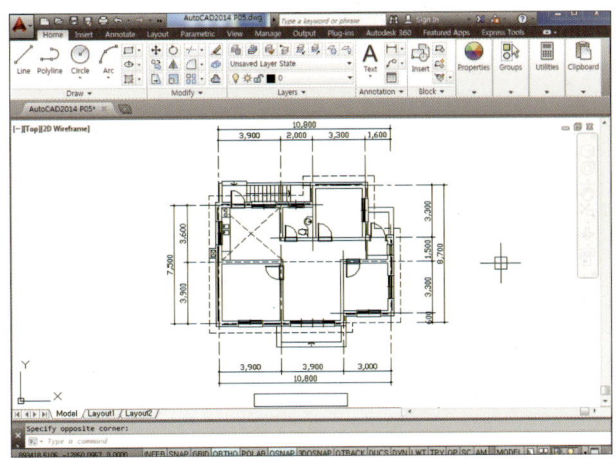

02. 먼저 문자 스타일을 만들기 위해 [Home] 탭-[Annotation] 패널에서 [Text Style](A)을 클릭하거나, **S T**를 입력한 후 **Space Bar**를 눌러 [Text Style] 대화상자를 불러옵니다.

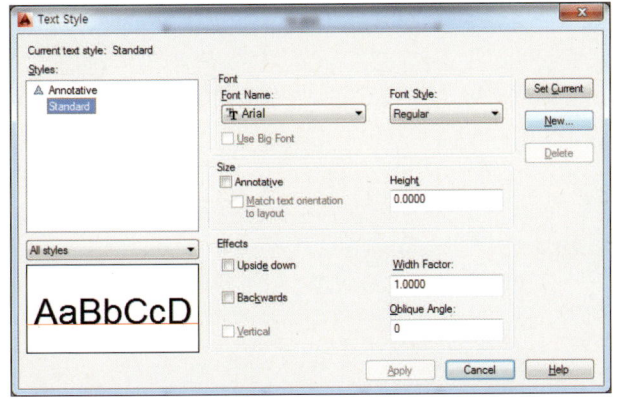

Command: **S T** 입력한 후 **Space Bar**

03. 새로운 문자 스타일을 만들기 위해 [New] 버튼을 클릭하고 [New Text Style] 대화상자가 나타나면 [Style Name]에 '돋움'을 입력한 후 [OK] 버튼을 클릭합니다.

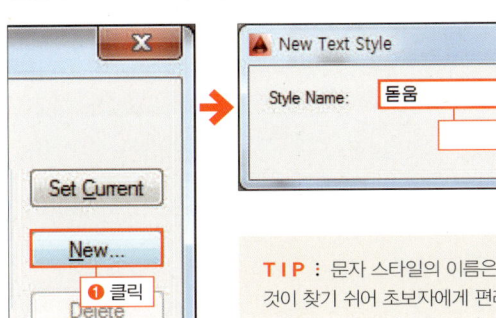

TIP : 문자 스타일의 이름은 작성 도면의 특성을 고려해 지정해도 되지만 사용할 글꼴의 이름을 사용하는 것이 찾기 쉬어 초보자에게 편리합니다.

04. 사용할 글꼴을 정해야 하는데 많이 실수하는 부분입니다. [Font Name]에서 '돋움'을 선택합니다. [Height]는 '0'을 유지해야 문자 높이의 변경이 자유롭습니다.

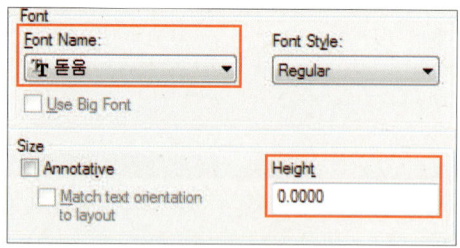

> **TIP :** [Text Style] 대화상자에서 [Height] 값을 입력할 경우 문자의 높이가 절대 값으로 설정되어 문자 작성 시 높이를 수시로 변경할 수 없게 됩니다.

05. 설정을 모두 마쳤습니다. 하단의 [Apply]와 [Close] 버튼을 클릭하면 '돋움'이라는 문자 스타일이 만들어 집니다.

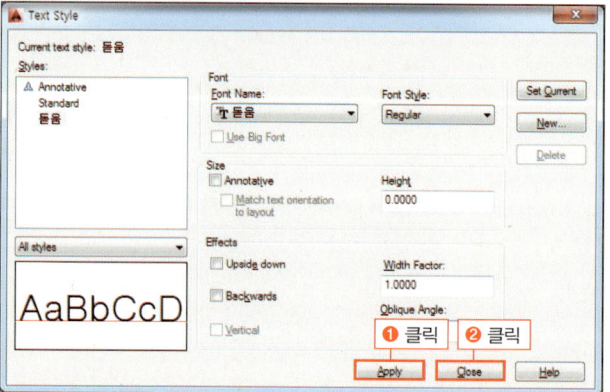

문제해결 **@가 붙은 글꼴은 수직으로 내려쓰기**

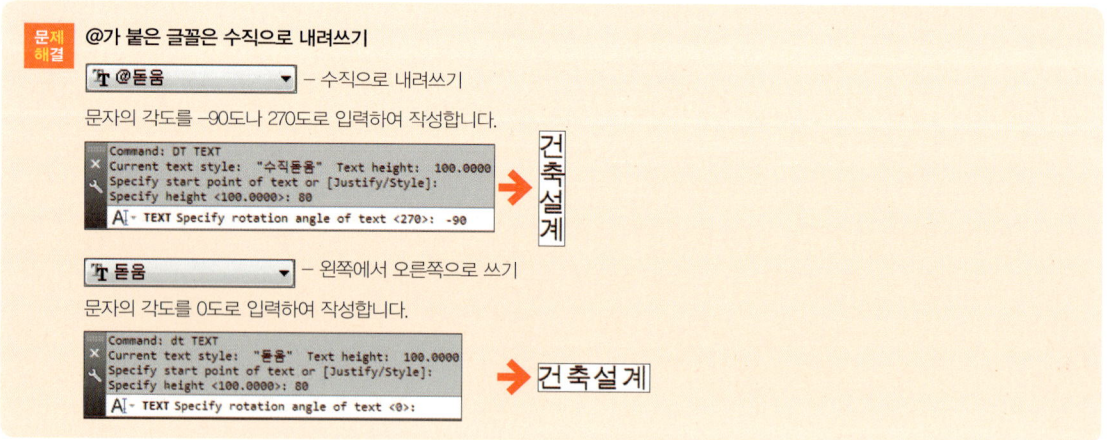

> **TIP :**
> 문자 스타일은 가장 최근에 만든 스타일이 현재 값으로 설정됩니다. 이전에 만든 문자 스타일로 작업을 진행하기 위해서는 스타일을 변경해야 합니다. [Text Style] 대화상자의 [Current text style]에서 현재 문자 타일이 '굴림'으로 되어있다면, [Styles]에서 '돋움'을 더블클릭합니다.

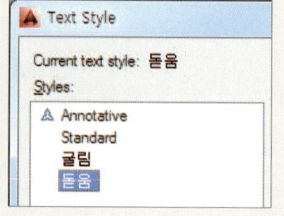

06. 앞선 내용은 리본 메뉴에서도 가능합니다. [Home] 탭–[Annotation] 패널에서 메뉴 아이콘(Annotation ▼)을 클릭하고, 다시 문자 스타일 목록에서 사용할 문자 스타일을 선택하면 됩니다.

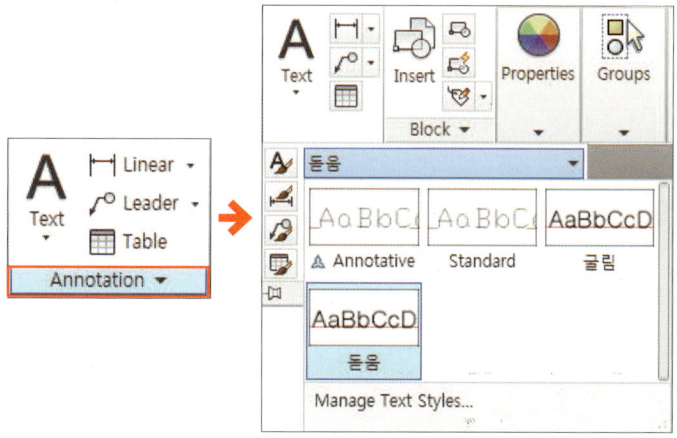

Dtext는 명령 자체가 단행 문자를 쓰기에 적합하게 되어있지만 다중행 문자도 작성이 가능합니다. 다음 STEP 03에서 다룰 Mtext 명령보다 활용도가 높고 사용하기도 더 편리합니다.

01. 문자 역시 해당 레이어를 만들어 입력해야 하기 때문에 문자를 쓰기 전에 'txt' 레이어를 만들겠습니다. 단축키 **L A**를 입력한 후 **Space Bar**를 눌러 Layer Properties Manager가 나타나면 그림과 같이 'txt' 레이어를 만듭니다. 레이어의 이름은 'txt', 색상은 하늘색인 'cyan'으로 하고 현재 레이어를 'txt' 레이어로 변경한 후 닫습니다.

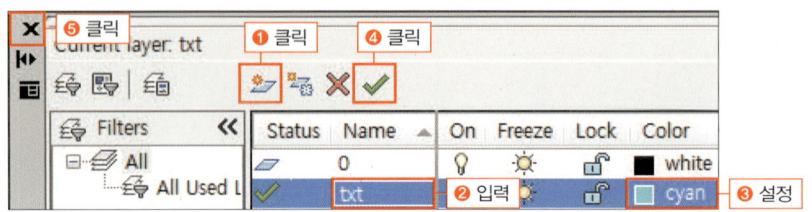

> **연관검색** 'txt' 레이어의 이름을 더블클릭하거나 'txt' 레이어을 선택하고 ☑를 클릭하면 현재 레이어로 변경됩니다.

02. 불러온 평면도에 실의 명칭을 입력하겠습니다. [Home] 탭–[Annotation] 패널에서 [Text](**A**)를 클릭하거나, 단축키 **D T**를 입력한 후 **Space Bar**를 눌러 명령을 실행합니다.

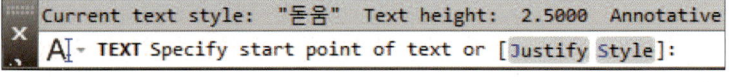

Command: **D T** 입력한 후 **Space Bar**

03. 마우스 휠을 사용하여 좌측 하단의 방을 확대하고 문자를 입력할 부분(②)을 클릭합니다. 문자의 높이 '250'을 입력한 후 **Space Bar**, 각도는 '0도' 이므로 바로 **Space Bar**를 누릅니다. 커서의 모양을 보면 한글 프로그램과 같은 커서의 모양을 하고 있습니다.

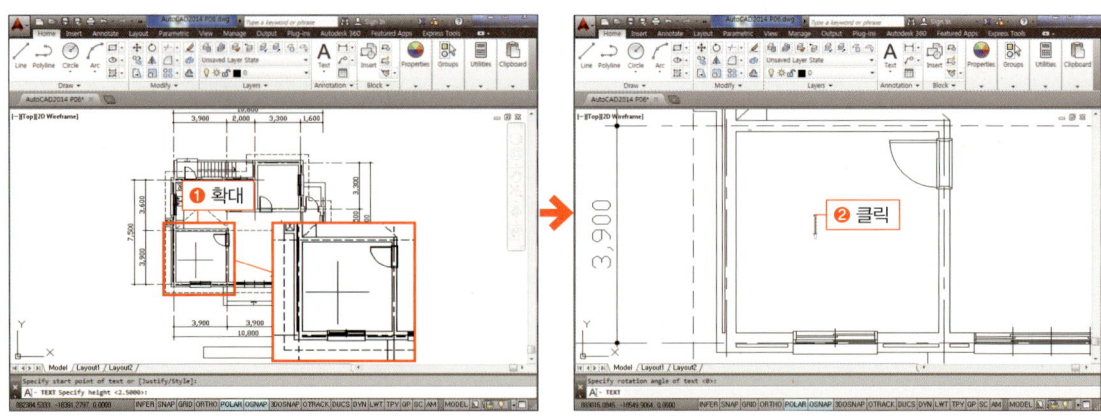

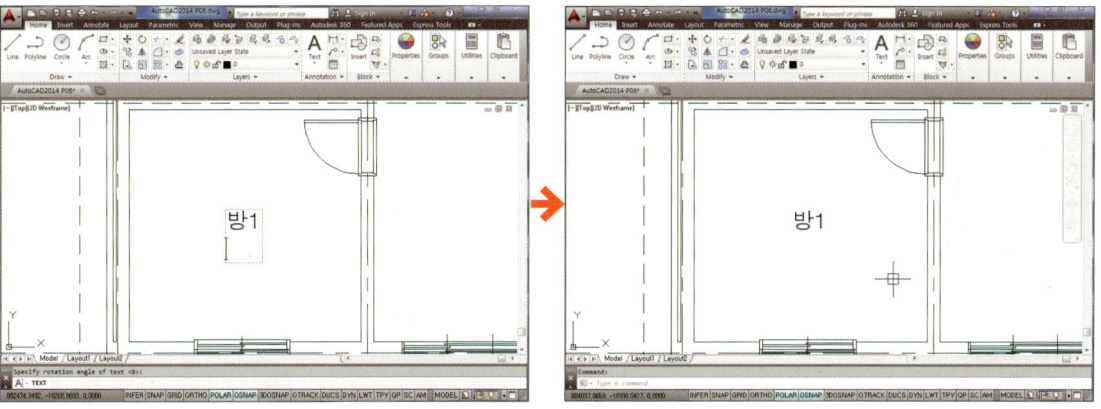

```
Current text style: "돋움"  Text height:  2.5000
Specify start point of text or [Justify/Style]:
Specify height <2.5000>: 250 ── ❸ 입력 Space Bar

A̲Ⅰ ▾ TEXT Specify rotation angle of text <0>: ── ❹ Space Bar
```

04. 한/영 변환키를 확인한 후 '방'이라고 입력하고 Enter 를 누르면 행이 바뀌는데, 다시 한 번 Enter 를 입력하면 명령이 종료됩니다. 타이핑을 잘못했을 경우 Back Space 를 눌러 삭제하면 됩니다.

문제
해결 **설정 창에 수치 입력과 문자쓰기에서 Enter , Space Bar 의 차이**
Text 명령을 사용하여 문자를 입력할 때는 Space Bar 의 기능이 워드프로그램처럼 자간을 조정하는 한 칸 띄우기가 되므로 명령을 종료하기 위해서는 Enter 를 눌러야 합니다. Text 명령뿐만 아니라 문자를 입력해야 하는 모든 사항에서 적용됩니다.

05. 문자의 위치가 한쪽으로 쏠려 있으면 Move 명령으로 위치를 조정합니다. 문자 역시 이동과 복사 등 명령을 사용할 수 있는 대상입니다. 다른 실에도 같은 방법으로 문자를 입력해도 되지만 복사해서 편집하는 방법이 훨씬 효율적입니다. Copy 명령을 사용하여 각 실에 '방'이라고 입력한 문자를 복사합니다.

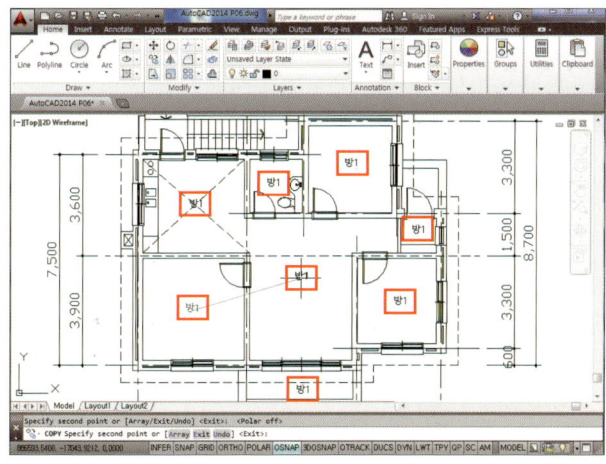

문제
해결 한글을 입력한 후 명령을 실행할 경우에는 반드시 한/영 변환키를 확인합니다.

06. '방'이라고 입력된 문자들을 각 실에 맞게 Ddedit 명령으로 수정하겠습니다. 좌측 상단의 주방과 욕실을 확대합니다. 명령 없이 커서로 '방' 문자를 더블클릭하면 수정할 수 있습니다. '주방'이라고 입력한 후 **Enter** 를 누르면 완료되고, 또 다른 문자를 수정할 수 있게 명령이 유지됩니다. Pick Box로 욕실에 있는 '방'을 클릭하고 '욕실'로 변경한 다음 **Enter** 를 누릅니다.

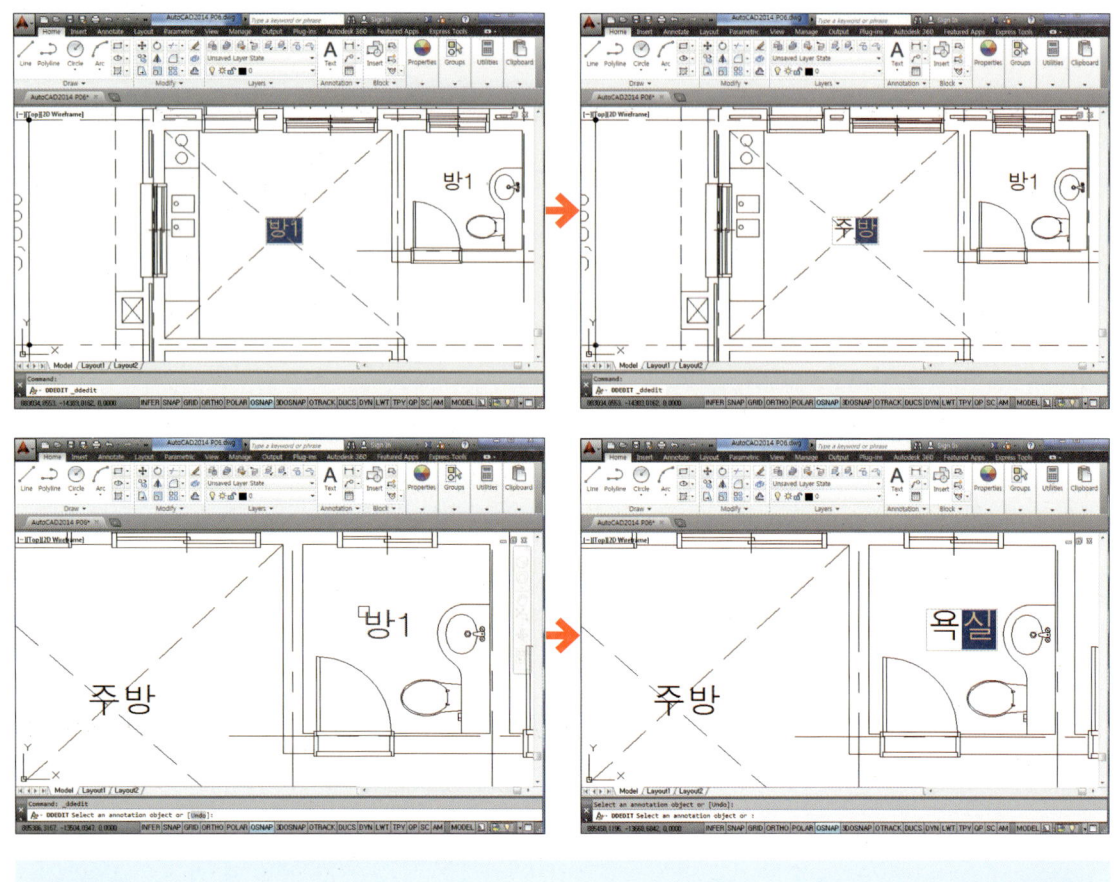

Command:		**E** **D** 입력한 후 **Space Bar**
Select an annotation object or [Undo]:		객체를 선택하고 수정한 후 **Enter**

TIP : 문자를 수정하는 Ddedit 명령

단축키 **E** **D** 를 입력해도 되지만 문자를 더블클릭해도 문자를 수정할 수 있습니다. 실제 작업에서도 단축키 대신 명령 입력이 필요 없는 더블클릭을 많이 사용합니다.

07. 계속해서 같은 방법으로 각 실의 명칭을 아래와 같이 변경하고 **Esc** 를 눌러 종료합니다.

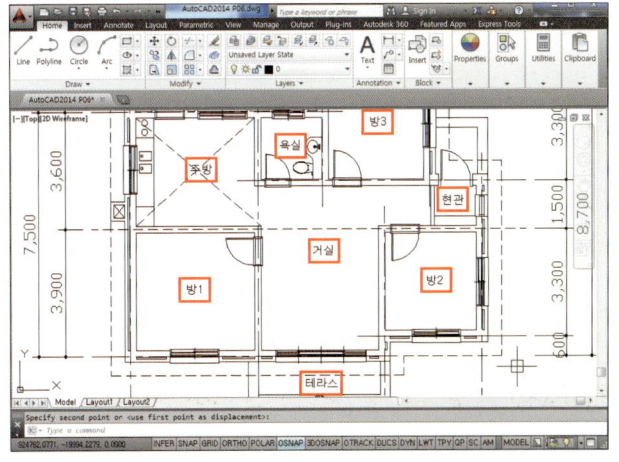

08. 각 실의 명칭을 변경하였으면 부분적으로 세부적인 내용을 입력하겠습니다. 객체를 지시하는 지시선을 Line 명령과 Donut 명령으로 만든 다음 작업하겠습니다. 그림과 같이 Line 명령으로 ① 부분에서 적당한 길이로 지시선을 그립니다.

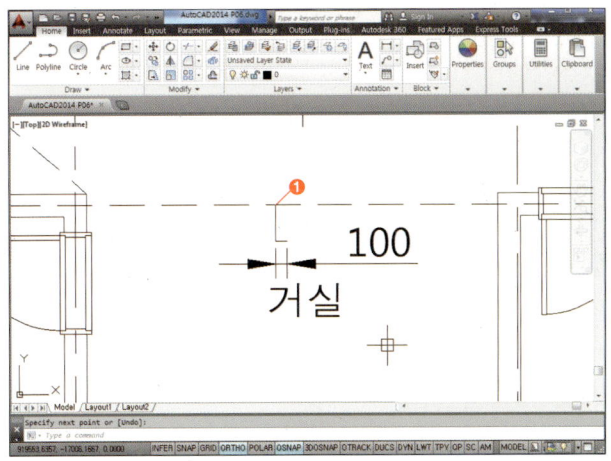

09. Donut 명령을 사용하기 위해 단축키 **D** **O** 를 입력한 후 **Space Bar** 를 누릅니다. 안쪽 지름으로 '0', 바깥쪽 지름으로 '30'을 설정하고 ① 부분을 클릭하여 점을 찍습니다.

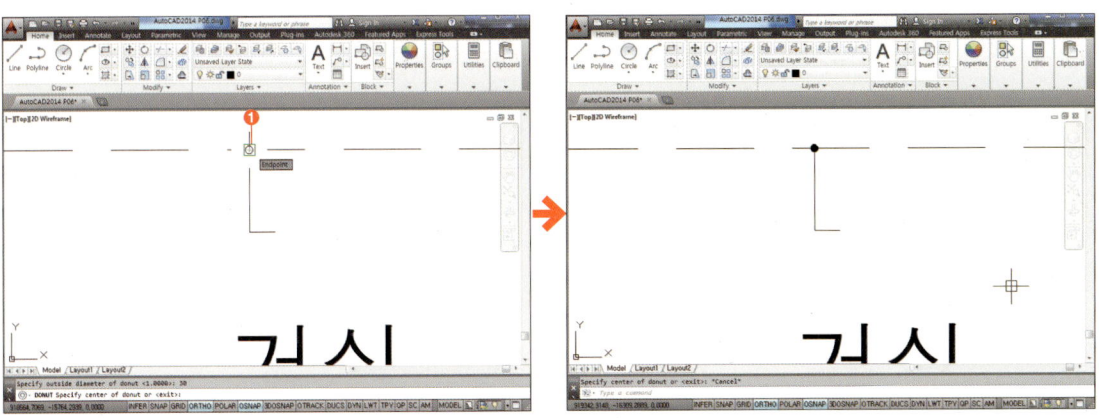

▲ Donut 명령 적용

```
Command:                                                      D O 입력한 후 Space Bar
Specify inside diameter of donut <0.5000>:                     '0' 입력한 후 Space Bar
Specify outside diameter of donut <1.0000>:                    '30' 입력한 후 Space Bar
Specify center of donut or <exit>:                             ① 부분 클릭, Esc
```

10. 문자를 입력하기 위해 D T 를 입력한 후 Space Bar 를 누릅니다. 시작점(②)을 클릭하고 문자 높이 '150'을 입력한 후 Space Bar , 각도는 '0'이므로 바로 Space Bar 를 누르고 '지붕 마룻대'라고 입력합니다. 그리고 Enter 를 두 번 눌러 종료합니다. 문자의 위치는 Move 명령으로 지시선의 위치에 맞게 조정합니다.

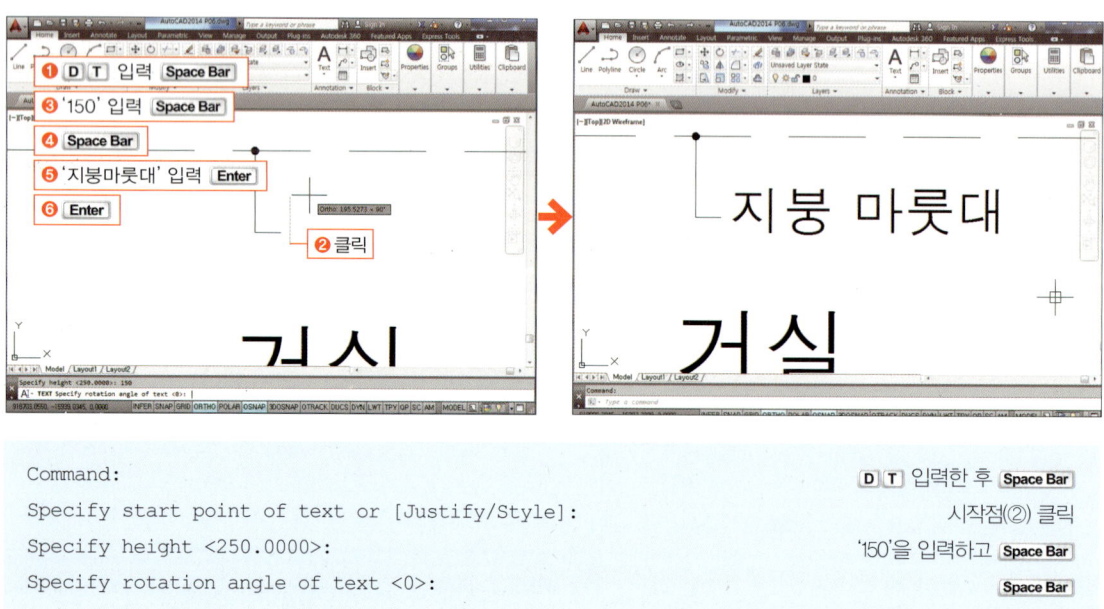

```
Command:                                                      D T 입력한 후 Space Bar
Specify start point of text or [Justify/Style]:               시작점(②) 클릭
Specify height <250.0000>:                                    '150'을 입력하고 Space Bar
Specify rotation angle of text <0>:                           Space Bar
```

11. 우측 하단 부분의 내용을 작성하기 위해 먼저 작업한 지시선과 문자를 ① 부분에 복사하고 복사된 문자를 더블 클릭하여 '처마선'이라고 기입합니다.

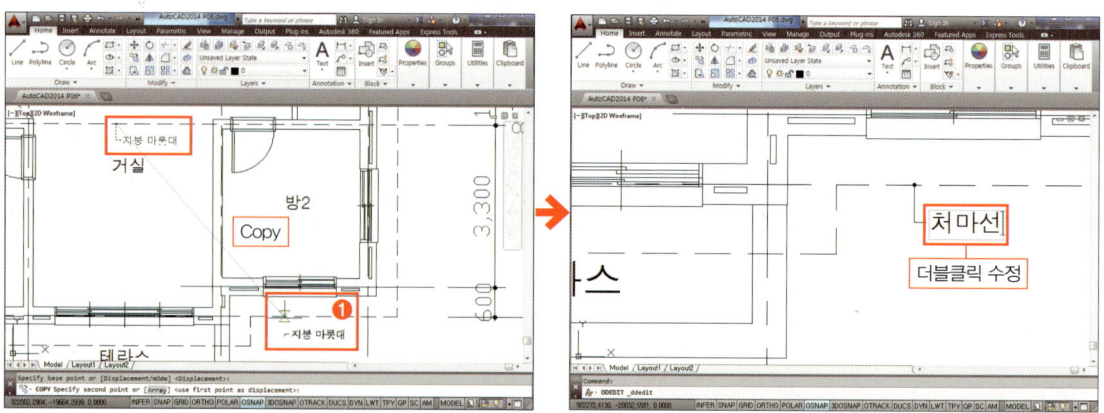

12. 작업된 '처마선' 문자를 복사해 계단 부분의 'UP, DN' 표기를 하겠습니다. 이전 작업과 동일하게 복사한 후 더블클릭하여 수정하면 됩니다. 문자 수정 후 Move 명령으로 위치를 조정합니다.

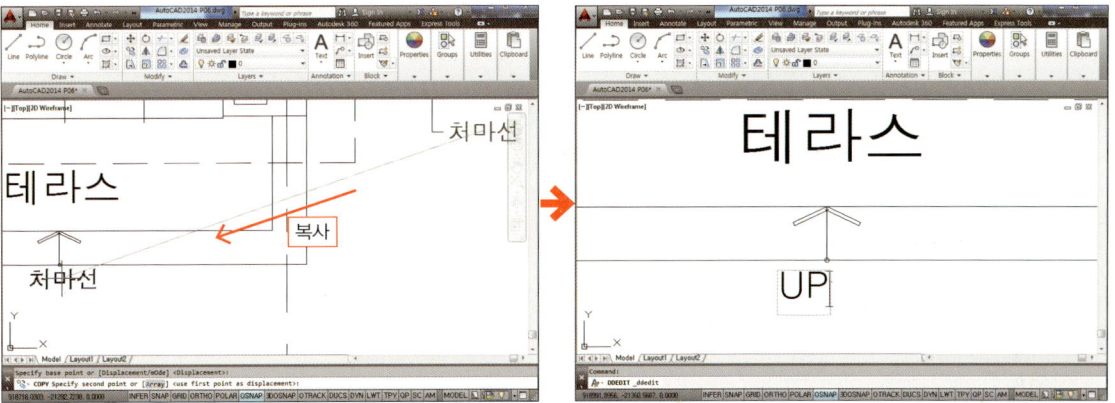

13. 같은 방법으로 도면 상단의 계단에도 작업을 합니다.

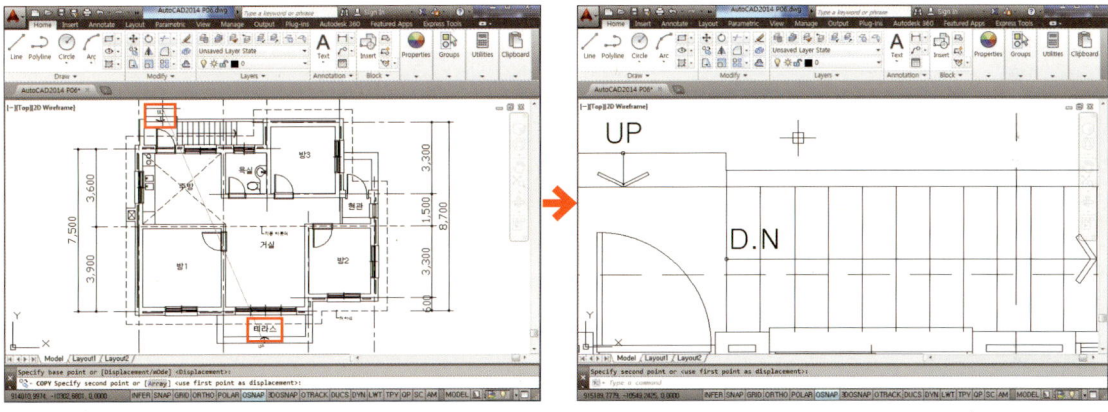

14. 마지막으로 도면 하단에 도면명을 문자 높이 '450' 정도로 해서 사각형 안에 띄어쓰기를 적당히 하여 타이핑하고 우측 하단에는 작은 문자를 복사해 'S: 1/100'으로 축척을 표기합니다.

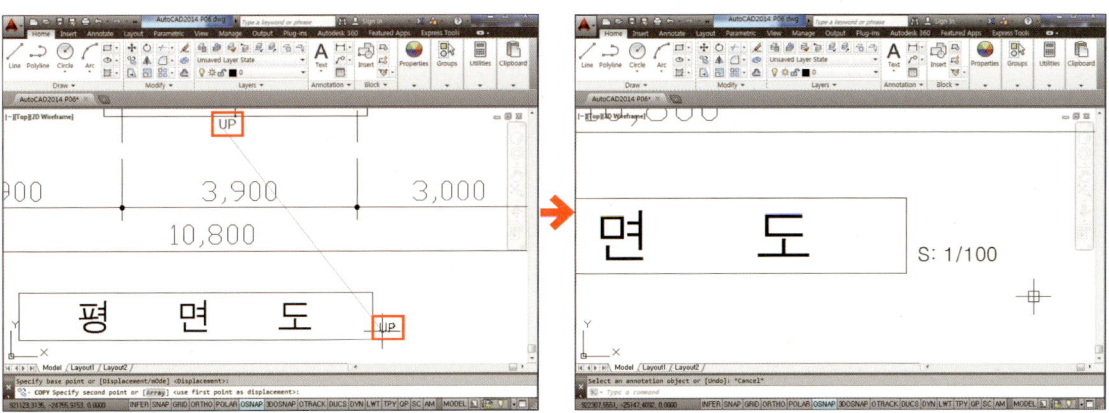

작성한 문자의 수정은 단축키 [E][D]를 입력하거나 더블클릭으로 작업이 가능하지만 높이까지 변경하지는 못합니다. 문자의 높이를 조정하는 방법은 크게 세 가지가 있습니다.

1. Scale 명령을 사용하여 배율 값으로 조정합니다.

2. Properties 특성을 사용하면 됩니다. 높이를 조정할 문자를 선택한 후 [Ctrl]+[1]을 눌러 Properties를 불러옵니다. [Text]의 [Height]를 설정하고 [Enter]를 누릅니다. 동일한 높이로 수정할 경우 여러 개를 동시에 수정할 수도 있습니다(높이 이외에 레이어, 글꼴, 내용, 정렬 상태 등 다양한 정보를 수정할 수 있습니다).

Text	
Contents	S: 1/100
Style	돋움
Annotative	No
Justify	Left
Height	150

3. Matchprop 특성 복사를 사용하면 원본 문자의 높이와 글꼴을 그대로 복사할 수 있습니다.

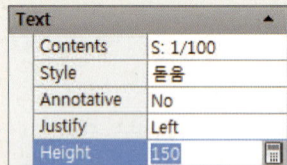

432

평면도 우측 여백에 설계 조건에 대한 내용을 다중행 문자 쓰기인 Mtext 명령으로 작성하겠습니다.

01. 도면 우측에 평면도와 관련된 내용을 Mtext 명령으로 작성해 보겠습니다. 단축키 **T** 를 입력한 후 **Space Bar** 를 눌러 Mtext 명령을 실행합니다. 도면 우측에 문장이 시작되는 ② 부분을 클릭하고 문자의 높이를 조정하기 위해 **H** 를 입력한 후 **Space Bar** 를 누릅니다. '200' 입력하고 다시 **Space Bar** 를 누른 다음 문자가 쓰일 영역을 적당히 잡아 당겨 ⑤ 부분을 클릭합니다.

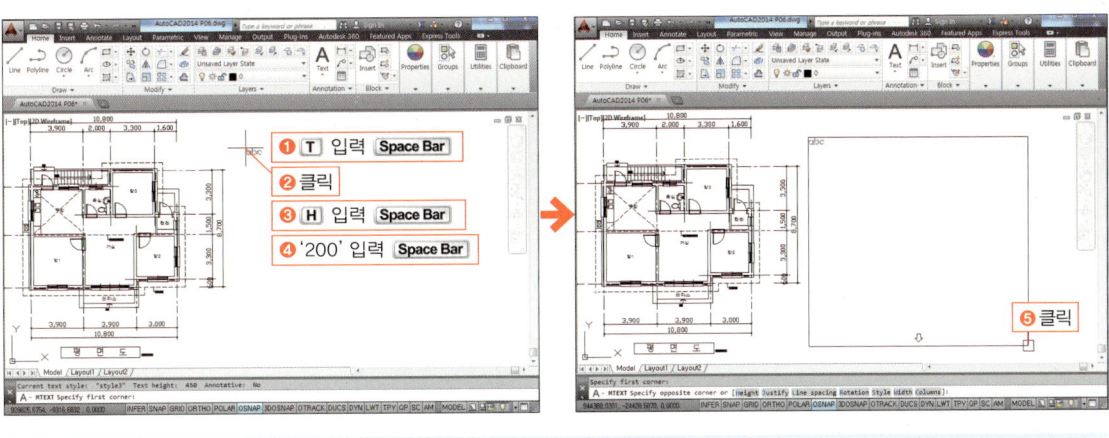

```
command:                                                   T 입력한 후 Space Bar
Specify first corner:                          문장이 시작되는 ② 부분 클릭
Specify opposite corner or [Height/Justify /~ /Columns]:    H 입력한 후 Space Bar
Specify height <450.0000>:                         '200' 입력한 후 Space Bar
Specify opposite corner or [Height/Justify/Line/ ~ /Columns]:        ⑤ 부분 클릭
```

02. 그림과 같이 타이핑합니다. 자간은 **Space Bar**, 행간은 **Enter** 를 이용하여 작업합니다. 영역을 너무 크게 잡았거나 작게 했을 경우 우측 상단과 좌측 하단의 화살표를 드래그하면 영역의 크기를 조정할 수 있습니다. 작업을 마쳤으면 문자 영역 바깥쪽(①) 부분과 같은 위치를 클릭하거나 [Close]를 클릭합니다.

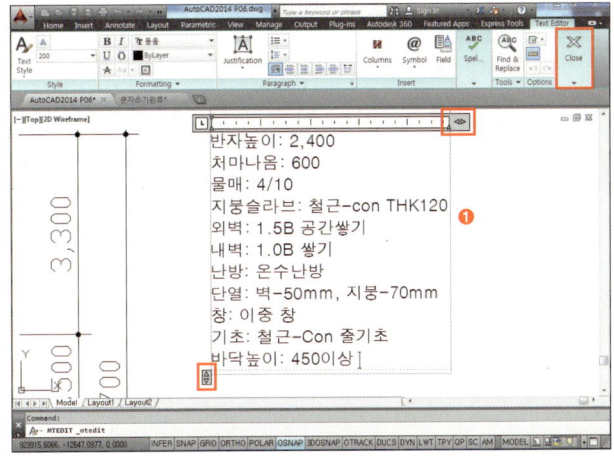

TIP : 문자를 수정하려면 Dtext와 동일한 방법인 Ddedit 명령으로 수정이 가능합니다(단축키 **E D**, 더블클릭).

03. 이어서 Rectangle 명령으로 각 실의 면적표를 만들고 문자를 입력하겠습니다. 도면 우측 하단에 작업을 합니다. Rectangle 명령을 실행하고 가로 '4,000', 세로 '2,000'인 사각형을 만듭니다. 단축키 **X** 를 입력하여 사각형을 분해하고, Offset 명령을 사용해 선(①)을 '400' 간격으로 '5칸', 다른 선(②)을 '1,000' 간격으로 '4칸'을 만듭니다.

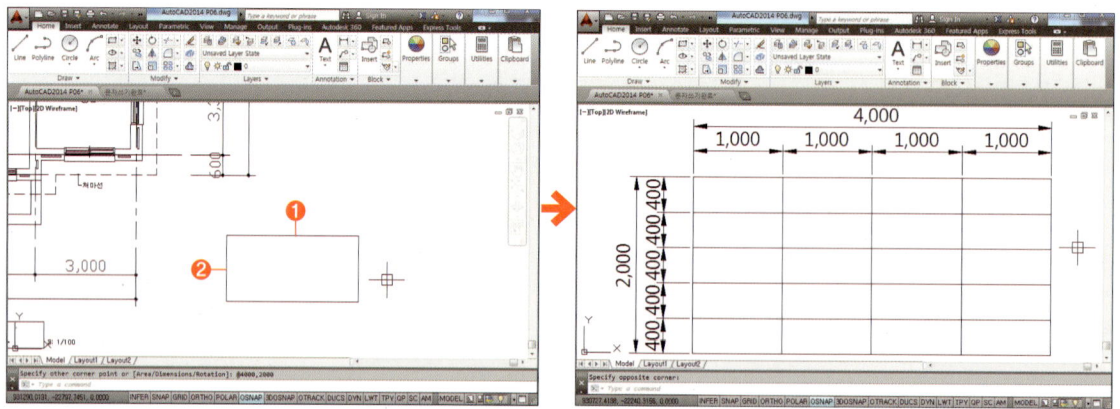

04. 단축키 **D** **T** 를 입력한 후 **Space Bar** 를 눌러 Dtext 명령을 실행합니다. 좌측 상단 첫 칸에 높이 '200'으로 '실명'이라고 입력합니다. Move 명령으로 위치를 가운데로 조정한 후 Copy 명령을 사용해 기준점(⑨)을 클릭해 모든 칸에 복사합니다.

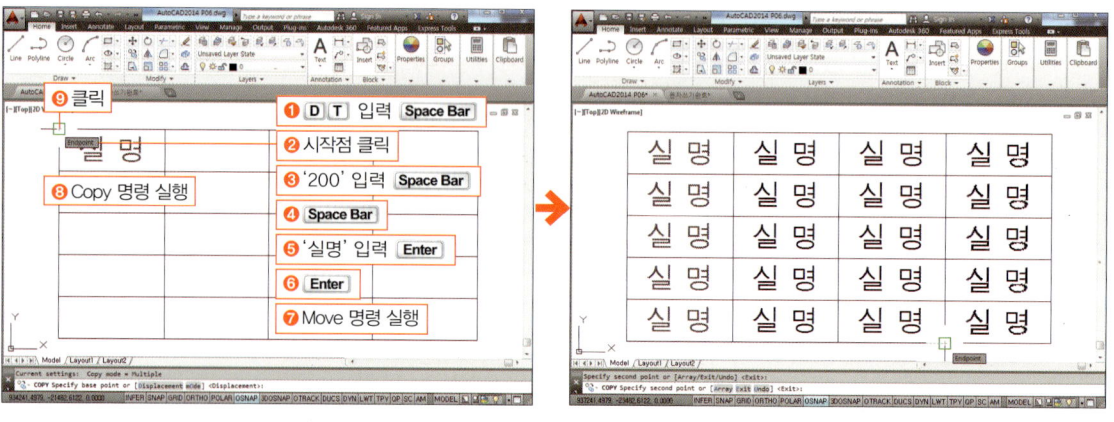

05. '실명'이라고 입력한 곳을 더블클릭한 후 그림과 같이 수정합니다.

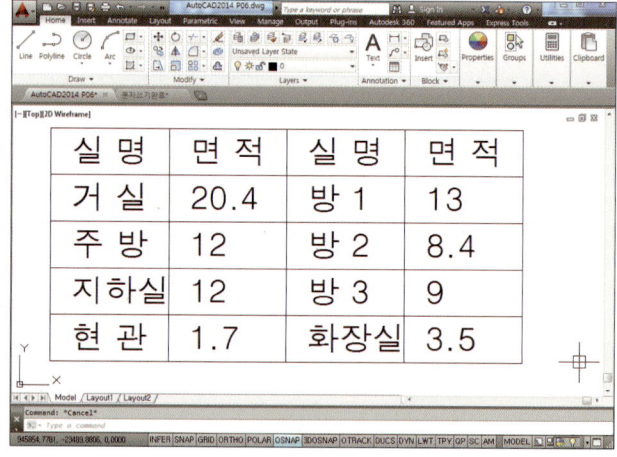

실 명	면 적	실 명	면 적
거 실	20.4	방 1	13
주 방	12	방 2	8.4
지하실	12	방 3	9
현 관	1.7	화장실	3.5

06. '면적'뒤에 '(m²)'를 넣어보겠습니다. 단축키 **D T** 를 입력한 후 **Space Bar** 를 눌러 Dtext 명령을 실행합니다. 빈 공간에 높이 '150'을 입력하고 'ㄹ'을 입력한 후 **한자**를 누르면 특수 기호 창이 나타납니다. 이곳에서 'm²'를 클릭하여 입력합니다. 변경된 'm²'를 Move 명령으로 배치하고 우측의 'm²'는 Copy 명령으로 복사합니다.

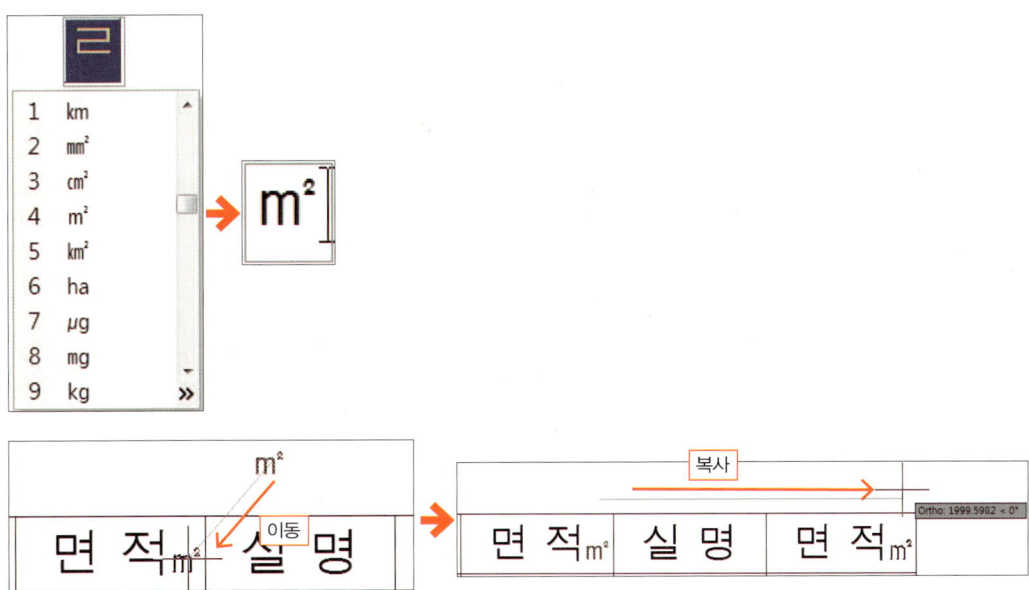

도면에 표기되는 세부적인 내용의 대부분은 세이프 타입을 사용하며, 실명, 도면명과 같은 제목은 트루 타입을 많이 사용합니다. 두 가지 유형을 써보고 비교해 보겠습니다.

01. 세이프 타입(shx) 폰트로 문자를 입력하기 위해 신규 스타일을 만들겠습니다. **S** **T** 를 입력한 후 **Space Bar** 를 눌러 [Text Style] 대화상자를 불러옵니다. [New] 버튼을 클릭하고 [New Text Style] 대화상자가 나타나면 '세부내용'이라고 입력한 후 [OK] 버튼을 클릭합니다.

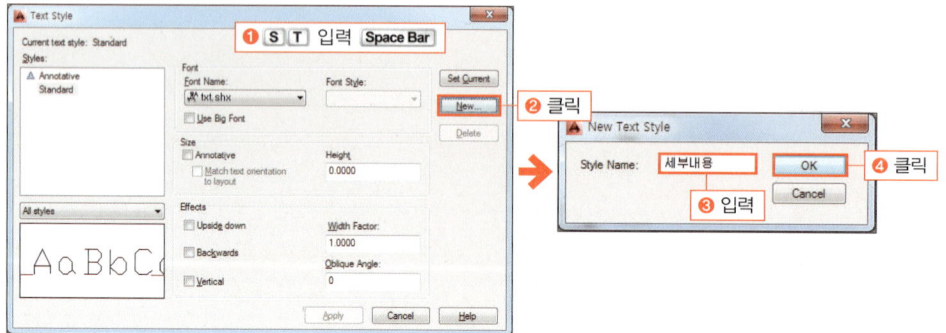

02. [Font]의 [SHX Font]에서 'romans.shx'를 선택하고 [Use Big Font]를 체크합니다. 그리고 [Big Font]에서 'whgtxt.shx'를 선택한 후 [Apply]와 [Close] 버튼을 클릭합니다.

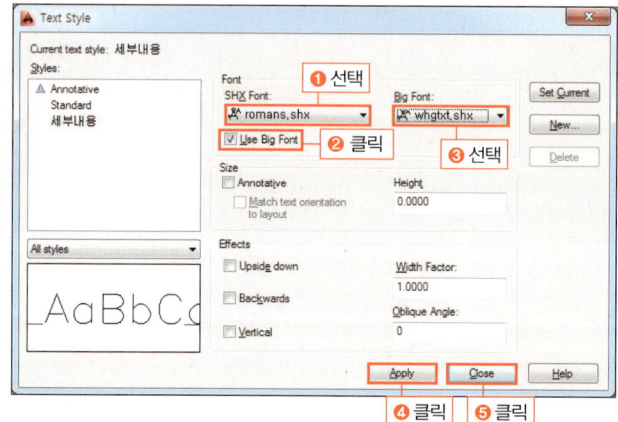

03. 문자를 입력하기 위해 **D** **T** 를 입력한 후 **Space Bar** 를 눌러 Dtext 명령을 실행합니다. 빈 공간에 문자의 시작점을 클릭하고 문자 높이 '200', 문자 각도 '0도'로 하여 '석고보드 THK9.5'를 입력합니다. 일반 트루 타입 글꼴에 비하여 단순하고 가늘게 작성되는 것을 확인할 수 있습니다.

석고보드 THK9.5

romans.shx 폰트   돋움 폰트

> **TIP :** 대부분의 도면에서 큰 제목이나 소제목을 제외하고는 거의 모든 문자는 shx 폰트로 작성이 되므로 꼭 알고 있어야 하는 내용입니다. shx 폰트는 레이어에서 두께 값을 설정하면 설정한 두께로 출력할 수 있습니다.

응용 예제

1. 다음 입면도를 만드세요.

완성 파일 l DVD₩완성₩Part06₩Lesson01₩출입문.DWG(완성 파일을 참고하여 작성해 봅니다.)

주요 명령어 l Rectangle(REC), Explode(X), Line(L), Offset(O), Copy(CO), Trim(TR), Circle(C), Donut(DO), Hatch(H), Dtext(DT), Layer(LA) 등

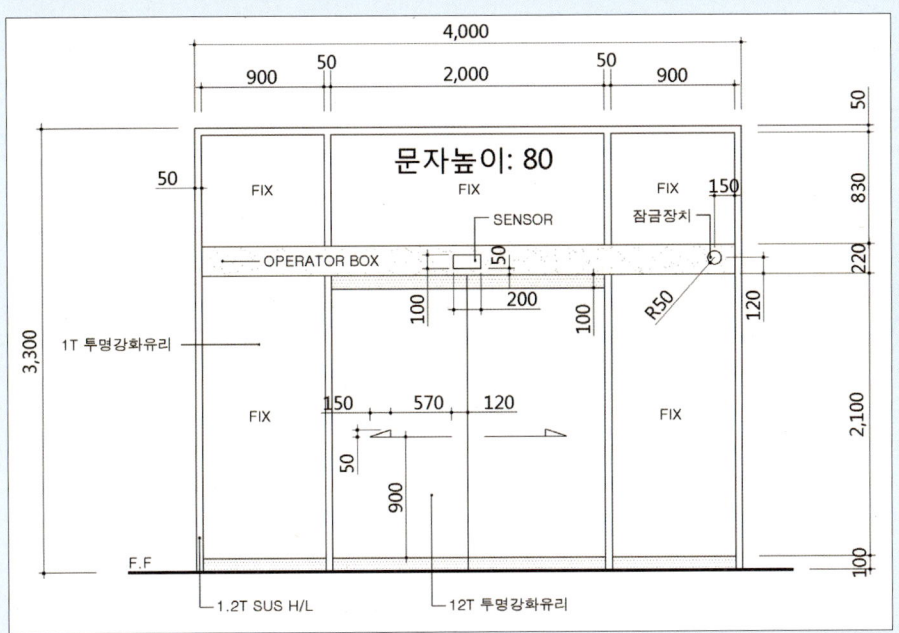

HINT

도면을 작성하고 각 부분의 재료를 입력합니다. 문자는 Dtext 명령을 사용하여 입력하고, 지시선은 Line 명령과 Donut 명령을 사용해 만듭니다. 도넛 모양의 안쪽 지름은 '0' 바깥쪽 지름은 '20'으로 설정합니다.

TIP : 기입해야 할 문자를 하나하나 작성하는 것 보다는 하나만 작성한 후 복사하여 수정하는 것이 효율적입니다.

437

자주 사용하는 특수 문자와 기호

건축, 인테리어 도면에서 자주 쓰이는 특수 문자 몇 가지를 좀 더 알아보겠습니다.

■ 특수 문자를 입력하는 방법

01. 지정된 모음을 입력한 후 [한자]를 이용한 변환

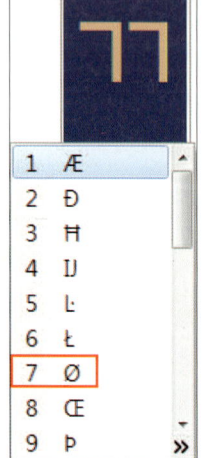

'ㄲ'은 7입력으로 'Ø'를 삽입

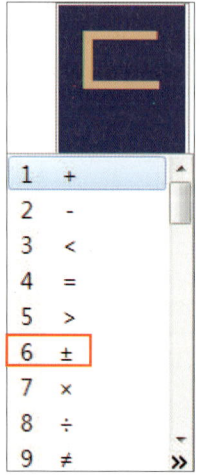

'ㄷ'은 6입력으로 '±'를 삽입

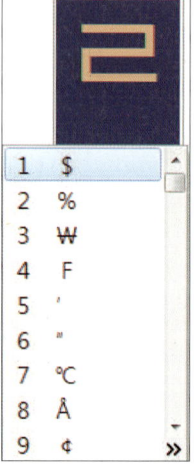

'ㄹ'은 면적 단위를 삽입

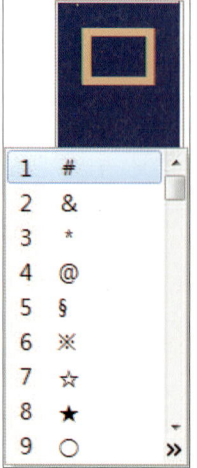

'ㅁ'은 간단한 도형을 삽입

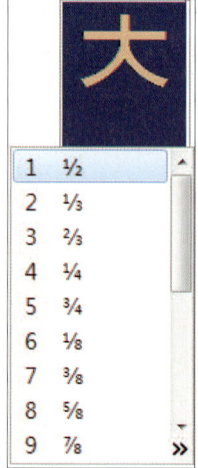

'ㅊ'은 분수와 지수를 삽입

02. 윈도우 보조 프로그램의 시스템 도구 문자표(Windows7 기준)

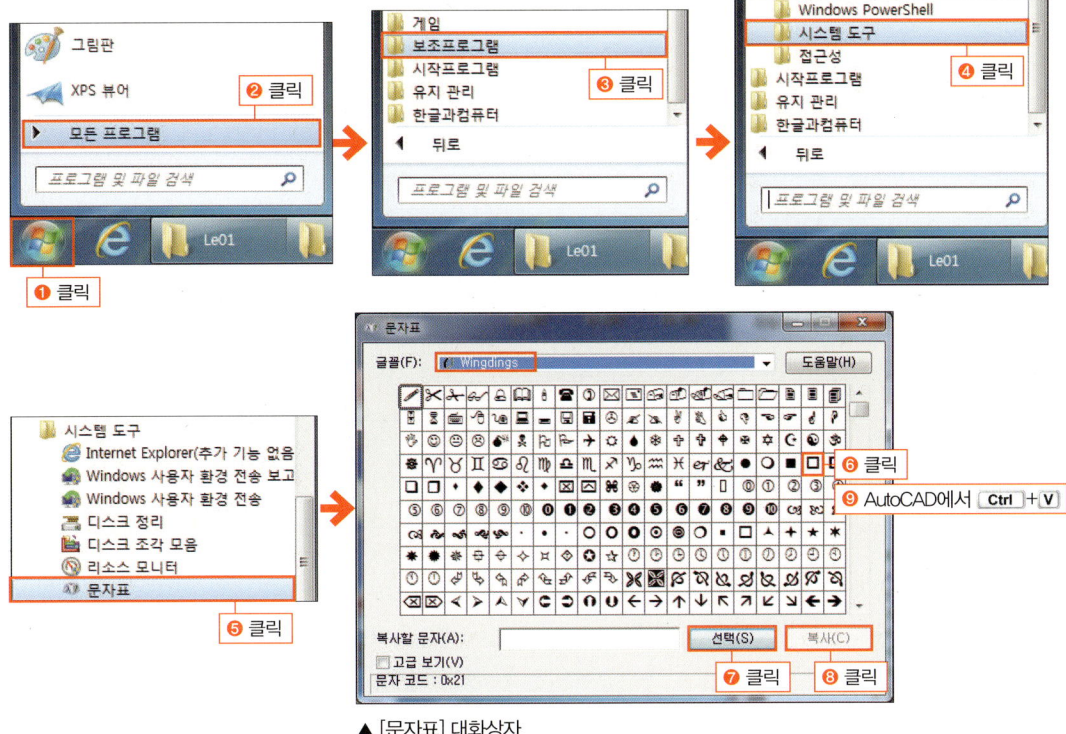

▲ [문자표] 대화상자

[문자표] 대화상자에서 기호를 선택하고 [선택] 버튼을 클릭한 후 [복사] 버튼을 클릭합니다. 그리고 작업 화면에서 Ctrl + V 를 누르면 선택한 기호가 삽입됩니다.

03. Mtext 사용 시 [Insert] 패널의 [Symbol] 삽입 기능

단축키 T 를 입력한 후 영역을 지정하거나 [Multiline Text] A 를 클릭하면 리본 메뉴가 문자 쓰기에 사용하는 옵션 패널로 전환됩니다. 이곳에서 [Symbol] @ 을 클릭해 사용합니다.

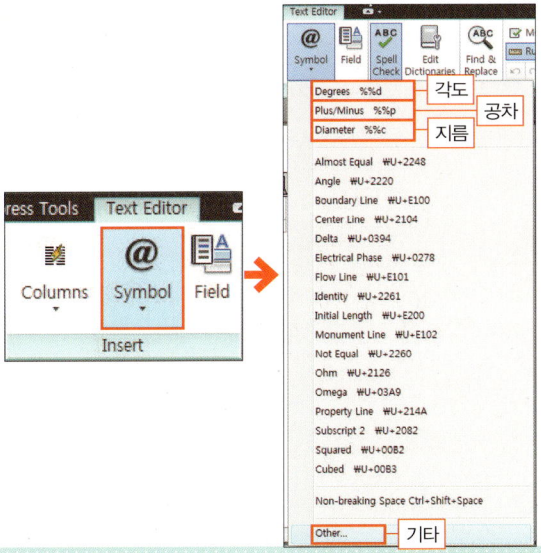

439

04. 키보드로 직접 입력하는 방법

지름 'ø'는 '%%c', 각도 '°'는 '%%d', 공차 '±'는 '%%p'를 입력하면 해당 기호로 변경할 수 있습니다. 자주 사용하는 각도, 공차(±1), 지름(ø)은 키보드로 입력이 가능하도록 암기하는 것이 좋습니다. Dtext, Mtext 명령 모두 사용이 가능합니다.

■ Properties(특성)을 활용한 문자 편집

문자 쓰기의 옵션은 매우 많지만 그중 활용도가 가장 높은 [Fit]과 문자 작성 후 크기를 변경하는 방법에 대해 알아보겠습니다.

Dtext의 Fit(맞춤) 적용의 예

지정된 칸에 문자를 입력할 때 폭이 좁아 문자가 벗어나는 경우에 사용합니다.

지하실	12	방 3	9
현 관	1.7	보일러실 3.5	

➡

지하실	12	방 3	9
현 관	1.7	보일러실	3.5

01. Rectangle 명령을 사용해 가로 '500', 세로 '100'인 사각형을 그린 다음 단축키 D T 를 입력합니다. 사각형 좌측 하단에 시작점을 클릭하고 문자 높이 '60'으로 지정한 후 아래와 같이 문자를 입력하면 작성된 칸에서 벗어나게 됩니다.

지상 5층 전기배선도

02. 그려진 사각형 안에 맞게 문자를 넣어보겠습니다. 단축키 D T 를 입력하면 명령 입력창에 다음과 같이 옵션이 나옵니다.

```
Current text style: "style1"  Text height: 60.0000  Annotative
A⌶ ▾ TEXT Specify start point of text or [Justify Style]:
```

J 를 입력하고 Space Bar 를 누르면 자리맞춤 옵션을 선택하면 여러 가지 자리맞춤이 있지만 두 번째 [Fit](끼워 맞춤) 옵션을 적용하기 위해 F 를 입력한 후 Space Bar 를 누릅니다. 문자가 시작될 ① 부분을 클릭하고 이어서 문자가 끝나는 ② 부분을 클릭한 후 문자의 높이 '60', 각도 '0'을 입력합니다. 문자를 끝까지 입력한 후 Enter 를 두 번 누르면 벗어난 문자가 지정된 칸 안에 작성이 됩니다. 이후 Move 명령으로 적당히 이동시키면 됩니다.

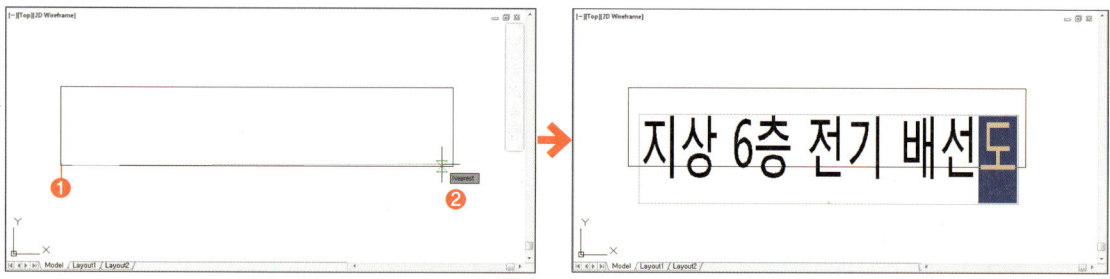

Move 명령을 사용해 상단으로 이동시킵니다.

지상 6층 전기 배선도

■ 입력한 문자의 크기(높이) 변경

지상 6층 전기 배선도 의 문자가 너무 커서 답답해 보입니다. Properties를 사용해 높이 값을 변경해 보겠습니다.

01. 단축키 P R을 입력한 후 문자를 선택하거나, 문자를 클릭하고 다시 마우스 오른쪽 버튼을 클릭한 후 [Properties]를 선택하면 Properties가 나타납니다.

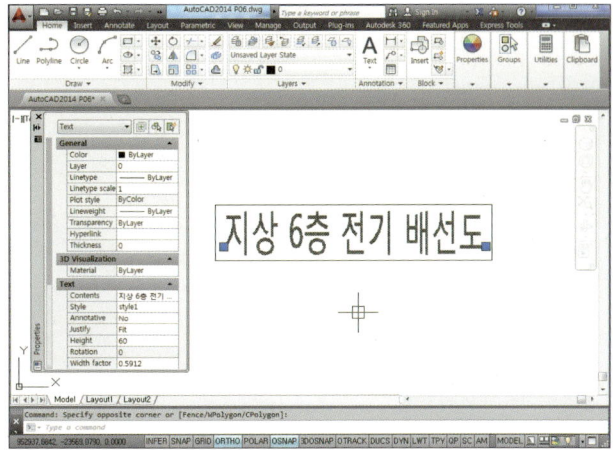

Command:	P R 입력한 후 Space Bar
Command:	객체 클릭

TIP : 문자를 선택한 후 Ctrl + 1 을 눌러도 Properties가 나타납니다.

02. Properties의 [Text]에서 [Height]를 '45'로 변경하고 Enter 를 누르면 문자의 높이가 변경됩니다. 이후 좌측 상단의 [닫기] 버튼을 클릭하고 Esc 를 눌러 작업을 종료합니다.

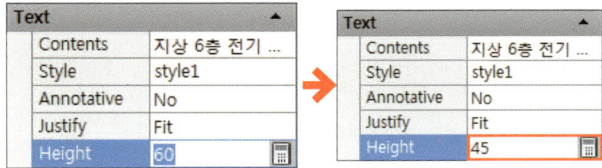

03. 상단으로 약간 이동합니다. Scale 명령과는 다르게 정확한 높이 값을 적용하여 문자의 높이를 변경할 수 있습니다.

지상 6층 전기 배선도

04. 앞의 [Fit] 옵션은 문자 작성 후 Properties 명령으로도 작업이 가능합니다. 아래와 같이 문자를 입력합니다.

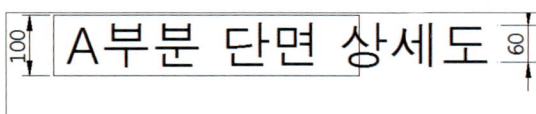

05. 문자를 클릭하여 Grip 상태로 만든 후 마우스 오른쪽 버튼을 클릭하고 [Properties]를 선택하여 Properties를 불러 옵니다. [Text]의 [Justify]를 'Fit'로 선택하고 [닫기] 버튼을 클릭합니다.

06. 문자에 [Fit] 옵션이 적용되어 Grip 상태에서 문자의 우측 하단을 클릭하면 좌우로 조정할 수 있습니다.

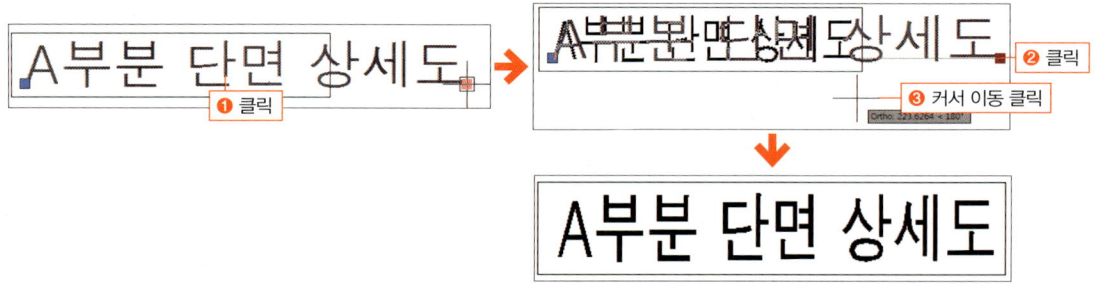

TIP : Properties를 사용하면 문자의 글꼴, 높이, 내용, 정렬 등 다양한 정보를 확인하고 수정할 수 있습니다.

Table을 사용하여
범례와 면적표 만들기

간단한 표는 Line, Rectangle 명령으로도 작성이 가능하나 칸이 많거나 지속적인 편집이 필요한 경우에는
Table 명령을 사용해 작성하는 것도 좋은 방법이 될 수 있습니다. Text 명령과 같이 표를 작성하기 위해서는
테이블 스타일을 작성해야 합니다.

**기초
탄탄** ▶ Table 알아보기

■ [Table Style] 대화상자 이해하기

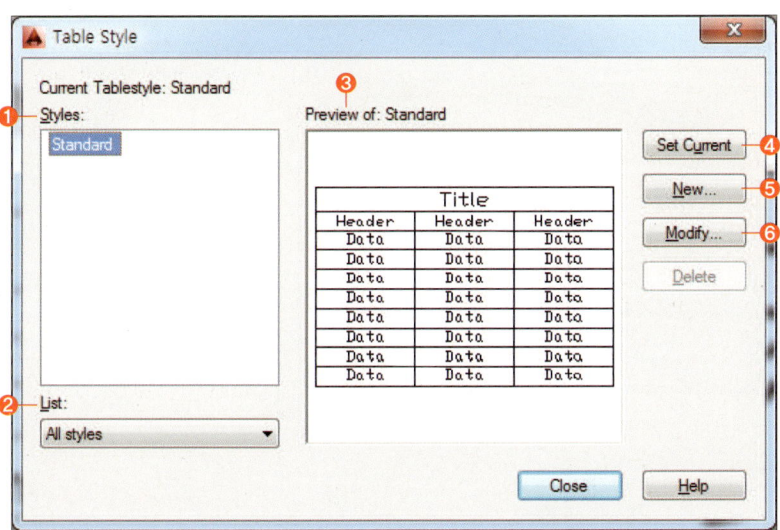

❶ Styles : 작성 가능한 테이블 스타일 목록(standard는 기본)

❷ List : 표시 목록의 분류

❸ Preview of : 미리 보기로 테이블 스타일 확인

❹ Set Current : 현재 사용할 테이블 스타일을 지정

❺ New : 테이블 스타일 새로 만들기

❻ Modify : 테이블 스타일 양식 수정

■ New – 신규 유형 작성

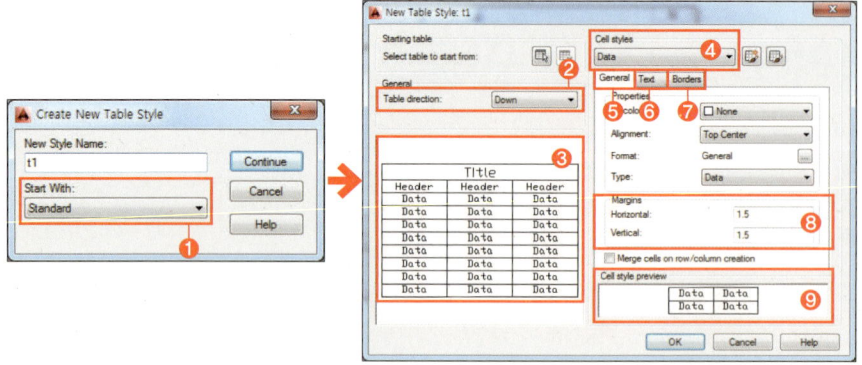

❶ Start with : 시작할 양식을 선택

❷ Table direction : 양식의 작성 방향 지정

❸ Preview : 미리 보기 창

❹ Cell styles : 셀의 유형 지정

❺ General : 일반 설정

❻ Text : 문자 설정

❼ Borders : 셀의 경계 유형 설정

❽ Margins : 여백 설정

❾ Cell style preview : 셀 유형 미리 보기

■ Table Style 실행하기

• [Home] 탭–[Annotation] 패널에서 메뉴 아이콘(Annotation ▼)을 클릭, 다시 [Table Style](🗐)을 클릭합니다.

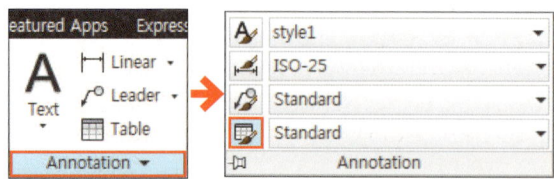

• 명령 입력창에서 Table Style 명령어(**T** **S**)를 입력한 후, **Space Bar** 를 눌러 실행합니다.

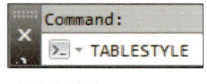

명령어 입력

단축키 입력

■ Table을 사용한 표 이해하기

작성할 표의 행과 열을 설정하여 표를 작성합니다.

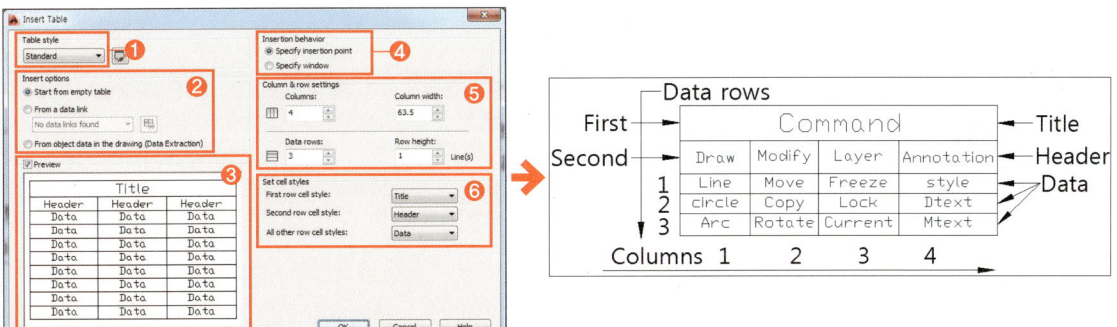

❶ Table style : 설정 후 삽입할 양식 유형

❷ Insert options : 삽입 옵션

❸ Preview : 미리 보기 창

❹ Insertion behavior : 양식의 삽입 형태

❺ Colamn&row settings : 양식의 행과 열을 설정(title과 header의 행의 제외하고 입력합니다).
  • columns : 열 수를 지정
  • columns width : 열의 폭을 지정
  • data rows : 행 수를 지정
  • row height : 행의 높이를 줄의 수로 지정(여백 확보를 위해 '1'에서 '2'로 입력)

❻ Set cell styles : 표의 위에서부터 아래로 셀의 유형을 지정
  • first row cell style : 첫 칸의 셀 유형
  • second row cell style : 두 번째 칸의 셀 유형
  • all other row cell style : 나머지 칸의 셀 유형

■ Table 실행하기

• [Home] 탭-[Annotation] 패널에서 [Table](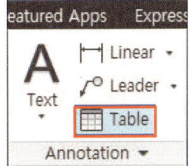)을 클릭하여 실행합니다.

• 명령 입력창에서 Table 명령어(**T** **B**)를 입력한 후, **Space Bar** 를 눌러 실행합니다.

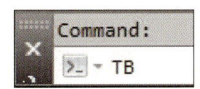

명령어 입력   단축키 입력

테이블 스타일(Table Style)을 설정하여 간단한 표를 작성해 보겠습니다.

01. 표에도 문자를 입력할 수 있으므로 문자 스타일을 설정해야 합니다. 단축키 **S** **T** 를 입력한 후 **Space Bar** 를 눌러 [Text Style] 대화상자를 불러옵니다. 별도의 문자 스타일을 추가하지 않고 Standard의 글꼴을 변경하겠습니다. [Font Name]에서 '굴림'을 선택하고 [Apply]와 [Close] 버튼을 클릭합니다.

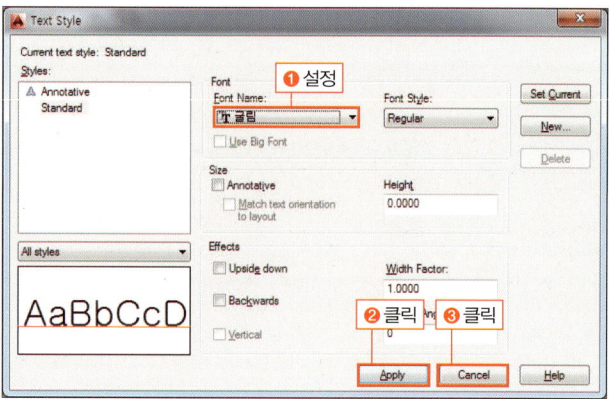

TIP : 문자 스타일 공유

문자를 작성하는 Text 명령, 표를 작성하는 Table 명령, 치수를 기입하는 Dimension 명령은 문자를 사용하므로 문자 스타일을 공유할 수 있습니다.

---

02. [Home] 탭–[Annotation] 패널에서 메뉴 아이콘(Annotation ▼)을 클릭하고 [Table Style]( )클릭하거나, 단축키 **T** **S** 를 입력한 후 **Space Bar** 를 누릅니다. [Table Style] 대화상자가 나타나면 새로운 양식을 만들기 [New] 버튼을 클릭합니다.

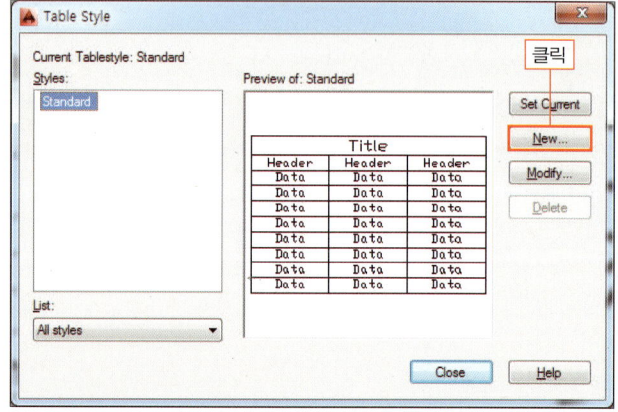

03. [Create New Table Style] 대화상자가 나타나면 [New Style Name]에 '수량표'라고 입력한 다음 [Continue]를 클릭합니다.

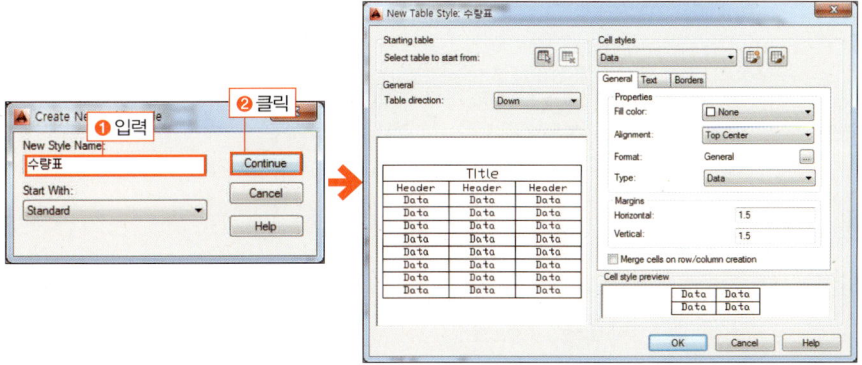

04. 먼저 셀 유형에 맞는 여백(Margins–Horizontal, Vertical)과 문자 위치(Alignment)를 그림과 같이 설정합니다. 현재 지정되어 있는 Data 셀은 물론이고 Title 셀과 Header 셀의 여백과 문자 위치를 지정해야 합니다. [Cell Styles]에서 셀 유형을 하나씩 지정하면서 모든 셀의 여백(Margins)을 '2.5'로 변경하고 문자 위치(Alignment)를 'Middle Center'로 변경합니다.

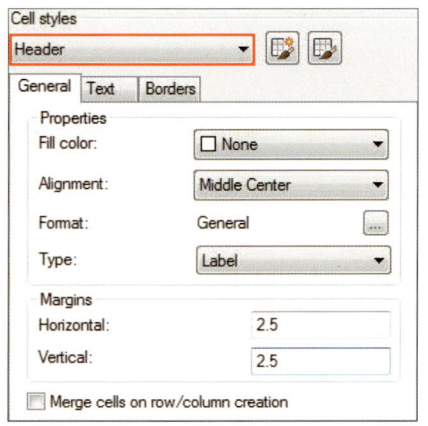

Data 셀

Header 셀

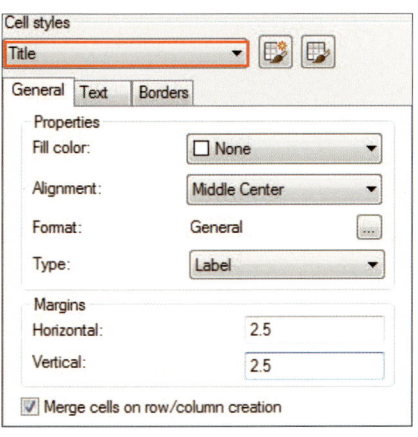

Title 셀

05. 다음은 셀 유형에 맞게 문자의 높이(Text Height)를 지정해야 합니다. 현재 지정되어 있는 Data 셀은 물론이고 Title 셀과 Header 셀의 높이도 지정해야 합니다. [Cell Styles]의 화살표를 클릭해 셀 유형을 하나씩 지정하면서 Data 셀의 높이 '100', Header 셀의 높이 '100', Title 셀의 높이 '150'으로 설정합니다. 셀의 높이를 설정한 후 [OK]와 [Close] 버튼을 클릭해 작업 화면으로 돌아옵니다.

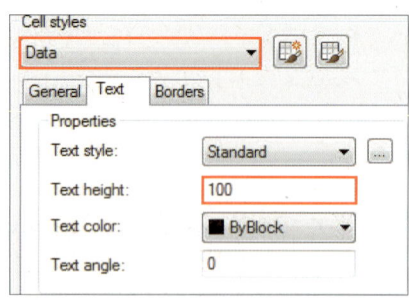

Data 셀 H:'100'

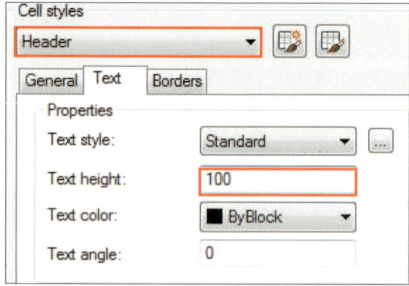

Header 셀 H:'100'

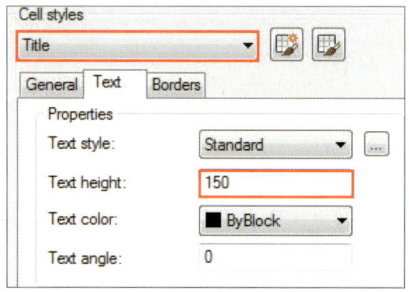

Title 셀 H:'150'

> **문제해결** 처음 만들 때 가장 많이 실수하는 부분이 Data 셀 부분만 높이를 지정하고, 다른 셀은 지정하지 않아 높이가 적용되지 않는 것입니다.

06. 설정한 표 양식을 Table 명령으로 세부 설정한 후 삽입하겠습니다. 단축키 **T** **B** 를 입력한 후 **Space Bar** 를 눌러 [Insert Table] 대화상자를 불러옵니다. 만들어야 할 수량표는 제목(Title)과 머리글(Header)을 제외하고 '5행 4열'로 이루어져 있습니다. 내용을 살펴보고 아래와 같이 작업 내용에 맞게 설정한 후 [OK] 버튼을 클릭합니다.

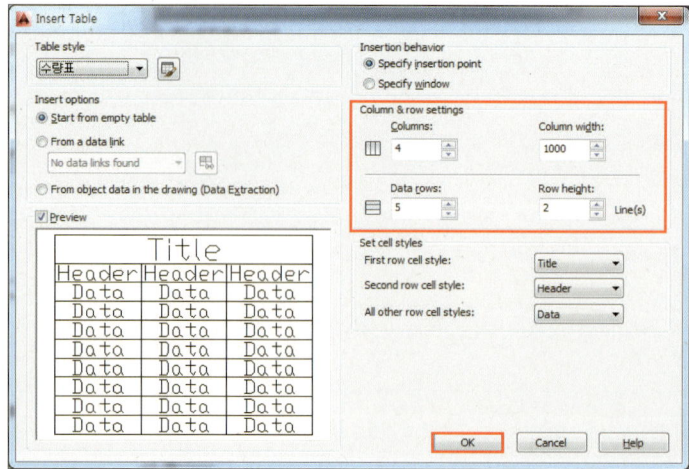

07. 작업 화면으로 전환되면서 설정에 맞춘 표를 넣을 수 있게 됩니다. 적당한 위치에 클릭하면 표가 삽입되고 자동으로 문자 쓰기 모드로 전환되어 Title 셀에 제목을 쓸 수 있게 커서가 깜박입니다. 이제 해당 셀에 문자를 입력하면 됩니다.

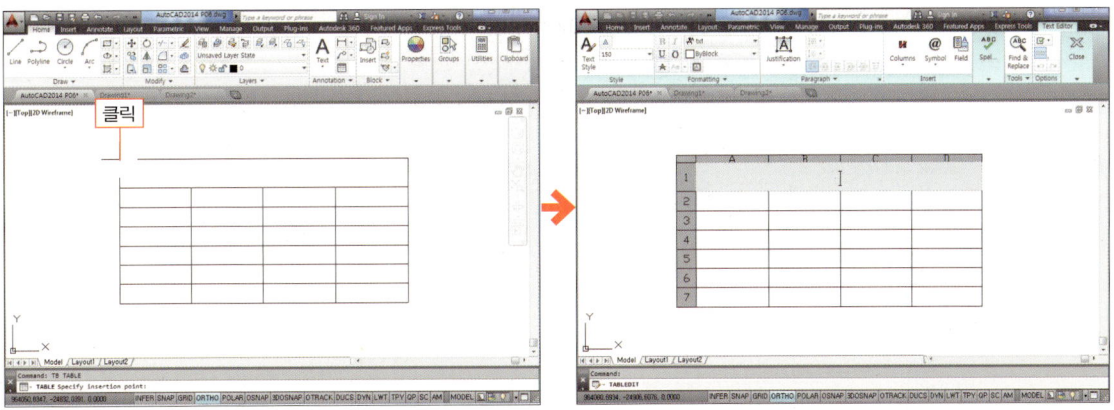

> **문제 해결** 표가 너무 커서 화면 밖으로 벗어나면 **Esc** 를 누르고 휠을 더블클릭합니다. 이후 상단의 셀을 더블클릭하면 문자를 입력할 수 있습니다.

08. 제목에 '수량표'라 입력하고 **←**, **↑**, **↓**, **→** 로 다음 셀로 이동하면서 작업합니다. 작업을 마치면 표 바깥쪽을 클릭해 작업을 완료합니다. 숫자는 표에 우측 정렬로 입력됩니다. 이 부분은 다음 Step에서 편집하겠습니다.

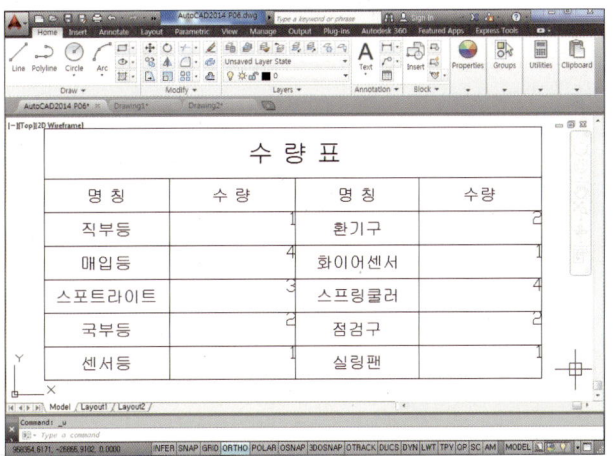

앞에서 작성한 표의 정렬 상태를 변경하고 셀을 추가하는 편집 방법을 알아보겠습니다.

01. 앞선 따라하기에서 확인했듯이 표에 숫자를 입력하면 우측으로 정렬됩니다. 이 부분을 가운데 정렬로 변경하겠습니다. 정렬하려는 범위를 지정하기 위해 ①부터 ② 부분까지 드래그합니다.

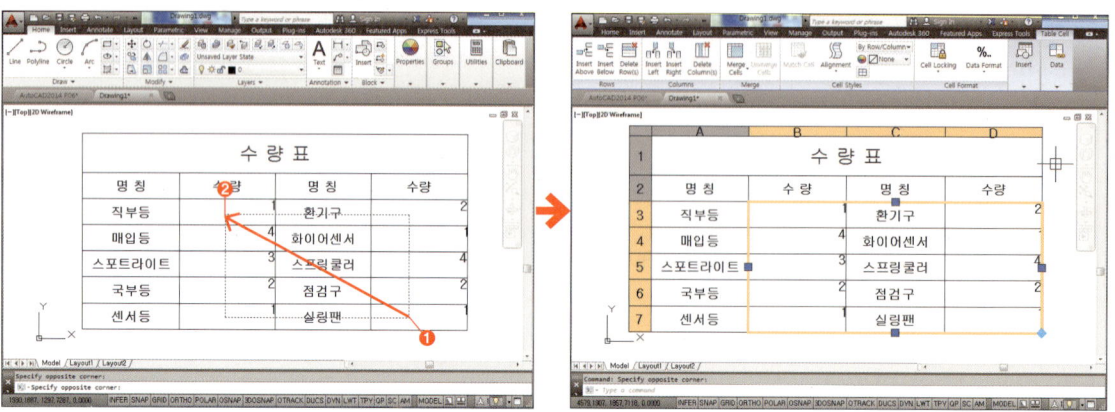

02. 단축키 `Ctrl` + `1` 을 눌러 Properties를 불러옵니다. [Cell]의 [Alignment]에서 'Middle Center'를 선택하면 숫자도 가운데로 정렬됩니다.

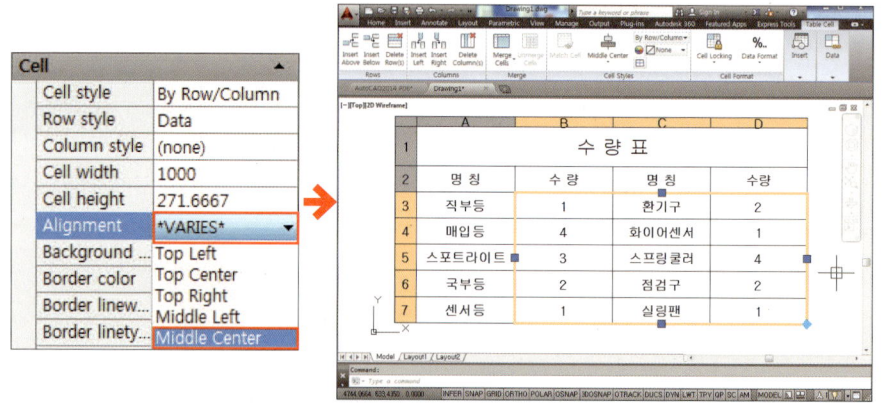

> **TIP ：** Properties 목록에 'VARIES'는 값이 다른 여러 개의 객체를 선택한 경우에 나타납니다.

03. 이번에는 우측 끝에 '비고' 란을 추가하겠습니다. 우측 끝 수량 셀을 선택하고 [Columns] 패널에서 [Insert Right]( ) 를 클릭합니다.

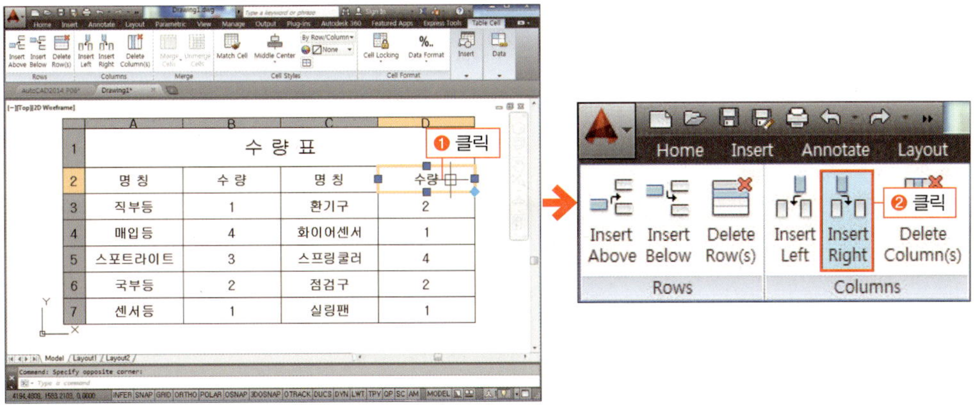

04. 수량 우측에 '비고'라고 입력하고 나머지 칸을 병합하기 위해 ①부터 ② 부분까지 드래그하여 셀을 선택합니다. [Merge Cells]–[Merge All]( )을 클릭하면 선택한 셀이 하나로 병합됩니다. 병합된 셀을 더블클릭하여 '창고'를 입력합니다.

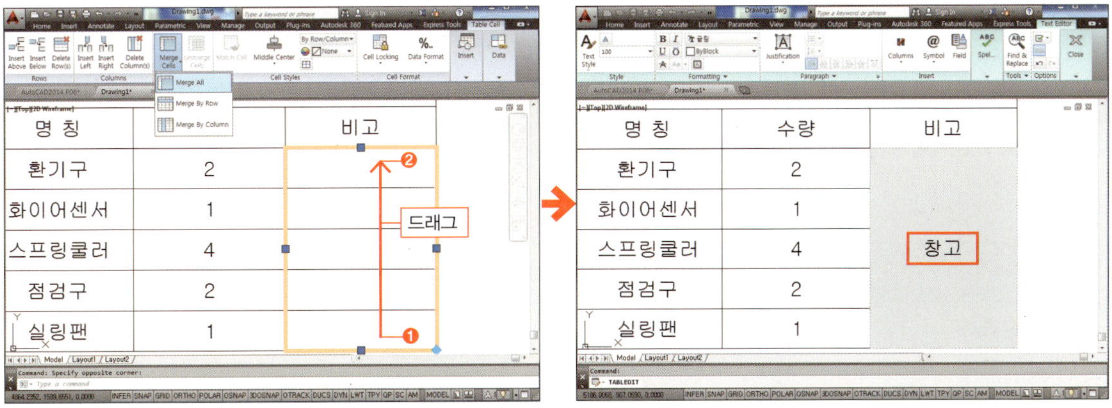

TIP : Table의 셀을 더블클릭하면 Table을 편집할 수 있습니다.

도면에 필요한 표는 Table 명령을 사용해 AutoCAD에서도 작성이 가능하지만, 엑셀에서 이미 작성된 Excel 파일이 있다면 AutoCAD로 가져오는 것도 좋은 방법이 될 수 있습니다.

예제 파일 l DVD\예제\Part06\Lesson02\Excel활용.DWG, 엑셀 샘플.xlsx

01. 표를 삽입할 예제 파일을 불러옵니다.

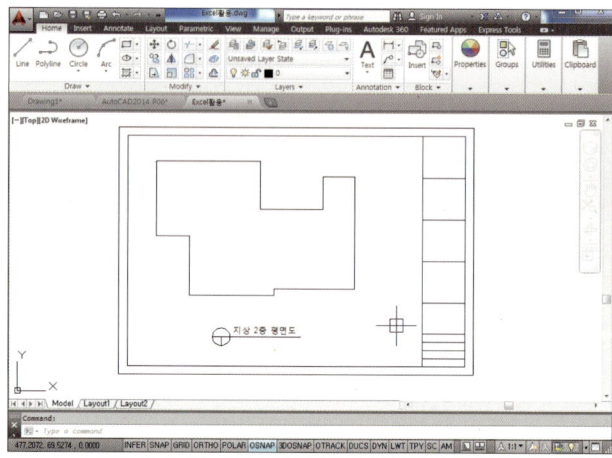

02. 엑셀에서 작성한 표를 AutoCAD 2014로 불러오기 위해, T B 를 입력한 후 Space Bar 를 눌러 [Insert Table] 대화상자를 불러옵니다. [Insert options]의 [From a data link]를 체크하고 [Data Link](🔲)를 클릭하면 [Select a Data Link] 대화상자가 나타납니다.

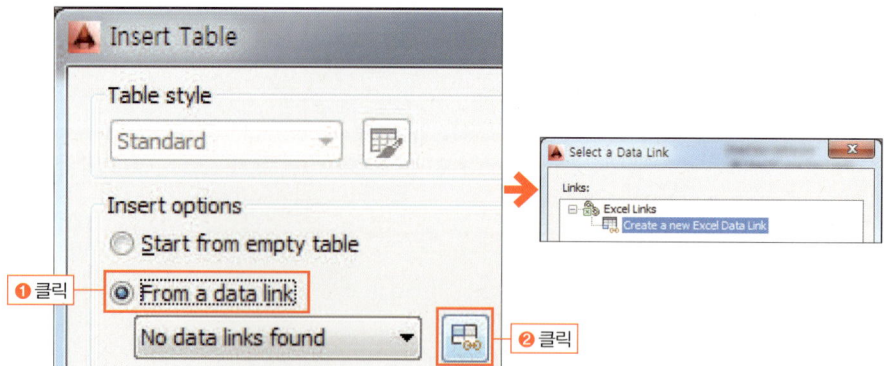

03. [Select a Data Link] 대화상자에서 [Create a new Excel Data Link]를 클릭합니다.

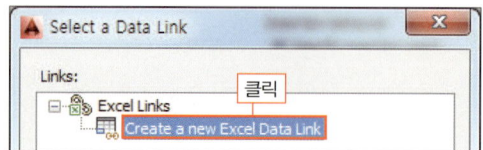

04. [Enter Data Link Name] 대화상자에서 Link(링크)할 데이터 파일의 이름을 'table1'이라고 입력한 후 [OK] 버튼을 클릭합니다.

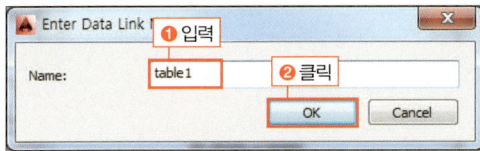

05. Link(링크)할 엑셀 데이터를 가져오기 위해 우측 상단의 경로 선택 아이콘(...)을 클릭합니다.

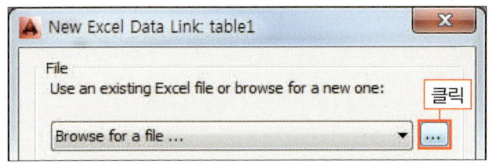

06. 그림과 같이 [Save As] 대화상자가 나타나면 엑셀 파일을 선택하고 [Open] 버튼을 클릭합니다.

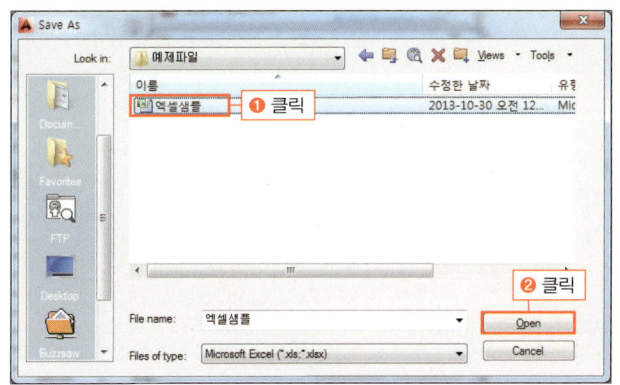

07. 하단의 미리 보기를 확인하고 [OK] 버튼을 클릭한 후 또 다른 설정 대화상자에서 다시 [OK] 버튼을 클릭합니다.

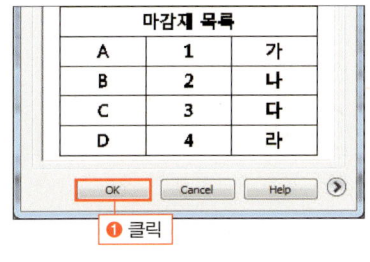
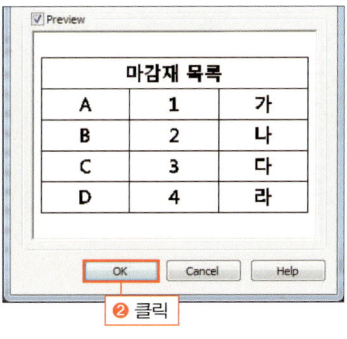

08. [Insert Table] 대화상자로 돌아오면 우측 하단의 [OK] 버튼을 클릭하여 작업 화면으로 넘어갑니다.

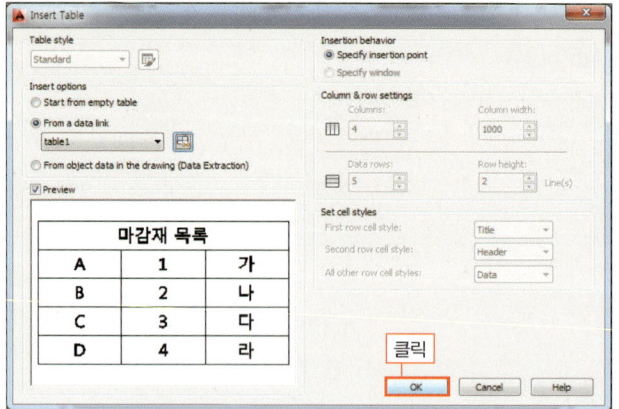

09. 적절한 위치를 클릭하여 표를 배치합니다.

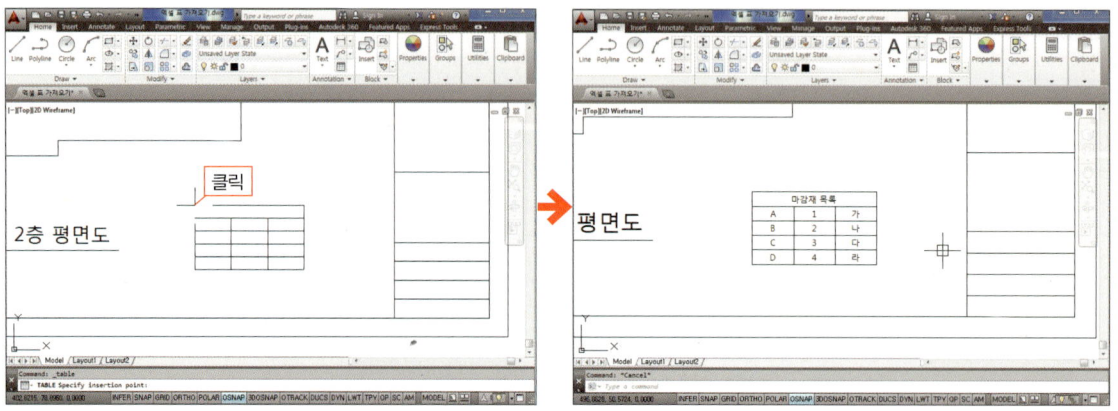

응용 예제

1. 다음 구적표를 만드세요.

완성 파일 ┃ DVD₩완성₩Part06₩Lesson02₩구적표, 면적표.DWG(완성 파일을 참조하여 작성해 봅니다.)

주요 명령어 ┃ Rectangle(REC), Explode(X), Line(L), Offset(O), Copy(CO), Trim(TR), Dtext(DT), Table(TB), Style(ST)

▣ 대지구적표

구적	산 출 근 거	면적(M2)
1	99 X 49 / 2 =	1,492
2	98 X 40 / 2 =	1,068
3	97 X 41 / 2 =	300
4	97 X 42 / 2 =	200
총계	96 X 43 / 2 =	3500

HINT
문자를 입력하거나 표를 작성할 경우에는 Style 명령으로 문자 스타일을 등록한 후 작성합니다.

2. 다음 면적표를 만드세요.

주요 명령어 ┃ Rectangle(REC), Explode(X), Line(L), Offset(O), Copy(CO), Trim(TR), Dtext(DT), Table(TB), Style(ST)

※ 층 별 면 적 표

구분	면적(M²)	용 도
지하1층	1,000	매점, 창고
지상1층	855	인포메이션, 상담실
지상2층	854	강의실, 자습실
지상3층	853	강의실, 자습실
지상4층	853	강의실, 자습실
합 계	5,163	강의실, 자습실

LESSON
03 다양한 문자 작성 기능

레벨 ● ● ○

[Express Tools] 탭-[Text] 패널을 이용하면 다양한 문자 쓰기 기능을 사용할 수 있습니다.

기초탄탄 ▶ 문자의 활용

■ Explode Text 이해하기 459P

문자를 분해하여 선으로 만듭니다. 트루 타입 문자의 경우 두께가 있어 활용성이 높습니다.

Dtext 명령으로 작성된 문자　　　분해한 결과 : 2D Polyline　　　Explode 명령으로 다시 분해한 결과 : Line

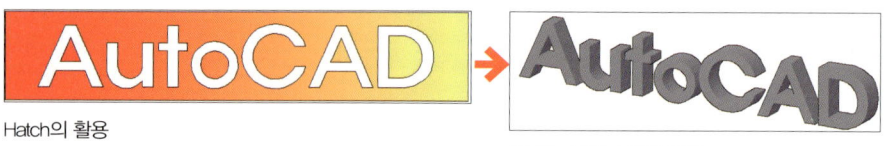

Hatch의 활용

3D Model의 스케치 활용

■ Explode Text 실행하기

• [Express Tools] 탭-[Text] 패널에서 [Modify Text]-[Explode](Aᴑ)를 클릭합니다.

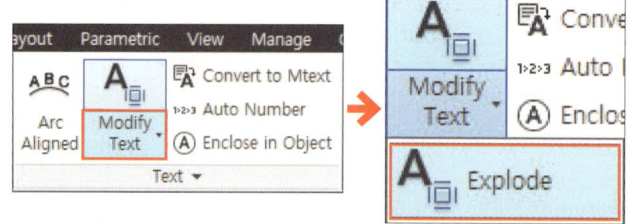

• 명령 입력창에서 Explode Text 명령어(T X T E X P)를 입력한 후, Space Bar 를 눌러 실행합니다.

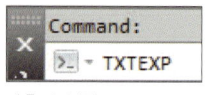

단축키 입력

■ Arc Aligned 이해하기 461P

Arc(호)를 이용한 문자 작성이 가능합니다.

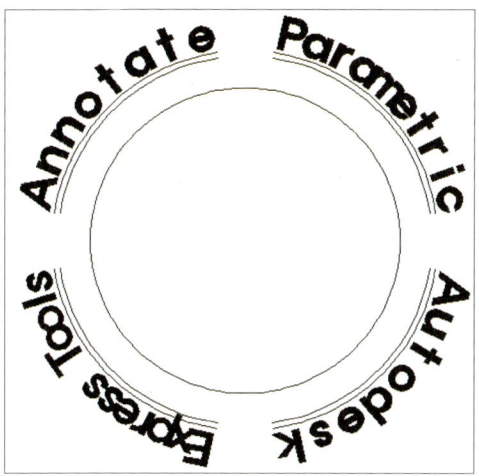

■ Arc Aligned 실행하기

• [Express Tools] 탭-[Text] 패널에서 [Arc Aligned](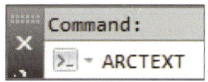)를 클릭합니다.

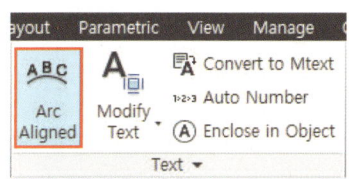

• 명령 입력창에서 Arc Aligned 명령어(**A R C T E X T**)를 입력한 후, **Space Bar** 를 눌러 실행합니다.

단축키 입력

■ 대/소문자 변경 이해하기

Text → text TEXT

lower case 모두 소문자로 변경

UPPER CASE 모두 대문자로 변경

▲ 원본

■ Change Case 실행하기

- [Express Tools] 탭-[Text] 패널에서 [Modify Text]-[Change Case](Aa)를 클릭합니다.

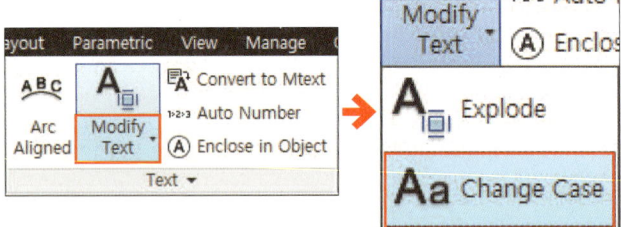

- 명령 입력창에서 Change Case 명령어(Ⓣ Ⓒ Ⓐ Ⓢ Ⓔ)를 입력한 후 Space Bar 를 눌러 실행합니다.

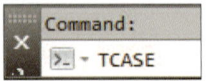

■ 원 문자 변경 이해하기

문자에 원, 슬롯, 사각형을 씌울 수 있습니다.

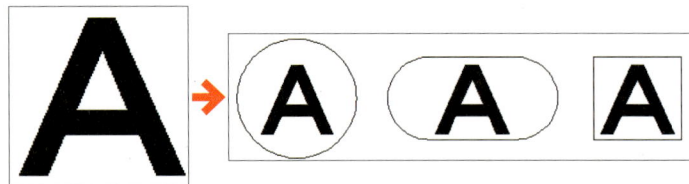

■ Enclose in Object 실행하기

[Express Tools] 탭-[Text] 패널에서 [Enclose in Object](Ⓐ Enclose in Object)를 클릭합니다.

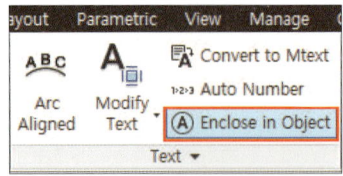

- 명령 입력창에서 Enclose in Object 명령어(Ⓣ Ⓒ Ⓘ Ⓡ Ⓒ Ⓛ Ⓔ)를 입력한 후 Space Bar 를 눌러 실행합니다.

단축키 입력

STEP 01 ● 문자를 분해하여 편집하는 Explode Text

문자를 분해하고 패턴을 넣어 보겠습니다.

예제 파일 | DVD₩예제₩Part06₩Lesson03₩문자Design1.DWG   **완성 파일 |** DVD₩완성₩Part06₩Lesson03₩문자Design1완성.DWG

01. 새 도먼을 불러온 후 그림과 같이 문자를 입력합니다.

> **T I P :** 글꼴 : '휴먼엑스포', 높이: '100' 다른 글꼴을 사용해도 무방합니다.

02. [Home] 탭–[Express Tools] 패널에서 [Modify Text]–[Explode](A)를 클릭합니다. 분해하려는 문자(Design)를 선택하고 **Space Bar** 를 누르면 문자가 폴리라인 속성으로 분해됩니다.

Explode Tex 명령을 사용해 2D Polyline으로 변경

03. Explode Text 명령 이후 단축키 **X** (Explode)를 입력하여 독립된 객체로 분해합니다.

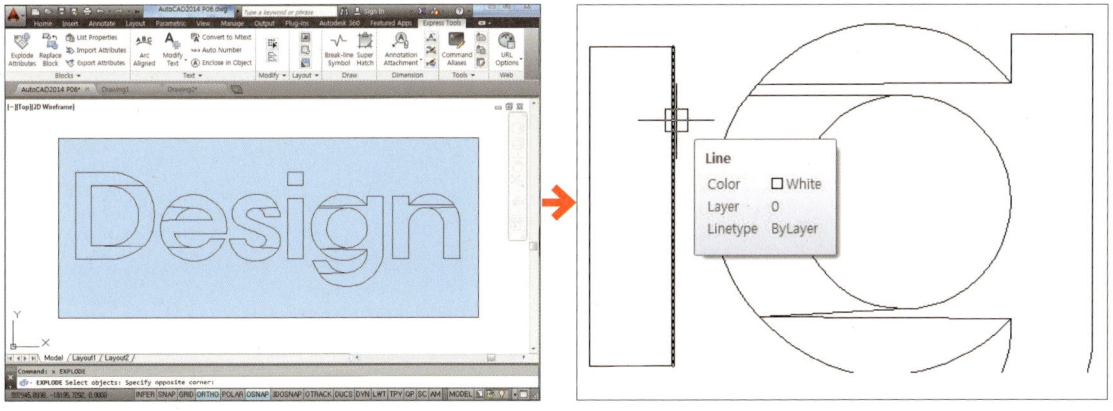

> **T I P :** 각각의 독립된 객체로 분해하려면 단축키 **X** 를 입력한 후 문자를 신택하여 한 번 더 분해하면 됩니다.

04. 단축키 **E**를 입력한 후 **Space Bar**를 눌러 문자 안쪽의 불필요한 선을 삭제하여 깨끗하게 정리합니다.

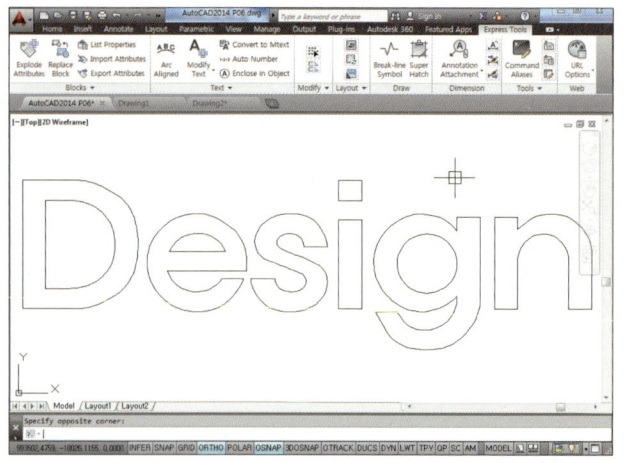

05. Boundary 명령으로 폴리라인을 추가합니다.

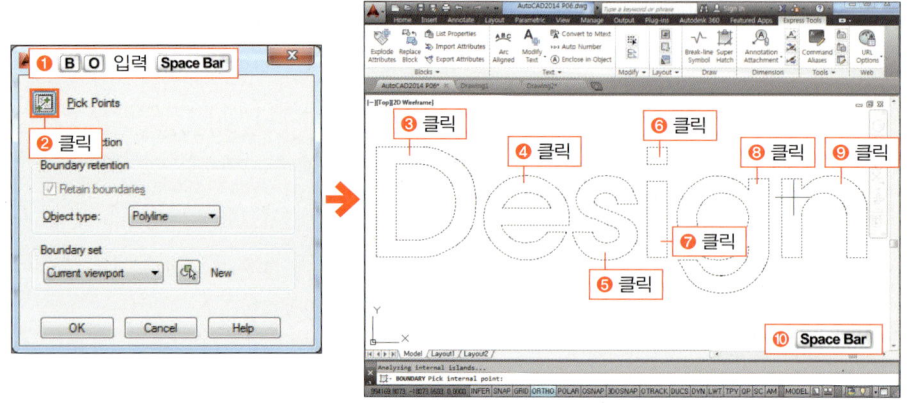

06. 폴리라인으로 변경 후 Hatch 명령을 사용하여 다양한 색상이나 선으로 문자를 디자인합니다.

연관 검색   Hatch 명령의 자세한 사용법은 Part03-Lesson04를 참고하세요.

STEP 02 • 호를 따라 문자를 입력하는 Arc Aligned

입력한 문자를 분해하여 문자에 패턴을 넣어 보겠습니다.

예제 파일 | DVD₩예제₩Part06₩Lesson03₩문자\Design2.DWG　**완성 파일 |** DVD₩완성₩Part06₩Lesson03₩문자\Design2완성.DWG

01. 아래와 같은 도형을 작성합니다.

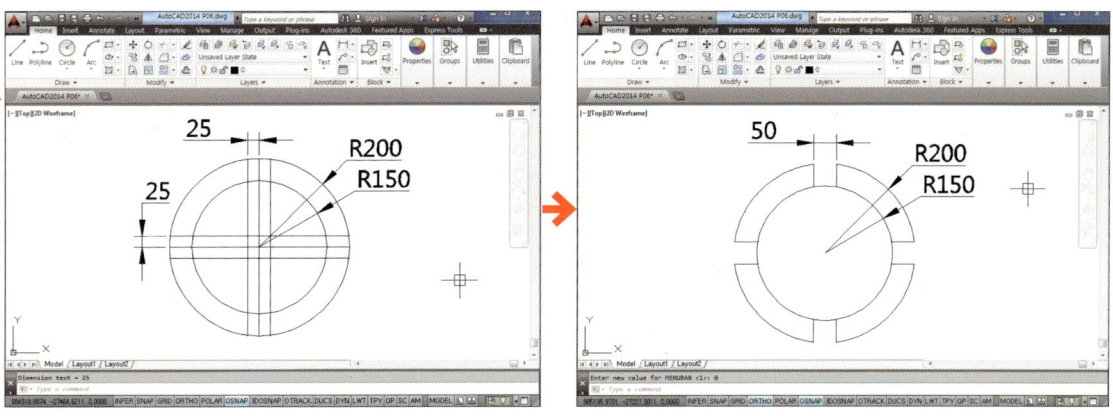

02. 글꼴을 설정하기 위해 단축키 **S T**를 입력한 후 **Space Bar**를 눌러 [Text Style] 대화상자를 불러옵니다. [New] 버튼을 클릭하면 나타나는 [New Text Style] 대화상자에서 'Arc Text'라고 이름을 입력합니다.

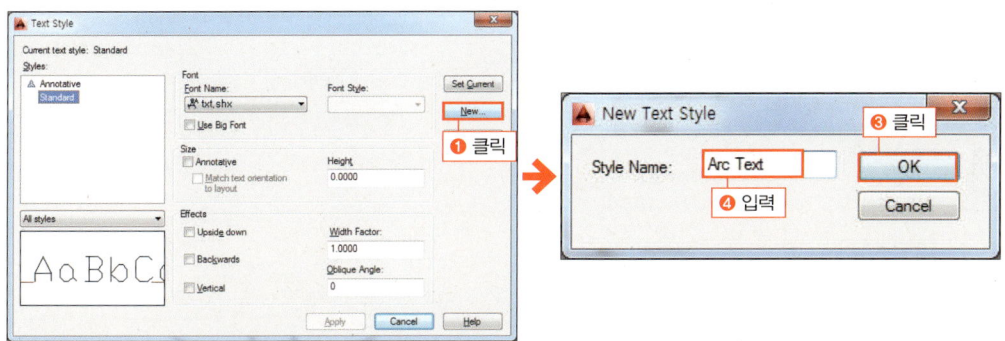

03. [Font Name]에서 '맑은 고딕'을 선택하고 [Apply]와 [Close] 버튼을 클릭해 설정을 종료합니다.

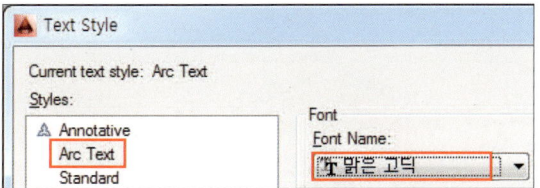

04. [Home] 탭−[Express Tools] 패널에서 [Arc Aligned]( )를 클릭하여 Arc Aligned 명령을 실행합니다.

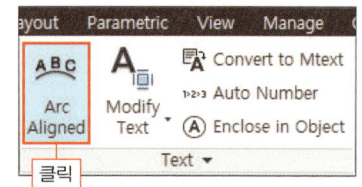

05. 문자의 경로가 될 호(①)를 클릭하면 문자 작성에 필요한 [ArcAlignedText Workshop] 대화상자가 나타납니다. 그림과 같이 문자의 위치를 지정하고 [Text Style]은 신규로 작성한 'Arc Aligned'로 선택합니다.

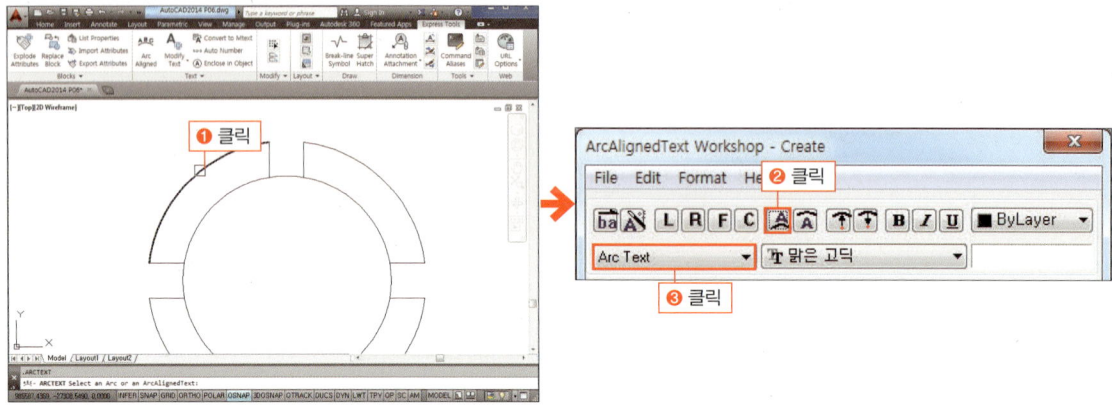

06. [Text]에는 'Arc Aligned'라고 입력하고, [Text height]는 '35', [Offset from arc]는 '10'으로 설정한 후 [OK] 버튼을 클릭하면 선택한 호 위로 문자가 입력됩니다.

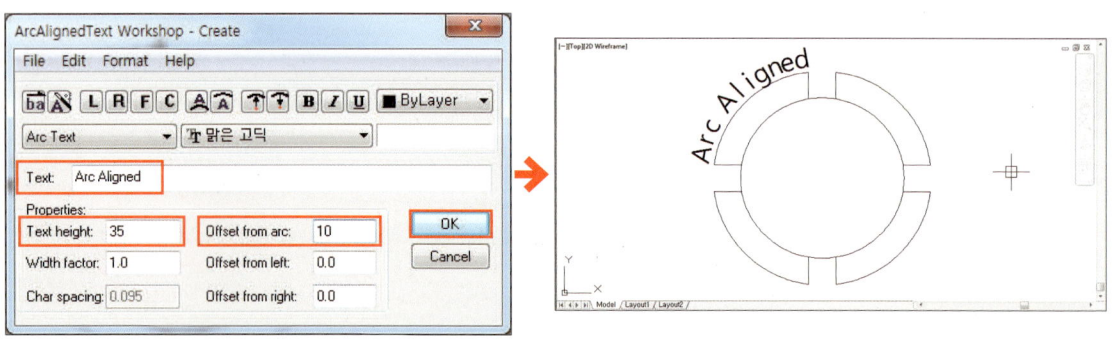

07. 동일한 방법으로 다음과 같이 작성합니다. 채색은 Hatch 명령을 사용합니다.

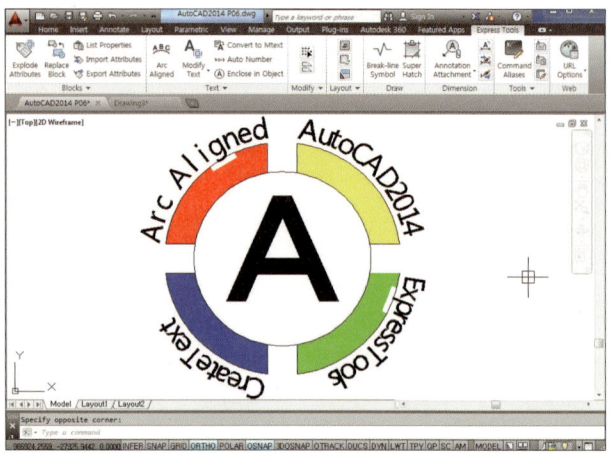

입력한 문자의 대/소문자를 변경하고 문자 테두리에 도형을 씌어 보겠습니다.

01. 다음과 같이 문자를 입력합니다.

space planner

> **TIP** : 문자의 높이와 글꼴은 자유롭게 선택합니다.

02. [Home] 탭–[Express Tools] 패널에서 [Modify Text]–[Change Case](Aa)를 클릭합니다. 변경하려는 문자를 선택하면 [TCASE – change text case] 대화상자가 나타납니다. 문자의 형태를 선택하고 [OK] 버튼을 클릭하면 대/소문자의 형태가 변경됩니다.

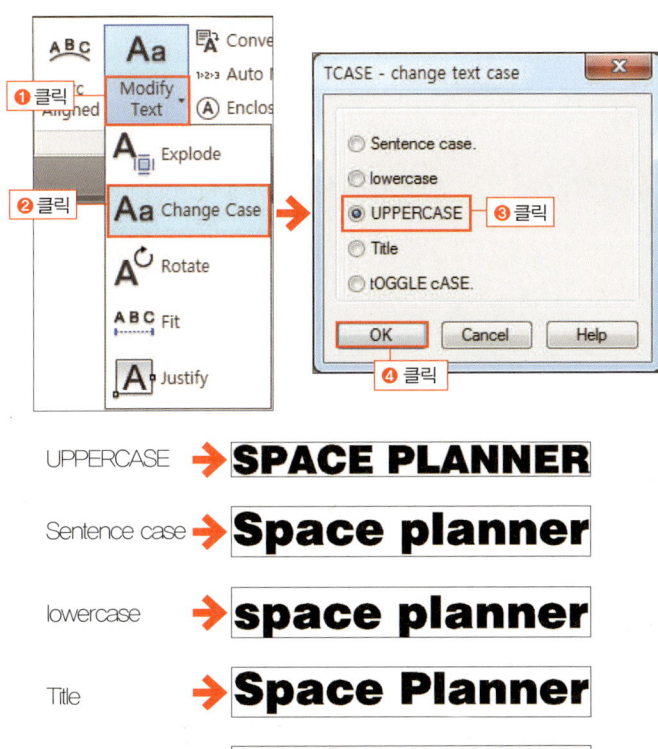

UPPERCASE → **SPACE PLANNER**

Sentence case → **Space planner**

lowercase → **space planner**

Title → **Space Planner**

tOGGLE cASE → **sPACE pLANNER**

03. 이어서 문자에 원, 사각형, 슬롯을 씌워 보겠습니다. 다음과 같이 문자를 3개 준비합니다.

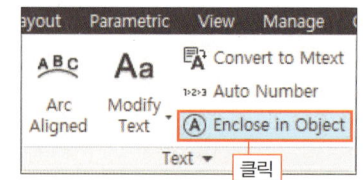

04. [Home] 탭–[Express Tools] 패널에서 [Enclose in Object](Ⓐ)를 클릭하여 Enclose in Object 명령을 실행합니다.

05. 작업할 문자를 선택하고 `Space Bar`, 도형의 간격 배율은 '0.35' 기본 값을 그대로 적용하기 위해 `Space Bar`, 기본 값 Circle(원)을 씌우기 위해 다시 `Space Bar`, 기본 값 가변성을 적용하기 위해 `Space Bar`를 누르면 원이 씌워집니다.

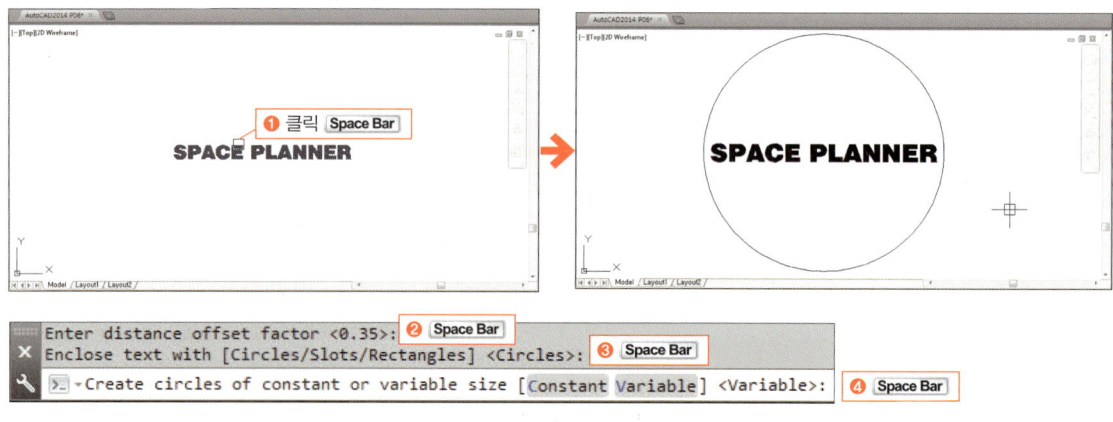

[Slots] 옵션을 선택한 경우   [Rectangles] 옵션을 선택한 경우

응용 예제

1. 다음과 같이 Hatch 명령을 사용하여 문자를 만드세요.

완성 파일 | DVD₩완성₩Part06₩Lesson03₩문자응용.DWG(완성 파일을 참조하여 작성해 봅니다.)

주요 명령어 | Hatch(H), Dtext(DT), Style(ST) 등

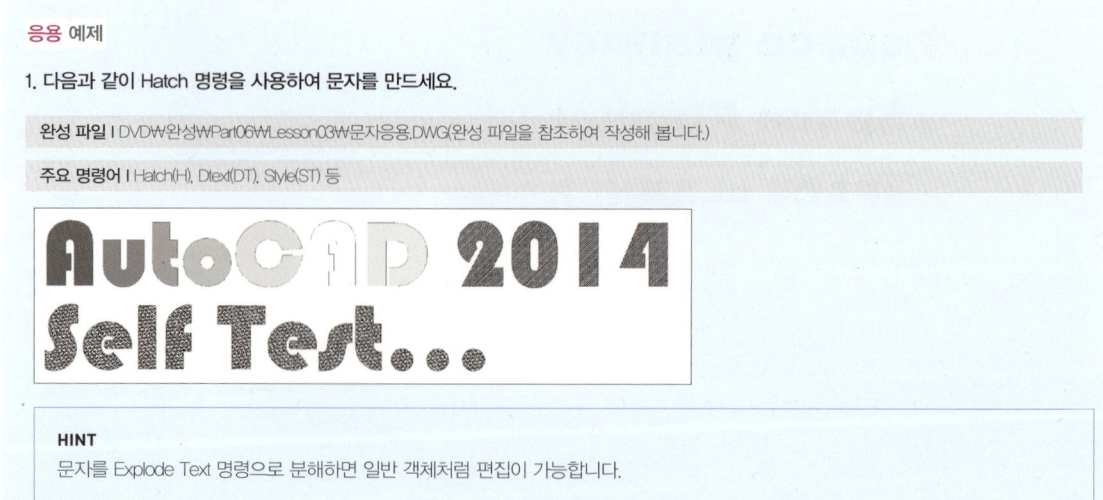

HINT
문자를 Explode Text 명령으로 분해하면 일반 객체처럼 편집이 가능합니다.

치수의 이해와 다양한 형태의 치수 기입하기

치수는 도면에서 빠져서는 안 될 중요한 요소 중에 하나입니다. 치수 기입도 문자 입력과 같이 먼저 치수 스타일을 만들고 나서 기입해야 합니다. 관련 명령어를 많이 알수록 빠르고 효과적으로 기입하는 것이 가능하나 필수적인 몇 가지 사항만 습득해도 치수 기입에는 큰 문제가 없으니 천천히 하나씩 익혀갈 수 있도록 합니다.

**기초
탄탄** ▶ 건축, 인테리어 도면의 치수 기입

■ 주요 치수 용어 이해하기

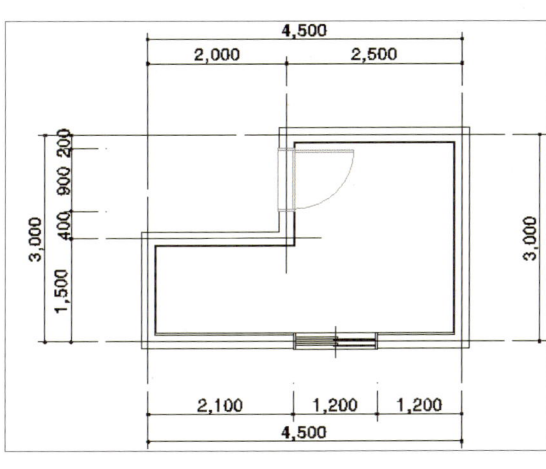

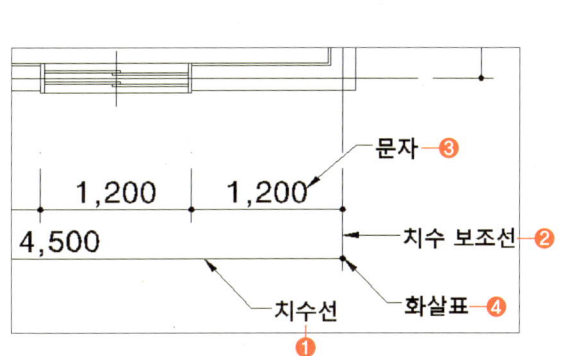

❶ **치수선(Dimensions Line)** : 거리의 시작부터 끝을 수평으로 그은 선

❷ **치수 보조선(Extension Line)** : 거리의 시작과 끝에서 수직으로 그은 선

❸ **치수 문자(Text)** : 치수선 상단에 위치해 실제 치수를 나타내는 문자

❹ **화살표(Arrows)** : 치수선 시작과 끝에 있어 거리 구간을 표시하는 기호
(건축, 인테리어는 점이나 사선을 많이 사용함)

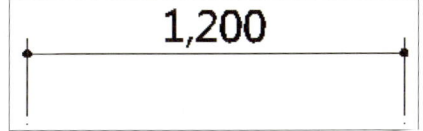

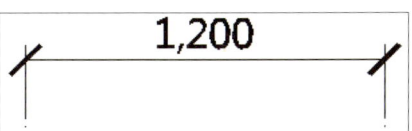

■ 치수 기입 형태

치수는 부분적인 치수와 전체 치수를 빠짐없이 기입하여, 타인이 치수를 쉽게 확인할수 있도록 해야 합니다.

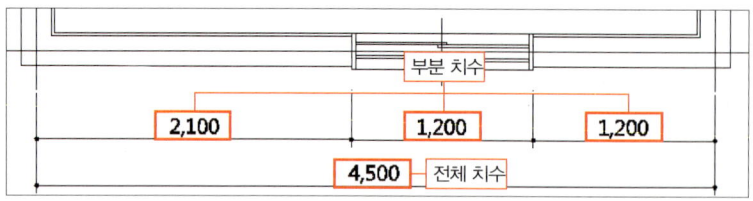

■ 치수 스타일(DimStyle) 이해하기 <mark>469P</mark>

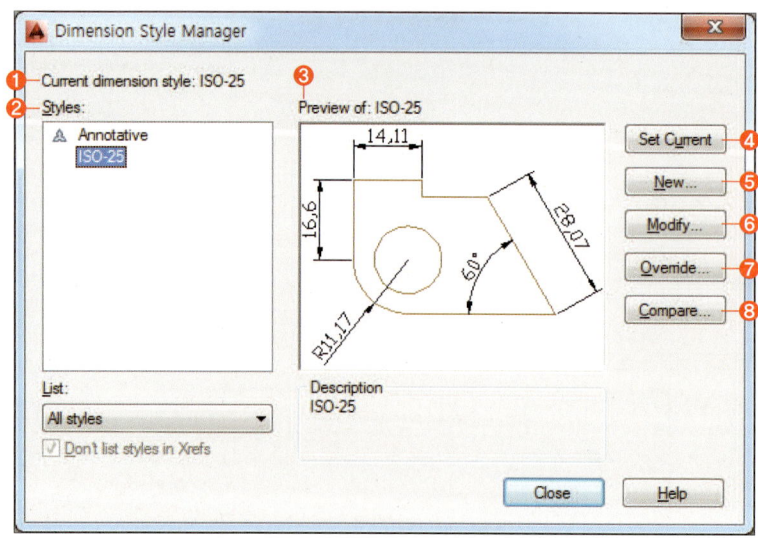

❶ Current dimension style : 현재 지정된 치수 스타일

❷ Styles : 작성된 치수 스타일 목록

❸ Preview of : 선택한 치수 스타일 미리 보기 창

❹ Set Current : 선택한 치수 스타일을 현재 스타일로 지정

❺ New : 치수 스타일 새로 만들기

❻ Modify : 선택한 치수 스타일 수정하기

❼ Override : 덮어쓰기(임시 치수)

❽ Compare : 두 개의 치수 스타일을 비교

■ [New Dimension Style] 대화상자 이해하기

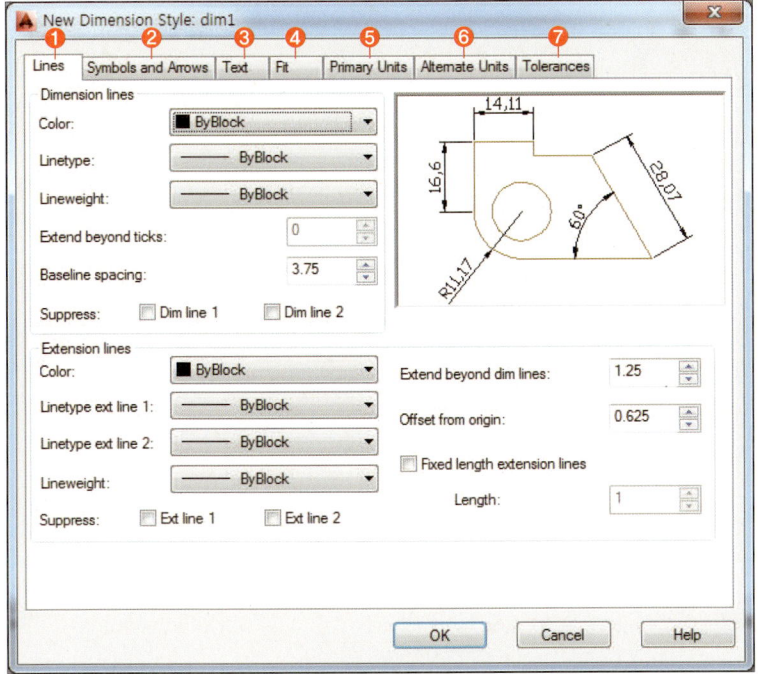

❶ Lines : 치수선과 치수 보조선에 대한 사항을 지정

❷ Symbols and Arrows : 치수 구간을 표시하는 화살표의 모양과 center mark 등을 지정

❸ Text : 치수 문자의 유형과 문자 배치를 지정

❹ Fit : 치수, 문자의 배치 상태와 크기 배율을 지정

❺ Primary Units : 소수점 제어, 단위 등을 지정

❻ Alternate Units : 대체 단위 지정

❼ Tolerances : 공차 형식의 생성과 제어

■ 치수의 종류

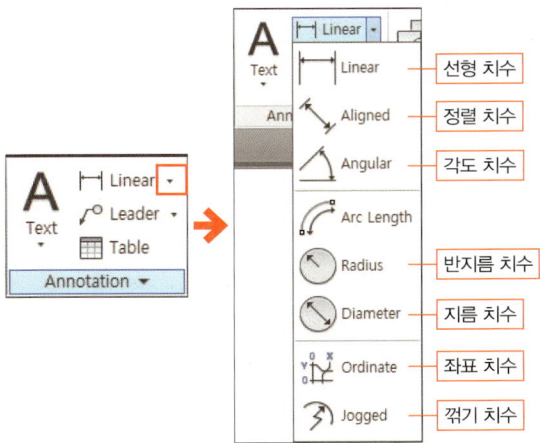

• 선형 치수(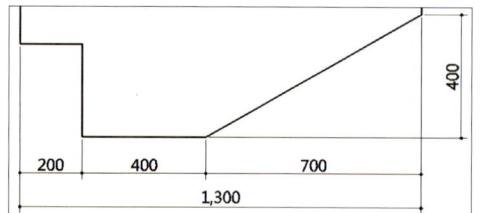), 단축키: D L I

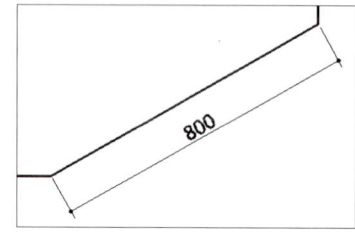

• 정렬 치수(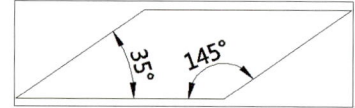), 단축키: D A L

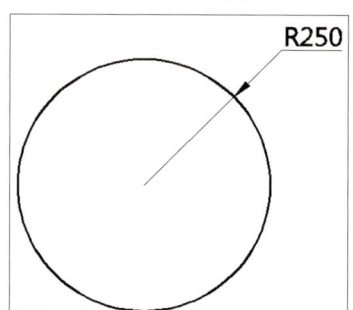

• 각도 치수(), 단축키: D A N

• 반지름 치수(), 단축키: D R A

• 지름 치수(), 단축키: D D I

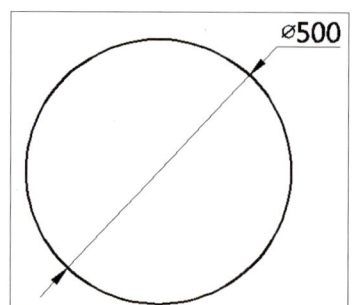

치수 기입을 하기 위해 먼저 이루어져야 할 치수 설정에 대해 알아보겠습니다. 다른 명령보다 내용은 많은 편이지만 천천히 하나씩 습득하여 올바른 치수 기입을 할 수 있도록 해야 합니다.

예제 파일 ┃ DVD₩예제₩Part06₩Lesson04₩치수기입.DWG

01. 먼저 치수 기입을 할 간단한 평면 형태를 작성합니다. AutoCAD 2014를 실행하고 Limits 명령을 실행해 작업 공간을 약 '50000,40000' 정도로 설정합니다.

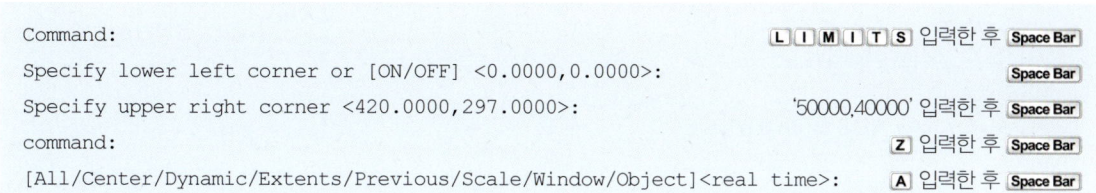

```
Command:                                                      L I M I T S 입력한 후 Space Bar
Specify lower left corner or [ON/OFF] <0.0000,0.0000>:                              Space Bar
Specify upper right corner <420.0000,297.0000>:             '50000,40000' 입력한 후 Space Bar
command:                                                             Z 입력한 후 Space Bar
[All/Center/Dynamic/Extents/Previous/Scale/Window/Object]<real time>:   A 입력한 후 Space Bar
```

02. 도면을 작도하기 전에 레이어를 설정하겠습니다. 단축키 L A 를 입력한 후 Space Bar 를 눌러 Layer Properties Mansger를 불러옵니다. 그림과 같이 설정하고 'site' 레이어를 현재 레이어로 변경합니다. 'dim' 레이어에 치수를 기입하게 됩니다.

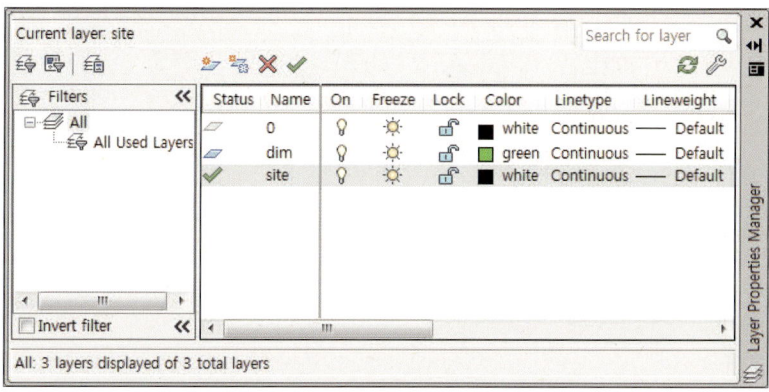

TIP : 문자는 물론 치수도 별도의 레이어를 만들어야 관리가 용이합니다.

03. 치수를 기입하기 위해 다음과 같은 도형을 만듭니다. 치수는 기입하지 않습니다.

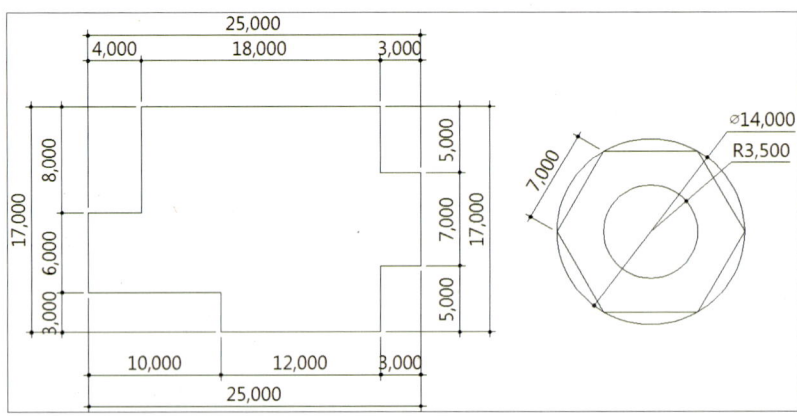

TIP : '치수기입.DWG' 파일을 불러와 사용해도 됩니다.

04. 치수 스타일을 설정하기 위해 **D** 를 입력한 후 **Space Bar** 를 눌러 [Dimension Style Manager] 대화상자를 불러옵니다. 새로운 치수 스타일을 만들기 위해 [New] 버튼을 클릭하면 [Create New Dimension Style] 대화상자가 나타납니다. 이름을 'A'로 설정하고 [Continue] 버튼을 클릭합니다.

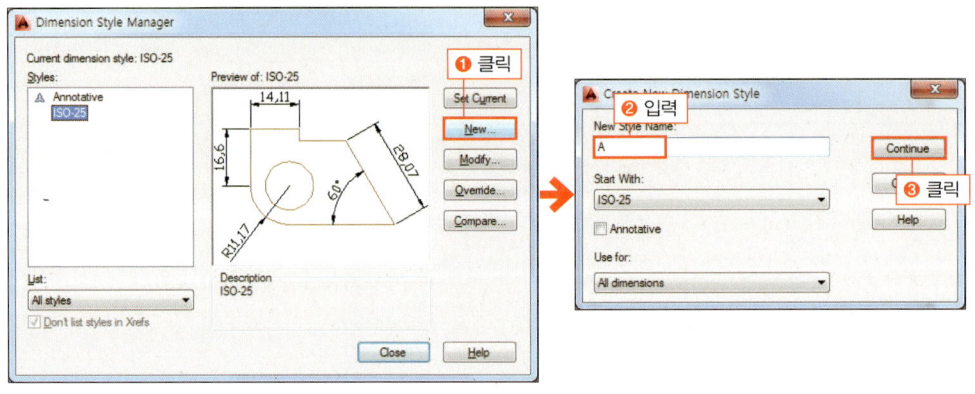

Command: **D** 입력한 후 **Space Bar**

05. [New Dimension Style] 대화상자가 나타나면, 첫 번째 [Lines] 탭부터 하나씩 알아보면서 설정하겠습니다. [Baseline spacing]을 '1000'(하단의 치수선과 상단의 치수선과의 거리), [Extend beyond dim lines]를 '100'(치수선에서 돌출된 치수 보조선의 길이), [Offset from origin]을 '100'(지정된 위치부터 치수 보조선이 생성될 거리)으로 설정한 후 [Symbols and Arrows] 탭을 클릭합니다.

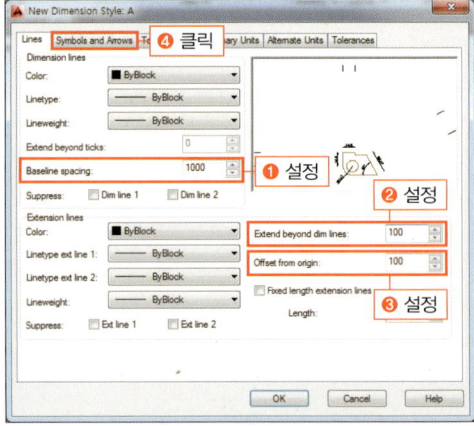

Dimension lines

- Color : 치수선의 색상을 지정(모든 항목의 byblock은 지정된 레이어의 사항과 같이 지정)
- Line type : 치수선의 유형을 지정
- Line weight : 치수선의 두께를 지정
- Extend beyond ticks : 치수 보조선에서 돌출된 치수선의 길이를 지정
- Baseline spacing : 기준 치수 기입 시 하단의 치수선과 상단의 치수선과의 거리를 지정
- Suppress : 좌우의 치수선 생성 유무를 조정

Extension lines

- Color : 치수 보조선의 색상을 지정
- Line type ext line1 : 치수 보조선 1의 유형을 지정
- Line type ext line2 : 치수 보조선 2의 유형을 지정
- Line weight : 치수 보조선의 두께를 지정
- Extend beyond dim lines : 치수선에서 돌출된 치수 보조선의 길이를 지정
- Offset from origin : 지정된 위치부터 치수 보조선이 생성될 거리를 지정
- Suppress : 좌우의 치수 보조선 생성 유무를 조정

06. [Symbols and Arrows] 탭에서 구간을 표시하는 화살표의 모양과 크기를 지정하겠습니다. 상단의 화살표 모양을 모두 작은 점인 'Dot small'로 설정하고 화살표의 크기는 '500'으로 설정합니다.

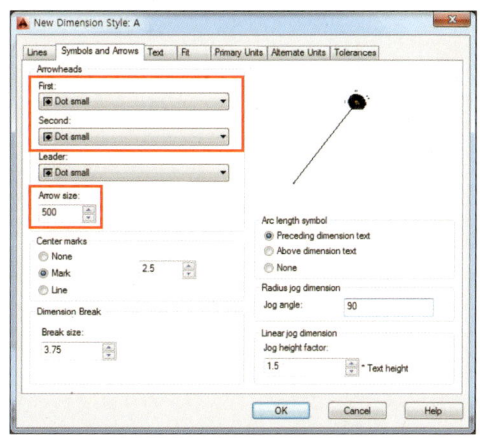

Arrowheads

- First : 치수선 시작 부분(위치 지정시 첫 번째 클릭)의 화살표 모양
- Second : 치수선 끝 부분(위치 지정시 두 번째 클릭)의 화살표 모양
- Leader : 지시선 시작 부분의 화살표 모양
- Arrow size : 화살표의 크기

Center marks

- None : 없음
- Mark : 십자 표식으로 표시
- Line : 선으로 표시

Dimension Break

- Break size : 치수 끊기

Arc length symbol

- Preceding dimension text : 치수 문자 앞에 호의 기호를 배치
- Above dimension text : 치수 문자 뒤에 호의 기호를 배치
- None : 없음

Radius jog angle

- Jog angle : 반지름 치수 꺾기 각도

Linear jog dimension : 선형 치수 꺾기 높이

07. 이번에는 치수를 표시하는 치수 문자의 스타일을 설정하겠습니다. 만들어 놓은 치수 스타일이 없다면 [Text style]의 우측에 있는 [...] 아이콘을 클릭해서 만듭니다(치수 스타일의 이름 'DIM TEXT', 사용 폰트 '돋움'). [Text height]는 '500', [Offset from dim line]은 '100'으로 설정하여 치수선에서 문자가 약간 떨어지게 지정합니다.

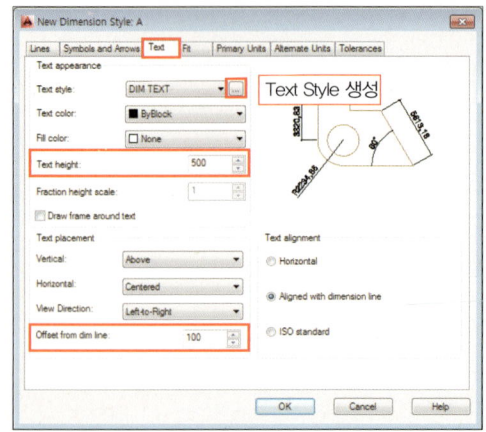

연관 검색 문자를 쓰기 위해 만들었던 문자 스타일과 치수 문자는 연동됩니다.

---

08. [Fit] 탭은 마지막에서 다루도록 하고, [Primary Units] 탭에서 소수점과, 단위를 지정하겠습니다. [Unit format]에서 단위를 'Windows Desktop'으로 하여 세 자리마다 자릿수를 표시하게 설정하고, 정밀도는 소수점이 표시되지 않게 '0'으로 설정합니다. [Alternate Units] 탭과 [Tolerances] 탭은 부수적인 사항이니 이후에 [Fit] 탭과 같이 정리하겠습니다. [Primary Units] 탭까지 설정하고 [OK] 버튼을 클릭합니다.

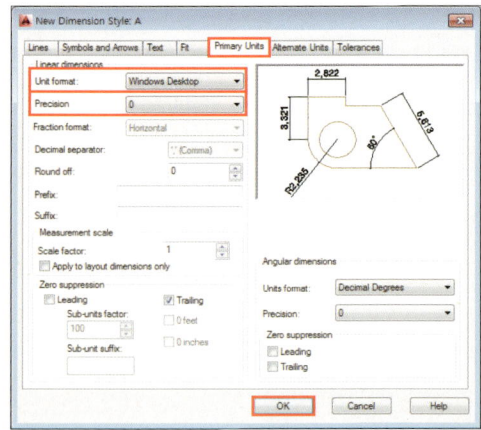

TIP :

■ **Linear dimension**

• Unit format : 단위 지정(Decimal-mm, Engineering-inch)
• Precision : 정밀도로 소수점 이하를 제어
• Fraction format : 분수 형식으로 단위를 분수로 했을 경우 활성화
• Decimal separator : 소수점 구분 형식을 지정
• Round of f : 반올림 값 시정
• Prefix : 문자 앞의 머리말 지정
• Suffix : 문자 뒤의 꼬리말 지정

■ **Measurement scale**

• Scale factor : 치수 측정 시 길이의 축척을 지정

■ **Zero suppression**

• Leading : 소수점 앞의 0을 억제
• Trailing : 소수점 뒤의 0을 억제

■ **Angular dimension**

• Unit format : 단위 지정(decimal-십진!)
• Precision : 정밀도로 소수점 이하를 제어

■ **Zero suppression**

• Leading : 소수점 앞의 0을 억제
• Trailing : 소수점 뒤의 0을 억제

09. 좌측 제일 위에 [Current dimension style]이 'A'로 되어있는지 확인합니다. 미리 보기 창이 그림과 같이 나오면 정상적으로 설정된 것입니다. 모든 사항을 설정했으면 [Close] 버튼을 클릭하여 작업 화면으로 전환합니다.

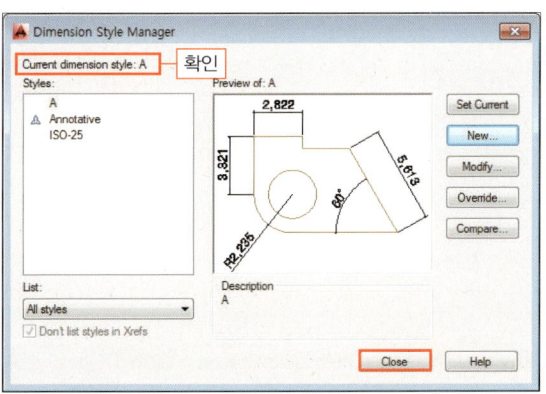

TIP : 'DimStyle'을 변경하는 방법은 목록에서 해당 스타일을 더블클릭하거나, 선택 후 [Set Current]를 클릭합니다.

치수 기입을 하기 전에 작성된 도면에 누락되거나 잘못된 부분, 치수선의 시작이 될 중심선의 편집 여부를 확인합니다. 그림 작성한 도형에 치수 기입 도구를 사용하여 치수를 기입해 보겠습니다.

예제 파일 | DVD\예제\Part06\Lesson04\치수기입.DWG

01. 치수는 [Home] 탭에도 있지만 더 많은 기능을 사용하기 위해 [Annotate] 탭으로 이동합니다.

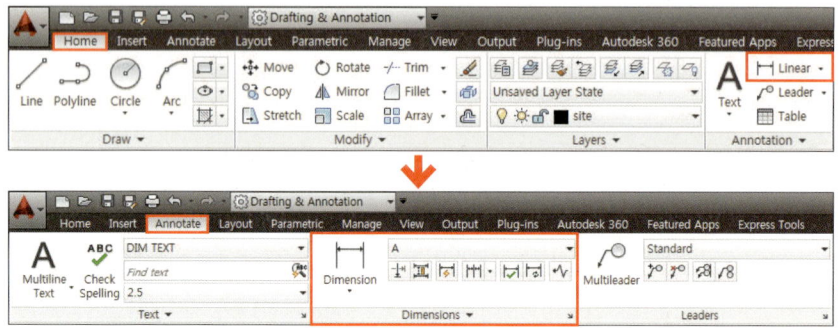

02. 가로와 세로의 치수 기입을 할 때는 Dimlinear 명령를 사용합니다. [Annotate] 탭-[Dimensions] 패널에서 [Dimlinear]( )를 클릭하거나, 단축키 D L I 를 입력한 후 Space Bar 를 누릅니다.

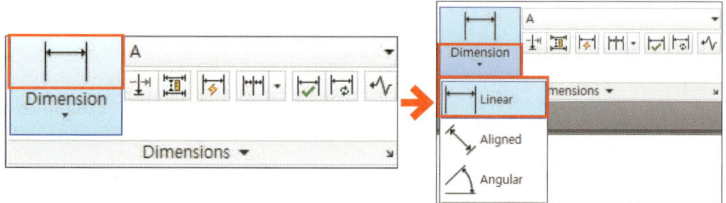

03. ①과 ② 부분을 클릭한 다음 커서를 움직이면 보조선의 길이가 조정됩니다. ③ 부분을 클릭하여 치수의 위치를 지정합니다.

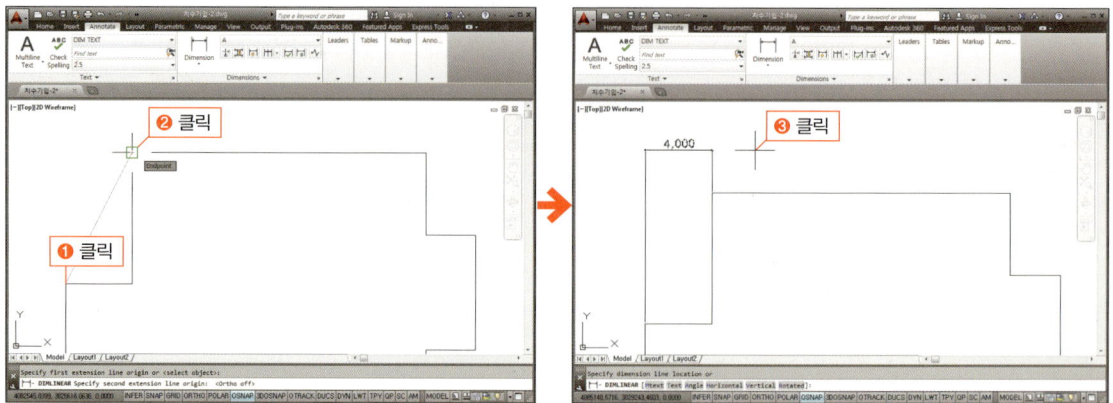

TIP : 치수 기입 방법

치수 기입은 치수 스타일에 해당하는 아이콘을 클릭하고 시작점과 끝점을 연속해서 클릭해 보조선의 길이를 마우스로 조정하면 됩니다. 치수 기입도 다른 작업과 마찬가지로 현재 레이어의 특성대로 작업이 이루어집니다. 그러므로 치수 기입에 앞서 현재 레이어를 이전에 만들어 놓은 'dim' 레이어로 변경한 후 작업을 해야 지정된 색상으로 기입할 수 있습니다.

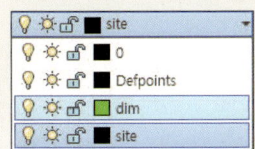

04. `Space Bar` 만 눌러서 명령을 반복 실행하고 ①과 ② 부분을 클릭합니다. 이번에는 연속된 치수이기 때문에 좌측의 선행되었던 치수와 열을 맞추어야 합니다. 커서를 좌측의 치수 끝 부분으로 이동시켜 ③ 부분에 Endpoint가 표시될 때 클릭하여 치수를 기입합니다. 같은 방법으로 우측 ④ 부분도 치수를 기입합니다.

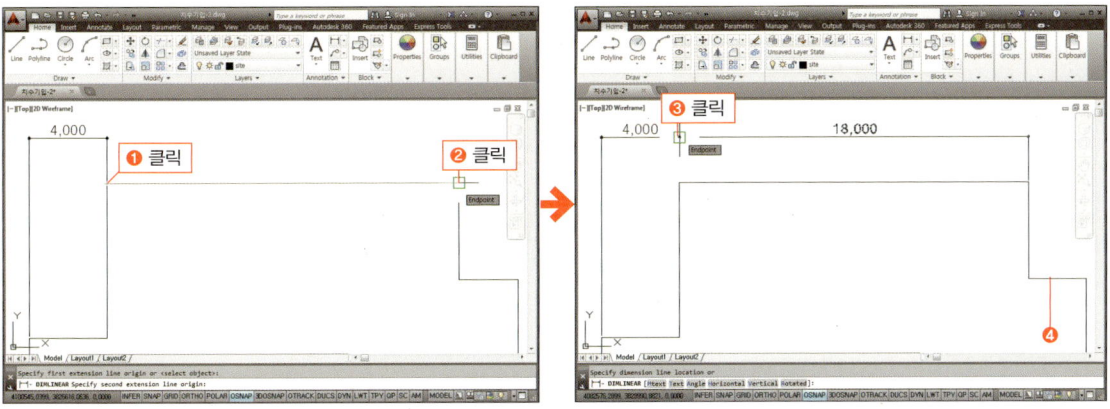

05. 이제 좌/우측 두 치수의 합을 기입해 보겠습니다. `Space Bar` 를 눌러 명령을 반복 실행하고 ①과 ② 부분을 클릭합니다. 커서를 위쪽으로 이동시켜 하단의 문자와 상단의 치수선 사이의 공간이 빡빡하지 않을 정도 ③ 부분에서 자리를 잡아 클릭합니다.

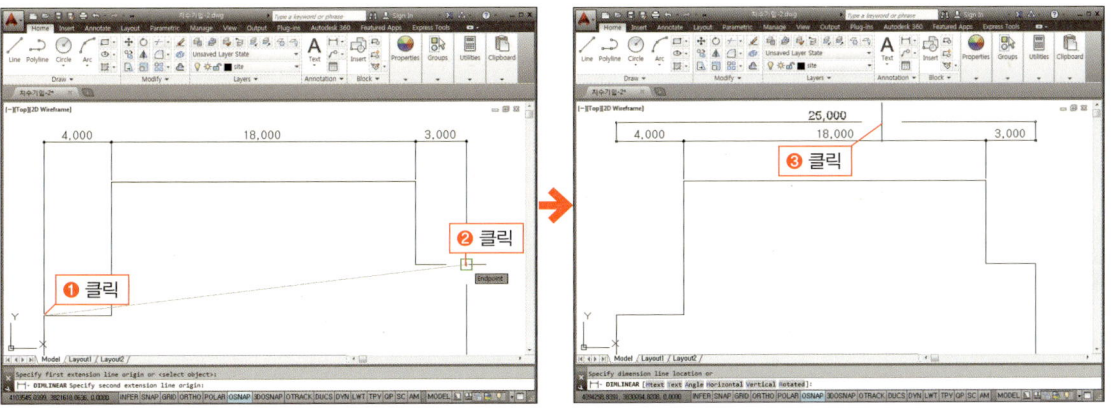

06. 나머지 부분도 같은 방법으로 그림과 같이 치수를 기입합니다.

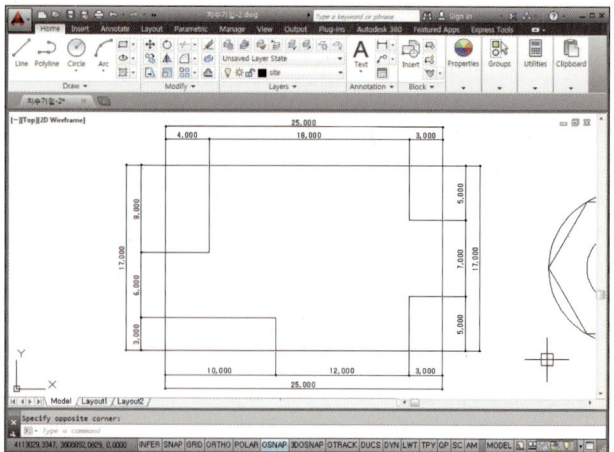

07. 이어서 다각형과 원의 치수를 기입하겠습니다. 다각형과 같이 사선의 치수를 기입할 때는 Aligned 명령을 사용합니다. [Annotate] 탭–[Dimensions] 패널에서 [Aligned](⟍)를 클릭하거나, 단축키 **D** **A** **L** 을 입력한 후 **Space Bar** 를 누릅니다.

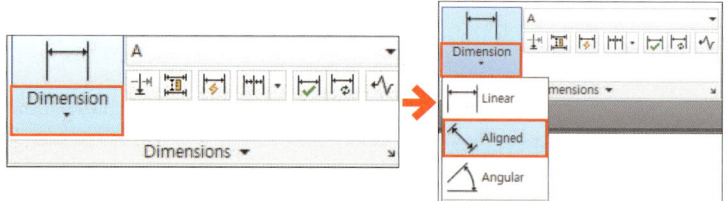

08. 선형 치수 기입과 마찬가지로 시작점과 끝점을 클릭한 후 보조선의 길이를 조정한 다음 클릭하면 정렬 치수가 기입됩니다.

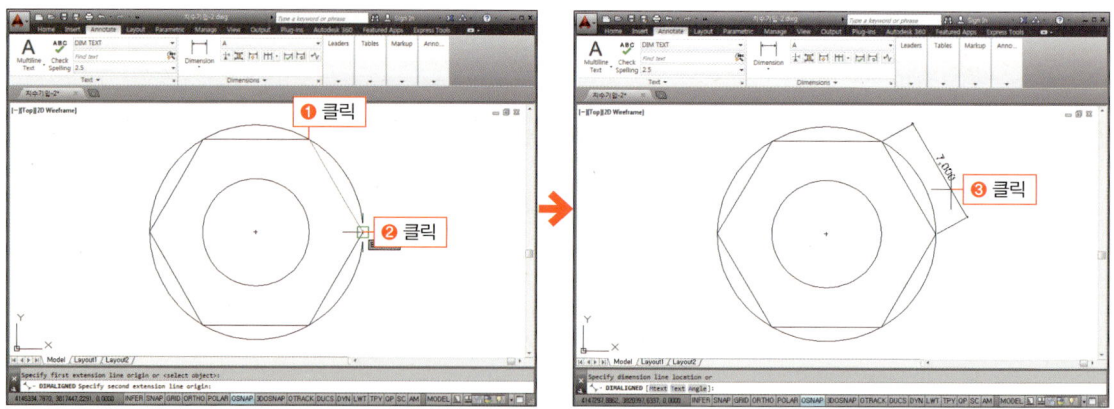

09. 이번에는 작은 원의 반지름 값을 기입하겠습니다. [Annotate] 탭–[Dimensions] 패널에서 [Radius](⊙)를 클릭하거나, 단축키 **D R A** 를 입력한 후 **Space Bar** 를 누릅니다. 작은 원을 클릭한 다음 커서를 이동시켜 문자의 위치를 클릭하면 반지름 값이 기입됩니다.

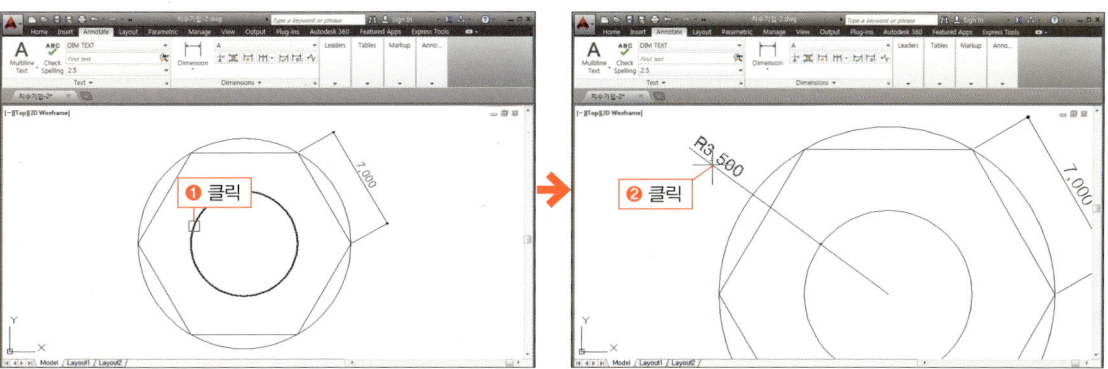

10. 다음은 큰 원의 지름 값을 기입하겠습니다. 작은 원과 같은 방법으로 이루어집니다. [Diamater](⊙)를 클릭하거나, 단축키 **D D I** 를 입력한 후 **Space Bar** 를 누릅니다. 큰 원을 클릭한 다음 커서를 이동시켜 문자의 위치를 클릭하면 지름 값이 기입됩니다.

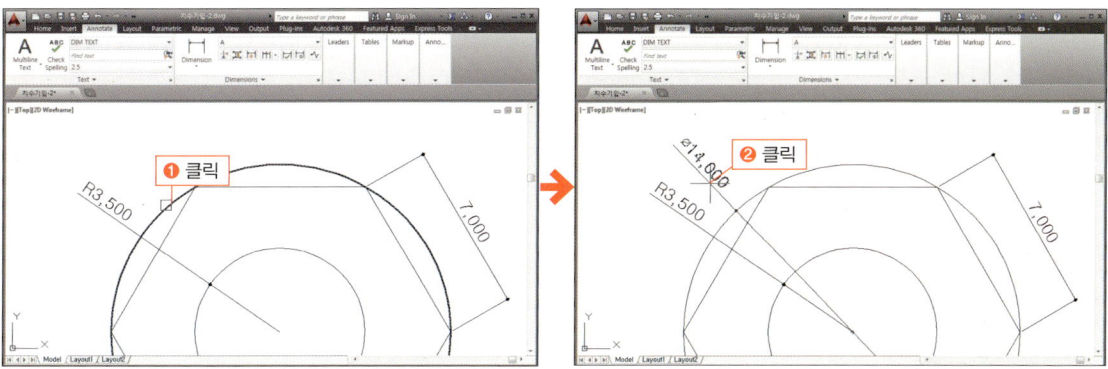

11. 마지막으로 다각형의 각도를 기입하겠습니다. [Angular](△)를 클릭하거나, 단축키 **D A N** 을 입력한 후 **Space Bar** 를 누릅니다. 각도를 이루는 선(①)을 클릭하고 다른 선(②)을 클릭한 후 문자의 위치를 클릭하면 각도 치수가 기입됩니다.

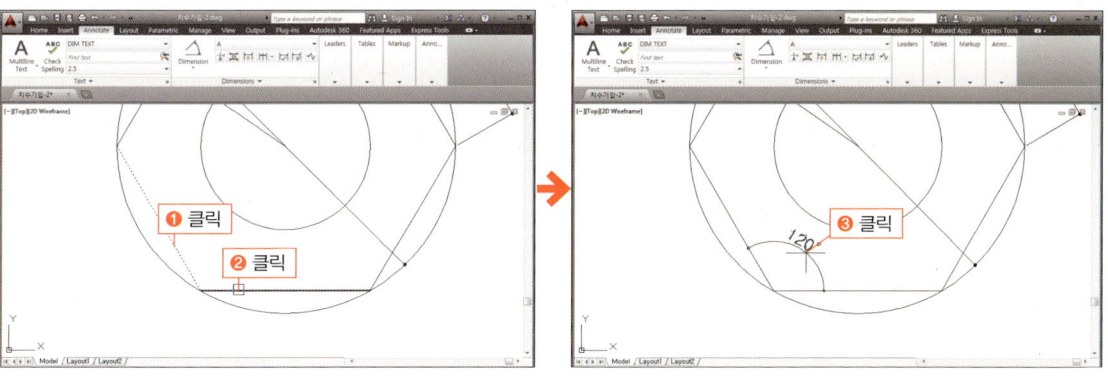

시작과 끝을 지정해 치수를 기입해도 되지만 객체를 선택해 한 번의 클릭으로도 치수를 기입할 수 있고, 원하는 각도를 기입할 수도 있습니다.

• [Linear](□)나 [Aligned](◥)를 클릭하면 명령 입력창에 다음과 같은 내용이 나타납니다.

Specify first extension line origin or ⟨select object⟩:

• 이때 시작점과 끝점을 클릭하지 않고 Space Bar 나 Enter 를 누른 후, 해당하는 선을 클릭하면 선의 길이가 나타납니다.

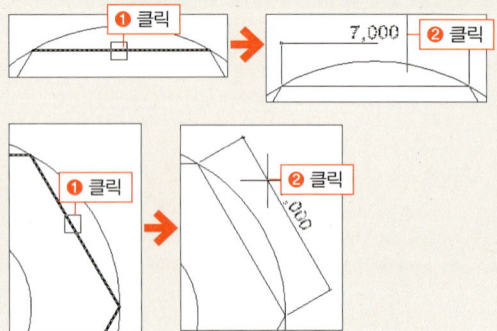

• 각도를 기입하는 [Angular](△)를 클릭해서 육각형의 외각을 기입하려면 다음과 같이 치수가 나타납니다.

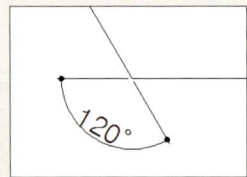

• 이 같은 경우에는 [Angular](△)를 클릭한 후

Select arc, circle, line, or ⟨specify vertex⟩: 지문이 나오면 Space Bar 나 Enter 를 누르고 각의 꼭짓점과 각을 이루는 선을 차례로 클릭하면 각도가 나타납니다.

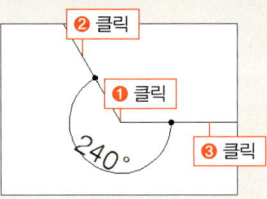

STEP 02에서 선형 치수, 정렬 치수, 각도 치수를 기입해 보았습니다. 작성된 치수를 보면 치수 보조선이 시작되는 위치가 너무 가까워 치수와 도면의 구분이 어렵습니다. 이 같은 치수의 변경사항을 Dimstyle의 Modify를 활용하여 수정해 보겠습니다.

01. 단축키 [D]를 입력한 후 [Space Bar]를 누릅니다. [Dimension Style Manager] 대화상자가 나타나 [Modify] 버튼을 클릭합니다.

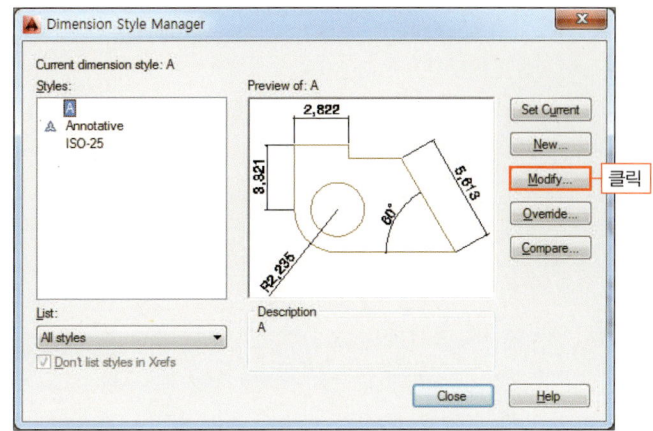

02. [Modify Dimension Style] 대화상자의 [Line] 탭에서 [Extend beyond dim lines](보조선이 돌출되는 길이)를 '300', [Offset from origin](보조선이 시작되는 위치)을 '500'으로 설정한 후 [Text] 탭으로 넘어갑니다.

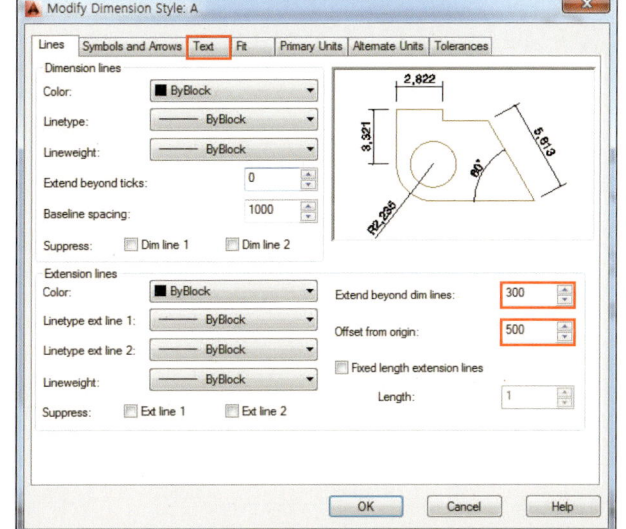

03. [Text] 탭의 [Offset from dim line](치수선과 문자의 수직 거리)을 '30', [Text alignment]를 'ISO standard'로 설정하고 [OK]와 [Close] 버튼을 클릭하여 입력한 치수 스타일을 변경합니다.

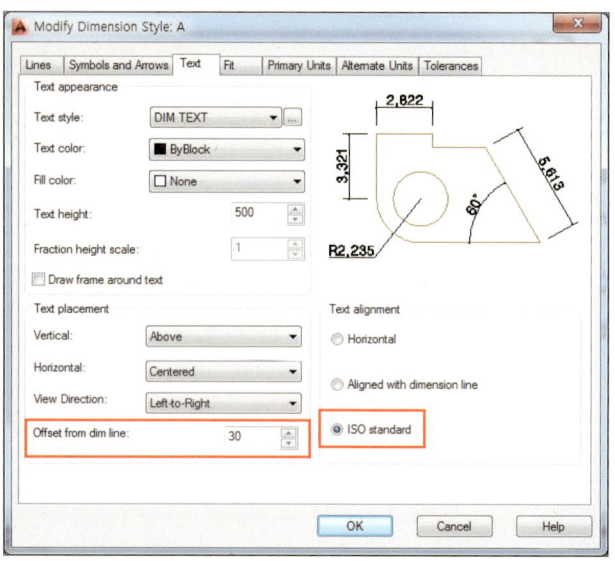

04. 작업 화면으로 돌아오면 치수 스타일이 앞선 따라하기에서 설정한 값으로 변경된 것을 확인할 수 있습니다. 주의할 점은 이렇게 치수 스타일을 변경하면 이전에 같은 치수 스타일로 작업했던 치수들도 같이 변경된다는 것을 알아야 합니다.

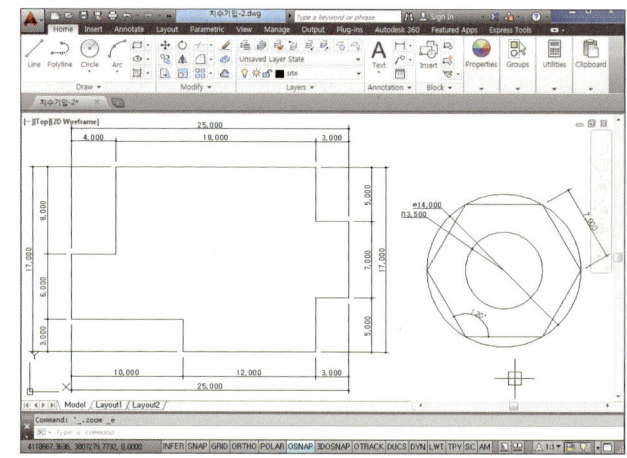

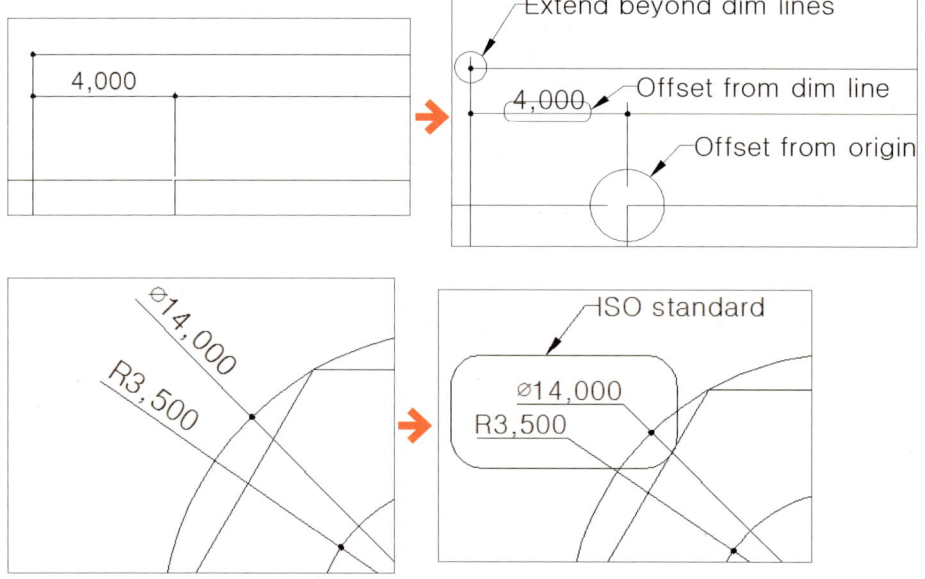

STEP 04 ● 치수를 빠르게 기입하는 방법과 지시선(Multileader)의 활용

이번 STEP에서는 기본 치수 기입 이외에 신속하게 치수를 기입할 수 있는 명령과 지시선에 대해 알아보겠습니다.

예제 파일 | DVD₩예제₩Part06₩Lesson04₩신속 치수기입.DWG

01. AutoCAD 2014를 실행하고 예제 파일을 불러옵니다.

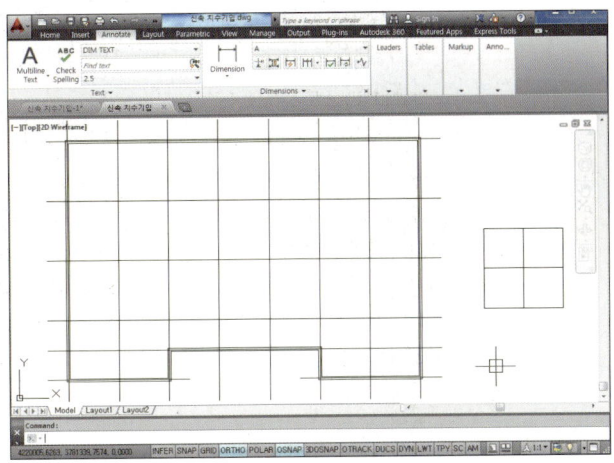

02. 먼저 Quick Dimension 명령을 이용하여 상단의 치수를 기입하겠습니다. [Quick Dimension]( )을 클릭하거나, 단축키 **Q D I M**을 입력한 후 **Space Bar**를 누릅니다.

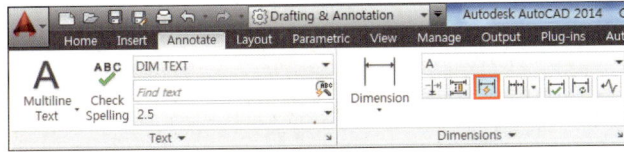

03. ①과 ② 부분을 클릭한 후 **Space Bar**를 누르고, ④ 부분으로 커서를 이동시키면 파선에 걸쳐진 선의 간격이 치수로 나타나는 것을 확인할 수 있습니다. 보조선의 길이가 적당히 뽑혀졌을 때 클릭하여 위치를 지정합니다.

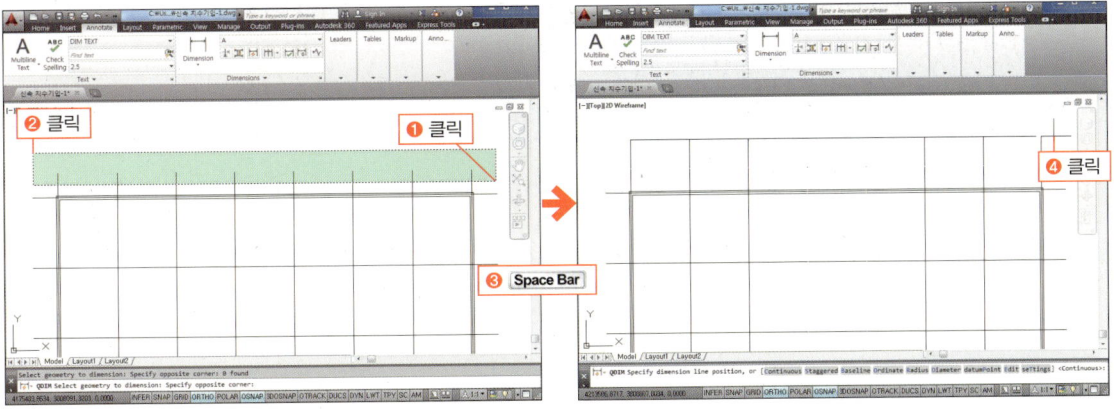

04. 작업 결과는 다음과 같습니다. Quick Dimension은 치수를 뽑고자 하는 부분을 걸쳐 선택하거나, 포함하여 선택해 치수를 기입하는 것이 가능하기 때문에 매우 빠르게 작업할 수 있습니다.

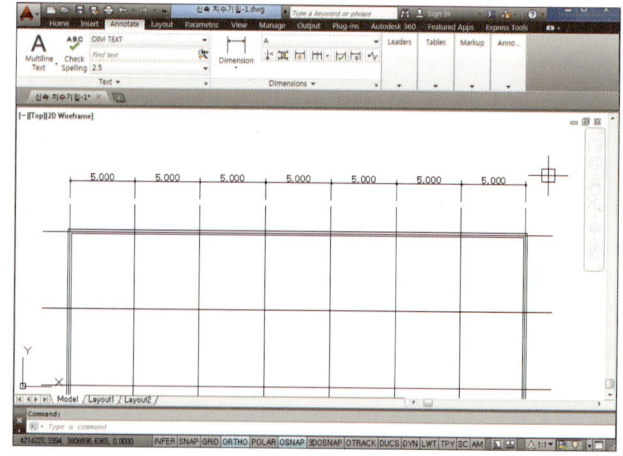

05. 하단의 치수를 기입하겠습니다. 이 부분도 Quick Dimension 명령을 사용하면 빠르게 작업을 할 수 있지만 기능 습득을 위해 Continue 명령을 사용합니다. 먼저 [Linear](⊢⊣)를 클릭한 후 다음과 같이 좌측 하단에 치수를 기입하겠습니다.

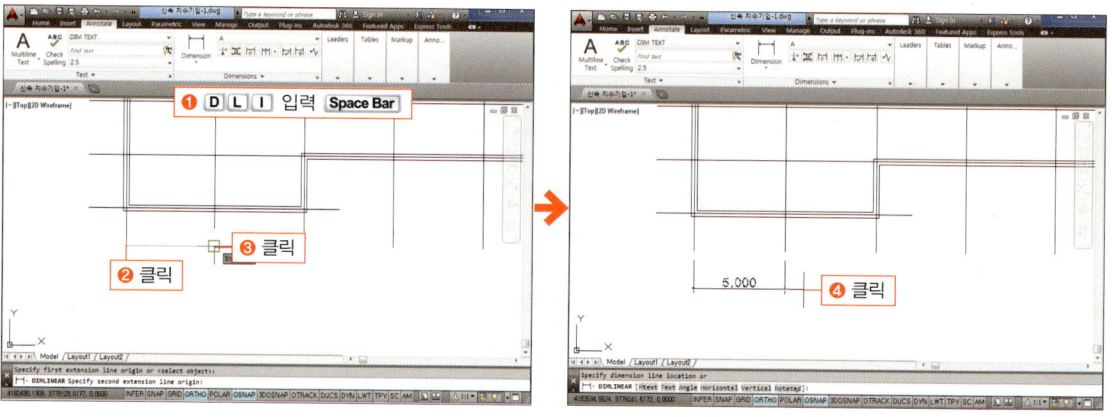

06. 이어서 리본 메뉴의 [Continue](⊢⊢)를 클릭하거나, 단축키 D C O 를 입력한 후 Space Bar 를 누릅니다. Continue 명령을 실행하면 이어서 기입할 치수가 바로 옆에 붙어있게 됩니다.

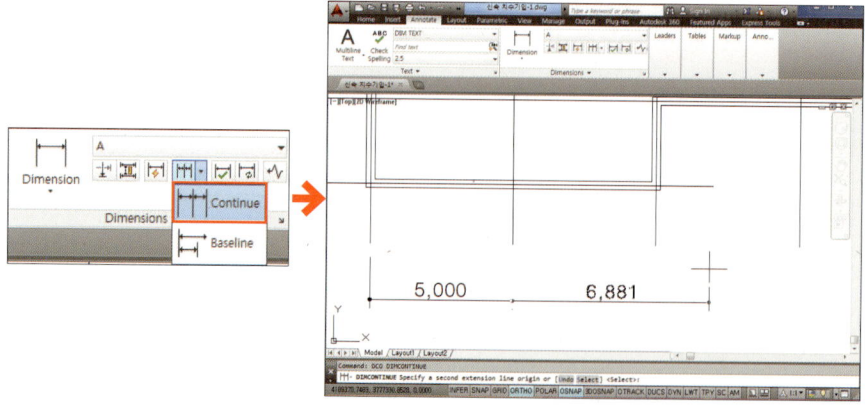

07. 다음 구간인 ① 부분을 클릭하고 계속해서 치수를 기입할 위치를 클릭하면서 끝까지 진행하고 **Esc** 를 눌러 종료합니다.

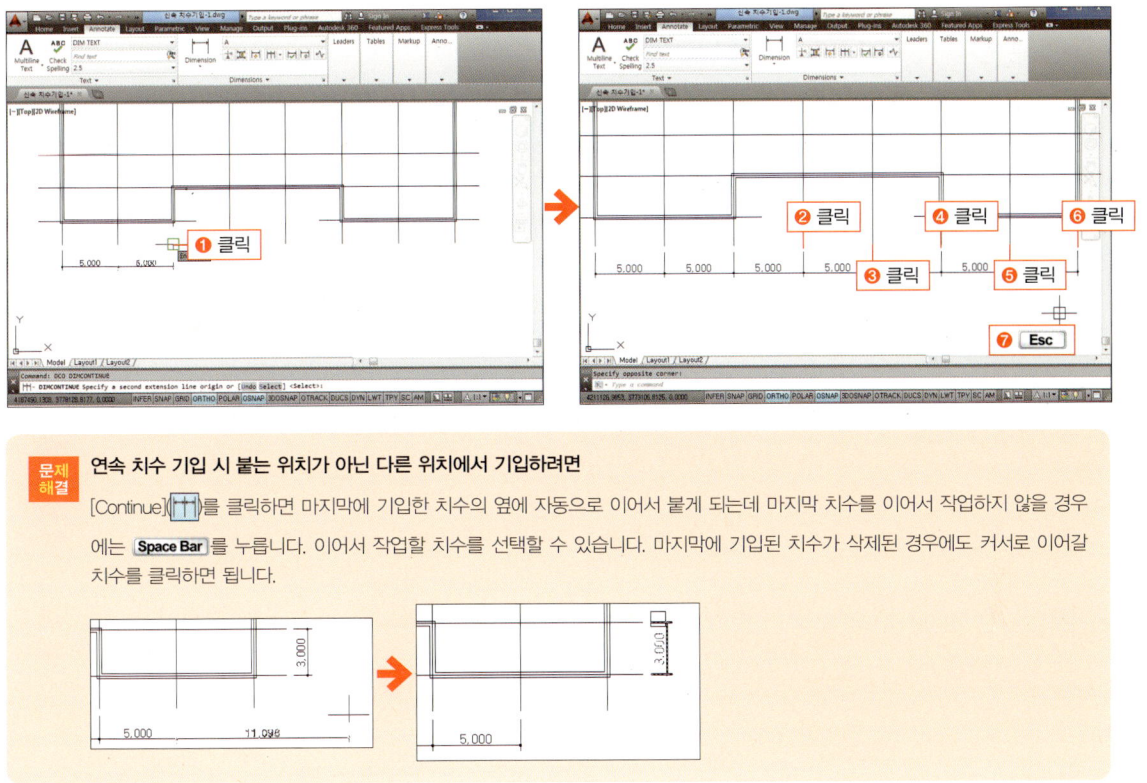

**문제
해결** **연속 치수 기입 시 붙는 위치가 아닌 다른 위치에서 기입하려면**

[Continue]( )를 클릭하면 마지막에 기입한 치수의 옆에 자동으로 이어서 붙게 되는데 마지막 치수를 이어서 작업하지 않을 경우에는 **Space Bar** 를 누릅니다. 이어서 작업할 치수를 선택할 수 있습니다. 마지막에 기입된 치수가 삭제된 경우에도 커서로 이어갈 치수를 클릭하면 됩니다.

08. 이제 Base line 명령을 사용해 보겠습니다. Base line도 Continue 명령과 같이 사전에 기준이 될 치수가 먼저 기입되어 있어야만 해당 치수에서부터 기준이 되어 치수를 기입할 수 있습니다. 먼저 [Linear]( )를 클릭하고 다음과 같이 좌측 하단에 치수를 기입합니다.

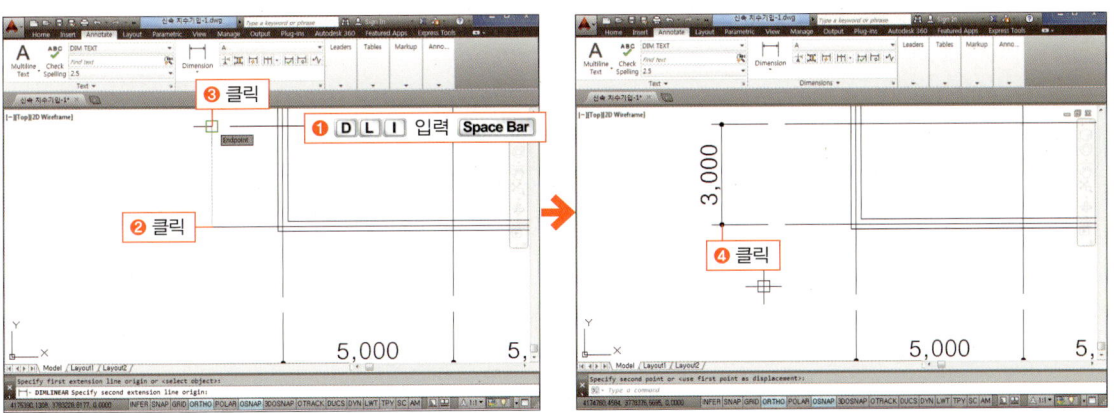

09. 이어서 치수를 기입한 후 [Baseline.](📐)을 클릭하거나, 단축키 **D** **B** **A** 를 입력한 후 **Space Bar** 를 누릅니다. Base line 명령을 실행하면 이어서 기입할 치수가 바로 위에 붙어있게 됩니다.

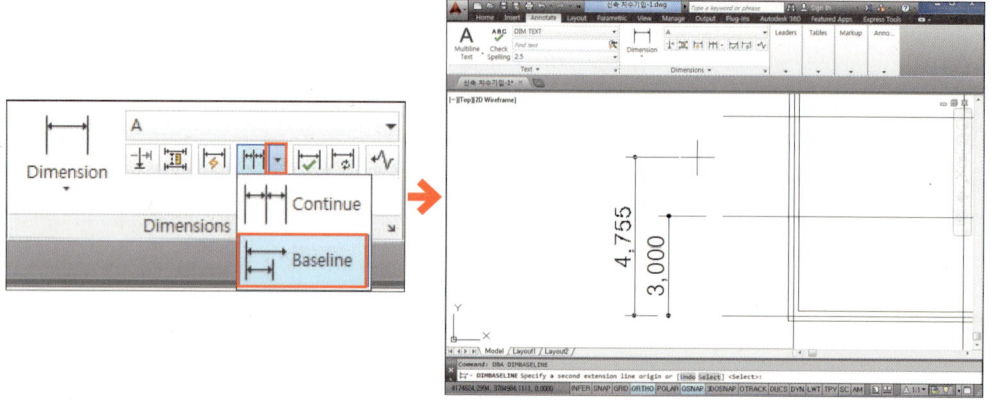

10. 다음 구간인 ① 부분을 클릭하고 계속해서 치수를 기입할 위치를 클릭하면서 끝까지 진행하고 **Esc** 를 눌러 종료합니다. Continue 명령과 같이 [Baseline.](📐)을 클릭하면 마지막에 기입한 치수 위에 자동으로 이어서 붙게 되는데 마지막 치수를 기준으로 작업하지 않을 경우에는 **Space Bar** 를 눌러, 이어서 작업할 치수를 선택할 수 있습니다.

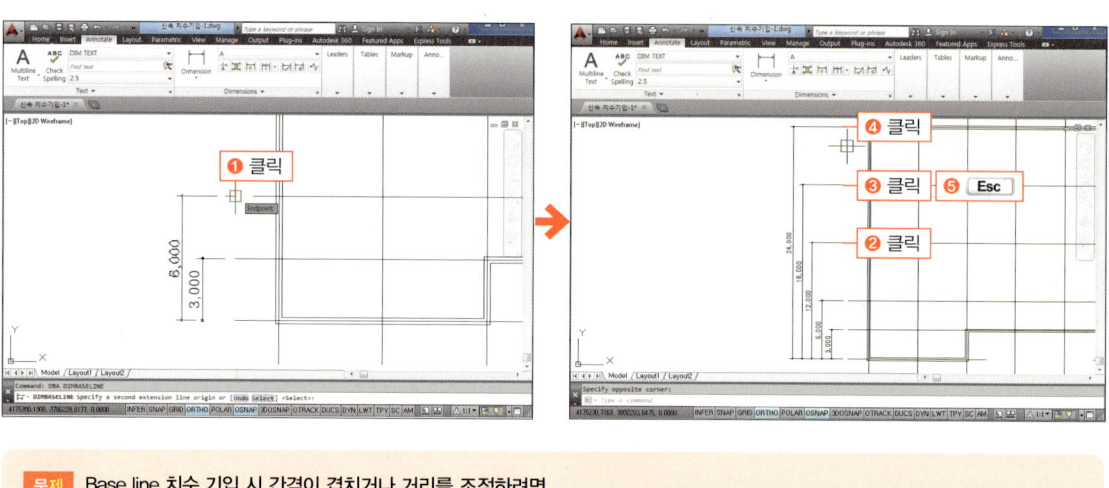

문제 해결 **Base line 치수 기입 시 간격이 겹치거나 거리를 조정하려면**

작업에 있어 다음과 같이 상하간의 치수가 겹치게 되거나 간격을 조정하려면, 단축키 **D** 를 입력한 후 **Space Bar** 를 누릅니다. [Dimension Style] 대화상자의 [Modify] 버튼을 클릭하고 [Baseline spacing]의 값을 조정하면 됩니다

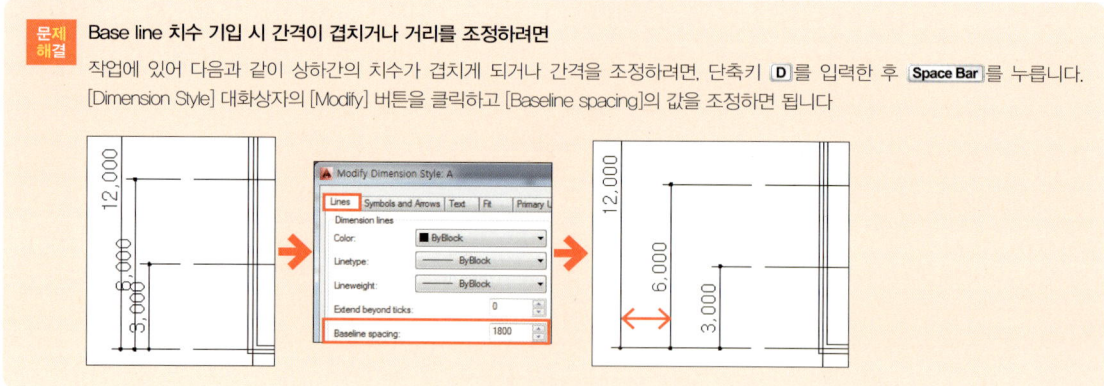

11. 지시선을 사용하여 각 부분에 대한 재료 표시를 하겠습니다. 길이의 값을 기입하는 이전의 치수 기입과는 다르게 해당 위치에 대한 재료나 설명을 기입할 수 있는 치수 기입 도구입니다. 지시선을 표기할 우측의 사각형을 확대합니다.

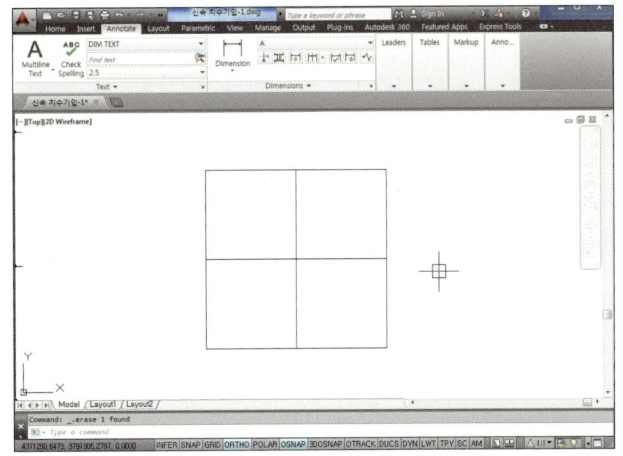

12. 지시선도 치수이기 때문에 기입 유형을 지정해야 합니다. [Annotate] 탭–[Leaders] 패널 우측 아래의 화살표(⌄)를 클릭합니다.

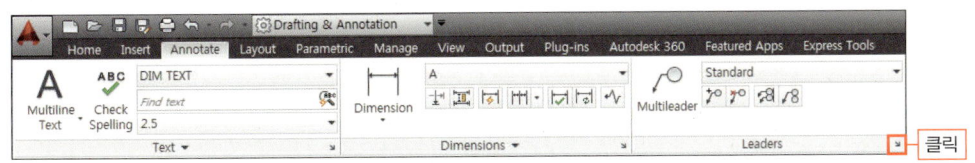

13. 치수 스타일 설정과 비슷한 지시선을 설정할 수 있는 [Multileader Style Manager] 대화상자가 나타나면 [Modify] 버튼을 클릭합니다. [Modify Multileader Style: Standard] 대화상자의 [Leader Format] 탭을 그림과 같이 설정합니다.

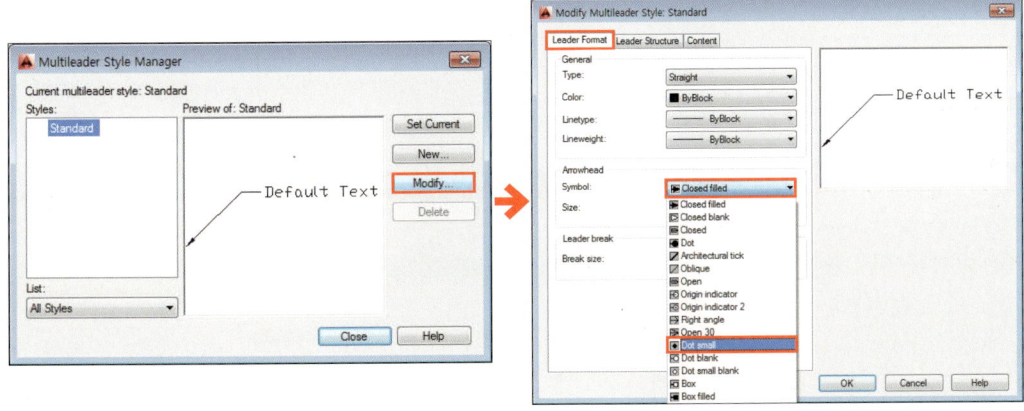

14. 지시선의 문자 유형을 설정하겠습니다. [Content] 탭에서 다음과 같이 [Text Style]을 'DIM TEXT'로 선택합니다.

TIP : 문자 스타일이 없으면 우측의 [...] 아이콘을 클릭해 새로 만들어서 등록합니다.

485

15. 현재 도면 크기에 맞도록 지시선의 크기를 변경하겠습니다. [Leader Structure] 탭 하단의 [Scale]을 '3000'으로 변경합니다.

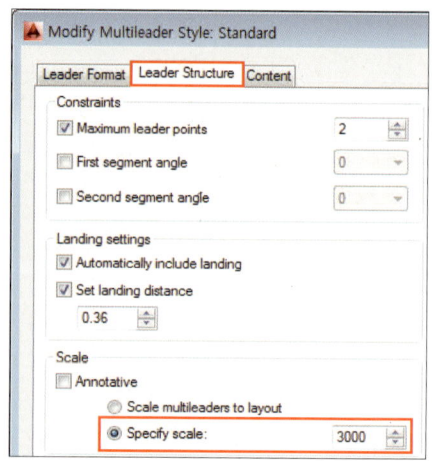

16. 변경 사항을 마치면 오른쪽 하단의 [OK] 버튼을 클릭합니다. 다시 [Multileader Style Manager] 대화상자에서 [Close] 버튼을 클릭해 설정으로 종료합니다.

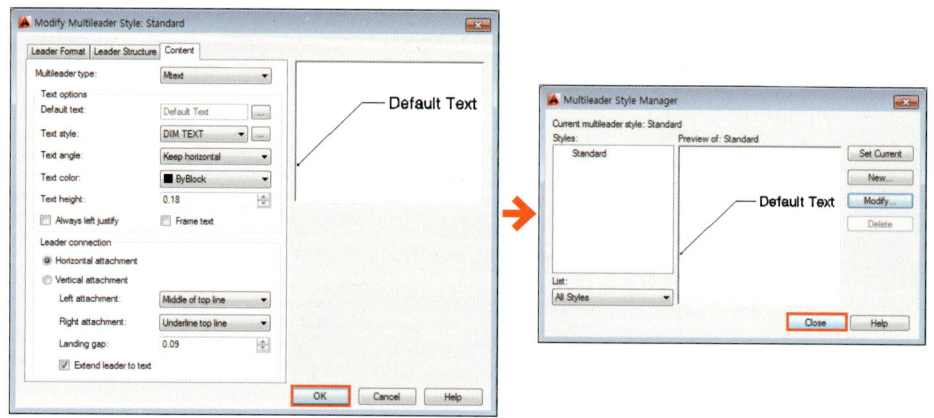

17. [Annotate] 탭-[Leaders] 패널에서 [Multileader]( )를 클릭합니다. 지시선이 시작되는 위치(①)를 클릭, [ORTHO](F8)를 확인하고 지시선이 꺾이는 위치(②) 클릭하면 지시선이 만들어집니다.

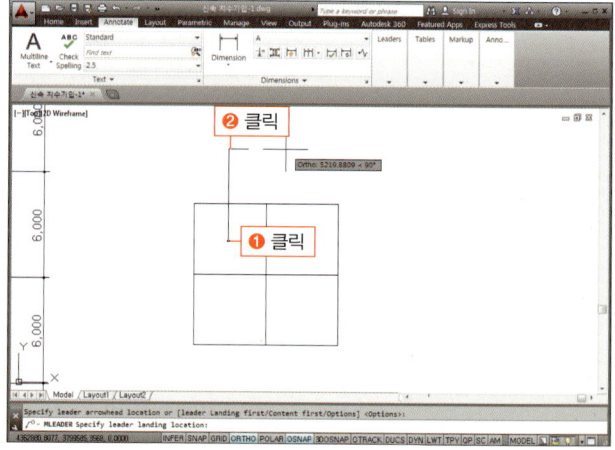

18. 지시선에 표기할 문자 '인조대리석(150x90x12T)'를 입력하고 리본 메뉴에서 [Close Text Editor]()를 클릭하여 지시선 작성을 완료합니다.

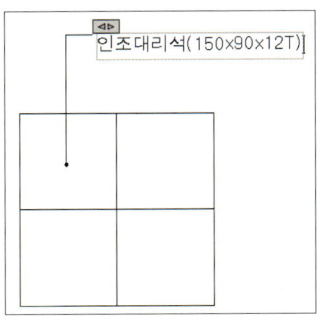

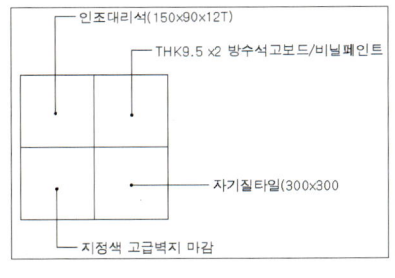

T I P : 문자 작성 후 완료를 하기 위해 `Enter`를 누르면 행이 바뀌므로 빈 공간을 클릭하거나, [Close Text Editor]( )를 클릭해야 합니다.

응용 예제

1. 다음 도면을 작성하고 치수를 기입하세요.

완성 파일 I DVD₩완성₩Part06₩Lesson04₩도면 치수기입.DWG (완성 파일을 참조하여 작성해 봅니다.)

주요 명령어 I Line(L), Offset(O), Trim(TR), Circle(C), Layer(LA), DLI, DAN, DRA, DCO, QDIM, 등

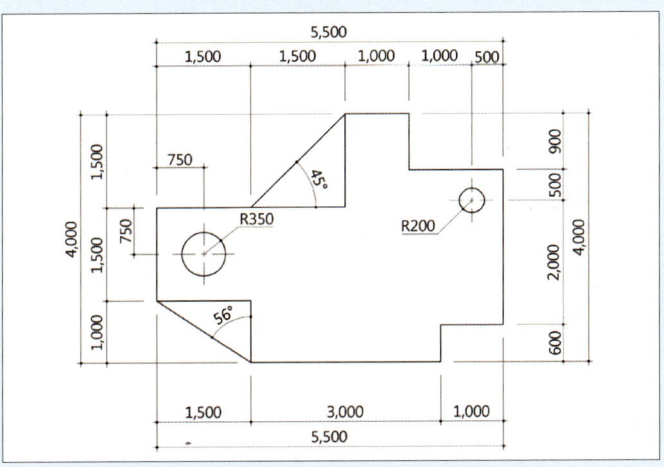

2. 다음 단면도를 작성하고 치수를 기입하세요.

주요 명령어 I Line(L), Offset(O), Trim(TR), Chamfer(CHA), Xline(XL), Donut(DO), Dtext(DT).

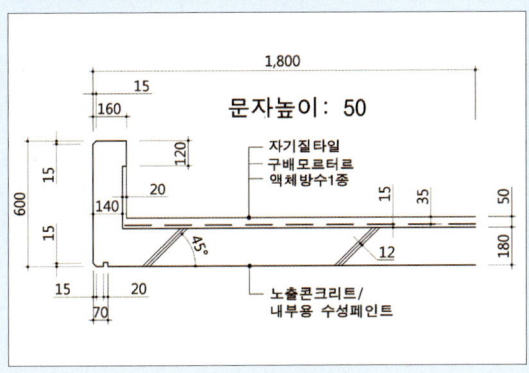

치수의 편집

치수 기입 후 문자의 내용이나 치수의 구성 요소를 변경하는 방법에 대해 알아보겠습니다.

예제 파일 | DVD₩예제₩Part06₩Lesson04₩치수의 편집.DWG

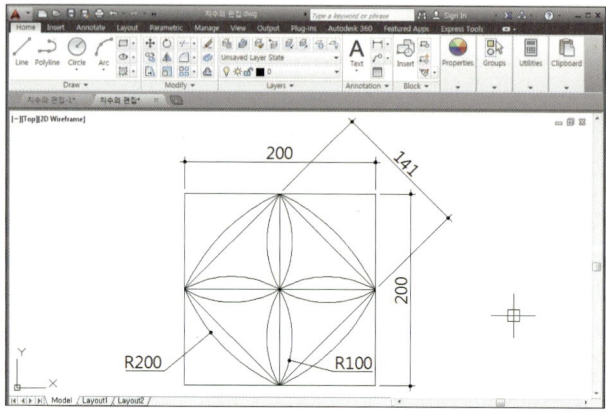

■ **기입된 치수의 내용을 수정하기**

치수를 더블클릭한 후 내용을 입력하고 여백을 클릭합니다.

> **문제해결** 치수 문자를 더블클릭해 수정하는 방법은 AutoCAD 2013부터 가능합니다. 버전이 낮은 경우에는 단축기 ⒠ ⒟ 를 입력합니다.

■ **교차된 치수선을 수정하기**

[Annotate] 탭–[Dimensions] 패널에서 [Dim Break]( )를 클릭하거나, 명령어 Ⓓ Ⓘ Ⓜ Ⓑ Ⓡ Ⓔ Ⓐ Ⓚ 를 입력한 후 **Space Bar** 를 누릅니다. 끊으려는 치수를 선택하고 **Space Bar** 를 누르면 교차 부분이 편집됩니다.

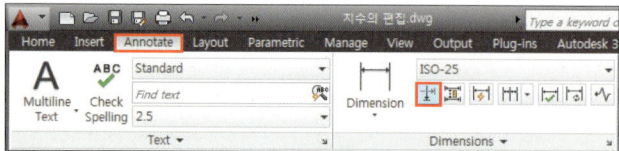

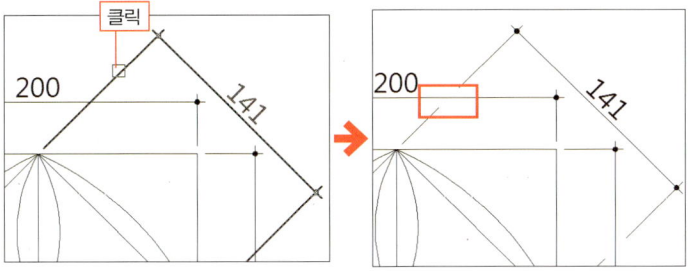

■ Properties로 치수 정보 수정하기

수정할 치수를 선택하고 [Ctrl]+[1]을 눌러 Properties를 불러옵니다. Properties에서 화살표 모양과
문자의 글꼴을 찾아 정보를 변경합니다.

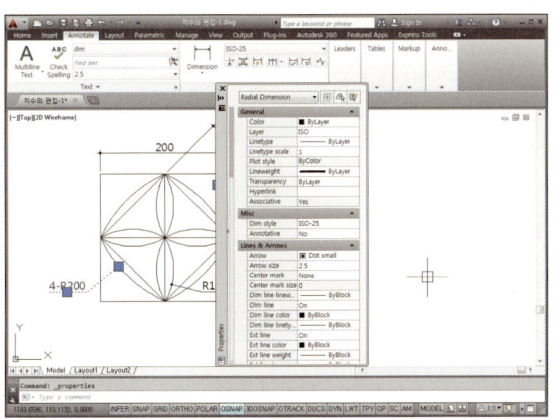
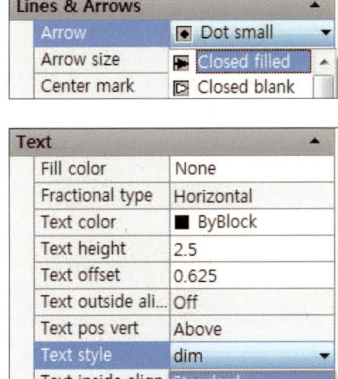

■ 주요 변수 설정

• DimScale

치수의 축척을 설정합니다. 치수가 너무 크거나 작을 경우 값을 변경해 치수를 기입합니다.

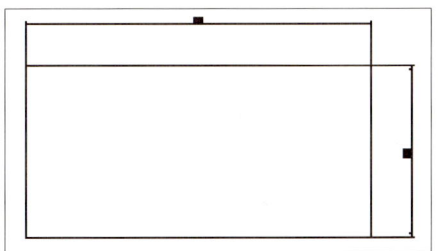

치수가 너무 작아 볼 수 없음
설정 값 : 1

적절한 값으로 배율을 조정
설정 값 : 3

• DimTOH

치수를 대상 밖으로 표기할 경우 문자를 가로 방향으로 표기합니다. 원형 치수 기입 시 많이 사용합니다.

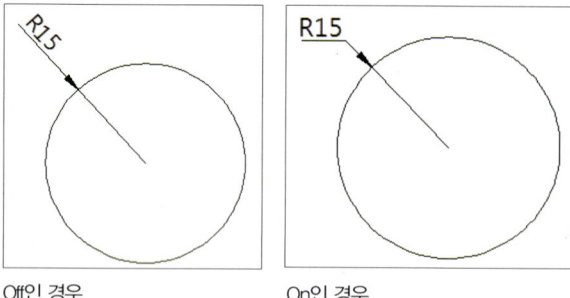

Off인 경우   On인 경우

On, Off 입력 시 On은 '1', Off는 '0'으로 입력해도 됩니다.

• DimUPT

치수 문자의 이동 여부를 설정합니다. On은 문자 이동이 가능하며, Off는 문자를 가운데 정렬합니다.

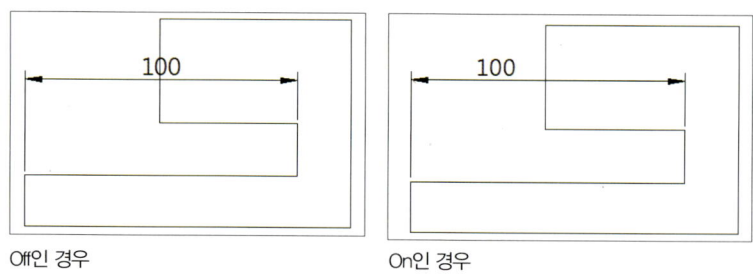

Off인 경우   On인 경우

• DimTOFL : Off, DimCEN : '0'으로 설정 시 원형 치수 기입

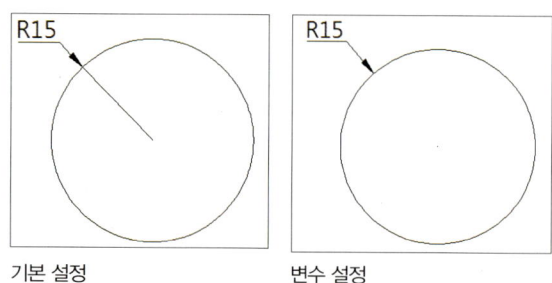

기본 설정   변수 설정

• 도면 크기에 따른 DimScale 변경

치수의 설정은 작업 대상의 크기에 따라 치수 문자, 화살표의 크기 등 여러 가지 사항을 작업 대상의 크기에 비례해 설정합니다. 매번 크고 작은 대상을 작업할 때 마다 설정 사항의 내용을 변경하고 새로운 치수 스타일을 만드는 것 보다 치수의 전체 축척을 사용하면 현재 설정 값의 배율을 조정하여 쉽게 치수 기입을 할 수 있습니다.

01. AutoCAD 2014를 실행해 새 도면을 열고 가로 '100', 세로 '50'인 사각형을 작성합니다. 선형 치수(**D L I**)를 실행해 다음과 같이 치수를 기입합니다. 치수의 크기가 적절하게 기입되는 것을 확인할 수 있습니다.

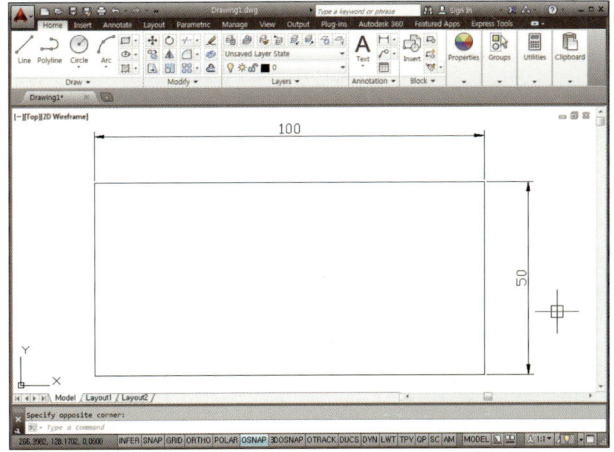

02. 가로 '10', 세로 '5'인 사각형을 작성합니다. 선형 치수(**D L I**)를 실행해 다음과 같이 치수를 기입합니다. 치수가 객체에 비해 너무 큽니다. 치수의 크기는 정해져 있고 객체가 작기 때문입니다. 기입한 치수를 삭제하고 설정을 변경한 후 다시 기입해보겠습니다.

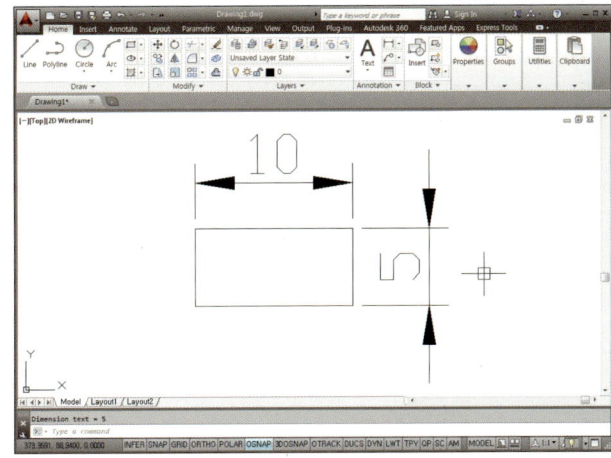

03. 단축키 **D**를 입력한 후 **Space Bar**를 눌러 [Dimension Style Manager] 대화상자를 불러옵니다. 새로운 스타일을 만들기 위해 [New] 버튼을 클릭하고, 이름을 'DIM1'을 입력한 후 [Continue] 버튼을 클릭합니다.

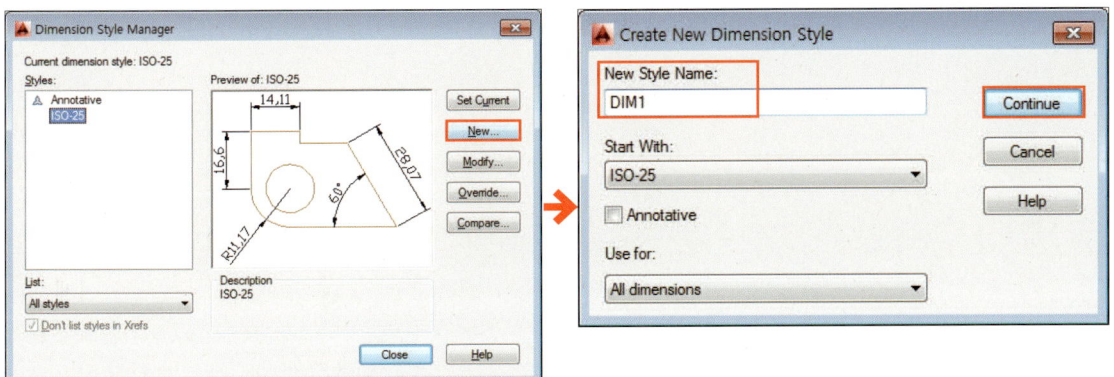

04. [Fit] 탭으로 이동해 [Scale for dimension features]의 [Use overall scale of]를 '0.1'로 변경한 후 [OK]와 [Close] 버튼을 각각 클릭합니다.

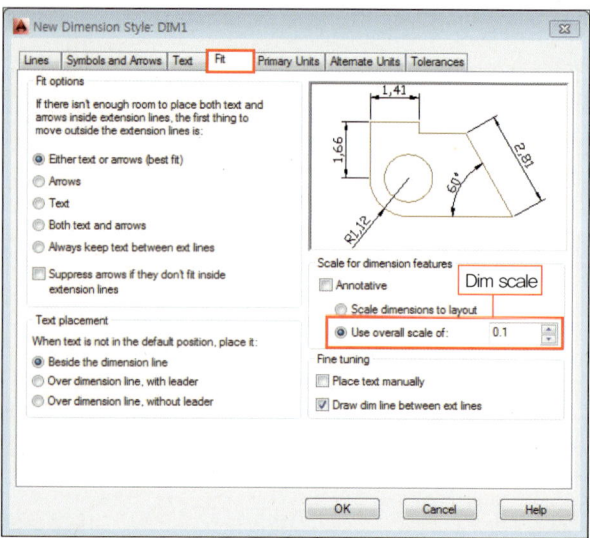

05. 다시 치수를 기입하면 적당한 크기로 기입이 됩니다. 이와 반대로 큰 도면을 작성할 경우에는 [DimScale] 값을 크게 설정한 후 기입해야 합니다. 하나의 설정을 만들어 놓으면 이후 크고 작은 작업을 할 때 치수의 축척을 변경하는 것만으로 설정을 마칠 수 있습니다.

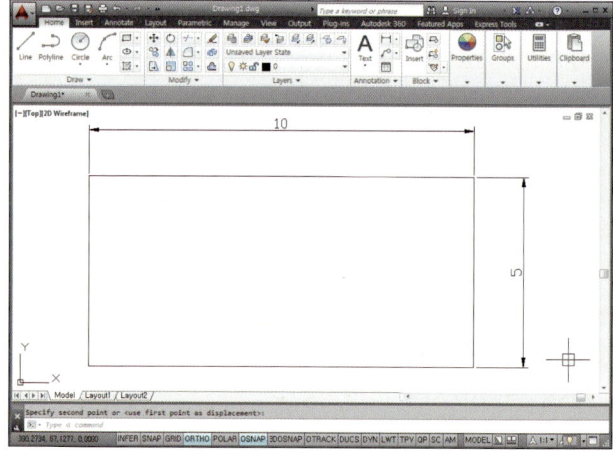

■ [Dimension Style Manager] 대화상자

새로운 치수 스타일을 추가하고 치수 문자, 치수선 등의 구성 요소를 설정합니다.

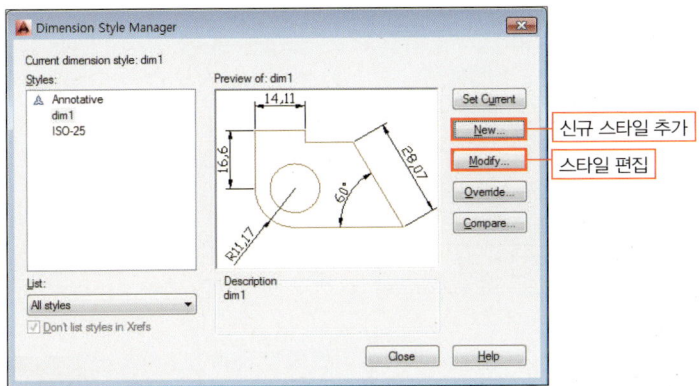

신규 스타일 추가 ← New...

스타일 편집 ← Modify...

• 치수의 설정

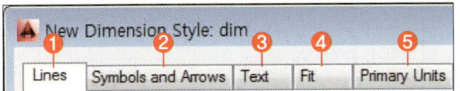

❶ [Line] 탭 : 치수선, 치수 보조선을 설정합니다.

❷ [Symbols and Arrows] 탭 : 치수의 화살표 모양과 표기되는 기호를 설정합니다.

❸ [Text] 탭 : 치수 문자의 글꼴, 정렬 상태 등을 설정합니다.

❹ [Fit] 탭 : 치수의 화살표와 문자의 위치를 정의하고 치수의 축척을 설정합니다.

❺ [Primary Units] 탭 : 기입되는 치수의 단위와 소수점 처리 등을 설정합니다.

■ 치수 기입 시 사용하는 [Dimensions] 패널

[Annotate] 탭-[Dimensions] 패널에는 보다 더 많은 치수 기입 도구들이 있습니다.

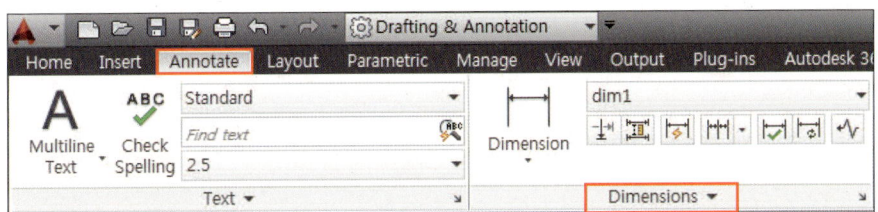

■ 치수의 편집

치수 기입 후 DDedit 명령과 Properties로 문자나 형태를 편집할 수 있습니다. DDedit 명령은 치수를 더블클릭하거나 단축키 E D 로 실행이 가능하며, Properties는 치수 선택 후 Ctrl + 1 을 누르면 나타납니다. 편집 기능을 적절히 사용할 경우에 치수 기입 시간을 단축시킬 수 있습니다.

01 | 다음 단면도를 작성하세요.

완성 파일 : DVD₩완성₩Part06₩Self Test 06.DWG
동영상 파일 : DVD₩완성₩Part06₩Self Test 06.AVI

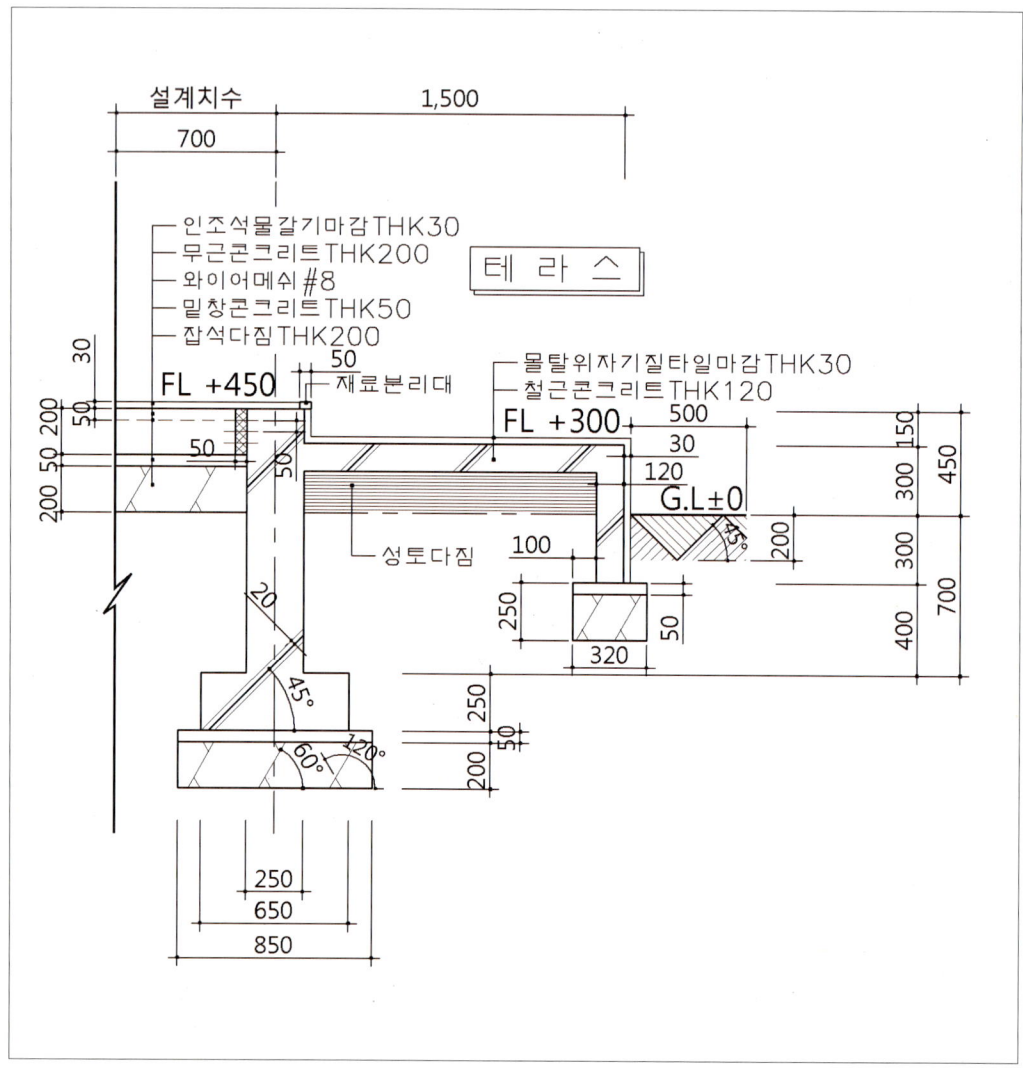

설계치수   1,500

700

인조석물갈기마감THK30
무근콘크리트THK200
와이어메쉬#8
밑창콘크리트THK50
잡석다짐THK200

테 라 스

50
재료분리대

몰탈위자기질타일마감THK30
철근콘크리트THK120

FL +450
FL +300
500
30
120
G.L±0

성토다짐

100
250
320
50

250
650
850

► PART

07

도면 작성과 관리를 쉽고 효과적으로 하기

도면을 작성하는 것보다 중요한 것이 관리입니다.
힘들게 작업한 도면을 다시 작성해야 한다면 그
보다 싫은 일도 없을 것입니다. 설계 업무를 하다
보면 늘 새로운 프로젝트지만 건축, 인테리어라는
그늘을 벗어나지는 못합니다. 건축물에 포함된 요
소들은 큰 변화가 없어 반복적으로 사용하거나 약
간의 변화만 주면 되는 것도 상당히 많습니다. 이
러한 도면 요소를 효율적으로 관리하고 결과물을
시각화하는 방법에 대해 알아보겠습니다.

01 도면의 구성 요소 관리와 신속한 작도 및 수정

레벨 ● ● ●

건축, 인테리어 도면 요소 중 공통적으로 사용하는 가구, 인물, 식재, 시설물 등의 작성 시간을 단축하고 도면 요소를 쉽게 관리할 수 있는 블록(Block)에 대해 알아보겠습니다.

기초 탄탄 ● **구성 요소의 블록화**

■ Block의 사용법 이해하기 `505P`

여러 개의 객체로 구성된 도면 요소를 하나의 객체(블록)로 만듭니다. 만들어진 블록은 현재 파일에 저장되며 Insert 명령으로 삽입하고, 편집 명령인 Bedit로 빠른 수정이 가능합니다. 필요 시 Explode 명령으로 블록 전의 상태로 분해할 수도 있습니다. 명령을 실행해 블록의 이름, 삽입 기준점, 객체를 선택하면 블록을 만들 수 있습니다.

• 구성 요소의 블록화

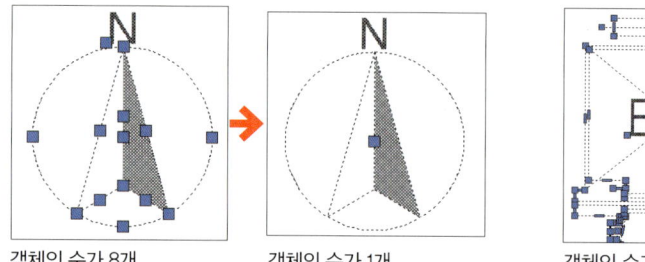

객체의 수가 8개 → 객체의 수가 1개

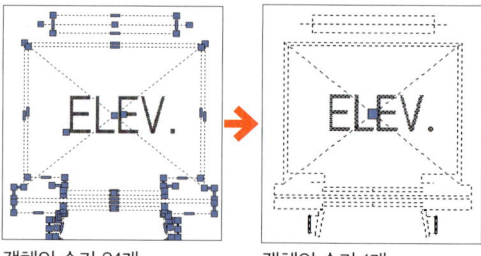

객체의 수가 24개 → 객체의 수가 1개

■ Block 실행하기

• [Home] 탭-[Block] 패널에서 [Block](🗂)을 클릭하여 실행합니다.

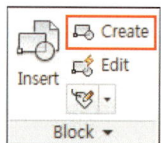

• 명령 입력창에서 Block 명령어(**B**)를 입력한 후, **Space Bar** 를 눌러 실행합니다.

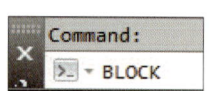
명령어 입력

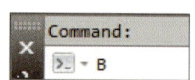
단축키 입력

■ Block의 옵션

Block 명령을 실행하면 [Block Definition] 대화상자가 나타납니다. [Name], [Base point], [Object]의 선택은 필수입니다.

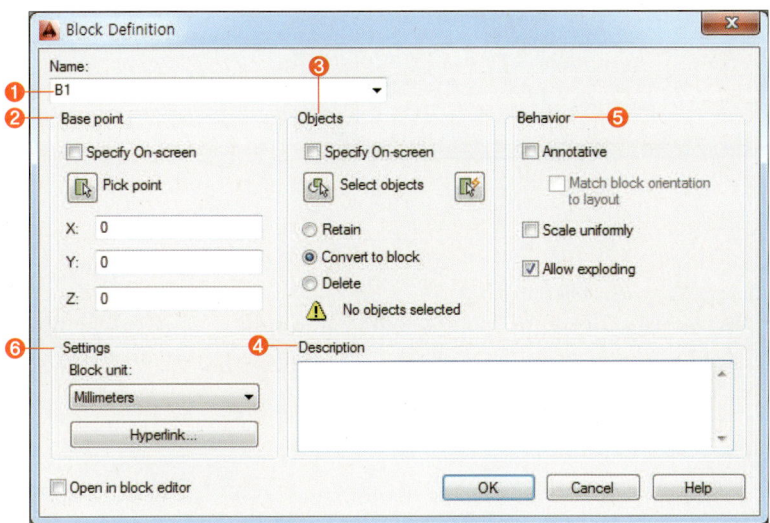

❶ Name : 블록의 이름을 입력합니다.

❷ Base point : Insert로 삽입되는 기준점을 설정합니다.

❸ Object : 하나의 블록으로 만들 객체를 선택합니다.

❹ Description : 블록의 내용을 입력합니다.

❺ Behavior : 블록의 균일한 크기와 분해 여부를 설정합니다.

❻ Setting : 블록의 단위(mm, inch)를 설정합니다.

■ Insert 기능과 사용법 이해하기 507P

용어 그대로 현재 작업 중인 파일에 다른 도면이나 블록을 삽입합니다. 삽입된 도면이나 블록은 삽입과 동시에 블록으로 등록됩니다. 명령을 실행하고 삽입할 객체를 선택한 후 옵션을 설정하여 삽입합니다.

• 가구 블록의 삽입

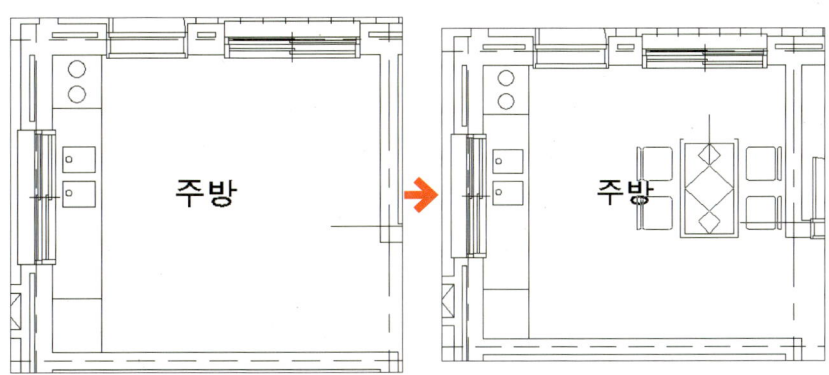

• 도면(dwg)의 삽입

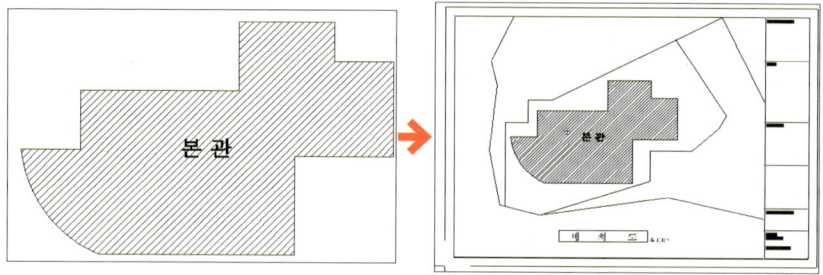

■ Insert 실행하기

• [Home] 탭-[Block] 패널에서 [Insert](🔲)를 클릭하여 실행합니다.

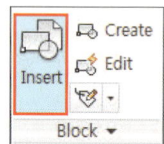

• 명령 입력창에서 Insert 명령어(**Ⅰ**)를 입력한 후, **Space Bar** 를 눌러 실행합니다.

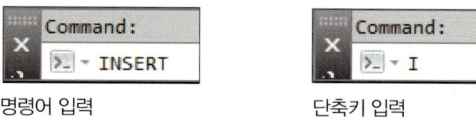

명령어 입력   단축키 입력

■ Insert의 옵션

Insert 명령을 실행하면 [Insert] 대화상자가 나타납니다. [Name], [Base point], [Object]의 선택은 필수입니다.

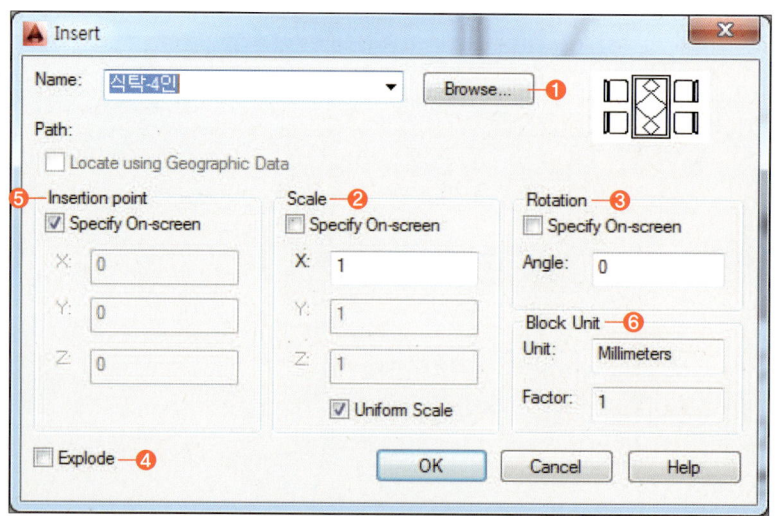

❶ Browse : 삽입할 블록이나 파일을 선택합니다.

❷ Scale : 삽입되는 요소의 크기를 설정합니다.

❸ Rotation : 삽입되는 요소의 각도를 설정합니다.

❹ Explode : 삽입되는 요소의 분해 여부를 확인합니다.

❺ Insertion Point : 삽입 위치를 좌표와 화면에서 지정 여부를 설정합니다.

❻ Block Unit : 삽입되는 블록의 단위와 배율을 표시합니다.

■ WBlock의 사용법 이해하기 515P

WBlock 명령을 사용하면 도면에서 필요한 부분만을 DWG 형식으로 저장할 수 있습니다. 저장된 객체는 Insert 명령을 이용하여 삽입할 수 있습니다.

• 도면의 일부를 Save

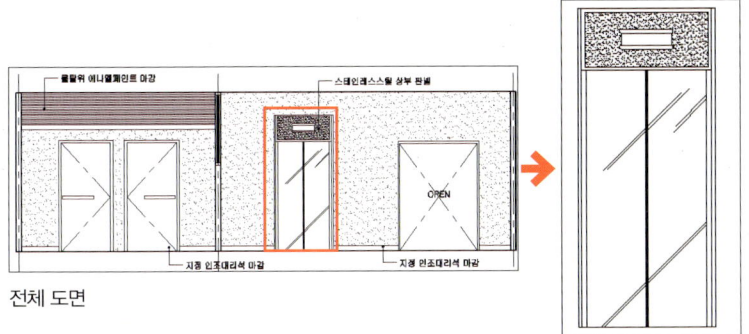

전체 도면

필요한 부분만 DWG 형식으로 저장

■ WBlock 실행하기

• [Insert] 탭-[Block Definition] 패널에서 [Write Block]( )을 클릭하여 실행합니다.

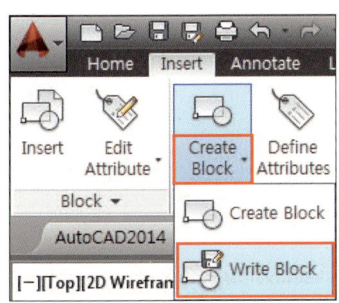

• 명령 입력창에서 WBlock 명령어(**W**)를 입력한 후, **Space Bar** 를 눌러 실행합니다.

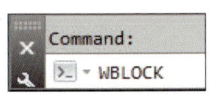
명령어 입력

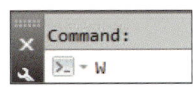
단축키 입력

■ WBlock의 옵션

WBlock 명령을 실행하면 [Write Block] 대화상자가 나타납니다. [Destination], [Base point], [Object]의 선택은 필수입니다.

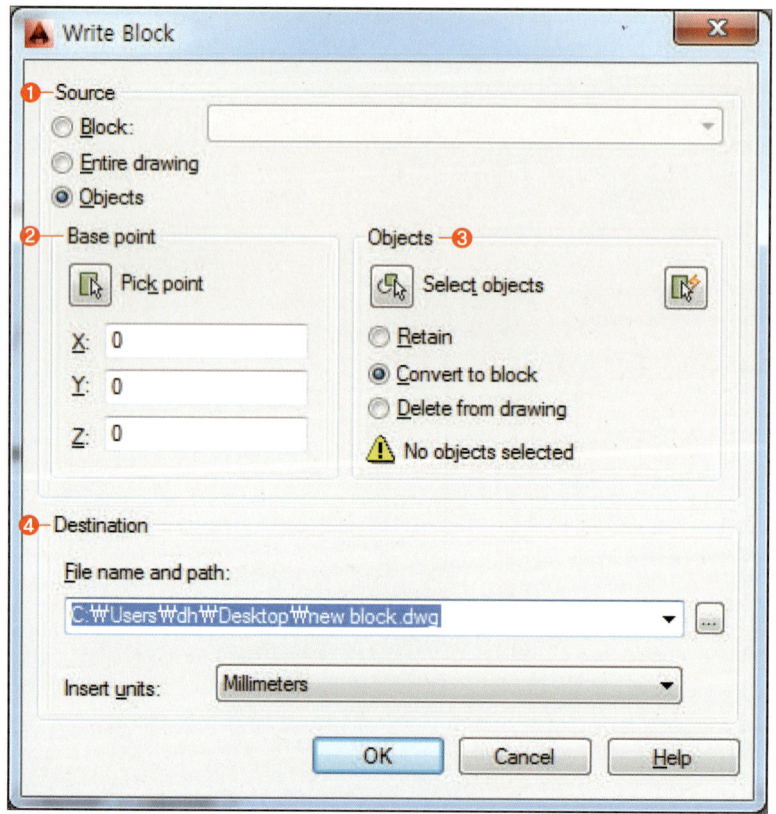

❶ Source : 저장할 객체의 유형을 설정합니다.

❷ Base point : Insert 명령으로 삽입되는 기준점을 설정합니다.

❸ Objects : 하나의 블록으로 만들 객체를 선택합니다.

❹ Destination : 저장 경로와 파일의 이름을 설정합니다.

> **TIP :** Block 명령은 작성 중인 파일에서만 사용이 가능하지만, Wblock 명령은 DWG 파일로 저장되기 때문에 다른 작업 파일에서도 Insert 명령으로 사용이 가능합니다.

■ Tool Palettes 기능과 사용법 이해하기 518P

도면 작성 시 자주 사용되거나 규격화되어 있는 도면 요소, 심볼, 각종 기호는 Tool Palettes에 등록하여 사용하면 효율적으로 도면을 작성할 수 있습니다. 필요한 탭을 추가하여 구성 요소나 명령어를 등록합니다. 한번 등록한 정보는 영구적으로 사용할 수 있습니다. Tool Palettes에 도면 요소를 등록하기 위해서는 먼저 요소를 블록으로 만들어야 합니다.

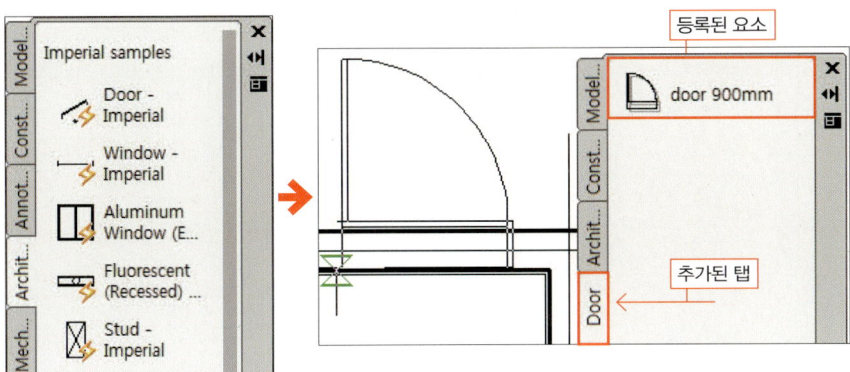

■ Tool Palettes 실행하기

• [View] 탭–[Palettes] 패널에서 [Tool Palettes](▥)를 클릭하여 불러옵니다. 신규 탭을 구성하려면 탭을 마우스 오른쪽 버튼으로 클릭한 후 [New Palette]를 선택합니다.

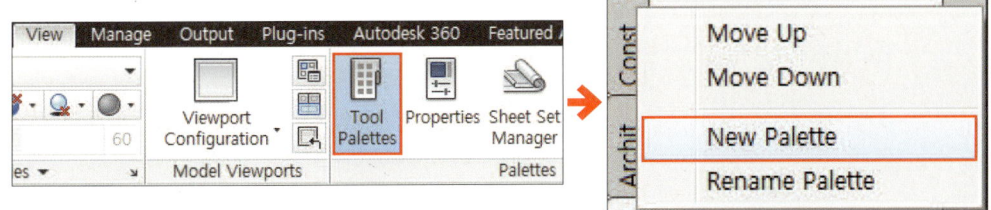

• 명령 입력창에서 Tool Palettes 명령어(Ctrl + 3)를 입력한 후, Space Bar 를 눌러 실행합니다.

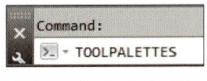

명령어 입력, Ctrl + 3

■ Tool Paletts의 옵션

좌측의 탭을 마우스 오른쪽 버튼으로 클릭하면 탭 메뉴가 나타나고, 탭을 추가한 후 빈 패널 여백에서 마우스 오른쪽 버튼을 클릭하면 전체 메뉴가 나타납니다. 우측의 바(Bar)를 마우스 오른쪽 버튼으로 클릭해도 메뉴를 확인할 수 있습니다.

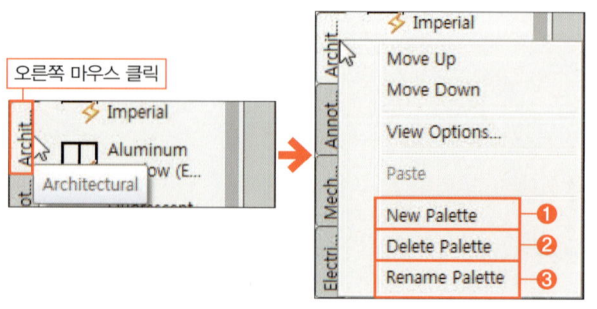

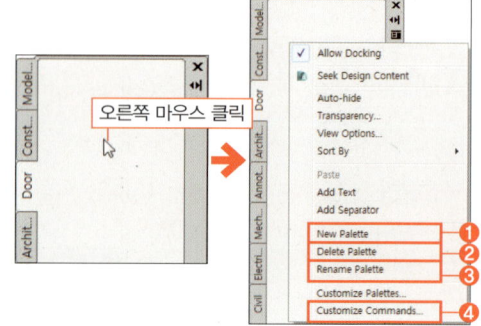

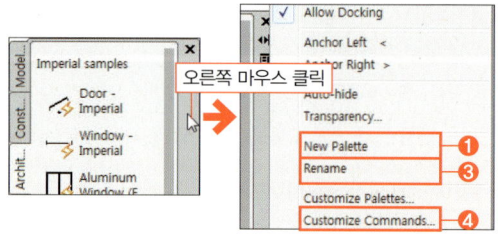

❶ New Palette : 새로운 탭을 추가합니다.

❷ Delete : 탭을 삭제합니다.

❸ Rename : 탭의 이름을 수정합니다.

❹ Customize Commands : 명령어 리스트를 불러와 탭에 추가합니다.

STEP 01 ● 여러 개의 구성 요소를 하나로 묶는 Block

블록으로 만들어진 대상은 하나의 단일 객체로 이루어져 있기 때문에 이동이나 복사 등의 작업 효율을 높이고 관리가 용이합니다.

예제 파일 | DVD₩예제₩Part07₩Lesson01₩Block만들기.DWG

01. 예제 파일을 불러온 후 작성된 식재를 선택하면 매우 많은 선으로 구성되어 있어 작업에 용이하지 않습니다. 현재 상태로 도면에 배치하면 선택 시 선이 누락되는 경우가 발생할 수도 있습니다.

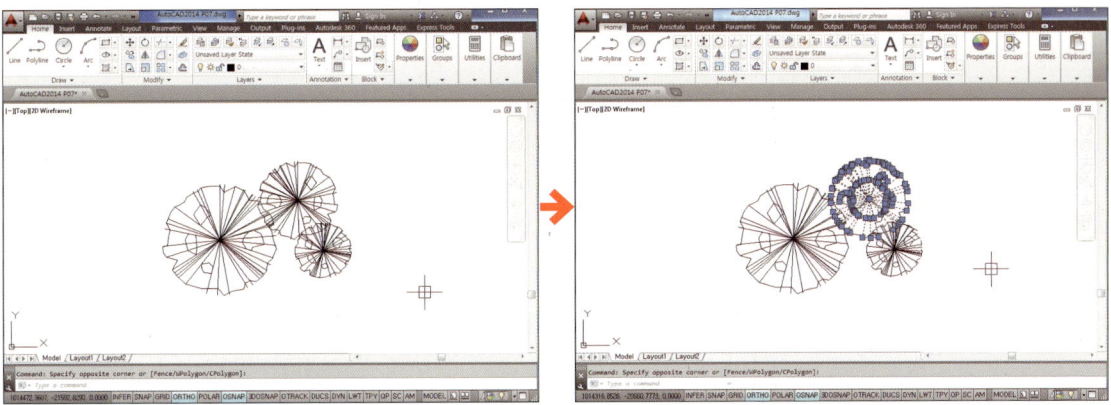

02. 식재를 블록으로 만들기 위해 [Home] 탭–[Block] 패널에서 [Block](⬚)을 클릭하거나, 단축키 **B**를 입력한 후 **Space Bar**를 누릅니다.

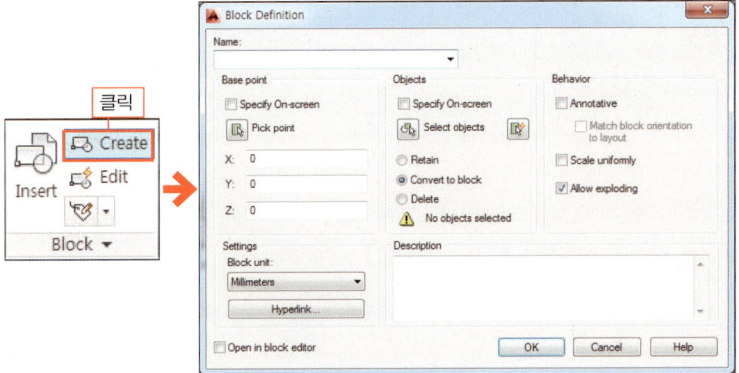

03. [Block Definition] 대화상자가 나타나면, [Name]에 '식재A'라고 입력합니다.

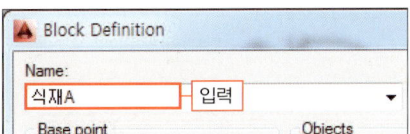

04. 먼저 블록으로 만들 객체의 기준을 지정하겠습니다. [Base point]의 [Pick point]( )를 클릭하여 작업 화면으로 돌아오면 식재의 가운데 부분을 클릭해 블록의 기준점을 지정합니다. 기준을 지정하면 [Block Definition] 대화상자로 돌아옵니다.

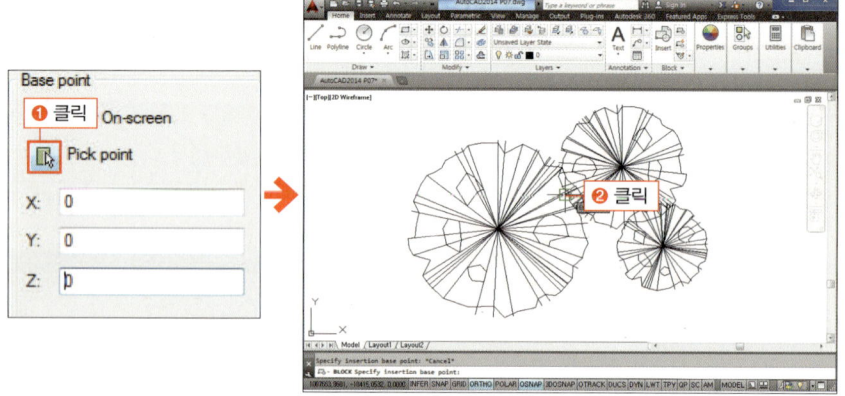

05. 이제 블록으로 만들 객체를 선택하기 위해 [Objects]의 [Select objects]( )를 클릭하면 작업 화면으로 전환됩니다. ②와 ③ 부분을 클릭한 후 **Space Bar** 를 눌러 식재를 선택하면 다시 [Block Definition] 대화상자로 돌아옵니다.

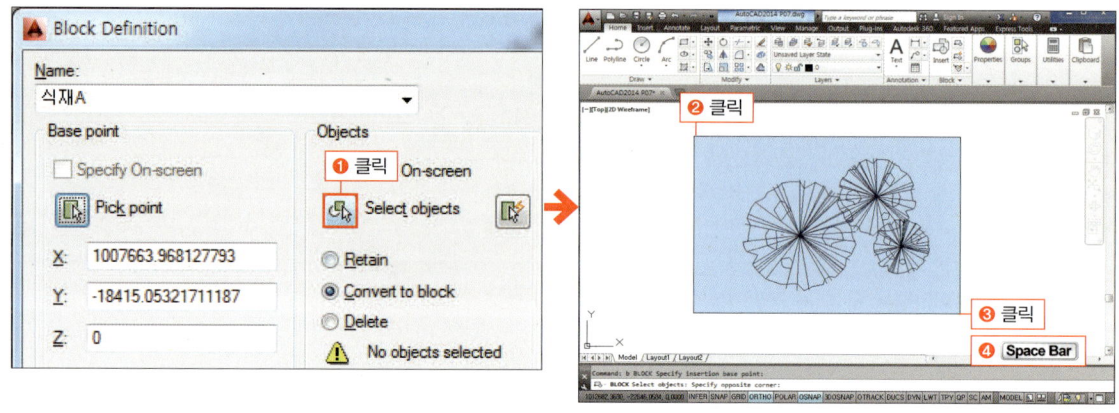

06. 이제 우측 하단의 [OK] 버튼을 클릭하면 대상이 블록으로 바뀌게 됩니다. 명령 없이 작업된 식재를 클릭하면 모든 객체가 선택되는 것을 확인할 수 있습니다. 확인한 후 **Esc** 를 눌러 Grip을 해제합니다.

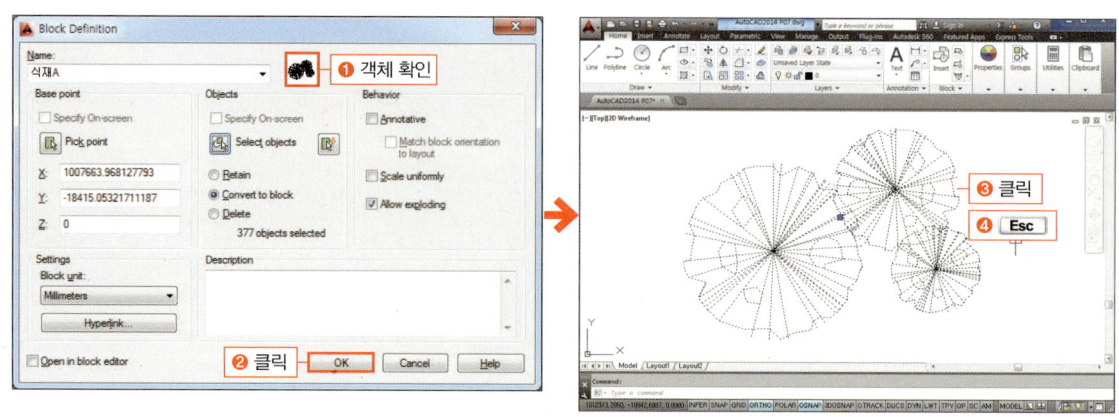

Insert 명령을 사용하면 작성한 블록이나 다른 도면을 현재 작업 중인 도면에 삽입할 수 있습니다. 삽입 시 옵션 설정에 따라 크기나 각도를 원본과 다르게 삽입할 수도 있습니다. 블록을 Insert 명령으로 불러 오게 되면 현재 작업 중인 레이어에 속하게 되므로 블록을 불러 올 때는 현재 레이어를 불러들일 블록과 관계된 레이어로 변경하거나 불러온 다음 레이어에 맞게 변경해야 합니다.

예제 파일 l DVD\예제\Part07\Lesson01\Insert명령.DWG **완성 파일 l** DVD\완성\Part07\Lesson01\Insert완성.DWG

01. 예제 파일 도면을 불러옵니다. 중심선과 벽 체가 작성되어 있고 창과 문을 배치할 수 있도록 개구부가 구분되어 있습니다.

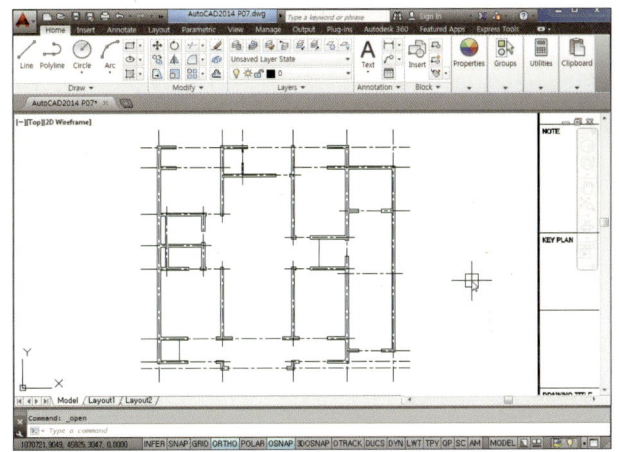

02. 창호를 삽입하기 위해 [Home] 탭-[Block] 패널에서 [Insert](⊡)를 클릭하거나, 단축키 I 를 입력한 후 Space Bar 를 누릅니다. 삽입할 블록을 찾기 위해 상단의 [Browse] 버튼을 클릭합니다.

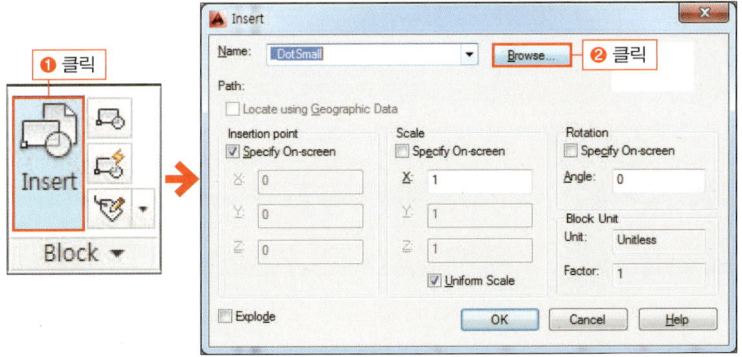

TIP : 블록으로 된 객체를 원래 상태로 분해하기
블록으로 만들어진 객체는 Explode 명령을 사용하여 원래 상태로 분해시킬 수 있습니다. 단축키 X 를 입력한 후 Space Bar 를 눌러 객체를 선택하고 다시 Space Bar 를 누르면 블록이 분해됩니다.

03. 부록 DVD의 [창호블록] 폴더로 이동합니다. 폴더에 있는 '침실 문' 파일을 불러온 후 작업 도면의 거실 부분에 배치합니다.

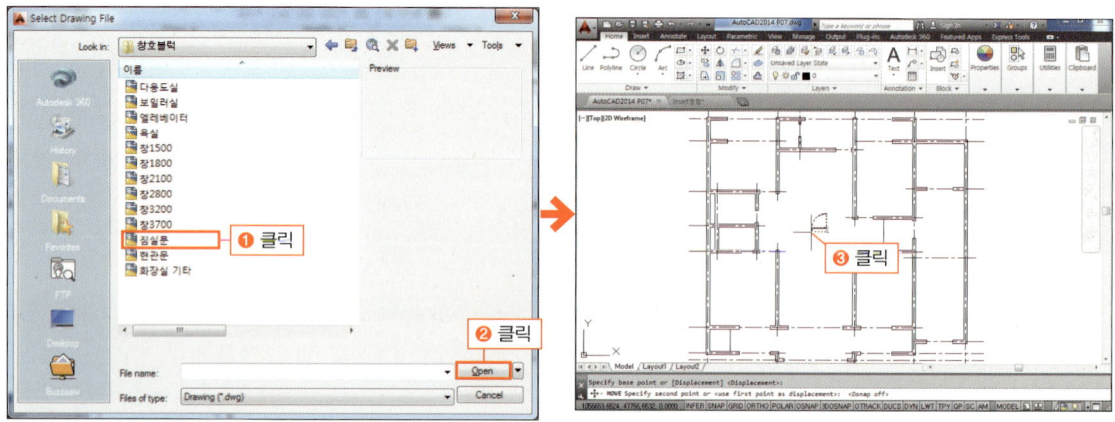

04. Mirror 명령을 사용해 각 침실의 문 방향에 맞게 방향을 조정해야 합니다.

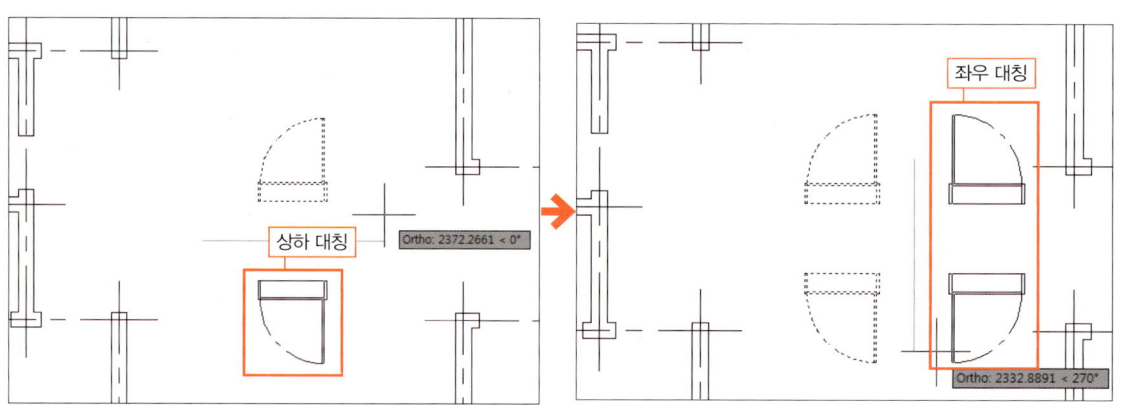

05. Move 명령으로 '침실1'부터 '침실4'까지 문을 배치합니다. 문틀의 중간 부분(①)을 기준으로 선택하고 벽체의 중심선이 지나는 중간 부분(②)에 배치합니다. 배치 후 'WID' 레이어로 변경해야 합니다.

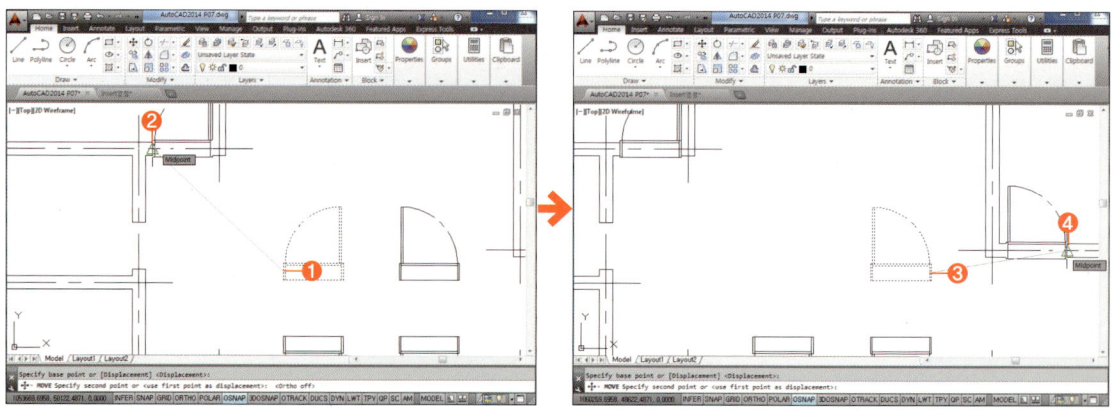

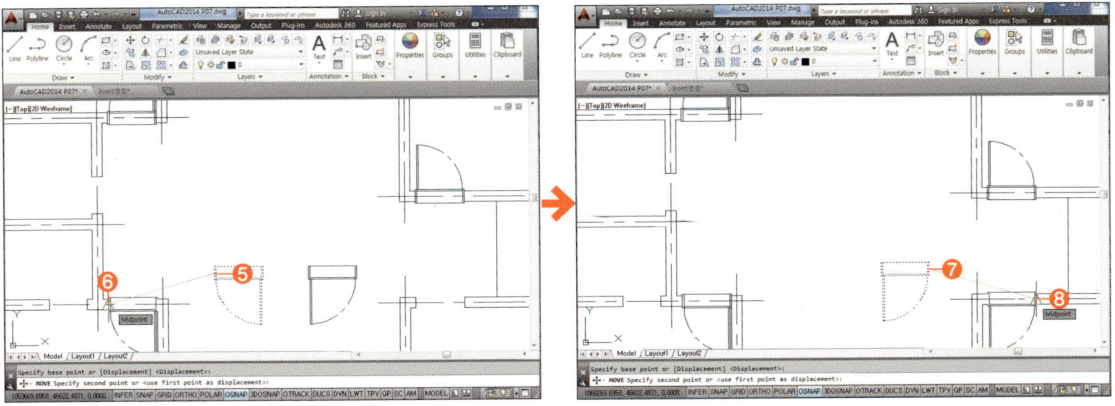

06. 현관문과 욕실문도 같은 방법으로 작업해 배치합니다. 현관문은 −90도 회전시킨 후 Mirror 명령으로 대칭시켜 배치해야 하고, 욕실문은 하나를 복사해 90도 회전시킨 후 Mirror 명령으로 대칭시켜 배치해야 합니다.

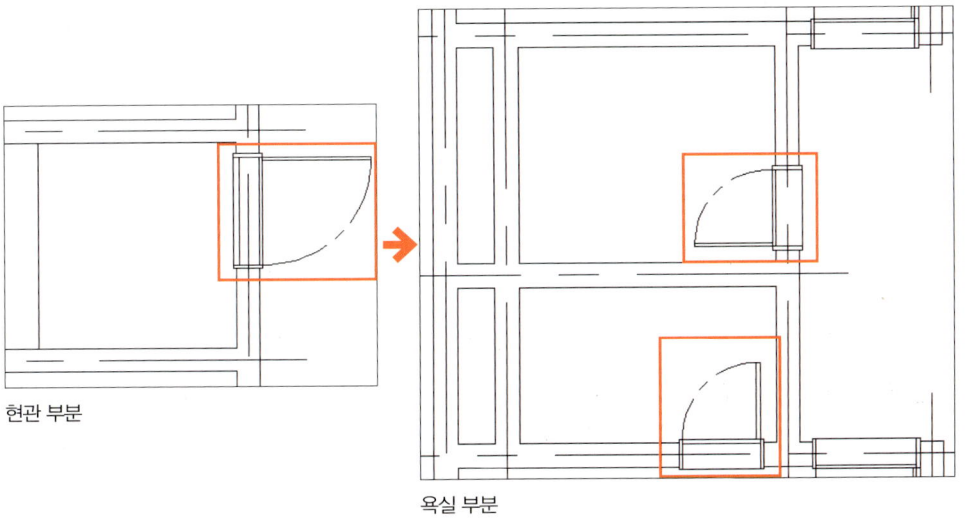

현관 부분

욕실 부분

07. 주방 위쪽으로 다용도실의 문과 보일러실 문을 불러와 작업합니다. 보일러실의 문은 90도 회전시킨 후 배치해야 합니다.

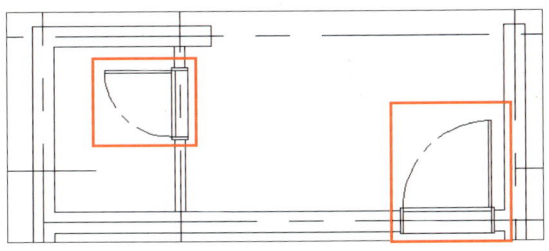

08. 아래와 같이 배치되었는지 확인합니다. 개폐 방향이 반대로 되어 있을 경우 Mirror 명령의 소스 삭제를 사용해 편집합니다.

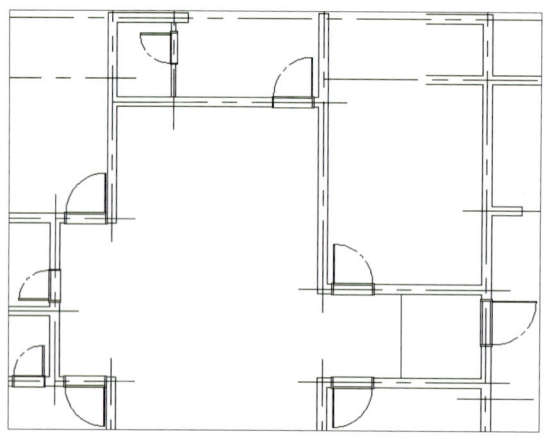

```
Erase source objects? [Yes/No] <N>: y
```

09. 창 역시 문과 같은 방법으로 크기에 맞는 창을 불러와 배치하면 됩니다. 상단의 '침실2' 부분을 확대한 후, Insert 명령을 실행해 '창2,800'을 불러와 그림과 같이 배치합니다.

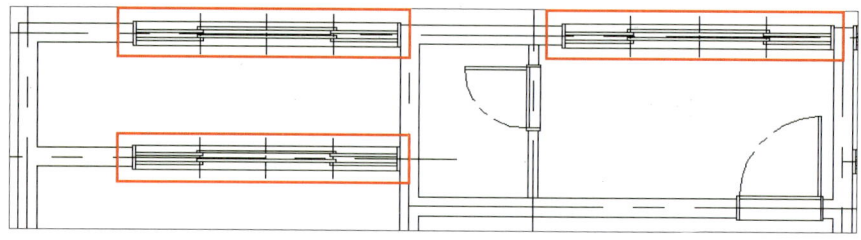

> **TIP :** 부록 DVD의 [창호블록] 폴더에 블록 파일들이 있습니다.

10. '침실2' 우측으로 '침실4'의 발코니 부분을 확대해 '창2,100'을 불러와 배치합니다.

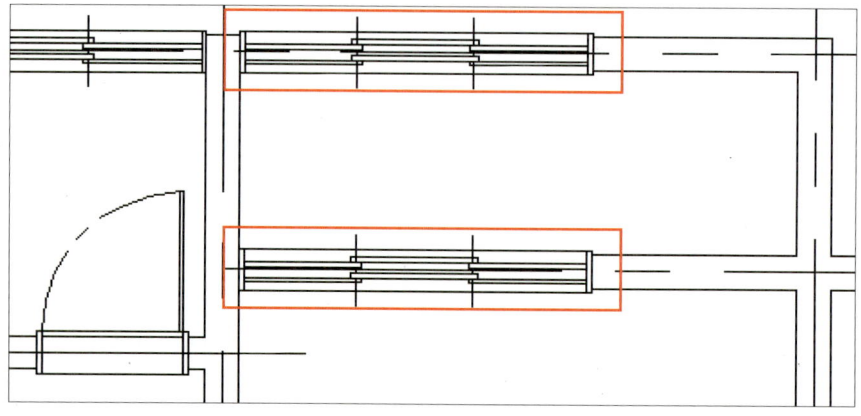

11. 도면 하단에 있는 거실 아래쪽 부분을 확대해 '창1,800'을 불러와 배치합니다.

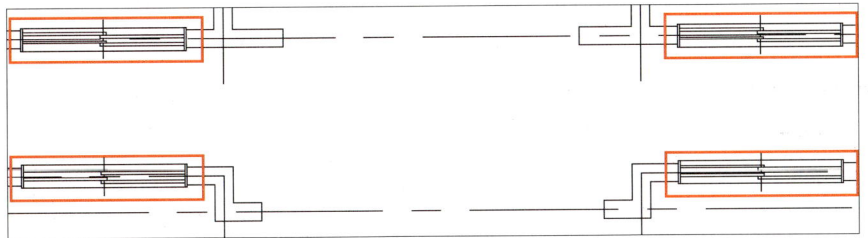

12. 거실의 발코니 부분에는 '창3,200'을 실내에 배치하고 '창3,700'을 발코니에 배치합니다.

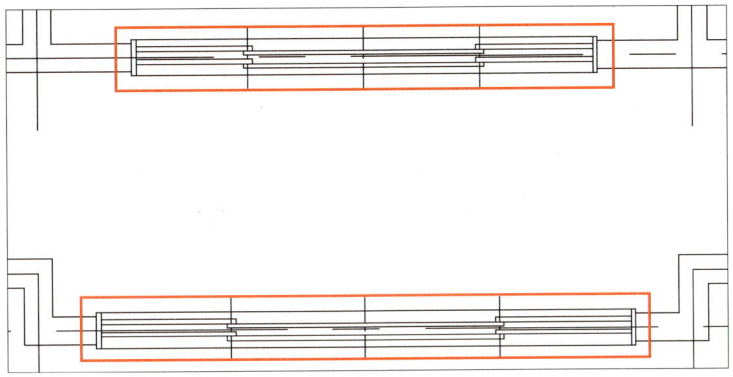

13. 계단실은 '창1,500'을 배치합니다.

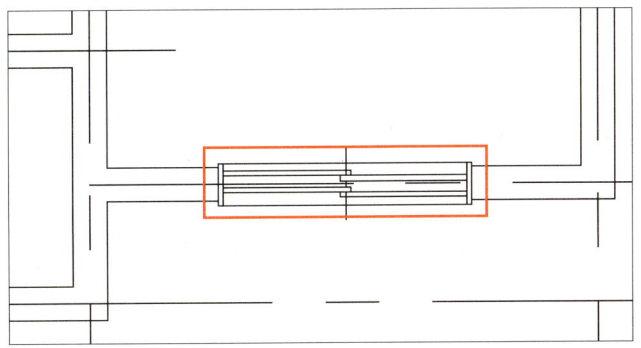

14. 마지막으로 엘리베이터 부분을 작업하겠습니다. Insert 명령으로 [창호 블록] 폴더에 있는 '엘리베이터' 파일을 불러와 다음과 같이 작업합니다.

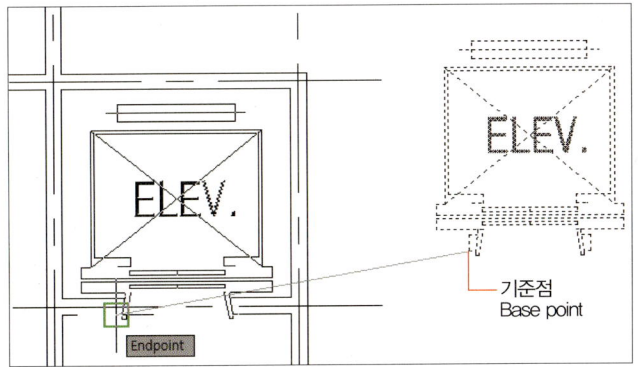

15. 모든 창과 문 그리고 엘리베이터의 배치를 완료한 상태입니다. 현재 작업되고 있는 주거 공간에 필요한 가구와 집기도 배치해 봅니다. 너무 많은 가구를 넣기 보다는 각 실이 어떠한 공간인지 알 수 있도록 특성에 맞게 배치하는 것이 좋습니다.

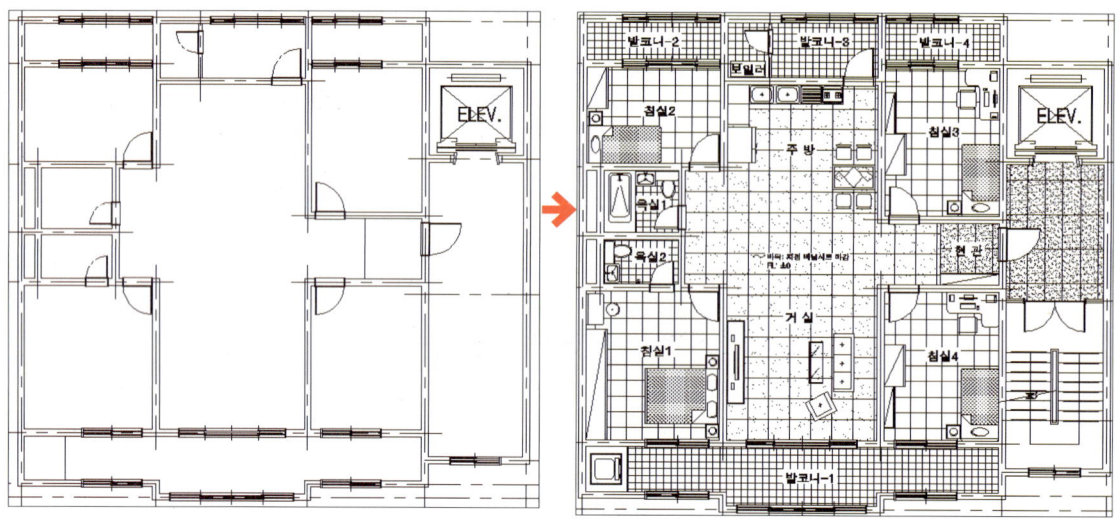

TIP : 블록 등의 요소 삽입 시 Insert 명령을 사용해도 되지만 원본 파일을 불러온 후 Ctrl + C / Ctrl + V 로 복사하는 방법도 있습니다.

블록을 활용하여 작성된 교실입니다. BEdit 명령을 사용해 배치된 책상 30개의 디자인을 한 번에 수정해보겠습니다. 동일한 이름의 블록은 하나만 편집하면 모두 편집됩니다.

예제 파일 | DVD₩예제₩Part07₩Lesson01₩Block편집.DWG

01. 예제 파일을 불러오면, 책상을 블록으로 만든 후 Array 명령으로 배열한 책상들이 교실에 배치되어 있습니다. 책상의 형태를 변경해야 할 경우 BEdit 명령을 사용하면 교실 안에 30개의 책상을 한 번에 변경하는 것이 가능합니다.

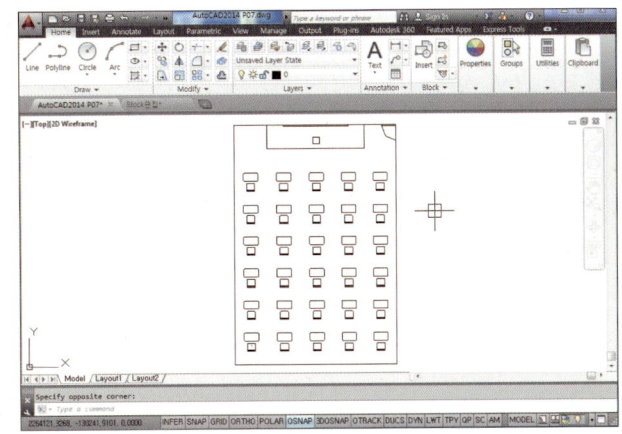

02. 블록을 편집하기 위해 책상 하나를 더블클릭하거나, 단축키 **B** **E** 를 입력하여 [Edit Block Definition] 대화상자를 불러옵니다. 변경하려는 블록을 지정해야 하지만, 객체를 더블클릭하면 변경 대상이 자동으로 더블클릭한 객체로 선택되어 있습니다. 단축키를 입력했으면 블록 목록에서 책상을 선택해야 합니다.

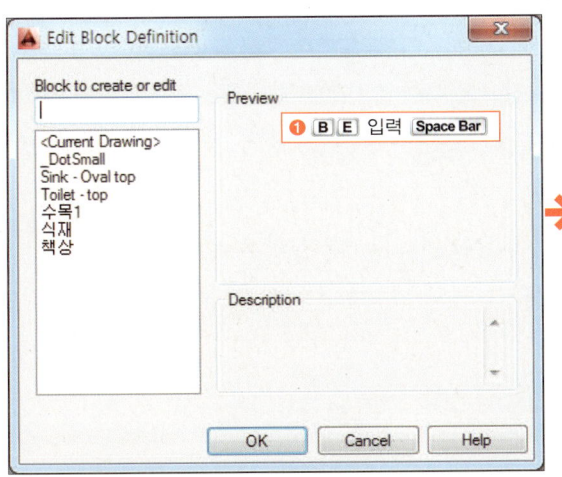

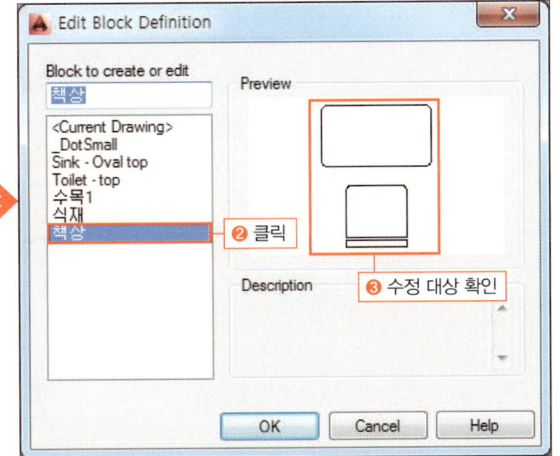

단축키 **B** **E** 를 입력한 모습(책상을 선택해야 함)

객체(책상)을 더블클릭한 모습(책상이 선택되어 있음)

TIP : 입력하는 것보다 30개의 책상 중에 하나를 더블클릭하는 것이 더 편합니다.

03. 편집할 객체를 선택한 다음 [OK] 버튼을 클릭하면 블록을 편집하는 화면으로 전환됩니다. Offset 명령을 사용하여 사각형(①)을 안쪽으로 '30' 만큼 복사합니다.

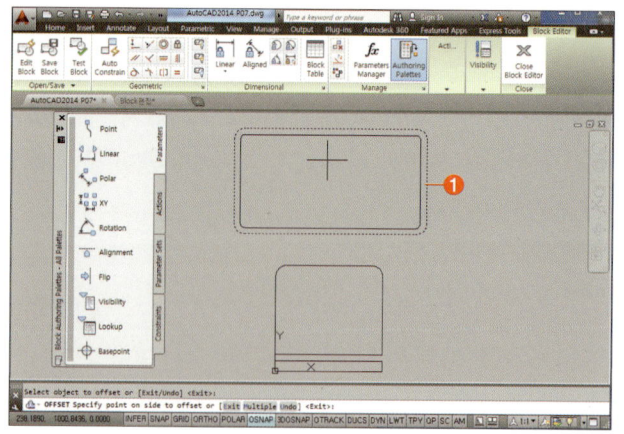

04. 리본 메뉴 좌측의 [Save Block](🖫)을 클릭하고, 우측의 [Close Block Editor](❎)를 클릭하여 편집을 완료합니다.

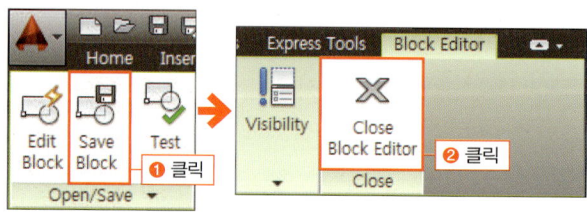

Command:　　　　　　　　　　　　　　　　　　　편집(offset) 후 B E 입력 Space Bar , 첫 번째 save 클릭

05. 작업 화면에서 마우스 휠을 사용해 확대하면 30개의 책상이 모두 변경된 것을 확인할 수 있습니다. 블록과 블록 편집은 같은 대상이 많은 교실이나 식당 등의 공간을 작업할 때 매우 유용하게 쓰일 수 있는 명령이니 꼭 기억하기 바랍니다.

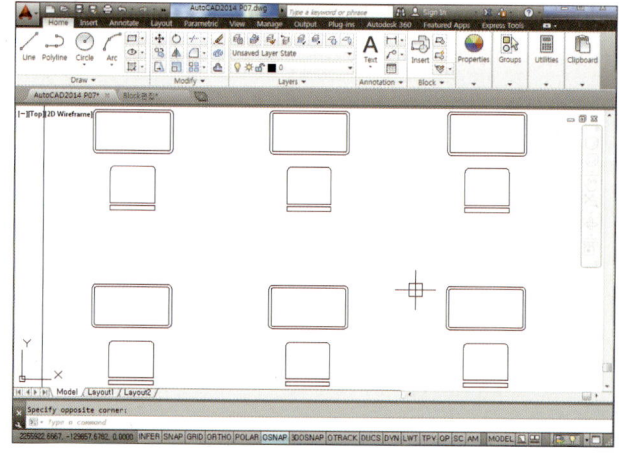

WBlock 명령을 이용하면 도면 요소 중에 따로 관리를 해야 하거나 업무에 불필요한 부분을 제외한 부분만 저장하는 것이 가능합니다. 천장도를 불러온 후 에어컨과 직부등을 파일로 보관하고 다른 도면에 삽입해 보겠습니다.

예제 파일 | DVD\예제\Part07\Lesson01\WBlock만들기.DWG, WBlock삽입.DWG

01. 예제 파일을 불러온 후 좌측 공간 중앙에서 파일로 따로 저장할 시스템 에어컨과 직부등을 확대합니다.

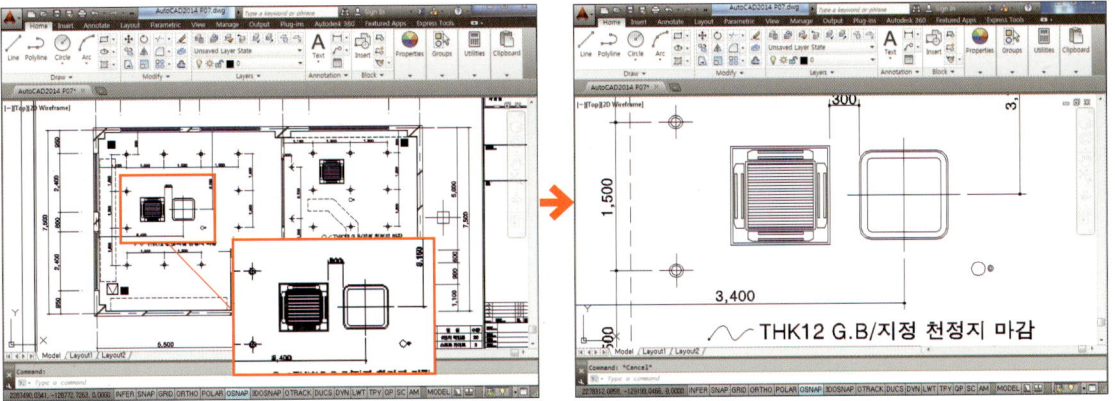

02. [Insert] 탭-[Block Definition] 패널에서 [Write Block]( )을 클릭하거나, 단축키 **W** 를 입력한 후 **Space Bar** 를 누릅니다.

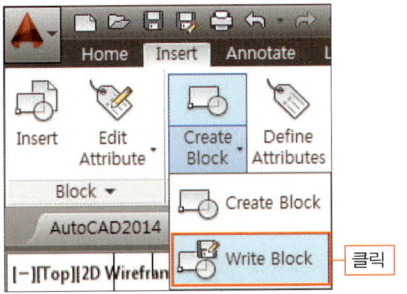

03. 명령이 실행되면 Block 명령과 유사한 [Write Block] 대화상자가 나타납니다. [Base point]에서 [Pick point](▨)를 클릭하고 시스템 에어컨(②)을 삽입 기준점으로 클릭합니다.

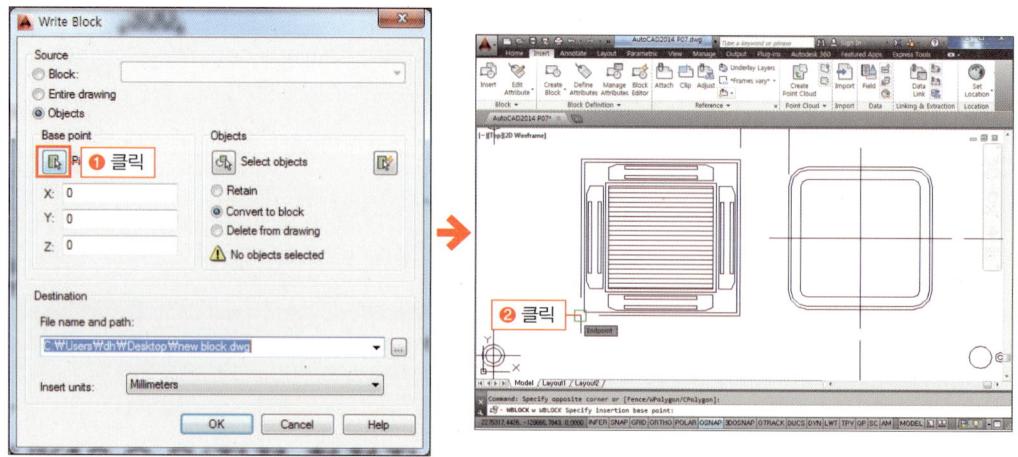

04. 기준점을 클릭하면 [Write Block] 대화상자로 돌아옵니다. [Objects]에서 블록 생성 유형을 두 번째 항목 인 [Convert to block]으로 선택하고 [Select Objects](▨)를 클릭합니다. 작업 화면에서 ③과 ④ 부분을 클릭하고 **Space Bar** 를 눌러 저장할 요소를 선택합니다.

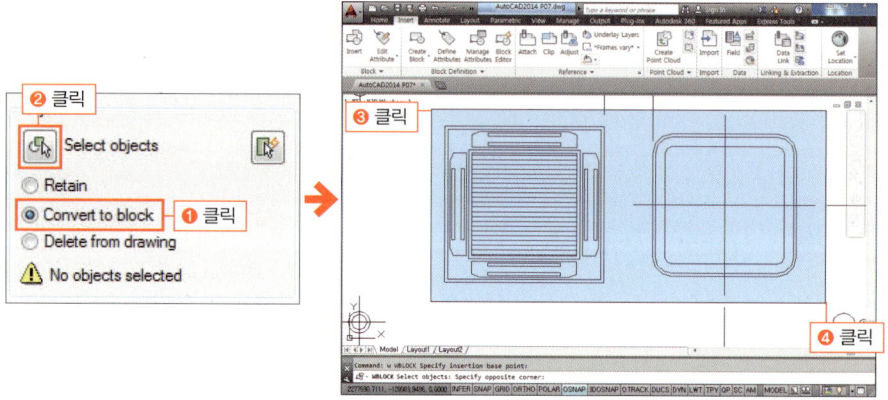

05. 객체를 선택하면 [Write Block] 대화상자로 돌아옵니다. [Destination]에서 경로 지정 아이콘(...)을 클릭해 저장 경 로를 바탕 화면이나 [내 문서] 폴더에 '시스템에어컨 직부등'으로 저장합니다.

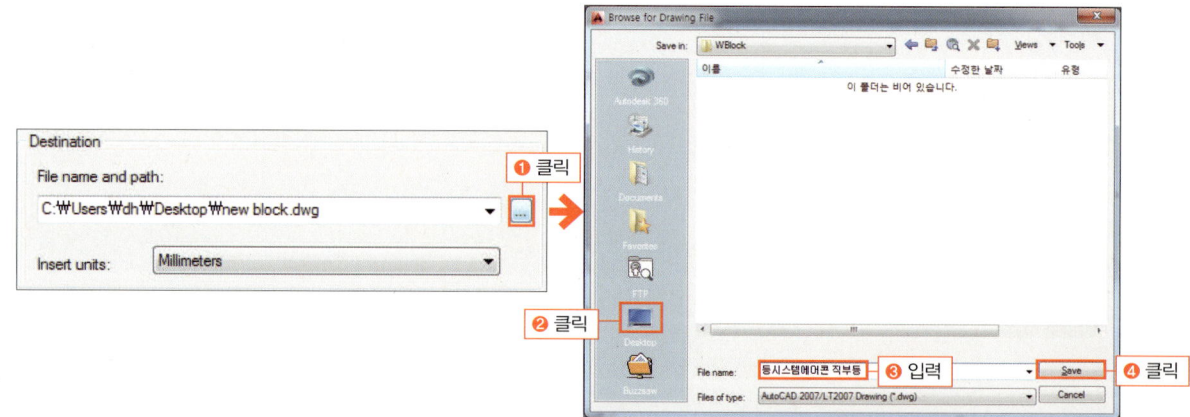

06. 저장 경로를 확인하고 [Write Block] 대화상자의 [OK] 버튼을 클릭합니다.

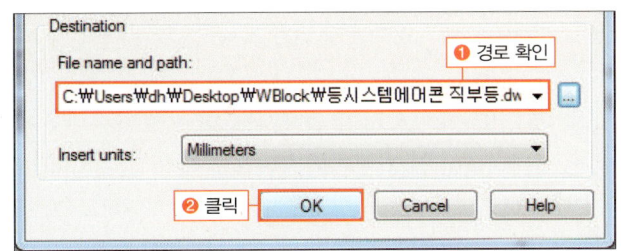

07. 다른 천장도(WBlock삽입.DWG)를 불러와 에어컨과 직부등을 배치하겠습니다. 예제 파일을 불러오기 위해, 단축키 **I** 를 입력하고 **Space Bar** 를 눌러 Insert 명령을 실행합니다.

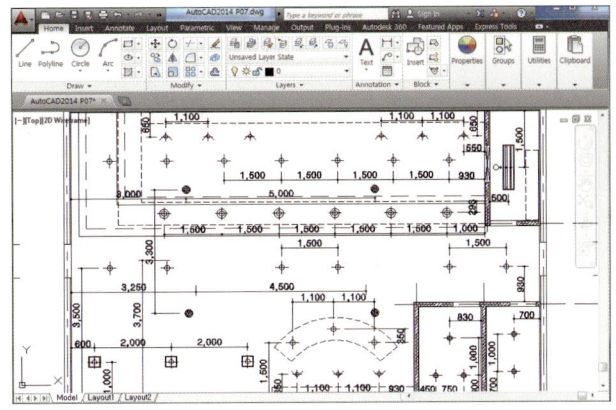

08. 저장한 경로로 이동해 '시스템에어컨 직부등' 파일을 파일을 선택하고 [Open] 버튼을 클릭합니다.

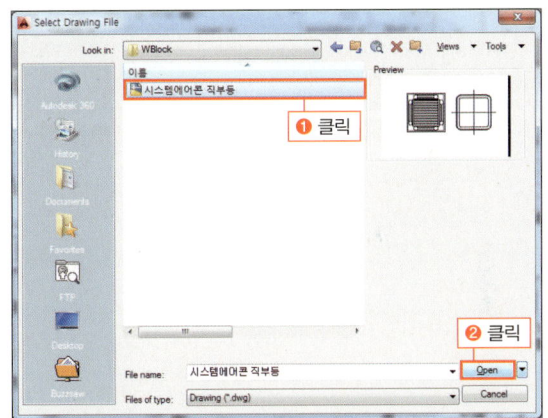

09. [Insert] 대화상자에서 [OK] 버튼을 클릭합니다. 좌측과 우측의 빈 공간에 클릭하여 에어컨과 직부등을 적당히 보기 좋게 배치합니다.

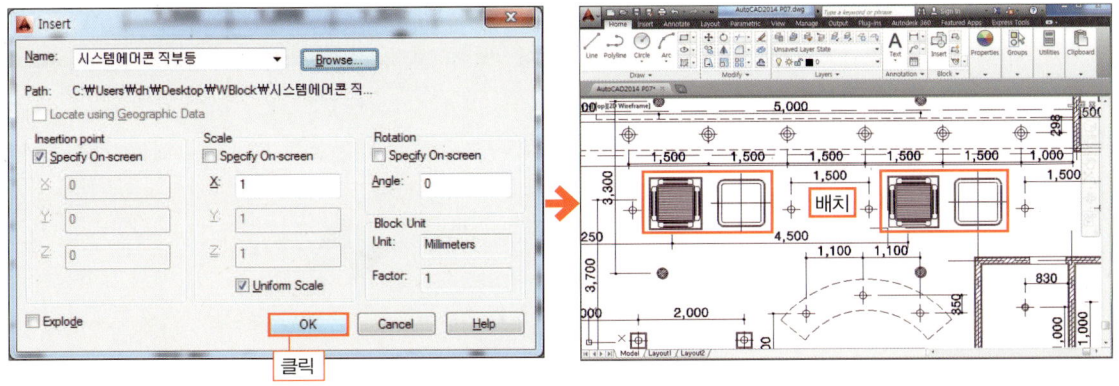

Tool Palettes를 사용하기 위해서는 도면 요소를 등록해야 합니다. 등록이 가능한 대상은 블록으로 작업된 객체이어야 합니다. 그럼 창과 문 등을 Tool Palettes에 등록해 보겠습니다.

예제 파일 | DVDW예제W Part07W Lesson01W Tool Palettes 구성.DWG

01. 예제 파일을 그림과 같이 불러옵니다.

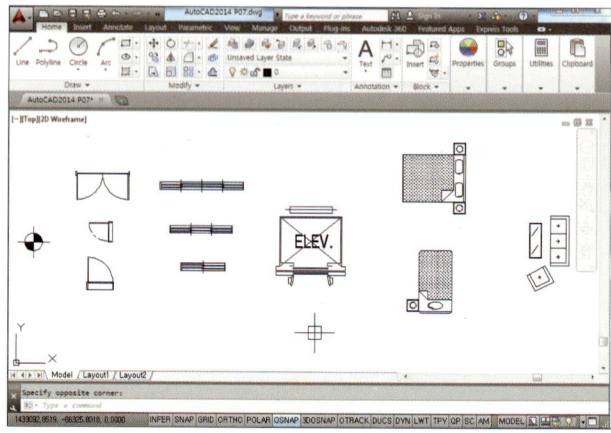

02. Tool Palettes를 실행하기 위해 **Ctrl** + **3** 을 누릅니다.

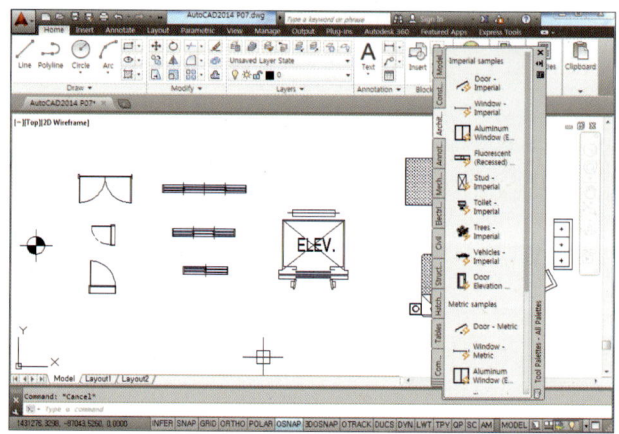

03. Tool Palettes에 등록할 요소(등, 창 등)들을 블록으로 만들기 위해 단축키 **B** 를 입력하고 **Space Bar** 를 눌러 [Block Definition] 대화상자를 불러옵니다. 이름을 '레벨', Base point는 기호의 중심을 클릭합니다.

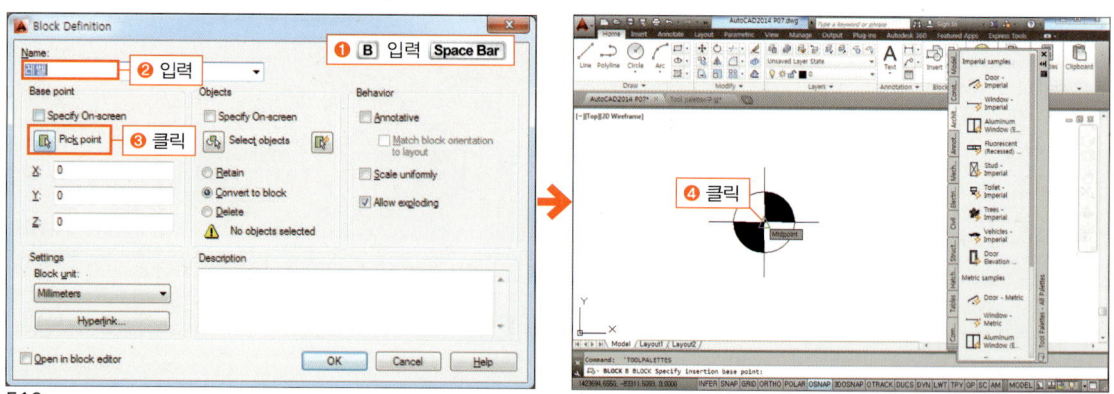

518

04. [Block Definition] 대화상자에서 객체를 선택하기 위해 [Select Objects](⬚)를 클릭하고 블록으로 만들려는 대상인 레벨 심볼을 선택합니다. 블록의 정보 입력을 마치고 미리 보기로 확인한 다음 [OK] 버튼을 클릭하여 블록을 등록합니다.

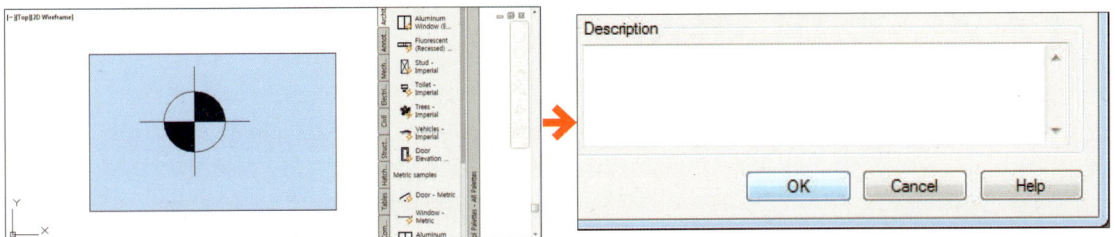

05. 같은 방법으로 등록할 객체를 블록으로 만들고 현재 작업 중인 파일을 저장합니다. 블록의 이름을 입력할 때는 정보를 쉽게 파악할 수 있도록 명칭과 크기, 규격 등으로 입력합니다(예: 여닫이문 '900', 이중창 '2400', ELEV 13인). 블록화 작업을 마치고 Tool Palettes의 탭을 마우스 오른쪽 버튼으로 클릭하여 [New Palette]를 선택합니다. 추가한 탭에 이름을 'ELEV'로 입력하고 **Enter**를 누르면 신규 탭이 만들어 집니다.

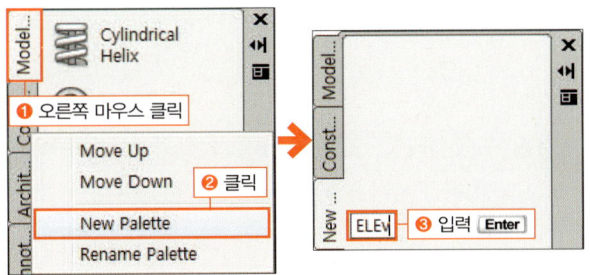

06. Tool Palettes에 등록할 블록을 대기 상태의 커서로 클릭하고, 다시 드래그하여 Tool Palettes의 ② 부분으로 옮깁니다. 그러면 블록이 등록됩니다. 같은 방법으로 블록 요소의 그룹별로 탭을 추가하여 블록을 등록합니다.

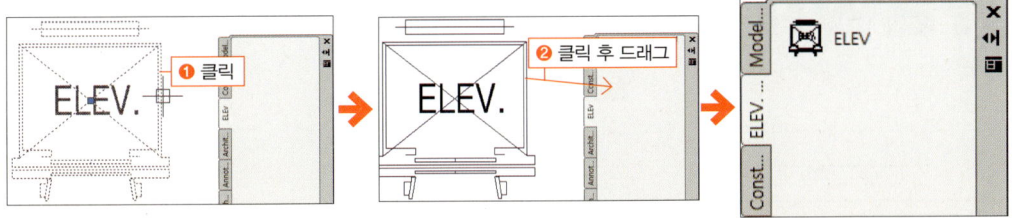

> **문제 해결** 위 그림과 같이 블록이 등록되지 않을 경우 작업 중인 파일을 저장했는지 확인합니다.

07. Tool Palettes를 구성하면 영구적으로 계속 사용이 가능합니다. 등록한 블록을 배치하려는 곳을 클릭하면 블록이 삽입됩니다.

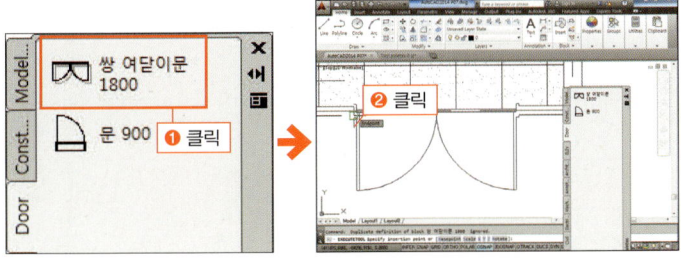

도면의 기본 정보를 담고 있는 도면 양식

작업된 설계 도면의 내용과 정보를 기재하고 보기 좋게 하기 위해 알맞은 양식에 배치해야 합니다. 배치 방법은 작업을 끝내고 나서 도면 양식을 불러와 배치하는 방법이 있고, 사용하려는 도면 양식을 불러와 작업을 하는 방법이 있습니다. 도면은 1:1 실제 크기로 작성해서 출력 시 필요한 용지에 맞게끔 출력을 하게 됩니다. 이번 Lesson 02에서는 도면 양식과 관련된 내용을 알아보겠습니다.

기초탄탄 ▶ 도면 양식 이해하기

■ 도면 양식 이해하기

문서에도 양식을 만들어 사용하는 것처럼 도면에도 양식이 있습니다. 도면의 내용과 형태, 직종에 따라 다양한 도면 양식을 사용합니다. 도면 양식은 크게 테두리선과 표제란으로 구성되어 있습니다.

■ Mvsetup 이해하기 523P

제도판에 종이를 붙이고 Scale 값을 지정한 후 작업하는 것처럼 AutoCAD에서도 Mvsetup 명령을 사용해 축척에 맞는 용지 크기를 만들어 놓고 작업을 할 수 있습니다. Mvsetup 명령은 Model 공간과 Layout 공간에서 서로 다르게 사용됩니다. Model 공간에서는 축척에 맞는 도면 영역을 설정하고 Layout 공간에서는 Vports와 관련된 기능을 사용할 수 있습니다.

• Model 공간에서의 Mvsetup 설정

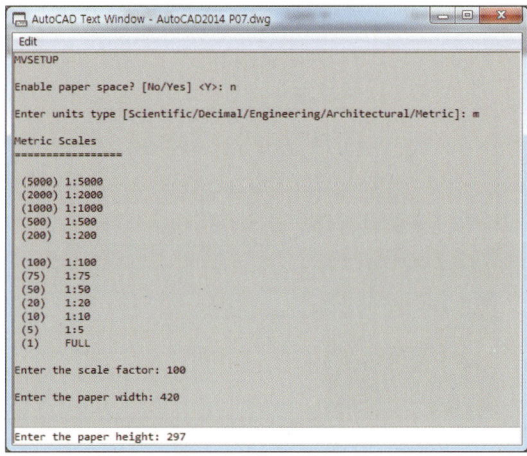

• Layout 공간에서의 Mvsetup 설정

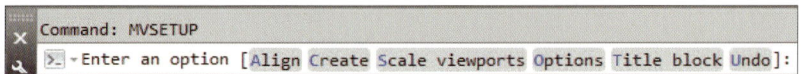

■ Mvsetup 실행하기

명령 입력창에서 Mvsetup을 입력한 후, **Space Bar** 를 눌러 실행합니다.

명령어 입력

■ Mvsetup 사용 과정 익히기(Model 공간에서의 실행)

Command:	**M V S E T U P** 입력한 후 **Space Bar**
Enable paper space? [No/Yes] <Y>:	**N** 입력한 후 **Space Bar**
Enter units type [Scientific/Decimal/Engineering/Architectural/Metric]:	**M** 입력한 후 **Space Bar**
Enter the scale factor:	축척 입력한 후 **Space Bar**
Enter the paper width:	용지의 가로 크기 입력한 후 **Space Bar**
Enter the paper height:	용지의 세로 크기 입력한 후 **Space Bar**

■ Attach 기능과 사용법 이해하기

작성 중인 도면에 외부 도면이나 이미지 파일 등을 부착합니다.

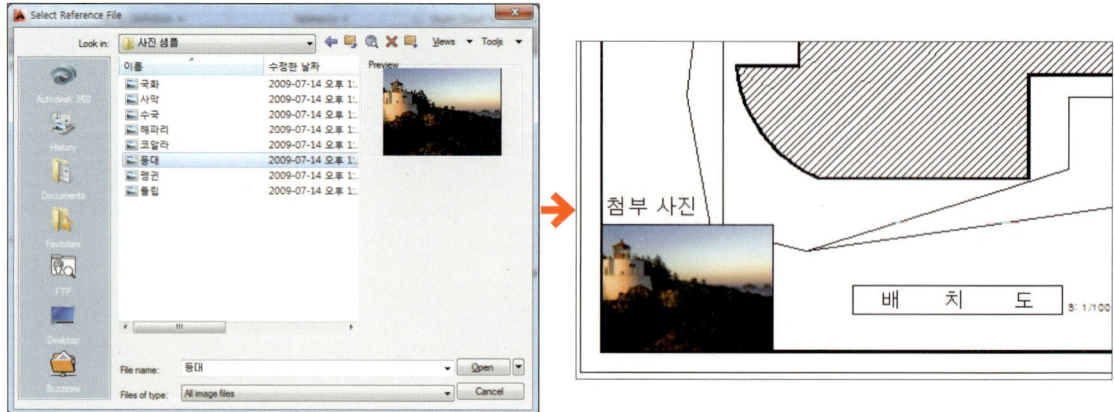

■ Attach 실행하기 528P

• [Insert] 탭-[Reference] 패널에서 [Attach](🖼)를 클릭하여 실행합니다.

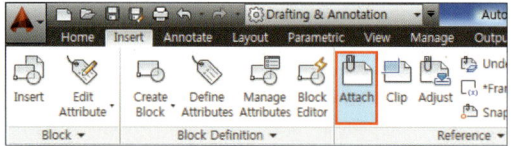

• 명령 입력창에서 Attach 명령어를 입력한 후, Space Bar 를 눌러 실행합니다.

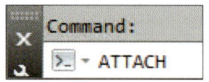

명령어 입력

■ Attach의 옵션

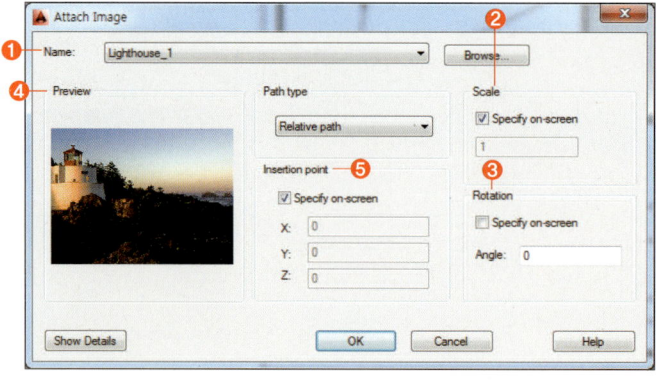

❶ Name : 도면에 부착할 객체를 선택합니다.

❷ Scale : 삽입하는 요소의 크기를 설정합니다.

❸ Rotation : 삽입하는 요소의 각도를 설정합니다.

❹ Preview : 이미지 미리 보기

❺ Insertion Point : 이미지 삽입 방법을 설정합니다.

Mvsetup 명령으로 출력 용지와 축척을 지정해 많이 사용하는 A3 용지와 축척 1/100을 기준으로 하여 도면 양식을 만들어 보겠습니다.

완성 파일 | DVD₩완성₩Part07₩Lesson02₩도면양식.DWG

01. AutoCAD 2014를 실행해 새 도면을 시작합니다. 출력 용지의 크기와 축척을 지정하기 위해 명령 입력창에 **M V S E T U P**을 입력한 후 **Space Bar**를 누릅니다. Model 공간에서 작업하기 위해 **N**을 입력하고 **Space Bar**를 누릅니다.

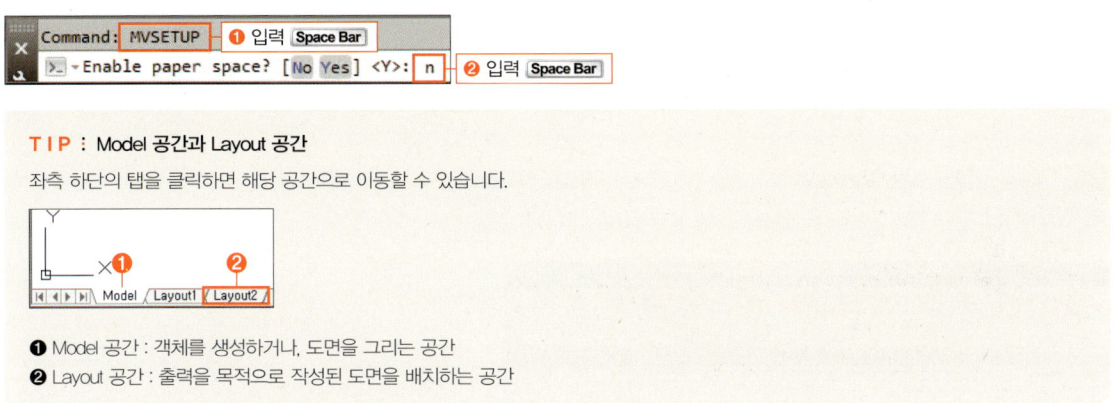

TIP : Model 공간과 Layout 공간

좌측 하단의 탭을 클릭하면 해당 공간으로 이동할 수 있습니다.

❶ Model 공간 : 객체를 생성하거나, 도면을 그리는 공간
❷ Layout 공간 : 출력을 목적으로 작성된 도면을 배치하는 공간

02. 다음은 단위를 지정해야 합니다. 미터법을 쓰기 위해 **M**을 입력하고 **Space Bar**를 누르면 창이 하나 나오는데 축척 입력의 예가 나와 있습니다. 가령 1/200의 축척을 입력하려면 '200'을 입력해야 한다는 내용입니다. 1/100으로 하기 위해 '100'을 입력하고 **Space Bar**를 누릅니다.

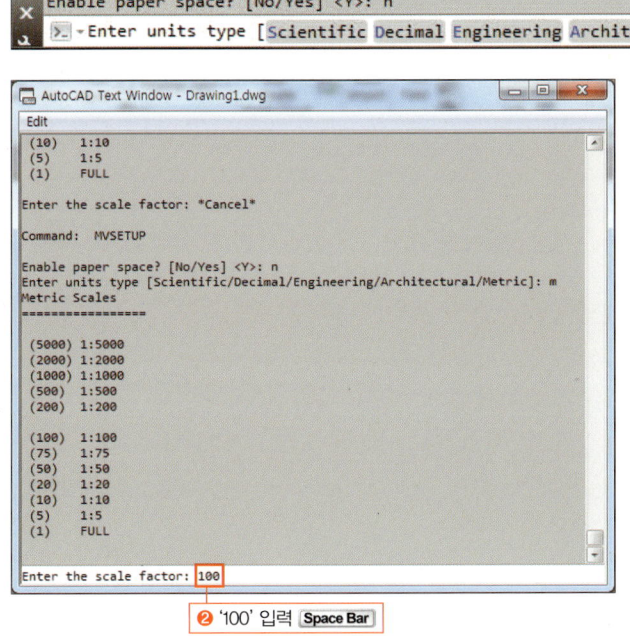

03. 축척을 지정하면 바로 용지의 규격을 입력해야 합니다. A3 용지 규격은 420x297mm이므로 가로의 폭을 '420'으로 입력하고 **Space Bar**, 세로의 높이를 '297'로 입력하고 **Space Bar** 를 누르면, 입력한 축척과 용지 규격에 맞는 사각형이 원점을 기준으로 생성됩니다.

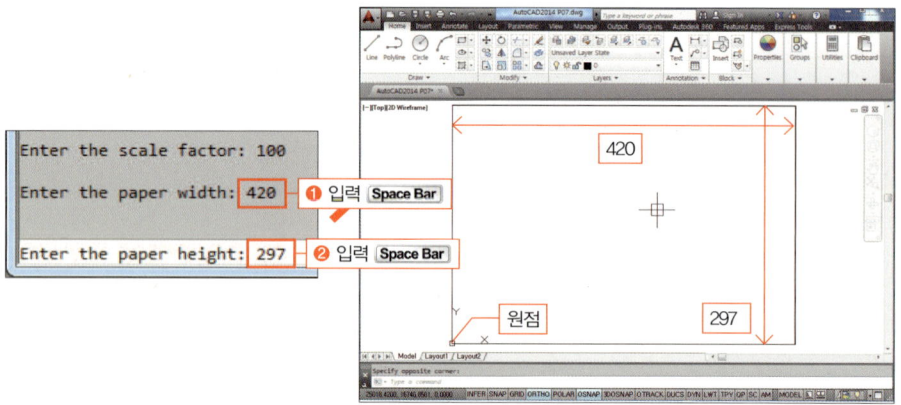

04. Offset 명령을 사용하여 만들어진 용지를 선택하고 선 안쪽으로 '1000'을 평행 복사합니다(보통 테리두선의 간격은 10mm입니다. 여기에 Scale 값 100을 곱해서 1,000을 입력합니다).

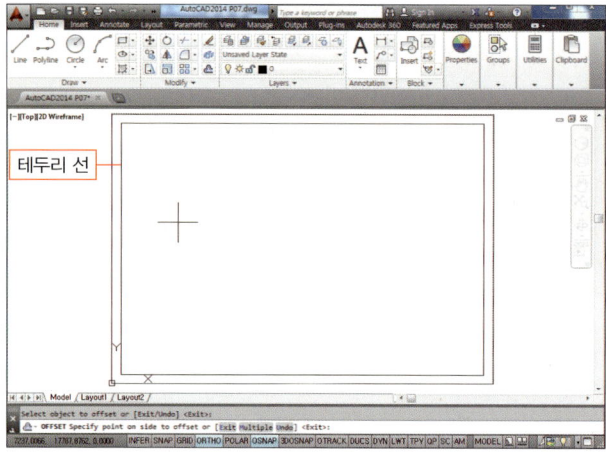

Command:	**O** 입력한 후 **Space Bar**
Specify offset distance or [Through/Erase/Layer] <0.0000>:	'1,000' 입력한 후 **Space Bar**
Select object to offset or [Exit/Undo] <Exit>:	복사할 객체 클릭
Specify point on side to offset or [Exit/Multiple/Undo] <Exit>:	복사할 방향 클릭

TIP : 테두리선을 10mm가 아닌 1,000mm로 하는 이유

테두리선은 용지 안쪽에 작성될 선이므로 Scale 값에 영향을 받습니다. 출력 시 1cm로 나와야 하므로 테두리선의 간격 '10'에 Scale(축척)값인 '100'을 곱해야 합니다. 1000의 1/100인 10mm로 출력됩니다.

05. 우측의 선을 복사하여 작업하기 때문에 X를 입력하고 **Space Bar**를 누릅니다. 사각형(②)을 클릭하고 **Space Bar**를 눌러 분해합니다. ⑥ 부분을 좌측으로 Offset '5,000'하여 표제란을 구분합니다(표제란도 마찬가지로 Scale 값의 영향을 받아 50mm으로 만들 경우 '5,000'을 입력해야 합니다).

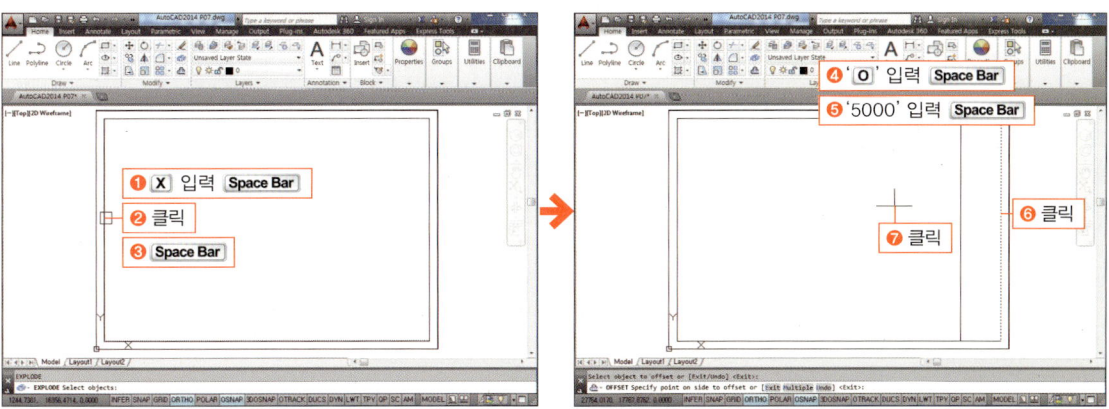

06. 우측의 표제란에 넣어야 할 내용은 공사명, 주기, KEY PLAN, 설계업체의 상호, 도면명, 축척, 도면번호 등 작성된 도면과 관련된 참고 사항을 기재하게 됩니다. 내용이 들어갈 부분을 나누도록 하겠습니다. Offset 명령을 실행해 선(①)을 하단으로 Offset '5,000'하고 우측의 벗어난 부분은 Trim 명령을 사용하여 잘라냅니다.

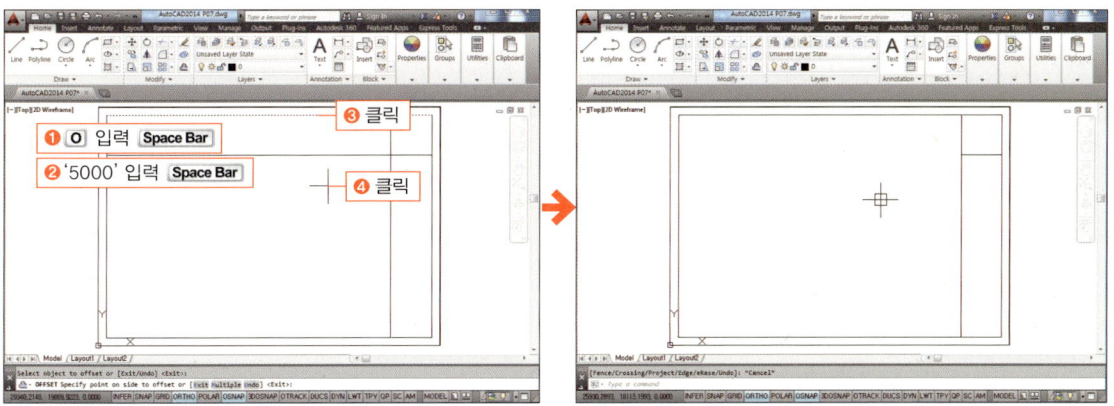

▲ Trim 명령 적용 모습

Command:	O 입력한 후 Space Bar
Specify offset distance or [Through/Erase/Layer] <0.0000>:	'5,000' 입력한 후 Space Bar
Select object to offset or [Exit/Undo] <Exit>:	복사할 객체 클릭
Specify point on side to offset or [Exit/Multiple/Undo] <Exit>:	복사할 방향 클릭
Command:	T R 입력한 후 Space Bar
Select objects or <select all>:	Space Bar
[Fence/Crossing/Project/Edge/eRase/Undo]:	잘라낼 부분 클릭 후 Esc

07. Offset 명령을 사용하여 다음과 같이 표제란을 만듭니다.

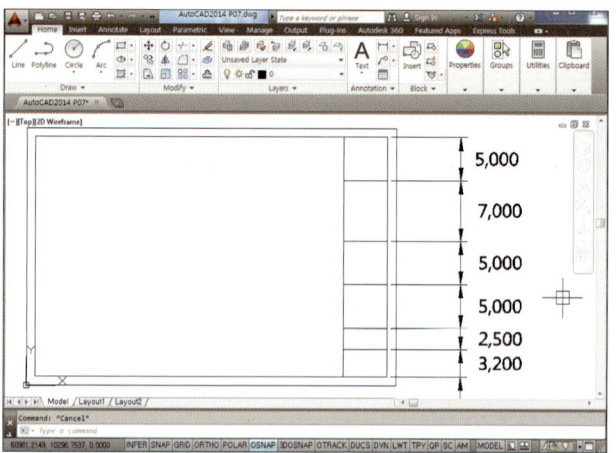

08. Pedit 명령을 사용하여 테두리 선을 진하게 표현하겠습니다. 단축키 P E 를 입력하고 Space Bar 를 누릅니다. 선을 여러 개 선택하기 위해 M 을 입력한 후 Space Bar , 선(①~⑤)을 클릭하고 Space Bar 를 누릅니다. 폴리라인 특성으로 변경하기 위해 다시 Space Bar 를 누르고, 선의 두께를 설정하기 위해 W 를 입력하고 Space Bar , 두께 값 '100'을 입력한 후 Space Bar 를 누릅니다. 다음에 J 를 입력한 후 Space Bar 를 두 번 누르고 Esc 를 눌러 종료합니다.

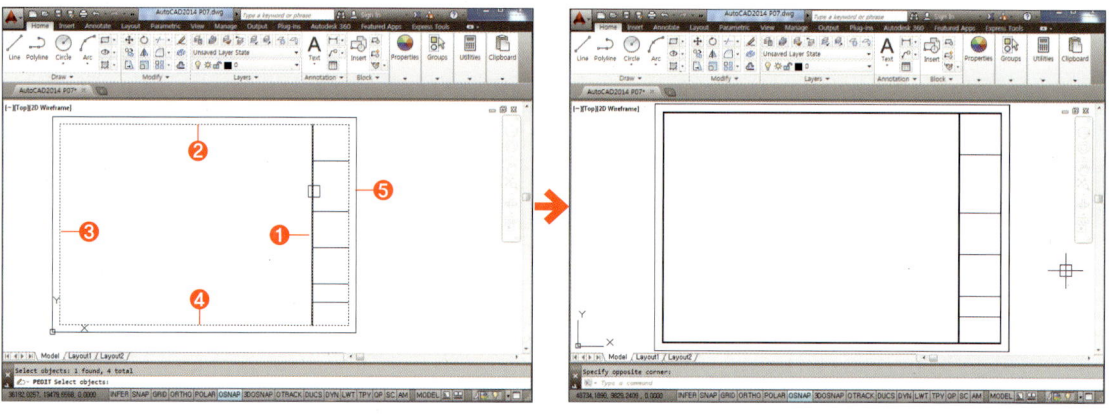

Command:	P E 입력한 후 Space Bar
PEDIT Select polyline or [Multiple]	M 입력한 후 Space Bar
Select objects:	①~⑤를 클릭 후 Space Bar
Convert Lines and Arcs to polylines [Yes/No]? <Y>	Space Bar
option [Close/Open/Join/Width/Fit/Spline/Decurve/Ltype gen/Undo]:	W 입력한 후 Space Bar
Specify new width for all segments:	'100' 입력한 후 Space Bar
option [Close/Open/Join/Width/Fit/Spline/Decurve/Ltype gen/Undo]:	J , Space Bar , Space Bar
option [Close/Open/Join/Width/Fit/Spline/Decurve/Ltype gen/Undo]:	Esc

TIP : 테두리 선을 두껍게 처리할 경우 폴리라인으로 되어 있어야 모서리까지 깨끗하게 처리됩니다. 폴리라인이 아닌 경우에 Pedit 명령의 [Join] 옵션으로 분리된 선들을 연결시켜야 합니다.

09. Style 명령을 사용해 문자 스타일(돋움체, H: 300)을 지정하고, Dtext 명령을 사용하여 위에서부터 PROJECT TITLE, NOTE, KEY PLAN, 한 칸 비우고(회사상호), DRAWING TITLE, SCALE, DRAWING NO.를 기재합니다.

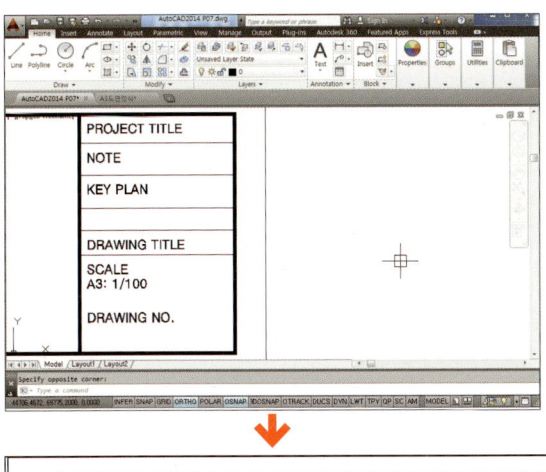

Attach 명령을 사용해 도면 표제란에 회사 CI나 공사명과 관련된 이미지를 넣어보겠습니다.

예제 파일 | DVD₩예제₩Part07₩Lesson02₩로고이미지.JPG **완성 파일 |** DVD₩완성₩Part07₩Lesson02₩CI완성.DWG

01. 앞선 따라하기에 이어서 [Insert] 탭–[Reference] 패널에서 [Attach](🗋)를 클릭하거나, 명령어 $\boxed{A}\boxed{T}\boxed{T}\boxed{A}\boxed{C}$ $\boxed{H}$를 입력한 후 $\boxed{\text{Space Bar}}$를 눌러 실행합니다. [Select Reference File] 대화상자가 나타나면 '로고이미지.jpg' 파일을 불러옵니다.

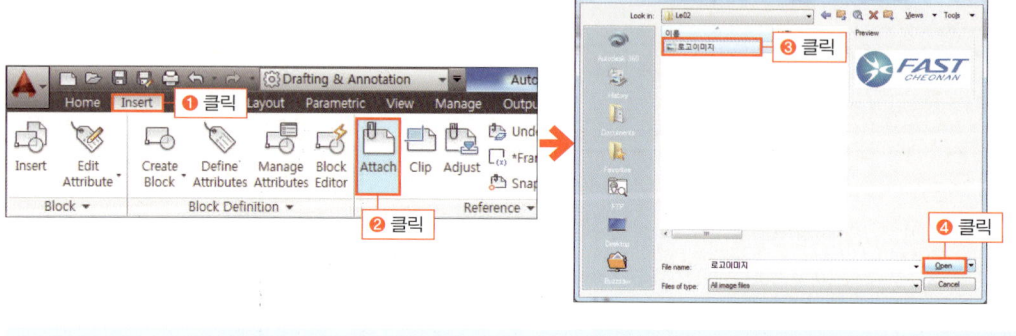

Command: $\boxed{A}\boxed{T}\boxed{T}\boxed{A}\boxed{C}\boxed{H}$ 입력한 후 $\boxed{\text{Space Bar}}$

02. [Attach Image] 대화상자가 나타나면 [OK] 버튼을 클릭하여 작업 화면으로 전환합니다.

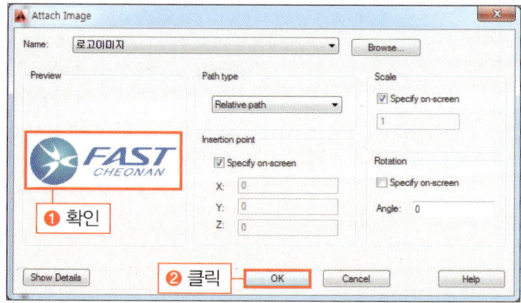

03. 도면 양식 안쪽의 ① 부분을 이미지 삽입 기준점으로 클릭하고 Scale 값 '250'을 입력한 후 $\boxed{\text{Space Bar}}$를 눌러 이미지의 크기를 지정합니다.

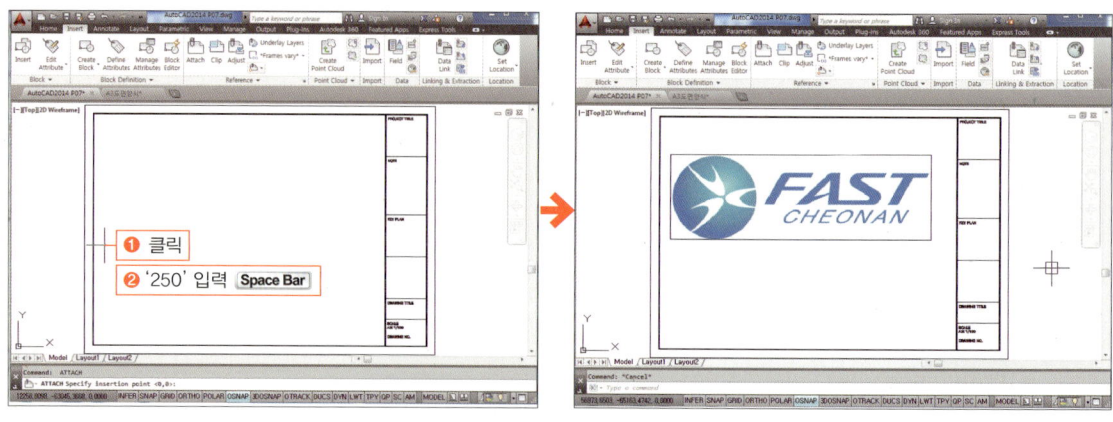

04. 이제 삽입된 이미지 위에 Circle, Line 명령을 사용하여 원형 심볼과 'FAST CHEONAN' 문구를 확대하여 윤곽을 그대로 따라 그립니다. 심볼은 Circle 명령, 문자는 Line 명령을 이용하여 전체적인 가이드라인을 그립니다.

05. Xline이나 Line 명령으로 'FAST CHEONAN'의 경사진 부분을 표시합니다.

06. 한글자씩 확대하여 Line 명령으로 문자의 윤곽을 따라 그립니다. 곡선 부분도 Line으로 여러 번 꺾어서 따라 그립니다. [OSNAP](F3) Nearest 모드가 활성화되었는지 확인하고 진행합니다.

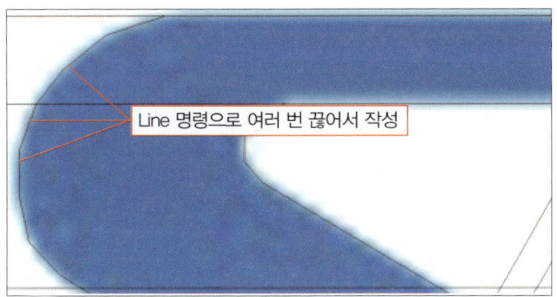

S 좌측 상단 부분

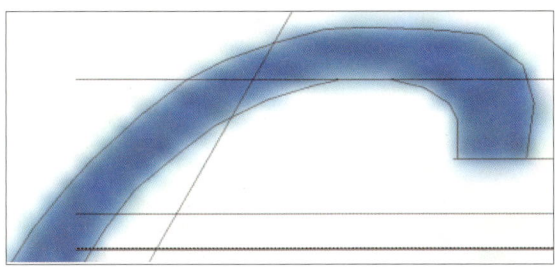

C 상단 부분

07. 같은 방법으로 원형 심볼도 확대하여 Line 명령으로 여러 번 꺾어서 따라 그립니다.

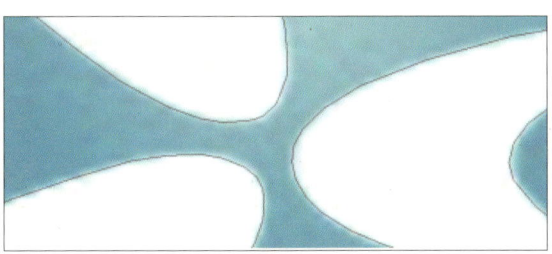

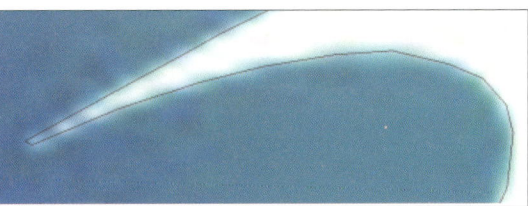

원형 심볼 중심을 확대한 부분

08. 다음과 같이 불필요한 부분을 Trim 명령으로 잘라냅니다.

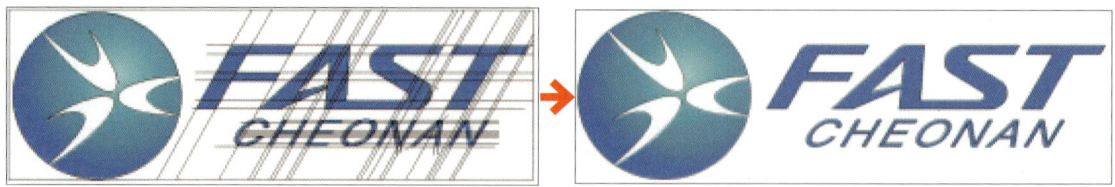

따라 그리기 완료   불필요한 부분에 Trim 명령을 적용한 결과

09. 외곽을 따는 작업이 끝나면 Move 명령을 사용해 이미지의 외곽선(②)을 선택하고 위로 이동시킵니다.

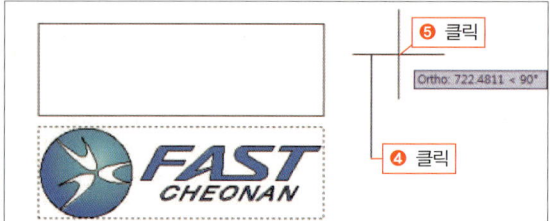

10. 상단의 이미지를 보면서 불필요한 부분은 Trim과 Erase 명령으로 마무리합니다.

11. 이제 선으로 따낸 로고에 Hatch 명령을 사용하여 패턴을 적용합니다. 단축키 **H**를 입력한 후 **Space Bar**를 눌러 Hatch 명령을 실행하고, 리본 메뉴의 [Pattern] 패널에서 [SOLID]를 클릭합니다.

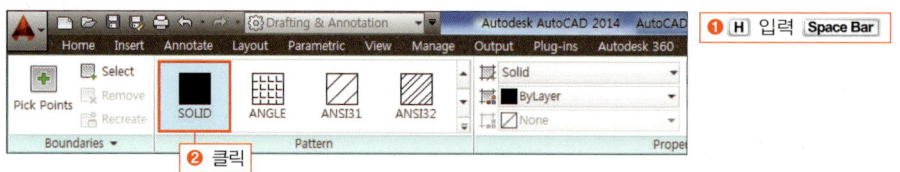

12. 작업 화면에서 선으로 따낸 문자 'FAST CHEONAN' 부분과 원형 심볼의 안쪽만 클릭하여 영역을 지정한 다음 `Space Bar`를 누릅니다.

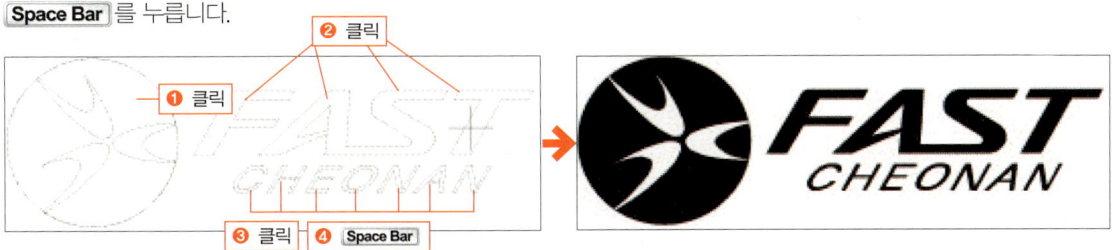

13. 원본 이미지와 같이 색상을 변경하겠습니다. 명령 없이 'F' 문자 안에 커서를 가져가면 Hatch 명령으로 채워진 부분이 표시됩니다. 패턴을 선택하고 [Properties] 그룹의 [Color]에서 'Select Colors'를 선택합니다. [Select Color] 대화상자가 나타나면 [Index Color] 탭에서 원본 이미지와 가장 유사한 152번 색을 선택하고 [OK] 버튼을 클릭합니다. 그리고 `Esc`를 누르면 선택한 색상이 채워집니다.

14. Move 명령을 사용해 Hatch 명령으로 색상을 채운 부분만 선택하여 아래쪽으로 이동시킨 다음 이미지와 따낸 선은 삭제합니다.

TIP : 작성한 외곽선은 삭제하지 말고 저장하여 추후에 다시 사용할 수 있도록 합니다.

15. 마지막으로 Scale 명령으로 PROJECT TITLE란에 넣을 수 있도록 줄여서 배치합니다. 단축키 S C 를 입력한 후 Space Bar 를 누릅니다. Hatch 명령으로 만든 문자(②)를 선택하고 Space Bar 를 누릅니다. ④ 위치에 기준점을 클릭한 다음 Scale 값에 '0.15'를 입력하고 Space Bar 를 눌러 적당한 크기로 맞춰 배치한 후 하단에 공사명을 입력합니다.

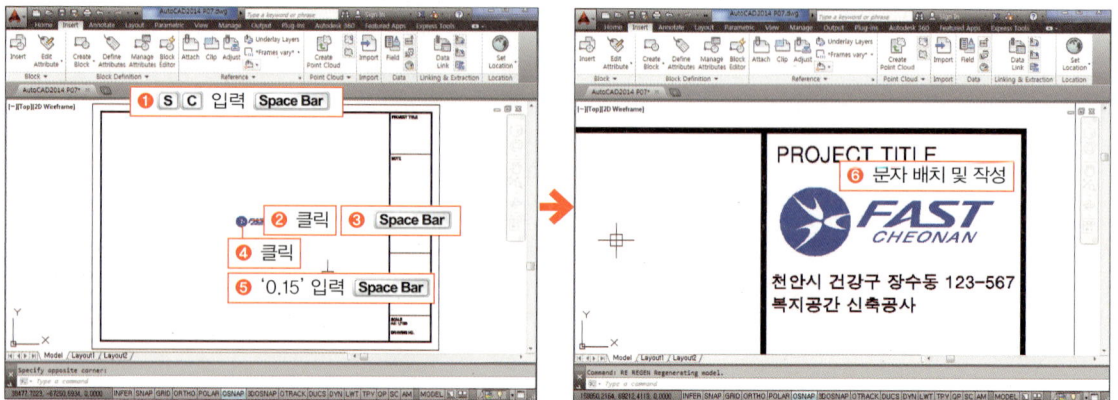

TIP : 출력 용지로 많이 사용하는 A열 용지의 규격

디자인을 하는 사람이라면 필수적으로 알아야 합니다.

규격	가로	세로
A4	297	210
A3	420	297
A2	594	420
A1	841	594
A0	1184	841

A4의 가로(297)가 A3의 세로(297)가 되고, A4 세로(210)의 2배(420)가 A3의 가로(420)가 되므로 A4의 규격만 알고 있으면 A열의 규격은 2를 곱해 알 수 있습니다.

도면을 출력할 때는 한 가지 용지와 축척으로 출력하지는 않습니다. 도면의 용도와 상황에 맞게 용지의 규격과 축척을 조정하여 출력이 가능해야 합니다. STEP 02에서 만든 양식의 크기를 변경해 보겠습니다.

예제 파일 | DVD₩예제₩Part07₩Lesson02₩A3도면양식.DWG

01. 먼저 A3-1/100 양식을 A3-1/200 양식으로 변경해 보겠습니다. 예제 파일을 불러온 후 A3-1/100 도면 양식을 Copy 명령으로 복사합니다. 단축키 **S** **C** 를 입력한 후 **Space Bar** 를 눌러 Scale 명령을 실행하고 복사한 양식을 선택한 후 기준점(③)을 클릭합니다.

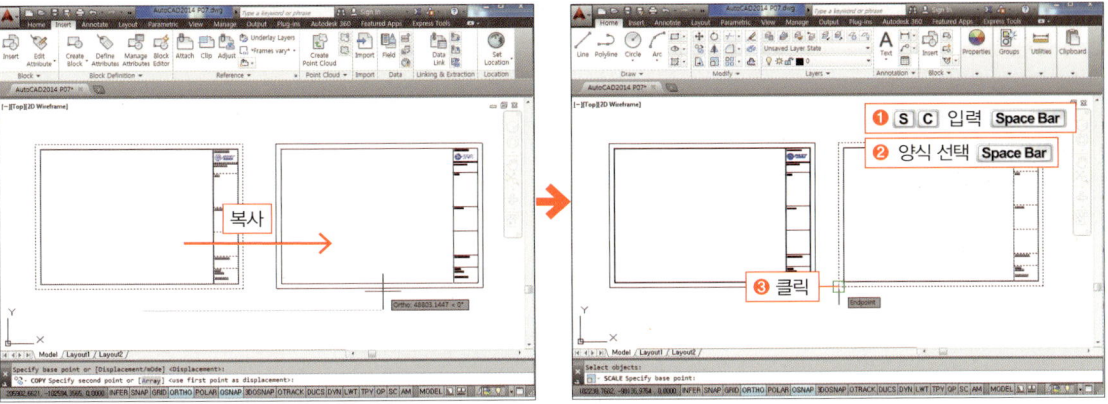

▲ Copy 명령 실행

02. 크기를 대조시키기 위해 [Reference] 옵션을 적용해야 합니다. **R** 을 입력한 후 **Space Bar** 를 눌러 현재 도면 양식의 축척(100)을 입력하고 **Space Bar** 를 누릅니다. 다음 새로운 값인 '200'을 입력하고 **Space Bar** 를 누르면 도면 양식의 축척이 1/200으로 변경됩니다.

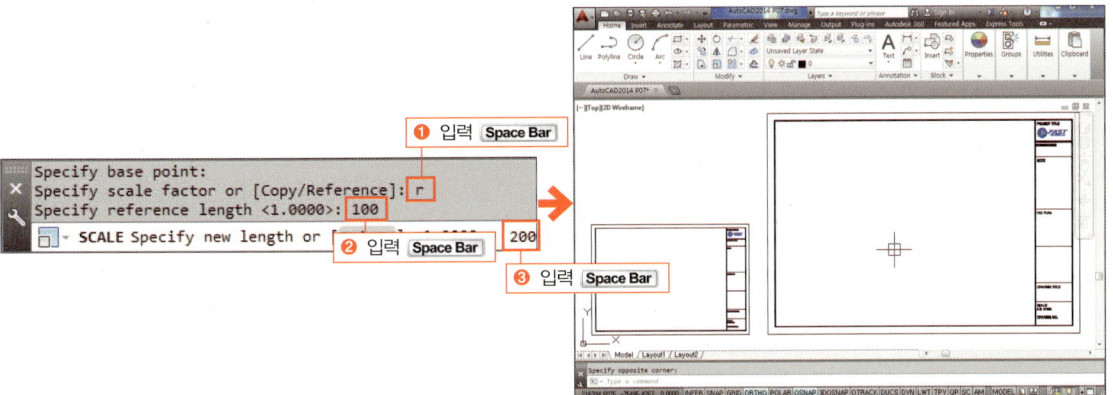

03. 이번에는 A3–1/100 도면 양식을 A4–1/100 도면 양식으로 변경해 보겠습니다. A3–1/100 도면 양식을 Copy 명령으로 복사합니다. 그리고 Scale 명령을 실행해 복사한 양식을 선택하고 기준점(④)을 클릭합니다.

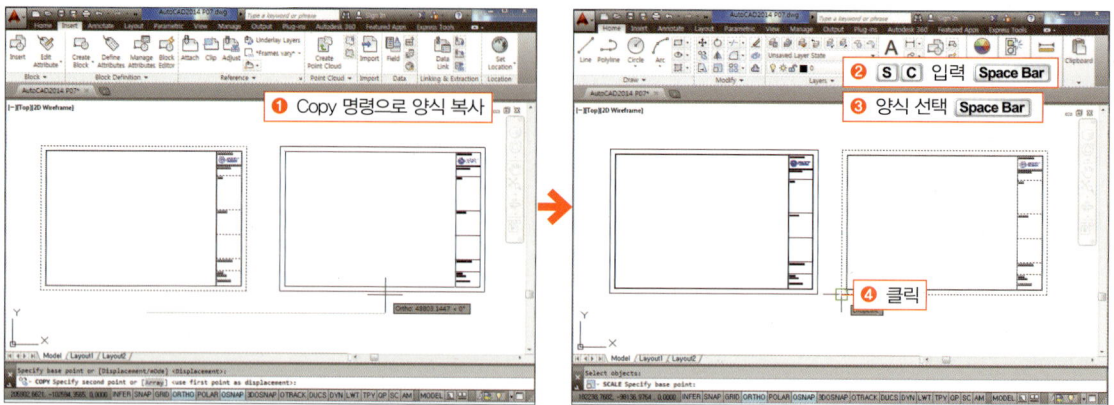

04. A4 용지 가로의 길이는 '297', A3 용지 가로의 길이는 '420'입니다. [Reference] 옵션을 적용하기 위해 **R**을 입력하고 **Space Bar**를 누릅니다. 현재 도면 양식의 길이 '420'을 입력한 후 **Space Bar**, 새로운 길이 값인 '297'을 입력하고 **Space Bar**를 누르면 도면 양식의 크기가 A4로 변경됩니다.

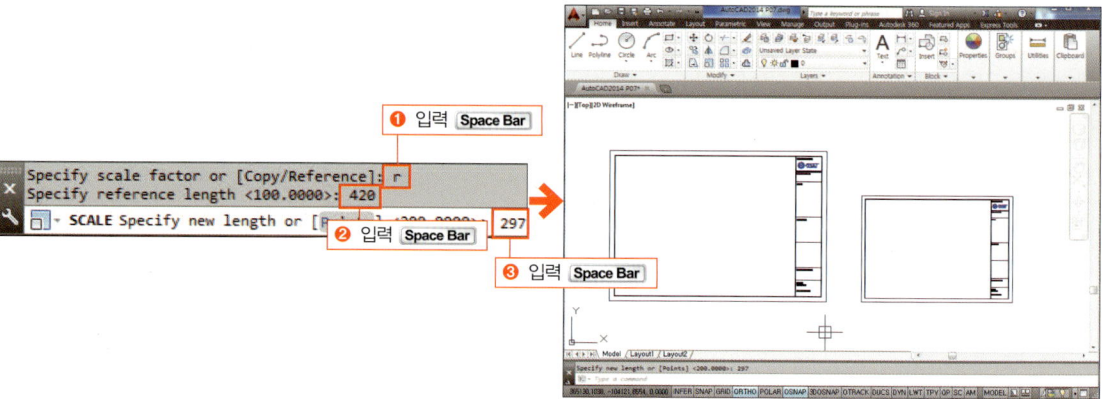

리본 메뉴를 이용한 이미지 편집

도면에 삽입된 원본 이미지를 편집하는 방법에 대해 알아보겠습니다.

■ 리본 메뉴를 이용한 이미지 편집

도면에 삽입한 이미지의 윤곽을 클릭하면 리본 메뉴에서 색상과 자르기, 숨김 기능을 사용할 수 있습니다.

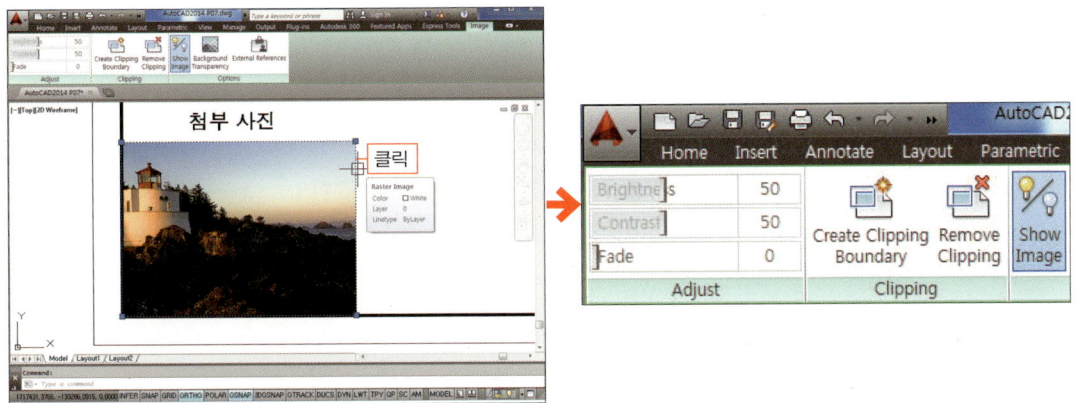

• 색상 조정

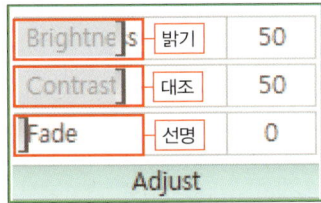

원본

Brightness: 20

535

• 자르기

[Create Clipping Boundary](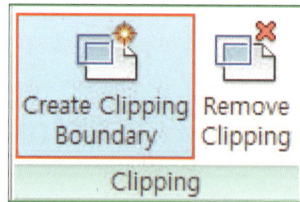)를 클릭하고 남길 영역을 지정합니다.

• 테두리 윤곽선 숨기기

이미지 편집을 마친 후 테두리선을 감추려면 **I M A G E F R A M E**를 입력한 후 **Space Bar**를 누릅니다. 설정 값이 '1'이면 선이 보이고 '0'이면 보이지 않게 됩니다.

설정 값 : 1   설정 값 : 0

• 이미지 숨기기

[Show Image](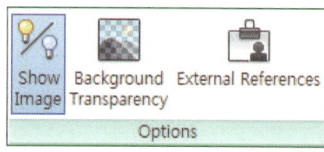)를 클릭하면 선택한 이미지를 숨길 수 있습니다.

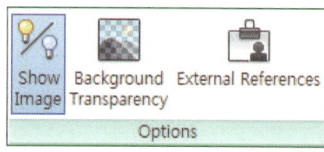

■ 도면 양식 불러오기

완성된 도면을 출력하기 위해 양식을 불러와 배치하는 과정을 알아보겠습니다.

예제 파일 | DVD₩Part07₩Lesson02₩샘플도면.DWG, A3도면양식.DWG

01. 예제 파일을 불러온 후 도면을 출력하기 위해 Insert 명령으로 도면 양식을 불러와 배치하겠습니다. 단축키 **I**를 입력한 후 **Space Bar**를 눌러 [Insert] 대화상자를 불러옵니다. 우측 상단의 [Browse] 버튼을 클릭하여 도면 양식을 저장한 곳에서 파일(A3도면양식.DWG)을 선택한 다음 [Open] 버튼을 클릭해 다시 [Insert] 대화상자로 돌아옵니다.

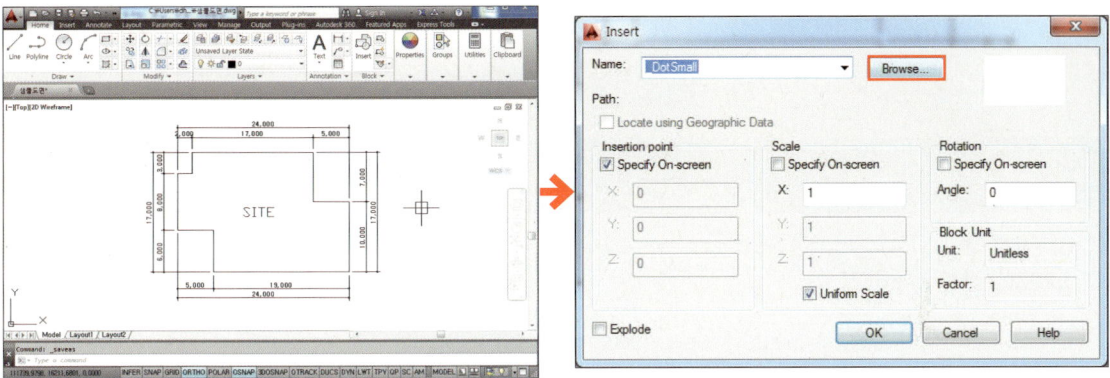

02. [Insert] 대화상자에서 [OK] 버튼을 클릭하여 작업 화면으로 넘어오면 적당한 위치에 삽입 기준점을 클릭한 후 Move 명령을 실행해 도면 양식을 적당한 위치로 이동시킵니다. 도면 양식을 불러오면 도면 양식에 포함된 레이어('FORM' 레이어)도 같이 포함되어 있습니다.

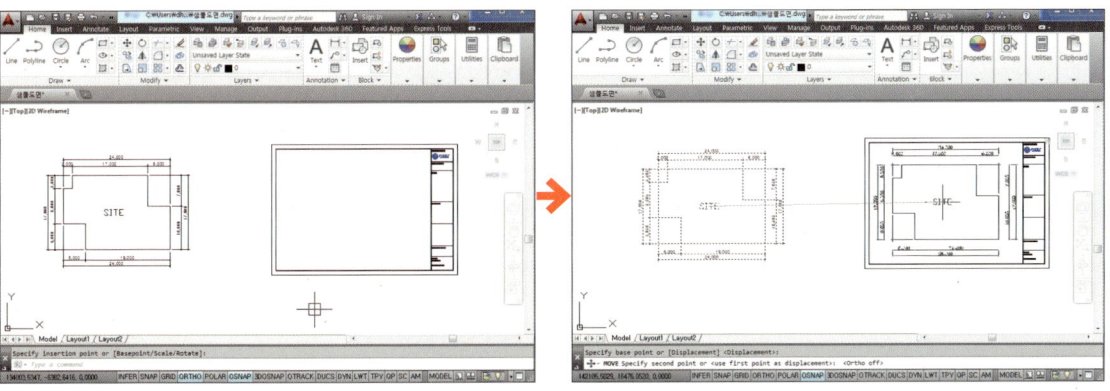

▲ 삽입된 도면 양식   ▲ More 명령으로 이동

지금까지 작업한 내용을 모니터로만 확인을 했지만, 디자인의 최종 결과물은 출력입니다. 이번 Lesson 03에서는 작업한 도면을 가정용으로 많이 사용하는 A4 용지와 사무실에서 많이 사용하는 A3 용지에 출력하는 방법을 알아보겠습니다.

기초탄탄 ▶ 출력 설정

■ Lineweight 이해하기

레이어를 관리하는 Layer Properties Manager에서 각 레이어의 출력 두께를 설정할 수 있습니다. Layer Properties Manager에서 설정하는 선의 두께는 간단하기는 하지만, 해당 파일에서만 적용되는 일회성으로 주로 단순 출력이나 자격시험에서 많이 사용합니다. 각 레이어의 [Lineweight]를 클릭하면 설정할 수 있습니다.

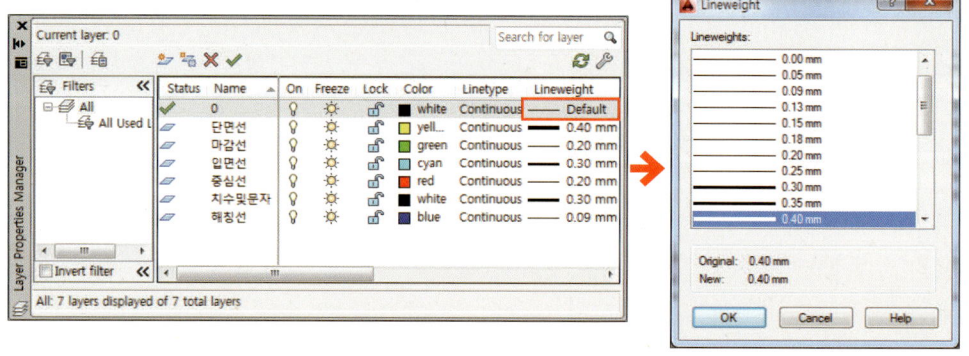

TIP : 다수의 레이어를 선택한 경우 **Ctrl** 을 누른 상태에서 선택합니다.

■ Page Setup 이해하기 `545P`

출력에 대한 전반적인 사항에 대해 설정하고 저장합니다. 필수적인 사항은 아니지만 설정히지 않으면 출력 시 매번 동일한 사항을 설정해야 하기 때문에 번거롭습니다. 가급적 자주 사용하는 출력 설정은 저장하여 사용할 수 있도록 하는 것이 좋습니다.

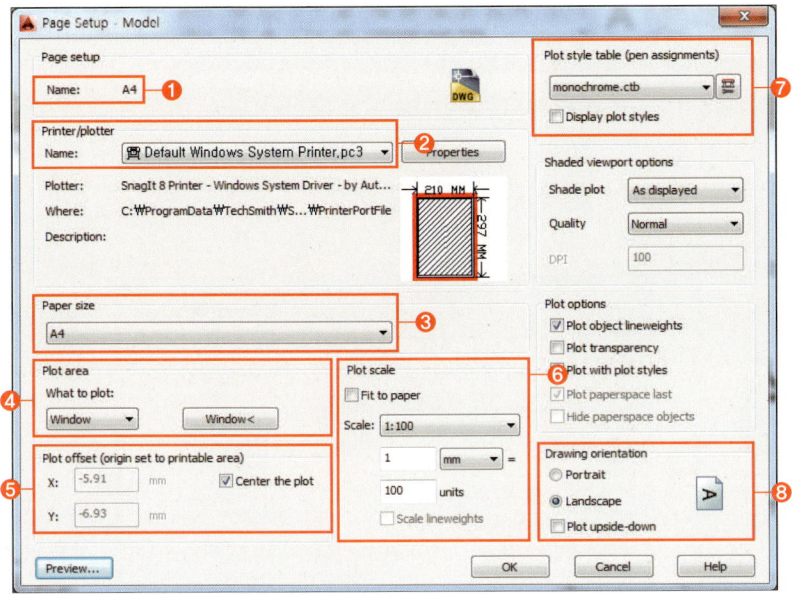

❶ Setup Name : 설정된 Plot

❷ Printer/Plotter : 출력할 프린터나 플로터를 지정

❸ Paper Size : 출력할 용지 지정

❹ Plot Area : 출력 영역 지정

❺ Plot Offset : 출력 영역의 시작 위치 지정

❻ Plot Scale : 출력 영역의 축척 지정

❼ Plot Style Table : 출력 유형 지정

❽ Drawing Orientation : 용지 방향 지정

■ Page Setup 실행하기

• [Layout] 탭−[Layout] 패널에서 [Page Setup](📄)을 클릭하여 실행합니다.

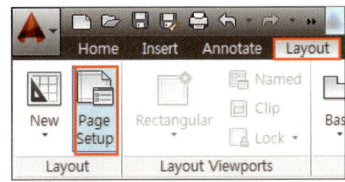

- 명령 입력창에서 Pagesetup 명령어를 입력한 후, **Space Bar** 를 눌러 실행합니다.

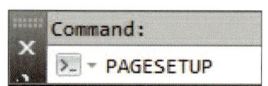

명령어 입력

■ Plot 이해하기

Plot은 출력 명령으로 인쇄 매수를 설정하는 것 이외에는 Page Setup과 동일합니다. 추가 메뉴는 기본적으로 보여주지 않으므로 우측 하단의 [More] 버튼을 클릭해야 모든 설정 항목을 확인할 수 있습니다. Page Setup과는 다르게 설정을 마치면 그대로 인쇄가 시작됩니다.

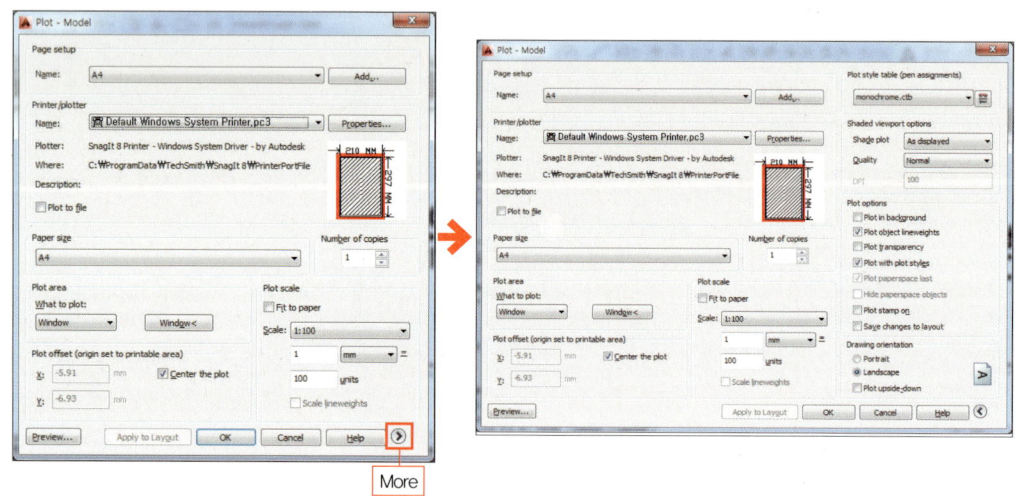

More

■ Plot 실행하기

- 퀵 액세스 툴바에서 [Plot](🖨)을 클릭하여 실행합니다.

- 명령 입력창에서 Plot 명령어(**Ctrl**+**P**)를 입력한 후, **Space Bar** 를 눌러 실행합니다.

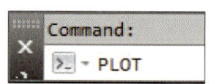

명령어 입력

■ Plot Style Table 이해하기

용어 그대로 출력 스타일을 설정하고 관리합니다. Plot Style Table은 Layer Properties Manager의 [Lineweight]와는 다르게 출력하는 모든 파일에 적용할 수 있습니다.

색상 출력 : acad.ctb, 흑색 출력 : monochrome.ctb

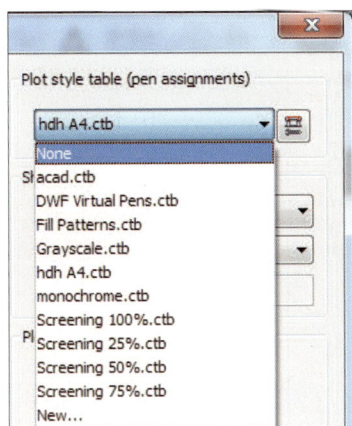

■ Layout 공간 이해하기

Model 공간의 출력은 특별한 설정 없이 신속한 출력이 가능한 반면 도면의 축척 설정 등 활용성이 떨어지는 단점이 있습니다. 출력 전용 공간인 Layout 공간을 이용하면 좀 더 다양한 연출이 가능합니다.

• Model 공간 : 작성한 도면을 그대로 출력합니다.

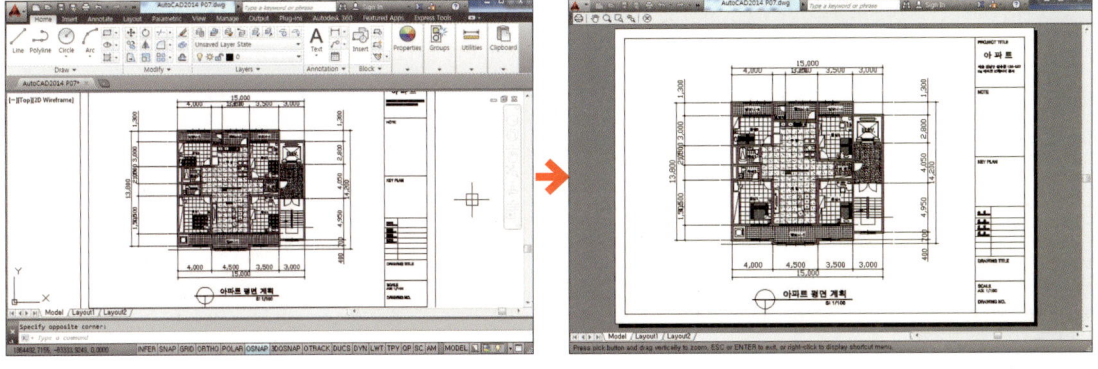

작성 도면   출력 화면

• Layout 공간 : Model 공간에서 작성한 모든 도면 요소를 배치하고 각 도면별로 축척 등 출력 설정을 다르게 설정할 수 있습니다.

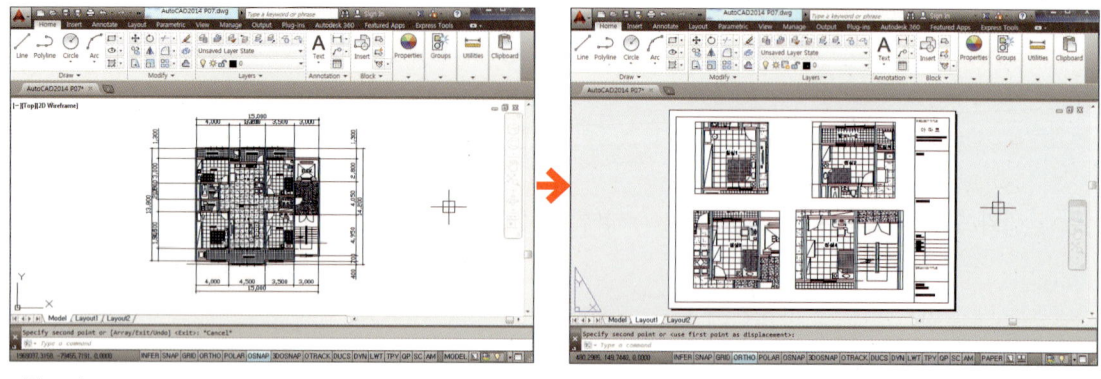

작성 도면   출력 화면

• Layout 공간에서의 Mvsetup 명령

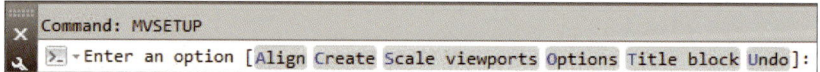

■ Mview의 사용법 이해하기

Mview 명령은 Model 공간에서 작성한 도면을 Layout 공간에서 볼 수 있도록 View(창)를 생성합니다.

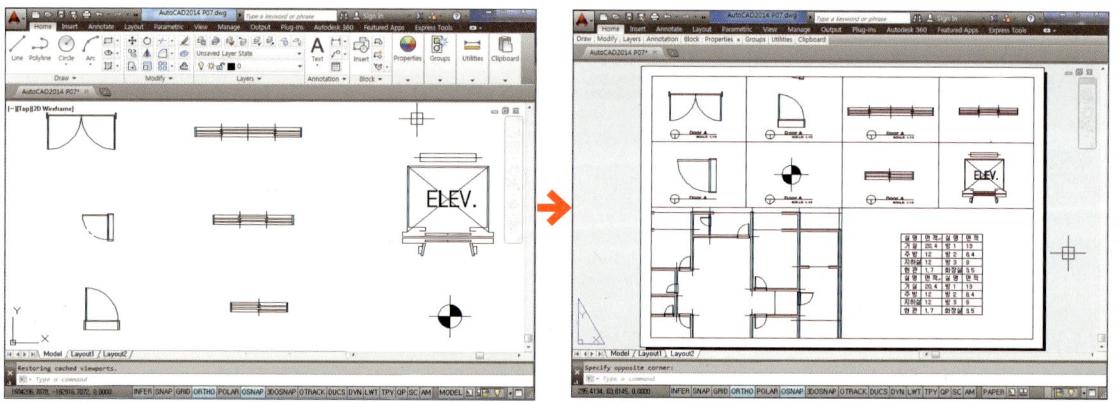

■ Mview 실행하기

• [Layout] 탭-[Layout Viewports] 패널에서 [Rectangular](□)를 클릭하여 실행합니다.

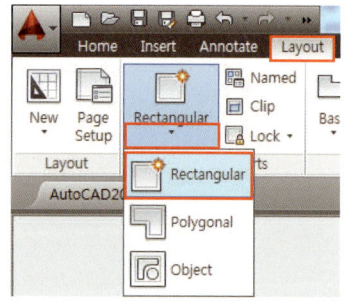

• 명령 입력창에서 Mview 명령어(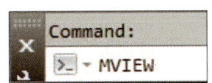)를 입력한 후, 를 눌러 실행합니다.

명령어 입력   단축키 입력

■ Mview의 옵션

뷰의 형태와 수량을 설정할 수 있는 옵션을 사용할 수 있습니다.

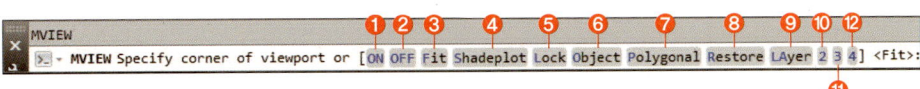

❶ On : Mview 켜기(화면이 보임).

❷ Off : Mview 끄기(화면이 안보임).

❸ Fit : 지정된 영역에 맞추어 하나의 뷰를 생성합니다.

❹ Shadeplot : Viewports별 출력 유형 설정.

❺ Lock : Viewports의 화면 크기 고정.

❻ Object : 폴리라인을 뷰로 생성합니다.

❼ Polygonal : 다각형 형태의 뷰로 생성합니다.

❽ Restore : Model 공간의 Viewports를 레이아웃 공간에 적용.

❾ Layer : Viewports의 출력 색상 설정.

❿ 2 : 2개의 뷰를 생성합니다.

⓫ 3 : 3개의 뷰를 생성합니다.

⓬ 4 : 4개의 뷰를 생성합니다.

■ Mview 사용 과정 익히기 (Layout 공간에서 실행)

```
Command:                                                          M V 입력한 후 Space Bar
Specify corner of viewport or [Fit/Lock/Object/Polygonal/2/3/4] <Fit>:   수량 입력한 후 Space Bar
Specify first corner or [Fit] <Fit>:                       생성할 뷰의 첫 번째 코너 클릭
Specify opposite corner:                                   생성할 뷰의 두 번째 코너 클릭
```

■ Mvsetup 기능과 사용법 이해하기

생성된 각 뷰의 도면을 보기 좋게 정렬할 수 있습니다.

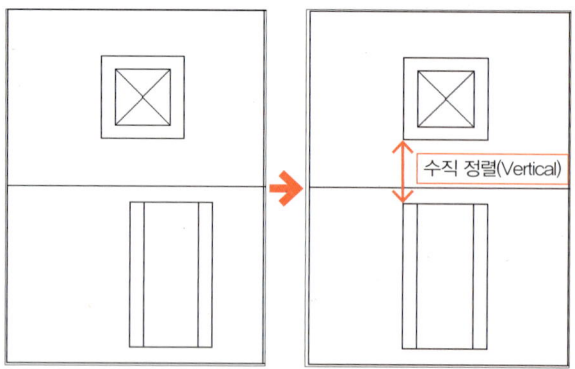

■ Mvsetup 실행하기

• 명령 입력창에서 Mvsetup 명령어를 입력한 후, Space Bar 를 눌러 실행합니다.

명령어 입력

■ Mvsetup의 옵션

생성된 뷰를 정렬하고 다량의 뷰를 생성할 수 있는 옵션을 사용할 수도 있습니다.

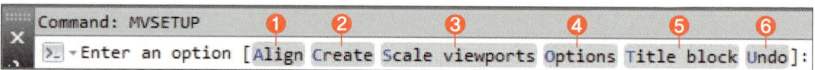

❶ Align : 각 뷰의 도면과 도면을 정렬합니다.

❷ Create : 뷰를 생성합니다.

❸ Scale Viewports : Model 공간에 대한 Layout 공간의 비율을 설정합니다.

❹ Options : Layer, Limits 등의 옵션을 설정합니다.

❺ Title block : 도면 양식을 불러옵니다.

❻ Undo : Mvsetup에서 작업한 내용을 한 단계 되돌립니다.

AutoCAD의 출력은 다른 프로그램보다 설정해야 할 내용이 많아 처음 출력을 하게 될 경우 원하는 대로 출력하기가 쉽지 않습니다. 다양한 출력 방법 중 쉽게 따라하고 사용할 수 있는 Model 공간(지금까지 작업했던 환경)에서 출력하는 방법을 알아보겠습니다.

예제 파일 | DVD₩예제₩Part07₩Lesson03₩출력하기.DWG

01. 예제 파일을 불러온 후 출력 관련 설정을 하기에 앞서 레이어에 지정된 선의 두께를 확인해야 합니다. 단축키 L A 를 입력한 후 **Space Bar** 를 눌러 Layer Properties Manager가 나타나면 각 레이어의 선 두께가 올바르게 되어 있는지 확인합니다.

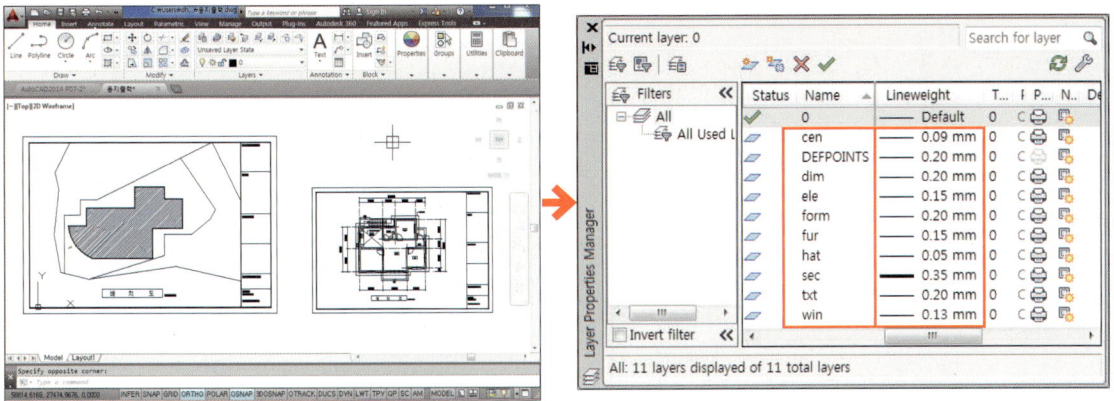

02. 바로 Plot 명령을 실행해 출력할 수도 있지만 출력에 대한 정보를 저장하기 위해 Page Setup(출력 설정)을 설정하겠습니다. [Layout] 탭–[Layout] 패널에서 [Page Setup](📄)을 클릭하거나 응용 프로그램 버튼을 클릭해 [Print]–[Page Setup]을 클릭합니다.

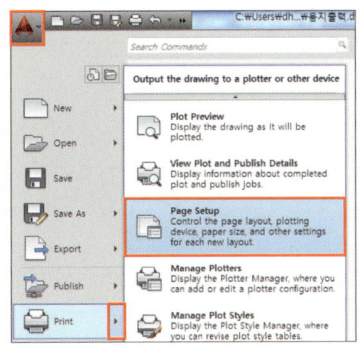

03. [Page Setup Manager] 대화상자가 나타나면 새로운 출력 설정을 하기위해 [New] 버튼을 클릭하고 [New Page Setup] 대화상자의 [New page setup name]에 'A4 100'을 입력한 후 [OK] 버튼을 클릭합니다.

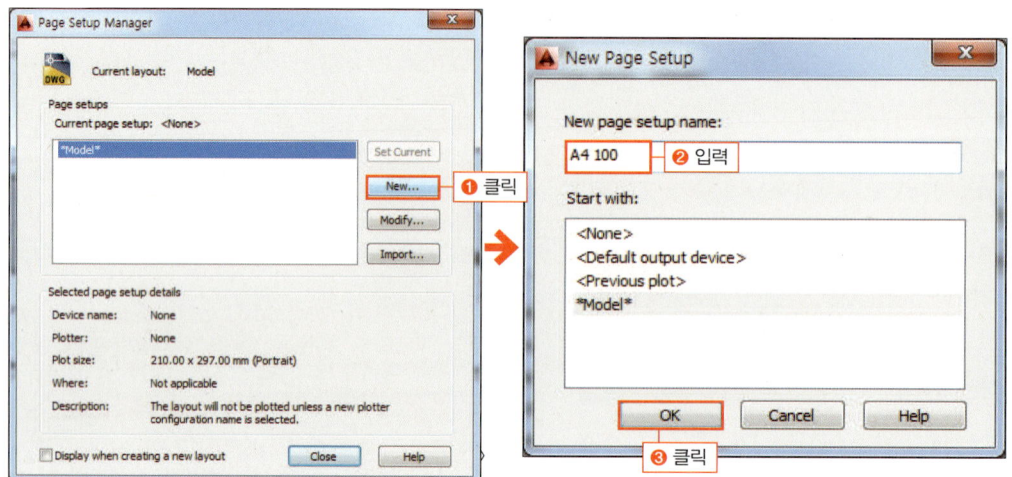

04. 먼저 출력할 프린터 기종을 선택해야 합니다. 현재 사용하고 있는 컴퓨터와 연결이 되어 있는 프린터의 기종을 찾아 선택합니다. 프린터의 모델을 선택하면 하단에 프린터에 대한 설명이 나타납니다. 프린터가 없으면 'Default Windows System Printer.pc3'을 선택합니다.

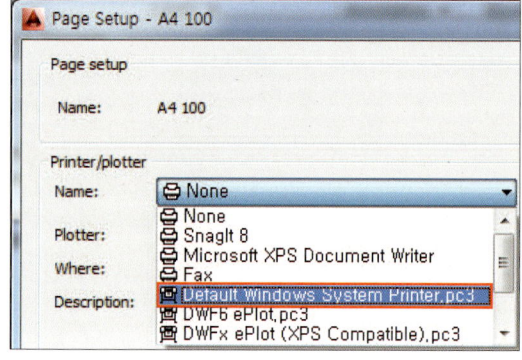

05. 출력 용지의 규격을 선택하겠습니다. 프린터 선택과 동일하게 우측의 화살표를 클릭해 목록에서 'A4'를 선택합니다.

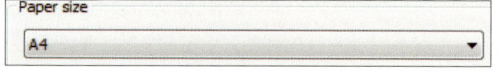

06. 다음은 작업한 도면의 어떤 부분을 출력할 것인지 출력 영역을 선택해야 합니다. [What to plot]의 화살표를 클릭해 'Window'를 선택합니다. 작업 화면으로 전환되면 Rectangle 명령을 사용할 때처럼 두 개의 포인트로 역영을 지정하게 됩니다.

07. 우측의 주택 도면을 출력하기 위해 A4 도면 양식 좌측 상단의 모서리(①)를 클릭하고 우측 하단의 ② 부분을 클릭하면 [Page Setup Manager] 대화상자로 전환됩니다.

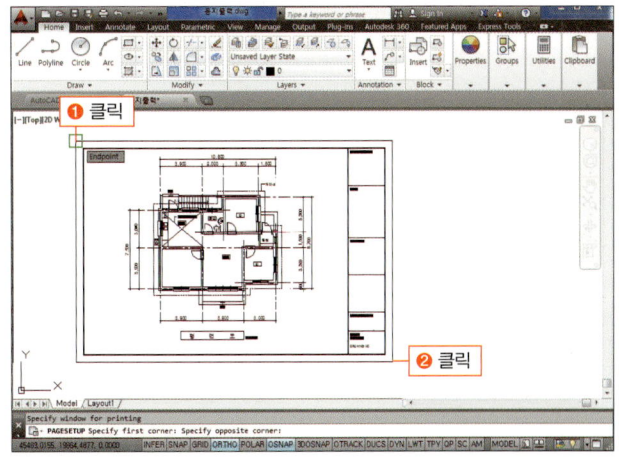

08. 선택한 출력 영역을 용지의 가운데로 배치하기 위해 [Plot offset]의 [Center the plot]을 체크합니다.

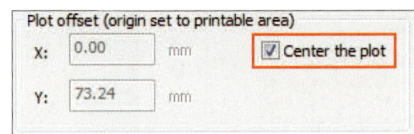

09. 바로 우측에 [Plot scale]에서 [Fit to paper]의 체크를 해제하면 아래의 축척 항목이 활성화됩니다. 이곳에서 '1:100'을 선택합니다(직접 입력해도 됩니다).

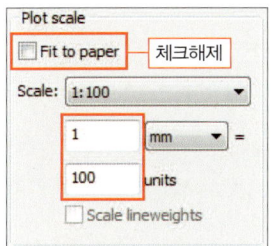

> **TIP** : Fit to paper(용지 크기에 맞게)
> 출력 시 축척이 큰 문제가 되지 않는 다면 크기를 조정할 필요 없이 [Plot scale]의 [Fit to paper]를 체크하면 출력될 용지 규격에 맞게 도면의 크기가 자동으로 조정됩니다.

10. 추가 설정 부분의 상단에 [Plot style table]에서 'monochrome.ctb'를 선택하고 [예] 버튼을 클릭합니다.

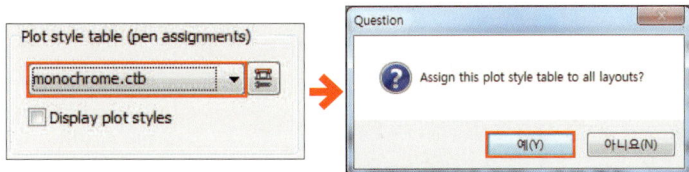

> **TIP** : 도면 작업의 결과물은 특별한 경우가 아닌 이상 검은색으로만 출력하게 됩니다. 'monochrome.ctb'는 출력 시 색상이 있는 도면이더라도 검은색으로 출력됩니다. [Plot style table]을 지정하지 않거나(none) 'acad.ctb'로 지정하면 작성된 색상으로 출력됩니다.

11. 이번에는 용지 방향을 지정하겠습니다. 우측 하단에 [Drawing orientation]에서 [Landscape]를 체크하여 용지가 좌우로 길게 출력되도록 변경합니다.

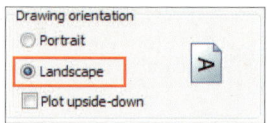

12. [Preview] 버튼을 클릭하여 출력물을 미리 보기로 확인합니다. **Esc** 를 누르고 [OK]와 [Close] 버튼을 클릭하면 출력 정보가 'A4 100' 이름으로 저장됩니다.

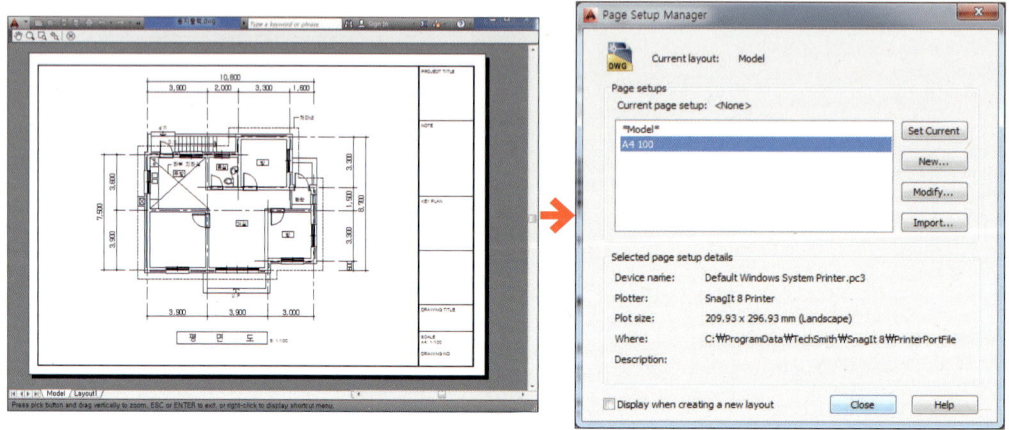

13. 이제 출력을 하기 위해 퀵 액세스 툴바에서 [Plot](🖶)을 클릭하거나, 단축키 **Ctrl** + **P** 를 눌러 Plot 명령을 실행합니다.

14. [Plot – Model] 대화상자의 [Page setup]에 [Name]에서 저장해 놓은 'A4 100'을 선택합니다.

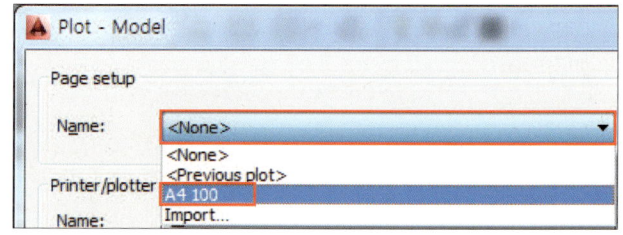

15. [Preview] 버튼을 클릭해 다시 한 번 확인한 후 **Esc** 를 눌러 복귀합니다. 마지막으로 [Number of copies]에 인쇄 매수를 입력하고 [OK] 버튼을 클릭하면 출력이 시작됩니다. 좌측의 도면도 출력해 볼 수 있도록 합니다.

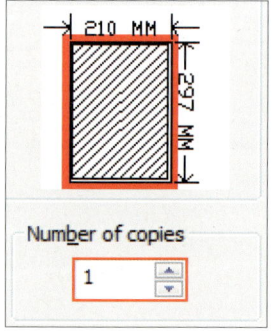

레이어의 출력을 억제하는
Plot([Layer] 옵션)

레이어를 구분하여 도면을 작성했을 경우 출력 목적에 따라 필요하지 않은 부분을 삭제하지 않고 옵션 설정으로 간편하게 출력 여부를 제어할 수 있습니다.

01. 앞선 STEP 01에서 사용한 평면도입니다. 현재 상태에 출력을 하게 되면 앞서 학습한 대로 화면에 보이는 그대로 출력이 진행됩니다.

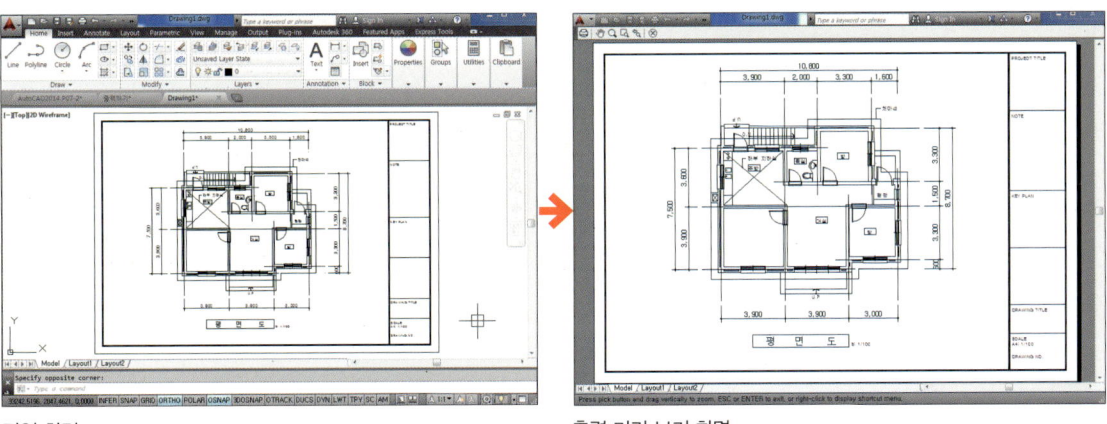

작업 화면   출력 미리 보기 화면

02. 출력을 취소하고 작업 화면으로 돌아와 단축키 L A 를 입력한 후 Space Bar 를 눌러 Layer Properties Manager를 불러옵니다. 그리고 상단에서 [Plot]을 찾습니다. 보이지 않을 경우 우측 끝에 커서를 위치시키고 조절 커서로 변경되면 드래그로 크기를 우측으로 길게 늘려줍니다.

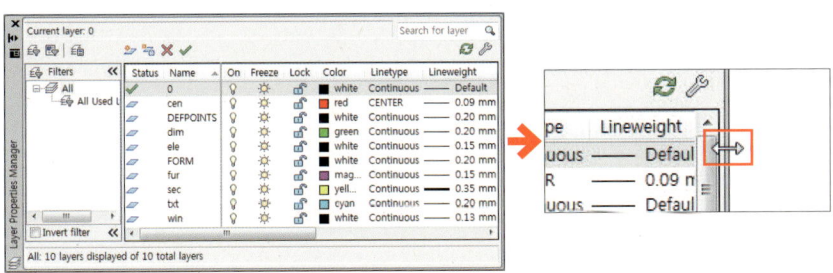

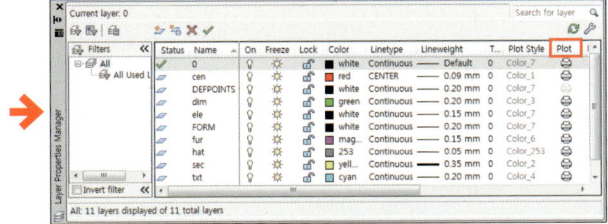

03. 치수를 사용하면 자동으로 생성되는 'Defpoints' 레이어를 제외한 모든 레이어의 [Plot]이 활성화되어 있습니다. 이는 해당 레이어에서 작성된 요소가 출력되는 것을 뜻합니다. 치수 레이어인 'dim'의 [Plot]을 비활성화하여 출력이 안 되도록 하겠습니다.

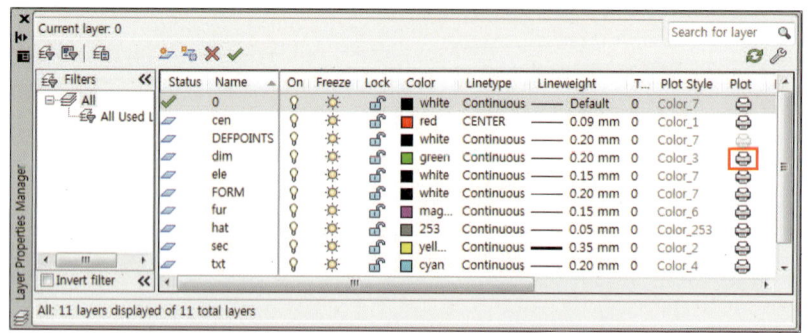

04. 'dim' 레이어에 해당하는 [Plot]의 🖨을 클릭하면 🖨 모양으로 바뀝니다. 출력 미리 보기로 확인하면 다음과 같이 치수는 출력되지 않는 것을 확인할 수 있습니다

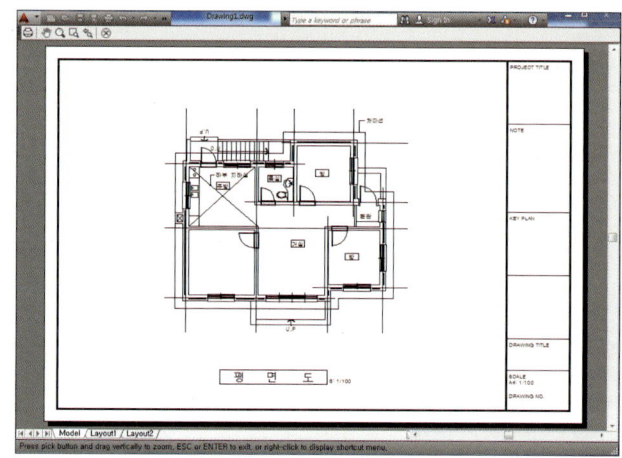

■ 불필요한 부분을 가리는 Wipeout

Wipeout 명령을 사용하면 작성된 도면의 일부를 영역을 지정해 용지 출력이나 화면 출력을 조절할 수 있습니다.

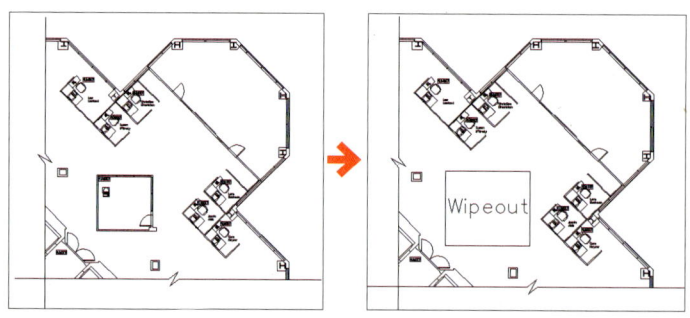

예제 파일 | DVD₩예제₩Part07₩Lesson03₩Wipeout.DWG

01. 예제 파일을 불러온 후 [Home] 탭–[Draw] 패널에서 메뉴 아이콘(Draw ▼)을 클릭하고, 다시 [Wipeout](🔲)을 클릭합니다.

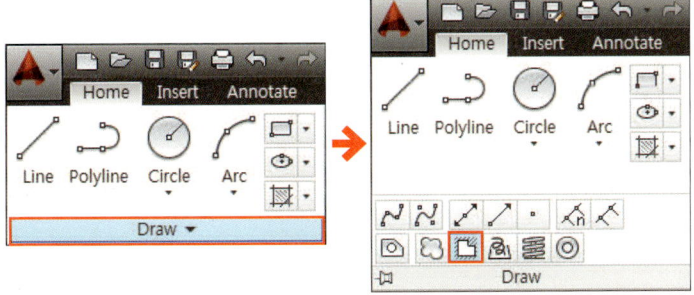

02. A 영역을 감추도록 하겠습니다. 다음과 같이 감추려는 A 영역을 지정하기 위해 ①, ②, ③, ④ 부분을 클릭하고 Space Bar 를 누르면 영역 안쪽이 보이지 않게 됩니다.

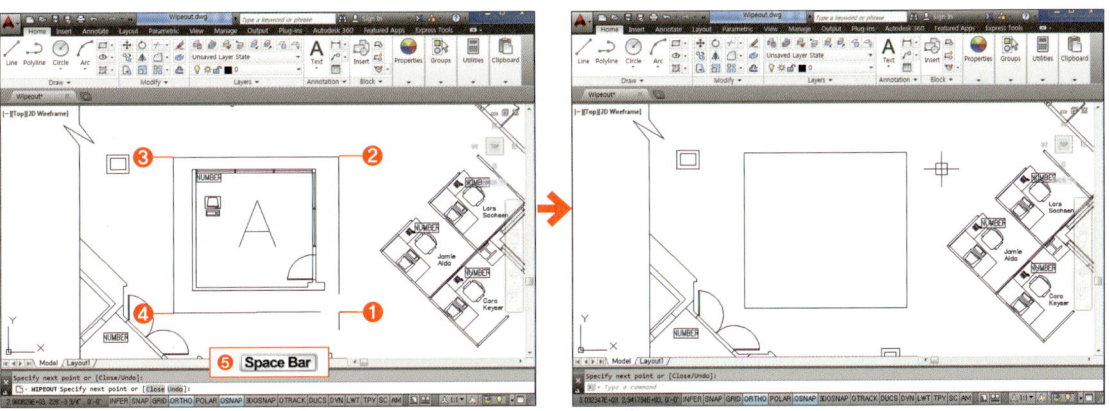

03. 영역선을 보이지 않게 설정을 변경해 보겠습니다. 명령을 다시 실행하고 [Frames] 옵션을 적용하기 위해 F 를 입력한 후 Space Bar 를 누릅니다. O F F 를 입력하면 영역을 나타내는 선도 보이지 않게 됩니다.

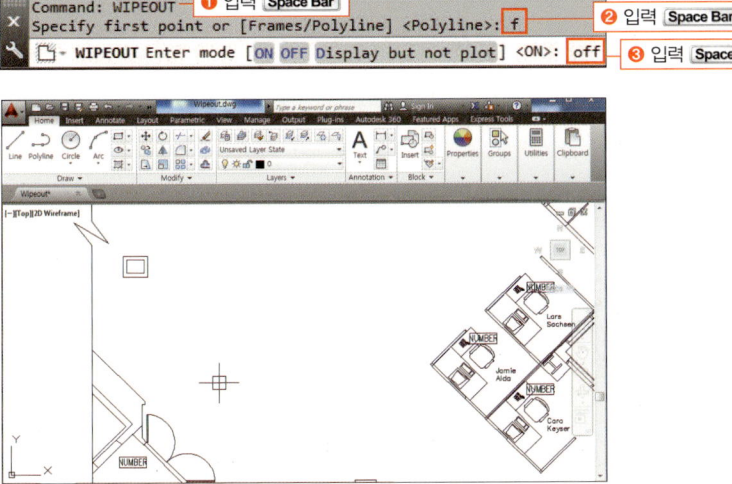

Plot style table에서는 작업에 사용된 색상에 따라 선의 두께를 지정할 수 있습니다. 매번 Plot style table의 정보를 변경하는 것이 아닌 한 번 저장으로 영구적인 사용이 가능합니다.

예제 파일 | DVD₩예제₩Part07₩Lesson03₩출력하기(CTB).DWG

01. 레이어의 선 두께가 지정되지 않은 예제 파일을 불러옵니다.

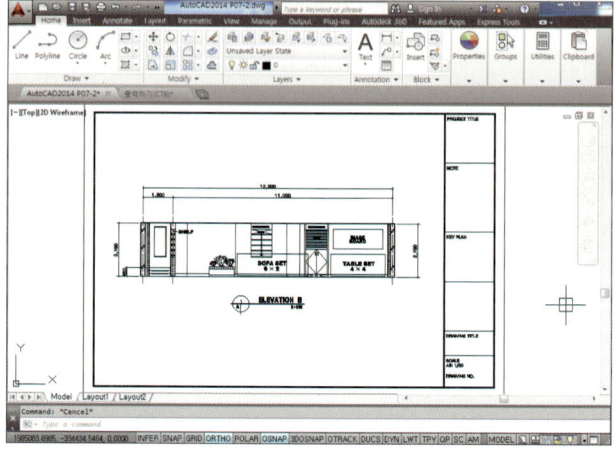

02. 단축키 [Ctrl]+[P]를 입력하거나 퀵 액세스 툴바의 [Plot](🖨)을 클릭합니다. [Plot – Model] 대화상자에는 Plot style table 설정 역영이 보이질 않으므로 우측 하단의 [>]을 클릭하여 Plot style table 설정 상태를 보면 'None'으로 지정되어 있습니다. 'monochrome.ctb'를 선택합니다.

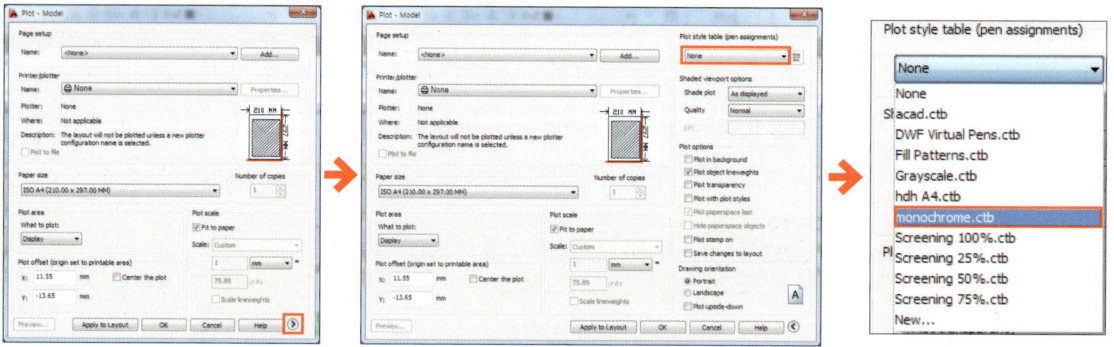

TIP : 'New'를 선택하여 신규로 등록해도 되지만 'monochrome.ctb'를 선택해 설정을 변경하는 것이 더 편리합니다.

03. [Plot style table] 항목 우측의 [Edit]( )를 클릭하면 [Plot Style Table Editor] 대화상자가 나타납니다. 설정 방법은 색상을 선택한 후 우측의 항목들을 설정하면 됩니다. 하나씩 하는 것보다 모든 색상으로 선택해 공통적인 부분을 먼저 설정하는 것이 빠릅니다.

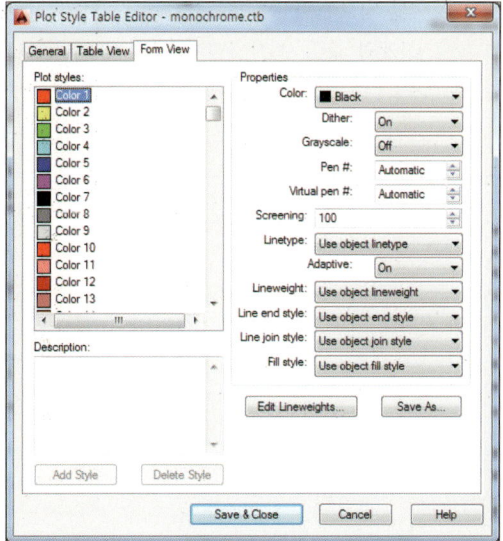

T I P : 좌측의 색상은 도면 작업에 쓰이는 색상을 나타냅니다.

PART 07 · 도면 작성과 관리

04. 도면 출력은 특별한 경우가 아닌 이상 모두 검은색으로 출력되기 때문에 좌측의 모든 색상을 선택하고 우측의 [Color]를 'Black'으로 선택합니다. [Plot Styles]에서 'Color 1'을 선택하고 맨 아래 'Color 255'까지 이동한 후 Shift 를 누른 채 클릭하면 모든 색상이 선택됩니다.

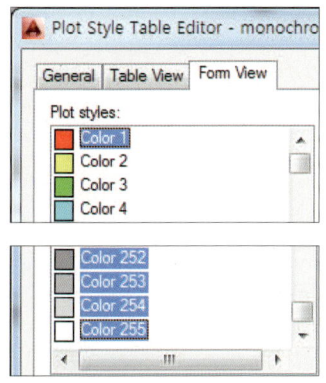

T I P : 'monocrome.ctb'를 선택하면 출력 색상은 검은색으로 설정됩니다.

05. 선의 두께를 지정하기 위해 [Lineweight]의 화살표를 클릭해 가장 많이 사용하는 '0.2mm'를 선택합니다. 공통적으로 모든 선의 두께는 0.2mm로 설정하였습니다.

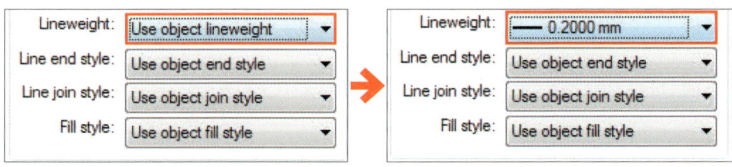

06. 이제 선의 두께를 다르게 할 색상을 각각 선택해 선의 두께를 아래와 같이 변경하겠습니다. [Polt Styles]에서 'Color 1'을 선택하고 [Lineweight]를 '0.1mm'로 설정합니다. 같은 방법으로 나머지 색상도 지정된 두께로 설정하고 하단의 [Save As] 버튼을 클릭합니다.

Color 1 – 0.1mm
Color 2 – 0.3mm
Color 5 – 0.1mm
Color 8 – 0.05mm

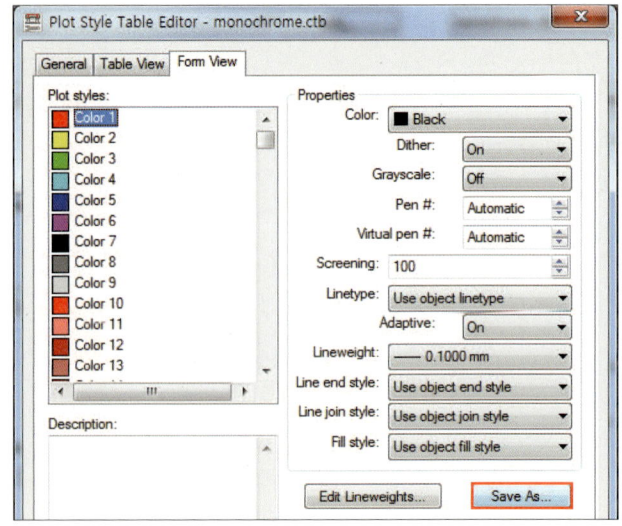

문제 해결 [Save & Close] 버튼을 클릭하면 처음 선택한 'monochrome.ctb'의 정보가 변경됩니다.

07. 지금까지 설정한 Plot style table의 이름을 'CAD A4'라 쓰고 [저장] 버튼을 클릭합니다. [Plot Style Table Editor] 대화상자로 돌아오면 [Save & Close] 버튼을 클릭합니다.

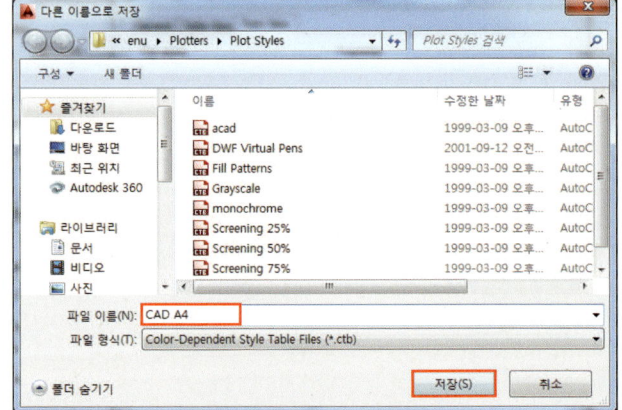

08. [Plot style table]에서 'CAD A4'를 선택하고, 확인 창이 나타나면 [예] 버튼을 클릭합니다.

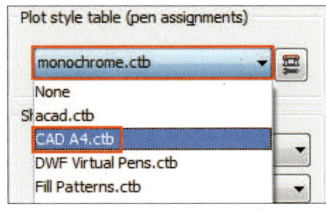

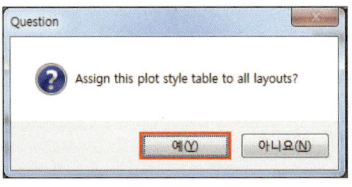

09. Plot 설정을 다음과 같이 설정합니다.

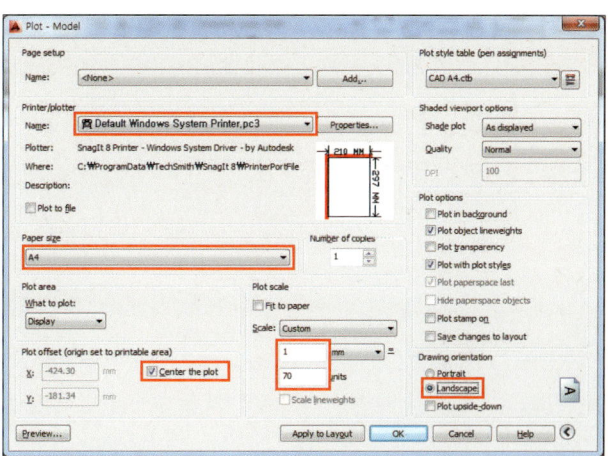

- 프린터 선택(프린터가 없으면
  'Default Windows System Printer.pc3'
- A4 용지 선택
- 출력 영역이 용지의 중앙에 배치되도록
  [Center the plot] 체크
- Scale을 '1:70'으로 선택(A3 용지는 '1:50'으로 설정)
- 용지 방향은 '가로'

10. Plot 설정을 위와 같이 설정한 후 출력 영역 지정 방법을 'Window'로 지정합니다. 도면 양식의 좌측 상단과 우측 하단을 클릭해 영역을 지정합니다. [Preview] 버튼을 클릭한 다음 확대해 출력 설정을 확인합니다.

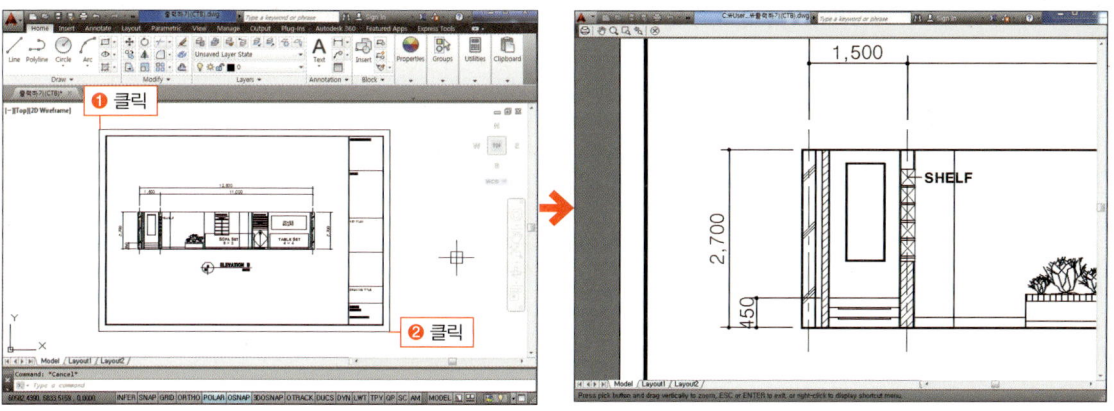

11. 확대한 후 선의 두께가 맞게 지정됐으면 [Esc]를 눌러 [Plot – Model] 대화상자에서 현재 출력 설정을 저장해도 되고 저장이 필요하지 않다면 [OK] 버튼을 클릭해 출력합니다.

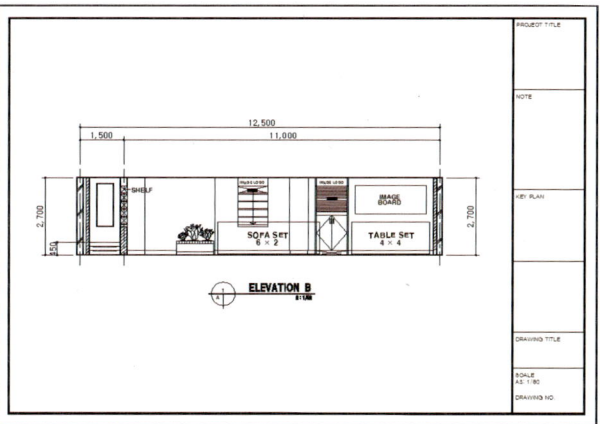

Model 공간이 아닌 Layout 공간으로 이동해서 출력 작업을 하겠습니다. Layout 공간의 출력은 Model 공간의 출력보다 도면의 다양한 배치가 가능합니다. 주로 3차원 결과물을 출력할 경우에 유용하지만 2D 작업에서도 여러 화면으로 분할하여 화면마다 각각 다른 축척을 적용하는 것도 가능합니다.

예제 파일 | DVD₩예제₩Part07₩Lesson03₩Layout출력.DWG

01. 예제 파일을 불러와 도면을 살펴보면 주택의 평면도를 비롯해 단면도와 입면도 그리고 각 부분의 도면이 작업되어 있습니다. 이 모든 도면을 각각 하나의 용지에 출력해도 되지만 레이아웃을 설정하여 하나의 용지에 각 도면의 축척을 달리하여 출력할 수도 있습니다. 좌측 하단에 현재 공간을 알려주고 이동할 수 있는 버튼을 확인합니다.

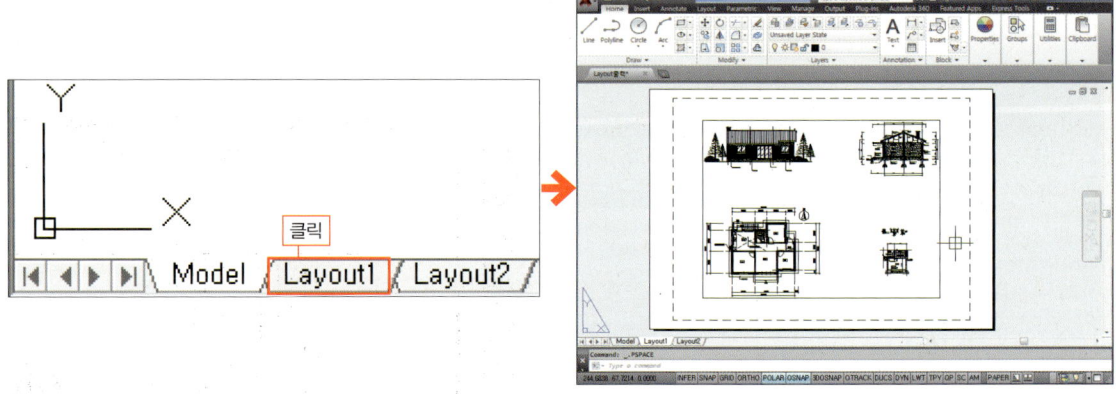

TIP : [Layout1]을 클릭하면 Layout 1 공간으로 이동되면서 Model 공간에 있던 객체가 [Layout1] 공간에 자동으로 배치됩니다.

02. 자동으로 배치된 도면을 삭제한 후 다시 배치하겠습니다. 도면의 외곽 테두리인 사각형(①)을 선택한 후 **Delete** 를 누르면 테두리를 포함하여 도면까지 삭제되는 것을 확인할 수 있습니다.

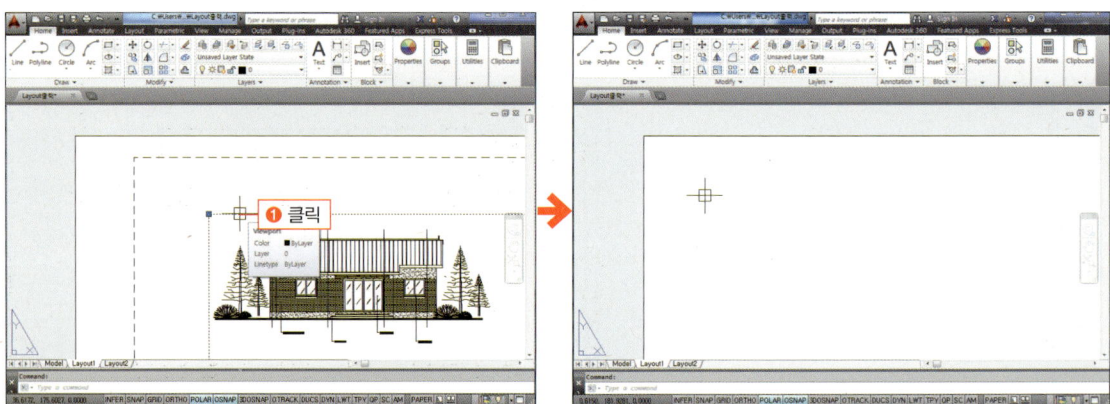

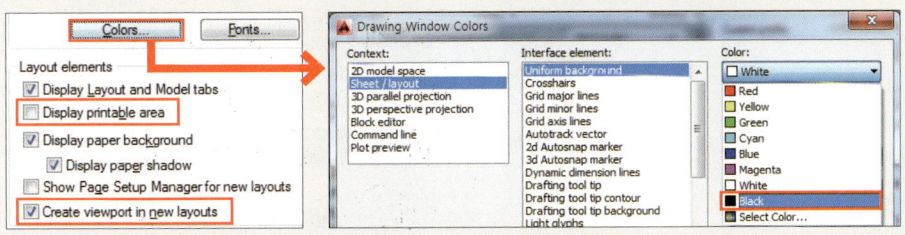
03. 삭제한 사각형은 뷰포트로써 Model 공간을 도면을 보여주는 일종의 '창(Window)'입니다. 도면이 창에 포함되어
있기 때문에 같이 삭제된 것입니다. 단축키 M V 를 입력한 후 Space Bar 를 눌러 Mview 명령을 실행합니다. ②과
③ 부분을 클릭하면 사각형이 생성되면서 사각형(뷰포트) 안으로 Model 공간의 도면이 나타납니다.

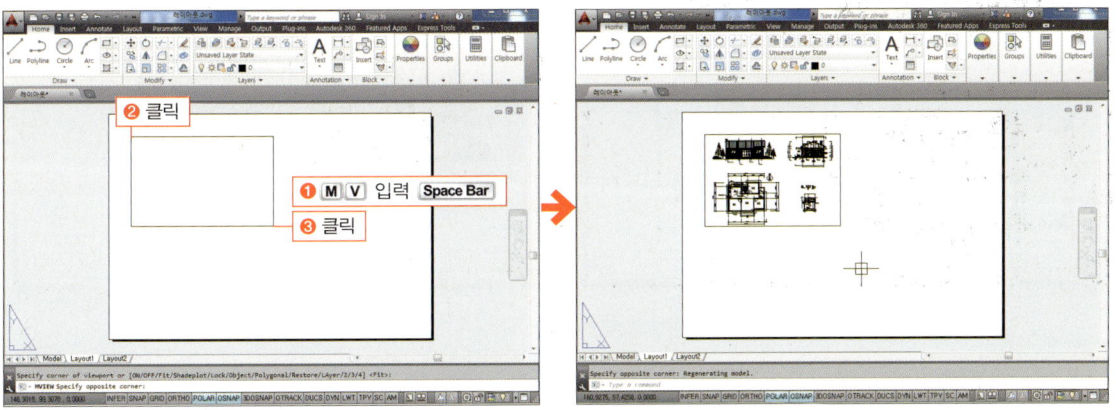

T I P : 생성된 뷰포트는 이동이 가능하므로 적당한 위치에 만들면 됩니다.

04. Space Bar 를 눌러 Mview 명령을 반복 실행합니다. ②과 ③ 부분을 클릭해 뷰포트를 만들고, 같은 방법으로 2개
의 뷰포트를 추가로 만들어 그림과 같이 만듭니다.

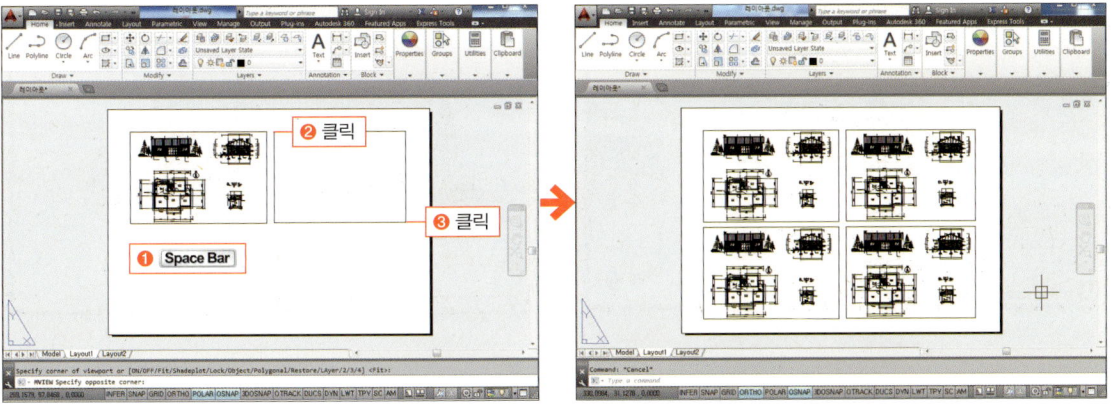

557

05. 4개의 뷰포트에 각각 필요한 도면만 나타나게 하겠습니다. 불러들인 뷰포트의 외곽선 안쪽에 커서를 이동해서 더블클릭하면 외곽선이 두껍게 변하게 됩니다. 뷰포트가 두껍게 되면 Model 공간의 상태와 같게 되었음을 나타냅니다. 이 상태에서는 Model 공간에서 할 수 있는 모든 작업을 다 할 수 있습니다.

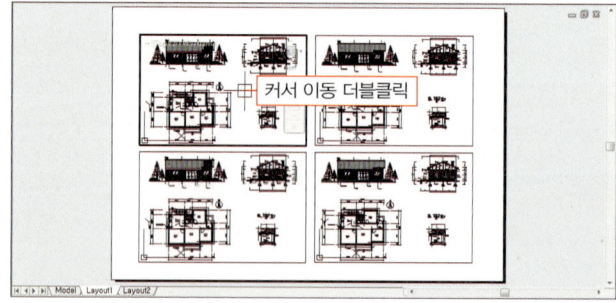

06. 입면도를 창의 크기에 맞게 확대합니다. 마우스 휠을 드래그하여 입면도를 창의 중앙에 놓고 휠을 위로 스크롤하여 창의 크기에 맞게 적당히 확대합니다.

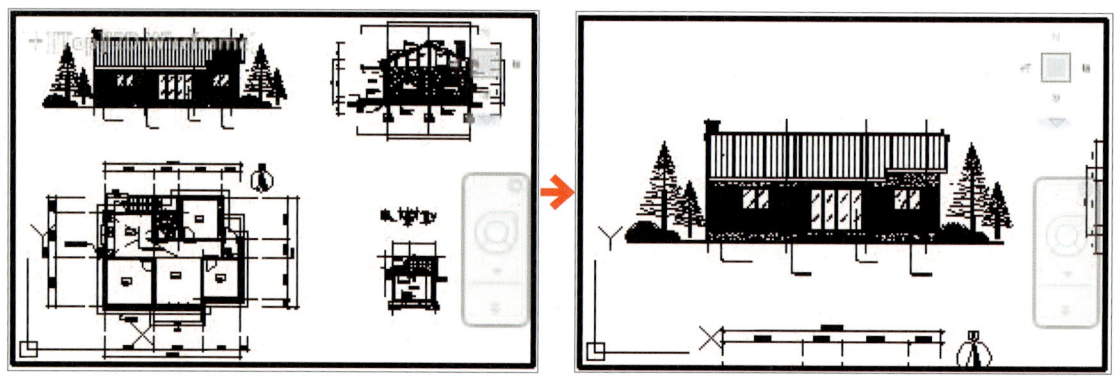

07. 현재 보이는 입면도의 축척을 1/200로 정확히 맞추겠습니다. 단축키 Z 를 입력한 후 Space Bar 를 눌러 Zoom 명령을 실행합니다. 명령 입력창에 '1/200 X P'를 입력하고 Space Bar 를 누르면 입력한 값에 맞게 축척이 적용되어 도면의 크기가 조정됩니다.

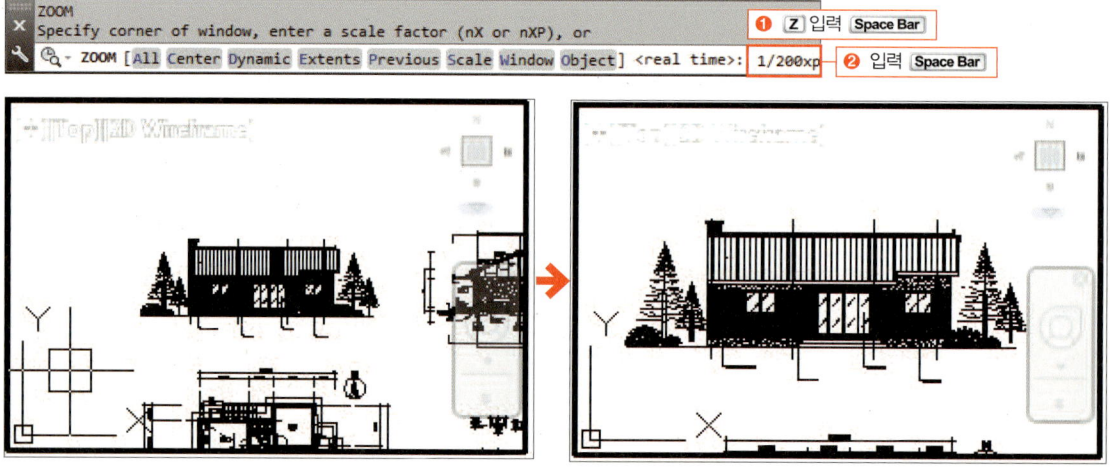

08. 축척을 1/200로 조정한 입면도의 크기에 맞게 창의 크기를 조정하겠습니다. 현재 외곽선이 진하게 되어있는데 다시 가늘게 해야 창의 크기를 줄일 수 있습니다. 커서를 창에서 벗어나 Layout 영역에 가져가 더블클릭하면 창의 외곽선이 가늘게 변합니다. 가늘게 변한 상태에서는 창을 이동하거나 크기를 변경할 수 있습니다.

창 윤곽이 두껍게 된 상태(Model 공간)   창 윤곽이 가늘게 된 상태(Layout 공간)

09. 창의 외곽선(①)을 클릭하면 Grip이 나타납니다. 우측 하단의 Grip(②)을 클릭하면 붉은색으로 변경됩니다.

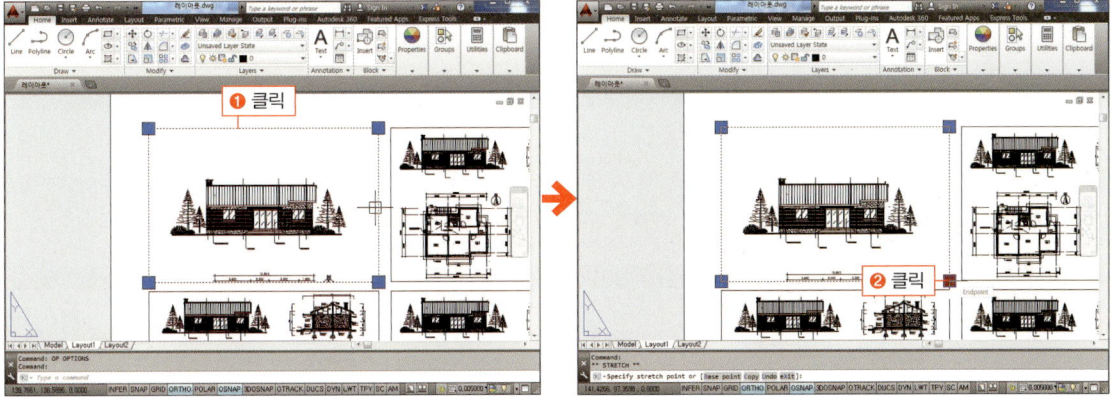

10. 커서를 상단으로 올려 ① 부분을 클릭하면 Stretch 기능이 실행되어 창의 크기를 조정할 수 있습니다.

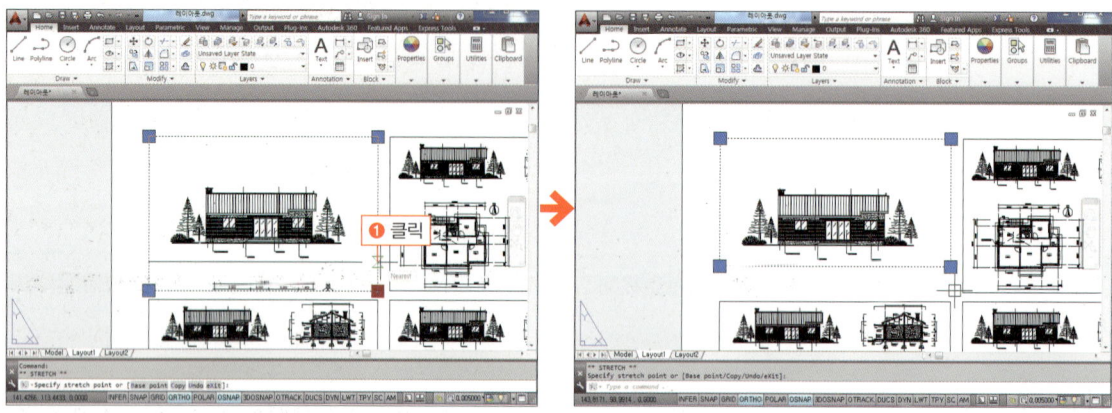

> **TIP** : 뷰포트의 크기를 변경할 때 [OSNAP]([F3])이 활성화되어 있는 경우에는 다른 위치가 지정될 수 있으니 잘 안되면 [OSNAP]([F3])을 비활성화하고 진행합니다.

11. 뷰포트의 도면 크기를 알맞게 조정합니다. 창의 크기를 조정한 후 [Esc]를 눌러 Grip을 종료합니다.

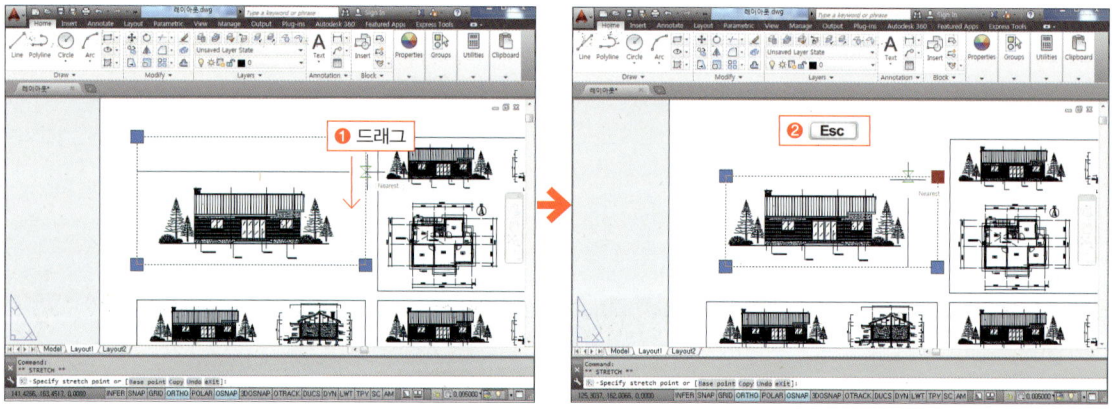

12. 다른 나머지 세 개의 뷰포트도 알맞게 조정해 보겠습니다. 우측 상단의 창은 단면도를 축척 '1/150'로 배치하겠습니다. 뷰포트를 Model 공간으로 만들기 위해 커서를 창 안쪽으로 이동해 더블클릭하여 외곽선을 진하게 만듭니다.

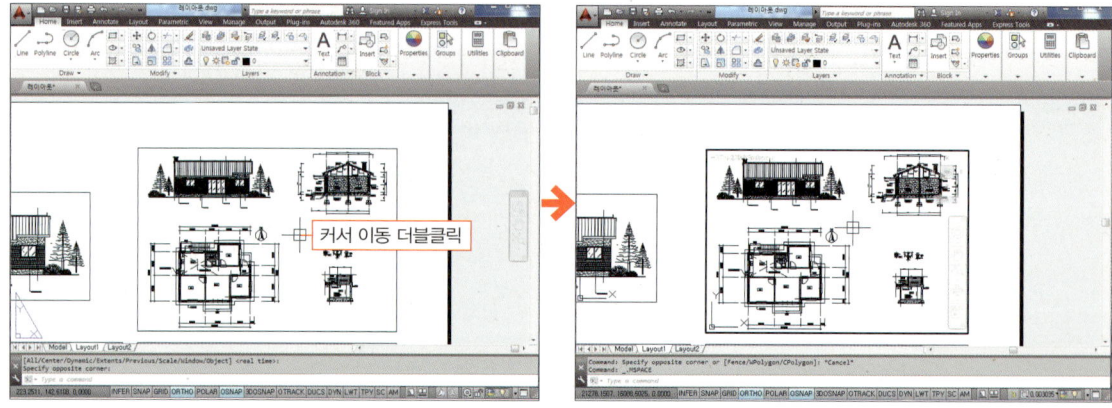

13. 휠을 사용해 단면도를 적당히 확대합니다. Zoom 명령을 실행하고 명령 입력창에 '1/150 X P '를 입력한 후 Space Bar 를 눌러 축척을 조정합니다.

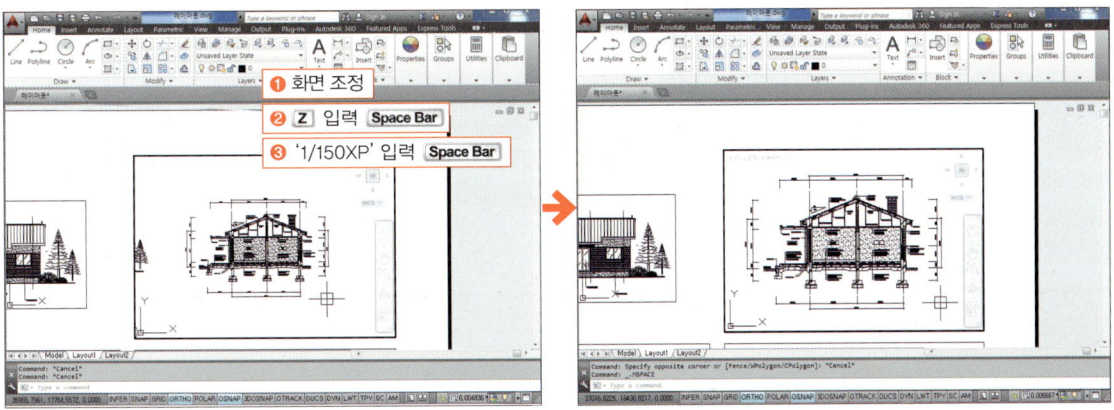

① 화면 조정
② Z 입력 Space Bar
③ '1/150XP' 입력 Space Bar

14. 축척을 조정한 다음 뷰포트의 외곽선 바깥쪽을 더블클릭하여, 외곽선을 가늘게 하고 Grip을 이용하여 뷰포트의 크기를 조절합니다.

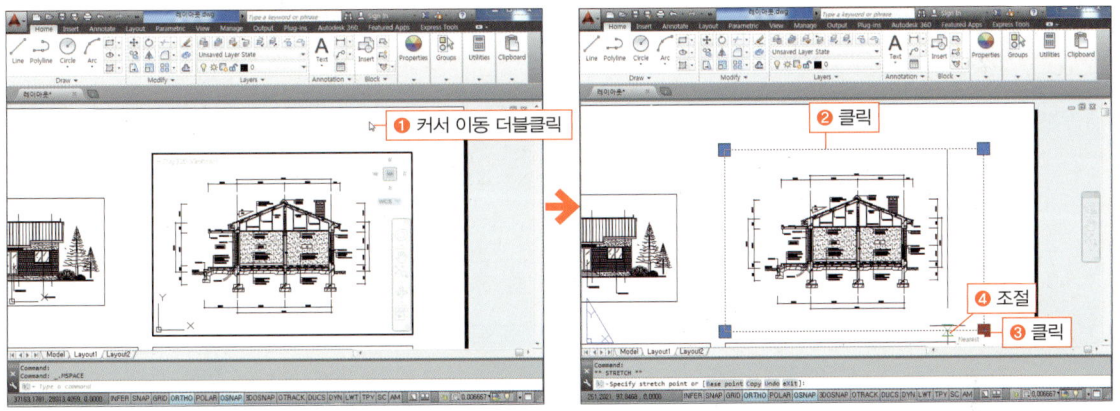

① 커서 이동 더블클릭
② 클릭
③ 클릭
④ 조절

15. 좌측 하단의 뷰포트는 위와 같은 방법으로 아래와 같이 평면도를 '1/200'으로 배치합니다. 뷰포트의 크기가 작아 도면이 벗어난 경우도 Grip을 사용해 뷰포트의 크기를 늘려주면 가려진 부분이 나타납니다. 뷰포트의 크기를 조절하기 위해서는 Layout 공간으로 이동해야 합니다. 단축키 P S 를 입력하거나 영역의 빈 공간을 더블클릭해 이동합니다.

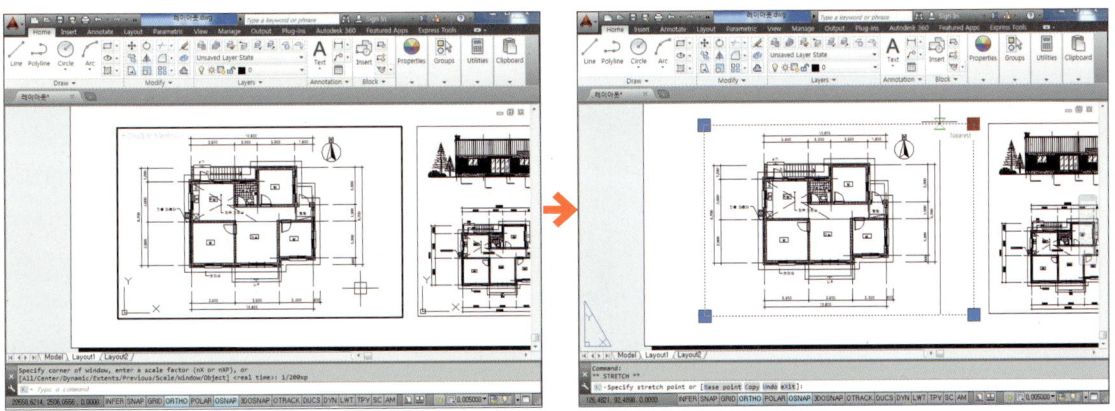

16. 우측 하단의 뷰포트는 지하실 부분을 '1/100'으로 그림과 같이 배치합니다.

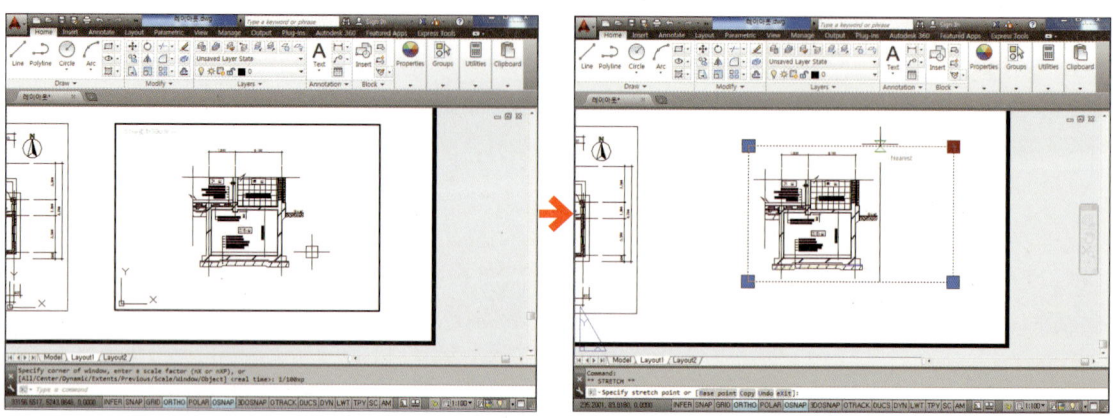

17. Move 명령을 사용하여 배치된 네 개의 뷰포트를 보기 좋게 옮기겠습니다. 뷰포트를 이동하려면 외곽선이 가늘게 된 상태여야 합니다. 단축키 **M**을 입력한 후 **Space Bar** 를 눌러 Move 명령을 실행하고, 뷰포트의 외곽선을 선택해서 그림과 같이 이동시킵니다.

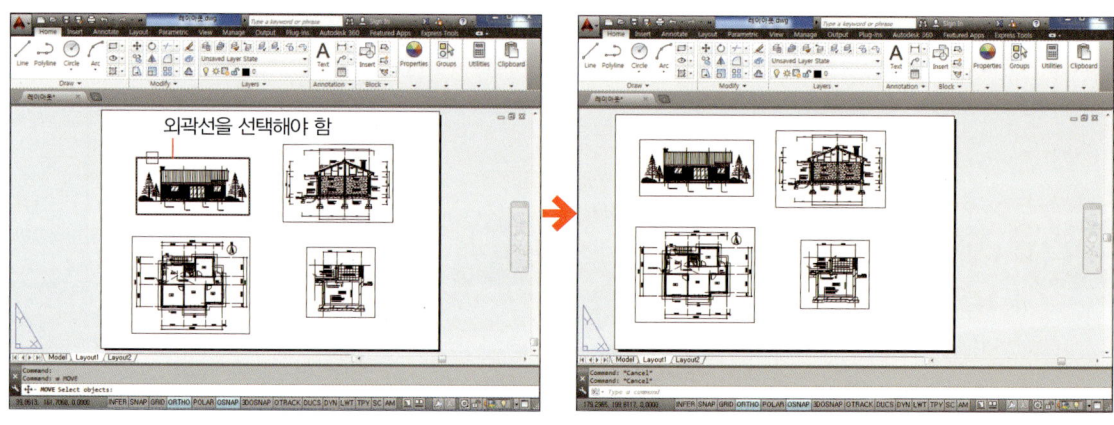

18. Layout 공간에서도 Model 공간과 같이 모든 명령을 사용할 수 있습니다. 하지만 Layout 공간에서 작업한 객체는 Model 공간에서 나타나지 않습니다. 쉽게 말해 출력하기 위해 Layout 공간에서만 작성되는 것이라고 이해하면 됩니다. 단축키 **D** **T** 를 입력한 후 **Space Bar** 를 눌러 Dtext 명령을 실행합니다. Model 공간에서 작업한 것과 같이 도면명을 다음과 같이 작성합니다. 도면명은 하나만 기재하고 복사해서 작업합니다.

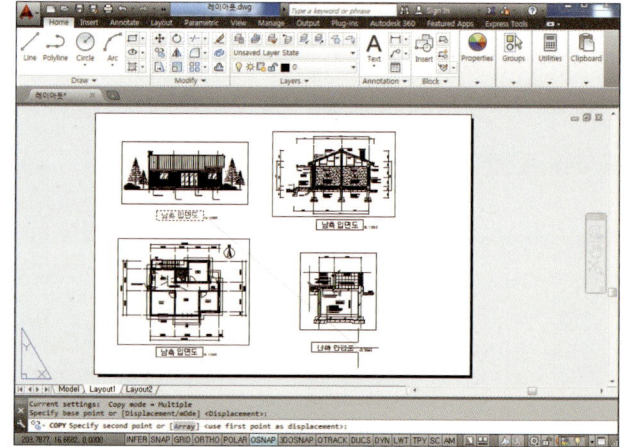

TIP : Layout 공간이므로 문자의 높이는 1:1로 입력해야 합니다(도면명─ 높이:4, 축척─ 높이:2, 도면명: 남측입면도, 주단면도, 평면도, 지하실단면도).

19. 복사된 문자는 더블클릭하여 다음과 같이 도면명을 변경합니다.

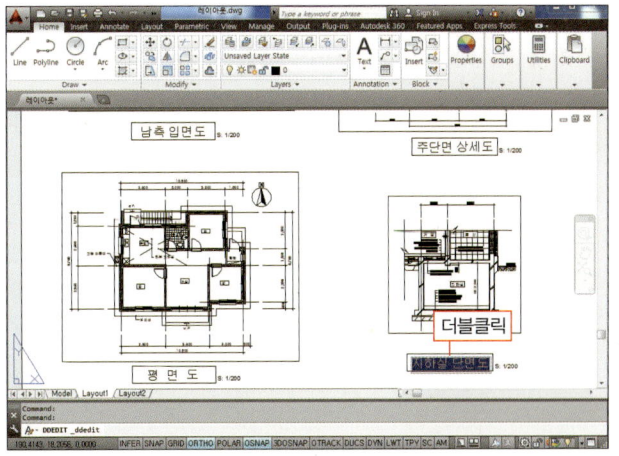

20. 마지막으로 Insert 명령으로 양식을 삽입하겠습니다. 좌측 하단의 [Layout1]을 마우스 오른쪽 버튼으로 클릭한 후 [Page setup manager]를 선택하고 [Page Setup Manager] 대화상자가 나타나면 [Modify] 버튼을 클릭합니다.

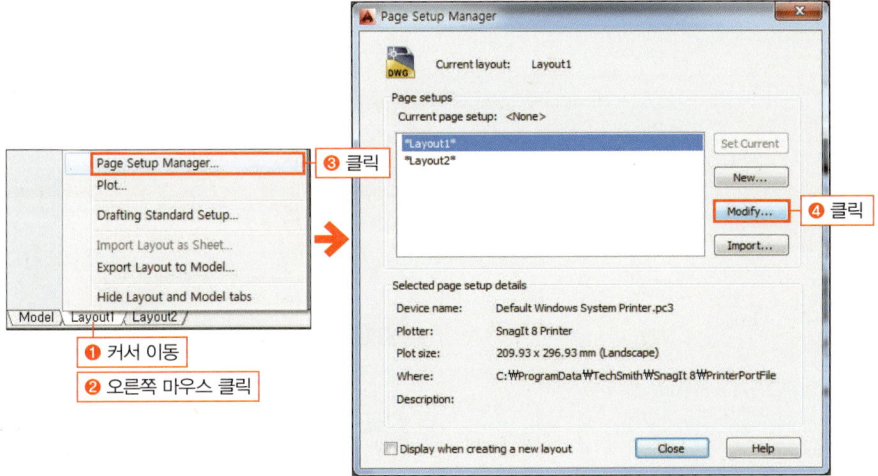

21. 프린터는 자신의 컴퓨터와 연결되어 있는 기종을 선택하고 출력 용지가 'A4'로 되어 있는지 확인한 후 [OK]와 [Close] 버튼을 차례로 클릭해 작업 화면으로 돌아옵니다.

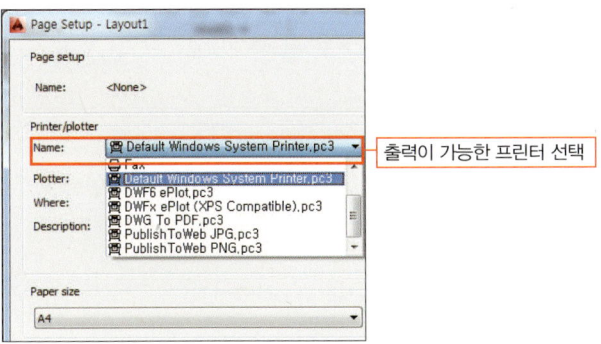

22. 도면 양식을 삽입하기 위해 단축키 **I** 를 입력한 후 **Space Bar** 를 눌러 [Insert] 대화상자를 불러옵니다. 가져올 양식을 찾기 위해 [Browse] 버튼을 클릭하고 예제 파일(A4도면양식.DWG)을 선택한 후 [Open] 버튼을 클릭합니다.

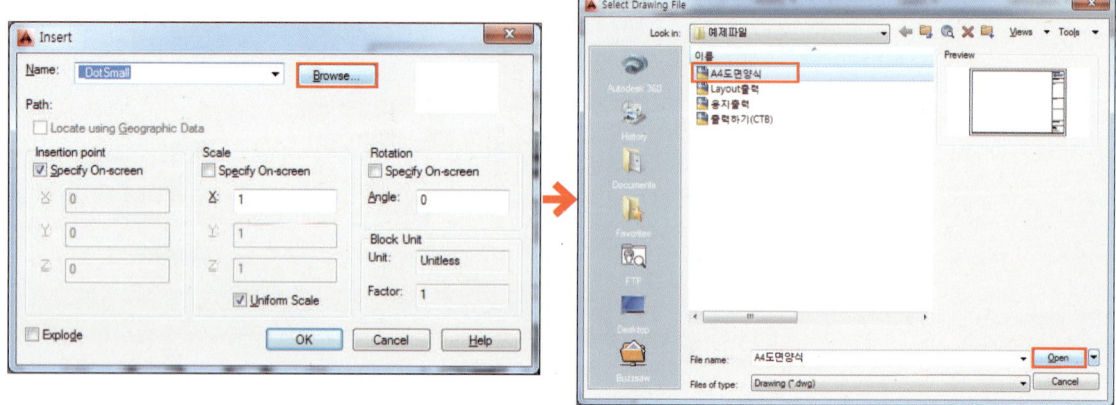

23. [Page Setup] 대화상자에서 [OK] 버튼을 클릭하고 '0,0'(원점)을 입력한 후 **Space Bar** 를 누르면 원점에 배치됩니다. 배치된 양식은 용지의 원점이 치우쳐 있어 구석점이 일치하지 않습니다.

```
Command: i INSERT
INSERT Specify insertion point or [Basepoint Scale Rotate]: 0,0
```

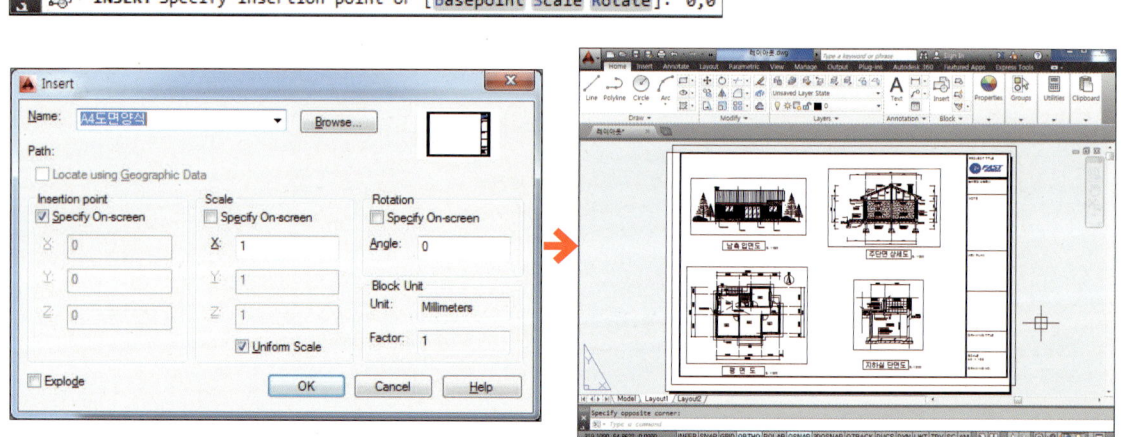

24. 원점을 맞추기 위해 **L I M I T S** 를 입력한 후 **Space Bar** 를 누릅니다. 설정 값을 확인하고 **Space Bar** 를 눌러 종료합니다. Move 명령을 실행해 다시 이동하면 됩니다. 단축키 **M** 을 입력한 후 **Space Bar** 를 눌러 Move 명령을 실행합니다.

```
Reset Paper space limits:
LIMITS Specify lower left corner or [ON OFF] <-4.9847,-6.0007>:
```

25. 양식을 선택하기 위해 ① 부분을 클릭하고 **Space Bar** 를 누른 후 기준점(③)을 클릭합니다.

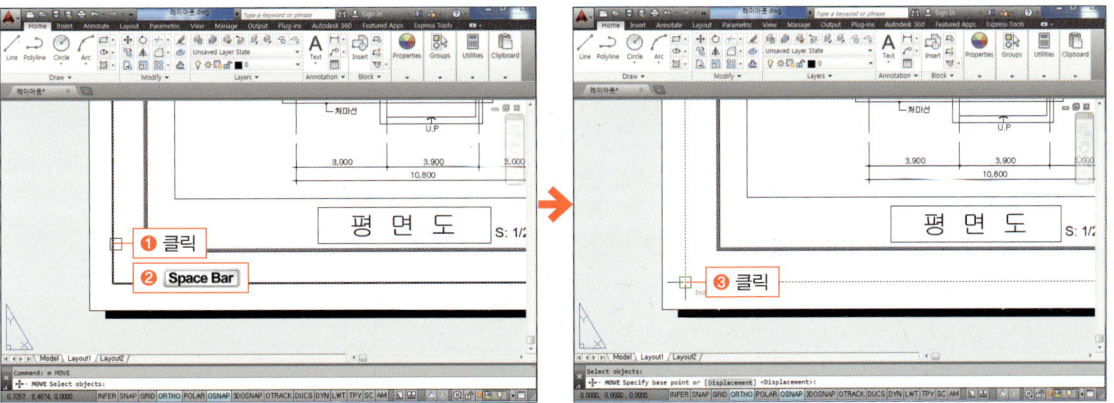

26. 기준점의 목적지를 용지의 구석점으로 맞추기 위해 Limits 명령으로 확인한 값을 그대로 입력한 후 **Space Bar** 를 누르면 용지와 양식이 일치됩니다.

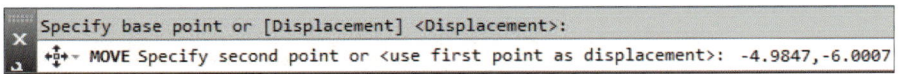

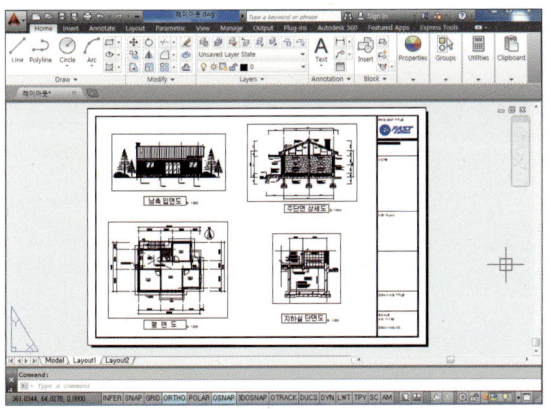

TIP : Layout 공간에서 Line Type Scale 조정하기

Model 공간에서 작업한 도면을 Layout 공간에 배치한 후 중심선이나 점선을 보면 Model 공간에서 보는 것과는 다르게 선의 축척이 달라집니다. Layout 공간에서는 축척이 적용되기 때문에 선의 축척도 달리 보이게 되는 것인데 Line Type Scale 명령을 사용하면 간단히 해결됩니다.

■ Line Type Scale 적용 전과 후의 벽체 중심선 표현

적용 전 : 실선으로 보임   적용 후 : 중심선으로 보임

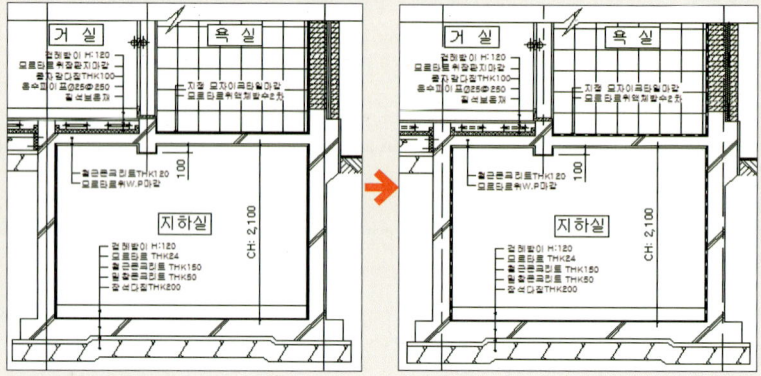

■ 적용 방법

현재 작업 중인 Layout 공간에서 단축키 [L] [T]를 입력한 후 [Space Bar]를 눌러 Linetype 명령을 실행합니다. [Lineweight Manager] 대화상자에서 [Show detail]([Show details]) 버튼을 클릭하면 추가 설정 사항이 나타나는데 [Use paper space units for scaling]의 체크를 해제하고 나서 명령 입력창에 RegenAll 명령의 단축키 [R] [E] [A]를 입력한 후 [Space Bar]를 누릅니다. 그러면 모든 Model 공간에서 선이 재생성됩니다. Layout 공간에서 배치를 할 경우 꼭 확인해야 합니다.

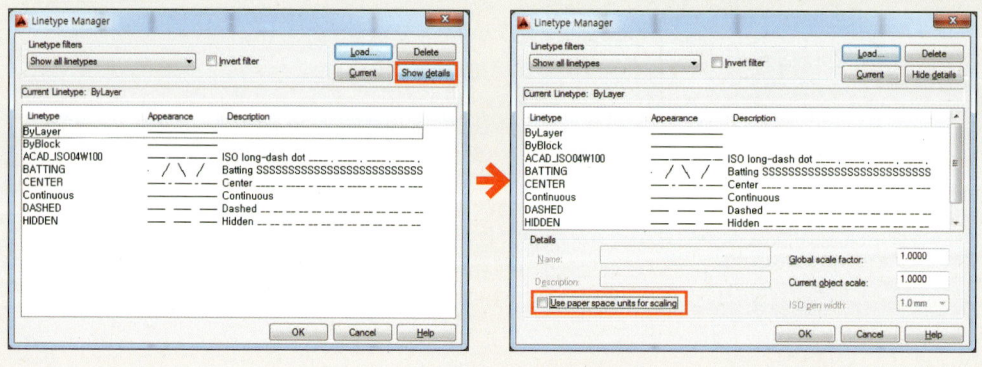

27. 완성된 도면을 출력하겠습니다. 퀵 액세스 툴바에서 [Plot]([🖨])을 클릭하거나, [Ctrl] + [P]를 눌러 Plot 명령을 실행합니다. 출력 방법은 Model 공간에서의 출력과 동일하지만 출력 용지의 크기에 맞게 배치한 상태이므로 [Plot area]에서 'Window'가 아닌 'Layout'을 선택하고 축척은 1:1로 합니다.

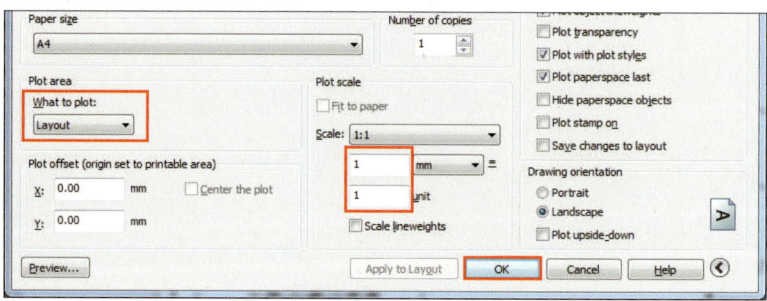

응용 예제

1. 제시된 도면을 다음과 같이 배치하세요.

예제 파일 I DVD₩예제₩Part07₩Lesson03₩평면도.DWG를 불러와 배치합니다.)

주요 명령어 I Mview(MV), Layer(LA), Dtext(DT)

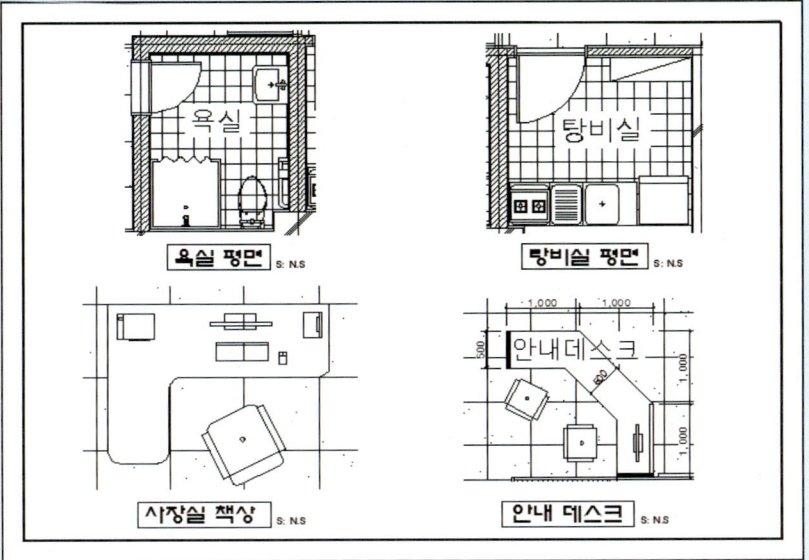

HINT

Mview로 생성된 뷰포트의 윤곽을 보이지 않게 하기

1. 새로운 레이어를 생성합니다.
2. 생성한 Mview를 새로운 레이어로 변경합니다.
3. 변경한 레이어를 동결시킵니다.

---

2. 제시된 도면을 다음과 같이 배치하세요.

예제 파일 I DVD₩예제₩Part07₩Lesson03₩평면도2.DWG를 불러와 배치합니다.)

주요 명령어 I Mview(MV), Layer(LA), Dtext(DT)

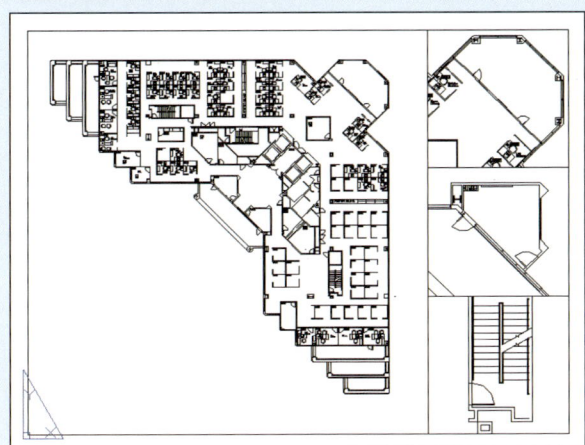

다양한 형태의 뷰포트 만들기

Layout 공간의 기본적인 배치 방법은 Mview 명령을 실행해 사각형 모양으로 뷰포트를 배치하는 것이지만 옵션을 사용하면 좀 더 다양한 형태의 뷰포트에 도면을 배치할 수 있습니다.

예제 파일 | DVD\예제\Part07\Lesson03\Layout출력.DWG

01. 예제 파일을 불러온 후 좌측 하단의 [Layout 1]을 클릭해 Layout 공간으로 이동합니다. 기본으로 만들어지는 뷰포트를 삭제하고 [Layout 1]을 마우스 오른쪽 버튼으로 클릭한 후 [Page Setup Manager]를 선택한 후 [Modify]를 클릭하여 프린터와 용지 등을 설정합니다.

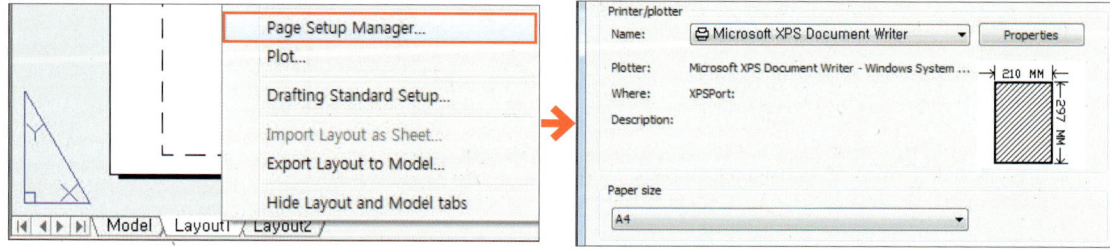

02. 자동으로 생성된 뷰포트는 삭제하고 Rectangle 명령을 사용해 용지 안쪽에 적당한 크기로 아래 그림과 같이 사각형을 그리고 Midpoint를 사용해 4등분합니다. Circle 명령으로 중앙의 교차점을 Center로 하여 아래와 같은 원을 적당한 크기로 만든 다음 Offset 명령을 이용하여 원과 가로선, 세로 선을 다음과 같이 만듭니다.

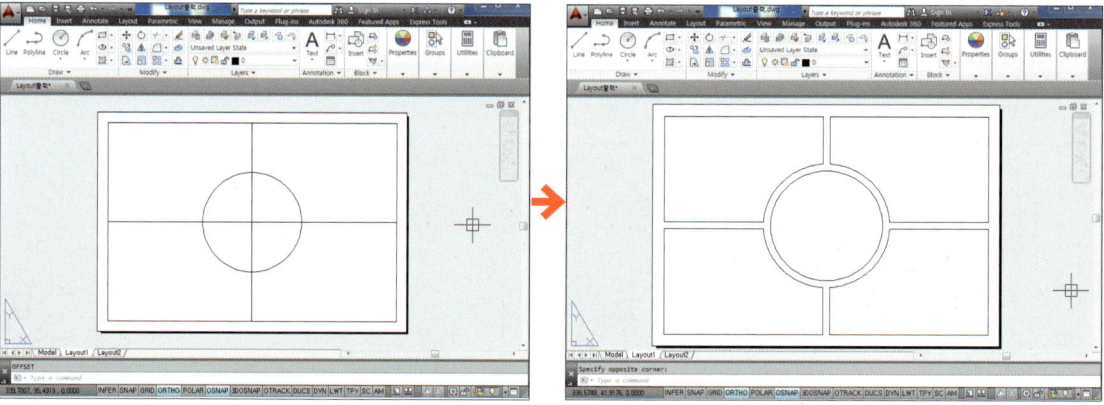

03. Mview로 사용할 4개의 뷰포트가 만들어 졌습니다. 이제 Mview 명령의 [Object] 옵션과 Boundary 명령을 사용하여 작성한 도형 안으로 Model 공간의 도면을 넣어 보겠습니다. 먼저 원 안으로 평면도를 넣기 위해, 단축키 **M** **V** 를 입력한 후 **Space Bar** 를 눌러 Mview 명령을 실행합니다. [Object] 옵션을 사용하기 위해 **O** 를 입력한 후 **Space Bar** 를 누르고, 안쪽의 원을 클릭하면 원 안으로 Model 공간의 도면이 들어옵니다.

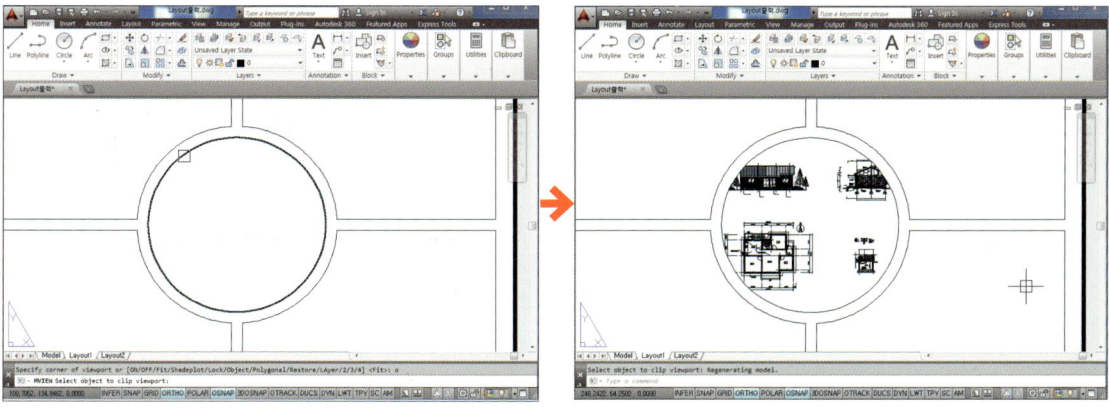

TIP : 작업 후 원 안에 도면이 보이지 않을 경우 Regen 명령을 실행합니다.

04. 원 안쪽을 더블클릭하고 마우스 휠을 사용해 평면도를 배치한 적당한 크기로 다음과 같이 조정합니다.

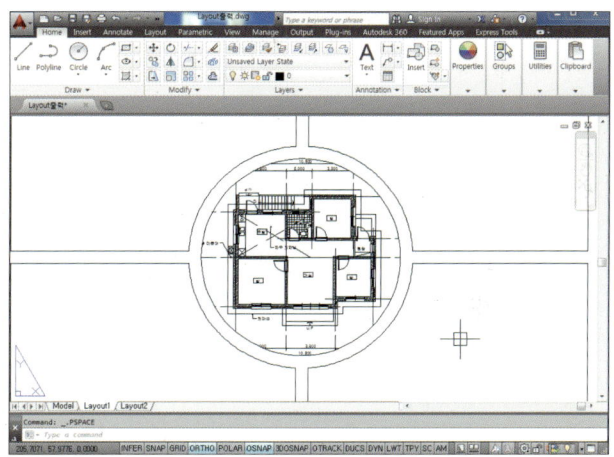

05. 이번에는 좌측 상단의 도형에 입면도를 배치해 보겠습니다. 바로 전에 작업한 원은 하나의 선으로 이루어진 폴리라인이기 때문에 [Object] 옵션으로 선택할 수 있었으나 작업하려는 도형은 선과 호가 독립된 객체로 이루어져 있으므로 우선 하나의 선으로 변경한 후 [Object] 옵션을 사용해야 합니다. Pedit 명령의 [Join] 옵션을 사용해도 되지만 Boundary 명령으로 진행하겠습니다. 단축키 **B** **O** 를 입력한 후 **Space Bar** 를 누르고 [Boundary Creation] 대화상자가 나타나면 [Pick Points](🔲)를 클릭합니다.

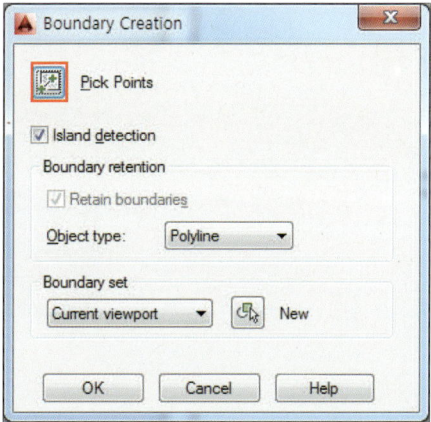

569

06. 폴리라인을 추가할 영역인 안쪽 ①, ②, ③, ④ 부분을 클릭하고 **Space Bar**를 누릅니다.

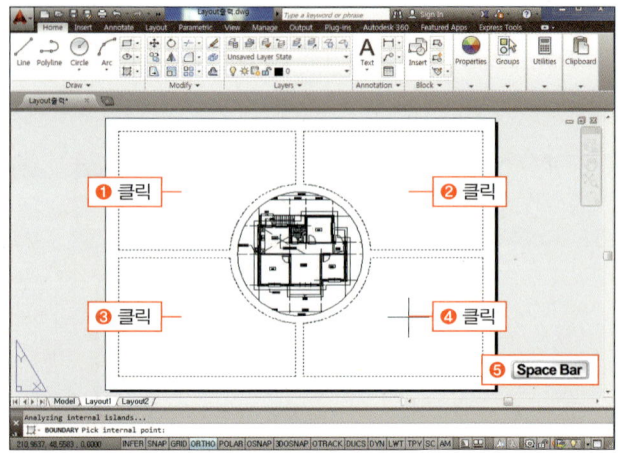

07. 영역에 폴리라인을 추가한 후 Mview 명령의 [Object] 옵션으로 도형을 선택하면 원과 같이 도면이 들어옵니다. 도면이 보이지 않는 경우에는 **R** **E** **A**를 입력한 후 **Space Bar**를 눌러 화면을 재구성하면 나타납니다.

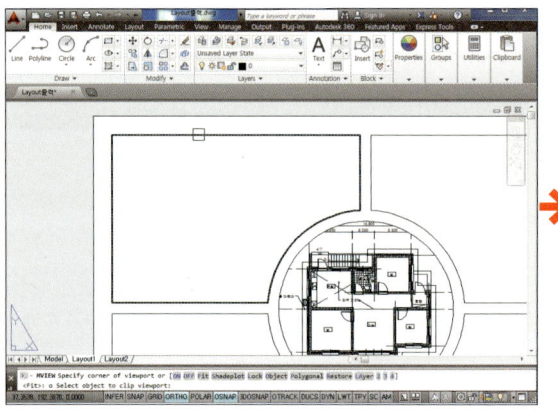 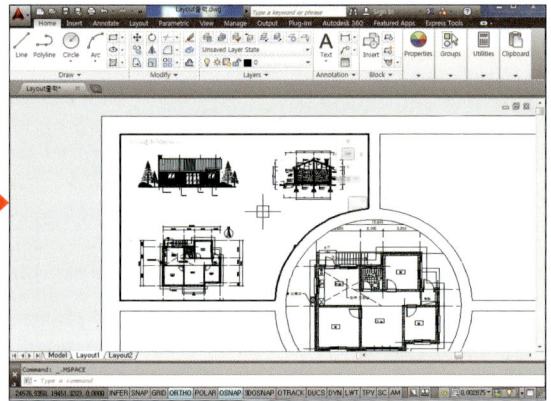

08. 뷰포트 안쪽을 더블클릭해 적당한 크기로 도면의 크기를 조정합니다.

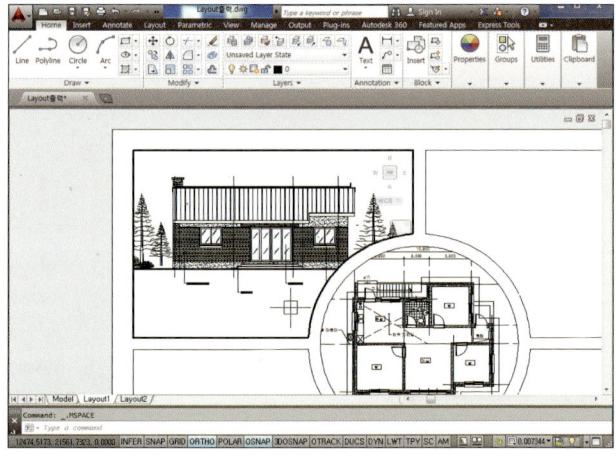

09. 앞선 따라하기와 같은 방법으로 나머지 3개의 뷰포트에도 그림과 같이 도면을 배치합니다.

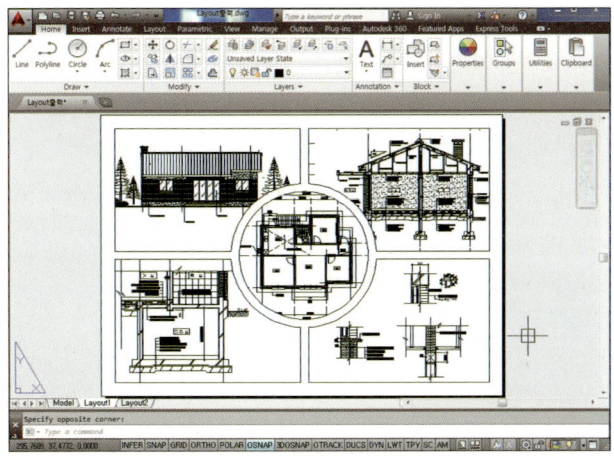

T I P : 앞선 따라하기와 같이 [Object] 옵션을 사용하여 작업하게 되면, 화면에 도면이 안보일 수 있습니다. 그런 경우에 Regen명령을 사용해 화면을 재생성합니다.

■ Block 498P

여러 개의 요소로 되어 있는 객체를 하나의 구성 요소로 작성합니다. 작성한 블록은 현재 파일에 저장되어, Insert 명령으로 삽입이 가능하며 블록을 활용한 도면은 편집이 신속하게 이루어집니다.

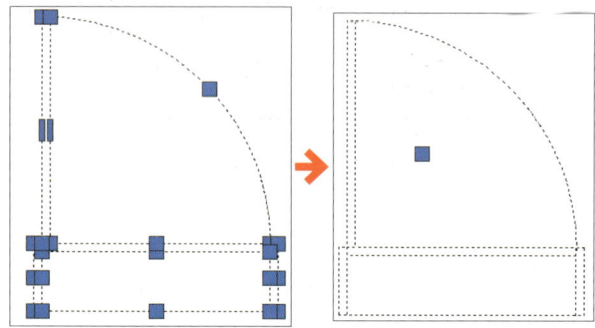

■ Insert 507P

작성된 블록이나 도면을 현재 도면에 삽입합니다. Insert 명령으로 도면이나 요소를 삽입하기 위해선 자료의 폴더 관리가 필요합니다.

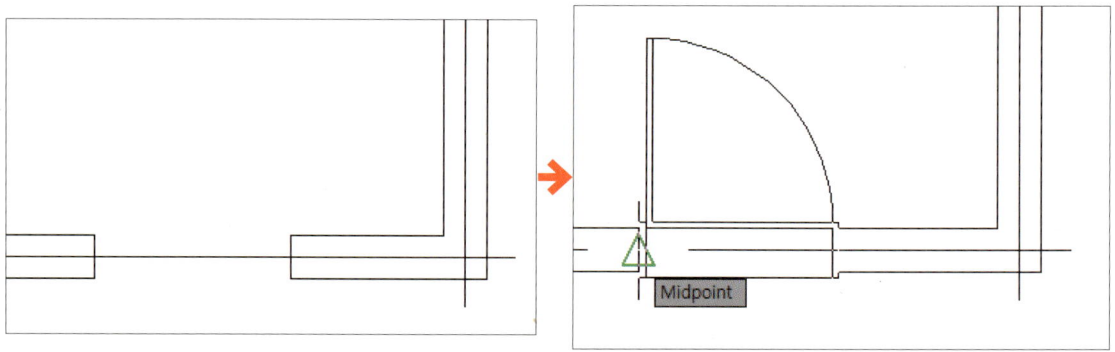

■ Attach 528P

현재 도면에 이미지를 붙여 넣는 명령으로 도면에 관련 이미지를 첨부할 때 사용합니다.

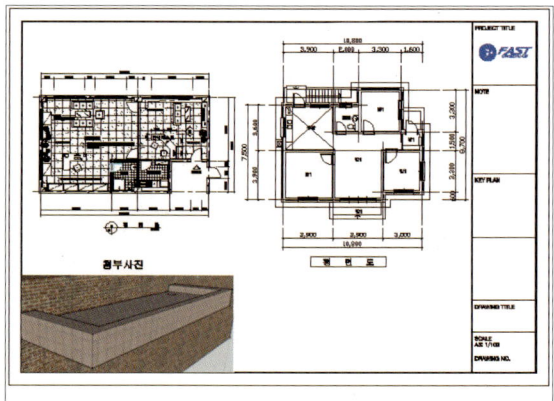

01 다음 입면도를 작성하세요.

완성 파일 : DVD₩완성₩Part07₩Self Test 07.DWG
동영상 파일 : DVD₩완성₩Part07₩Self Test 07.AVI

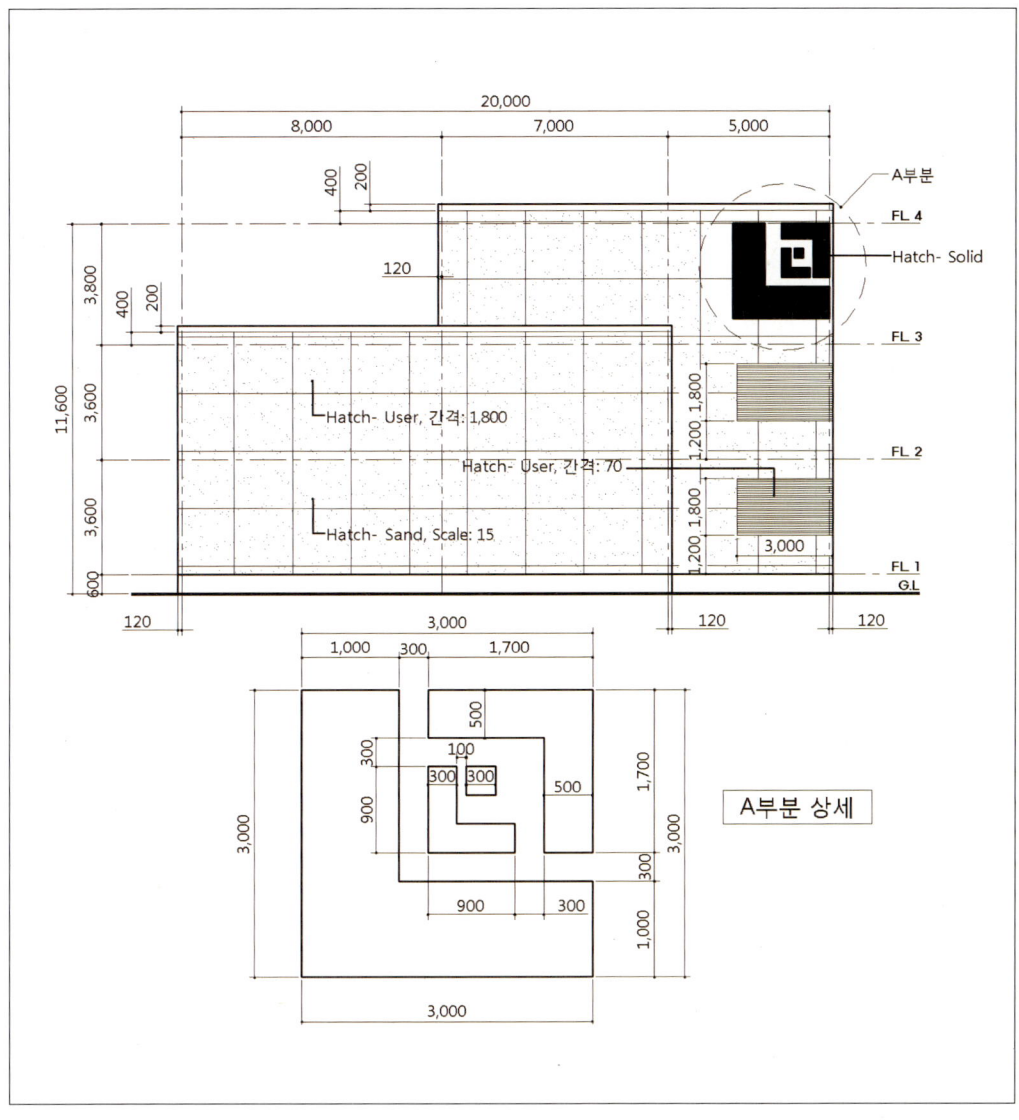

AutoCAD로 진행하는 다양한 건축, 인테리어 실무

AUTOCAD · 2014

지금까지 AutoCAD로 작업을 하는데 있어 필수
적인 기능은 대부분 습득하였습니다. 추가적으
로 알아야 하는 명령과 기능도 많이 있지만 이미
AutoCAD에 대한 전반적인 시스템을 이해했기 때
문에 새로운 명령을 사용하는 데 큰 문제가 되지
는 않을 것입니다. 이번 PART에서는 건축, 인테리
어 실무에 대한 내용을 바탕으로 AutoCAD의 활
용성을 넓혀보겠습니다.

LESSON
01 평면도의 실면적 계산하기

레벨 ●●●

건축, 인테리어 도면을 작성한 후 견적, 물량 산출 등을 하기 위한 목적으로 해당 공간의 면적을 구하게 됩니다. 계산된 값은 단위가 mm이므로 건축, 인테리어 분야에 사용되는 단위인 ㎡로 나타내기 위해서는 별도의 조정이 필요합니다. 이번 Lesson 01에서는 AutoCAD를 사용해 면적을 계산하는 방법을 알아보겠습니다.

기초탄탄 ▶ 면적 계산

■ Area 기능과 사용법 이해하기 581P

영역을 지정하거나 닫혀 있는 도형의 면적을 계산합니다. 명령을 실행해 영역의 코너를 차례로 클릭하고, Space Bar 나 Enter 를 누르면 명령 입력창에 면적이 표시됩니다.

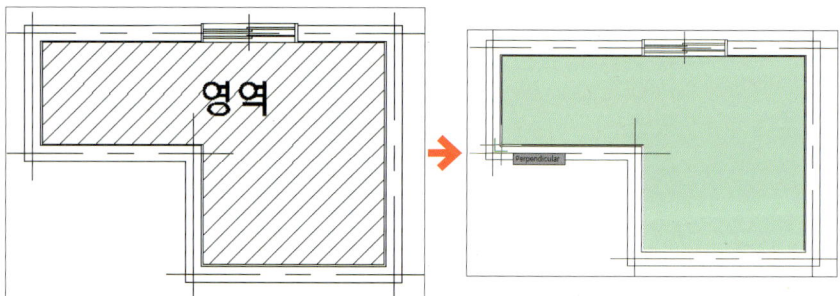

Area = 8757600.0000, Perimeter = 14040.0000

계산된 값

• [Home] 탭-[Utilities] 패널에서 [Measure]-[Area](📐)를 클릭하여 실행합니다.

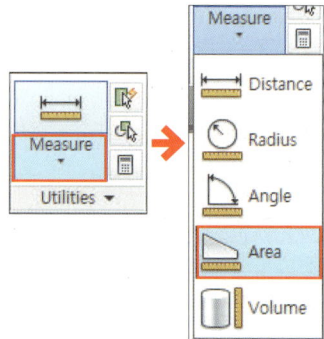

576

• 명령 입력창에서 Area 명령어(**A A**)를 입력한 후, **Space Bar** 를 눌러 실행합니다.

명령어 입력　　　　　　　　단축키 입력

■ Area 옵션

폴리라인을 직접 선택하거나 면적을 더하거나 빼면서 계산이 가능합니다.

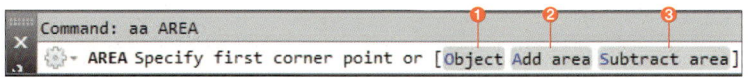

❶ Object : 면적을 계산할 객체를 선택합니다.

❷ Add area : 면적을 추가합니다.

❸ Subtract area : 면적을 제외합니다.

■ Area 사용 과정 익히기

```
Command:                                                       A A 입력한 후 Space Bar
Specify first corner point or [Object/Add area/Subtract area] <Object>:    첫 번째 코너점 클릭
Specify next point or [Arc/Length/Undo]:                       두 번째 코너점 클릭
Specify next point or [Arc/Length/Undo]:                       세 번째 코너점 클릭
Specify next point or [Arc/Length/Undo/Total] <Total>:         Space Bar 나, Enter 를 눌러 영역 계산
```

■ Boundary 기능과 사용법 이해하기 581P

명령을 실행해 폴리라인이나 면을 추가할 영역 안쪽 공간에서 클릭하면 폴리라인이 추가로 덮어 씌웁니다. 생성된 폴리라인이나 면은 Area 명령의 [Object] 옵션, List 명령을 적용할 수 있습니다.

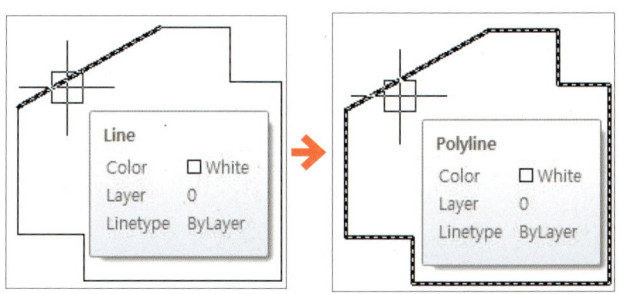

577

■ Boundary 실행하기

• [Home] 탭-[Draw] 패널에서 [Boundary](□)를 클릭하여 실행합니다.

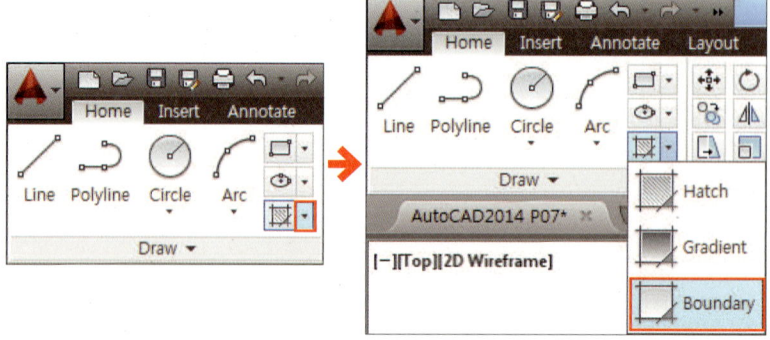

• 명령 입력창에서 Boundary 명령어(**B** **O**)를 입력한 후, **Space Bar** 를 눌러 실행합니다.

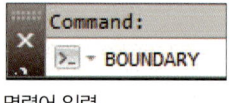   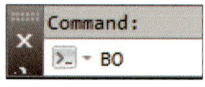

명령어 입력   단축키 입력

■ Boundary 옵션

[Pick Points](▣)로 영역을 쉽게 지정할 수 있고, 추가할 요소를 폴리라인과 면 중에 선택할 수 있습니다.

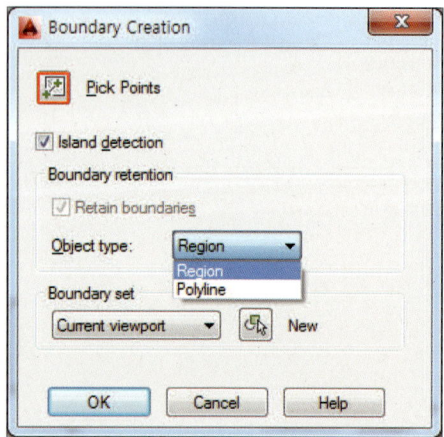

■ Boundary 사용 과정 익히기

Command:	**B** **O** 입력 후 **Space Bar** , Pick Points 클릭
Pick internal point:	영역 클릭 후 **Space Bar**

■ List 기능과 사용법 이해하기 584P

List 명령은 선택한 객체의 정보를 창을 띄워 나타냅니다. 명령을 실행해 객체를 선택하고 **Space Bar** 를 누릅니다.

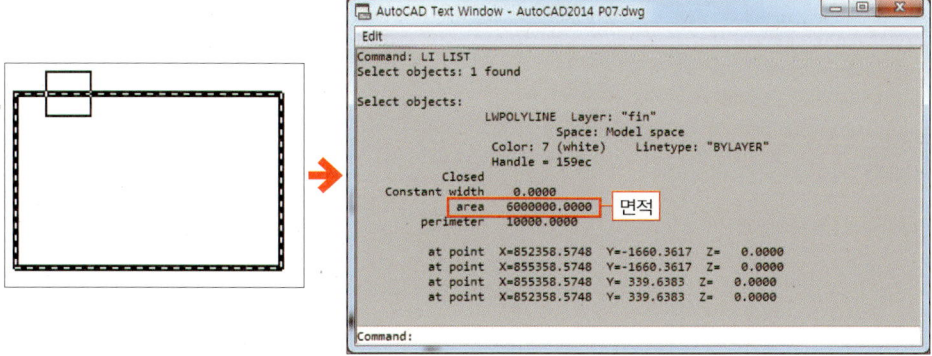

■ List 실행하기

• [Home] 탭-[Properties] 패널에서 [List](📋)를 클릭하여 실행합니다.

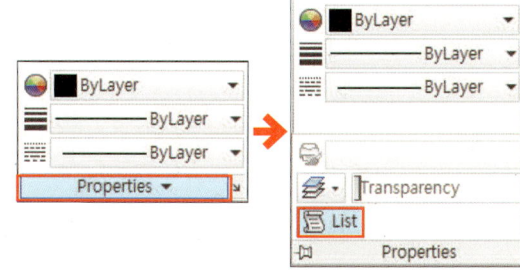

• 명령 입력창에서 List 명령어(**L I**)를 입력한 후, **Space Bar** 를 눌러 실행합니다.

명령어 입력   단축키 입력

■ List 사용 과정 익히기

| Command: | **L I** 입력한 후 **Space Bar** |
| Select objects: | 객체 선택 후 **Space Bar** |

■ Quickcalc 기능과 사용법 이해하기 585P

Quickcalc 명령을 실행하기 전이나 실행 중인 상태에서 계산기를 사용할 수 있습니다. 계산된 값은 [Apply] 버튼으로 실행 중인 명령에도 적용할 수 있습니다.

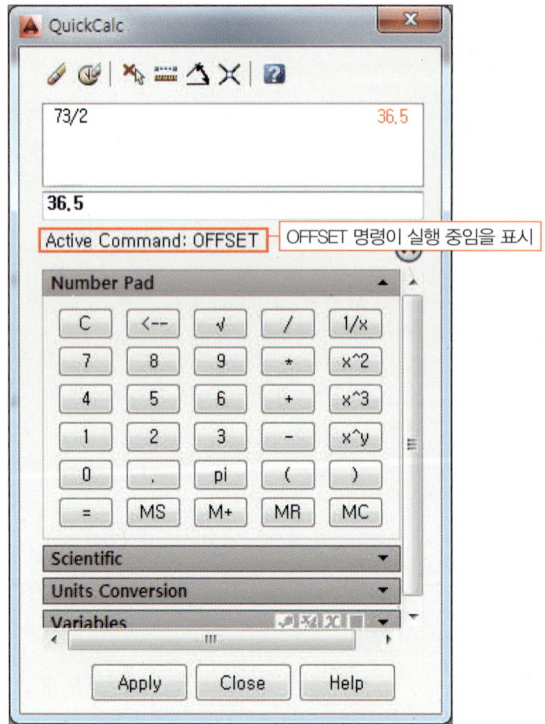

■ Quickcalc 실행하기

• [Home] 탭-[Utilities] 패널에서 [Quickcalc](▦)을 클릭하여 실행합니다. 또는, 마우스 오른쪽 버튼을 클릭한 후 [Quickcalc]을 선택합니다.

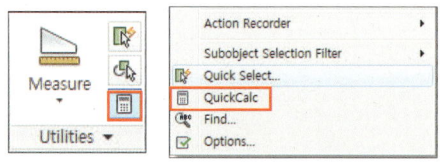

마우스 오른쪽 버튼의 메뉴

• 명령 입력창에서 Quickcalc 명령어나 단축키(Q C, Ctrl + 8)를 입력합니다.

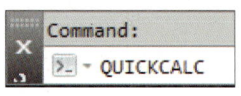

명령어 입력   단축키 입력

■ Area(면적)

01. Area는 말 그대로 면적을 계산하는 명령입니다. 작업 화면에 그림과 같은 도형을 만든 후 도형의 면적을 계산해 보겠습니다.

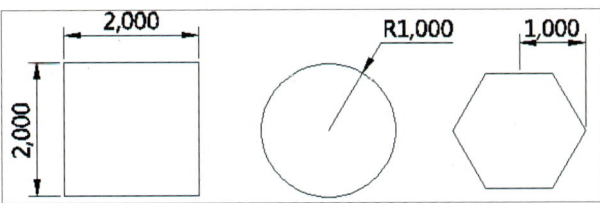

연관검색 사각형 : Rectangle 명령, 육각형 : Polygon 명령의 [Inscribed] 옵션, 원 : Circle 명령

02. **A A**를 입력한 후 **Space Bar**를 누르거나, [Home] 탭–[Utilities] 패널에서 [Area]( )를 클릭합니다. 면적을 조회하는 방법은 도형의 시작점부터 ②~⑤ 부분의 꼭짓점을 하나씩 클릭하고 **Space Bar**를 누르면 연두색으로 채워진 부분의 면적이 명령 입력창에 나타납니다.

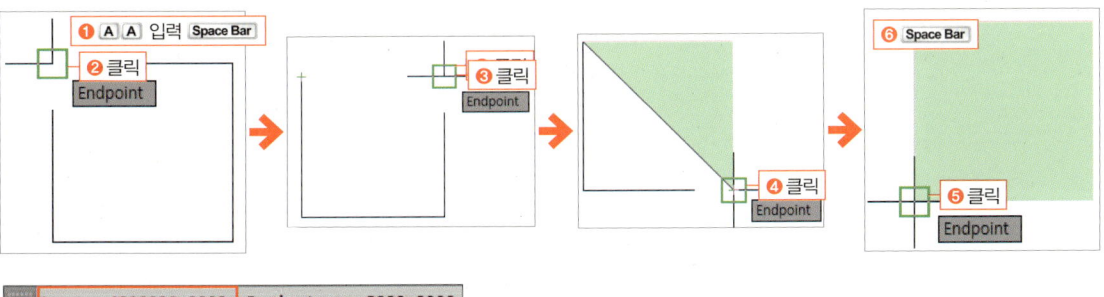

Area = 4000000.0000, Perimeter = 8000.0000

TIP : Area는 면적이고 Perimeter는 둘레입니다. 단위가 mm²이므로 m²로 환산하려면 소수점을 앞으로 여섯 자리 옮겨 잃어야 합니다.
예〉 4,000,000mm² ➜ 4m²
각 모서리를 클릭하는 방법은 Line 명령으로 작업된 도형이나 공간의 면적을 계산할 경우 사용합니다. 폴리라인과 같이 하나의 선으로 되어 있는 공간을 계산할 경우 번거롭기 때문에 잘 사용되지 않습니다.

03. 작성된 도형은 폴리라인이므로 옵션을 사용하여 좀 더 빠르고 쉽게 면적을 구해보겠습니다. 단축키 **A A**를 입력한 후 **Space Bar**를 눌러 Area 명령을 실행하고 [Object] 옵션을 사용하기 위해 **O**를 입력한 후 **Space Bar**를 누릅니다. 면적을 계산하려는 객체를 클릭하면 바로 명령 입력창에 면적이 나타납니다. 다른 두 개의 도형도 같은 방법으로 작업합니다.

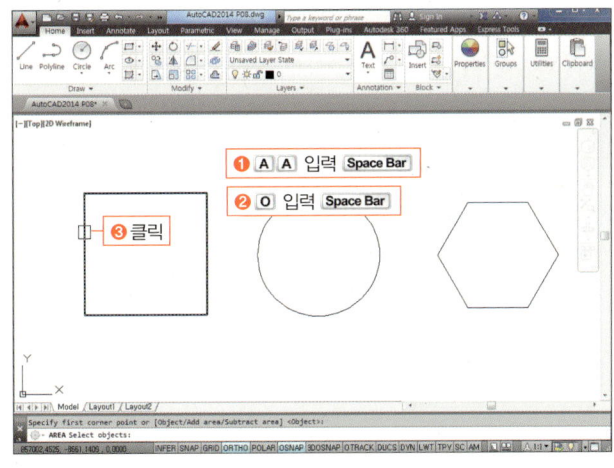

```
Command:                                                    A A 입력한 후 Space Bar
Specify first corner point or [Object/Add/Subtract]:        O 입력한 후 Space Bar
Select objects:                                             객체 선택
```

04. 이번에는 세 개의 도형을 더하는 작업을 해보겠습니다. 단축키 A A 를 입력한 후 Space Bar 를 눌러 Area 명령을 반복 실행합니다. 그리고 더하기 옵션인 [Add]를 사용하기 위해 A 를 입력한 후 Space Bar 를 누릅니다. 이어서 O 를 입력한 후 Space Bar 를 눌러 합하려는 도형을 차례로 선택하면 클릭한 도형의 면적이 더해져 명령 입력창에 나타납니다.

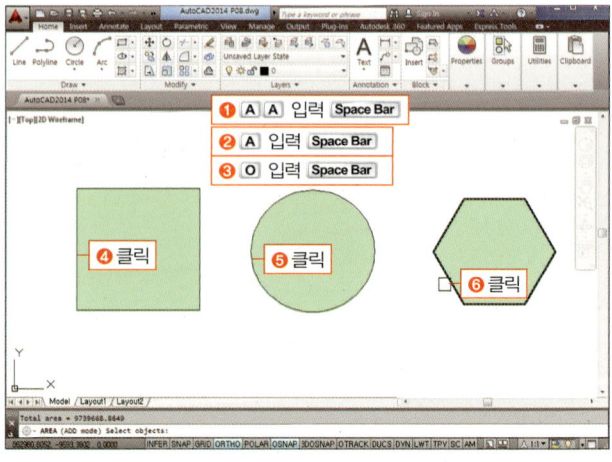

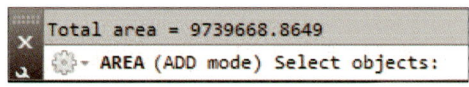

세 도형의 합계

```
Command:                                                    A A 입력한 후 Space Bar
Specify first corner point or [Object/Add/Subtract]:       A 입력한 후 Space Bar
Specify first corner point or [Object/Subtract]:           O 입력한 후 Space Bar
Select objects:                                            사각형과 원, 육각형을 차례로 클릭
```

05. 마지막으로 사각형과 육각형의 면적을 더한 다음 원의 면적을 빼는 작업을 하겠습니다. Area 명령을 실행한 다음 [Add] 옵션을 실행합니다. 이후에 O 를 입력한 후 Space Bar 를 눌러 사각형과 육각형을 선택한 다음 Space Bar 를 눌러 두 도형의 합을 구합니다. 다시 S 를 입력한 후 Space Bar 를 눌러 빼기 모드로 전환합니다. 원을 선택하기 위해 O 를 입력한 후 Space Bar 를 누르고 원을 선택하면 명령 입력창에 값이 나타납니다.

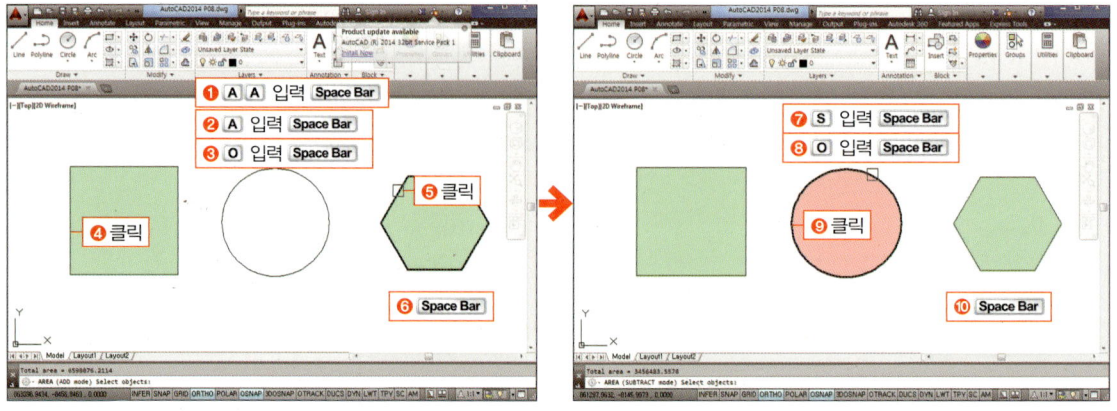

```
Command:                                                        A A 입력한 후 Space Bar
Specify first corner point or [Object/Add/Subtract]:           A 입력한 후 Space Bar
Specify first corner point or [Object/Subtract]:               O 입력한 후 Space Bar
Select objects:                                      사각형과 육각형을 차례로 클릭 후 Space Bar
Specify first corner point or [Object/Subtract]:               S 입력한 후 Space Bar
Specify first corner point or [Object/Add]:                    O 입력한 후 Space Bar
(SUBTRACT mode) Select objects:                          원을 클릭하고 Space Bar
```

```
Total area = 3456483.5578
 - AREA (SUBTRACT mode) Select objects:
```
계산된 면적

■ Boundary(경계)

01. 경계는 Line 명령으로 작업된 닫힌 도형을 폴리라인이나 면으로 경계를 추가하는 명령입니다. Line 명령으로 작업된 공간의 면적을 계산하기 위해서는 Boundary 명령으로 경계를 폴리라인으로 만들어야 Area 명령의 [Object] 옵션을 사용할 수 있습니다. 다음과 같은 도형을 Line 명령으로 만든 후 폴리라인으로 변경해 보겠습니다.

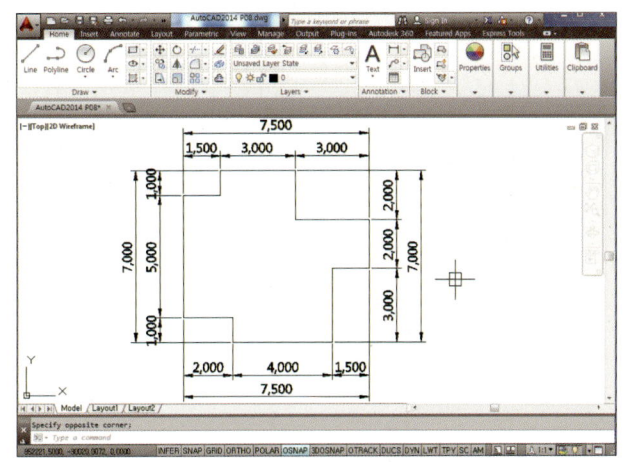

예제 파일 | DVD\예제\Part08\Lesson01\Boundary.DWG

02. 단축키 B O 를 입력한 후 Space Bar 를 눌러 Boundary 명령을 실행하여 [Boundary Creation] 대화상자를 불러옵니다. [Pick Points]( )를 클릭하여 도형의 안쪽을 클릭하고 Space Bar 를 누르면 작성된 도형과 같은 형태의 폴리라인이 만들어집니다.

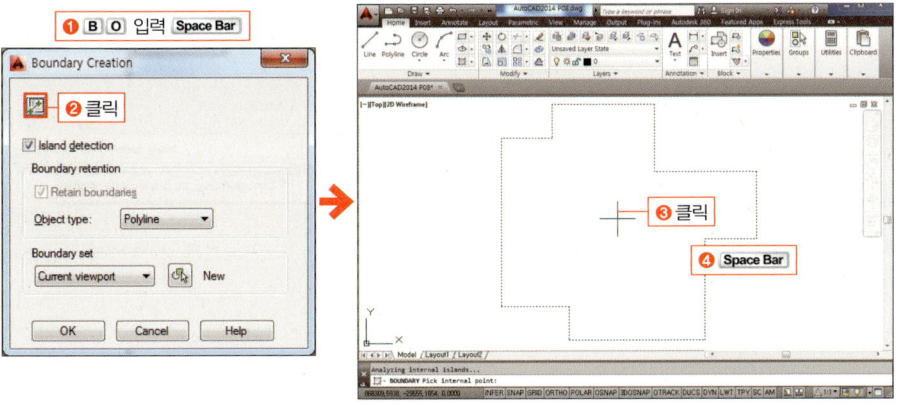

03. 작업이 잘 되었는지 확인하겠습니다. Move 명령을 사용하여 도형을 선택하면 모든 선이 한 번에 선택되는 것을 볼 수 있습니다. 이동하면 폴리라인으로 만들어진 도형이 이동되고 이전의 Line 명령으로 만든 도형은 남아있게 됩니다. 이후에 Area 명령의 [Object] 옵션을 사용해 도형을 클릭하면 면적을 구할 수도 있습니다.

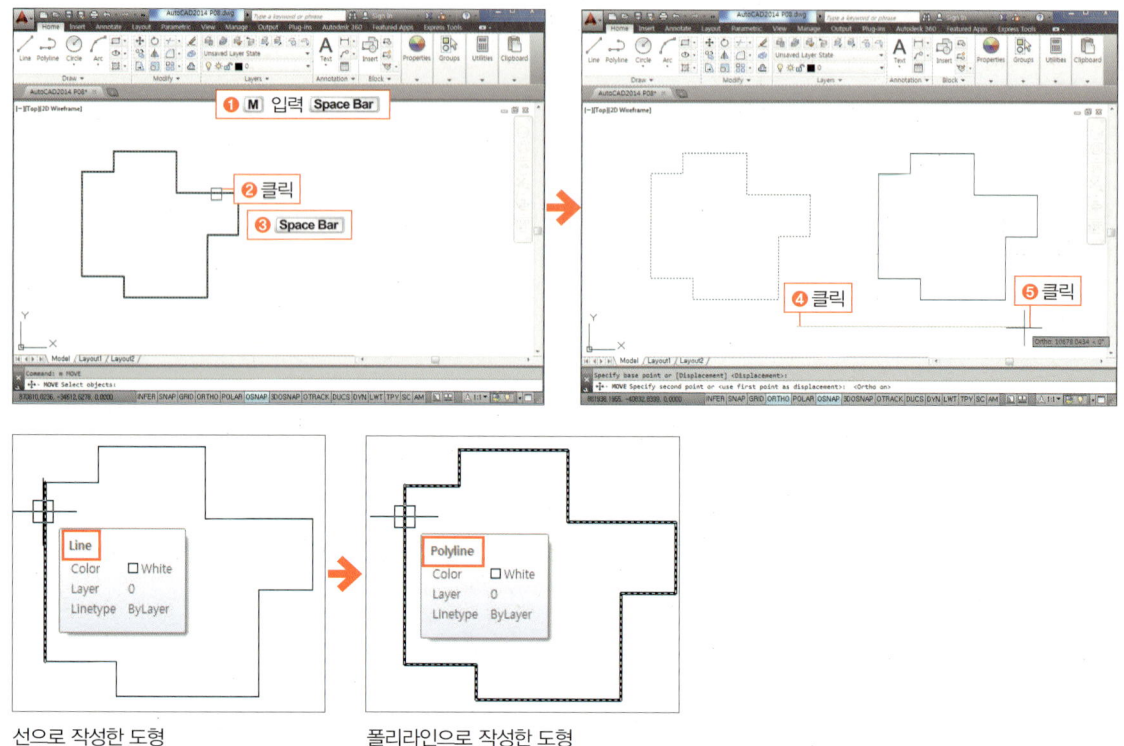

선으로 작성한 도형　　　　폴리라인으로 작성한 도형

■ List(조회)

01. 앞서 배운 List 명령을 사용하면 면적을 조회할 수 있습니다. Area 명령처럼 면적을 더하고 뺄 수는 없지만 사용법이 간단하여 자주 사용합니다. [Home] 탭-[Properties] 패널에서 [List]( )를 클릭한 후 폴리라인으로 만들어진 도형을 선택하고 Space Bar 를 누르면 나타나는 [AutoCAD Text Window] 대화상자의 [Area]에서 면적을 알 수 있습니다.

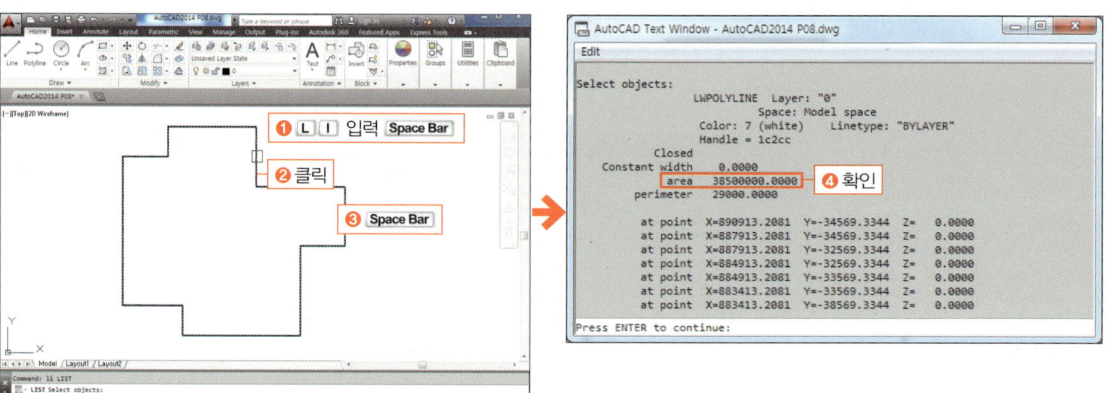

■ Quickcalc(계산기)

01. Quickcalc은 계산기를 불러내는 명령입니다. [Home] 탭–[Utilities] 패널에서 [Quickcalc]()을 클릭하면 계산기가 나타납니다. 커서를 사용해 숫자 버튼을 클릭하거나 키보드의 키패드를 사용하면 됩니다.

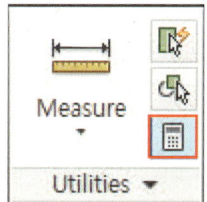

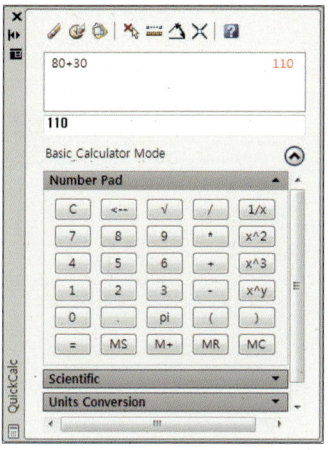

Quickcalc(단축키: Q C, Ctrl + 8)

Command: CAL >> Expression: 50-30
20
>_ ▼ Type a command

Cal : 키보드를 사용해 숫자를 입력하고 '='은 Enter 를 누름

TIP : Quickcalc(계산기)은 수치를 입력하는 명령 중간에도 사용이 가능합니다. 계산된 값을 명령에 적용하려면 [Apply] 버튼을 클릭합니다.

STEP 01에서 학습한 Area 명령을 사용하여 평면도의 면적을 계산해 표로 만들어 보겠습니다.

예제 파일 | DVD₩예제₩Part08₩Lesson01₩면적계산.DWG

01. 예제 파일을 불러와 확인해 보면 상업 공간의 평면도입니다. 도면을 살펴보면 총 4개의 공간이 있습니다. STEP 01에서 학습한 Area 명령을 사용하여 면적을 구해 우측 하단의 표에 넣어보겠습니다.

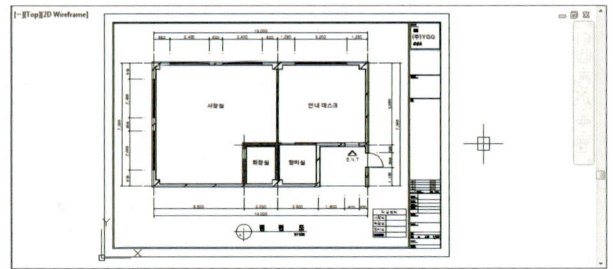

02. 사장실부터 하나씩 면적을 계산하겠습니다. 마우스 휠을 사용하여 사장실을 확대합니다. 단축키 [B] [O]를 입력한 후 [Space Bar]를 눌러 [Boundary Creation] 대화상자에서 [Pick Points] (📐)를 클릭합니다.

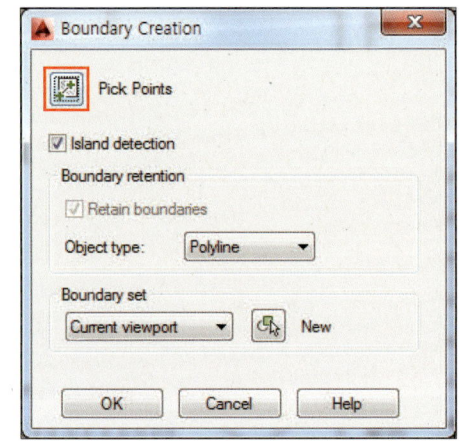

03. 작업 화면에서 사장실 안쪽(①)을 클릭하여 Hatch 명령과 같이 선택된 영역이 파선으로 변경되면 [Space Bar]를 눌러 작업을 완료합니다.

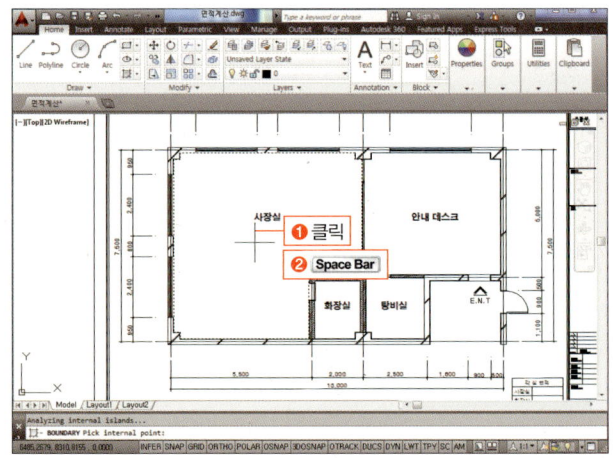

Command:

Pick internal point:

[B] [O] 입력한 후 [Space Bar], Pick Points 클릭

사장실의 안쪽 클릭 후 [Space Bar]

04. List 명령을 실행하고 ① 부분에 커서를 가져가면 Boundary 명령으로 만들어진 폴리라인이 선택되는 것을 확인할 수 있습니다. 폴리라인을 선택하고 **Space Bar** 를 누르면 조회 창이 나타납니다.

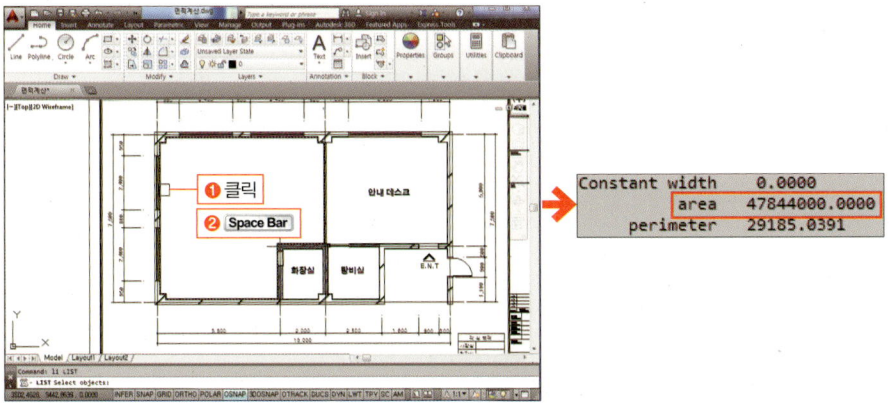

05. 조회 창의 [Area] 항목에서 면적을 확인합니다. 소수점을 앞으로 여섯 자리 이동하여 m²로 확인한 다음 사장실 아래쪽에 기입합니다. 면적은 사장실 문자를 복사한 후 더블클릭하여 수정합니다.

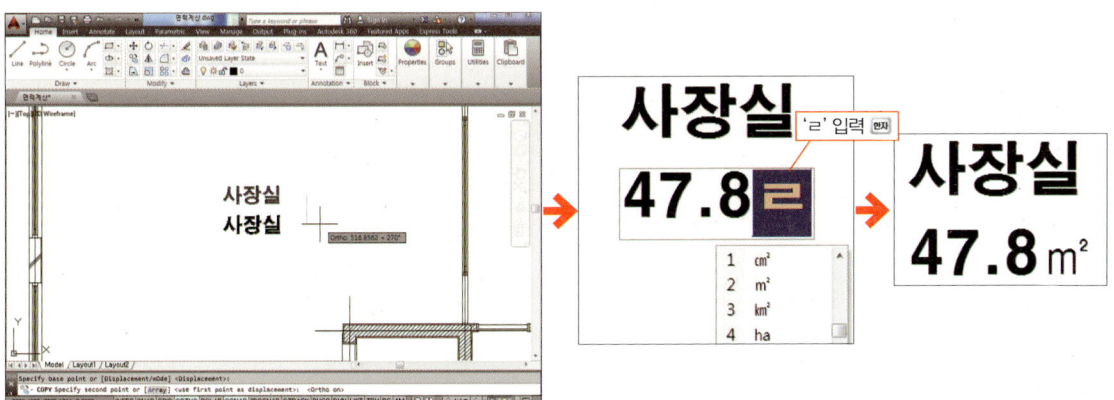

TIP : m²는 'ㄹ'을 입력하고 [한자]를 사용해 변환합니다. 평으로 계산하려면 단축키 **C A L** 이나 **Q C** 를 입력하여 계산기를 실행한 다음 m²로 변경한 값에 0.3025를 곱하면 평(PY)으로 환산됩니다
예: 47.8 * 0.3025 = 14.4595 약 14.5평

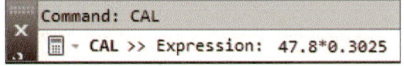

06. 계산된 값을 우측 하단의 표에 복사해 넣습니다.

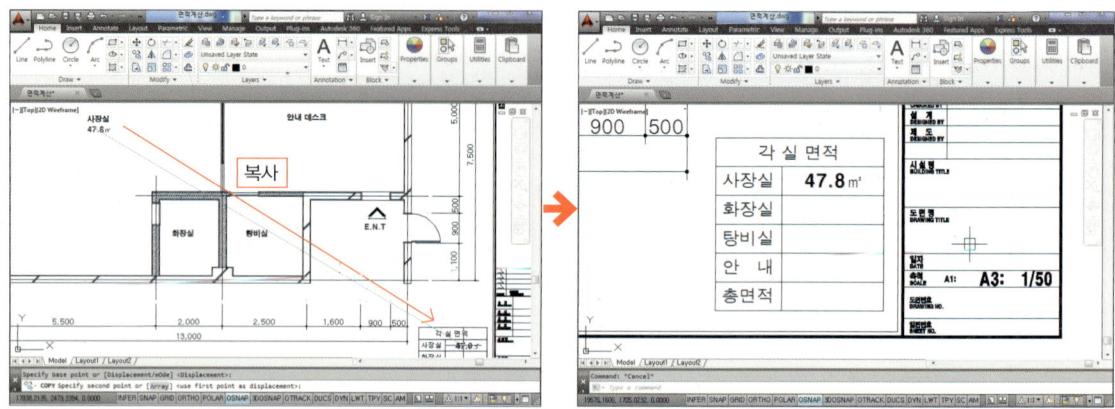

07. 같은 방법으로 3개의 실을 모두 계산하여 표에 면적을 복사해 넣은 후 Area 명령의 [Add] 옵션을 사용하여 4개의 면적 합을 구해 총면적에 기입합니다.

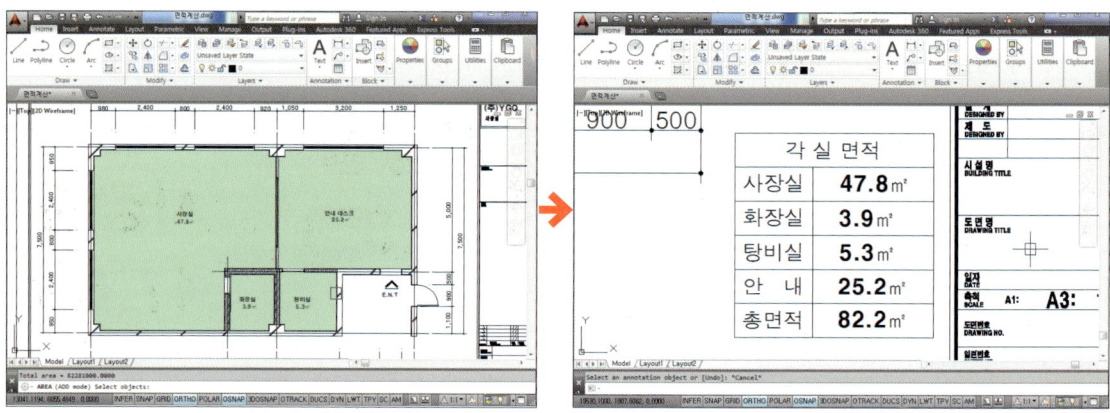

LESSON

02 AutoCAD 도면을 한글 문서 (HWP, MS Office)에서 활용하기

레벨 ● ● ●

AutoCAD에서 작업한 도면을 한글 문서나 엑셀 등에 첨부하는 것이 가능합니다. 이를 사용하면 AutoCAD가 설치되어 있지 않더라도 도면을 확인할 수가 있고 문서에 첨부함으로써 여러 프레젠테이션에서의 활용도가 높아지게 됩니다.

기초탄탄 ▶ Copy with base point

■ Copy with base point 기능과 사용법 이해하기 `591P`

객체를 선택하고 [Ctrl]+[Shift]+[C]로 복사하고 기준점을 지정한 다음 문서 툴에서 [Ctrl]+[V]로 붙여 넣습니다. AutoCAD에서는 작성된 도면의 요소를 현재 작업 중인 도면으로 가져올 때 사용할 수 있습니다.

• AutoCAD에서 문서로,

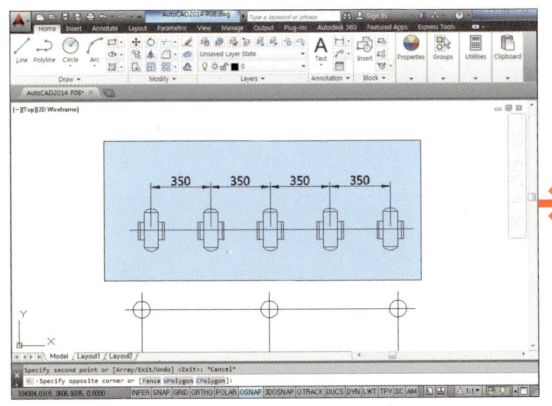

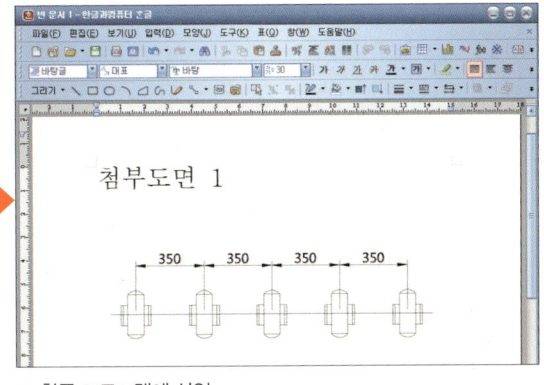

▲ 한글 프로그램에 삽입

• AutoCAD에서 AutoCAD로,

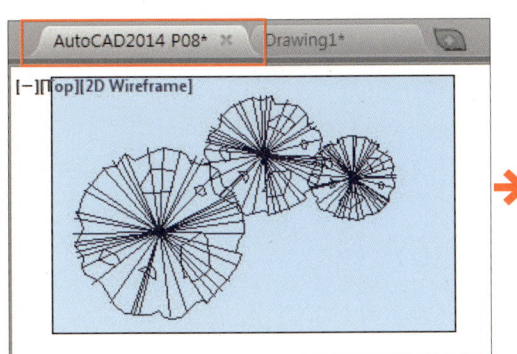

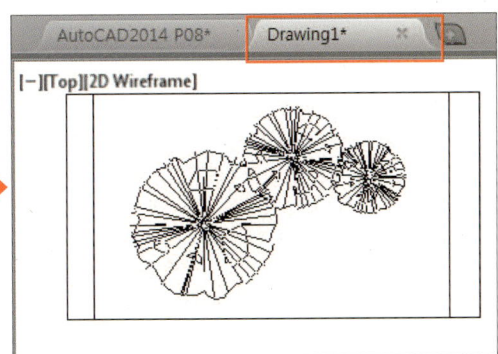

589

■ Copy with base point 실행하기

• 명령 입력창에서 Copy with base point 명령어를 입력한 후 **Space Bar** 를 눌러 실행합니다.

명령어 입력, **Ctrl** + **Shift** + **C**

■ Copy with base point 사용 과정 익히기

Command:	복사할 객체를 선택하고 **Ctrl** + **Shift** + **C**
Pick internal point:	삽입 기준점 클릭
문서 툴로 이동 :	**Ctrl** + **V**

TIP : Copy with base point는 일반적으로 많이 사용하는 **Ctrl** + **C** 와 유사하나 삽입 기준점을 지정할 수 있다는 차이점이 있습니다.

Copy with base point 명령을 사용하면 문서에 AutoCAD 도면을 신속하게 첨부할 수 있습니다. 객체 선택 시 작업 화면에 꽉 찬 상태에서 객체를 선택합니다.

예제 파일 | DVD:₩예제₩Part08₩Lesson02₩문서활용.DWG

01. AutoCAD 2014를 실행한 후 예제 파일을 불러옵니다.

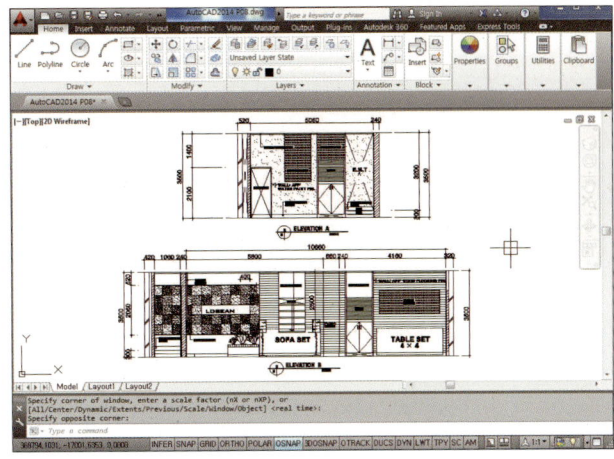

02. 한글과 엑셀 프로그램을 실행합니다.

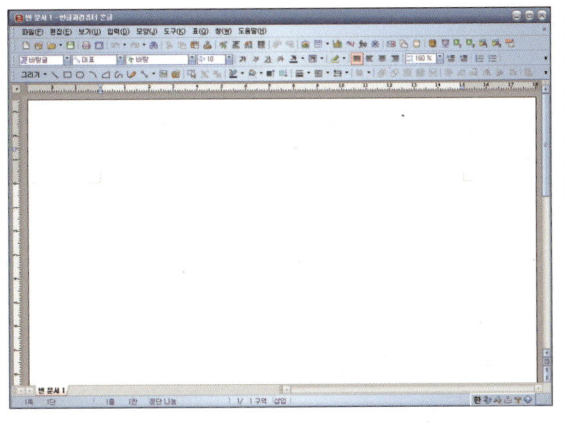

한글

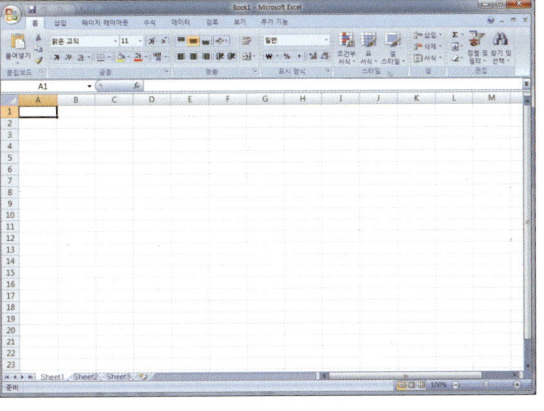

엑셀

TIP : [Alt] + [Tab]을 사용하면 프로그램 간의 이동을 빠르게 할 수 있습니다.

PART 08 건축 인테리어 실무

03. 도면을 크게 보이게 하고 **Ctrl** + **Shift** + **C** 를 눌러 Copy with base point 명령을 실행합니다. 커서로 기준점(②)을 클릭한 후 ③와 ④ 부분을 클릭하고 **Space Bar** 를 눌러 문서로 삽입할 부분을 복사합니다.

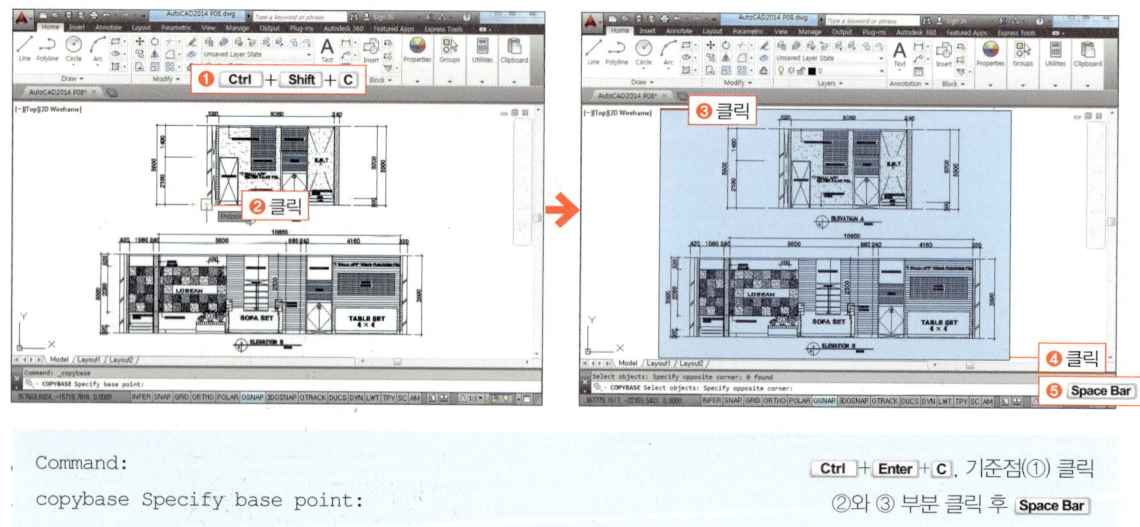

```
Command:
copybase Specify base point:
```

Ctrl + **Enter** + **C**, 기준점(①) 클릭
②와 ③ 부분 클릭 후 **Space Bar**

04. 한글 프로그램으로 전환하여 **Ctrl** + **V** 를 누르면 도면이 문서에 삽입됩니다.

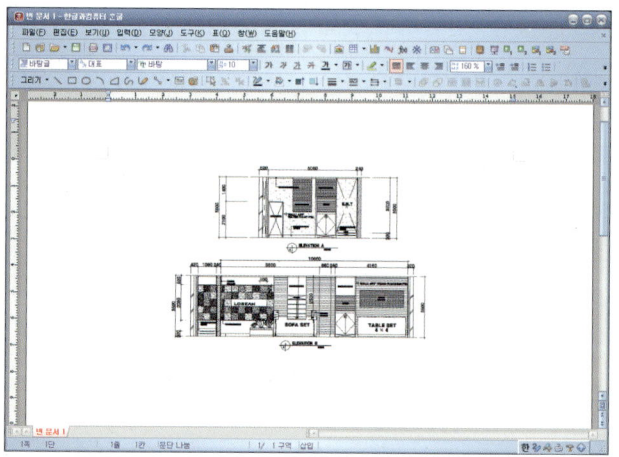

05. 다시 AutoCAD 2014로 전환하고, **Ctrl** + **Shift** + **C** 를 눌러 Copy with base point 명령을 실행합니다. 커서로 기준점(①)을 클릭한 후 ②와 ③ 부분을 클릭하고 **Space Bar** 를 눌러 문서로 삽입할 부분을 복사합니다.

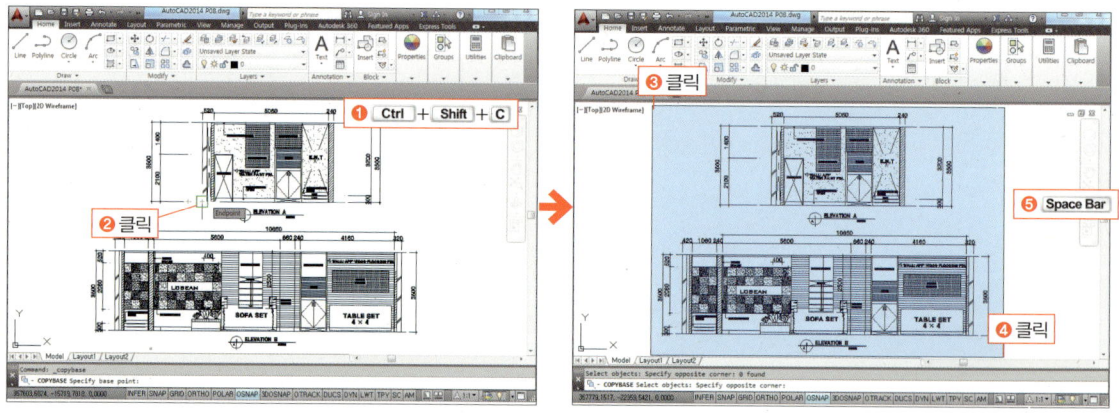

06. 이번에는 엑셀 프로그램으로 전환하여 Ctrl + V 를 누르면 도면이 문서에 삽입됩니다. 엑셀 문서에서는 삽입된 도면을 더블클릭하면 AutoCAD로 자동 연결됩니다.

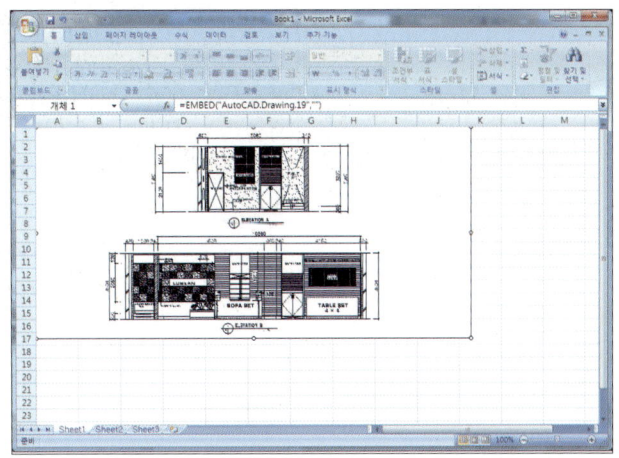

TIP : Ctrl + Shift + C 로 복사한 객체는 Ctrl + V 를 이용하여 몇 번이고 붙여 넣는 것이 가능합니다.

대표적인 문서 포맷인 PDF 파일로 출력해 보겠습니다. 문서나 도면의 보안이 필요한 경우 많이 사용합니다.

예제 파일 | DVD₩예제₩Part08₩Lesson02₩문서활용.DWG

01. 예제 파일을 불러온 후 [Output] 탭-[Export to DWF/PDF] 패널에서 [Export]-[PDF](📄)를 클릭합니다.

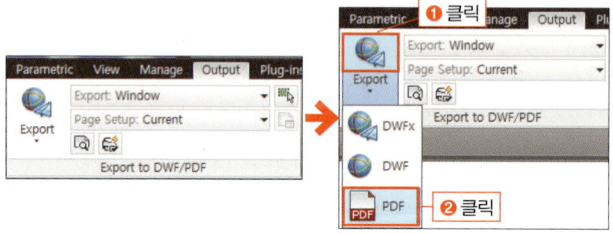

> **TIP :** 명령어 'Exportpdf'를 입력한 후 Space Bar 를 눌러도 실행할 수 있습니다.
>
>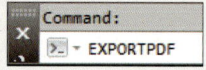

02. PDF 출력이 실행되면 [Save As PDF] 대화상자가 나타납니다. PDF로 출력할 도면을 선택하기 위해 [Export]에서 'Window'를 선택하고 [Select Window](🖱)를 클릭합니다.

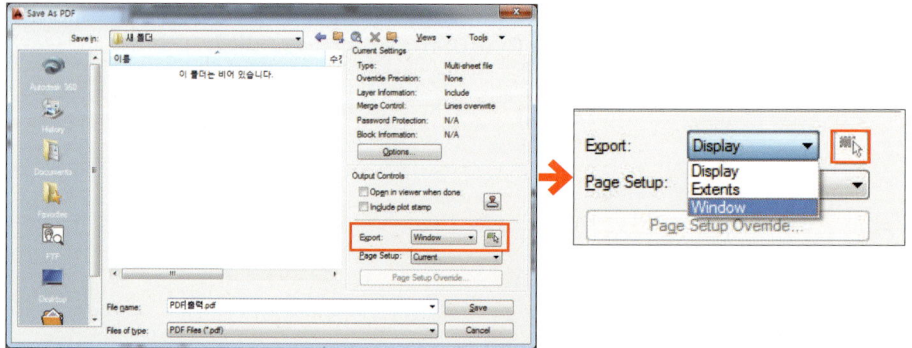

> **TIP :** 출력 영역 지정 시 최초 1회는 'Window' 선택과 동시에 출력 대상을 바로 선택할 수 있으나, 재지정 시 [Select Window](🖱)를 클릭해야 합니다.

03. 작업 화면에서 PDF로 출력할 도면을 지정하기 위해 ①과 ② 부분을 클릭합니다. [Save As PDF] 대화상자로 돌아오면 저장할 경로를 설정하고 이름을 입력한 후 [Save] 버튼을 클릭합니다.

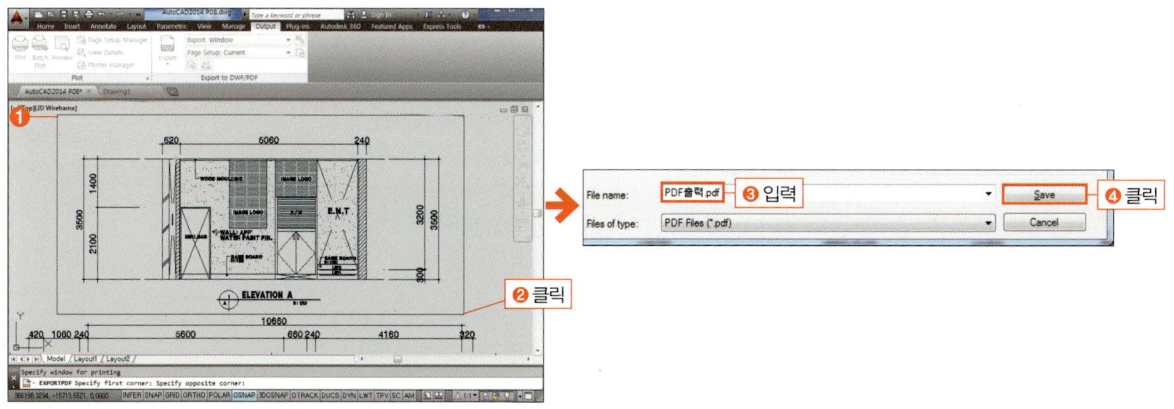

> **문제해결** 저장되지 않을 경우 [Page Setup] 대화상자에서 프린터를 'Default Windows System Printer'로 변경합니다.

04. 작성된 PDF 파일을 Adobe Reader로 확인합니다.

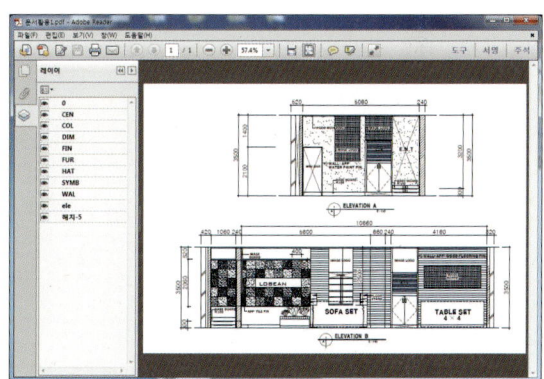

Export 명령을 사용해 비트맵 이미지인 BMP 포맷으로 내보내기를 해보겠습니다. BMP 파일은 문서에 첨부하거나 PDF 파일처럼 AutoCAD 프로그램이 없더라도 누구나 쉽게 도면을 확인할 수 있습니다.

예제 파일 | DVD₩예제₩Part08₩Lesson02₩문서활용.DWG

01. 예제 파일을 불러온 후 응용 프로그램 아이콘(▲)을 클릭합니다. 메뉴 목록에서 [Export]–[Other Formats]를 클릭합니다.

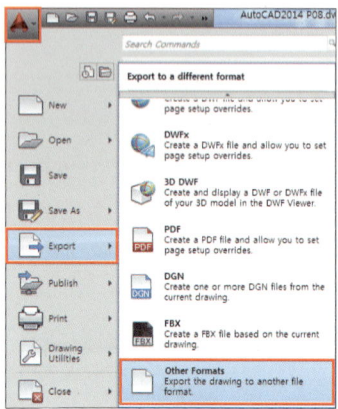

02. [Export Data] 대화상사의 [File of type]에서 'Bitmap'을 선택하고 경로를 지정합니다. [File name]에 '이미지A'라고 입력한 후 [Save] 버튼을 클릭하면 작업 화면으로 전환됩니다.

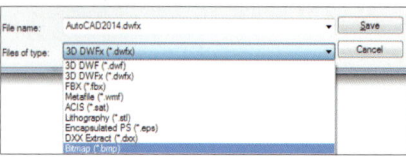

03. 작업 화면에서 BMP 포맷으로 출력할 도면을 지정해야 합니다. ①과 ② 부분을 클릭하고 `Space Bar` 나 `Enter` 를 누르면 이미지 파일로 저장됩니다. 저장된 경로에서 파일을 열어 확인합니다.

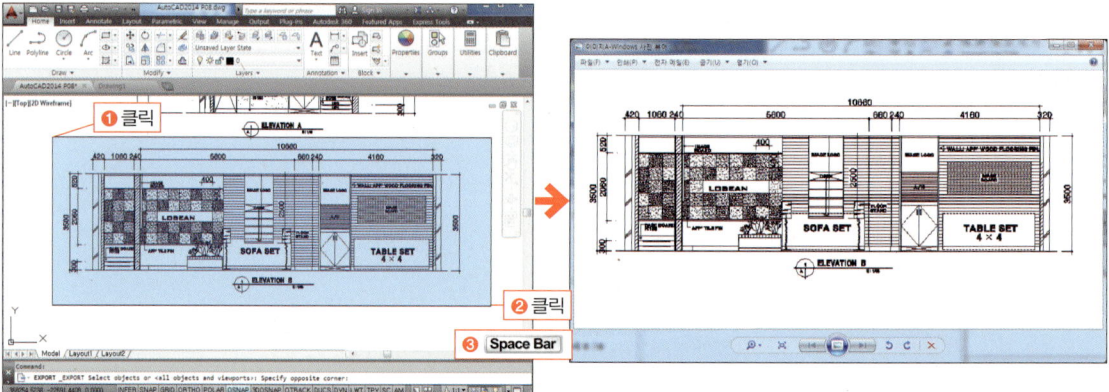

도면의 문자가 깨져서 보이지 않는 경우 해결하기

다른 사용자에게 파일을 받아 도면을 열었을 때 해당 폰트가 컴퓨터에 없거나 글꼴이 잘못 지정되면 '?????' 형태로 나오거나 혹은, 일본어 비슷하게 나오는 경우를 흔하게 볼 수 있습니다. 예제 파일을 열어 문제를 해결해 보겠습니다.

기초탄탄 ▶ 글꼴과 관련된 명령과 기능

■ List(조회)

작성된 문자의 스타일과 내용 등 다양한 정보를 확인할 수 있습니다.

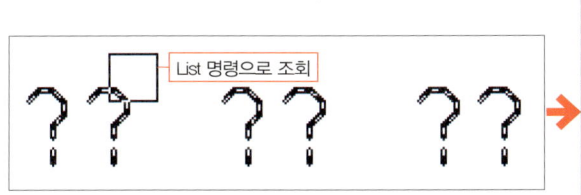

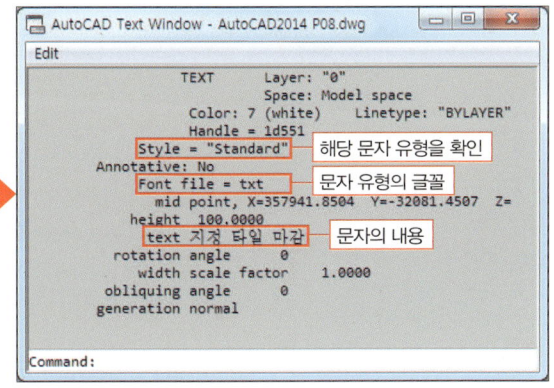

▲ 사용자 컴퓨터에 해당 글꼴이 없거나 한글 글꼴을 사용하지 않는 경우

▲ List 명령으로 조회한 화면

■ Style(문자 유형)

보이지 않는 문자의 글꼴을 재지정 하기 위해선 Style 명령을 실행하여 글꼴을 변경하거나 올바르게 지정해야 합니다.

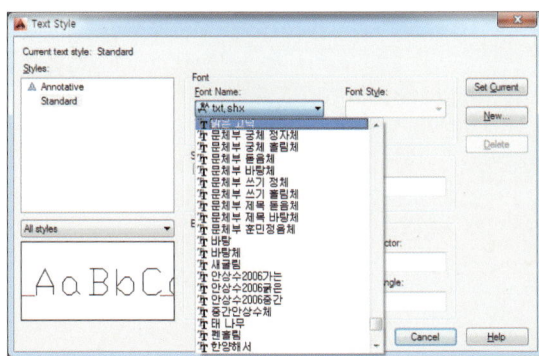

문제가 되는 문자 유형의 글꼴을 변경

597

■ Regen(화면 재생성)

글꼴을 변경해도 작업 화면에서 변경된 글꼴로 나타나지 않을 수 있습니다. 적용된 글꼴을 확인하기 위해서 Regen 명령을 실행하면 변경된 글꼴로 화면에 나타납니다.

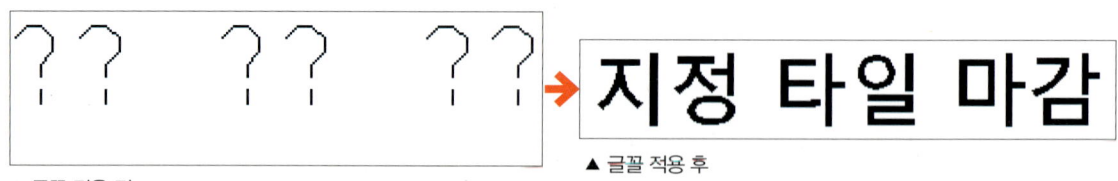

▲ 글꼴 적용 전   ▲ 글꼴 적용 후

TIP : Properties로도 문자의 스타일을 확인하고 변경이 가능하나, 글꼴의 변경은 [Text Style] 대화상자에서만 가능합니다.

보이지 않는 문자들을 보이게 하기 위해서는 작성된 문자가 어떤 스타일로 작업이 되었는지를 확인해야
합니다.

예제 파일 | DVD₩예제₩Part08₩Lesson03₩문자변경.DWG

01. 예제 파일을 불러온 후 도면의 문자를 살펴
보면 잘 보이는 문자도 있지만 '???'로 나오는 문
자도 확인할 수 있습니다. '???'로 나오는 문자의
특성을 조회해 보겠습니다.

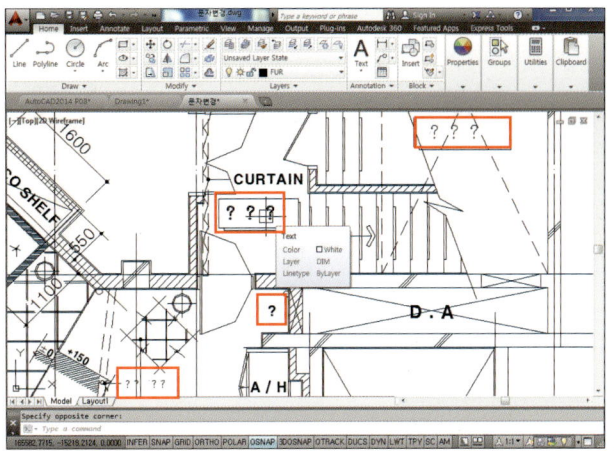

02. 단축키 L I 를 입력한 후 Space Bar 를 눌러 List 명령을 실행합니다. 도면 하단의 '2? ? ? ?'라고 나오는
문자를 선택하고 Space Bar 를 누르면 다음과 같이 문자의 특성을 알 수 있습니다. [Style]은 'Standard'이고 사용한 폰
트와 '2층 평면도'라고 쓴 것을 확인합니다. 가장 중요한 것은 [Style]입니다. 조회 창은 확인한 후 [닫기] 버튼을 클릭해
닫습니다.

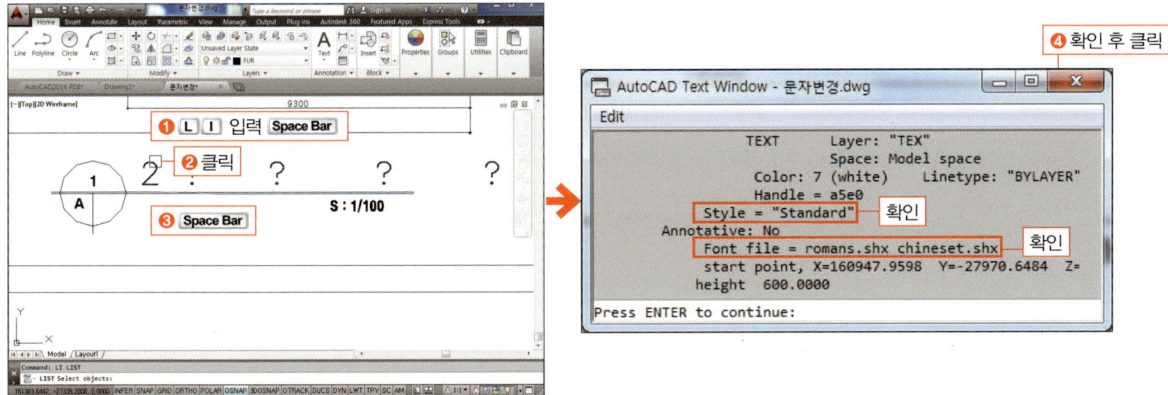

앞선 따라하기에서 확인된 문자 스타일에서 글꼴을 변경하는 작업을 진행하겠습니다.

01. List 명령으로 문자 스타일을 확인했으면 Style 명령으로 폰트를 변경해야 합니다. 단축키 **S T**를 입력한 후 **Space Bar**를 눌러 [Text Style] 대화상자를 불러옵니다. [Styles]에서 'Standard'를 선택한 후 [Use Big Font]를 체크 해제하고, [Font Name]은 '돋움'을 선택하고 [Apply]와 [Close] 버튼을 클릭합니다.

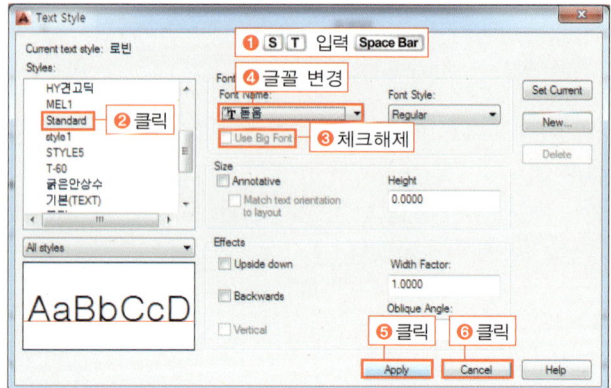

02. 작업 화면에서 단축키 **R E**를 입력한 후 **Space Bar**를 눌러 Regen 명령을 실행하면 변경한 글꼴로 문자가 나타납니다.

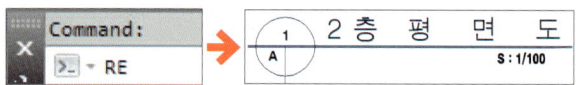

03. 나머지 부분도 작업하겠습니다. 도면 우측으로 소제목이 모두 '???'로 보입니다. List 명령을 이용하여 특성을 조회합니다.

Style = "MEL1"

조회 후 Style 명령으로 'MEL1'의 글꼴을 한글 글꼴(Big Font: whgtxt.shx)로 변경 후 Regen 명령으로 화면을 재생성합니다. 작업을 마치면 'MEL1'으로 작성된 모든 문자가 변경됩니다.

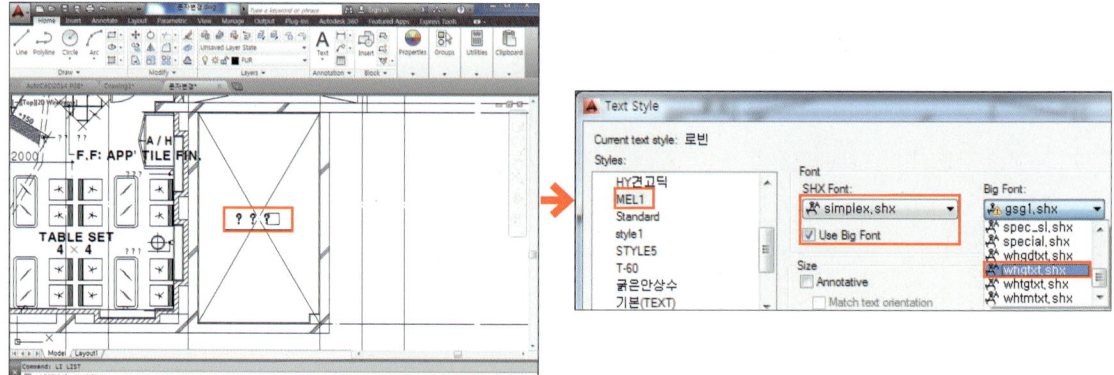

04. 다음과 같이 변경됩니다. 다른 곳도 찾아 변경해보세요.

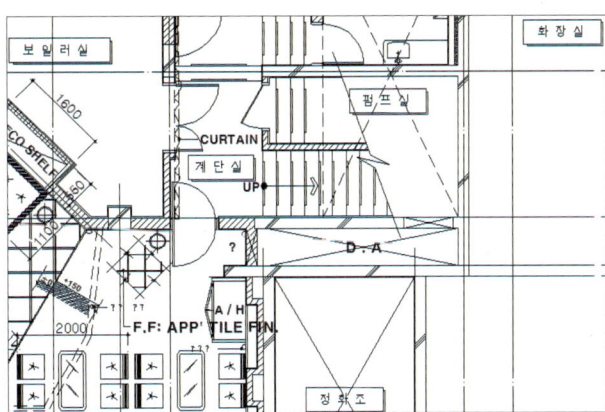

04

Image를 활용한 도면 요소 샘플 만들기

레벨 ● ● ●

AutoCAD로 작성된 도면에 일반 이미지를 삽입하게 되면 부자연스럽게 보입니다. 이러한 경우에 Image Attach 명령을 사용하면 도면과 잘 어울릴 수 있는 멋진 그림을 스케치하는 것이 가능합니다. 작업 화면에 무작정 그리는 것이 아니라 그리려는 밑그림을 불러와 Line, Arc 등 Draw 명령으로 그리는 것입니다. 이런 작업을 통해 인물이나 사물의 CAD 샘플을 만들 수 있고 그래픽보드나 PPT 등에 사용되는 배경 이미지를 표현할 수 있습니다.

기초탄탄 ▶ 이미지 첨부와 Draw Order

■ Attach

Attach 명령을 사용하면 이미지 파일을 도면에 붙일 수 있습니다. 가져온 이미지를 배경으로 Line, Arc 등 그리기 명령으로 스케치할 수 있습니다.

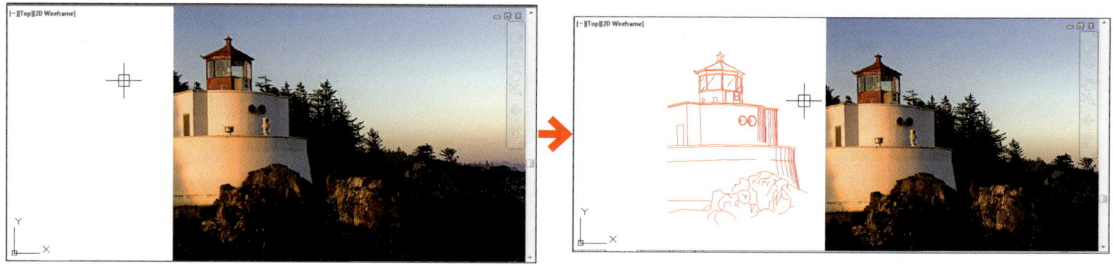

■ Draw Order

이미지 위에 Line 명령으로 선을 그릴 경우 선이 보이지 않는다면 [Draw Order]에서 [Send to Back]으로 뒤로 보내어 선이 보이게 작업합니다. 이후에도 선이 보이지 않으면 Regen명령으로 화면을 재생성하면 선이 나타납니다. Hatch 작업 시에도 도면층의 앞과 뒤 조정을 위해 사용됩니다.

• 이미지 선택 후 마우스 오른쪽 버튼 클릭

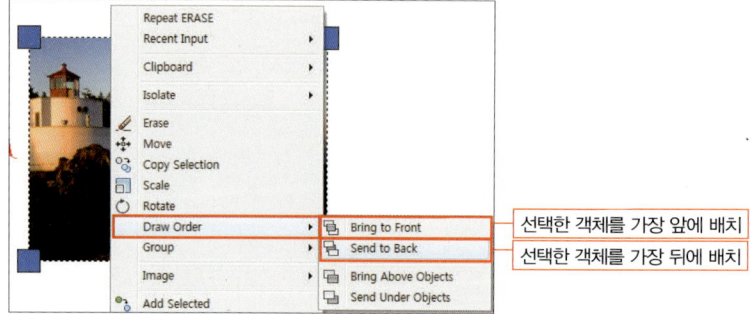

선택한 객체를 가장 앞에 배치
선택한 객체를 가장 뒤에 배치

인물과 자동차는 도면 요소에 있어 필수적이지는 않지만 표현하게 되면 공간의 용도, 특징 등을 잘 표현할 수 있고 동적으로 보일 수 있게 하는 요소 중에 하나입니다. 인물과 자동차 밑그림을 준비한 다음 Attach 명령을 사용해 도면에 삽입 할 샘플을 만들어 보겠습니다.

예제 파일 | DVD₩예제₩Part08₩Lesson04₩man,car,건축물.JPG   완성 파일 | DVD₩완성₩Part08₩Lesson04₩man.DWG, car.DWG, 건축물.DWG

01. 밑그림으로 사용될 인물(전신) 이미지를 인터넷 등을 사용하여 다운로드하거나 자신이 가지고 있는 인물 이미지를 준비합니다.

자동차

인물

02. Attach 명령을 입력한 후 **Space Bar** 를 누르거나, [Insert] 탭—[Reference] 패널에서 [Attach]를 클릭합니다.

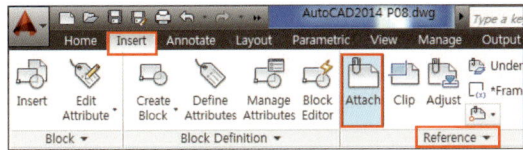

03. [Select Reference File] 대화상자가 나타나면 준비된 인물 이미지(man.jpg)를 선택하고 [Open]과 [OK] 버튼을 클릭하여 이미지를 작업 화면으로 불러옵니다. .

04. ① 부분을 클릭한 후 Space Bar 를 눌러 이
미지를 화면에 붙입니다.

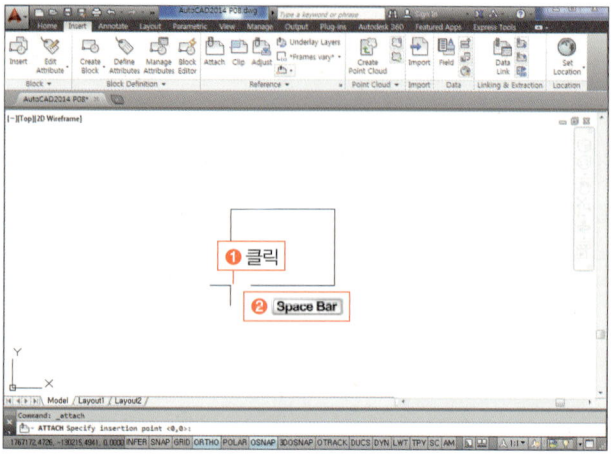

05. Line 명령을 사용하여 삽입된 이미지를 따라 그립니다. 작업 시 [ORTHO](F8)와 [OSNAP](F3)은 Off로 하고 작업
을 해야 쉽게 따라 그릴 수 있습니다. 너무 정교하게 작업하는 것 보다 특징을 살려 큼직큼직하게 선을 이어가며 작업
하면 됩니다. 따라 그리기가 끝나면 Move 명령으로 이미지의 외각(①) 부분을 클릭해 빈 공간으로 이동시킵니다.

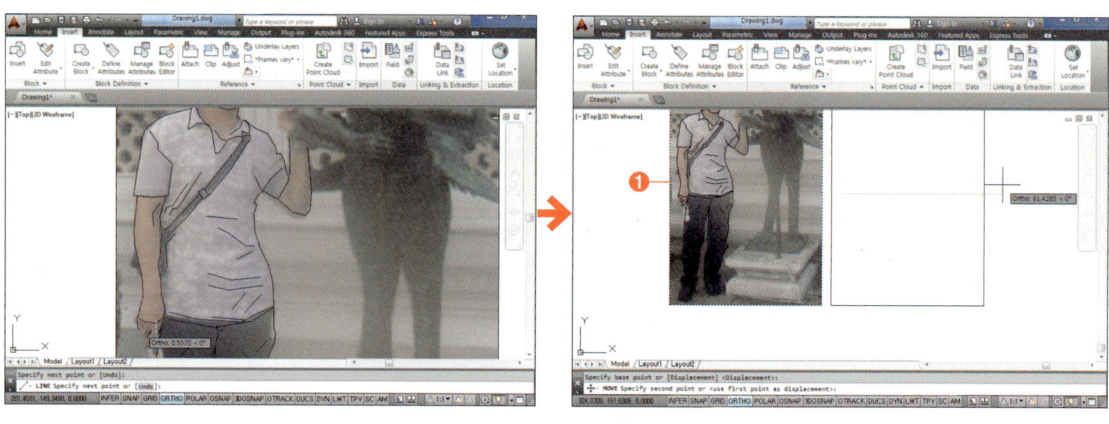

06. 이미지 이동 후 부족한 부분을 보완하여 인
물 스케치를 마무리한 후 단축키 W 를 입력한 후
Space Bar 를 눌러 WBlock 명령을 실행합니다.
그리고 바탕 화면에 'man1'로 저장합니다.

07. 도면에 작업한 인물을 삽입하기 위해 '입면
도.DWG' 파일을 불러옵니다.

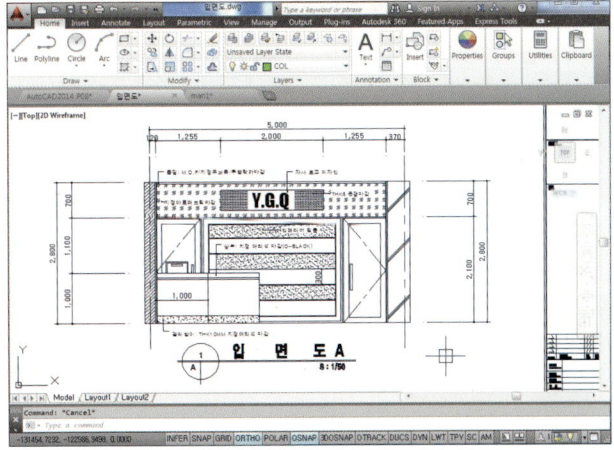

08. 단축키 **I** 를 입력한 후 **Space Bar** 를 눌러
Insert 명령을 실행합니다. [Insert] 대화상자가 나타
나면 'man1' 블록을 적당한 곳에 삽입하고 Scale
명령으로 비율에 맞는 크기로 조정하여 그림과
같이 배치합니다.

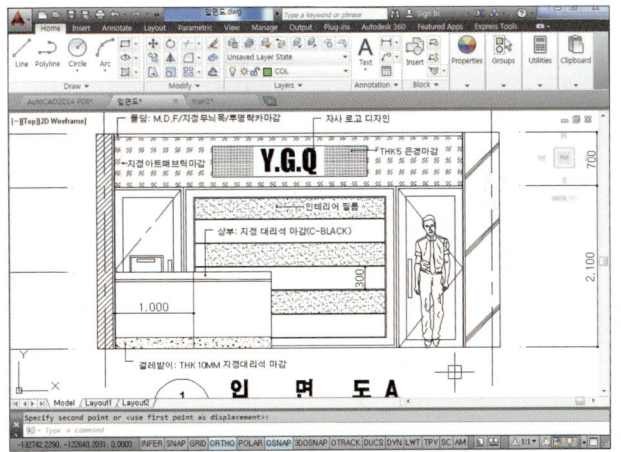

09. 이어서 자동차(car.jpg)도 같은 방법으로 작업합니다. 자동차의 바퀴같이 둥근 부분은 Circle이나 Arc 명령을 연속
적으로 사용해 작업하고 뒤쪽의 바퀴는 앞쪽의 바퀴를 복사해 작업합니다. 작업 대상의 특징에 맞게 AutoCAD의 기능
을 충분히 활용하면서 빠르게 작업할 수 있습니다.

STEP 01에서 진행한 것과 동일한 방법으로 건축물을 스케치해 보겠습니다.

예제 파일 | DVD₩예제₩Part08₩Lesson04₩건축물.JPG **완성 파일 |** DVD:₩완성₩Part08₩Lesson04₩건축물.DWG

01. 스케치하고자 하는 건축물의 밑그림을 준비한 다음 Attach 명령으로 이미지를 작업 화면으로 불러옵니다. 다음 건축물은 안도타다오가 설계한 건축물입니다. 방법은 인물, 사물과 같은 방법으로 하되 직선적인 요소이므로 쭉 뻗는 느낌이 나도록 작업해야 합니다.

02. 작업 결과

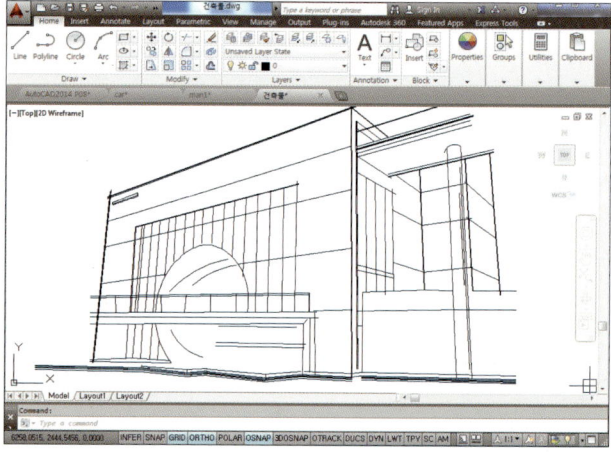

| 예제 파일 | DVD₩예제₩Part08₩Lesson04₩지도.JPG **완성 파일 |** DVD₩완성₩Part08₩Lesson04₩배치도.DWG |

1. 인터넷 지도 이미지를 사용하여 다음 도면을 작성하세요.

주요 명령어 : Line(L), Rectangle(REC), Dtext(DT), Pedit(PE), Trim(TR), Copy(CO), Attach

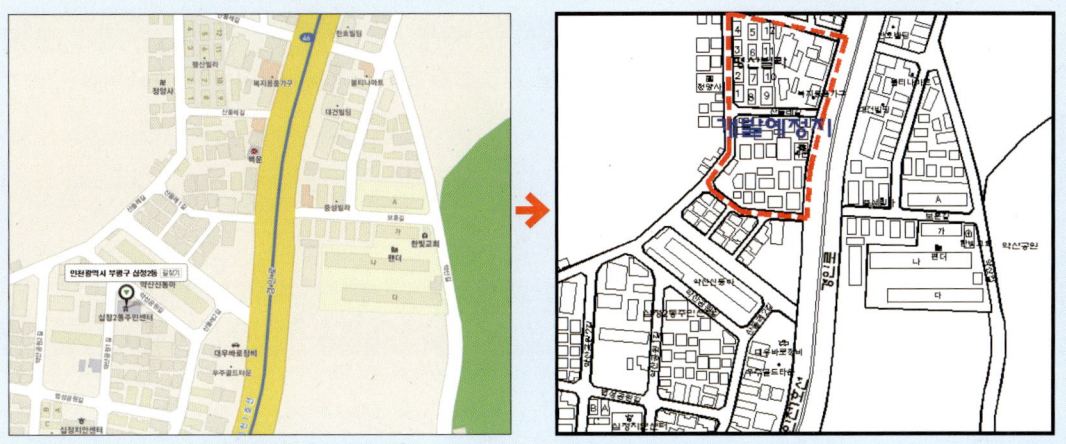

> **HINT**
>
> 지도 이미지: 예제\Part08\Lesson04\지도.jpg 파일을 불러옵니다.
> 도로와 개발 예정지는 레이어에서 선의 두께를 두껍게 하거나 Pedit 명령의 [Width] 옵션으로 두껍게 처리합니다.

LESSON
05 Xref를 활용한 외부 도면 참조하기

레벨 ● ● ●

설계는 여러 사람이 팀을 이루어 작업을 하게 됩니다. 도면 작성도 혼자 하는 경우보다는 여러 명이 나누어 작업을 하고 이후 각각의 도면을 주 도면에 첨부하여 완성합니다. 첨부된 도면들은 설계 변경 등으로 인해 계속적인 수정이 이루어지는데 Xref는 이때 발생하는 첨부 도면과의 주 도면과의 연동을 쉽게 해주는 기능입니다.

기초 탄탄 ▶ 외부 도면의 활용

■ Xref(외부 참조) `610P`

현재 도면에 외부 도면을 참조합니다. [Attach DWG] 버튼을 클릭해 참조하려는 파일을 선택합니다.

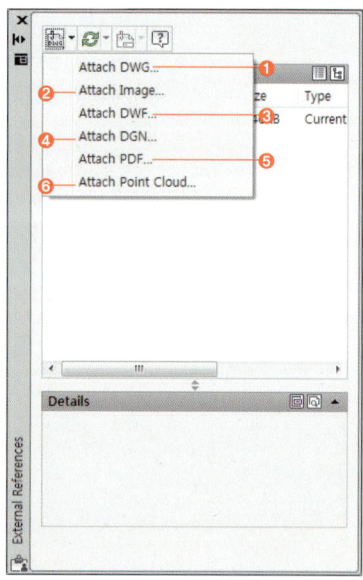

❶ Attach DWG : AutoCAD의 드로잉 파일을 첨부

❷ Attach Image : 이미지 파일을 첨부

❸ Attach DWF : AutoCAD의 도면 웹 형식 파일을 첨부

❹ Attach DGN : 마이크로스테이션 파일을 첨부

❺ Attach PDF : PDF 파일을 첨부

❻ Attach Point Cloud : Cloud Project 파일을 첨부

■ 참조 도면 부착 시 설정 사항

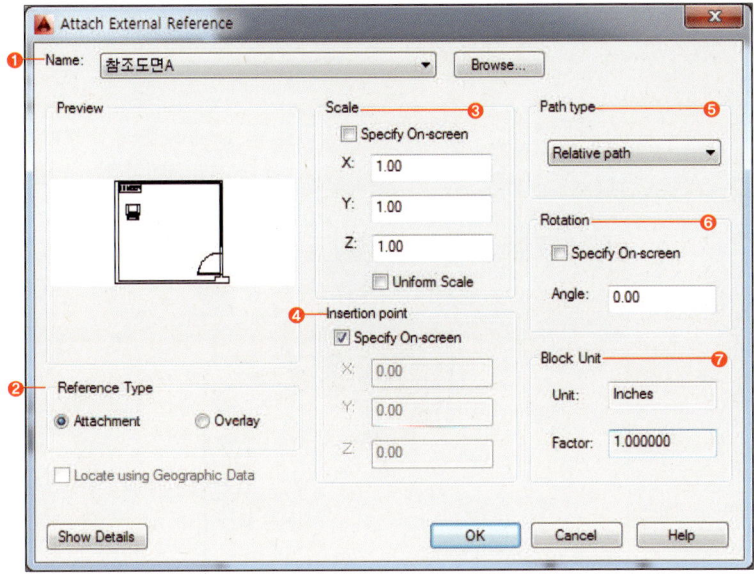

❶ Name : 참조할 도면의 이름을 표시하며 파일은 우측의 [Browse] 버튼을 클릭해 선택합니다.

❷ Reference Type : 참조할 파일의 유형을 설정합니다.

• Attach : 참조된 도면을 다른 도면에 참조할 경우 도면에 표시

• Overlay : 참조된 도면을 다른 도면에 참조할 경우 도면에 표시하지 않음

❸ Scale : 참조할 도면의 크기를 설정합니다.

• Specify On-Screen : 작업 화면에서 축척을 설정합니다.

• Uniform : 정비례로 설정합니다.

❹ Insertion point: 참조할 도면의 삽입점을 설정합니다.

• Specify On-Screen : 도면이 삽입되는 위치를 작업 화면에서 지정합니다.

❺ Path-Type : 참조할 도면의 경로 유형을 설정합니다.

• Full Path : 경로 설정하여 사용

• Relative path/No Path : 경로 설정을 하지 않음

❻ Rotation : 참조할 도면의 각도를 설정합니다.

❼ Block Unit : 참조할 도면의 단위를 설정합니다.

주 도면에 외부 도면을 참조해 배치하겠습니다. 학습하기 전에 예제 파일들을 바탕 화면이나 내 컴퓨터에 복사합니다.

예제 파일ㅣ DVD₩예제₩Part08₩Lesson05₩주도면.DWG, 참조도면A.DWG, 참조도면B.DWG

01. 수 도면으로 사용할 예제 파일 '주도면.DWG' 파일을 불러옵니다.

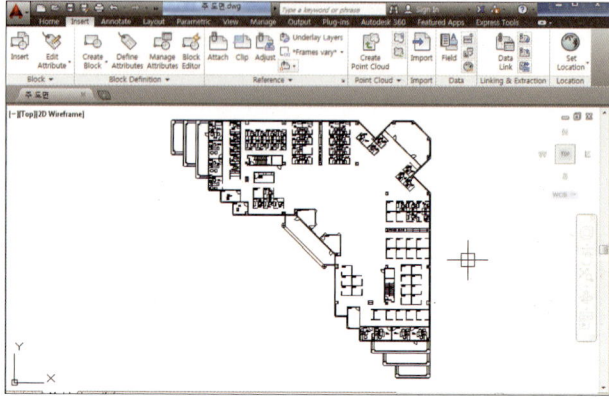

02. 주 도면 중앙부에 참조할 도면을 붙이기 위해 Xref 명령을 실행하고 External References에서 [Attach DWG]를 클릭합니다.

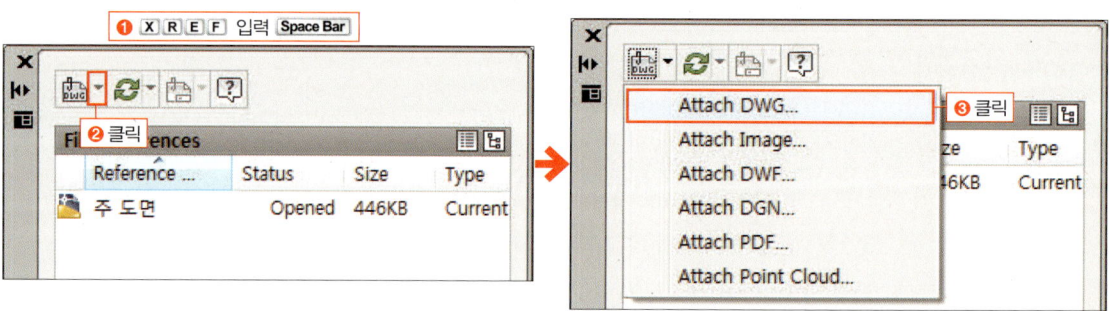

03. 참조할 예제 파일 '참조도면A.DWG' 파일을 선택하고 [Open] 버튼을 클릭합니다. 좌측의 미리 보기로 도면을 확인한 후 [OK] 버튼을 클릭합니다.

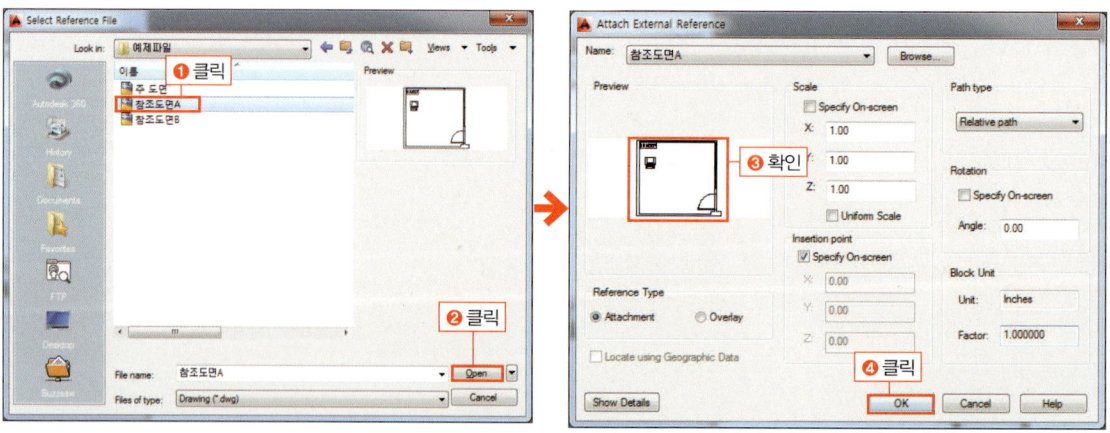

04. 삽입 화면에서 원점으로 입력하기 위해 '0,0'을 입력하고 Space Bar 를 누르면 '참조도면A.DWG' 파일이 주 도면에 첨부됩니다.

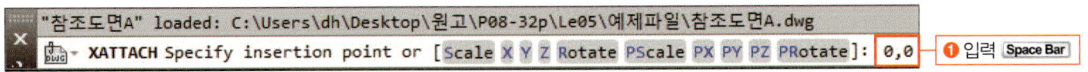

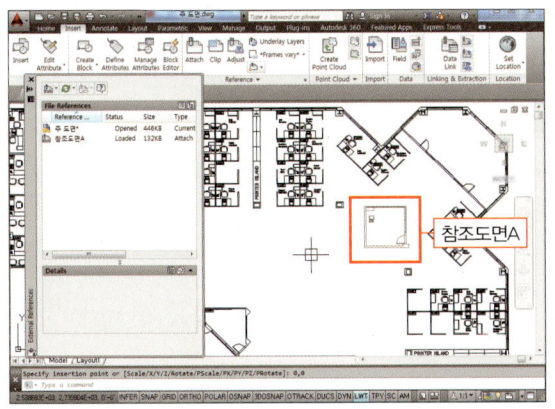

05. 같은 방법으로 '참조도면B.DWG' 파일을 그림과 같이 첨부합니다. 두 개의 도면이 첨부되면 주 도면을 저장하고 파일을 닫습니다.

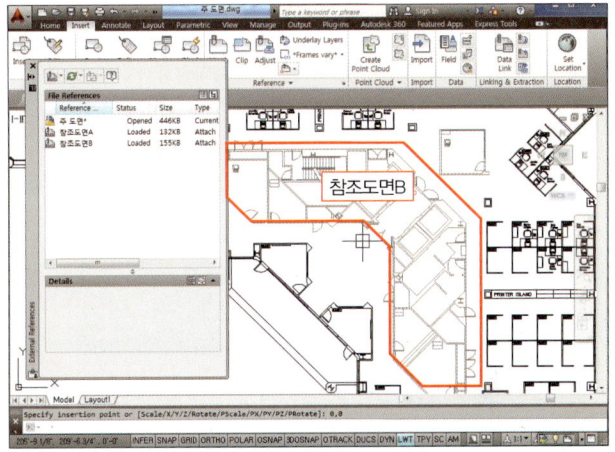

첨부된 A도면과 B도면을 수정하여 주 도면의 수정 여부를 확인해 보겠습니다.

예제 파일 ┃ DVD:₩Part08₩Lesson05₩참조도면A.DWG, 참조도면B.DWG

01. 첨부된 '참조도면A.DWG' 파일을 열어 수정하겠습니다. 모니터의 위치를 공간 가운데로 이동한 후 저장한 후 파일을 닫습니다.

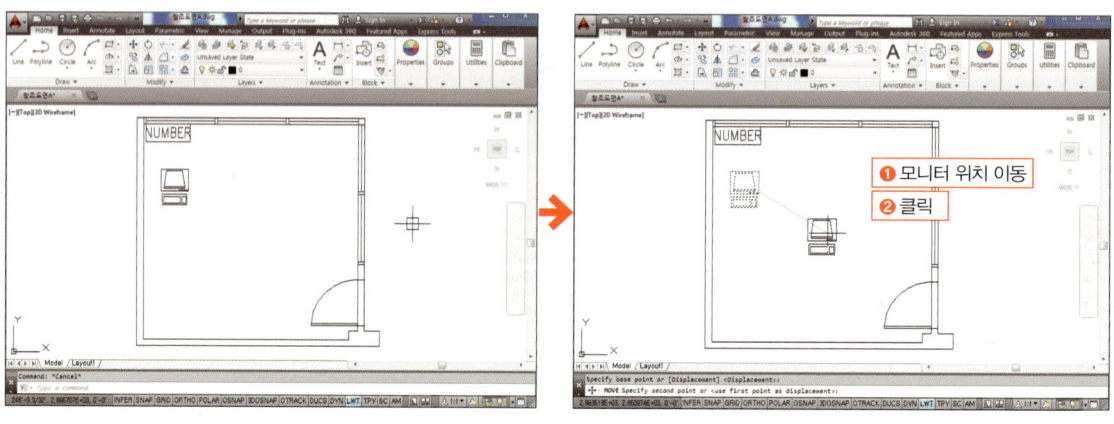

02. 이어서 첨부된 '참조도면B.DWG' 파일을 열어 수정하겠습니다. 다음과 같이 Hatch 명령을 사용해 바닥에 패턴을 넣은 후 저장하고 파일을 닫습니다.

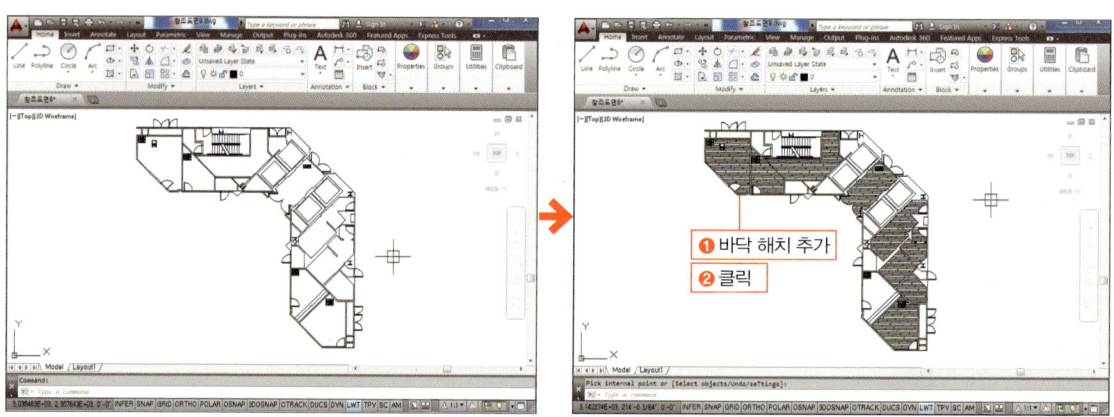

03. 주 도면을 열어 수정 내용이 반영된 것을 확인합니다. Xref 명령을 사용하면 공동 작업 시 별도의 의사 소통이 없더라도 원본이 수정되면 첨부된 도면의 수정은 자동으로 갱신됩니다.

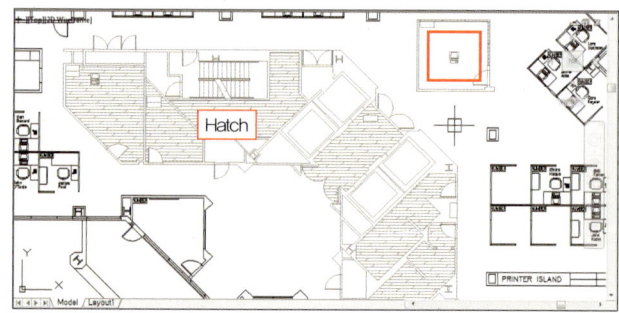

AutoCAD의 명령어를 아무리 많이 알고 있어도 그 기능을 어떻게 응용해야 할지 모른다면 업무 능력은 개선될 수 없습니다. 학습한 내용을 잘 적용하여 문제를 해결하고 효율적인 작업이 될 수 있도록 항상 고민하고 새로운 정보와 자기개발에 관심을 가져야 합니다.

■ 면적의 계산

건축 인테리어에서의 면적은 견적과 물량 산출에 매우 중요한 자료입니다. 면적 계산은 하나의 명령어로 작업하기 보다는 다수의 명령어를 사용해야 효율적으로 작업을 진행할 수 있습니다.

• Area **581P**

영역을 직접 지정하거나 영역을 선택하여 면적을 계산합니다. Add(더하기), Subtract(빼기) 옵션을 활용하면 계산이 가능하여 빠르게 작업을 마칠 수 있습니다.

• List **584P**

선택한 객체의 특성을 조회합니다. 닫혀있는 폴리라인인 경우 면적과 둘레를 쉽게 확인할 수 있습니다.

• Boundary **583P**

실내 공간과 같이 닫혀있는 영역에 폴리라인을 추가합니다. 영역이 폴리라인으로 되어있는 경우 Area나 List 명령으로 빠르게 조회할 수 있습니다.

• Quickcalc **585P**

숫자 패드를 사용하여 Area나 List 명령으로 조회한 면적을 쉽게 계산할 수 있습니다.

■ AutoCAD 도면의 활용

필요에 따라 작성된 AutoCAD 도면을 이미지 파일, PDF 파일로 출력이 가능합니다.

• Copy with base point **591P**

기준점을 지정하여 CopyClip으로 복사하여 문서 툴에 **Ctrl**+**V**로 붙여 넣기가 가능합니다.

• Exportpdf **594P**

선택한 객체를 PDF 파일로 출력합니다.

• Export **596P**

선택한 객체를 이미지 파일 등 다양한 포맷으로 출력합니다.

■ 글꼴 관련 문제 해결

도면에 문자는 Text Style을 생성하여 작성합니다. 문제가 있는 문자를 List 명령으로 조회하면 Text Style 등 다양한 정보를 조회할 수 있으므로 쉽게 해결할 수 있습니다.

■ 이미지 활용 – Attach `603P`

도면에 이미지를 첨부하거나 사진을 바탕으로 도면 요소를 작성할 수 있습니다.

■ 외부 도면의 참조 – Xref `608P`

현재 작업 중인 도면에 다른 도면을 첨부하면 작업의 효율성을 높이고 신속한 수정이 가능합니다.

01 | 다음 경비실 단면도를 작성하세요.

완성 파일 : DVD₩완성₩Part08₩Self Test 08.DWG
동영상 파일 : DVD₩완성₩Part08₩Self Test 08.AVI

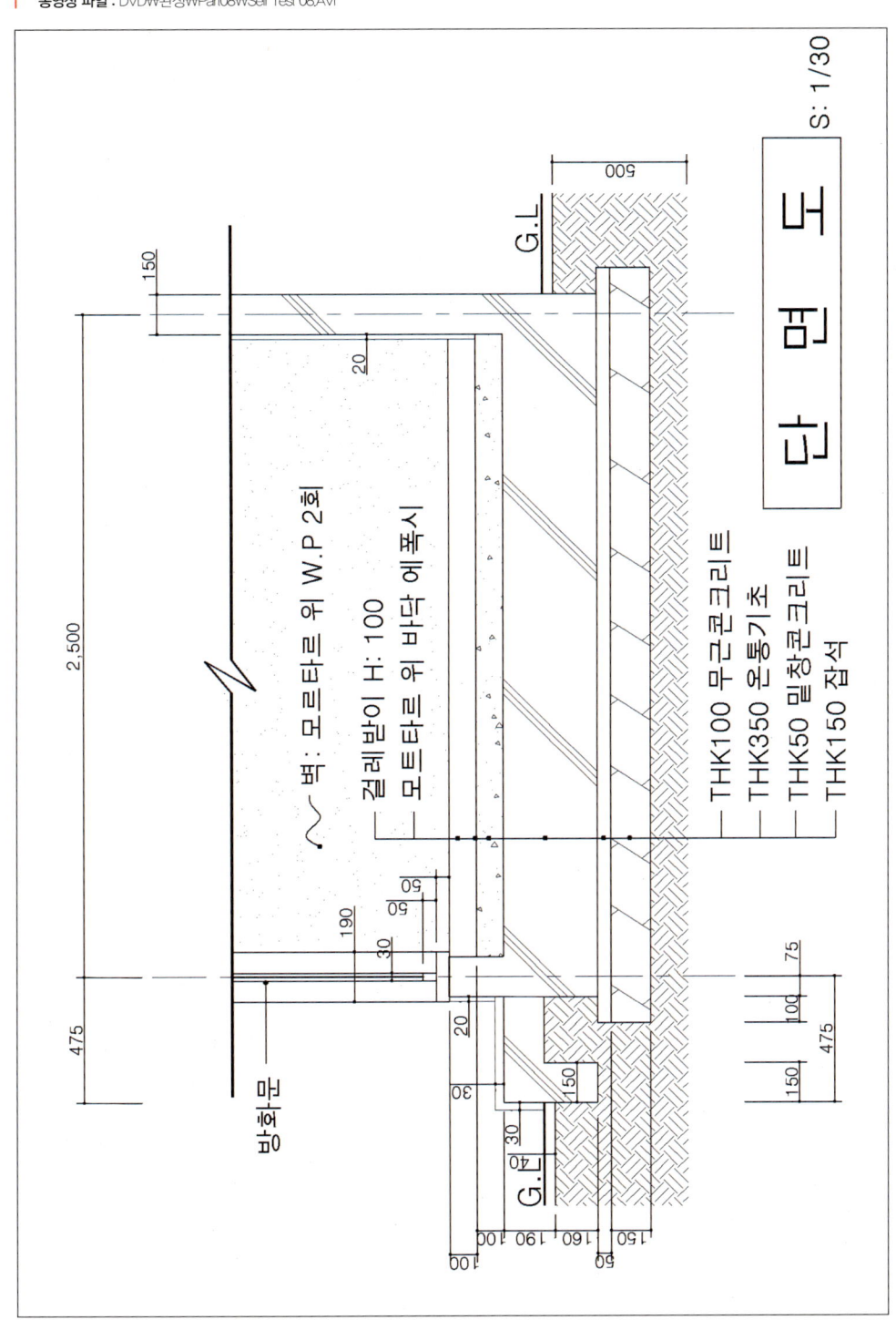

단 면 도

S: 1/30

벽 : 모르타르 위 W.P 2회

걸레받이 H : 100
모르타르 위 바닥 예폭시

THK100 무근콘크리트
THK350 온통기초
THK50 밑창콘크리트
THK150 잡석

방화문

G.L

2,500

475

국가기술 자격증
전산응용건축제도기능사
취득하기

AUTOCAD · 2014

지금까지 습득한 내용을 기반으로 건축 분야와
관련된 CAD 자격증을 취득할 수 있도록 자격검
정에 대한 내용을 알아보겠습니다. 자격증을 취
득하든 안하든 여러분의 선택이지만 필자의 경
험으로는 자격증 자체보다 자격증을 취득하는
과정이 너무나 중요합니다. 자격증을 취득하기
위해선 그만한 노력과 시간을 투자해야 하는 만
큼 시험의 결과를 떠나 시험에 응시할 수 있을
정도가 되면 AutoCAD의 기본기만큼은 탄탄하게
다져지게 됩니다. 시간의 여유가 있다면 한 번
도전하는 것도 나쁘지만은 않을 것입니다.

LESSON 01

레벨 ● ● ●

취득 가능한 AutoCAD 관련 자격증

현재 시행되고 있는 AutoCAD 관련 자격증은 산업인력공단에서 주관하는 전산응용 건축, 기계, 토목, 조선제도기능사와 한국ATC 협회에서 주관하는 AutoCAD 기술자격 2급, 1급 시험이 있습니다.

기초 탄탄 ▶ 한국 산업인력공단의 자격 검정 홈페이지, 큐—넷

▲ www.q-net.or.kr

유의 사항

○ 원서접수시간 : **원서접수 첫날 09:00부터 마지막 날 18:00까지임**

○ 필기 시험 합격(예정)자 및 최종 합격자 발표 시간은 해당 발표일 09:00임

○ 종목에 따라 시행 일정이 다르므로 아래 "등급 및 종목별 시행회"를 반드시 확인하기 바람

○ 천재지변, 응시인원 증가 등 부득이한 경우에는 시행 일정을 검정시행기관장이 조정할 수 있음

○ 토요일 시행(시범): 기사 제4회 및 기능사 제5회의 필기 및 필답형 시험

618

산업인력공단에서 시행하고 있는 취득 가능한 AutoCAD 관련 국가기술자격증(건설 분야)

■ 건축 분야 종목 - 전산응용건축제도기능사

• **시행처** : 한국산업인력공단

• **응시 자격** : 자격 제한 없음

• **시험 과목**
  필기 : 1.건축계획 및 제도 2.건축구조 3.건축재료
  실기 : 전산응용건축제도작업

• **검정 방법**
  필기 : 객관식 4지 택일형 60문항(60분)
  실기 : 작업형(4시간정도 내외)

• **합격 기준**
  필기 : 100점 만점 60점 이상
  실기 : 100점 만점 60점 이상

■ 토목분야 종목 - 전산응용토목제도기능사

• **시행처** : 한국산업인력공단

• **응시 자격** : 자격 제한 없음

• **시험 과목**
  필기 : 1. 토목제도(CAD) 2. 철근콘크리트 3. 토목일반구조
  실기 : 전산응용 토목제도 작업

• **검정 방법**
  필기 : 객관식 4지 택일형 60문항(60분)
  실기 : 작업형(4시간 정도)

• **합격 기준**
  필기 : 100점 만점 60점 이상
  실기 : 100점 만점 60점 이상

■ 이외

기계 분야의 전산응용기계제도기능사와 조선 분야의 전산응용조선제도기능사가 있지만 건축 분야와는 거리가 멀어 전공 지식이 필요합니다.

ATC 협회에서는 AutoCAD뿐만 아니라 3D-MAX, 인벤터, 스케치업에 대한 기술자격 시험을 시행하고 있습니다.

■ 자격 명칭 - AutoCAD 기술자격(2급)

• **시행처** : 한국ATC 협회 - www.eatc.co.kr

• **응시 자격** : 자격 제한 없음

• **시험 시간** : 실기 : 90분, 필기 : 없음

• **시험 문제** : 삼각법에 의한 2D 도면의 작성

• **시험 내용** : AutoCAD의 2차원 조작 및 설정에 필요한 명령어 지식과 도면을 읽고 작성하는데 필요한 기본적인 지식에 근거를 두고 있습니다.

• **채점 기준** : 작성된 도면의 치수(정확도)와 설정에 근거하여 일정 개수 이상 치수에 오차가 있으면 실격 입니다(합격 기준 : 60점이상/100점만점).

• **응시료** : 60,000원

■ 자격 명칭 - AutoCAD 기술자격(1급)

• **시행처** : 한국ATC 협회 - www.eatc.co.kr

• **응시 자격** : AutoCAD 기술자격2급 합격자

• **시험 시간** : 실기 : 90분, 필기 : 30분 총120분

• **시험 문제** : 3D 모델링의 거리 조회

• **시험 내용**

필기(25문항) : AutoCAD 명령어의 사용 및 설정에 필요한 지식과 도면의 이해와 관련된 25문항이 출제되며, 문제 유형은 명령어의 기능, 환경, 플롯, 유틸리티 등이 포함됩니다.

실기(5문항) : AutoCAD를 이용하여 2차원 도면과 그에 해당하는 3차원 물체를 솔리드 모델링 또는 표면 모델링을 이용하여 작성합니다. 총 작성할 모델링은 3개이며, 3D POLY 명령을 이용하여 거리 값을 입력하는 문제로 5문항이 출제됩니다.

• **채점 기준** : 200점 만점(필기 가산점 + 실기 200점)기준 총 120점 이상 합격됩니다.

필기시험은 가산점수로 적용, 실기시험 최저점은 80점(2문항)

합격 예1) 실기 120점(3문항)

합격 예2) 실기 80점(2문항) + 필기40점

• **응시료** : 70,000원

취득 가능한 AutoCAD 관련 자격증 중에서 건축 분야를 공부하고 있는 학생들이 가장 많이 취득하고 관심을 가지고 있는 '전산응용건축제도기능사'에 대해 알아보겠습니다. 1997년 종목이 신설되었지만 출제 문제의 유형이 단층 주택에서 크게 벗어나지 않고 지금까지 출제되고 있어 주택을 충분히 이해하고 평면도를 해독할 수 있다면 합격하는데 큰 어려움은 없습니다.

■ 취득 절차

시험은 필기시험과 실기시험으로 나누어져 있습니다. 기능사 시험은 1년에 5회 실시하지만 일반인이 응시할 수 있는 시험은 1, 2, 4, 5회로 4번입니다. '큐넷'이라고 하는 산업인력공단의 자격검정 홈페이지(www.q-net.or.kr)에서 원서를 접수하고 지정된 장소에서 시험에 응시하면 됩니다.

■ 필기

건축계획 및 제도, 건축구조, 건축재료 과목으로 총 60문제가 출제되어 60점(36문제) 이상이면 합격입니다. 필기시험을 합격하면 실기시험에 응시할 수 있고 향후 2년 동안 필기시험이 면제되기 때문에 실기시험에 불합격하더라도 다음 실기시험에 원서 접수를 하면 다시 시험에 응시할 수 있습니다.

• 필기시험 출제기준

직무 분야	건 축	자격 종목	전산응용건축제도기능사	적용 기간	2011. 1. 1 ~ 2015. 12. 31
○ **직무 내용** : 건축물의 기본 설계도 또는 계획 설계도에 따라 컴퓨터를 사용하여 건축 설계에서 의도하는 바를 현장에 필요한 도면으로 표현하는 등의 직무 수행					
필기검정 방법	객관식	문제수	60	시험시간	1시간

필기 과목명	문제 수	주요 항목	세부 항목	세세 항목
건축계획 및 제도, 건축구조, 건축재료	60	1. 건축계획일반	1. 건축계획과정	1. 건축계획과 설계
				2. 건축계획진행
				3. 건축공간
				4. 건축법의 이해
			2. 조형계획	1. 조형의 구성
				2. 건축형태의 구성
				3. 색채계획
			3. 건축환경계획	1. 자연환경
				2. 열환경
				3. 공기환경
				4. 음환경

				5. 빛환경
			4. 주거건축계획	1. 주택계획과 분류
				2. 주거생활의 이해
				3. 배치 및 평면계획
				4. 단위공간계획
				5. 단지계획
		2. 건축설비	1. 급·배수 위생설비	1. 급수설비
				2. 급탕설비
				3. 배수설비
				4. 위생기구
			2. 냉·난방 및 공기조화 설비	1. 냉방설비
				2. 난방설비
				3. 환기설비
				4. 공기조화설비
			3. 전기설비	1. 조명설비
				2. 배전 및 배선설비
				3. 방재설비
				4. 전원설비
			4. 가스 및 소화설비	1. 가스설비
				2. 소화설비
			5. 정보 및 승강설비	1. 정보설비
				2. 승강설비
		3. 건축제도	1. 제도규약	1. KS건축제도통칙
				2. 도면의 표시방법에 관한 사항
			2. 건축물의 묘사와 표현	1. 건축물의 묘사
				2. 건축물의 표현
			3. 건축설계도면	1. 설계도면의 종류
				2. 설계도면의 작도법
			4. 각 구조부의 제도	1. 구조부의 이해
				2. 재료표시기호
				3. 기초와 바닥
				4. 벽체와 창호
				5. 계단과 지붕
				6. 보와 기둥

필기 과목명	문제 수	주요 항목	세부 항목	세세 항목
		4. 일반구조	1. 건축구조의 일반사항	1. 건축구조의 개념
				2. 건축구조의 분류
				3. 각 구조의 특성
			2. 건축물의 각 구조	1. 조적구조
				2. 철근콘크리트구조
				3. 철골구조
				4. 목구조
		5. 구조시스템	1. 일반구조시스템	1. 골조구조
				2. 벽식구조
				3. 아치구조
			2. 특수구조	1. 절판구조
				2. 셸구조와 돔구조
				3. 트러스구조
				4. 현수구조
				5. 막구조
		6. 건축재료일반	1. 건축재료의 발달	1. 건축재료학의 구성
				2. 건축재료의 생산과 발달 과정
			2. 건축재료의 분류와 요구 성능	1. 건축재료의 분류
				2. 건축재료의 요구 성능
			3. 건축재료의 일반적 성질	1. 역학적 성질
				2. 물리적 성질
				3. 화학적 성질
				4. 내구성 및 내후성
		7. 각종 건축재료 및 실내건축 재료의 특성, 용도, 규격에 관한 사항	1. 각종 건축재료의 특성, 용도, 규격에 관한 사항	1. 목재 및 석재
				2. 시멘트 및 콘크리트
				3. 점토재료
				4. 금속재, 유리
				5. 미장, 방수재료
				6. 합성수지, 도장재료, 접착제
				7. 단열재료
			2. 각종 실내건축재료의 특성, 용도, 규격에 관한 사항	1. 바닥 마감재
				2. 벽 마감재
				3. 천장 마감재
				4. 기타 마감재

■ 실기

실기문제는 조적조와 철근콘크리트구조로 된 단층 주택의 평면도가 제시되어 도면을 해독해 요구하는 부분의 단면 상세도와 외부 입면도를 작성하는 문제가 출제됩니다. 시험시간은 보통 4시간이 주어지는 데 주어진 시간에 두 가지 문제를 모두 작업하여 출력하면 됩니다.

• 실기시험 출제기준

직무 분야	건 축	자격 종목	전산응용건축제도기능사	적용 기간	2011. 1. 1 ~ 2015. 12. 31
○**직무내용** : 건축물의 기본 설계도 또는 계획 설계도에 따라 컴퓨터를 사용하여 건축설계에서 의도하는 바를 현장에 필요한 도면으로 표현하는 등의 직무 수행 ○**수행준거** : 1. CAD 소프트웨어를 시스템에 설치하고 활용할 수 있다. 　　　　　　 2. CAD에 의한 건축물의 부분별(기초, 벽체, 바닥, 지붕, 반자, 계단, 창호 등) 상세 도면을 작성할 수 있다. 　　　　　　 3. 단독 주택의 도면을 작성할 수 있다. 　　　　　　 4. 공동 주택의 도면을 작성할 수 있다. 　　　　　　 5. 도면을 작성하여 출력하고 파일을 보관할 수 있다. 　　　　　　 6. 도면 작성 시 기호에 의한 표준화 작업을 할 수 있다.					
실기검정방법	작업형		시험시간		4시간 정도

실기 과목명	주요 항목	세부 항목	세세 항목
전산응용건축제도 작업	1. CAD시스템에 의한 도면작업	1. 건축물의 부분별 상세 제도 하기	1. 기초 그리기를 할 수 있어야 한다.
			2. 벽체 그리기를 할 수 있어야 한다.
			3. 바닥 그리기를 할 수 있어야 한다.
			4. 지붕 그리기를 할 수 있어야 한다.
			5. 반자 그리기를 할 수 있어야 한다.
			6. 계단 그리기를 할 수 있어야 한다.
			7. 창호 그리기를 할 수 있어야 한다.
		2. 단독 주택의 설계하기	1. 주택의 설계를 할 수 있어야 한다.
			2. 배치도 그리기를 할 수 있어야 한다.
			3. 각종 평면도 그리기를 할 수 있어야 한다.
			4. 입면도 그리기를 할 수 있어야 한다.
			5. 단면도 그리기를 할 수 있어야 한다.
			6. 창호도 그리기를 할 수 있어야 한다.
		3. 공동 주택의 설계하기	1. 배치도 그리기를 할 수 있어야 한다.
			2. 각종 평면도 그리기를 할 수 있어야 한다.
			3. 입면도 그리기를 할 수 있어야 한다.
			4. 단면도 그리기를 할 수 있어야 한다.
			5. 배근도 그리기를 할 수 있어야 한다.
	2. 자료의 보관 및 작업의 표준화	1. 자료의 보관하기	1. 파일의 작성할 수 있어야 한다.
			2. 최종 도면의 출력을 할 수 있어야 한다.
		2. 작업의 표준화하기	1. Symbol화 작업을 할 수 있어야 한다.
			2. 도면의 검색을 할 수 있어야 한다

출제되는 도면의 유형과 설계 조건에 대한 내용을 충분히 이해하고 작업을 진행해야 합니다.

■ 출제되는 평면도

아래와 같은 단층 주택의 평면도가 주어집니다.

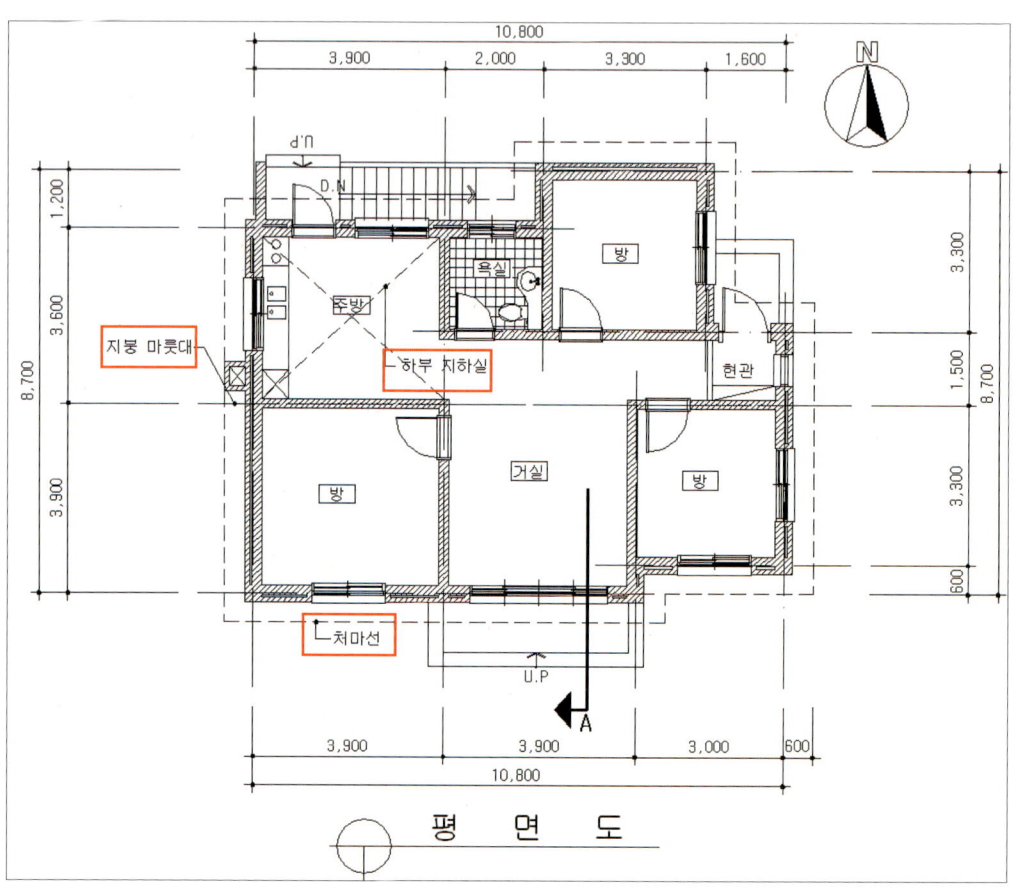

평 면 도

1. 도면에 표시된 지시선의 내용을 알아보 겠습니다.

- **지붕 마룻대** : 지붕에서 양쪽의 경사가 지붕 꼭대기에서 만나게 되는 부분을 말합니다.
- **처마선** : 파선으로 나타낸 부분으로 지붕의 끝을 표시합니다. 처마선의 거리 기준은 외벽의 중심에서부터입니다.
- **하부 지하실** : 도면에 X로 표기된 부분으로 표시된 부분 하부에 지하실이 있다는 표시입니다.

2. 단면도 작성

도면에 표기된 A부분을 수직으로 절단한 면을 표현해야 하는데 이를 작업하기 위해선 건축 구조에 대한 기본적인 지식을 알아야 합니다. 다음 Lesson에서 예제를 통해 학습하겠습니다. 다음 도면의 A부분은 2단의 계단과 테라스의 창문이 절단된 단면을 그림과 같이 작업해야 합니다.

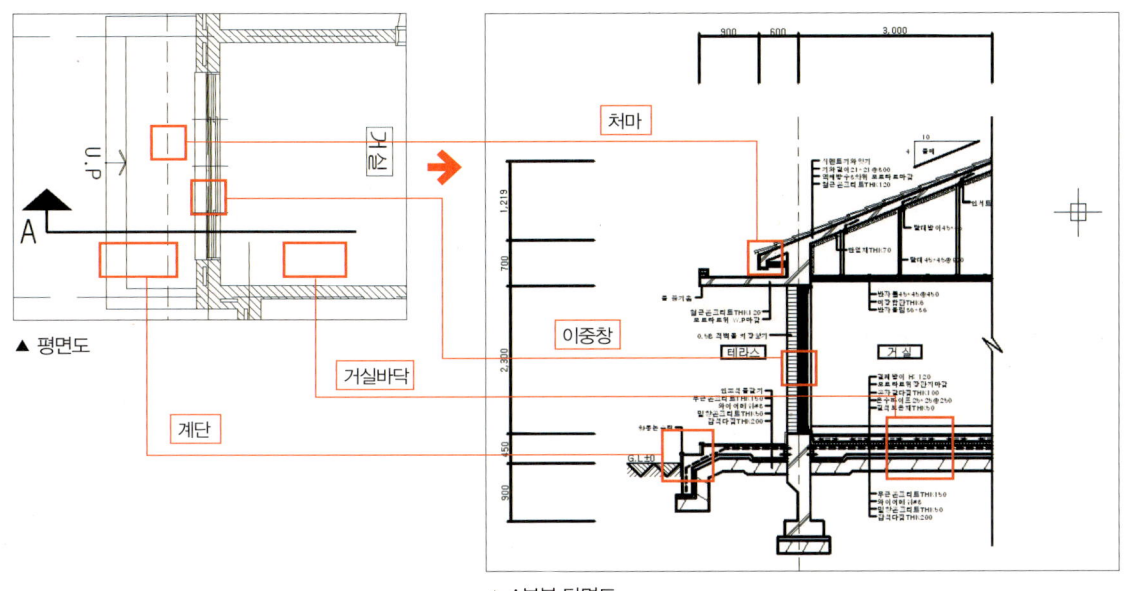

▲ 평면도

▲ A부분 단면도

3. 입면도 작성

동서남북 중 지정된 방향에서 바라본 주택의 외형을 작업해야 합니다.

예를 들어 도면의 남측 입면도를 작성해야 한다면 다음과 같이 주변 환경을 고려하여 보이는 요소(굴뚝, 화단, 난간, 계단 등)를 모두 작업해야 합니다.

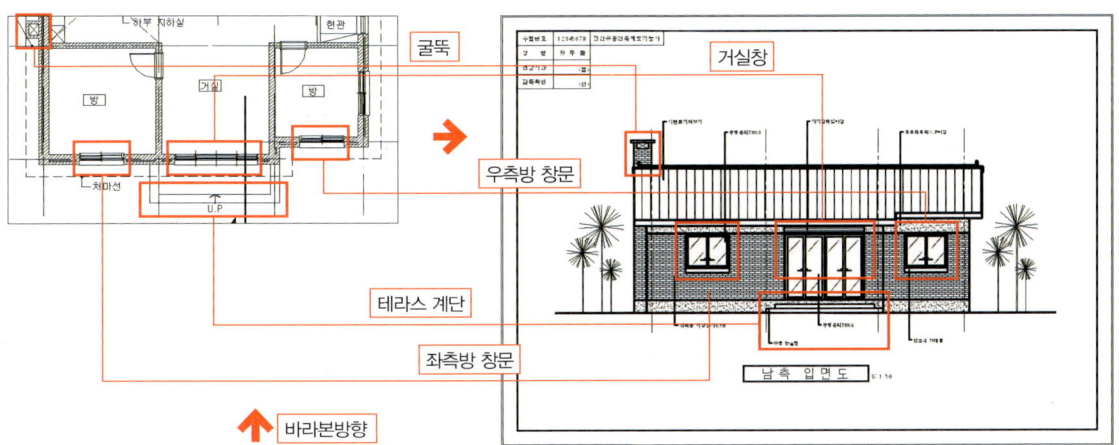

02 부분 단면 상세도 작성하기

레 벨 ● ● ●

가장 기본적이고 시험에 많이 출제되었던 문제의 작성 순서와 방법을 알아보겠습니다. 시험에는 부분 단면도 와 외부 입면도 2장의 도면을 작성해야 합니다. 시간 관리와 작업 순서상 단면도를 먼저 작업하는 것이 좋습 니다. 이번 Lesson02에서는 부분 단면도를 작성해 보겠습니다.

STEP 01 • 단면도 작성

도면을 작성하기 전에 레이어와 도면 양식을 만들고 시작해야 합니다. 필요한 레이어를 구성하고 Mvsetup 명령을 사용하여 지정된 A3(420×297) 규격의 도면 양식을 만들어 보겠습니다. 시험 시 선의 색상은 노랑과 하늘색이 사용되므로 작업 영역을 검은색으로 설정하고 작업을 진행해야 선의 구분이 용 이 합니다.

■ 배경색 변경 방법

단축키 **O** **P** 를 입력하고 **Space Bar** 를 눌러 [Options] 대화상자를 불러옵니다. [Display]에서 하단 의 [Colors] 버튼을 클릭한 후 우측 상단의 색상을 검은색으로 변경합니다. 변경 후 하단의 [Apply & Close] 버튼을 클릭하고 [OK] 버튼을 클릭합니다.

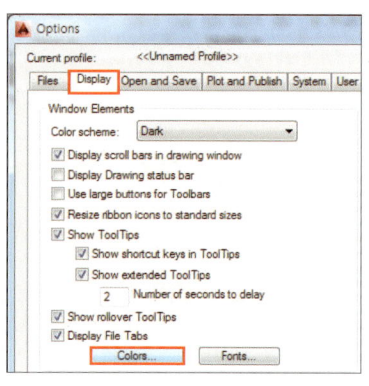
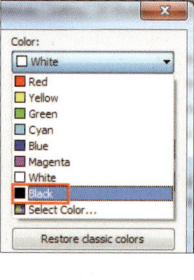

■ 필요한 레이어와 선의 종류

단면선 : 노랑 　　　 − Continuous(실선) 　　 − 0.4mm
입면선 : 흰색 　　　 − Continuous(실선) 　　 − 0.3mm
중심선 : 빨강 　　　 − Center(일점쇄선) 　　 − 0.2mm

해칭선 : 파랑　　　－ Continuous(실선)　　－ 0.1(0.09)mm

마감선 : 녹색　　　－ Continuous(실선)　　－ 0.2mm

치수 및 문자 : 하늘 － Continuous(실선)　　－ 0.3mm

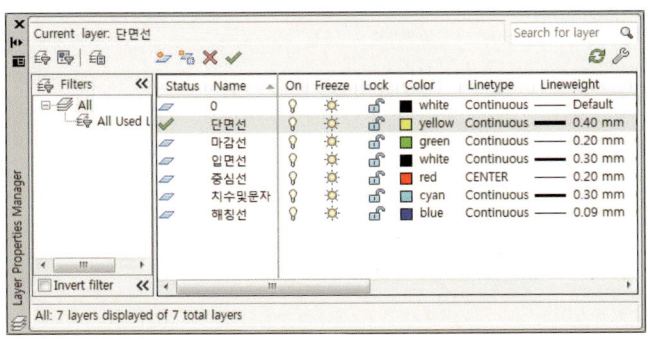

6개의 레이어를 만들고 선의 종류는 'Hidden, Center, Batting'을 불러와 중심선 레이어만 선의 종류를 'Center'로 변경합니다.

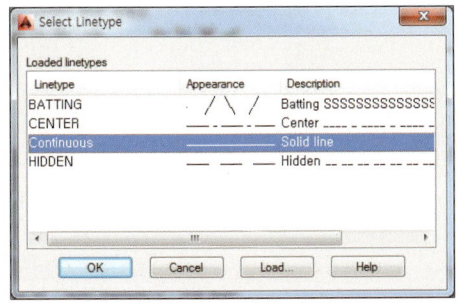

■ 표제란 작성

01. 출력 용지 크기인 A3(420×297) 크기의 사각형을 Rectangle 명령으로 작성하고, Offset 명령으로 사각형 안쪽으로 '10'만큼 복사해 테두리선을 작성합니다.

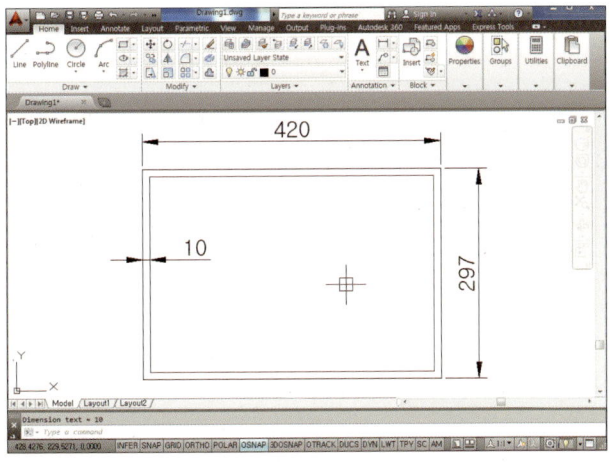

02. 표제란은 여백에 제시된 크기로 작성한 후 다음과 같이 좌측 상단에 배치합니다.

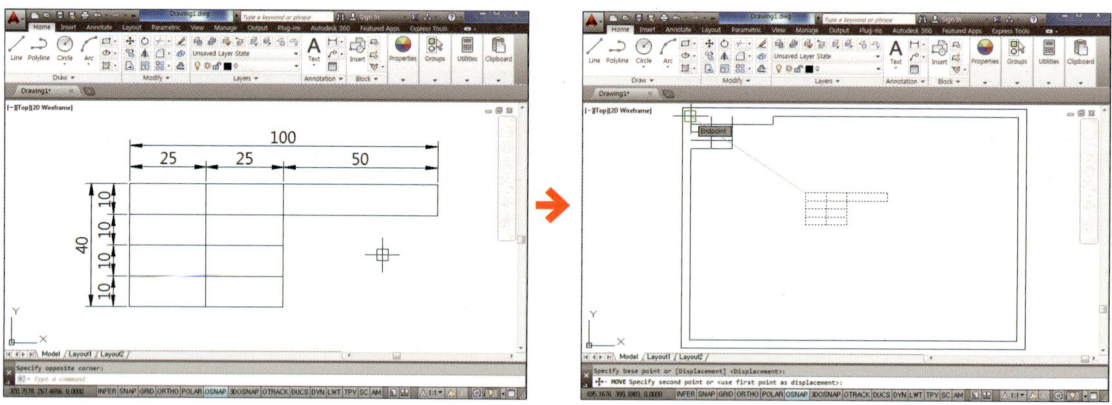

03. 단면도는 1/40로 작성해야 하므로 양식을 '40'배 크게 해야 도면을 작성할 수 있습니다. 단축키 S C 를 입력한 후 Space Bar 를 눌러 Scale 명령을 실행해 양식을 '40배' 크게 합니다.

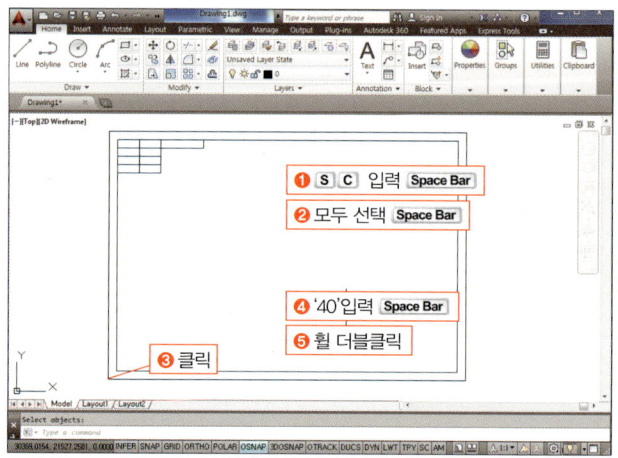

❶ S C 입력 Space Bar

❷ 모두 선택 Space Bar

❹ '40'입력 Space Bar

❺ 휠 더블클릭

❸ 클릭

04. 테두리 선을 Pedit 명령으로 두껍게 하고 문자를 기입하겠습니다. 단축키 P E 를 입력한 후 Space Bar 를 눌러 Pedit 명령을 실행합니다. 테두리 선(②)을 클릭하고 W 를 입력한 후 Space Bar 를 눌러 두께 값 '40'을 입력하면 선이 두꺼워집니다. Esc 를 눌러 종료합니다.

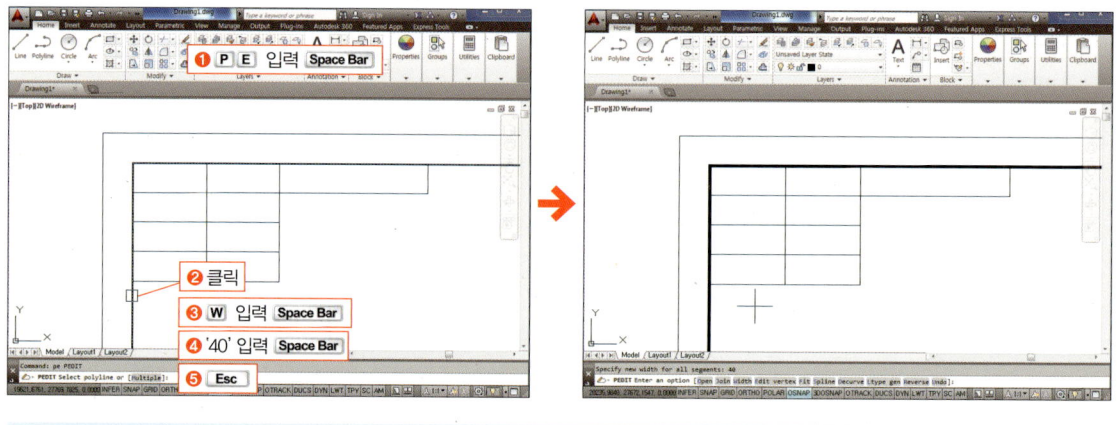

❶ P E 입력 Space Bar

❷ 클릭

❸ W 입력 Space Bar

❹ '40' 입력 Space Bar

❺ Esc

command:	P E 입력한 후 Space Bar
PEDIT Select polyline or [Multiple]:	사각형(②) 클릭하고 W 입력한 후 Space Bar
Specify new width for all segments:	'40' 입력한 후 Space Bar , Esc

05. 문자를 쓰기 위해 Style 명령으로 문자 스타일을 만듭니다. 단축키 **S T**를 입력한 후 **Space Bar**를 눌러 [Text Style] 대화상자를 불러옵니다. [New] 버튼을 클릭하고 스타일 이름을 '돋움'으로 하고 폰트는 돋움을 선택합니다.

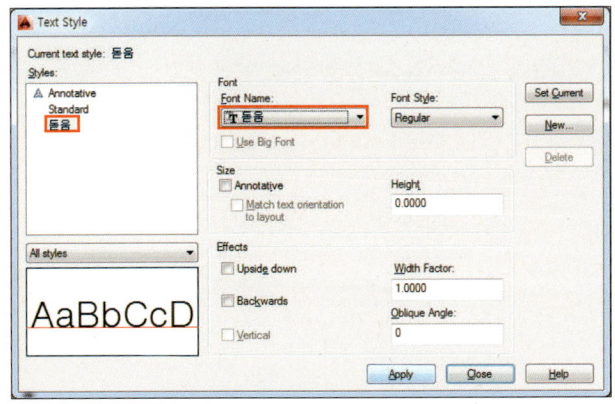

TIP : 스타일을 추가하지 않고 'Standard'를 사용해도 됩니다.

06. 단축키 **D T**를 입력한 후 **Space Bar**를 눌러 Dtext 명령을 실행합니다. 문자 높이 '120'으로 하여 그림과 같이 작성합니다. 수험번호를 먼저 기입하고 적당한 위치에 배치한 다음 Copy 명령으로 복사한 후 더블클릭하여 수정합니다.

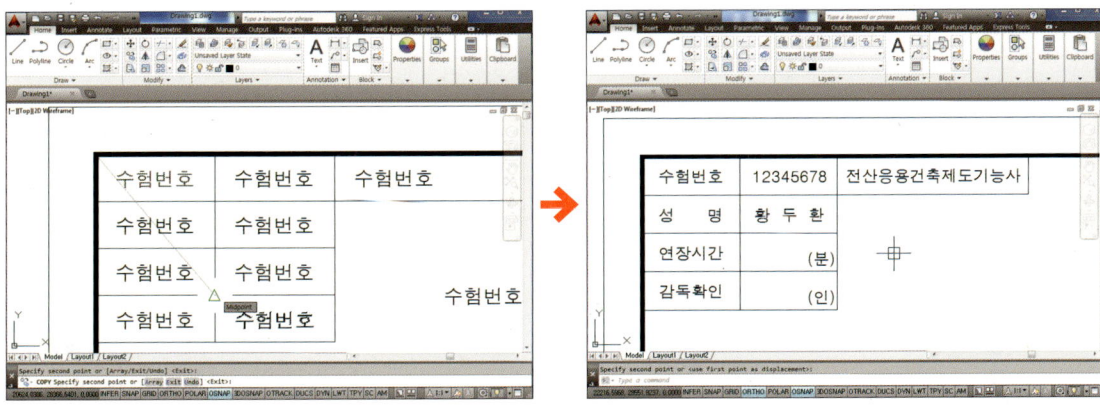

▲ 문자 입력 후 Copy 명령 적용　　　　　▲ 문자 수정

■ 부분 단면도의 주요 부분

지붕과 천장 부분

• **기와** : 지붕면의 기와는 시멘트 기와를 '300' 간격으로 배치하게 됩니다. 절단되는 부분이기 때문에 단면선으로 작업해야 하나 두께가 얇기 때문에 마감선으로 작업합니다.

▲ 시멘트 기와 그리기

TIP : 기와는 Polyline 명령으로 작성해야 편집이 쉽습니다.

- **천장의 반자** : 반자틀과 합판으로 구성되어 있습니다. 이 합판에 도배를 하게 됩니다. 반자틀은 부재이므로 재료 표시를 사선 하나로 하고 '450' 간격으로 배치해 아래 붙는 합판을 고정시킬 수 있도록 합니다. 반자돌림(몰딩)은 치장재(장식재)이므로 세개의 선으로 표현하고 벽과 천장이 교차되는 부분에 배치합니다.

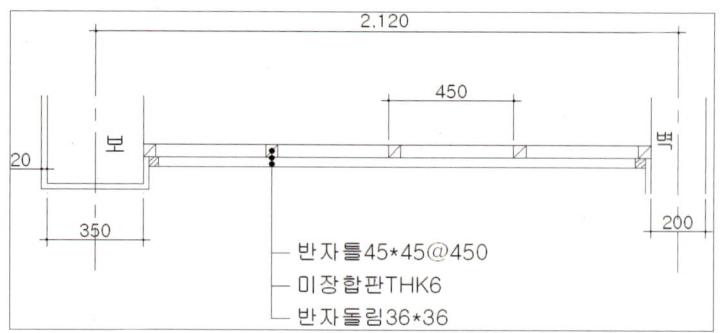

- **반자틀, 반자돌림** : 단면선(재료 표시는 해칭선)

선(①)은 반자틀이 직각으로 교차되어 배치되기 때문에 가로로 배치된 반자틀이 보이는 선입니다. 그러므로 입면선으로 작업해야 하고 선(②) 또한 가로 방향의 반자돌림이므로 입면선입니다. 선(③)은 6mm합판으로 단면선으로 합니다.

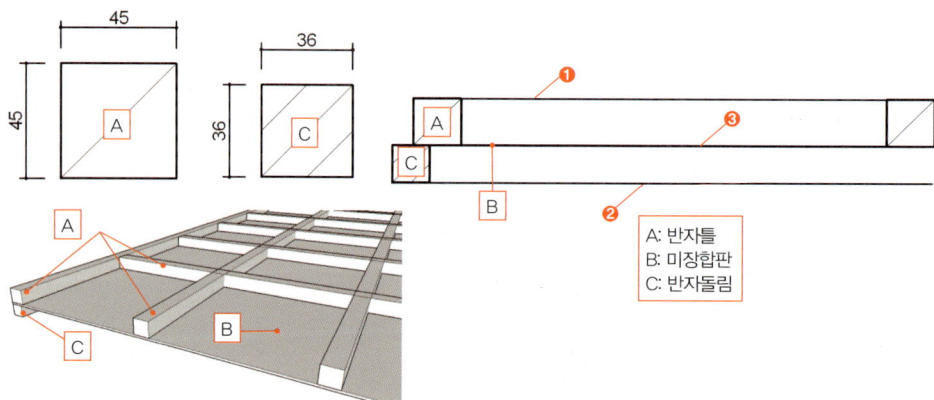

- **보, 벽체** : 단면선(보와 벽체의 모르타르 마감 '20'은 마감선)

- **달대와 달대받이** : 달대는 천장에 반자를 달아서 지붕 슬래브에 연결해 주는 역할을 하고, 달대받이는 달대와 지붕 슬래브를 인서트로 고정합니다.

달대는 입면선으로 작업하고, 달대받이는 절단되므로 단면선으로, 인서트는 지붕 슬래브에 묻히므로 단면선으로 한 후 선의 종류를 Hidden(숨은선)으로 변경합니다. 재료 표시는 반자틀과 같게 합니다. 인서트의 길이는 위와 비슷한 길이로 작업해 Properties로 선의 축척을 변경합니다.

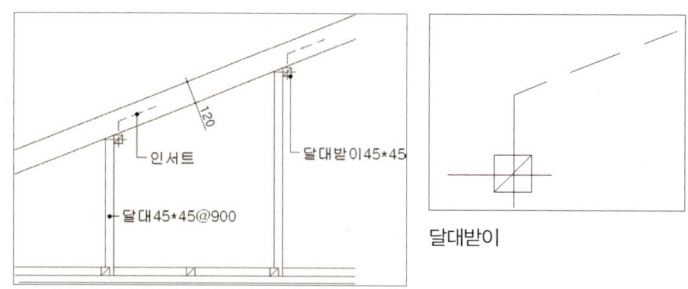

- **용머리기와** : 용머리는 장식적인 역할이 주가 되고 암키와, 수키와는 마룻대를 위에 좌우의 기왓장을 덮어서 작업합니다.

  암키와와 수키와의 두께는 '20'으로 하고 용머리의 크기는 아래 그림과 같이 너무 크지 않게 Circle 명령을 사용하여 만듭니다. 기와를 작업한 후 좌우의 마지막 기왓장을 모르타르로 덮고 그 위로 암키와와 수키와를 올린 후 용머리기와를 Circle 명령을 사용해 적당한 크기로 만듭니다.

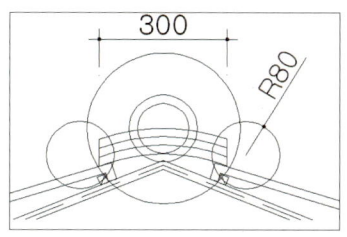 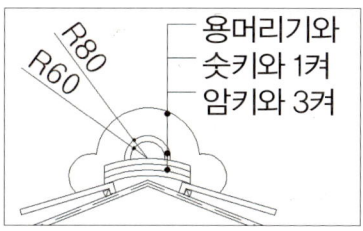

- **지붕 슬래브** : 지붕 슬래브는 처마와 외벽상부의 보가 하나의 덩어리로 되어있습니다. 철근콘크리트로 되어 있지만 철근의 배근까지 표현할 필요는 없습니다. 처마나옴의 길이는 '550~600'으로 문제의 조건에 제시됩니다.

  철근콘크리트는 절단되므로 단면선으로 하고 재료 표시는 다른 것과 마찬가지로 해칭선으로 표현합니다. 지붕에 경사선을 작업하기 위해서는 물매(지붕경사)를 확인하고 '가로1000', '세로400' 선의 끝을 이어 경사의 각도를 찾아야 합니다. 물매가 3.5/10이면 '가로1000', '세로350' 선의 끝을 이어 경사의 각도를 찾습니다.

- **처마와 보의 작도**

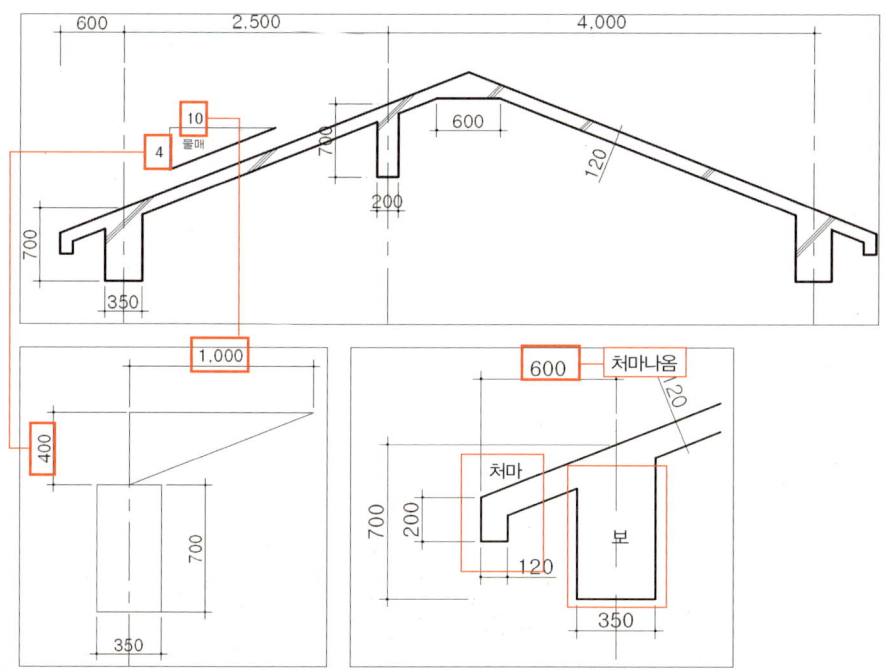

■ 기초

기초 : 기초는 줄기초로 합니다. 기초의 두께는 상부의 벽체 두께와 동일하게 하고 G.L(지반선)에서 기초 판까지의 깊이는 '700~900'으로 하여 줄기초를 작업합니다.

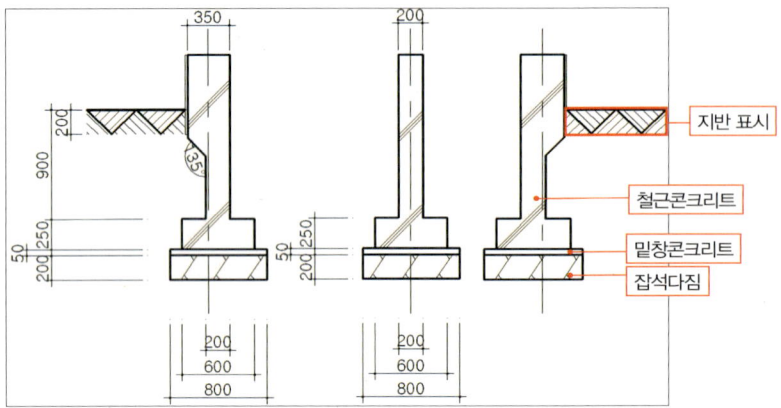

철근콘크리트와 밑창콘크리트 잡석다짐은 단면선으로 작업합니다. 잡석다짐은 Pedit 명령의 [Width] 옵션을 사용하여 '15~20' 정도로 두껍게 처리하고 경계 부분을 단면선으로 하고 안쪽의 사선은 Hatch 명령으로 작업 후 해칭선으로 변경합니다.

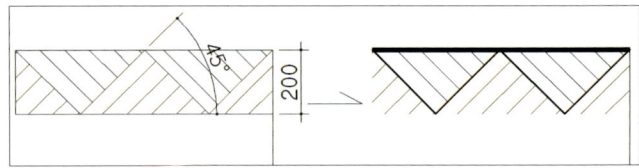

■ 바닥 구조

바닥 구조는 크게 난방이 필요한 부분과 필요하지 않은 부분으로 나누어집니다. 주택에서 난방이 필요한 곳은 방, 거실, 주방이고 욕실, 현관, 테라스는 난방이 필요 없어 바닥 구조가 난방이 필요한 곳보다 간단합니다.

현관 바닥(난방을 하지 않는 바닥)

재료층의 순서와 재료의 두께를 암기해야 작도할 수 있습니다. 계단의 높이는 바닥 높이에서 계단의 단수를 나누어 높이를 정합니다. 바닥 구조에서도 마찬가지 절단되는 부분은 단면선으로 재료 표시는 해칭선으로 작업하고 마무리되는 부분의 재료는 마감선 레이어로 변경합니다.

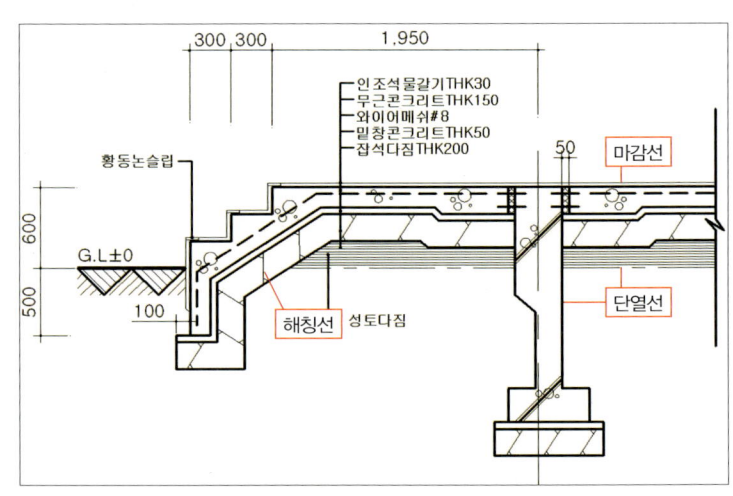

무근콘크리트와 철근콘크리트 연결 부분

잡석다짐의 표현은 그림과 같이 Line 명령을 사용하여 하나를 그린 후 복사하여 사용합니다. 잡석다짐의 선은 각도와 모양에는 정답이 없으니 통일성 있게 작업하면 됩니다.

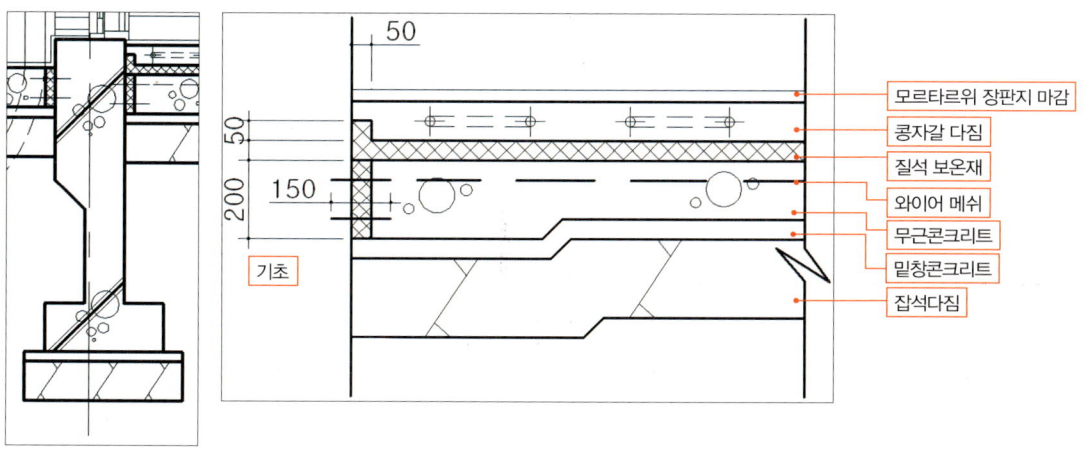

• 방, 거실, 주방 바닥(난방을 하는 바닥)

온수난방 파이프

파이프에 Center Mark를 넣고 고정철물 표현을 파선으로 합니다. 파이프도 절단되어 단면선으로 해야 하지만 워낙 작게 표현되기 때문에 마감선이나 해칭선으로 표현합니다. G.L에서 실내 바닥의 최소 높이는 '450'입니다. 구조에 따라 바닥 높이는 '450' 이상이 되는 경우도 많이 있습니다.

• 온수난방 바닥 구조

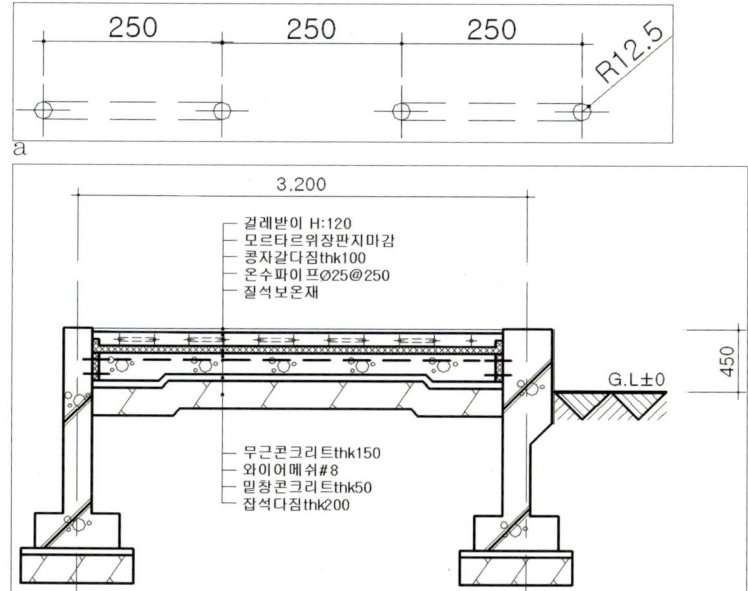

• 욕실과 지하실 바닥(방수를 하는 바닥)

일반적으로 욕실과 주방 하부에 지하실이 있습니다. 지하실의 높이는 바닥에서 천장까지를 '2100'으로 하고 욕실과 지하실의 바닥은 철근콘크리트 위로 모르타르, 방수제, 타일 순으로 작업이 이루어집니다. 콘크리트 바닥에서 Offset 명령으로 '10'만큼 상단으로 2회 복사해 가운데 있는 선을 파선(Hidden)으로 변경하여 표현합니다.

• 욕실, 지하실 구조

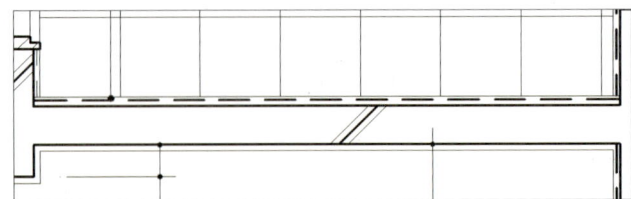

욕실 바닥과 지하실의 천장 부분

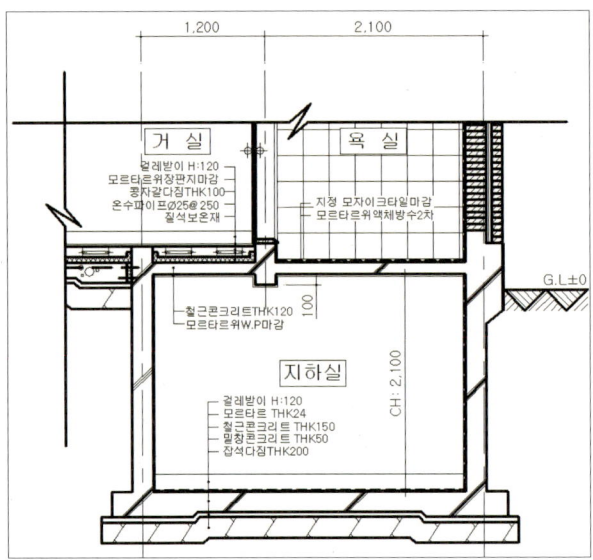

■ 현관, 테라스 상부의 캔틸레버

캔틸레버의 길이는 현관과 테라스의 외부 공간을 덮을 수 있는 만큼 길게 늘어뜨려 작업하면 됩니다. 끝부분은 빗물이 흐르는 것을 막기 위해 벽돌로 막아주고 표면은 방수 처리를 해야 합니다. 캔틸레버의 철근 콘크리트 두께는 지붕슬래브와 같이 'THK120'으로 합니다.

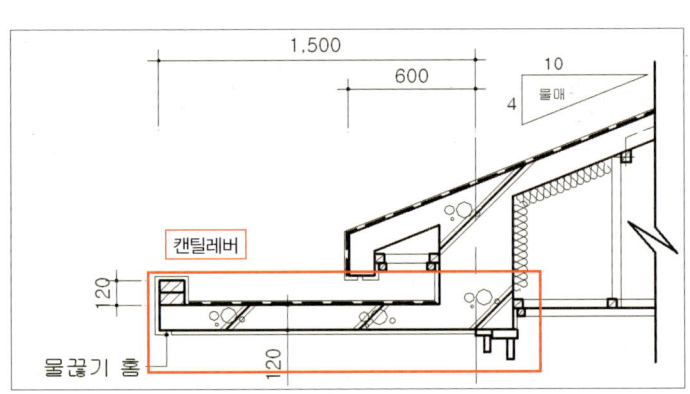

■ 지붕에 기와 올리기

예제 파일 | DVD₩예제₩부록₩Lesson02₩기와.배열.DWG **완성 파일 |** DVD₩완성₩부록₩Lesson02₩기와완성.배열완성.DWG

01. 기와를 만들어 지붕면에 올려보겠습니다. 예제 파일을 불러온 후 먼저 기와를 아래와 같은 크기로 그리고 Align 명령을 사용해 지붕면에 부착시킵니다.

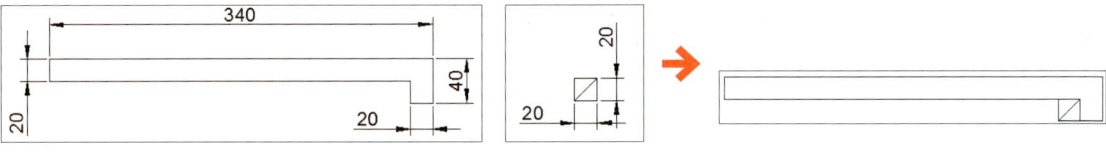

> **TIP :** 기와는 Polyline(PL)으로 그려야 편집이 쉽습니다.

02. 단축키 **A** **L**을 입력한 후 **Space Bar**를 눌러 Align 명령을 실행합니다. 기와를 선택하고 그림과 같이 기와를 배치합니다.

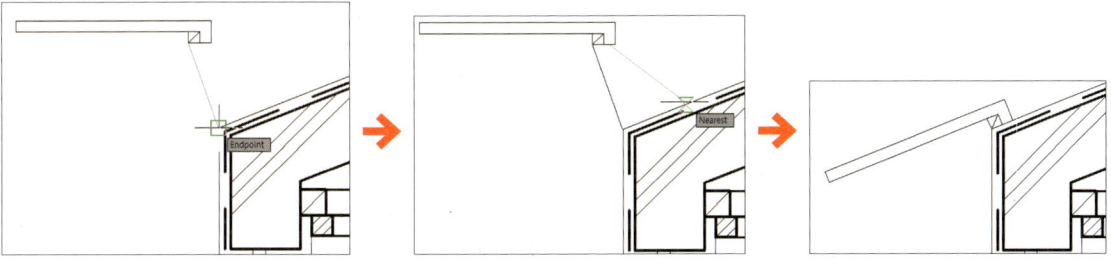

03. Rotate 명령을 이용하여 배치된 기와를 ① 부분을 기준점으로 '-5'도 회전시킵니다.

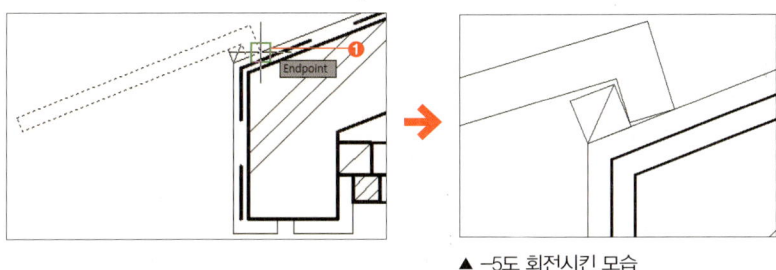

▲ -5도 회전시킨 모습

04. Array 명령을 사용하여 배열시키기 위해 좌표계의 방향을 변경하겠습니다. 명령어 **U** **C** **S**를 입력한 후 **Space Bar**를 누르고, ①과 ② 부분을 클릭한 다음 **Space Bar**를 누릅니다. X축과 Y축이 변경된 것을 확인할 수 있습니다.

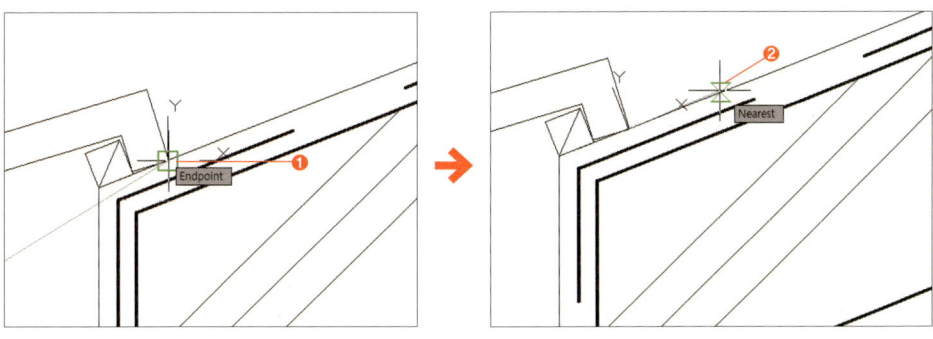

부록 · 국가기술 자격증

637

05. 이제 단축키 A R 을 입력한 후 Space Bar 를 눌러 Array 명령을 실행합니다. 객체를 선택하고 [Rectangular] 배열을 적용해 다음과 같이 배열합니다. 종료 후 좌표를 처음 상태로 돌리기 위해 U C S 를 입력한 후 Space Bar 를 두 번 누릅니다.

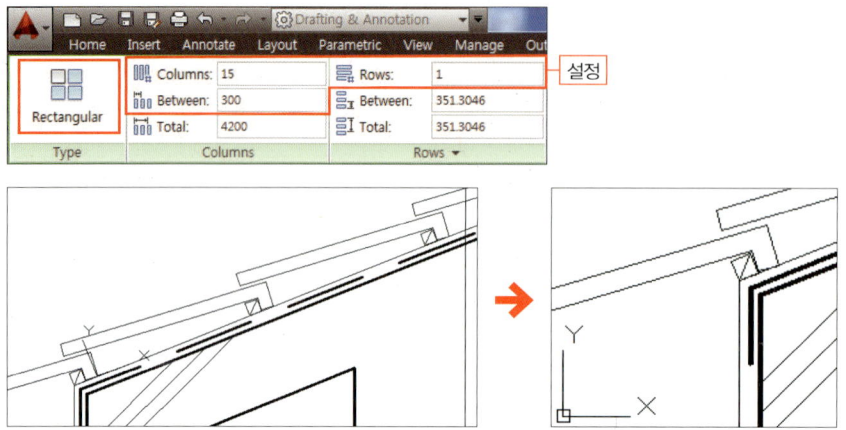

06. 화면을 축소하고 배열된 기와를 Explode 명령을 이용하여 분해합니다. 벗어난 기와를 잘라내고 첫 번째 기와를 삭제한 다음 기와의 모양을 그림과 같이 수정합니다.

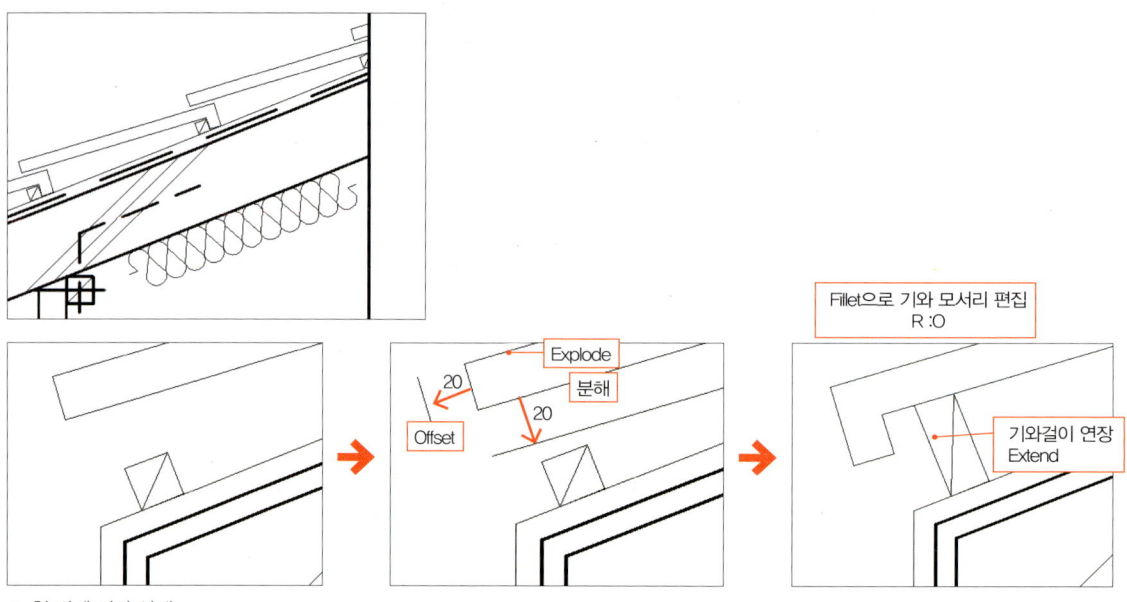

▲ 첫 번째 기와 삭제

■ 문 상부의 인방과 조적

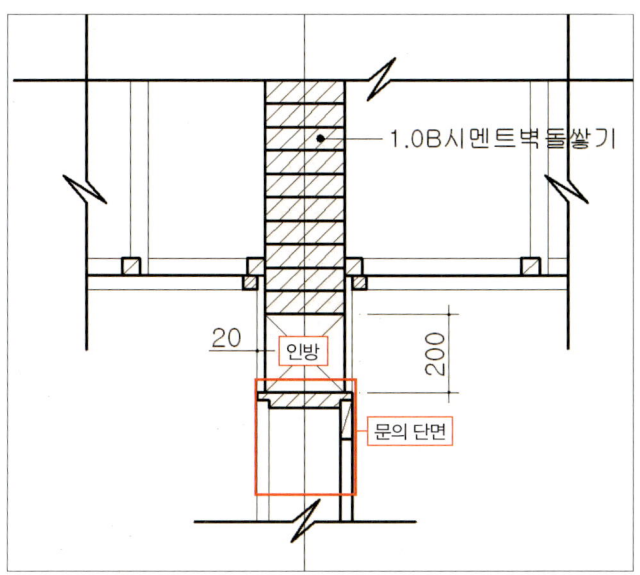

1.0B시멘트벽돌쌓기

20

인방

200

문의 단면

■ 창의 상부와 하부

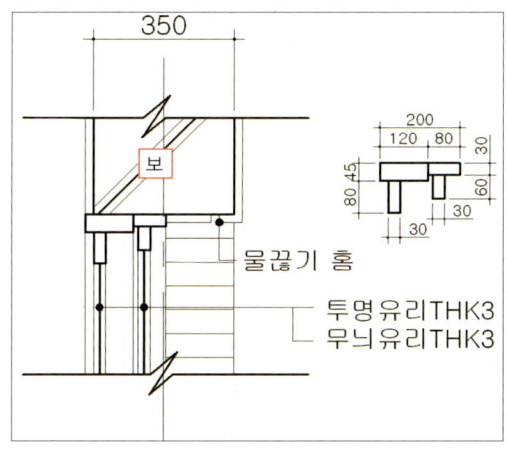

350

보

물끊기 홈

투명유리THK3
무늬유리THK3

상부

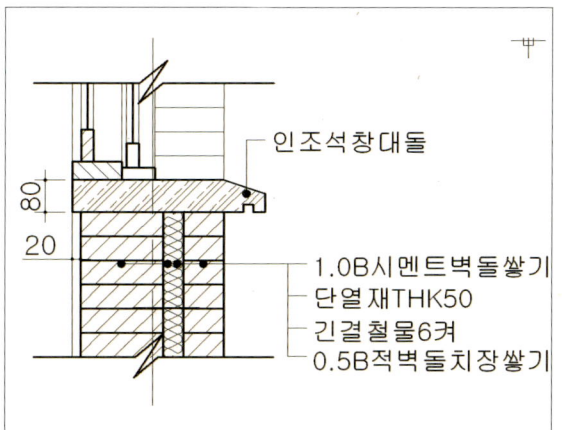

인조석창대돌

80

20

1.0B시멘트벽돌쌓기
단열재THK50
긴결철물6켜
0.5B적벽돌치장쌓기

하부

■ 현관과 거실의 연결 부분

수검자들이 어려워하는 부분 중에 하나입니다. 현관과 거실의 바닥 높이가 다르므로 벽돌 2~3개를 쌓아 턱을 만들어야 합니다. 높이 차이를 '150'으로 하여 난방 구조(콩자갈100+보온재50=150) 높이를 맞춰줍니다.

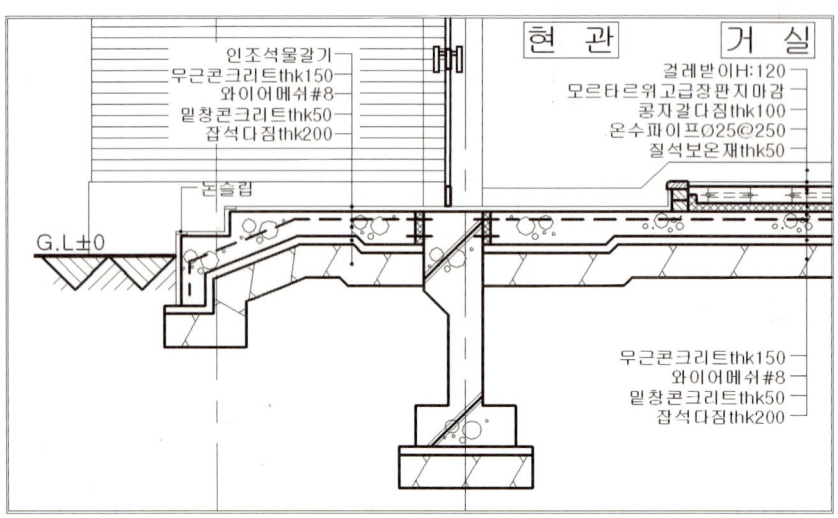

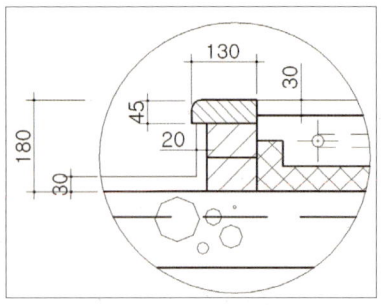

■ 현관문과 거실창

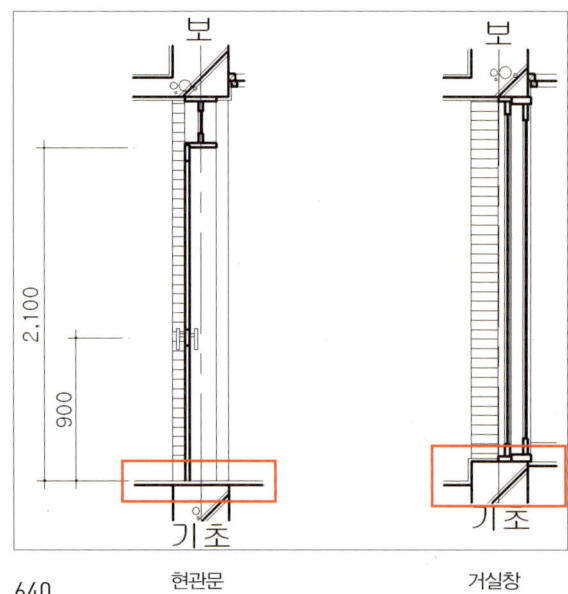

| 현관문 | 거실창 |

640

주어진 평면도를 보고 AutoCAD 2014를 이용하여 다음 조건에 맞는 도면을 작도한 후 출력하여 파일과 함께 제출하세요.

예제 파일 | DVD₩예제₩부록₩Lesson02₩문제도면.DWG

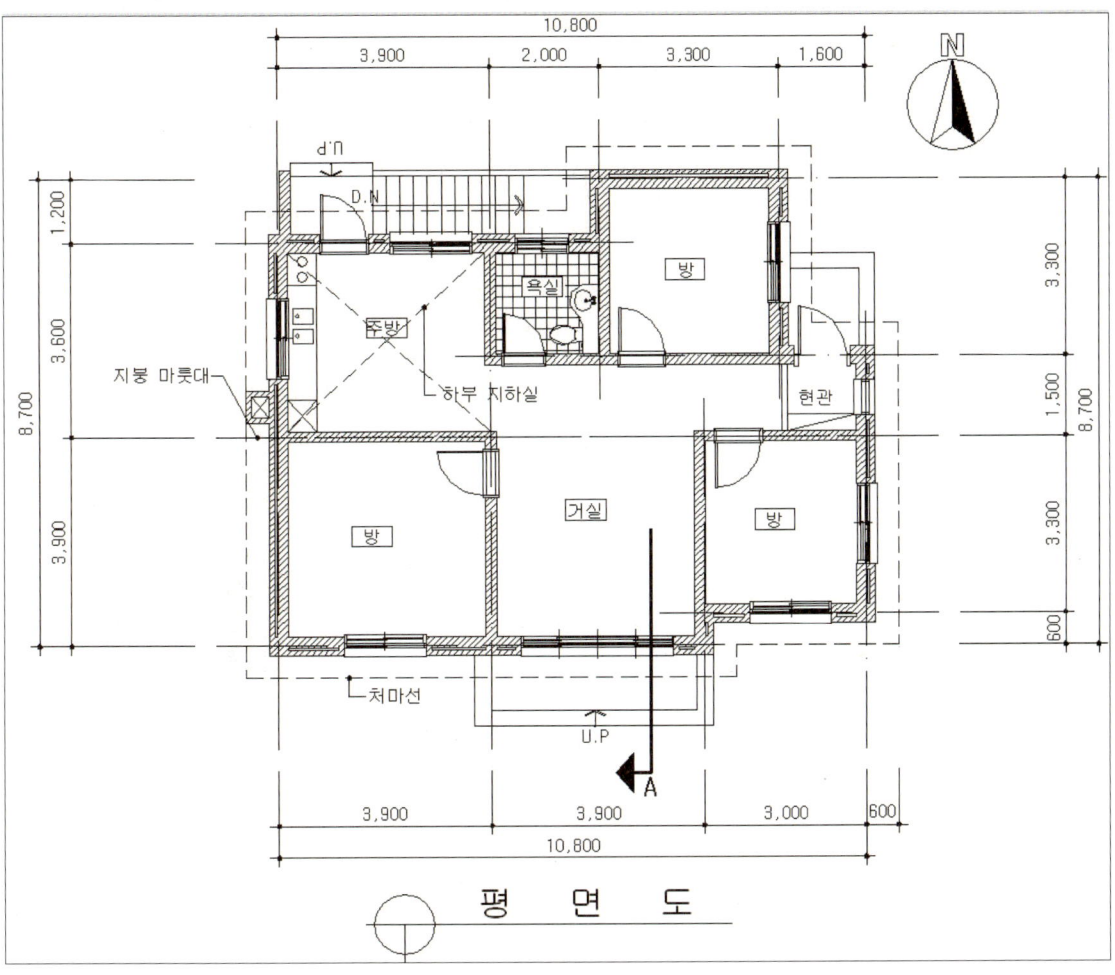

■ **작성 과제**

① A 부분 단면 상세도를 축척 1/40로 만드세요.

② 남측 입면도를 축척 1/50로 만들고, 벽면 재료 표시 및 주위의 배경 등 도면 효과를 충분히 고려합니다(문제에 따라 동측이나 서측이 출제되는 경우도 있습니다).

■ 요구 조건

(   )안의 수치는 출제 시 마다 변경되는 사항입니다.

- **기초 및 지하실 벽체** : 철근콘크리트 구조로 한다.
- **벽체** : 외벽 – 외부로부터 붉은 벽돌 0.5B, 단열재70mm, 시멘트 벽돌(1.0B)로 하고 외부 마감은 제물 치장으로 한다.
- **지붕** : 철근콘크리트 경사슬래브 위 시멘트 기와잇기 마감으로 한다.
- **물매** : (3.5/10)
- **처마나옴** : 벽체 중심에서(600mm)
- **반자 높이** : (2,400mm)(반자 높이란 바닥에서 천장 마감까지의 높이를 말합니다).
- **창호** : 목재창호로 하되 2중창인 경우 외부 창호는 알루미늄 새시로 한다.
- **각 실의 난방** : 온수파이프 온돌난방으로 한다.
- 기타 각 부분의 마감, 치수 등 주어지지 않은 조건은 일반적인 시공 수준으로 한다.
- 선의 통일을 기하기 위하여 선의 색상을 정리하여 출력한다.
  흰색(7-White), 0.3mm
  녹색(3-Green), 0.2mm
  노란색(2-Yellow), 0.4mm
  하늘색(4-Cyan), 0.3mm
  빨간색(1-Red), 0.2mm
  파란색(5-Blue), 0.1mm

■ 작성 이후 저장 방법

저장 장치(USB 메모리)에 단면도와 입면도에 각각 파일 이름을 입력하여 저장합니다(예: 단면도.dwg, 입면도.dwg 2개의 파일로 구성).

> **TIP** : 작업 파일 저장 시 만일에 대비하여 최종 파일을 하드 디스크에 저장 후 USB로 복사합니다.

제시된 평면도에서 부분 단면도를 작성해야 할 곳을 해독하겠습니다.

01. 도면을 A방향이 위쪽을 향하도록 돌려놓고 작업을 해야 합니다.

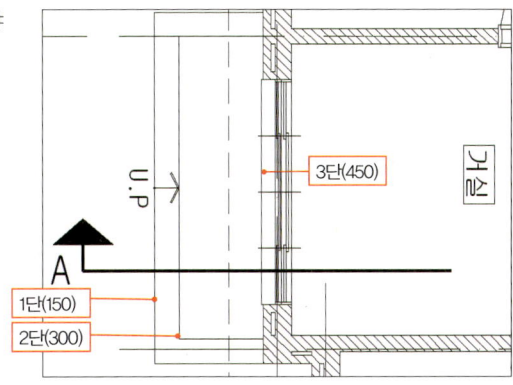

02. 절단선이 지나는 곳은 좌측의 테라스와 거실의 중간까지 입니다. 이 절단선이 표시된 부분을 수직 절단했을 경우의 절단 면을 작도하는 것입니다. 좌측 테라스의 계단에 단수의 표시는 없지만 계단이 2단 이라는 것을 알 수 있고 테라스와 거실 사이 에는 1단의 높이 차를 두게 됩니다. 그러므로 G.L(외부 바닥면)에 서부터 거실 바닥까지의 높이는 계단 3단 높이인 '450'(1단=150) 이라는 것을 알 수 있습니다.

현관 부분의 계단도 확인합니다. 계단 2단을 올라와 현관문을 열고 들어와 현관과 거실 사이에 1단이 있으므로 3단이 됩니다. 실내 바닥 높이는 평면도에 표기되는 경우도 있지만 표기되지 않으면 외부에서 실내까지의 계단을 보고 판단하면 됩니다.

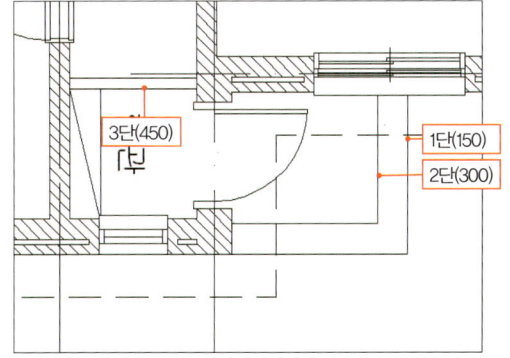

03. 제시된 평면도에는 절단선 앞쪽으로 보이는 구조물은 없지만 A부분인 절단선 앞쪽으로 꺾인 벽이나 화단, 지하 실로 내려가는 계단 등이 있는지 확인합니다. 뒤쪽으로는 관계없지만 절단선 앞쪽으로 보이는 구조물을 표현하는 것 이 좋습니다.

요구 조건과 구조적인 설계 치수에 맞게 기준선을 작성합니다. 기준선이 잘못되면 도면 전체에 문제가 생기므로 요구 조건을 확인하면서 작업해야 합니다.

완성 파일 | DVD₩완성₩부록₩Lesson02₩기준선.DWG

01. 도면 양식을 작도한 후 필요한 레이어를 생성하고, 진행 레이어를 단면선으로 하고 다른 레이어는 작업하면서 변경합니다. Linetype 명령으로 그림과 같이 Center, Batting, Hidden 선을 등록합니다.

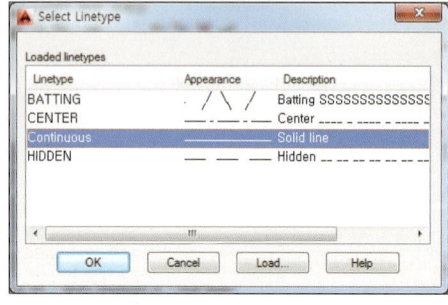 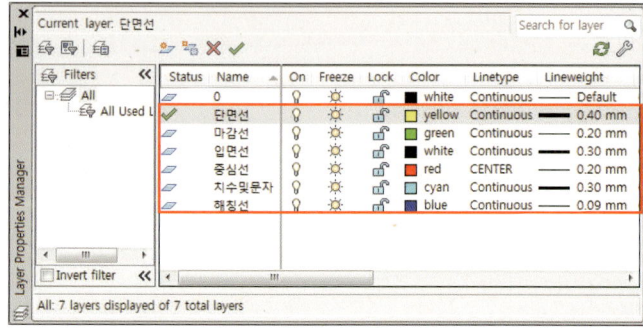

02. 다음과 같이 가로선과 세로선을 그립니다. 가로선은 GL선이 되고 세로선은 거실과 테라스 사이의 벽체 중심선이 됩니다.

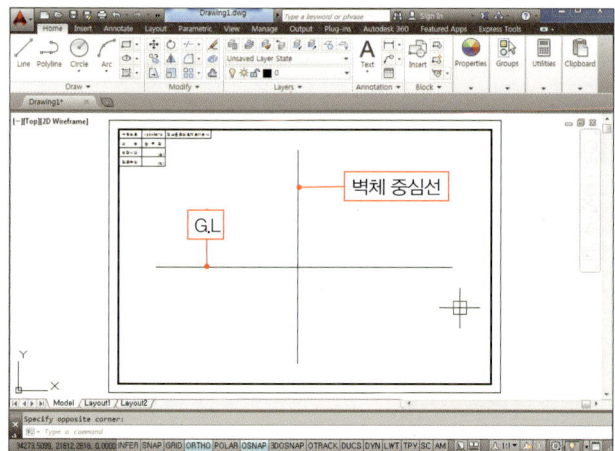

TIP : 벽체가 2곳 이상 절단되면 Offset 명령으로 해당 거리만큼 복사하면 됩니다.

03. Offset 명령을 이용하여 G.L선을 기준이 되는 가로선으로 그림과 같이 만듭니다.

- 동결선 : 기초판의 콘크리트가 얼지 않도록 '700~900'만큼 거리를 둡니다.
- 보 : 반자 높이 '2400'을 Offset하고 아래로 '100'만큼 Offset한 후, 다시 위로 '700' Offset합니다.

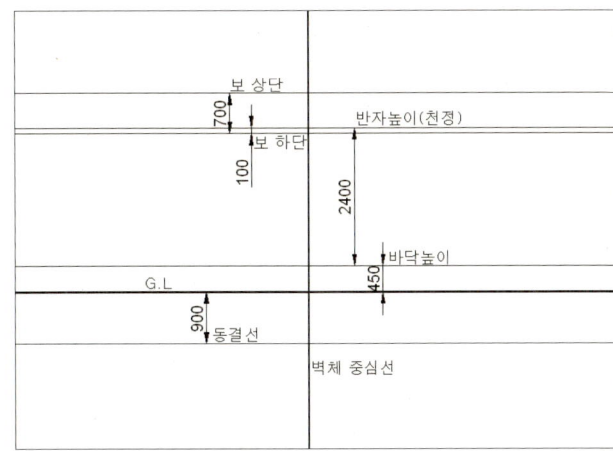

04. 벽체 중심선을 Offset하여 기준이 되는 세로선을 그림과 같이 작도합니다. 절단선의 길이는 단면을 표현해야 하는 거리입니다. 너무 작게 하면 도면의 여백이 많이 남게 되니 약간 늘려 조정합니다. 테라스의 폭은 처마나옴의 길이를 보고 가늠합니다. 계단은 폭은 '300', 높이는 '150'으로 통일해서 작업합니다.

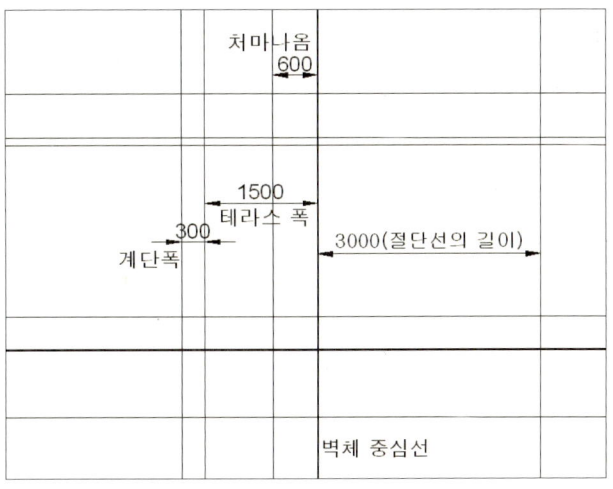

05. 제시된 물매(지붕의 경사)에 맞게 지붕 슬래브를 표시합니다. 물매가 4/10이므로 Line 명령을 사용하여 시작점(①)을 클릭하고 위로 '400' 우측으로 '1000' 만큼 그린 후 **C**를 입력하여 시작점과 끝점을 연결합니다. Extend 명령을 사용하여 좌측으로는 처마나옴까지 우측으로는 작업 경계선까지 연장하고, 선을 상단으로 이동해 놓습니다.

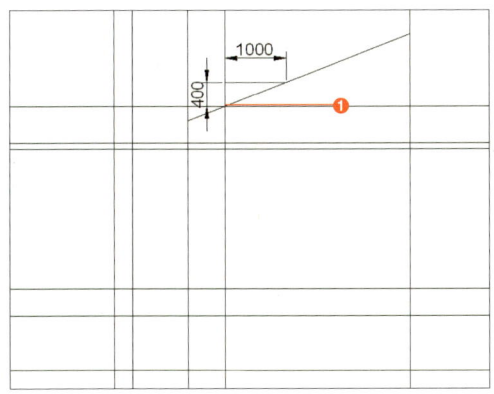

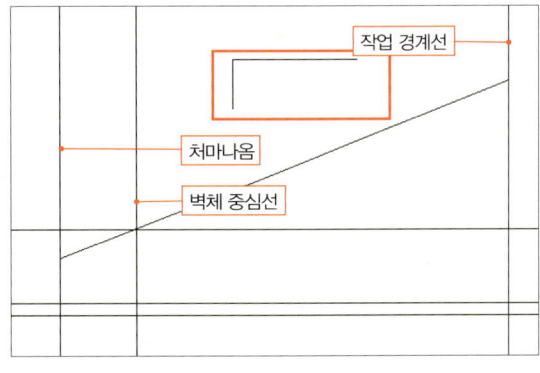

작성된 기준선을 Offset하여 뼈대가 되는 콘크리트와 주요 구조를 형성하도록 하겠습니다.

예제 파일 | DVD₩예제₩부록₩Lesson02₩기준선.DWG   **완성 파일 |** DVD₩완성₩부록₩Lesson02₩주요구조.DWG

01. Offset과 Line 명령을 사용하여 그림과 같이 지붕 슬래브를 만듭니다. 슬래브의 두께는 물매선을 아래로 '120', 벽체는 1.5B 공간 쌓기이므로 중심선을 좌우로 '175'씩 Offset합니다.

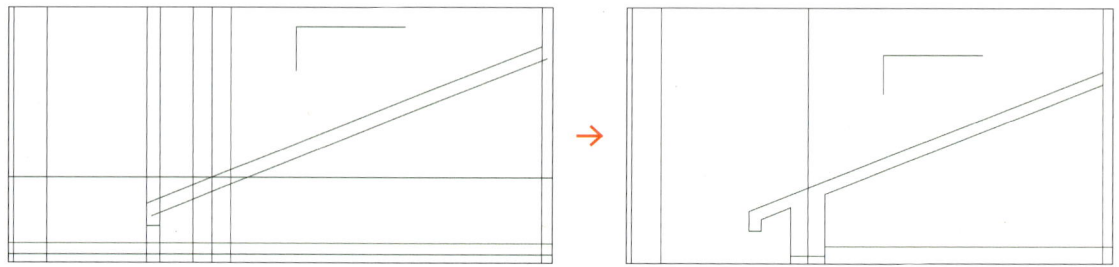

02. 테라스의 계단을 그림과 같이 만듭니다.

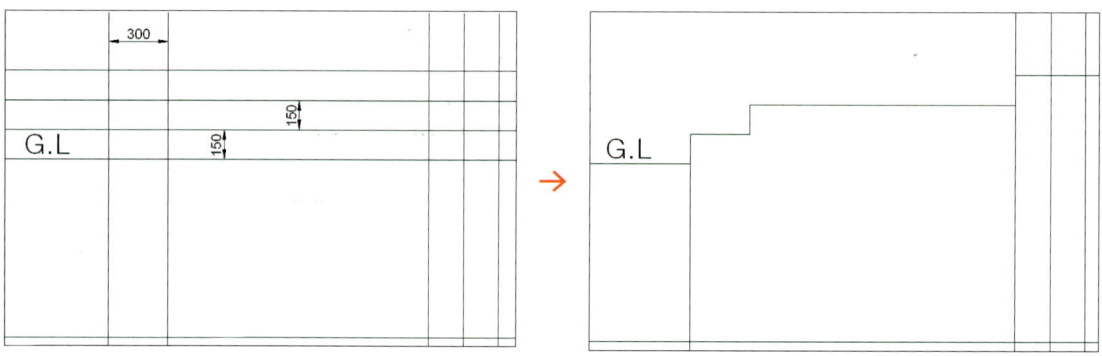

03. 거실 바닥 구조를 그림과 같이 만듭니다. 위에서 부터 아래로 모르타르위장 판지마감: '30', 콩자갈다짐: '100', 질석보온재: '50', 무근콘크리트: '150', 밑창콘크리트: '50', 잡석다짐: '200'순으로 Offset 명령을 이용하여 만듭니다.

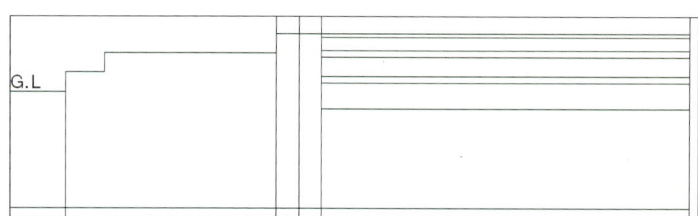

646

04. 동결선 아래로 줄기초를 아래와 같은 순서로 만듭니다. 줄기초의 '45도' 꺾이는 부분은 G.L선에서 '200~300' 정도 내려간 지점에서 꺾습니다.

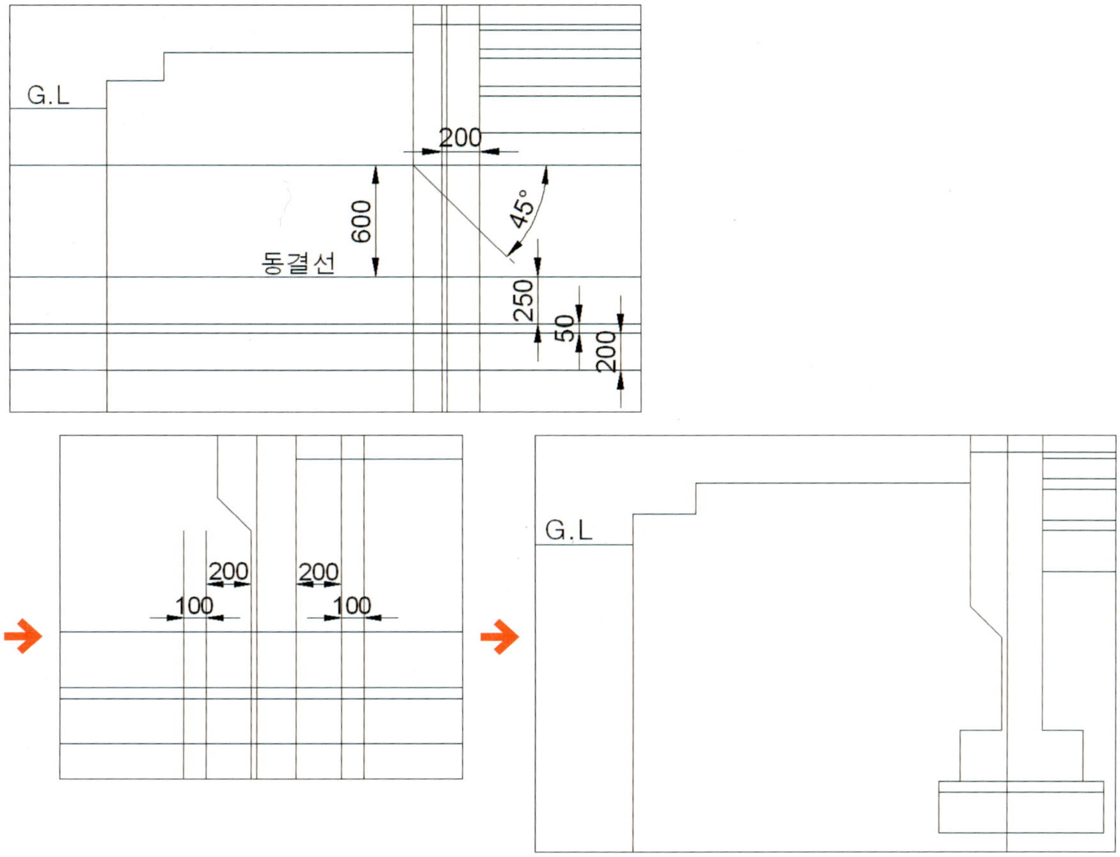

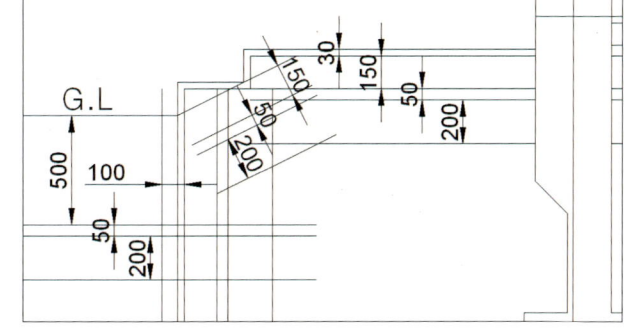

05. 테라스 바닥 구조를 만듭니다. 위에서부터 아래로 인조석물갈기: '30', 무근콘크리트: '150', 밑창콘크리트: '50', 잡석다짐: '200' 순으로 Offset 명령을 적용하여 만듭니다.

06. 테라스와 바닥 끝 부분에 헌치를 만듭니다. 무근콘크리트의 두께를 '50'만큼 더 두껍게 합니다.

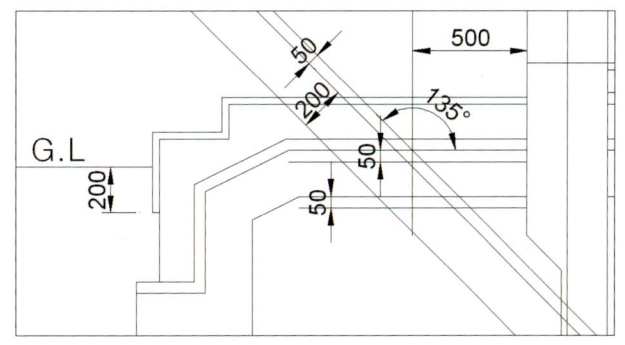

부록 · 국가기술 자격증

앞서 헌치 부분 작업 시 선이 많아져 다른 부분보다 시간이 오래 걸립니다. 폴리라인을 Offset을 하면 선이 같이 복사되는 것을 활용하여 쉽게 할 수 있습니다.

1. P E 를 입력한 후 Space Bar 를 누르고 선(①)을 선택합니다.

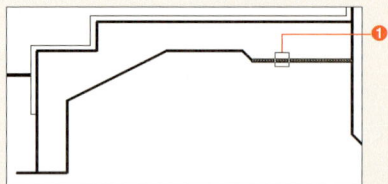

2. 폴리라인 변경 옵션에서 Y 를 입력하고 Space Bar 를 누릅니다.

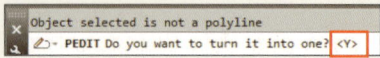

3. [Join] 옵션을 적용하기 위해 J 를 입력한 후 Space Bar 를 누릅니다.

4. 붙이려는 선(①~⑥)을 선택하고 Space Bar , 다시 Space Bar 를 눌러 종료합니다.

5. [Jion] 옵션으로 붙인 선을 '50', '200' 간격으로 하단으로 Offset합니다.

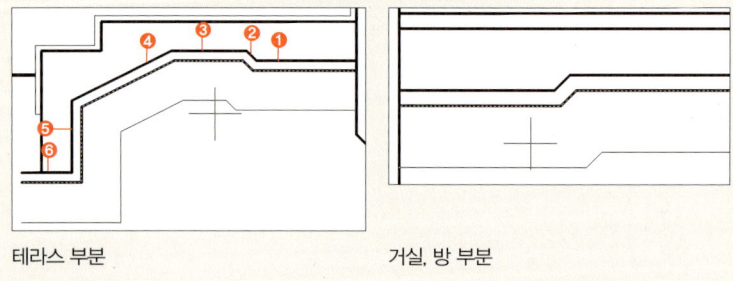

테라스 부분   거실, 방 부분

07. Mirror 명령을 사용해 좌측 헌치 선(①)을 모두 우측으로 대칭 복사합니다.

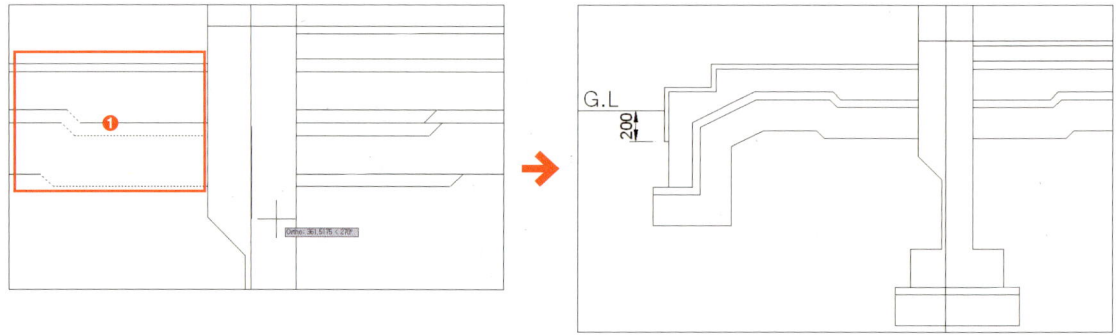

08. 캔틸레버를 만들겠습니다. 캔틸레버의 두께는 지붕 슬래브와 같게 '120'으로 하고 길이는 테라스의 공간을 덮을 수 있게 합니다.

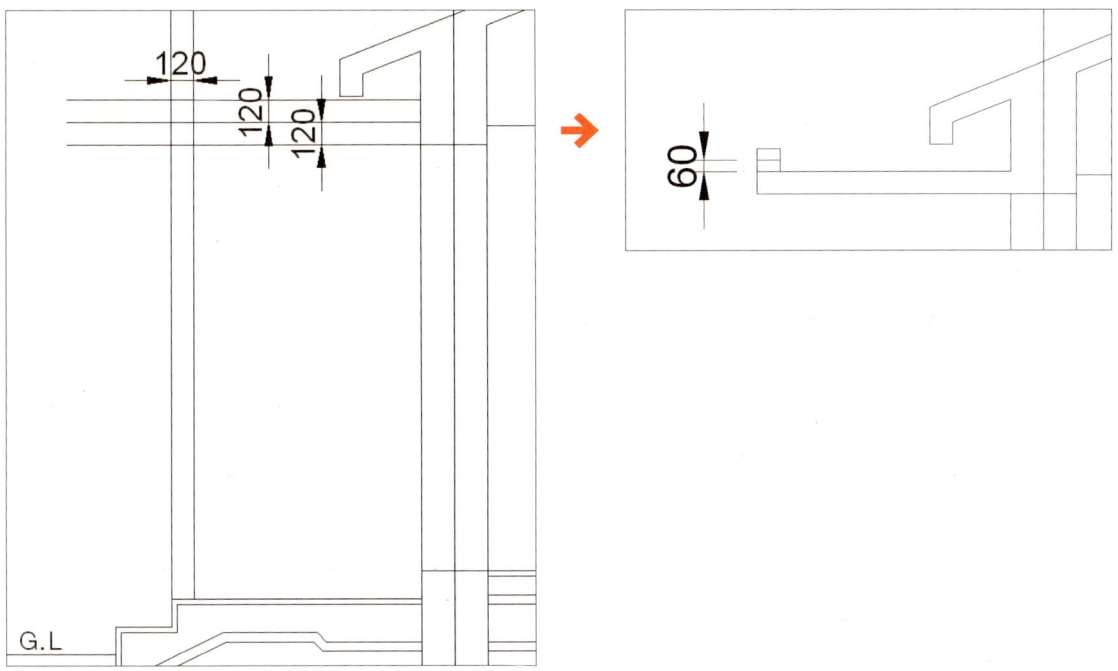

09. 완성된 주요 구조 부분, 테라스의 바닥 마감선과 거실의 바닥 마감선, 중심선을 제외한 모든 선이 단면선인 노란 색으로 작업되어야 합니다.

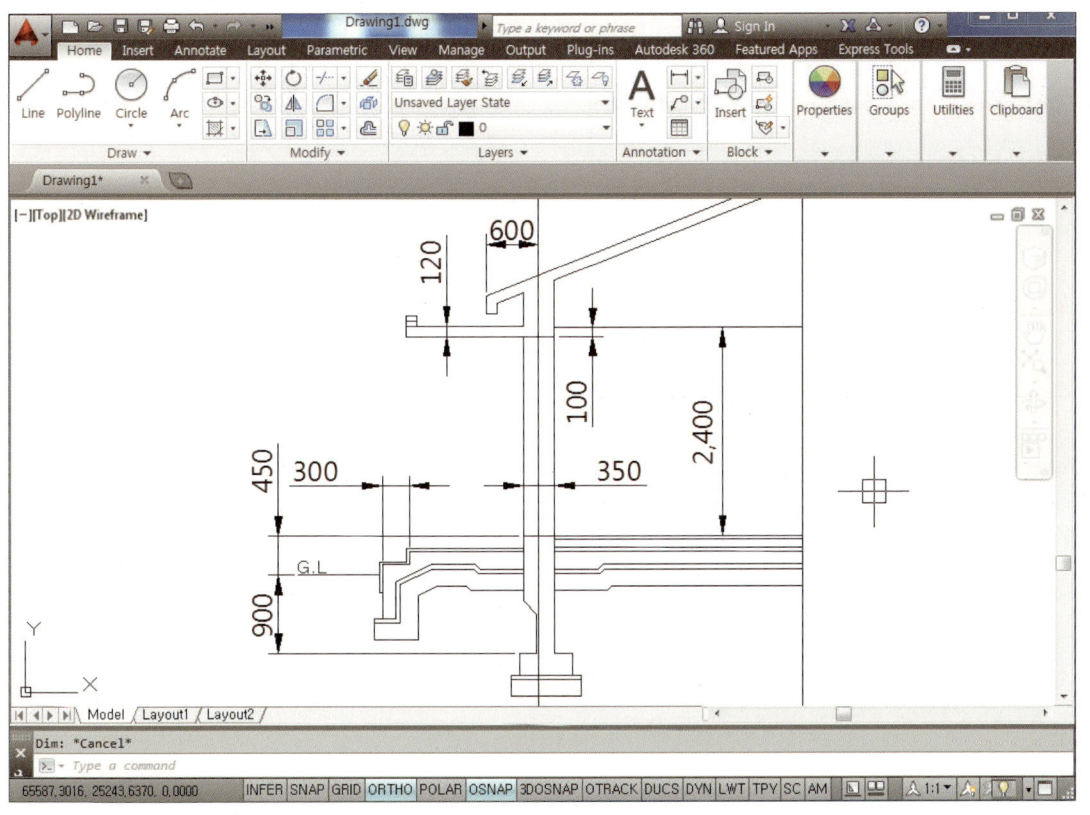

지붕, 천장, 창, 테라스 바닥, 거실 바닥, 기초로 나누어 세부적인 표현을 하겠습니다.

예제 파일 | DVD₩예제₩부록₩Lesson02₩주요구조.DWG **완성 파일 |** DVD₩완성₩부록₩Lesson02₩지붕반자.DWG

01. 지붕부터 작업하겠습니다. 방수 마감을 하기 위해 지붕 슬래브와 처마, 캔틸레버의 외곽선을 바깥쪽으로 '20'씩 Offset한 후 Fillet 명령으로 모서리를 직각으로 편집합니다. 그리고 복사된 방수 마감은 마감선 레이어인 '녹색'으로 변경합니다.

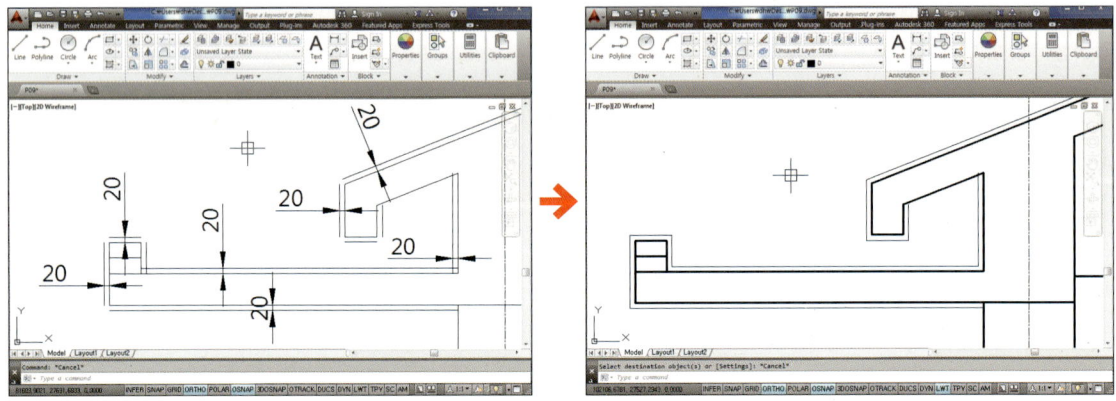

Offset '20'

Fillet 명령 모서리 편집(Mode : Trim, 반지름 값 : 0)

02. 방수를 표현하기 위해 그림과 같이 슬래브 선을 Offset '10'하고, ①, ②, ③, ④ 선의 종류를 Hidden(파선)으로 변경합니다.

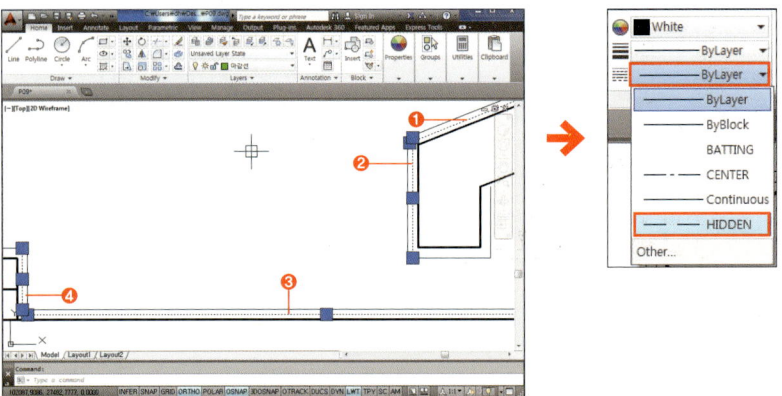

03. 파선으로 변경하면 Lts(선의 축척) 값이 조정이 되지 않아서 파선이 촘촘하게 표현됩니다. 단축키 [L][T][S]를 입력한 후 [Space Bar]를 눌러 '15~20'으로 조정합니다.

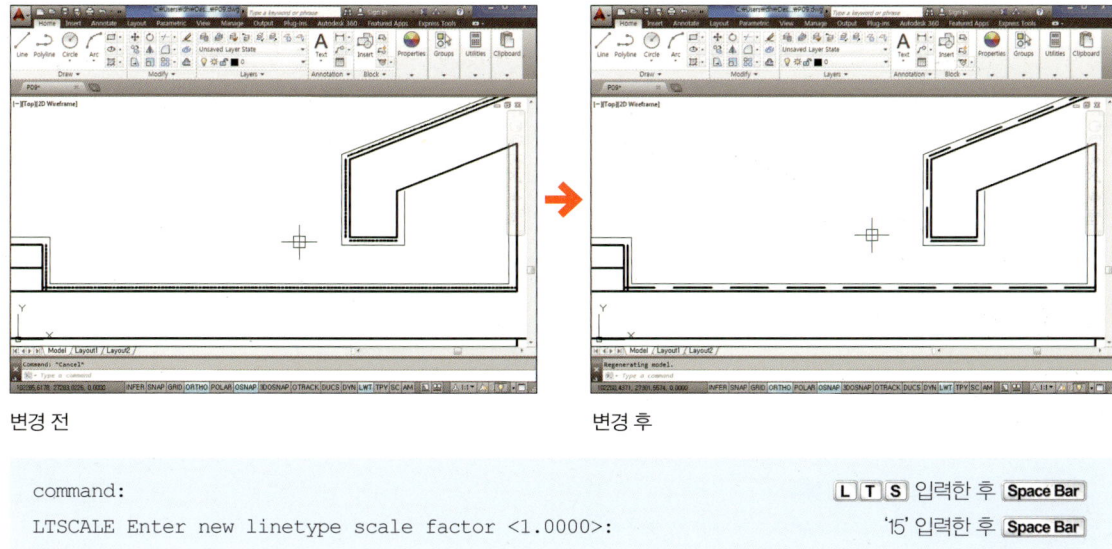

변경 전   변경 후

```
command:                                        [L][T][S] 입력한 후 [Space Bar]
LTSCALE Enter new linetype scale factor <1.0000>:    '15' 입력한 후 [Space Bar]
```

04. 처마의 반자를 구성하고 물끊기 홈을 표시합니다. 반자틀과 반자돌림, 합판은 단면선, 재료 표시는 해칭선으로 하고 선(①, ②)는 입면선으로 합니다. 캔틸레버의 끝에도 물끊기 홈을 표시하고 Hatch 명령을 사용해 벽돌의 재료를 표현합니다.

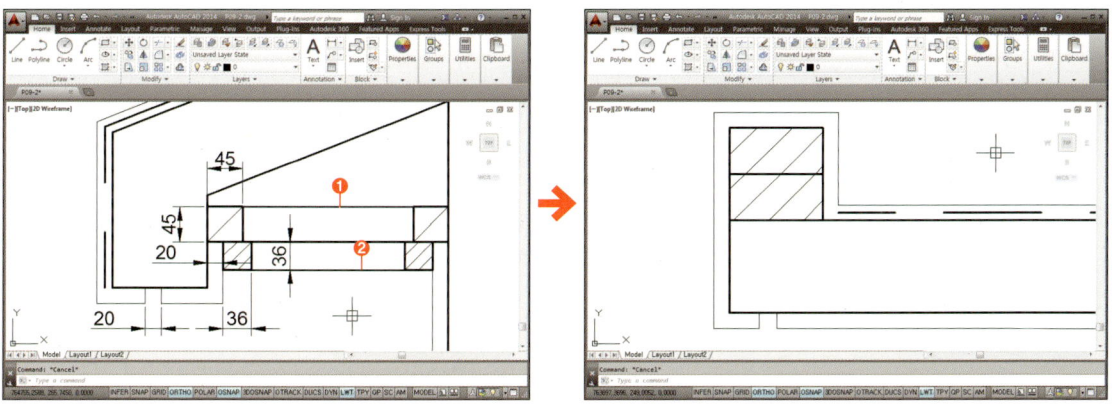

Hatch Scale : 10~12

부록 · 국가기술 자격증

05. 'STEP 01의 ■ 지붕에 기와 올리기'를 참고하여 그림과 같이 기와를 지붕면 위에 올립니다. 기와는 녹색인 마감선으로 하고 철근콘크리트의 재료 표시는 Xline 명령을 사용하여 '20' 간격으로 3개의 선으로 일정 간격을 유지하면서 표시합니다.

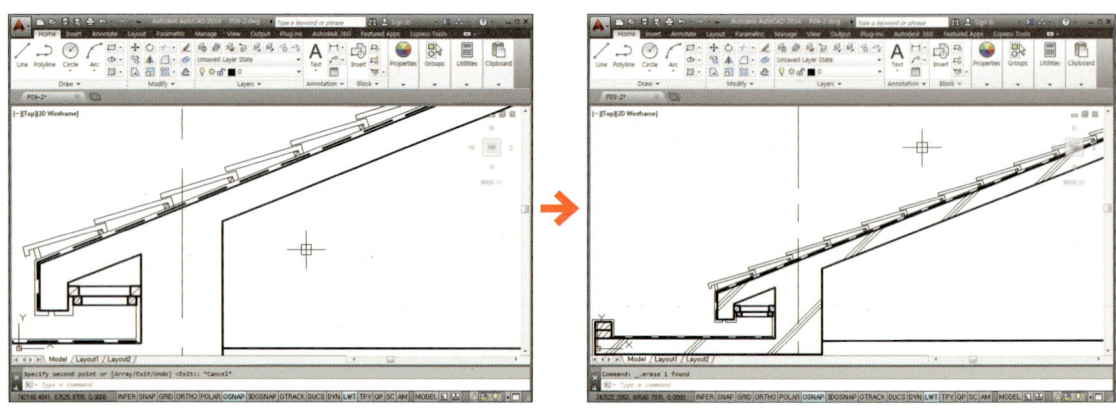

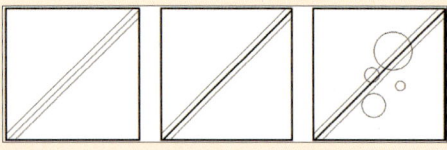

문제해결 **철근콘크리트 재료 표현의 종류**

철근콘크리트의 표현은 아래의 세 가지 표현 중 하나로 통일해서 작업하면 됩니다. 첫 번째는 해칭선으로만, 두 번째는 가운데 선을 단면선으로 표현, 세 번째는 두 번째 표현에 Circle 명령을 사용하여 골재 표현을 추가한 것입니다. 어느 것을 사용해도 관계는 없으나 하나로 통일해서 작업하는 것이 중요합니다.

06. 먼저 반자틀과 반자돌림을 그림과 같이 작업합니다. 위의 처마반자와 부재의 크기가 같으니 복사해 사용하는 것이 좋습니다. 처마반자의 반자틀과 반자돌림 마감선을 선택하고 기준점(①) 부분으로 하여 천장(②)을 클릭하여 복사합니다.

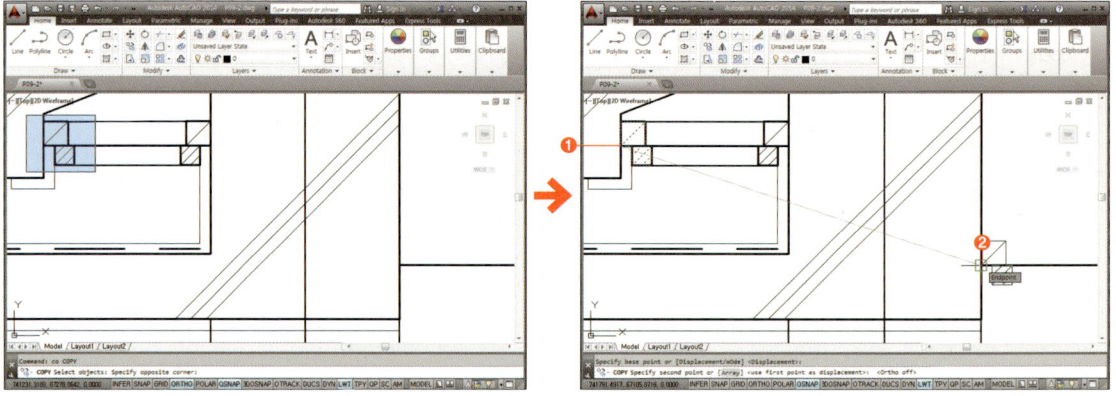

07. Array 명령이나 Copy 명령을 사용하여 그림과 같이 '450' 간격으로 배치하고, 달대는 흰색인 입면선으로 두께 '45', 간격을 '900'으로 배치합니다.

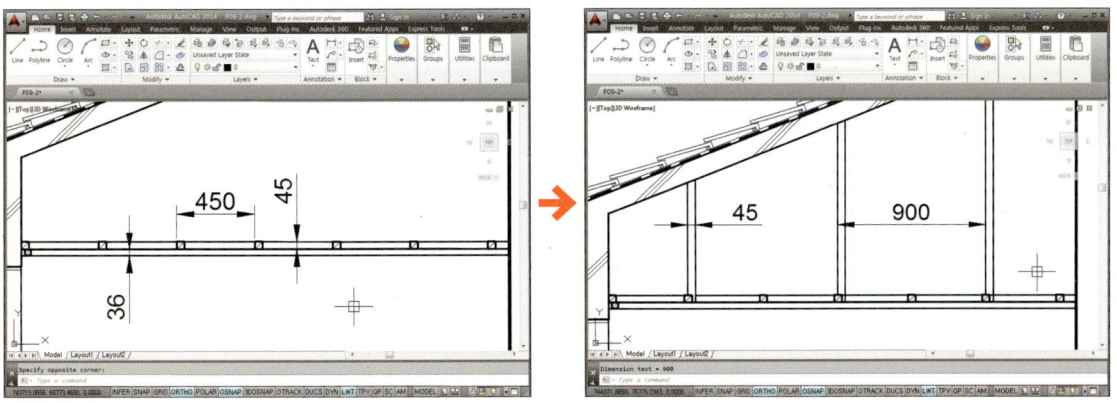

08. 이어서 달대와 지붕슬래브를 고정하는 달대받이를 넣습니다. 달대받이는 반자틀과 부재의 크기가 같으므로 복사한 다음 Line 명령으로 그림과 같이 고정철물을 그린 후 Hidden 선으로 변경합니다.

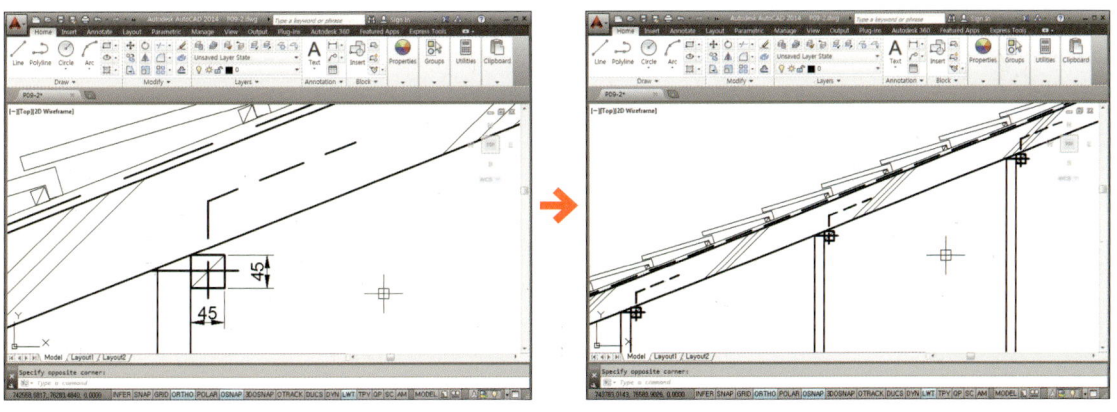

TIP : Hidden 선의 축척을 Lts로 변경하면 모든 선의 축척이 변경되므로 축척을 변경하려는 선을 클릭하고 ⎡Ctrl⎤+⎡1⎤을 눌러서 Properties에서 [Line type scale]을 변경합니다.

09. 마지막으로 지붕슬래브 아래에 단열재를 넣습니다. 선(①, ②)를 안쪽으로 Offset '35'하여 복사된 선을 Batting 선으로 변경한 다음 레이어를 해칭선으로 변경합니다.

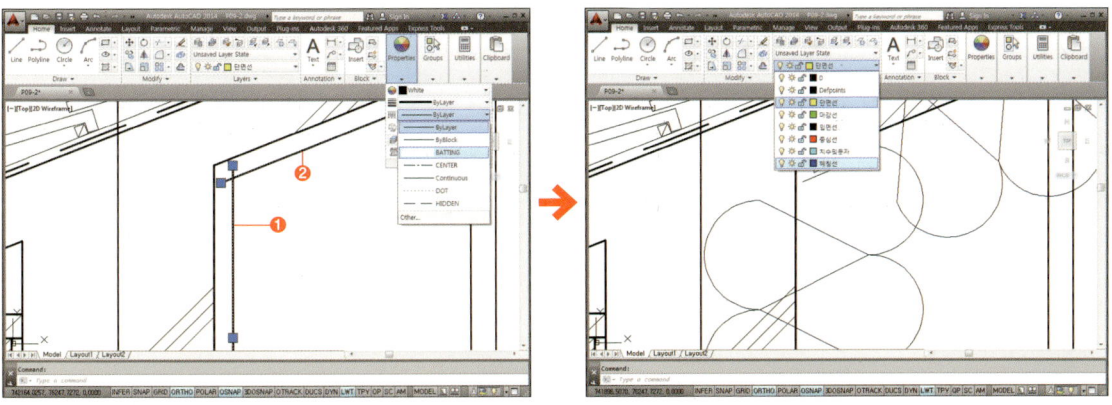

10. 변경한 Batting 선을 선택하고 **Ctrl** + **1** 을 눌러 Properties가 나타나면 [Line type scale]을 '0.17~0.2'로 적절하게 변경합니다. 나머지 선은 단축키 **M** **A** 를 눌러 속성을 복사합니다.

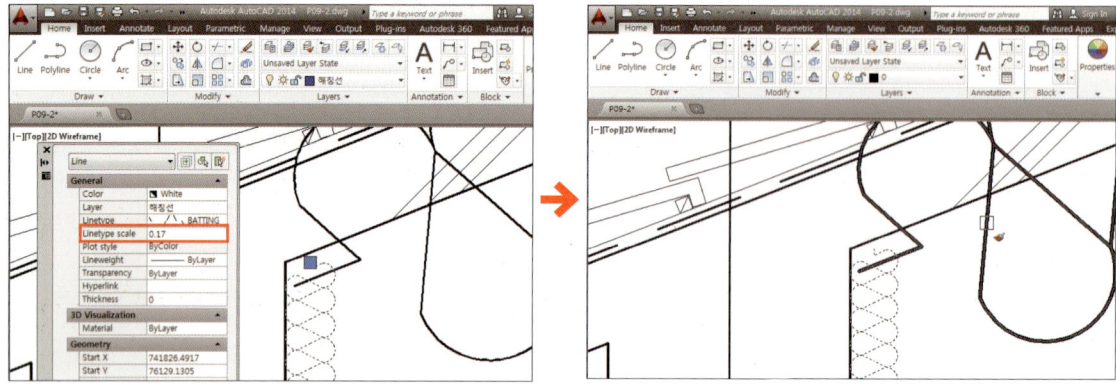

> **TIP** : Lts 명령의 축척 설정에 따라 조정 값이 달라질 수 있습니다.

11. 단열재를 넣으면 그림과 같이 달대를 그대로 지나치게 되는데 교차되는 부분을 끊어 주어야 합니다. 단축키 **B** **R** 입력한 후 **Space Bar** 를 누릅니다. ① 부분 클릭하고 이어서 ② 부분을 클릭하면 클릭한 구간의 선이 떨어져 나갑니다. 교차 부분을 반복하여 작업합니다.

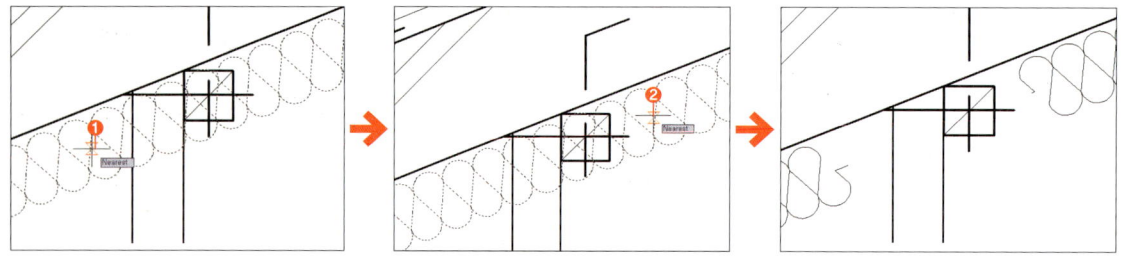

12. 보와 지붕슬래브의 코너 부분은 Fillet 명령으로 깔끔하게 정리하고 반자틀 아래쪽으로는 Trim 명령으로 잘라냅니다.

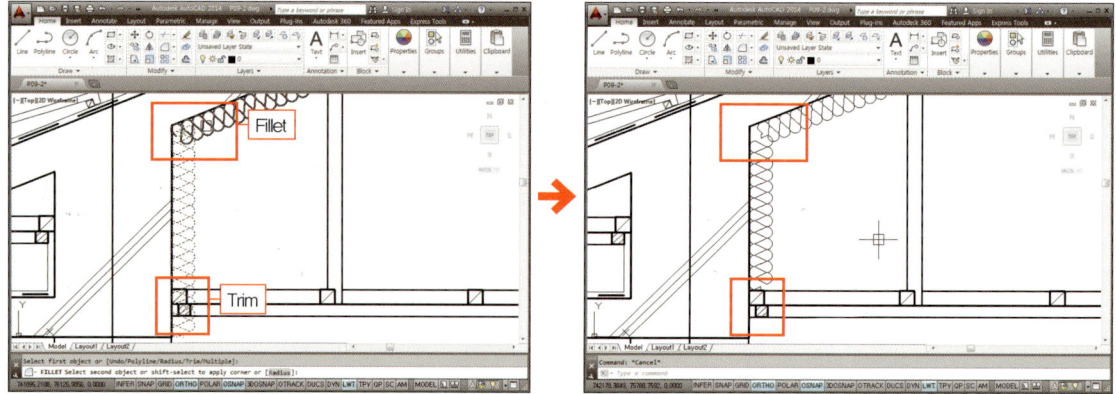

13. 벽체 중심선을 빨간색인 중심선 레이어로 변경하고 물매 표시의 모서리를 단면선으로 이어 지붕 부분을 마무리합니다.

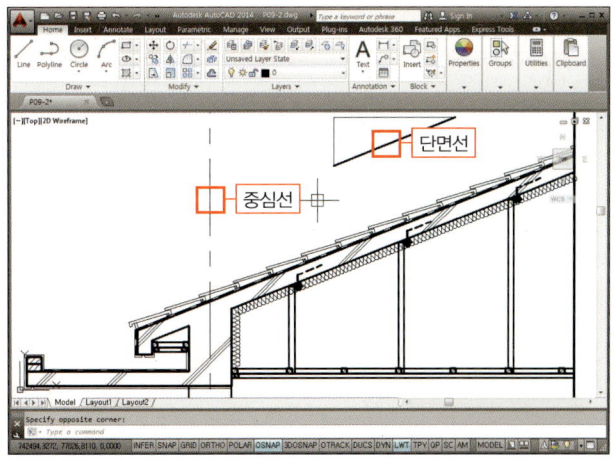

실제 창의 단면을 보면 매우 복잡합니다. 축척이 1/5, 1/10인 경우 상세히 표현하지만 1/40, 1/50, 1/100 으로 섬세하게 작성하기는 어렵습니다.

예제 파일 | DVD₩예제₩부록₩Lesson02₩지붕반자.DWG   **완성 파일 |** DVD₩완성₩부록₩Lesson02₩창단면.DWG

01. 보 하부에 그림과 같이 틀과 창틀을 그려 넣고 Line 명령을 사용하여 선을 그리고 입면선으로 변경합니다. 유리 가 절단된 선(①, ②)은 단면선으로 합니다.

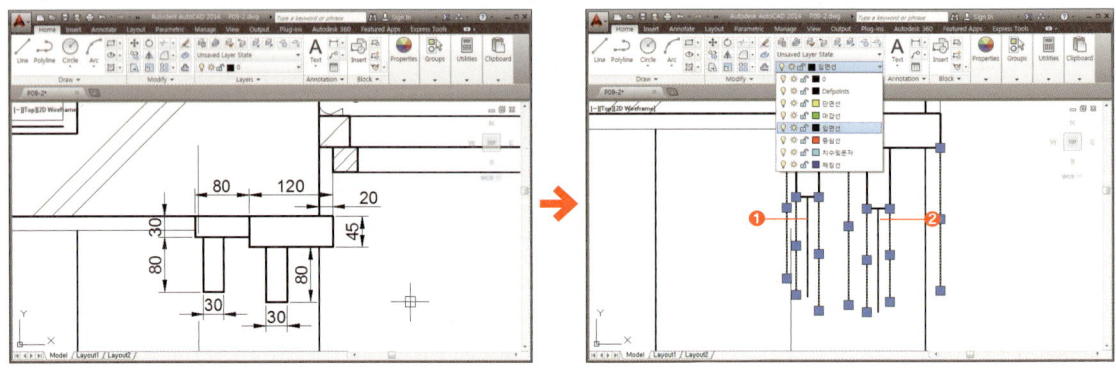

02. 하부의 틀은 Mirror 명령을 사용하여 상부의 틀만 선택해 다음과 같이 대칭으로 복사합니다.

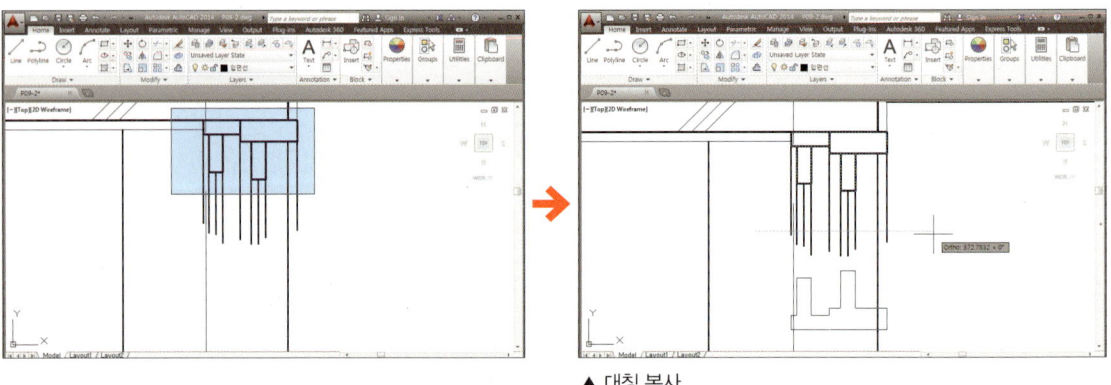

▲ 대칭 복사

03. 뽑아낸 선들을 Grip이나 Extend 명령을 사용하여 하부 틀에 모두 연결합니다.

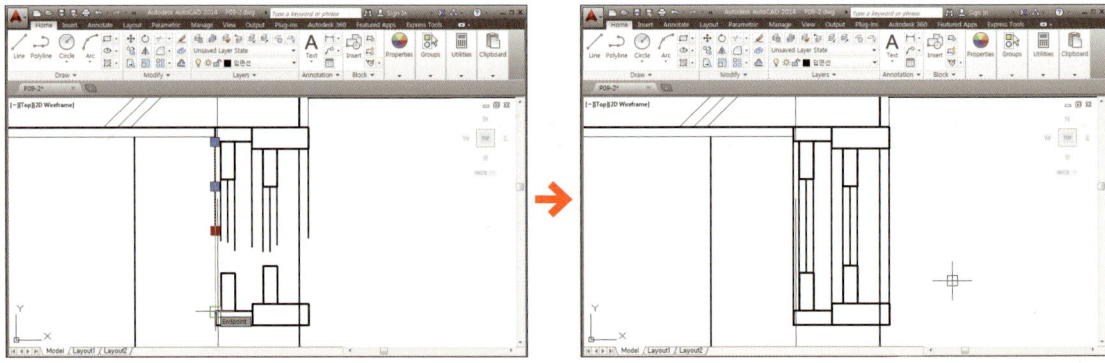

04. 단축키 **S**를 입력한 후 **Space Bar**를 눌러 Stretch 명령을 실행합니다. 그림과 같이 선택(걸침 선택)하고, 기준점(①)을 선택합니다.

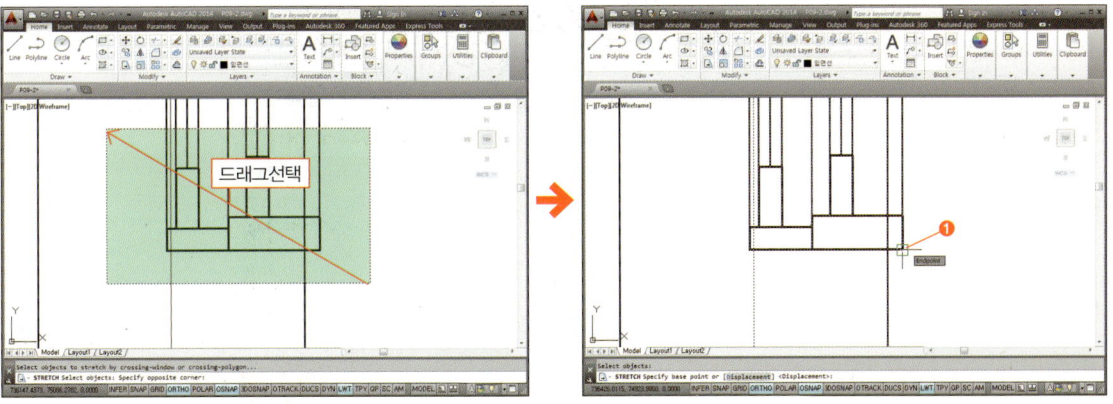

05. 그림과 같이 바닥 부분이 직각이 되도록 늘려야 합니다. 선(①)은 불필요한 선입니다. 선(②)을 기준으로 윗부분을 절단합니다.

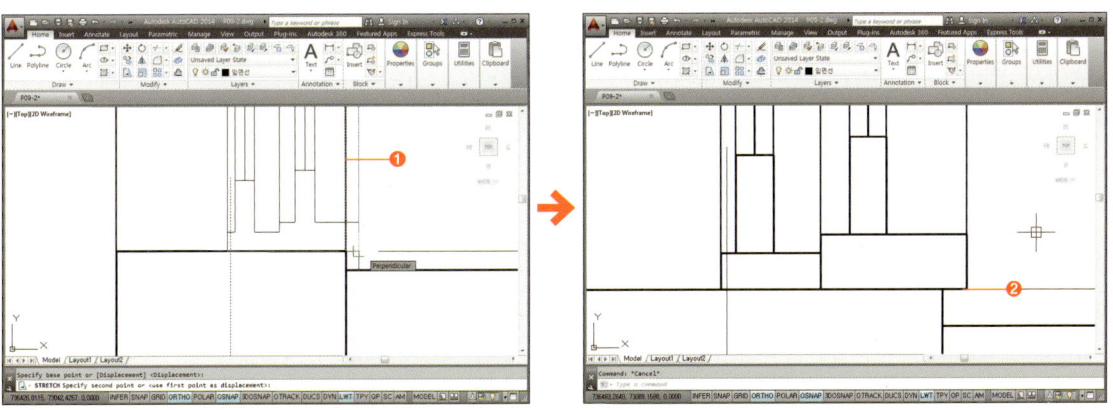

06. 마지막으로 창 좌측의 비어있는 부분을 Hatch 명령으로 치장쌓기를 표현하고 파란색인 해칭선으로 변경하겠습니다. ① 부분부터 ② 부분까지는 입면선이므로 기초를 기준으로 선을 끊은 후 레이어를 변경해야 합니다. [Modify] 패널에서 [Break at point]( )를 클릭하고 선(③)을 선택한 후 끊을 위치인 ④ 부분을 클릭합니다. 그리고 선(③)을 입면선으로 변경합니다.

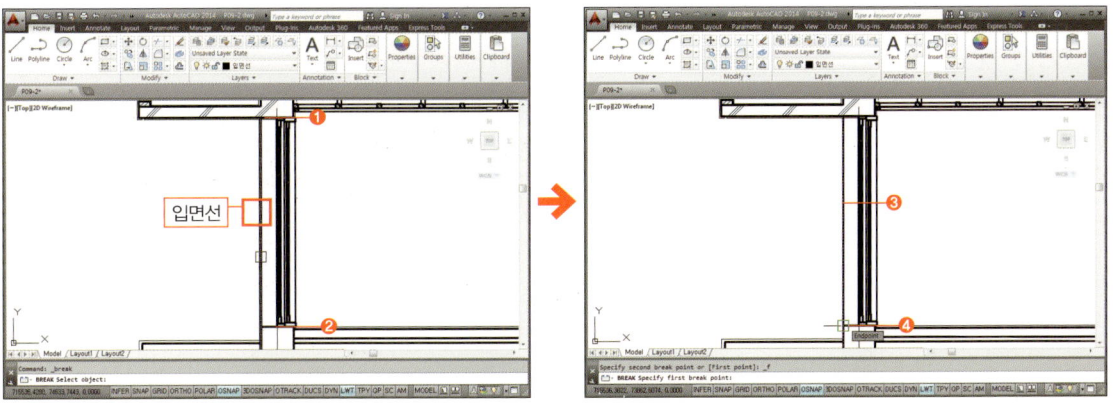

07. 단축키 H를 입력한 후 **Space Bar**를 누르고 [Type]을 사용자 정의인 'User defined'로 설정합니다. 거리 선의 간격인 [Spacing]을 '60'으로 설정해 패턴을 넣고 '해칭선' 레이어로 변경합니다.

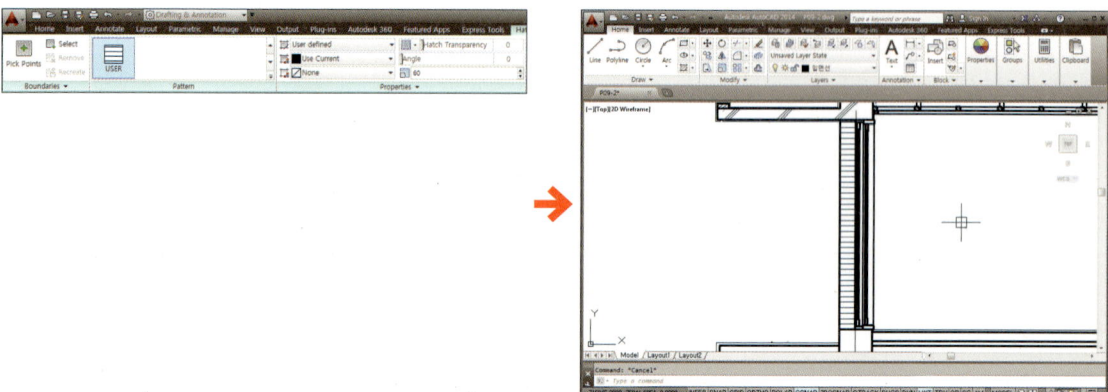

테라스에는 계단이 만들어지므로 논슬립의 표현과 무근콘크리트의 와이어 매쉬, 잡석다짐의 재료 표시가 되어야 합니다.

예제 파일 | DVD₩예제₩부록₩Lesson02₩창단면.DWG **완성 파일 |** DVD₩완성₩부록₩Lesson02₩테라스바닥.DWG

01. 먼저 테라스 바닥과 창 하부에 그림과 같이 '30' 두께로 마감하고 마감선 '레이어'로 변경합니다.

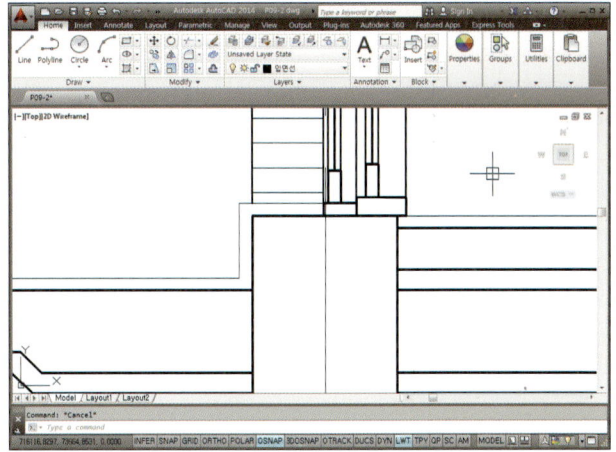

02. Rectangle 명령으로 계단 모서리(①)에 논슬립을 적당히 만든 다음 ② 부분에 복사합니다.

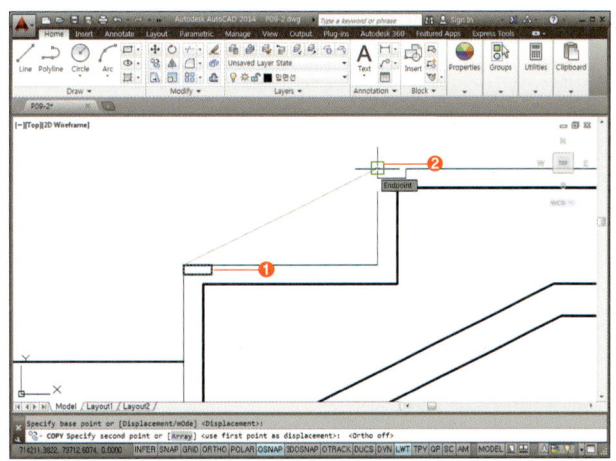

03. 기초와 테라스 바닥의 무근콘크리트 연결 부분을 그림과 같이 작업합니다. 연결부의 패턴은 'ANSI37'을 [Scale] 값 '10'을 사용합니다. 작업 후 '해칭선' 레이어로 변경합니다.

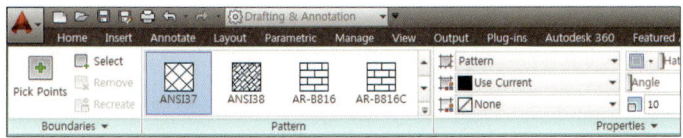

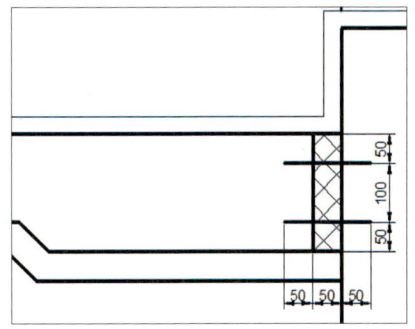

04. 바닥에 와이어 메쉬를 넣습니다. 선(①, ②, ③)을 Offset '50'하고 Fillet 명령으로 편집 후 파선인 Hidden 선으로 변경합니다.

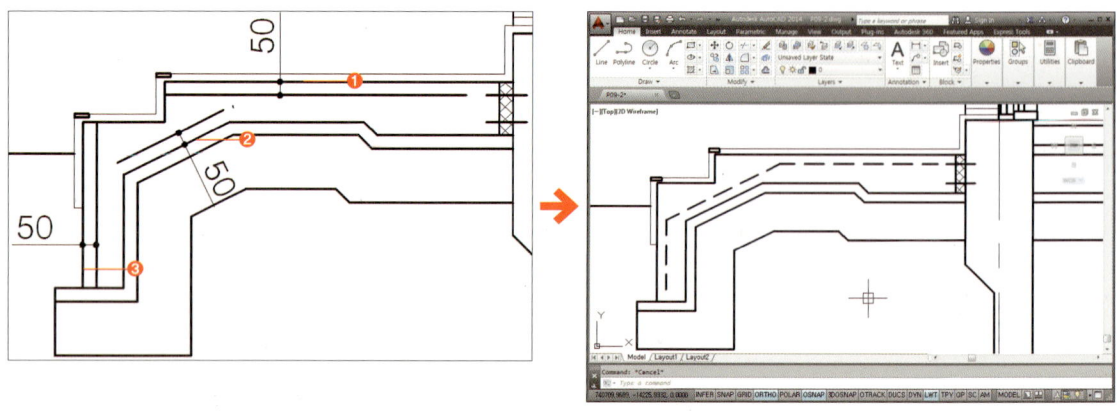

> **TIP** : 변경된 파선의 간격이 너무 촘촘하거나 넓으면, Properties를 불러온 후 선의 [Line type scale]을 조정합니다.

05. 잡석다짐의 재료 표시를 합니다. Line 명령을 사용하여 그림과 같이 만든 후 해칭선으로 변경합니다. Copy 명령으로 적당한 간격을 유지하면서 테라스 부분과 기초, 거실 바닥의 잡석까지 한 번에 작업합니다.

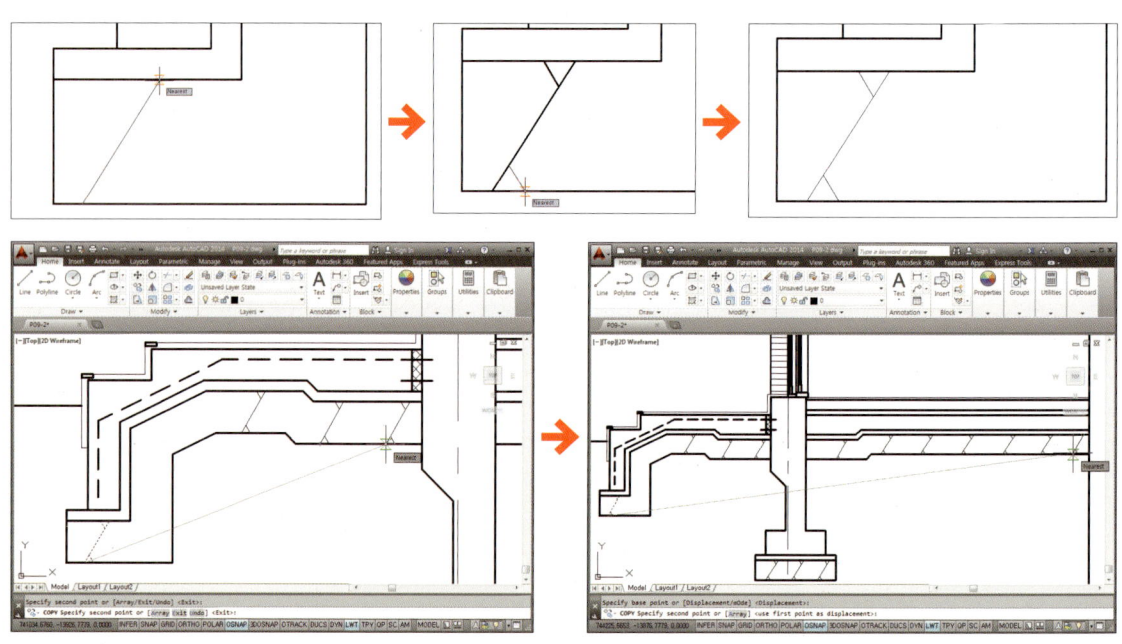

> **TIP** : 표시 형태에는 답이 없으므로 그림과 같이 비슷하게 하면 됩니다. 예)xline: 60도, 120도

06. 테라스의 꺾여있는 잡석다짐은 재료 표시를 빈 공간에 복사한 다음 Align 명령으로 정렬해야 합니다. 재료 표시 하나를 여백에 3개 복사하고 단축키 **A L**을 입력한 후 **Space Bar**를 누릅니다. 재료 표시를 선택한 다음 ⑤ 부분을 클릭하고 ⑥ 부분을 클릭합니다. 이어서 ⑦ 부분을 클릭하고 ⑧ 부분을 클릭한 후 **Space Bar**를 두 번 누릅니다.

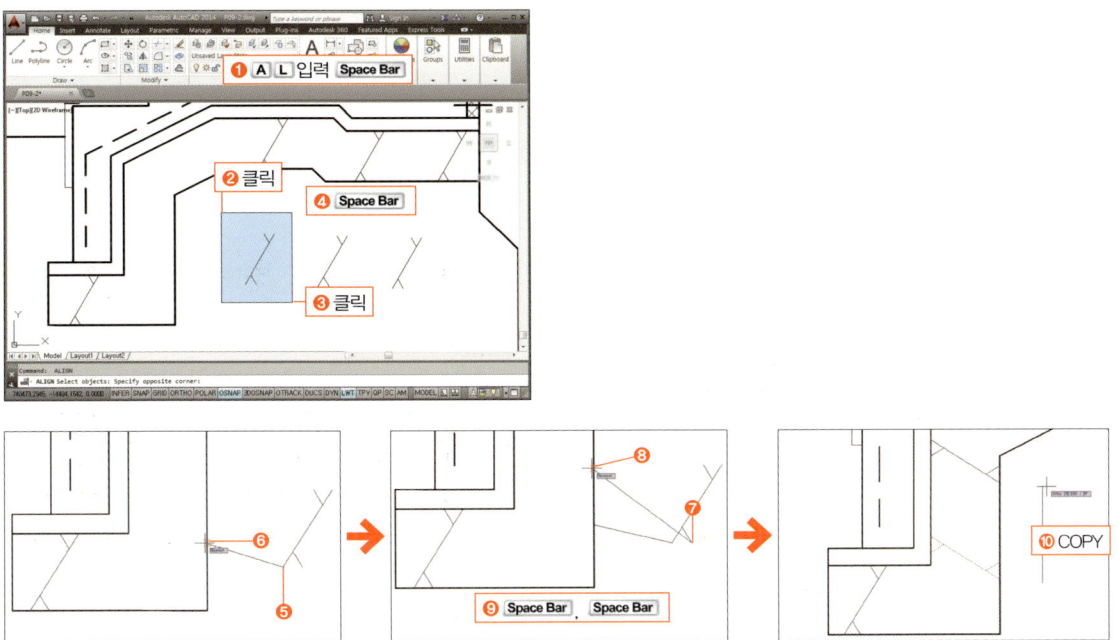

07. 사선으로 된 부분도 Align 명령을 이용하여 위와 같은 방법으로 작업합니다.

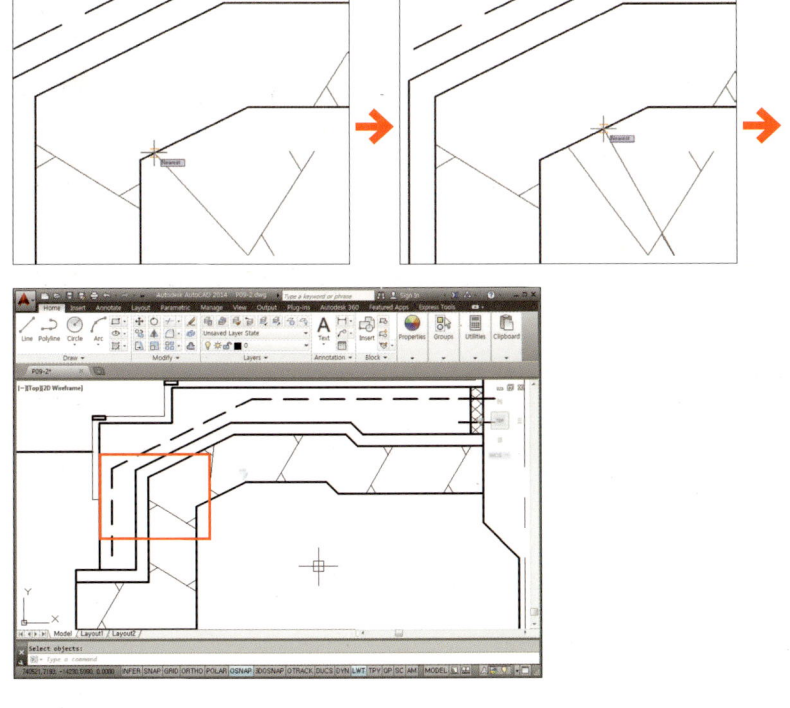

테라스의 바닥에 난방 구조가 더해진 구조입니다. 테라스와 동일한 부분은 Mirror 명령으로 대칭 복사하고 그 외 부분의 재료 표시를 하면 됩니다.

예제 파일 | DVD₩예제₩부록₩Lesson02₩테라스바닥.DWG   **완성 파일 |** DVD₩완성₩부록₩Lesson02₩거실바닥.DWG

01. Mirror 명령을 실행한 후 기초와의 연결 부분과 와이어 메쉬 선을 선택해 대칭 복사한 다음 와이어 메쉬 선을 Extend 명령이나 Grip을 사용하여 연장합니다.

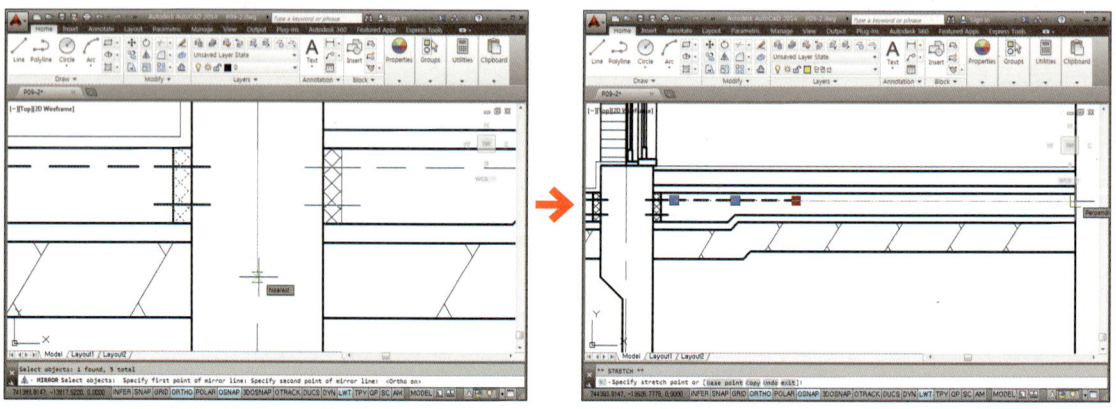

02. 난방 구조를 작업합니다. 기초와 질석 보온재의 연결 부분을 그림과 같이 작업합니다. Hatch 명령으로 패턴을 넣고자 하는 부분이 모두 작업 화면에 보이게 한 후 선택해야 합니다. 작업한 보온재의 재료 표시는 해칭선 레이어로 변경합니다.

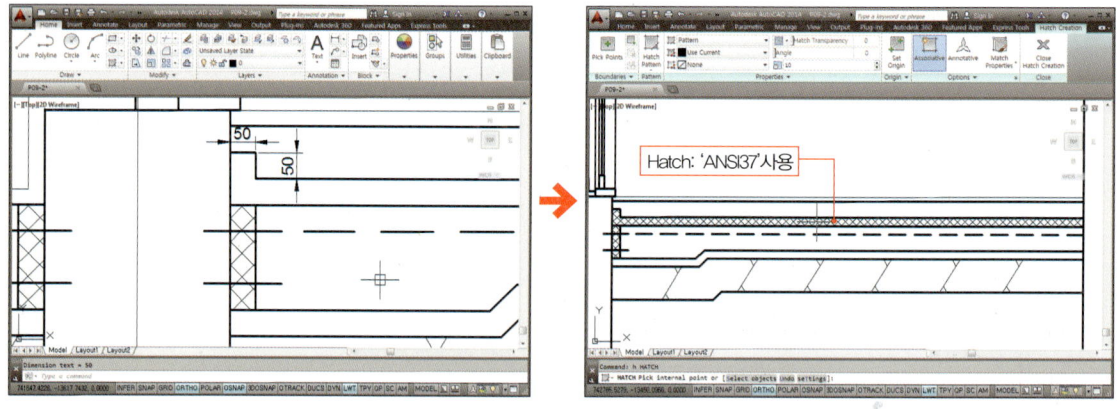

Hatch 명령 사용 시 영역 선택 화면

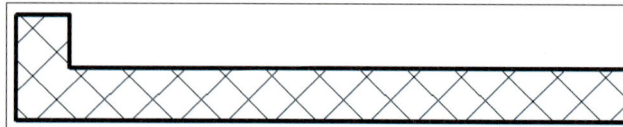

질석보온재의 표현

03. 온수파이프를 다음과 같이 작업합니다. 십자선은 '중심선' 레이어, 파이프는 '마감선' 레이어로 합니다.

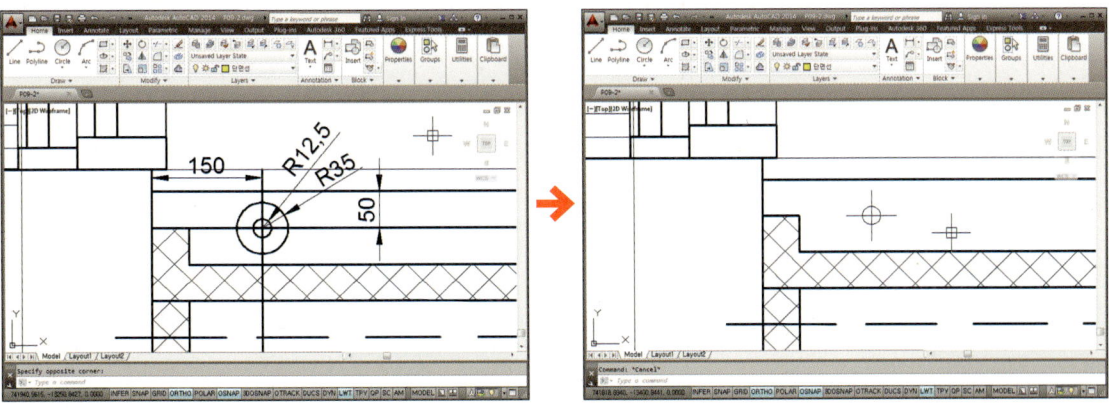

TIP : 파이프를 단면선으로 작업해도 되나 출력 시 선이 두꺼워 표현이 잘 안됩니다.

04. Copy 명령으로 '250'만큼 우측으로 복사한 후 연결철물을 그려 Hidden 선으로 하고 '해칭선' 레이어로 변경합니다.

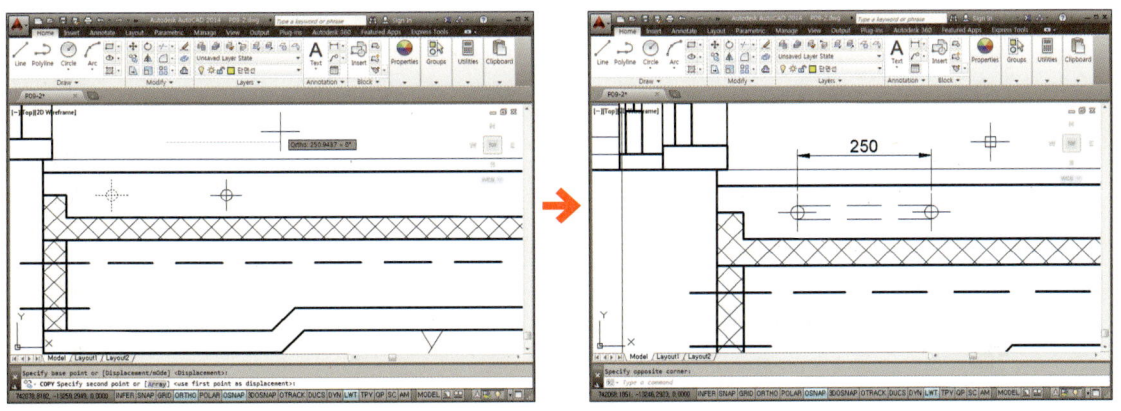

TIP : Hidden 선을 선택하고 Properties를 불러온 후 축척을 변경할 수도 있습니다.

05. 작업된 온수파이프를 우측으로 '500' 간격으로 복사하고 바닥 마감선선(①)을 상단으로 Offset '120'하여 걸레받이를 만든 후 입면선으로 변경합니다.

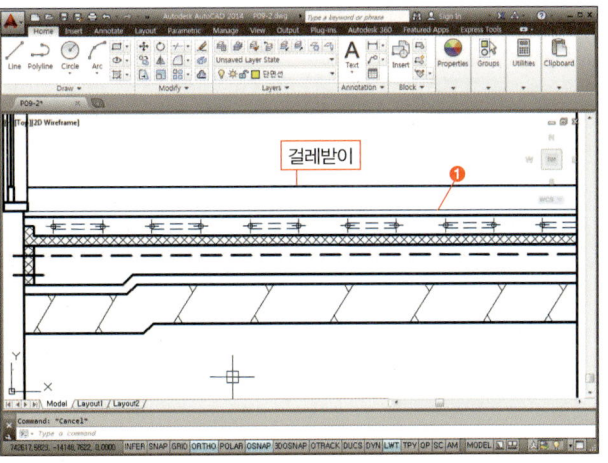

기초에는 철근콘크리트의 재료 표시를 하고 지반은 지반 표시와 문자를 같이 표기합니다.

예제 파일 | DVD₩예제₩부록₩Lesson02₩거실바닥.DWG **완성 파일 |** DVD₩완성₩부록₩Lesson02₩기초지반.DWG

01. 기초에 Xline과 Offset 명령을 사용하여 철근콘크리트 재료 표시(간격: '20')를 합니다. 작업 후 해칭선 레이어로 변경합니다.

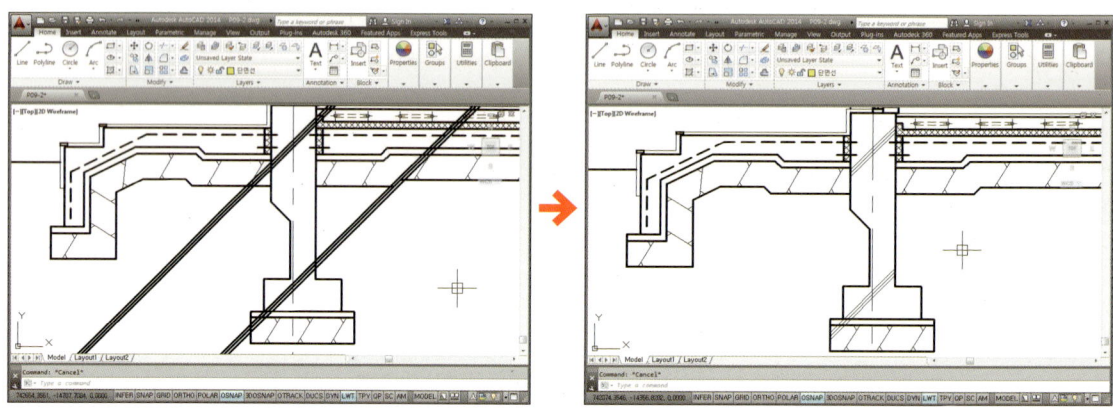

> **TIP :** 지붕 슬래브의 재료 표시를 복사해 연장하는 방법을 써도 좋습니다.

02. STEP 01의 '■ 기초'를 참고하여 하여 지반선을 그림과 같이 작업합니다. 선(①)은 Pedit 명령을 사용하여 두께 값 '15' 정도를 적용하고 안쪽의 사선은 Hatch 명령을 사용해 작업합니다.

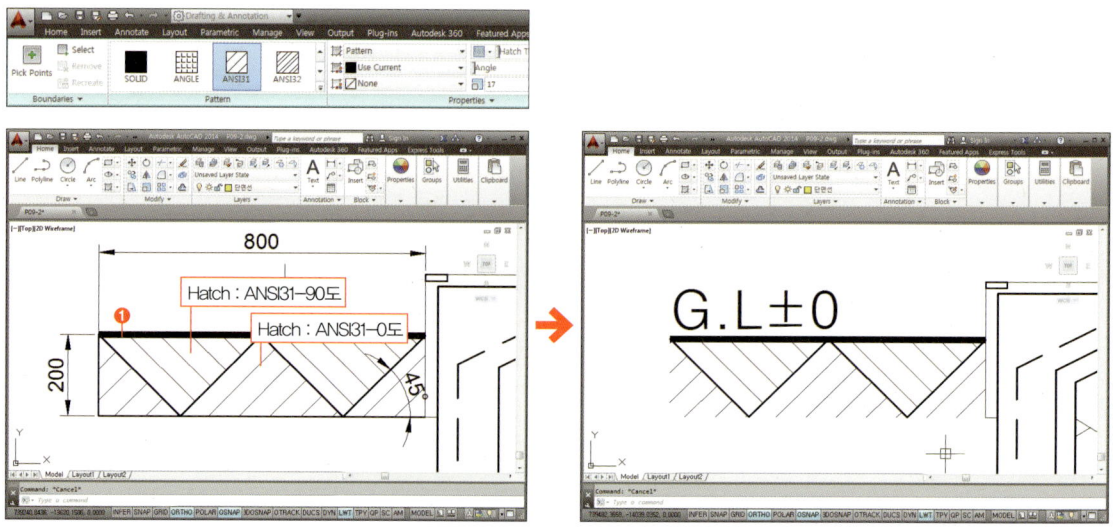

Dtext 명령을 사용하여 각 부분에 문자 기입을 합니다. 문자의 폰트는 '굴림'이나 '돋움' 으로 높이는 '80' 으로 합니다.

예제 파일 | DVD\예제\부록\Lesson02\기초지반.DWG　**완성 파일** | DVD\완성\부록\Lesson02\문자쓰기.DWG

01. Line 명령을 사용하여 그림과 같이 지시선을 만들고, Donut 명령으로 지시하는 재료에 점을 지름 '20' 정도로 찍어주고 레이어는 치수 및 문자로 합니다.

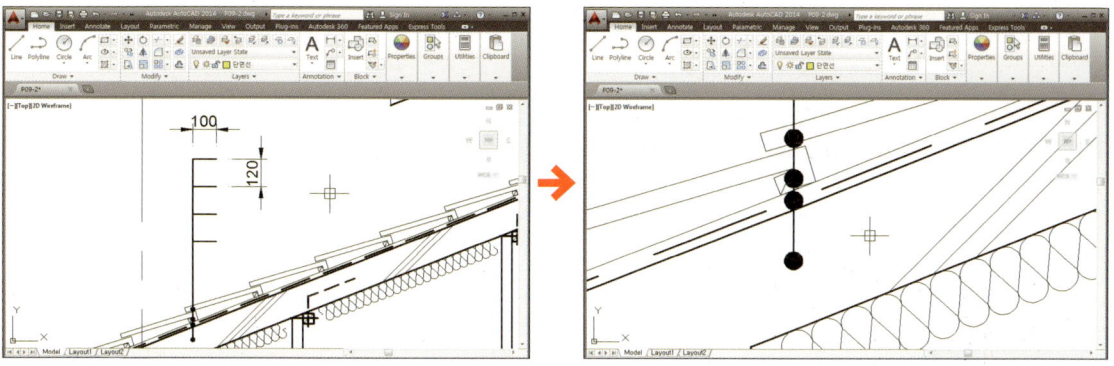

02. 그림과 같이 '시멘트기와잇기'라고 입력한 다음 Copy 명령으로 복사해 더블클릭하여 수정하는 방법을 사용하는 것이 편리합니다.

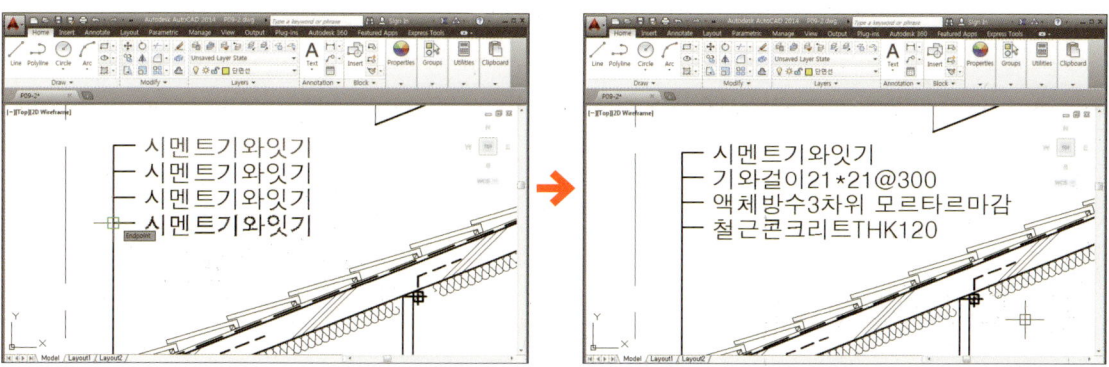

03. 문자 작성 후 문자와 구조 부분이 겹치면 Stretch 명령과 Move 명령을 사용하여 이동시킵니다.

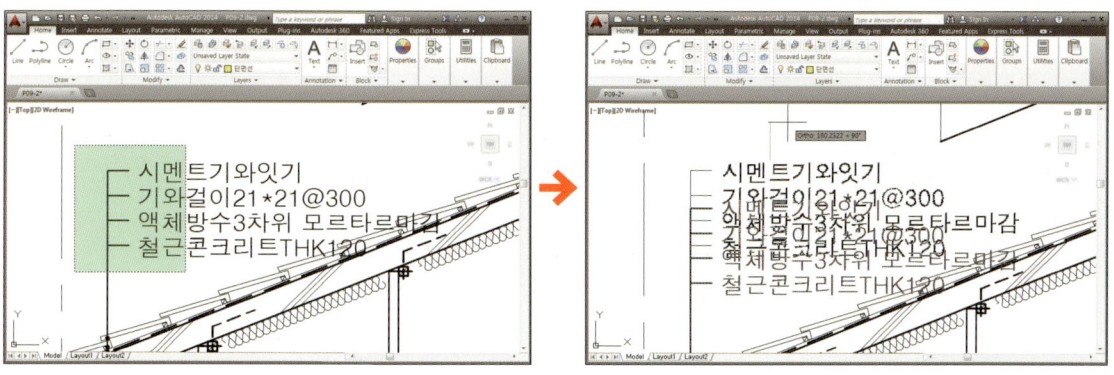

04. 앞선 방법으로 각 부분에 문자를 기입합니다. 동일한 부분은 복사 기능을 충분히 사용하여 작업합니다.

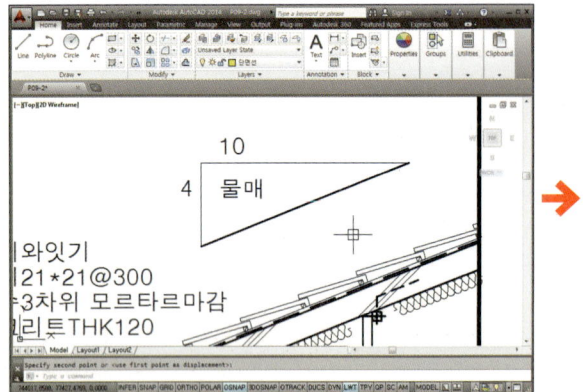

지붕 슬래브 부분

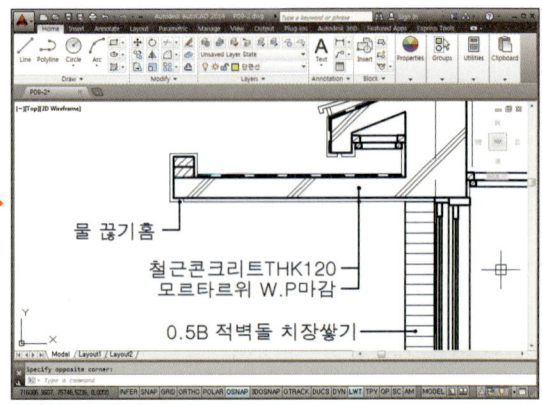

처마와 캔틸레버 부분

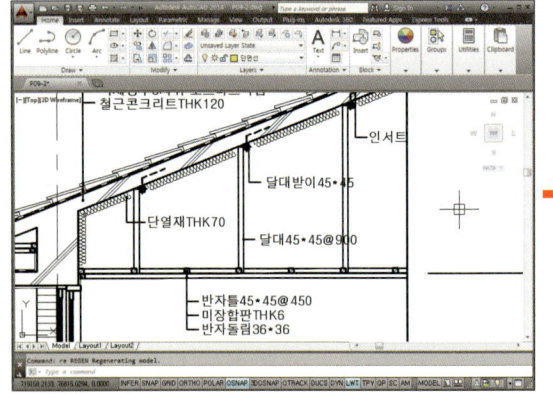

천장의 반자 부분

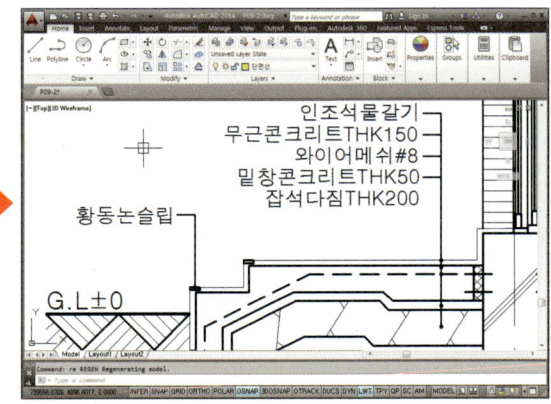

테라스 부분 G.L의 ±는 'ㄷ' 입력한 후 [한짜]키를 사용

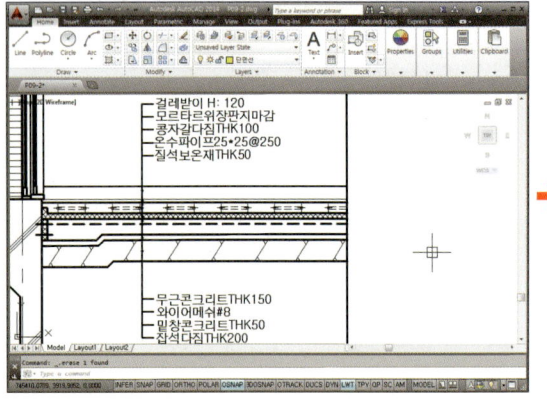

거실 바닥 부분

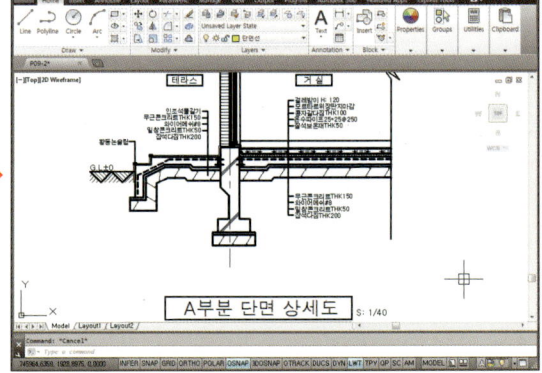

실명은 문자 높이 '120', 도면명은 '250', 축척 표기는 '120'으로 합니다.

05. 우측의 작업 경계선(①) 가운데 부분에 파단선 표시를 넣고 Pedit 명령으로 두께를 '15'로 합니다.

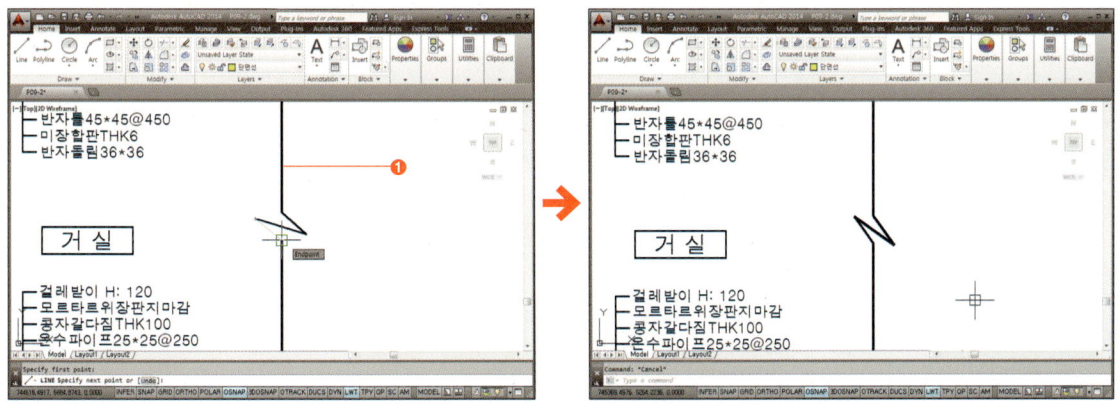

06. 문자 기입을 마친 후 도면 전체를 양식의 중앙으로 배치합니다.

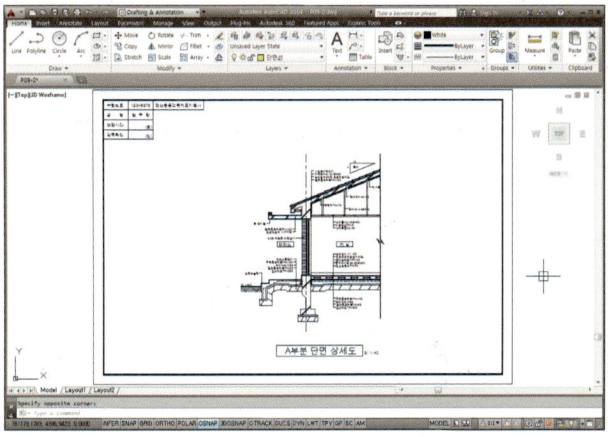

마지막으로 치수를 기입하겠습니다. 파단선 반대편과 상단에는 필수적으로 기입해야 합니다.

예제 파일 l DVD₩예제₩부록₩Lesson02₩문자쓰기.DWG **완성 파일 l** DVD₩완성₩부록₩Lesson02₩치수기입.DWG

01. 단축키 D 를 입력하고 Space Bar 를 눌러 [Dimension Style Manager] 대화상자가 나타나면 [New] 버튼을 클릭합니다. [New Dimension Style] 대화상자가 나타나면 새로운 치수 스타일을 만들어 그림과 같이 설정합니다.

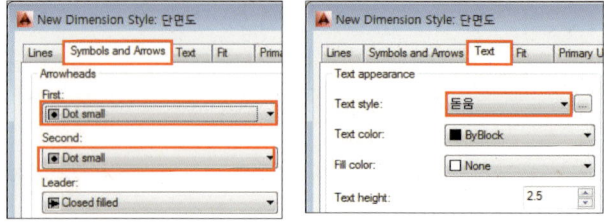

화살표 모양 변경 문자 스타일 변경

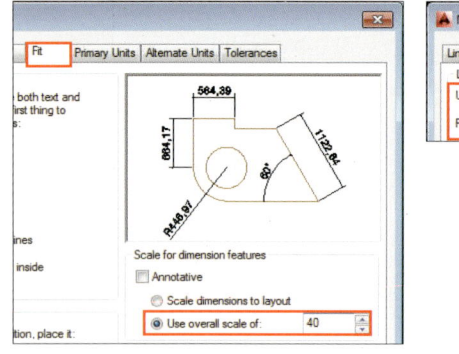 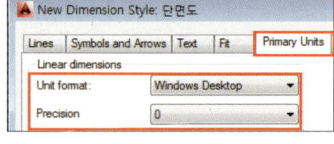

Use overall scale of : 40으로 변경 Unit format-desktop으로 변경

02. 치수를 기입하기 전에 먼저 치수를 기입해야 할 곳을 Line과 Offset 명령으로 그림과 같이 표시합니다. 작업 시 기준이 되는 곳에서 Line 명령으로 선을 뽑아냅니다. 마감이 들어간 부분은 마감 안쪽의 구조 부분에서 선을 빼옵니다.

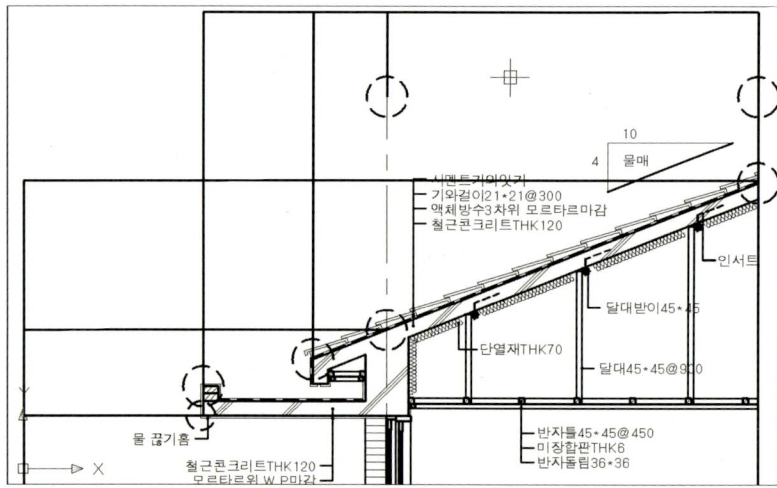

보와 지붕 슬래브 부분

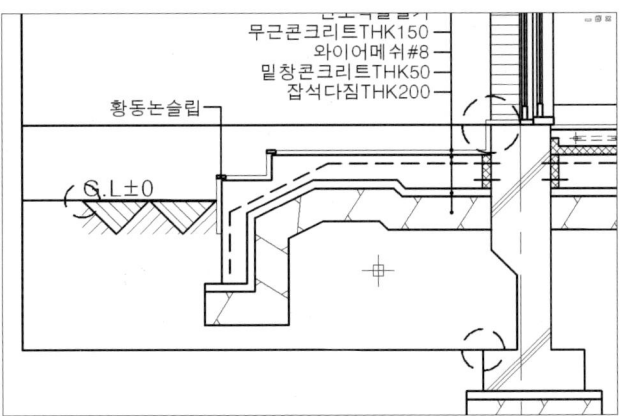

지반과 테라스 부분 그림

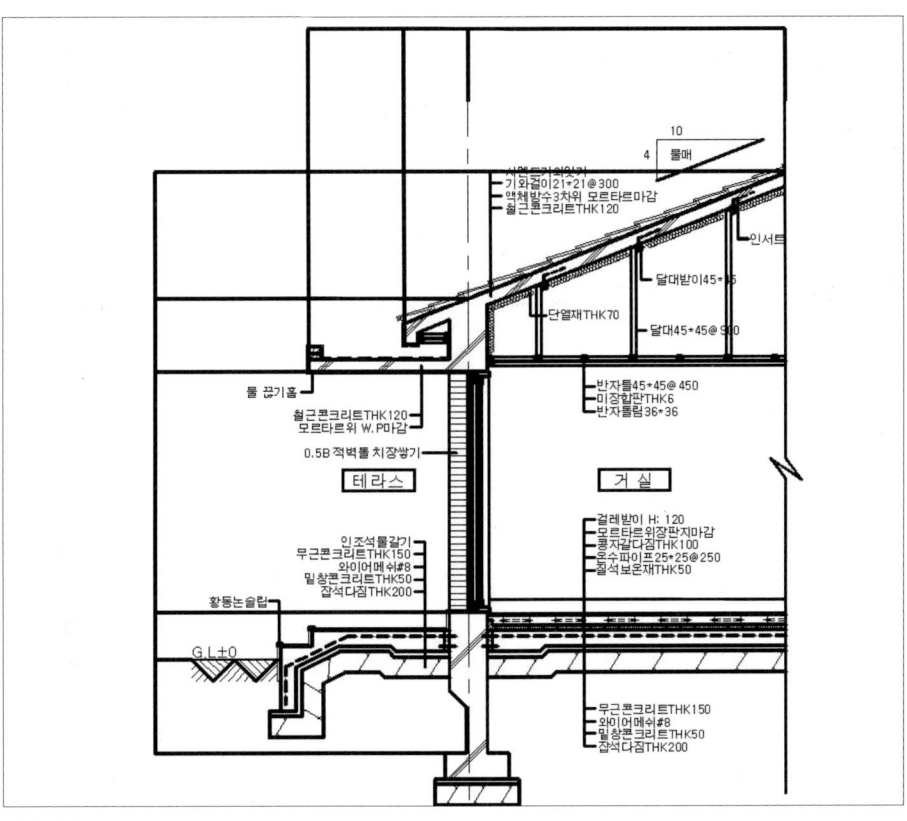

작업 결과

03. [Quick Dimension](🗲)을 클릭한 다음 ②와 ③ 부분을 클릭하고 Space Bar 를 눌러 치수의 위치를 그림과 같이 지정합니다.

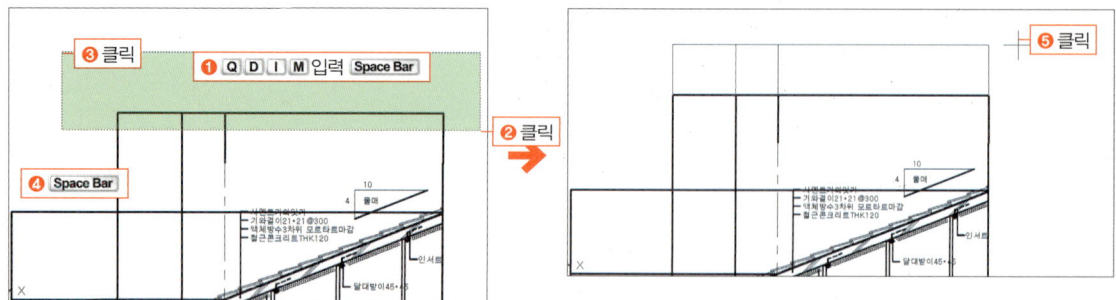

04. 좌측의 치수도 [Quick Dimension](🗲)을 클릭하여 그림과 같이 치수를 입력하고 치수를 넣기 위해 작업한 선은 삭제합니다.

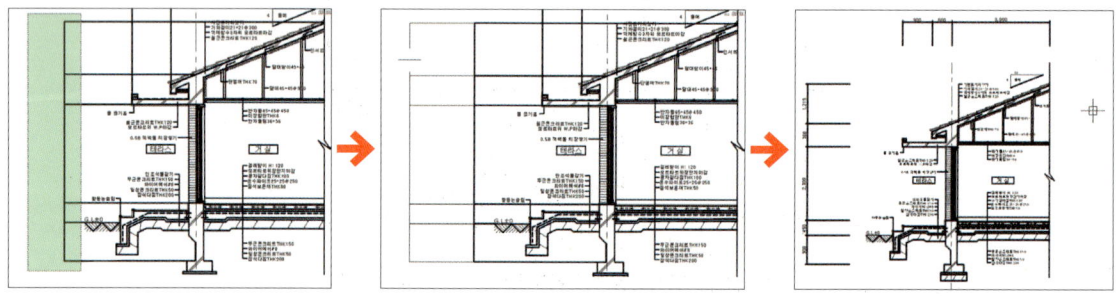

05. 구조가 다 나오지 않고 생략이 되는 ① 부분의 치수는 단축키 E D 를 입력한 후 Space Bar 를 누르고 문자를 클릭해 '설계치수'로 수정합니다. ② 부분의 치수도 '설계치수'로 수정합니다.

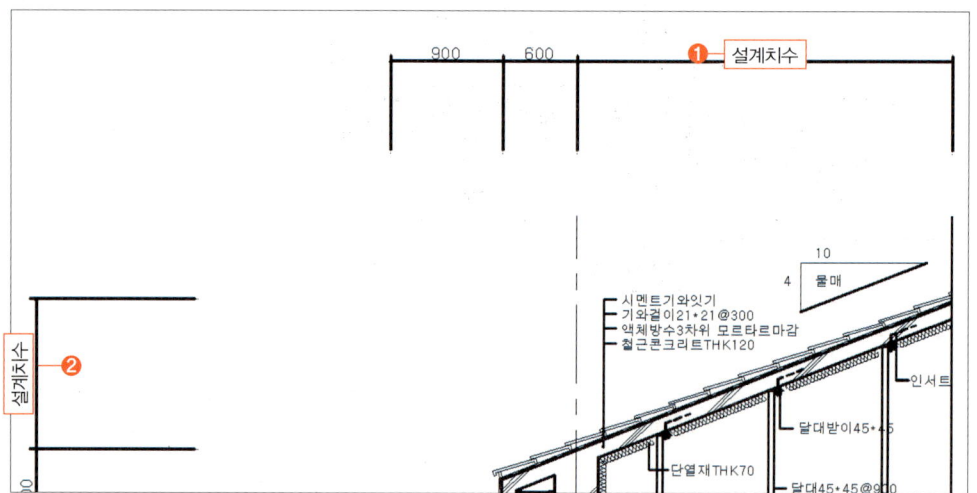

06. 그림과 같이 좌측에 G.L선부터 보 상단까지 전체 치수와 우측에 천장 높이(C.H)를 기입합니다.

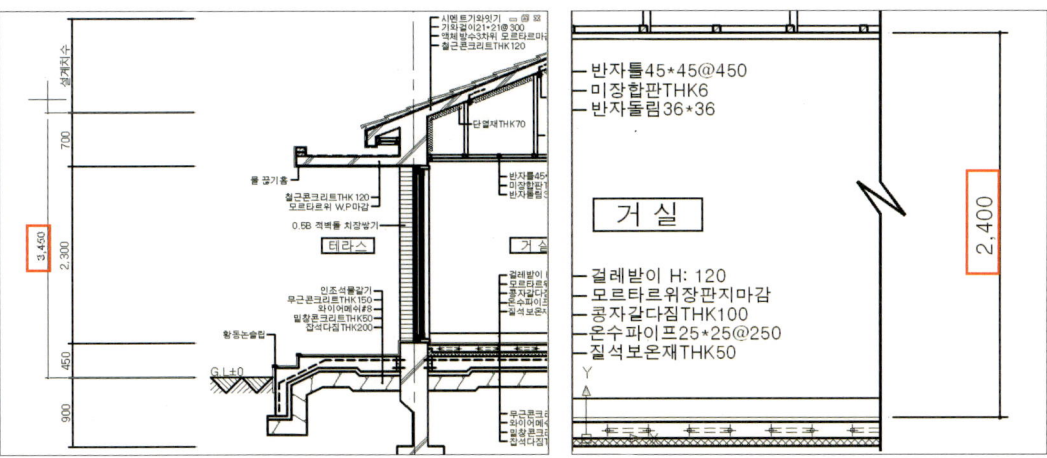

07. Stretch 명령을 사용하여 치수 보조선의 길이를 보기 좋게 조정한 다음 기입한 치수의 레이어를 치수 및 문자 레이어로 변경합니다. 단면도를 마무리하고 파일명을 '단면도'로 저장합니다.

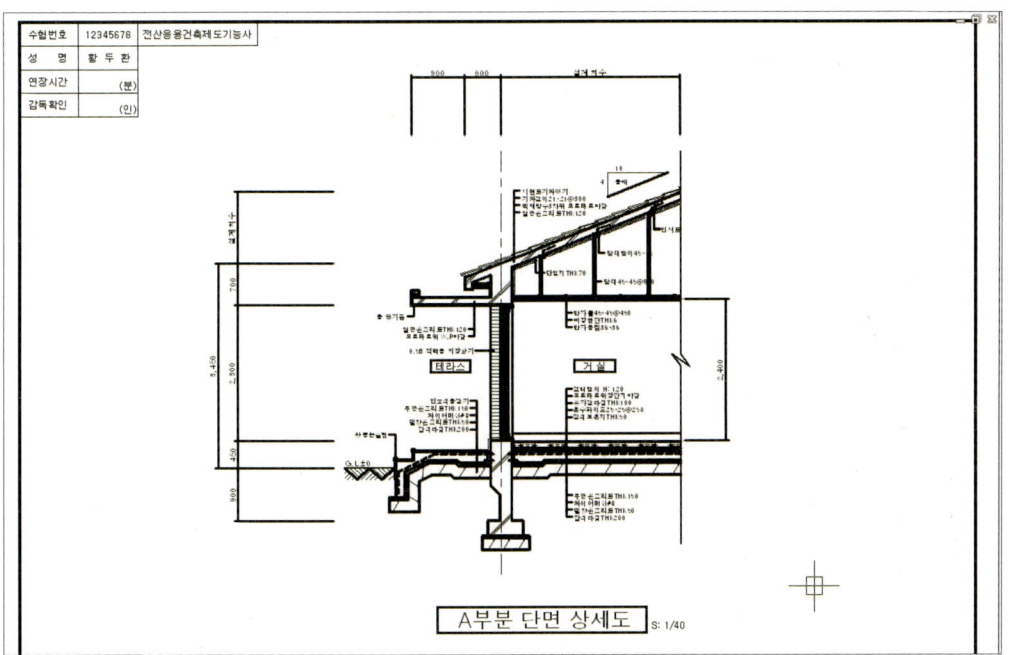

03 입면도 작성하기

레벨 ● ● ●

평면도를 해독하여 남측 입면도를 작업하겠습니다. 입면도는 단면도에 비해 쉽고 작업 시간도 1시간가량 짧습니다.

STEP 01 · 입면도 작성

단면도 작성과 같은 레이어를 사용합니다. 하지만 단면선 레이어를 단면에 사용하는 것이 아니라 입면도의 건물 윤곽선이 두껍게 출력이 되도록 단면선을 쓰는 것입니다. 입면도를 잘 표현할 수 있도록 레이어를 구분하면 됩니다.

■ 입면도의 주요 부분

지붕

지붕의 기와 표현은 출력 시 표현이 될 정도인 '20~30' 정도로 하고 용머리는 약간 크게 '50' 정도의 두께로 작업합니다.

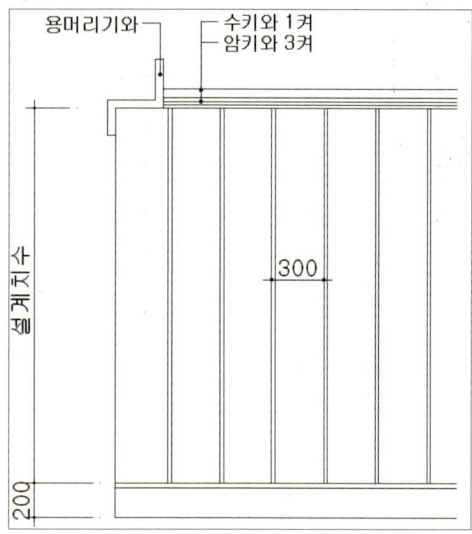

굴뚝

아래와 비슷한 크기로 그리되, 지붕면에서 너무 높게 않게 합니다.

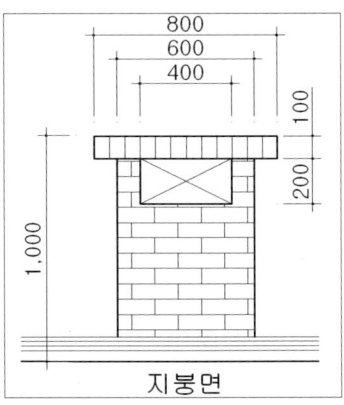

창과 문의 입면

• **방창** : 창의 높이는 보 아래로 '1200~1500'으로 하고 폭은 도면을 보고 가늠합니다. 틀은 '30', 창틀은 '60' 정도로 작업하고 개폐 방향 표시와 하단에 인조석 창대돌을 적당한 크기로 만듭니다.

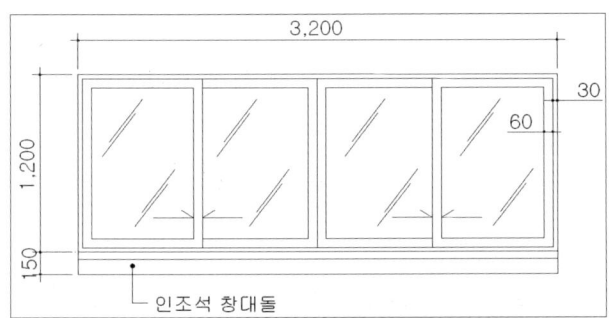

• **거실 창** : 방창과 마찬가지로 개폐 방향을 표시하고 창틀은 약간 크게 합니다. 거실 창은 바닥에서부터 시작되므로 창대돌이 없습니다.

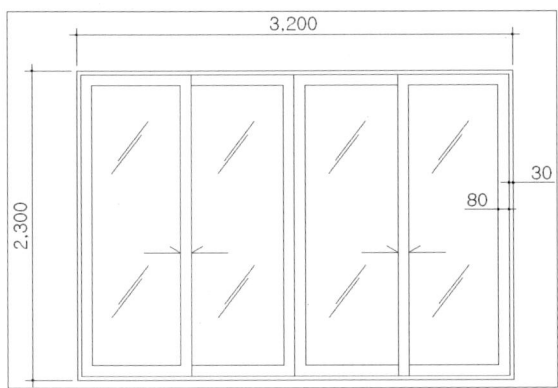

• 현관문 : 문 높이는 바닥에서 '2100'으로 하고 보까지 남는 공간을 고정 창으로 합니다.

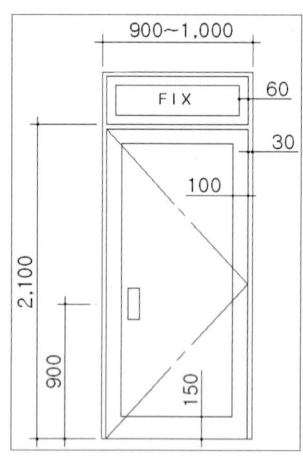

화단과 수목

화단이 있을 경우 화단의 크기는 평면도를 보고 가늠하여, 그림과 같이 표현합니다.

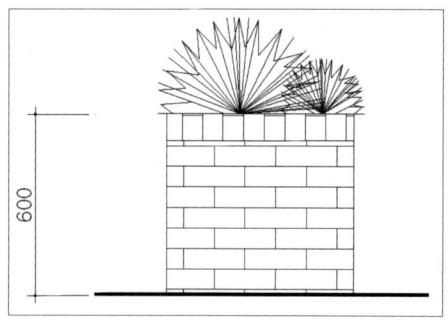

입면도를 작성하기 전에 표제란과 레이어를 그대로 사용하기 위해 Scale 명령으로 표제란을 변경하는 작업을 먼저 하겠습니다.

예제 파일 | DVD₩예제₩부록₩Lesson03₩A부분단면도.DWG

01. 작업된 단면도를 불러와 표제란과 도면명을 우측으로 복사합니다.

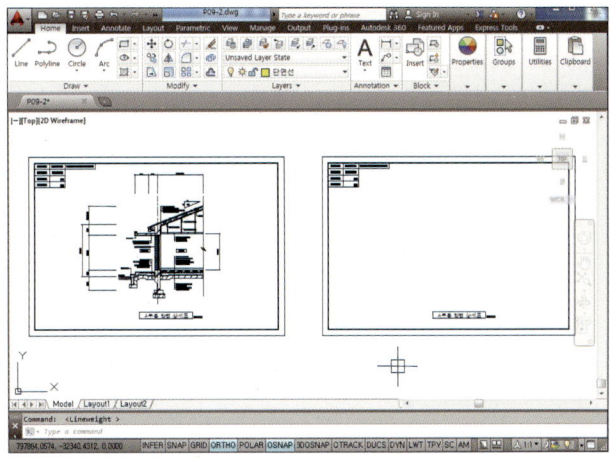

02. 단축키 S C 를 입력한 후 Space Bar 를 누르고, 그림과 같이 선택한 후 기준점(⑤)으로 선택합니다.

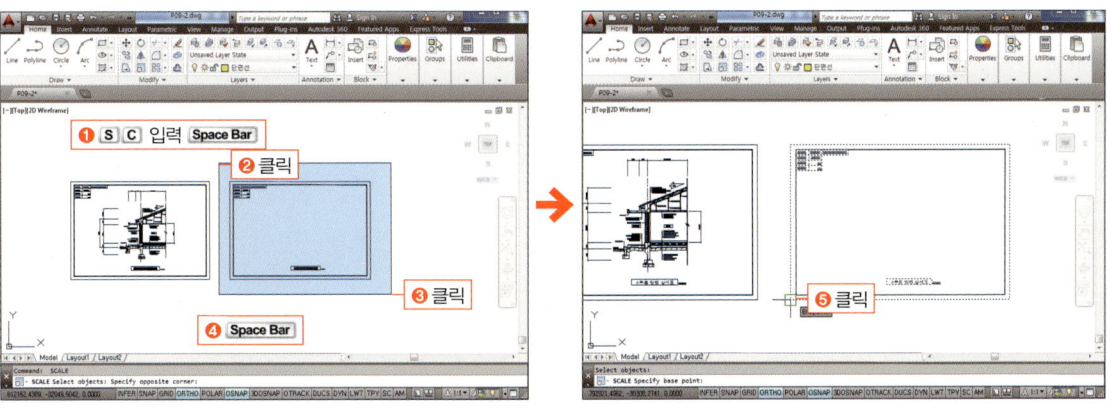

TIP : 양식을 복사한 후 복사된 양식의 도면명을 '남측 입면도'로 변경하는 것이 좋습니다.

03. 기준점을 선택했으면 [Reference] 옵션을 사용하기 위해 $\boxed{R}$을 입력한 후 $\boxed{\text{Space Bar}}$를 누릅니다. 단면도의 축척인 '40'을 입력한 후 $\boxed{\text{Space Bar}}$를 누르고, 입면도의 축척인 '50'을 입력한 후 $\boxed{\text{Space Bar}}$를 누르면 표제란이 입면도의 축척 1/50로 변경됩니다.

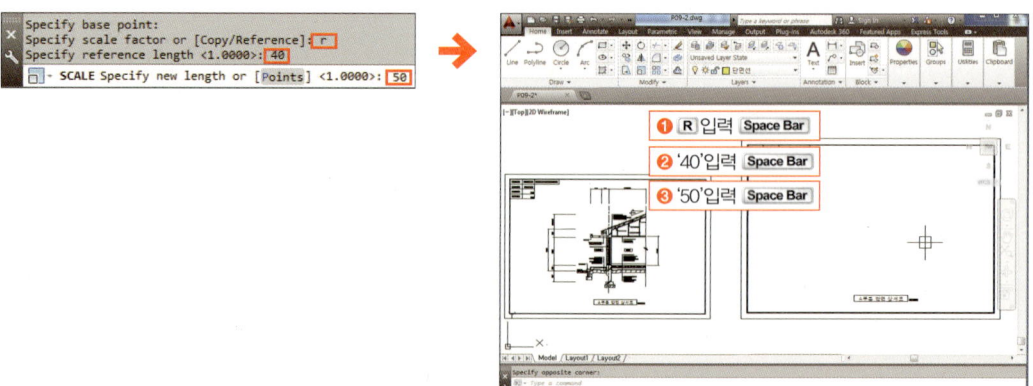

04. 표제란을 입면도 크기에 맞췄으면 단면도는 삭제하고 [File]–[Save As]–[AutoCAD Drawing]을 클릭하여 도면을 입면도로 저장하고 입면도 작도를 시작합니다.

TIP : 입면도 저장 시 먼저 작업해 놓은 단면도가 확실히 저장되었는지 반드시 확인합니다.

평면도를 보고 남측 입면도를 어떻게 작도할 것인지를 생각합니다.

01. 남측 방향에 주택을 바라보면 좌측에 굴뚝과 거실 정면으로 계단이 2단 있고 다른 구조물은 보이지 않습니다. 마룻대가 남측 방향에서 볼 때 수평으로 되어있으므로 남측 방향에서 주택을 바라보면 지붕의 경사는 보이지 않게 됩니다.

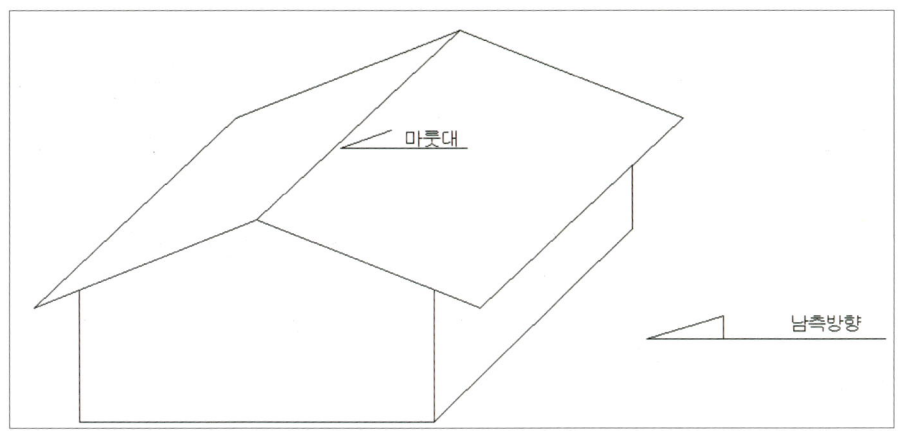

02. 남측에서 주택을 바라보면 아래와 같은 형태로 도면이 그려지게 됩니다.

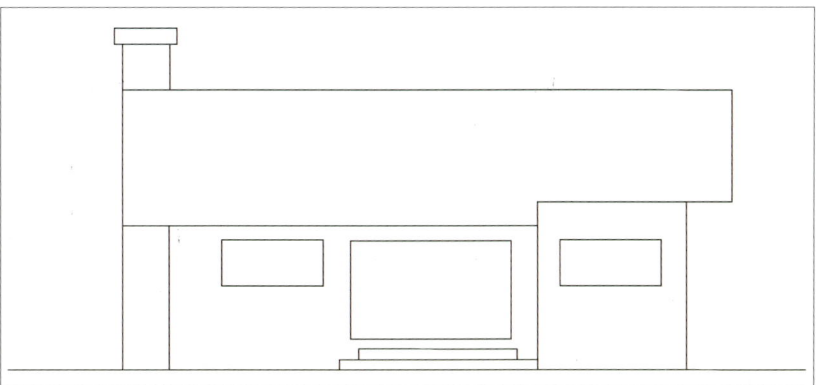

요구 조건과 구조적인 설계 치수에 맞게 기준선을 작도합니다. 기준선이 잘못되면 도면 전체에 문제가 생기니 요구 조건을 확인하면서 작업해야 합니다.

예제 파일 | DVD\예제\부록\Lesson03\입면도양식.DWG **완성 파일 |** DVD\완성\부록\Lesson03\A기준선.DWG

01. G.L선을 긋고 남측 방향에서 바라봤을 경우 보이는 벽체의 중심선을 표시합니다.

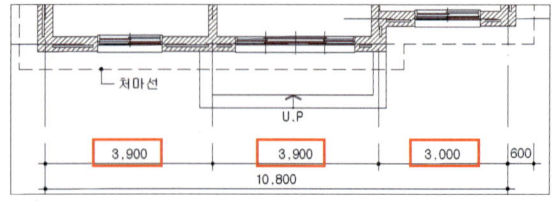
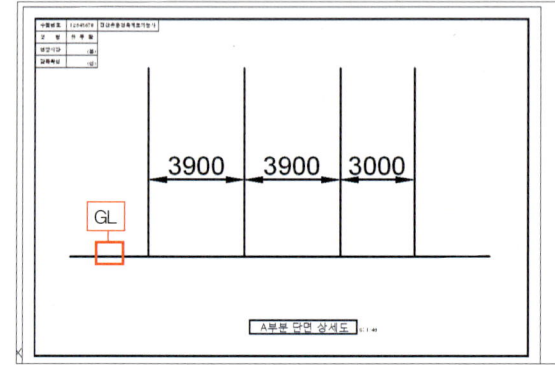

02. 벽체 두께를 표현합니다. 선(①)은 좌측으로 Offset '175', 다른 선(②, ③)은 우측으로 '175' Offset 합니다. 중심선을 같은 방향으로 처마나옴 '600' 으로 Offset한 다음 벽체 중심선은 일점쇄선인 중심선 레이어로 변경합니다.

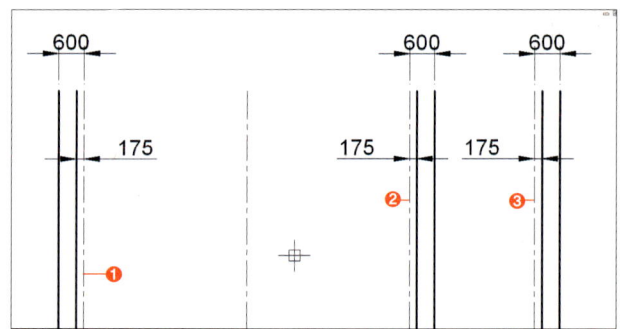

03. 다음은 기준이 되는 가로선을 G.L선으로부터 Offset하여 그림과 같이 작업합니다(G.L선에서부터 실내 바닥 높이까지 : '450', 실내 바닥 높이부터 보 하부까지 : '2300', 보의 높이 : '600~700').

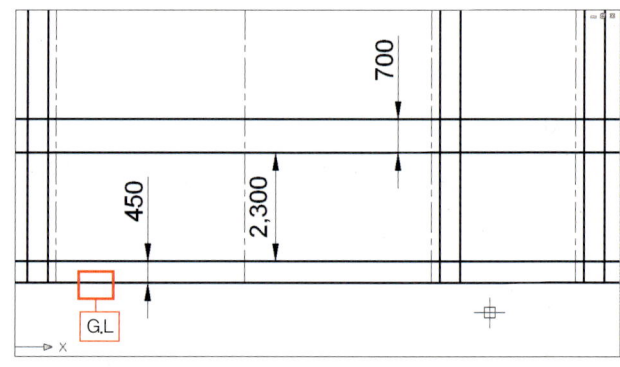

지붕 물매를 사용하여 건물의 전체적인 형태를 만들어 나가겠습니다. 건물의 윤곽은 노랑인 단면선으로 작업합니다.

예제 파일 | DVD₩예제₩부록₩Lesson03₩기준선.DWG **완성 파일 |** DVD₩완성₩부록₩Lesson03₩윤곽.DWG

01. 물매를 사용해 지붕의 높이를 알아내야 합니다. 좌측 벽체 중심선과 보 상단의 교차점에 그림과 같이 물매 4/10에 비례가 맞는 세로 '400', 가로 '1,000'인 삼각형을 만듭니다.

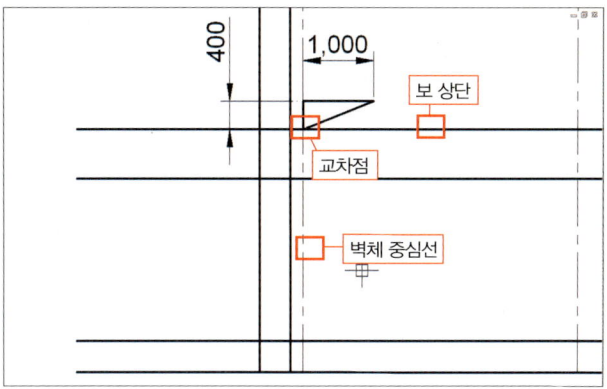

02. 삼각형의 경사를 외벽에서 마룻대까지의 거리인 '3900' 만큼 연장하면 지붕의 높이가 됩니다. 마룻대의 높이와 경사선의 교차점에서 처마나옴 선까지 선분을 그어 지붕 높이를 표시합니다.

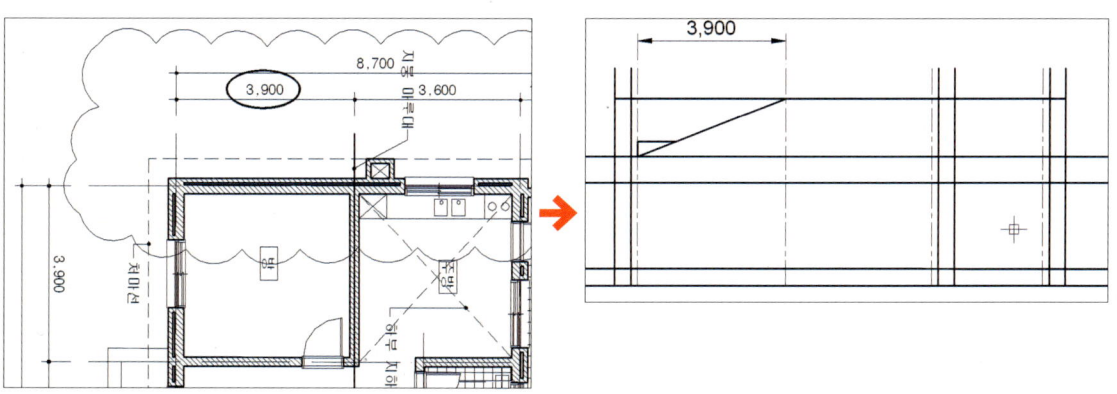

03. 지붕 경사선을 처마나옴까지 연장하고 보 상단의 선은 삭제합니다.

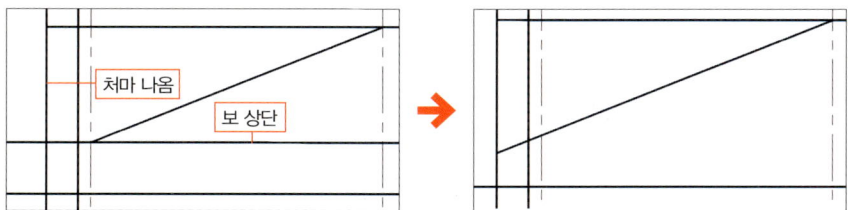

04. 처마나옴과 지붕 경사선의 교차점에서 Line 명령으로 선을 그림과 같이 ① 부분까지 작도하고 하단으로 '200'만큼 Offset합니다.

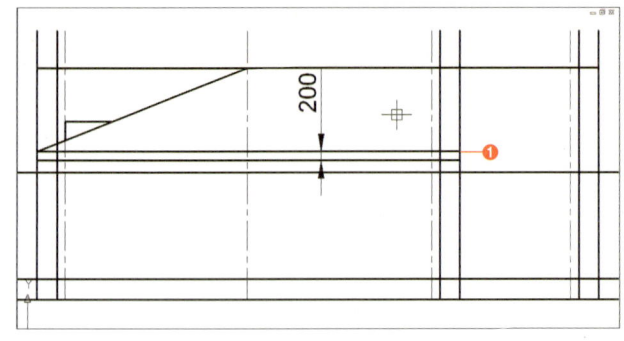

05. 남측의 외벽을 보면 우측 벽이 안쪽으로 '600'만큼 들어가 꺾여있는 것을 확인합니다. 지붕의 경사선을 사용해 처마 부분의 높이를 표시해야 합니다.

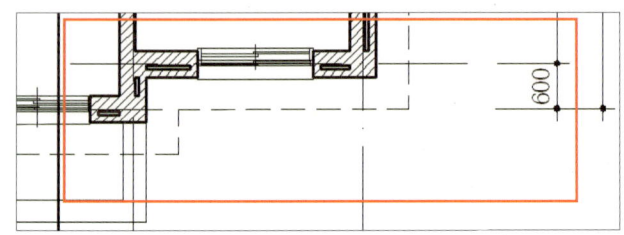

06. 벽의 위치가 '600' 차이가 나므로 처마 끝에서 '600' 만큼 Offset하여 지붕 경사선과 교차된 부분에서 선을 그어 ① 부분에 연결합니다.

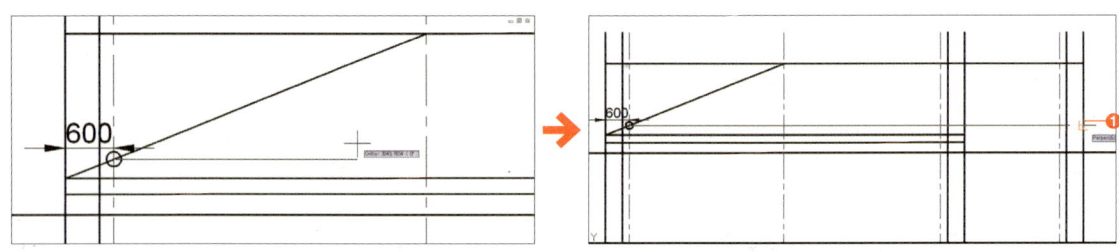

07. 연결한 선을 하단으로 '200' Offset 하여 우측 처마를 그림과 같이 편집합니다.

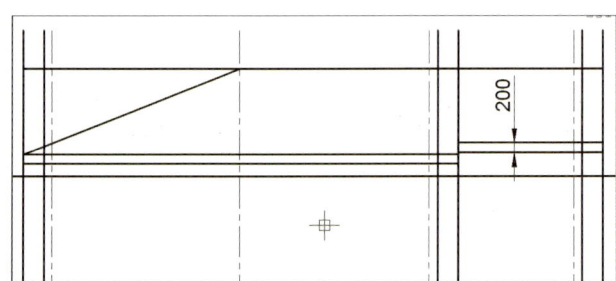

08. 그림과 같이 불필요한 부분을 잘라내면 건물의 윤곽이 드러납니다. 도면명을 더블클릭하여 '남측입면도'로 수정하고 축척도 '1/50'으로 수정합니다.

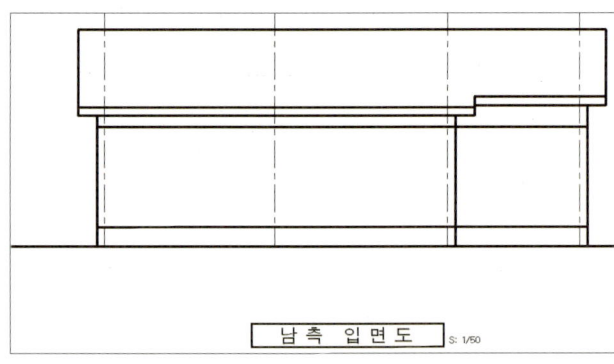

남측 입면도 S: 1/50

창과 문, 주변의 구조물을 그려 넣고 재료 표현을 하겠습니다. 건물의 윤곽은 단면선으로 하고 지금부터 작업되는 것은 입면선과 해칭선을 적절히 사용하여 표현하면 됩니다.

예제 파일 | DVD₩예제₩부록₩Lesson03₩윤곽.DWG **완성 파일 |** DVD₩완성₩부록₩Lesson03₩지붕.DWG

01. 지붕의 기와, 용머리는 좌측만 그린 후 Mirror 명령을 사용해 우측으로 대칭 복사합니다. 암키와 3켜와 수키와 1켜를 그림과 같이 작업합니다.

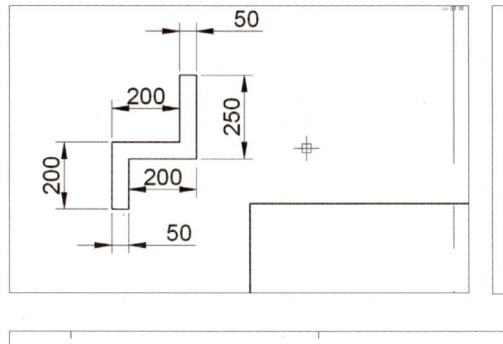
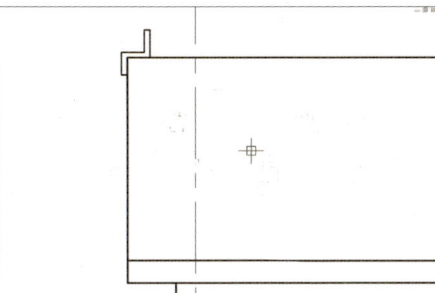

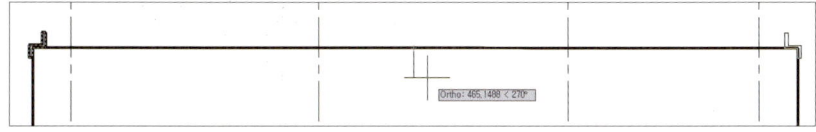

좌측의 용머리를 우측에 대칭 복사

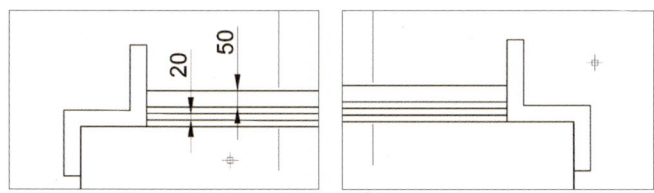

수키와와 암키와는 작성 후 해칭선 레이어로 변경합니다.

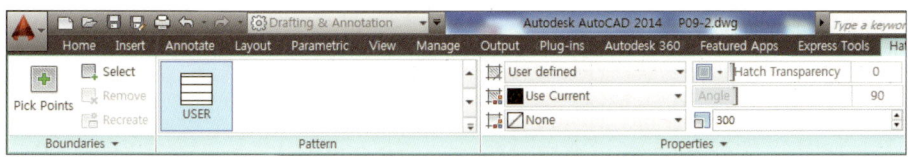

지붕에 기와를 다음과 같이 Hatch 명령을 사용하여 파랑색인 해칭선으로 표현합니다(유형: User defined, 각도: 90, 간격: 300).

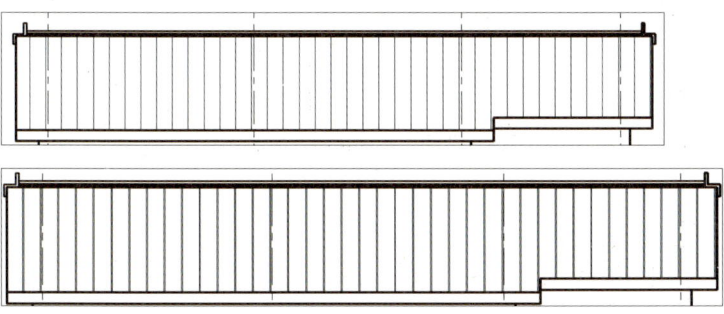

표시한 해칭선은 Copy 명령을 사용하여 우측으로 '20'만큼 복사하여 두 줄로 만듭니다.

02. 그림과 같이 좌측 벽에 굴뚝을 만들겠습니다.

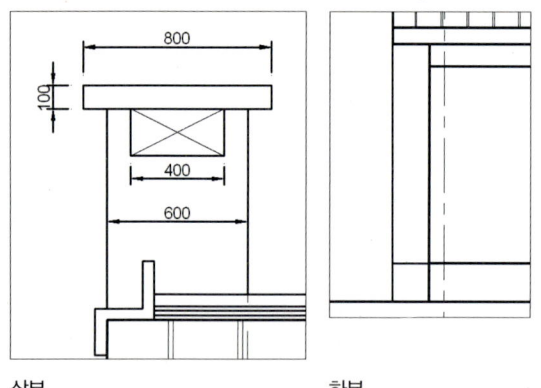

상부   하부

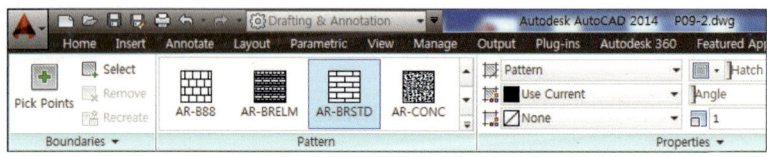

Hatch 명령을 사용하여 치장 쌓기를 표현합니다. Pattern: AR-BRSTD Scale 값: '1' 상단은 Pattern: Userdefined, 각도: 90, 간격: 60

03. 좌/측의 방 창과 중간의 테라스 창을 작업합니다. 창의 크기는 도면에 표기되지 않으므로 평면도를 보고 수검자가 적절한 크기로 작업해야 합니다. 보통 '1200x1200', '1500x1200', '1800x1200' 정도로 작업합니다. 주어진 평면도에서는 방 창을 '1500x1200'으로 하고, 테라스 창은 '2800x2300'으로 합니다. 해당 위치에 직접 그리지 않고 빈 공간에서 방 창과 테라스 창을 그려 지정된 위치에 배치하면 됩니다. 반사 표현은 해칭선으로 하고 창은 입면선으로 하여 그림과 같이 창을 그려 좌측 벽 중간에 배치합니다. 개폐 방향 표시는 Line 명령으로 화살표 모양을 적절한 크기로 만듭니다.

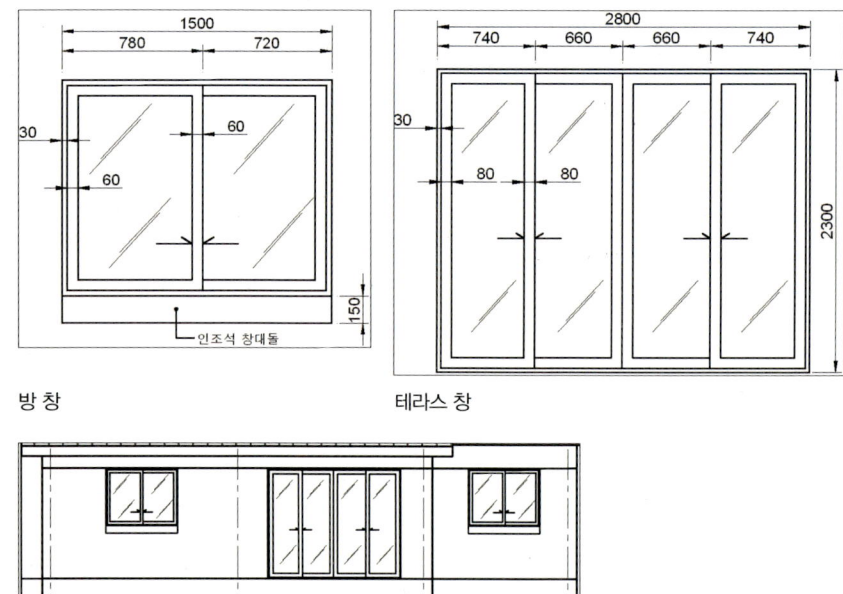

방 창   테라스 창

04. 테라스 상부에는 캔틸레버를 만들고 하부에는 계단을 만들겠습니다. 캔틸레버는 보 하부에서 위로 '240' 두께로 그림과 같이 만듭니다.

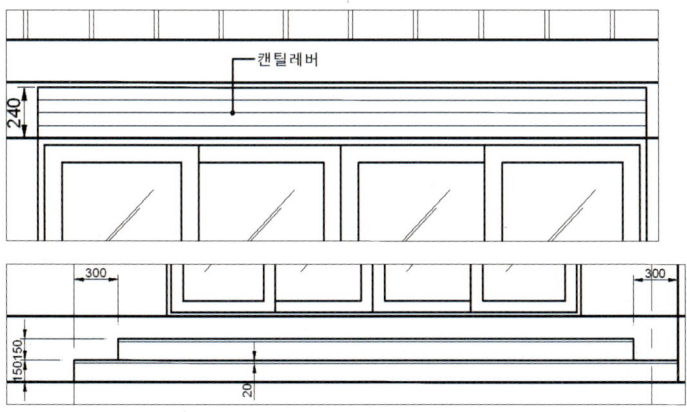

계단 부분

> **TIP :** 중간의 패턴을 마감 재료에 따라 달라지므로 설계자 임의로 해도 관계없습니다.

05. 외부 마감과 수목 표현, 외벽의 적벽돌 치장 쌓기와 페인트 마감은 Hatch 명령을 사용하여 그림과 같이 표현합니다.

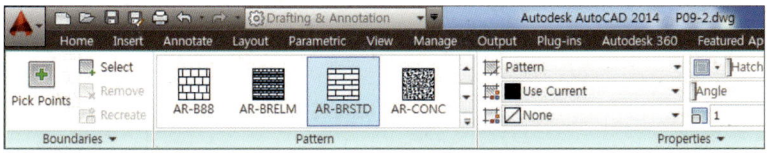

적벽돌 치장 쌓기 패턴 설정

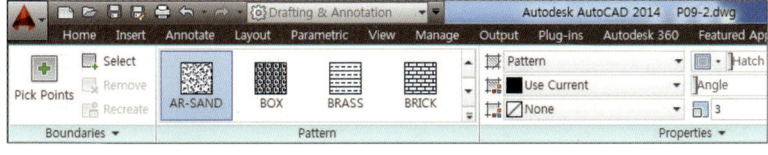

모트타르위W.P 마감 패턴 설정

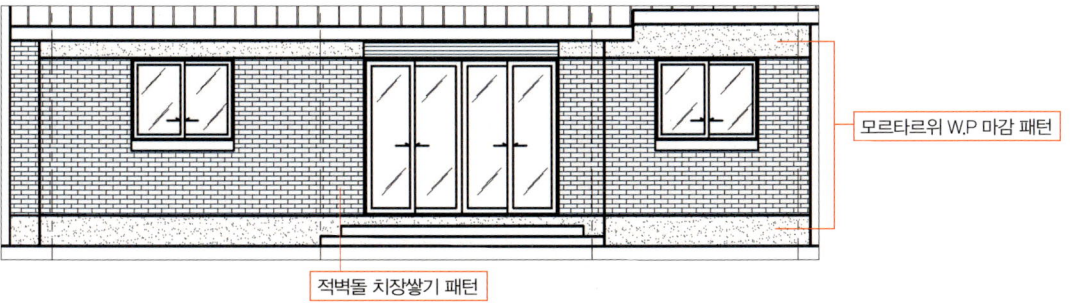

모르타르위 W.P 마감 패턴

적벽돌 치장쌓기 패턴

수목은 파랑색인 해칭선으로 Grip의 Rotate와 Copy 명령을 사용하여 작업합니다. 여백에 길이가 '1,500' 정도인 세로선을 그린 후 Grip으로 클릭하고 중간의 Grip을 클릭합니다. 이후 마우스 오른쪽 버튼을 클릭하고 [Rotate]를 선택, 다시 마우스 오른쪽 버튼 클릭 후 [Copy]를 선택하여 커서를 이동시키면서 연속적으로 클릭해 주고 세로로 선을 그려주면 됩니다.

예제 파일 | DVD₩예제₩부록₩Lesson03₩지붕.DWG   **완성 파일 |** DVD₩완성₩부록₩Lesson03₩환경.DWG

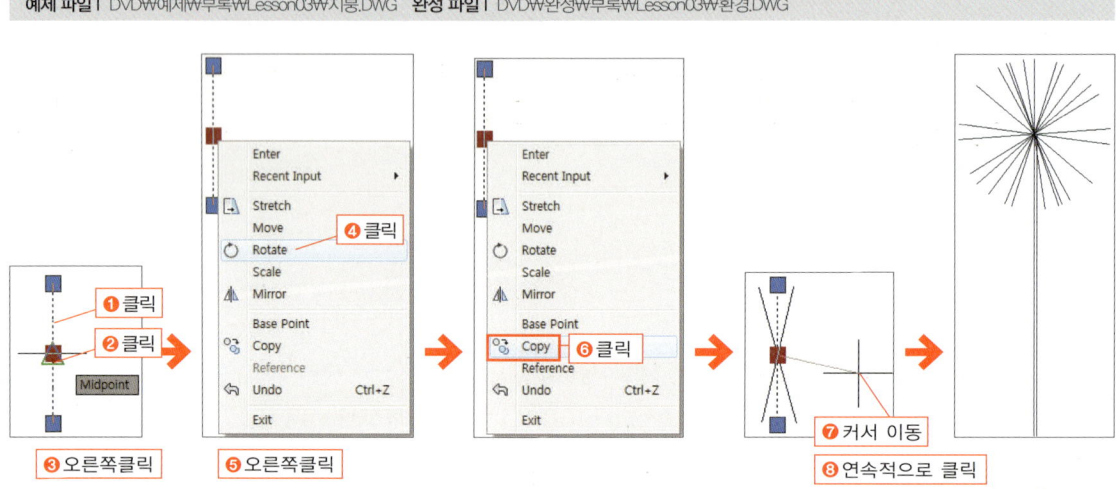

작업한 수목을 2개 더 복사하고 Scale 명령을 사용하여 첫 번째는 좀 작게 축척을 '0.7' 정도, 세 번째는 반으로 줄이기 위해 '0.5' 정도로 값을 조정하여 그림과 같이 만듭니다. Scale 값을 조정하면 거리가 떨어지게 되는데 Move 명령으로 적당히 붙여 줍니다.

작업한 수목을 그림과 같이 건물의 좌/우측에 보기 좋게 배치합니다.

마지막으로 G.L선을 Pedit 명령으로 두껍게 처리하여 세부 표현을 마무리합니다(Width 값 : 50).

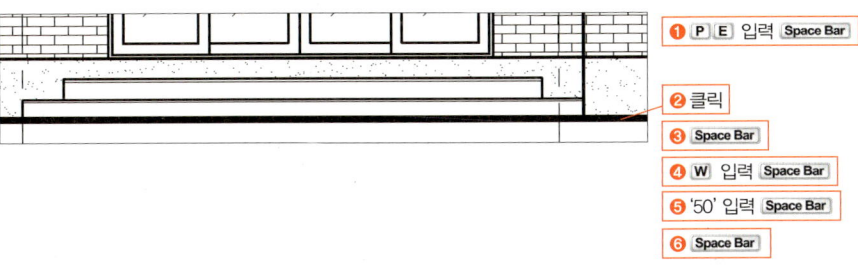

❶ P E 입력 Space Bar

❷ 클릭

❸ Space Bar

❹ W 입력 Space Bar

❺ '50' 입력 Space Bar

❻ Space Bar

단면도에는 많은 문자가 쓰이지만 입면도에서는 외부 마감에 대한 문자만 기입하고 치수는 넣지 않습니다. 문자의 높이는 단면도에서 보다 약간 크게 '120' 정도로 하고, 'Donut'의 크기는 30으로 합니다.

예제 파일 I DVD\예제\부록\Lesson03\환경.DWG **완성 파일 I** DVD\완성\부록\Lesson03\입면도완성.DWG

01. 상부 문자 기입

02. 하부 문자 기입

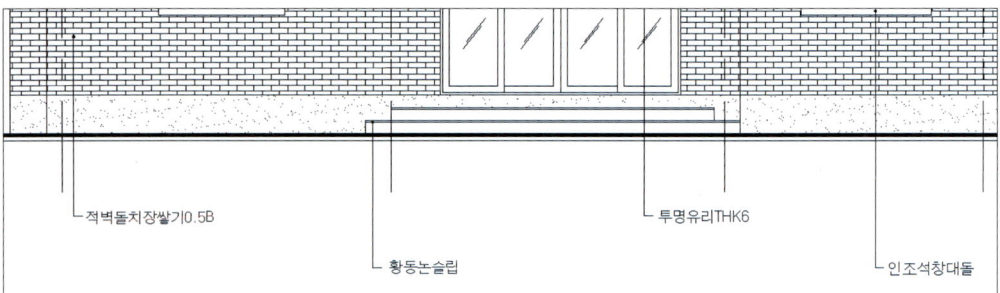

03. 작성된 도면을 그림과 같이 용지 중앙에 보기 좋게 배치하고 도면명과 축 척표기가 맞게 표기되었는지 확인한 후 저장합니다.

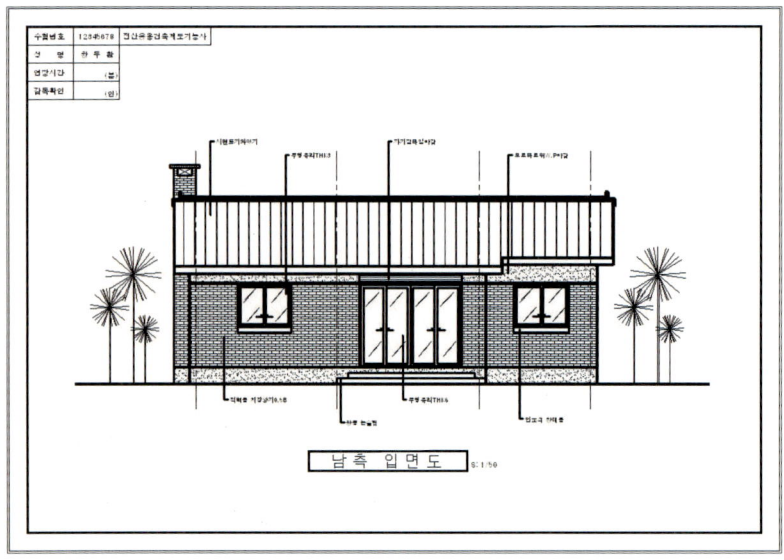

AutoCAD 2014 더 쉽게 배우기

1판 1쇄 발행 2014년 8월 12일
1판 4쇄 발행 2017년 4월 7일

저　　자 | 황두환
발 행 인 | 김길수
발 행 처 | 영진닷컴
주　　소 | 서울시 금천구 가산디지털2로 123 월드메르디앙벤처센터
2차 10층 1016호 (우)08505
등　　록 | 2007. 4. 27. 제16-4189

ISBN | 978-89-314-4744-6

도서문의처 | http://www.youngjin.com

YoungJin.com Y.
영진닷컴